1st Edition
Out of Production List

Western Jet Airliners

First Edition 2009

ISBN 978-0-9559281-1-6

The information in this book is true and complete to the best of our knowledge. All recommendations are made without any guarantee on the part of the Publisher, who also disclaims any liability incurred in connection with the use of specific details or content within this book.

All rights reserved. No part of this book may be reproduced or transmitted in any form or by any means, electronic or mechanical, including photo-copying, scanning, recording or by any information storage and retrieval system, without permission from the Publisher in writing.

© **Destinworld Publishing Ltd 2009**

British Library Cataloguing-in-Publication Data
A catalogue record for this book is available from the British Library.

Published by Destinworld Publishing Ltd.
www.destinworld.com

All photographs in this book are © Matthew Falcus unless otherwise stated.

Introduction

The premise behind the Out of Production List book was to provide a list of all aircraft built of types which are no longer in production – in this case from Western manufacturers – with details of where each individual frame can be found. The main concern was to provide details of what remains of the thousands of aircraft from these manufacturers which are no longer flying and languishing in whole or part at airfields, storages yards, museums or private collections around the world.

For the enthusiast and spotter, this provides a list of each aircraft (separated by sub-series) in order of line number, with handy tick-boxes in order to keep track of every aircraft seen. Where an aircraft no longer exists, it is still listed in the production list, with details of its last location. With this complex set of information, you are able to track down any aircraft you are missing from your logs in order to maximise the number of aircraft you've seen before it's too late.

This is a unique book in many ways, and its content is far superior to most books on the market since it lists fleet listings, production lists and information about wrecks and stored aircraft, and those preserved in museums, all under one cover. We hope you will find it useful, and remember to contribute to our website's forum to help keep readers up-to-date with the movements of aircraft around the world. Visit **www.outofproductionlist.com**

Finally, I'd like to mention that although a lot of hard work and time has gone into producing this book and making sure the information is correct, it can only stay this accurate as long as aircraft are not changing owners and locations - which we know is happening all of the time - especially when the current climate dictates that many airlines are sending aircraft to storage facilities, and many are simply closing their business. So please be patient where information has gone out of date, and as mentioned above - let us know about it through our website!

Notes

For each entry, we've tried to give as accurate a description of the state of the airframe, and of its location in order to help you find it. All of the data included may not be of use to you, but due to the vast requirements of our readers, we feel inclined to include as much information as possible to aid your hobby.

Where aircraft are still active – and in particular with larger airlines using multiple bases – we can merely list the location that it is most likely to be seen.

As always, in this day and age the world's airliner fleets are constantly changing, and at the time of writing a number of airlines were in the process of cutting back their servies. The desert storage airfields were at their busiest since September 11, 2001, and thus we expect a lot more aircraft to be heading to storage soon.

In addition to this, airlines are merging. Whilst many of our listings mention Northwest Airlines, in reality the fleet will be repainted into Delta Air Lines colours in the near future.

We ask that you accept this changing scene and help us out by logging on to our website www.outofproductionlist.com in order to let us know of any changes or updates you know of for future editions.

Acknowledgements

We thank many people for their help in the research and production of this book. Notably:
Scott Cooper, Nick Cross, Martin Ford, Allan Huse, Terry Murphy

Contents

Airbus A300 B1 / B2	7
Airbus A300 B4/C4/F4	11
Airbus A300B4-600	19
Airbus A310	30
BAC Aerospatiale Concorde	40
British Aerospace BAC 1-11	43
ROMBAC 1-11	52
British Aerospace 146-100	55
British Aerospace 146-200	58
British Aerospace 146-300	64
British Aerospace Avro RJ70	68
British Aerospace / Avro RJ85	71
British Aerospace / Avro RJ100	75
Boeing 707	79
Boeing 707 Military Variants	110
Boeing 720	133
Boeing 717	140
Boeing 727-100	146
Boeing 727-200	165
Boeing 737-100	203
Boeing 737-200	206
Boeing 737-300	243
Boeing 737-400	278
Boeing 737-500	294
Boeing 747-100	307
Boeing 747-200	315
Boeing 747SP	329
Boeing 747-300	332
Boeing 757-200	336
Boeing 757-300	368
Convair 880	371
Convair 990	374
Dassault Mercure	377
de Havilland Comet	379
Douglas DC-8	384
Douglas DC-9-10	403
Douglas DC-9-20	409
Douglas DC-9-30	411
Douglas DC-9-40	432
Douglas DC-9-50	435
Douglas DC-10/MD-10	439
Fokker F-28	454
Fokker 70	466
Fokker 100	469
Hawker Siddeley HS.121 Trident	480
Lockheed L1011 Tristar	485
McDonnell Douglas MD-11	494
McDonnell Douglas MD-81	501
McDonnell Douglas MD-82	505
McDonnell Douglas MD-83	525
McDonnell Douglas MD-87	535
McDonnell Douglas MD-88	539
McDonnell Douglas MD-90	544
SE.210 Caravelle	549
VFW-Fokker 614	559
Vickers VC-10	561

Airbus A300 B1 / B2

Production Started:	1974
Production Ended:	1983
Number Built:	57
B1:	2
B2:	55
Active:	9
Preserved:	1
WFU, Stored & In Parts:	10
Written Off:	6
Scrapped:	31

Location Summary

Brazil	3
France	1
Germany	1
India	4
Iran	7
Turkey	4

Airbus A300 B1 / B2

c/n	Model	Registration	Owner/Operator	Status	Location	Notes
1	B1	F-OCAZ	-	Parts Preserved	Munich Isarinsel, Germany	Parts also remain at Toulouse & Paris LBG
2	B1	OO-TEF	-	Scrapped	Brussels, Belgium	
3	B2-103	F-BUAD	Novespace/CNES	Active	Bordeaux, France	
4	B2-1C	F-BUAE	-	Scrapped	Chateauroux, France	
5	B2-101	F-BVGA	-	Scrapped	Chateauroux, France	
6	B2-101	F-BVGB	-	Scrapped	Bournemouth, UK	
7	B2-101	F-BVGC	-	Scrapped	Bournemouth, UK	
8	B2-1C	F-BUAF	-	Scrapped	Chateauroux, France	
10	B2-1C	N62846	-	Scrapped	Ardmore, OK	
11	B2-1C	N62576	-	Scrapped	Ardmore, OK	
13	B2-1C	F-BVGF	-	Scrapped	Ardmore, OK	
15	B2-1C	F-BUAG	-	Scrapped	Ardmore, OK	
21	B2-1C	F-BUAM	-	Scrapped	Paris Orly, France	
22	B2-1C	VT-ELV	-	Written Off	Chennai, India	
26	B2-1C	VT-ELW	Airbus Industrie	Stored	Mumbai, India	
27	B2-1C	G-CEAB	-	Scrapped	Bournemouth, UK	
32	B2K-3C	ZS-SDA	-	Scrapped	Bournemouth, UK	
34	B2-101	VT-EDV	-	Written Off	Nr Tirupati, India	
36	B2-101	VT-EDW	Indian Airlines	Stored	Mumbai, India	
37	B2K-3C	TC-ONY	Onur Air	Active	Istanbul Ataturk, Turkey	
38	B2-101	VT-EDX	-	Scrapped	New Delhi, India	
39	B2K-3C	ZS-SDC	-	Scrapped	Daytona Beach, FL	
40	B2K-3C	ZS-SDD	-	Scrapped	?	
48	B2-1C	TC-GTC	-	Scrapped	Hamburg Finkenwerder, Germany	
49	B2-203	I-BUSM	-	Scrapped	Rome Fiumicino, Italy	
50	B2-1C	F-GBEA	-	Scrapped	Chateauroux, France	
51	B2-203	I-BUSN	-	Scrapped	Rome Fiumicino, Italy	
52	B2-1C	N7208Q	-	Scrapped	Opa Locka, FL	
59	B2-101	VT-EDY	-	Scrapped	Mumbai, India	
60	B2-101	VT-EDZ	-	Scrapped	Mumbai, India	
61	B2-203	EP-IBR	-	Written Off	Tehran Mehrabad, Iran	
62	B2-1C	G-CEAA	-	Scrapped	Bournemouth, UK	
80	B2-203	EP-IBS	Iran Air	Active	Tehran Mehrabad, Iran	
82	B2K-3C	TC-FLJ	(Fly Air)	WFU & Stored	Istanbul Ataturk, Turkey	
88	B2-101	VT-EFV	-	Scrapped	Mumbai, India	
89	B2K-3C	N540RD	-	Scrapped	Smyrna, TN	
90	B2K-3C	EP-MHM	Mahan Airlines	Active	Tehran Mehrabad, Iran	
97	B2-1C	F-BUAJ	-	Scrapped	Bordeaux, France	
102	B2-1C	N102NC	-	Scrapped	Opa Locka, FL	
104	B2-101	F-GBEC	-	Written Off	Marseille, France	
111	B2-101	VT-EFW	(Aeroplanet)	Fuselage Remains	Dwarka, New Delhi, India	
112	B2K-3C	F-BUAK	-	Scrapped	Chateauroux, France	
113	B2-101	VT-EFX	(Indian Airlines)	WFU & Stored	Mumbai, India	
132	B2-1C	F-BUAN	-	Scrapped	Chateauroux, France	
160	B2K-3C	EP-MHA	Mahan Airlines	Active	Tehran Mehrabad, Iran	
163	B2K-3C	TC-FLE	(Fly Air)	Stored	Istanbul Ataturk, Turkey	
176	B2K-3C	TC-FLM	(Fly Air)	Stored	Istanbul Ataturk, Turkey	

Airbus A300 B1 / B2

c/n	Model	Registration	Owner/Operator	Status	Location	Notes
185	B2-203	EP-IBT	Iran Air	Active	Tehran Mehrabad, Iran	
186	B2-203	EP-IBU	-	Written Off	Persian Gulf, Iran	
187	B2-203	EP-IBV	Iran Air	Active	Tehran Mehrabad, Iran	
202	B2-203	PP-SNL	(VASP)	WFU & Stored	Sao Paulo Congonhas, Brazil	
205	B2-203	PP-SNM	(VASP)	WFU & Stored	Sao Paulo Guarulhos, Brazil	
209	B2K-3C	N202GA	-	Scrapped	Ahlhorn, Germany	
225	B2-203	PP-SNN	(VASP)	WFU & Stored	Sao Paulo Congonhas, Brazil	
226	B2-203	EP-IBZ	Iran Air	Active	Tehran Mehrabad, Iran	
244	B2K-3C	EP-MHP	Mahan Airlines	Active	Tehran Mehrabad, Iran	
253	B2K-3C	N101GA	-	Written Off	Opa Locka, FL	

Cross Reference

Registration	c/n	Registration	c/n
D-AIAA	21	F-WZEG	90
D-AIAB	22	F-WZEI	59
D-AIAC	26	F-WZEI	62
D-AIAD	48	F-WZEI	111
D-AIAE	52	F-WZEJ	60
D-AIAF	132	F-WZEJ	113
D-ARAT	102	F-WZEK	61
EK-30044	244	F-WZEM	132
EK-30060	160	F-WZEO	80
EK-30060	253	F-WZEQ	82
EP-IBR	61	F-WZES	49
EP-IBS	80	F-WZMB	22
EP-IBT	185	F-WZMB	185
EP-IBU	186	F-WZMB	225
EP-IBV	187	F-WZMC	186
EP-IBZ	226	F-WZMD	187
EP-MHA	160	F-WZME	226
EP-MHM	90	F-WZMH	209
EP-MHP	244	F-WZMI	160
F-BUAD	3	F-WZMJ	26
F-BUAE	4	F-WZMJ	163
F-BUAF	8	F-WZMJ	202
F-BUAG	15	F-WZMP	205
F-BUAH	27	F-WZMS	244
F-BUAI	62	F-WZMU	176
F-BUAJ	97	F-WZMX	253
F-BUAK	112	G-CEAA	62
F-BUAM	21	G-CEAB	27
F-BUAN	132	HS-VGD	8
F-BUAO	48	I-BUSM	49
F-BUAP	52	I-BUSN	51
F-BVGA	5	JA8464	82
F-BVGB	6	JA8465	89
F-BVGC	7	JA8466	90
F-BVGD	10	JA8471	160
F-BVGE	11	JA8472	163
F-BVGF	13	JA8473	176
F-GBEA	50	JA8476	209
F-GBEB	102	JA8477	244
F-GBEC	104	JA8478	253
F-GBNI	49	N102NC	102
F-GBNJ	51	N141RF	160
F-OCAZ	1	N142RF	244
F-ODCX	3	N202GA	209
F-ODHC	8	N291EA	49
F-ODHY	49	N292EA	51
F-ODHZ	51	N540RD	89
F-ODRD	22	N62576	11
F-ODRE	26	N62846	10
F-ODRF	48	N7208Q	52
F-ODRG	52	OO-TEF	2
F-WLGA	32	PH-TVL	8
F-WLGB	34	PP-SNL	202
F-WLGB	39	PP-SNM	205
F-WLGC	15	PP-SNN	225
F-WLGC	27	TC-FLE	163
F-WNDA	21	TC-FLJ	82
F-WNDB	8	TC-FLM	176
F-WNDB	26	TC-GTC	48
F-WNDB	48	TC-ONY	37
F-WNDB	50	TC-RAB	102
F-WNDC	22	TC-SGA	90
F-WQGQ	62	VT-EDV	34
F-WQGS	27	VT-EDW	36
F-WQHJ	102	VT-EDX	38
F-WQHQ	52	VT-EDY	59
F-WUAA	4	VT-EDZ	60
F-WUAB	1	VT-EFV	88
F-WUAC	2	VT-EFW	111
F-WUAD	3	VT-EFX	113
F-WUAT	36	VT-ELV	22
F-WUAU	37	VT-ELW	26
F-WUAV	38	ZS-SDA	32
F-WUAV	49	ZS-SDB	37
F-WUAX	40	ZS-SDC	39
F-WVGA	5	ZS-SDD	40
F-WVGB	6		
F-WVGC	7		
F-WZEA	51		
F-WZEB	52		
F-WZED	88		
F-WZEF	89		

Airbus A300 B4/C4/F4

Production Started:	1976
Production Ended:	1984
Number Built:	192
Active:	72
Preserved:	3
WFU, Stored & In Parts:	52
Written Off:	10
Scrapped:	55

Location Summary

Afghanistan	2
Belgium	4
Egypt	4
France	5
Germany	19
India	3
Iran	10
Iraq	2
Macau	1
Mexico	3
Pakistan	5
Saudi Arabia	1
Senegal	2
Slovenia	1
South Korea	1
Spain	6
Taiwan	1
Thailand	1
Turkey	26
UAE - Abu Dhabi	1
UAE - Al Ain	5
USA - AZ	4
USA - CA	3

Location Summary

USA - FL	5
USA - LA	2
USA - MD	1
USA - MI	1
USA - MS	1
USA - NC	6
USA - OH	1

Airbus A300 B4/c4/f4 — Out Of Production List: Western Jet Airliners

c/n	Model	Registration	Owner/Operator	Status	Location	Notes
9	B4-2C	RP-C8881	-	Scrapped	Toulouse, France	
12	B4-2C	EI-TLB	-	Scrapped	Bournemouth, UK	
14	B4-103	HL7218	-	Scrapped	Seoul, Korea	
16	B4-103	HL7219	(Korean Air Lines)	Preserved	Cheju Museum, Seoul, South Korea	
17	B4-2C	F-GLOC	-	Scrapped	Chateauroux, France	
18	B4-103	N6373Q	-	Scrapped	Ardmore, OK	
19	B4-203(F)	TC-MNA	MNG Airlines	Active	Istanbul Ataturk, Turkey	
20	B4-2C	EI-CJK	-	Scrapped	Bournemouth, UK	
23	B4-203(F)	N715PA	-	Scrapped	Lake Charles, LA	
24	B4-103	N124AN	-	Scrapped	Marana, AZ	
25	B4-203	AP-BCP	-	Written Off	Nr Kathmandu, Nepal	
28	B4-103	N128AN	(Telair International)	Ground Trainer	Mojave, CA	
29	B4-2C	TC-RAE	-	Scrapped	Marana, AZ	
30	B4-103	N130AN	-	Scrapped	Marana, AZ	
31	B4-103	F-OHLE	-	Scrapped	Bordeaux Merignac, France	
33	C4-203	S7-AAW	-	Scrapped	Bristol Filton, UK	
35	B4-103	EP-MHE	(Mahan Airlines)	WFU & Stored	Kerman, Iran	
41	B4-103(F)	TC-KZV	Kuzu Airlines / ULS Cargo	Active	Istanbul Ataturk, Turkey	
42	B4-103(F)	PH-GIR	-	WFU & Stored	Bordeaux Merignac, France	
43	B4-103	N203EA	-	Scrapped	Roswell, NM	
44	B4-103(F)	TC-KZY	Kuzu Airlines Cargo	Active	Istanbul Ataturk, Turkey	
45	B4-203(F)	XA-TWQ	Aerotransporte de Carga Union	Active	Mexico City	
46	B4-203	TC-ANI	-	Parts Remain	Istanbul Ataturk, Turkey	
47	B4-203(F)	TC-MNU	MNG Airlines	Active	Istanbul Ataturk, Turkey	
53	B4-203(F)	N501TR	Tradewinds Airlines	Active	Greensboro, NC	
54	B4-103	TC-GTA	-	Scrapped	Bordeaux Merignac, France	
55	B4-103	EP-MHF	Mahan Airlines	Active	Tehran, Iran	
56	B4-203	N202AP	-	Scrapped	Greensboro, NC	
57	B4-2C	TC-ONV	-	Scrapped	Daytona Beach, FL	
58	B4-203	SX-BED	-	Scrapped	Greenwood, MS	
63	B4-103	N470AS	-	Stored	Greenwood, MS	
64	B4-203	AP-BBM	-	Scrapped	Karachi, Pakistan	
65	B4-103	TC-ALN	-	Scrapped	Perpignan, France	
66	B4-103	TC-ALS	(Alfa Airlines)	WFU & Stored	Istanbul Ataturk, Turkey	
67	B4-103	I-BUSP	-	Scrapped	Rome Fiumicino, Italy	
68	B4-103	I-BUST	-	Scrapped	Rome Fiumicino, Italy	
69	B4-103	F-GVVV	(Eagle Aviation)	Stored	Bordeaux Merignac, France	
70	B4-203	F-BVGK	-	Written Off	Sana'a, Yemen	
71	B4-103	N361DH	-	Scrapped	Ardmore, OK	
72	B4-103	HS-THO	-	Fire Trainer	Bangkok Don Muang, Thailand	
73	B4-203(F)	N224KW	(Express.Net Airlines)	WFU & Stored	Detroit, MI	
74	B4-203(F)	XA-TVU	Aerotransporte de Carga Union	Active	Mexico City	
75	B4-203(F)	N502TA	ACT Airlines	Active	Istanbul Ataturk, Turkey	
76	B4-203	EC-EON	(Iberia)	WFU & Stored	Tehran, Iran	
77	B4-203	EC-EOO	-	Scrapped	Madrid Barajas, Spain	
78	B4-203(F)	XA-TUE	Aerotransporte de Carga Union	Active	Mexico City	
79	B4-120	TC-OYC	(Bosphorus European Airways)	WFU & Stored	Istanbul Ataturk, Turkey	Sudan Airways titles

Airbus A300 B4/c4/f4 — Out Of Production List: Western Jet Airliners

c/n	Model	Registration	Owner/Operator	Status	Location	Notes
81	B4-103	N62683	-	Scrapped	Ardmore, OK	
83	B4-203(F)	5A-DMK	(Libyavia Air Transport)	Stored	Cairo, Egypt	
84	B4-103(F)	N362DH	Astar Air Cargo (DHL colours)	Active	Cincinnati, OH	
85	B4-103(F)	N363DH	Astar Air Cargo (DHL colours)	Active	Miami, FL	
86	B4-103	TC-ONK	(Onur Air)	WFU & Stored	Istanbul Ataturk, Turkey	
87	B4-103	TC-ONL	(Onur Air)	WFU & Stored	Istanbul Ataturk, Turkey	
91	B4-103	N16982	-	Scrapped	Marana, AZ	
92	B4-103	N13983	-	Scrapped	Marana, AZ	
93	B4-203(F)	N1452	-	Stored	Baghdad, Iraq	
94	B4-120	TC-OIM	(Bosphorus European Airways)	WFU & Stored	Istanbul Ataturk, Turkey	
95	B4-203(F)	OO-DLR	European Air Transport / DHL	Active	Leipzig Halle, Germany	
96	B4-203	AP-BAX	(PIA Pakistan International Airlines)	WFU & Stored	Karachi, Pakistan	
98	B4-203	AP-BAY	(PIA Pakistan International Airlines)	WFU & Stored	Karachi, Pakistan	
99	B4-203	AP-BAZ	(PIA Pakistan International Airlines)	WFU & Stored	Karachi, Pakistan	
100	B4-203(F)	N510TA	Tradewinds Airlines	Active	Greensboro, NC	
101	B4-203(F)	TC-ABK	Kuzu Airlines Cargo	Active	Istanbul Ataturk, Turkey	
103	B4-203	SX-BEE	-	Scrapped	Athens Hellinikon, Greece	
105	B4-103(F)	TC-ACZ	ACT Airlines	Active	Istanbul Ataturk, Turkey	
106	B4-203(F)	N59106	-	WFU & Stored	Chennault, LA	
107	B4-203(F)	TC-ACY	ACT Airlines	Active	Istanbul Ataturk, Turkey	
108	B4-103	N11984	-	Scrapped	Greenwood, MS	
109	B4-203	6Y-JMR	-	Scrapped	Kingston, Jamaica	
110	B4-2C	TC-FLG	(Fly Air)	WFU & Stored	Istanbul Ataturk, Turkey	
114	B4-203	AP-BBA	-	Written Off	Jeddah, Saudi Arabia	
115	B4-203	SU-BCA	-	Written Off	Luxor, Egypt	
116	B4-203(F)	OO-DLY	European Air Transport / DHL	Active	Leipzig Halle, Germany	
117	B4-203(F)	TC-AGK	Air Macau	Active	Macau	
118	B4-103	I-BUSQ	-	Scrapped	Rome Fiumicino, Italy	
119	B4-103	N11985	-	Scrapped	Greenwood, MS	
120	B4-103	I-BUSR	-	Scrapped	Rome Fiumicino, Italy	
121	B4-203(F)	TC-ACB	ACT Airlines	Active	Istanbul Ataturk, Turkey	
122	B4-120	OY-KAA	-	Written Off	Kuala Lumpur, Malaysia	
123	B4-203(F)	TC-MNJ	MNG Airlines	Active	Istanbul Ataturk, Turkey	
124	B4-103(F)	EC-HQT	TNT Airways	Active	Madrid Barajas, Spain	
125	B4-203(F)	A6-MDE	MixEx Airlines	Active	Abu Dhabi, UAE	
126	B4-203(F)	S5-ABS	Solinair	Active	Ljubljana, Slovenia	
127	B4-203	TC-FLA	(Fly Air)	Stored	Istanbul Ataturk, Turkey	
128	B4-120	TC-COA	(Bosphorus European Airways)	WFU & Stored	Istanbul Ataturk, Turkey	
129	B4-203(F)	SU-BMZ	Tristar Air	Active	Cairo, Egypt	
130	B4-120	EC-DLE	-	Scrapped	Madrid Barajas, Spain	
131	B4-203	G-HLAD	(Prime)	Parts Remain	Marana, AZ	
133	B4-120	EC-DLF	(Iberia)	WFU & Stored	Valencia, Spain	
134	B4-203(F)	A6-MDF	MixEx Airlines	Active	Al Ain, UAE	
135	B4-120	EC-DLG	(Iberia)	WFU & Stored	Valencia, Spain	
136	B4-120	EC-DLH	(Iberia)	WFU & Stored	Valencia, Spain	
137	B4-203	TU-TAO	(Air Afrique)	WFU & Stored	Dakar, Senegal	
138	B4-203	TC-ONT	Saudi Arabian Airlines	Active	Jeddah, Saudi Arabia	
139	B4-203(F)	EP-ICE	Iran Air	Active	Tehran, Iran	

Airbus A300 B4/c4/f4 — Out Of Production List: Western Jet Airliners

	c/n	Model	Registration	Owner/Operator	Status	Location	Notes
☐	140	B4-203(F)	N59140	(TACA International Airlines)	WFU & Stored	Chennault, LA	
☐	141	B4-203(F)	N364DH	Astar Air Cargo (DHL colours)	Active	Miami, FL	
☐	142	B4-203(F)	N68142	-	Scrapped	Chennault, LA	
☐	143	B4-203	N143EV	-	Nose Preserved?	Marana, AZ	
☐	144	B4-203	AP-BBV	(PIA Pakistan International Airlines)	WFU & Stored	Karachi, Pakistan	
☐	145	B4-203	SU-DAS	(ZAS Airline of Egypt)	Fire Trainer	Paris Orly, France	
☐	146	B4-203	AP-BEY	(PIA Pakistan International Airlines)	WFU & Stored	Karachi, Pakistan	
☐	147	B4-203(F)	TC-ACC	Empost	Active	Istanbul Ataturk, Turkey	
☐	148	B4-103(F)	OO-DIF	European Air Transport / DHL	Active	Leipzig Halle, Germany	
☐	149	B4-203(F)	N365DH	Astar Air Cargo (DHL colours)	Active	Miami, FL	
☐	150	B4-203(F)	OO-DLV	European Air Transport / DHL	Active	Leipzig Halle, Germany	
☐	151	B4-2C	EP-IBI	Iran Air	Active	Tehran, Iran	
☐	152	B4-203(F)	OO-DLC	European Air Transport / DHL	Active	Leipzig Halle, Germany	
☐	153	B4-203	TC-ALP	-	Written Off	Istanbul Ataturk, Turkey	
☐	154	B4-203(F)	TC-ACE	(ACT Airlines)	Stored	Istanbul Ataturk, Turkey	
☐	155	B4-203(F)	OO-TZA	TNT Airways	Active	Liege, Belgium	
☐	156	B4-120	EC-DNQ	(Iberia)	WFU & Stored	Valencia, Spain	
☐	157	B4-203(F)	A6-MDA	Midex Airlines	Active	Al Ain, UAE	
☐	158	B4-203	N158GE	-	Scrapped	Bristol Filton, UK	
☐	159	B4-220FF	PK-GAA	-	Scrapped	Jakarta CGK, Indonesia	
☐	161	B4-203	N161GE	-	Scrapped	Bristol Filton, UK	
☐	164	B4-220FF	PK-GAC	(Garuda)	Nose Remains	Mojave, CA	
☐	165	B4-220FF	PK-GAD	-	Scrapped	Greenwood, MS	
☐	166	B4-220FF	PK-GAE	-	Scrapped	Greenwood, MS	
☐	167	B4-220FF	PK-GAF	-	Scrapped	Greenwood, MS	
☐	168	B4-220FF	PK-GAG	-	Scrapped	Jakarta CGK, Indonesia	
☐	169	B4-2C	N640RD	-	Scrapped	Smyrna, TX	
☐	170	B4-120	EC-DNR	(Iberia)	WFU & Stored	Valencia, Spain	
☐	171	B4-220	B-1812	-	Scrapped	Greenwood, MS	
☐	173	B4-203(F)	EP-ICF	Iran Air	Active	Tehran, Iran	
☐	174	B4-2C	N740RD	-	Scrapped	Smyrna, TX	
☐	175	B4-203	EP-MHL	Mahan Airlines	Active	Kerman, Iran	
☐	177	B4-203	YA-BAD	-	Written Off	Istanbul Ataturk, Turkey	
☐	178	B4-203	N104GA	-	Parts Remain	Ahlhorn, Germany	
☐	179	B4-220	B-1810	-	Scrapped	Greenwood, MS	
☐	180	B4-203	YA-BAB	Ariana Afghan Airlines	Active	Kabul, Afghanistan	
☐	181	B4-203	VT-EHC	(Indian Airlines)	Stored	Mumbai, India	
☐	182	B4-203	VT-EHD	(Indian Airlines)	Stored	Mumbai, India	
☐	183	B4-203(F)	TC-ACU	ACT Airlines	Active	Istanbul Ataturk, Turkey	
☐	184	B4-103(F)	OO-DIH	European Air Transport / DHL	Active	Leipzig Halle, Germany	
☐	188	B4-203	N188SC	-	Scrapped	Smyrna, TX	
☐	189	B4-103(F)	OO-DIJ	European Air Transport / DHL	Active	Leipzig Halle, Germany	
☐	190	B4-203	YA-BAC	Ariana Afghan Airlines	Active	Kabul, Afghanistan	
☐	192	B4-203	TC-ONU	(Onur Air)	Stored	Istanbul Ataturk, Turkey	
☐	193	B4-220	N102EV	(Evergreen Aviation Sales)	Ground Trainer	Aberdeen, MD	
☐	194	B4-2C	TC-FLF	-	Scrapped	Lourdes Tarbes, France	
☐	195	B4-203	F-WHPX	(Sempati Air)	WFU & Stored	Marana, AZ	
☐	196	B4-203(F)	A6-MDB	Midex Airlines	Active	Al Ain, UAE	

Airbus A300 B4/c4/f4 — Out Of Production List: Western Jet Airliners

	c/n	Model	Registration	Owner/Operator	Status	Location	Notes
☐	197	B4-220	B-18582	-	Scrapped	Marana, AZ	
☐	198	B4-203	F-WHPR	-	Scrapped	Kuala Lumpur, Malaysia	
☐	199	B4-203(F)	OO-DLW	European Air Transport / DHL	Active	Leipzig Halle, Germany	
☐	200	B4-203(F)	SU-BDG	EgyptAir Cargo	Active	Cairo, Egypt	
☐	203	B4-203(F)	A6-MDD	Midex Airlines	Active	Al Ain, UAE	
☐	204	B4-203	EP-MHG	Mahan Airlines	Active	Kerman, Iran	
☐	207	B4-203(F)	N506TA	Tradewinds Airlines	Active	Greensboro, NC	
☐	208	B4-203(F)	OO-DLG	European Air Transport / DHL	Active	Leipzig Halle, Germany	
☐	210	B4-203(F)	OO-TZC	(TNT Airways)	WFU & Stored	Liege, Belgium	
☐	211	B4-203(F)	N821SC	Tradewinds Airlines	Active	Greensboro, NC	
☐	212	C4-203	TC-MND	(Ceiba Intercontinental)	Stored	Chalons, France	
☐	213	B4-220FF	PK-GAH	-	Scrapped	Jakarta CGK, Indonesia	
☐	214	B4-220FF	PK-GAI	-	Written Off	Nr Medan, Indonesia	
☐	215	B4-220FF	PK-GAJ	-	Scrapped	Jakarta CGK, Indonesia	
☐	216	B4-203(F)	N504TA	Tradewinds Airlines	Active	Greensboro, NC	
☐	218	B4-203(F)	A6-MDC	Midex Airlines	Stored	Al Ain, UAE	
☐	219	B4-203(F)	OO-DLZ	European Air Transport / DHL	Active	Leipzig Halle, Germany	
☐	220	B4-203(F)	OO-DIC	European Air Transport / DHL	Active	Leipzig Halle, Germany	
☐	221	B4-220	B-18583	(China Airlines)	Parts Remain	Marana, AZ	
☐	222	B4-203	TC-MNE	-	Scrapped	Istanbul Ataturk, Turkey	
☐	227	B4-203(F)	EC-HVZ	(TNT Airways)	Stored	Mojave, CA	
☐	232	B4-220	B-18585	(China Airlines)	WFU & Stored	Taipei, Taiwan	
☐	234	B4-203(F)	OO-DLI	European Air Transport / DHL	Active	Leipzig Halle, Germany	
☐	235	B4-203(F)	OO-DID	(European Air Transport / DHL)	Stored	Leipzig Halle, Germany	
☐	236	B4-203(F)	OO-DLE	European Air Transport / DHL	Active	Leipzig Halle, Germany	
☐	238	B4-203	F-WUAB	(Airbus Industrie)	Preserved	Toulouse, France	
☐	239	B4-203	YI-APX	Government of Iraq	Active	Baghdad, Iraq	
☐	240	B4-203	VT-EVD	(Indian Airlines)	Stored	Mumbai, India	
☐	243	B4-203	TU-TAS	-	WFU & Stored	Dakar, Senegal	
☐	247	B4-203(F)	OO-TZD	TNT Airways	Active	Liege, Belgium	
☐	249	B4-203(F)	N366DH	Astar Air Cargo (DHL colours)	Active	Miami, FL	
☐	250	B4-203(F)	OO-DLT	European Air Transport / DHL	Active	Leipzig Halle, Germany	
☐	255	B4-203(F)	SU-GAC	EgyptAir Cargo	Active	Cairo, Egypt	
☐	259	B4-203(F)	OO-DLD	European Air Transport / DHL	Active	Leipzig Halle, Germany	
☐	261	B4-203(F)	OO-TZB	TNT Airways	Active	Liege, Belgium	
☐	262	B4-203	VT-EVC	-	Scrapped	Kemble, UK	
☐	265	B4-203(F)	N367DH	Astar Air Cargo (DHL colours)	Active	Miami, FL	
☐	268	B4-203	AP-BCJ	-	Written Off	Dubai, UAE	
☐	269	B4-203	TC-MCA	-	Scrapped	Karachi, Pakistan	
☐	271	B4-203(F)	N505TA	Tradewinds Airlines	Active	Greensboro, NC	
☐	274	B4-203(F)	OO-DIB	(European Air Transport / DHL)	Stored	Leipzig Halle, Germany	
☐	277	B4-203	TC-MNC	MNG Airlines	Active	Istanbul Ataturk, Turkey	
☐	282	B4-203	TU-TAT	-	Written Off	Dakar, Senegal	
☐	289	B4-203(F)	OO-DLU	European Air Transport / DHL	Active	Leipzig Halle, Germany	
☐	292	B4-203	TC-MNB	MNG Airlines	Active	Istanbul Ataturk, Turkey	
☐	299	B4-203FF	EP-MDA	Iran Air Tours	Active	Tehran, Iran	
☐	302	B4-203FF	EP-MDB	Iran Air Tours	Active	Tehran, Iran	
☐	304	B4-203(F)	TC-MCB	MNG Airlines	Active	Istanbul Ataturk, Turkey	
☐	305	B4-203	F-WQOY	-	Scrapped	Chateauroux, France	

Cross Reference

Registration	c/n	Registration	c/n	Registration	c/n	Registration	c/n
3B-THK	35	EC-DNQ	156	F-GDVA	261	F-WZEG	144
3B-THM	55	EC-DNR	170	F-GDVB	271	F-WZEH	58
5A-DMK	83	EC-EON	76	F-GDVC	274	F-WZEH	122
5T-CLI	69	EC-EOO	77	F-GIJS	17	F-WZEH	141
5V-TTT	69	EC-HND	101	F-GIJT	9	F-WZEI	76
6Y-JMJ	127	EC-HQT	124	F-GIJU	12	F-WZEI	93
6Y-JMK	131	EC-HVZ	227	F-GLOC	17	F-WZEI	130
6Y-JMR	109	EC-JHO	95	F-GOZA	148	F-WZEJ	77
6Y-JMS	143	EI-BZB	83	F-GOZB	184	F-WZEJ	94
9M-MHA	73	EI-CBW	269	F-GOZC	189	F-WZEJ	123
9M-MHB	93	EI-CEB	240	F-GVVV	69	F-WZEJ	134
9M-MHC	95	EI-CJK	20	F-ODCY	9	F-WZEK	46
9M-MHD	147	EI-DHL	274	F-ODJU	29	F-WZEK	121
9V-STA	117	EI-EAA	150	F-OGTA	126	F-WZEL	63
9V-STB	121	EI-EAB	199	F-OGTB	117	F-WZEL	107
9V-STC	126	EI-EAC	250	F-OGTC	121	F-WZEL	131
9V-STD	169	EI-EAD	289	F-OHLE	31	F-WZEM	64
9V-STE	174	EI-EAE	95	F-OHPA	234	F-WZEM	95
9V-STF	222	EI-EAT	116	F-OHPB	235	F-WZEM	109
9V-STG	268	EI-LIC	31	F-OHPC	304	F-WZEM	119
9V-STH	269	EI-OZA	148	F-OHPD	305	F-WZEN	65
A6-MDA	157	EI-OZB	184	F-OHPN	208	F-WZEN	79
A6-MDB	196	EI-OZC	189	F-WHPJ	208	F-WZEN	114
A6-MDC	218	EI-SAF	220	F-WHPK	210	F-WZEN	136
A6-MDD	203	EI-TLB	12	F-WHPR	198	F-WZEO	66
A6-MDE	125	EI-TLK	161	F-WHPS	238	F-WZEO	125
A6-MDF	134	EI-TLL	158	F-WHPX	195	F-WZEP	67
AP-BAX	96	EI-TLM	46	F-WHPY	247	F-WZEP	81
AP-BAY	98	EI-TLN	47	F-WIHY	265	F-WZEP	96
AP-BAZ	99	EI-TLQ	131	F-WLGA	9	F-WZEP	115
AP-BBA	114	EK-30039	239	F-WLGA	35	F-WZEP	137
AP-BBM	64	EP-IBI	151	F-WLGB	14	F-WZEP	197
AP-BBV	144	EP-ICE	139	F-WLGB	16	F-WZEQ	31
AP-BCJ	268	EP-ICF	173	F-WLGB	46	F-WZEQ	138
AP-BCP	25	EP-MDA	299	F-WLGC	12	F-WZEQ	198
AP-BEL	269	EP-MDB	302	F-WNDA	25	F-WZER	46
AP-BEY	146	EP-MHE	35	F-WNDA	45	F-WZER	98
AP-BFG	259	EP-MHF	55	F-WNDB	30	F-WZER	117
AP-BFL	204	EP-MHG	204	F-WNDC	28	F-WZER	194
B-1810	179	EP-MHL	175	F-WNDC	33	F-WZES	83
B-1812	171	F-BUAL	29	F-WNDD	24	F-WZES	116
B-18581	193	F-BUAQ	57	F-WNDD	29	F-WZES	139
B-18582	197	F-BUAR	20	F-WQFO	199	F-WZES	195
B-18583	221	F-BVGG	19	F-WQGT	150	F-WZET	84
B-18585	232	F-BVGH	23	F-WQHI	17	F-WZET	99
B-190	193	F-BVGI	45	F-WQIP	147	F-WZET	142
B-192	197	F-BVGJ	47	F-WQOH	235	F-WZET	196
B-194	221	F-BVGK	70	F-WQOY	304	F-WZMA	147
B-196	232	F-BVGL	74	F-WQOY	305	F-WZMA	184
C-FICA	23	F-BVGM	78	F-WUAB	238	F-WZMA	222
C-FICB	78	F-BVGN	100	F-WUAT	43	F-WZMB	148
C-FICI	173	F-BVGO	129	F-WUAU	42	F-WZMB	269
C-GICD	100	F-BVGP	145	F-WUAX	44	F-WZMC	149
C-GICR	183	F-BVGQ	146	F-WUAX	47	F-WZMC	227
C-GIZJ	138	F-BVGR	175	F-WUAY	31	F-WZMD	150
C-GIZN	212	F-BVGS	178	F-WUAZ	41	F-WZMD	232
D-AHLA	64	F-BVGT	183	F-WWAG	138	F-WZMD	304
D-AHLB	83	F-GBNA	65	F-WWAN	192	F-WZME	151
D-AHLC	17	F-GBNB	66	F-WWAO	247	F-WZME	188
D-AHLJ	169	F-GBNC	67	F-WZEA	101	F-WZME	277
D-AHLK	174	F-GBND	68	F-WZEA	135	F-WZMF	156
D-AHLZ	25	F-GBNE	86	F-WZEB	69	F-WZMF	189
D-AIBA	53	F-GBNF	87	F-WZEB	110	F-WZMF	199
D-AIBB	57	F-GBNG	91	F-WZEB	133	F-WZMF	234
D-AIBC	75	F-GBNH	92	F-WZEC	55	F-WZMG	157
D-AIBD	76	F-GBNI	204	F-WZEC	71	F-WZMG	235
D-AIBF	77	F-GBNJ	207	F-WZEC	85	F-WZMH	159
D-AITA	134	F-GBNK	108	F-WZEC	103	F-WZMH	262
D-AITB	151	F-GBNL	118	F-WZEC	126	F-WZMI	190
D-AMAP	9	F-GBNM	119	F-WZED	54	F-WZMI	236
D-AMAX	12	F-GBNN	120	F-WZED	72	F-WZMJ	243
D-AMAY	20	F-GBNO	124	F-WZED	105	F-WZMK	164
D-AMAZ	25	F-GBNP	152	F-WZED	127	F-WZMK	210
D-ASAA	121	F-GBNQ	153	F-WZED	143	F-WZML	165
D-ASAY	116	F-GBNR	154	F-WZEE	53	F-WZML	192
D-ASAZ	117	F-GBNS	155	F-WZEE	73	F-WZML	239
EC-273	76	F-GBNT	158	F-WZEE	106	F-WZML	282
EC-274	77	F-GBNU	161	F-WZEE	128	F-WZMM	166
EC-DLE	130	F-GBNV	211	F-WZEF	56	F-WZMM	193
EC-DLF	133	F-GBNX	216	F-WZEF	140	F-WZMM	240
EC-DLG	135	F-GBNY	220	F-WZEG	57	F-WZMM	289
EC-DLH	136	F-GBNZ	259	F-WZEG	75	F-WZMN	167

Airbus A300 B4/c4/f4 — Out Of Production List: Western Jet Airliners

Registration	c/n	Registration	c/n	Registration	c/n	Registration	c/n
F-WZMN	200	HS-THH	33	N210TN	210	N59139	139
F-WZMN	238	HS-THK	35	N211PA	235	N59140	140
F-WZMO	203	HS-THL	54	N212EA	91	N59274	274
F-WZMO	265	HS-THM	55	N212PA	208	N6254X	53
F-WZMP	169	HS-THN	71	N213PA	210	N6254Y	75
F-WZMP	213	HS-THO	72	N215EA	108	N62683	81
F-WZMP	247	HS-THO	72	N216EA	118	N63661	31
F-WZMQ	170	HS-THP	84	N216PA	204	N6373Q	18
F-WZMQ	208	HS-THR	85	N217EA	119	N640RD	169
F-WZMR	171	HS-THT	141	N219EA	120	N68142	142
F-WZMS	173	HS-THW	149	N220EA	124	N68170	173
F-WZMS	212	HS-THX	249	N221EA	152	N715PA	23
F-WZMS	292	HS-THY	265	N222EA	153	N72986	154
F-WZMT	174	I-BUSB	101	N222KW	236	N72987	155
F-WZMT	249	I-BUSC	106	N223EA	154	N72988	216
F-WZMU	214	I-BUSD	107	N223KW	227	N72990	259
F-WZMU	250	I-BUSF	123	N224EA	155	N740RD	174
F-WZMV	177	I-BUSG	139	N224KW	73	N740SC	47
F-WZMV	219	I-BUSH	140	N225EA	158	N741SC	23
F-WZMV	268	I-BUSJ	142	N225KW	93	N742SC	19
F-WZMW	305	I-BUSL	173	N226EA	161	N74989	220
F-WZMW	179	I-BUSP	67	N226GE	161	N820SC	154
F-WZMX	180	I-BUSQ	118	N226KW	95	N821SC	211
F-WZMX	221	I-BUSR	120	N227EA	204	N823SC	207
F-WZMX	299	I-BUST	68	N227KW	274	N824SC	271
F-WZMY	181	JA8263	151	N228EA	207	N825SC	129
F-WZMY	215	JA8276	169	N228KW	207	N826SC	100
F-WZMY	255	JA8277	174	N229EA	211	N827SC	183
F-WZMY	302	JA8292	110	N229KW	261	N828SC	78
F-WZMZ	182	JA8293	194	N230EA	216	N829SC	74
F-WZMZ	218	JA8369	239	N231EA	220	N860PA	220
F-WZNO	168	JA8560	178	N232EA	259	N861PA	216
F-WZXP	282	LN-RCA	79	N233EA	261	N862PA	211
G-BIMA	127	LX-LGP	269	N234EA	271	N864PA	75
G-BIMB	131	N024PA	198	N235EA	274	N865PA	259
G-BIMC	144	N102EV	193	N247JM	247	N966C	117
G-BMNA	169	N104GA	178	N262GE	262	N967C	121
G-BMNB	9	N10970	250	N29981	87	N968C	126
G-BMNC	12	N11984	108	N300FV	147	N970C	250
G-BMZK	76	N11985	119	N304FV	105	N971C	262
G-BMZL	77	N124AN	24	N307FV	235	N972C	289
G-BSZE	192	N128AN	28	N308FV	304	OB-1596	204
G-BYDH	210	N130AN	30	N313EA	92	OB-1611	216
G-BYYS	69	N13971	262	N317FV	105	OB-1631	154
G-CEXC	124	N13972	289	N318FV	147	OB-1634	259
G-CEXH	117	N13974	126	N361DH	71	OH-LAA	299
G-CEXI	121	N13983	92	N362DH	84	OH-LAB	302
G-CEXJ	147	N143EV	143	N363DH	85	OO-DIB	274
G-CEXK	105	N143RF	239	N364DH	141	OO-DIC	220
G-HLAA	47	N1452	93	N365DH	149	OO-DID	235
G-HLAB	45	N14966	117	N366DH	249	OO-DIF	148
G-HLAC	74	N14968	153	N367DH	265	OO-DIH	184
G-HLAD	131	N14969	207	N368DH	207	OO-DIJ	189
G-SWJW	302	N14973	211	N370PC	134	OO-DLC	152
G-TNTI	155	N14975	261	N371PC	157	OO-DLD	259
G-TNTS	124	N14976	271	N372PC	196	OO-DLE	236
G-TTMC	299	N14977	274	N373PC	218	OO-DLG	208
HK-2057	29	N14980	86	N401UA	118	OO-DLI	234
HL7218	14	N158GE	158	N402EA	120	OO-DLL	93
HL7219	16	N15967	121	N403UA	68	OO-DLR	95
HL7220	18	N161GE	161	N404UA	65	OO-DLT	250
HL7221	24	N16982	91	N405UA	66	OO-DLU	289
HL7223	28	N188SC	188	N407U	124	OO-DLV	150
HL7224	30	N201EA	41	N407UA	124	OO-DLW	199
HL7238	31	N202AP	56	N470AS	63	OO-DLY	116
HL7246	81	N202EA	42	N471AS	69	OO-DLZ	219
HL7278	277	N202PA	195	N472AS	125	OO-ING	66
HL7279	292	N203EA	43	N473AS	203	OO-MKO	65
HS-TAX	33	N203PA	227	N473AS	219	OO-TEG	17
HS-TAY	65	N204EA	44	N474AS	219	OO-TJO	204
HS-TAZ	66	N205EA	65	N501TR	53	OO-TZA	155
HS-TGH	33	N205PA	247	N502TA	75	OO-TZB	261
HS-TGK	35	N206EA	66	N504TA	216	OO-TZC	210
HS-TGL	54	N206PA	234	N505TA	271	OO-TZD	247
HS-TGM	55	N207EA	67	N506TA	207	OY-CNA	79
HS-TGN	71	N207PA	236	N510TA	100	OY-CNK	94
HS-TGP	84	N208EA	68	N511TA	173	OY-CNL	128
HS-TGR	85	N208PA	304	N512TA	183	OY-KAA	122
HS-TGT	141	N209EA	86	N59101	101	P2-ANG	134
HS-TGW	149	N209PA	305	N59106	106	PH-ABF	105
HS-TGX	249	N210EA	87	N59107	107	PH-CLA	44
HS-TGY	265	N210PA	238	N59123	123	PH-EAN	41

Airbus A300 B4/c4/f4

Registration	c/n	Registration	c/n
PH-GIR	42	TC-ALV	261
PH-JLH	123	TC-ANI	46
PH-SFL	220	TC-COA	128
PH-SFM	274	TC-FLA	127
PK-GAA	159	TC-FLF	194
PK-GAC	164	TC-FLG	110
PK-GAD	165	TC-FLK	151
PK-GAE	166	TC-GTA	54
PK-GAF	167	TC-GTB	127
PK-GAG	168	TC-JUV	161
PK-GAH	213	TC-JUY	158
PK-GAI	214	TC-KZT	139
PK-GAJ	215	TC-KZU	173
PK-JIA	198	TC-KZV	41
PK-JID	238	TC-KZY	44
PK-JIE	247	TC-MCA	269
PP-CLA	109	TC-MCB	304
PP-CLB	110	TC-MNA	19
PP-VND	143	TC-MNB	292
PP-VNE	194	TC-MNC	277
RP-C3001	63	TC-MND	212
RP-C3002	69	TC-MNE	222
RP-C3003	125	TC-MNG	83
RP-C3004	203	TC-MNJ	123
RP-C3005	219	TC-MNN	126
RP-C3006	222	TC-MNU	47
RP-C3008	262	TC-MNY	299
RP-C883	271	TC-MNZ	302
RP-C8881	9	TC-OBB	302
RP-C8882	46	TC-OBC	299
RP-C8884	154	TC-OIM	94
S5-ABS	126	TC-ONK	86
S7-AAW	33	TC-ONL	87
S7-AAY	35	TC-ONT	138
S7-AAZ	55	TC-ONU	192
SE-DFK	94	TC-ONV	57
SE-DFL	128	TC-ORH	83
SE-DSF	220	TC-ORJ	173
SE-DSG	259	TC-OYC	79
SE-DSH	207	TC-RAA	17
SU-AZY	25	TC-RAE	29
SU-BBS	17	TC-TKA	86
SU-BCA	115	TC-TKB	87
SU-BCB	116	TC-TKC	91
SU-BCC	150	TS-IMA	188
SU-BDF	199	TU-TAO	137
SU-BDG	200	TU-TAS	243
SU-BMM	175	TU-TAT	282
SU-BMZ	129	V2-LDX	204
SU-DAN	192	V2-LDY	65
SU-DAR	175	VH-TAA	134
SU-DAS	145	VH-TAB	151
SU-GAA	239	VH-TAC	157
SU-GAB	240	VH-TAD	196
SU-GAC	255	VH-TAE	218
SX-BAY	208	VR-BNK	247
SX-BAZ	210	VT-EHC	181
SX-BEB	46	VT-EHD	182
SX-BEC	56	VT-EHN	177
SX-BED	58	VT-EHO	180
SX-BEE	103	VT-EHQ	190
SX-BEF	105	VT-EVC	262
SX-BEG	148	VT-EVD	240
SX-BEH	184	XA-SYG	211
SX-BEI	189	XA-TBO	207
SX-BFI	204	XA-TUE	78
TC-ABK	101	XA-TVU	74
TC-ABL	173	XA-TWQ	45
TC-ACB	121	YA-BAA	177
TC-ACC	147	YA-BAB	180
TC-ACE	154	YA-BAC	190
TC-ACT	83	YA-BAD	177
TC-ACU	183	YI-APX	239
TC-ACY	107	YV-160C	53
TC-ACZ	105	YV-161C	75
TC-AGK	117	ZS-SDE	138
TC-ALG	259	ZS-SDF	192
TC-ALN	65	ZS-SDG	212
TC-ALP	153	ZS-SDH	222
TC-ALR	155	ZS-SDI	269
TC-ALS	66		
TC-ALU	211		

Airbus A300B4-600

Production Started:	1983
Production Ended:	2007
Number Built:	317
Active:	279
Preserved:	0
WFU, Stored & In Parts:	31
Written Off:	7
Scrapped:	0

Location Summary

China	16
Egypt	3
France	5
Germany	14
Greece	1
Hong Kong	8
Iran	4
Japan	24
Kuwait	6
Libya	3
Macau	2
Malaysia	1
Qatar	3
Saudi Arabia	15
South Korea	10
Sudan	3
Thailand	17
Tunisia	3
Turkey	3
UAE - Abu Dhabi	4
United Kingdom	3
USA - CA	4
USA - KY	53

Location Summary

USA - LA	3
USA - MS	1
USA - NM	8
USA - TN	71
USA - TX	23

Airbus A300b4-600 — Out Of Production List: Western Jet Airliners

c/n	Model	Registration	Owner/Operator	Status	Location	Notes
252	B4-620	ST-ASS	Sudan Airways	Active	Khartoum, Sudan	
284	B4-620	HZ-AJA	Saudi Arabian Airlines	Active	Jeddah, Saudi Arabia	
294	B4-620	HZ-AJB	Saudi Arabian Airlines	Stored	Jeddah, Saudi Arabia	
301	B4-620	HZ-AJC	(Saudi Arabian Airlines)	Stored	Damman, Saudi Arabia	
307	B4-620	HZ-AJD	(Saudi Arabian Airlines)	Stored	Damman, Saudi Arabia	
312	B4-620	HZ-AJE	(Saudi Arabian Airlines)	WFU & Stored	Jeddah, Saudi Arabia	
317	B4-620	HZ-AJF	(Saudi Arabian Airlines)	Stored	Jeddah, Saudi Arabia	
321	B4-620	HZ-AJG	(Saudi Arabian Airlines)	Stored	Riyadh, Saudi Arabia	
327	B4-620	YI-AOF	-	Written Off	Baghdad, Iraq	
332	B4-620	YI-AOG	-	Written Off	Baghdad, Iraq	
336	B4-620	HZ-AJH	Saudi Arabian Airlines	Active	Jeddah, Saudi Arabia	
341	B4-620	HZ-AJI	(Saudi Arabian Airlines)	Stored	Jeddah, Saudi Arabia	
344	B4-620	9K-AHI	State of Kuwait	Active	Kuwait	
348	B4-620	HZ-AJJ	Saudi Arabian Airlines	Active	Jeddah, Saudi Arabia	
351	B4-620	HZ-AJK	Saudi Arabian Airlines	Active	Jeddah, Saudi Arabia	
354	B4-620	5A-IAY	Afriqiyah Airways	Active	Tripoli, Libya	
358	B4-622(F)	N716FD	FedEx Express	Active	Memphis, TN	
361	B4-622(F)	N717FD	(FedEx Express)	Stored	Lake Charles, LA	
365	B4-622(F)	N718FD	FedEx Express	Active	Memphis, TN	
368	B4-601	HS-TAA	Thai Airways International	Active	Bangkok, Thailand	
371	B4-601	N310GA	(Thai Airways)	Fuselage Remains	Lake Charles, LA	
374	B4-620	N374FD	(Abu Dhabi Amiri Flight)	Parts Remain	Rhodes, Greece	
377	B4-601	N303GA	(Thai Airways)	Fuselage Remains	Lake Charles, LA	
380	B4-603	D-AIAH	Lufthansa	Active	Frankfurt, Germany	
384	B4-601	N384EF	(Thai Airways International)	Stored	Victorville, CA	
388	B4-622(F)	N719FD	FedEx Express	Active	Memphis, TN	
391	B4-603	D-AIAI	-	Parts Remain	Velbert City, Germany	
395	B4-601	N395EF	(Thai Airways International)	Stored	Victorville, CA	
398	B4-601	HS-TAF	Thai Airways International	Active	Bangkok, Thailand	
401	B4-603	D-AIAK	Lufthansa	Active	Frankfurt, Germany	
405	B4-603	D-AIAL	Lufthansa	Active	Frankfurt, Germany	
408	B4-603	D-AIAM	Lufthansa	Active	Frankfurt, Germany	
411	B4-603	D-AIAN	(Lufthansa)	Stored	Dresden, Germany	
414	B4-603	D-AIAP	(Lufthansa)	Stored	Dresden, Germany	
417	B4-622	N720FD	FedEx Express	Active	Memphis, TN	
420	B4-605R	N14053	-	Written Off	Roxboro, NY	
423	B4-605R	N91050	American Airlines	Active	Dallas/Ft. Worth, TX	
459	B4-605R	N50051	(American Airlines)	Stored	Roswell, NM	
460	B4-605R	N80052	(American Airlines)	Stored	Roswell, NM	
461	B4-605R	N70054	American Airlines	Active	Dallas/Ft. Worth, TX	
462	B4-605R	N7055A	(American Airlines)	Stored	Victorville, CA	
463	B4-605R	N14056	(American Airlines)	Stored	Roswell, NM	
464	B4-605R	HS-TAG	Thai Airways International	Active	Bangkok, Thailand	
465	B4-605R	N80057	(American Airlines)	Stored	Victorville, CA	
466	B4-605R	N80058	American Airlines	Active	Dallas/Ft. Worth, TX	
469	B4-605R	N19059	(American Airlines)	Stored	Roswell, NM	
470	B4-605R	N11060	American Airlines	Active	Dallas/Ft. Worth, TX	
471	B4-605R	N14061	(American Airlines)	WFU & Stored	Greenwood, MS	

Airbus A300b4-600

Out Of Production List: Western Jet Airliners

c/n	Model	Registration	Owner/Operator	Status	Location	Notes
☐ 474	B4-605R	N7062A	American Airlines	Active	Dallas/Ft. Worth, TX	
☐ 477	B4-622R(F)	N721FD	FedEx Express	Active	Memphis, TN	
☐ 479	B4-622R(F)	N722FD	FedEx Express	Active	Memphis, TN	
☐ 505	B4-605R	TS-IPC	Tunisair	Active	Tunis, Tunisia	
☐ 506	B4-605R	N41063	American Airlines	Active	Dallas/Ft. Worth, TX	
☐ 507	B4-605R	N40064	American Airlines	Active	Dallas/Ft. Worth, TX	
☐ 508	B4-605R	N14065	American Airlines	Active	Dallas/Ft. Worth, TX	
☐ 509	B4-605R	N18066	American Airlines	Active	Dallas/Ft. Worth, TX	
☐ 510	B4-605R	N8067A	American Airlines	Active	Dallas/Ft. Worth, TX	
☐ 511	B4-605R	N14068	American Airlines	Active	Dallas/Ft. Worth, TX	
☐ 512	B4-605R	N33069	American Airlines	Active	Dallas/Ft. Worth, TX	
☐ 513	B4-605R	N90070	American Airlines	Active	Dallas/Ft. Worth, TX	
☐ 514	B4-605R	N25071	(American Airlines)	Active	Roswell, NM	
☐ 515	B4-605R	N70072	(American Airlines)	Active	Roswell, NM	
☐ 516	B4-605R	N70073	American Airlines	Active	Dallas/Ft. Worth, TX	
☐ 517	B4-605R	N70074	American Airlines	Active	Dallas/Ft. Worth, TX	
☐ 518	B4-605R	HS-TAH	Thai Airways International	Active	Bangkok, Thailand	
☐ 521	B4-605R(F)	B-2306	China Eastern Airlines	Active	Shanghai, China	
☐ 525	B4-605R(F)	B-2307	China Cargo Airlines	Active	Shanghai, China	
☐ 529	B4-622R(F)	TF-ELF	Air Atlanta Icelandic / Etihad Airways	Active	Abu Dhabi, UAE	
☐ 530	B4-622R(F)	N724FD	FedEx Express	Active	Memphis, TN	
☐ 532	B4-605R(F)	B-2308	China Cargo Airlines	Active	Shanghai, China	
☐ 533	F4-622R(F)	N103MT	(Galaxy Airlines)	Stored	Tokyo Haneda, Japan	
☐ 536	B4-622R(F)	N749FD	FedEx Express	Active	Memphis, TN	
☐ 540	B4-605R	G-MONR	Monarch Airlines / Egypt Air	Active	Cairo, Egypt	
☐ 543	B4-622R(F)	N723FD	FedEx Express	Active	Memphis, TN	
☐ 546	B4-603	D-AIAR	(Lufthansa)	Stored	Dresden, Germany	
☐ 553	B4-603	D-AIAS	(Lufthansa)	Stored	Dresden, Germany	
☐ 554	B4-622R(F)	A7-ABX	Qatar Airways	Active	Doha, Qatar	
☐ 555	B4-622R	N750FD	FedEx Express	Active	Memphis, TN	
☐ 556	B4-605R	G-MONS	Monarch Airlines	Active	London Luton, UK	
☐ 557	B4-622R(F)	TF-ELK	Etihad Airways	Active	Abu Dhabi, UAE	
☐ 558	B4-605R	TS-IPA	Tunisair	Active	Tunis, Tunisia	
☐ 559	B4-622R(F)	N740FD	FedEx Express	Active	Memphis, TN	
☐ 560	B4-622R(F)	A7-ABY	Qatar Airways	Active	Doha, Qatar	
☐ 561	B4-622R(F)	SU-GAS	EgyptAir Cargo	Active	Cairo, Egypt	
☐ 563	B4-605R	TS-IPB	Tunisair	Active	Tunis, Tunisia	
☐ 566	B4-622R	HS-TAK	Thai Airways International	Active	Bangkok, Thailand	
☐ 569	B4-622R	HS-TAL	Thai Airways International	Active	Bangkok, Thailand	
☐ 572	B4-622R(F)	N725FD	FedEx Express	Active	Memphis, TN	
☐ 575	B4-622R(F)	N726FD	FedEx Express	Active	Memphis, TN	
☐ 577	B4-622R	HS-TAM	Thai Airways International	Active	Bangkok, Thailand	
☐ 578	B4-622R	B-1814	-	Written Off	Taipei, Taiwan	
☐ 579	B4-622R(F)	N727FD	FedEx Express	Active	Memphis, TN	
☐ 580	B4-622R	B-1816	-	Written Off	Taipei, Taiwan	
☐ 581	B4-622R(F)	N728FD	FedEx Express	Active	Memphis, TN	
☐ 582	B4-622R	HL7295	Korean Air	Active	Seoul, South Korea	
☐ 583	B4-622R	HL7296	-	Written Off	Cheju, South Korea	

Airbus A300b4-600 — Out Of Production List: Western Jet Airliners

c/n	Model	Registration	Owner/Operator	Status	Location	Notes
584	B4-605R	TC-OAH	Onur Air / Saudi Arabian Airlines	Active	Jeddah, Saudi Arabia	
601	B4-622R	5A-DLY	Libyan Arab Airlines	Active	Tripoli, Libya	
602	B4-622R	JA8375	Japan Airlines	Active	Tokyo Haneda, Japan	
603	B4-622R	TC-OAZ	Onur Air	Active	Istanbul Ataturk, Turkey	Basic Saudi Arabian colours
604	B4-605R	G-MAJS	Monarch Airlines	Active	London Luton, UK	
605	B4-605R	G-OJMR	Monarch Airlines	Active	London Luton, UK	
606	B4-622R	N3075A	American Airlines	Active	Dallas/Ft. Worth, TX	
607	B4-622R(F)	SU-GAY	EgyptAir Cargo	Active	Cairo, Egypt	
608	B4-605R	D-AIAY	(Lufthansa)	Stored	Dresden, Germany	
609	B4-622R	HL7297	Korean Air	Active	Seoul, South Korea	
610	B4-605R	N7076A	American Airlines	Active	Dallas/Ft. Worth, TX	
611	B4-622R(F)	N741FD	FedEx Express	Active	Memphis, TN	
612	B4-605R	N14077	American Airlines	Active	Dallas/Ft. Worth, TX	
613	B4-622R(F)	N742FD	FedEx Express	Active	Memphis, TN	
614	B4-622R(F)	A7-AFB	Qatar Airways	Active	Doha, Qatar	
615	B4-622R	N34078	(American Airlines)	Stored	Roswell, NM	
616	B4-622R	5A-DLZ	Libyan Arab Airlines	Active	Tripoli, Libya	
617	B4-622R	JA8376	Japan Airlines	Active	Tokyo Haneda, Japan	
618	B4-603	D-AIAT	Lufthansa	Active	Frankfurt, Germany	
619	B4-605R	N70079	American Airlines	Active	Dallas/Ft. Worth, TX	
621	B4-622R	JA8377	Japan Airlines	Active	Tokyo Haneda, Japan	
623	B4-603	D-AIAU	Lufthansa	Active	Frankfurt, Germany	
625	B4-622R(F)	N751FD	FedEx Express	Active	Memphis, TN	
626	B4-622R	N77080	American Airlines	Active	Dallas/Ft. Worth, TX	
627	B4-622R	HL7239	Korean Air	Active	Seoul, South Korea	
628	B4-622R	HS-TAN	Thai Airways International	Active	Bangkok, Thailand	
629	B4-622R	HS-TAO	Thai Airways International	Active	Bangkok, Thailand	
630	B4-622R(F)	N743FD	FedEx Express	Stored	Memphis, TN	
631	B4-622R	HL7240	Korean Air	Active	Seoul, South Korea	
632	B4-605R	EP-IBC	Iran Air	Active	Tehran, Iran	
633	B4-622R(F)	N748FD	FedEx Express	Active	Memphis, TN	
635	B4-622R	HS-TAP	Thai Airways International	Active	Bangkok, Thailand	
637	B4-622R	JA8558	Japan Airlines	Active	Tokyo Haneda, Japan	
639	B4-605R	N59081	(American Airlines)	Stored	Roswell, NM	
641	B4-622R	JA8559	Japan Airlines	Active	Tokyo Haneda, Japan	
643	B4-605R	N7082A	American Airlines	Active	Dallas/Ft. Worth, TX	
645	B4-605R	N7083A	American Airlines	Active	Dallas/Ft. Worth, TX	
655	B4-608ST	F-GSTA	Airbus Transport International	Active	Toulouse, France	
657	B4-622R(F)	N729FD	FedEx Express	Active	Memphis, TN	
659	B4-622R(F)	N730FD	FedEx Express	Active	Memphis, TN	
662	B4-622R	HL7421	Korean Air	Active	Seoul, South Korea	
664	B4-622R	N744FD	FedEx Express	Active	Memphis, TN	
666	B4-622R	ST-ATB	Sudan Airways	Active	Khartoum, Sudan	
668	B4-622R(F)	N745FD	FedEx Express	Active	Memphis, TN	
670	B4-622R	JA8561	Japan Airlines	Active	Tokyo Haneda, Japan	
673	B4-605R	9K-AMA	Kuwait Airways	Active	Kuwait	
675	B4-605R	N80084	American Airlines	Active	Dallas/Ft. Worth, TX	
677	B4-622R	B-MBJ	Air Macau	Active	Macau	

Airbus A300b4-600

Out Of Production List: Western Jet Airliners

c/n	Model	Registration	Owner/Operator	Status	Location	Notes
679	B4-622R	JA8562	Japan Airlines	Active	Tokyo Haneda, Japan	
681	B4-622R	HS-TAR	Thai Airways International	Active	Bangkok, Thailand	
683	B4-622R	JA8563	Japan Airlines	Active	Tokyo Haneda, Japan	
685	B4-622R	HL7242	Korean Air	Active	Seoul, South Korea	
688	B4-622R(F)	N746FD	FedEx Express	Active	Memphis, TN	
690	B4-622R	A7-ABV	-	Written Off	Abu Dhabi, UAE	
692	B4-622R	HL7243	Korean Air	Active	Seoul, South Korea	
694	B4-605R	9K-AMB	Kuwait Airways	Active	Kuwait	
696	B4-605R	EP-IBD	Iran Air	Active	Tehran, Iran	
699	B4-605R	9K-AMC	Kuwait Airways	Active	Kuwait	
701	B4-605R	D-AIAZ	Lufthansa	Active	Frankfurt, Germany	
703	B4-622R	JA8564	Japan Airlines	Active	Tokyo Haneda, Japan	
705	B4-622R	HS-TAS	Thai Airways International	Active	Bangkok, Thailand	
707	B4-605R	B-2318	China Eastern Airlines	Active	Shanghai, China	
709	B4-605R(F)	N731FD	FedEx Express	Active	Memphis, TN	
711	B4-622R	JA8565	Japan Airlines	Active	Tokyo Haneda, Japan	
713	B4-605R(F)	N732FD	FedEx Express	Active	Memphis, TN	
715	B4-605R(F)	N733FD	FedEx Express	Active	Memphis, TN	
717	B4-622R(F)	HL7299	Korean Air	Active	Seoul, South Korea	
719	B4-605R	9K-AMD	Kuwait Airways	Active	Kuwait	
721	B4-605R	9K-AME	Kuwait Airways	Active	Kuwait	
722	B4-622R(F)	HL7244	Korean Air	Active	Seoul, South Korea	
723	B4-605R	EP-IBA	Iran Air	Active	Tehran, Iran	
724	B4-622R	JA8527	Japan Airlines	Active	Tokyo Haneda, Japan	
725	B4-605R	B-2324	China Eastern Airlines	Active	Xian, China	
726	F4-605R	N650FE	FedEx Express	Active	Memphis, TN	
727	B4-605R	EP-IBB	Iran Air	Active	Tehran, Iran	
728	F4-605R	N651FE	FedEx Express	Active	Memphis, TN	
729	B4-622R	JA8529	Japan Airlines	Active	Tokyo Haneda, Japan	
730	B4-622R	JA8566	Japan Airlines	Active	Tokyo Haneda, Japan	
731	B4-622R	HL7245	Korean Air	Active	Seoul, South Korea	
732	B4-605R	B-2319	China Eastern Airlines	Active	Shanghai, China	
733	B4-622R	B-2315	China Southern Airlines	Active	Shenyang, China	
734	B4-622R	B-2316	China Southern Airlines	Active	Shenyang, China	
735	F4-605R	N652FE	FedEx Express	Active	Memphis, TN	
736	F4-605R	N653FE	FedEx Express	Active	Memphis, TN	
737	B4-622R	JA8573	Japan Airlines	Active	Tokyo Haneda, Japan	
738	F4-605R	N654FE	FedEx Express	Active	Memphis, TN	
739	B4-622R	B-2323	China Southern Airlines	Active	Shenyang, China	
740	B4-622R	JA8574	Japan Airlines	Active	Tokyo Haneda, Japan	
741	B4-605R	B-2317	China Eastern Airlines	Active	Xian, China	
742	F4-605R	N655FE	FedEx Express	Active	Memphis, TN	
743	B4-622R(F)	B-MAS	Air Macau	Active	Macau	
744	B4-605R	TC-OAA	Onur Air / Saudi Arabian Airlines	Active	Jeddah, Saudi Arabia	
745	F4-605R	N656FE	FedEx Express	Active	Memphis, TN	
746	B4-605R	B-2325	China Eastern Airlines	Active	Shanghai, China	
747	B4-605R	TC-OAG	Onur Air / Saudi Arabian Airlines	Active	Jeddah, Saudi Arabia	
748	F4-605R	N657FE	FedEx Express	Active	Memphis, TN	

c/n	Model	Registration	Owner/Operator	Status	Location	Notes
749	B4-605R	TC-OAB	Onur Air	Active	Istanbul, Turkey	
750	B4-622R	B-2327	China Southern Airlines	Active	Dalian, China	
751	B4-608ST	F-GSTB	Airbus Transport International	Active	Toulouse, France	
752	F4-605R	N658FE	FedEx Express	Active	Memphis, TN	
753	B4-622R	JA8657	Japan Airlines	Active	Tokyo Haneda, Japan	
754	B4-605R	B-2326	China Eastern Airlines	Active	Shanghai, China	
755	B4-605R	TF-ELW	Air Atlanta Icelandic / MASkargo	Active	Kuala Lumpur, Malaysia	
756	B4-622R	B-2328	China Southern Airlines	Active	Shenyang, China	
757	F4-605R	N659FE	FedEx Express	Active	Memphis, TN	
758	B4-605R	TC-MNV	MNG Airlines	Active	Istanbul Ataturk, Turkey	
759	F4-605R	N660FE	FedEx Express	Active	Memphis, TN	
760	F4-605R	N661FE	FedEx Express	Active	Memphis, TN	
761	F4-605R	N662FE	FedEx Express	Active	Memphis, TN	
762	B4-622R	B-2329	China Southern Airlines	Active	Dalian, China	
763	B4-605R	B-2330	China Eastern Airlines	Active	Xian, China	
764	B4-605R	TC-OAO	Onur Air / Saudi Arabian Airlines	Active	Jeddah, Saudi Arabia	
765	B4-608ST	F-GSTC	Airbus Transport International	Active	Toulouse, France	
766	F4-605R	N663FE	FedEx Express	Active	Memphis, TN	
767	F4-622R(F)	A6-MXB	Maximus Air Cargo	Active	Abu Dhabi, UAE	
768	F4-605R	N664FE	FedEx Express	Active	Memphis, TN	
769	F4-605R	N665FE	FedEx Express	Active	Memphis, TN	
770	B4-622R	JA8659	Japan Airlines	Active	Tokyo Haneda, Japan	
771	F4-605R	N667FE	FedEx Express	Active	Memphis, TN	
772	F4-605R	N668FE	FedEx Express	Active	Memphis, TN	
773	B4-605R	D-AIAX	Lufthansa	Active	Frankfurt, Germany	
774	F4-605R	N669FE	FedEx Express	Active	Memphis, TN	
775	B4-622R	ST-ATA	Sudan Airways	Active	Khartoum, Sudan	
776	B4-608ST	F-GSTD	Airbus Transport International	Active	Toulouse, France	
777	F4-605R	N670FE	FedEx Express	Active	Memphis, TN	
778	F4-605R	N671FE	FedEx Express	Active	Memphis, TN	
779	F4-605R	N672FE	FedEx Express	Active	Memphis, TN	
780	F4-605R	N673FE	FedEx Express	Active	Memphis, TN	
781	F4-605R	N674FE	FedEx Express	Active	Memphis, TN	
782	B4-622R	HS-TAT	Thai Airways International	Active	Bangkok, Thailand	
783	B4-622R	JA011D	Japan Airlines	Active	Tokyo Haneda, Japan	
784	B4-622R	HS-TAW	Thai Airways International	Active	Bangkok, Thailand	
785	B4-622R	HS-TAX	Thai Airways International	Active	Bangkok, Thailand	
786	B4-622R	HS-TAY	Thai Airways International	Active	Bangkok, Thailand	
787	B4-622R	HS-TAZ	Thai Airways International	Active	Bangkok, Thailand	
788	B4-622R(F)	A6-MXA	Maximus Air Cargo	Active	Abu Dhabi, UAE	
789	F4-605R	N675FE	FedEx Express	Active	Memphis, TN	
790	F4-605R	N676FE	FedEx Express	Active	Memphis, TN	
791	F4-605R	N677FE	FedEx Express	Active	Memphis, TN	
792	F4-605R	N678FE	FedEx Express	Active	Memphis, TN	
793	F4-605R	N679FE	FedEx Express	Active	Memphis, TN	
794	F4-605R	N680FE	FedEx Express	Active	Memphis, TN	
796	B4-608ST	F-GSTF	Airbus Transport International	Active	Toulouse, France	
797	B4-622R	JA012D	Japan Airlines	Active	Tokyo Haneda, Japan	

Airbus A300b4-600

Out Of Production List: Western Jet Airliners

c/n	Model	Registration	Owner/Operator	Status	Location	Notes
799	F4-605R	N681FE	FedEx Express	Active	Memphis, TN	
800	F4-605R	N682FE	FedEx Express	Active	Memphis, TN	
801	F4-605R	N683FE	FedEx Express	Active	Memphis, TN	
802	F4-605R	N684FE	FedEx Express	Active	Memphis, TN	
803	F4-605R	N685FE	FedEx Express	Active	Memphis, TN	
804	F4-605R	N686FE	FedEx Express	Active	Memphis, TN	
805	F4-622R	N120UP	United Parcel Service (UPS)	Active	Louisville, KY	
806	F4-622R	N121UP	United Parcel Service (UPS)	Active	Louisville, KY	
807	F4-622R	N122UP	United Parcel Service (UPS)	Active	Louisville, KY	
808	F4-622R	N124UP	United Parcel Service (UPS)	Active	Louisville, KY	
809	F4-622R	N125UP	United Parcel Service (UPS)	Active	Louisville, KY	
810	F4-622R	N126UP	United Parcel Service (UPS)	Active	Louisville, KY	
811	F4-622R	N127UP	United Parcel Service (UPS)	Active	Louisville, KY	
812	F4-622R	N128UP	United Parcel Service (UPS)	Active	Louisville, KY	
813	F4-622R	N129UP	United Parcel Service (UPS)	Active	Louisville, KY	
814	F4-622R	N130UP	United Parcel Service (UPS)	Active	Louisville, KY	
815	F4-622R	N131UP	United Parcel Service (UPS)	Active	Louisville, KY	
816	F4-622R	N133UP	United Parcel Service (UPS)	Active	Louisville, KY	
817	F4-622R	N134UP	United Parcel Service (UPS)	Active	Louisville, KY	
818	F4-622R	N135UP	United Parcel Service (UPS)	Active	Louisville, KY	
819	F4-622R	N136UP	United Parcel Service (UPS)	Active	Louisville, KY	
820	F4-622R	N137UP	United Parcel Service (UPS)	Active	Louisville, KY	
821	F4-622R	N138UP	United Parcel Service (UPS)	Active	Louisville, KY	
822	F4-622R	N139UP	United Parcel Service (UPS)	Active	Louisville, KY	
823	F4-622R	N140UP	United Parcel Service (UPS)	Active	Louisville, KY	
824	F4-622R	N141UP	United Parcel Service (UPS)	Active	Louisville, KY	
825	F4-622R	N142UP	United Parcel Service (UPS)	Active	Louisville, KY	
826	F4-622R	N143UP	United Parcel Service (UPS)	Active	Louisville, KY	
827	F4-622R	N144UP	United Parcel Service (UPS)	Active	Louisville, KY	
828	F4-622R	N145UP	United Parcel Service (UPS)	Active	Louisville, KY	
829	F4-622R	N146UP	United Parcel Service (UPS)	Active	Louisville, KY	
830	F4-622R	N147UP	United Parcel Service (UPS)	Active	Louisville, KY	
831	F4-622R	N148UP	United Parcel Service (UPS)	Active	Louisville, KY	
832	F4-622R	N149UP	United Parcel Service (UPS)	Active	Louisville, KY	
833	F4-622R	N150UP	United Parcel Service (UPS)	Active	Louisville, KY	
834	F4-622R	N151UP	United Parcel Service (UPS)	Active	Louisville, KY	
835	F4-622R	N152UP	United Parcel Service (UPS)	Active	Louisville, KY	
836	B4-622R	JA014D	Japan Airlines	Active	Tokyo Haneda, Japan	
837	B4-622R	JA015D	Japan Airlines	Active	Tokyo Haneda, Japan	
838	B4-622R	JA016D	Japan Airlines	Active	Tokyo Haneda, Japan	
839	F4-622R	N153UP	United Parcel Service (UPS)	Active	Louisville, KY	
840	F4-622R	N154UP	United Parcel Service (UPS)	Active	Louisville, KY	
841	F4-622R	N155UP	United Parcel Service (UPS)	Active	Louisville, KY	
845	F4-622R	N156UP	United Parcel Service (UPS)	Active	Louisville, KY	
846	F4-622R	N157UP	United Parcel Service (UPS)	Active	Louisville, KY	
847	F4-622R	N158UP	United Parcel Service (UPS)	Active	Louisville, KY	
848	F4-622R	N159UP	United Parcel Service (UPS)	Active	Louisville, KY	
849	F4-622R	N160UP	United Parcel Service (UPS)	Active	Louisville, KY	

Airbus A300b4-600

c/n	Model	Registration	Owner/Operator	Status	Location	Notes
850	F4-622R	N161UP	United Parcel Service (UPS)	Active	Louisville, KY	
851	F4-622R	N162UP	United Parcel Service (UPS)	Active	Louisville, KY	
852	F4-622R	N163UP	United Parcel Service (UPS)	Active	Louisville, KY	
853	F4-622R	N164UP	United Parcel Service (UPS)	Active	Louisville, KY	
854	F4-622R	N165UP	United Parcel Service (UPS)	Active	Louisville, KY	
855	B4-605R(F)	B-LDA	Air Hong Kong	Active	Hong Kong CLK	
856	B4-605R(F)	B-LDB	Air Hong Kong	Active	Hong Kong CLK	
857	B4-605R(F)	B-LDC	Air Hong Kong	Active	Hong Kong CLK	
858	B4-605R(F)	B-LDD	Air Hong Kong	Active	Hong Kong CLK	
859	B4-605R(F)	B-LDE	Air Hong Kong	Active	Hong Kong CLK	
860	B4-605R(F)	B-LDF	Air Hong Kong	Active	Hong Kong CLK	
861	F4-622R	N166UP	United Parcel Service (UPS)	Active	Louisville, KY	
862	F4-622R	N167UP	United Parcel Service (UPS)	Active	Louisville, KY	
863	F4-622R	N168UP	United Parcel Service (UPS)	Active	Louisville, KY	
864	F4-622R	N169UP	United Parcel Service (UPS)	Active	Louisville, KY	
865	F4-622R	N170UP	United Parcel Service (UPS)	Active	Louisville, KY	
866	F4-622R	N171UP	United Parcel Service (UPS)	Active	Louisville, KY	
867	F4-622R	N172UP	United Parcel Service (UPS)	Active	Louisville, KY	
868	F4-622R	N173UP	United Parcel Service (UPS)	Active	Louisville, KY	
869	F4-622R	N174UP	United Parcel Service (UPS)	Active	Louisville, KY	
870	B4-605R(F)	B-LDG	Air Hong Kong	Active	Hong Kong CLK	
871	B4-605R(F)	B-LDH	Air Hong Kong	Active	Hong Kong CLK	
872	F4-622R	JA02GX	(Galaxy Airlines)	Stored	Tokyo Haneda, Japan	
873	F4-605R	N687FE	FedEx Express	Active	Memphis, TN	
874	F4-605R	N688FE	FedEx Express	Active	Memphis, TN	
875	F4-605R	N689FE	FedEx Express	Active	Memphis, TN	
876	F4-605R	N690FE	FedEx Express	Active	Memphis, TN	
877	F4-605R	N691FE	FedEx Express	Active	Memphis, TN	
878	F4-605R	N692FE	FedEx Express	Active	Memphis, TN	

Airbus A300b4-600

Cross Reference

Registration	c/n	Registration	c/n	Registration	c/n	Registration	c/n
5A-DLY	601	B-LDH	871	F-WWAD	569	F-WWAJ	830
5A-DLZ	616	B-MAS	743	F-WWAD	608	F-WWAJ	851
5A-IAY	354	B-MBJ	677	F-WWAD	627	F-WWAJ	870
5N-BFW	633	D-ABFH	755	F-WWAD	670	F-WWAK	384
9K-AHF	327	D-AIAH	380	F-WWAD	709	F-WWAK	474
9K-AHG	332	D-AIAI	391	F-WWAD	736	F-WWAK	529
9K-AHI	344	D-AIAK	401	F-WWAD	753	F-WWAK	580
9K-AMA	673	D-AIAL	405	F-WWAD	791	F-WWAK	617
9K-AMB	694	D-AIAM	408	F-WWAD	811	F-WWAK	659
9K-AMC	699	D-AIAN	411	F-WWAD	827	F-WWAK	696
9K-AMD	719	D-AIAP	414	F-WWAE	361	F-WWAK	731
9K-AME	721	D-AIAR	546	F-WWAE	466	F-WWAK	744
A6-EKC	505	D-AIAS	553	F-WWAE	518	F-WWAK	761
A6-EKD	558	D-AIAT	618	F-WWAE	572	F-WWAK	800
A6-EKE	563	D-AIAU	623	F-WWAE	609	F-WWAK	837
A6-EKF	608	D-AIAW	764	F-WWAE	628	F-WWAK	852
A6-EKM	701	D-AIAX	773	F-WWAE	675	F-WWAK	871
A6-EKO	747	D-AIAY	608	F-WWAE	711	F-WWAL	391
A6-MXA	788	D-AIAZ	701	F-WWAE	734	F-WWAL	464
A6-MXB	767	D-ANDY	758	F-WWAE	752	F-WWAL	530
A6-PFD	374	EI-DGU	557	F-WWAE	774	F-WWAL	581
A6-SHZ	354	EI-DJN	529	F-WWAE	788	F-WWAL	679
A6-ZYI	666	EI-DMO	533	F-WWAE	812	F-WWAL	723
A7-ABN	664	EP-IBA	723	F-WWAE	828	F-WWAL	760
A7-ABO	668	EP-IBB	727	F-WWAE	866	F-WWAL	767
A7-ABP	630	EP-IBC	632	F-WWAF	365	F-WWAL	784
A7-ABV	690	EP-IBD	696	F-WWAF	469	F-WWAL	801
A7-ABW	688	F-GHEF	555	F-WWAF	521	F-WWAL	817
A7-ABX	554	F-GHEG	559	F-WWAF	575	F-WWAL	838
A7-ABY	560	F-GSTA	655	F-WWAF	610	F-WWAL	853
A7-AFA	630	F-GSTB	751	F-WWAF	629	F-WWAL	872
A7-AFB	614	F-GSTC	765	F-WWAF	677	F-WWAM	395
A7-AFC	611	F-GSTD	776	F-WWAF	713	F-WWAM	465
A7-AFD	613	F-GSTF	796	F-WWAF	737	F-WWAM	582
B-1800	529	F-HDDD	625	F-WWAF	757	F-WWAM	618
B-1802	533	F-HEEE	555	F-WWAF	771	F-WWAM	641
B-1804	536	F-ODRM	354	F-WWAF	792	F-WWAM	699
B-1806	666	F-ODSX	530	F-WWAF	813	F-WWAM	729
B-1814	578	F-ODTK	252	F-WWAF	836	F-WWAM	748
B-1816	580	F-OHLN	747	F-WWAF	849	F-WWAM	769
B-18501	767	F-OIHA	530	F-WWAF	867	F-WWAM	802
B-18502	775	F-OIHB	505	F-WWAG	368	F-WWAM	818
B-18503	788	F-WAST	655	F-WWAG	577	F-WWAM	831
B-18571	529	F-WGYU	344	F-WWAG	611	F-WWAM	854
B-18572	533	F-WHPI	252	F-WWAG	632	F-WWAN	398
B-18573	536	F-WHPI	530	F-WWAG	685	F-WWAN	479
B-18575	559	F-WIHU	505	F-WWAG	721	F-WWAN	533
B-18576	743	F-WQGP	555	F-WWAG	740	F-WWAN	561
B-18577	677	F-WQTG	559	F-WWAG	759	F-WWAN	613
B-18578	625	F-WQTL	557	F-WWAG	766	F-WWAN	643
B-18579	555	F-WSTA	655	F-WWAG	793	F-WWAN	701
B-18851	666	F-WSTB	751	F-WWAG	814	F-WWAN	735
B-2306	521	F-WSTC	765	F-WWAG	829	F-WWAN	749
B-2307	525	F-WSTD	776	F-WWAG	850	F-WWAN	781
B-2308	532	F-WSTE	796	F-WWAG	868	F-WWAN	803
B-2309	584	F-WWAA	380	F-WWAH	371	F-WWAN	819
B-2310	603	F-WWAA	470	F-WWAH	471	F-WWAN	832
B-2311	688	F-WWAA	516	F-WWAH	532	F-WWAN	855
B-2312	690	F-WWAA	563	F-WWAH	578	F-WWAN	869
B-2315	733	F-WWAA	606	F-WWAH	612	F-WWAO	401
B-2316	734	F-WWAA	621	F-WWAH	630	F-WWAO	505
B-2317	741	F-WWAA	746	F-WWAH	633	F-WWAO	543
B-2318	707	F-WWAA	768	F-WWAH	688	F-WWAO	583
B-2319	732	F-WWAA	783	F-WWAH	722	F-WWAO	615
B-2320	709	F-WWAA	825	F-WWAH	743	F-WWAO	645
B-2321	713	F-WWAB	388	F-WWAH	763	F-WWAO	703
B-2322	715	F-WWAB	536	F-WWAH	794	F-WWAO	773
B-2323	739	F-WWAB	566	F-WWAH	815	F-WWAO	785
B-2324	725	F-WWAB	607	F-WWAH	862	F-WWAO	804
B-2325	746	F-WWAB	631	F-WWAI	377	F-WWAO	820
B-2326	754	F-WWAB	681	F-WWAJ	374	F-WWAO	833
B-2327	750	F-WWAB	719	F-WWAJ	477	F-WWAO	873
B-2328	756	F-WWAB	739	F-WWAJ	525	F-WWAP	405
B-2329	762	F-WWAB	756	F-WWAJ	579	F-WWAP	506
B-2330	763	F-WWAB	787	F-WWAJ	616	F-WWAP	546
B-LDA	855	F-WWAB	803	F-WWAJ	657	F-WWAP	601
B-LDB	856	F-WWAB	810	F-WWAJ	683	F-WWAP	635
B-LDC	857	F-WWAB	826	F-WWAJ	728	F-WWAP	690
B-LDD	858	F-WWAC	462	F-WWAJ	742	F-WWAP	726
B-LDE	859	F-WWAC	512	F-WWAJ	764	F-WWAP	745
B-LDF	860	F-WWAD	463	F-WWAJ	799	F-WWAP	772
B-LDG	870	F-WWAD	517	F-WWAJ	816	F-WWAP	806

Registration	c/n	Registration	c/n	Registration	c/n	Registration	c/n
F-WWAP	834	F-WWAX	847	HS-TAE	395	N142UP	825
F-WWAP	856	F-WWAX	864	HS-TAF	398	N143UP	826
F-WWAP	874	F-WWAY	460	HS-TAG	464	N144UP	827
F-WWAQ	408	F-WWAY	514	HS-TAH	518	N145UP	828
F-WWAQ	507	F-WWAY	556	HS-TAK	566	N146UP	829
F-WWAQ	557	F-WWAY	605	HS-TAL	569	N147UP	830
F-WWAQ	625	F-WWAY	666	HS-TAM	577	N148UP	831
F-WWAQ	673	F-WWAY	717	HS-TAN	628	N149UP	832
F-WWAQ	724	F-WWAY	741	HS-TAO	629	N150UP	833
F-WWAQ	770	F-WWAY	754	HS-TAP	635	N151UP	834
F-WWAQ	777	F-WWAY	782	HS-TAR	681	N152UP	835
F-WWAQ	786	F-WWAY	824	HS-TAS	705	N153UP	839
F-WWAQ	797	F-WWAZ	461	HS-TAT	782	N154UP	840
F-WWAQ	821	F-WWAZ	515	HS-TAW	784	N155UP	841
F-WWAQ	835	F-WWAZ	560	HS-TAX	785	N156UP	845
F-WWAQ	857	F-WWAZ	614	HS-TAY	786	N157UP	846
F-WWAQ	875	F-WWAZ	668	HS-TAZ	787	N158UP	847
F-WWAR	411	F-WWAZ	727	HZ-AJA	284	N159UP	848
F-WWAR	508	F-WWAZ	762	HZ-AJB	294	N160UP	849
F-WWAR	558	F-WWAZ	779	HZ-AJC	301	N161UP	850
F-WWAR	626	F-WWAZ	789	HZ-AJD	307	N162UP	851
F-WWAR	692	F-WWAZ	848	HZ-AJE	312	N163UP	852
F-WWAR	725	F-WWAZ	865	HZ-AJF	317	N164UP	853
F-WWAR	758	F-WZLR	252	HZ-AJG	321	N165PL	584
F-WWAR	805	F-WZLS	284	HZ-AJH	336	N165UP	854
F-WWAR	839	F-WZYA	294	HZ-AJI	341	N166PL	603
F-WWAR	858	F-WZYA	354	HZ-AJJ	348	N166UP	861
F-WWAR	876	F-WZYB	301	HZ-AJK	351	N167UP	862
F-WWAS	414	F-WZYB	351	JA011D	783	N168UP	863
F-WWAS	509	F-WZYC	307	JA012D	797	N169UP	864
F-WWAS	559	F-WZYC	358	JA014D	836	N170UP	865
F-WWAS	822	F-WZYD	312	JA015D	837	N171UP	866
F-WWAS	840	F-WZYD	317	JA016D	838	N172UP	867
F-WWAS	859	F-WZYF	321	JA01GX	533	N173UP	868
F-WWAS	877	F-WZYG	327	JA02GX	872	N174UP	869
F-WWAT	417	F-WZYH	332	JA8375	602	N18066	509
F-WWAT	540	F-WZYI	336	JA8376	617	N19059	469
F-WWAT	602	F-WZYJ	341	JA8377	621	N190PL	709
F-WWAT	623	F-WZYK	344	JA8527	724	N191PL	713
F-WWAT	662	F-WZYL	348	JA8529	729	N192PL	715
F-WWAT	705	G-MAJS	604	JA8558	637	N221LF	743
F-WWAT	732	G-MONR	540	JA8559	641	N25071	514
F-WWAT	747	G-MONS	556	JA8561	670	N303GA	377
F-WWAT	775	G-OJMR	605	JA8562	679	N3075A	606
F-WWAT	808	HL7239	627	JA8563	683	N310GA	371
F-WWAT	841	HL7240	631	JA8564	703	N33069	512
F-WWAT	860	HL7242	685	JA8565	711	N34078	615
F-WWAT	878	HL7243	692	JA8566	730	N374FD	374
F-WWAU	420	HL7244	722	JA8573	737	N384EF	384
F-WWAU	510	HL7245	731	JA8574	740	N395EF	395
F-WWAU	554	HL7259	477	JA8657	753	N40064	507
F-WWAU	584	HL7280	361	JA8659	770	N41063	506
F-WWAU	619	HL7281	365	JY-GAX	601	N461LP	677
F-WWAU	664	HL7287	358	JY-GAZ	616	N50051	459
F-WWAU	707	HL7288	477	N103MT	533	N59081	639
F-WWAU	733	HL7289	479	N11060	470	N613AN	613
F-WWAU	750	HL7290	388	N120UP	805	N622DS	659
F-WWAU	780	HL7291	417	N121UP	806	N622RG	657
F-WWAU	809	HL7292	543	N122UP	807	N633AN	633
F-WWAU	845	HL7293	554	N124UP	808	N650FE	726
F-WWAU	861	HL7294	560	N125UP	809	N651FE	728
F-WWAV	423	HL7295	582	N126UP	810	N652FE	735
F-WWAV	511	HL7296	583	N127UP	811	N653FE	736
F-WWAV	555	HL7297	609	N128UP	812	N654FE	738
F-WWAV	603	HL7298	614	N129UP	813	N655FE	742
F-WWAV	639	HL7299	717	N130UP	814	N656FE	745
F-WWAV	694	HL7421	662	N131UP	815	N657FE	748
F-WWAV	730	HL7519	611	N133UP	816	N658FE	752
F-WWAV	778	HL7520	613	N134UP	817	N659FE	757
F-WWAV	790	HL7521	657	N135UP	818	N660FE	759
F-WWAV	823	HL7523	659	N136UP	819	N661FE	760
F-WWAV	846	HL7535	479	N137UP	820	N662FE	761
F-WWAV	863	HL7536	543	N138UP	821	N663FE	766
F-WWAX	459	HL7537	554	N139UP	822	N664FE	768
F-WWAX	513	HL7580	756	N14053	420	N665FE	769
F-WWAX	553	HL7581	762	N14056	463	N667FE	771
F-WWAX	604	HL7582	530	N14061	471	N668FE	772
F-WWAX	637	HL7583	750	N14065	508	N669FE	774
F-WWAX	715	HS-TAA	368	N14068	511	N670FE	777
F-WWAX	738	HS-TAB	371	N14077	612	N671FE	778
F-WWAX	755	HS-TAC	377	N140UP	823	N672FE	779
F-WWAX	807	HS-TAD	384	N141UP	824	N673FE	780

Airbus A300b4-600

Out Of Production List: Western Jet Airliners

Registration	c/n
N674FE	781
N675FE	789
N676FE	790
N677FE	791
N678FE	792
N679FE	793
N680FE	794
N681FE	799
N682FE	800
N683FE	801
N684FE	802
N685FE	803
N686FE	804
N687FE	873
N688FE	874
N689FE	875
N690FE	876
N691FE	877
N692FE	878
N70054	461
N70072	515
N70073	516
N70074	517
N70079	619
N7055A	462
N7062A	474
N7076A	610
N7082A	643
N7083A	645
N716FD	358
N717FD	361
N718FD	365
N719FD	388
N720FD	417
N721FD	477
N722FD	479
N723FD	543
N724FD	530
N725FD	572
N726FD	575
N727FD	579
N728FD	581
N729FD	657
N730FD	659
N731FD	709
N732FD	713
N733FD	715
N740FD	559
N741FD	611
N742FD	613
N743FD	630
N744FD	664
N744LF	744
N745FD	668
N746FD	688
N748FD	633
N749FD	536
N750FD	555
N751FD	625
N77080	626
N80052	460
N80057	465
N80058	466
N80084	675
N8067A	510
N88881	743
N88887	625
N8888B	677
N8888P	555
N90070	513
N91050	423
OO-CTT	755
OO-CTU	758
PK-GAK	611
PK-GAL	613
PK-GAM	625
PK-GAN	630
PK-GAO	633
PK-GAP	657
PK-GAQ	659
PK-GAR	664
PK-GAS	668

Registration	c/n
PK-GAT	677
PK-KDK	633
PK-KDP	677
PK-MAY	344
S7-RGO	584
ST-ASS	252
ST-ATA	775
ST-ATB	666
SU-GAR	557
SU-GAS	561
SU-GAT	572
SU-GAU	575
SU-GAV	579
SU-GAW	581
SU-GAX	601
SU-GAY	607
SU-GAZ	616
SX-BEK	632
SX-BEL	696
SX-BEM	603
TC-ABD	611
TC-ABE	613
TC-ABF	633
TC-MNV	758
TC-OAA	744
TC-OAB	749
TC-OAG	747
TC-OAH	584
TC-OAO	764
TC-OAY	677
TC-OAZ	603
TF-ELA	788
TF-ELB	659
TF-ELB	666
TF-ELE	767
TF-ELF	529
TF-ELG	758
TF-ELK	557
TF-ELU	657
TF-ELW	755
TS-IAX	601
TS-IAY	354
TS-IAZ	616
TS-IPA	558
TS-IPB	563
TS-IPC	505
TU-TAG	657
TU-TAH	744
TU-TAI	749
TU-TAQ	659
VH-BFW	633
VH-CLL	690
VH-CLM	688
VH-EFW	630
VH-IGF	613
VH-IWD	611
VH-JBN	630
VH-OPW	668
VH-PWD	664
VH-YMA	584
VH-YMB	603
VH-YMJ	540
VH-YMK	556
YI-AOF	327
YI-AOG	332

Airbus A310

Production Started:	1983
Production Ended:	2007
Number Built:	255
Active:	185
Preserved:	2
WFU, Stored & In Parts:	48
Written Off:	8
Scrapped:	12

Location Summary

Location	Count
Afghanistan	1
Algeria	3
Argentina	2
Bangladesh	2
Belgium	4
Canada	18
China	1
Czech Republic	3
Egypt	1
France	5
Germany	14
India	13
Iran	12
Jordan	8
Kuwait	4
Libya	1
Mongolia	1
Myanmar	2
Nigeria	1
Oman	2
Pakistan	13
Portugal	7
Qatar	1
Romania	2
Russia	7
Saudi Arabia	1
Singapore	1
Spain	6
Sudan	1

Location Summary

Location	Count
Thailand	1
Turkey	11
UAE - Abu Dhabi	1
UAE - Dubai	1
USA - AZ	1
USA - CA	14
USA - LA	1
USA - MS	1
USA - NM	1
USA - TN	59
Uzbekistan	3
Yemen	4

Airbus A310

l/n	c/n	Model	Registration	Owner/Operator	Status	Location	Notes
☐	162	221(F)	N450FE	FedEx Express	Active	Memphis, TN	
☐	172	203	TC-JYK	(KTHY Kibris Turk Hava Yollari)	WFU & Stored	Istanbul Ataturk, Turkey	
☐	191	203(F)	N401FE	FedEx Express	Active	Memphis, TN	
☐	201	203(F)	N402FE	FedEx Express	Active	Memphis, TN	
☐	217	221(F)	N449FE	(FedEx Express)	Stored	Victorville, CA	
☐	224	221(F)	N446FE	FedEx Express	Active	Memphis, TN	
☐	230	203(F)	N403FE	FedEx Express	Active	Memphis, TN	
☐	233	203(F)	N404FE	FedEx Express	Active	Memphis, TN	
☐	237	203(F)	N405FE	FedEx Express	Active	Memphis, TN	
☐	241	203(F)	N424FE	(FedEx Express)	Stored	Victorville, CA	
☐	245	203(F)	N426FE	FedEx Express	Active	Memphis, TN	
☐	248	203(F)	N428FE	FedEx Express	Active	Memphis, TN	
☐	251	221(F)	N447FE	FedEx Express	Active	Memphis, TN	
☐	254	203(F)	N407FE	FedEx Express	Active	Memphis, TN	
☐	257	203(F)	N408FE	FedEx Express	Active	Memphis, TN	
☐	260	221(F)	N448FE	(FedEx Express)	Stored	Victorville, CA	
☐	264	203(F)	N425FE	FedEx Express	Active	Memphis, TN	
☐	267	222(F)	N453FE	FedEx Express	Active	Memphis, TN	
☐	270	222	5N-AUE	-	Scrapped	Lagos, Nigeria	
☐	273	203(F)	N409FE	FedEx Express	Active	Memphis, TN	
☐	276	222	F-OGYW	-	Scrapped	Lagos, Nigeria	
☐	278	222(F)	N454FE	FedEx Express	Active	Memphis, TN	
☐	281	203(F)	N423FE	FedEx Express	Active	Memphis, TN	
☐	283	203(F)	N443FE	FedEx Express	Active	Memphis, TN	
☐	285	222	5N-AUF	Nigeria Airways	Stored	Lagos, Nigeria	
☐	288	221(F)	N416FE	FedEx Express	Active	Memphis, TN	
☐	291	203	7T-VJC	(Air Algerie)	Stored	Algiers, Algeria	
☐	293	203	7T-VJD	(Air Algerie)	Stored	Algiers, Algeria	
☐	295	203	TS-IGU	(Nouvelair International)	Stored	Tripoli, Libya	
☐	297	203(F)	N445FE	FedEx Express	Active	Memphis, TN	
☐	300	203	F-WQTE	-	Stored	Bordeaux Merignac, France	
☐	303	222(F)	N451FE	FedEx Express	Active	Memphis, TN	
☐	306	203	TS-IGV	(Nouvelair International)	WFU & Stored	Amman, Jordan	
☐	309	203	N409AT	(World Focus Airlines)	Stored	Mojave, CA	
☐	311	222	B-2301	(China Eastern Airlines)	Preserved	Beijing Museum, China	
☐	313	222(F)	N452FE	FedEx Express	Active	Memphis, TN	
☐	316	203(F)	N431FE	(FedEx Express)	Stored	Victorville, CA	
☐	318	222(F)	N456FE	FedEx Express	Active	Memphis, TN	
☐	320	222	XY-AGE	Air Bagan	Active	Yangon, Myanmar	
☐	326	203(F)	N432FE	(FedEx Express)	Stored	Victorville, CA	
☐	329	222	5N-AUG	(Air US Cafe)	Preserved as Bar	Nr Charleroi, Belgium	
☐	331	222(F)	N455FE	FedEx Express	Active	Memphis, TN	
☐	333	221(F)	N417FE	FedEx Express	Active	Memphis, TN	
☐	335	221(F)	N433FE	FedEx Express	Active	Memphis, TN	
☐	338	203	EP-IBM	(Iran Air)	Stored	Tehran, Iran	
☐	339	222(F)	N420FE	(FedEx Express)	Stored	Victorville, CA	
☐	340	222	5N-AUH	-	Scrapped	Lagos, Nigeria	
☐	342	222(F)	N421FE	FedEx Express	Active	Memphis, TN	

Airbus A310

l/n	c/n	Model	Registration	Owner/Operator	Status	Location	Notes
	343	222(F)	N418FE	FedEx Express	Active	Memphis, TN	
	345	222(F)	N419FE	FedEx Express	Active	Memphis, TN	
	346	222(F)	N422FE	FedEx Express	Active	Memphis, TN	
	347	222	3B-STI	-	Parts Remain	Velbert, Germany	
	349	203(F)	N415FE	(FedEx Express)	Stored	Victorville, CA	
	350	222	3B-STJ	-	Parts Remain	Velbert, Germany	
	352	203	N452AT	(World Focus Airlines)	Stored	Mojave, CA	
	353	203(F)	N442FE	(FedEx Express)	Stored	Victorville, CA	
	355	203(F)	N434FE	(FedEx Express)	Stored	Victorville, CA	
	356	203(F)	N410FE	FedEx Express	Active	Memphis, TN	
	357	222	JY-JAV	Jordan Aviation (United Nations colours)	Active	Amman, Jordan	
	359	203(F)	N411FE	FedEx Express	Active	Memphis, TN	
	360	203(F)	N412FE	FedEx Express	Active	Memphis, TN	
	362	203(F)	N427FE	FedEx Express	Active	Memphis, TN	
	363	222	D-ASQA	-	WFU & Stored	Marana, AZ	
	364	203(F)	N429FE	FedEx Express	Active	Memphis, TN	
	367	222	CA-02	Belgian Air Force	Active	Brussels Melsbroek, Belgium	
	369	203(F)	N435FE	FedEx Express	Active	Memphis, TN	
	370	203	EP-IBP	Iran Air	Active	Tehran, Iran	
	372	222	CA-01	Belgian Air Force	Active	Brussels Melsbroek, Belgium	
	375	203	EP-IBN	(Iran Air)	Stored	Tehran, Iran	
	378	324(F)	N803FD	FedEx Express	Active	Memphis, TN	
	379	203	EP-IBO	(Iran Air)	WFU & Stored	Tehran, Iran	
	386	203	TC-JCO	(Turkish Airlines)	Stored	Istanbul Ataturk, Turkey	
	389	203	EP-IBQ	(Iran Air)	Stored	Tehran, Iran	
	390	203	EP-IBX	(Iran Air)	Stored	Tehran, Iran	
	392	304	VT-EJL	Air India	Active	Mumbai, India	
	394	203(F)	N430FE	FedEx Express	Active	Memphis, TN	
	397	203(F)	N413FE	FedEx Express	Active	Memphis, TN	
	399	322	UN-A3101	(SAT Airlines)	Stored	Abu Dhabi, UAE	
	400	203(F)	N414FE	FedEx Express	Active	Memphis, TN	
351	404	322	F-WQTB	-	Parts Remain	Toulouse, France	
	406	304	VT-EJG	Air India	Active	Mumbai, India	
	407	304	VT-EJH	Air India	Active	Mumbai, India	
353	409	322	N409AN	-	Scrapped	Mojave, CA	
354	410	322	OE-LMP	(MapJet Executive Flight Service)	Stored	Brussels, Belgium	
359	412	322	F-WQVC	-	Scrapped	Chateauroux, France	
	413	304	VT-EJI	Air India	Active	Mumbai, India	
	415	204	HS-TIA	-	Written Off	Surat Thani, Thailand	
	416	304	JY-AGP	Royal Jordanian	Active	Amman, Jordan	
365	418	304	F-RADC	French Air Force	Active	Creil, France	
	419	222	XY-AGD	Air Bagan	Active	Yangon, Myanmar	
	421	304	F-RADA	French Air Force	Active	Creil, France	
	422	304	F-RADB	French Air Force	Active	Creil, France	
	424	204	G-BZTB	-	Scrapped	Bristol Filton, UK	
371	425	304	15003	Canadian Armed Forces	Active	Trenton, ONT, Canada	
	426	304	5Y-BEN	-	Written Off	Abidja, Ivory Coast	
	427	204(WL)	VP-BTK	S7 - Siberia Airlines	Active	Novosibirsk, Russia	

Airbus A310 — Out Of Production List: Western Jet Airliners

l/n	c/n	Model	Registration	Owner/Operator	Status	Location	Notes
	428	304	VT-EJJ	Air India	Active	Mumbai, India	
	429	304	VT-EJK	Air India	Active	Mumbai, India	
	430	204(WL)	VP-BSY	S7 - Siberia Airlines	Active	Novosibirsk, Russia	
	431	304	HZ-NSA	Arabasco	Active	Jeddah, Saudi Arabia	
379	432	304	F-GRNS	-	Scrapped	Greenwood, MS	
	433	324	S2-ADG	(Biman Bangladesh Airlines)	Stored	Lake Charles, LA	
380	434	304(F)	10+24	German Air Force	Active	Cologne/Bonn, Germany	
385	435	304	N435XS	-	Scrapped	Kemble, UK	
	436	304	EP-IBL	Iran Air	Active	Tehran, Iran	
	437	322	ST-AST	Sudan Airways	Active	Khartoum, Sudan	
	438	304	HS-TID	-	Written Off	Mount Talaku Shir, Nepal	
397	439	324(ET)(F)	N808FD	FedEx Express	Active	Memphis, TN	
393	440	304	N440XS	-	Scrapped	Kemble, UK	
400	441	304(F)	15005	Canadian Armed Forces	Active	Trenton, ONT, Canada	
389	442	324(ET)	F-OGYP	-	Written Off	Novosibirsk, Russia	
	443	324	N443RR	-	Scrapped	Mojave, CA	
401	444	304(F)	15004	Canadian Armed Forces	Active	Trenton, ONT, Canada	
404	445	304(F)	JY-AGQ	Royal Jordanian	Active	Amman, Jordan	
	446	304(F)	15001	Canadian Armed Forces	Active	Trenton, ONT, Canada	
408	447	304	C-GTSY	Air Transat	Active	Montreal Dorval, Canada	
410	448	304	CS-TKI	White	Active	Lisbon, Portugal	
395	449	324(F)	N809FD	FedEx Express	Active	Memphis, TN	
396	450	324	YR-LCC	-	Written Off	Bucharest, Romania	
415	451	324	EC-GMU	Air Comet	Active	Madrid Barajas, Spain	
398	452	324(F)	N810FD	FedEx Express	Active	Memphis, TN	
399	453	324(ET)	EC-KJL	(Air Comet)	WFU & Stored	Roswell, NM	
	454	203(F)	N436FE	FedEx Express	Active	Memphis, TN	
418	455	324(ET)	EC-GOT	Air Comet	Active	Madrid Barajas, Spain	
	456	324(ET)(F)	N805FD	FedEx Express	Active	Memphis, TN	
422	457	324(F)	N811FD	FedEx Express	Stored	Memphis, TN	
425	458	324(F)	N806FD	FedEx Express	Active	Memphis, TN	
	467	324(ET)(F)	N812FD	FedEx Express	Active	Memphis, TN	
	468	204(WL)	D-AHLZ	S7 - Siberia Airlines	Active	Novosibirsk, Russia	
	472	304	C-GTSF	Air Transat	Active	Montreal Dorval, Canada	
	473	304	AP-OOI	(Pakistan Air Force)	Stored	Karachi, Pakistan	
429	475	304	F-OHCZ	S7 - Siberia Airlines	Active	Novosibirsk, Russia	
	476	304(F)	TC-JCV	Turkish Cargo	Active	Istanbul Ataturk, Turkey	
	478	304(F)	TC-JCY	Turkish Cargo	Active	Istanbul Ataturk, Turkey	
	480	304	TC-JCZ	Turkish Airlines	Active	Istanbul Ataturk, Turkey	
431	481	304	JY-JAH	Jordan Aviation	Active	Amman, Jordan	
433	482	304	15002	Canadian Armed Forces	Active	Trenton, ONT, Canada	
	483	304	C-GTSW	Air Transat	Active	Montreal Dorval, Canada	
437	484	304	10+25	German Air Force	Active	Cologne/Bonn, Germany	
	485	304	C-GVAT	Air Transat	Active	Montreal Dorval, Canada	
	486	204	VP-BTM	S7 - Siberia Airlines	Active	Novosibirsk, Russia	
	487	204(WL)	VP-BTL	S7 - Siberia Airlines	Active	Novosibirsk, Russia	
	488	304	EP-MHO	Mahan Airlines	Active	Tehran, Iran	
	489	304	EC-HLA	Airbus Industrie	Active	Madrid Getafe, Spain	

l/n	c/n	Model	Registration	Owner/Operator	Status	Location	Notes
451	490	304(F)	JY-AGR	Royal Jordanian	Active	Amman, Jordan	
453	491	304	JY-AGM	Royal Jordanian	Active	Amman, Jordan	
	492	304(ET)(F)	N807FD	FedEx Express	Active	Memphis, TN	
	493	324	9V-STQ	-	Scrapped	Lake Charles, LA	
	494	304	CS-TEJ	White	Active	Lisbon, Portugal	
	495	304	CS-TEI	Oman Air	Active	Muscat Seeb, Oman	
	496	304	TC-JDA	Turkish Airlines	Active	Istanbul Ataturk, Turkey	
	497	304	TC-JDB	Turkish Airlines	Active	Istanbul Ataturk, Turkey	
	498	304	10+21	German Air Force	Active	Cologne/Bonn, Germany	
	499	304	10+22	German Air Force	Active	Cologne/Bonn, Germany	
	500	324(F)	N813FD	FedEx Express	Active	Memphis, TN	
	501	324	D-AIJW	-	Parts Remain	Ahlhorn, Germany	
	502	304(F)	TC-JCT	Turkish Cargo	Active	Istanbul Ataturk, Turkey	
	503	304	10+23	German Air Force	Active	Cologne/Bonn, Germany	
	504	304	F-GEMO	-	WFU & Stored	Greenwood, MS	
	519	304	TC-SGC	Ariana Afghan Airlines	Active	Kabul, Afghanistan	
	520	304	VP-BTJ	S7 - Siberia Airlines	Active	Novosibirsk, Russia	
	522	304	10+26	German Air Force	Active	Cologne/Bonn, Germany	
	523	304 MRTT	10+27	German Air Force	Active	Hamburg Finkenwerder, Germany	
	524	304	EX-301	Mahan Airlines	Active	Tehran, Iran	
	526	304	JU-1010	MIAT - Mongolian Airlines	Active	Ulaanbaatar, Mongolia	
	527	304	C-GTSX	Air Transat	Active	Montreal Dorval, Canada	
	528	304	N528FD	-	Written Off	Vienna, Austria	
	531	304	JY-AGN	Royal Jordanian	Active	Amman, Jordan	
	534	324(F)	N814FD	FedEx Express	Active	Memphis, TN	
	535	304	7O-ADJ	Yemenia - Yemen Airways	Active	Sana'a, Yemen	
	537	304	F-OJHI	Mahan Airlines	Active	Kerman, Iran	
	538	304(F)	VT-EQS	Air India	Active	Mumbai, India	
	539	324(F)	N801FD	FedEx Express	Active	Memphis, TN	
	541	304	C-GTSK	Air Transat	Active	Montreal Dorval, Canada	
	542	324(F)	N802FD	FedEx Express	Active	Memphis, TN	
	544	304(F)	VT-EQT	Air India	Active	Mumbai, India	
	545	304	C-GFAT	Air Transat	Active	Montreal Dorval, Canada	
	547	304	C-GTSD	(Air Transat)	Stored	Victorville, CA	
	548	324	ST-ATN	-	Written Off	Khartoum, Sudan	
	549	324(F)	N804FD	FedEx Express	Active	Memphis, TN	
	550	304	T.22-1	Fuerza Aerea Española (Spanish Air Force)	Active	Madrid Torrejon AB, Spain	
	551	304	T.22-2	Fuerza Aerea Española (Spanish Air Force)	Active	Madrid Torrejon AB, Spain	
	552	304(F)	N817FD	FedEx Express	Active	Memphis, TN	
	562	304	TC-SGB	Air Algerie	Active	Algiers, Algeria	
	564	304	OK-WAA	Czech Airlines (CSA)	Active	Prague, Czech Republic	
	565	304	CS-TEX	Oman Air	Active	Muscat Seeb, Oman	
	567	304	OK-WAB	Czech Airlines (CSA)	Active	Prague, Czech Republic	
	568	324	7O-ADR	Yemenia - Yemen Airways	Active	Sana'a, Yemen	
	570	324	N229BA	-	Scrapped	Goodyear, AZ	
	571	304	CS-TGU	SATA International	Active	Lisbon, Portugal	
	573	304	CS-TDI	White	Active	Lisbon, Portugal	
	574	324	UK-31001	Uzbekistan Airways	Active	Tashkent, Uzbekistan	

Airbus A310 — Out Of Production List: Western Jet Airliners

	l/n	c/n	Model	Registration	Owner/Operator	Status	Location	Notes
☐		576	324	UK-31002	Uzbekistan Airways	Active	Tashkent, Uzbekistan	
☐		585	308	AP-BDZ	PIA Pakistan International Airlines	Active	Karachi, Pakistan	
☐		586	304	F-OJHH	Mahan Airlines	Active	Tehran, Iran	
☐		587	308	AP-BEB	PIA Pakistan International Airlines	Active	Karachi, Pakistan	
☐		588	308	C-GLAT	Air Transat	Active	Montreal Dorval, Canada	
☐		589	324	N68096	(Air India)	Stored	Victorville, CA	
☐		590	308	AP-BEC	PIA Pakistan International Airlines	Active	Karachi, Pakistan	
☐		591	324	60202	Royal Thai Air Force	Active	Bangkok Don Muang, Thailand	
☐		592	308(F)	TC-	Kuzu Airlines	Active	Istanbul Ataturk, Turkey	
☐		593	304(F)	N816FD	FedEx Express	Active	Memphis, TN	
☐		594	324	S2-ADK	Biman Bangladesh Airlines	Active	Dhaka, Bangladesh	
☐		595	308	C-GTSI	Air Transat	Active	Montreal Dorval, Canada	
☐		596	304	F-OGQS	-	Written Off	Mezhdurechensk, Russia	
☐		597	308	C-GPAT	Air Transat	Active	Montreal Dorval, Canada	
☐		598	304	VT-EVW	Air India	Active	Mumbai, India	
☐		599	308	C-GTSH	Air Transat	Active	Montreal Dorval, Canada	
☐		600	308	C-GSAT	Air Transat	Active	Montreal Dorval, Canada	
☐		620	308	5Y-VIP	(African Safari Airways)	Stored	Ahlhorn, Germany	
☐		622	304(F)	TC-	Kuzu Airlines	Active	Istanbul Ataturk, Turkey	
☐		624	325(ET)	CS-TKN	SATA International	Active	Lisbon, Portugal	
☐		634	324	N68097	(Air India)	Stored	Victorville, CA	
☐		636	325(ET)	YR-LCA	TAROM	Active	Bucharest, Romania	
☐		638	324(F)	N815FD	FedEx Express	Active	Memphis, TN	
☐		640	325(ET)	LV-AIV	(Aerolineas Argentinas)	Stored	Buenos Aires EZE, Argentina	
☐		642	325(ET)	EC-IPT	Air Comet	Active	Madrid Barajas, Spain	
☐		644	325(ET)	YR-LCB	TAROM	Active	Bucharest, Romania	
☐		646	308(F)	TC-LER	Kuzu Airlines	Active	Istanbul Ataturk, Turkey	
☐		647	308	9K-ALA	Kuwait Airways	Active	Kuwait International	
☐		648	308	9K-ALD	State of Kuwait	Active	Kuwait International	
☐		649	308	9K-ALB	Kuwait Airways	Active	Kuwait International	
☐		650	325(ET)	S2-ADH	(Biman Bangladesh Airlines)	Stored	Singapore Changi	
☐		651	304	CS-TGV	SATA International	Active	Lisbon, Portugal	
☐		652	304	SU-MWA	(Midwest Airlines)	Stored	Cairo, Egypt	
☐		653	308	AP-BEG	PIA Pakistan International Airlines	Active	Karachi, Pakistan	
☐		654	324	N818FD	FedEx Express	Active	Memphis, TN	
☐		656	308	AP-BEQ	PIA Pakistan International Airlines	Active	Karachi, Pakistan	
☐		658	308	C-FDAT	Air Transat	Active	Montreal Dorval, Canada	
☐		660	325(ET)	AP-BGQ	PIA Pakistan International Airlines	Active	Karachi, Pakistan	
☐		661	304	CS-TKM	SATA International	Active	Lisbon, Portugal	
☐		663	308	9K-ALC	Kuwait Airways	Active	Kuwait International	
☐		665	324	VT-AIA	Air India	Active	Mumbai, India	
☐		667	308	A7-AFE	Qatar Amiri Flight	Active	Doha, Qatar	
☐		669	324	N819FD	FedEx Express	Active	Memphis, TN	
☐		671	304	EP-IBK	Iran Air	Active	Tehran, Iran	
☐		672	325(ET)	OK-YAC	Czech Airlines (CSA)	Active	Prague, Czech Republic	
☐		674	325(ET)	OK-YAD	Air India	Active	Mumbai, India	
☐		676	324(ET)	AP-BGN	PIA Pakistan International Airlines	Active	Karachi, Pakistan	
☐		678	324(ET)	AP-BGO	PIA Pakistan International Airlines	Active	Karachi, Pakistan	

l/n	c/n	Model	Registration	Owner/Operator	Status	Location	Notes
	680	324	VT-AIB	Air India	Active	Mumbai, India	
	682	324(ET)	AP-BGP	PIA Pakistan International Airlines	Active	Karachi, Pakistan	
	684	324	VT-AIN	Deccan Air Cargo	Stored	Dresden, Germany	
	686	324(ET)	LV-AZL	(Aerolineas Argentinas)	Stored	Buenos Aires EZE, Argentina	
	687	325(ET)	AP-BGR	PIA Pakistan International Airlines	Active	Karachi, Pakistan	
655	689	325(ET)	AP-BGS	PIA Pakistan International Airlines	Active	Karachi, Pakistan	
660	691	308	AP-BEU	PIA Pakistan International Airlines	Active	Karachi, Pakistan	
	693	324	VT-AIO	Deccan Air Cargo	Stored	Dresden, Germany	
	695	308	VT-EVX	Air India	Active	Mumbai, India	
	697	324	VT-AIP	Deccan Air Cargo	Stored	Dresden, Germany	
712	698	325(ET)	S2-ADE	(Biman Bangladesh Airlines)	WFU & Stored	Dubai, UAE	
	700	325(ET)	S2-ADF	Biman Bangladesh Airlines	Active	Dhaka, Bangladesh	
719	702	324	7O-ADR	Yemenia - Yemen Airways	Active	Sana'a, Yemen	
720	704	324	F-OHPS	Yemenia - Yemen Airways	Active	Sana'a, Yemen	
732	706	324	UK-31003	Uzbekistan Airways	Active	Tashkent, Uzbekistan	

Cross Reference

Registration	l/n	c/n	Registration	l/n	c/n	Registration	l/n	c/n	Registration	l/n	c/n
15001		446	A6-EFA		646	CS-TDI		573	EP-IBO		379
15002	433	482	A6-EFB		592	CS-TEH		483	EP-IBP		370
15003	371	425	A6-EFC		622	CS-TEI		495	EP-IBQ		389
15004	401	444	A6-EKA	379	432	CS-TEJ		494	EP-IBX		390
15005	400	441	A6-EKB		436	CS-TEW		541	EP-MHH		586
60202		591	A6-EKG		545	CS-TEX		565	EP-MHI		537
10+21		498	A6-EKH		600	CS-TEY		573	EP-MHO		488
10+22		499	A6-EKI		588	CS-TEZ		472	EX-301		524
10+23		503	A6-EKJ		597	CS-TGU		571	F-GEMA		316
10+24	380	434	A6-EKK		658	CS-TGV		651	F-GEMB		326
10+25	437	484	A6-EKL		667	CS-TKI	410	448	F-GEMC		335
10+26		522	A6-EKN		573	CS-TKM		661	F-GEMD		355
10+27		523	A6-EKP		695	CS-TKN		624	F-GEME		369
3B-STI		347	A6-KUA	408	447	D-AHLA		520	F-GEMF		172
3B-STJ		350	A6-KUB	410	448	D-AHLB		528	F-GEMG		454
3B-STK		357	A6-KUC		472	D-AHLV		430	F-GEMN		502
5A-DLA		295	A6-KUD	431	481	D-AHLW		427	F-GEMO		504
5A-DLB		306	A6-KUE	429	475	D-AHLX		487	F-GEMP		550
5B-DAQ		300	A7-AAF		473	D-AHLZ		468	F-GEMQ		551
5B-DAR		309	A7-ABA		267	D-AICA		191	F-GHEJ		535
5B-DAS		352	A7-ABB		276	D-AICB		201	F-GHUC	365	418
5B-DAX		486	A7-AFE		667	D-AICC		230	F-GHUD	401	444
5N-AUE		270	AP-BDZ		585	D-AICD		233	F-GJEZ		638
5N-AUF		285	AP-BEB		587	D-AICF		237	F-GJKS		652
5N-AUG		329	AP-BEC		590	D-AICH		254	F-GKTD		552
5N-AUH		340	AP-BEG		653	D-AICK		257	F-GKTE		562
5Y-BEL		416	AP-BEQ		656	D-AICL		273	F-GOCJ		217
5Y-BEN		426	AP-BEU	660	691	D-AICM		356	F-GPDJ		162
5Y-BFT		519	AP-BGN		676	D-AICN		359	F-GRNS	379	432
5Y-KQL		485	AP-BGO		678	D-AICP		360	F-GYYY		486
5Y-KQM		600	AP-BGP		682	D-AICR		397	F-ODSV		473
5Y-VIP		620	AP-BGQ		660	D-AICS		400	F-ODVD		421
6Y-JAB		676	AP-BGR		687	D-AIDA	380	434	F-ODVE		422
6Y-JAC		678	AP-BGS	655	689	D-AIDB	437	484	F-ODVF	404	445
6Y-JAD		682	AP-OOI		473	D-AIDC		485	F-ODVG	451	490
6Y-JAE		686	B-2301		311	D-AIDD		488	F-ODVH	453	491
7O-ADJ		535	B-2302		320	D-AIDE		522	F-ODVN		531
7O-ADR		568	B-2303		419	D-AIDF		524	F-OGPC		318
7O-ADR	719	702	B-2304	385	435	D-AIDH		527	F-OGQN	365	418
7T-VJC		291	B-2305	393	440	D-AIDI		523	F-OGQQ		592
7T-VJD		293	CA-01		372	D-AIDK		526	F-OGQR		593
7T-VJE		295	CA-02		367	D-AIDL		547	F-OGQS		596
7T-VJF		306	C-FDAT		658	D-AIDM		595	F-OGQT		622
9K-AHA		267	C-FGWD		438	D-AIDN		599	F-OGQU		646
9K-AHB		276	C-FHWD	400	441	D-AIJW		501	F-OGQY		574
9K-AHC		278	C-FNWD	401	444	D-AOAA		498	F-OGQZ		576
9K-AHD		318	C-FSWD	365	418	D-AOAB		499	F-OGYM	422	457
9K-AHH		339	C-FWDX	371	425	D-AOAC		503	F-OGYN	425	458
9K-AHJ		342	C-FXWD	371	425	D-APOL	408	447	F-OGYO		568
9K-AHK		346	C-GBWD		446	D-APOM	410	448	F-OGYP	389	442
9K-ALA		647	C-GCIL	397	439	D-APON		472	F-OGYQ	399	453
9K-ALB		649	C-GCIO	395	449	D-APOP	431	481	F-OGYR		456
9K-ALC		663	C-GCIT	418	455	D-APOQ	429	475	F-OGYS		467
9K-ALC		663	C-GCIV	415	451	D-ASAD		539	F-OGYT		660
9K-ALD		648	C-GCWD	408	447	D-ASQA		363	F-OGYU		687
9V-STA		665	C-GDWD	410	448	D-ASRA		399	F-OGYV	655	689
9V-STB		669	C-GFAT		545	D-ASRB	359	412	F-OGYW		276
9V-STC		680	C-GIWD		472	DDR-ABA		498	F-OGYX		278
9V-STD		684	C-GJWD	429	475	DDR-ABB		499	F-OHCZ	429	475
9V-STE		693	C-GKWD	431	481	DDR-ABC		503	F-OHLH	408	447
9V-STF		697	C-GLAT		588	EC-117		638	F-OHLI	431	481
9V-STI		347	C-GLWD	433	482	EC-311	393	440	F-OHPE		267
9V-STJ		350	C-GPAT		597	EC-396		472	F-OHPQ		318
9V-STK		357	C-GPWD		504	EC-640		638	F-OHPR	719	702
9V-STL		363	C-GRYA	410	448	EC-FNI		638	F-OHPS	720	704
9V-STM		367	C-GRYD	385	435	EC-GIL		472	F-OHPT		526
9V-STN		372	C-GRYI	379	432	EC-GMU	415	451	F-OHPU	397	439
9V-STO		433	C-GRYV	393	440	EC-GOT	418	455	F-OHPV	395	449
9V-STP		443	C-GSAT		600	EC-HAL		594	F-OHPX		672
9V-STQ		493	C-GTSD		547	EC-HFB		542	F-OHPY	398	452
9V-STR		500	C-GTSF		472	EC-HFQ		492	F-OIHR		650
9V-STS		501	C-GTSH		599	EC-HIF		624	F-OIHS		674
9V-STT		534	C-GTSI		595	EC-HLA		489	F-OJAF		638
9V-STU		548	C-GTSK		541	EC-HVB		443	F-OJHH		586
9V-STV		570	C-GTSW		483	EC-IHV		640	F-OJHI		537
9V-STW		589	C-GTSX		527	EC-IPT		642	F-RADA		421
9V-STY		634	C-GTSY	408	447	EC-KJL	399	453	F-RADB		422
9V-STZ		654	C-GVAT		485	EK-31088		488	F-RADC	365	418
A4O-OA	353	409	CP-2232		562	EP-IBK		671	F-WEMP		550
A4O-OB	354	410	CP-2273	429	475	EP-IBL		436	F-WGYN		276
A4O-OC		640	CP-2307		661	EP-IBM		338	F-WGYO		276
A4O-OD		642	CP-2338		562	EP-IBN		375	F-WGYP		278

Registration	l/n	c/n	Registration	l/n	c/n	Registration	l/n	c/n	Registration	l/n	c/n
F-WGYQ		318	F-WWCG		636	F-WWCT		476	F-WZER		278
F-WGYW	379	432	F-WWCG	655	689	F-WWCT		499	F-WZER		320
F-WHPT		526	F-WWCG	719	702	F-WWCT		587	F-WZET		281
F-WHPV	395	449	F-WWCH		407	F-WWCT		646	F-WZET		338
F-WIHP		672	F-WWCH	396	450	F-WWCT		680	F-WZLH		162
F-WIHR		695	F-WWCH		497	F-WWCU	379	432	F-WZLH		350
F-WIHS		492	F-WWCH		585	F-WWCU	418	455	F-WZLH		370
F-WIHT	351	404	F-WWCH		591	F-WWCU		498	F-WZLI		172
F-WIQH		598	F-WWCH		652	F-WWCU		547	F-WZLJ		191
F-WQAV		636	F-WWCH		674	F-WWCU		597	F-WZLJ		353
F-WQTA		492	F-WWCI	359	412	F-WWCU		678	F-WZLK		201
F-WQTB	351	404	F-WWCI	397	439	F-WWCV		436	F-WZLK		356
F-WQTE		300	F-WWCI	437	484	F-WWCV		456	F-WZLL		217
F-WQTF		682	F-WWCI		520	F-WWCV		496	F-WZLL		357
F-WQTG		676	F-WWCI		574	F-WWCV		548	F-WZLN		372
F-WQTH		686	F-WWCI		650	F-WWCV		598	F-WZLS		359
F-WQTO		667	F-WWCI		693	F-WWCV		649	G-BKWT		295
F-WQVC	359	412	F-WWCJ		413	F-WWCX		433	G-BKWU		306
F-WWAD		316	F-WWCJ	398	452	F-WWCX		478	G-BZTB		424
F-WWAH		331	F-WWCJ		485	F-WWCX		549	HB-IPA		224
F-WWBA		375	F-WWCJ		522	F-WWCX		590	HB-IPB		251
F-WWBB		379	F-WWCJ		576	F-WWCX		642	HB-IPD		260
F-WWBC		386	F-WWCJ		654	F-WWCX		686	HB-IPE		162
F-WWBD		394	F-WWCJ		684	F-WWCY		437	HB-IPF		399
F-WWBE		397	F-WWCK		416	F-WWCY	415	451	HB-IPG	351	404
F-WWBF		400	F-WWCK		489	F-WWCY		545	HB-IPH	353	409
F-WWBG		389	F-WWCK		523	F-WWCY		658	HB-IPI	354	410
F-WWBH		390	F-WWCK		586	F-WWCZ	389	442	HB-IPK	359	412
F-WWBI		415	F-WWCK		638	F-WWCZ		480	HB-IPL		640
F-WWBJ		419	F-WWCK		697	F-WWCZ		552	HB-IPM		642
F-WWBK		427	F-WWCL	365	418	F-WWCZ		599	HB-IPN		672
F-WWBL		430	F-WWCL	429	475	F-WWCZ		653	HC-BRA		574
F-WWBM		468	F-WWCL		544	F-WWCZ		667	HC-BRP		598
F-WWBN		486	F-WWCL		640	F-WWDX		500	HC-BSF		661
F-WWBO		487	F-WWCL		665	F-WWGF		503	HI-659		594
F-WWCA		378	F-WWCL	720	704	F-WWYM		571	HI-659CA		594
F-WWCA		524	F-WWCM		424	F-WZEA		224	HS-TIA		415
F-WWCA		562	F-WWCM		446	F-WZEA		283	HS-TIC		424
F-WWCB		392	F-WWCM		494	F-WZEA		329	HS-TID		438
F-WWCB		472	F-WWCM		534	F-WZEB		230	HS-TIF	400	441
F-WWCB		501	F-WWCM		588	F-WZEB		285	HS-TYQ		591
F-WWCB		564	F-WWCM		671	F-WZEC		233	HZ-NSA		431
F-WWCB		600	F-WWCM	732	706	F-WZEC		288	JU-1010		526
F-WWCB		656	F-WWCN		421	F-WZED		237	JY-AGC		306
F-WWCB		700	F-WWCN	408	447	F-WZED		291	JY-AGK		573
F-WWCC		399	F-WWCN		493	F-WZED		360	JY-AGL		661
F-WWCC	380	434	F-WWCN		535	F-WZEE		241	JY-AGM	453	491
F-WWCC		473	F-WWCN		592	F-WZEE		293	JY-AGN		531
F-WWCC		526	F-WWCN		682	F-WZEF		248	JY-AGP		416
F-WWCC		565	F-WWCO		422	F-WZEF		295	JY-AGQ	404	445
F-WWCC		620	F-WWCO	410	448	F-WZEF		339	JY-AGR	451	490
F-WWCC		651	F-WWCO		495	F-WZEF		362	JY-AGS		598
F-WWCC		669	F-WWCO		527	F-WZEG		245	JY-AGT		663
F-WWCD	351	404	F-WWCO		537	F-WZEG		300	JY-AGU		295
F-WWCD	385	435	F-WWCO		589	F-WZEG		333	JY-JAH	431	481
F-WWCD	422	457	F-WWCO		644	F-WZEH		251	JY-JAV		357
F-WWCD		502	F-WWCO		695	F-WZEH		297	LV-AIV		640
F-WWCD		567	F-WWCP	371	425	F-WZEH		340	LV-AZL		686
F-WWCD		622	F-WWCP		492	F-WZEI		254	LX-TXA		594
F-WWCD		672	F-WWCP		538	F-WZEI		303	LZ-JXA		378
F-WWCD	660	691	F-WWCP		593	F-WZEI		342	LZ-JXB		419
F-WWCE	353	409	F-WWCP		676	F-WZEI		363	LZ-JXC		573
F-WWCE		438	F-WWCQ		426	F-WZEJ		257	N101MP		549
F-WWCE		488	F-WWCQ	400	441	F-WZEJ		311	N229BA		570
F-WWCE		528	F-WWCQ	431	481	F-WZEK		260	N230BA		669
F-WWCE		568	F-WWCQ		539	F-WZEK		306	N232BA		654
F-WWCE		624	F-WWCQ		594	F-WZEK		343	N238TR		552
F-WWCE		661	F-WWCQ		647	F-WZEL		264	N266BA		634
F-WWCE		687	F-WWCQ		663	F-WZEL		318	N285BA		589
F-WWCF	354	410	F-WWCR		428	F-WZEL		345	N351LF		562
F-WWCF	393	440	F-WWCR	401	444	F-WZEM		267	N401FE		191
F-WWCF	425	458	F-WWCR	399	453	F-WZEM		309	N402FE		201
F-WWCF		504	F-WWCR	433	482	F-WZEM		346	N403FE		230
F-WWCF		570	F-WWCR		541	F-WZEM		364	N404FE		233
F-WWCF		634	F-WWCR		595	F-WZEN		270	N405FE		237
F-WWCF		660	F-WWCR		648	F-WZEO		273	N407FE		254
F-WWCF	712	698	F-WWCS		429	F-WZEO		347	N408FE		257
F-WWCG		406	F-WWCS		443	F-WZEO		352	N409AN	353	409
F-WWCG	395	449	F-WWCS		483	F-WZEP		276	N409AT		309
F-WWCG		467	F-WWCS		542	F-WZEP		313	N409FE		273
F-WWCG		519	F-WWCS		596	F-WZEP		349	N410AN	354	410
F-WWCG		573	F-WWCT		431	F-WZEP		367	N410FE		356

Registration	l/n	c/n	Registration	l/n	c/n	Registration	l/n	c/n	Registration	l/n	c/n
N411FE		359	N813FD		500	SU-MWB		671	VT-EVG	408	447
N411LF		352	N813PA	395	449	SU-ZCC		267	VT-EVH	431	481
N412FE		360	N814FD		534	T.22-1		550	VT-EVI		519
N413FE		397	N814PA	396	450	T.22-2		551	VT-EVU		634
N414FE		400	N815FD		638	TC-		592	VT-EVW		598
N415FE		349	N815PA	415	451	TC-		622	VT-EVX		695
N416FE		288	N816FD		593	TC-AKP		352	VT-EVY		589
N417FE		333	N816PA	398	452	TC-AKV		309	XY-AGD		419
N418FE		343	N817FD		552	TC-GAC		278	XY-AGE		320
N419FE		345	N817PA	399	453	TC-JCL		338	YI-AOA		318
N420FE		339	N818FD		654	TC-JCM		375	YI-AOB		276
N421FE		342	N818PA	418	455	TC-JCN		379	YI-AOC		267
N422FE		346	N819FD		669	TC-JCO		386	YI-AOD		331
N423FE		281	N819PA		456	TC-JCR		370	YI-AOE		278
N424FE		241	N820PA	422	457	TC-JCS		389	YR-LCA		636
N425FE		264	N821PA	425	458	TC-JCT		502	YR-LCB		644
N426FE		245	N822PA		467	TC-JCU		390	YR-LCC	396	450
N427FE		362	N823PA		539	TC-JCV		476			
N428FE		248	N824PA		542	TC-JCY		478			
N429FE		364	N835AB		650	TC-JCZ		480			
N430FE		394	N836BA		660	TC-JDA		496			
N431FE		316	N837AB		674	TC-JDB		497			
N431LF		309	N838AB		676	TC-JDC		537			
N432FE		326	N839AB		678	TC-JDD		586			
N433FE		335	N840AB		682	TC-JFO		257			
N434FE		355	N841AB		686	TC-JKF		356			
N435FE		369	N842AB		687	TC-JYK		172			
N435XS	385	435	N843AB	655	689	TC-LER		646			
N436FE		454	N853CH		378	TC-SGB		562			
N440XS	393	440	OE-LAA		489	TC-SGC		519			
N442FE		353	OE-LAB		492	TC-TMT	365	418			
N443FE		283	OE-LAC		568	TF-ELE		502			
N443RR		443	OE-LAD		624	TF-ELR		624			
N445FE		297	OE-LMP	354	410	TF-ELS		552			
N446FE		224	OK-WAA		564	TS-IGU		295			
N447DN	408	447	OK-WAB		567	TS-IGV		306			
N447FE		251	OK-YAC		672	TU-TAC		571			
N448FE		260	OK-YAD		674	TU-TAD		651			
N449FE		217	OO-SCA		303	TU-TAE		652			
N450FE		162	OO-SCB		313	TU-TAF		671			
N451FE		303	OO-SCC		437	TU-TAR	385	435			
N452AT		352	P2-ANA		378	TU-TAZ		595			
N452FE		313	P2-ANG		549	UK-31001		574			
N453FE		267	P4-ABU		431	UK-31002		576			
N454FE		278	PH-AGA		241	UK-31003	732	706			
N455FE		331	PH-AGB		245	UN-A310		399			
N456FE		318	PH-AGC		248	UN-A3101		399			
N472GE		472	PH-AGD		264	UN-A3102	359	412			
N475GE	429	475	PH-AGE		283	V2-LEC		539			
N501RR		500	PH-AGF		297	V2-LED		542			
N502AN		502	PH-AGG		353	V8-DPD		431			
N528FD		528	PH-AGH		362	V8-HM1		431			
N534RR		534	PH-AGI		364	VH-YMI	371	425			
N535KR		535	PH-AGK		394	VP-BAF		472			
N571SW	415	451	PH-MCA		281	VP-BAG	429	475			
N572SW	418	455	PH-MCB		349	VP-BQU		535			
N594RC		594	PK-AWA	354	410	VP-BSY		430			
N640KS		640	PK-AWD		437	VP-BTJ		520			
N642KS		642	PK-AWD		437	VP-BTK		427			
N68096		589	PK-AWR	353	409	VP-BTL		487			
N68097		634	PK-KDN		500	VP-BTM		486			
N801FD		539	PK-KDW		534	VR-BCU		594			
N801PA		288	PK-LEO	354	410	VR-BMU		594			
N802FD		542	PK-MAW		539	VR-BOU		638			
N802PA		333	PK-MAX		542	VR-BQU		535			
N803FD		378	PP-PSD		437	VT-AIA		665			
N803PA		343	PP-PSE		535	VT-AIB		680			
N804DL		345	PP-SFH		552	VT-AIG		669			
N804FD		549	S2-ADE	712	698	VT-AIH		654			
N805FD		456	S2-ADF		700	VT-AIN		684			
N805PA		339	S2-ADG		433	VT-AIO		693			
N806FD	425	458	S2-ADH		650	VT-AIP		697			
N806PA		342	S2-ADK		594	VT-EJG		406			
N807FD		492	S7-RGA		573	VT-EJH		407			
N807PA		346	S7-RGN		437	VT-EJI		413			
N808FD	397	439	S7-RGP		549	VT-EJJ		428			
N809FD	395	449	S7-RGQ	354	410	VT-EJK		429			
N810FD	398	452	S7-RGR	353	409	VT-EJL		392			
N811FD	422	457	ST-AST		437	VT-EQS		538			
N811PA	397	439	ST-ATN		548	VT-EQT		544			
N812FD		467	SU-BOW		437	VT-EVE		501			
N812PA	389	442	SU-MWA		652	VT-EVF		548			

BAC Aerospatiale Concorde

Production Started:	1969
Production Ended:	1979
Number Built:	20
Active:	0
Preserved:	17
WFU, Stored & In Parts:	1
Written Off:	1
Scrapped:	1

Location Summary	
Barbados	1
France	6
Germany	1
United Kingdom	7
USA - DC	1
USA - NY	1
USA - WA	1

c/n	Model	Registration	Owner/Operator	Status	Location	Notes
001	Aérospatiale/BAC Concorde	F-WTSS	(Aérospatiale - BAC)	Preserved	Paris Le Bourget Museum, France	
02	Aérospatiale/BAC Concorde	F-WTSA	-	Preserved	Paris Orly, France	
13520/002	Aérospatiale/BAC Concorde	G-BSST	(Aérospatiale - BAC)	Preserved	Fleet Air Arm Museum, Yeovilton, UK	
13522/01	Aérospatiale/BAC Concorde 101	G-AXDN	(Aérospatiale - BAC)	Preserved	Imperial War Museum Duxford, UK	
13523/202	Aérospatiale/BAC Concorde 100	G-BBDG	(Aérospatiale - BAC)	Preserved	Brooklands Museum, Weybridge, UK	
201	Aérospatiale/BAC Concorde 100	F-WTSB	(Air France)	Preserved	Toulouse, France	
203	Aérospatiale/BAC Concorde 101	F-BTSC	-	Written Off	Nr Paris, France	
204	Aérospatiale/BAC Concorde 102	G-BOAC	(British Airways)	Preserved	Manchester, UK	
205	Aérospatiale/BAC Concorde 101	F-BVFA	(Air France)	Preserved	Air & Space Museum, Washington Dulles, DC	
206	Aérospatiale/BAC Concorde 102	G-BOAA	(British Airways)	Preserved	Museum of Flight, East Fortune, UK	
207	Aérospatiale/BAC Concorde 101	F-BVFB	(Air France)	Preserved	Technik Musuem, Sinsheim, Germany	
208	Aérospatiale/BAC Concorde 102	G-BOAB	(British Airways)	WFU & Stored	London Heathrow, UK	
209	Aérospatiale/BAC Concorde 101	F-BVFC	(Air France)	Preserved	Airbus, Toulouse, France	
210	Aérospatiale/BAC Concorde 102	G-BOAD	(British Airways)	Preserved	USS Intrepid Museum, New York	
211	Aérospatiale/BAC Concorde 101	F-BVFD	-	Scrapped	Paris CDG, France	
212	Aérospatiale/BAC Concorde 102	G-BOAE	(British Airways)	Preserved	Grantley Adams Airport, Barbados	
213	Aérospatiale/BAC Concorde 101	F-BTSD	(Air France)	Preserved	Paris Le Bourget Museum, France	
214	Aérospatiale/BAC Concorde 102	G-BOAG	(British Airways)	Preserved	Museum of Flight, Seattle Boeing Field, WA	
215	Aérospatiale/BAC Concorde 101	F-BVFF	(Air France)	Preserved	Paris CDG, France	
216	Aérospatiale/BAC Concorde 102	G-BOAF	(British Airways)	Preserved	Bristol Filton, UK	

Cross Reference

Registration	c/n
F-BTSC	203
F-BTSD	213
F-BVFA	205
F-BVFB	207
F-BVFC	209
F-BVFD	211
F-BVFF	215
F-WJAM	213
F-WJAN	215
F-WTSA	02
F-WTSB	201
F-WTSC	203
F-WTSS	001
G-AXDN	13522/01
G-BBDG	13523/202
G-BFKW	214
G-BFKX	216
G-BOAA	206
G-BOAB	208
G-BOAC	204
G-BOAD	210
G-BOAE	212
G-BOAF	216
G-BOAG	214
G-BSST	13520/002
G-N49AA	206
G-N81AC	204
G-N94AB	208
G-N94AD	210
G-N94AE	212
G-N94AF	216
N49AA	206
N81AC	204
N94AB	208
N94AD	210
N94AE	212
N94FA	205
N94FB	207
N94FC	209
N94FD	211
N94SD	213

British Aerospace BAC 1-11

Production Started:	1963
Production Ended:	1982
Number Built:	235
Active:	26
Preserved:	11
WFU, Stored & In Parts:	78
Written Off:	24
Scrapped:	96

Location Summary	
Argentina	1
Chile	4
Congo	5
Denmark	1
Egypt	1
Gabon	1
Greece	1
Indonesia	3
Kazakhstan	1
Libya	2
Mali	2
Malta	1
Mexico	2
Nigeria	37
Oman	3
Philippines	1
Romania	6
Rwanda	1
Saudi Arabia	1
South Africa	1
Sweden	1
UAE - Ras Al Khaimah	1
UAE - Sharjah	1
United Kingdom	20
USA - AZ	1
USA - CA	2
USA - FL	2
USA - IL	1
USA - MD	2

Location Summary	
USA - NV	1
USA - TX	5
USA - WI	2

c/n	Model	Registration	Owner/Operator	Status	Location	Notes
4	200AB	G-ASHG	-	Written Off	Tisbury, UK	
5	201AC	N88NB	-	Scrapped	Bloomington, IN	
6	201AC	G-ASJB	-	Wing Part Remains	Brooklands Museum, UK	
7	201AC	G-ASJC	-	Scrapped	Southend, UK	
8	201AC	XX105	(Royal Aircraft Establishment)	Preserved	Boscombe Down, UK	
9	201AC	EI-BWJ	-	Scrapped	Orlando, FL	
10	201AC	N103EX	-	Scrapped	Orlando, FL	
11	201AC	9XR-RA	(Rwanda Government)	WFU & Stored	Lanseria, Rwanda	
12	201AC	G-OCNW	-	Scrapped	Southampton, UK	
13	201AC	9Q-CSJ	Air Katanga	Active	Kinshasa, Congo	
14	201AC	G-ASJJ	-	Written Off	Milan Linate, Italy	
15	203AE	N200JX	Select Aviation	Active	Waukesha County, WI	
16	203AE	N1542	-	Scrapped	Miami, FL	
17	203AE	5N-FSY	-	Scrapped	Lagos, Nigeria	
18	203AE	N1544	-	Scrapped	Hondo, TX	
19	203AE	N1545	-	Scrapped	Hondo, TX	
20	203AE	EI-BWN	-	Scrapped	Orlando, FL	
29	204AF	N2111J	-	Scrapped	Southend, UK	
30	204AF	5N-KBE	-	Scrapped	Kano, Nigeria	
31	204AF	N1113J	-	Scrapped	Orlando, FL	
32	407AW	5N-KBV	-	Scrapped	Kano, Nigeria	
33	301AG	CC-CYF	(LADECO)	Fire Trainer	Santiago, Chile	
34	301AG	5N-OMO	(Okada Air)	WFU & Stored	Benin City, Nigeria	
35	301AG	CC-CYI	(LADECO)	WFU & Stored	Santiago, Chile	
39	207AJ	CC-CYM	(Museo Nacional Aeronautico)	Preserved	Santiago Los Cuerrillos, Chile	
40	207AJ	CC-CYL	(Musuo Nacional Aeronautico)	Preserved	Santiago Los Cuerrillos, Chile	
41	203AE	5N-BAA	-	Written Off	Calabar, Nigeria	
42	203AE	N1548	-	Scrapped	Hondo, TX	
43	203AE	5N-AYY	-	Scrapped	Southend, UK	
44	203AE	N1550	-	Written Off	Rochester, NY	
45	203AE	N1134J	(San Antonio Fire Dept)	Fire Trainer	San Antonio, TX	
46	203AE	N1135J	-	Scrapped	Orlando, FL	
49	208AL	5N-HTC	-	Scrapped	Southend, UK	
50	208AL	5N-HTD	(Hold-Trade Air)	WFU & Stored	Kaduna, Nigeria	
51	208AL	5N-HTA	-	Written Off	Kaduna, Nigeria	
52	208AL	5N-HTB	(Hold-Trade Air)	WFU & Stored	Kaduna, Nigeria	
53	670	G-ASYD	(British Aerospace)	Preserved	Brooklands Museum, UK	
54	410AQ	N17MK	-	Scrapped	Tulsa, OK	
55	401AK	N56B	-	Scrapped	Miami, FL	
56	401AK	N111RZ	(Rotec Industries)	Stored	Rockford, IL	
57	401AK	9Q-CEH	(Shabair)	WFU & Stored	Lubumbashi, Congo	
58	401AK	N128GA	-	Written Off	Mojave, CA	
59	2400	N650DH	(Dee Howard)	WFU & Stored	San Antonio, TX	
60	401AK	HZ-ABM2	(Abdul Aziz Al Ibrahim)	Stored	Jeddah, Saudi Arabia	
61	401AK	3C-QRF	(Jetline International)	Stored	Bucharest, Romania	
62	401AK	5N-AYU	(Okada Air)	WFU & Stored	Benin City, Nigeria	
63	401AK	TG-TJK	-	Scrapped	Guatemala City	
64	401AK	G-FIRE	-	Fire Trainer	Southend, UK	

British Aerospace BAC 1-11

Out Of Production List: Western Jet Airliners

c/n	Model	Registration	Owner/Operator	Status	Location	Notes
65	401AK	PK-RJF	(Citra Aviation)	Stored	Indonesia	
66	401AK	ZS-OAG	-	Scrapped	Lanseria, South Africa	
67	401AK	N161NG	Northrop Grumman	Active	Baltimore, MD	
68	401AK	5N-MBM	(Albarka Air services)	WFU & Stored	Abuja, Nigeria	
69	401AK	5N-CCC	(Kabo Air)	Stored	Kano, Nigeria	
70	203AE	N1553	-	Written Off	Falls City, NE	
71	203AE	N1136J		Scrapped	Hondo, TX	
72	401AK	VP-CLM	-	Scrapped	Bucharest, Romania	
73	401AK	N101PC	-	Fuselage Remains	Atwater Castle, CA	
74	401AK	5N-EHI	(Okada Air)	WFU & Stored	Benin City, Nigeria	
75	401AK	N179FE	-	Scrapped	Orlando, FL	
76	401AK	N333GB	-	Nose Remains	San Antonio, TX	
77	401AK	YR-BCG	-	Scrapped	Bucharest, Romania	
78	401AK	UN-B1111	East Wing	Active	Baku, Kazakhstan	
79	401AK	XA-CMG	Grupo Adelac	Active	Toluca, Mexico	
80	401AK	5N-VVV	(Kabo Air)	WFU & Stored	Kano, Nigeria	
81	401AK	VP-CCG	(Aravco)	WFU & Stored	Bournemouth, UK	
82	204AF	5N-KBG	-	Written Off	Port Harcourt, Nigeria	
83	212AR	N200EE	Elite Express	Active	Waukesga County, WI	
84	211AH	XA-ADC	(Aerotax Monse)	WFU & Stored	San Antonio, TX	
85	201AC	XA-RTN	-	Scrapped	Monterrey, Mexico	
86	401AK	TZ-BSB	Tombouctou Aviation	Active	Bamako, Mali	
87	401AK	N162W	Northrom Grumman - ESSS Flight	Active	Los Angeles LAX, CA	
88	401AK	P4-CBH	(Jeline Inc)	Stored	Bucharest, Romania	
89	401AK	TG-TJF	-	Scrapped	La Aurora, Guatemala	
90	401AK	N164W	Northrop Grumman - ESSS Flight	Active	Baltimore, MD	
91	402AP	XX919	(Royal Air Force)	Nose Preserved	Boscombe Down, UK	
92	402AP	PIC-1131	-	Written Off	Manila, Philippines	
93	407AW	5N-KBR	-	Scrapped	Kano, Nigeria	
94	402AP	5N-AOW	-	Written Off	Sokoto, Nigeria	
96	215AU	N1130J	(Hellenic Airlines)	WFU & Stored	Athens Hellinikon, Greece	
97	215AU	N1131J	-	Scrapped	Orlando, FL	
98	204AF	N1116J	-	Written Off	Blossburg, PA	
99	204AF	N1117J	(US Air)	Fire Trainer	Orlando, FL	
100	204AF	5N-KBT	-	Scrapped	Kano, Nigeria	
101	204AF	N1119J	-	Scrapped	Bournemouth, UK	
102	204AF	5N-KBD	-	Scrapped	Kano, Nigeria	
103	204AF	5N-KBN	-	Scrapped	Kano, Nigeria	
104	204AF	5N-KBC	-	Scrapped	Kano, Nigeria	
105	215AU	5N-KBM	-	Scrapped	Kano, Nigeria	
106	407AW	5N-KBW	(Kabo Air)	WFU & Stored	Kano, Nigeria	
107	320AZ	5N-AOZ	-	Scrapped	Benin City, Nigeria	
108	409AY(F)	ZS-NNM	-	Scrapped	Lanseria, South Africa	
109	320AZ	5N-AOP	(Okada Air)	WFU & Stored	Benin City, Nigeria	
110	304AX	5N-MZE	(Okada Air)	WFU & Stored	Benin City, Nigeria	
111	412EB	5N-BDC	(Eagle Aviation)	Fuselage Remains	Libreville, Gabon	
112	304AX	5N-OVE	(Okada Air)	WFU & Stored	Benin City, Nigeria	
113	320AZ	5N-AOK	-	Scrapped	Chorley, UK	

British Aerospace BAC 1-11 — Out Of Production List: Western Jet Airliners

c/n	Model	Registration	Owner/Operator	Status	Location	Notes
114	408EF	ZS-OAF	-	Scrapped	Lanseria, South Africa	
115	408EF	ZS-OAH	-	Scrapped	Lanseria, South Africa	
116	413FA	DQ-FCR	-	Scrapped	Suva, Fiji	
117	420EL	N97GA	-	Scrapped	Van Nuys, CA	
118	423ET	PK-TST	(Indonesia Air Transport)	Stored	Jakarta Halim, Indonesia	
119	422EQ	N789CF	Kori Air	Active	Reno, NV	
120	419EP	N999BW	Business Jet Center	Active	Dallas, TX	
121	432FD	5N-AXT	(Okada Air)	WFU & Stored	Benin City, Nigeria	
122	420EL	5N-AOM	-	Scrapped	Lagos, Nigeria	
123	420EL	5N-AOS	(Okada Air)	WFU & Stored	Benin City, Nigeria	
124	217EA	5N-NRC	(Okada Air)	WFU & Stored	Benin City, Nigeria	
125	217EA	5N-SDP	(Okada Air)	WFU & Stored	Benin City, Nigeria	
126	422EQ	5A-DKO	Libyan Airlines	Active	Tripoli, Libya	
127	414EG	5N-BAB	-	Nose Remains	Alton, UK	
128	408EF	5N-AYV	(Okada Air)	WFU & Stored	Benin City, Nigeria	
129	416EK	5N-AYS	-	Scrapped	Benin City, Nigeria	
130	424EU	YR-BCA	-	Written Off	Constanta, Romania	
131	416EK	5N-AYT	(Okada Air)	WFU & Stored	Benin City, Nigeria	
132	416EK	ZS-NYZ	-	Scrapped	Lanseria, South Africa	
133	320AZ	5N-AOT	-	Written Off	Port Harcourt, Nigeria	
134	204AF	N1124J	-	Scrapped	Waco, TX	
135	203AE	N4550T	-	Scrapped	-	
136	510ED	G-AVMH	-	Scrapped	Bournemouth, UK	
137	510ED	G-AVMI	-	Scrapped	Bournemouth, UK	
138	510ED	G-AVMJ	-	Fuselage Preserved	Horton, Dorset, UK	
139	510ED	G-AVMK	-	Scrapped	Bournemouth, UK	
140	510ED	5N-BCH	(Chanchangi Airlines)	WFU & Stored	Lagos, Nigeria	
141	510ED	EX-215	Trade Aero Space Technologies	Active	Sharjah, UAE	
142	510ED	G-AVMN	(AB Airlines)	Fuselage Preserved	Slagelse, Denmark	
143	510ED	G-AVMO	(British Airways)	Preserved	National Museum of Flight, UK	
144	510ED	G-AVMP	-	Fire Trainer	Humberside, UK	
145	510ED	G-AVMR	-	Scrapped	Bournemouth, UK	
146	510ED	G-AVMS	-	Scrapped	Bournemouth, UK	
147	510ED	G-AVMT	(European Aviation)	Fire Trainer	Cardiff, UK	
148	510ED	G-AVMU	(British Airways)	Preserved	Duxford, UK	
149	510ED	G-AVMV	-	Scrapped	Bournemouth, UK	
150	510ED	G-AVMW	-	Scrapped	Bournemouth, UK	
151	510ED	G-AVMX	-	Scrapped	Bournemouth, UK	
152	510ED	G-AVMY	-	Scrapped	Bournemouth, UK	
153	510ED	G-AVMZ	-	Parts Remain	Alton, UK	
154	423ET	5N-KKK	(Kabo Air)	WFU & Stored	Kano, Nigeria	
155	420EL	LV-JGY	-	Written Off	Nr San Carlos, Argentina	
156	424EU	YR-BCB	-	Scrapped	Bucharest, Romania	
157	432FD	5N-AXQ	(Okada Air)	WFU & Stored	Benin City, Nigeria	
158	414EG	5A-DDQ	Libyan Airlines	Active	Tripoli, Libya	
159	424EU	5N-AXV	(GAS Air)	WFU & Stored	Kano, Nigeria	
160	414EG	5N-GGG	(Kabo Air)	WFU & Stored	Kano, Nigeria	
161	402AP	YR-BCH	Air Memphis	Active	Cairo, Egypt	

British Aerospace BAC 1-11

c/n	Model	Registration	Owner/Operator	Status	Location	Notes
162	409AY	5N-AYR	(Okada Air)	WFU & Stored	Benin City, Nigeria	
163	414EG	N111JX	Select Leasing Inc.	Active	Phoenix, AZ	
165	424EU	YR-BCE	-	Scrapped	Bucharest, Romania	
166	416EK	5N-AYW	-	Scrapped	Benin City, Nigeria	
167	424EU	5N-AVX	-	Scrapped	Lagos, Nigeria	
168	424EU	5N-OKA	-	Scrapped	Lagos, Nigeria	
174	501EX	5N-ESA	(Executive Airline Services)	WFU & Stored	Lagos, Nigeria	
175	501EX	5N-ESB	(Executive Airline Services)	WFU & Stored	Lagos, Nigeria	
176	501EX	9Q-CKY	-	Scrapped	Kinshasa, Congo	
177	501EX	9Q-CKI	(Hewa Bora Airways)	WFU & Stored	Kinshasa, Congo	
178	501EX	G-AWYV	-	Fuselage Preserved	Alton, UK	Used as cafe
179	204AF	5N-KBO	-	Written Off	Sokoto, Nigeria	
180	204AF	5N-KBO	-	Scrapped	Kano, Nigeria	
181	204AF	N1128J	-	Scrapped	Bournemouth, UK	
182	204AF	N1129J	-	Scrapped	Kansas City, KS	
183	212AR	XB-KCE	(COAPA Air)	Stored	Toluca, Mexico	
184	509EW	G-OBWG	-	Scrapped	Southend, UK	
185	509EW	LV-LHT	-	Scrapped	Buenos Aires, Argentina	
186	509EW	ZS-NMS	-	Scrapped	Lanseria, South Africa	
187	515FB	LV-MZM	(CIATA)	Preserved	Moron AB, Argentina	
188	517FE	RP-C1186	-	Scrapped	Manila, Philippines	
189	517FE	RP-C1187	-	Scrapped	Manila, Philippines	
190	524FF	RP-C1184	-	Scrapped	Manila, Philippines	
191	501EX	9Q-CKP	(Hewa Bora Airways)	WFU & Stored	Kinshasa, Congo	
192	521FH	LV-JNR	-	Written Off	Bahia Blanca, Argentina	
193	523FJ	5N-BDU	(Savannah Airlines)	WFU & Stored	Abuja, Nigeria	
194	521FH	LV-JNS	-	Scrapped	Quilmes, Argentina	
195	524FF	VR-BEA	-	Scrapped	Bournemouth, UK	
196	521FH	G-HKIT	-	Scrapped	Bournemouth, UK	
197	524FF	LV-OAX	-	Fuselage Remains	Moron AB, Argentina	
198	517FE	G-BCXR	-	Scrapped	Southend, UK	
199	523FJ	RP-C1194	-	Scrapped	Manila, Philippines	
200	518FG	G-IIIH	-	Scrapped	Bournemouth, UK	
201	518FG	ZS-NMT	-	Scrapped	Lanseria, South Africa	
202	518FG	5N-BBP	-	Scrapped	Malta	
203	518FG	G-OBWD	(Fresh!)	WFU & Stored	Southend, UK	
204	518FG	RP-C1189	-	Scrapped	Manila, Philippines	
205	518FG	G-BCWA	-	Scrapped	Southend, UK	
206	518FG	LV-MRZ	-	Scrapped	Moron AB, Argentina	
207	518FG	D-ALAR	-	Written Off	Hamburg, Germany	
208	515FB	5N-ENO	(Oriental Airlines)	WFU & Stored	Owerri Imo, Nigeria	
209	501EX	RP-C1188	-	Scrapped	Manila, Philippines	
210	509EW	G-OBWF	-	Scrapped	Southend, UK	
211	523FJ	5N-EYI	-	Scrapped	Lagos, Nigeria	
212	529FR	LV-LOX	-	Written Off	Rio De La Plata, Argentina	
213	527FK	RP-C1161	-	Written Off	Zamboanga, Philippines	
214	501EX	5N-OAL	-	Scrapped	Lagos, Nigeria	
215	527FK	RP-C1171	-	Scrapped	Manila, Philippines	

British Aerospace BAC 1-11

c/n	Model	Registration	Owner/Operator	Status	Location	Notes
226	527FK	VR-BEB	-	Fire Trainer	Bournemouth, UK	
227	528FL	LV-OAY	-	Scrapped	San Fernando, Argentina	
228	520FN	PP-SDQ	-	Written Off	Sao Paulo Congonhas, Brazil	
229	515FB	5N-IMO	-	Written Off	Tamanrasset, Algeria	
230	520FN	5N-BBQ	-	Scrapped	Malta	
231	516FP	RP-C1193	-	Written Off	Manila, Philippines	
232	518FG	9L-LDL	-	Scrapped	Malta	
233	530FX	5N-BDV	(Savannah Airlines)	Stored	Maiduguri, Nigeria	
234	528FL	YR-JBA	(Jaro International)	Stored	Bucharest, Romania	
235	524FF	5N-USE	(Okada Air)	WFU & Stored	Benin City, Nigeria	
236	531FS	PP-SDS	-	Parts Remain	Burbank, CA	
237	531FS	ZS-NUG	(Nationwide Air Charter)	WFU & Stored	Lanseria, South Africa	
238	528FL	YR-JBB	(Jaro International)	WFU & Stored	Bucharest, Romania	
239	476FM	G-AYUW	-	Scrapped	Bournemouth, UK	
240	530FX	G-AZMF	(Newcastle Aviation Academy)	Ground Trainer	Newcastle, UK	
241	476FM	5N-ECI	(Oriental Airlines)	WFU & Stored	Lagos, Nigeria	
242	531FS	9L-LDJ	-	Fire Trainer	Malta Luqa	
243	481FW	5N-SKS	(GAS Air)	WFU & Stored	Port Harcourt, Nigeria	
244	531FS	G-BJMV	-	Scrapped	Southend, UK	
245	479FU	ZE433	QinetiQ / Ferranti Defense Systems	Active	Boscombe Down, UK	
246	527FK	RP-C1182	(Philippine Airlines)	WFU & Stored	Tacloban Airport, Philippines	
247	485GD(F)	551	Royal Oman Air Force	Active	Muscat Seeb AFB, Oman	
248	527FK	RP-C1183	-	Scrapped	Manila, Philippines	
249	485GD(F)	552	Royal Oman Air Force	Active	Muscat Seeb AFB, Oman	
250	479FU	ZE432	QinetiQ / ETPS	Active	Boscombe Down, UK	
251	485GD(F)	553	Royal Oman Air Force	Active	Muscat Seeb AFB, Oman	
252	525FT	5N-BBU	(Albarka Air)	WFU & Stored	Lagos, Nigeria	
253	525FT	EX-086	Trast Aero	Active	Ras Al Khaimah, UAE	
254	525FT	5N-ESE	(EAS Airlines)	WFU & Stored	Lagos, Nigeria	
255	525FT	5N-UJC	(Chrome Air Services)	Stored	Lagos, Nigeria	
256	525FT	YR-BCM	-	Fire Trainer	Halmstad, Sweden	
257	537GF	ZS-NUH	-	Scrapped	Lanseria, South Africa	
258	537GF	ZS-NUI	-	Scrapped	Lanseria, South Africa	
259	488GH	YR-HRS	MIA Airlines	Active	Bucharest, Romania	
260	492GM	TZ-BSA	Tombouctou Aviation	Active	Bamako, Mali	
261	537GF	9Q-CDY	Air Katanga	Active	Kinshasa, Congo	
262	492GM	PK-TRU	(Indonesia Air Transport)	Stored	Jakarta Halim, Indonesia	
263	539GL	ZH763	QinetiQ	Active	Boscombe Down, UK	
264	539GL	5N-ORO	(Okada Air)	WFU & Stored	Benin City, Nigeria	
265	539GL	5N-BIN	(Okada Air)	WFU & Stored	Benin City, Nigeria	
266	525FT	5N-ESF	-	Written Off	Kano, Nigeria	
267	487GK(F)	5N-SEO	(Chrome Air Services)	Stored	Bucharest, Romania	
272	525FT	YR-BCO	-	Written Off	Istanbul, Turkey	

British Aerospace BAC 1-11

Cross Reference

Registration	c/n	Registration	c/n	Registration	c/n	Registration	c/n
551	247	5N-OMO	34	DQ-FCR	116	G-ATVH	40
552	249	5N-ORO	264	EC-BQF	161	G-ATVU	74
553	251	5N-OSA	153	EI-ANE	49	G-AVBW	107
1001	247	5N-OVE	112	EI-ANF	50	G-AVBX	109
1002	249	5N-SDP	125	EI-ANG	51	G-AVBY	113
1003	251	5N-SEO	267	EI-ANH	52	G-AVEJ	94
3C-LKI	158	5N-SKS	100	EI-BSY	266	G-AVGP	114
3C-QRF	61	5N-SKS	243	EI-BSZ	272	G-AVMH	136
3D-LLG	69	5N-TOM	124	EI-BVG	255	G-AVMI	137
4X-BAR	230	5N-UDE	259	EI-BVI	256	G-AVMJ	138
4X-BAS	199	5N-UJC	255	EI-BWI	7	G-AVMK	139
5A-DDQ	158	5N-USE	235	EI-BWJ	9	G-AVML	140
5A-DKO	126	5N-VVV	80	EI-BWK	11	G-AVMM	141
5B-DAF	201	7Q-YKE	39	EI-BWL	12	G-AVMN	142
5B-DAG	257	7Q-YKF	243	EI-BWM	13	G-AVMO	143
5B-DAH	258	7Q-YKI	214	EI-BWN	20	G-AVMP	144
5B-DAJ	261	7Q-YKJ	240	EI-BWO	41	G-AVMR	145
5N-AOK	113	7Q-YKK	235	EI-BWP	43	G-AVMS	146
5N-AOM	122	7Q-YKQ	245	EI-BWQ	57	G-AVMT	147
5N-AOP	109	9J-RCH	39	EI-BWR	61	G-AVMU	148
5N-AOS	123	9J-RCI	40	EI-BWS	85	G-AVMV	149
5N-AOT	133	9L-LDJ	242	EI-BWT	127	G-AVMW	150
5N-AOW	94	9L-LDK	203	EI-CCU	237	G-AVMX	151
5N-AOZ	107	9L-LDL	232	EI-CCW	186	G-AVMY	152
5N-AVX	167	9Q-CDY	261	EI-CCX	211	G-AVMZ	153
5N-AXQ	157	9Q-CEH	57	EI-CDO	201	G-AVOE	129
5N-AXT	121	9Q-CKI	177	EI-CIB	191	G-AVOF	131
5N-AXV	159	9Q-CKP	191	EI-CIC	177	G-AVTF	122
5N-AYR	162	9Q-CKY	176	EI-CID	174	G-AVYZ	133
5N-AYS	129	9Q-CSJ	13	EI-CIE	176	G-AWBL	132
5N-AYT	131	9Q-CUG	57	EL-ALD	11	G-AWDF	134
5N-AYU	62	9V-BEF	166	EL-LIB	111	G-AWEJ	115
5N-AYV	128	9XR-RA	11	EX-086	253	G-AWGG	116
5N-AYW	166	A12-124	124	EX-215	141	G-AWKJ	128
5N-AYY	43	A12-125	125	FAB2110	154	G-AWWX	184
5N-BAA	41	A4O-BB	162	FAB2111	118	G-AWWY	185
5N-BAB	127	A4O-BU	157	F-WQFM	111	G-AWWZ	186
5N-BBP	202	A4O-BX	121	G-16-1	94	G-AWXJ	166
5N-BBQ	230	A6-RAK	84	G-16-10	196	G-AWYR	174
5N-BBU	252	A6-RKT	126	G-16-11	197	G-AWYS	175
5N-BCG	141	A6-SHJ	75	G-16-12	198	G-AWYT	176
5N-BCH	140	AN-BBI	111	G-16-12	199	G-AWYU	177
5N-BDC	111	AN-BBS	50	G-16-13	212	G-AWYV	178
5N-BDU	193	AN-BHJ	206	G-16-14	157	G-AXBB	162
5N-BDV	233	AN-BHN	74	G-16-15	236	G-AXCK	90
5N-BIN	265	C5-LKI	158	G-16-16	241	G-AXCP	87
5N-CCC	69	C6-BDJ	89	G-16-17	239	G-AXJK	191
5N-ECI	241	C6-BDN	62	G-16-19	66	G-AXJL	209
5N-EHI	74	C6-BDP	63	G-16-2	118	G-AXJM	214
5N-ENO	208	CC-CYF	33	G-16-22	230	G-AXLL	193
5N-ESA	174	CC-CYI	35	G-16-23	131	G-AXLM	199
5N-ESB	175	CC-CYL	40	G-16-24	166	G-AXLN	211
5N-ESE	254	CC-CYM	39	G-16-25	260	G-AXMF	200
5N-ESF	266	C-FQBN	110	G-16-3	127	G-AXMG	201
5N-EYI	211	CF-QBN	110	G-16-4	130	G-AXMH	202
5N-FSY	17	C-FQBO	112	G-16-5	121	G-AXMI	203
5N-GGG	160	CF-QBO	112	G-16-6	162	G-AXMJ	204
5N-HHH	64	C-FQBR	94	G-16-7	192	G-AXMK	205
5N-HTA	51	CF-QBR	94	G-16-8	193	G-AXML	206
5N-HTB	52	C-GQBP	122	G-16-9	194	G-AXMU	157
5N-HTC	49	C-GQBV	123	G-5-21	5	G-AXOX	121
5N-HTD	50	D-ABHH	84	G-ASHG	4	G-AXPH	194
5N-IMO	229	D-AILY	163	G-ASJA	5	G-AXSY	195
5N-KBC	104	D-AISY	158	G-ASJB	6	G-AXVO	197
5N-KBD	102	D-ALAQ	229	G-ASJC	7	G-AXYD	210
5N-KBE	30	D-ALAR	207	G-ASJD	8	G-AYHM	161
5N-KBG	82	D-ALAS	208	G-ASJE	9	G-AYKN	215
5N-KBM	105	D-ALAT	187	G-ASJF	10	G-AYOP	233
5N-KBN	103	D-ALFA	234	G-ASJG	11	G-AYOR	232
5N-KBO	179	D-ALLI	116	G-ASJH	12	G-AYOS	213
5N-KBO	180	D-AMAM	229	G-ASJI	13	G-AYUW	239
5N-KBR	93	D-AMAS	187	G-ASJJ	14	G-AYWB	237
5N-KBS	31	D-AMAT	235	G-ASTJ	85	G-AYXB	192
5N-KBT	100	D-AMIE	190	G-ASUF	15	G-AZEB	188
5N-KBV	32	D-AMOR	197	G-ASYD	53	G-AZEC	189
5N-KBW	106	D-AMUC	227	G-ASYE	54	G-AZED	127
5N-KKK	154	D-AMUR	195	G-ATPH	110	G-AZMF	240
5N-MBM	68	D-ANDY	127	G-ATPI	112	G-AZMI	66
5N-MZE	110	D-ANNO	160	G-ATPJ	33	G-AZPE	208
5N-NRC	124	D-ANUE	238	G-ATPK	34	G-AZPY	187
5N-OAL	214	DQ-FBM	245	G-ATPL	35	G-AZPZ	229
5N-OKA	168	DQ-FBV	250	G-ATTP	39	G-AZUK	241

British Aerospace BAC 1-11 — Out Of Production List: Western Jet Airliners

Registration	c/n	Registration	c/n	Registration	c/n	Registration	c/n
G-BBME	66	HZ-KB1	158	N112NA	59	N5022	62
G-BBMF	74	HZ-MAA	60	N1130J	96	N5023	63
G-BBMG	115	HZ-MAJ	88	N1131J	97	N5024	64
G-BCCV	198	HZ-MAM	259	N1132J	105	N5025	65
G-BCWA	205	HZ-MF1	158	N1134J	45	N5026	66
G-BCWG	204	HZ-MFA	80	N1135J	46	N5027	67
G-BCXR	198	HZ-MO1	135	N1136J	71	N5028	68
G-BDAE	203	HZ-NB2	64	N114M	119	N5029	69
G-BDAS	202	HZ-NB3	60	N114MX	119	N502T	83
G-BDAT	232	HZ-NDI	183	N117MR	65	N5030	72
G-BEJM	118	HZ-NIR	88	N119DA	72	N5031	73
G-BEJW	154	HZ-RH1	81	N119GA	72	N5032	74
G-BEKA	230	HZ-TA1	78	N120TA	56	N5033	75
G-BFMC	160	I-ZACF	12	N123H	163	N5034	76
G-BFWN	261	LV-IZR	122	N128CF	61	N5035	77
G-BGKE	263	LV-IZS	123	N128GA	58	N5036	78
G-BGKF	264	LV-JGX	117	N128GA	117	N5037	79
G-BGKG	265	LV-JGY	155	N12CZ	56	N5038	80
G-BGTU	108	LV-JNR	192	N1541	15	N5039	81
G-BIII	128	LV-JNS	194	N1542	16	N503T	183
G-BJMV	244	LV-JNT	196	N1543	17	N5040	86
G-BJRT	234	LV-JNU	185	N1544	18	N5041	87
G-BJRU	238	LV-LHT	185	N1545	19	N5042	88
G-BJYL	208	LV-LOX	212	N1546	20	N5043	89
G-BJYM	242	LV-MEX	200	N1547	41	N5044	90
G-BKAU	107	LV-MRZ	206	N1548	42	N504T	84
G-BKAV	109	LV-MZM	187	N1549	43	N51387	126
G-BKAW	113	LV-OAX	197	N1550	44	N523AC	15
G-BKAX	133	LV-OAY	227	N1551	45	N524AC	120
G-BLDH	262	LV-PEW	187	N1552	46	N541BN	15
G-BLHD	260	LV-PFR	197	N1553	70	N55JT	75
G-BPNX	110	LV-PID	122	N1554	71	N56B	55
G-BSXJ	63	LV-PIF	123	N161NG	67	N583CC	15
G-BSXK	89	LV-PKA	155	N162W	87	N583CQ	15
G-BSXU	93	LV-PKB	117	N164W	90	N5LC	15
G-BSXV	106	LV-PSW	185	N170FE	57	N5LC	73
G-BSYN	186	LX-MAM	259	N171FE	61	N62WH	78
G-BWES	259	N100CC	59	N172FE	56	N650DH	59
G-CBIA	166	N101EX	7	N173FE	87	N682RW	61
G-DBAF	11	N101PC	73	N174FE	127	N69HM	61
G-DJOS	237	N102EX	9	N179FE	75	N700JA	59
G-EKPT	211	N102GP	60	N17MK	54	N70611	83
G-EXPM	124	N102ME	67	N17VK	54	N711ST	58
G-FIRE	64	N103EX	10	N18813	126	N71MA	111
G-FLRU	201	N104EX	11	N18814	119	N734EB	5
G-HKIT	196	N105EX	12	N18HD	68	N765B	67
G-IIIH	200	N106EX	13	N18HH	68	N765CF	67
G-KROO	125	N107EX	85	N1JR	55	N767RV	111
G-MAAH	259	N109TH	67	N200CC	68	N76GW	65
G-NIII	128	N10HM	80	N200EE	83	N77CS	54
G-OBHF	203	N110TA	236	N200JX	15	N77QS	54
G-OBWA	232	N1112J	30	N2111J	29	N789CF	119
G-OBWB	202	N1113J	31	N217CA	63	N8007U	54
G-OBWC	230	N1114J	32	N218CA	89	N800DM	79
G-OBWD	203	N1115J	82	N221CN	111	N800MC	62
G-OBWE	242	N1116J	98	N22RB	80	N800PW	78
G-OBWF	210	N1117J	99	N263PC	68	N825AC	65
G-OBWG	184	N11181	96	N270E	120	N825AC	65
G-OBWH	208	N11182	97	N277NS	57	N87BL	120
G-OCNW	12	N11183	105	N310EL	72	N880DP	79
G-SURE	129	N1118J	100	N325V	86	N880P	79
G-TARO	272	N1119J	101	N333GB	76	N88NB	5
G-TOMO	267	N111AC	111	N341TC	126	N8LG	15
G-WLAD	112	N111FL	73	N3756F	5	N909CH	67
G-YMRU	110	N111GS	126	N390BA	129	N90AM	111
HB-ITK	166	N111JX	163	N392BA	131	N90TF	80
HB-ITL	212	N111LP	68	N3939V	54	N950CS	86
HR-AMO	86	N111NA	55	N3E	68	N97GA	117
HR-ATS	260	N111NA	60	N401SK	73	N97JF	89
HZ-AB1	158	N111NA	65	N40AS	61	N97KR	5
HZ-ABM2	60	N111NA	86	N44R	120	N999BW	120
HZ-AMB	69	N111QA	15	N4550T	135	N9WP	78
HZ-AMH	158	N111RZ	56	N490ST	83	OB-R1080	241
HZ-AMH	183	N1120J	102	N491ST	56	OB-R1173	193
HZ-AMK	54	N1122J	103	N500CS	86	OB-R953	239
HZ-BL1	80	N1123J	104	N5015	55	OE-ILC	255
HZ-GP2	60	N1124J	134	N5016	56	OE-ILD	256
HZ-GRP	60	N1125J	135	N5017	57	P4-AMO	86
HZ-GRP	67	N1126J	179	N5018	58	P4-CBH	88
HZ-HR1	81	N1127J	180	N5019	59	P4-CBH	88
HZ-JAM	111	N1128J	181	N5020	60	P4-CBI	61
HZ-KA7	260	N1129J	182	N5021	61	P4-CCL	78

British Aerospace BAC 1-11

Registration	c/n	Registration	c/n
P4-JLB	260	VP-LAP	188
PI-C-1121	91	VP-LAR	189
PIC-1131	92	VR-BAC	17
PI-C1141	94	VR-BBA	126
PI-C-1151	157	VR-BEA	195
PI-C1161	213	VR-BEB	226
PI-C1171	215	VR-BEC	196
PI-C1181	226	VR-BED	200
PK-RJC	166	VR-BHS	76
PK-RJF	65	VR-CAB	237
PK-TAL	259	VR-CAL	211
PK-TRU	262	VR-CAM	69
PK-TSR	126	VR-CAQ	5
PK-TST	118	VR-CBI	57
PP-SDP	192	VR-CBX	84
PP-SDR	230	VR-CBY	183
PP-SDS	236	VR-CBZ	83
PP-SDT	193	VR-CCG	81
PP-SDU	211	VR-CCJ	126
PP-SDV	199	VR-CCS	69
PP-SRT	119	VR-CJL	86
PP-SRU	126	VR-CMI	183
PT-TYV	200	VR-CTM	81
PT-TYW	206	XA-ADC	84
PT-TYY	240	XA-ADC	183
RP-C1	128	XA-CMG	79
RP-C1161	213	XA-RTN	85
RP-C1171	215	XB-JSC	183
RP-C1181	226	XB-JZX	183
RP-C1182	246	XB-KCE	183
RP-C1183	248	XB-MUO	5
RP-C1184	190	XX105	8
RP-C1185	195	XX919	91
RP-C1186	188	YA-GAG	11
RP-C1187	189	YR-BCA	130
RP-C1188	209	YR-BCB	156
RP-C1189	204	YR-BCC	167
RP-C1193	231	YR-BCD	159
RP-C1194	199	YR-BCE	165
S9-TAE	84	YR-BCF	168
TC-AKA	255	YR-BCG	77
TC-AKB	253	YR-BCH	161
TC-JCP	254	YR-BCI	252
TG-ARA	205	YR-BCJ	253
TG-AVA	206	YR-BCK	254
TG-AYA	211	YR-BCL	255
TG-AZA	231	YR-BCM	256
TG-TJF	89	YR-BCN	266
TG-TJK	63	YR-BCO	272
TI-1055C	162	YR-BCP	162
TI-1056C	108	YR-BCR	267
TI-1084C	237	YR-CJL	86
TI-1095C	242	YR-HRS	259
TI-1096C	244	YR-JBA	234
TI-LRF	237	YR-JBB	238
TI-LRI	242	YR-MIA	260
TI-LRJ	244	YS-01C	108
TI-LRK	208	YS-17C	93
TI-LRL	237	YS-18C	106
TP-0201	5	YU-AKN	266
TZ-BSA	260	YU-ANM	266
TZ-BSB	86	YU-ANN	272
UN-B1111	78	ZE432	250
VP-BCN	188	ZE433	245
VP-BCO	189	ZH763	263
VP-BCP	34	ZS-NMS	186
VP-BCY	121	ZS-NMT	201
VP-BCZ	157	ZS-NNM	108
VP-BDI	74	ZS-NUG	237
VP-BDJ	89	ZS-NUH	257
VP-BDN	62	ZS-NUI	258
VP-BDP	63	ZS-NUJ	261
VP-BEB	226	ZS-NYZ	132
VP-BEC	196	ZS-OAF	114
VP-BED	200	ZS-OAG	66
VP-CCG	81	ZS-OAH	115
VP-CDA	259		
VP-CHM	260		
VP-CLM	72		
VP-CMI	183		
VP-LAK	205		
VP-LAN	198		

ROMBAC 1-11

Production Started:	1982
Production Ended:	1989
Number Built:	10
Active:	2
Preserved:	0
WFU, Stored & In Parts:	8
Written Off:	0
Scrapped:	0

Location Summary	
Kazakhstan	1
Nigeria	1
Pakistan	3
Romania	5

ROMBAC 1-11

c/n	Model	Registration	Owner/Operator	Status	Location	Notes
401 (268)	561RC	AP-BFC	(TAROM)	Stored	Bucharest, Romania	
402	561RC	5N-ESD	(Albarka Air)	Stored	Lagos, Nigeria	
403	561RC	EX-103	Skyway Cargo	Stored	Ras Al Khaimah, Kazakhstan	
404	561RC	AP-BFD	(Aero Asia International)	Stored	Karachi, Pakistan	
405	561RC	YR-BRE	Government of Romania	Active	Bucharest, Romania	
406	561RC	AP-BFE	(Aero Asia International)	Stored	Karachi, Pakistan	
407	561RC	AP-BFF	(Aero Asia International)	Stored	Karachi, Pakistan	
408	561RC	YR-BRH	(Romavia)	Stored	Bucharest, Romania	
409	561RC	YR-BRI	Romavia	Active	Bucharest, Romania	
410	561RC	YR-BRJ	-	Fuselage Remains	Chitila, Romania	

Cross Reference

Registration	c/n
5N-ESD	402
AP-BFC	401 (268)
AP-BFD	404
AP-BFD	405
AP-BFE	406
AP-BFF	407
EI-BSS	402
EI-BVG	407
EI-CAS	406
EX-103	403
G-BNIH	406
YR-BRA	401 (268)
YR-BRB	402
YR-BRC	403
YR-BRD	404
YR-BRE	405
YR-BRF	406
YR-BRG	407
YR-BRH	408
YR-BRI	409
YR-BRJ	410
YU-ANR	401 (268)
YU-ANS	403
YU-ANT	404

British Aerospace 146-100

Production Started:	1981
Production Ended:	1992
Number Built:	35
Active:	17
Preserved:	1
WFU, Stored & In Parts:	13
Written Off:	1
Scrapped:	3

Location Summary

Albania	1
Australia	5
Bolivia	1
Botswana	1
China	3
Indonesia	1
Peru	2
Philippines	4
United Kingdom	10
Unknown	1
USA - MT	1
USA - TX	1

British Aerospace 146-100

c/n	Model	Registration	Owner/Operator	Status	Location	Notes
E1001	100	G-SSSH	-	Rebuilt as 300		Notes
E1002	100QT	VH-NJV	(National Jet Systems)	Stored	Adelaide, Australia	
E1003	100A	VH-NJX	Qantaslink	Active	Adelaide, Australia	
E1004	100	VH-NJA	National Jet Systems	Active	Adelaide, Australia	
E1005	100	RP-C2994	(Zest Airways)	Stored	Manila, Philippines	
E1006	100	G-OFOA	Formula 1 Flight Operations	Active	Biggin Hill, UK	
E1007	100A	EC-GEO	-	Written Off	Nador, Morocco	
E1009	100	RP-C2999	(Zest Airways)	Stored	Manila, Philippines	
E1010	100	G-JEAO	(Air France)	Stored	Bristol Filton, UK	
E1011	100	D-AWDL	(WDL Aviation / SAS)	WFU & Stored	?	
E1013	100A	VH-NJC	National Jet Systems	Active	Adelaide, Australia	Operated by WDL Aviation
E1015	100A	G-MABR	(Zest Airways)	Stored	Manila, Philippines	
E1017	100A	G-BLRA	BAe Systems	Active	Woodford, UK	
E1019	100	B-2701	(China Northwest Airlines)	Preserved	Beijing Museum, China	
E1021	CC2	ZE700	Royal Air Force	Active	Northolt, UK	
E1026	100	B-2702	(China Northwest Airlines)	Active	Lanzhou, China	
E1029	CC2	ZE701	Royal Air Force	Active	Northolt, UK	
E1032	100	B-2703	(China Northwest Airlines)	Active	Lanzhou, China	
E1035	100	G-JEAU	-	Sunk at Diving School	Tidenham Quarry, UK	
E1063	100A	C-GPBJ	(Regional 1)	Stored	Great Falls, MT	
E1068	100	N114M	Moncrief Oil of Texas	Active	Dallas Ft. Worth, TX	
E1071	100	G-JEAT	-	Fire Trainer	Exeter, UK	
E1076	100	FAB-098	(Bolivian Air Force)	Parts Remain	Southend, UK	
E1081	100	FAB-099	Bolivian Air Force	Active	La Paz, Bolivia	
E1083	100	G-CCXY	-	Scrapped	Southend, UK	
E1085	100	ZA-MAK	Albanian Airlines	Active	Tirana, Albania	
E1091	100	A6-SHK	-	Scrapped	Alton, UK	
E1095	100	OB-1879-P	Star Peru	Active	Lima, Peru	
E1101	100	A2-ABD	Air Botswana	Active	Gaborone, Botswana	
E1104	100	VH-NJE	(National Jet Systems)	Stored	Subic Bay, Philippines	
E1124	100	PK-OSP	Indonesian Presidential Flight	Active	Jakarta Halim, Indonesia	
E1144	100	G-OFOM	Formula 1 Flight Operations	Active	Biggin Hill, UK	Operated by Airfast Indonesia
E1152	100	VH-NJR	(National Jet Systems)	Stored	Adelaide, Australia	
E1160	100	G-BVLJ	(Air Botswana)	Stored	Southend, UK	
E1199	100	OB-1877-P	Star Peru	Active	Lima, Peru	

British Aerospace 146-100

Cross Reference

Registration	c/n	Registration	c/n	Registration	c/n
Registration	c/n	G-BRJS	E1004	ZA-MAK	E1085
A2-ABD	E1101	G-BRLM	E1144	ZD695	E1004
A2-ABF	E1160	G-BRLN	E1152	ZD696	E1005
A5-RGD	E1095	G-BRUC	E1009	ZE700	E1021
A5-RGE	E1199	G-BSLP	E1144	ZE701	E1029
A6-SHK	E1091	G-BSTA	E1002	ZE702	E1124
B-2701	E1019	G-BTXO	E1104	ZS-NCA	E1002
B-2702	E1026	G-BVLI	E1160		
B-2703	E1032	G-BVUW	E1035		
B-2704	E1035	G-BVUX	E1068		
B-2705	E1068	G-BVUY	E1071		
B-2706	E1071	G-CBXY	E1124		
B-2707	E1076	G-CCXY	E1083		
B-2708	E1081	G-DEBJ	E1004		
B-2709	E1083	G-DEBN	E1015		
B-2710	E1085	G-JEAO	E1010		
B-585L	E1068	G-JEAT	E1071		
B-586L	E1035	G-JEAU	E1035		
B-632L	E1076	G-MABR	E1015		
B-633L	E1081	G-OBAF	E1004		
B-634L	E1083	G-OFOA	E1006		
B-635L	E1085	G-OFOM	E1144		
C-GNVX	E1010	G-OJET	E1004		
C-GPBJ	E1063	G-OPSA	E1002		
CP-2247	E1104	G-RJET	E1199		
CP-2249	E1017	G-SCHH	E1005		
D-AWDL	E1011	G-SSCH	E1003		
EC-969	E1007	G-SSHH	E1002		
EC-971	E1015	G-SSSH	E1001		
EC-GEO	E1007	G-SSSH	E1002		
EC-GEP	E1015	G-UKJF	E1011		
EI-CJP	E1160	G-UKPC	E1010		
EI-COF	E1006	G-XIAN	E1019		
EI-CPY	E1003	HS-TBO	E1104		
FAB-098	E1076	J8-VBA	E1068		
FAB-099	E1081	J8-VBB	E1071		
G-5-005	E1002	J8-VBC	E1035		
G-5-01	E1015	N101RW	E1002		
G-5-019	E1019	N114M	E1068		
G-5-02	E1005	N117TR	E1017		
G-5-02	E1017	N135TR	E1035		
G-5-02	E1021	N146AP	E1013		
G-5-026	E1026	N170RJ	E1199		
G-5-032	E1032	N171TR	E1071		
G-5-035	E1035	N246SS	E1003		
G-5-04	E1004	N3206T	E1144		
G-5-04	E1124	N461AP	E1015		
G-5-063	E1063	N462AP	E1017		
G-5-068	E1068	N463AP	E1063		
G-5-071	E1071	N568BA	E1015		
G-5-076	E1076	N5828B	E1002		
G-5-081	E1081	N70NA	E1063		
G-5-083	E1083	N720BA	E1002		
G-5-085	E1085	N76HN	E1076		
G-5-091	E1091	N801RW	E1002		
G-5-095	E1095	N802RW	E1010		
G-5-101	E1101	N81HN	E1081		
G-5-104	E1104	N83HN	E1083		
G-5-124	E1124	N861MC	E1068		
G-5-14	E1003	OB-1877-P	E1199		
G-5-146	E1002	OB-1879-P	E1095		
G-5-507	E1021	OE-BRL	E1002		
G-5-512	E1010	PK-DTA	E1144		
G-5-523	E1019	PK-DTC	E1152		
G-5-537	E1004	PK-MTA	E1004		
G-6-002	E1002	PK-OSP	E1124		
G-6-009	E1009	PT-LEP	E1010		
G-6-013	E1013	RP-C2994	E1005		
G-6-021	E1021	RP-C2999	E1009		
G-6-029	E1029	SE-DRH	E1006		
G-6-124	E1124	TZ-ADT	E1009		
G-6-144	E1144	VH-JSF	E1160		
G-6-152	E1152	VH-NJA	E1004		
G-6-160	E1160	VH-NJC	E1013		
G-BIAD	E1001	VH-NJD	E1160		
G-BKHT	E1007	VH-NJE	E1104		
G-BKMN	E1006	VH-NJR	E1152		
G-BKXZ	E1010	VH-NJV	E1002		
G-BLRA	E1017	VH-NJX	E1003		
G-BOEA	E1095	VH-NJY	E1005		
G-BOMA	E1091	VH-NJZ	E1009		
G-BPNP	E1002	XA-RST	E1015		

British Aerospace 146-200

Production Started:	1982
Production Ended:	1993
Number Built:	116
Active:	68
Preserved:	0
WFU, Stored & In Parts:	35
Written Off:	4
Scrapped:	9

Location Summary

Location	Count
Albania	4
Australia	5
Belgium	10
Bolivia	3
Bulgaria	1
Canada	11
Chile	1
Congo	8
Denmark	2
Faroe Islands	2
Germany	7
Indonesia	2
Italy	2
Kenya	1
Kuwait	1
New Zealand	1
Paraguay	1
Peru	1
Romania	6
South Africa	5
Spain	6
United Kingdom	19
USA - AZ	1
USA - NV	2
Zimbabwe	1

	c/n	Model	Registration	Owner/Operator	Status	Location	Notes
☐	E2008	200	G-BMYE	-	Scrapped	Bristol Filton, UK	
☐	E2012	200A	I-TERB	-	Scrapped	Southend, UK	
☐	E2014	200A	I-TERV	-	Scrapped	Southend, UK	
☐	E2016	200	G-DEFM	-	Scrapped	Southend, UK	
☐	E2018	200A	G-TBAE	BAe Systems	Active	Warton, UK	
☐	E2020	200	G-JEAS	(Flybe)	Stored	Exeter, UK	
☐	E2022	200A	G-FLTF	(Flightline)	Stored	Southend, UK	
☐	E2023	200A	FAB-102	TAM / Bolivian Air Force	Active	La Paz, Bolivia	
☐	E2024	200	G-FLTB	(Flightline)	Stored	Southend, UK	
☐	E2025	200A	G-TBIC	(Flightline)	Stored	Southend, UK	
☐	E2027	200A	N350PS	-	Written Off	San Luis Obispo, CA	
☐	E2028	200A	D-AMAJ	WDL Aviation	Active	Essen, Germany	
☐	E2030	200	ZS-SFZ	(Allegiance Air)	Stored	Kruger Mpumalanga, South Africa	
☐	E2031	200A	EI-CNQ	(CityJet)	Stored	Norwich, UK	
☐	E2033	200A	N606AW	Minden Air	Active	Minden Tahoe, NV	
☐	E2034	200A	RP-C2995	-	Written Off	Catarman, Philippines	
☐	E2036	200A	G-GNTZ	(Flybe)	Stored	Exeter, UK	
☐	E2037	200A	VH-JJP	-	Scrapped	Melbourne, Australia	
☐	E2038	200A	VH-JJQ	(Ansett Australia)	Ground Trainer	Brisbane, Australia	
☐	E2039	200A	TN-AIC	Air Congo	Active	Pointe Noire, Congo Brazzaville	
☐	E2040	200A	EI-DJJ	(CityJet)	Stored	Summerside, PEI, Canada	
☐	E2041	200A	FAB-101	Bolivian Air Force	Active	La Paz, Bolivia	
☐	E2042	200	CC-CZP	Aerovias DAP	Active	Punta Arenas, Chile	
☐	E2043	200A	N183US	(United Express)	WFU & Stored	Summerside, PEI, Canada	
☐	E2044	200A	TN-AIC	Air Congo	Active	Brazzaville, Congo Brazzaville	
☐	E2045	200A	OY-RCA	Atlantic Airways	Active	Vagar, Faroe Islands	
☐	E2046	200A	TN-AIB	Air Congo	Active	Brazzaville, Congo Brazzaville	
☐	E2047	200	G-OZRH	(Flightline)	Stored	Southend, UK	
☐	E2048	200A	G-FLTA	(Flightline)	Stored	Southend, UK	
☐	E2049	200A	N608AW	(United Express)	Stored	Summerside, PEI, Canada	
☐	E2050	200	D-AWUE	WDL Aviation	Active	Essen, Germany	
☐	E2051	200	TN-AHX	Air Congo	Active	Brazzaville, Congo Brazzaville	
☐	E2052	200A	N607AW	(United Express)	WFU & Stored	Summerside, PEI, Canada	
☐	E2053	200A	ZS-SBD	Fly540.com	Active	Nairobi, Kenya	
☐	E2054	200	ZA-MAL	Albanian Airlines	Active	Tirana, Albania	
☐	E2055	200	D-AMGL	WDL Aviation / SAS	Active	Copenhagen, Denmark	
☐	E2056	200QT	EC-HDH	TNT Airways	Active	Madrid Barajas, Spain	
☐	E2057	200	G-CBAE	-	Scrapped	Exeter, UK	
☐	E2058	200	ZS-PYM	South African Airlink	Active	Johannesburg, South Africa	
☐	E2059	200	ZS-PUM	South African Airlink	Active	Johannesburg, South Africa	
☐	E2060	200	G-CCJC	(CityJet)	Stored	Kemble, UK	
☐	E2061	200A	CC-CET	-	Written Off	Puerto Williams, Chile	
☐	E2062	200A	YR-BEC	Romavia	Active	Bucharest, Romania	
☐	E2064	200	ZS-PUL	South African Airlink	Active	Johannesburg, South Africa	
☐	E2065	200	Z-WPD	Air Zimbabwe	Active	Harare, Zimbabwe	
☐	E2066	200	G-CCJP	(Club Air)	Stored	Kemble, UK	
☐	E2067	200QT	OO-TAR	TNT Airways / Pan Air	Active	Liege, Belgium	

c/n	Model	Registration	Owner/Operator	Status	Location	Notes
E2069	200	D-AEWD	Lufthansa Regional	Active	Nuremberg, Germany	
E2070	200A	N609AW	(United Express)	Stored	Kingman, AZ	For Sol Airlines, HI-
E2072	200A	LZ-HBA	Hemus Air	Active	Sofia, Bulgaria	
E2073	200A	LZ-HBB	Hemus Air / Belle Air	Active	Tirana, Albania	
E2074	200A	ZS-PUZ	South African Airlink	Active	Johannesburg, South Africa	
E2075	200A	OY-CRG	-	Written Off	Stord, Norway	
E2077	200	D-AEWE	Lufthansa Regional	Active	Nuremberg, Germany	
E2078	200QT	I-TNTC	TNT Airways / Mistral Air	Active	Rome Ciampino, Italy	
E2079	200	G-MIMA	Queenco Leisure	Active	Bacau, Romania	
E2080	200A	FAB-100	Bolivian Air Force	Active	La Paz, Bolivia	
E2082	200A	N773CS	(Bolivian Air Force)	Stored	Ascuncion, Paraguay	
E2084	200A	N291UE	(United Express)	WFU & Stored	Summerside, PEI, Canada	
E2086	200QT	EC-GQO	TNT Airways / Pan Air	Active	Madrid Barajas, Spain	
E2087	200A	OB-1885-P	Star Peru	Active	Lima, Peru	
E2088	200	G-MANS	(Flybe)	Stored	Exeter, UK	
E2089	200QT	OO-TAW	TNT Airways	Active	Liege, Belgium	
E2090	200	TN-	Air Congo	Active	Brazzaville, Congo Brazzaville	
E2092	200	TN-AIF	Air Congo	Active	Brazzaville, Congo Brazzaville	
E2093	200	LZ-HBC	Hemus Air / Belle Air	Active	Tirana, Albania	
E2094	200	OY-RCB	Atlantic Airways / SAS	Active	Copenhagen, Denmark	
E2096	200	TN-AIE	Air Congo	Active	Brazzaville, Congo Brazzaville	
E2097	200A	VH-YAD	National Jet Systems	Active	Adelaide, Australia	
E2098	200	VH-JJT	(Ansett Australia)	Ground Trainer	Perth, Australia	
E2099	200QT	G-JEAJ	(Flybe)	Stored	Bacau, Romania	
E2100	200QT	OO-TAU	TNT Airways	Active	Liege, Belgium	
E2102	200QT	EC-ELT	TNT Airways / Pan Air	Active	Madrid Barajas, Spain	
E2103	200A	LZ-HBZ	Hemus Air / Belle Air	Active	Tirana, Albania	
E2105	200QT	EC-FZE	TNT Airways / Pan Air	Active	Madrid Barajas, Spain	
E2106	200	C-GRNZ	(Air Canada Jazz)	Stored	Calgary, Canada	
E2107	200A	VH-YAE	National Jet Systems	Active	Adelaide, Australia	
E2108	200	G-CFDH	-	Stored	Southend, UK	
E2109	200QT	I-MSAA	TNT Airways / Mistral Air	Active	Rome Ciampino, Italy	
E2110	200	VH-JJW	-	Scrapped	Melbourne, Australia	
E2111	200	N446MA	Minden Air	Active	Minden, NV	
E2112	200QT	EC-HJH	TNT Airways / Pan Air	Active	Madrid Barajas, Spain	
E2113	200QT	SE-DRN	(West Air Europe)	Stored	Exeter, UK	
E2114	200QT	G-ZAPR	Titan Airways	Active	London Stansted, UK	
E2115	200	OY-RCW	Atlantic Airways	Active	Vagar, Faroe Islands	
E2116	200	VH-JJU	-	Scrapped	Melbourne, Australia	
E2117	200QT	EC-FVY	TNT Airways / Pan Air	Active	Madrid Barajas, Spain	
E2119	200QC	G-ZAPN	Titan Airways	Active	London Stansted, UK	
E2121	200	C-FBAV	(Air Canada Jazz)	Stored	Calgary, Canada	
E2127	200	VH-JJX	-	Scrapped	Townsville, Australia	
E2130	200	ZK-ECO	Air National Corporate	Active	Auckland, New Zealand	
E2133	200	C-GRNV	(Air Canada Jazz)	Stored	Calgary, Canada	
E2136	200A	G-JEAX	(Flybe)	Stored	Exeter, UK	
E2138	200A	G-JEAY	(Flybe)	Stored	Bacau, Romania	
E2139	200	C-GRNU	(Air Canada Jazz)	Stored	Calgary, Canada	

British Aerospace 146-200

c/n	Model	Registration	Owner/Operator	Status	Location	Notes
E2140	200	C-GRNT	(Air Canada Jazz)	Stored	Calgary, Canada	
E2148	200QC	G-ZAPK	Titan Airways	Active	London Stansted, UK	
E2156	200A	N156TR	(United Express)	Stored	Calgary, Canada	
E2164	200	OO-DJE	Brussels Airlines	Active	Brussels, Belgium	
E2167	200	OO-DJF	Brussels Airlines	Active	Brussels, Belgium	
E2170	200	VH-NJG	(National Jet Systems)	Stored	Adelaide, Australia	
E2172	200	OO-DJH	(Brussels Airlines)	Stored	Brussels, Belgium	
E2176	200QC	G-ZAPO	Titan Airways	Active	London Stansted, UK	
E2178	200	RP-C2997	First Kuwaiti Trading & Contracting	Active	Kuwait City	
E2180	200	OO-DJG	(Brussels Airlines)	Stored	Brussels, Belgium	
E2184	200	D-AEWF	Lufthansa Regional	Active	Nuremberg, Germany	
E2188	200QC	OO-TAZ	TNT Airways	Active	Liege, Belgium	
E2192	200	3B-PAE	AirDC	Active	Kinshasa, Congo Kinshasa	
E2196	200	OO-DJJ	Brussels Airlines	Active	Brussels, Belgium	
E2200	200	D-ACFA	Lufthansa Regional	Active	Nuremberg, Germany	
E2201	200	D-AJET	Lufthansa Regional	Active	Nuremberg, Germany	
E2204	200	PK-LNI	Linus Airways	Active	Jakarta CGK, Indonesia	
E2210	200	PK-LNJ	Linus Airways	Active	Jakarta CGK, Indonesia	
E2211	200QC	OO-TAY	TNT Airways	Active	Liege, Belgium	
E2220	200	YR-BEB	Romavia	Active	Bucharest, Romania	
E2227	200	YR-BEA	Romavia	Active	Bucharest, Romania	

Cross Reference

Registration	c/n	Registration	c/n	Registration	c/n	Registration	c/n
3B-PAE	E2192	G-11-156	E2156	G-6-220	E2220	G-JEAV	E2064
CC-CEJ	E2059	G-5-001	E2052	G-6-227	E2227	G-JEAW	E2059
CC-CEN	E2064	G-5-002	E2049	G-BKNJ	E2069	G-JEAX	E2136
CC-CET	E2061	G-5-003	E2051	G-BMFM	E2042	G-JEAY	E2138
CC-CZP	E2042	G-5-004	E2050	G-BMYE	E2008	G-MANS	E2088
C-FBAB	E2090	G-5-053	E2053	G-BNJI	E2072	G-MIMA	E2079
C-FBAE	E2092	G-5-054	E2054	G-BNKK	E2070	G-OHAP	E2061
C-FBAF	E2096	G-5-055	E2055	G-BNND	E2074	G-OLCA	E2099
C-FBAO	E2111	G-5-056	E2056	G-BNPJ	E2078	G-OLCB	E2103
C-FBAV	E2121	G-5-057	E2057	G-BNUA	E2086	G-OLHB	E2020
C-FEXN	E2020	G-5-058	E2058	G-BNYC	E2089	G-OSAS	E2204
C-FHAA	E2138	G-5-059	E2059	G-BOHK	E2100	G-OSKI	E2018
C-FHAP	E2136	G-5-060	E2060	G-BOKZ	E2102	G-OSUN	E2020
C-FHAV	E2012	G-5-061	E2061	G-BOMI	E2105	G-OWLD	E2031
C-FHAX	E2014	G-5-062	E2062	G-BOMJ	E2109	G-OZRH	E2047
C-FHAZ	E2016	G-5-064	E2064	G-BOMK	E2112	G-PRCS	E2176
C-FHNX	E2066	G-5-065	E2065	G-BOXD	E2113	G-PRIN	E2148
C-GRNT	E2140	G-5-066	E2066	G-BOXE	E2114	G-TBAE	E2018
C-GRNU	E2139	G-5-067	E2067	G-BPBS	E2117	G-TBIC	E2025
C-GRNV	E2133	G-5-069	E2069	G-BPBT	E2119	G-TNTA	E2056
C-GRNX	E2130	G-5-070	E2070	G-BPUV	E2133	G-TNTB	E2067
C-GRNY	E2115	G-5-072	E2072	G-BRNG	E2077	G-TNTC	E2078
C-GRNZ	E2106	G-5-073	E2073	G-BRXT	E2115	G-TNTD	E2109
CP-2254	E2058	G-5-074	E2074	G-BSOH	E2170	G-TNTH	E2089
CP-2260	E2060	G-5-075	E2075	G-BSRU	E2018	G-TNTJ	E2100
D-ACFA	E2200	G-5-077	E2077	G-BSRV	E2020	G-TNTO	E2117
D-ADEI	E2086	G-5-078	E2078	G-BSSG	E2172	G-TNTP	E2105
D-AEWD	E2069	G-5-079	E2079	G-BSZZ	E2180	G-UKLN	E2069
D-AEWE	E2077	G-5-080	E2080	G-BTCP	E2178	G-UKRH	E2077
D-AEWF	E2184	G-5-082	E2082	G-BTDO	E2188	G-WAUS	E2008
D-AJET	E2201	G-5-084	E2084	G-BTIA	E2148	G-WISC	E2008
D-ALOA	E2066	G-5-086	E2086	G-BTKC	E2184	G-WLCY	E2030
D-AMAJ	E2028	G-5-087	E2087	G-BTVT	E2200	G-ZAPK	E2148
D-AMGL	E2055	G-5-088	E2088	G-BVCD	E2211	G-ZAPL	E2030
D-ANTJ	E2100	G-5-089	E2089	G-BVFV	E2073	G-ZAPN	E2119
D-AWUE	E2050	G-5-090	E2090	G-BVMP	E2210	G-ZAPO	E2176
D-AZUR	E2060	G-5-092	E2092	G-BVMS	E2227	G-ZAPR	E2114
EC-198	E2102	G-5-093	E2093	G-BVMT	E2220	HA-TAB	E2105
EC-281	E2089	G-5-094	E2094	G-BWLG	E2176	HB-IXB	E2036
EC-719	E2105	G-5-096	E2096	G-BZBA	E2028	HB-IXC	E2072
EC-ELT	E2102	G-5-097	E2097	G-BZBB	E2034	HB-IXD	E2073
EC-EPA	E2089	G-5-098	E2098	G-BZWP	E2054	HI-SOL	E2082
EC-FVY	E2117	G-5-099	E2099	G-CBAE	E2057	HS-TBQ	E2074
EC-FZE	E2105	G-5-100	E2100	G-CBFL	E2055	I-FLRA	E2204
EC-GQO	E2086	G-5-102	E2102	G-CCJC	E2060	I-FLRE	E2210
EC-GQP	E2100	G-5-103	E2103	G-CCJP	E2066	I-FLRI	E2220
EC-HDH	E2056	G-5-105	E2105	G-CEBR	E2130	I-FLRO	E2227
EC-HJH	E2112	G-5-106	E2106	G-CEIJ	E2204	I-FLRU	E2204
EC-KKY	E2108	G-5-107	E2107	G-CEVF	E2062	I-FLRV	E2184
EI-CMS	E2044	G-5-108	E2108	G-CFDH	E2108	I-FLRW	E2178
EI-CMY	E2039	G-5-110	E2110	G-CHSR	E2088	I-FLRX	E2170
EI-CNB	E2046	G-5-111	E2111	G-CLHA	E2024	I-FLRZ	E2200
EI-CNQ	E2031	G-5-112	E2112	G-CLHB	E2036	I-MSAA	E2109
EI-CSK	E2062	G-5-115	E2115	G-CLHC	E2088	I-TERB	E2012
EI-CSL	E2074	G-5-116	E2116	G-CLHD	E2023	I-TERK	E2066
EI-CTY	E2072	G-5-127	E2127	G-CLHE	E2045	I-TERV	E2014
EI-CWA	E2058	G-5-130	E2130	G-CNMF	E2079	I-TNTC	E2078
EI-CWB	E2051	G-5-133	E2133	G-CSJH	E2094	I-TPGS	E2109
EI-CWC	E2053	G-5-136	E2136	G-DEBA	E2028	LZ-HBA	E2072
EI-CWD	E2108	G-5-138	E2138	G-DEBC	E2024	LZ-HBB	E2073
EI-CZO	E2024	G-5-139	E2139	G-DEBD	E2034	LZ-HBC	E2093
EI-DBY	E2012	G-5-146	E2008	G-DEBE	E2022	LZ-HBZ	E2103
EI-DBZ	E2014	G-5-170	E2170	G-DEBF	E2023	N136JV	E2136
EI-DDE	E2060	G-5-517	E2050	G-DEBG	E2040	N136TR	E2136
EI-DJJ	E2040	G-6-018	E2018	G-DEBH	E2045	N138JV	E2138
EI-DMK	E2022	G-6-037	E2037	G-DEBK	E2012	N138TR	E2138
EI-DNJ	E2136	G-6-038	E2038	G-DEBL	E2014	N141AC	E2051
EI-JET	E2073	G-6-148	E2148	G-DEBM	E2016	N142AC	E2053
EI-PAT	E2030	G-6-164	E2164	G-DEFK	E2012	N144AC	E2054
FAB-100	E2080	G-6-167	E2167	G-DEFL	E2014	N145AC	E2055
FAB-101	E2041	G-6-172	E2172	G-DEFM	E2016	N146AC	E2057
FAB-102	E2023	G-6-178	E2178	G-ECAL	E2058	N146BL	E2053
F-GLNI	E2188	G-6-180	E2180	G-FLTA	E2048	N146FT	E2056
F-GMMP	E2176	G-6-184	E2184	G-FLTB	E2024	N146QT	E2056
F-GOMA	E2211	G-6-188	E2188	G-FLTD	E2042	N146SB	E2074
F-GTNT	E2117	G-6-192	E2192	G-FLTF	E2022	N148AC	E2058
F-GTNU	E2112	G-6-196	E2196	G-GNTZ	E2036	N156TR	E2156
G-11-115	E2115	G-6-200	E2200	G-HWPB	E2018	N163US	E2022
G-11-116	E2116	G-6-201	E2201	G-JEAJ	E2099	N165US	E2023
G-11-121	E2121	G-6-204	E2204	G-JEAK	E2103	N166US	E2024
G-11-127	E2127	G-6-210	E2210	G-JEAR	E2018	N167US	E2025
G-11-140	E2140	G-6-211	E2211	G-JEAS	E2020	N171US	E2028

British Aerospace 146-200

Registration	c/n	Registration	c/n	Registration	c/n
N172US	E2030	N814AS	E2080	ZA-MAL	E2054
N173US	E2031	N815AS	E2084	ZK-ECO	E2130
N174US	E2034	N816AS	E2087	ZK-NZA	E2116
N175US	E2036	N880DV	E2062	ZK-NZB	E2127
N177US	E2039	N881DV	E2074	ZK-NZC	E2119
N178US	E2040	N882DV	E2136	ZS-NCB	E2148
N179US	E2041	N883DV	E2138	ZS-PUL	E2064
N181US	E2042	N884DV	E2156	ZS-PUM	E2059
N183US	E2043	OB-1885-P	E2087	ZS-PUZ	E2074
N184US	E2044	OO-DJC	E2069	ZS-PYM	E2058
N185US	E2045	OO-DJD	E2077	ZS-PZY	E2051
N186US	E2046	OO-DJE	E2164	ZS-SBD	E2053
N188US	E2047	OO-DJF	E2167	ZS-SDX	E2046
N189US	E2048	OO-DJG	E2180	ZS-SFZ	E2030
N190US	E2072	OO-DJH	E2172	Z-WPD	E2065
N191US	E2073	OO-DJJ	E2196		
N192US	E2074	OO-MJE	E2192		
N290UE	E2080	OO-TAR	E2067		
N291UE	E2084	OO-TAU	E2100		
N292UE	E2087	OO-TAW	E2089		
N293UE	E2097	OO-TAY	E2211		
N294UE	E2107	OO-TAZ	E2188		
N295UE	E2108	OY-CRG	E2075		
N346PS	E2022	OY-RCA	E2045		
N347PS	E2023	OY-RCB	E2094		
N348PS	E2024	OY-RCW	E2115		
N349PS	E2025	OY-RCZ	E2041		
N350PS	E2027	PK-LNI	E2204		
N351PS	E2028	PK-LNJ	E2210		
N352BA	E2060	PK-RJP	E2050		
N352PS	E2030	RP-C2995	E2034		
N353PS	E2031	RP-C2997	E2178		
N354PS	E2034	RP-C481	E2109		
N355PS	E2036	RP-C482	E2112		
N356BA	E2066	SE-DEI	E2086		
N356PS	E2039	SE-DHM	E2109		
N357PS	E2040	SE-DRA	E2115		
N358PS	E2041	SE-DRB	E2057		
N359PS	E2042	SE-DRC	E2053		
N360PS	E2043	SE-DRD	E2094		
N361PS	E2044	SE-DRE	E2051		
N362PS	E2045	SE-DRF	E2055		
N363PS	E2046	SE-DRG	E2054		
N364PS	E2047	SE-DRI	E2058		
N365PS	E2048	SE-DRK	E2108		
N366PS	E2072	SE-DRL	E2138		
N367PS	E2073	SE-DRM	E2196		
N368PS	E2074	SE-DRN	E2113		
N369PS	E2075	TN-	E2090		
N401XV	E2059	TN-AHX	E2051		
N402XV	E2060	TN-AIB	E2046		
N403XV	E2061	TN-AIC	E2030		
N404XV	E2064	TN-AIC	E2039		
N405XV	E2066	TN-AIC	E2044		
N406XV	E2062	TN-AIE	E2096		
N407XV	E2069	TN-AIF	E2092		
N408XV	E2077	VH-JJP	E2037		
N446MA	E2111	VH-JJQ	E2038		
N461EA	E2097	VH-JJS	E2093		
N462EA	E2107	VH-JJT	E2098		
N601AW	E2012	VH-JJU	E2116		
N602AW	E2014	VH-JJW	E2110		
N603AW	E2018	VH-JJX	E2127		
N604AW	E2020	VH-JJY	E2113		
N605AW	E2016	VH-JJZ	E2114		
N606AW	E2033	VH-NJG	E2170		
N607AW	E2052	VH-NJH	E2178		
N608AW	E2049	VH-NJJ	E2184		
N609AW	E2070	VH-NJQ	E2072		
N610AW	E2082	VH-NJQ	E2176		
N694AA	E2051	VH-NJU	E2073		
N695AA	E2053	VH-NJW	E2034		
N696AA	E2054	VH-YAD	E2097		
N697A	E2055	VH-YAE	E2107		
N698AA	E2057	VH-YAF	E2040		
N699AA	E2058	XA-RMO	E2060		
N749TA	E2156	XA-RTI	E2066		
N759BA	E2059	YR-BEA	E2227		
N764BA	E2064	YR-BEB	E2220		
N773CS	E2082	YR-BEC	E2062		
N810AS	E2062	YU-AGL	E2210		
N812AS	E2074	YU-AGM	E2220		

Out Of Production List: Western Jet Airliners

British Aerospace 146-300

Production Started:	1988
Production Ended:	1993
Number Built:	71
Active:	41
Preserved:	0
WFU, Stored & In Parts:	21
Written Off:	2
Scrapped:	7

Location Summary

Albania	2
Australia	5
Belgium	8
Bulgaria	1
China	1
Germany	11
Greece	2
Iran	4
Italy	2
Libya	1
Malta	1
Peru	1
Rep. Of Ireland	1
Romania	1
South Africa	2
Syria	1
UAE - Dubai	4
United Kingdom	13
USA - MD	1

British Aerospace 146-300

c/n	Model	Registration	Owner/Operator	Status	Location	Notes
E1001(E3001)	301ARA	G-LUXE	BAe Systems	Active	Cranfield, UK	
E3118	301	D-AQUA	Lufthansa Regional	Active	Nuremberg, Germany	
E3120	300A	ZS-SBR	(Skyeinvest Administration)	Stored	Lanseria, South Africa	
E3122	300A	ZS-SBL	(Skyeinvest Administration)	Stored	Lanseria, South Africa	
E3123	300	D-AEWL	Lufthansa Regional	Active	Nuremberg, Germany	
E3125	300	D-AEWM	Lufthansa Regional	Active	Nuremberg, Germany	
E3126	300	G-BPNT	(Flightline)	Stored	Bacau, Romania	
E3128	300	G-JEAM	(Flybe)	Stored	Exeter, UK	
E3129	300	I-ADJH	(Air Dolomiti)	Stored	Exeter, UK	
E3131	300	LZ-HBE	Hemus Air	Active	Sofia, Bulgaria	
E3132	300A	G-CDPF	-	Scrapped	Alton, UK	
E3134	300	D-AWBA	WDL Aviation	Active	Cologne Bonn, Germany	
E3135	300	N9086L	-	WFU & Stored	Bournemouth, UK	
E3137	300	ZK-NZH	-	Scrapped	Melbourne, Australia	
E3141	300A	LZ-HBD	Hemus Air / Taban Air	Active	Mashad, Iran	
E3142	300	EI-DEW	(CityJet)	Stored	Norwich, UK	
E3143	300	ZK-NZI	-	Scrapped	Melbourne, Australia	
E3145	300A(F)	N616AW	(United Express)	Stored	Hagerstown, MD	For Air Tahoma
E3146	300	LZ-HBG	Hemus Air / Taban Air	Active	Tehran, Iran	
E3147	300	N9070L	-	WFU & Stored	Bournemouth, UK	
E3149	300	I-ADJI	(Air Dolomiti)	Stored	Exeter, UK	
E3150	300QT	OO-TAK	TNT Airways	Active	Liege, Belgium	
E3151	300QT	OO-TAA	TNT Airways	Active	Liege, Belgium	
E3153	300QT	OO-TAJ	TNT Airways	Active	Liege, Belgium	
E3154	300QT	OO-TAS	TNT Airways	Active	Liege, Belgium	
E3155	300	I-ADJJ	Air Dolomiti	Active	Trieste, Italy	
E3157	300	D-AMAX	WDL Aviation	Active	Essen, Germany	
E3158	300	D-AEWN	Lufthansa Regional	Active	Nuremberg, Germany	
E3159	300	LZ-HBF	Hemus Air / Belle Air	Active	Tirana, Albania	
E3161	300	B-1775	-	Scrapped	Alton, UK	
E3162	300	D-AEWO	(Lufthansa Regional)	Stored	Exeter, UK	
E3163	300	D-AEWA	Lufthansa Regional	Active	Nuremberg, Germany	
E3165	300	D-AEWP	Lufthansa Regional	Active	Nuremberg, Germany	
E3166	300QT	OO-TAD	TNT Airways	Active	Liege, Belgium	
E3168	300QT	OO-TAH	TNT Airways	Active	Liege, Belgium	
E3169	300	I-ADJG	Air Dolomiti	Active	Trieste, Italy	
E3171	300	G-OINV	(Flybe)	Stored	Exeter, UK	
E3173	300	ZK-NZM	-	Scrapped	Melbourne, Australia	
E3174	300	G-BSXZ	-	Forward Fuselage	Dublin, Ireland	
E3175	300	ZK-NZL	-	Scrapped	Melbourne, Australia	
E3177	300	ZK-NZN	-	Scrapped	Melbourne, Australia	
E3179	300	YK-	Syrian Pearl Airways	Active	Damascus, Syria	
E3181	300	OB-	Star Peru	Active	Lima, Peru	
E3182	300QT	OO-TAE	TNT Airways	Active	Liege, Belgium	
E3183	300	D-AEWB	Lufthansa Regional	Active	Nuremberg, Germany	
E3185	300	G-JEBB	(Flybe)	Stored	Exeter, UK	
E3186	300QT	OO-TAF	TNT Airways	Active	Liege, Belgium	
E3187	300	D-AHOI	Lufthansa Regional	Active	Nuremberg, Germany	

British Aerospace 146-300

c/n	Model	Registration	Owner/Operator	Status	Location	Notes
E3189	300	PK-BRD	-	Written Off	Wamena, Indonesia	
E3190	300	ZK-NZK	(Ansett Australia)	WFU & Stored	Melbourne Essendon, Australia	
E3191	300	5A-DKQ	Air Libya Tibesti	Active	Tripoli, Libya	
E3193	300	SX-DIX	Astra Airlines	Active	Makedonia, Greece	
E3194	300QT	VH-NJM	(National Jet Systems)	Stored	Melbourne, Australia	
E3195	300	EC-JVJ	(OrionAir)	Stored	Exeter, UK	For Syrian Pearl Airways
E3197	300	ZA-MEV	Albanian Airlines	Active	Tirana, Albania	
E3198	300QT	VH-NJF	(National Jet Systems)	Stored	Melbourne, Australia	
E3202	300	G-JEBF	(Flybe)	Stored	Exeter, UK	For Efly, Malta
E3203	300	D-AEWQ	Lufthansa Regional	Active	Nuremberg, Germany	
E3205	300	G-FLTC	(Flightline)	Stored	Southend, UK	
E3206	300	SX-DIZ	Astra Airlines	Active	Thessaloniki, Greece	
E3207	300	EX-27000	Palm Aviation / Mahan Air	Active	Tehran, Iran	
E3209	300	9H-ELE	Efly	Active	Malta	
E3212	300	EX-	Palm Aviation	Active	Dubai, UAE	
E3213	300	VH-NJL	National Jet Systems	Active	Perth, Australia	
E3214	300	EX-	Palm Aviation	Active	Dubai, UAE	
E3215	300	B-2716	-	Written Off	Yinchuan, China	
E3216	300	EX-27000	Mahan Air	Active	Tehran, Iran	
E3217	300	VH-NJN	National Jet Systems	Active	Perth, Australia	
E3218	300	B-2719	(China Eastern Airlines)	Stored	Nanking, China	
E3219	300	EX-	Palm Aviation	Active	Dubai, UAE	
E3222	300	EX-	Palm Aviation	Active	Dubai, UAE	

Cross Reference

Registration	c/n	Registration	c/n	Registration	c/n	Registration	c/n
5A-DKQ	E3191	G-6-146	E3146	G-BUHW	E3217	OO-TAK	E3150
9H-ELE	E3209	G-6-154	E3154	G-BUSA	E3159	OO-TAS	E3154
B-1775	E3161	G-6-155	E3155	G-BVCE	E3209	PK-BRD	E3189
B-1776	E3174	G-6-157	E3157	G-BVPE	E3213	RP-C479	E3168
B-1777	E3205	G-6-158	E3158	G-BVSA	E3159	RP-C480	E3166
B-1778	E3209	G-6-161	E3161	G-CDPF	E3132	SE-DIM	E3150
B-17811	E3202	G-6-162	E3162	G-EEWM	E3179	SE-DIT	E3151
B-2711	E3207	G-6-163	E3163	G-EEWR	E3195	SX-DIX	E3193
B-2712	E3212	G-6-165	E3165	G-FLTC	E3205	SX-DIZ	E3206
B-2715	E3214	G-6-166	E3166	G-JEAL	E3129	VH-EWI	E3171
B-2716	E3215	G-6-168	E3168	G-JEAM	E3128	VH-EWJ	E3173
B-2717	E3216	G-6-169	E3169	G-JEBA	E3181	VH-EWK	E3175
B-2718	E3222	G-6-171	E3171	G-JEBB	E3185	VH-EWL	E3177
B-2719	E3218	G-6-173	E3173	G-JEBC	E3189	VH-EWM	E3179
B-2720	E3219	G-6-174	E3174	G-JEBD	E3191	VH-EWN	E3190
D-AEWA	E3163	G-6-175	E3175	G-JEBE	E3206	VH-EWN	E3195
D-AEWB	E3183	G-6-177	E3177	G-JEBF	E3202	VH-EWR	E3195
D-AEWL	E3123	G-6-179	E3179	G-JEBG	E3209	VH-EWS	E3197
D-AEWM	E3125	G-6-181	E3181	G-JEBH	E3205	VH-NJF	E3198
D-AEWN	E3158	G-6-182	E3182	G-LUXE	E1001(E3001)	VH-NJL	E3213
D-AEWO	E3162	G-6-183	E3183	G-NJIB	E3174	VH-NJM	E3194
D-AEWP	E3165	G-6-185	E3185	G-NJIC	E3202	VH-NJN	E3217
D-AEWQ	E3203	G-6-186	E3186	G-NJID	E3205	YL-BAE	E3162
D-AHOI	E3187	G-6-187	E3187	G-NJIE	E3209	ZA-MEV	E3197
D-AMAX	E3157	G-6-189	E3189	G-OAJF	E3118	ZK-NZF	E3134
D-AQUA	E3118	G-6-190	E3190	G-OINV	E3171	ZK-NZG	E3135
D-AWBA	E3134	G-6-191	E3191	G-OINV	E3171	ZK-NZH	E3137
EC-712	E3154	G-6-193	E3193	G-TJPM	E3150	ZK-NZI	E3143
EC-807	E3165	G-6-194	E3194	G-TNTE	E3153	ZK-NZJ	E3147
EC-839	E3169	G-6-195	E3195	G-TNTF	E3154	ZK-NZK	E3190
EC-876	E3163	G-6-197	E3197	G-TNTG	E3182	ZK-NZL	E3175
EC-899	E3187	G-6-198	E3198	G-TNTK	E3186	ZK-NZM	E3173
EC-FFY	E3154	G-6-202	E3202	G-TNTL	E3168	ZK-NZN	E3177
EC-FGT	E3165	G-6-203	E3203	G-TNTM	E3166	ZS-SBL	E3122
EC-FHU	E3169	G-6-205	E3205	G-TNTR	E3151	ZS-SBR	E3120
EC-FIU	E3163	G-6-206	E3206	G-UKAC	E3142		
EC-FKF	E3187	G-6-207	E3207	G-UKAG	E3162		
EC-JVJ	E3195	G-6-209	E3209	G-UKHP	E3123		
EC-JVO	E3179	G-6-212	E3128	G-UKID	E3157		
EI-CLG	E3131	G-6-212	E3212	G-UKRC	E3158		
EI-CLG	E3155	G-6-213	E3213	G-UKSC	E3125		
EI-CLH	E3146	G-6-214	E3214	HB-IXY	E3163		
EI-CLI	E3159	G-6-215	E3215	HS-TBJ	E3191		
EI-CLJ	E3155	G-6-216	E3216	HS-TBK	E3128		
EI-CLY	E3149	G-6-217	E3217	HS-TBK	E3185		
EI-CTM	E3129	G-6-218	E3218	HS-TBL	E3131		
EI-CTN	E3169	G-6-219	E3219	HS-TBL	E3181		
EI-CTO	E3193	G-6-222	E3222	HS-TBM	E3129		
EI-DEV	E3123	G-BOJJ	E3146	HS-TBM	E3206		
EI-DEW	E3142	G-BOWW	E3120	HS-TBN	E3149		
EI-DEX	E3157	G-BPNT	E3126	HS-TBO	E3189		
EX-	E3212	G-BRAB	E3131	I-ADJF	E3193		
EX-	E3214	G-BRGK	E3150	I-ADJG	E3169		
EX-	E3216	G-BRGM	E3151	I-ADJH	E3129		
EX-	E3219	G-BRPW	E3153	I-ADJI	E3149		
EX-	E3222	G-BRXI	E3154	I-ADJJ	E3155		
EX-27000	E3207	G-BSGI	E3168	I-ATSC	E3146		
G-11-128	E3128	G-BSLS	E3155	I-ATSD	E3159		
G-11-131	E3131	G-BSLZ	E3166	LZ-HBD	E3141		
G-11-134	E3134	G-BSNR	E3165	LZ-HBE	E3131		
G-11-137	E3137	G-BSNS	E3169	LZ-HBF	E3159		
G-11-147	E3147	G-BSOC	E3161	LZ-HBG	E3146		
G-11-149	E3149	G-BSUY	E3182	N146PZ	E3149		
G-5-120	E3120	G-BSXL	E3186	N146UK	E3120		
G-5-122	E3122	G-BSXZ	E3174	N1615AW	E3141		
G-5-123	E3123	G-BSYR	E3181	N599MP	E3194		
G-5-125	E3125	G-BSYS	E3183	N611AW	E3120		
G-5-129	E3129	G-BSYT	E3187	N612AW	E3122		
G-5-132	E3132	G-BTHT	E3194	N614AW	E3132		
G-5-135	E3135	G-BTJG	E3163	N616AW	E3145		
G-5-137	E3137	G-BTJT	E3128	N885DV	E3163		
G-5-141	E3141	G-BTLD	E3198	N886DV	E3165		
G-5-142	E3142	G-BTMI	E3193	N887DV	E3169		
G-5-143	E3143	G-BTNU	E3155	N9070L	E3147		
G-5-145	E3145	G-BTTP	E3203	N9086L	E3135		
G-5-147	E3147	G-BTUY	E3202	OB-	E3181		
G-5-150	E3150	G-BTVO	E3205	OO-TAA	E3151		
G-5-151	E3151	G-BTXN	E3129	OO-TAD	E3166		
G-5-153	E3153	G-BTZN	E3149	OO-TAE	E3182		
G-5-159	E3159	G-BUHB	E3183	OO-TAF	E3186		
G-5-300	E1001(E3001)	G-BUHC	E3193	OO-TAH	E3168		
G-6-118	E3118	G-BUHV	E3207	OO-TAJ	E3153		

British Aerospace Avro RJ70

Production Started:	1993
Production Ended:	2002
Number Built:	12
Active:	10
Preserved:	0
WFU, Stored & In Parts:	1
Written Off:	1
Scrapped:	0

Location Summary	
Australia	1
Bulgaria	1
India	3
Italy	2
Norway	2
Sweden	1
UAE - Abu Dhabi	1

British Aerospace Avro RJ70

c/n	Model	Registration	Owner/Operator	Status	Location	Notes
E1223	RJ70	SE-DJX	SAS	Active	Stockholm Arlanda, Sweden	Operated by Transwede Airways
E1224	RJ70	SE-DJY	SAS Norge	Active	Oslo Gardermoen, Norway	Operated by Transwede Airways
E1225	RJ70	SE-DJZ	Air One	Active	Milan Linate, Italy	Operated by Transwede Airways
E1228	RJ70	VH-NJT	Qantaslink	Active	Perth, Australia	Operated by National Jet Systems
E1229	RJ70	VT-MDL	MDLR Airlines	Active	Chandigarh, India	
E1230	RJ70	VT-MDM	MDLR Airlines	Active	Chandigarh, India	
E1249	RJ70	TC-THL	-	Written Off	Siirt, Turkey	
E1252	RJ70	VT-MDN	MDLR Airlines	Active	Chandigarh, India	
E1254	RJ70	SE-DJP	SAS Norge	Active	Oslo Gardermoen, Norway	Operated by Transwede Airways
E1258	RJ70	LZ-TIM	Hemus Air	Active	Sofia, Bulgaria	
E1260	RJ70	I-FASI	(Club Air)	Stored	Verona, Italy	
E1267	RJ70	A6-LIW	Abu Dhabi Amiri Flight	Active	Abu Dhabi, UAE	

Cross Reference

Registration	c/n
9H-ACN	E1258
9H-ACO	E1260
9H-ACP	E1267
A6-LIW	E1267
A6-RJK	E1267
EI-COQ	E1254
EI-CPJ	E1258
EI-CPK	E1260
EI-CPL	E1267
EI-CUO	E1223
G-6-223	E1223
G-6-224	E1224
G-6-225	E1225
G-6-228	E1228
G-6-230	E1230
G-6-249	E1249
G-6-252	E1252
G-6-254	E1254
G-6-258	E1258
G-6-260	E1260
G-6-267	E1267
G-BUFI	E1229
G-BVRJ	E1254
G-BZFA	E1223
G-CDNB	E1230
G-CDNC	E1252
G-CDOE	E1224
G-CDOF	E1225
G-OLXX	E1228
I-FASI	E1260
LZ-TIM	E1258
N832BE	E1223
N833BE	E1224
N834BE	E1225
N836BE	E1249
SE-DJP	E1254
SE-DJX	E1223
SE-DJY	E1224
SE-DJZ	E1225
TC-THI	E1229
TC-THJ	E1230
TC-THL	E1249
TC-THN	E1252
VH-NJT	E1228
VH-NJW	E1223
VT-MDL	E1229
VT-MDM	E1230
VT-MDN	E1252
YL-BAL	E1224
YL-BAN	E1225
YL-LAK	E1223

British Aerospace / Avro RJ85

Production Started:	1993
Production Ended:	2002
Number Built:	89
Active:	82
Preserved:	0
WFU, Stored & In Parts:	6
Written Off:	1
Scrapped:	0

Location Summary	
Bahrain	2
Belgium	14
Canada	1
Denmark	1
Faroe Islands	1
Finland	7
France	13
Germany	18
Indonesia	1
Italy	1
Rep. Of Ireland	11
South Africa	4
Sweden	2
UAE - Abu Dhabi	1
UAE - Dubai	3
United Kingdom	5
Uzbekistan	3

c/n	Model	Registration	Owner/Operator	Status	Location	Notes
E2208	RJ85	N501XJ	(Northwest Airlink)	WFU & Stored	Summerside, PEI, Canada	
E2226	RJ85	SE-DJO	Transwede / SAS	Active	Stockholm Arlanda, Sweden	
E2231	RJ85	SE-DJN	Transwede	Active	Gothenburg, Sweden	
E2233	RJ85	OY-RCE	Atlantic Airways / SAS	Active	Copenhagen, Denmark	
E2235	RJ85	OY-RCD	Atlantic Airways	Active	Vagar, Faroe Islands	
E2239	RJ85	PK-PJJ	Pelita Air Service	Active	Jakarta Halim, Indonesia	
E2246	RJ85	D-AVRO	Lufthansa Regional	Active	Cologne Bonn, Germany	
E2251	RJ85	D-AVRC	Lufthansa Regional	Active	Cologne Bonn, Germany	
E2253	RJ85	D-AVRB	Lufthansa Regional	Active	Cologne Bonn, Germany	
E2256	RJ85	D-AVRA	Lufthansa Regional	Active	Cologne Bonn, Germany	
E2257	RJ85	D-AVRD	Lufthansa Regional	Active	Cologne Bonn, Germany	
E2261	RJ85	D-AVRE	Lufthansa Regional	Active	Cologne Bonn, Germany	
E2266	RJ85	D-AVRG	Lufthansa Regional	Active	Cologne Bonn, Germany	
E2268	RJ85	D-AVRH	Lufthansa Regional	Active	Cologne Bonn, Germany	
E2269	RJ85	D-AVRF	Lufthansa Regional	Active	Cologne Bonn, Germany	
E2270	RJ85	D-AVRI	Lufthansa Regional	Active	Cologne Bonn, Germany	
E2271	RJ85	OO-DJK	Brussels Airlines	Active	Brussels, Belgium	
E2273	RJ85	OO-DJL	Brussels Airlines	Active	Brussels, Belgium	
E2275	RJ85	OO-DJN	Brussels Airlines	Active	Brussels, Belgium	
E2277	RJ85	D-AVRJ	Lufthansa Regional	Active	Cologne Bonn, Germany	
E2278	RJ85	D-AVRK	Lufthansa Regional	Active	Cologne Bonn, Germany	
E2279	RJ85	OO-DJO	Brussels Airlines	Active	Brussels, Belgium	
E2285	RJ85	D-AVRL	Lufthansa Regional	Active	Cologne Bonn, Germany	
E2287	RJ85	OO-DJP	Brussels Airlines	Active	Brussels, Belgium	
E2288	RJ85	D-AVRM	Lufthansa Regional	Active	Cologne Bonn, Germany	
E2289	RJ85	OO-DJQ	Brussels Airlines	Active	Brussels, Belgium	
E2290	RJ85	OO-DJR	Brussels Airlines	Active	Brussels, Belgium	
E2292	RJ85	OO-DJS	Brussels Airlines	Active	Brussels, Belgium	
E2293	RJ85	D-AVRN	Lufthansa Regional	Active	Cologne Bonn, Germany	
E2294	RJ85	OO-DJT	Brussels Airlines	Active	Brussels, Belgium	
E2295	RJ85	OO-DJV	Brussels Airlines	Active	Brussels, Belgium	
E2296	RJ85	OO-DJW	Brussels Airlines	Active	Brussels, Belgium	
E2297	RJ85	OO-DJX	Brussels Airlines	Active	Brussels, Belgium	
E2299	RJ85	A6-RJE	Royal Jet	Active	Abu Dhabi, UAE	
E2300	RJ85	I-CLBA	Italitour Airlines	Active	Verona, Italy	
E2302	RJ85	OO-DJY	Brussels Airlines	Active	Brussels, Belgium	
E2303	RJ85	D-AVRP	Lufthansa Regional	Active	Cologne Bonn, Germany	
E2304	RJ85	D-AVRQ	Lufthansa Regional	Active	Cologne Bonn, Germany	
E2305	RJ85	OO-DJZ	Brussels Airlines	Active	Brussels, Belgium	
E2306	RJ85	A9C-HWR	Bahrain Defence Force	Active	Bahrain	
E2307	RJ85	EI-RJY	CityJet / Air France	Active	Paris CDG, France	
E2309	RJ85	UK-80002	Uzbekistan Airways	Active	Tashkent, Uzbekistan	
E2310	RJ85	EI-WXA	CityJet / Air France	Active	Paris CDG, France	
E2311	RJ85	EI-WXB	(CityJet)	Stored	Norwich, UK	Still marked N504XJ
E2312	RJ85	UK-80001	Uzbekistan Airways	Active	Tashkent, Uzbekistan	
E2313	RJ85	ZS-ASW	(South African Airlink)	WFU & Stored	Johannesburg, South Africa	Following landing accident
E2314	RJ85	ZS-ASX	(South African Airlink)	Stored	Johannesburg, South Africa	
E2316	RJ85	ZS-ASY	South African Airlink	Active	Johannesburg, South Africa	

c/n	Model	Registration	Owner/Operator	Status	Location	Notes
E2317	RJ85	D-AVRR	Lufthansa Regional	Active	Cologne Bonn, Germany	
E2318	RJ85	ZS-ASZ	South African Airlink	Active	Johannesburg, South Africa	
E2319	RJ85	UK-80003	Uzbekistan Airways	Active	Tashkent, Uzbekistan	
E2321	RJ85	A6-	Dubai Air Wing	Active	Dubai, UAE	
E2323	RJ85	A6-	Dubai Air Wing	Active	Dubai, UAE	
E2325	RJ85	A6-RJ2	Dubai Air Wing	Active	Dubai, UAE	
E2326	RJ85	EI-RJZ	CityJet	Active	Dublin, Ireland	
E2329	RJ85	EI-RJA	CityJet	Active	Dublin, Ireland	
E2330	RJ85	EI-RJB	CityJet / Air France	Active	Paris CDG, France	
E2333	RJ85	EI-RJC	CityJet	Active	Dublin, Ireland	
E2334	RJ85	EI-RJD	CityJet	Active	Dublin, Ireland	
E2335	RJ85	EI-RJE	CityJet / Air France	Active	Paris CDG, France	
E2337	RJ85	EI-RJF	CityJet	Active	Dublin, Ireland	
E2344	RJ85	EI-RJG	CityJet / Air France	Active	Paris CDG, France	
E2345	RJ85	EI-RJH	CityJet / Air France	Active	Paris CDG, France	
E2346	RJ85	EI-RJI	CityJet / Air France	Active	Paris CDG, France	
E2347	RJ85	EI-RJJ	CityJet / Air France	Active	Paris CDG, France	
E2348	RJ85	EI-RJK	CityJet / Air France	Active	Paris CDG, France	
E2349	RJ85	OH-SAQ	Blue1	Active	Helsinki, Finland	
E2350	RJ85	OH-SAR	Blue1	Active	Helsinki, Finland	
E2351	RJ85	EI-RJN	CityJet	Active	Dublin, Ireland	
E2352	RJ85	EI-RJO	CityJet	Active	Dublin, Ireland	
E2353	RJ85	N528XJ	-	Written Off	Memphis, TN	
E2363	RJ85	EI-RJP	CityJet / Air France	Active	Paris CDG, France	
E2364	RJ85	EI-RJR	CityJet / Air France	Active	Paris CDG, France	
E2365	RJ85	EI-RJS	CityJet	Active	Dublin, Ireland	
E2366	RJ85	EI-RJT	CityJet	Active	Dublin, Ireland	
E2367	RJ85	EI-RJU	CityJet	Active	Dublin, Ireland	
E2370	RJ85	EI-RJV	CityJet	Active	Dublin, Ireland	
E2371	RJ85	EI-RJW	CityJet / Air France	Active	Paris CDG, France	
E2372	RJ85	EI-RJX	CityJet / Air France	Active	Paris CDG, France	
E2376	RJX85	G-ORJX	(Bae Systems)	Ground Trainer	Woodford, UK	
E2383	RJ85	G-LCYB	BA CityFlyer	Active	London City, UK	
E2385	RJ85	G-LCYC	BA CityFlyer	Active	London City, UK	
E2388	RJ85	OH-SAJ	Blue1	Active	Helsinki Vantaa, Finland	
E2389	RJ85	OH-SAK	Blue1	Active	Helsinki Vantaa, Finland	
E2390	RJ85	A9C-BDF	Bahrain Defence Force	Active	Shaikh Isa AB, Bahrain	
E2392	RJ85	OH-SAL	Blue1	Active	Helsinki Vantaa, Finland	
E2393	RJ85	OH-SAO	Blue1	Active	Helsinki Vantaa, Finland	
E2394	RJ85	OH-SAP	Blue1	Active	Helsinki Vantaa, Finland	
E2396	RJX85	G-6-396	-	Fuselage Remains	Manchester, UK	

Cross Reference

Registration	c/n	Registration	c/n	Registration	c/n
A6-	E2321	G-6-294	E2294	G-XAIR	E2235
A6-	E2323	G-6-295	E2295	G-XARJ	E2233
A6-RJ2	E2325	G-6-296	E2296	HB-IXF	E2226
A6-RJE	E2299	G-6-297	E2297	HB-IXG	E2231
A9C-BDF	E2390	G-6-299	E2299	HB-IXH	E2233
A9C-BDF1	E2390	G-6-300	E2300	HB-IXK	E2235
A9C-HWR	E2306	G-6-302	E2302	I-CLBA	E2300
D-AVRA	E2256	G-6-303	E2303	N501XJ	E2208
D-AVRB	E2253	G-6-304	E2304	N502XJ	E2307
D-AVRC	E2251	G-6-305	E2305	N503XJ	E2310
D-AVRD	E2257	G-6-306	E2306	N504XJ	E2311
D-AVRE	E2261	G-6-307	E2307	N505XJ	E2313
D-AVRF	E2269	G-6-309	E2309	N506XJ	E2314
D-AVRG	E2266	G-6-310	E2310	N507XJ	E2316
D-AVRH	E2268	G-6-311	E2311	N508XJ	E2318
D-AVRI	E2270	G-6-312	E2312	N509XJ	E2321
D-AVRJ	E2277	G-6-313	E2313	N510XJ	E2323
D-AVRK	E2278	G-6-314	E2314	N511XJ	E2325
D-AVRL	E2285	G-6-316	E2316	N512XJ	E2326
D-AVRM	E2288	G-6-317	E2317	N513XJ	E2329
D-AVRN	E2293	G-6-318	E2318	N514XJ	E2330
D-AVRO	E2246	G-6-319	E2319	N515XJ	E2333
D-AVRP	E2303	G-6-321	E2321	N516XJ	E2334
D-AVRQ	E2304	G-6-323	E2323	N517XJ	E2335
D-AVRR	E2317	G-6-325	E2325	N518XJ	E2337
EI-CNI	E2299	G-6-326	E2326	N519XJ	E2344
EI-CNJ	E2300	G-6-329	E2329	N520XJ	E2345
EI-CNK	E2306	G-6-330	E2330	N521XJ	E2346
EI-RJA	E2329	G-6-333	E2333	N522XJ	E2347
EI-RJB	E2330	G-6-334	E2334	N523XJ	E2348
EI-RJC	E2333	G-6-335	E2335	N524XJ	E2349
EI-RJD	E2334	G-6-337	E2337	N525XJ	E2350
EI-RJE	E2335	G-6-344	E2344	N526XJ	E2351
EI-RJF	E2337	G-6-345	E2345	N527XJ	E2352
EI-RJG	E2344	G-6-346	E2346	N528XJ	E2353
EI-RJH	E2345	G-6-347	E2347	N529XJ	E2363
EI-RJI	E2346	G-6-348	E2348	N530XJ	E2364
EI-RJJ	E2347	G-6-349	E2349	N531XJ	E2365
EI-RJK	E2348	G-6-350	E2350	N532XJ	E2366
EI-RJL	E2349	G-6-351	E2351	N533XJ	E2367
EI-RJM	E2350	G-6-352	E2352	N534XJ	E2370
EI-RJN	E2351	G-6-353	E2353	N535XJ	E2371
EI-RJO	E2352	G-6-363	E2363	N536XJ	E2372
EI-RJP	E2363	G-6-364	E2364	OH-SAH	E2383
EI-RJR	E2364	G-6-365	E2365	OH-SAI	E2385
EI-RJS	E2365	G-6-366	E2366	OH-SAJ	E2388
EI-RJT	E2366	G-6-367	E2367	OH-SAK	E2389
EI-RJU	E2367	G-6-370	E2370	OH-SAL	E2392
EI-RJV	E2370	G-6-371	E2371	OH-SAO	E2393
EI-RJW	E2371	G-6-372	E2372	OH-SAP	E2394
EI-RJX	E2372	G-6-376	E2376	OH-SAQ	E2349
EI-RJY	E2307	G-6-383	E2383	OH-SAR	E2350
EI-RJZ	E2326	G-6-385	E2385	OO-DJK	E2271
EI-WXA	E2310	G-6-388	E2388	OO-DJL	E2273
EI-WXB	E2311	G-6-389	E2389	OO-DJN	E2275
G-2-256	E2256	G-6-390	E2390	OO-DJO	E2279
G-6-208	E2208	G-6-392	E2392	OO-DJP	E2287
G-6-231	E2231	G-6-393	E2393	OO-DJQ	E2289
G-6-233	E2233	G-6-394	E2394	OO-DJR	E2290
G-6-235	E2235	G-6-396	E2396	OO-DJS	E2292
G-6-239	E2239	G-BVAE	E2239	OO-DJT	E2294
G-6-246	E2246	G-BVWD	E2253	OO-DJV	E2295
G-6-251	E2251	G-BWKY	E2277	OO-DJW	E2296
G-6-253	E2253	G-CBMG	E2293	OO-DJX	E2297
G-6-257	E2257	G-CBMH	E2394	OO-DJY	E2302
G-6-261	E2261	G-CDYK	E2329	OO-DJZ	E2305
G-6-266	E2266	G-CEBS	E2330	OY-RCD	E2235
G-6-269	E2269	G-CEBU	E2335	OY-RCE	E2233
G-6-270	E2270	G-CEFL	E2334	PK-RIJ	E2239
G-6-271	E2271	G-CEFN	E2337	SE-DJN	E2231
G-6-273	E2273	G-CEHA	E2333	SE-DJO	E2226
G-6-275	E2275	G-CEHB	E2344	UK-80001	E2312
G-6-277	E2277	G-CEIC	E2345	UK-80002	E2309
G-6-278	E2278	G-CEIF	E2347	UK-80003	E2319
G-6-279	E2279	G-CLHX	E2270	ZS-ASW	E2313
G-6-285	E2285	G-CROS	E2226	ZS-ASX	E2314
G-6-287	E2287	G-ISEE	E2208	ZS-ASY	E2316
G-6-288	E2288	G-JAYV	E2269	ZS-ASZ	E2318
G-6-289	E2289	G-LCYB	E2383		
G-6-290	E2290	G-LCYC	E2385		
G-6-292	E2292	G-OCLH	E2268		
G-6-293	E2293	G-ORJX	E2376		

British Aerospace / Avro RJ100

Production Started:	1992
Production Ended:	2002
Number Built:	74
Active:	63
Preserved:	2
WFU, Stored & In Parts:	6
Written Off:	2
Scrapped:	1

Location Summary	
Bahrain	1
Belgium	12
Faroe Islands	2
Greece	6
Indonesia	2
Romania	2
Sweden	9
Switzerland	20
UAE - Dubai	1
United Kingdom	16

c/n	Model	Registration	Owner/Operator	Status	Location	Notes
E3221	RJ100	SE-DSO	Malmo Aviation	Active	Malmo, Sweden	
E3232	RJ100	G-CEIH	-	Stored	Bacau, Romania	
E3234	RJ100	OY-FJE	Atlantic Airways Faroe Islands	Active	Vagar, Faroe Islands	
E3236	RJ100	G-JEBV	-	Stored	Kemble, UK	
E3237	RJ100	G-CDXH	-	Stored	Bacau, Romania	
E3238	RJ100	G-CEBN	-	Stored	Southend, UK	
E3240	RJ100	TC-THF	-	Scrapped	London Gatwick, UK	Damaged in Turkey
E3241	RJ100	TC-THG	-	Written Off	Nr Diyarbakir, Turkey	
E3242	RJ100	SE-DSP	Malmo Aviation	Active	Malmo, Sweden	
E3243	RJ100	PK-RAY	Riau Airlines	Active	Pekanbaru, Indonesia	
E3244	RJ100	SE-DSR	Malmo Aviation	Active	Malmo, Sweden	
E3245	RJ100	SE-DSS	Malmo Aviation	Active	Malmo, Sweden	
E3247	RJ100	SE-DST	Malmo Aviation	Active	Malmo, Sweden	
E3248	RJ100	SE-DSU	Malmo Aviation	Active	Malmo, Sweden	
E3250	RJ100	SE-DSV	Malmo Aviation	Active	Malmo, Sweden	
E3255	RJ100	SE-DSX	Malmo Aviation	Active	Malmo, Sweden	
E3259	RJ100	HB-IXT	Swiss European Air Lines	Active	Basel Mulhouse, Switzerland	
E3262	RJ100	HB-IXX	Swiss European Air Lines	Active	Basel Mulhouse, Switzerland	
E3263	RJ100	SE-DSY	Malmo Aviation	Active	Malmo, Sweden	
E3264	RJ100	G-OFMC	Ford Motor Company	Active	Southend, UK	Operated by Flightline
E3265	RJ100	PK-RAZ	Riau Airlines	Active	Pekanbaru, Indonesia	
E3272	RJ100	HB-IXW	Swiss European Air Lines	Active	Basel Mulhouse, Switzerland	
E3274	RJ100	HB-IXV	Swiss European Air Lines	Active	Basel Mulhouse, Switzerland	
E3276	RJ100	HB-IXU	Swiss European Air Lines	Active	Basel Mulhouse, Switzerland	
E3280	RJ100	HB-IXS	Swiss European Air Lines	Active	Basel Mulhouse, Switzerland	
E3281	RJ100	HB-IXR	Swiss European Air Lines	Active	Basel Mulhouse, Switzerland	
E3282	RJ100	HB-IXQ	Swiss European Air Lines	Active	Basel Mulhouse, Switzerland	
E3283	RJ100	HB-IXP	Swiss European Air Lines	Active	Basel Mulhouse, Switzerland	
E3284	RJ100	HB-IXO	Swiss European Air Lines	Active	Basel Mulhouse, Switzerland	
E3286	RJ100	HB-IXN	Swiss European Air Lines	Active	Basel Mulhouse, Switzerland	
E3291	RJ100	HB-IXM	-	Written Off	Nr Zurich, Switzerland	
E3298	RJ100	G-BXAR	-	WFU & Stored	London City, UK	To be scrapped following accident
E3301	RJ100	G-BXAS	BA CityFlyer	Active	London City, UK	
E3308	RJ100	OO-DWA	Brussels Airlines	Active	Brussels, Belgium	
E3315	RJ100	OO-DWB	Brussels Airlines	Active	Brussels, Belgium	
E3320	RJ100	G-BZAT	BA CityFlyer	Active	London City, UK	
E3322	RJ100	OO-DWC	Brussels Airlines	Active	Brussels, Belgium	
E3324	RJ100	OO-DWD	Brussels Airlines	Active	Brussels, Belgium	
E3327	RJ100	OO-DWE	Brussels Airlines	Active	Brussels, Belgium	
E3328	RJ100	G-BZAU	BA CityFlyer	Active	London City, UK	
E3331	RJ100	G-BZAV	BA CityFlyer	Active	London City, UK	
E3332	RJ100	OO-DWF	Brussels Airlines	Active	Brussels, Belgium	
E3336	RJ100	OO-DWG	Brussels Airlines	Active	Brussels, Belgium	
E3338	RJ100	HB-IYZ	Swiss European Air Lines	Active	Basel Mulhouse, Switzerland	
E3339	RJ100	HB-IYY	Swiss European Air Lines	Active	Basel Mulhouse, Switzerland	
E3340	RJ100	OO-DWH	Brussels Airlines	Active	Brussels, Belgium	
E3341	RJ100	SX-DVA	Aegean Airlines	Active	Athens, Greece	
E3342	RJ100	OO-DWI	Brussels Airlines	Active	Brussels, Belgium	

British Aerospace / Avro RJ100

Out Of Production List: Western Jet Airliners

c/n	Model	Registration	Owner/Operator	Status	Location	Notes
E3343	RJ100	SX-DVB	Aegean Airlines	Active	Athens, Greece	
E3354	RJ100	G-BZAW	BA CityFlyer	Active	London City, UK	
E3355	RJ100	OO-DWJ	Brussels Airlines	Active	Brussels, Belgium	
E3356	RJ100	G-BZAX	BA CityFlyer	Active	London City, UK	
E3357	RJ100	OY-RCC	Atlantic Airways Faroe Islands	Active	Vagar, Faroe Islands	
E3358	RJ100	SX-DVC	Aegean Airlines	Active	Athens, Greece	
E3359	RJ100	HB-IYW	Swiss European Air Lines	Active	Basel Mulhouse, Switzerland	
E3360	RJ100	OO-DWK	Brussels Airlines	Active	Brussels, Belgium	
E3361	RJ100	OO-DWL	Brussels Airlines	Active	Brussels, Belgium	
E3362	RJ100	SX-DVD	Aegean Airlines	Active	Athens, Greece	
E3368	RJ100	G-BZAY	BA CityFlyer	Active	London City, UK	
E3369	RJ100	G-BZAZ	BA CityFlyer	Active	London City, UK	
E3373	RJ100	G-CFAA	BA CityFlyer	Active	London City, UK	
E3374	RJ100	SX-DVE	Aegean Airlines	Active	Athens, Greece	
E3375	RJ100	SX-DVF	Aegean Airlines	Active	Athens, Greece	
E3377	RJ100	HB-IYV	Swiss European Air Lines	Active	Zurich, Switzerland	
E3378	RJX100	G-IRJX	BAe Systems	Preserved	Manchester, UK	
E3379	RJ100	HB-IYU	Swiss European Air Lines	Active	Zurich, Switzerland	
E3380	RJ100	HB-IYT	Swiss European Air Lines	Active	Zurich, Switzerland	
E3381	RJ100	HB-IYS	Swiss European Air Lines	Active	Zurich, Switzerland	
E3382	RJ100	HB-IYR	Swiss European Air Lines	Active	Zurich, Switzerland	
E3384	RJ100	HB-IYQ	Swiss European Air Lines	Active	Zurich, Switzerland	
E3386	RJ100	A9C-AWL	Bahrain Defence Force	Active	Manama International, Bahrain	
E3387	RJ100	A6-AAB	Amiri Flight	Active	Dubai, UAE	
E3391	RJX100	G-6-391	-	Parts Remain	Swinton Store, Manchester, UK	
E3397	RJX100	G-6-397	(Avro / British Aerospace)	Preserved	Manchester, UK	

Cross Reference

Registration	c/n	Registration	c/n	Registration	c/n
A6-AAB	E3387	G-BZAW	E3354	SE-DSX	E3255
A9C-AWL	E3386	G-BZAX	E3356	SE-DSY	E3263
G-5-250	E3250	G-BZAY	E3368	SX-DVA	E3341
G-6-232	E3232	G-BZAZ	E3369	SX-DVB	E3343
G-6-234	E3234	G-CBMF	E3387	SX-DVC	E3358
G-6-236	E3236	G-CCTB	E3234	SX-DVD	E3362
G-6-237	E3237	G-CDCN	E3236	SX-DVE	E3374
G-6-238	E3238	G-CDRK	E3265	SX-DVF	E3375
G-6-240	E3240	G-CDUI	E3264	TC-RJA	E3341
G-6-241	E3241	G-CDXH	E3237	TC-THA	E3232
G-6-242	E3242	G-CEBN	E3238	TC-THB	E3234
G-6-243	E3243	G-CEFW	E3243	TC-THC	E3236
G-6-244	E3244	G-CEIH	E3232	TC-THD	E3237
G-6-245	E3245	G-CFAA	E3373	TC-THE	E3238
G-6-247	E3247	G-CFAB	E3377	TC-THF	E3240
G-6-248	E3248	G-CFAC	E3379	TC-THG	E3241
G-6-255	E3255	G-CFAD	E3380	TC-THH	E3243
G-6-259	E3259	G-CFAE	E3381	TC-THM	E3264
G-6-262	E3262	G-CFAF	E3382	TC-THO	E3265
G-6-263	E3263	G-CFAH	E3384		
G-6-264	E3264	G-IRJX	E3378		
G-6-265	E3265	G-JEBU	E3234		
G-6-272	E3272	G-JEBV	E3236		
G-6-274	E3274	G-NBAA	E3386		
G-6-276	E3276	G-OFMC	E3264		
G-6-280	E3280	G-OIII	E3221		
G-6-281	E3281	HB-IXM	E3291		
G-6-282	E3282	HB-IXN	E3286		
G-6-283	E3283	HB-IXO	E3284		
G-6-284	E3284	HB-IXP	E3283		
G-6-286	E3286	HB-IXQ	E3282		
G-6-291	E3291	HB-IXR	E3281		
G-6-298	E3298	HB-IXS	E3280		
G-6-301	E3301	HB-IXT	E3259		
G-6-308	E3308	HB-IXU	E3276		
G-6-315	E3315	HB-IXV	E3274		
G-6-320	E3320	HB-IXW	E3272		
G-6-322	E3322	HB-IXX	E3262		
G-6-324	E3324	HB-IYQ	E3384		
G-6-327	E3327	HB-IYR	E3382		
G-6-328	E3328	HB-IYS	E3381		
G-6-331	E3331	HB-IYT	E3380		
G-6-332	E3332	HB-IYU	E3379		
G-6-336	E3336	HB-IYV	E3377		
G-6-338	E3338	HB-IYW	E3359		
G-6-339	E3339	HB-IYX	E3357		
G-6-340	E3340	HB-IYY	E3339		
G-6-341	E3341	HB-IYZ	E3338		
G-6-342	E3342	N504MM	E3221		
G-6-343	E3343	N505MM	E3242		
G-6-354	E3354	N506MM	E3244		
G-6-355	E3355	N507MM	E3245		
G-6-356	E3356	N508MM	E3247		
G-6-357	E3357	N509MM	E3248		
G-6-358	E3358	N510MM	E3250		
G-6-359	E3359	N511MM	E3255		
G-6-360	E3360	N512MM	E3263		
G-6-361	E3361	OH-SAM	E3386		
G-6-362	E3362	OH-SAN	E3387		
G-6-368	E3368	OO-DWA	E3308		
G-6-369	E3369	OO-DWB	E3315		
G-6-373	E3373	OO-DWC	E3322		
G-6-374	E3374	OO-DWD	E3324		
G-6-375	E3375	OO-DWE	E3327		
G-6-377	E3377	OO-DWF	E3332		
G-6-378	E3378	OO-DWG	E3336		
G-6-379	E3379	OO-DWH	E3340		
G-6-380	E3380	OO-DWI	E3342		
G-6-381	E3381	OO-DWJ	E3355		
G-6-382	E3382	OO-DWK	E3360		
G-6-384	E3384	OO-DWL	E3361		
G-6-386	E3386	OY-FJE	E3234		
G-6-387	E3387	OY-RCC	E3357		
G-6-391	E3391	PK-RAY	E3243		
G-6-397	E3397	PK-RAZ	E3265		
G-BVYS	E3259	SE-DSO	E3221		
G-BXAR	E3298	SE-DSP	E3242		
G-BXAS	E3301	SE-DSR	E3244		
G-BXEU	E3308	SE-DSS	E3245		
G-BZAT	E3320	SE-DST	E3247		
G-BZAU	E3328	SE-DSU	E3248		
G-BZAV	E3331	SE-DSV	E3250		

Boeing 707

Production Started:	1958
Production Ended:	1979
Number Built:	766
Active:	103
Preserved:	34
WFU, Stored & In Parts:	218
Written Off:	149
Scrapped:	263

Location Summary

Angola	8
Argentina	5
Australia	5
Belgium	4
Botswana	1
Brazil	12
Chad	1
Chile	5
China	2
Colombia	2
Congo	11
Dominican Republic	1
Ecuador	4
Egypt	8
Ethiopia	2
France	4
Germany	6
Ghana	1
India	2
Iran	19
Israel	27
Italy	5
Japan	1
Jordan	3
Kenya	4
Kyrgyzstan	1
Lebanon	7
Liberia	3
Libya	5
Mali	1
Mexico	1
Morocco	1
Oman	1
Pakistan	1
Paraguay	3
Peru	3
Philippines	1
Rep. Of Ireland	1
Romania	3
Saudi Arabia	2
South Africa	6
Spain	4
Sudan	7
Syria	1
Tanzania	1
UAE - Dubai	1
UAE - Ras Al Khaimah	1
UAE - Sharjah	6
Uganda	1
United Kingdom	4
Unknown	7
USA - AZ	86
USA - CA	9
USA - DC	1
USA - DE	1
USA - FL	1
USA - GA	12
USA - KS	2
USA - LA	1
USA - NC	1
USA - NJ	1
USA - NY	1
USA - OH	1
USA - OK	2
USA - TX	13
USA - WA	1
Venezuela	2
Vietnam	1
Zambia	1

l/n	c/n	Model	Registration	Owner/Operator	Status	Location	Notes
	17158	707-80	N70700	(Boeing)	Preserved	Air & Space Museum, Washington DC	
1	17586	707-121	N708PA	-	Written Off	Chances Mountain, Monterrat	
2	17587	707-121B	N707PA	-	Scrapped	Miami, FL	
3	17588	707-121	N709PA	-	Written Off	Elkton, MD	
4	17589	707-121	HP-793	-	Scrapped	Taipei, Taiwan	
5	17590	707-121	N4593U	-	Scrapped	Taipei, Taiwan	
6	17591	707-121	HP-794	-	Scrapped	Taipei, Taiwan	
7	17628	707-123	5B-DAM	-	Written Off	Bahrain	
8	17629	707-123	N7502A	-	Written Off	Long Island, NY	
9	17630	707-123	N7503A	-	Scrapped	Dyess AFB, TX	
10	17631	707-123	N2235W	(Omega Air)	Fuselage Remains	Davis Monthan, AZ	
11	17632	707-123	5B-DAK	-	Scrapped	Larnaca, Cyprus	
12	17633	707-123	N7506A	-	Written Off	Long Island, NY	
13	17592	707-321	N714FC	-	Scrapped	Seattle, WA	
14	17634	707-123	N960CC	-	Scrapped	Amarillo, TX	
15	17635	707-123	EL-AJV	(Omega Air)	Fuselage Remains	Davis Monthan, AZ	
16	17636	707-123	N7509A	(American Airlines)	Fuselage Remains	Davis Monthan, AZ	
17	17637	707-123	HK-1818	-	Scrapped	Bogota, Colombia	
18	17658	707-131	9Q-CKP	-	Scrapped	Shannon, Ireland	
19	17659	707-131	OO-TEC	-	Scrapped	Brussels, Belgium	
20	17593	707-321	C9-ARF	-	Scrapped	Brussels, Belgium	
21	17660	707-131	N733TW	(Israeli Air Force)	Ground Trainer	Tel Aviv, Israel	
22	17661	707-131	N198CA	(Rodman Aviation)	Parts Remain	Mojave, CA	
23	17662	707-131	N735T	-	Scrapped	Seattle, WA	
24	17663	707-131	N194CA	-	Scrapped	Mojave, CA	
25	17609	707-124	N70773	-	Written Off	Kansas City, MO	
26	17638	707-123	HK-1802	-	Scrapped	Barranquilla, Colombia	
27	17664	707-131	I-SAVA	(Israeli Air Force)	Parts Remain	Tel Aviv, Israel	
28	17665	707-131	OO-TED	-	Scrapped	Ostend, Belgium	
29	17696	707-138	VH-XBA	(Qantas Foundation Memorial)	Preserved	Longreach, Australia	
30	17639	707-123	N701PC	(Skyworld Airlines)	WFU & Stored	Davis Monthan, AZ	
31	17640	707-123	N62TA	(Tiger Air)	Fuselage Remains	Davis Monthan, AZ	
32	17666	707-131	OO-TEE	(TEA)	Forward Fuselage Remains	Maxton, NC	
33	17925	707-153	58-6970	(United States of America)	Preserved	Museum of Flight, Seattle Boeing Field, WA	
34	17667	707-131	008	(Israeli Air Force)	Preserved	Hatzerim, Israel	
35	17703	707-436	G-APFB	-	Scrapped	Kingman, AZ	
36	17641	707-123	N7514A	-	Written Off	Calverton, NY	
37	17610	707-124	HI-384HA	-	Scrapped	Miami, FL	
38	17668	707-131	N195CA	-	Scrapped	Atlantic City, NJ	
39	17697	707-138	N138SR	-	Written Off	Port Harcourt, Nigeria	
40	17926	VC-137B	58-6971	(United States of America)	Preserved	Pima Air & Space Museum, Davis Monthan, AZ	
41	17642	707-123	N7515A	(American Airlines)	Nose Preserved	Oberschleissheim Museum, Munich, Germany	
42	17643	707-123	HK-1942	-	Scrapped	Barranquilla, Colombia	
43	17669	707-131	N742TW	-	Written Off	Cincinnati, OH	
44	17698	707-138	N791SA	-	Written Off	Vancouver, Canada	
45	17691	707-227	N7071	-	Written Off	Arlington, WA	

Boeing 707 — Out Of Production List: Western Jet Airliners

	l/n	c/n	Model	Registration	Owner/Operator	Status	Location	Notes
☐	46	17670	707-131	N743TW	-	Written Off	Indianapolis, IN	
☐	47	17927	707-153	58-6972	(USAF US Air Force)	Stored	McConnell AFB, KS	
☐	48	17671	707-131	N730JP	-	Written Off	Santa Cruz, Bolivia	
☐	49	17611	707-124	N70775	-	Written Off	Nr Centerville, IA	
☐	50	17644	707-123	N2143H	-	Scrapped	San Antonio, TX	
☐	51	17645	707-123	N702PC	-	Scrapped	Davis Monthan, AZ	
☐	52	17646	707-123	N519GA	(American Overseas Airlines)	Fuselage Remains	Davis Monthan, AZ	
☐	53	17647	707-123	N3951A	-	Nose Preserved	Technik Museum, Sinsheim, Germany	
☐	54	17699	707-138	N500JJ	-	Scrapped	Paris Le Bourget, France	
☐	55	17672	707-131	N197CA	-	Scrapped	Tel Aviv, Israel	
☐	56	17612	707-124	4X-JYD/008	(Israeli Air Force)	Preserved	Defence Force Museum, Hatzerim, Israel	
☐	57	18012	707-124	4X-BYA	(Israeli Air Force)	Ground Trainer	Kefar Sirkin, Israel	
☐	58	17594	707-321	N716HH	-	Scrapped	London Stansted, UK	
☐	59	17700	707-138	N793NA	-	Scrapped	Davis Monthan, AZ	
☐	60	17701	707-138	N792FA	-	Scrapped	Marana, AZ	
☐	61	17595	707-321	4X-JYZ	-	Parts Remain	Tel Aviv, Israel	
☐	62	17596	707-321	4X-JYZ/240	-	Scrapped	Tel Aviv, Israel	
☐	63	17648	707-123	N752TA	-	Scrapped	Marana, AZ	
☐	64	17702	707-138	9Q-CLK	Government of Congo Kinshasa	Active	Kinshasa, Congo Kinshasa	
☐	65	17613	707-328	F-BHSA	-	Written Off	Hamburg, Germany	
☐	66	17649	707-123	N751TA	-	Scrapped	Luton, UK	
☐	67	17650	707-123	N311AS	-	Written Off	St Lucia, Antigua	
☐	68	17597	707-321	N431MA	-	Scrapped	Sharjah, UAE	
☐	69	17673	707-331	N761TW	-	Written Off	Las Vegas, NV	
☐	70	17598	707-321	N3791G	-	Scrapped	Miami, FL	
☐	71	17599	707-321	N80703	-	Scrapped	Lasham, UK	
☐	72	17651	707-123	N61TA	(Air Malta)	Fuselage Remains	Davis Monthan, AZ	
☐	73	17674	707-331	N701PA	-	Scrapped	East Midlands, UK	
☐	74	17675	707-331	YN-BWL	-	Scrapped	Dar Es Salaam, Tanzania	
☐	75	17600	707-321	G-AZTG	-	Scrapped	Lasham, UK	
☐	76	17601	707-321	TC-JCF	-	Scrapped	Ankara, Turkey	
☐	77	17652	707-123	N5038	-	Fuselage Remains	Davis Monthan, AZ	
☐	78	17623	707-329	OO-SJA	(Sobelair)	Nose Preserved	Musee Royal De L'Armee, Brussels, Belgium	
☐	79	17676	707-331	N763AB	-	Scrapped	London Stansted, UK	
☐	80	17677	707-331	N702PT	-	Scrapped	London Stansted, UK	
☐	81	17614	707-328	F-BHSB	-	Scrapped	Paris Orly, France	
☐	82	17615	707-328	4X-JYV/115	-	Scrapped	Tel Aviv, Israel	
☐	83	17602	707-321	9Q-CJW	(Air Charter Services)	WFU & Stored	Kinshasa, Congo Kinshasa	
☐	84	17603	707-321	N725CA	-	Scrapped	Miami, FL	
☐	86	17678	707-331	N764TW	-	Scrapped	Kansas City, MO	
☐	87	17692	707-227	N3842X	-	Scrapped	Miami, FL	
☐	88	17679	707-331	N765TW	-	Scrapped	Kansas City, MO	
☐	89	17680	707-331	RP-C7073	-	Scrapped	Manila, Philippines	
☐	90	17718	707-430	9Q-CRT	-	Written Off	Sana'a, Yemen	
☐	91	17604	707-321	RP-C7074	-	Scrapped	Manila, Philippines	
☐	92	17624	707-329	OO-SJB	-	Written Off	Berg, Belgium	
☐	93	17616	707-328	F-BHSD	(Air France)	Fuselage Preserved	Paray Vielle-Poste, France	

l/n	c/n	Model	Registration	Owner/Operator	Status	Location	Notes
94	17722	707-437	VT-DJI	-	Written Off	Mumbai, India	
96	17693	707-227	9Y-TDR	-	Scrapped	Tel Aviv, Israel	
97	17694	707-227	N64740	-	Scrapped	Moses Lake, WA	
98	17605	707-321	HK-2410	-	Written Off	Bogota, Colombia	
99	17625	707-329	4X-JYT/140	Israeli Air Force	Active	Tel Aviv, Israel	
100	17723	707-437	VT-DJJ	-	Written Off	Mumbai, India	
101	17704	707-436	G-APFC	-	Scrapped	Kingman, AZ	
102	17695	707-227	9Y-TDQ	-	Scrapped	Port of Spain, Trinidad & Tobago	
103	17681	707-331	N766TW	-	Scrapped	Kansas City, MO	
104	17682	707-331	N767AB	-	Scrapped	London Stansted, UK	
105	17724	707-437	VT-DJK	-	Scrapped	Mumbai, India	
106	17719	707-430	5A-CVA	-	Scrapped	Tripoli, Libya	
107	17606	707-321	RP-C911	(Club 707)	Preserved as Nightclub	Manila Int'l, Philippines	
108	17903	707-139	N778PA	-	Scrapped	Davis Monthan, AZ	
110	17617	707-328	4X-JYW/116	(Israeli Air Force)	Preserved	Hatzerim, Israel	
111	17618	707-328	F-BHSF	-	Scrapped	Merville, France	
112	17705	707-436	N888NW	-	Scrapped	Ft. Lauderdale, FL	
113	17706	707-436	G-APFE	-	Written Off	Mount Fuji, Japan	
114	17905	707-441	N59RD	-	Scrapped	Houston, TX	
115	17720	707-430	D-AFHG	(Hamburg Airport)	Preserved	Hamburg Int'l, Germany	
116	17683	707-331	N9230Z	-	Scrapped	Long Beach, CA	
117	17684	707-331	N768TW	-	Scrapped	Kansas City, MO	
118	17626	707-329	OO-SJD	-	Scrapped	Brussels, Belgium	
119	17904	707-139	N779PA	-	Written Off	New York JFK	
121	17607	707-321	N427MA	-	Scrapped	Miami, FL	
122	17608	707-321	N707GE	(General Electric Co)	Stored	Mojave, CA	
123	17685	707-331	N769TW	-	Written Off	Rome Fiumicino, Italy	
124	17686	707-331	N705PA	-	Scrapped	Kuala Lumpur, Malaysia	
125	17687	707-331	N770TW	-	Scrapped	Kansas City, MO	
126	17619	707-328	4X-JYN/119	-	Scrapped	Tel Aviv, Israel	
127	17707	707-436	G-APFF	-	Scrapped	Kingman, AZ	
128	17708	707-436	G-APFG	-	Nose Preserved	Pershore, UK	
129	17906	707-441	PP-VJB	-	Written Off	Atocongo, Peru	
133	17627	707-329	OO-SJE	-	Written Off	Tenerife North, Canary Islands, Spain	
134	17928	707-344	N90651	-	Scrapped	?	
135	17688	707-331	N771TW	-	Scrapped	Kansas City, MO	
136	17689	707-331	N425MA	-	Scrapped	Miami, FL	
137	17690	707-331	N772TW	-	Scrapped	Kansas City, MO	
138	17620	707-328	F-BHSH	-	Written Off	Ajaccio, Corsica, France	
139	17621	707-328	F-BHSI	-	Scrapped	Paris Orly, France	
140	18054	707-123B	YN-CCN	-	Scrapped	Shannon, Ireland	
144	17709	707-436	G-APFH	-	Scrapped	Marana, AZ	
145	17710	707-436	G-APFI	-	Scrapped	Kingman, AZ	
151	17622	707-328	F-BHSJ	-	Scrapped	Paris Orly, France	
152	17918	707-328	F-BHSK	-	Scrapped	Paris Orly, France	
153	17919	707-328	F-BHSL	(Air France)	Nose Preserved	Paris Le Bourget Museum, France	
154	17929	707-344	VN-A304	(Hang Khong Viet Nam)	WFU & Stored	Ho Chi Minh City, Vietnam	
155	17930	707-344	9Q-CZF	-	Scrapped	Kinshasa, Congo Kinshasa	

Boeing 707 — Out Of Production List: Western Jet Airliners

	l/n	c/n	Model	Registration	Owner/Operator	Status	Location	Notes
☐	159	17920	707-328	F-BHSM	-	Written Off	Paris Orly, France	
☐	160	17921	707-328	4X-JYP	Israeli Air Force	Active	Tel Aviv, Israel	
☐	161	17922	707-328	4X-JYX	Israeli Air Force	Active	Tel Aviv, Israel	
☐	162	17721	707-430	EL-AJC	-	Nose Preserved	Germany	
☐	163	17711	707-436	G-APFJ	(British Airtours)	Forward Fuselage Preserved	Museum of Flight, East Fortune, UK	
☐	164	17712	707-436	G-APFK	-	Written Off	Prestwick, UK	
☐	167	17923	707-328	F-BHSP	-	Scrapped	Maxton, NC	
☐	168	17924	707-328	F-BHSQ	-	Scrapped	Paris Orly, France	
☐	169	17713	707-436	5X-CAU	(Government of Uganda)	WFU & Stored	Entebbe, Uganda	
☐	170	17714	707-436	G-APFM	-	Scrapped	Kingman, AZ	
☐	171	17715	707-436	G-APFN	-	Scrapped	Kingman, AZ	
☐	175	17716	707-436	G-APFO	-	Scrapped	Kingman, AZ	
☐	176	17717	707-436	G-APFP	-	Scrapped	Philadelphia, PA	
☐	192	18056	707-430	3C-ABH	-	Scrapped	Tel Aviv, Israel	
☐	200	18055	707-437	VT-DMN	-	Written Off	Mont Blanc, France	
☐	201	18067	707-138B	VR-CAN	-	Stored	Marana, AZ	
☐	205	18070	707-458	4X-ATA	(El Al Israel Airlines)	Nose Preserved	Cradle of Aviation Museum, Garden City, NY	
☐	209	18083	707-321	N432MA	-	Scrapped	Miami, FL	
☐	212	18084	707-321	TY-BBW	(Benin Government)	WFU & Stored	Wetteren, Belgium	
☐	216	18071	707-458	D-ABOC	(Lufthansa)	Preserved	Berlin Tegel Museum, Germany	
☐	217	18085	707-321	N435MA	(Bahamas World)	Nose Preserved	Cavan & Leitrim Museum, Dromod, Ireland	
☐	227	18068	707-138B	N458AC	-	Scrapped	Davis Monthan, AZ	
☐	228	18069	707-138B	SU-FAA	(Misr Overseas Airways)	WFU & Stored	Cairo, Egypt	
☐	229	18334	707-138B	CN-ANS	Royal Moroccan Air Force	Active	Rabat Sale, Morocco	
☐	264	18245	707-328	F-BHSR	(Air France)	Fuselage Remains	Bretigny, France	
☐	266	18411	707-436	N4465D	-	Written Off	Perpignan, France	
☐	268	18335	707-321B	N4605D	-	Scrapped	Taipei, Taiwan	
☐	269	18246	707-328	4X-JYK/118	(Israeli Air Force)	Stored	Elifelet, Israel	
☐	270	18336	707-321B	N944JW	-	Scrapped	Davis Monthan, AZ	
☐	271	18372	707-465	G-ARWD	-	Scrapped	Kingman, AZ	
☐	272	18357	707-458	9Q-CWR	-	Scrapped	Kinshasa, Congo Kinshasa	
☐	274	18247	707-328	F-BHST	-	Written Off	Nr Point A Pitre, Guadeloupe	
☐	275	18414	707-437	VT-DNY	-	Scrapped	Mumbai, India	
☐	276	18337	707-321B	N762TB	-	Scrapped	Marana, AZ	
☐	277	18385	707-131B	N746TW	-	Scrapped	Davis Monthan, AZ	
☐	280	18386	707-131B	N747TW	-	Scrapped	Davis Monthan, AZ	
☐	282	18415	707-437	VT-DNZ	-	Scrapped	Mumbai, India	
☐	283	18374	707-329	4X-JYL/128	(Israeli Air Force)	WFU & Stored	Tel Aviv, Israel	
☐	286	18387	707-131B	N748TW	-	Scrapped	Davis Monthan, AZ	
☐	287	18338	707-321B	HZ-TAS	-	Scrapped	Manston, UK	
☐	291	18388	707-131B	N749TW	-	Scrapped	Davis Monthan, AZ	
☐	292	18339	707-321B	N897WA	(Omega Air)	Fuselage Remains	Davis Monthan, AZ	
☐	293	18375	707-328	N707RZ	-	Scrapped	Ft. Lauderdale, FL	
☐	294	18389	707-131B	N750TW	-	Scrapped	Davis Monthan, AZ	
☐	296	18390	707-131B	N751TW	(Trans World Airlines)	Preserved	Pima Air & Space Museum, Davis Monthan, AZ	
☐	299	18391	707-131B	N752TW	-	Scrapped	Davis Monthan, AZ	

Boeing 707 — Out Of Production List: Western Jet Airliners

l/n	c/n	Model	Registration	Owner/Operator	Status	Location	Notes
301	18392	707-131B	N754TW	-	Scrapped	Davis Monthan, AZ	
302	18373	707-465	G-ARWE	-	Written Off	London Heathrow, UK	
303	18461	707-353B	62-6000	(United States of America)	Preserved	US Air Force Museum, Wright-Patterson AFB, OH	
305	18405	707-331B	N773TW	-	Scrapped	Davis Monthan, AZ	
306	18393	707-131B	N755TW	-	Scrapped	Davis Monthan, AZ	
308	18394	707-131B	N756TW	-	Scrapped	Davis Monthan, AZ	
309	18395	707-131B	N757TW	-	Written Off	Los Angeles LAX, CA	
311	18396	707-131B	N758TW	-	Scrapped	Davis Monthan, AZ	
312	18397	707-131B	N759TW	-	Scrapped	Davis Monthan, AZ	
313	18400	707-131B	N781TW	-	Scrapped	Davis Monthan, AZ	
315	18401	707-131B	N782TW	-	Scrapped	Davis Monthan, AZ	
316	18402	707-131B	N783TW	-	Scrapped	Davis Monthan, AZ	
317	18403	707-131B	N784TW	-	Scrapped	Davis Monthan, AZ	
318	18404	707-131B	N785TW	-	Scrapped	Davis Monthan, AZ	
320	18406	707-331B	N774TW	-	Scrapped	Davis Monthan, AZ	
323	18407	707-331B	N775TW	(Trans World Airlines)	Fuselage Remains	Lackland AFB, TX	
325	18456	707-328B	4X-ATE	-	Scrapped	Ostend, Belgium	
326	18408	707-331B	N28714	-	Scrapped	Davis Monthan, AZ	
327	18457	707-328B	F-BHSX	-	Scrapped	Luxembourg	
328	18460	707-329	4X-JYM/137	(Israeli Air Force)	WFU & Stored	Tel Aviv, Israel	
329	18458	707-328B	F-BHSY	-	Scrapped	Luxembourg	
330	18412	707-436	G-ARRB	-	Scrapped	Kingman, AZ	
331	18409	707-331B	N778TW	-	Scrapped	Davis Monthan, AZ	
332	18579	707-321C	G-BEBP	-	Written Off	Lusaka, Zambia	
333	18462	707-330B	CC-CCG	(LAN Chile)	Preserved	Museo Nacional De Aeronautica Chile, Santiago Los Cerillos, Chile	
334	18413	707-436	9Q-CTK	-	Scrapped	Kinshasa, Congo Kinshasa	
335	18459	707-328B	F-BHSZ	-	Written Off	Caracas, Venezuela	
336	18580	707-321C	5X-UAL	-	Written Off	Entebbe, Uganda	
341	18591	707-321C	LV-MSG	-	Scrapped	Buenos Aires, Argentina	
342	18584	707-351B	CC-CCX	-	Written Off	Buenos Aires, Argentina	
343	18585	707-351B	G-BFBZ	-	Scrapped	Lasham, UK	
344	18582	707-373C	HZ-ACE	-	Scrapped	Jeddah, Saudi Arabia	
345	18586	707-351B	N707CA	(Omega Air)	WFU & Stored	Mojave, CA	
346	18583	707-373C	D2-TOG	-	Scrapped	Manston, UK	
348	18693	707-351B	G-BFBS	-	Scrapped	Lasham, UK	
349	18707	707-373C	HK-2401X	-	Written Off	Medellin, Colombia	
350	18709	707-373C	HC-BLY	-	Nose Remains	Quito, Ecuador	
352	18710	707-351B	B-1828	-	Scrapped	Taipei, Taiwan	
353	18694	707-441	9Q-CMD	(Blue Airlines)	WFU & Stored	Goma, Congo Kinshasa	
354	18689	707-323C	3D-ALJ	(Air Cargo Plus)	Stored	Sharjah, UAE	
355	18738	707-373C	N790TW	-	Written Off	Tel Aviv, Israel	
356	18690	707-323C	G-SAIL	(Tradewinds)	Fuselage Remains	Davis Monthan, AZ	
357	18691	707-323C	G-BFEO	(Tradewinds)	Fuselage Remains	Davis Monthan, AZ	
358	18692	707-323C	CP-1365	-	Written Off	La Paz, Bolivia	
359	18685	707-328B	3X-GCC	-	Scrapped	Luxembourg	
360	18686	707-328B	N83658	-	Parts Remain	Davis Monthan, AZ	
362	18714	707-321C	HK-3333X	-	Scrapped	Medellin, Colombia	

Boeing 707 — Out Of Production List: Western Jet Airliners

	l/n	c/n	Model	Registration	Owner/Operator	Status	Location	Notes
☐	363	18463	707-330B	D-ABOT	-	Written Off	New Delhi, India	
☐	364	18715	707-321C	ST-ALX	-	Written Off	Mount Hymittus, Greece	
☐	365	18716	707-321C	N66651	-	Scrapped	Manaus, Brazil	
☐	366	18717	707-321C	D2-FAV	(Air Nacoia)	WFU & Stored	Luanda, Angola	
☐	367	18746	707-351C	9G-RBO	-	Written Off	Lagos, Nigeria	
☐	368	18718	707-321C	5N-MAS	-	Written Off	Istres, France	
☐	369	18747	707-351C	N21AZ	Aero Zambia	Active	Lusaka, Zambia	
☐	370	18711	707-331C	PT-MST	-	Written Off	Sao Paulo, Brazil	
☐	371	18765	707-321C	5A-DHL	(United African Airlines)	WFU & Stored	Tripoli, Libya	
☐	372	18766	707-321C	CX-BSB	-	Scrapped	Montevideo, Uruguay	
☐	373	18712	707-331C	N787TW	-	Written Off	Atlantic City, NJ	
☐	375	18708	707-337B	N8880A	(Air India)	Fuselage Remains	Davis Monthan, AZ	
☐	376	18767	707-321C	JY-AEE	-	Written Off	Agadir, Morocco	
☐	377	18737	707-348C	7O-ACJ	(Plane Restaurant)	Preserved as Restaurant	Damascus, Syria	
☐	378	18713	707-331C	84-1398	-	Scrapped	Oklahoma City, OK	
☐	379	18748	707-351C	N80AZ	(Private)	WFU & Stored	Addis Ababa, Ethiopia	
☐	383	18756	707-331C	N791TW	-	Scrapped	Davis Monthan, AZ	
☐	385	18739	707-138B	N46D	-	Scrapped	Shannon, Ireland	
☐	386	18825	707-321C	5X-DAR	-	Written Off	Kano, Nigeria	
☐	387	18757	707-331C	T.17-2	Spanish Air Force	Active	Madrid Torrejon, Spain	
☐	388	18740	707-138B	N707JT	Jett Clipper Johnny / QANTAS	Active	Wilmington, DE	
☐	389	18826	707-321C	CF-PWZ	-	Written Off	Edmonton, Canada	
☐	391	18758	707-131B	N795TW	-	Scrapped	Davis Monthan, AZ	
☐	392	18759	707-131B	N796TW	-	Scrapped	Davis Monthan, AZ	
☐	393	18760	707-131B	N797TW	-	Written Off	San Francisco, CA	
☐	394	18790	707-321C	N798PA	-	Written Off	Calcutta, India	
☐	395	18761	707-131B	N798TW	-	Scrapped	Davis Monthan, AZ	
☐	396	18762	707-131B	N799TW	-	Scrapped	Davis Monthan, AZ	
☐	397	18824	707-321C	N799PA	-	Written Off	Elmendorf AFB, AK	
☐	398	18819	707-330B	5Y-AXM	-	Scrapped	Nairobi, Kenya	
☐	399	18764	707-331B	N779TW	(Trans World Airlines)	Fuselage Remains	Davis Monthan, AZ	
☐	400	18913	707-331B	N760TW	(Trans World Airlines)	Fuselage Remains	Davis Monthan, AZ	
☐	402	18873	707-337B	N8870A	(Air India)	Fuselage Remains	Davis Monthan, AZ	
☐	403	18832	707-321C	5X-JCR	(Hang Khong Vietnam)	Fuselage Remains	Davis Monthan, AZ	
☐	404	18808	707-338C	PT-WSZ	(Skymaster Airlines)	Stored	Manaus, Brazil	
☐	405	18833	707-321B	N402PA	(American Eagle Airlines)	Fuselage Remains	Davis Monthan, AZ	
☐	406	18834	707-321B	N5519V	(THY Turkish Airlines)	Fuselage Remains	Davis Monthan, AZ	
☐	407	18809	707-338C	5N-ARQ	-	Scrapped	Manston, UK	
☐	408	18835	707-321B	N404PA	USAF US Air Force	Active	McGuire AFB, NJ	
☐	409	18836	707-321B	N5519U	(THY Turkish Airlines)	Fuselage Remains	Davis Monthan, AZ	
☐	411	18837	707-321B	XT-BBH	-	Fuselage Remains	Davis Monthan, AZ	
☐	412	18838	707-321B	N407PA	-	Written Off	Rome Fiumicino, Italy	
☐	413	18880	707-348C	5A-DIX	(Libyan Arab Airlines)	WFU & Stored	Cairo, Egypt	
☐	415	18914	707-331B	N780TW	(USAF US Air Force)	Fuselage Remains	Lackland AFB, TX	
☐	416	18890	707-329C	OO-SJH	-	Written Off	Douala, Cameroon	
☐	417	18839	707-321B	N454PC	(Omega Air)	WFU & Stored	Mojave, CA	
☐	418	18840	707-321B	N707GE	(Boeing)	Fuselage Remains	Davis Monthan, AZ	
☐	419	18841	707-321B	ZP-CCE	(Lineas Aereas Paraguayas)	WFU & Stored	Asuncion, Paraguay	

l/n	c/n	Model	Registration	Owner/Operator	Status	Location	Notes
420	18882	707-123B	N7550A	(American Airlines)	Fuselage Remains	Davis Monthan, AZ	
421	18842	707-321B	N5517Z	-	Scrapped	Davis Monthan, AZ	
422	18883	707-123B	N7551A	-	Scrapped	Davis Monthan, AZ	
424	18915	707-331B	N793TW	(USAF US Air Force)	Fuselage Remains	Lackland AFB, TX	
425	18888	707-351C	5A-DJT	-	Written Off	Tripoli, Libya	
426	18884	707-123B	N7552A	-	Scrapped	Davis Monthan, AZ	
428	18889	707-351C	5A-DJU	(Libyan Arab Airlines)	WFU & Stored	Tripoli, Libya	
430	18886	707-324C	HK-3355X	-	Written Off	Sao Paulo, Brazil	
431	18887	707-324C	B-1834	-	Written Off	Nr Taoyuan, Taiwan	
432	18885	707-123B	N7553A	-	Scrapped	Davis Monthan, AZ	
434	18938	707-323C	OD-AGN	-	Written Off	Beirut, Lebanon	
435	18923	707-330B	Z-WKS	(Air Zimbabwe)	WFU & Stored	Harare, Zimbabwe	
436	18881	707-328C	D2-TOV	-	Written Off	Lagos, Nigeria	
437	18939	707-323C	OD-AGD	(TMA Cargo)	WFU & Stored	Beirut, Lebanon	
438	18810	707-338C	SU-BBA	-	Scrapped	Cairo, Egypt	
439	18940	707-323C	9G-LAD	Cargoplus	Active	Accra, Ghana	
440	18921	707-351C	OB-1401	(Aeronaves del Peru)	WFU & Stored	Lima, Peru	
441	18891	707-344B	EL-AJT	-	Scrapped	Manston, UK	
443	18953	707-338C	N342A	(Somali Airlines)	Fuselage Remains	Davis Monthan, AZ	
444	18922	707-351C	EL-AKL	-	Scrapped	Shannon, Ireland	
445	18975	707-349C	D2-TOI	-	Written Off	Luanda, Angola	
446	18926	707-330B(KC)	903	Chilean Air Force	Active	Santiago Arturo Benitez, Chile	
447	19000	707-385C	904	Chilean Air Force	Active	Santiago Arturo Benitez, Chile	
448	18924	707-336C	5N-ARO	-	Written Off	Accra, Ghana	
449	18976	707-349C	ST-ALK	-	Written Off	Khartoum, Sudan	
450	18991	707-373C	AP-AWU	-	Scrapped	Pakistan	
451	18937	707-330C	HC-BTB	(AECA Aeroservicios Ecuatorianos)	Stored	Latacunga, Ecuador	
452	18925	707-336C	PP-BRB	-	Scrapped	Rio de Janeiro, Brazil	
453	18964	707-351C	D2-TOU	-	Nose Preserved	RAF Museum, Hendon, London, UK	
454	18927	707-330B	5Y-AXI	(African International Airways)	Stored	Nairobi, Kenya	
455	18916	707-331B	N8705T	-	Scrapped	Davis Monthan, AZ	
456	18961	707-382B	165342	(US Navy)	WFU & Stored	Davis Monthan, AZ	
457	18928	707-330B	N88ZL	Zestmo / Lowa	Active	Muscat, Oman	
458	18954	707-338C	N449J	(Somali Airlines)	Fuselage Remains	Davis Monthan, AZ	
459	19004	707-358C	TF-AYG	(El Al)	Fuselage Remains	Davis Monthan, AZ	
460	18917	707-331B	N8715T	-	Written Off	Dawson Field, Jordan	
461	18929	707-330B	Z-WKT	(Air Zimbabwe)	WFU & Stored	Harare, Zimbabwe	
462	18918	707-331B	N8725T	(Trans World Airlines)	Fuselage Remains	Davis Monthan, AZ	
463	19034	707-351C	RP-C1886	(Aero Filipinas)	Fuselage Remains	Davis Monthan, AZ	
464	18930	707-330B	3D-AKU	-	Scrapped	Kigali, Rwanda	
465	18978	707-331B	N18701	-	Written Off	Milan, Italy	
466	18956	707-321B	N414PA	-	Scrapped	Miami, FL	
467	18955	707-338C	5A-DJO	-	Written Off	Sabha, Libya	
468	18979	707-331B	N18702	-	Scrapped	Davis Monthan, AZ	
469	18980	707-331B	N18703	-	Scrapped	Davis Monthan, AZ	
471	18941	707-328B	F-BLCD	(Air France)	Preserved	Le Bourget Museum, Paris, France	
472	18957	707-321B	FAP01	(Paraguayan Governemtn)	Stored	Asuncion, Paraguay	

l/n	c/n	Model	Registration	Owner/Operator	Status	Location	Notes
475	18958	707-321B	EP-NHL	(Air Restaurant)	Preserved as Restaurant	Tehran Mehrabad, Iran	
476	18981	707-331B	N18704	-	Scrapped	Davis Monthan, AZ	
477	18932	707-330C	PT-TCO	-	Written Off	Manaus, Brazil	
478	18959	707-321B	N417PA	-	Written Off	Papeete, Tahiti	
479	18986	707-131B	N6720	-	Scrapped	Davis Monthan, AZ	
480	19162	707-329C	9Q-CVG	-	Written Off	Goma, Congo Kinshasa	
482	18931	707-330B	ST-NSR	-	Scrapped	Khartoum, Sudan	
483	18982	707-331B	N18706	(Trans World Airlines)	Fuselage Remains	Davis Monthan, AZ	
484	18960	707-321B	N418PA	-	Nose Preserved	Miami Tamiami, FL	
485	18983	707-331B	N18707	(Trans World Airlines)	Fuselage Remains	Davis Monthan, AZ	
486	18987	707-131B	N6721	-	Scrapped	Davis Monthan, AZ	
487	18984	707-331B	N18708	-	Scrapped	Davis Monthan, AZ	
488	19001	707-348C	5A-DIY	(Libyan Arab Airlines)	WFU & Stored	Cairo, Egypt	
489	18988	707-131B	N6722	-	Scrapped	Davis Monthan, AZ	
490	19185	707-123B	N7554A	-	Scrapped	Davis Monthan, AZ	
491	19186	707-123B	N7570A	-	Scrapped	Davis Monthan, AZ	
492	18989	707-131B	N6723	-	Scrapped	Davis Monthan, AZ	
493	19187	707-123B	N7571A	(American Airlines)	Fuselage Remains	Davis Monthan, AZ	
494	19163	707-351C	N65010	-	Fuselage Remains	Davis Monthan, AZ	
495	18948	707-384C	ST-JJC	(Azza Transpot)	Stored	Khartoum, Sudan	
496	18985	707-331B	N707HP	(El Al)	Fuselage Remains	Davis Monthan, AZ	
497	18949	707-G8C	93-0011	(USAF US Air Force)	Stored	Warner Robins AFB, GA	
498	19104	707-327C	OD-AGX	(TMA Cargo)	Stored	Beirut, Lebanon	
499	19105	707-327C	OD-AGY	(TMA Cargo)	Stored	Beirut, Lebanon	
500	19179	707-373C	9L-LDU	(Air Leone)	Fuselage Remains	Istanbul Sabia Gokcen, Turkey	
501	18962	707-382B	165343	(US Navy)	WFU & Stored	Will Rogers, OK	
502	19106	707-327C	PP-VLJ	-	Written Off	Rio de Janeiro, Brazil	
503	19354	707-349C	PT-TCS	-	Written Off	Sao Paulo Guarulhos, Brazil	
504	18950	707-384C	8747	Venezuelan Air Force	Active	El Libertador, Venezuela	
505	19164	707-351C	TM.17-4	Spanish Air Force	Active	Madrid Torrejon, Spain	
506	19188	707-123B	N7572A	-	Scrapped	Davis Monthan, AZ	
507	19107	707-327C	OD-AFX	-	Written Off	Beirut, Lebanon	
508	19168	707-351C	5N-AYJ	-	Written Off	Luxor, Egypt	
509	19284	707-340C	YU-AGE	-	Scrapped	Belgrade, Serbia	
510	19209	707-351C	N144SP	-	Written Off	Nr Kansas City, MO	
511	19108	707-327C	OD-AFY	-	Written Off	Amsterdam Schiphol, Netherlands	
513	19177	707-324C	YA-GAF	-	Scrapped	Ostend, Belgium	
515	19210	707-351C	EL-AJB	(Shuttle Air Cargo)	Stored	Liberia	
516	19263	707-351C	N720FW	-	Scrapped	Miami, FL	
517	19178	707-324C	B-1830	-	Scrapped	Taipei, Taiwan	
518	19211	707-329C	OO-SJK	-	Written Off	Lagos, Nigeria	
519	19235	707-323C	PP-VLU	-	Written Off	Nr Tokyo, Japan	
520	19247	707-337B	N8840A	-	Fuselage Remains	Davis Monthan, AZ	
521	19236	707-323C	81-0897	-	Scrapped	Greenville, TX	
522	19320	707-341C	PP-VJR	-	Written Off	Rio de Janeiro, Brazil	
523	19237	707-323C	N7564A	(American Airlines)	Fuselage Remains	Davis Monthan, AZ	
524	19285	707-340C	YU-AGG	-	Scrapped	Belgrade, Serbia	
525	19380	707-323C	81-0898	(USAF US Air Force)	Stored	Davis Monthan, AZ	

l/n	c/n	Model	Registration	Owner/Operator	Status	Location	Notes
526	19323	707-123B	N7573A	-	Scrapped	Davis Monthan, AZ	
527	19264	707-321B	ZP-CCG	(Lineas Aereas Paraguayas)	WFU & Stored	Asuncion, Paraguay	
528	19238	707-387B	T-96	-	Written Off	Recife, Brazil	
529	19265	707-321B	HC-BCT	(AECA Aeroservicios Ecuatorianos)	WFU & Stored	Guayaquil, Ecuador	
530	19215	707-131B	N6724	-	Scrapped	Davis Monthan, AZ	
531	19266	707-321B	9Q-CBL	(Scibe Zaire)	Fuselage Remains	Davis Monthan, AZ	
532	19321	707-341C	N8190U	-	Scrapped	Southend, UK	
533	19324	707-123B	N7574A	-	Scrapped	Davis Monthan, AZ	
534	19433	707-385C	ET-AJZ	-	Written Off	Asmara, Ethiopia	
535	19325	707-123B	N7575A	(American Airlines)	Fuselage Remains	Davis Monthan, AZ	
536	19291	707-328B	4X-JYC/258	Israeli Air Force	Active	Tel Aviv, Israel	
537	19350	707-324C	9G-OAL	(Johnsons Air)	Stored	Bishkek, Kyrgyzstan	
538	19133	707-344B	N6598W	-	Fuselage Remains	Davis Monthan, AZ	
539	19326	707-123B	N7576A	(American Airlines)	Fuselage Remains	Davis Monthan, AZ	
540	19411	707-351C	9Q-CKR	Hewa Bora Airways	Active	Kinshasa, Congo Kinshasa	
541	19267	707-321B	EP-IRK	(Iranian Air Force)	Stored	Tehran Mehrabad, Iran	
542	19239	707-387B	CX-BNU	-	Scrapped	Rio de Janeiro, Brazil	
543	19240	707-387B	LV-ISC	-	Scrapped	Buenos Aires, Argentina	
544	19268	707-321B	N446PA	-	Written Off	Bali, Indonesia	
545	19315	707-330B	EL-AJU	(Air Mauritius)	Fuselage Remains	Davis Monthan, AZ	
546	19293	707-338C	94-0284	USAF US Air Force	Active	Warner Robins AFB, GA	
547	19316	707-330B	6O-SBT	-	Written Off	Nairobi, Kenya	
548	19441	707-373C	S2-ABQ	-	Written Off	Singapore Paya Lebar	
549	19248	707-337B	K2900	(Indian Air Force)	Stored	New Delhi, India	
550	19294	707-338C	93-0597	USAF US Air Force	Active	Warner Robins AFB, GA	
551	19502	707-358B	N898WA	(El Al)	Fuselage Remains	Davis Monthan, AZ	
552	19351	707-324C	N419B	-	Scrapped	Davis Monthan, AZ	
553	19355	707-349C	D2-TOJ	(TAAG Angola Airlines)	WFU & Stored	Luanda, Angola	
554	19440	707-327C	OD-AGW	-	Written Off	Beirut, Lebanon	
555	19241	707-387B	T-95	Argentine Air Force	Active	El Palomar, Bueons Aires, Argentina	
556	19416	707-365C	PT-TCP	-	Written Off	Manaus, Brazil	
557	19317	707-330C	PP-BSE	-	Written Off	Manaus, Brazil	
558	19216	707-131B	N6726	-	Scrapped	Davis Monthan, AZ	
559	19224	707-331B	N18710	(USAF US Air Force)	Fuselage Remains	Lackland AFB, TX	
560	19292	707-328C	P4-ESP	-	Scrapped	Manston, UK	
561	19322	707-341C	PP-VJT	-	Written Off	Manaus, Brazil	
562	19327	707-123B	N7577A	(American Airlines)	Fuselage Remains	Davis Monthan, AZ	
563	19412	707-351C	ST-APY	(Trans Arabian Air Transport)	WFU & Stored	Nr Mwanza, Tanzania	
564	19217	707-131B	N6727	-	Nose Preserved	Museum, Mexico	
565	19328	707-123B	N7578A	(American Airlines)	Fuselage Remains	Davis Monthan, AZ	
566	19434	707-351C	OB-1400	(Aeronaves del Peru)	WFU & Stored	Lima, Peru	
567	19218	707-131B	N6728	(Trans World Airlines)	Fuselage Remains	Davis Monthan, AZ	
568	19225	707-331B	N18711	(Trans World Airlines)	Fuselage Remains	Davis Monthan, AZ	
569	19219	707-131B	N6729	-	Scrapped	Davis Monthan, AZ	
570	19269	707-321C	OD-AGO	(TMA Cargo)	Stored	Beirut, Lebanon	
571	19329	707-123B	N7579A	-	Scrapped	Davis Monthan, AZ	
572	19270	707-321C	5N-EEO	-	Scrapped	Lagos, Nigeria	
573	19220	707-131B	N6763T	-	Scrapped	Davis Monthan, AZ	

l/n	c/n	Model	Registration	Owner/Operator	Status	Location	Notes
574	19271	707-321C	N707HT	-	Scrapped	Roswell, NM	
575	19330	707-123B	N7580A	(American Airlines)	Fuselage Remains	Davis Monthan, AZ	
576	19352	707-324C	PT-WUS	(Skymaster Airlines)	Stored	Sao Paulo Guarulhos, Brazil	
577	19221	707-131B	N6764T	-	Scrapped	Davis Monthan, AZ	
578	19272	707-321C	YR-ABM	-	Written Off	Abidjan, Ivory Coast	
579	19331	707-123B	N7581A	(American Airlines)	Fuselage Remains	Davis Monthan, AZ	
580	19273	707-321C	HC-BGP	(AECA Aeroservicios Ecuatorianos)	Stored	Latacunga, Ecuador	
582	19417	707-355C	67-19417	(USAF US Air Force)	WFU & Stored	Davis Monthan, AZ	
583	19222	707-131B	N6771T	-	Scrapped	Davis Monthan, AZ	
584	19521	707-328C	9G-ROX	-	Written Off	Bratislava, Slovakia	
585	19226	707-331B	N18712	(Trans World Airlines)	Fuselage Remains	Davis Monthan, AZ	
586	19332	707-123B	N7582A	(American Airlines)	Fuselage Remains	Davis Monthan, AZ	
587	19353	707-324C	9G-JNR	-	Scrapped	Lagos, Nigeria	
588	19212	707-331C	N730FW	-	Scrapped	Miami, FL	
589	19333	707-123B	N7583A	(Guy America)	Fuselage Remains	Davis Monthan, AZ	
590	19275	707-321B	N422PA	-	Scrapped	Miami, FL	
591	19334	707-123B	N7584A	(American Airlines)	Fuselage Remains	Davis Monthan, AZ	
592	19276	707-321B	HK-2016	-	Written Off	Cove Neck, NY	
593	19335	707-123B	9XR-IS	-	Written Off	Bangui, Central African Republic	
594	19274	707-321C	OD-AGP	(TMA Cargo)	Stored	Beirut, Lebanon	
595	19336	707-123B	N7586A	-	Scrapped	Davis Monthan, AZ	
596	19522	707-328C	AF615	(South African Air Force)	Stored	Makhado AB, South Africa	
598	19223	707-131B	N6789T	(Trans World Airlines)	Fuselage Remains	Davis Monthan, AZ	
599	19410	707-348C	ST-AIM	-	Written Off	Khartoum, Sudan	
600	19337	707-123B	N7587A	-	Scrapped	Davis Monthan, AZ	
601	19415	707-399C	9Q-CKS	(Etram Air Wing)	Stored	Luanda, Angola	
602	19338	707-123B	N7588A	(American Airlines)	Fuselage Remains	Davis Monthan, AZ	
603	19277	707-321B	4X-ATF	(Arkia)	WFU & Stored	Tel Aviv, Israel	
604	19339	707-123B	N7589A	-	Scrapped	Davis Monthan, AZ	
605	19278	707-321B	N425PA	-	Scrapped	London Stansted, UK	
606	19436	707-131B	N6790T	-	Scrapped	Davis Monthan, AZ	
607	19227	707-331B	N18713	(Trans World Airlines)	Fuselage Remains	Davis Monthan, AZ	
608	19515	707-323C	OD-AHD	-	Scrapped	Beirut, Lebanon	
609	19442	707-373C	94-0285	USAF US Air Force	Active	?	
610	19381	707-323C	81-0895	(USAF US Air Force)	WFU & Stored	Lake Charles, LA	
611	19443	707-351C	902	Chilean Air Force	Active	Santiago Arturo Benitez, Chile	
612	19516	707-323C	OD-AHE	(Middle East Airlines (MEA))	Stored	Beirut, Lebanon	
613	19213	707-331C	OD-AGT	-	Written Off	Tokyo Narita, Japan	
614	19517	707-323C	ZS-IJI	(Interair South Africa)	Stored	Pietsburg, South Africa	
616	19518	707-323C	81-0891	USAF US Air Force	Active	Edwards AFB, CA	
617	19295	707-338C	92-3290	USAF US Air Force	Active	Warner Robins AFB, GA	
618	19361	707-321B	N707LE	-	Scrapped	Miami, FL	
619	19519	707-323C	TN-AGO	-	Written Off	Lubumbashi, Congo Brazzaville	
620	19362	707-321B	N427PA	-	Scrapped	London Stansted, UK	
622	19340	707-123B	N7590A	-	Scrapped	Davis Monthan, AZ	
623	19363	707-321B	HL7429	-	Written Off	Nr Murmansk, Russia	
625	19286	707-340C	YU-AGF	-	Scrapped	Belgrade, Serbia	
626	19214	707-331C	OD-AGS	(TMA Cargo)	WFU & Stored	Beirut, Lebanon	

l/n	c/n	Model	Registration	Owner/Operator	Status	Location	Notes
627	19382	707-323C	01-2005	USAF US Air Force	Active	Robins AFB, GA	
628	19364	707-321B	N433PA	-	Scrapped	London Stansted, UK	
629	19435	707-331C	P4-OOO	-	Written Off	Kananga, Congo Kinshasa	
630	19296	707-338C	93-1097	USAF US Air Force	Active	Warner Robins AFB, GA	
631	19365	707-321B	N434PA	-	Scrapped	London Stansted, UK	
632	19529	707-327C	86005	-	Scrapped	Rockwall, TX	
633	19366	707-321B	5Y-AXW	(African International Airways)	WFU & Stored	Nairobi, Kenya	
634	19631	707-351C	N2215Y	-	Scrapped	Smyrna, TX	
635	19530	707-327C	YR-JCA	(Jaro International)	Stored	Bucharest, Romania	
636	19297	707-338C	LV-MZE	-	Scrapped	Miami, FL	
637	19367	707-321C	ST-AMF	Trans Arabian Air Transport	Active	Sharjah, UAE	
638	19581	707-323C	02-9111	USAF US Air Force	Active	Edwards AFB, CA	
639	19582	707-323C	N751MA	-	Written Off	Manata, Ecuador	
640	19368	707-321C	N458PA	-	Written Off	Boston, MA	
641	19383	707-323C	N7568A	(American Airlines)	Fuselage Remains	Davis Monthan, AZ	
642	19715	707-373C	HL7412	-	Written Off	Tehran Mehrabad, Iran	
643	19664	707-355C	5N-VRG	-	Written Off	Ostend, Belgium	
644	19716	707-373C	FAC1201	Colombian Air Force	Active	Bogota, Colombia	
645	19498	707-336C	5Y-BNJ	(Aero Zambia)	Stored	Polokwane, South Africa	
646	19531	707-327C	9Q-CGC	(Hewa Bora Airways)	WFU & Stored	Kinshasa, Congo Kinshasa	
647	19384	707-323C	81-0893	(USAF US Air Force)	WFU & Stored	Davis Monthan, AZ	
648	19369	707-321C	9Q-CNI	(Global Airways)	Stored	Ostend, Belgium	
649	19632	707-351C	ST-ANP	(Trans Arabian Air Transport)	WFU & Stored	Khartoum, Sudan	
650	19583	707-323C	81-0894	USAF US Air Force	Active	Edwards AFB, CA	
651	19370	707-321C	N720GS	-	Scrapped	Miami, FL	
652	19621	707-338C	90-0175	USAF US Air Force	Active	Warner Robins AFB, GA	
653	19371	707-321C	N461PA	-	Written Off	Mount Kamunay, Philippines	
654	19590	707-365C	LV-WXL	Argentine Air Force	Active	El Palomar, Buenos Aires, Argentina	
655	19372	707-321C	9G-JET	Johnsons Air	Active	Sharjah, UAE	
656	19373	707-321C	N722GS	-	Scrapped	Miami, FL	
657	19809	707-368C	A20-809	-	Scrapped	Richmond, NSW, Australia	
658	19374	707-321B	D2-MAY	(LR Aviation Technology)	Active	Tel Aviv, Israel	
659	19767	707-399C	HI-442CT	(Dominicana)	WFU & Stored	Santo Domingo, Dominican Republic	
660	19622	707-338C	92-3289	USAF US Air Force	Active	Warner Robins AFB, GA	
661	19376	707-321B	N454PA	-	Written Off	Pago Pago, Samoa	
662	19375	707-321C	EL-AKJ	-	Scrapped	Southend, UK	
663	19584	707-323C	4K-401	-	Written Off	Baku, Azerbaijan	
664	19810	707-368C	N1763B	-	Scrapped	Melbourne, FL	
665	19723	707-328C	1417/AF617	(South African Air Force)	Preserved	Swartkop, South Africa	
666	19377	707-321C	ST-SAC	-	Written Off	Nairobi, Kenya	
667	19724	707-328C	F-BLCJ	-	Written Off	Nr Pointe Pitre, Guadeloupe	
668	19585	707-323C	XA-ABU	(Mexicargo)	Stored	Tucson, AZ	
669	19568	707-131B	N16738	-	Scrapped	Davis Monthan, AZ	
670	19586	707-323C	PP-BRG	BETA Cargo	Active	Sao Paulo, Brazil	
671	19623	707-338C	A20-623	(Royal Australian Air Force)	Stored	Richmond, NSW, Australia	
672	19378	707-321B	5A-DJM	(Libyan Arab Airlines)	WFU & Stored	Cairo, Egypt	
673	19693	707-321B	N1181Z	(Guyana Airways)	Fuselage Remains	Davis Monthan, AZ	
674	19570	707-331B	LZ-PVB	-	Parts Remain	Davis Monthan, AZ	

l/n	c/n	Model	Registration	Owner/Operator	Status	Location	Notes
675	19705	707-344C	ZS-EUW	-	Written Off	Windhoek, Namibia	
676	19740	707-382B	N707FR	(Omega Air)	Stored	San Antonio, TX	
677	19379	707-321C	YR-ABN	-	Written Off	N'Djamena, Chad	
678	19694	707-321B	N492PA	-	Scrapped	New York JFK	
679	19840	707-345C	FAB2401	Brazilian Air Force	Active	Galeao, Brazil	
680	19569	707-131B	N16739	-	Scrapped	Davis Monthan, AZ	
681	19741	707-359B	HK-1402	-	Scrapped	Bogota, Colombia	
682	19341	707-123B	N7591A	-	Scrapped	Davis Monthan, AZ	
683	19841	707-345C	PP-VJZ	-	Written Off	Paris Orly, France	
684	19695	707-321B	N808ZS	(Jet Cargo)	Stored	Robertsfield, Liberia	
685	19571	707-331B	N28726	-	Scrapped	?	
686	19587	707-323C	9Q-CWG	(Wimbi Dira Airways)	WFU & Stored	Kinshasa, Congo Kinshasa	
687	19572	707-331B	N7231T	-	Written Off	Santa Maria, Azores	
688	19696	707-321B	N494PA	-	Written Off	Caracas, Venezuela	
689	19624	707-338C	A20-624	(Royal Australian Air Force)	Stored	Richmond, NSW, Australia	
690	19633	707-351C	5Y-BBJ	(Kenya Airways)	Ground Trainer	Botswana?	
691	19706	707-344C	1423/AF623	-	Scrapped	Waterkloof, South Africa	
692	19588	707-323C	OD-AHB	-	Written Off	Beirut, Lebanon	
693	19625	707-338C	5N-BBD	-	Scrapped	Manston, UK	
694	19697	707-321B	N495PA	(Global International)	Fuselage Remains	Davis Monthan, AZ	
695	19634	707-351C	5Y-BBI	(African International Airways)	WFU & Stored	Nairobi, Kenya	
696	19736	707-360C	ET-ACD	-	Written Off	Rome Fiumicino, Italy	
697	19698	707-321B	N496PA	(Pan American World Airways)	Fuselage Remains	Davis Monthan, AZ	
698	19789	707-311C	N715FW	-	Scrapped	Miami, FL	
699	19699	707-321B	N497PA	(Pan American World Airways)	Fuselage Remains	Davis Monthan, AZ	
700	19869	707-324C	D2-TOK	(Angola Air Charter)	Stored	Luanda, Angola	
701	19589	707-323C	OD-AHC	-	Scrapped	Beirut, Lebanon	
702	19870	707-324C	FAB2404	Brazilian Air Force	Active	Galeao, Brazil	
703	19626	TE-8A JSTARS	86-0416	USAF US Air Force	Active	Warner Robins AFB, GA	
704	19573	707-331B	N28728	-	Scrapped	?	
705	19773	707-351C	PT-WSM	(Skymaster Airlines)	Stored	Sao Paulo Guarulhos, Brazil	
706	19635	707-351C	68-19635	-	Scrapped	Lahore, Pakistan	
707	19627	707-338C	A20-627	(Royal Australian Air Force)	Stored	Richmond, NSW, Australia	
708	19774	707-351C	N677R	(Omega Air)	Stored	San Antonio, TX	
709	19820	707-379C	ET-ACQ	-	Written Off	Addis Ababa, Ethiopia	
710	19574	707-323C	N8411	-	Scrapped	Melbourne, FL	
711	19871	707-324C	D2-TON	-	Scrapped	Luanda, Angola	
712	19842	KC-137	FAB2402	Brazilian Air Force	Active	Galeao, Brazil	
713	19737	707-312B	4R-ALB	-	Scrapped	Shannon, Ireland	
714	19575	707-323C	FAP-319	(Peruvian Air Force)	Stored	Lima, Peru	
715	19760	707-384C	6944	(Venezuelan Air Force)	Stored	El Libertador, Venezuela	
716	19628	707-338C	5A-DTF	(Libyan Arab Airlines)	WFU & Stored	Tripoli, Libya	
717	19566	707-331C	84-1399	-	Scrapped	Oklahoma City, OK	
718	19821	707-379C	EX-120	(Mach Avia)	Stored	Ras Al Khaimah, UAE	
719	19576	707-323C	AP-BBK	-	Scrapped	Karachi, Pakistan	
720	19567	707-331C	N15711	(Trans World Airlines)	Fuselage Remains	Davis Monthan, AZ	
721	20076	707-372C	LV-LGO	(Argentine Air Force)	Stored	El Palomar, Buenos Aires, Argentina	
722	19577	707-323C	9Q-CKK	(Congo Airlines)	Parts Remain	Kinshasa, Congo Kinshasa	

l/n	c/n	Model	Registration	Owner/Operator	Status	Location	Notes
723	19963	707-347C	D2-TOL	(Angola Air Charter)	WFU & Stored	Luanda, Angola	
724	20087	707-323C	SU-FAC	(Misr Overseas Airways)	WFU & Stored	Cairo, Egypt	
725	19738	707-312B	4R-ALA	-	Scrapped	Shannon, Ireland	
726	19822	707-379C	PP-VJK	-	Written Off	Point Alepe, Ivory Coast	
727	20088	707-323C	PP-BRR	(BETA Cargo)	Stored	Sao Paulo Guarulhos, Brazil	
728	20077	707-372C	LV-LGP	-	Written Off	Buenos Aires, Argentina	
729	19775	707-351C	SU-EAA	(Misr Overseas Airways)	WFU & Stored	Cairo, Egypt	
730	19986	E-8C JSTARS	97-0100	USAF US Air Force	Active	?	
731	19636	707-351C	AP-AZW	-	Scrapped	Pakistan	
732	19776	707-351C	PP-BRI	(BETA Cargo)	Stored	Manaus, Brazil	
733	19964	707-347C	EL-AKU	-	Scrapped	Manston, UK	
734	19965	707-347C	D2-TOM	-	Written Off	Luanda, Angola	
735	19843	707-336C	SU-PBA	-	Written Off	Mombasa, Kenya	
736	19988	707-337C	K-2899	Indian Air Force	Active	New Delhi, India	
737	19629	707-338C	A20-629	(Royal Australian Air Force)	Stored	Richmond, NSW, Australia	
738	19866	707-340C	68-19866	(Pakistan Air Force)	Stored	Islamabad, Pakistan	
739	20008	707-320C	FAB2403	Brazilian Air Force	Active	Galeao, Brazil	
740	19777	707-351C	7O-ABY	-	Scrapped	Sana'a, Yemen	
741	20089	707-323C	N8417	(Global International)	Fuselage Remains	Davis Monthan, AZ	
742	19872	707-351B	5Y-BBK	(Kenya Airways)	WFU & Stored	Addis Ababa, Ethiopia	
743	19966	707-347C	C5-MBM	-	Written Off	Addis Ababa, Ethiopia	
744	19844	707-366C	9Q-CKB	-	Written Off	Kinshasa, Congo Kinshasa	
745	19967	707-347C	5N-KHA	(Amoko Airlines)	WFU & Stored	Kinshasa, Congo Kinshasa	
746	19630	707-338C	5X-UBC	-	Written Off	Rome Fiumicino, Italy	
747	19997	707-307C	LX-N19997	NATO	Active	Geilenkirchen, Germany	
748	19996	707-329C	LX-N19996	-	Scrapped	Brussels, Belgium	
749	20224	707-3B4C	OD-AFB	-	Written Off	Beirut, Lebanon	
750	19998	707-307C	99-0006	USAF US Air Force	Active	?	
751	19969	707-382B	9T-MSS	-	Scrapped	Lisbon, Portugal	
752	20016	707-321C	95-0121	USAF US Air Force	Active	Warner Robins AFB, GA	
753	20017	707-321C	PT-MTE	(Skymaster Airlines)	Stored	Manaus, Brazil	
754	19961	707-387C	LV-JGR	-	Written Off	Buenos Aires, Argentina	
755	19962	707-387C	VR-21	Argentine Air Force	Active	El Palomar, Buenos Aires, Argentina	
756	19999	707-307C	5Y-BRV	Salaam Aviation	Active	Nairobi, Kenya	Seen stored Sharjah, UAE
757	20225	707-3B4C	OD-AFC	-	Written Off	Beirut, Lebanon	
758	20084	707-369C	PT-MTR	Skymaster Airlines	Active	Manaus, Brazil	
759	20000	707-307C	LX-N20000	NATO	Active	Venice, Italy	
760	20085	707-369C	5N-TNO	-	Scrapped	Kinshasa, Congo Kinshasa	
761	20018	707-321C	PT-TCR	-	Fuselage Remains	Davis Monthan, AZ	
762	19916	707-328C	SU-PBB	-	Scrapped	Cairo, Egypt	
763	19917	707-328C	1419/AF-619	(South African Air Force)	Preserved	Air Force Museum, Pretoria, South Africa	
764	20086	707-369C	ST-AIX	-	Scrapped	Khartoum, Sudan	
765	19739	707-312B	5V-TAG	-	Written Off	Niamey, Niger	
766	20058	707-331B	N8729	(Trans World Airlines)	Fuselage Remains	Davis Monthan, AZ	
767	20019	707-321B	N880PA	(Pan American World Airways)	Fuselage Remains	Davis Monthan, AZ	
768	20020	707-321B	N881PA	-	Scrapped	Davis Monthan, AZ	
769	20021	707-321B	CC-CEI	-	Written Off	Santiago, Chile	
770	20035	707-384B	EL-AKB	(Olympic Airlines)	Fuselage Remains	Davis Monthan, AZ	

Boeing 707 — Out Of Production List: Western Jet Airliners

l/n	c/n	Model	Registration	Owner/Operator	Status	Location
771	20056	707-131B	N86740	-	Scrapped	Davis Monthan, AZ
772	20059	707-331B	N8730	-	Scrapped	Davis Monthan, AZ
773	20060	707-331B	TK.17-1	Spanish Air Force	Active	Madrid Torrejon, Spain
774	20022	707-321B	9Q-CWK	Kinshasa Airways	Active	Sharjah, UAE
775	20023	707-321B	N884PA	-	Scrapped	London Stansted, UK
776	20024	707-321B	N885PA	-	Scrapped	Davis Monthan, AZ
777	20057	707-131B	N86741	-	Scrapped	Davis Monthan, AZ
778	20036	707-384B	N7158T	(Olympic Airlines)	Fuselage Remains	Davis Monthan, AZ
779	20097	707-358B	TF-AYF	(El Al)	Fuselage Remains	Davis Monthan, AZ
780	20025	707-321B	D2-MAN	Government of Angola	Active	Luanda, Angola
781	20026	707-321B	N160GL	(USAF US Air Force)	Fuselage Remains	Lackland AFB, TX
782	20027	707-321B	N2213E	-	Scrapped	Davis Monthan, AZ
783	20028	707-321B	N320MJ	-	Written Off	Marana, AZ
784	20061	707-331B	N8732	(Trans World Airlines)	Fuselage Remains	Davis Monthan, AZ
785	20062	707-331B	N8733	(Worldwide Airlines)	Fuselage Remains	Davis Monthan, AZ
786	20043	E-8C JSTARS	00-2000	US Air National Guard	Active	?
787	19342	707-123B	N7592A	(American Airlines)	Fuselage Remains	Davis Monthan, AZ
788	20123	707-330C	ST-AKW	AZZA Transport Company	Active	Khartoum, Sudan
789	20063	707-331B	N8734	-	Written Off	Aegean Sea, Greece
790	20029	707-321B	N707AR	(Omega Air)	Stored	San Antonio, TX
791	20030	707-321B	N893PA	(CAAC)	Ground Trainer	Tianjin, China
792	20031	707-321B	N731Q	-	Scrapped	Philadelphia, PA
793	20032	707-321B	N895SY	-	Scrapped	San Antonio, TX
794	19343	707-123B	N7593A	-	Scrapped	Davis Monthan, AZ
795	20170	707-323B	5Y-GFH	(Air Gulf Falcon)	Stored	Sharjah, UAE
796	20171	707-323B	N910PC	-	Scrapped	Waco, TX
797	20033	707-321B	HC-BHY	-	Scrapped	Guayaquil, Ecuador
798	20034	707-321B	N732Q	-	Scrapped	San Antonio, TX
799	20064	707-331B	N8735	(Trans World Airlines)	Fuselage Remains	Davis Monthan, AZ
800	20110	707-344C	4X-JYQ/242	Israeli Air Force	Active	Tel Aviv, Israel
801	19344	707-123B	N7594A	(American Airlines)	Fuselage Remains	Davis Monthan, AZ
802	20065	707-331B	N8736	-	Scrapped	Davis Monthan, AZ
803	20136	707-382B	D2-TOP	(TAAG Angola Airlines)	WFU & Stored	Luanda, Angola
804	20172	707-323B	C5-BIN	-	Parts Remain	Sharm El Sheikh, Egypt
805	20173	707-323B	N8434	-	Written Off	Brasilia, Brazil
806	20124	707-330C	N707HE	Omega Air	Active	San Antonio, TX
807	20122	707-358C	9Q-CVG	-	Scrapped	Kinshasa, Congo Kinshasa
808	20174	707-323B	N145SP	-	Scrapped	El Paso, TX
809	19845	707-366C	SU-AOW	-	Written Off	Beni Sueif, Egypt
810	20066	707-331B	N8737	(Trans World Airlines)	Fuselage Remains	Davis Monthan, AZ
811	20175	707-323B	N709PC	-	Scrapped	Shannon, Ireland
812	20067	707-331B	N8738	(Trans World Airlines)	Parts Remain	Davis Monthan, AZ
813	20198	707-329C	LX-N20198	(NATO)	WFU & Stored	Naples, Italy
814	20068	707-331C	N15712	-	Written Off	San Francisco, CA
815	20069	707-331C	9G-FIA	(Johnsons Air)	WFU & Stored	Sharjah, UAE
816	20199	707-329C	LX-N20199	NATO	Active	Brussels, Belgium
817	20176	707-323B	C5-AMM	Mahfooz Aviation	Active	Jeddah, Saudi Arabia
818	20177	707-323B	N706PC	(Omega Air)	WFU & Stored	Mojave, CA

	l/n	c/n	Model	Registration	Owner/Operator	Status	Location	Notes
☐	819	20230	707-344C	4X-JYS/246	(Israeli Air Force)	Stored	Tel Aviv, Israel	
☐	820	20178	707-323B	N457PC	-	Scrapped	Miami, FL	
☐	821	20179	707-323B	N7158Z	(African Express Airways)	Fuselage Remains	Davis Monthan, AZ	
☐	822	20259	707-3B4C	9Q-CWB	Hewa Bora Airways (HBA)	Active	Kinshasa, Congo Kinshasa	
☐	823	20260	707-3B4C	SU-BMV	(Luxor Air)	WFU & Stored	Monrovia, Liberia	
☐	824	20315	707-CC137	XA-ABG	(Mexicargo)	Stored	Tucson, AZ	
☐	825	20316	E-8C JSTARS	96-0043	USAF US Air Force	Active	?	
☐	826	20317	E-8C JSTARS	97-0200	USAF US Air Force	Active	?	
☐	827	20261	707-309C	EL-ZGS	(Jet Cargo)	WFU & Stored	Dubai, UAE	
☐	828	20200	707-329C	9Q-CBW	Hewa Bora Airways (HBA)	Active	Kinshasa, Congo Kinshasa	
☐	829	20318	E-8C JSTARS	97-0201	US Air National Guard	Active	Savannah, GA	
☐	830	20262	707-309C	B-1826	-	Written Off	Manila, Philippines	
☐	831	20283	707-344C	1421/AF-621	(South African Air Force)	WFU & Stored	Waterkloof, South Africa	
☐	832	20287	707-386C	EP-IRL	Iran Air	Stored	Tehran Mehrabad, Iran	
☐	833	20319	E-8C JSTARS	96-0042	USAF US Air Force	Active	?	
☐	834	20341	707-366C	SU-APD	(Tristar Air)	Stored	Cairo, Egypt	
☐	835	20301	707-358C	ARC-001	Colombian Air Force	Active	Bogota, Colombia	
☐	836	20297	707-382B	85-6974	(United States of America)	Preserved	McConnell AFB, KS	
☐	837	20342	707-366C	SU-APE	-	Written Off	Nr Geneva, Switzerland	
☐	838	20374	707-336C	7O-ACO	-	Scrapped	Sana'a, Yemen	
☐	839	20288	707-386C	EP-IRM	Iran Air	Stored	Tehran Mehrabad, Iran	
☐	840	20298	707-382B	MM62149	Italian Air Force	Active	Pratica Di Mare, Italy	
☐	841	20375	707-336C	VR-BZA	-	Scrapped	Lake Charles, LA	
☐	842	20340	707-359B	N22055	-	Scrapped	Bogota, Colombia	
☐	843	20474	707-3F9C	5N-ABJ	-	Scrapped	Shannon, Ireland	
☐	844	20275	707-340C	AP-AWZ	-	Written Off	Saudi Arabia	
☐	845	20428	707-331C	4X-JYY/250	Israeli Air Force	Active	Tel Aviv, Israel	
☐	846	20429	707-331C	4X-JYU/248	Israeli Air Force	Active	Tel Aviv, Israel	
☐	847	20487	707-340C	AP-AVZ	-	Written Off	Urumqi, China	
☐	848	20395	707-330C	D-ABUY	-	Written Off	Petropolis, Brazil	
☐	849	20488	707-340C	AP-AXG	-	Scrapped	Karachi, Pakistan	
☐	850	20494	707-3D3C	JY-ADO	-	Written Off	Kano, Nigeria	
☐	851	20456	707-336C	PT-TCQ	(National Aircraft)	Fuselage Remains	Davis Monthan, AZ	
☐	852	20495	E-8C JSTARS	95-0122	USAF US Air Force	Active	Robins AFB, GA	
☐	853	20457	707-336B	TY-BBR	-	Written Off	Sebha, Libya	
☐	854	20517	707-336C	ST-AQW	Sudanese States Aviation	Active	Khartoum, Sudan	
☐	855	20522	707-3B5C	HL7406	-	Written Off	Nr Bangkok, Thailand	
☐	856	20518	E-3B Sentry	71-1407	USAF US Air Force	Active	Okinawa Kadena AB, Japan	
☐	857	20514	707-3F5C	MM62150	Italian Air Force	Active	Pratica Di Mare, Italy	
☐	858	20519	E-3B Sentry	71-1408	USAF US Air Force	Active	Tinker AFB, OK	
☐	859	20515	707-3F5C	MM62151	Italian Air Force	Active	Pratica Di Mare, Italy	
☐	860	20546	707-369C	5X-JON	-	Written Off	Bamako, Mali	
☐	861	20547	707-369C	EL-ACP	(Pacific Airlines Chile)	Stored	Santiago, Chile	
☐	862	20630	VC-137C	72-7000	(United States of America)	Preserved	Simi Valley, CA	
☐	863	20629	707-3H7C	4X-JYB/255	Israeli Air Force	Active	Tel Aviv, Israel	
☐	864	20669	707-3F9C	5N-ABK	-	Written Off	Lagos, Nigeria	
☐	865	20760	707-366C	SU-AVX	-	Written Off	Istanbul Ataturk, Turkey	
☐	866	20741	707-386C	EP-IRN	Iran Air	Active	Tehran Mehrabad, Iran	

Boeing 707 — Out Of Production List: Western Jet Airliners

	l/n	c/n	Model	Registration	Owner/Operator	Status	Location	Notes
☐	867	20761	707-366C	9Q-CKK	(Hewa Bora Airways)	Active	Kinshasa, Congo Kinshasa	
☐	868	20762	707-366C	SU-AVZ	-	Written Off	Cairo, Egypt	
☐	869	20714	707-3J6B	B-2402	(China Southwest Airlines)	Parts Remain	Guangzhou, China	
☐	870	20715	707-3J6B	D2-TPR	Government of Angola	Active	Luanda, Angola	
☐	871	20763	707-366C	SU-AXA	-	Written Off	Bangkok, Thailand	
☐	872	20718	707-3J6C	A6-ZYD	(Air Gulf Falcon)	WFU & Stored	Mitiga, Libya	
☐	873	20719	707-3J6C	N719QS	-	Scrapped	Lake Charles, LA	
☐	874	20720	707-3J6C	ST-ARI	(Sudanese States Aviation)	Stored	Khartoum, Sudan	
☐	875	20721	707-3J6C	264	Israeli Air Force	Active	Tel Aviv, Israel	
☐	876	20830	707-3J9C	EP-SHG	Saha Air	Active	Tehran Mehrabad, Iran	
☐	877	20722	707-3J6C	5X-TRA	(Triangle Airlines)	Stored	Tel Aviv, Israel	
☐	878	20803	707-3K1C	TT-DAX	Mid Express Tchad	Active	N'Djamena, Chad	
☐	879	20723	707-3J6C	5X-AMW	-	Written Off	Dhaka, Bangladesh	
☐	880	20716	707-3J6B Re'em	260	Israeli Air Force	Active	Tel Aviv, Israel	
☐	881	20831	707-3J9C	881	Iranian Air Force	Active	Tehran Mehrabad, Iran	
☐	882	20717	707-3J6B	N717QS	-	Scrapped	Burbank, CA	
☐	883	20804	707-3K1C	YR-ABB	Romavia	Active	Bucharest Otopeni, Romania	
☐	884	20805	707-3K1C	9G-IRL	-	Written Off	Entebbe, Uganda	
☐	885	20897	707-3J8C	ST-AFA	Sudan Airways	Active	Khartoum, Sudan	
☐	886	20832	707-3J9C	5-8303	Iranian Air Force	Active	Tehran Mehrabad, Iran	
☐	887	20898	707-3J8C	ST-AFB	(Sudan Airways)	WFU & Stored	Khartoum, Sudan	
☐	888	20919	707-366C	SU-AXJ	(Omega Air)	Stored	San Antonio, TX	
☐	889	20889	707-370C	YI-AGE	(Iraqi Airways)	WFU & Stored	Amman, Jordan	
☐	890	20833	707-3J9C	5-8304	Iranian Air Force	Active	Tehran Mehrabad, Iran	
☐	891	20890	707-370C	YI-AGF	(Iraqi Airways)	WFU & Stored	Amman, Jordan	
☐	892	20891	707-370C	YI-AGG	(Iraqi Airways)	WFU & Stored	Amman, Jordan	
☐	893	20920	707-366C	SU-AXK	-	Scrapped	Cairo, Egypt	
☐	894	20834	707-3J9C	5-8305	Iranian Air Force	Active	Tehran Mehrabad, Iran	
☐	895	20835	707-3J9C	5-8306	Iranian Air Force	Active	Tehran Mehrabad, Iran	
☐	896	21049	707-3L6B	TZ-TAC	Government of Mali	Active	Bamako, Mali	
☐	897	21070	707-387B	TC-91	(Argentine Air Force)	Stored	El Palomar, Buenos Aires, Argentina	
☐	899	21092	707-3M1C	N707LG	(Omega Air)	Stored	Bucharest Baneasa, Romania	
☐	900	21096	707-3L6C	272	Israeli Air Force	Active	Tel Aviv, Israel	
☐	903	21081	707-368C	HZ-HM2	(Saudi Arabian Government)	Preserved	Riyadh, Saudi Arabia	
☐	905	21103	707-368C	A20-103	-	Written Off	East Sale, Australia	
☐	906	21104	707-368C	P4-DRS	-	Scrapped	San Antonio, TX	
☐	908	21123	707-3J9C	EP-SHF	Saha Air	Active	Tehran Mehrabad, Iran	
☐	910	21124	707-3J9C	5-8308	(Iranian Air Force)	Stored	Tehran Mehrabad, Iran	
☐	911	21228	707-3L5C	5A-DAK	Libyan Arab Airlines	Active	Tripoli, Libya	
☐	912	21125	707-3J9C	EP-SHV	(Saha Air)	Stored	Tehran Mehrabad, Iran	
☐	914	21126	707-3J9C	EP-SHU	Saha Air	Active	Tehran Mehrabad, Iran	
☐	915	21127	707-3J9C	EP-SHE	-	Written Off	Tehran Mehrabad, Iran	
☐	917	21128	707-3J9C	EP-SHK	Saha Air	Active	Tehran Mehrabad, Iran	
☐	918	21129	707-3J9C	5-8313	Iranian Air Force	Active	Tehran Mehrabad, Iran	
☐	919	21261	707-368C	G-RAAF	(Private)	Stored	Manston, UK	
☐	922	21367	707-368C	T.17-3	Spanish Air Force	Active	Madrid Torrejon, Spain	
☐	923	21334	707-3P1C	275	Israeli Air Force	Active	Tel Aviv, Israel	
☐	925	21368	707-368C	N707MQ	(Omega Air)	Stored	San Antonio, TX	

	l/n	c/n	Model	Registration	Owner/Operator	Status	Location	Notes
☐	928	21396	707-386C	1001	Iranian Air Force	Active	Tehran Mehrabad, Iran	
☐	929	21428	707-3F9C	5N-ANO	-	Scrapped	Dublin, Ireland	
☐	936	21475	707-3J9C	5-8314	Iranian Air Force	Active	Tehran Mehrabad, Iran	
☐	938	21651	707-3K1C	YR-ABD	-	Written Off	Bucharest, Romania	
☐	941	21956	707-3W6C	290	Israeli Air Force	Active	Tel Aviv, Israel	

Boeing 707 — Cross Reference

Registration	l/n	c/n	Registration	l/n	c/n	Registration	l/n	c/n	Registration	l/n	c/n
004	38	17668	2418	877	20722	5-8313	918	21129	4X-ATB	216	18071
006	57	18012	2420	879	20723	5-8314	936	21475	4X-ATC	272	18357
008	34	17667	6801	857	20514	02-2005	627	19382	4X-ATD	496	18985
008	56	17612	6802	859	20515	02-9111	638	19581	4X-ATE	325	18456
009	37	17610	6944	715	19760	00-2000	786	20043	4X-ATF	603	19277
103	110	17617	8747	504	18950	10+01	747	19997	4X-ATG	808	20174
116	110	17617	8801	857	20514	10+02	750	19998	4X-ATR	459	19004
118	269	18246	8802	859	20515	10+03	756	19999	4X-ATS	551	19502
120	160	17921	13701	824	20315	10+04	759	20000	4X-ATT	779	20097
137	99	17625	13702	825	20316	1417/AF617	665	19723	4X-ATX	807	20122
201	1000	24115	13703	826	20317	1419/AF-619	763	19917	4X-ATY	835	20301
202	1003	24116	13704	829	20318	1421/AF-621	831	20283	4X-BMC	851	20456
203	1006	24117	13705	833	20319	1423/AF623	691	19706	4X-BYA	37	17610
204	1009	24510	17323	430	18886	3B-NAE	441	18891	4X-BYA	57	18012
260	880	20716	17696	29	17696	3B-NAF	538	19133	4X-BYB	846	20429
264	875	20721	73601	513	19177	3C0001	456	18961	4X-BYC	536	19291
272	900	21096	86005	632	19529	3C-ABH	192	18056	4X-BYD	34	17667
275	923	21334	162782	983	23430	3C-ABI	162	17721	4X-BYD	56	17612
290	941	21956	162783	986	23889	3C-GIG	500	19179	4X-BYH	38	17668
881	881	20831	162784	987	23890	3C-NGK	601	19415	4X-BYH	875	20721
900	447	19000	163918	988	23891	3C-QRO	540	19411	4X-BYI	22	17661
902	611	19443	163919	989	23892	3D-ADK	593	19335	4X-BYK	269	18246
903	446	18926	163920	990	23893	3D-AKU	464	18930	4X-BYL	283	18374
904	447	19000	164386	991	23894	3D-ALJ	354	18689	4X-BYM	328	18460
1001	928	21396	164387	992	24500	3D-ASB	619	19519	4X-BYN	126	17619
1002	891	20890	164388	994	24501	3D-ASC	691	19706	4X-BYN	880	20716
1801	974	23419	164404	995	24502	3D-CSB	500	19179	4X-BYQ	800	20110
1802	973	23418	164405	997	24504	3D-JAA	774	20022	4X-BYR	863	20629
1803	972	23417	164406	998	24505	3D-NGK	601	19415	4X-BYS	819	20230
1804	976	23420	164407	999	24506	3D-ROK	686	19587	4X-BYT	99	17625
1805	980	23421	164408	1002	24507	3D-SGF	756	19999	4X-BYV	82	17615
1811	975	23422	164409	1005	24508	3D-SGG	854	20517	4X-BYW	110	17617
1812	977	23423	164410	1008	24509	3D-WAM	593	19335	4X-BYX	161	17922
1813	978	23424	165342	456	18961	3X-GAZ	379	18748	4X-BYY	845	20428
1814	979	23425	165343	501	18962	3X-GCC	359	18685	4X-BYZ	61	17595
1815	981	23426	5-8301	876	20830	3X-GCC	536	19291	4X-BYZ	62	17596
1816	982	23427	5-8303	886	20832	4K-401	663	19584	4X-JVY	900	21096
1817	984	23428	5-8304	890	20833	4K-A01	601	19415	4X-JYA	37	17610
1818	985	23429	5-8304	890	20833	4K-AZ3	532	19321	4X-JYA	57	18012
1901	984	23428	5-8305	894	20834	4K-AZ4	601	19415	4X-JYB	37	17610
1902	1001	24503	6-8305	894	20834	4R-ALA	725	19738	4X-JYB/255	863	20629
2402	869	20714	5-8306	895	20835	4R-ALB	713	19737	4X-JYC/258	536	19291
2404	870	20715	5-8306	895	20835	4X-980	941	21956	4X-JYD	34	17667
2406	880	20716	5-8307	908	21123	4X-ACN	28	17665	4X-JYD/008	56	17612
2408	882	20717	5-8308	910	21124	4X-ACU	32	17666	4X-JYE	55	17672
2410	872	20718	5-8309	912	21125	4X-AGT	22	17661	4X-JYH	875	20721
2412	873	20719	5-8310	914	21126	4X-AGU	38	17668	4X-JYI	447	19000
2414	874	20720	5-8311	915	21127	4X-AOY	614	19517	4X-JYK/118	269	18246
2416	875	20721	5-8312	917	21128	4X-ATA	205	18070	4X-JYL/128	283	18374

Registration	l/n	c/n	Registration	l/n	c/n	Registration	l/n	c/n	Registration	l/n	c/n
4X-JYM/137	328	18460	5B-DAL	10	17631	5Y-AXC	367	18746	77-0351	930	21551
4X-JYN/119	126	17619	5B-DAM	7	17628	5Y-AXG	648	19369	77-0352	931	21552
4X-JYP	160	17921	5B-DAO	140	18054	5Y-AXI	454	18927	77-0353	932	21553
4X-JYQ/242	800	20110	5B-DAP	15	17635	5Y-AXM	398	18819	77-0354	933	21554
4X-JYS/246	819	20230	5B-DAY	660	19622	5Y-AXS	538	19133	77-0355	934	21555
4X-JYT/140	99	17625	5B-DAZ	584	19521	5Y-AXW	633	19366	77-0356	935	21556
4X-JYU/248	846	20429	5N-ABJ	843	20474	5Y-BBI	695	19634	78-0576	937	21752
4X-JYV/115	82	17615	5N-ABK	864	20669	5Y-BBI	695	19634	78-0577	939	21753
4X-JYW/116	110	17617	5N-ANO	929	21428	5Y-BBJ	690	19633	78-0578	940	21754
4X-JYX	161	17922	5N-AOO	654	19590	5Y-BBK	742	19872	79-0001	942	21755
4X-JYY/250	845	20428	5N-AOQ	643	19664	5Y-BFB	453	18964	79-0002	943	21756
4X-JYZ	61	17595	5N-ARO	448	18924	5Y-BFC	436	18881	79-0003	944	21757
4X-JYZ/240	62	17596	5N-ARQ	407	18809	5Y-BFF	821	20179	79-0442	945	22855
4YB-CAB	365	18716	5N-ASY	444	18922	5Y-BNJ	645	19498	79-0443	947	22838
4YB-CAC	891	20890	5N-AWO	655	19372	5Y-BOR	601	19415	79-0444	949	22839
5-241	876	20830	5N-AYJ	508	19168	5Y-BRV	756	19999	79-0445	953	22840
5-242	881	20831	5N-BBD	693	19625	5Y-GFF	756	19999	79-0446	954	22841
5-243	886	20832	5N-EEO	572	19270	5Y-GFG	854	20517	79-0447	955	22842
5-244	890	20833	5N-JIL	444	18922	5Y-GFH	795	20170	79-0448	956	22843
5-245	894	20834	5N-KHA	745	19967	5Y-LKL	538	19133	79-0449	957	22844
5-246	895	20835	5N-KMA	884	20805	5Y-SIM	854	20517	79-0450	959	22845
5-249	912	21125	5N-MAS	368	18718	62-6000	303	18461	79-0451	961	22846
52-6314	781	20026	5N-MXX	439	18940	66-30052	497	18949	79-0452	963	22847
52-6315	559	19224	5N-OCL	634	19631	67-19417	582	19417	79-0453	964	22848
52-6317	323	18407	5N-ONE	587	19353	67-30053	550	19294	79-0454	966	22849
52-6318	415	18914	5N-TAS	662	19375	67-30054	609	19442	79-0455	967	22850
52-6318	424	18915	5N-TNO	760	20085	68-11073	756	19999	79-0456	968	22851
58-6970	33	17925	5N-VRG	643	19664	68-11174	752	20016	79-0457	969	22852
58-6971	40	17926	5R-MFK	360	18686	68-19635	706	19635	79-0458	970	22853
58-6972	47	17927	5V-TAG	765	19739	68-19866	738	19866	79-0459	971	22854
5A-CVA	106	17719	5V-TGE	896	21049	6O-SBM	443	18953	7O-ABY	740	19777
5A-DAK	911	21228	5X-AMU	874	20720	6O-SBN	458	18954	7O-ACJ	377	18737
5A-DHL	371	18765	5X-AMW	879	20723	6O-SBS	545	19315	7O-ACO	838	20374
5A-DHM	53	17647	5X-ARJ	649	19632	6O-SBT	547	19316	7O-ACS	861	20547
5A-DHO	53	17647	5X-CAU	169	17713	71-1407	856	20518	7P-LAN	614	19517
5A-DIK	436	18881	5X-DAR	386	18825	71-1408	858	20519	80-0137	946	22829
5A-DIX	413	18880	5X-EOT	718	19821	71-1841	852	20495	80-0138	948	22830
5A-DIY	488	19001	5X-GLA	718	19821	72-7000	862	20630	80-0139	950	22831
5A-DIZ	367	18746	5X-JCR	403	18832	73-1674	901	21046	81-0004	951	22832
5A-DJM	672	19378	5X-JEF	718	19821	73-1675	904	21185	81-0005	952	22833
5A-DJO	467	18955	5X-JET	540	19411	75-0556	902	21047	81-0891	616	19518
5A-DJS	453	18964	5X-JON	860	20546	75-0557	907	21207	81-0892	627	19382
5A-DJT	425	18888	5X-TRA	877	20722	75-0558	909	21208	81-0893	647	19384
5A-DJU	428	18889	5X-UAC	369	18747	75-0559	913	21209	81-0894	650	19583
5A-DJV	654	19590	5X-UAL	336	18580	75-0560	916	21250	81-0895	610	19381
5A-DKA	588	19212	5X-UBC	746	19630	76-1604	921	21434	81-0896	638	19581
5A-DLT	360	18686	5X-UCM	513	19177	76-1605	924	21435	81-0897	521	19236
5A-DTF	716	19628	5X-UWM	357	18691	76-1606	926	21436	81-0898	525	19380
5B-DAK	11	17632	5Y-AXA	652	19621	76-1607	927	21437	82-0006	958	22834

Registration	l/n	c/n	Registration	l/n	c/n	Registration	l/n	c/n	Registration	l/n	c/n
82-0007	960	22835	9G-ACO	72	17651	9M-ASQ	443	18953	9Q-MNS	751	19969
82-0008	962	22836	9G-ACR	488	19001	9M-ATR	458	18954	9T-MSS	751	19969
82-0009	965	22837	9G-ACX	645	19498	9M-MCQ	443	18953	9V-BBA	713	19737
82-0066	972	23417	9G-ACY	588	19212	9M-MCR	458	18954	9V-BBB	765	19739
82-0067	973	23418	9G-ACZ	648	19369	9M-MCS	467	18955	9V-BDC	635	19530
82-0068	974	23419	9G-ADB	853	20457	9M-TDM	896	21049	9V-BEW	552	19351
82-0069	976	23420	9G-ADL	648	19369	9M-TMS	900	21096	9V-BEX	576	19352
82-0070	980	23421	9G-ADM	648	19369	9Q-CBD	18	17658	9V-BEY	587	19353
82-0071	975	23422	9G-ADS	686	19587	9Q-CBL	531	19266	9V-BFB	725	19738
82-0072	977	23423	9G-ALG	601	19415	9Q-CBS	828	20200	9V-BFC	632	19529
82-0073	978	23424	9G-AYO	619	19519	9Q-CBW	828	20200	9V-BFN	407	18809
82-0074	979	23425	9G-EBK	655	19372	9Q-CDA	550	19294	9V-BFW	404	18808
82-0075	981	23426	9G-ESI	655	19372	9Q-CGC	646	19531	9XR-IS	593	19335
82-0076	982	23427	9G-FIA	815	20069	9Q-CGO	83	17602	9XR-JA	560	19292
83-0510	984	23428	9G-IRL	884	20805	9Q-CJM	744	19844	9XR-VO	560	19292
83-0511	985	23429	9G-JET	655	19372	9Q-CJT	593	19335	9Y-TDB	229	18334
84-1398	378	18713	9G-JNR	587	19353	9Q-CJW	83	17602	9Y-TDC	201	18067
84-1399	717	19566	9G-LAD	439	18940	9Q-CKB	744	19844	9Y-TDO	87	17692
85-6973	786	20043	9G-MAN	588	19212	9Q-CKB	867	20761	9Y-TDP	97	17694
85-6974	836	20297	9G-OAL	537	19350	9Q-CKG	744	19844	9Y-TDQ	102	17695
86-0416	703	19626	9G-OLD	537	19350	9Q-CKI	718	19821	9Y-TDR	96	17693
88-0322	995	24502	9G-OLF	718	19821	9Q-CKK	722	19577	9Y-TED	510	19209
88-0322	1001	24503	9G-OLU	619	19519	9Q-CKK	867	20761	9Y-TEE	563	19412
8P-CAC	563	19412	9G-ONE	718	19821	9Q-CKP	18	17658	9Y-TEJ	634	19631
8P-CAD	649	19632	9G-OOD	601	19415	9Q-CKR	540	19411	9Y-TEK	649	19632
90-0175	652	19621	9G-RBO	367	18746	9Q-CKS	601	19415	9Y-TEX	782	20027
92-3289	660	19622	9G-RCA	367	18746	9Q-CKS	601	19415	9Y-TEZ	783	20028
92-3290	617	19295	9G-ROX	584	19521	9Q-CLK	64	17702	A20-103	905	21103
93-0011	497	18949	9G-SGF	655	19372	9Q-CLY	854	20517	A20-261	919	21261
93-0597	550	19294	9G-TWO	854	20517	9Q-CMA	124	17686	A20-623	671	19623
93-1097	630	19296	9G-WON	718	19821	9Q-CMD	353	18694	A20-624	689	19624
94-0284	546	19293	9J-ADY	449	18976	9Q-CNI	648	19369	A20-627	707	19627
94-0285	609	19442	9J-AEB	516	19263	9Q-CPM	272	18357	A20-629	737	19629
95-0121	752	20016	9J-AEC	503	19354	9Q-CRA	744	19844	A20-809	657	19809
95-0122	852	20495	9J-AEL	617	19295	9Q-CRT	90	17718	A6-DPA	788	20123
95-0123	825	20316	9J-AEQ	637	19367	9Q-CRW	169	17713	A6-HPZ	896	21049
96-0042	833	20319	9J-AFT	733	19964	9Q-CRY	76	17601	A6-HRM	900	21096
96-0043	825	20316	9K-ACJ	758	20084	9Q-CSB	500	19179	A6-UAE	482	18931
97-0100	730	19986	9K-ACK	760	20085	9Q-CSW	662	19375	A6-ZYD	872	20718
97-0200	826	20317	9K-ACL	764	20086	9Q-CSZ	722	19577	A-7002	899	21092
97-0201	829	20318	9K-ACM	860	20546	9Q-CTK	334	18413	A7-AAA	923	21334
99-0006	750	19998	9K-ACS	752	20016	9Q-CVG	480	19162	A7-AAC	841	20375
99-18832	403	18832	9K-ACU	761	20018	9Q-CVG	807	20122	AF615	596	19522
99-19810	664	19810	9K-ACX	698	19789	9Q-CWB	822	20259	AP-AUN	509	19284
9G-ACB	20	17593	9L-LDU	500	19179	9Q-CWG	686	19587	AP-AUO	524	19285
9G-ACD	84	17603	9M-AOT	725	19738	9Q-CWK	774	20022	AP-AUP	625	19286
9G-ACJ	108	17903	9M-AQB	632	19529	9Q-CWR	272	18357	AP-AVL	738	19866
9G-ACK	162	17721	9M-AQD	13	17592	9Q-CZF	155	17930	AP-AVZ	847	20487
9G-ACN	31	17640	9M-ASO	467	18955	9Q-CZK	83	17602	AP-AWA	849	20488

Registration	l/n	c/n	Registration	l/n	c/n	Registration	l/n	c/n	Registration	l/n	c/n
AP-AWB	844	20275	CC-CCK	611	19443	CS-TBF	836	20297	CZ0094	485	18983
AP-AWD	644	19716	CC-CCX	342	18584	CS-TBG	840	20298	CZ0095	766	20058
AP-AWE	642	19715	CC-CDI	614	19517	CS-TBH	601	19415	CZ0097	694	19697
AP-AWU	450	18991	CC-CDN	369	18747	CS-TBI	659	19767	CZ0098	767	20019
AP-AWV	548	19441	CC-CEB	447	19000	CS-TBJ	500	19179	CZ0099	768	20020
AP-AWY	738	19866	CC-CEI	769	20021	CS-TBT	857	20514	CZ0100	697	19698
AP-AWZ	844	20275	CC-CEJ	673	19693	CS-TNU	859	20515	CZ0101	699	19699
AP-AXA	625	19286	CC-CEK	658	19374	CX-BJV	588	19212	CZ0102	331	18409
AP-AXG	849	20488	CC-CER	370	18711	CX-BNU	542	19239	CZ0103	772	20059
AP-AZW	731	19636	CC-CGM	134	17928	CX-BOH	543	19240	CZ0104	559	19224
AP-BAA	706	19635	CC-CUE	815	20069	CX-BPL	629	19435	CZ0105	607	19227
AP-BBK	719	19576	CC-CYA	635	19530	CX-BPQ	365	18716	CZ0106	496	18985
ARC-001	644	19716	CC-CYB	774	20022	CX-BPZ	515	19210	CZ0106	776	20024
ARC-001	835	20301	CC-CYO	658	19374	CX-BSB	372	18766	CZ0107	418	18840
B-1824	827	20261	CC-PBZ	658	19374	CZ0002	575	19330	CZ0108	585	19226
B-1826	830	20262	C-FFAN	698	19789	CZ0003	579	19331	CZ0109	323	18407
B-1828	352	18710	CF-FAN	698	19789	CZ0004	539	19326	CZ0110	415	18914
B-1830	517	19178	C-FPWJ	367	18746	CZ0005	565	19328	CZ0111	424	18915
B-1832	386	18825	CF-PWJ	367	18746	CZ0006	586	19332	CZ0112	568	19225
B-1834	431	18887	CF-PWV	29	17696	CZ0007	801	19344	CZ0113	641	19383
B-2402	869	20714	CF-PWW	59	17700	CZ0010	493	19187	CZ0115	799	20064
B-2404	870	20715	CF-PWZ	389	18826	CZ0011	420	18882	CZ0116	812	20067
B-2406	880	20716	CF-TAI	599	19410	CZ0012	591	19334	CZ0119	720	19567
B-2408	882	20717	C-FZYP	786	20043	CZ0013	787	19342	CZ0119	781	20026
B-2410	872	20718	CF-ZYP	786	20043	CZ0015	571	19329	CZ0131	810	20066
B-2412	873	20719	C-GFLG	556	19416	CZ0016	562	19327	CZ0133	802	20065
B-2414	874	20720	C-GGAB	737	19629	CZ0018	308	18394	CZ0134	741	20089
B-2416	875	20721	C-GQBG	53	17647	CZ0019	311	18396	CZ0138	463	19034
B-2418	877	20722	C-GQBH	67	17650	CZ0022	317	18403	CZ0139	409	18836
B-2420	879	20723	C-GRYN	671	19623	CZ0025	299	18391	CZ014	794	19343
B-2422	587	19353	C-GRYO	367	18746	CZ0027	598	19223	CZ0140	406	18834
B-2423	576	19352	C-GTAI	566	19434	CZ0029	777	20057	CZ0143	673	19693
B-2424	635	19530	CK0002	525	19380	CZ0043	567	19218	CZ0145	443	18953
B-2425	733	19964	CN-ANR	941	21956	CZ0044	395	18761	CZ0146	357	18691
B-2426	550	19294	CN-ANS	229	18334	CZ0054	391	18758	CZ0147	356	18690
B-513L	872	20718	CN-CCC	941	21956	CZ0063	52	17646	CZ0148	405	18833
B-606L	877	20722	CN-RMA	293	18375	CZ0064	589	19333	CZ0149	270	18336
C5-AMM	817	20176	CN-RMB	705	19773	CZ0067	476	18981	CZ0150	785	20062
C5-BIN	804	20172	CN-RMC	708	19774	CZ0071	602	19338	CZ0158	664	19810
C5-GOA	818	20177	CN-RMD	126	17619	CZ008	535	19325	CZ0160	851	20456
C5-GOB	593	19335	CP-1365	358	18692	CZ0081	469	18980	CZ0162	761	20018
C5-GOC	417	18839	CP-1698	670	19586	CZ0082	483	18982	CZ0167	551	19502
C5-MBM	743	19966	CS-DGI	857	20514	CZ0085	399	18764	CZ0168	779	20097
C6-BDG	212	18084	CS-DGJ	859	20515	CZ0086	487	18984	CZ0169	520	19247
C9-ARF	20	17593	CS-TBA	456	18961	CZ0087	455	18916	CZ017	682	19341
CA0006		17158	CS-TBB	501	18962	CZ0088	784	20061	CZ0170	402	18873
CC-CAF	629	19435	CS-TBC	676	19740	CZ009	622	19340	CZ0171	459	19004
CC-CCE	379	18748	CS-TBD	751	19969	CZ0091	400	18913	CZ0172	292	18339
CC-CCG	333	18462	CS-TBE	803	20136	CZ0093	462	18918	CZ0173	375	18708

Boeing 707 — Out Of Production List: Western Jet Airliners

Registration	l/n	c/n	Registration	l/n	c/n	Registration	l/n	c/n	Registration	l/n	c/n
CZ0175	403	18832	D-ABOD	115	17720	EL-AKA	593	19335	FAB2403	739	20008
CZ0177	778	20036	D-ABOF	162	17721	EL-AKB	770	20035	FAB2404	702	19870
CZ0178	821	20179	D-ABOG	192	18056	EL-AKC	818	20177	FAC1201	644	19716
CZ0179	494	19163	D-ABOS	333	18462	EL-AKF	417	18839	FAC-901	658	19374
CZ0180	15	17635	D-ABOT	363	18463	EL-AKF	444	18922	FAC-904	658	19374
CZ0182	538	19133	D-ABOV	333	18462	EL-AKH	630	19296	FAC-905	447	19000
CZ0184	531	19266	D-ABOX	398	18819	EL-AKI	452	18925	FAP01	472	18957
CZ0185	411	18837	D-ABUA	451	18937	EL-AKJ	662	19375	FAP-319	714	19575
CZ0186	545	19315	D-ABUB	435	18923	EL-AKK	818	20177	F-BHDX	327	18457
CZ0187	770	20035	D-ABUC	446	18926	EL-AKL	444	18922	F-BHSA	65	17613
CZ0193	40	17926	D-ABUD	454	18927	EL-AKS	790	20029	F-BHSB	81	17614
CZ020	294	18389	D-ABUE	477	18932	EL-AKU	733	19964	F-BHSC	82	17615
CZ053	396	18762	D-ABUF	457	18928	EL-ALG	861	20547	F-BHSD	93	17616
CZ072	16	17636	D-ABUG	461	18929	EL-ALI	354	18689	F-BHSE	110	17617
CZ073	31	17640	D-ABUH	464	18930	EL-GNU	639	19582	F-BHSF	111	17618
CZ078	77	17652	D-ABUI	557	19317	EL-JNS	354	18689	F-BHSG	126	17619
CZ080	72	17651	D-ABUJ	788	20123	EL-LAT	537	19350	F-BHSH	138	17620
CZ083	305	18405	D-ABUK	482	18931	EL-RDS	619	19519	F-BHSI	139	17621
CZ089	326	18408	D-ABUL	545	19315	EL-SKD	345	18586	F-BHSJ	151	17622
CZ090	320	18406	D-ABUM	547	19316	EL-TBA	831	20283	F-BHSK	152	17918
CZ137	458	18954	D-ABUO	806	20124	EL-WAM	593	19335	F-BHSL	153	17919
CZ157	51	17645	D-ABUY	848	20395	EL-ZGS	827	20261	F-BHSM	159	17920
CZ161	30	17639	D-ADAP	39	17697	EP-HIM	928	21396	F-BHSN	160	17921
CZ176	10	17631	D-ADAQ	60	17701	EP-IRK	541	19267	F-BHSO	161	17922
CZ190	550	19294	D-AFHG	115	17720	EP-IRL	832	20287	F-BHSP	167	17923
CZ192	497	18949	D-ALAL	26	17638	EP-IRM	839	20288	F-BHSQ	168	17924
D2-FAV	366	18717	D-ALAM	17	17637	EP-IRN	866	20741	F-BHSR	264	18245
D2-MAN	780	20025	EI-AMW	377	18737	EP-NHA	908	21123	F-BHSS	269	18246
D2-MAY	658	19374	EI-ANO	413	18880	EP-NHL	475	18958	F-BHST	274	18247
D2-TAC	445	18975	EI-ANV	488	19001	EP-NHL	475	18958	F-BHSU	293	18375
D2-TAD	553	19355	EI-APG	599	19410	EP-NHW	894	20834	F-BHSV	325	18456
D2-TAG	346	18583	EI-ASM	516	19263	EP-NHY	928	21396	F-BHSX	327	18457
D2-TOB	445	18975	EI-ASN	449	18976	EP-SHE	915	21127	F-BHSY	329	18458
D2-TOC	553	19355	EI-ASO	503	19354	EP-SHE	917	21128	F-BHSZ	335	18459
D2-TOG	346	18583	EI-BER	588	19212	EP-SHF	908	21123	F-BJCM	730	19986
D2-TOI	445	18975	EI-BFN	106	17719	EP-SHG	876	20830	F-BLCA	359	18685
D2-TOJ	553	19355	EI-BFU	154	17929	EP-SHG	912	21125	F-BLCB	360	18686
D2-TOK	700	19869	EI-BLC	733	19964	EP-SHJ	890	20833	F-BLCC	436	18881
D2-TOL	723	19963	EL-ACP	861	20547	EP-SHK	917	21128	F-BLCD	471	18941
D2-TOM	734	19965	EL-AIY	730	19986	EP-SHP	895	20835	F-BLCE	536	19291
D2-TON	711	19871	EL-AJA	666	19377	EP-SHU	914	21126	F-BLCF	560	19292
D2-TOP	803	20136	EL-AJB	515	19210	EP-SHV	912	21125	F-BLCG	584	19521
D2-TOR	379	18748	EL-AJC	162	17721	ET-ACD	696	19736	F-BLCH	596	19522
D2-TOU	453	18964	EL-AJR	520	19247	ET-ACQ	709	19820	F-BLCI	665	19723
D2-TOV	436	18881	EL-AJS	402	18873	ET-AIV	646	19531	F-BLCJ	667	19724
D2-TPR	870	20715	EL-AJT	441	18891	ET-AJZ	534	19433	F-BLCK	762	19916
D-ABOB	90	17718	EL-AJU	545	19315	EX-120	718	19821	F-BLCL	763	19917
D-ABOC	106	17719	EL-AJV	15	17635	FAB2401	679	19840	F-BLLB	360	18686
D-ABOC	216	18071	EL-AJW	10	17631	FAB2402	712	19842	F-BSGT	411	18837

Registration	l/n	c/n	Registration	l/n	c/n	Registration	l/n	c/n	Registration	l/n	c/n
F-BUZJ	18	17658	G-AYEX	582	19417	G-SAIL	356	18690	HL7425	644	19716
F-BYCN	651	19370	G-AYLT	854	20517	G-TJAA	108	17903	HL7427	655	19372
F-BYCO	656	19373	G-AYRZ	212	18084	G-TJAB	31	17640	HL7429	623	19363
F-BYCP	666	19377	G-AYSI	349	18707	G-TJAC	72	17651	HL7430	276	18337
F-GHFT	686	19587	G-AYSL	71	17599	G-TRAD	366	18717	HL7431	648	19369
F-OGIV	411	18837	G-AYVE	209	18083	G-WIND	354	18689	HL7433	716	19628
F-OGIW	418	18840	G-AYVG	70	17598	HB-IEG	48	17671	HL7435	633	19366
G-14-372	217	18085	G-AYXR	122	17608	HB-IEI	584	19521	HP-1027	350	18709
G-41-174	20	17593	G-AYZZ	741	20089	HC-BCT	529	19265	HP-1028	714	19575
G-41-274	84	17603	G-AZJM	430	18886	HC-BFC	603	19277	HP-1235CTH	515	19210
G-APFB	35	17703	G-AZPW	844	20275	HC-BGP	580	19273	HP-756	6	17591
G-APFC	101	17704	G-AZRO	849	20488	HC-BHY	797	20033	HP-760	4	17589
G-APFD	112	17705	G-AZTC	556	19416	HC-BLY	350	18709	HP-792	4	17589
G-APFE	113	17706	G-AZTG	75	17600	HC-BTB	451	18937	HP-793	4	17589
G-APFF	127	17707	G-AZWA	98	17605	HI-384HA	37	17610	HP-793	6	17591
G-APFG	128	17708	G-BAEL	83	17602	HI-384HA	37	17610	HP-794	6	17591
G-APFH	144	17709	G-BAWP	503	19354	HI-442	659	19767	HP-807	5	17590
G-APFI	145	17710	G-BCAL	636	19297	HI-442CT	659	19767	HP-855	134	17928
G-APFJ	163	17711	G-BCLZ	352	18710	HI-596CA	365	18716	HR-AMA	733	19964
G-APFK	164	17712	G-BCRS	84	17603	HK-1402	681	19741	HR-AME	444	18922
G-APFL	169	17713	G-BDCN	445	18975	HK-1410	842	20340	HR-AMF	825	20316
G-APFM	170	17714	G-BDEA	630	19296	HK-1718X	362	18714	HR-AMG	593	19335
G-APFN	171	17715	G-BDKE	671	19623	HK-1773	48	17671	HR-AMN	824	20315
G-APFO	175	17716	G-BDLM	737	19629	HK-1802	26	17638	HR-AMP	804	20172
G-APFP	176	17717	G-BDSJ	746	19630	HK-1802X	26	17638	HR-AMQ	817	20176
G-ARRA	266	18411	G-BEAF	341	18591	HK-1818	17	17637	HR-AMV	417	18839
G-ARRB	330	18412	G-BEBP	332	18579	HK-1818X	17	17637	HR-AMW	818	20177
G-ARRC	334	18413	G-BEVN	574	19271	HK-1849	372	18766	HR-AMX	365	18716
G-ARWD	271	18372	G-BEZT	371	18765	HK-1942	42	17643	HR-AMZ	372	18766
G-ARWE	302	18373	G-BFBS	348	18693	HK-1942X	42	17643	HR-ANG	515	19210
G-ASZF	448	18924	G-BFBZ	343	18585	HK-2015	618	19361	HS-TFS	619	19519
G-ASZG	452	18925	G-BFEO	357	18691	HK-2016	592	19276	HS-TFS	655	19372
G-ATWV	645	19498	G-BFLD	693	19625	HK-2070X	531	19266	HS-VGA	32	17666
G-ATZD	654	19590	G-BFLE	546	19293	HK-2401	349	18707	HS-VGC	24	17663
G-AVKA	601	19415	G-BFMI	11	17632	HK-2401X	349	18707	HZ-123	29	17696
G-AVPB	735	19843	G-BFZF	368	18718	HK-2410	98	17605	HZ-ACC	657	19809
G-AVTW	659	19767	G-BGCT	140	18054	HK-2410X	98	17605	HZ-ACD	664	19810
G-AVZZ	54	17699	G-BGIS	366	18717	HK-2473X	662	19375	HZ-ACE	344	18582
G-AWDG	64	17702	G-BHOX	31	17640	HK-2477X	83	17602	HZ-ACF	346	18583
G-AWHU	718	19821	G-BHOY	72	17651	HK-2600X	430	18886	HZ-ACG	905	21103
G-AWTK	445	18975	G-BMAZ	572	19270	HK-2606X	350	18709	HZ-ACH	906	21104
G-AWWD	553	19355	G-BMJE	458	18954	HK-2842X	714	19575	HZ-ACI	919	21261
G-AXGW	838	20374	G-BNGH	368	18718	HK-3030X	404	18808	HZ-ACJ	922	21367
G-AXGX	841	20375	G-BPAT	637	19367	HK-3232X	366	18717	HZ-ACK	925	21368
G-AXRS	643	19664	G-BSZA	345	18586	HK-3333X	362	18714	HZ-DAT	50	17644
G-AXXY	851	20456	G-CDHW	900	21096	HK-3355X	430	18886	HZ-HM1	903	21081
G-AXXZ	853	20457	G-EOCO	550	19294	HK-3604X	576	19352	HZ-HM2	903	21081
G-AYAG	217	18085	G-HEVY	537	19350	HL7406	855	20522	HZ-HM3	925	21368
G-AYBJ	68	17597	G-RAAF	919	21261	HL7412	642	19715	HZ-SAK1	345	18586

Boeing 707 — Out Of Production List: Western Jet Airliners

Registration	l/n	c/n	Registration	l/n	c/n	Registration	l/n	c/n	Registration	l/n	c/n
HZ-TAS	287	18338	LX-N20198	813	20198	N144SP	510	19209	N18712	585	19226
I-SAVA	27	17664	LX-N20199	816	20199	N145SP	808	20174	N18713	607	19227
J6-SLF	354	18689	LX-N90442	945	22855	N146SP	752	20016	N18AZ	379	18748
J6-SLR	365	18716	LX-N90443	947	22838	N14791	438	18810	N194CA	24	17663
JL7432	703	19626	LX-N90444	949	22839	N147SP	760	20085	N195CA	38	17668
JY-ADO	850	20494	LX-N90445	953	22840	N1486B	657	19809	N196CA	37	17610
JY-ADP	852	20495	LX-N90446	954	22841	N149DM	705	19773	N197CA	55	17672
JY-AEB	495	18948	LX-N90447	955	22842	N14AZ	645	19498	N1987B	905	21103
JY-AEC	497	18949	LX-N90448	956	22843	N1501W	723	19963	N198CA	22	17661
JY-AED	365	18716	LX-N90449	957	22844	N1502W	733	19964	N202DJ	753	20017
JY-AEE	376	18767	LX-N90450	959	22845	N1503W	734	19965	N2090B	536	19291
JY-AES	753	20017	LX-N90451	961	22846	N1504W	743	19966	N2138T	408	18835
JY-AFQ	831	20283	LX-N90452	963	22847	N1505W	745	19967	N2143H	50	17644
JY-AFR	691	19706	LX-N90453	964	22848	N152LM	515	19210	N2178F	546	19293
JY-AIL	587	19353	LX-N90454	966	22849	N15710	717	19566	N21AZ	369	18747
JY-AJK	495	18948	LX-N90455	967	22850	N15711	720	19567	N22055	842	20340
JY-AJM	654	19590	LX-N90456	968	22851	N15712	814	20068	N220AM	29	17696
JY-AJN	874	20720	LX-N90457	969	22852	N15713	815	20069	N2213E	782	20027
JY-AJO	879	20723	LX-N90458	970	22853	N160GL	781	20026	N2215Y	634	19631
JY-CAB	365	18716	LX-N90459	971	22854	N161GL	804	20172	N2235W	10	17631
JY-CAC	891	20890	LZ-FEB	663	19584	N16648	22	17661	N2276X	83	17602
JY-JAA	774	20022	LZ-PVA	451	18937	N16649	38	17668	N227VV	588	19212
K-2899	736	19988	LZ-PVB	674	19570	N16738	669	19568	N228VV	362	18714
K2900	549	19248	MM62149	840	20298	N16739	680	19569	N234FA	815	20069
LE0001	697	19698	MM62150	676	19740	N17321	386	18825	N237G	538	19133
LV-ISA	528	19238	MM62150	857	20514	N17322	389	18826	N245AC	227	18068
LV-ISB	542	19239	MM62151	859	20515	N17323	430	18886	N275B	773	20060
LV-ISC	543	19240	N105BN	227	18068	N17324	431	18887	N28714	326	18408
LV-ISD	555	19241	N105BV	836	20297	N17325	513	19177	N28724	674	19570
LV-JGP	755	19962	N106BN	228	18069	N17326	517	19178	N28726	685	19571
LV-JGR	754	19961	N106BV	601	19415	N17327	537	19350	N28727	687	19572
LV-LGO	721	20076	N107BN	385	18739	N17328	552	19351	N28728	704	19573
LV-LGO	721	20076	N107BV	532	19321	N17329	576	19352	N2978G	448	18924
LV-LGP	728	20077	N108BN	388	18740	N1763B	664	19810	N29796	510	19209
LV-MSG	341	18591	N108BV	439	18940	N1785B	825	20316	N29AZ	614	19517
LV-MZE	636	19297	N109BV	534	19433	N1785B	866	20741	N2NF	662	19375
LV-WXL	654	19590	N110BV	513	19177	N1786B	786	20043	N309EL	358	18692
LX-BJV	588	19212	N111MF	287	18338	N1790B	876	20830	N311AS	67	17650
LX-FCV	452	18925	N112HM	700	19869	N1793T	845	20428	N31239	29	17696
LX-FCV	588	19212	N114HM	711	19871	N18701	465	18978	N31240	90	17718
LX-LGR	441	18891	N1181Z	673	19693	N18702	468	18979	N31241	35	17703
LX-LGS	831	20283	N11RV	107	17606	N18703	469	18980	N3127K	783	20028
LX-LGT	691	19706	N130KR	216	18071	N18704	476	18981	N317F	459	19004
LX-LGU	538	19133	N131EA	378	18713	N18706	483	18982	N318F	413	18880
LX-LGV	377	18737	N132EA	717	19566	N18707	485	18983	N319F	601	19415
LX-LGW	155	17930	N138MJ	29	17696	N18708	487	18984	N320MJ	783	20028
LX-N19996	748	19996	N138MR	39	17697	N18709	496	18985	N322F	445	18975
LX-N19997	747	19997	N138SR	39	17697	N18710	559	19224	N3238N	748	19996
LX-N20000	759	20000	N138TA	29	17696	N18711	568	19225	N3238S	816	20199

Registration	l/n	c/n	Registration	l/n	c/n	Registration	l/n	c/n	Registration	l/n	c/n
N323F	449	18976	N379US	706	19635	N4408F	417	18839	N498GA	684	19695
N324F	503	19354	N380US	731	19636	N445PA	541	19267	N500JJ	54	17699
N325F	553	19355	N381US	742	19872	N4465C	334	18413	N5038	77	17652
N32824	216	18071	N382US	705	19773	N4465D	266	18411	N5065T	619	19519
N342A	443	18953	N3842X	87	17692	N446PA	544	19268	N5088K	101	17704
N343A	851	20456	N384US	729	19775	N447PA	570	19269	N5090K	114	17905
N345FA	815	20069	N386US	740	19777	N448M	572	19270	N5091K	112	17705
N347US	611	19443	N3951A	53	17647	N448PA	572	19270	N5092K	113	17706
N351SR	345	18586	N401	403	18832	N449J	458	18954	N5093K	126	17619
N351US	342	18584	N401PA	403	18832	N449PA	574	19271	N5094K	128	17708
N352US	343	18585	N402PA	405	18833	N450PA	578	19272	N5095K	152	17918
N353US	345	18586	N403PA	406	18834	N451PA	580	19273	N5098K	94	17722
N354US	348	18693	N404PA	408	18835	N451RN	580	19273	N517MA	753	20017
N355US	352	18710	N405PA	409	18836	N452PA	594	19274	N519GA	52	17646
N35674	152	17918	N406PA	411	18837	N453PA	658	19374	N523SJ	860	20546
N356US	367	18746	N407PA	412	18838	N454PA	661	19376	N525EJ	582	19417
N357US	369	18747	N408PA	417	18839	N454PC	417	18839	N525SJ	758	20084
N358US	379	18748	N4094B	837	20342	N455PA	672	19378	N526EJ	643	19664
N359US	425	18888	N409PA	418	18840	N457PA	637	19367	N526SJ	652	19621
N360US	428	18889	N410PA	419	18841	N457PC	820	20178	N527SJ	752	20016
N361US	440	18921	N4115J	617	19295	N458AC	227	18068	N528SJ	760	20085
N362US	444	18922	N412PA	421	18842	N458PA	640	19368	N53302	459	19004
N363US	453	18964	N4131G	660	19622	N4593U	5	17590	N5366Y	666	19377
N364US	463	19034	N414PA	466	18956	N459PA	648	19369	N5381X	457	18928
N365US	494	19163	N415PA	472	18957	N45RT	456	18961	N5517Z	421	18842
N366US	505	19164	N416PA	475	18958	N4605D	268	18335	N5519U	409	18836
N367US	508	19168	N417PA	478	18959	N460PA	651	19370	N5519V	406	18834
N368US	510	19209	N418PA	484	18960	N461PA	653	19371	N5771T	588	19212
N368WA	644	19716	N419B	552	19351	N462PA	655	19372	N5772T	613	19213
N369US	515	19210	N419PA	527	19264	N463PA	656	19373	N5773T	626	19214
N369WA	642	19715	N420PA	529	19265	N46D	385	18739	N5774T	629	19435
N370US	516	19263	N421PA	531	19266	N46RT	501	18962	N5791	383	18756
N370WA	609	19442	N4225J	407	18809	N470PC	417	18839	N58937	229	18334
N371US	540	19411	N422PA	590	19275	N47330	587	19353	N58RD	353	18694
N371WA	548	19441	N423PA	592	19276	N47331	700	19869	N59RD	114	17905
N372US	563	19412	N424PA	603	19277	N47332	702	19870	N600CS	765	19739
N372WA	500	19179	N425MA	136	17689	N473PA	662	19375	N600JJ	64	17702
N373US	566	19434	N425PA	605	19278	N473RN	662	19375	N6097C	354	18689
N373WA	344	18582	N426PA	618	19361	N474PA	666	19377	N61TA	72	17651
N374WA	346	18583	N427MA	121	17607	N475PA	677	19379	N6232G	22	17661
N3751Y	349	18707	N427PA	620	19362	N48055	900	21096	N62393	896	21049
N375US	634	19631	N428PA	623	19363	N491PA	673	19693	N62TA	31	17640
N375WA	349	18707	N431MA	68	17597	N492PA	678	19694	N64739	106	17719
N37681	122	17608	N432MA	209	18083	N493PA	684	19695	N64740	97	17694
N376US	649	19632	N433MA	212	18084	N494PA	688	19696	N64757	87	17692
N376WA	450	18991	N433PA	628	19364	N495	694	19697	N65010	494	19163
N377US	690	19633	N434PA	631	19365	N495PA	694	19697	N6504K	770	20035
N378US	695	19634	N435MA	217	18085	N496PA	697	19698	N651TF	345	18586
N3791G	70	17598	N435PA	633	19366	N497PA	699	19699	N6546L	630	19296

Registration	l/n	c/n	Registration	l/n	c/n	Registration	l/n	c/n	Registration	l/n	c/n
N6598W	538	19133	N707AR	790	20029	N709PA	3	17588	N729PA	121	17607
N66651	365	18716	N707CA	345	18586	N709PC	811	20175	N729Q	790	20029
N6720	479	18986	N707DY	563	19412	N7100	554	19440	N730FW	588	19212
N6721	486	18987	N707EL	700	19869	N7102	632	19529	N730JP	48	17671
N6722	489	18988	N707FR	676	19740	N7103	635	19530	N730JP	48	17671
N6723	492	18989	N707GB	404	18808	N7104	646	19531	N730PA	122	17608
N6724	530	19215	N707GE	122	17608	N710FW	753	20017	N730Q	774	20022
N6726	558	19216	N707GE	418	18840	N710PA	4	17589	N731	121	17607
N6727	564	19217	N707HD	212	18084	N711PA	5	17590	N731BA	121	17607
N6728	567	19218	N707HE	806	20124	N711PC	804	20172	N731JP	121	17607
N6729	569	19219	N707HG	587	19353	N711UT	76	17601	N731Q	792	20031
N67333	711	19871	N707HL	582	19417	N712PA	6	17591	N731TW	18	17658
N6763T	573	19220	N707HP	496	18985	N712PC	817	20176	N7321S	679	19840
N6764T	577	19221	N707HT	574	19271	N714	13	17592	N7322S	683	19841
N6771T	583	19222	N707JJ	576	19352	N714FC	13	17592	N7323S	712	19842
N677R	708	19774	N707JT	388	18740	N714PA	13	17592	N732Q	798	20034
N6789T	598	19223	N707JU	941	21956	N714PT	13	17592	N732TW	19	17659
N6790T	606	19436	N707KS	64	17702	N7158T	778	20036	N733Q	652	19621
N68655	402	18873	N707KS	780	20025	N7158Z	821	20179	N733TW	21	17660
N68657	447	19000	N707KV	649	19632	N715FW	698	19789	N734Q	430	18886
N700FW	370	18711	N707LE	618	19361	N715PA	20	17593	N734TW	22	17661
N701PA	73	17674	N707LG	899	21092	N716HH	58	17594	N735T	23	17662
N701PC	30	17639	N707MB	550	19294	N716PA	58	17594	N735TW	23	17662
N702PA	80	17677	N707MB	730	19986	N717PA	61	17595	N736TW	24	17663
N702PC	51	17645	N707ME	635	19530	N717QS	882	20717	N737AL	556	19416
N702PT	80	17677	N707MJ	906	21104	N718PA	62	17596	N737TW	27	17664
N703	89	17680	N707MQ	925	21368	N719PA	68	17597	N738AL	721	20076
N703PA	89	17680	N707N	739	20008	N719QS	873	20719	N738TW	28	17665
N703PC	593	19335	N707NR	710	19574	N720FW	516	19263	N739AL	728	20077
N704PA	116	17683	N707PA	2	17587	N720FW	760	20085	N739TW	32	17666
N705FW	572	19270	N707PD	733	19964	N720GS	651	19370	N740FW	540	19411
N705PA	124	17686	N707QJ	919	21261	N720PA	70	17598	N740TW	34	17667
N705PC	686	19587	N707QT	941	21956	N721GS	666	19377	N741TW	38	17668
N706PA	136	17689	N707RZ	293	18375	N721PA	71	17599	N742TW	43	17669
N706PC	818	20177	N707SH	587	19353	N722GS	656	19373	N743TW	46	17670
N706TA	136	17689	N707SK	64	17702	N722PA	75	17600	N744TW	48	17671
N70700		17158	N707UM	995	24502	N7231T	687	19572	N745TW	55	17672
N7071	45	17691	N707UM	1001	24503	N7232X	674	19570	N74612	57	18012
N7072	87	17692	N707WJ	835	20301	N723GS	730	19986	N74613	108	17903
N7073	96	17693	N707XX	388	18740	N723PA	76	17601	N74614	119	17904
N7074	97	17694	N707ZS	827	20261	N724PA	83	17602	N74615	82	17615
N7075	102	17695	N708A	773	20060	N725CA	84	17603	N746TW	277	18385
N70773	25	17609	N708PA	1	17586	N725FW	760	20085	N747TW	280	18386
N70774	37	17610	N708PC	795	20170	N725PA	84	17603	N7486B	919	21261
N70775	49	17611	N7095	498	19104	N726PA	91	17604	N748TW	286	18387
N70785	56	17612	N7096	499	19105	N727PA	98	17605	N749TW	291	18388
N70798	98	17605	N7097	502	19106	N728PA	107	17606	N7501A	7	17628
N707AD	632	19529	N7098	507	19107	N728Q	780	20025	N7502A	8	17629
N707AR	14	17634	N7099	511	19108	N729JP	121	17607	N7503A	9	17630

Registration	l/n	c/n	Registration	l/n	c/n	Registration	l/n	c/n	Registration	l/n	c/n
N7504A	10	17631	N7567A	627	19382	N763PA	287	18338	N792PA	365	18716
N7505A	11	17632	N7568A	641	19383	N763TW	79	17676	N792SA	60	17701
N7506A	12	17633	N7569A	647	19384	N763W	287	18338	N792TW	387	18757
N7507A	14	17634	N756TW	308	18394	N7645E	292	18339	N793NA	59	17700
N7508A	15	17635	N7570A	491	19186	N764PA	292	18339	N793PA	366	18717
N7509A	16	17636	N7571A	493	19187	N764TW	86	17678	N793SA	59	17700
N750FW	587	19353	N7572A	506	19188	N765PA	332	18579	N793TW	424	18915
N750TW	294	18389	N7573A	526	19323	N765TW	88	17679	N794EP	368	18718
N7510A	17	17637	N7574A	533	19324	N7667B	922	21367	N794PA	368	18718
N7511A	26	17638	N7575A	535	19325	N766PA	336	18580	N794RN	368	18718
N7512A	30	17639	N7576A	539	19326	N766TW	103	17681	N794TW	846	20429
N7513A	31	17640	N7577A	562	19327	N767AB	104	17682	N795PA	371	18765
N7514A	36	17641	N7578A	565	19328	N767PA	341	18591	N795RN	371	18765
N7515A	41	17642	N7579A	571	19329	N767TW	104	17682	N795TW	391	18758
N7516A	42	17643	N757PA	209	18083	N768TW	117	17684	N796PA	372	18766
N7517A	50	17644	N757TW	309	18395	N769TW	123	17685	N796TW	392	18759
N7518A	51	17645	N7580A	575	19330	N770FW	752	20016	N797PA	376	18767
N7519A	52	17646	N7581A	579	19331	N770JS	703	19626	N797TW	393	18760
N751MA	639	19582	N7582A	586	19332	N770TW	125	17687	N798PA	394	18790
N751TA	66	17649	N7583A	589	19333	N771TW	135	17688	N798TW	395	18761
N751TW	296	18390	N7584A	591	19334	N772TW	137	17690	N799PA	397	18824
N7520A	53	17647	N7585A	593	19335	N773TW	305	18405	N799TW	396	18762
N7521A	63	17648	N7586A	595	19336	N774TW	320	18406	N803CK	824	20315
N7522A	66	17649	N7587A	600	19337	N775TW	323	18407	N80703	71	17599
N7523A	67	17650	N7588A	602	19338	N776TW	326	18408	N808ZS	684	19695
N7524A	72	17651	N7589A	604	19339	N777FB	370	18711	N8090P	440	18921
N7525A	77	17652	N758PA	212	18084	N777FB	515	19210	N8090Q	566	19434
N7526A	140	18054	N758TW	311	18396	N777NW	53	17647	N8091J	732	19776
N752TA	63	17648	N7590A	622	19340	N778PA	108	17903	N80AZ	379	18748
N752TW	299	18391	N7591A	682	19341	N778TW	331	18409	N811UT	87	17692
N754TW	301	18392	N7592A	787	19342	N779PA	119	17904	N8163G	367	18746
N7550A	420	18882	N7593A	794	19343	N779TW	399	18764	N8190U	532	19321
N7551A	422	18883	N7594A	801	19344	N780TW	415	18914	N82TF	444	18922
N7552A	426	18884	N7595A	608	19515	N781TW	313	18400	N83658	360	18686
N7553A	432	18885	N7596A	612	19516	N782TW	315	18401	N8401	638	19581
N7554A	490	19185	N7597A	614	19517	N783TW	316	18402	N8402	639	19582
N7555A	354	18689	N7598A	616	19518	N784TW	317	18403	N8403	650	19583
N7556A	356	18690	N7599A	619	19519	N785TW	318	18404	N8404	663	19584
N7557A	357	18691	N759PA	217	18085	N786TW	370	18711	N8405	668	19585
N7558A	358	18692	N759TW	312	18397	N787TW	373	18712	N8406	670	19586
N7559A	434	18938	N760FW	609	19442	N788TW	378	18713	N8408	686	19587
N755TW	306	18393	N760PA	268	18335	N789TW	350	18709	N8409	692	19588
N7560A	437	18939	N760TW	400	18913	N790PA	362	18714	N8410	701	19589
N7561A	439	18940	N761PA	270	18336	N790SA	39	17697	N8411	710	19574
N7562A	519	19235	N761TW	69	17673	N790TW	355	18738	N8412	714	19575
N7563A	521	19236	N762PA	276	18337	N791PA	364	18715	N8413	719	19576
N7564A	523	19237	N762TB	276	18337	N791SA	44	17698	N8414	722	19577
N7565A	525	19380	N762TW	74	17675	N791TW	383	18756	N8415	724	20087
N7566A	610	19381	N763AB	79	17676	N792FA	60	17701	N8416	727	20088

Registration	l/n	c/n	Registration	l/n	c/n	Registration	l/n	c/n	Registration	l/n	c/n
N8417	741	20089	N887PA	781	20026	OD-AGO	570	19269	OO-TED	28	17665
N8418A	17	17637	N8880A	375	18708	OD-AGP	594	19274	OO-TEE	32	17666
N8420A	26	17638	N888NW	112	17705	OD-AGS	626	19214	OO-TYC	536	19291
N8431	795	20170	N88ZL	457	18928	OD-AGT	613	19213	OO-YCK	652	19621
N8432	796	20171	N890PA	782	20027	OD-AGU	743	19966	OO-YCL	660	19622
N8433	804	20172	N891PA	783	20028	OD-AGV	745	19967	P2-ANA	660	19622
N8434	805	20173	N892PA	790	20029	OD-AGW	554	19440	P2-ANB	652	19621
N8436	811	20175	N893PA	791	20030	OD-AGX	498	19104	P2-ANH	550	19294
N8437	817	20176	N894PA	792	20031	OD-AGY	499	19105	P4-AKW	788	20123
N8438	818	20177	N895PA	793	20032	OD-AGZ	646	19531	P4-CCC	668	19585
N8439	820	20178	N895SY	793	20032	OD-AHB	692	19588	P4-DRS	906	21104
N8440	821	20179	N896PA	797	20033	OD-AHC	701	19589	P4-ESP	560	19292
N8459	862	20630	N897PA	798	20034	OD-AHD	608	19515	P4-FDH	345	18586
N851JB	758	20084	N897WA	292	18339	OD-AHE	612	19516	P4-JCC	495	18948
N851MA	540	19411	N898WA	551	19502	OD-AHF	795	20170	P4-MDJ	900	21096
N851MA	588	19212	N90287	160	17921	OE-IDA	786	20043	P4-OOO	629	19435
N861BX	546	19293	N902RQ	354	18689	OE-IEB	292	18339	P4-TBN	896	21049
N862BX	693	19625	N90498	106	17719	OE-INA	228	18069	P4-YYY	815	20069
N863BX	572	19270	N90498	162	17721	OE-IRA	227	18068	PH-TRF	643	19664
N864BX	662	19375	N90651	134	17928	OE-LBA	283	18374	PH-TRV	507	19107
N865BX	372	18766	N910PC	796	20171	OE-UNA	228	18069	PH-TRW	556	19416
N86740	771	20056	N9194M	169	17713	OE-URA	227	18068	PH-TVA	52	17646
N86741	777	20057	N9230Z	116	17683	OK-XFJ	674	19570	PH-TVK	813	20198
N8705T	455	18916	N93134	201	18067	OM-UFB	417	18839	PI-C7071	22	17661
N870PA	752	20016	N93135	228	18069	OM-WFA	593	19335	PI-C7072	38	17668
N8715T	460	18917	N93138	264	18245	OO-ABA	367	18746	PK-GAU	899	21092
N871PA	753	20017	N944JW	270	18336	OO-CDE	654	19590	PK-MBA	385	18739
N8725T	462	18918	N960CC	14	17634	OO-PSI	672	19378	PK-PJQ	899	21092
N8729	766	20058	N987AA	386	18825	OO-PST	672	19378	PP-AJP	815	20069
N872PA	761	20018	N98WS	287	18338	OO-SBR	160	17921	PP-BRB	452	18925
N8730	772	20059	N9985F	192	18056	OO-SBU	609	19442	PP-BRG	670	19586
N8731	773	20060	N99WT	107	17606	OO-SBW	155	17930	PP-BRH	708	19774
N8732	784	20061	OB-1371	714	19575	OO-SJA	78	17623	PP-BRI	732	19776
N8733	785	20062	OB-1400	566	19434	OO-SJB	92	17624	PP-BRR	662	19375
N8734	789	20063	OB-1401	440	18921	OO-SJC	99	17625	PP-BRR	727	20088
N8735	799	20064	OB-1592	835	20301	OO-SJD	118	17626	PP-BSE	557	19317
N8736	802	20065	OB-1696	370	18711	OO-SJE	133	17627	PP-LBN	542	19239
N8737	810	20066	OB-1699	758	20084	OO-SJF	283	18374	PP-PHB	370	18711
N8738	812	20067	OB-1716	753	20017	OO-SJG	328	18460	PP-VJA	114	17905
N8789R	599	19410	OB-R1243	662	19375	OO-SJH	416	18890	PP-VJB	129	17906
N880PA	767	20019	OB-T1264	550	19294	OO-SJJ	480	19162	PP-VJH	739	20008
N881PA	768	20020	OD-AFB	749	20224	OO-SJK	518	19211	PP-VJJ	353	18694
N882PA	769	20021	OD-AFC	757	20225	OO-SJL	748	19996	PP-VJK	726	19822
N883PA	774	20022	OD-AFD	822	20259	OO-SJM	813	20198	PP-VJR	522	19320
N8840A	520	19247	OD-AFE	823	20260	OO-SJN	816	20199	PP-VJS	532	19321
N884PA	775	20023	OD-AFX	507	19107	OO-SJO	828	20200	PP-VJT	561	19322
N885PA	776	20024	OD-AFY	511	19108	OO-SJP	124	17686	PP-VJX	712	19842
N886PA	780	20025	OD-AGD	437	18939	OO-SJR	691	19706	PP-VJY	679	19840
N8870A	402	18873	OD-AGN	434	18938	OO-TEC	19	17659	PP-VJZ	683	19841

Registration	l/n	c/n	Registration	l/n	c/n	Registration	l/n	c/n	Registration	l/n	c/n
PP-VLI	534	19433	ST-AKR	584	19521	SX-DBC	504	18950	TF-VLL	572	19270
PP-VLJ	502	19106	ST-AKW	788	20123	SX-DBD	715	19760	TF-VLP	453	18964
PP-VLK	702	19870	ST-ALK	449	18976	SX-DBE	770	20035	TF-VLR	436	18881
PP-VLL	711	19871	ST-ALL	660	19622	SX-DBF	778	20036	TF-VLV	501	18962
PP-VLM	700	19869	ST-ALM	637	19367	SX-DBO	505	19164	TF-VLX	643	19664
PP-VLN	513	19177	ST-ALP	617	19295	SX-DBP	494	19163	TJ-CAA	863	20629
PP-VLO	537	19350	ST-ALX	364	18715	T.17-2	387	18757	TK.17-1	773	20060
PP-VLP	439	18940	ST-AMF	637	19367	T.17-3	922	21367	TL-ADJ	828	20200
PP-VLU	519	19235	ST-ANP	649	19632	T-01	897	21070	TL-ALM	828	20200
PT-MST	370	18711	ST-APY	563	19412	T-91	897	21070	TM.17-4	505	19164
PT-MTE	753	20017	ST-AQI	756	19999	T-95	555	19241	TN-AGO	619	19519
PT-MTR	758	20084	ST-AQW	854	20517	T-96	528	19238	TT-DAX	878	20803
PT-TCJ	632	19529	ST-ARI	874	20720	TC-91	897	21070	TT-EAP	733	19964
PT-TCK	619	19519	ST-DRS	906	21104	TC-92	728	20077	TT-WAB	733	19964
PT-TCL	614	19517	ST-GLD	718	19821	TC-93	721	20076	TU-TBY	161	17922
PT-TCM	557	19317	ST-JJC	495	18948	TC-93	755	19962	TU-TDB	264	18245
PT-TCN	727	20088	ST-NSR	482	18931	TC-GHA	815	20069	TU-TDC	168	17924
PT-TCO	477	18932	ST-SAC	666	19377	TC-GHB	711	19871	TU-TXA	327	18457
PT-TCP	556	19416	SU-AOU	744	19844	TC-JAH	20	17593	TU-TXB	327	18457
PT-TCQ	851	20456	SU-AOW	809	19845	TC-JAJ	84	17603	TU-TXF	329	18458
PT-TCR	761	20018	SU-APD	834	20341	TC-JAM	121	17607	TU-TXI	360	18686
PT-TCS	503	19354	SU-APE	837	20342	TC-JAN	58	17594	TU-TXJ	329	18458
PT-WSM	705	19773	SU-AVX	865	20760	TC-JBA	2	17587	TU-TXL	536	19291
PT-WSY	708	19774	SU-AVY	867	20761	TC-JBB	4	17589	TU-TXM	360	18686
PT-WSZ	404	18808	SU-AVZ	868	20762	TC-JBC	5	17590	TY-AAM	212	18084
PT-WUS	576	19352	SU-AXA	871	20763	TC-JBD	6	17591	TY-BBM	853	20457
RP-C1886	463	19034	SU-AXJ	888	20919	TC-JBE	108	17903	TY-BBR	853	20457
RP-C7073	89	17680	SU-AXJ	888	20919	TC-JBN	39	17697	TY-BBW	212	18084
RP-C7074	91	17604	SU-AXK	893	20920	TC-JBP	60	17701	TZ-TAC	896	21049
RP-C7075	270	18336	SU-BAG	371	18765	TC-JBS	406	18834	VH-EAA	652	19621
RP-C7076	268	18335	SU-BAO	729	19775	TC-JBT	409	18836	VH-EAB	660	19622
RP-C911	107	17606	SU-BBA	438	18810	TC-JBU	421	18842	VH-EAC	671	19623
S2-AAL	108	17903	SU-BMV	823	20260	TC-JCC	364	18715	VH-EAD	689	19624
S2-ABM	89	17680	SU-DAA	762	19916	TC-JCF	76	17601	VH-EAE	693	19625
S2-ABN	508	19168	SU-DAB	584	19521	TC-JCF	574	19271	VH-EAF	703	19626
S2-ABQ	548	19441	SU-DAC	735	19843	TF-AEA	362	18714	VH-EAG	707	19627
S2-ACA	566	19434	SU-DAD	854	20517	TF-AEB	652	19621	VH-EAH	716	19628
S2-ACF	440	18921	SU-DAE	660	19622	TF-AEC	660	19622	VH-EAI	737	19629
S2-ACG	503	19354	SU-DAI	654	19590	TF-ANC	367	18746	VH-EAJ	746	19630
S2-ACK	761	20018	SU-DAJ	360	18686	TF-AYE	365	18716	VH-EBA	29	17696
S2-ADU	878	20803	SU-EAA	729	19775	TF-AYF	779	20097	VH-EBB	39	17697
S7-2HM	700	19869	SU-FAA	228	18069	TF-AYG	459	19004	VH-EBC	44	17698
S7-4HM	711	19871	SU-FAB	227	18068	TF-IUB	648	19369	VH-EBD	54	17699
S7-LAS	821	20179	SU-FAC	724	20087	TF-IUC	538	19133	VH-EBE	59	17700
ST-AFA	885	20897	SU-PBA	735	19843	TF-IUD	716	19628	VH-EBF	60	17701
ST-AFB	887	20898	SU-PBB	762	19916	TF-IUE	375	18708	VH-EBG	64	17702
ST-AHG	72	17651	SU-PBC	745	19967	TF-IUE	655	19372	VH-EBH	201	18067
ST-AIM	599	19410	SX-DBA	495	18948	TF-VLG	733	19964	VH-EBI	227	18068
ST-AIX	764	20086	SX-DBB	497	18949	TF-VLJ	552	19351	VH-EBJ	228	18069

Boeing 707 — Out Of Production List: Western Jet Airliners

Registration	l/n	c/n	Registration	l/n	c/n	Registration	l/n	c/n	Registration	l/n	c/n
VH-EBK	229	18334	VR-HGR	440	18921	YR-JCC	900	21096	Z-WST	369	18747
VH-EBL	385	18739	VR-HGU	463	19034	YU-AGA	76	17601			
VH-EBM	388	18740	VR-HHB	369	18747	YU-AGD	738	19866			
VH-EBN	404	18808	VR-HHD	379	18748	YU-AGE	509	19284			
VH-EBO	407	18809	VR-HHE	425	18888	YU-AGF	625	19286			
VH-EBP	438	18810	VR-HHJ	428	18889	YU-AGG	524	19285			
VH-EBQ	443	18953	VR-HKK	854	20517	YU-AGH	58	17594			
VH-EBR	458	18954	VR-HKL	637	19367	YU-AGI	515	19210			
VH-EBS	467	18955	VR-HTC	451	18937	YU-AGJ	540	19411			
VH-EBT	546	19293	VR-VZA	841	20375	YV-671C	629	19435			
VH-EBU	550	19294	VT-DJI	94	17722	ZH101	993	24109			
VH-EBV	617	19295	VT-DJJ	100	17723	ZH102	996	24110			
VH-EBW	630	19296	VT-DJK	105	17724	ZH103	1004	24111			
VH-EBX	636	19297	VT-DMN	200	18055	ZH104	1007	24112			
VH-EBZ	503	19354	VT-DNY	275	18414	ZH105	1010	24113			
VH-HTC	451	18937	VT-DNZ	282	18415	ZH106	1011	24114			
VH-XBA	29	17696	VT-DPM	375	18708	ZH107	1012	24499			
VN81416	403	18832	VT-DSI	402	18873	ZP-CCE	419	18841			
VN-83415	718	19821	VT-DVA	520	19247	ZP-CCF	472	18957			
VN-A304	154	17929	VT-DVB	549	19248	ZP-CCG	527	19264			
VN-A305	403	18832	VT-DXT	736	19988	ZS-CKC	134	17928			
VN-B1416	403	18832	VZ0069	59	17700	ZS-CKD	154	17929			
VN-B3415	718	19821	XA-ABG	824	20315	ZS-CKE	155	17930			
VP-BDE	59	17700	XA-ABU	668	19585	ZS-DYL	441	18891			
VP-BDF	217	18085	XA-MAS	668	19585	ZS-EKV	538	19133			
VP-BDG	212	18084	XA-TDZ	708	19774	ZS-EUW	675	19705			
VP-WGA	800	20110	XC-OTS	732	19776	ZS-EUX	691	19706			
VP-WKR	398	18819	XT-ABX	452	18925	ZS-IJI	614	19517			
VP-WKS	435	18923	XT-ABZ	411	18837	ZS-LSF	831	20283			
VP-WKT	461	18929	XT-BBF	584	19521	ZS-LSH	722	19577			
VP-WKU	464	18930	XT-BBH	411	18837	ZS-LSI	596	19522			
VP-WKV	454	18927	XV-NJD	116	17683	ZS-LSJ	665	19723			
VP-WKW	441	18891	YA-GAF	513	19177	ZS-LSK	763	19917			
VR-21	755	19962	YA-PAM	537	19350	ZS-LSL	691	19706			
VR-BBW	271	18372	YI-AGE	889	20889	ZS-NLJ	733	19964			
VR-BCP	654	19590	YI-AGF	891	20890	ZS-SAA	134	17928			
VR-BMV	345	18586	YI-AGG	892	20891	ZS-SAB	154	17929			
VR-BOR	345	18586	YN-BWL	74	17675	ZS-SAC	155	17930			
VR-BZA	841	20375	YN-CCN	140	18054	ZS-SAD	441	18891			
VR-CAN	201	18067	YN-CDE	593	19335	ZS-SAE	538	19133			
VR-CAO	345	18586	YR-ABA	878	20803	ZS-SAF	691	19706			
VR-CAR	379	18748	YR-ABB	883	20804	ZS-SAG	800	20110			
VR-CBN	783	20028	YR-ABC	884	20805	ZS-SAH	819	20230			
VR-HGH	342	18584	YR-ABD	938	21651	ZS-SAI	831	20283			
VR-HGI	343	18585	YR-ABM	578	19272	Z-WKR	398	18819			
VR-HGN	348	18693	YR-ABN	677	19379	Z-WKS	435	18923			
VR-HGO	345	18586	YR-JCA	635	19530	Z-WKT	461	18929			
VR-HGP	444	18922	YR-JCB	774	20022	Z-WKU	464	18930			
VR-HGQ	453	18964	YR-JCC	495	18948	Z-WKV	454	18927			

Boeing 707 Military Variants

Production Started:	1958
Production Ended:	1991
Number Built:	911
Active:	674
Preserved:	19
WFU, Stored & In Parts:	135
Written Off:	76
Scrapped:	7

Location Summary

France	18
Germany	18
Japan	17
Saudi Arabia	14
Singapore	4
Turkey	7
United Kingdom	25
Unknown	21
USA - AK	9
USA - AL	9
USA - AZ	140
USA - CA	34
USA - FL	11
USA - GA	10
USA - HI	12
USA - ID	5
USA - IL	13
USA - IN	20
USA - KS	57
USA - LA	1
USA - MD	1
USA - ME	11
USA - MI	7
USA - MS	10

Location Summary

USA - NC	12
USA - ND	50
USA - NE	39
USA - NH	10
USA - NJ	19
USA - NM	2
USA - NY	9
USA - OH	21
USA - OK	79
USA - PA	29
USA - SD	1
USA - TN	10
USA - TX	8
USA - UT	10
USA - WA	44
USA - WI	11

Boeing 707 Military Variants — Out Of Production List: Western Jet Airliners

	l/n	c/n	Model	Registration	Owner/Operator	Status	Location	Notes
☐	T0001	17234	EC-135K	55-3118	(USAF US Air Force)	Preserved	McConnell AFB, KS	
☐	T0002	17235	NKC-135A	55-3119	(USAF US Air Force)	WFU & Stored	Davis Monthan, AZ	
☐	T0003	17236	NKC-135A	55-3120	(USAF US Air Force)	WFU & Stored	Davis Monthan, AZ	
☐	T0004	17237	RC-135T	55-3121	-	Written Off	Nr Valdez, AK	
☐	T0005	17238	NKC-135A	55-3122	(USAF US Air Force)	WFU & Stored	Davis Monthan, AZ	
☐	T0006	17239	NKC-135A	55-3123	(USAF US Air Force)	Preserved	Museum of USAF, Wright Patterson AFB, OH	
☐	T0007	17240	GNKC-135A	55-3124	(USAF US Air Force)	Ground Trainer	Sheppard AFB, TX	
☐	T0008	17241	EC-135Y	55-3125	(USAF US Air Force)	WFU & Stored	Davis Monthan, AZ	
☐	T0009	17242	KC-135A	55-3126	-	Scrapped	Davis Monthan, AZ	
☐	T0010	17243	NKC-135A	55-3127	(USAF US Air Force)	WFU & Stored	Davis Monthan, AZ	
☐	T0011	17244	NKC-135A	55-3128	(USAF US Air Force)	WFU & Stored	Davis Monthan, AZ	
☐	T0012	17245	EC-135P	55-3129	(USAF US Air Force)	Preserved	Pima Air & Space Museum, Davis Monthan, AZ	
☐	T0013	17246	KC-135A	55-3130	(USAF US Air Force)	Preserved	March Field Museum, March AFB, CA	
☐	T0014	17247	NKC-135A	55-3131	(USAF US Air Force)	WFU & Stored	Davis Monthan, AZ	
☐	T0015	17248	NKC-135A	55-3132	(USAF US Air Force)	WFU & Stored	Davis Monthan, AZ	
☐	T0016	17249	KC-135A	55-3133	-	Written Off	Wake Island, AB	
☐	T0017	17250	NKC-135A	553134	(USAF US Air Force)	WFU & Stored	Davis Monthan, AZ	
☐	T0018	17251	NKC-135A	55-3135	(USAF US Air Force)	WFU & Stored	Davis Monthan, AZ	
☐	T0019	17252	KC-135A	55-3136	(USAF US Air Force)	WFU & Stored	Davis Monthan, AZ	
☐	T0020	17253	KC-135A	55-3137	(USAF US Air Force)	WFU & Stored	Davis Monthan, AZ	
☐	T0021	17254	KC-135A	55-3138	-	Written Off	U-Tapao AB, Thailand	
☐	T0022	17255	KC-135A	55-3139	(USAF US Air Force)	Preserved	Castle Air Museum, Atwater, CA	
☐	T0023	17256	KC-135A	55-3140	-	Written Off	Wake Island, AB	
☐	T0024	17257	KC-135A	55-3141	(USAF US Air Force)	WFU & Stored	Davis Monthan, AZ	
☐	T0025	17258	KC-135A	55-3142	(USAF US Air Force)	WFU & Stored	Davis Monthan, AZ	
☐	T0026	17259	KC-135E	55-3143	(US Air National Guard)	WFU & Stored	Davis Monthan, AZ	
☐	T0027	17260	KC-135A	55-3144	(USAF US Air Force)	Written Off	Hanscom AFB, MA	
☐	T0028	17261	KC-135E	55-3145	(USAF US Air Force)	Stored	Davis Monthan, AZ	
☐	T0029	17262	KC-135E	55-3146	US Air National Guard	Active	McGuire AFB, NJ	
☐	T0030	17340	KC-135A	56-3591	(USAF US Air Force)	WFU & Stored	Davis Monthan, AZ	
☐	T0031	17341	KC-135A	56-3592	-	Written Off	Carlingford, NB, Canada	
☐	T0032	17342	KC-135E	56-3593	US Air National Guard	Active	McGuire AFB, NJ	
☐	T0033	17343	KC-135A	56-3594	(USAF US Air Force)	WFU & Stored	Davis Monthan, AZ	
☐	T0034	17344	KC-135A	56-3595	(USAF US Air Force)	Preserved	8th Air Force Museum, Barksdale AFB, LA	
☐	T0035	17345	NKC-135A	563596	(US Navy)	WFU & Stored	Davis Monthan, AZ	
☐	T0036	17346	KC-135A	56-3597	-	Written Off	Eilson AFB, AK	
☐	T0037	17347	KC-135A	56-3598	-	Written Off	Loring AFB, ME	
☐	T0038	17348	KC-135A	56-3599	-	Written Off	Westover AFB, MA	
☐	T0039	17349	KC-135A	56-3600	(USAF US Air Force)	WFU & Stored	Davis Monthan, AZ	
☐	T0040	17350	KC-135A	56-3601	(USAF US Air Force)	WFU & Stored	Davis Monthan, AZ	
☐	T0041	17351	KC-135A	56-3602	-	Written Off	Loring AFB, ME	
☐	T0042	17352	KC-135A	56-3603	(USAF US Air Force)	WFU & Stored	Davis Monthan, AZ	
☐	T0043	17353	KC-135E	56-3604	(USAF US Air Force)	WFU & Stored	Davis Monthan, AZ	
☐	T0044	17354	KC-135A	56-3605	-	Written Off	Loring AFB, ME	
☐	T0045	17355	KC-135E	56-3606	US Air National Guard	Active	Bangor, ME	
☐	T0046	17356	KC-135E	56-3607	US Air National Guard	Active	Knoxville McGhee-Tyson, TN	
☐	T0047	17357	KC-135A	56-3608	(USAF US Air Force)	WFU & Stored	Davis Monthan, AZ	
☐	T0048	17358	KC-135E	56-3609	US Air National Guard	Active	Knoxville McGhee-Tyson, TN	

	l/n	c/n	Model	Registration	Owner/Operator	Status	Location	Notes
☐	T0049	17359	KC-135A	56-3610	(USAF US Air Force)	WFU & Stored	Davis Monthan, AZ	
☐	T0050	17360	KC-135E	56-3611	US Air National Guard	Active	Pittsburgh, PA	
☐	T0051	17361	KC-135E	56-3612	US Air National Guard	Active	Pittsburgh, PA	
☐	T0052	17362	KC-135A	56-3613	-	Written Off	Shadow Mountain, WA	
☐	T0053	17363	KC-135A	56-3614	(USAF US Air Force)	WFU & Stored	Davis Monthan, AZ	
☐	T0054	17364	KC-135A	56-3615	(USAF US Air Force)	WFU & Stored	Davis Monthan, AZ	
☐	T0055	17365	KC-135A	56-3616	-	Scrapped	Patuxent River NAS, MD	
☐	T0056	17366	KC-135A	56-3617	-	Scrapped	Patuxent River NAS, MD	
☐	T0057	17367	KC-135A	56-3618	-	Written Off	Loring AFB, ME	
☐	T0058	17368	KC-135A	56-3619	(USAF US Air Force)	WFU & Stored	Davis Monthan, AZ	
☐	T0059	17369	KC-135A	56-3620	(USAF US Air Force)	WFU & Stored	Davis Monthan, AZ	
☐	T0060	17370	KC-135A	56-3621	(USAF US Air Force)	WFU & Stored	Davis Monthan, AZ	
☐	T0061	17371	KC-135E	56-3622	US Air National Guard	Active	Bangor, ME	
☐	T0062	17372	GKC-135E	56-3623	(USAF US Air Force)	Ground Trainer	Sheppard AFB, TX	
☐	T0063	17373	KC-135A	56-3624	(USAF US Air Force)	WFU & Stored	Davis Monthan, AZ	
☐	T0064	17374	KC-135A	56-3625	(USAF US Air Force)	WFU & Stored	Davis Monthan, AZ	
☐	T0065	17375	KC-135E	56-3626	US Air National Guard	Active	Pittsburgh, PA	
☐	T0066	17376	KC-135A	56-3627	(USAF US Air Force)	WFU & Stored	Davis Monthan, AZ	
☐	T0067	17377	KC-135A	56-3628	-	Written Off	Walker AFB, NM	
☐	T0068	17378	KC-135A	56-3629	-	Written Off	Chin Chuan Kang, Taiwan	
☐	T0069	17379	KC-135E	56-3630	US Air National Guard	Active	Pittsburgh, PA	
☐	T0070	17380	KC-135E	56-3631	(US Air National Guard)	WFU & Stored	Davis Monthan, AZ	
☐	T0071	17381	KC-135A	56-3632	-	Scrapped	Patuxent River NAS, MD	
☐	T0072	17382	KC-135A	56-3633	(USAF US Air Force)	WFU & Stored	Davis Monthan, AZ	
☐	T0073	17383	KC-135A	56-3634	(USAF US Air Force)	WFU & Stored	Davis Monthan, AZ	
☐	T0074	17384	KC-135A	56-3635	(USAF US Air Force)	WFU & Stored	Davis Monthan, AZ	
☐	T0075	17385	KC-135A	56-3636	(USAF US Air Force)	WFU & Stored	Davis Monthan, AZ	
☐	T0076	17386	KC-135A	56-3637	(USAF US Air Force)	WFU & Stored	Davis Monthan, AZ	
☐	T0077	17387	KC-135E	56-3638	US Air National Guard	Active	Phoenix Sky Harbor, AZ	
☐	T0078	17388	KC-135A	56-3639	(USAF US Air Force)	Preserved	Linear Air Park, Dyess AFB, TX	
☐	T0079	17389	KC-135E	56-3640	US Air National Guard	Active	Bangor, ME	
☐	T0080	17390	KC-135E	56-3641	US Air National Guard	Active	Topeka Forbes Field, KS	
☐	T0081	17391	KC-135A	56-3642	(USAF US Air Force)	WFU & Stored	Davis Monthan, AZ	
☐	T0082	17392	KC-135E	56-3643	(US Air National Guard)	WFU & Stored	Davis Monthan, AZ	
☐	T0083	17393	KC-135A	56-3644	(USAF US Air Force)	WFU & Stored	Davis Monthan, AZ	
☐	T0084	17394	GKC-135E	56-3645	(USAF US Air Force)	Ground Trainer	Sheppard AFB, TX	
☐	T0085	17395	KC-135A	56-3646	(USAF US Air Force)	WFU & Stored	Davis Monthan, AZ	
☐	T0086	17396	KC-135A	56-3647	(USAF US Air Force)	WFU & Stored	Davis Monthan, AZ	
☐	T0087	17397	KC-135E	56-3648	(US Air National Guard)	WFU & Stored	Davis Monthan, AZ	
☐	T0088	17398	KC-135A	56-3649	(USAF US Air Force)	WFU & Stored	Davis Monthan, AZ	
☐	T0089	17399	KC-135E	56-3650	US Air National Guard	Active	Fairchild AFB, WA	
☐	T0090	17400	KC-135A	56-3651	(USAF US Air Force)	WFU & Stored	Davis Monthan, AZ	
☐	T0091	17401	KC-135A	56-3652	(USAF US Air Force)	WFU & Stored	Davis Monthan, AZ	
☐	T0092	17402	KC-135A	56-3653	(USAF US Air Force)	WFU & Stored	Davis Monthan, AZ	
☐	T0093	17403	KC-135E	56-3654	US Air National Guard	Active	Bangor, ME	
☐	T0094	17404	KC-135A	56-3655	-	Written Off	Nr Turner Mountain, CA	
☐	T0095	17405	KC-135A	56-3656	-	Scrapped	Patuxent River NAS, MD	
☐	T0096	17406	KC-135A	56-3657	-	Written Off	Altus AFB, OK	

	l/n	c/n	Model	Registration	Owner/Operator	Status	Location	Notes
☐	T0097	17407	KC-135E	56-3658	(USAF US Air Force)	Preserved	McConnell AFB, KS	
☐	T0098	17489	KC-135R	57-1418	-	Scrapped	Tinker AFB, OK	
☐	T0099	17490	KC-135R	57-1419	USAF US Air Force	Active	Grand Forks AFB, ND	
☐	T0100	17491	KC-135A	57-1420	(USAF US Air Force)	WFU & Stored	Davis Monthan, AZ	
☐	T0101	17492	KC-135E	57-1421	US Air National Guard	Active	Fairchild AFB, WA	
☐	T0102	17493	KC-135E	57-1422	USAF US Air Force	Active	Selfridge ANGB, MI	
☐	T0103	17494	KC-135E	57-1423	US Air National Guard	Active	Pittsburgh, PA	
☐	T0104	17495	KC-135A	57-1424	-	Written Off	Amarillo AFB, TX	
☐	T0105	17496	KC-135E	57-1425	US Air National Guard	Active	Knoxville McGhee-Tyson, TN	
☐	T0106	17497	KC-135E	57-1426	US Air National Guard	Active	Phoenix Sky Harbor, AZ	
☐	T0107	17498	KC-135R	57-1427	US Air National Guard	Active	Rickenbacker ANGB, OH	
☐	T0108	17499	KC-135R	57-1428	USAF US Air Force	Active	March AFB, CA	
☐	T0109	17500	KC-135E	57-1429	US Air National Guard	Active	Topeka Forbes Field, KS	
☐	T0110	17501	KC-135R	57-1430	US Air National Guard	Active	Pease AFB, NH	
☐	T0111	17502	KC-135E	57-1431	US Air National Guard	Active	McGuire AFB, NJ	
☐	T0112	17503	KC-135R	57-1432	US Air National Guard	Active	Birmingham, AL	
☐	T0113	17504	KC-135R	57-1433	US Air National Guard	Active	Phoenix Sky Harbor, AZ	
☐	T0114	17505	KC-135E	57-1434	US Air National Guard	Active	Fairchild AFB, WA	
☐	T0115	17506	KC-135R	57-1435	USAF US Air Force	Active	McConnell AFB, KS	
☐	T0116	17507	KC-135R	57-1436	USAF US Air Force	Active	March AFB, CA	
☐	T0117	17508	KC-135R	57-1437	USAF US Air Force	Active	Seymour Johnson AFB, NC	
☐	T0118	17509	KC-135E	57-1438	USAF US Air Force	Active	Selfridge ANGB, MI	
☐	T0119	17510	KC-135R	57-1439	USAF US Air Force	Active	Fairchild AFB, WA	
☐	T0120	17511	KC-135R	57-1440	USAF US Air Force	Active	Grand Forks AFB, ND	
☐	T0121	17512	KC-135E	57-1441	US Air National Guard	Active	Scott AFB, IL	
☐	T0122	17513	KC-135A	57-1442	-	Written Off	Wichita, KS	
☐	T0123	17514	KC-135E	57-1443	US Air National Guard	Active	Bangor, ME	
☐	T0124	17515	KC-135A	57-1444	-	Written Off	Okinawa Kadena AB, Japan	
☐	T0125	17516	KC-135E	57-1445	US Air National Guard	Active	McGuire AFB, NJ	
☐	T0126	17517	KC-135A	57-1446	-	Written Off	Walker AFB, NM	
☐	T0127	17518	KC-135E	57-1447	(USAF US Air Force)	WFU & Stored	Davis Monthan, AZ	
☐	T0128	17519	KC-135E	57-1448	US Air National Guard	Active	Bangor, ME	
☐	T0129	17520	KC-135A	57-1449	-	Written Off	Walker AFB, NM	
☐	T0130	17521	KC-135E	57-1450	US Air National Guard	Active	Bangor, ME	
☐	T0131	17522	KC-135E	57-1451	US Air National Guard	Active	Fairchild AFB, WA	
☐	T0132	17523	KC-135E	57-1452	US Air National Guard	Active	Phoenix Sky Harbor, AZ	
☐	T0133	17524	KC-135R	57-1453	US Air National Guard	Active	Birmingham, AL	
☐	T0134	17525	KC-135R	57-1454	USAF US Air Force	Active	Grand Forks AFB, ND	
☐	T0135	17526	KC-135E	57-1455	US Air National Guard	Active	Knoxville McGhee-Tyson, TN	
☐	T0136	17527	KC-135R	57-1456	USAF US Air Force	Active	Grand Forks AFB, ND	
☐	T0137	17528	KC-135A	57-1457	-	Written Off	Walker AFB, NM	
☐	T0138	17529	KC-135E	57-1458	US Air National Guard	Active	Scott AFB, IL	
☐	T0139	17530	KC-135R	57-1459	USAF US Air Force	Active	March AFB, CA	
☐	T0140	17531	KC-135E	57-1460	US Air National Guard	Active	Topeka Forbes Field, KS	
☐	T0141	17532	KC-135R	57-1461	US Air National Guard	Active	Lincoln Municipal, NE	
☐	T0142	17533	KC-135R	57-1462	US Air National Guard	Active	Rickenbacker ANGB, OH	
☐	T0143	17534	KC-135E	57-1463	US Air National Guard	Active	Topeka Forbes Field, KS	
☐	T0144	17535	KC-135E	57-1464	US Air National Guard	Active	McGuire AFB, NJ	

	l/n	c/n	Model	Registration	Owner/Operator	Status	Location	Notes
☐	T0145	17536	KC-135E	57-1465	US Air National Guard	Active	Knoxville McGhee-Tyson, TN	
☐	T0146	17537	KC-135A	57-1466	-	Written Off	Carswell AFB, TX	
☐	T0147	17538	KC-135A	57-1467	(USAF US Air Force)	WFU & Stored	Davis Monthan, AZ	
☐	T0148	17539	KC-135R	57-1468	USAF US Air Force	Active	March AFB, CA	
☐	T0149	17540	KC-135R	57-1469	US Air National Guard	Active	Rickenbacker ANGB, OH	
☐	T0150	17541	KC-135R	57-1470	(US Air National Guard)	Parts Remain	Necedah Range, WI	
☐	T0151	17542	KC-135E	57-1471	US Air National Guard	Active	Bangor, ME	
☐	T0152	17543	KC-135R	57-1472	USAF US Air Force	Active	Grissom AFB, IN	
☐	T0153	17544	KC-135R	57-1473	USAF US Air Force	Active	Grand Forks AFB, ND	
☐	T0154	17545	KC-135R	57-1474	USAF US Air Force	Active	?	
☐	T0155	17546	KC-135E	57-1475	US Air National Guard	Active	Phoenix Sky Harbor, AZ	
☐	T0156	17547	KC-135A	57-1476	(USAF US Air Force)	WFU & Stored	Davis Monthan, AZ	
☐	T0157	17548	KC-135A	57-1477	(USAF US Air Force)	WFU & Stored	Davis Monthan, AZ	
☐	T0158	17549	KC-135E	57-1478	US Air National Guard	Active	Knoxville McGhee-Tyson, TN	
☐	T0159	17550	KC-135R	57-1479	USAF US Air Force	Active	March AFB, CA	
☐	T0160	17551	KC-135E	57-1480	US Air National Guard	Active	Scott AFB, IL	
☐	T0161	17552	KC-135E	57-1481	-	Written Off	Eislson AFB, AK	
☐	T0162	17553	KC-135E	57-1482	(USAF US Air Force)	WFU & Stored	Davis Monthan, AZ	
☐	T0163	17554	KC-135R	57-1483	USAF US Air Force	Active	Grand Forks AFB, ND	
☐	T0164	17555	KC-135E	57-1484	US Air National Guard	Active	Phoenix Sky Harbor, AZ	
☐	T0165	17556	KC-135E	57-1485	US Air National Guard	Active	Knoxville McGhee-Tyson, TN	
☐	T0166	17557	KC-135R	57-1486	USAF US Air Force	Active	Phoenix Sky Harbor, AZ	
☐	T0167	17558	KC-135R	57-1487	USAF US Air Force	Active	Grissom AFB, IN	
☐	T0168	17559	KC-135R	57-1488	USAF US Air Force	Active	Grand Forks AFB, ND	
☐	T0169	17560	KC-135A	57-1489	-	Written Off	Nr Luke AFB, AZ	
☐	T0170	17561	KC-135A	57-1490	(USAF US Air Force)	WFU & Stored	Davis Monthan, AZ	
☐	T0171	17562	KC-135E	57-1491	US Air National Guard	Active	Bangor, ME	
☐	T0172	17563	KC-135E	57-1492	US Air National Guard	Active	Knoxville McGhee-Tyson, TN	
☐	T0173	17564	KC-135R	57-1493	USAF US Air Force	Active	McConnell AFB, KS	
☐	T0174	17565	KC-135E	57-1494	US Air National Guard	Active	Scott AFB, IL	
☐	T0175	17566	KC-135E	57-1495	US Air National Guard	Active	Phoenix Sky Harbor, AZ	
☐	T0176	17567	KC-135E	57-1496	US Air National Guard	Active	Phoenix Sky Harbor, AZ	
☐	T0177	17568	KC-135E	57-1497	US Air National Guard	Active	Salt Lake City, UT	
☐	T0178	17569	KC-135A	57-1498	-	Written Off	Westover AFB, MA	
☐	T0179	17570	KC-135R	57-1499	US Air National Guard	Active	Salt Lake City, UT	
☐	T0180	17571	KC-135A	57-1500	-	Written Off	McConnell AFB, KS	
☐	T0181	17572	KC-135E	57-1501	US Air National Guard	Active	Fairchild AFB, WA	
☐	T0182	17573	KC-135R	57-1502	USAF US Air Force	Active	Altus AFB, OK	
☐	T0183	17574	KC-135E	57-1503	US Air National Guard	Active	Knoxville McGhee-Tyson, TN	
☐	T0184	17575	KC-135E	57-1504	(USAF US Air Force)	WFU & Stored	Davis Monthan, AZ	
☐	T0185	17576	KC-135E	57-1505	US Air National Guard	Active	Bangor, ME	
☐	T0186	17577	KC-135R	57-1506	USAF US Air Force	Active	Grand Forks AFB, ND	
☐	T0187	17578	KC-135E	57-1507	US Air National Guard	Active	McGuire AFB, NJ	
☐	T0188	17579	KC-135R	57-1508	US Air National Guard	Active	Hickam AFB, HI	
☐	T0189	17580	KC-135E	57-1509	US Air National Guard	Active	Pittsburgh, PA	
☐	T0190	17581	KC-135E	57-1510	US Air National Guard	Active	Salt Lake City, UT	
☐	T0191	17582	KC-135E	57-1511	(USAF US Air Force)	WFU & Stored	Davis Monthan, AZ	
☐	T0192	17583	KC-135E	57-1512	USAF US Air Force	Active	March AFB, CA	

l/n	c/n	Model	Registration	Owner/Operator	Status	Location	Notes
T0193	17584	KC-135A	57-1513	-	Written Off	Leitchfield, KY	
T0194	17585	KC-135R	57-1514	US Air National Guard	Active	Milwaukee Mitchell Int'l, WI	
	17725	KC-135E	57-2589	USAF US Air Force	Active	Hickam AFB, HI	
	17726	KC-135A	57-2590	(USAF US Air Force)	WFU & Stored	Davis Monthan, AZ	
	17727	KC-135A	57-2591	(USAF US Air Force)	WFU & Stored	Davis Monthan, AZ	
	17728	KC-135A	57-2592	(USAF US Air Force)	WFU & Stored	Davis Monthan, AZ	
	17729	KC-135R	57-2593	US Air National Guard	Active	Rickenbacker ANGB, OH	
	17730	KC-135E	57-2594	US Air National Guard	Active	Scott AFB, IL	
	17731	KC-135E	57-2595	US Air National Guard	Active	Pittsburgh, PA	
	17732	KC-135A	57-2596	(USAF US Air Force)	WFU & Stored	Davis Monthan, AZ	
	17733	KC-135R	57-2597	US Air National Guard	Active	Meridian Key Field, MS	
	17734	KC-135R	57-2598	USAF US Air Force	Active	March AFB, CA	
	17735	KC-135R	57-2599	USAF US Air Force	Active	Seymour Johnson AFB, NC	
	17736	KC-135E	57-2600	US Air National Guard	Active	Fairchild AFB, WA	
	17737	KC-135E	57-2601	US Air National Guard	Active	Knoxville McGhee-Tyson, TN	
	17738	KC-135E	57-2602	US Air National Guard	Active	McGuire AFB, NJ	
	17739	KC-135E	57-2603	USAF US Air Force	Active	March AFB, CA	
	17740	KC-135E	57-2604	(US Air National Guard)	WFU & Stored	Davis Monthan, AZ	
	17741	KC-135R	57-2605	USAF US Air Force	Active	MacDill AFB, FL	
	17742	KC-135E	57-2606	US Air National Guard	Active	McGuire AFB, NJ	
	17743	KC-135E	57-2607	US Air National Guard	Active	Pittsburgh, PA	
	17744	KC-135E	57-2608	(US Air National Guard)	WFU & Stored	Davis Monthan, AZ	
	17745	KC-135A	72609	Turkish Air Force	Active	Incirlik, Turkey	
	17746	KC-135R	58-0001	USAF US Air Force	Active	Mildenhall, UK	
	17747	KC-135A	58-0002	-	Written Off	Killeen, TX	
	17748	KC-135E	58-0003	US Air National Guard	Active	Scott AFB, IL	
	17749	KC-135R	58-0004	US Air National Guard	Active	Meridian Key Field, MS	
	17750	KC-135E	58-0005	US Air National Guard	Active	Topeka Forbes Field, KS	
	17751	KC-135E	58-0006	US Air National Guard	Active	Salt Lake City, UT	
	17752	KC-135P	58-0007	-	Written Off	Langley AFB, VA	
	17753	KC-135R	58-0008	US Air National Guard	Active	Pease AFB, NH	
	17754	KC-135R	58-0009	US Air National Guard	Active	Milwaukee Mitchell Int'l, WI	
	17755	KC-135R	58-0010	US Air National Guard	Active	Meridian Key Field, MS	
	17756	KC-135R	58-0011	USAF US Air Force	Active	McConnell AFB, KS	
	17757	KC-135E	58-0012	US Air National Guard	Active	Salt Lake City, UT	
	17758	KC-135E	58-0013	USAF US Air Force	Active	Selfridge ANGB, MI	
	17759	KC-135E	58-0014	US Air National Guard	Active	Scott AFB, IL	
	17760	KC-135R	58-0015	USAF US Air Force	Active	Grissom AFB, IN	
	17761	KC-135R	58-0016	USAF US Air Force	Active	Okinawa Kadena AB, Japan	
	17762	KC-135E	58-0017	US Air National Guard	Active	Pittsburgh, PA	
	17763	KC-135R	58-0018	USAF US Air Force	Active	McConnell AFB, KS	
	17764	EC-135P	58-0019	(USAF US Air Force)	WFU & Stored	Davis Monthan, AZ	
	17765	KC-135E	58-0020	US Air National Guard	Active	Fairchild AFB, WA	
	17766	KC-135R	58-0021	US Air National Guard	Active	Milwaukee Mitchell Int'l, WI	
	17767	EC-135P	58-0022	(USAF US Air Force)	WFU & Stored	Davis Monthan, AZ	
	17768	KC-135R	58-0023	US Air National Guard	Active	Niagara Falls, NY	
	17769	KC-135E	58-0024	US Air National Guard	Active	Pittsburgh, PA	
	17770	KC-135A	58-0025	(USAF US Air Force)	WFU & Stored	Davis Monthan, AZ	

l/n	c/n	Model	Registration	Owner/Operator	Status	Location	Notes
☐	17771	KC-135A	58-0026	-	Written Off	Minot AFB, ND	
☐	17772	KC-135R	58-0027	USAF US Air Force	Active	McConnell AFB, KS	
☐	17773	KC-135A	58-0028	(USAF US Air Force)	WFU & Stored	Davis Monthan, AZ	
☐	17774	KC-135A	58-0029	(USAF US Air Force)	WFU & Stored	Davis Monthan, AZ	
☐	17775	KC-135R	58-0030	US Air National Guard	Active	Birmingham, AL	
☐	17776	KC-135A	58-0031	-	Written Off	Greenwood Village, IL	
☐	17777	KC-135E	58-0032	US Air National Guard	Active	McGuire AFB, NJ	
☐	17778	KC-135A	58-0033	(USAF US Air Force)	WFU & Stored	Davis Monthan, AZ	
☐	17779	KC-135R	58-0034	USAF US Air Force	Active	Altus AFB, OK	
☐	17780	KC-135R	58-0035	USAF US Air Force	Active	McConnell AFB, KS	
☐	17781	KC-135R	58-0036	USAF US Air Force	Active	Mildenhall, UK	
☐	17782	KC-135E	58-0037	US Air National Guard	Active	Pittsburgh, PA	
☐	17783	KC-135R	58-0038	USAF US Air Force	Active	Seymour Johnson AFB, NC	
☐	17784	KC-135Q	58-0039	-	Written Off	Nr Madrid, Spain	
☐	17785	KC-135E	58-0040	US Air National Guard	Active	McGuire AFB, NJ	
☐	17786	KC-135E	58-0041	USAF US Air Force	Active	Selfridge ANGB, MI	
☐	17787	KC-135T	58-0042	USAF US Air Force	Active	Grand Forks AFB, ND	
☐	17788	KC-135E	58-0043	US Air National Guard	Active	Salt Lake City, UT	
☐	17789	KC-135E	58-0044	US Air National Guard	Active	McGuire AFB, NJ	
☐	17790	KC-135T	58-0045	US Air National Guard	Active	Pittsburgh, PA	
☐	17791	KC-135T	58-0046	USAF US Air Force	Active	Fairchild AFB, WA	
☐	17792	KC-135T	58-0047	USAF US Air Force	Active	Grand Forks AFB, ND	
☐	17793	KC-135A	58-0048	-	Written Off	Carswell AFB, TX	
☐	17794	KC-135T	58-0049	USAF US Air Force	Active	Fairchild AFB, WA	
☐	17795	KC-135T	58-0050	USAF US Air Force	Active	Fairchild AFB, WA	
☐	17796	KC-135R	58-0051	USAF US Air Force	Active	Tinker AFB, OK	
☐	17797	KC-135E	58-0052	USAF US Air Force	Active	March AFB, CA	
☐	17798	KC-135E	58-0053	(USAF US Air Force)	WFU & Stored	Davis Monthan, AZ	
☐	17799	KC-135T	58-0054	US Air National Guard	Active	Pittsburgh, PA	
☐	17800	KC-135T	58-0055	USAF US Air Force	Active	Fairchild AFB, WA	
☐	17801	KC-135R	58-0056	US Air National Guard	Active	Meridian Key Field, MS	
☐	17802	KC-135E	58-0057	US Air National Guard	Active	Scott AFB, IL	
☐	17803	KC-135E	58-0058	USAF US Air Force	Active	Beale AFB, CA	
☐	17804	KC-135R	58-0059	US Air National Guard	Active	Meridian Key Field, MS	
☐	17805	KC-135T	58-0060	US Air National Guard	Active	Pittsburgh, PA	
☐	17806	KC-135R	58-0061	USAF US Air Force	Active	Grand Forks AFB, ND	
☐	17807	KC-135T	58-0062	USAF US Air Force	Active	Beale AFB, CA	
☐	17808	KC-135R	58-0063	USAF US Air Force	Active	Tinker AFB, OK	
☐	17809	KC-135E	58-0064	(USAF US Air Force)	WFU & Stored	Davis Monthan, AZ	
☐	17810	KC-135T	58-0065	USAF US Air Force	Active	Grand Forks AFB, ND	
☐	17811	KC-135R	58-0066	USAF US Air Force	Active	Tinker AFB, OK	
☐	17812	KC-135E	58-0067	US Air National Guard	Active	Scott AFB, IL	
☐	17813	KC-135E	58-0068	US Air National Guard	Active	Scott AFB, IL	
☐	17814	KC-135T	58-0069	USAF US Air Force	Active	Fairchild AFB, WA	
☐	17815	GKC-135A	58-0070	(USAF US Air Force)	Ground Trainer	Sheppard AFB, TX	
☐	17816	KC-135T	58-0071	USAF US Air Force	Active	McConnell AFB, KS	
☐	17817	KC-135T	58-0072	USAF US Air Force	Active	Fairchild AFB, WA	
☐	17818	KC-135R	58-0073	US Air National Guard	Active	Birmingham, AL	

Boeing 707 Military Variants — Out Of Production List: Western Jet Airliners

l/n	c/n	Model	Registration	Owner/Operator	Status	Location	Notes
☐	17819	KC-135T	58-0074	US Air National Guard	Active	Pittsburgh, PA	
☐	17820	KC-135R	58-0075	USAF US Air Force	Active	Andrews AFB, MD	
☐	17821	KC-135R	58-0076	USAF US Air Force	Active	Grissom AFB, IN	
☐	17822	KC-135T	58-0077	US Air National Guard	Active	Pittsburgh, PA	
☐	17823	KC-135E	58-0078	US Air National Guard	Active	McGuire AFB, NJ	
☐	17824	KC-135R	58-0079	USAF US Air Force	Active	Tinker AFB, OK	
☐	17825	KC-135E	58-0080	US Air National Guard	Active	Salt Lake City, UT	
☐	17826	KC-135A	58-0081	(USAF US Air Force)	WFU & Stored	Davis Monthan, AZ	
☐	17827	KC-135E	58-0082	US Air National Guard	Active	Fairchild AFB, WA	
☐	17828	KC-135R	58-0083	US Air National Guard	Active	Rickenbacker ANGB, OH	
☐	17829	KC-135T	58-0084	US Air National Guard	Active	Pittsburgh, PA	
☐	17830	KC-135E	58-0085	USAF US Air Force	Active	March AFB, CA	
☐	17831	KC-135T	58-0086	USAF US Air Force	Active	Mildenhall, UK	
☐	17832	KC-135E	58-0087	US Air National Guard	Active	McGuire AFB, NJ	
☐	17833	KC-135T	58-0088	USAF US Air Force	Active	McConnell AFB, KS	
☐	17834	KC-135T	58-0089	USAF US Air Force	Active	Grand Forks AFB, ND	
☐	17835	KC-135E	58-0090	USAF US Air Force	Active	Beale AFB, CA	
☐	17836	KC-135A	58-0091	(USAF US Air Force)	WFU & Stored	Davis Monthan, AZ	
☐	17837	KC-135R	58-0092	US Air National Guard	Active	Pease AFB, NH	
☐	17838	KC-135R	58-0093	USAF US Air Force	Active	Mildenhall, UK	
☐	17839	KC-135T	58-0094	USAF US Air Force	Active	Fairchild AFB, WA	
☐	17840	KC-135T	58-0095	USAF US Air Force	Active	McConnell AFB, KS	
☐	17841	KC-135E	58-0096	USAF US Air Force	Active	Beale AFB, CA	
☐	17842	KC-135A	58-0097	(USAF US Air Force)	WFU & Stored	Davis Monthan, AZ	
☐	17843	KC-135R	58-0098	US Air National Guard	Active	Pease AFB, NH	
☐	17844	KC-135T	58-0099	US Air National Guard	Active	Pittsburgh, PA	
☐	17845	KC-135R	58-0100	USAF US Air Force	Active	Mildenhall, UK	
☐	17846	KC-135A	58-0101	-	Written Off	Nr Beale AFB, CA	
☐	17847	KC-135R	58-0102	USAF US Air Force	Active	Tinker AFB, OK	
☐	17848	KC-135Q	58-0103	USAF US Air Force	Active	Fairchild AFB, WA	
☐	17849	KC-135R	58-0104	US Air National Guard	Active	Niagara Falls, NY	
☐	17850	KC-135A	58-0105	(USAF US Air Force)	WFU & Stored	Davis Monthan, AZ	
☐	17851	KC-135R	58-0106	US Air National Guard	Active	Birmingham, AL	
☐	17852	KC-135E	58-0107	US Air National Guard	Active	Salt Lake City, UT	
☐	17853	KC-135E	58-0108	US Air National Guard	Active	Beale AFB, CA	
☐	17854	KC-135R	58-0109	US Air National Guard	Active	Meridian Key Field, MS	
☐	17855	KC-135R	80110	Turkish Air Force	Active	Incirlik, Turkey	
☐	17856	KC-135E	58-0111	US Air National Guard	Active	McGuire AFB, NJ	
☐	17857	KC-135T	58-0112	US Air National Guard	Active	Pittsburgh, PA	
☐	17858	KC-135R	58-0113	USAF US Air Force	Active	Okinawa Kadena AB, Japan	
☐	17859	KC-135R	58-0114	USAF US Air Force	Active	Okinawa Kadena AB, Japan	
☐	17860	KC-135E	58-0115	US Air National Guard	Active	McGuire AFB, NJ	
☐	17861	KC-135E	58-0116	US Air National Guard	Active	Phoenix Sky Harbor, AZ	
☐	17862	KC-135T	58-0117	USAF US Air Force	Active	Fairchild AFB, WA	
☐	17863	KC-135R	58-0118	USAF US Air Force	Active	Okinawa Kadena AB, Japan	
☐	17864	KC-135R	58-0119	USAF US Air Force	Active	Grand Forks AFB, ND	
☐	17865	KC-135R	58-0120	USAF US Air Force	Active	Altus AFB, OK	
☐	17866	KC-135R	58-0121	USAF US Air Force	Active	Altus AFB, OK	

l/n	c/n	Model	Registration	Owner/Operator	Status	Location	Notes
☐	17867	KC-135R	58-0122	US Air National Guard	Active	Forbes Field, KS	
☐	17868	KC-135R	58-0123	USAF US Air Force	Active	McConnell AFB, KS	
☐	17869	KC-135R	58-0124	USAF US Air Force	Active	McConnell AFB, KS	
☐	17870	KC-135T	58-0125	USAF US Air Force	Active	Fairchild AFB, WA	
☐	17871	KC-135R	58-0126	USAF US Air Force	Active	McConnell AFB, KS	
☐	17872	KC-135A	58-0127	-	Written Off	?	
☐	17873	KC-135R	58-0128	USAF US Air Force	Active	McConnell AFB, KS	
☐	17874	KC-135T	58-0129	USAF US Air Force	Active	Fairchild AFB, WA	
☐	17875	KC-135R	58-0130	US Air National Guard	Active	Milwaukee Mitchell Int'l, WI	
☐	17931	KC-135A	59-1443	-	Written Off	Beale AFB, CA	
☐	17932	KC-135R	59-1444	US Air National Guard	Active	Rickenbacker ANGB, OH	
☐	17933	KC-135E	59-1445	US Air National Guard	Active	Fairchild AFB, WA	
☐	17934	KC-135R	59-1446	US Air National Guard	Active	Meridian Key Field, MS	
☐	17935	KC-135E	59-1447	USAF US Air Force	Active	Selfridge ANGB, MI	
☐	17936	KC-135R	59-1448	USAF US Air Force	Active	March AFB, CA	
☐	17937	KC-135A	59-1449	(USAF US Air Force)	WFU & Stored	Davis Monthan, AZ	
☐	17938	KC-135R	59-1450	USAF US Air Force	Active	March AFB, CA	
☐	17939	KC-135E	59-1451	(USAF US Air Force)	WFU & Stored	Davis Monthan, AZ	
☐	17940	KC-135E	59-1452	-	Written Off	Geilenkirchen, Germany	
☐	17941	KC-135R	59-1453	US Air National Guard	Active	Rickenbacker ANGB, OH	
☐	17942	KC-135R	752	Singapore Air Force	Active	Tengah, Singapore	
☐	17943	KC-135R	59-1455	US Air National Guard	Active	Meridian Key Field, MS	
☐	17944	KC-135E	59-1456	(USAF US Air Force)	WFU & Stored	Davis Monthan, AZ	
☐	17945	KC-135E	59-1457	US Air National Guard	Active	Pittsburgh, PA	
☐	17946	KC-135R	59-1458	US Air National Guard	Active	Rickenbacker ANGB, OH	
☐	17947	KC-135R	59-1459	USAF US Air Force	Active	Altus AFB, OK	
☐	17948	KC-135T	59-1460	US Air National Guard	Active	Pittsburgh, PA	
☐	17949	KC-135R	59-1461	US Air National Guard	Active	Eielson AFB, AK	
☐	17950	KC-135T	59-1462	USAF US Air Force	Active	McConnell AFB, KS	
☐	17951	KC-135R	59-1463	US Air National Guard	Active	Lincoln Municipal, NE	
☐	17952	KC-135T	59-1464	USAF US Air Force	Active	Fairchild AFB, WA	
☐	17953	KC-135R	59-1465	-	Written Off	Offutt AFB, NE	
☐	17954	KC-135R	59-1466	US Air National Guard	Active	Niagara Falls, NY	
☐	17955	KC-135T	59-1467	US Air National Guard	Active	Pittsburgh, PA	
☐	17956	KC-135T	59-1468	US Air National Guard	Active	Pittsburgh, PA	
☐	17957	KC-135R	59-1469	USAF US Air Force	Active	Seymour Johnson AFB, NC	
☐	17958	KC-135T	59-1470	USAF US Air Force	Active	Fairchild AFB, WA	
☐	17959	KC-135T	59-1471	USAF US Air Force	Active	Fairchild AFB, WA	
☐	17960	KC-135R	59-1472	US Air National Guard	Status	Hickam AFB, HI	
☐	17961	KC-135E	59-1473	US Air National Guard	Active	Salt Lake City, UT	
☐	17962	KC-135T	59-1474	USAF US Air Force	Active	Fairchild AFB, WA	
☐	17963	KC-135R	59-1475	USAF US Air Force	Active	Grand Forks AFB, ND	
☐	17964	KC-135R	59-1476	USAF US Air Force	Active	McConnell AFB, KS	
☐	17965	KC-135E	59-1477	USAF US Air Force	Active	Selfridge ANGB, MI	
☐	17966	KC-135R	59-1478	US Air National Guard	Active	Meridian Key Field, MS	
☐	17967	KC-135E	59-1479	US Air National Guard	Active	Pittsburgh, PA	
☐	17968	KC-135T	59-1480	USAF US Air Force	Active	Fairchild AFB, WA	
☐	17969	KC-135A	N930NA	(NASA)	Preserved	Ellington ANGB, TX	

l/n	c/n	Model	Registration	Owner/Operator	Status	Location	Notes
☐	17970	KC-135R	59-1482	USAF US Air Force	Active	Grand Forks AFB, ND	
☐	17971	KC-135R	59-1483	US Air National Guard	Active	Rickenbacker ANGB, OH	
☐	17972	KC-135E	59-1484	US Air National Guard	Active	Pittsburgh, PA	
☐	17973	KC-135E	59-1485	US Air National Guard	Active	McGuire AFB, NJ	
☐	17974	KC-135R	59-1486	USAF US Air Force	Active	McConnell AFB, KS	
☐	17975	KC-135E	59-1487	US Air National Guard	Active	Scott AFB, IL	
☐	17976	KC-135R	59-1488	USAF US Air Force	Active	McConnell AFB, KS	
☐	17977	KC-135E	59-1489	US Air National Guard	Active	Salt Lake City, UT	
☐	17978	KC-135T	59-1490	US Air National Guard	Active	Pittsburgh, PA	
☐	17979	RC-135S	59-1491	-	Written Off	Shemya, AK	
☐	17980	KC-135R	59-1492	USAF US Air Force	Active	Grand Forks AFB, ND	
☐	17981	KC-135E	5901493	US Air National Guard	Active	Bangor, ME	
☐	17982	KC-135E	59-1494	-	Written Off	Pease AFB, NH	
☐	17983	KC-135R	59-1495	US Air National Guard	Active	Lincoln Municipal, NE	
☐	17984	KC-135E	59-1496	US Air National Guard	Active	Pittsburgh, PA	
☐	17985	KC-135E	59-1497	US Air National Guard	Active	McGuire AFB, NJ	
☐	17986	KC-135E	59-1498	USAF US Air Force	Active	Mountain Home AFB, ID	
☐	17987	KC-135R	59-1499	USAF US Air Force	Active	March AFB, CA	
☐	17988	KC-135R	59-1500	US Air National Guard	Active	Phoenix Sky Harbor, AZ	
☐	17989	KC-135R	59-1501	USAF US Air Force	Active	McConnell AFB, KS	
☐	17990	KC-135R	59-1502	USAF US Air Force	Active	MacDill AFB, FL	
☐	17991	KC-135E	59-1503	US Air National Guard	Active	McGuire AFB, NJ	
☐	17992	KC-135T	59-1504	USAF US Air Force	Active	Fairchild AFB, WA	
☐	17993	KC-135R	59-1505	USAF US Air Force	Active	March AFB, CA	
☐	17994	KC-135E	59-1506	US Air National Guard	Active	Pittsburgh, PA	
☐	17995	KC-135R	59-1507	USAF US Air Force	Active	March AFB, CA	
☐	17996	KC-135R	59-1508	USAF US Air Force	Active	Grand Forks AFB, ND	
☐	17997	KC-135R	59-1509	USAF US Air Force	Active	March AFB, CA	
☐	17998	KC-135T	59-1510	USAF US Air Force	Active	McConnell AFB, KS	
☐	17999	KC-135R	59-1511	USAF US Air Force	Active	Grand Forks AFB, ND	
☐	18000	KC-135T	59-1512	USAF US Air Force	Active	Fairchild AFB, WA	
☐	18001	KC-135T	59-1513	USAF US Air Force	Active	Fairchild AFB, WA	
☐	18002	KC-135E	59-1514	USAF US Air Force	Active	Offutt AFB, NE	
☐	18003	KC-135R	59-1515	USAF US Air Force	Active	Grand Forks AFB, ND	
☐	18004	KC-135R	59-1516	USAF US Air Force	Active	March AFB, CA	
☐	18005	KC-135R	59-1517	USAF US Air Force	Active	Phoenix Sky Harbor, AZ	
☐	18006	EC-135K	59-1518	(USAF US Air Force)	WFU & Stored	Davis Monthan, AZ	
☐	18007	KC-135E	59-1519	US Air National Guard	Active	Pittsburgh, PA	
☐	18008	KC-135T	59-1520	USAF US Air Force	Active	Fairchild AFB, WA	
☐	18009	KC-135R	59-1521	US Air National Guard	Active	Eielson AFB, AK	
☐	18010	KC-135R	59-1522	US Air National Guard	Active	Niagara Falls, NY	
☐	18011	KC-135T	59-1523	USAF US Air Force	Active	Fairchild AFB, WA	
☐	18088	KC-135R	60-0313	USAF US Air Force	Active	McConnell AFB, KS	
☐	18089	KC-135R	60-0314	USAF US Air Force	Active	Grissom AFB, IN	
☐	18090	KC-135R	60-0315	US Air National Guard	Active	Milwaukee Mitchell Int'l, WI	
☐	18091	KC-135E	60-0316	US Air National Guard	Active	Fairchild AFB, WA	
☐	18092	KC-135A	60-0317	-	Written Off	Wurtsmith AFB, MI	
☐	18093	KC-135R	60-0318	US Air National Guard	Active	Hickam AFB, HI	

l/n	c/n	Model	Registration	Owner/Operator	Status	Location	Notes
☐	18094	KC-135R	60-0319	USAF US Air Force	Active	Grand Forks AFB, ND	
☐	18095	KC-135R	60-0320	USAF US Air Force	Active	Okinawa Kadena AB, Japan	
☐	18096	KC-135R	60-0321	USAF US Air Force	Active	Altus AFB, OK	
☐	18097	KC-135R	60-0322	USAF US Air Force	Active	Grissom AFB, IN	
☐	18098	KC-135R	60-0323	US Air National Guard	Active	Hickam AFB, HI	
☐	18099	KC-135R	60-0324	USAF US Air Force	Active	Okinawa Kadena AB, Japan	
☐	18100	KC-135A	00325	Turkish Air Force	Active	Incirlik, Turkey	
☐	18101	KC-135R	00326	Turkish Air Force	Active	Incirlik, Turkey	
☐	18102	KC-135E	60-0327	(US Air National Guard)	WFU & Stored	Davis Monthan, AZ	
☐	18103	KC-135R	60-0328	USAF US Air Force	Active	Mildenhall, UK	
☐	18104	KC-135R	60-0329	US Air National Guard	Active	Hickam AFB, HI	
☐	18105	KC-135A	60-0330	(USAF US Air Force)	Written Off	Altus AFB, OK	
☐	18106	KC-135R	60-0331	USAF US Air Force	Active	Mildenhall, UK	
☐	18107	KC-135R	60-0332	USAF US Air Force	Active	MacDill AFB, FL	
☐	18108	KC-135R	60-0333	USAF US Air Force	Active	Altus AFB, OK	
☐	18109	KC-135R	60-0334	US Air National Guard	Active	Eielson AFB, AK	
☐	18110	KC-135T	60-0335	USAF US Air Force	Active	McConnell AFB, KS	
☐	18111	KC-135T	60-0336	USAF US Air Force	Active	Fairchild AFB, WA	
☐	18112	KC-135T	60-0337	USAF US Air Force	Active	Fairchild AFB, WA	
☐	18113	KC-135Q	60-0338	(USAF US Air Force)	Written Off	Plattsburgh AFB, NY	
☐	18114	KC-135T	60-0339	USAF US Air Force	Active	Fairchild AFB, WA	
☐	18115	KC-135A	60-0340	(USAF US Air Force)	Written Off	Death Valley, CA	
☐	18116	KC-135R	60-0341	US Air National Guard	Active	Rickenbacker ANGB, OH	
☐	18117	KC-135T	60-0342	USAF US Air Force	Active	Grand Forks AFB, ND	
☐	18118	KC-135T	60-0343	USAF US Air Force	Active	Grand Forks AFB, ND	
☐	18119	KC-135T	60-0344	USAF US Air Force	Active	McConnell AFB, KS	
☐	18120	KC-135T	60-0345	USAF US Air Force	Active	Fairchild AFB, WA	
☐	18121	KC-135T	60-0346	USAF US Air Force	Active	Fairchild AFB, WA	
☐	18122	KC-135R	60-0347	US Air National Guard	Active	Rickenbacker ANGB, OH	
☐	18123	KC-135R	60-0348	USAF US Air Force	Active	Grand Forks AFB, ND	
☐	18124	KC-135R	60-0349	USAF US Air Force	Active	Seymour Johnson AFB, NC	
☐	18125	KC-135R	60-0350	USAF US Air Force	Active	Mildenhall, UK	
☐	18126	KC-135R	60-0351	USAF US Air Force	Active	Grand Forks AFB, ND	
☐	18127	KC-135A	60-0352	(USAF US Air Force)	Written Off	Nr Fairchild AFB, WA	
☐	18128	KC-135R	60-0353	USAF US Air Force	Active	Okinawa Kadena AB, Japan	
☐	18129	KC-135A	60-0354	(USAF US Air Force)	Written Off	Nr Eidlson AFB, AK	
☐	18130	KC-135R	60-0355	USAF US Air Force	Active	Mildenhall, UK	
☐	18131	KC-135R	60-0356	USAF US Air Force	Active	McConnell AFB, KS	
☐	18132	KC-135R	60-0357	USAF US Air Force	Active	McConnell AFB, KS	
☐	18133	KC-135R	60-0358	US Air National Guard	Active	Niagara Falls, NY	
☐	18134	KC-135R	60-0359	USAF US Air Force	Active	Grissom AFB, IN	
☐	18135	KC-135R	60-0360	USAF US Air Force	Active	Grand Forks AFB, ND	
☐	18136	KC-135A	60-0361	(USAF US Air Force)	Written Off	Fairchild AFB, WA	
☐	18137	KC-135R	60-0362	USAF US Air Force	Active	McConnell AFB, KS	
☐	18138	KC-135R	60-0363	USAF US Air Force	Active	Seymour Johnson AFB, NC	
☐	18139	KC-135R	60-0364	USAF US Air Force	Active	Grissom AFB, IN	
☐	18140	KC-135R	60-0365	US Air National Guard	Active	Forbes Field, KS	
☐	18141	KC-135R	60-0366	USAF US Air Force	Active	Robins AFB, GA	

l/n	c/n	Model	Registration	Owner/Operator	Status	Location	Notes
☐	18142	KC-135R	60-0367	US Air National Guard	Active	Rickenbacker ANGB, OH	
☐	18143	KC-135A	60-0368	(USAF US Air Force)	Written Off	Nr Cabanillas, Spain	
☐	18144	GNC-135A	60-0369	(USAF US Air Force)	Fuselage Remains	Rantoul Museum, IL	
☐	18145	NC-135A	60-0370	(USAF US Air Force)	Fuselage Remains	Davis Monthan, AZ	
☐	18146	NC-135A	60-0371	(USAF US Air Force)	WFU & Stored	Kirtland AFB, NM	
☐	18147	C-135E	60-0372	USAF US Air Force	Active	Edwards AFB, CA	
☐	18148	C-135A	60-0373	(USAF US Air Force)	Written Off	El Toro MCAS, CA	
☐	18149	EC-135E ARIA	60-0374	(USAF US Air Force)	Preserved	US Air Force Museum, Wright-Patterson AFB, OH	
☐	18150	EC-135E	60-0375	(USAF US Air Force)	WFU & Stored	Davis Monthan, AZ	
☐	18151	C-135E	60-0376	(USAF US Air Force)	WFU & Stored	Davis Monthan, AZ	
☐	18152	C-135A	60-0377	(USAF US Air Force)	Preserved	Edwards AFB, CA	
☐	18153	C-135A	60-0378	(USAF US Air Force)	WFU & Stored	Tinker AFB, OK	
☐	18168	EC-135L	61-0261	(USAF US Air Force)	WFU & Stored	Davis Monthan, AZ	
☐	18169	EC-135A	61-0262	(USAF US Air Force)	Preserved	South Dakota Air & Space Museum, Ellsworth AFB, SD	
☐	18170	EC-135L	61-0263	(USAF US Air Force)	WFU & Stored	Davis Monthan, AZ	
☐	18171	KC-135R	61-0264	US Air National Guard	Active	Rickenbacker ANGB, OH	
☐	18172	KC-135A	61-0265	(USAF US Air Force)	Written Off	Loring AFB, ME	
☐	18173	KC-135R	61-0266	US Air National Guard	Active	Lincoln Municipal, NE	
☐	18174	KC-135R	61-0267	USAF US Air Force	Active	?	
☐	18175	KC-135R	61-0268	USAF US Air Force	Active	Beale AFB, CA	
☐	18176	EC-135L	61-0269	(USAF US Air Force)	Preserved	Grissom Air Museum, Grissom AFB, IN	
☐	18177	KC-135E	61-0270	(USAF US Air Force)	WFU & Stored	Davis Monthan, AZ	
☐	18178	KC-135E	61-0271	USAF US Air Force	Active	Selfridge ANGB, MI	
☐	18179	KC-135R	61-0272	USAF US Air Force	Active	Grissom AFB, IN	
☐	18180	KC-135A	61-0273	(USAF US Air Force)	Written Off	Nr Palomares, Spain	
☐	18181	EC-135P	61-0274	(USAF US Air Force)	WFU & Stored	Davis Monthan, AZ	
☐	18182	KC-135R	61-0275	USAF US Air Force	Active	MacDill AFB, FL	
☐	18183	KC-135R	61-0276	US Air National Guard	Active	Lincoln Municipal, NE	
☐	18184	KC-135R	61-0277	USAF US Air Force	Active	Mountain Home AFB, ID	
☐	18185	EC-135A	61-0278	(USAF US Air Force)	WFU & Stored	Davis Monthan, AZ	
☐	18186	EC-135L	61-0279	(USAF US Air Force)	WFU & Stored	Davis Monthan, AZ	
☐	18187	KC-135E	61-0280	USAF US Air Force	Active	March AFB, CA	
☐	18188	KC-135E	61-0281	US Air National Guard	Active	Phoenix Sky Harbor, AZ	
☐	18189	GEC-135H	61-0282	(USAF US Air Force)	WFU & Stored	Sheppard AFB, TX	
☐	18190	EC-135L	61-0283	(USAF US Air Force)	WFU & Stored	Davis Monthan, AZ	
☐	18191	KC-135R	61-0284	USAF US Air Force	Active	Grand Forks AFB, ND	
☐	18192	EC-135H	61-0285	(USAF US Air Force)	WFU & Stored	Davis Monthan, AZ	
☐	18193	GEC-135H	61-0286	(USAF US Air Force)	Ground Trainer	Sheppard AFB, TX	
☐	18194	EC-135A	61-0287	(USAF US Air Force)	Preserved	Offlut AFB, NE	
☐	18195	KC-135R	61-0288	USAF US Air Force	Active	?	
☐	18196	EC-135A	61-0289	(USAF US Air Force)	WFU & Stored	Davis Monthan, AZ	
☐	18197	KC-135R	61-0290	US Air National Guard	Active	Hickam AFB, HI	
☐	18198	EC-135H	61-0291	(USAF US Air Force)	Scrapped	Davis Monthan, AZ	
☐	18199	KC-135R	61-0292	USAF US Air Force	Active	MacDill AFB, FL	
☐	18200	KC-135R	61-0293	USAF US Air Force	Active	McConnell AFB, KS	
☐	18201	KC-135R	61-0294	USAF US Air Force	Active	Fairchild AFB, WA	
☐	18202	KC-135R	61-0295	USAF US Air Force	Active	Grand Forks AFB, ND	

l/n	c/n	Model	Registration	Owner/Operator	Status	Location	Notes
☐	18203	KC-135A	61-0296	(USAF US Air Force)	Written Off	Nr Alpena, MI	
☐	18204	EC-135A	61-0297	(USAF US Air Force)	WFU & Stored	Davis Monthan, AZ	
☐	18205	KC-135R	61-0298	US Air National Guard	Active	Milwaukee Mitchell Int'l, WI	
☐	18206	KC-135R	61-0299	USAF US Air Force	Active	Mildenhall, UK	
☐	18207	KC-135R	61-0300	USAF US Air Force	Active	Robins AFB, GA	
☐	18208	KC-135A	61-0301	(USAF US Air Force)	Written Off	Nr Ching Chuan Kang AB, Taiwan	
☐	18209	KC-135R	61-0302	USAF US Air Force	Active	Altus AFB, OK	
☐	18210	KC-135E	61-0303	USAF US Air Force	Active	Beale AFB, CA	
☐	18211	KC-135R	61-0304	USAF US Air Force	Active	Grand Forks AFB, ND	
☐	18212	KC-135R	61-0305	USAF US Air Force	Active	Okinawa Kadena AB, Japan	
☐	18213	KC-135R	61-0306	USAF US Air Force	Active	Okinawa Kadena AB, Japan	
☐	18214	KC-135R	61-0307	USAF US Air Force	Active	Grissom AFB, IN	
☐	18215	KC-135R	61-0308	USAF US Air Force	Active	Altus AFB, OK	
☐	18216	KC-135R	61-0309	US Air National Guard	Active	Milwaukee Mitchell Int'l, WI	
☐	18217	KC-135R	61-0310	US Air National Guard	Active	Pease AFB, NH	
☐	18218	KC-135R	61-0311	USAF US Air Force	Active	McConnell AFB, KS	
☐	18219	KC-135R	61-0312	USAF US Air Force	Active	?	
☐	18220	KC-135R	61-0313	USAF US Air Force	Active	Seymour Johnson AFB, NC	
☐	18221	KC-135R	61-0314	USAF US Air Force	Active	Mildenhall, UK	
☐	18222	KC-135R	61-0315	USAF US Air Force	Active	Altus AFB, OK	
☐	18223	KC-135A	61-0316	(USAF US Air Force)	Written Off	Cairo, Egypt	
☐	18224	KC-135R	61-0317	USAF US Air Force	Active	Okinawa Kadena AB, Japan	
☐	18225	KC-135R	61-0318	USAF US Air Force	Active	MacDill AFB, FL	
☐	18226	KC-135A	61-0319	(USAF US Air Force)	Written Off	Atlantic Ocean	
☐	18227	KC-135R	61-0320	USAF US Air Force	Active	Edwards AFB, CA	
☐	18228	KC-135R	61-0321	USAF US Air Force	Active	Fairchild AFB, WA	
☐	18229	KC-135A	61-0322	(USAF US Air Force)	Written Off	Atlantic Ocean	
☐	18230	KC-135R	61-0323	USAF US Air Force	Active	MacDill AFB, FL	
☐	18231	KC-135R	61-0324	USAF US Air Force	Active	March AFB, CA	
☐	18232	KC-135R	751	Singapore Air Force	Active	Tengah, Singapore	
☐	18233	EC-135E	61-0326	(USAF US Air Force)	WFU & Stored	Davis Monthan, AZ	
☐	18234	EC-135N/Y	61-0327	USAF US Air Force	Active	MacDill AFB, FL	
☐	18235	EC-135N	61-0328	(USAF US Air Force)	Written Off	Walkersville, MD	
☐	18236	EC-135E	61-0329	(USAF US Air Force)	WFU & Stored	Tinker AFB, OK	
☐	18237	EC-135E	61-0330	(USAF US Air Force)	WFU & Stored	Kirtland AFB, NM	
☐	18238	C-135B	61-0331	(USAF US Air Force)	Written Off	Nr Pago Pago	
☐	18239	C-135B	61-0332	(USAF US Air Force)	Written Off	Clark AB, Philippines	
☐	18292	RC-135S	61-2662	USAF US Air Force	Active	Offutt AFB, NE	
☐	18333	RC-135S	61-2663	USAF US Air Force	Active	Offutt AFB, NE	
☐	18340	RC-135S	61-2664	-	Written Off	Shemya AFB, AK	
☐	18341	TC-135B	61-2665	(USAF US Air Force)	WFU & Stored	Davis Monthan, AZ	
☐	18342	WC-135B	61-2666	USAF / Lockheed	Active	Palmdale, CA	
☐	18343	TC-135B	61-2667	USAF US Air Force	Active	Offutt AFB, NE	
☐	18344	C-135C	61-2668	USAF US Air Force	Active	Hickam AFB, HI	
☐	18345	C-135C	61-2669	(USAF US Air Force)	Preserved	Edwards AFB, CA	
☐	18346	WC-135B	61-2670	USAF US Air Force	Active	Offutt AFB, NE	
☐	18347	C-135C	61-2671	(USAF US Air Force)	Preserved	Heritage Air Park, Tinker AFB, OK	
☐	18348	OC-135B	61-2672	USAF US Air Force	Active	Offutt AFB, NE	

l/n	c/n	Model	Registration	Owner/Operator	Status	Location	Notes
☐	18349	WC-135B	61-2673	(USAF US Air Force)	WFU & Stored	Davis Monthan, AZ	
☐	18350	OC-135B	61-2674	(USAF US Air Force)	WFU & Stored	Davis Monthan, AZ	
☐	18465	RC-135S	62-4125	USAF US Air Force	Active	Offutt AFB, NE	
☐	18466	RC-135W	62-4126	US Air National Guard	Active	McGuire AFB, NJ	
☐	18467	C-135B	62-4127	USAF US Air Force	Active	Hickam AFB, HI	
☐	18468	RC-135X	62-4128	USAF US Air Force	Active	Offutt AFB, NE	
☐	18469	RC-135W	62-4129	USAF US Air Force	Active	Offutt AFB, NE	
☐	18470	RC-135S	62-4130	USAF US Air Force	Active	Offutt AFB, NE	
☐	18471	RC-135W	62-4131	USAF US Air Force	Active	Offutt AFB, NE	
☐	18472	RC-135W	62-4132	USAF US Air Force	Active	Offutt AFB, NE	
☐	18473	TC-135S	62-4133	USAF US Air Force	Active	Offutt AFB, NE	
☐	18474	RC-135W	62-4134	USAF US Air Force	Active	Offutt AFB, NE	
☐	18475	RC-135W	62-4135	USAF US Air Force	Active	Offutt AFB, NE	
☐	18476	C-135B	62-4136	-	Written Off	Guantanamo Bay NAS, Cuba	
☐	18477	RC-135E	62-4137	-	Written Off	Bering Sea	
☐	18478	RC-135W	62-4138	USAF US Air Force	Active	Offutt AFB, NE	
☐	18479	RC-135W	62-4139	USAF US Air Force	Active	Offutt AFB, NE	
☐	18480	C-135FR	497	French Air Force	Active	Istres, France	
☐	18481	KC-135R	62-3498	USAF US Air Force	Active	?	
☐	18482	KC-135R	62-3499	USAF US Air Force	Active	McConnell AFB, KS	
☐	18483	KC-135R	62-3500	US Air National Guard	Active	Milwaukee Mitchell Int'l, WI	
☐	18484	KC-135A	62-3501	(USAF US Air Force)	WFU & Stored	Davis Monthan, AZ	
☐	18485	KC-135R	62-3502	USAF US Air Force	Active	Grand Forks AFB, ND	
☐	18486	KC-135R	62-3503	USAF US Air Force	Active	Grand Forks AFB, ND	
☐	18487	KC-135R	62-3504	USAF US Air Force	Active	Grand Forks AFB, ND	
☐	18488	KC-135R	62-3505	USAF US Air Force	Active	?	
☐	18489	KC-135R	62-3506	US Air National Guard	Active	Pease AFB, NH	
☐	18490	KC-135R	62-3507	USAF US Air Force	Active	McConnell AFB, KS	
☐	18491	KC-135R	62-3508	USAF US Air Force	Active	?	
☐	18492	KC-135R	62-3509	USAF US Air Force	Active	Seymour Johnson AFB, NC	
☐	18493	KC-135R	62-3510	USAF US Air Force	Active	Grissom AFB, IN	
☐	18494	KC-135R	62-3511	US Air National Guard	Active	Rickenbacker ANGB, OH	
☐	18495	KC-135R	62-3512	US Air National Guard	Active	Milwaukee Mitchell Int'l, WI	
☐	18496	KC-135R	62-3513	USAF US Air Force	Active	Topeka-Forbes Field, KS	
☐	18497	KC-135R	62-3514	US Air National Guard	Active	Hickam AFB, HI	
☐	18498	KC-135R	62-3515	US Air National Guard	Active	Pease AFB, NH	
☐	18499	KC-135R	62-3516	US Air National Guard	Active	Phoenix Sky Harbor, AZ	
☐	18500	KC-135R	62-3517	USAF US Air Force	Active	?	
☐	18501	KC-135R	62-3518	USAF US Air Force	Active	Grissom AFB, IN	
☐	18502	KC-135R	62-3519	USAF US Air Force	Active	Mildenhall, UK	
☐	18503	KC-135R	62-3520	USAF US Air Force	Active	Grand Forks AFB, ND	
☐	18504	KC-135R	62-3521	USAF US Air Force	Active	Grissom AFB, IN	
☐	18505	KC-135A	62-3522	(USAF US Air Force)	Written Off	Griffiss AFB, NY	
☐	18506	KC-135R	62-3523	USAF US Air Force	Active	Robins AFB, GA	
☐	18507	KC-135R	62-3524	US Air National Guard	Active	Birmingham, AL	
☐	18508	C-135FR	23525	French Air Force	Active	Istres, France	
☐	18509	KC-135R	62-3526	US Air National Guard	Active	Lincoln Municipal, NE	
☐	18510	KC-135R	62-3527	USAF US Air Force	Active	?	

l/n	c/n	Model	Registration	Owner/Operator	Status	Location	Notes
☐	18511	KC-135R	62-3528	USAF US Air Force	Active	?	
☐	18512	KC-135R	62-3529	USAF US Air Force	Active	Grand Forks AFB, ND	
☐	18513	KC-135R	62-3530	USAF US Air Force	Active	Grissom AFB, IN	
☐	18514	KC-135R	62-3531	US Air National Guard	Active	Rickenbacker ANGB, OH	
☐	18515	KC-135A	62-3532	(USAF US Air Force)	WFU & Stored	Davis Monthan, AZ	
☐	18516	KC-135R	62-3533	USAF US Air Force	Active	?	
☐	18517	KC-135R	62-3534	USAF US Air Force	Active	McConnell AFB, KS	
☐	18518	KC-135A	62-3535	-	Written Off	Davis Monthan, AZ	
☐	18519	EC-135K	62-3536	-	Written Off	Nr Kirtland AFB, NM	
☐	18520	KC-135R	62-3537	USAF US Air Force	Active	Okinawa Kadena AB, Japan	
☐	18521	KC-135R	62-3538	USAF US Air Force	Active	?	
☐	18522	KC-135A	23539	Turkish Air Force	Active	Incirlik, Turkey	
☐	18523	KC-135R	62-3540	USAF US Air Force	Active	Okinawa Kadena AB, Japan	
☐	18524	KC-135R	62-3541	USAF US Air Force	Active	?	
☐	18525	KC-135R	62-3542	USAF US Air Force	Active	Seymour Johnson AFB, NC	
☐	18526	KC-135R	62-3543	USAF US Air Force	Active	Grissom AFB, IN	
☐	18527	KC-135R	62-3544	USAF US Air Force	Active	Robins AFB, GA	
☐	18528	KC-135R	62-3545	USAF US Air Force	Active	Grand Forks AFB, ND	
☐	18529	KC-135R	62-3546	USAF US Air Force	Active	Altus AFB, OK	
☐	18530	KC-135R	62-3547	US Air National Guard	Active	Pease AFB, NH	
☐	18531	KC-135R	62-3548	USAF US Air Force	Active	McConnell AFB, KS	
☐	18532	KC-135R	62-3549	USAF US Air Force	Active	Altus AFB, OK	
☐	18533	KC-135R	62-3550	USAF US Air Force	Active	Phoenix Sky Harbor, AZ	
☐	18534	KC-135R	62-3551	USAF US Air Force	Active	?	
☐	18535	KC-135R	62-3552	USAF US Air Force	Active	Grand Forks AFB, ND	
☐	18536	KC-135R	62-3553	USAF US Air Force	Active	McConnell AFB, KS	
☐	18537	KC-135R	62-3554	USAF US Air Force	Active	Robins AFB, GA	
☐	18538	KC-135A	62-3555	(USAF US Air Force)	WFU & Stored	Davis Monthan, AZ	
☐	18539	KC-135R	62-3556	USAF US Air Force	Active	Seymour Johnson AFB, NC	
☐	18540	KC-135R	62-3557	USAF US Air Force	Active	Okinawa Kadena AB, Japan	
☐	18541	KC-135R	62-3558	USAF US Air Force	Active	McConnell AFB, KS	
☐	18542	KC-135R	62-3559	USAF US Air Force	Active	McConnell AFB, KS	
☐	18543	KC-135A	62-3560	(USAF US Air Force)	WFU & Stored	Davis Monthan, AZ	
☐	18544	KC-135R	62-3561	USAF US Air Force	Active	?	
☐	18545	KC-135R	62-3562	USAF US Air Force	Active	?	
☐	18546	KC-135A	23563	Turkish Air Force	Active	Incirlik, Turkey	
☐	18547	KC-135R	62-3564	USAF US Air Force	Active	?	
☐	18548	KC-135R	62-3565	USAF US Air Force	Active	Altus AFB, OK	
☐	18549	KC-135E	62-3566	US Air National Guard	Active	Meridian Key Field, MS	
☐	18550	KC-135A	23567	Turkish Air Force	Active	Incirlik, Turkey	
☐	18551	KC-135R	62-3568	USAF US Air Force	Active	Grand Forks AFB, ND	
☐	18552	KC-135R	62-3569	USAF US Air Force	Active	Robins AFB, GA	
☐	18553	EC-135G	62-3570	(USAF US Air Force)	WFU & Stored	Davis Monthan, AZ	
☐	18554	KC-135R	62-3571	US Air National Guard	Active	Eielson AFB, AK	
☐	18555	KC-135R	62-3572	USAF US Air Force	Active	Mountain Home AFB, ID	
☐	18556	KC-135R	62-3573	USAF US Air Force	Active	McConnell AFB, KS	
☐	18557	C-135FR	23574	French Air Force	Active	Istres, France	
☐	18558	KC-135R	62-3575	USAF US Air Force	Active	McConnell AFB, KS	

	l/n	c/n	Model	Registration	Owner/Operator	Status	Location	Notes
☐		18559	KC-135R	62-3576	US Air National Guard	Active	Pease AFB, NH	
☐		18560	KC-135R	62-3577	USAF US Air Force	Active	Seymour Johnson AFB, NC	
☐		18561	KC-135R	62-3578	USAF US Air Force	Active	?	
☐		18562	EC-135G	62-3579	(USAF US Air Force)	WFU & Stored	Davis Monthan, AZ	
☐		18563	KC-135R	62-3580	USAF US Air Force	Active	Altus AFB, OK	
☐		18564	EC-135C	62-3581	(USAF US Air Force)	WFU & Stored	Davis Monthan, AZ	
☐		18565	EC-135C	62-3582	USAF US Air Force	Active	Offutt AFB, NE	
☐		18566	EC-135C	62-3583	(USAF US Air Force)	WFU & Stored	Davis Monthan, AZ	
☐		18567	EC-135J	62-3584	-	Written Off	Pope AFB, NC	
☐		18568	EC-135C	62-3585	(USAF US Air Force)	WFU & Stored	Davis Monthan, AZ	
☐		18593	KC-135R	63-7976	USAF US Air Force	Active	Grand Forks AFB, ND	
☐		18594	KC-135R	63-7977	USAF US Air Force	Active	Grand Forks AFB, ND	
☐		18595	KC-135R	63-7978	USAF US Air Force	Active	Altus AFB, OK	
☐		18596	KC-135R	63-7979	USAF US Air Force	Active	Okinawa Kadena AB, Japan	
☐		18597	KC-135R	63-7980	USAF US Air Force	Active	Altus AFB, OK	
☐		18598	KC-135R	63-7981	US Air National Guard	Active	Niagara Falls, NY	
☐		18599	KC-135R	63-7982	USAF US Air Force	Active	Grand Forks AFB, ND	
☐		18600	KC-135A	63-7983	-	Written Off	Nr Howard AFB, Panama	
☐		18601	KC-135R	63-7984	US Air National Guard	Active	Birmingham, AL	
☐		18602	KC-135R	63-7985	USAF US Air Force	Active	Tinker AFB, OK	
☐		18603	KC-135A	63-7986	(USAF US Air Force)	WFU & Stored	Davis Monthan, AZ	
☐		18604	KC-135R	63-7987	USAF US Air Force	Active	Mildenhall, UK	
☐		18605	KC-135R	63-7988	US Air National Guard	Active	Lincoln Municipal, NE	
☐		18606	KC-135A-BN	63-7989	-	Written Off	Lockbourne AFB, OH	
☐		18607	KC-135A	63-7990	-	Written Off	Dyess AFB, TX	
☐		18608	KC-135R	63-7991	US Air National Guard	Active	Lincoln Municipal, NE	
☐		18609	KC-135R	63-7992	US Air National Guard	Active	Rickenbacker ANGB, OH	
☐		18610	KC-135R	63-7993	US Air National Guard	Active	Rickenbacker ANGB, OH	
☐		18611	EC-135G	63-7994	(USAF US Air Force)	WFU & Stored	Davis Monthan, AZ	
☐		18612	KC-135R	63-7995	USAF US Air Force	Active	McConnell AFB, KS	
☐		18613	KC-135R	63-7996	USAF US Air Force	Active	Grissom AFB, IN	
☐		18614	KC-135A	63-7997	USAF US Air Force	Active	Robins AFB, GA	
☐		18615	KC-135A	N931NA	(NASA)	Preserved	Pima Air & Space Museum, Davis Monthan, AZ	
☐		18616	KC-135R	63-7999	USAF US Air Force	Active	Altus AFB, OK	
☐		18617	KC-135R	63-8000	USAF US Air Force	Active	Robins AFB, GA	
☐		18618	EC-135G	63-8001	(USAF US Air Force)	WFU & Stored	Davis Monthan, AZ	
☐		18619	KC-135R	63-8002	USAF US Air Force	Active	McConnell AFB, KS	
☐		18620	KC-135R	63-8003	USAF US Air Force	Active	McConnell AFB, KS	
☐		18621	KC-135R	63-8004	USAF US Air Force	Active	Mountain Home AFB, ID	
☐		18622	KC-135A	63-8005	(USAF US Air Force)	Preserved	Grand Forks AFB, ND	
☐		18623	KC-135R	63-8006	USAF US Air Force	Active	Robins AFB, GA	
☐		18624	KC-135R	63-8007	US Air National Guard	Active	Birmingham, AL	
☐		18625	KC-135R	63-8008	USAF US Air Force	Active	Mildenhall, UK	
☐		18626	KC-135R	750	Singapore Air Force	Active	Tengah, Singapore	
☐		18627	KC-135A	63-8010	(USAF US Air Force)	Ground Trainer	Scott AFB, IL	
☐		18628	KC-135R	63-8011	USAF US Air Force	Active	Fairchild AFB, WA	
☐		18629	KC-135R	63-8012	USAF US Air Force	Active	Grand Forks AFB, ND	
☐		18630	KC-135R	63-8013	US Air National Guard	Active	Rickenbacker ANGB, OH	

l/n	c/n	Model	Registration	Owner/Operator	Status	Location	Notes
☐	18631	KC-135R	63-8014	USAF US Air Force	Active	Okinawa Kadena AB, Japan	
☐	18632	KC-135R	63-8015	US Air National Guard	Active	Eielson AFB, AK	
☐	18633	KC-135R	753	Singapore Air Force	Active	Tengah, Singapore	
☐	18634	KC-135R	63-8017	USAF US Air Force	Active	?	
☐	18635	KC-135R	63-8018	US Air National Guard	Active	Lincoln Municipal, NE	
☐	18636	KC-135R	63-8019	USAF US Air Force	Active	McConnell AFB, KS	
☐	18637	KC-135R	63-8020	USAF US Air Force	Active	?	
☐	18638	KC-135R	63-8021	USAF US Air Force	Active	Grand Forks AFB, ND	
☐	18639	KC-135R	63-8022	USAF US Air Force	Active	McConnell AFB, KS	
☐	18640	KC-135R	63-8023	US Air National Guard	Active	Phoenix Sky Harbor, AZ	
☐	18641	KC-135R	63-8024	USAF US Air Force	Active	March AFB, CA	
☐	18642	KC-135R	63-8025	USAF US Air Force	Active	Mildenhall, UK	
☐	18643	KC-135R	63-8026	USAF US Air Force	Active	Grand Forks AFB, ND	
☐	18644	KC-135R	63-8027	USAF US Air Force	Active	Fairchild AFB, WA	
☐	18645	KC-135R	63-8028	US Air National Guard	Active	Eielson AFB, AK	
☐	18646	KC-135R	63-8029	US Air National Guard	Active	Milwaukee Mitchell Int'l, WI	
☐	18647	KC-135R	63-8030	US Air National Guard	Active	Hickam AFB, HI	
☐	18648	KC-135R	63-8031	USAF US Air Force	Active	Robins AFB, GA	
☐	18649	KC-135R	63-8032	USAF US Air Force	Active	Grissom AFB, IN	
☐	18650	KC-135R	63-8033	USAF US Air Force	Active	Mildenhall, UK	
☐	18651	KC-135R	63-8034	USAF US Air Force	Active	Altus AFB, OK	
☐	18652	KC-135R	63-8035	US Air National Guard	Active	Birmingham, AL	
☐	18653	KC-135R	63-8036	US Air National Guard	Active	Niagara Falls, NY	
☐	18654	KC-135R	63-8037	USAF US Air Force	Active	Altus AFB, OK	
☐	18655	KC-135R	63-8038	US Air National Guard	Active	Pease AFB, NH	
☐	18656	KC-135R	63-8039	USAF US Air Force	Active	Tinker AFB, OK	
☐	18657	KC-135R	63-8040	USAF US Air Force	Active	Okinawa Kadena AB, Japan	
☐	18658	KC-135R	63-8041	USAF US Air Force	Active	Grissom AFB, IN	
☐	18659	KC-135A	63-8042	-	Written Off	Walker AFB, NM	
☐	18660	KC-135R	63-8043	US Air National Guard	Active	Eielson AFB, AK	
☐	18661	KC-135R	63-8044	USAF US Air Force	Active	Grand Forks AFB, ND	
☐	18662	KC-135R	63-8045	USAF US Air Force	Active	Mildenhall, UK	
☐	18663	EC-135C	63-8046	(USAF US Air Force)	WFU & Stored	Davis Monthan, AZ	
☐	18664	EC-135C	63-8047	(USAF US Air Force)	WFU & Stored	Davis Monthan, AZ	
☐	18665	EC-135C	63-8048	(USAF US Air Force)	WFU & Stored	Davis Monthan, AZ	
☐	18666	EC-135C	63-8049	(USAF US Air Force)	WFU & Stored	Strategic Air Command Museum, Offutt AFB, NE	
☐	18667	NKC-135B	63-8050	(USAF US Air Force)	WFU & Stored	Davis Monthan, AZ	
☐	18668	EC-135C	63-8051	(USAF US Air Force)	WFU & Stored	Davis Monthan, AZ	
☐	18669	EC-135C	63-8052	(USAF US Air Force)	WFU & Stored	Davis Monthan, AZ	
☐	18670	KC-135D	63-8058	US Air National Guard	Active	Topeka-Forbes Field, KS	
☐	18671	KC-135D	63-8059	US Air National Guard	Active	Topeka-Forbes Field, KS	
☐	18672	KC-135D	63-8060	US Air National Guard	Active	Topeka-Forbes Field, KS	
☐	18673	KC-135D	63-8061	US Air National Guard	Active	Topeka-Forbes Field, KS	
☐	18679	C-135FR	38470	French Air Force	Active	Istres, France	
☐	18680	C-135FR	38471	French Air Force	Active	Istres, France	
☐	18681	C-135FR	38472	French Air Force	Active	Istres, France	
☐	18682	C-135F	38473	-	Written Off	France	
☐	18683	C-135FR	38474	French Air Force	Active	Istres, France	

l/n	c/n	Model	Registration	Owner/Operator	Status	Location	Notes
☐	18684	C-135FR	38475	French Air Force	Active	Istres, France	
☐	18695	C-135FR	312735	French Air Force	Active	Istres, France	
☐	18696	C-135FR	312736	French Air Force	Active	Istres, France	
☐	18697	C-135FR	312737	French Air Force	Active	Istres, France	
☐	18698	C-135FR	312738	French Air Force	Active	Istres, France	
☐	18699	C-135FR	312739	French Air Force	Active	Istres, France	
☐	18700	C-135FR	312740	French Air Force	Active	Istres, France	
☐	18701	EC-135C	63-8053	(USAF US Air Force)	WFU & Stored	Pope AFB, NC	
☐	18702	EC-135C	63-8054	(USAF US Air Force)	WFU & Stored	Davis Monthan, AZ	
☐	18703	EC-135J	63-8055	(USAF US Air Force)	WFU & Stored	Davis Monthan, AZ	
☐	18704	EC-135J	63-8056	(USAF US Air Force)	WFU & Stored	Davis Monthan, AZ	
☐	18705	EC-135J	63-8057	(USAF US Air Force)	Preserved	Pima Air & Space Museum, Davis Monthan, AZ	
☐	18706	RC-135V	63-9792	USAF US Air Force	Active	Offutt AFB, NE	
☐	18719	KC-135R	63-8871	USAF US Air Force	Active	?	
☐	18720	KC-135R	63-8872	US Air National Guard	Active	Niagara Falls, NY	
☐	18721	KC-135R	63-8873	USAF US Air Force	Active	Altus AFB, OK	
☐	18722	KC-135R	63-8874	USAF US Air Force	Active	Grand Forks AFB, ND	
☐	18723	KC-135R	63-8875	USAF US Air Force	Active	Mountain Home AFB, ID	
☐	18724	KC-135R	63-8876	US Air National Guard	Active	Eielson AFB, AK	
☐	18725	KC-135R	63-8877	USAF US Air Force	Active	Okinawa Kadena AB, Japan	
☐	18726	KC-135R	63-8878	USAF US Air Force	Active	Altus AFB, OK	
☐	18727	KC-135R	63-8879	USAF US Air Force	Active	Mildenhall, UK	
☐	18728	KC-135R	63-8880	USAF US Air Force	Active	Tinker AFB, OK	
☐	18729	KC-135R	63-8881	USAF US Air Force	Active	Altus AFB, OK	
☐	18730	KC-135A	63-8882	-	Written Off	Newfoundland, Canada	
☐	18731	KC-135R	63-8883	USAF US Air Force	Active	Grand Forks AFB, ND	
☐	18732	KC-135R	63-8884	USAF US Air Force	Active	McConnell AFB, KS	
☐	18733	KC-135R	63-8885	USAF US Air Force	Active	Grand Forks AFB, ND	
☐	18734	KC-135R	63-8886	(USAF US Air Force)	Written Off	Bishkek, Kyrgyzstan	
☐	18735	KC-135R	63-8887	USAF US Air Force	Active	Altus AFB, OK	
☐	18736	KC-135R	63-8888	USAF US Air Force	Active	Grand Forks AFB, ND	
☐	18768	KC-135R	64-14828	USAF US Air Force	Active	McConnell AFB, KS	
☐	18769	KC-135R	64-14829	USAF US Air Force	Active	Grand Forks AFB, ND	
☐	18770	KC-135R	64-14830	USAF US Air Force	Active	MacDill AFB, FL	
☐	18771	KC-135R	64-14831	USAF US Air Force	Active	Phoenix Sky Harbor, AZ	
☐	18772	KC-135R	64-14832	US Air National Guard	Active	Hickam AFB, HI	
☐	18773	KC-135R	64-14833	USAF US Air Force	Active	MacDill AFB, FL	
☐	18774	KC-135R	64-14834	USAF US Air Force	Active	Grissom AFB, IN	
☐	18775	KC-135R	64-14835	USAF US Air Force	Active	Fairchild AFB, WA	
☐	18776	KC-135R	64-14836	USAF US Air Force	Active	Phoenix Sky Harbor, AZ	
☐	18777	KC-135R	64-14837	USAF US Air Force	Active	Fairchild AFB, WA	
☐	18778	KC-135R	64-14838	USAF US Air Force	Active	MacDill AFB, FL	
☐	18779	KC-135R	64-14839	US Air National Guard	Active	Niagara Falls, NY	
☐	18780	KC-135R	64-14840	US Air National Guard	Active	Rickenbacker ANGB, OH	
☐	18781	KC-135V	64-14841	USAF US Air Force	Active	Offutt AFB, NE	
☐	18782	KC-135V	64-14842	USAF US Air Force	Active	Offutt AFB, NE	
☐	18783	KC-135V	64-14843	USAF US Air Force	Active	Offutt AFB, NE	
☐	18784	KC-135V	64-14844	USAF US Air Force	Active	Offutt AFB, NE	

l/n	c/n	Model	Registration	Owner/Operator	Status	Location	Notes
☐	18785	KC-135V	64-14845	USAF US Air Force	Active	Offutt AFB, NE	
☐	18786	KC-135V	64-14846	USAF US Air Force	Active	Offutt AFB, NE	
☐	18787	RC-135U	64-14847	USAF US Air Force	Active	Offutt AFB, NE	
☐	18788	RC-135V	64-14848	USAF US Air Force	Active	Offutt AFB, NE	
☐	18789	RC-135U	64-14849	USAF US Air Force	Active	Offutt AFB, NE	
☐ 901	21046	E-3C Sentry	73-1674	USAF US Air Force	Active	Seattle Boeing Field, WA	
☐ 902	21047	E-3B Sentry	75-0556	USAF US Air Force	Active	Tinker AFB, OK	
☐ 904	21185	E-3A Sentry	73-1675	USAF US Air Force	Active	Tinker AFB, OK	
☐ 907	21207	E-3B Sentry	75-0557	USAF US Air Force	Active	Tinker AFB, OK	
☐ 909	21208	E-3B Sentry	75-0558	USAF US Air Force	Active	Tinker AFB, OK	
☐ 913	21209	E-3A Sentry	75-0559	USAF US Air Force	Active	Tinker AFB, OK	
☐ 916	21250	E-3B Sentry	75-0560	USAF US Air Force	Active	Tinker AFB, OK	
☐ 921	21434	E-3B Sentry	76-1604	USAF US Air Force	Active	Tinker AFB, OK	
☐ 924	21435	E-3B Sentry	76-1605	USAF US Air Force	Active	Tinker AFB, OK	
☐ 926	21436	E-3B Sentry	76-1606	USAF US Air Force	Active	Tinker AFB, OK	
☐ 927	21437	E-3B Sentry	76-1607	USAF US Air Force	Active	Tinker AFB, OK	
☐ 930	21551	E-3B Sentry	77-0351	USAF US Air Force	Active	Tinker AFB, OK	
☐ 931	21552	E-3B Sentry	77-0352	USAF US Air Force	Active	Tinker AFB, OK	
☐ 932	21553	E-3B Sentry	77-0353	USAF US Air Force	Active	Tinker AFB, OK	
☐ 933	21554	E-3B Sentry	77-0354	-	Written Off	Elmendorf AFB, AK	
☐ 934	21555	E-3B Sentry	77-0355	USAF US Air Force	Active	Tinker AFB, OK	
☐ 935	21556	E-3B Sentry	77-0356	USAF US Air Force	Active	Tinker AFB, OK	
☐ 937	21752	E-3B Sentry	78-0576	USAF US Air Force	Active	Tinker AFB, OK	
☐ 939	21753	E-3B Sentry	78-0577	USAF US Air Force	Active	Tinker AFB, OK	
☐ 940	21754	E-3B Sentry	78-0578	USAF US Air Force	Active	Elmendorf AFB, AK	
☐ 942	21755	E-3B Sentry	79-0001	USAF US Air Force	Active	Tinker AFB, OK	
☐ 943	21756	E-3B Sentry	79-0002	USAF US Air Force	Active	Tinker AFB, OK	
☐ 944	21757	E-3B Sentry	79-0003	USAF US Air Force	Active	Tinker AFB, OK	
☐ 946	22829	E-3C Sentry	80-0137	USAF US Air Force	Active	Tinker AFB, OK	
☐ 948	22830	E-3C Sentry	80-0138	USAF US Air Force	Active	Tinker AFB, OK	
☐ 950	22831	E-3C Sentry	80-0139	USAF US Air Force	Active	Tinker AFB, OK	
☐ 951	22832	E-3C Sentry	81-0004	USAF US Air Force	Active	Tinker AFB, OK	
☐ 952	22833	E-3C Sentry	81-0005	USAF US Air Force	Active	Tinker AFB, OK	
☐ 958	22834	E-3C Sentry	82-0006	USAF US Air Force	Active	Tinker AFB, OK	
☐ 960	22835	E-3C Sentry	82-0007	USAF US Air Force	Active	Tinker AFB, OK	
☐ 962	22836	E-3C Sentry	82-0008	USAF US Air Force	Active	Tinker AFB, OK	
☐ 965	22837	E-3C Sentry	82-0009	USAF US Air Force	Active	Tinker AFB, OK	
☐ 947	22838	E-3A Sentry	LX-N90443	NATO	Active	Geilenkirchen, Germany	
☐ 949	22839	E-3A Sentry	LX-N90444	NATO	Active	Geilenkirchen, Germany	
☐ 953	22840	E-3A Sentry	LX-N90445	NATO	Active	Geilenkirchen, Germany	
☐ 954	22841	E-3A Sentry	LX-N90446	NATO	Active	Geilenkirchen, Germany	
☐ 955	22842	E-3A Sentry	LX-N90447	NATO	Active	Geilenkirchen, Germany	
☐ 956	22843	E-3A Sentry	LX-N90448	NATO	Active	Geilenkirchen, Germany	
☐ 957	22844	E-3A Sentry	LX-N90449	NATO	Active	Geilenkirchen, Germany	
☐ 959	22845	E-3A Sentry	LX-N90450	NATO	Active	Geilenkirchen, Germany	
☐ 961	22846	E-3A Sentry	LX-N90451	NATO	Active	Geilenkirchen, Germany	
☐ 963	22847	E-3A Sentry	LX-N90452	NATO	Active	Geilenkirchen, Germany	
☐ 964	22848	E-3A Sentry	LX-N90453	NATO	Active	Geilenkirchen, Germany	

l/n	c/n	Model	Registration	Owner/Operator	Status	Location	Notes
966	22849	E-3A Sentry	LX-N90454	NATO	Active	Geilenkirchen, Germany	
967	22850	E-3A Sentry	LX-N90455	NATO	Active	Geilenkirchen, Germany	
968	22851	E-3A Sentry	LX-N90456	NATO	Active	Geilenkirchen, Germany	
969	22852	E-3A Sentry	LX-N90457	(NATO)	Parts Remain	Preveza AB, Germany	
970	22853	E-3A Sentry	LX-N90458	NATO	Active	Geilenkirchen, Germany	
971	22854	E-3A Sentry	LX-N90459	NATO	Active	Geilenkirchen, Germany	
945	22855	E-3A Sentry	LX-N90442	NATO	Active	Geilenkirchen, Germany	
972	23417	E-3A Sentry	1803	Royal Saudi Air Force	Active	Al Kharj, Saudi Arabia	
973	23418	E-3A Sentry	1802	Royal Saudi Air Force	Active	Al Kharj, Saudi Arabia	
974	23419	E-3A Sentry	1801	Royal Saudi Air Force	Active	Al Kharj, Saudi Arabia	
976	23420	E-3A Sentry	1804	Royal Saudi Air Force	Active	Al Kharj, Saudi Arabia	
980	23421	E-3A Sentry	1805	Royal Saudi Air Force	Active	Al Kharj, Saudi Arabia	
975	23422	KE-3A	1811	Royal Saudi Air Force	Active	Al Kharj, Saudi Arabia	
977	23423	KE-3A	1812	Royal Saudi Air Force	Active	Al Kharj, Saudi Arabia	
978	23424	KE-3A	1813	Royal Saudi Air Force	Active	Al Kharj, Saudi Arabia	
979	23425	KE-3A	1814	Royal Saudi Air Force	Active	Al Kharj, Saudi Arabia	
981	23426	KE-3A	1815	Royal Saudi Air Force	Active	Al Kharj, Saudi Arabia	
982	23427	KE-3A	1816	Royal Saudi Air Force	Active	Al Kharj, Saudi Arabia	
984	23428	RE-3A	1901	Royal Saudi Air Force	Active	Al Kharj, Saudi Arabia	
985	23429	KE-3A	1818	Royal Saudi Air Force	Active	Al Kharj, Saudi Arabia	
983	23430	E-6B Mercury	162782	US Navy	Active	Tinker AFB, OK	
986	23889	E-6B Mercury	162783	US Navy	Active	Tinker AFB, OK	
987	23890	E-6B Mercury	162784	US Navy	Active	Tinker AFB, OK	
988	23891	E-6B Mercury	163918	US Navy	Active	Tinker AFB, OK	
989	23892	E-6B Mercury	163919	US Navy	Active	Tinker AFB, OK	
990	23893	E-6B Mercury	163920	US Navy	Active	Tinker AFB, OK	
991	23894	E-6A	164386	US Navy	Active	Tinker AFB, OK	
993	24109	E-3D Sentry	ZH101	Royal Air Force	Active	RAF Waddington, UK	
996	24110	E-3D Sentry	ZH102	Royal Air Force	Active	RAF Waddington, UK	
1004	24111	E-3D Sentry	ZH103	Royal Air Force	Active	RAF Waddington, UK	
1007	24112	E-3D Sentry	ZH104	Royal Air Force	Active	RAF Waddington, UK	
1010	24113	E-3D Sentry	ZH105	Royal Air Force	Active	RAF Waddington, UK	
1011	24114	E-3D Sentry	ZH106	Royal Air Force	Active	RAF Waddington, UK	
1000	24115	E-3F	201	French Air Force	Active	Avord, France	
1003	24116	E-3F	202	French Air Force	Active	Avord, France	
1006	24117	E-3F	203	French Air Force	Active	Avord, France	
1012	24499	E-3A Sentry	ZH107	Royal Air Force	Active	RAF Waddington, UK	
992	24500	E-6B Mercury	164387	US Navy	Active	Tinker AFB, OK	
994	24501	E-6A	164388	US Navy	Active	Tinker AFB, OK	
995	24502	E-6A	164404	US Navy	Active	Tinker AFB, OK	
1001	24503	E-8B	1902	Royal Saudi Air Force	Active	Al Kharj, Saudi Arabia	
997	24504	E-6A	164405	US Navy	Active	Tinker AFB, OK	
998	24505	E-6B Mercury	164406	US Navy	Active	Tinker AFB, OK	
999	24506	E-6A	164407	US Navy	Active	Tinker AFB, OK	
1002	24507	E-6A	164408	US Navy	Active	Tinker AFB, OK	
1005	24508	E-6A	164409	US Navy	Active	Tinker AFB, OK	
1008	24509	E-6B Mercury	164410	US Navy	Active	Tinker AFB, OK	
1009	24510	E-3D Sentry	204	French Air Force	Active	Avord, France	

Cross Reference

Registration	l/n	c/n	Registration	l/n	c/n	Registration	l/n	c/n	Registration	l/n	c/n
00325		18100	56-3615	T0054	17364	57-1457	T0137	17528	58-0005		17750
00326		18101	56-3616	T0055	17365	57-1458	T0138	17529	58-0006		17751
497		18480	56-3617	T0056	17366	57-1459	T0139	17530	58-0007		17752
750		18626	56-3618	T0057	17367	57-1460	T0140	17531	58-0008		17753
751		18232	56-3619	T0058	17368	57-1461	T0141	17532	58-0009		17754
752		17942	56-3620	T0059	17369	57-1462	T0142	17533	58-0010		17755
753		18633	56-3621	T0060	17370	57-1463	T0143	17534	58-0011		17756
23525		18508	56-3622	T0061	17371	57-1464	T0144	17535	58-0012		17757
23539		18522	56-3623	T0062	17372	57-1465	T0145	17536	58-0013		17758
23563		18546	56-3624	T0063	17373	57-1466	T0146	17537	58-0014		17759
23567		18550	56-3625	T0064	17374	57-1467	T0147	17538	58-0015		17760
23568		18551	56-3626	T0065	17375	57-1468	T0148	17539	58-0016		17761
23574		18557	56-3627	T0066	17376	57-1469	T0149	17540	58-0017		17762
38470		18679	56-3628	T0067	17377	57-1470	T0150	17541	58-0018		17763
38471		18680	56-3629	T0068	17378	57-1471	T0151	17542	58-0019		17764
38472		18681	56-3630	T0069	17379	57-1472	T0152	17543	58-0020		17765
38473		18682	56-3631	T0070	17380	57-1473	T0153	17544	58-0021		17766
38474		18683	56-3632	T0071	17381	57-1474	T0154	17545	58-0022		17767
38475		18684	56-3633	T0072	17382	57-1475	T0155	17546	58-0023		17768
72609		17745	56-3634	T0073	17383	57-1476	T0156	17547	58-0024		17769
80110		17855	56-3635	T0074	17384	57-1477	T0157	17548	58-0025		17770
312735		18695	56-3636	T0075	17385	57-1478	T0158	17549	58-0026		17771
312736		18696	56-3637	T0076	17386	57-1479	T0159	17550	58-0027		17772
312737		18697	56-3638	T0077	17387	57-1480	T0160	17551	58-0028		17773
312738		18698	56-3639	T0078	17388	57-1481	T0161	17552	58-0029		17774
312739		18699	56-3640	T0079	17389	57-1482	T0162	17553	58-0030		17775
312740		18700	56-3641	T0080	17390	57-1483	T0163	17554	58-0031		17776
553134	T0017	17250	56-3642	T0081	17391	57-1484	T0164	17555	58-0032		17777
563596	T0035	17345	56-3643	T0082	17392	57-1485	T0165	17556	58-0033		17778
5901493		17981	56-3644	T0083	17393	57-1486	T0166	17557	58-0034		17779
55-3118	T0001	17234	56-3645	T0084	17394	57-1487	T0167	17558	58-0035		17780
55-3119	T0002	17235	56-3646	T0085	17395	57-1488	T0168	17559	58-0036		17781
55-3120	T0003	17236	56-3647	T0086	17396	57-1489	T0169	17560	58-0037		17782
55-3121	T0004	17237	56-3648	T0087	17397	57-1490	T0170	17561	58-0038		17783
55-3122	T0005	17238	56-3649	T0088	17398	57-1491	T0171	17562	58-0039		17784
55-3123	T0006	17239	56-3650	T0089	17399	57-1492	T0172	17563	58-0040		17785
55-3124	T0007	17240	56-3651	T0090	17400	57-1493	T0173	17564	58-0041		17786
55-3125	T0008	17241	56-3652	T0091	17401	57-1494	T0174	17565	58-0042		17787
55-3126	T0009	17242	56-3653	T0092	17402	57-1495	T0175	17566	58-0043		17788
55-3127	T0010	17243	56-3654	T0093	17403	57-1496	T0176	17567	58-0044		17789
55-3128	T0011	17244	56-3655	T0094	17404	57-1497	T0177	17568	58-0045		17790
55-3129	T0012	17245	56-3656	T0095	17405	57-1498	T0178	17569	58-0046		17791
55-3130	T0013	17246	56-3657	T0096	17406	57-1499	T0179	17570	58-0047		17792
55-3131	T0014	17247	56-3658	T0097	17407	57-1500	T0180	17571	58-0048		17793
55-3132	T0015	17248	57-1418	T0098	17489	57-1501	T0181	17572	58-0049		17794
55-3133	T0016	17249	57-1419	T0099	17490	57-1502	T0182	17573	58-0050		17795
55-3134	T0017	17250	57-1420	T0100	17491	57-1503	T0183	17574	58-0051		17796
55-3135	T0018	17251	57-1421	T0101	17492	57-1504	T0184	17575	58-0052		17797
55-3136	T0019	17252	57-1422	T0102	17493	57-1505	T0185	17576	58-0053		17798
55-3137	T0020	17253	57-1423	T0103	17494	57-1506	T0186	17577	58-0054		17799
55-3138	T0021	17254	57-1424	T0104	17495	57-1507	T0187	17578	58-0055		17800
55-3139	T0022	17255	57-1425	T0105	17496	57-1508	T0188	17579	58-0056		17801
55-3140	T0023	17256	57-1426	T0106	17497	57-1509	T0189	17580	58-0057		17802
55-3141	T0024	17257	57-1427	T0107	17498	57-1510	T0190	17581	58-0058		17803
55-3142	T0025	17258	57-1428	T0108	17499	57-1511	T0191	17582	58-0059		17804
55-3143	T0026	17259	57-1429	T0109	17500	57-1512	T0192	17583	58-0060		17805
55-3144	T0027	17260	57-1430	T0110	17501	57-1513	T0193	17584	58-0061		17806
55-3145	T0028	17261	57-1431	T0111	17502	57-1514	T0194	17585	58-0062		17807
55-3146	T0029	17262	57-1432	T0112	17503	57-2589		17725	58-0063		17808
56-3591	T0030	17340	57-1433	T0113	17504	57-2590		17726	58-0064		17809
56-3592	T0031	17341	57-1434	T0114	17505	57-2591		17727	58-0065		17810
56-3593	T0032	17342	57-1435	T0115	17506	57-2592		17728	58-0066		17811
56-3594	T0033	17343	57-1436	T0116	17507	57-2593		17729	58-0067		17812
56-3595	T0034	17344	57-1437	T0117	17508	57-2594		17730	58-0068		17813
56-3596	T0035	17345	57-1438	T0118	17509	57-2595		17731	58-0069		17814
56-3597	T0036	17346	57-1439	T0119	17510	57-2596		17732	58-0070		17815
56-3598	T0037	17347	57-1440	T0120	17511	57-2597		17733	58-0071		17816
56-3599	T0038	17348	57-1441	T0121	17512	57-2598		17734	58-0072		17817
56-3600	T0039	17349	57-1442	T0122	17513	57-2599		17735	58-0073		17818
56-3601	T0040	17350	57-1443	T0123	17514	57-2600		17736	58-0074		17819
56-3602	T0041	17351	57-1444	T0124	17515	57-2601		17737	58-0075		17820
56-3603	T0042	17352	57-1445	T0125	17516	57-2602		17738	58-0076		17821
56-3604	T0043	17353	57-1446	T0126	17517	57-2603		17739	58-0077		17822
56-3605	T0044	17354	57-1447	T0127	17518	57-2604		17740	58-0078		17823
56-3606	T0045	17355	57-1448	T0128	17519	57-2605		17741	58-0079		17824
56-3607	T0046	17356	57-1449	T0129	17520	57-2606		17742	58-0080		17825
56-3608	T0047	17357	57-1450	T0130	17521	57-2607		17743	58-0081		17826
56-3609	T0048	17358	57-1451	T0131	17522	57-2608		17744	58-0082		17827
56-3610	T0049	17359	57-1452	T0132	17523	57-2609		17745	58-0083		17828
56-3611	T0050	17360	57-1453	T0133	17524	58-0001		17746	58-0084		17829
56-3612	T0051	17361	57-1454	T0134	17525	58-0002		17747	58-0085		17830
56-3613	T0052	17362	57-1455	T0135	17526	58-0003		17748	58-0086		17831
56-3614	T0053	17363	57-1456	T0136	17527	58-0004		17749	58-0087		17832

Boeing 707 Military Variants

Registration	l/n	c/n	Registration	l/n	c/n	Registration	l/n	c/n	Registration	l/n	c/n
58-0088		17833	59-1483		17971	60-0356		18131	61-0321		18228
58-0089		17834	59-1484		17972	60-0357		18132	61-0322		18229
58-0090		17835	59-1485		17973	60-0358		18133	61-0323		18230
58-0091		17836	59-1486		17974	60-0359		18134	61-0324		18231
58-0092		17837	59-1487		17975	60-0360		18135	61-0325		18232
58-0093		17838	59-1488		17976	60-0361		18136	61-0326		18233
58-0094		17839	59-1489		17977	60-0362		18137	61-0327		18234
58-0095		17840	59-1490		17978	60-0363		18138	61-0328		18235
58-0096		17841	59-1491		17979	60-0364		18139	61-0329		18236
58-0097		17842	59-1492		17980	60-0365		18140	61-0330		18237
58-0098		17843	59-1494		17982	60-0366		18141	61-0331		18238
58-0099		17844	59-1495		17983	60-0367		18142	61-0332		18239
58-0100		17845	59-1496		17984	60-0368		18143	61-2662		18292
58-0101		17846	59-1497		17985	60-0369		18144	61-2663		18333
58-0102		17847	59-1498		17986	60-0370		18145	61-2664		18340
58-0103		17848	59-1499		17987	60-0371		18146	61-2665		18341
58-0104		17849	59-1500		17988	60-0372		18147	61-2666		18342
58-0105		17850	59-1501		17989	60-0373		18148	61-2667		18343
58-0106		17851	59-1502		17990	60-0374		18149	61-2668		18344
58-0107		17852	59-1503		17991	60-0375		18150	61-2669		18345
58-0108		17853	59-1504		17992	60-0376		18151	61-2670		18346
58-0109		17854	59-1505		17993	60-0377		18152	61-2671		18347
58-0110		17855	59-1506		17994	60-0378		18153	61-2672		18348
58-0111		17856	59-1507		17995	61-0261		18168	61-2673		18349
58-0112		17857	59-1508		17996	61-0262		18169	61-2674		18350
58-0113		17858	59-1509		17997	61-0263		18170	62-3497		18480
58-0114		17859	59-1510		17998	61-0264		18171	62-3498		18481
58-0115		17860	59-1511		17999	61-0265		18172	62-3499		18482
58-0116		17861	59-1512		18000	61-0266		18173	62-3500		18483
58-0117		17862	59-1513		18001	61-0267		18174	62-3501		18484
58-0118		17863	59-1514		18002	61-0268		18175	62-3502		18485
58-0119		17864	59-1515		18003	61-0269		18176	62-3503		18486
58-0120		17865	59-1516		18004	61-0270		18177	62-3504		18487
58-0121		17866	59-1517		18005	61-0271		18178	62-3505		18488
58-0122		17867	59-1518		18006	61-0272		18179	62-3506		18489
58-0123		17868	59-1519		18007	61-0273		18180	62-3507		18490
58-0124		17869	59-1520		18008	61-0274		18181	62-3508		18491
58-0125		17870	59-1521		18009	61-0275		18182	62-3509		18492
58-0126		17871	59-1522		18010	61-0276		18183	62-3510		18493
58-0127		17872	59-1523		18011	61-0277		18184	62-3511		18494
58-0128		17873	60-0313		18088	61-0278		18185	62-3512		18495
58-0129		17874	60-0314		18089	61-0279		18186	62-3513		18496
58-0130		17875	60-0315		18090	61-0280		18187	62-3514		18497
59-1443		17931	60-0316		18091	61-0281		18188	62-3515		18498
59-1444		17932	60-0317		18092	61-0282		18189	62-3516		18499
59-1445		17933	60-0318		18093	61-0283		18190	62-3517		18500
59-1446		17934	60-0319		18094	61-0284		18191	62-3518		18501
59-1447		17935	60-0320		18095	61-0285		18192	62-3519		18502
59-1448		17936	60-0321		18096	61-0286		18193	62-3520		18503
59-1449		17937	60-0322		18097	61-0287		18194	62-3521		18504
59-1450		17938	60-0323		18098	61-0288		18195	62-3522		18505
59-1451		17939	60-0324		18099	61-0289		18196	62-3523		18506
59-1452		17940	60-0325		18100	61-0290		18197	62-3524		18507
59-1453		17941	60-0326		18101	61-0291		18198	62-3525		18508
59-1454		17942	60-0327		18102	61-0292		18199	62-3526		18509
59-1455		17943	60-0328		18103	61-0293		18200	62-3527		18510
59-1456		17944	60-0329		18104	61-0294		18201	62-3528		18511
59-1457		17945	60-0330		18105	61-0295		18202	62-3529		18512
59-1458		17946	60-0331		18106	61-0296		18203	62-3530		18513
59-1459		17947	60-0332		18107	61-0297		18204	62-3531		18514
59-1460		17948	60-0333		18108	61-0298		18205	62-3532		18515
59-1461		17949	60-0334		18109	61-0299		18206	62-3533		18516
59-1462		17950	60-0335		18110	61-0300		18207	62-3534		18517
59-1463		17951	60-0336		18111	61-0301		18208	62-3535		18518
59-1464		17952	60-0337		18112	61-0302		18209	62-3536		18519
59-1465		17953	60-0338		18113	61-0303		18210	62-3537		18520
59-1466		17954	60-0339		18114	61-0304		18211	62-3538		18521
59-1467		17955	60-0340		18115	61-0305		18212	62-3539		18522
59-1468		17956	60-0341		18116	61-0306		18213	62-3540		18523
59-1469		17957	60-0342		18117	61-0307		18214	62-3541		18524
59-1470		17958	60-0343		18118	61-0308		18215	62-3542		18525
59-1471		17959	60-0344		18119	61-0309		18216	62-3543		18526
59-1472		17960	60-0345		18120	61-0310		18217	62-3544		18527
59-1473		17961	60-0346		18121	61-0311		18218	62-3545		18528
59-1474		17962	60-0347		18122	61-0312		18219	62-3546		18529
59-1475		17963	60-0348		18123	61-0313		18220	62-3547		18530
59-1476		17964	60-0349		18124	61-0314		18221	62-3548		18531
59-1477		17965	60-0350		18125	61-0315		18222	62-3549		18532
59-1478		17966	60-0351		18126	61-0316		18223	62-3550		18533
59-1479		17967	60-0352		18127	61-0317		18224	62-3551		18534
59-1480		17968	60-0353		18128	61-0318		18225	62-3552		18535
59-1481		17969	60-0354		18129	61-0319		18226	62-3553		18536
59-1482		17970	60-0355		18130	61-0320		18227	62-3554		18537

Boeing 707 Military Variants — Out Of Production List: Western Jet Airliners

Registration	l/n	c/n	Registration	l/n	c/n	Registration	l/n	c/n	Registration	l/n	c/n
62-3555		18538	63-8007		18624	64-14831		18771	CA0087		18538
62-3556		18539	63-8008		18625	64-14832		18772	CA0090		18349
62-3557		18540	63-8009		18626	64-14833		18773	CA0091		18232
62-3558		18541	63-8010		18627	64-14834		18774	CA0092		18703
62-3559		18542	63-8011		18628	64-14835		18775	CA0093		18664
62-3560		18543	63-8012		18629	64-14836		18776	CA0094	T0005	17238
62-3561		18544	63-8013		18630	64-14837		18777	CA0095	T0003	17236
62-3562		18545	63-8014		18631	64-14838		18778	CA0099		18633
62-3563		18546	63-8015		18632	64-14839		18779	CA0101		18543
62-3564		18547	63-8016		18633	64-14840		18780	CA0104	T0025	17258
62-3565		18548	63-8017		18634	64-14841		18781	CA0106	T0011	17244
62-3566		18549	63-8018		18635	64-14842		18782	CA0107		18341
62-3567		18550	63-8019		18636	64-14843		18783	CA0109		17855
62-3568		18551	63-8020		18637	64-14844		18784	CA0110		18546
62-3569		18552	63-8021		18638	64-14845		18785	CA0115		18350
62-3570		18553	63-8022		18639	64-14846		18786	CA0116		18100
62-3571		18554	63-8023		18640	64-14847		18787	CA0117		18669
62-3572		18555	63-8024		18641	64-14848		18788	CA0118		18522
62-3573		18556	63-8025		18642	64-14849		18789	CA0119		18550
62-3574		18557	63-8026		18643	6G0001	T0035	17345	CA0124		18663
62-3575		18558	63-8027		18644	6G0002	T0017	17250	CA0125		18702
62-3576		18559	63-8028		18645	AACA0134	T0043	17353	CA0126	T0008	17241
62-3577		18560	63-8029		18646	AACA0135	T0024	17257	CA0127		18564
62-3578		18561	63-8030		18647	AACA0136		17798	CA0128		18665
62-3579		18562	63-8031		18648	AACA0140	T0191	17582	CA0129		18150
62-3580		18563	63-8032		18649	AACA0141		17809	CA0130		18151
62-3581		18564	63-8033		18650	AACA0142	T0162	17553	CA020		18169
62-3582		18565	63-8034		18651	AACA0144	T0018	17251	CA028	T0083	17393
62-3583		18566	63-8035		18652	CA0004	T0009	17242	CA029	T0042	17352
62-3584		18567	63-8036		18653	CA0007		18198	CA030	T0047	17357
62-3585		18568	63-8037		18654	CA0008	T0012	17245	CA031	T0075	17385
62-4125		18465	63-8038		18655	CA0009		17764	CA032	T0054	17364
62-4126		18466	63-8039		18656	CA0010		18181	CA033	T0076	17386
62-4127		18467	63-8040		18657	CA0011		17767	CA034	T0085	17395
62-4128		18468	63-8041		18658	CA0012		18192	CA037	T0072	17382
62-4129		18469	63-8042		18659	CA0013		18704	CA038	T0074	17384
62-4130		18470	63-8043		18660	CA0014		18705	CA041	T0090	17400
62-4131		18471	63-8044		18661	CA0015		18170	CA044	T0086	17396
62-4132		18472	63-8045		18662	CA0016		18190	CA046	T0100	17491
62-4133		18473	63-8046		18663	CA0017		18618	CA047	T0033	17343
62-4134		18474	63-8047		18664	CA0018		18186	CA049	T0073	17383
62-4135		18475	63-8048		18665	CA0019		18566	CA051	T0058	17368
62-4136		18476	63-8049		18666	CA0020		18168	CA054	T0066	17376
62-4137		18477	63-8050		18667	CA0021		18204	CA055	T0049	17359
62-4138		18478	63-8051		18668	CA0022		18196	CA059	T0039	17349
62-4139		18479	63-8052		18669	CA0023		18562	CA062	T0019	17252
63-12735		18695	63-8053		18701	CA0024		18553	CA063	T0064	17374
63-12736		18696	63-8054		18702	CA0025	T0092	17402	CA064	T0053	17363
63-12737		18697	63-8055		18703	CA0026		17778	CA065	T0088	17398
63-12738		18698	63-8056		18704	CA0027		18668	CA070	T0020	17253
63-12739		18699	63-8057		18705	CA0035	T0156	17547	CA074	T0030	17340
63-12740		18700	63-8058		18670	CA0036	T0157	17548	CA077	T0091	17401
63-7976		18593	63-8059		18671	CA0039	T0147	17538	CA078	T0081	17391
63-7977		18594	63-8060		18672	CA0040	T0010	17243	CA088		18100
63-7978		18595	63-8061		18673	CA0042		17726	CA096	T0059	17369
63-7979		18596	63-8470		18679	CA0043		17842	CA102	T0060	17370
63-7980		18597	63-8471		18680	CA0045		18611	CA103	T0063	17373
63-7981		18598	63-8472		18681	CA0048		18185	F-OKCH		18696
63-7982		18599	63-8473		18682	CA0050	T0170	17561	N837NA	T0012	17245
63-7983		18600	63-8474		18683	CA0052		17826	N930NA		17969
63-7984		18601	63-8475		18684	CA0053	T0014	17247	N931NA		18615
63-7985		18602	63-8871		18719	CA0056		17774	N96		18006
63-7986		18603	63-8872		18720	CA0057		17745			
63-7987		18604	63-8873		18721	CA0058		17773			
63-7988		18605	63-8874		18722	CA0060		17727			
63-7989		18606	63-8875		18723	CA0061		17732			
63-7990		18607	63-8876		18724	CA0066		17728			
63-7991		18608	63-8877		18725	CA0067	T0002	17235			
63-7992		18609	63-8878		18726	CA0068		18484			
63-7993		18610	63-8879		18727	CA0069		18557			
63-7994		18611	63-8880		18728	CA0071		18480			
63-7995		18612	63-8881		18729	CA0072	T0040	17350			
63-7996		18613	63-8882		18730	CA0073		18626			
63-7997		18614	63-8883		18731	CA0075		17770			
63-7998		18615	63-8884		18732	CA0076		18515			
63-7999		18616	63-8885		18733	CA0079		17836			
63-8000		18617	63-8886		18734	CA0080		17850			
63-8001		18618	63-8887		18735	CA0081		18508			
63-8002		18619	63-8888		18736	CA0082		17937			
63-8003		18620	63-9792		18706	CA0083		17942			
63-8004		18621	64-14828		18768	CA0084		18101			
63-8005		18622	64-14829		18769	CA0085		18550			
63-8006		18623	64-14830		18770	CA0086		18603			

Boeing 720

Production Started:	1959
Production Ended:	1969
Number Built:	154
Active:	1
Preserved:	6
WFU, Stored & In Parts:	24
Written Off:	23
Scrapped:	100

Location Summary

Canada	1
China	1
Colombia	1
Congo	1
Denmark	1
Iceland	1
India	1
Israel	1
Kenya	2
Malta	3
Pakistan	3
Rep. Of Ireland	1
Somalia	1
South Korea	1
Taiwan	1
USA - AZ	4
USA - CA	1
USA - FL	2
USA - NM	1
USA - PA	1
Yemen	1
Zimbabwe	1

l/n	c/n	Model	Registration	Owner/Operator	Status	Location	Notes
85	17907	22	N7201U	-	Scrapped	Luton, UK	
95	17908	22	N7202U	-	Scrapped	Minneapolis, MN	
109	17909	22	N7203U	-	Scrapped	Minneapolis, MN	
120	18013	023B	4X-JYG	-	WFU & Stored	Hatzerim, Israel	
130	17910	22	N7204U	-	Scrapped	Minneapolis, MN	
131	17911	22	N7205U	-	Scrapped	Minneapolis, MN	
132	17912	22	N7206U	-	Scrapped	Minneapolis, MN	
141	17913	22	N7207U	-	Scrapped	Miami, FL	
142	17914	22	N7208U	-	Scrapped	Denver, CO	
143	18014	023B	N341A	-	Scrapped	Davis Monthan, AZ	
146	17915	22	HI-372	-	Scrapped	Miami, FL	
147	17916	22	N7210U	-	Scrapped	Minneapolis, MN	
148	17917	22	VP-HCP	-	Scrapped	Miami, FL	
149	18015	023B	6O-SAW	(Somali Airlines)	WFU & Stored	Mogadishu, Somalia	
150	18016	023B	N720AC	-	Scrapped	Davis Monthan, AZ	
156	18017	023B	OD-AFP	-	Written Off	Beirut, Lebanon	
157	18018	023B	OD-AFR	-	Written Off	Beirut, Lebanon	
158	18019	023B	N18KM	-	Scrapped	Long Beach, CA	
165	18020	023B	OD-AFT	-	Written Off	Al Qaysumah, Saudi Arabia	
166	18023	023B	HK-1973	-	Scrapped	Miami, FL	
172	18041	48	N1776Q	-	Scrapped	Seattle Boeing Field, WA	
173	18021	023B	N720PW	Pratt & Whitney Canada Flight Ops	WFU & Stored	Plattsburgh, PA	
174	18022	023B	N1R	-	Fuselage Remains	Davis Monthan, AZ	
177	18024	023B	C-FETB	Pratt & Whitney Canada Flight Ops	Active	St. Hubert, Canada	
178	18044	22	N37777	-	Written Off	Barranquilla, Colombia	
179	18045	22	VP-HCO	-	Scrapped	Miami, FL	
180	18025	023B	OD-AFZ	-	Scrapped	Beirut, Lebanon	
181	18026	023B	OD-AFW	-	Written Off	Beirut, Lebanon	
182	18042	48	N303AS	-	Scrapped	Seattle Boeing Field, WA	
183	18046	22	VP-HCM	-	Scrapped	Miami, FL	
184	18047	22	N7215U	-	Scrapped	Denver, CO	
185	18048	22	N7216U	-	Scrapped	Hong Kong Kai Tak	
186	18049	22	HI-401	-	Scrapped	Puerto Plata, Dominican Republic	
187	18064	27	N736T	-	Scrapped	Seattle Boeing Field, WA	
188	18043	48	9Q-CFT	(Fontshi Aviation Service)	WFU & Stored	Mbuji Maji, Congo	
189	18027	023B	C-FWXL	(Pratt & Whitney Canada)	WFU & Stored	Mojave, CA	
190	18057	030B	HK-677	-	Scrapped	St. Petersburg, FL	
191	18050	22	N7281U	-	Scrapped	Opa Locka, FL	
193	18028	023B	HK-1974	-	Scrapped	Barranquilla, Colombia	
194	18029	023B	OD-AFU	-	Written Off	Beirut, Lebanon	
195	18030	023B	EL-AKD	(Aer Rianta Fire School)	Fire Dump	Shannon, Ireland	
196	18065	27	N734T	-	Scrapped	Seattle Boeing Field, WA	
197	18061	047B	HK-723	-	Written Off	Mexico City	
198	18031	023B	6O-SAX	-	Scrapped	Mogadishu, Somalia	
199	18032	023B	7O-ABQ	(Alyemda)	WFU & Stored	Aden, Yemen	
202	18058	030B	D-ABOK	-	Written Off	Mainz, Germany	
203	18059	030B	N3831X	-	Scrapped	Davis Monthan, AZ	
204	18062	047B	AP-AXQ	-	Scrapped	Karachi, Pakistan	

Boeing 720 — Out Of Production List: Western Jet Airliners

	l/n	c/n	Model	Registration	Owner/Operator	Status	Location	Notes
☐	206	18033	023BF	N720BG	-	Scrapped	Davis Monthan, AZ	
☐	207	18034	023B	OD-AFL	-	Written Off	Beirut, Lebanon	
☐	208	18066	27	N833NA	-	Written Off	Edwards AFB, CA	
☐	210	18060	030B	HK-2558X	-	Scrapped	Miami, FL	
☐	211	18351	051B	18351	(Taiwan Air Force)	Preserved	Taiwan Kangshan	
☐	213	18063	047B	N110DS	-	Scrapped	Davis Monthan, AZ	
☐	214	18035	023B	OD-AFO	-	Written Off	Beirut, Lebanon	
☐	215	18036	023B	HC-AZP	-	Scrapped	Marana, AZ	
☐	218	18352	051B	SX-DBG	-	Scrapped	Athens Hellinikon, Greece	
☐	219	18353	051B	SX-DBH	-	Scrapped	Athens Hellinikon, Greece	
☐	220	18037	023B	N782PA	-	Scrapped	Davis Monthan, AZ	
☐	221	18167	047B	N210DS	-	Scrapped	Marana, AZ	
☐	222	18381	051B	N2464C	-	Scrapped	Davis Monthan, AZ	
☐	223	18382	051B	N2464K	-	Scrapped	Davis Monthan, AZ	
☐	224	18354	051B	N724US	-	Written Off	Everglades, FL	
☐	225	18155	25	OO-TEA	-	Scrapped	Brussels, Belgium	
☐	226	18154	27	N730T	-	Scrapped	Seattle Boeing Field, WA	
☐	230	18383	051B	N24666	-	Scrapped	Davis Monthan, AZ	
☐	231	18355	051B	SX-DBI	-	Scrapped	Shannon, Ireland	
☐	232	18156	25	N10VG	-	Scrapped	Indianapolis, IN	
☐	233	18157	25	N3124Z	-	Scrapped	Luton, UK	
☐	234	18158	25	N40102	-	Scrapped	Kingman, AZ	
☐	235	18159	25	VT-ERS	(Atlanta Skylarks)	WFU & Stored	Nagpur, India	
☐	236	18160	25	HL7402	(Korean Air Lines)	Cabin Trainer	Seoul, South Korea	
☐	237	18384	051B	N720H	-	Scrapped	Phoenix, AZ	
☐	238	18356	051B	SX-DBK	-	Scrapped	Athens Hellinikon, Greece	
☐	239	18161	25	OY-DSM	-	Scrapped	Copenhagen, Denmark	
☐	240	18162	25	9Q-CTD	-	Scrapped	Kinshasa, Congo	
☐	241	18163	25	TF-VLA	-	Scrapped	Keflavik, Iceland	
☐	242	18164	25	HL7403	-	Scrapped	Kingman, AZ	
☐	243	18420	051B	SX-DBL	-	Scrapped	Athens Hellinikon, Greece	
☐	244	18421	051B/C-137B	99-18421	(Boeing Military Airplane Co)	Fuselage Remains	Davis Monthan, AZ	
☐	245	18086	059B	N4451B	-	Scrapped	Nuevo Laredo, Mexico	
☐	246	18240	25	N8711E	-	Scrapped	Port-au-Prince, Haiti	
☐	247	18241	25	OY-DSP	(Danmarks Flyvemuseum)	Cockpit Preserved	Copenhagen, Denmark	
☐	248	18242	25	VP-YNM	(Air Zimbabwe)	Cabin Trainer	Harare Airport, Zimbabwe	
☐	249	18087	059B	HK-725	-	Written Off	Quito, Ecuador	
☐	250	18165	068B	N2628Y	-	Scrapped	Moses Lake, WA	
☐	251	18166	068B	HZ-ACB	-	Parts Remain	El Mirage, AZ	
☐	252	18072	22	XA-SDL	(Lambda Air)	Stored	Miami, FL	
☐	253	18073	22	N64696	-	Nose Remains	Miami, FL	
☐	254	18243	25	OY-DSR	-	Written Off	Copenhagen, Denmark	
☐	255	18244	25	Z-YNN	-	Scrapped	Harare Airport, Zimbabwe	
☐	256	18422	051B	TF-AYB	-	Scrapped	Davis Monthan, AZ	
☐	257	18378	040B	9H-AAM	(Air Malta)	Fire Trainer	Malta Luqa	
☐	258	18248	030B	HK-749	(Avianca Colombia)	Preserved	Parque Salitre Magico, Bogota, Colombia	
☐	259	18074	22	VP-HCN	-	Scrapped	Miami, FL	
☐	260	18075	22	TF-VVB	(Eagle Air)	Fire Trainer	Keflavik Airport, Iceland	

l/n	c/n	Model	Registration	Owner/Operator	Status	Location	Notes
261	18076	22	VP-HCQ	-	Scrapped	Miami, FL	
262	18249	030B	D-ABOP	-	Written Off	Ansbach, Germany	
263	18250	030B	AP-AZP	(PIA Pakistan International)	Preserved	Chilton Beach, Karachi, Pakistan	
265	18077	22	N7224U	-	Scrapped	Davis Monthan, AZ	
267	18078	22	9Q-CTM	-	Scrapped	Kinshasa, Congo	
273	18251	030B	N720BC	-	Scrapped	Davis Monthan, AZ	
278	18079	22	N7226U	-	Scrapped	Minneapolis, MN	
279	18376	62	N301AS	-	Scrapped	Miami, FL	
281	18424	058B(F)	N8498S	(US Air Force)	WFU & Stored	Kirtland AFB, NM	
284	18080	22	N62215	(Caledonian Airlines)	WFU & Stored	Kilimanjaro, Kenya	
285	18377	62	N302AS	-	Scrapped	Berlin Tempelhof, Germany	
288	18416	024B	N57201	-	Scrapped	-	
289	18423	27	N321E	-	Scrapped	Bournemouth, UK	
290	18425	058B	N4228G	-	Scrapped	Davis Monthan, AZ	
295	18417	024B	N550DS	-	Scrapped	Davis Monthan, AZ	
297	18081	22	N7228U	-	Police Trainer	Beijing Capital, China	
298	18082	22	N419MA	-	Scrapped	Mumbai, India	
300	18418	024B	N769BE	-	Scrapped	Davis Monthan, AZ	
304	18419	024B	N770BE	-	Scrapped	Davis Monthan, AZ	
307	18451	047B	N720JR	(JR Executive SAL)	WFU & Stored	Malta Luqa	
310	18452	047B	N92GS	-	Scrapped	Miami, FL	
314	18453	047B	P4-NJR	(JR Executive SAL)	Stored	Malta Luqa	
319	18454	060B	ET-AAG	-	Written Off	Beirut, Lebanon	
321	18379	040B	AP-AMH	-	Written Off	Cairo, Egypt	
322	18455	060B	N330DS	-	Scrapped	Davis Monthan, AZ	
324	18380	040B	N5487N	-	Scrapped	Davis Monthan, AZ	
337	18588	047B	5Y-BBX	(Kenya Airways)	Fire Trainer	Nairobi, Kenya	
338	18589	047B	AP-BAF	-	Scrapped	Karachi, Pakistan	
339	18590	047B	AP-AXK	-	Written Off	Quetta, Pakistan	
340	18587	024B	N57205	-	Scrapped	-	
347	18581	27	N733T	-	Scrapped	Seattle Boeing Field, WA	
351	18687	051B	SX-DBM	-	Scrapped	Athens Hellinikon, Greece	
361	18688	051B	N8215Q	-	Scrapped	Davis Monthan, AZ	
374	18749	047B	AP-AXM	(PIA Pakistan International)	Preserved	PIA Planetarium, Karachi, Pakistan	
380	18745	040B	AP-ATQ	-	Scrapped	Karachi, Pakistan	
381	18792	051B	TF-AYA	-	Scrapped	Davis Monthan, AZ	
382	18763	024B	N57206	-	Scrapped	-	
384	18793	051B	N771BE	-	Scrapped	Everett Paine Field, WA	
390	18818	047B	AP-AXL	(PIA Pakistan International)	Preserved	PIA Planetarium, Karachi, Pakistan	
401	18820	047B	TF-VLC	-	Scrapped	Stansted, UK	
410	18827	047B	TF-VLB	-	Scrapped	Shannon, Ireland	
414	18831	059B	N4450Z	-	Scrapped	Davis Monthan, AZ	
423	18828	047B	OD-AGG	-	Written Off	Beirut, Lebanon	
427	18829	047B	CX-BQG	-	Scrapped	Davis Monthan, AZ	
429	18830	047B	OD-AGF	-	Scrapped	Beirut, Lebanon	
433	18963	047B	OD-AGE	-	Written Off	Beirut, Lebanon	
442	18977	060B	N7381	(Embraceable Annie)	Nose Remains	El Mirage, AZ	
470	19160	047B	OD-AGQ	-	Written Off	Beirut, Lebanon	

l/n	c/n	Model	Registration	Owner/Operator	Status	Location	Notes
473	19002	024B	N17207	-	Scrapped	-	
474	19003	024B	N17208	-	Scrapped	-	
481	19161	047B	OD-AGR	-	Written Off	Beirut, Lebanon	
512	19207	047B	N3161	-	Scrapped	Davis Monthan, AZ	
514	19208	047B	N3162	-	Scrapped	Davis Monthan, AZ	
581	19413	047B	N3163	-	Scrapped	Davis Monthan, AZ	
597	19414	047B	N3164	-	Scrapped	Davis Monthan, AZ	
615	19438	047B	N3165	-	Scrapped	Davis Monthan, AZ	
621	19439	047B	N3166	-	Written Off	Ontario, Canada	
624	19523	047B	5V-TAD	-	Scrapped	Davis Monthan, AZ	

Cross Reference

Registration	l/n	c/n	Registration	l/n	c/n	Registration	l/n	c/n	Registration	l/n	c/n
18351	211	18351	G-BRDR	361	18688	N4451B	245	18086	N7381	442	18977
3D-ADV	257	18378	HC-AZO	206	18033	N5487N	324	18380	N7511A	220	18037
4R-ACS	120	18013	HC-AZP	215	18036	N550DS	295	18417	N7527A	120	18013
4X-ABA	281	18424	HC-AZQ	220	18037	N57201	288	18416	N7528A	143	18014
4X-ABB	290	18425	HC-BDP	206	18033	N57202	295	18417	N7529A	149	18015
4X-BMA	143	18014	HI-372	146	17915	N57203	300	18418	N7530A	150	18016
4X-BMB	120	18013	HI-401	186	18049	N57204	304	18419	N7531A	156	18017
4X-JYG	120	18013	HI-415	252	18072	N57205	340	18587	N7532A	157	18018
5V-TAD	624	19523	HK-1973	166	18023	N57206	382	18763	N7533A	158	18019
5Y-BBX	337	18588	HK-1974	193	18028	N62215	284	18080	N7534A	165	18020
6O-SAU	120	18013	HK-2558X	210	18060	N64696	253	18073	N7535A	173	18021
6O-SAW	149	18015	HK-676	203	18059	N68646	380	18745	N7536A	174	18022
6O-SAX	198	18031	HK-677	190	18057	N7076	187	18064	N7537A	166	18023
7O-ABQ	199	18032	HK-723	197	18061	N7077	196	18065	N7538A	177	18024
7O-ACP	150	18016	HK-724	245	18086	N7078	226	18154	N7539A	180	18025
99-18421	244	18421	HK-725	249	18087	N7079	289	18423	N7540A	181	18026
9H-AAK	213	18063	HK-726	414	18831	N7080	347	18581	N7541A	189	18027
9H-AAL	221	18167	HK-749	258	18248	N7081	182	18042	N7542A	193	18028
9H-AAM	257	18378	HL7402	236	18160	N7082	188	18043	N7543A	194	18029
9H-AAN	324	18380	HL7403	242	18164	N7083	172	18041	N7544A	195	18030
9H-AAO	427	18829	HP-685	178	18044	N7201U	85	17907	N7545A	198	18031
9L-LAZ	273	18251	HZ-ACA	250	18165	N7202U	95	17908	N7546A	199	18032
9Q-CFT	188	18043	HZ-ACB	251	18166	N7203U	109	17909	N7547A	206	18033
9Q-CTD	240	18162	HZ-KA1	307	18451	N7204U	130	17910	N7548A	207	18034
9Q-CTM	267	18078	HZ-KA4	314	18453	N7205U	131	17911	N7549A	214	18035
9Y-TCS	188	18043	HZ-NAA	307	18451	N7206U	132	17912	N7550A	215	18036
A6-HHR	150	18016	JY-ADS	263	18250	N7207U	141	17913	N769BE	300	18418
AP-AMG	257	18378	JY-ADT	273	18251	N7208U	142	17914	N770BE	304	18419
AP-AMH	321	18379	LN-TUU	172	18041	N7209U	146	17915	N771BE	384	18793
AP-AMJ	324	18380	LN-TUV	188	18043	N720AC	150	18016	N780EC	206	18033
AP-ATQ	380	18745	LN-TUW	234	18158	N720BC	273	18251	N780PA	206	18033
AP-AXK	339	18590	N10VG	232	18156	N720BG	206	18033	N781PA	215	18036
AP-AXL	390	18818	N110DS	213	18063	N720CC	146	17915	N782PA	220	18037
AP-AXM	374	18749	N113	208	18066	N720GT	237	18384	N783PA	190	18057
AP-AXQ	204	18062	N15VG	241	18163	N720H	237	18384	N784PA	203	18059
AP-AZP	263	18250	N17207	473	19002	N720JR	307	18451	N785PA	210	18060
AP-BAF	338	18589	N17208	474	19003	N720PW	173	18021	N786PA	258	18248
BAL003	148	17917	N1776Q	172	18041	N720V	279	18376	N787PA	263	18250
C9-ARG	120	18013	N18KM	158	18019	N720W	285	18377	N788PA	273	18251
C-FETB	177	18024	N1R	174	18022	N7210U	147	17916	N791TW	222	18381
C-FWXI	173	18021	N210DS	221	18167	N7211U	148	17917	N792TW	223	18382
C-FWXL	189	18027	N2143J	307	18451	N7212U	178	18044	N793TW	230	18383
CX-BQG	427	18829	N23	208	18066	N7213U	179	18045	N795TW	237	18384
CZ0067	174	18022	N2464C	222	18381	N7214U	183	18046	N8215Q	361	18688
CZ0068	514	19208	N2464K	223	18382	N7215U	184	18047	N833NA	208	18066
CZ0076	512	19207	N24666	230	18383	N7216U	185	18048	N8498S	281	18424
CZ0115	381	18792	N2628Y	250	18165	N7217U	186	18049	N8498T	290	18425
CZ0163	322	18455	N2697V	208	18066	N7219U	252	18072	N8701E	225	18155
CZ0164	295	18417	N28JS	178	18044	N721US	211	18351	N8702E	232	18156
CZ0174	361	18688	N301AS	279	18376	N7220U	253	18073	N8703E	233	18157
CZ165	213	18063	N302AS	285	18377	N7221U	259	18074	N8704E	234	18158
CZ181	427	18829	N303AS	182	18042	N7222U	260	18075	N8705E	235	18159
D-ABOH	190	18057	N304AS	186	18049	N7223U	261	18076	N8706E	236	18160
D-ABOK	202	18058	N3124Z	233	18157	N7224U	265	18077	N8707E	239	18161
D-ABOL	203	18059	N3154	410	18827	N7225U	267	18078	N8708E	240	18162
D-ABOM	210	18060	N3155	423	18828	N7226U	278	18079	N8709E	241	18163
D-ABON	258	18248	N3156	427	18829	N7227U	284	18080	N8710E	242	18164
D-ABOP	262	18249	N3157	429	18830	N7228U	297	18081	N8711E	246	18240
D-ABOQ	263	18250	N3158	433	18963	N7229L	235	18159	N8712E	247	18241
D-ABOR	273	18251	N3159	470	19160	N7229U	298	18082	N8713E	248	18242
D-ACIP	240	18162	N3160	481	19161	N722US	218	18352	N8714E	254	18243
D-ACIQ	241	18163	N3161	512	19207	N723US	219	18353	N8715E	255	18244
D-ACIR	246	18240	N3162	514	19208	N724US	224	18354	N8790R	188	18043
D-ACIS	248	18242	N3163	581	19413	N725US	231	18355	N92GS	310	18452
D-ACIT	255	18244	N3164	597	19414	N726US	238	18356	N93136	250	18165
EI-ALA	172	18041	N3165	615	19438	N727US	243	18420	N93137	263	18250
EI-ALB	182	18042	N3166	621	19439	N7281U	191	18050	N93141	197	18061
EI-ALC	188	18043	N3167	624	19523	N728US	244	18421	N93142	204	18062
EL-AKD	195	18030	N3183B	234	18158	N729US	256	18422	N93143	213	18063
ET-AAG	319	18454	N321E	289	18423	N730T	226	18154	N93144	221	18167
ET-AAH	322	18455	N330DS	322	18455	N730US	222	18381	N93145	307	18451
ET-ABP	442	18977	N341A	143	18014	N731T	289	18423	N93146	310	18452
ET-AFA	300	18418	N3746E	210	18060	N731US	223	18382	N93147	314	18453
ET-AFB	304	18419	N37777	178	18044	N731US	230	18383	N93148	337	18588
ET-AFK	295	18417	N3831X	203	18059	N733T	347	18581	N93149	338	18589
G-AZFB	222	18381	N40102	234	18158	N734T	172	18041	N93150	339	18590
G-AZKM	223	18382	N417MA	298	18082	N734T	196	18065	N93151	374	18749
G-AZNX	230	18383	N419MA	298	18082	N734US	351	18687	N93152	390	18818
G-BBZG	381	18792	N421MA	186	18049	N735US	361	18688	N93153	401	18820
G-BCBA	143	18014	N4228G	290	18425	N736T	187	18064	OD-AFL	207	18034
G-BCBB	120	18013	N440DS	442	18977	N736US	381	18792	OD-AFM	189	18027
G-BHGE	244	18421	N4450Z	414	18831	N737US	384	18793	OD-AFN	195	18030

Registration	l/n	c/n
OD-AFO	214	18035
OD-AFP	156	18017
OD-AFQ	177	18024
OD-AFR	157	18018
OD-AFS	158	18019
OD-AFT	165	18020
OD-AFU	194	18029
OD-AFW	181	18026
OD-AFZ	180	18025
OD-AGB	173	18021
OD-AGE	433	18963
OD-AGF	429	18830
OD-AGG	423	18828
OD-AGQ	470	19160
OD-AGR	481	19161
OO-TEA	225	18155
OO-TEB	188	18043
OO-TYA	237	18384
OO-VGM	253	18073
OY-APU	381	18792
OY-APV	384	18793
OY-APW	256	18422
OY-APY	244	18421
OY-APZ	237	18384
OY-DSK	233	18157
OY-DSL	235	18159
OY-DSM	239	18161
OY-DSP	247	18241
OY-DSR	254	18243
P2-ANG	143	18014
P4-NJR	314	18453
SX-DBG	218	18352
SX-DBH	219	18353
SX-DBI	231	18355
SX-DBK	238	18356
SX-DBL	243	18420
SX-DBM	351	18687
SX-DBN	361	18688
TF-AYA	381	18792
TF-AYA	381	18792
TF-AYB	256	18422
TF-AYC	244	18421
TF-AYD	384	18793
TF-VLA	241	18163
TF-VLB	410	18827
TF-VLC	401	18820
TF-VVA	298	18082
TF-VVB	260	18075
TF-VVE	241	18163
VP-HCM	183	18046
VP-HCN	259	18074
VP-HCO	179	18045
VP-HCP	148	17917
VP-HCQ	261	18076
VP-YNL	240	18162
VP-YNM	248	18242
VP-YNN	255	18244
VT-ERS	235	18159
XA-SDL	252	18072
YA-HBA	210	18060
YN-BYI	361	18688
Z-YNL	240	18162
Z-YNN	255	18244

Boeing 717

Production Started:	1998
Production Ended:	2006
Number Built:	156
Active:	141
Preserved:	0
WFU, Stored & In Parts:	15
Written Off:	0
Scrapped:	0

Location Summary	
Australia	13
Mexico	4
Spain	9
Thailand	2
Turkmenistan	7
USA - CA	12
USA - GA	87
USA - HI	12
USA - WI	10

l/n	c/n	Model	Registration	Owner/Operator	Status	Location	Notes
5001	55000	200	N717XA	Boeing	WFU & Stored	Long Beach, CA	
5002	55001	26R	VH-NXF	(QantasLink)	Stored	Adelaide, Australia	For Hawaiian Airlines
5003	55002	26R	N489HA	Hawaiian Airlines	Active	Honolulu, HI	
5004	55003	2BD	N949AT	AirTran Airways	Active	Atlanta, GA	
5005	55004	2BD	N940AT	AirTran Airways	Active	Atlanta, GA	
5006	55005	2BD	N942AT	AirTran Airways	Active	Atlanta, GA	
5007	55006	2BD	N943AT	AirTran Airways	Active	Atlanta, GA	
5008	55007	2BD	N944AT	AirTran Airways	Active	Atlanta, GA	
5009	55008	2BD	N945AT	AirTran Airways	Active	Atlanta, GA	
5010	55009	2BD	N946AT	AirTran Airways	Active	Atlanta, GA	
5011	55010	2BD	N947AT	AirTran Airways	Active	Atlanta, GA	
5012	55011	2BD	N948AT	AirTran Airways	Active	Atlanta, GA	
5013	55054	2K9	VH-NXI	Qantaslink	Active	Perth, Australia	
5014	55055	2K9	VH-NXH	(QantasLink)	Stored	Perth, Australia	
5015	55056	2K9	EC-KFR	Spanair	Active	Madrid, Spain	
5016	55053	2K9	EC-KHX	Spanair	Active	Madrid, Spain	
5017	55058	231	N936AT	AirTran Airways	Active	Atlanta, GA	
5018	55012	2BD	N950AT	AirTran Airways	Active	Atlanta, GA	
5019	55069	231	N935AT	AirTran Airways	Active	Atlanta, GA	
5020	55057	2K9	VH-NXG	Qantaslink	Active	Perth, Australia	
5021	55013	2BD	N951AT	AirTran Airways	Active	Atlanta, GA	
5022	55070	231	N934AT	AirTran Airways	Active	Atlanta, GA	
5023	55059	2CM	EC-HNY	Quantum Air	Active	Palma de Mallorca, Spain	
5024	55071	231	N933AT	AirTran Airways	Active	Atlanta, GA	
5025	55072	231	N930AT	AirTran Airways	Active	Atlanta, GA	
5026	55060	2CM	EC-HNZ	Quantum Air	Active	Palma de Mallorca, Spain	
5027	55014	2BD	N952AT	AirTran Airways	Active	Atlanta, GA	
5028	55073	231	N932AT	AirTran Airways	Active	Atlanta, GA	
5029	55061	2CM	EC-HOA	Quantum Air	Active	Palma de Mallorca, Spain	
5030	55074	231	HS-PGR	Bangkok Airways	Active	Bangkok Suvarnabhumi, Thailand	
5031	55062	23S	VH-NXD	Qantaslink	Active	Perth, Australia	
5032	55075	231	N929AT	AirTran Airways	Active	Atlanta, GA	
5033	55015	2BD	N953AT	AirTran Airways	Active	Atlanta, GA	
5034	55063	23S	VH-NXE	Qantaslink	Active	Perth, Australia	
5035	55076	231	N928AT	AirTran Airways	Active	Atlanta, GA	
5036	55016	2BD	N954AT	AirTran Airways	Active	Atlanta, GA	
5037	55064	23S	EC-KNE	Spanair	Active	Madrid, Spain	
5038	55077	231	N927AT	AirTran Airways	Active	Atlanta, GA	
5039	55078	231	N926AT	AirTran Airways	Active	Atlanta, GA	
5040	55017	2BD	N955AT	AirTran Airways	Active	Atlanta, GA	
5041	55151	2CM	VH-NXC	Qantaslink	Active	Perth, Australia	For Hawaiian Airlines
5042	55079	231	N925AT	AirTran Airways	Active	Atlanta, GA	
5043	55080	231	N924AT	AirTran Airways	Active	Atlanta, GA	
5044	55018	2BD	N956AT	AirTran Airways	Active	Atlanta, GA	
5045	55081	231	HS-PGQ	Bangkok Airways	Active	Bangkok Suvarnabhumi, Thailand	
5046	55082	231	N921AT	AirTran Airways	Active	Atlanta, GA	
5047	55019	2BD	N957AT	AirTran Airways	Active	Atlanta, GA	
5048	55065	23S	EC-JZX	Quantum Air	Active	Palma de Mallorca, Spain	

l/n	c/n	Model	Registration	Owner/Operator	Status	Location	Notes
5049	55083	231	N920AT	AirTran Airways	Active	Atlanta, GA	
5050	55121	22A	N475HA	Hawaiian Airlines	Active	Honolulu, HI	
5051	55020	2BD	N958AT	AirTran Airways	Active	Atlanta, GA	
5052	55084	231	N919AT	AirTran Airways	Active	Atlanta, GA	
5053	55118	22A	N476HA	Hawaiian Airlines	Active	Honolulu, HI	
5054	55066	23S	EC-HUZ	(Quantum Air)	Stored	Barcelona, Spain	
5055	55085	231	N915AT	AirTran Airways	Active	Atlanta, GA	
5056	55086	231	N910AT	AirTran Airways	Active	Atlanta, GA	
5057	55021	2BD	N959AT	AirTran Airways	Active	Atlanta, GA	
5058	55022	2BD	N960AT	AirTran Airways	Active	Atlanta, GA	
5059	55067	23S	EC-KRO	Spanair	Active	Madrid, Spain	
5060	55087	231	N906AT	AirTran Airways	Active	Atlanta, GA	
5061	55122	22A	N477HA	Hawaiian Airlines	Active	Honolulu, HI	
5062	55023	2BD	N961AT	AirTran Airways	Active	Atlanta, GA	
5063	55088	231	N987AT	AirTran Airways	Active	Atlanta, GA	
5064	55123	22A	N478HA	Hawaiian Airlines	Active	Honolulu, HI	
5065	55068	23S	N988AT	AirTran Airways	Active	Atlanta, GA	
5066	55024	2BD	N963AT	AirTran Airways	Active	Atlanta, GA	
5067	55089	231	N986AT	AirTran Airways	Active	Atlanta, GA	
5068	55090	231	N985AT	AirTran Airways	Active	Atlanta, GA	
5069	55124	22A	N479HA	Hawaiian Airlines	Active	Honolulu, HI	
5070	55125	22A	N480HA	Hawaiian Airlines	Active	Honolulu, HI	
5071	55025	2BD	N964AT	AirTran Airways	Active	Atlanta, GA	
5072	55153	22K	EZ-A101	Turkmenistan Airlines	Active	Ashkhabad, Turkmenistan	
5073	55126	22A	N481HA	Hawaiian Airlines	Active	Honolulu, HI	
5074	55127	22A	N603AT	AirTran Airways	Active	Atlanta, GA	
5075	55091	231	N937AT	AirTran Airways	Active	Atlanta, GA	
5076	55026	2BD	N965AT	AirTran Airways	Active	Atlanta, GA	
5077	55092	231	VH-NXK	Qantaslink	Active	Perth, Australia	
5078	55154	22K	EZ-A102	Turkmenistan Airlines	Active	Ashkhabad, Turkmenistan	
5079	55128	22A	N604AT	AirTran Airways	Active	Atlanta, GA	
5080	55129	22A	N484HA	Hawaiian Airlines	Active	Honolulu, HI	
5081	55027	2BD	N966AT	AirTran Airways	Active	Atlanta, GA	
5082	55028	2BD	N967AT	AirTran Airways	Active	Atlanta, GA	
5083	55093	231	VH-NXL	Qantaslink	Active	Perth, Australia	
5084	55094	231	VH-NXM	Qantaslink	Active	Adelaide, Australia	
5085	55152	23S	N989AT	AirTran Airways	Active	Atlanta, GA	
5086	55155	22K	EZ-A103	Turkmenistan Airlines	Active	Ashkhabad, Turkmenistan	
5087	55095	231	VH-NXN	Qantaslink	Active	Perth, Australia	
5088	55134	23S	N990AT	AirTran Airways	Active	Atlanta, GA	
5089	55130	22A	N485HA	Hawaiian Airlines	Active	Honolulu, HI	
5090	55135	23S	N991AT	AirTran Airways	Active	Atlanta, GA	
5091	55029	2BD	N968AT	AirTran Airways	Active	Atlanta, GA	
5092	55131	22A	N486HA	Hawaiian Airlines	Active	Honolulu, HI	
5093	55096	231	VH-NXO	Qantaslink	Active	Perth, Australia	
5094	55030	2BD	N969AT	AirTran Airways	Active	Atlanta, GA	
5095	55097	231	VH-NXQ	Qantaslink	Active	Perth, Australia	
5096	55031	2BD	N970AT	AirTran Airways	Active	Atlanta, GA	

	l/n	c/n	Model	Registration	Owner/Operator	Status	Location	Notes
☐	5097	55032	2BD	N971AT	AirTran Airways	Active	Atlanta, GA	
☐	5098	55132	22A	N487HA	Hawaiian Airlines	Active	Honolulu, HI	
☐	5099	55033	2BD	N972AT	AirTran Airways	Active	Atlanta, GA	
☐	5100	55136	2BD	N992AT	AirTran Airways	Active	Atlanta, GA	
☐	5101	55034	2BD	N974AT	AirTran Airways	Active	Atlanta, GA	
☐	5102	55035	2BD	N975AT	AirTran Airways	Active	Atlanta, GA	
☐	5103	55137	2BD	N993AT	AirTran Airways	Active	Atlanta, GA	
☐	5104	55138	2BD	N994AT	AirTran Airways	Active	Atlanta, GA	
☐	5105	55139	2BD	N995AT	AirTran Airways	Active	Atlanta, GA	
☐	5106	55036	2BD	N977AT	AirTran Airways	Active	Atlanta, GA	
☐	5107	55140	2BD	N996AT	AirTran Airways	Active	Atlanta, GA	
☐	5108	55037	2BD	N978AT	AirTran Airways	Active	Atlanta, GA	
☐	5109	55038	2BD	N979AT	AirTran Airways	Active	Atlanta, GA	
☐	5110	55141	2BD	N997AT	AirTran Airways	Active	Atlanta, GA	
☐	5111	55039	2BD	N980AT	AirTran Airways	Active	Atlanta, GA	
☐	5112	55142	2BD	N998AT	AirTran Airways	Active	Atlanta, GA	
☐	5113	55040	2BD	N981AT	AirTran Airways	Active	Atlanta, GA	
☐	5114	55041	2BD	N982AT	AirTran Airways	Active	Atlanta, GA	
☐	5115	55042	2BD	N717JL	AirTran Airways	Active	Atlanta, GA	
☐	5116	55166	2BL	N902ME	Midwest Airlines	Active	Milwaukee, WI	
☐	5117	55167	2BL	N903ME	Click Mexicana	Active	Merida, Mexico	
☐	5118	55168	2BL	N904ME	Midwest Airlines	Active	Milwaukee, WI	
☐	5119	55169	2BL	XA-CLC	Click Mexicana	Active	Merida, Mexico	
☐	5120	55170	2BL	N906ME	(Midwest Airlines)	Stored	Victorville, CA	For Click Mexicana
☐	5121	55171	2BL	N907ME	(Midwest Airlines)	Stored	Victorville, CA	For Click Mexicana
☐	5122	55172	2BL	N908ME	(Midwest Airlines)	Stored	Victorville, CA	For Click Mexicana
☐	5123	55173	2BL	N909ME	Midwest Airlines	Active	Milwaukee, WI	
☐	5124	55174	2BL	N910ME	Midwest Airlines	Active	Milwaukee, WI	
☐	5125	55175	2BL	N912ME	(Midwest Airlines)	Stored	Victorville, CA	For Click Mexicana
☐	5126	55176	2BL	N913ME	Midwest Airlines	Active	Milwaukee, WI	
☐	5127	55177	2BL	N914ME	(Midwest Airlines)	Stored	Victorville, CA	For Click Mexicana
☐	5128	55178	2BL	N916ME	(Midwest Airlines)	Stored	Victorville, CA	For Click Mexicana
☐	5129	55179	2BL	N917ME	(Midwest Airlines)	Stored	Victorville, CA	For Click Mexicana
☐	5130	55195	22K	EZ-A104	Turkmenistan Airlines	Active	Ashkhabad, Turkmenistan	
☐	5131	55043	2BD	N891AT	AirTran Airways	Active	Atlanta, GA	
☐	5132	55180	2BL	XA-CLB	Click Mexicana	Active	Merida, Mexico	
☐	5133	55196	22K	EZ-A105	Turkmenistan Airlines	Active	Ashkhabad, Turkmenistan	
☐	5134	55044	2BD	N892AT	AirTran Airways	Active	Atlanta, GA	
☐	5135	55181	2BL	N919ME	(Midwest Airlines)	Stored	Victorville, CA	For Click Mexicana
☐	5136	55045	2BD	N893AT	AirTran Airways	Active	Atlanta, GA	
☐	5137	55046	2BD	N894AT	AirTran Airways	Active	Atlanta, GA	
☐	5138	55182	2BL	N920ME	Midwest Airlines	Active	Milwaukee, WI	
☐	5139	55047	2BD	N895AT	AirTran Airways	Active	Atlanta, GA	
☐	5140	55183	2BL	N921ME	(Midwest Airlines)	Stored	Victorville, CA	For Click Mexicana
☐	5141	55048	2BD	N896AT	AirTran Airways	Active	Atlanta, GA	
☐	5142	55184	2BL	N922ME	(Midwest Airlines)	Stored	Victorville, CA	For Click Mexicana
☐	5143	55049	2BD	N899AT	AirTran Airways	Active	Atlanta, GA	
☐	5144	55050	2BD	N922AT	AirTran Airways	Active	Atlanta, GA	

l/n	c/n	Model	Registration	Owner/Operator	Status	Location	Notes
5145	55185	2BL	N923ME	Midwest Airlines	Active	Milwaukee, WI	
5146	55186	22K	EZ-A106	Turkmenistan Airlines	Active	Ashkhabad, Turkmenistan	
5147	55187	22K	EZ-A107	Turkmenistan Airlines	Active	Ashkhabad, Turkmenistan	
5148	55051	2BD	N923AT	AirTran Airways	Active	Atlanta, GA	
5149	55190	2BL	XA-CLD	Click Mexicana	Active	Merida, Mexico	
5150	55052	2BD	N983AT	AirTran Airways	Active	Atlanta, GA	
5151	55191	2BL	N925ME	Midwest Airlines	Active	Milwaukee, WI	
5152	55192	2BL	N926ME	Midwest Airlines	Active	Milwaukee, WI	
5153	55193	2BL	N927ME	(Midwest Airlines)	Stored	Victorville, CA	For Click Mexicana
5154	55194	2BL	N928ME	Midwest Airlines	Stored	Victorville, CA	For Click Mexicana
5155	55098	2BD	N938AT	AirTran Airways	Active	Atlanta, GA	
5156	55099	231	N939AT	AirTran Airways	Active	Atlanta, GA	

Boeing 717 — Out Of Production List: Western Jet Airliners

Cross Reference

Registration	l/n	c/n	Registration	l/n	c/n	Registration	l/n	c/n
EC-HNY	5023	55059	N6206F	5104	55138	N955AT	5040	55017
EC-HNZ	5026	55060	N7071U	5134	55044	N956AT	5044	55018
EC-HOA	5029	55061	N717JL	5115	55042	N957AT	5047	55019
EC-HUZ	5054	55066	N717XA	5001	55000	N958AT	5051	55020
EC-JZX	5048	55065	N717XB	5002	55001	N959AT	5057	55021
EC-KFR	5015	55056	N717XC	5003	55002	N960AT	5058	55022
EC-KHX	5016	55053	N717XD	5004	55003	N961AT	5062	55023
EC-KNE	5037	55064	N717XE	5005	55004	N963AT	5066	55024
EC-KRO	5059	55067	N891AT	5131	55043	N964AT	5071	55025
EI-CWJ	5065	55068	N892AT	5134	55044	N965AT	5076	55026
EI-CWK	5085	55152	N893AT	5136	55045	N966AT	5081	55027
EI-CWM	5088	55134	N894AT	5137	55046	N967AT	5082	55028
EI-CWN	5090	55135	N895AT	5139	55047	N968AT	5091	55029
EZ-A101	5072	55153	N896AT	5141	55048	N969AT	5094	55030
EZ-A102	5078	55154	N899AT	5143	55049	N970AT	5096	55031
EZ-A103	5086	55155	N9010L	5026	55060	N971AT	5097	55032
EZ-A104	5130	55195	N9012J	5013	55054	N972AT	5099	55033
EZ-A105	5133	55196	N9012S	5014	55055	N974AT	5101	55034
EZ-A106	5146	55186	N9014S	5037	55064	N975AT	5102	55035
EZ-A107	5147	55187	N9014S	5059	55067	N977AT	5106	55036
HS-PGO	5059	55067	N902ME	5116	55166	N978AT	5108	55037
HS-PGP	5037	55064	N903ME	5117	55167	N979AT	5109	55038
HS-PGQ	5045	55081	N904ME	5118	55168	N980AT	5111	55039
HS-PGR	5030	55074	N905ME	5119	55169	N981AT	5113	55040
N2404A	5024	55071	N906AT	5060	55087	N982AT	5114	55041
N2410W	5038	55077	N906ME	5120	55170	N983AT	5115	55042
N2414E	5045	55081	N907ME	5121	55171	N983AT	5150	55052
N2417F	5052	55084	N908ME	5122	55172	N985AT	5068	55090
N2419C	5056	55086	N909ME	5123	55173	N986AT	5067	55089
N2421A	5063	55088	N910AT	5056	55086	N987AT	5063	55088
N2425A	5077	55092	N910ME	5124	55174	N988AT	5065	55068
N2427A	5084	55094	N912ME	5125	55175	N989AT	5085	55152
N401TW	5017	55058	N913ME	5126	55176	N990AT	5088	55134
N402TW	5019	55069	N914ME	5127	55177	N991AT	5090	55135
N403TW	5022	55070	N915AT	5055	55085	N992AT	5100	55136
N405TW	5025	55072	N916ME	5128	55178	N993AT	5103	55137
N406TW	5028	55073	N917ME	5129	55179	N994AT	5104	55138
N407TW	5030	55074	N918ME	5132	55180	N995AT	5105	55139
N408TW	5032	55075	N919AT	5052	55084	N996AT	5107	55140
N409TW	5035	55076	N919ME	5135	55181	N997AT	5110	55141
N411TW	5039	55078	N920AT	5049	55083	N998AT	5112	55142
N412TW	5042	55079	N920ME	5138	55182	SX-BOA	5015	55056
N413TW	5043	55080	N921AT	5046	55082	SX-BOB	5016	55053
N415TW	5046	55082	N921ME	5140	55183	SX-BOC	5048	55065
N416TW	5049	55083	N922AT	5144	55050	VH-AFR	5031	55062
N418TW	5055	55085	N922ME	5142	55184	VH-IMD	5014	55055
N420TW	5060	55087	N923AT	5148	55051	VH-IMP	5013	55054
N422TW	5067	55089	N923ME	5145	55185	VH-LAX	5020	55057
N423TW	5068	55090	N924AT	5043	55080	VH-NXB	5003	55002
N424TW	5075	55091	N924ME	5149	55190	VH-NXC	5041	55151
N426TW	5083	55093	N925AT	5042	55079	VH-NXD	5031	55062
N428TW	5087	55095	N925ME	5151	55191	VH-NXE	5034	55063
N429TW	5093	55096	N926AT	5039	55078	VH-NXF	5002	55001
N430TW	5095	55097	N926ME	5152	55192	VH-NXG	5020	55057
N475HA	5050	55121	N927AT	5038	55077	VH-NXH	5014	55055
N476HA	5053	55118	N927ME	5153	55193	VH-NXI	5013	55054
N477HA	5061	55122	N928AT	5035	55076	VH-NXK	5077	55092
N478HA	5064	55123	N928ME	5154	55194	VH-NXL	5083	55093
N479HA	5069	55124	N929AT	5032	55075	VH-NXM	5084	55094
N480HA	5070	55125	N930AT	5025	55072	VH-NXN	5087	55095
N481HA	5073	55126	N932AT	5028	55073	VH-NXO	5093	55096
N482HA	5074	55127	N933AT	5024	55071	VH-NXQ	5095	55097
N483HA	5079	55128	N934AT	5022	55070	VH-SMH	5034	55063
N484HA	5080	55129	N935AT	5019	55069	VH-VQA	5002	55001
N485HA	5089	55130	N936AT	5017	55058	VH-VQB	5003	55002
N486HA	5092	55131	N937AT	5075	55091	VH-VQC	5041	55151
N487HA	5098	55132	N938AT	5155	55098	VH-VQD	5031	55062
N489HA	5003	55002	N939AT	5156	55099	VH-VQE	5034	55063
N603AT	5074	55127	N940AT	5005	55004	VH-VQF	5077	55092
N604AT	5079	55128	N942AT	5006	55005	VH-VQG	5083	55093
N6200N	5085	55152	N943AT	5007	55006	VH-VQH	5084	55094
N6200N	5090	55135	N944AT	5008	55007	VH-VQI	5087	55095
N6202D	5100	55136	N945AT	5009	55008	VH-VQJ	5093	55096
N6202S	5020	55057	N946AT	5010	55009	VH-VQK	5095	55097
N6202S	5041	55151	N947AT	5011	55010	VH-YQF	5077	55092
N6202S	5048	55065	N948AT	5012	55011	VH-YQG	5083	55093
N6202S	5054	55066	N949AT	5004	55003	VH-YQH	5084	55094
N6202S	5072	55153	N950AT	5018	55012	VH-YQI	5087	55095
N6202S	5085	55152	N951AT	5021	55013	VH-YQJ	5093	55096
N6202S	5090	55135	N952AT	5027	55014	VH-YQK	5095	55097
N6203U	5023	55059	N953AT	5033	55015	XA-CLB	5132	55180
N6204C	5065	55068	N954AT	5036	55016	XA-CLC	5119	55169

Boeing 727-100

Production Started:	1963
Production Ended:	1984
Number Built:	572
Active:	69
Preserved:	15
WFU, Stored & In Parts:	213
Written Off:	45
Scrapped:	228

Location Summary

Location	Count
Afghanistan	1
Angola	18
Australia	2
Bolivia	4
Brazil	4
Burkina Faso	1
Canada	11
Colombia	16
Congo	13
Costa Rica	1
Djibouti	1
Dominican Republic	1
Ecuador	3
Equatorial Guinea	1
Eritrea	1
France	1
Gambia	2
Iceland	1
India	1
Indonesia	1
Iran	4
Jordan	1
Malta	1
Mexico	10
New Zealand	1
Nigeria	2
Panama	1
Peru	11
Philippines	1

Location Summary

Location	Count
Portugal	1
Rep. Of Ireland	1
Romania	1
Russia	1
Sao Tome	3
Saudi Arabia	2
South Africa	9
Taiwan	2
Togo	1
United Kingdom	8
USA - AK	3
USA - AL	3
USA - AR	3
USA - AZ	19
USA - CA	12
USA - CO	1
USA - CT	1
USA - DC	1
USA - FL	13
USA - GA	1
USA - IL	1
USA - IN	3
USA - KS	1
USA - KY	1
USA - LA	1
USA - MA	1
USA - MI	5
USA - MN	1
USA - MS	6
USA - NC	5
USA - NM	35
USA - NY	3
USA - OH	1
USA - OK	2
USA - PA	2
USA - TN	8
USA - TX	6
USA - UT	1
USA - VA	1
USA - WA	7
Venezuela	5
Zimbabwe	1

Boeing 727-100 — Out Of Production List: Western Jet Airliners

	l/n	c/n	Model	Registration	Owner/Operator	Status	Location	Notes
☐	1	18293	22	N7001U	(United Airlines)	Preserved	Museum of Flight, Everett, WA	
☐	2	18464	22	N72700	-	Scrapped	Everett, WA	
☐	3	18294	22	N7002U	(San Francisco International Airport)	Fire Trainer	San Francisco, CA	
☐	4	18295	22	N68650	-	Written Off	Hendersonville, NC	
☐	5	18296	22	N7004U	(United Airlines)	Stored	Davis Monthan, AZ	
☐	6	18297	22	N7005U	-	Scrapped	Shelton, WA	
☐	7	18298	22	N7006U	-	Scrapped	Shelton, WA	
☐	8	18252	25	XA-GBP	-	Scrapped	Monterrey, Mexico	
☐	9	18299	22	N7007U	-	Scrapped	Shelton, WA	
☐	10	18300	22	N7008U	-	Scrapped	Shelton, WA	
☐	11	18253	25	N727RL	-	Scrapped	Maxton, NC	
☐	12	18301	22	N7009U	-	Scrapped	Shelton, WA	
☐	13	18254	25	5N-AWV	-	Scrapped	Kano, Nigeria	
☐	14	18255	25F	5Y-BMW	(Aero Zambia)	WFU & Stored	Expo Site, Asmara, Eritrea	
☐	15	18426	23	D2-FOO	-	Scrapped	Luanda, Angola	
☐	16	18256	25	5N-AWX	-	Scrapped	Opa Locka, FL	
☐	17	18257	25	N901TS	-	Scrapped	Mojave, CA	
☐	18	18427	23	N1971	-	Scrapped	Maxton, NC	
☐	19	18302	22	N7010U	-	Scrapped	Shelton, WA	
☐	20	18258	25	5N-AWY	-	Scrapped	Kano, Nigeria	
☐	21	18428	23	N1972	-	Scrapped	Opa Locka, FL	
☐	22	18303	22	N7011U	-	Scrapped	Shelton, WA	
☐	23	18304	22	N7012U	-	Scrapped	Shelton, WA	
☐	24	18360	30	N46	-	Scrapped	Atlantic City, NJ	
☐	25	18259	25	N8108N	-	Nose Preserved	Davis Monthan, AZ	
☐	26	18429	23F	D2-FCI	(Angola Air Charter)	WFU & Stored	Luanda, Angola	
☐	27	18305	22	N7013U	-	Scrapped	Shelton, WA	
☐	28	18361	30	9Q-CRG	Hewa Bora Airways / Congo Airlines	Stored	Kinshasa, Congo	
☐	29	18260	25	N8109N	-	Scrapped	Macon, GA	
☐	30	18261	25	N8110N	-	Scrapped	Maxton, NC	
☐	31	18430	23	N1974	-	Scrapped	Miami, FL	
☐	32	18431	23F	N1975	-	Scrapped	Maxton, NC	
☐	33	18362	30	84-0193	(USAF US Air Force)	WFU & Stored	Davis Monthan, AZ	
☐	34	18306	22	N7014U	-	Scrapped	Shelton, WA	
☐	35	18363	30	EP-PLN	(Government of Iran)	WFU & Stored	Tehran Mehrabad, Iran	
☐	36	18569	31	N850TW	-	Scrapped	Dallas Love Field, TX	
☐	37	18364	30	N18478	-	Scrapped	Miami, FL	
☐	38	18307	22	N7015U	(San Jose State University)	Ground Trainer	San Jose, CA	
☐	39	18570	31	N851TW	-	Scrapped	Kansas City, MO	
☐	40	18308	22	N7016U	-	Scrapped	Shelton, WA	
☐	41	18262	25	N8111N	(Eastern Air Lines)	Nose Preserved	Pitt Meadows, BC, Canada	
☐	42	18571	31	N852TW	-	Written Off	Chicago O'Hare, IL	
☐	43	18432	23	OB-1731	-	Scrapped	Opa Locka, FL	
☐	44	18433	23	OB-1728	-	Scrapped	Opa Locka, FL	
☐	45	18263	25	N8112N	-	Scrapped	Macon, GA	
☐	46	18572	31	XA-RWG	(Aeroexo)	WFU & Stored	Monterrey, Mexico	
☐	47	18309	22	N7017U	(United Airlines)	Preserved	Museum of Science, Chicago, IL	

	l/n	c/n	Model	Registration	Owner/Operator	Status	Location	Notes
☐	48	18310	22	N7018U	-	Scrapped	Shelton, WA	
☐	49	18573	31	N854TW	-	Scrapped	Kansas City, MO	
☐	50	18434	23	N1978	-	Scrapped	Maxton, NC	
☐	51	18435	23F	D2-FCJ	-	Scrapped	Miami, FL	
☐	52	18365	30	N665DH	Clementine Aviation Services	Active	Houston, TX	
☐	53	18264	25	N8113N	-	Scrapped	Marana, AZ	
☐	54	18265	25	N8114N	-	Scrapped	Macon, GA	
☐	55	18311	22	N7019U	-	Scrapped	Shelton, WA	
☐	56	18574	31	N855TW	-	Scrapped	Kansas City, MO	
☐	57	18575	31	N856TW	-	Scrapped	Kansas City, MO	
☐	58	18436	23	XA-SXZ	-	Scrapped	Miami, FL	
☐	59	18437	23	N1981	-	Scrapped	Miami, FL	
☐	60	18312	22	N7020U	(Purdue University)	Ground Trainer	Lafayette, IN	
☐	61	18266	25	N8115N	-	Scrapped	Marana, AZ	
☐	62	18267	25	N902TS	-	Scrapped	Oklahoma City, OK	
☐	63	18576	31	N857TW	-	Scrapped	Kansas City, MO	
☐	64	18577	31	N858TW	(Trans World Airlines)	Fuselage Remains	Maxton, NC	
☐	65	18438	23	N1982	-	Scrapped	Maxton, NC	
☐	66	18313	22	N7021U	-	Scrapped	Shelton, WA	
☐	67	18439	23	N1983	-	Scrapped	Greenwood, MS	
☐	68	18578	31	N859TW	-	Scrapped	Greenwood, MS	
☐	69	18440	23	N1984	-	Scrapped	Miami, FL	
☐	70	18750	31	N849TW	-	Scrapped	Montgomery, AL	
☐	71	18268	25	N8117N	-	Scrapped	Ardmore, OK	
☐	72	18741	76	N18480	-	Scrapped	Mojave, CA	
☐	73	18314	22	N7022U	(United Airlines)	Fire Trainer	Dothan, AL	
☐	74	18269	25	OB-R1081	-	Scrapped	Lima, Peru	
☐	75	18751	31	N848TW	-	Scrapped	Kansas City, MO	
☐	76	18752	31	XA-SQO	(TAESA)	WFU & Stored	Toluca, Mexico	
☐	77	18315	22	N7023U	-	Scrapped	Shelton, WA	
☐	78	18743	77	XA-SIR	-	Scrapped	Opa Locka, FL	
☐	79	18270	25F	HK-3814X	(Lineas Aereas Suramericanas)	WFU & Stored	Bogota, Colombia	
☐	80	18316	22	N7024U	-	Parts Preserved	Nr Fort Pemberton, MS	
☐	81	18742	76	XA-SHT	-	Scrapped	Opa Locka, FL	
☐	82	18271	25F	N502FE	-	Scrapped	Mojave, CA	
☐	83	18753	31	HC-BPL	-	Scrapped	Guayaquil, Ecuador	
☐	84	18754	31	N845TW	-	Scrapped	Chicago O'Hare, IL	
☐	85	18811	35	N4610	(Logo South Africa)	Stored	Harare, Zimbabwe	
☐	86	18744	77	N134CA	(Americana de Aviacion)	WFU & Stored	Lima, Peru	
☐	87	18755	31	N844TW	-	Scrapped	Kansas City, MO	
☐	88	18317	22	N7025U	-	Scrapped	Greenwood, MS	
☐	89	18272	25	N903TS	-	Scrapped	Mojave, CA	
☐	90	18797	51	N461US	(Northwest Airlines)	Ground Trainer	Hanscom Field, Boston, MA	
☐	91	18273	25F	N503FE	-	Scrapped	Mojave, CA	
☐	92	18812	35	N290AT	-	Scrapped	Greenwood, MS	
☐	93	18798	51	YA-GAA	(Kam Air)	Stored	Kabul Khwaja Rawash, Afghanistan	
☐	94	18813	35	83-4612	(USAF US Air Force)	WFU & Stored	Maxton, NC	
☐	95	18318	22	N7026U	-	Scrapped	Greenwood, MS	

Boeing 727-100 — Out Of Production List: Western Jet Airliners

	l/n	c/n	Model	Registration	Owner/Operator	Status	Location	Notes
☐	96	18274	25F	N504FE	-	Scrapped	Mojave, CA	
☐	97	18441	23	N1985	-	Scrapped	Johannesburg, South Africa	
☐	98	18366	30	S9-SVE	Air Horizon Togo	Active	Lome, Togo	
☐	99	18794	78F	N728EV	(Evergreen International Airlines)	Stored	Marana, AZ	
☐	100	18814	35	N149FN	-	Scrapped	Coral Springs, FL	
☐	101	18275	25F	N708DH	(DHL Airways)	WFU & Stored	Kingman, AZ	
☐	102	18799	51	N463US	-	Scrapped	Grayson County, TX	
☐	103	18276	25F	N505FE	(FedEx Express)	WFU & Stored	Greenwood, MS	
☐	104	18795	78	CP-1223	(Lloyd Aereo Boliviano)	WFU & Stored	Cochabamba, Bolivia	
☐	105	18442	23	N1986	-	Scrapped	Detroit, MI	
☐	106	18815	35	C-GOFA	(Bradley Air Services)	Fuselage Remains	Ottawa, Canada	
☐	107	18277	25F	N506FE	(FedEx Express)	WFU & Stored	Greenwood, MS	
☐	108	18796	78	N4367J	-	Scrapped	Davis Monthan, AZ	
☐	109	18367	30	9Q-CBG	(Scibe Airlift Congo)	Stored	Kinshasa, Congo	
☐	110	18319	22	N7027U	-	Preserved as Cabin	Nr Ittabena, OK	
☐	111	18443	23	ZS-IJE	-	Scrapped	Johannesburg, South Africa	
☐	112	18816	C-22B	N8030H	(USAF US Air Force)	Stored	Mena, AR	
☐	113	18278	25F	N507FE	-	Scrapped	Mojave, CA	
☐	114	18444	23	ZS-IJF	(Million Air Charter)	WFU & Stored	Johannesburg, South Africa	
☐	115	18445	23	N81871	-	Scrapped	Opa Locka, FL	
☐	116	18800	51	XA-ASS	(TAESA)	WFU & Stored	Mexico City	
☐	117	18368	30	P4-MMG	(Private)	Fuselage Remains	Bournemouth, UK	
☐	118	18817	35	N4616	(Blue Falcon Corp)	WFU & Stored	El Paso, TX	
☐	119	18320	22	N28KA	-	Scrapped	Greenwood, MS	
☐	120	18801	51	5N-MAM	(Transafrik International)	Parts Remain	Luanda, Angola	
☐	121	18279	25F	N508FE	-	Scrapped	Mojave, CA	
☐	122	18321	22(F)	N707DH	(DHL Airways)	WFU & Stored	Kingman, AZ	
☐	123	18446	23	N1990	-	Scrapped	Dayton, OH	
☐	124	18821	81	N124AS	-	Written Off	Ketchikan, AK	
☐	125	18369	30	9Q-CSG	-	Written Off	Nr Kindu, Congo Kinshasa	
☐	126	18822	81	JA8302	-	Written Off	Tokyo Bay, Japan	
☐	127	18447	23F	S9-BOC	-	Scrapped	Detroit, MI	
☐	128	18802	51	G-BMYT	-	Scrapped	Istanbul Ataturk, Turkey	
☐	129	18280	25F	N509FE	(FedEx Express)	Ground Trainer	Blytheville, AR	
☐	130	18322	22	N7030U	-	Written Off	Salt Lake City, UT	
☐	131	18448	23	N1992	-	Scrapped	Chicago Midway, IL	
☐	132	18449	23	CP-2370	-	Scrapped	Miami, FL	
☐	133	18908	14	3503	Mexican Air Force	Active	Mexico City	
☐	134	18370	30	7P-DPT	Aviation Consultants	Active	Albuquerque, NM	
☐	135	18823	81	HR-SHE	-	Scrapped	Ft. Lauderdale, FL	
☐	136	18323	22 WL	S9-DBM	Private	Active	Kinshasa, Congo	
☐	137	18803	51	N29KA	-	Scrapped	Greenwood, MS	
☐	138	18902	31	N831TW	-	Scrapped	Kansas City, MO	
☐	139	18324	22	N39KA	-	Scrapped	Greenwood, MS	
☐	140	18450	23	XA-SNW	(Aerolineas Internacionales)	WFU & Stored	Cuernavaca, Mexico	
☐	141	18325	22	YV-839C	-	Scrapped	Caracas, Venezuela	
☐	142	18326	22	XA-JJA	(TAESA)	WFU & Stored	Mexico City	
☐	143	18281	25	HK-2541	(ACES Colombia)	Preserved	Aeroparque, Medellin, Colombia	

Boeing 727-100 — Out Of Production List: Western Jet Airliners

l/n	c/n	Model	Registration	Owner/Operator	Status	Location	Notes
144	18327	22	YV-763C	-	Scrapped	Caracas, Venezuela	
145	18371	30	9Q-CMC	(Government of Congo Kinshasa)	Stored	Faro, Portugal	
146	18328	22	N7036U	-	Written Off	Lake Michigan, MI	
147	18903	31(F)	S9-BAE	Transafrik International / United Nations	Active	Sao Tome	
148	18892	44F	D2-FCK	(Angola Air Charter)	WFU & Stored	Luanda, Angola	
149	18282	25F	N510FE	(FedEx Express)	Ground Trainer	Tenessee Tech Centre, Memphis, TN	
150	18909	14F	3504	Mexican Air Force	Active	Mexico City	
151	18900	23	N1995	-	Scrapped	Miami, FL	
152	18904	31	N839TW	-	Scrapped	Kansas City, MO	
153	18901	23	N1996	-	Written Off	Covington, KY	
154	18329	22	N40481	-	Scrapped	Mojave, CA	
155	18283	25F	N511FE	(FedEx Express)	Fuselage Remains	Everett College, WA	
156	18330	22	5N-TKT	(Triax Airlines)	WFU & Stored	Lagos, Nigeria	
157	18893	44F	S9-TAN	-	Written Off	M'Banza Congo, Angola	
158	18331	22	N40483	-	Scrapped	Mojave, CA	
159	18910	14	N460US	(Northwest Airlines)	Ground Trainer	Thief River Falls Technical School, MN	
160	18905	31(F)	N220NE	Tropical Air Trading Co.	Active	Tierra Verde, FL	
161	18284	25	YN-BXW	-	Written Off	Managua, Nicaragua	
162	18804	51F	HK-4154	Lineas Aereas Suramericanas	Active	Bogota, Colombia	
163	18919	81	9Q-CDM	(Blue Airlines)	WFU & Stored	Goma, Congo Kinshasa	
164	18332	22	9Q-CSF	-	Scrapped	Kinshasa, Congo	
165	18791	22	N40484	-	Scrapped	Mojave, CA	
166	18874	46	N11412	-	Scrapped	Shelton, WA	
167	18911	14F	XA-RRA	-	Scrapped	Mexico City	
168	18894	44	N61944	-	Scrapped	Opa Locka, FL	
169	18912	14	3501	Mexican Air Force	Active	Santa Lucia, Mexico	
170	18843	76F	N721JE	(US Postal Service)	WFU & Stored	Goodyear, AZ	
171	18844	77	N133CA	(Americana de Aviacion)	WFU & Stored	Lima, Peru	
172	18285	25F	N152FE	(FedEx Express)	WFU & Stored	Greenwood, MS	
173	18895	44	HK-3133X	(Avianca)	Fuselage Remains	San Jose, Costa Rica	
174	18920	81	N63584	-	Scrapped	Opa Locka, FL	
175	18845	35	OB-1465	(Faucett Peru)	WFU & Stored	Lima, Peru	
176	18906	31(F)	N240NE	-	Scrapped	?	
177	18848	22	N40486	-	Scrapped	Mojave, CA	
178	18849	22(F)	S9-CAH	-	Scrapped	Luanda, Angola	
179	18805	51	N287AT	-	Scrapped	Oklahoma City, OK	
180	18850	95	N36KA	-	Scrapped	Mobile, AL	
181	18851	22	YV-89C	-	Scrapped	Caracas, Venezuela	
182	18286	25F	N153FE	(FedEx Express)	Ground Trainer	Cecil Commerce Centre, Jacksonville, FL	
183	18846	35	N153FN	-	Scrapped	Opa Locka, FL	
184	18896	44F	N723JE	-	Scrapped	Miami, FL	
185	18933	30 WL	S9-ROI	Hewa Bora Airways	Active	Kinshasa, Congo	
186	18852	22	N40488	-	Scrapped	Mojave, CA	
187	18847	35F	N728CK	-	Scrapped	Oscoda, MI	
188	18806	51	N5609	-	Fuselage Sunk as Reef	Nr Miami, FL	
189	18853	22	YV-837C	-	Scrapped	Caracas, Venezuela	
190	18287	25F	N154FE	-	Scrapped	Greenwood, MS	
191	18854	22	N40489	-	Scrapped	Mojave, CA	

Boeing 727-100 — Out Of Production List: Western Jet Airliners

l/n	c/n	Model	Registration	Owner/Operator	Status	Location	Notes
192	18288	25F	N155FE	-	Scrapped	Mojave, CA	
193	18807	51	N471US	-	Scrapped	Grayson County, TX	
194	18289	25F	N156FE	-	Scrapped	Mojave, CA	
195	18855	22	YV-765C	(Avensa)	Stored	Caracas, Venezuela	
196	19128	23	N1997	-	Scrapped	Mojave, CA	
197	19129	23	EL-GPX	-	Scrapped	Polokwane, South Africa	
198	18942	51	OB-1588P	(Aero Continente)	Stored	Lima, Peru	
199	18856	22	TI-LRC	-	Written Off	San Jose, Costa Rica	
200	18857	22	N30KA	-	Scrapped	Greenwood, MS	
201	18290	25	N8139N	-	Scrapped	Marana, AZ	
202	18875	46	HK-2421X	(SAM Colombia)	Parts Remain	Bogota, Colombia	
203	18943	51	OB-1601P	(Aero Continente)	Stored	Lima, Peru	
204	18291	25	9Q-CWT	-	Scrapped	Kinshasa, Congo	
205	18965	25(F)	HP-1261PVI	Panavia Cargo Airlines	Active	Panama City	
206	18992	21	N314AS	-	Scrapped	Shelton, WA	
207	18858	95	N37KA	-	Scrapped	Greenwood, MS	
208	18859	22	N27KA	-	Scrapped	Greenwood, MS	
209	18944	51	N474US	(Northwest Airlines)	Ground Trainer	Alexandria Technical College, VA	
210	18860	22	N40490	-	Scrapped	Mojave, CA	
211	18897	51C WL	C-GKFC	Kelowna Flightcraft Air Charter	Active	Kelowna, BC, Canada	
212	18861	22	N7054U	-	Scrapped	Shelton, WA	
213	19130	23	ZS-NSA	-	Scrapped	Johannesburg, South Africa	
214	18966	25	N905TS	-	Scrapped	Dallas Love Field, TX	
215	18993	21F	HK-1717	(Aerosucre)	WFU & Stored	Bogota, Colombia	
216	18862	22	N7055U	-	Scrapped	Shelton, WA	
217	18876	46	HK-2422X	-	Written Off	Nr Medellin, Colombia	
218	19131	23(F)	RP-C5353	Pacific East Asia Cargo	Active	Manila, Philippines	
219	18994	21	HK-2559	-	Written Off	Santa Marta, Colombia	
220	18967	25	9Q-CAV	-	Scrapped	Kinshasa, Congo	
221	18995	21	N317PA	-	Written Off	Nr Berlin, Germany	
222	18934	30	9Q-CDC	Government of Congo Kinshasa	Active	Kinshasa, Congo	
223	18968	25F	S9-BOD	(Transafrik International)	Stored	Upington, South Africa	
224	18907	31	N230NE	-	Scrapped	Grayson County, TX	
225	18969	25	HK-3798X	-	Scrapped	Bogota, Colombia	
226	18877	46	9Q-CRA	(New ACS)	Stored	Kinshasa, Congo	
227	18863	22(F)	N166FE	(FedEx Express)	Preserved	Paris Le Bourget Museum, France	
228	19132	23	CP-2274	(Aerosur Bolivia)	WFU & Stored	Bucharest Baneasa, Romania	
229	18970	25	PK-BAR	-	Scrapped	Jakarta Halim, Indonesia	
230	18971	25F	C-FKFO	-	Scrapped	Kelowna, BC, Canada	
231	18864	22(F)	N167FE	-	Scrapped	Greenwood, MS	
232	18865	22(F)	N168FE	(FedEx Express)	WFU & Stored	Memphis, TN	
233	18996	21	HK-2560	-	Written Off	Colombia	
234	18935	30	N113	(United States Marshals Service)	Stored	El Paso, TX	
235	18997	21	N91392	-	Scrapped	Shelton, WA	
236	18878	46F	N190AJ	(Northern Air Cargo)	Fire Trainer	Anchorage, AK	
237	18951	81	N3211M	(Metro Technical Aviation Career Centre)	Ground Trainer	Oklahoma City, OK	
238	18990	14	XT-BBE	Government of Burkina Faso	Active	Ouagadougou, Burkina Faso	
239	18998	21	N30MP	MP Aviation LLC	Active	Long Beach, CA	

l/n	c/n	Model	Registration	Owner/Operator	Status	Location	Notes
240	18999	21	HK-1716	-	Written Off	Cucuta, Colombia	
241	18866	22(F)	N169FE	(FedEx Express)	Fire Trainer	Indianapolis, IN	
242	18972	25F	N290NE	(Express One International)	Stored	Dallas Love Field, TX	
243	19127	59F	HK-727	Aerosucre	Active	Barranquilla, Colombia	
244	18898	QF	N902UP	(United Parcel Service (UPS))	WFU & Stored	Roswell, NM	
245	18973	25	N907TS	-	Scrapped	Oklahoma City, OK	
246	19138	89	9Q-CBT	(Scibe Airlift Congo)	Stored	Kinshasa, Congo	
247	18867	22(F)	N180FE	(FedEx Express)	Ground Trainer	Purdue University, Lafayette, IN	
248	18868	22(F)	N181FE	-	Scrapped	Greenwood, MS	
249	18936	30	VP-BAJ	(Spectrum Aerospace)	Stored	Lasham, UK	
250	19089	22C	N426EX	-	Scrapped	Goodyear, AZ	
251	19180	23F	D2-TJC	-	Written Off	Lukapa, Angola	
252	18974	25	N300NE	-	Scrapped	Alexandria, LA	
253	18869	22	N7062U	-	Scrapped	Shelton, WA	
254	18879	46	HK-3840X	(AeroRepublica Colombia)	WFU & Stored	Bogota, Colombia	
255	19139	89	9Q-CBF	Co-Za Airways	Active	Kinshasa, Congo	
256	18899	51C	N414EX	-	Written Off	Denver, CO	
257	19005	21F	D2-TJB	(Transafrik International)	Parts Remain	Huambo, Angola	
258	18870	22(F)	N184FE	-	Scrapped	Mojave, CA	
259	18871	22(F)	N185FE	(FedEx Express)	WFU & Stored	Victorville, CA	
260	19242	11	HK-3770X	(Aviation del Ejercito)	Preserved as Restaurant	Bogota, Colombia	
261	18872	22(F)	N186FE	(FedEx Express)	WFU & Stored	Memphis, TN	
262	19006	21	HZ-MBA	Express Camel Aviation	Active	Riyadh, Saudi Arabia	
263	18945	51C	N903UP	(United Parcel Service (UPS))	WFU & Stored	Roswell, NM	
264	19121	51	N724CL	Clay Lacy Aviation	Active	Van Nuys, CA	
265	19181	23	XA-SKC	(Aerolineas Internacionales)	WFU & Stored	Cuernavaca, Mexico	
266	19182	23F	S9-CAB	-	Scrapped	Luanda, Angola	
267	19183	23F	N1908	-	Scrapped	Roswell, NM	
268	19079	22(F)	N187FE	-	Scrapped	Memphis, TN	
269	19007	21F	N359QS	-	Scrapped	Mojave, CA	
270	19080	22(F)	N147FE	-	Scrapped	Greenwood, MS	
271	19109	27C	N145FE	(FedEx Express)	WFU & Stored	Mojave, CA	
272	19035	21	HK-1803	-	Written Off	Bogota, Colombia	
273	19243	162	N65910	(Americana de Aviacion)	Fuselage Remains	Lima, Peru	
274	18946	QF	N904UP	(United Parcel Service (UPS))	WFU & Stored	Roswell, NM	
275	19081	22(F)	N188FE	(FedEx Express)	Ground Trainer	Technical College, Lake Charles, LA	
276	19171	86	EP-IRA	-	Written Off	Tehran Mehrabad, Iran	
277	19090	22C	N427EX	-	Scrapped	Goodyear, AZ	
278	19036	21	N327PA	-	Written Off	San Jose, Costa Rica	
279	19082	22(F)	N189FE	(FedEx Express)	Ground Trainer	Pittsburgh Institute of Aeronautics, PA	
280	19091	22C	N928UP	(United Parcel Service (UPS))	WFU & Stored	Roswell, NM	
281	19083	22(F)	N190FE	(FedEx Express)	WFU & Stored	Memphis, TN	
282	19184	23	N1909	-	Scrapped	Dayton, OH	
283	19110	27C	N146FE	-	Scrapped	Greenwood, MS	
284	19037	21	HK-1804	(SAM Colombia)	Fuselage Sunk as Reef	San Andreas Island, Colombia	
285	19038	21F	N329QS	-	Scrapped	Goodyear, AZ	
286	18947	QF	N905UP	(United Parcel Service (UPS))	WFU & Stored	Roswell, NM	
287	19304	193	N2969G	-	Written Off	Nr Juneau, AK	

Boeing 727-100 — Out Of Production List: Western Jet Airliners

	l/n	c/n	Model	Registration	Owner/Operator	Status	Location	Notes
☐	288	19279	46	G-BDAN	-	Written Off	Tenerife, Canary Islands, Spain	
☐	289	19134	21C	N705A	-	Scrapped	Naples, FL	
☐	290	19176	61	ZS-IJK	(Inter Air Airlines)	Stored	Johannesburg, South Africa	
☐	291	19092	22C	N929UP	(United Parcel Service (UPS))	WFU & Stored	Roswell, NM	
☐	292	19165	35	YV-838C	(Avensa)	Stored	Caracas, Venezuela	
☐	293	19093	22C	S9-BAQ	-	Scrapped	Luanda, Angola	
☐	294	19206	51C	D2-FFB	(Angola Air Charter)	WFU & Stored	Luanda, Angola	
☐	295	19094	QF	N945UP	(United Parcel Service (UPS))	WFU & Stored	Roswell, NM	
☐	296	19253	77	N720DC	(Air Transport Group)	Stored	West Palm Beach, FL	
☐	297	19111	27C	PT-TYS	-	Written Off	Florianopolis, Brazil	
☐	298	19254	76(RE) WL	VP-BAB	Private	Active	Southend, UK	
☐	299	19112	27C	N725EV	-	Scrapped	Marana, AZ	
☐	300	19305	193	OB-1256	-	Scrapped	Lima, Peru	
☐	301	19135	RE	N934UP	(United Parcel Service (UPS))	WFU & Stored	Roswell, NM	
☐	302	19095	22C	N425EX	-	Fire Trainer	Hartford, CT	
☐	303	19166	35F	TG-DHP	-	Scrapped	Guatemala City	
☐	304	19249	95	N727ZV	-	Scrapped	Greenwood, MS	
☐	305	19096	QF	N930UP	(United Parcel Service (UPS))	WFU & Stored	Roswell, NM	
☐	306	18952	81F	N110NE	-	Scrapped	Grayson County, TX	
☐	307	19097	22C	N428EX	-	Scrapped	Goodyear, AZ	
☐	308	19173	92C	C-GKFV	-	Scrapped	Kelowna, BC, Canada	
☐	309	19391	91	N502MG	(RD Aviation)	Stored	Wurtsmith AFB, MI	
☐	310	19113	27C	N731EV	-	Scrapped	Marana, AZ	
☐	311	19385	23	N1910	(Planet Airways)	WFU & Stored	Opa Locka, FL	
☐	312	19114	RE	N908UP	(United Parcel Service (UPS))	WFU & Stored	Roswell, NM	
☐	313	19250	95	PP-VLT	-	Scrapped	Miami, FL	
☐	314	19136	21C	N143FE	-	Scrapped	Memphis, TN	
☐	315	19251	95	ZS-NYY	(Nationwide Airlines)	WFU & Stored	Lanseria, South Africa	
☐	316	19137	21C	N144FE	(FedEx Express)	Fire Trainer	Memphis Millington, TN	
☐	317	19392	91	N503MG	(RD Aviation)	Stored	Wurtsmith AFB, MI	
☐	318	19098	22C	S9-BAR	Air Gemini	Active	Luanda, Angola	
☐	319	19122	51	HK-3803X	-	Scrapped	Shelton, WA	
☐	320	19169	90C	C-FRST	(First Air)	WFU & Stored	Ottawa, Canada	
☐	321	19386	23	N1928	-	Scrapped	Dayton, OH	
☐	322	19099	22C	N421EX	-	Scrapped	Goodyear, AZ	
☐	323	19172	86	EP-IRB	(Iran Air)	Stored	Tehran Mehrabad, Iran	
☐	324	19100	22C	D2-FFA	(Angola Air Charter)	WFU & Stored	Luanda, Angola	
☐	325	19167	35F	YV-846C	(DHL Worldwide Express)	Stored	Caracas, Venezuela	
☐	326	19174	92C	N18479	-	Written Off	Yap, Caroline Islands	
☐	327	19252	95	C5-GAF	Government of Gambia	Active	Banjul, Gambia	
☐	328	19115	27C	N909UP	(United Parcel Service (UPS))	WFU & Stored	Roswell, NM	
☐	329	19387	23F	N930FT	(Northern Air Cargo)	WFU & Stored	Anchorage, AK	
☐	330	19116	27C	N729EV	-	Scrapped	Marana, AZ	
☐	331	19255	64	XA-SEJ	-	Written Off	Lake Texcoco, Mexico	
☐	332	19170	90C	S9-BOG	Transafrik International	Active	Luanda, Angola	
☐	333	19101	22C	N942UP	(United Parcel Service (UPS))	WFU & Stored	Roswell, NM	
☐	334	19123	51	VP-BAA	(Marbyia Investments Ltd)	Stored	Lasham, UK	
☐	335	19298	25C	N116FE	-	Scrapped	Memphis, TN	

l/n	c/n	Model	Registration	Owner/Operator	Status	Location	Notes
336	19102	22C	N943UP	(United Parcel Service (UPS))	WFU & Stored	Roswell, NM	
337	19084	22(F)	N191FE	(FedEx Express)	Ground Trainer	Eastern New Mexico University, Roswell, NM	
338	19244	62C	N912UP	-	Scrapped	Roswell, NM	
339	19175	92C	B-1018	-	Written Off	Linkuo, Taiwan	
340	19388	23F	5N-SMA	(SMA Airlines)	WFU & Stored	Lagos, Nigeria	
341	19103	22(QF)	N944UP	(United Parcel Service (UPS))	WFU & Stored	Roswell, NM	
342	19245	62C	N913UP	-	Scrapped	Roswell, NM	
343	19389	23F	N717DH	(ASTAR Air Cargo / DHL)	WFU & Stored	Kingman, AZ	
344	19299	25C	N117FE	-	Scrapped	Memphis, TN	
345	19398	14	XA-SEN	(Mexicana)	Fuselage Remains	Mojave, CA	
346	19300	25C	N118FE	-	Scrapped	Greenwood, MS	
347	19124	51	C5-GAE	Air Rum / Government of Gambia	Active	Banjul, Gambia	
348	19318	44 WL	N727VJ	Kingfisher	Active	India	
349	19085	22(F)	N192FE	(FedEx Express)	WFU & Stored	Denver, CO	
350	19390	23F	S9-TAO	Transafrik International	Active	Sao Tome	
351	19228	31	XA-RYI	(AeroExo)	Stored	Monterrey, Mexico	
352	19301	25C	N119FE	(FedEx Express)	Preserved	Kalamazoo Airzoo, MI	
353	19086	22(F)	N148FE	-	Scrapped	Memphis, TN	
354	19302	25C	N937UP	(United Parcel Service (UPS))	WFU & Stored	Roswell, NM	
355	19256	64	XA-SEL	-	Written Off	Monterrey, Mexico	
356	19356	25C	N120FE	-	Scrapped	Memphis, TN	
357	19303	59	FAC1145	-	Scrapped	Bogota, Colombia	
358	19428	23F	N992AJ	(Northern Air Cargo)	WFU & Stored	Anchorage, AK	
359	19087	22(F)	N149FE	(FedEx Express)	Ground Trainer	Guilford Technical College, Greensboro, NC	
360	19357	25C	N948UP	(United Parcel Service (UPS))	WFU & Stored	Roswell, NM	
361	19125	51	N479US	-	Scrapped	Grayson County, TX	
362	19429	23	N1934	-	Scrapped	Opa Locka, FL	
363	19126	51	N480US	-	Scrapped	Grayson County, TX	
364	19008	QF	N918UP	(United Parcel Service (UPS))	WFU & Stored	Roswell, NM	
365	19088	22(F)	9Q-CPJ	-	Written Off	Kindu, Congo Kinshasa	
366	19430	23F	HK-3667X	-	Written Off	Nr Leticia, Colombia	
367	19358	25C	D2-ERN	Air Gemini	Active	Luanda, Angola	
368	19359	25C(F) WL	N261FL	Contract Air Cargo	Active	Pontiac, MI	
369	19140	22	N742EV	-	Scrapped	Marana, AZ	
370	19141	22(F)	N150FE	(FedEx Express)	Ground Trainer	Hollywood, FL	
371	19360	25C	N124FE	(FedEx Express)	WFU & Stored	Everett Paine Field, WA	
372	19431	23F	D2-ESU	Sonair	Active	Luanda, Angola	
373	19280	46	HK-3246X	-	Scrapped	Bogota, Colombia	
374	19009	30C	PP-VLV	-	Written Off	Belo Horizonte, Brazil	
375	19427	64	XA-RRB	(TAESA)	WFU & Stored	Toluca, Mexico	
376	19117	RE	N910UP	(United Parcel Service (UPS))	WFU & Stored	Roswell, NM	
377	19620	193	P4-JLD	Private	Active	Tatarstan, Russia	
378	19281	46	HK-3841X	(AeroRepublica Colombia)	WFU & Stored	Bogota, Colombia	
379	19118	QF	N907UP	-	Scrapped	Roswell, NM	
380	19399	109	2721	-	Scrapped	Taipei, Taiwan	
381	19432	23	OB-1738	(Aero Continente)	WFU & Stored	Lima, Peru	
382	19010	30C	N703DH	(ASTAR Air Cargo / DHL)	Stored	Kingman, AZ	

Boeing 727-100 — Out Of Production List: Western Jet Airliners

	l/n	c/n	Model	Registration	Owner/Operator	Status	Location	Notes
☐	383	19287	51C	N416EX	(US Postal Service)	WFU & Stored	Goodyear, AZ	
☐	384	19404	82	S9-NAZ	-	Written Off	Luanda, Angola	
☐	385	19257	21F	N355QS	Private	Active	Louisville, KY	
☐	386	19191	22C	N705DH	(ASTAR Air Cargo / DHL)	Stored	Kingman, AZ	
☐	387	19011	30C	HK-4407	Cosmos Aviation	Active	Bogota, Colombia	
☐	388	19192	22C	S9-BOE	(Air Gemini)	Stored	Polokwane, South Africa	
☐	389	19288	51C	9L-LEK	Heavylift Cargo Airlines	Active	Cairns, Australia	
☐	390	19229	31C	N923UP	-	Scrapped	Roswell, NM	
☐	391	19012	RE	N919UP	(United Parcel Service (UPS))	WFU & Stored	Roswell, NM	
☐	392	19193	22C	N102FE	(Cooper T's Restaurant)	Preserved as Restaurant	Airport Blvd, Mobile, AL	
☐	393	19119	27C	N911UP	-	Scrapped	Roswell, NM	
☐	394	19194	22C	N105FE	(FedEx Express)	Stored	Greenville, MS	
☐	395	19310	30C	N917UP	-	Scrapped	Roswell, NM	
☐	396	19120	27C	C-GFRB	(First Air)	WFU & Stored	Ottawa Carp, Canada	
☐	397	19258	21F	N356QS	International Asset Group Ltd.	Active	St. Simons Island, GA	
☐	398	19405	82F	N357NE	(Angola Air Charter)	WFU & Stored	Luanda, Angola	
☐	399	19311	30C	N726EV	-	Scrapped	Marana, AZ	
☐	400	19400	29	OB-1277	-	Scrapped	Lima, Peru	
☐	401	19393	91	YV-813C	-	Scrapped	Opa Locka, FL	
☐	402	19230	31C	N925UP	-	Scrapped	Roswell, NM	
☐	403	19289	51C	RP-C8017	Heavylift Cargo Airlines	Active	Cairns, Australia	
☐	404	19231	31C	N922UP	(United Parcel Service (UPS))	Stored	Roswell, NM	
☐	405	19557	81	EP-GDS	(Government of Iran)	WFU & Stored	Tehran Mehrabad, Iran	
☐	406	19195	22C	N792A	WestCan International Airlines	Active	Edmonton, Canada	
☐	407	19196	22C	N941UP	-	Scrapped	Mobile, AL	
☐	408	19259	21F	N357QS	-	Scrapped	Wichita, KS	
☐	409	19312	30C	OB-1141	-	Scrapped	Lima, Peru	
☐	410	19197	22C	N101FE	(FedEx Express)	WFU & Stored	Memphis, TN	
☐	411	19313	30C	S9-BAG	Transafrik International	Active	Luanda, Angola	
☐	412	19260	21 WL	VP-BAP	Malibu Consulting Ltd	Active	Van Nuys, CA	
☐	413	19198	22C	N104FE	(FedEx Express)	WFU & Stored	Greenwood, MS	
☐	414	19199	22C	N103FE	(FedEx Express)	Fire Trainer	Lubbock, TX	
☐	415	19402	29C	D2-EVG	Sonair	Active	Luanda, Angola	
☐	416	19200	22C	N7425U	-	Written Off	Chicago O'Hare, IL	
☐	417	19290	51C	N417EX	-	Scrapped	Goodyear, AZ	
☐	418	19394	91	J2-KBA	Government of Djibouti	Active	Djibouti	
☐	419	19401	29(F) WL	9Q-CHK	(Hewa Bora Airways)	Stored	Kinshasa, Congo	
☐	420	19503	108C	N936UP	-	Nose Preserved	Icelandic Flight Museum, Akureyri, Iceland	
☐	421	19201	22C	N106FE	(Everett Community College)	Fuselage Remains	Everett, WA	
☐	422	19261	21	N727AH	Paxson Communications Management	Active	Chino, CA	
☐	423	19246	62C	N914UP	-	Scrapped	Roswell, NM	
☐	424	19202	22C	N107FE	(FedEx Express)	Ground Trainer	Columbus Bolton Field, OH	
☐	425	19232	31C	N927UP	(United Parcel Service (UPS))	Stored	Roswell, NM	
☐	426	19262	21	VP-BNA	(Skyjet Ltd.)	WFU & Stored	Shannon, Ireland	
☐	427	19504	173C	N704A	(Express.net Airlines)	WFU & Stored	Kingman, AZ	
☐	428	19524	24C	HK-1271	Lineas Aereas Suramericanas	Active	Bogota, Colombia	

l/n	c/n	Model	Registration	Owner/Operator	Status	Location	Notes
429	19497	27C	D2-FAT	(Air Nacoia)	WFU & Stored	Johannesburg, South Africa	
430	19406	82	5N-TKE	-	Scrapped	Miami, FL	
431	19395	91	N504MG	(RD Aviation)	Stored	Charlotte, NC	
432	19505	173C	HI-312CT	-	Scrapped	Miami, FL	
434	19203	22C	N753AS	(Global Aero Investments)	Stored	Chino, CA	
435	19403	29C	D2-EVD	ServisAir	Active	Luanda, Angola	
436	19204	22C	N251FL	(Contract Air Cargo)	WFU & Stored	Hamilton, ONT, Canada	
437	19314	30C	N906UP	(United Parcel Service (UPS))	WFU & Stored	Roswell, NM	
438	19205	22C	N231FL	Contract Air Cargo	Active	Hamilton, ONT, Canada	
439	19525	24C	HK-1272	-	Written Off	Barranquilla, Colombia	
440	19142	22(F)	N193FE	(FedEx Express)	WFU & Stored	Everett, WA	
441	19319	44F	PT-MDG	-	Scrapped	Opa Locka, FL	
442	19526	24C	HK-1273	Lineas Aereas Suramericanas	Active	Bogota, Colombia	
443	19815	114	XA-NAD	-	Scrapped	Caracas, Venezuela	
444	19499	27	OB-1512	-	Scrapped	Lima, Peru	
446	19143	22(F)	N194FE	(FedEx Express)	Fire Trainer	Allentown, PA	
447	19506	173C	N938UP	(United Parcel Service (UPS))	WFU & Stored	Roswell, NM	
448	19500	27F	C-FACX	(All Canada Express)	WFU & Stored	Toronto Pearson, Canada	
449	19507	173C	S9-BAH	(Air Gemini)	Stored	Luanda, Angola	
450	19144	22(F)	N195FE	-	Scrapped	Greenwood, MS	
451	19145	22(F)	N196FE	-	Scrapped	Greenwood, MS	
452	19146	22	N7082U	-	Scrapped	Shelton, WA	
453	19501	27	N65894	-	Fuselage Remains	Lima, Peru	
454	19534	27	YV-845C	(Avensa)	WFU & Stored	Caracas, Venezuela	
456	19535	27	N766JS	Private (Aircraft Guaranty Corporation)	Stored	San Antonio, TX	
457	19508	73C	PP-VLS	(VARIG Log)	WFU & Stored	Rio de Janeiro, Brazil	
458	19233	31C(QF)	N926UP	-	Scrapped	Louisville, KY	
459	19509	173C	N199FE	(FedEx Express)	Preserved	Kansas Aviation Museum, McConnell AFB, KS	
460	19527	24C	N114FE	(FedEx Express)	Ground Trainer	Aviation High School, New York	
461	19618	55C	N715DH	(ASTAR Air Cargo / DHL)	WFU & Stored	Kingman, AZ	
462	19818	121C	2724	-	Scrapped	Taipei, Taiwan	
463	19234	31C	N924UP	(United Parcel Service (UPS))	WFU & Stored	Roswell, NM	
465	19528	24C	XA-BBI	-	Scrapped	Mexico City	
466	19520	109	2722	(Taiwan Air Force)	Preserved	Taichung AB, Taiwan	
467	19595	95F	FAC1246	(Colombian Air Force)	Parts Remain	Bogota, Colombia	
468	19717	25C	N949UP	-	Scrapped	Roswell, NM	
469	19532	RE	N939UP	(United Parcel Service (UPS))	WFU & Stored	Roswell, NM	
470	19619	55C	YA-FAW	-	Written Off	Kabul, Afghanistan	
472	19147	22(F)	N151FE	(FedEx Express)	Ground Trainer	Big Band College, Moses Lake, WA	
473	19148	22	P4-FLY	Aviation-ConneXions	Active	Malta	
474	19718	25C	N950UP	(United Parcel Service (UPS))	Stored	Guthrie, OK	
475	19533	27C	N915UP	(United Parcel Service (UPS))	WFU & Stored	Roswell, NM	
476	19665	72C	N527PC	(US Postal Service)	WFU & Stored	Goodyear, AZ	
478	19719	25C	C-FBWG	(FedEx Express)	Ground Trainer	Winnipeg, Canada	
479	19596	95	HC-BJL	(SAETA / SAN)	WFU & Stored	Latacunga, Ecuador	
480	19666	72C	PP-VLE	(VARIG Log)	WFU & Stored	Rio de Janeiro, Brazil	
481	19149	22	N400RG	(MBI Aviation Inc)	Stored	Miami, FL	

Boeing 727-100 — Out Of Production List: Western Jet Airliners

	l/n	c/n	Model	Registration	Owner/Operator	Status	Location	Notes
☐	482	19720	25C	N128FE	-	Scrapped	Greenwood, MS	
☐	484	19662	59	HK-1400	-	Scrapped	Bogota, Colombia	
☐	485	19150	22	OB-1546	(Aero Continente)	Stored	Lima, Peru	
☐	486	19833	35	TN-AFY	-	Scrapped	Johannesburg, South Africa	
☐	487	19691	134	HC-BLE	Ecuadorian Air Force	Active	Quito, Ecuador	
☐	489	19834	35F	OO-DHR	(European Air Transport / DHL Worldwide Express)	WFU & Stored	Lasham, UK	
☐	490	19721	25C	N946UP	(United Parcel Service (UPS))	WFU & Stored	Roswell, NM	
☐	491	19663	59	HK-1401	-	Scrapped	Bogota, Colombia	
☐	493	19722	25C	N947UP	(United Parcel Service (UPS))	WFU & Stored	Roswell, NM	
☐	494	19836	95F	S9-CAA	Transafrik International	Active	Sao Tome	
☐	495	19282	46	VP-CMN	(IDG / MK Airlines)	Active	Bristol Filton, UK	
☐	497	19850	25C	N951UP	-	Scrapped	Roswell, NM	
☐	498	19692	134	HC-BLF	-	Written Off	Nr Ipiales, Ecuador	
☐	499	19837	95	N1963	-	Written Off	St. Thomas, US Virgin Islands	
☐	501	19835	35	N706JP	Private (Petters Aviation)	Active	West Palm Beach, FL	
☐	502	19283	46F	N745EV	(Evergreen International Airlines)	Stored	Marana, AZ	
☐	504	19151	22	OB-1547	(Aero Continente)	WFU & Stored	Tucson, AZ	
☐	505	19816	86	EP-IRC	(Iran Air)	Fuselage Remains	Tehran Mehrabad, Iran	
☐	507	19152	22	9Q-CEV	(Air Guinea)	WFU & Stored	Malabo, Ecuatorial Guinea	
☐	508	19153	22	OB-1570	(Aero Continente)	Stored	Lima, Peru	
☐	510	19851	25C	N133FE	-	Scrapped	Memphis, TN	
☐	512	19154	22(F)	N198FE	(FedEx Express)	WFU & Stored	Memphis, TN	
☐	514	19867	151C	D2-FCL	(Angola Air Charter)	WFU & Stored	Luanda, Angola	
☐	516	19819	121C	XV-NJC	-	Written Off	Phan Rang, Vietnam	
☐	517	19852	25C	N134FE	-	Scrapped	Mojave, CA	
☐	519	19793	30C	N702DH	(ASTAR Air Cargo / DHL)	WFU & Stored	Kingman, AZ	
☐	520	19811	116F	ZS-NYX	(Nationwide Airlines)	WFU & Stored	Lanseria, South Africa	
☐	522	19853	25C	N135FE	(FedEx Express)	Fire Trainer	Oakland, CA	
☐	524	19597	82C	N528PC	(US Postal Service)	WFU & Stored	Goodyear, AZ	
☐	527	19827	185C	N954UP	(United Parcel Service (UPS))	WFU & Stored	Roswell, NM	
☐	529	19868	151C	HK-	Transporte Aereo Del Pacifico Colombia	Active	Bogota, Colombia	
☐	532	19812	116	CC-CAQ	-	Written Off	Colina, Chile	
☐	534	19874	180C	N921UP	-	Scrapped	Roswell, NM	
☐	536	19728	90C	N766AS	-	Written Off	Anchorage, AK	
☐	537	19817	86	EP-IRD	-	Written Off	Elburz Mountains, Iran	
☐	540	19690	113C	YA-FAR	-	Written Off	London Gatwick, UK	
☐	542	19839	123F	TN-AFZ	Trans Air Congo	Active	Pointe Noire, Congo Brazzaville	
☐	543	19805	22C	N221FL	Contract Air Cargo	Active	Pontiac, MI	
☐	546	19826	85C(QF)	N940UP	(United Parcel Service (UPS))	WFU & Stored	Roswell, NM	
☐	547	19806	22C	N727YK	(Northern Air Cargo)	WFU & Stored	Opa Locka, FL	
☐	551	19838	123F	HK-3973X	-	Scrapped	Bogota, Colombia	
☐	555	19846	63	N88892	-	Scrapped	Mojave, CA	
☐	559	19859	171C	S9-PST	Transafrik International	Active	Luanda, Angola	
☐	575	19807	72C	N211FL	-	Scrapped	Hamilton, ONT, Canada	
☐	592	20044	23	CP-2377	(AeroSur)	WFU & Stored	Santa Cruz, Bolivia	
☐	594	19813	16C	D2-ERI	(Air Gemini)	Stored	Johannesburg, South Africa	
☐	596	20045	23 WL	N800AK	Peninsula Aviation NAO	Active	Salt Lake City, UT	
☐	599	19860	171C	CP-1070	(Lloyd Aereo Boliviano)	WFU & Stored	Cochabamba, Bolivia	

Boeing 727-100 — Out Of Production List: Western Jet Airliners

l/n	c/n	Model	Registration	Owner/Operator	Status	Location	Notes
600	19814	16C	N115FE	(FedEx Express)	Ground Trainer	Tucson, AZ	
604	19873	RE	N920UP	(United Parcel Service (UPS))	WFU & Stored	Roswell, NM	
605	20046	23 WL	VP-BDJ	Trump Group	Active	New York	
615	19808	RE	N916UP	(United Parcel Service (UPS))	WFU & Stored	Roswell, NM	
619	20143	1A7C	N935UP	-	Scrapped	Roswell, NM	
625	20217	116	N7829A	-	Scrapped	Shelton, WA	
626	20042	134C	N424EX	-	Scrapped	Goodyear, AZ	
628	19854	25C WL	N40	Federal Aviation Administration	Active	Washington, DC	
630	19890	22C	C-GBWA	(FedEx Express)	Preserved	Hamilton, ONT, Canada	
631	19891	22C	N7434U	-	Written Off	Nr Los Angeles, CA	
632	19855	25C	N136FE	(FedEx Express)	Ground Trainer	Mohawk College, Griffiss AFB, NY	
634	19987	29C	D2-FSA	Sonair	Active	Luanda, Angola	
635	19856	RE	N932UP	-	Scrapped	Roswell, NM	
640	19892	22C	9Q-CMP	Trans Air Cargo Services	Active	Kinshasa, Congo	
641	19857	25C	N933UP	(United Parcel Service (UPS))	WFU & Stored	Roswell, NM	
643	19893	22C	NZ7273	-	Scrapped	Blenheim, New Zealand	
645	19858	25C	N931UP	-	Scrapped	Roswell, NM	
647	19894	22C	N113FE	(FedEx Express)	WFU & Stored	Memphis, TN	
658	19895	22C	NZ7272	(Royal New Zealand Air Force)	Ground Trainer	Blenheim, New Zealand	
660	19968	82C	HK-4386	Cosmos Colombia	Active	Bogota, Colombia	
686	20078	46F	S9-BAI	-	Written Off	Dundo, Angola	
695	20111	109C	2723	(Taiwan Air Force)	Ground Trainer	Hengshan Campus, Taiwan	
700	20112	31(F)	PK-YGZ	Flyhy Cargo Airlines	Active	Jakarta Halim, Indonesia	
711	20113	31(F)	N9748C	(DHL Worldwide Express)	WFU & Stored	Lasham, UK	
712	20114	31(F)	YV2309	DHL Worldwide Express	Active	Caracas, Venezuela	
735	20115	31(RE) WL	N908JE	(Private)	Stored	Lake City, FL	
748	20279	1A0	CP-861	(Lloyd Aereo Boliviano)	WFU & Stored	Cochabamba, Bolivia	
766	20228	76	JY-HS1	(HMS Airways)	WFU & Stored	Amman, Jordan	
768	20278	77C	VH-TBS	(Aviation Australia)	Ground Trainer	Brisbane, Australia	
784	20343	113C	YA-FAU	-	Written Off	Kabul, Afghanistan	
797	20327	17	VP-BPZ	(CP Air)	Stored	Opa Locka, FL	
803	20422	41	OB-1661	(Americana de Aviacion)	WFU & Stored	Lima, Peru	
806	20328	17	HC-BLV	(TAME Ecuador)	Stored	Latacunga, Ecuador	
810	20423	41F	PP-VLG	(VARIG Log)	WFU & Stored	Rio de Janeiro, Brazil	
812	20418	C3	HK-3739X	-	Scrapped	Davis Monthan, AZ	
815	20419	C3	9Q-DDD	-	Scrapped	Kinshasa, Congo	
817	20424	41	9Q-CDJ	Government of Congo Kinshasa	Active	Kinshasa, Congo	
819	20420	C3F	HK-3745	-	Scrapped	Bogota, Colombia	
821	20370	77C	D2-FCP	Angola Air Charter	Active	Luanda, Angola	
822	20371	76 WL	VP-CJN	Starling Aviation	Active	Riyadh, Saudi Arabia	
824	20425	41(F)	PP-VLD	(VARIG Log)	WFU & Stored	Porto Alegre, Brazil	
826	20421	1F8	9N-ABD	-	Scrapped	Hamburg, Germany	
829	20426	1J1	HI-212CT	(Dominicana)	WFU & Stored	Santo Domingo, Dominican Republic	
854	20475	44C	S9-PAC	(Transafrik International)	Stored	Upington, South Africa	
856	20489	82	VP-CKA	(SAMCO Aviation)	Fuselage Remains	Bournemouth, UK	
857	20476	44C	N2688Z	(Mercy Airlift)	Stored	Mena, AR	
858	20512	17(RE) WL	N311AG	Private (Vallego Company)	Active	San Francisco, CA	
861	20513	17	N327JL	-	Scrapped	Miami, FL	
869	20533	1H2 WL	VP-BIF	Next Century Air Ltd.	Active	Everett, WA	

Cross Reference

Registration	l/n	c/n	Registration	l/n	c/n	Registration	l/n	c/n	Registration	l/n	c/n
1002	405	19557	B-1822	695	20111	CU0002	33	18362	FAE-692	498	19692
2721	380	19399	B-188	462	19818	CX-BKA	519	19793	FAP001	443	19815
2722	466	19520	C2-RN4	821	20370	CX-BKB	382	19010	FAP400	168	18894
2723	695	20111	C2-RN5	327	19252	CX-BNT	437	19314	G-BAEF	254	18879
2724	462	19818	C2-RN7	768	20278	D2-ERI	594	19813	G-BAFZ	226	18877
3501	169	18912	C5-GAE	347	19124	D2-ERN	367	19358	G-BAJW	236	18878
3503	133	18908	C5-GAF	327	19252	D2-ESU	372	19431	G-BCDA	378	19281
3504	150	18909	CB-01	415	19402	D2-EVD	435	19403	G-BDAN	288	19279
10501	169	18912	CB-02	435	19403	D2-EVG	415	19402	G-BEGZ	377	19620
10502	375	19427	CC-CAG	520	19811	D2-FAT	429	19497	G-BFGM	304	19249
10503	133	18908	CC-CAN	460	19527	D2-FCI	26	18429	G-BFGN	315	19251
3C-LQC	507	19152	CC-CAQ	532	19812	D2-FCJ	51	18435	G-BIUR	470	19619
3D-BOC	136	18323	CC-CFD	594	19813	D2-FCK	148	18892	G-BKCG	806	20328
3D-BOE	185	18933	CC-CFE	600	19814	D2-FCL	514	19867	G-BMUE	237	18951
3D-DPT	134	18370	CC-CFG	108	18796	D2-FCP	821	20370	G-BMYT	128	18802
3D-DPT	185	18933	CC-CGD	469	19532	D2-FFA	324	19100	G-BMZU	52	18365
3D-JNM	255	19139	CC-CHC	315	19251	D2-FFB	294	19206	HC-BIB	861	20513
3D-KMJ	640	19892	CC-CIW	136	18323	D2-FLY	486	19833	HC-BIC	806	20328
3D-ZZN	290	19176	CC-CLB	407	19196	D2-FLZ	542	19839	HC-BJL	479	19596
3X-GCA	396	19120	CC-CLJ	21	18428	D2-FOO	15	18426	HC-BLE	487	19691
3X-GCH	396	19120	CC-CLZ	115	18445	D2-FSA	634	19987	HC-BLF	498	19692
4X-AGJ	387	19011	C-FACW	252	18974	D2-TJA	594	19813	HC-BLV	806	20328
4X-BAE	304	19249	C-FACW	398	19405	D2-TJB	257	19005	HC-BPL	83	18753
5B-DBE	145	18371	C-FACX	448	19500	D2-TJC	251	19180	HC-BRF	340	19388
5N-AWH	396	19120	C-FBWG	478	19719	D-ABBI	519	19793	HC-BSP	401	19393
5N-AWV	13	18254	C-FBWX	182	18286	D-ABIA	387	19011	HH-JEC	78	18743
5N-AWX	16	18256	C-FBWY	349	19085	D-ABIB	24	18360	HH-JEC	520	19811
5N-AWY	20	18258	CF-CPK	806	20328	D-ABIC	28	18361	HH-PRI	81	18742
5N-DDD	815	20419	CF-CPN	797	20327	D-ABID	33	18362	HH-PRI	520	19811
5N-MAM	120	18801	CF-CUR	858	20512	D-ABIE	391	19012	HI-212	829	20426
5N-ORI	156	18330	CF-CUS	861	20513	D-ABIF	35	18363	HI-212CT	829	20426
5N-SMA	340	19388	CF-FUN	260	19242	D-ABIG	37	18364	HI-312	432	19505
5N-TKE	430	19406	CF-FUN	260	19242	D-ABIH	52	18365	HI-312CT	432	19505
5N-TKT	156	18330	C-FKFO	230	18971	D-ABII	395	19310	HK-	529	19868
5V-TPX	98	18366	C-FKFP	438	19205	D-ABIJ	437	19314	HK-1271	428	19524
5X-AMM	822	20371	C-FPXB	326	19174	D-ABIK	98	18366	HK-1272	439	19525
5Y-BMW	14	18255	CF-PXB	326	19174	D-ABIL	109	18367	HK-1273	442	19526
5Y-CGO	184	18896	C-FPXD	559	19859	D-ABIM	117	18368	HK-1337	357	19303
7P-DPT	134	18370	C-FRST	320	19169	D-ABIN	125	18369	HK-1400	484	19662
83-4610	85	18811	C-GAGX	386	19191	D-ABIO	399	19311	HK-1401	491	19663
83-4612	94	18813	C-GAGY	388	19192	D-ABIP	134	18370	HK-1716	240	18999
83-4615	112	18816	C-GAGZ	406	19195	D-ABIQ	145	18371	HK-1717	215	18993
83-4616	118	18817	C-GBWA	630	19890	D-ABIR	185	18933	HK-1803	272	19035
84-0193	33	18362	C-GBWH	600	19814	D-ABIS	222	18934	HK-1804	284	19037
9L-LEK	389	19288	C-GBWS	247	18867	D-ABIT	234	18935	HK-2420X	166	18874
9L-LFJ	403	19289	C-GFRB	396	19120	D-ABIU	409	19312	HK-2421X	202	18875
9M-SAS	145	18371	C-GKFA	547	19806	D-ABIV	249	18936	HK-2422	217	18876
9N-ABD	826	20421	C-GKFB	367	19358	D-ABIW	364	19008	HK-2422X	217	18876
9N-ABN	594	19813	C-GKFC	211	18897	D-ABIX	374	19009	HK-2474	322	19099
9N-ABV	254	18879	C-GKFN	368	19359	D-ABIY	411	19313	HK-2475	295	19094
9N-ABW	236	18878	C-GKFT	575	19807	D-ABIZ	382	19010	HK-2476	336	19102
9N-ABY	310	19113	C-GKFV	308	19173	D-AFGK	437	19314	HK-2541	143	18281
9Q-CAV	220	18967	C-GKFW	543	19805	D-AHLL	135	18823	HK-2559	219	18994
9Q-CBF	255	19139	C-GKFZ	436	19204	D-AHLM	163	18919	HK-2560	233	18996
9Q-CBG	109	18367	C-GOFA	106	18815	D-AHLN	306	18952	HK-2604	190	18287
9Q-CBS	441	19319	C-GQBE	229	18970	D-AHLO	419	19401	HK-2637X	443	19815
9Q-CBT	246	19138	C-GVCH	189	18853	D-AHLP	238	18990	HK-2705X	149	18282
9Q-CDC	222	18934	C-GVFA	854	20475	D-AHLQ	495	19282	HK-2717X	8	18252
9Q-CDJ	817	20424	C-GWGP	384	19404	D-AHLR	246	19138	HK-2833X	122	18321
9Q-CDM	163	18919	C-GWGT	398	19405	D-AHLS	255	19139	HK-2845X	257	19005
9Q-CEV	507	19152	C-GWGV	430	19406	D-AJAA	237	18951	HK-2846X	269	19007
9Q-CHK	419	19401	CP-1070	599	19860	EI-BUI	304	19249	HK-2957X	184	18896
9Q-CMC	145	18371	CP-1223	104	18795	EI-BUP	226	18877	HK-2960X	304	19249
9Q-CMP	640	19892	CP-1339	858	20512	EL-AIY	148	18892	HK-3133X	173	18895
9Q-CRJ	365	19088	CP-2274	228	19132	EL-AIZ	173	18895	HK-3151X	319	19122
9Q-CRA	226	18877	CP-2277	362	19429	EL-AKE	226	18877	HK-3168X	207	18858
9Q-CRG	28	18361	CP-2278	59	18437	EL-GOL	11	18253	HK-3201X	226	18877
9Q-CSE	28	18361	CP-2320	115	18445	EL-GPX	197	19129	HK-3203X	175	18845
9Q-CSF	164	18332	CP-2322	21	18428	EP-AMU	387	19011	HK-3212X	183	18846
9Q-CSG	125	18369	CP-2370	132	18449	EP-AMV	437	19314	HK-3229X	100	18814
9Q-CSY	251	19180	CP-2377	592	20044	EP-GDS	405	19557	HK-3246X	373	19280
9Q-CWT	204	18291	CP-2385	255	19139	EP-IRA	276	19171	HK-3293	175	18845
9Q-DDD	815	20419	CP-861	748	20279	EP-IRB	323	19172	HK-3384X	254	18879
9Q-RDZ	222	18934	CS-TBK	384	19404	EP-IRC	505	19816	HK-3396X	235	18997
9Y-TCO	99	18794	CS-TBL	398	19405	EP-IRD	537	19817	HK-3442X	81	18742
9Y-TCP	104	18795	CS-TBM	430	19406	EP-MRP	405	19557	HK-3483X	444	19499
9Y-TCQ	108	18796	CS-TBN	524	19597	EP-PLN	35	18363	HK-3599X	254	18879
A40-CF	125	18369	CS-TBO	660	19968	EP-SHP	35	18363	HK-3612X	378	19281
AN-BSQ	170	18843	CS-TBP	856	20489	FAC1145	357	19303	HK-3651X	78	18743
B-1018	339	19175	CS-TBQ	476	19665	FAC-1146	467	19595	HK-3667X	366	19430
B-1818	380	19399	CS-TBV	461	19618	FAC1246	467	19595	HK-3739X	812	20418
B-1820	466	19520	CU0001	5	18296	FAC-901	407	19196	HK-3745	819	20420

Boeing 727-100 — Out Of Production List: Western Jet Airliners

Registration	l/n	c/n	Registration	l/n	c/n	Registration	l/n	c/n	Registration	l/n	c/n
HK-3745X	819	20420	N101MU	128	18802	N154FE	190	18287	N1962	494	19836
HK-3770X	260	19242	N101MU	207	18858	N154FN	106	18815	N1963	499	19837
HK-3771X	467	19595	N102FE	392	19193	N15512	211	18897	N1964	551	19838
HK-3798X	225	18969	N103FE	414	19199	N155FE	192	18288	N1965	542	19839
HK-3803X	319	19122	N103MU	139	18324	N156FE	194	18289	N1969	592	20044
HK-3814X	79	18270	N104FE	413	19198	N156FN	203	18943	N196FE	451	19145
HK-3840X	254	18879	N105FE	394	19194	N157FE	73	18314	N1970	15	18426
HK-3841X	378	19281	N105RK	319	19122	N158FN	92	18812	N1971	18	18427
HK-3845X	454	19534	N106FE	421	19201	N160FN	198	18942	N1972	21	18428
HK-3870X	803	20422	N107FE	424	19202	N1631	180	18850	N1973	26	18429
HK-3933X	292	19165	N108FE	436	19204	N1632	207	18858	N1974	31	18430
HK-3973X	551	19838	N109FE	438	19205	N1633	304	19249	N1975	32	18431
HK-4154	162	18804	N109HT	239	18998	N1634	313	19250	N1976	43	18432
HK-4154X	162	18804	N10XY	298	19254	N1635	315	19251	N1977	44	18433
HK-4386	660	19968	N110AC	296	19253	N1636	327	19252	N1978	50	18434
HK-4407	387	19011	N110FE	547	19806	N1637	467	19595	N1979	51	18435
HK-727	243	19127	N110NE	306	18952	N1638	479	19596	N1980	58	18436
HL3151	319	19122	N111EK	296	19253	N166FE	227	18863	N1981	59	18437
HL7307	202	18875	N111FE	543	19805	N16764	249	18936	N1982	65	18438
HL7308	166	18874	N111JL	239	18998	N16765	28	18361	N1983	67	18439
HL7309	217	18876	N112FE	630	19890	N16766	37	18364	N1984	69	18440
HL7336	122	18321	N113	234	18935	N16767	52	18365	N1985	97	18441
HL7337	136	18323	N113CA	273	19243	N16768	35	18363	N1986	105	18442
HP-1001	443	19815	N113FE	647	19894	N167FE	231	18864	N1987	111	18443
HP-1063	283	19110	N11412	166	18874	N168FE	232	18865	N1988	114	18444
HP-1178TLN	401	19393	N11415	319	19122	N169FE	241	18866	N1989	115	18445
HP-1179TLN	81	18742	N114FE	460	19527	N1727T	559	19859	N198FE	512	19154
HP-1229PFC	26	18429	N115FE	600	19814	N1780B	625	20217	N1990	123	18446
HP-1261PVI	205	18965	N115TA	797	20327	N1781B	428	19524	N1991	127	18447
HP-1299PFC	51	18435	N116FE	335	19298	N1781B	439	19525	N1992	131	18448
HP-500A	168	18894	N116TA	806	20328	N1781B	442	19526	N1993	132	18449
HP-619	174	18920	N117FE	344	19299	N1781B	460	19527	N1994	140	18450
HP-619API	174	18920	N117TA	861	20513	N1781B	826	20421	N1995	151	18900
HP-620	237	18951	N1186Z	289	19134	N1781B	829	20426	N1996	153	18901
HP-661	373	19280	N1187Z	136	18323	N1782T	599	19860	N1997	196	19128
HR-ALZ	254	18879	N118FE	346	19300	N1784B	2	18464	N1998	197	19129
HR-AMH	178	18849	N119FE	352	19301	N180FE	247	18867	N199AM	426	19262
HR-AMI	266	19182	N120FE	356	19356	N181FE	248	18868	N199FE	459	19509
HR-AMR	494	19836	N121FE	360	19357	N18476	308	19173	N1CC	239	18998
HR-SHE	135	18823	N122FE	367	19358	N18477	28	18361	N210NE	147	18903
HR-SHF	163	18919	N123FE	368	19359	N18478	37	18364	N211FL	575	19807
HZ-122	869	20533	N123YR	98	18366	N18479	326	19174	N21UC	238	18990
HZ-AMH	377	19620	N124	124	18821	N18480	72	18741	N220NE	160	18905
HZ-DG1	347	19124	N124AS	124	18821	N184FE	258	18870	N221FL	543	19805
HZ-GP2	766	20228	N124FE	371	19360	N185FE	259	18871	N228G	869	20533
HZ-GRP	766	20228	N125FE	468	19717	N186FE	261	18872	N230NE	224	18907
HZ-HE4	634	19987	N126FE	474	19718	N187FE	268	19079	N231FL	438	19205
HZ-MBA	262	19006	N127	290	19176	N188CL	157	18893	N238DH	101	18275
HZ-OCV	262	19006	N12826	546	19826	N188FE	275	19081	N240FE	176	18906
HZ-TA1	52	18365	N12827	527	19827	N189FE	279	19082	N2471	428	19524
HZ-TFA	262	19006	N128FE	482	19720	N18G	234	18935	N2472	439	19525
HZ-WBT	327	19252	N129CA	453	19501	N18HH	249	18936	N2473	442	19526
HZ-WBT2	327	19252	N129JK	185	18933	N18HN	249	18936	N2474	460	19527
J2-KAD	301	19135	N130FE	490	19721	N1901	213	19130	N2475	465	19528
J2-KBA	418	19394	N131FE	493	19722	N1902	218	19131	N250NE	700	20112
JA8301	124	18821	N132FE	497	19850	N1903	228	19132	N251DH	660	19968
JA8302	126	18822	N133CA	171	18844	N1905	251	19180	N251FL	436	19204
JA8303	135	18823	N133FE	510	19851	N1906	265	19181	N2550	596	20045
JA8305	163	18919	N134AS	145	18371	N1907	266	19182	N260GS	422	19261
JA8306	174	18920	N134CA	86	18744	N1908	267	19183	N260NE	711	20113
JA8307	166	18874	N134FE	517	19852	N1909	282	19184	N261FL	368	19359
JA8308	202	18875	N1355B	460	19527	N190AJ	236	18878	N26565	134	18370
JA8309	217	18876	N135CA	401	19393	N190FE	281	19083	N26877	441	19319
JA8310	226	18877	N135FE	522	19853	N1910	311	19385	N26879	854	20475
JA8311	236	18878	N136FE	632	19855	N191FE	337	19084	N2688Z	857	20476
JA8312	254	18879	N143CA	78	18743	N1928	321	19386	N2689E	348	19318
JA8314	246	19138	N143FE	314	19136	N1929	329	19387	N2703L	109	18367
JA8315	255	19139	N144FE	316	19137	N192FE	349	19085	N270AX	332	19170
JA8316	237	18951	N145FE	271	19109	N1930	340	19388	N2741A	238	18990
JA8317	306	18952	N146FE	283	19110	N1931	343	19389	N2741A	290	19176
JA8318	288	19279	N147FE	270	19080	N1932	350	19390	N2777	290	19176
JA8319	373	19280	N148FE	353	19086	N1933	358	19428	N27KA	208	18859
JA8320	378	19281	N149FE	359	19087	N1934	362	19429	N280NE	230	18971
JA8321	405	19557	N149FN	100	18814	N1935	366	19430	N283AT	485	19150
JA8325	495	19282	N150FE	370	19141	N193FE	440	19142	N284AT	504	19151
JA8326	502	19283	N150FN	303	19166	N194FE	446	19143	N285AT	507	19152
JA8327	686	20078	N151FE	472	19147	N1955	372	19431	N286AT	508	19153
JY-AHS	222	18934	N151FN	179	18805	N1956	381	19432	N287AT	179	18805
JY-HMH	222	18934	N152FE	172	18285	N1957	486	19833	N288AT	203	18943
JY-HS1	766	20228	N152FN	325	19167	N1958	489	19834	N289AT	198	18942
N100MU	454	19534	N153FE	182	18286	N1959	501	19835	N28KA	119	18320
N101FE	410	19197	N153FN	183	18846	N195FE	450	19144	N290AT	92	18812

Boeing 727-100 — Out Of Production List: Western Jet Airliners

Registration	l/n	c/n	Registration	l/n	c/n	Registration	l/n	c/n	Registration	l/n	c/n
N290NE	242	18972	N360PA	426	19262	N467US	137	18803	N55AJ	237	18951
N2913	596	20045	N36KA	180	18850	N468US	162	18804	N5607	162	18804
N2914	605	20046	N37KA	207	18858	N469US	179	18805	N5608	179	18805
N2915	619	20143	N388PA	462	19818	N470US	188	18806	N5609	188	18806
N293AS	454	19534	N389PA	516	19819	N47142	301	19135	N577JB	419	19401
N2969G	287	19304	N3946A	418	19394	N471US	193	18807	N604NA	347	19124
N2969V	316	19137	N39KA	139	18324	N472US	198	18942	N60FM	456	19535
N2977G	211	18897	N40	628	19854	N473US	203	18943	N61944	168	18894
N2979G	300	19305	N4002M	797	20327	N474US	209	18944	N62119	222	18934
N297BN	309	19391	N400RG	481	19149	N4753B	190	18287	N624VA	797	20327
N29895	315	19251	N40481	154	18329	N475US	264	19121	N6293N	381	19432
N298BN	317	19392	N40482	156	18330	N476US	319	19122	N63584	174	18920
N299BN	401	19393	N40483	158	18331	N477US	334	19123	N65894	453	19501
N299LA	264	19121	N40484	165	18791	N478US	347	19124	N65910	273	19243
N29KA	137	18803	N40485	164	18332	N479US	361	19125	N66510	81	18742
N2CC	262	19006	N40486	177	18848	N480US	363	19126	N665DH	52	18365
N300AA	199	18856	N40487	178	18849	N488US	514	19867	N67JR	249	18936
N300BN	418	19394	N40488	186	18852	N489US	529	19868	N680FM	229	18970
N300DK	239	18998	N40489	191	18854	N490US	244	18898	N682FM	229	18970
N300NE	252	18974	N40490	210	18860	N490W	280	19091	N682G	298	19254
N301BN	431	19395	N40AF	72	18741	N491US	256	18899	N68644	6	18297
N302BN	260	19242	N413EX	294	19206	N492US	263	18945	N68649	24	18360
N303BN	211	18897	N414EX	256	18899	N4936S	399	19311	N68650	4	18295
N304BN	625	20217	N415EX	263	18945	N493US	274	18946	N690WA	427	19504
N305BN	99	18794	N416EX	383	19287	N494US	286	18947	N691WA	432	19505
N306BN	104	18795	N417EX	417	19290	N495US	294	19206	N692WA	447	19506
N307BN	108	18796	N418EX	274	18946	N495WC	291	19092	N693WA	449	19507
N308BN	527	19827	N419EX	286	18947	N496US	383	19287	N694WA	457	19508
N309BN	615	19808	N420EX	336	19102	N496WC	318	19098	N695WA	459	19509
N30KA	200	18857	N421EX	322	19099	N497US	389	19288	N696WA	634	19987
N30MP	239	18998	N422EX	295	19094	N497WC	305	19096	N7001U	1	18293
N310BN	364	19008	N423EX	437	19314	N498US	403	19289	N7002U	3	18294
N311AG	858	20512	N4245S	495	19282	N498WC	293	19093	N7003U	165	18791
N311BN	391	19012	N424EX	626	20042	N499US	417	19290	N7004U	5	18296
N314AS	206	18992	N425EX	302	19095	N500JJ	237	18951	N7005U	6	18297
N314PA	206	18992	N426EX	250	19089	N500LS	735	20115	N7006U	7	18298
N315PA	215	18993	N427EX	277	19090	N502FE	82	18271	N7007U	9	18299
N316AS	219	18994	N428EX	307	19097	N502MG	309	19391	N7008U	10	18300
N316PA	219	18994	N429EX	324	19100	N502RA	309	19391	N7009U	12	18301
N317PA	221	18995	N430EX	333	19101	N503FE	91	18273	N700TE	52	18365
N318AS	233	18996	N431EX	341	19103	N503MG	317	19392	N7010U	19	18302
N318PA	233	18996	N432EX	514	19867	N503RA	317	19392	N7011U	22	18303
N319PA	235	18997	N433EX	529	19868	N504FE	96	18274	N7012U	23	18304
N31KA	199	18856	N434EX	244	18898	N504MG	431	19395	N7013U	27	18305
N320AS	239	18998	N435EX	389	19288	N504RA	431	19395	N7014U	34	18306
N320HG	869	20533	N4367J	108	18796	N5055	308	19173	N7015U	38	18307
N320PA	239	18998	N436EX	403	19289	N505C	735	20115	N7016U	40	18308
N3211M	237	18951	N440DR	296	19253	N505FE	103	18276	N7017U	47	18309
N321PA	240	18999	N444GM	476	19665	N505LS	735	20115	N7018U	48	18310
N323PA	257	19005	N444SA	634	19987	N505T	735	20115	N7019U	55	18311
N324AS	262	19006	N448DR	296	19253	N506FE	107	18277	N701DH	387	19011
N324PA	262	19006	N44MD	348	19318	N5073L	249	18936	N701EV	395	19310
N3254D	461	19618	N44R	98	18366	N507FE	113	18278	N7020U	60	18312
N325PA	269	19007	N4509	260	19242	N508FE	121	18279	N7021U	66	18313
N326PA	272	19035	N45498	476	19665	N5092	326	19174	N7022U	73	18314
N32720	555	19846	N4555W	519	19793	N5093	339	19175	N7023U	77	18315
N327JL	861	20513	N4556W	149	18282	N509FE	129	18280	N7024U	80	18316
N327PA	278	19036	N4564U	524	19597	N510FE	149	18282	N7025U	88	18317
N328PA	284	19037	N458N	382	19010	N5111Y	79	18270	N7026U	95	18318
N329K	405	19557	N46	24	18360	N511DB	255	19139	N7027U	110	18319
N329PA	285	19038	N4602D	170	18843	N511FE	155	18283	N7028U	119	18320
N329QS	285	19038	N460US	159	18910	N512FE	218	19131	N7029U	122	18321
N339PA	289	19134	N4610	85	18811	N513FE	340	19388	N702DH	519	19793
N33UT	249	18936	N4611	92	18812	N514FE	343	19389	N7030U	130	18322
N340DR	296	19253	N4612	94	18813	N515FE	358	19428	N7031U	136	18323
N340PA	301	19135	N4613	100	18814	N516FE	372	19431	N7032U	139	18324
N341PA	314	19136	N4614	106	18815	N517FE	26	18429	N7033U	141	18325
N341TC	473	19148	N4615	112	18816	N518FE	51	18435	N7034U	142	18326
N342PA	316	19137	N4616	118	18817	N518PM	51	18435	N7035U	144	18327
N355PA	385	19257	N4617	175	18845	N526PC	821	20370	N7036U	146	18328
N355QS	385	19257	N4618	183	18846	N527PC	476	19665	N7037U	154	18329
N356PA	397	19258	N4619	187	18847	N528PC	524	19597	N7038U	156	18330
N356QS	397	19258	N461US	90	18797	N529AC	797	20327	N7039U	158	18331
N357NE	398	19405	N4620	292	19165	N530EJ	461	19618	N703DH	382	19010
N357PA	408	19259	N4621	303	19166	N530KF	290	19176	N703EV	399	19311
N357QS	408	19259	N4622	325	19167	N531EJ	470	19619	N7040U	164	18332
N358PA	412	19260	N462US	93	18798	N5458E	184	18896	N7041U	177	18848
N358QS	257	19005	N463US	102	18799	N5472	439	19525	N7042U	178	18849
N359PA	422	19261	N464US	116	18800	N5473	442	19526	N7044U	181	18851
N359QS	269	19007	N465US	120	18801	N5474	460	19527	N7045U	186	18852
N3605	198	18942	N466US	128	18802	N5475	428	19524	N7046A	226	18877
N3606	203	18943	N46793	856	20489	N555BN	821	20370	N7046U	189	18853

Registration	l/n	c/n	Registration	l/n	c/n	Registration	l/n	c/n	Registration	l/n	c/n
N7047U	191	18854	N726JE	443	19815	N7292	453	19501	N8104N	14	18255
N7048U	195	18855	N726PL	388	19192	N7293	454	19534	N8105N	16	18256
N7049U	199	18856	N7270	271	19109	N7294	456	19535	N8106N	17	18257
N704A	427	19504	N72700	2	18464	N7295	469	19532	N8107N	20	18258
N7050U	200	18857	N72700	117	18368	N7296	475	19533	N8108N	25	18259
N7052U	208	18859	N7270C	211	18897	N729EV	330	19116	N8109N	29	18260
N7053U	210	18860	N7270F	309	19391	N730EV	283	19110	N8110N	30	18261
N7054U	212	18861	N7271	283	19110	N731EV	310	19113	N8111N	41	18262
N7055U	216	18862	N7271F	317	19392	N732AL	615	19808	N8112N	45	18263
N7056U	227	18863	N7271P	185	18933	N7401U	250	19089	N8113N	53	18264
N7057U	231	18864	N7271P	239	18998	N7402U	277	19090	N8114N	54	18265
N7058U	232	18865	N7271P	273	19243	N7403U	280	19091	N8115N	61	18266
N7059U	241	18866	N7272	297	19111	N7404U	291	19092	N8116N	62	18267
N705A	289	19134	N7272F	401	19393	N7405U	293	19093	N8117N	71	18268
N705DH	386	19191	N7273	299	19112	N7406U	295	19094	N8118N	74	18269
N705EV	374	19009	N7273F	418	19394	N7407U	302	19095	N8119N	79	18270
N7060U	247	18867	N7274	310	19113	N7408U	305	19096	N8120N	82	18271
N7061U	248	18868	N7274F	431	19395	N7409U	307	19097	N8121N	89	18272
N7062U	253	18869	N7275	312	19114	N740EV	327	19252	N8122N	91	18273
N7063U	258	18870	N7276	328	19115	N7410U	318	19098	N8123N	96	18274
N7064U	259	18871	N7277	330	19116	N7411U	322	19099	N8124N	101	18275
N7065U	261	18872	N7278	376	19117	N7412U	324	19100	N8125N	103	18276
N7066U	268	19079	N7279	379	19118	N7413U	333	19101	N8126N	107	18277
N7067U	270	19080	N727AH	422	19261	N7414U	336	19102	N8127N	113	18278
N7068U	275	19081	N727AK	334	19123	N7415U	341	19103	N8128N	121	18279
N7069U	279	19082	N727AL	575	19807	N7416U	386	19191	N8129N	129	18280
N706DH	388	19192	N727BB	314	19136	N7417U	388	19192	N8130N	143	18281
N706JP	501	19835	N727BE	185	18933	N7418U	392	19193	N8132N	155	18283
N70708	594	19813	N727CD	178	18849	N7419U	394	19194	N8133N	161	18284
N7070U	281	19083	N727CF	136	18323	N7420U	406	19195	N8134N	172	18285
N7071U	337	19084	N727CH	145	18371	N7421U	407	19196	N8135N	182	18286
N7072U	349	19085	N727CH	185	18933	N7422U	410	19197	N8136N	190	18287
N7073U	353	19086	N727CK	406	19195	N7423U	413	19198	N8137N	192	18288
N7074U	359	19087	N727CR	168	18894	N7423U	547	19806	N8138N	194	18289
N7075U	365	19088	N727DG	422	19261	N7424U	414	19199	N8139N	201	18290
N7076U	369	19140	N727EC	52	18365	N7425U	416	19200	N8140G	401	19393
N7077U	370	19141	N727EC	348	19318	N7426U	421	19201	N8140N	204	18291
N7078U	440	19142	N727EV	448	19500	N7429U	436	19204	N8140P	86	18744
N7079U	446	19143	N727FH	856	20489	N742EV	369	19140	N8140V	78	18743
N707DH	122	18321	N727GB	314	19136	N7430U	438	19205	N8141N	205	18965
N707X	418	19394	N727GG	327	19252	N7431U	543	19805	N8142N	214	18966
N7080U	450	19144	N727GP	412	19260	N7433U	630	19890	N8143N	220	18967
N7081U	451	19145	N727HC	501	19835	N7434U	631	19891	N8144N	223	18968
N7082U	452	19146	N727JE	387	19011	N7435U	640	19892	N8145N	225	18969
N7083U	472	19147	N727JR	98	18366	N7436U	643	19893	N8146N	229	18970
N7084U	473	19148	N727KS	856	20489	N7437U	647	19894	N8147N	230	18971
N7085U	481	19149	N727LA	412	19260	N7438U	658	19895	N8148N	242	18972
N7086U	485	19150	N727LJ	316	19137	N743EV	365	19088	N8149N	245	18973
N7087U	504	19151	N727M	411	19313	N744EV	527	19827	N8150N	252	18974
N7088U	507	19152	N727MB	348	19318	N745EV	502	19283	N8151G	335	19298
N7089U	508	19153	N727MJ	411	19313	N746EV	686	20078	N8152G	344	19299
N708DH	101	18275	N727PJ	76	18752	N748EV	519	19793	N8153G	346	19300
N7090U	512	19154	N727PL	406	19195	N750EV	382	19010	N8154G	352	19301
N709DH	660	19968	N727PN	797	20327	N750UA	441	19319	N8155G	354	19302
N70PA	415	19402	N727PX	422	19261	N753AL	434	19203	N8156G	356	19356
N711GN	419	19401	N727RE	766	20228	N753AS	434	19203	N8157G	360	19357
N712DH	419	19401	N727RF	422	19261	N765AS	454	19534	N8158G	367	19358
N715DH	461	19618	N727RL	11	18253	N766AS	536	19728	N8159G	368	19359
N717DH	343	19389	N727S	239	18998	N766JS	456	19535	N8160G	371	19360
N720DC	296	19253	N727SG	412	19260	N767RV	858	20512	N8161G	468	19717
N720JE	461	19618	N727TA	319	19122	N77	24	18360	N8162G	474	19718
N721JE	170	18843	N727TG	420	19503	N77AZ	594	19813	N8163G	478	19719
N721PC	235	18997	N727UD	109	18367	N78	33	18362	N8164G	482	19720
N722EV	314	19136	N727VJ	348	19318	N7829A	625	20217	N8165G	490	19721
N722GS	157	18893	N727WE	426	19262	N7890	700	20112	N8167G	497	19850
N722JE	575	19807	N727WF	596	20045	N7892	712	20114	N8168G	510	19851
N723EV	316	19137	N727X	418	19394	N7893	735	20115	N8169G	517	19852
N723JE	184	18896	N727XL	869	20533	N792A	406	19195	N816GG	493	19722
N7247U	424	19202	N727YK	547	19806	N797AS	320	19169	N8170G	522	19853
N7248U	434	19203	N727ZV	304	19249	N798AS	332	19170	N8171G	628	19854
N724CL	264	19121	N7280	393	19119	N800AK	596	20045	N8172G	632	19855
N724EV	271	19109	N7281	396	19120	N801MJ	132	18449	N8173G	635	19856
N724JE	382	19010	N7282	273	19243	N801SC	431	19395	N8174G	641	19857
N724PL	301	19135	N7284	338	19244	N802SC	128	18802	N8175G	645	19858
N725AL	476	19665	N7286	342	19245	N8030H	112	18816	N81871	115	18445
N725CK	267	19183	N7287	423	19246	N803DH	112	18816	N8277Z	228	19132
N725DT	605	20046	N7288	429	19497	N803SC	454	19534	N8313N	149	18282
N725EV	299	19112	N7289	444	19499	N8043B	298	19254	N831RV	293	19093
N725JE	519	19793	N728CK	187	18847	N8043E	766	20228	N831TW	138	18902
N725PL	386	19191	N728EV	99	18794	N8101N	8	18252	N8320	442	19526
N726AL	480	19666	N728JE	117	18368	N8102N	11	18253	N832RV	318	19098
N726EV	399	19311	N7290	448	19500	N8103N	13	18254	N833N	234	18935

Registration	l/n	c/n	Registration	l/n	c/n	Registration	l/n	c/n	Registration	l/n	c/n
N833TW	147	18903	N928UP	280	19091	OB-1601P	203	18943	PT-TCC	171	18844
N834N	207	18858	N929UP	291	19092	OB-1642	43	18432	PT-TCD	86	18744
N836N	180	18850	N92GS	148	18892	OB-1661	803	20422	PT-TCE	78	18743
N837N	128	18802	N930FT	329	19387	OB-1728	44	18433	PT-TCF	81	18742
N838N	137	18803	N930UP	305	19096	OB-1731	43	18432	PT-TCG	314	19136
N839TW	152	18904	N931PG	504	19151	OB-1738	381	19432	PT-TCH	365	19088
N840TW	160	18905	N931UP	645	19858	OB-1759	507	19152	PT-TCI	369	19140
N841MM	117	18368	N9321FT	350	19390	OB-1759P	507	19152	PT-TDG	441	19319
N841N	139	18324	N932FT	489	19834	OB-R1081	74	18269	PT-TYH	429	19497
N841TW	176	18906	N932PG	507	19152	OB-R1115	211	18897	PT-TYI	527	19827
N842TW	224	18907	N932UP	635	19856	OB-R1115	328	19115	PT-TYJ	401	19393
N844TW	87	18755	N933FT	266	19182	OB-R1135	447	19506	PT-TYK	444	19499
N845TW	84	18754	N933UP	641	19857	OB-R1141	409	19312	PT-TYL	453	19501
N846TW	83	18753	N934FT	366	19430	OB-R1256	300	19305	PT-TYM	448	19500
N847TW	76	18752	N934UP	301	19135	OB-R1277	400	19400	PT-TYN	273	19243
N848TW	75	18751	N935FT	251	19180	OB-R902	555	19846	PT-TYO	330	19116
N849TW	70	18750	N935UP	619	20143	OK-TGX	93	18798	PT-TYP	310	19113
N850TW	36	18569	N936FT	494	19836	OK-UGZ	114	18444	PT-TYQ	283	19110
N851TW	39	18570	N936UP	420	19503	OO-DHM	712	20114	PT-TYR	99	18794
N852TW	42	18571	N937FT	187	18847	OO-DHN	711	20113	PT-TYS	297	19111
N853TW	46	18572	N937UP	354	19302	OO-DHO	700	20112	PT-TYT	299	19112
N854TW	49	18573	N938UP	447	19506	OO-DHP	303	19166	PT-TYU	271	19109
N855TW	56	18574	N939FT	340	19388	OO-DHQ	325	19167	RP-C1240	487	19691
N856TW	57	18575	N939UP	469	19532	OO-DHR	489	19834	RP-C1241	498	19692
N857TW	63	18576	N93GS	157	18893	OO-JAA	237	18951	RP-C5353	218	19131
N858TW	64	18577	N940UP	546	19826	OO-STA	400	19400	RP-C8017	403	19289
N859TW	68	18578	N941FT	358	19428	OO-STB	415	19402	S9-BAE	147	18903
N863SY	136	18323	N941UP	407	19196	OO-STC	419	19401	S9-BAG	411	19313
N8700R	122	18321	N942FT	372	19431	OO-STD	435	19403	S9-BAH	449	19507
N8789R	619	20143	N942UP	333	19101	OO-STE	634	19987	S9-BAI	686	20078
N88892	555	19846	N943UP	336	19102	OO-TJN	387	19011	S9-BAQ	293	19093
N888VT	822	20371	N944UP	341	19103	OY-UPA	458	19233	S9-BAR	318	19098
N889TW	351	19228	N945UP	295	19094	OY-UPB	534	19874	S9-BAU	367	19358
N890TW	390	19229	N946UP	490	19721	OY-UPC	402	19230	S9-BOC	127	18447
N891TW	402	19230	N947UP	493	19722	OY-UPD	341	19103	S9-BOD	223	18968
N892TW	404	19231	N948UP	360	19357	OY-UPJ	336	19102	S9-BOE	388	19192
N893TW	425	19232	N949UP	468	19717	OY-UPM	390	19229	S9-BOG	332	19170
N894TW	458	19233	N94GS	148	18892	OY-UPS	425	19232	S9-CAA	494	19836
N895TW	463	19234	N950UP	474	19718	OY-UPT	295	19094	S9-CAB	266	19182
N898PC	377	19620	N9515T	534	19874	P4-BAA	44	18433	S9-CAH	178	18849
N900CH	501	19835	N9516T	604	19873	P4-BAB	381	19432	S9-DBM	136	18323
N901TS	17	18257	N951UP	497	19850	P4-BAC	43	18432	S9-IAO	367	19358
N902TS	62	18267	N954UP	527	19827	P4-FLY	473	19148	S9-NAZ	384	19404
N902UP	244	18898	N95GS	173	18895	P4-JLD	377	19620	S9-PAC	854	20475
N903TS	89	18272	N96B	52	18365	P4-MMG	117	18368	S9-PST	559	19859
N903UP	263	18945	N97	24	18360	P4-ONE	473	19148	S9-ROI	185	18933
N904TS	204	18291	N970PS	133	18908	P4-YJR	98	18366	S9-SVE	98	18366
N904UP	274	18946	N971PS	150	18909	PJ-BOA	447	19506	S9-TAN	157	18893
N90557	234	18935	N972PS	159	18910	PK-BAR	229	18970	S9-TAO	350	19390
N90558	33	18362	N973PS	90	18797	PK-VBA	229	18970	S9-TBA	120	18801
N905TS	214	18966	N973PS	167	18911	PK-YGZ	700	20112	SE-DDA	487	19691
N905UP	286	18947	N9748C	711	20113	PP-CJE	812	20418	SE-DDB	498	19692
N906TS	220	18967	N974PS	93	18798	PP-CJF	815	20419	SE-DDC	626	20042
N906UP	437	19314	N974PS	169	18912	PP-CJG	819	20420	SE-DDD	411	19313
N907TS	245	18973	N975PS	238	18990	PP-CJH	300	19305	T3-ATB	399	19311
N907UP	379	19118	N976PS	102	18799	PP-CJI	260	19242	TC-AJR	401	19393
N908JE	735	20115	N976PS	345	19398	PP-CJJ	400	19400	TC-AJS	86	18744
N908UP	312	19114	N977PS	116	18800	PP-CJK	225	18969	TC-AJT	78	18743
N909UP	328	19115	N977PS	443	19815	PP-CJL	223	18968	TC-AJU	237	18951
N910UP	376	19117	N97891	711	20113	PP-ITA	223	18968	TC-AJZ	128	18802
N911UP	393	19119	N978PS	120	18801	PP-ITL	686	20078	TC-ATU	81	18742
N912UP	338	19244	N992AJ	358	19428	PP-ITM	449	19507	TF-FIA	546	19826
N91392	235	18997	N99548	858	20512	PP-ITP	411	19313	TF-FLG	546	19826
N913UP	342	19245	NZ7271	640	19892	PP-SRY	395	19310	TF-FLH	420	19503
N914UP	423	19246	NZ7272	658	19895	PP-SRZ	399	19311	TF-FLJ	470	19619
N915UP	475	19533	NZ7273	643	19893	PP-VLD	824	20425	TF-VLS	157	18893
N916UP	615	19808	OB-1141	409	19312	PP-VLE	480	19666	TG-ALA	354	19302
N917UP	395	19310	OB-1256	300	19305	PP-VLF	803	20422	TG-ANP	81	18742
N91891	72	18741	OB-1277	400	19400	PP-VLG	810	20423	TG-AYA	447	19506
N918UP	364	19008	OB-1465	175	18845	PP-VLH	817	20424	TG-DHP	303	19166
N919UP	391	19012	OB-1512	444	19499	PP-VLQ	467	19595	TG-LKA	401	19393
N920UP	604	19873	OB-1533	494	19836	PP-VLR	479	19596	TI-LRC	199	18856
N921UP	534	19874	OB-1543	183	18846	PP-VLS	457	19508	TN-AFY	486	19833
N922UP	404	19231	OB-1546	485	19150	PP-VLT	313	19250	TN-AFZ	542	19839
N9233Z	98	18366	OB-1546P	485	19150	PP-VLV	374	19009	TP-01	334	19123
N9234Z	117	18368	OB-1547	504	19151	PP-VLW	449	19507	TP-02	264	19121
N923UP	390	19229	OB-1548	507	19152	PT-ITM	449	19507	TP-05	334	19123
N924UP	463	19234	OB-1570	508	19153	PT-MDG	441	19319	TZ-ADR	459	19509
N925UP	402	19230	OB-1570P	508	19153	PT-SAV	429	19497	V8-BG1	145	18371
N926UP	458	19233	OB-1588	198	18942	PT-SAW	401	19393	V8-BG2	145	18371
N927DS	605	20046	OB-1588P	198	18942	PT-TCA	314	19136	V8-UHM	145	18371
N927UP	425	19232	OB-1601	203	18943	PT-TCB	316	19137	VH-BGW	185	18933

Registration	l/n	c/n	Registration	l/n	c/n	Registration	l/n	c/n
VH-LAP	79	18270	XA-SEM	375	19427	ZS-SBB	157	18893
VH-RMD	171	18844	XA-SEN	345	19398	ZS-SBC	168	18894
VH-RME	78	18743	XA-SEP	169	18912	ZS-SBD	173	18895
VH-RMF	86	18744	XA-SER	133	18908	ZS-SBE	184	18896
VH-RMR	296	19253	XA-SEU	150	18909	ZS-SBF	348	19318
VH-RMS	768	20278	XA-SEW	625	20217	ZS-SBG	441	19319
VH-RMT	821	20370	XA-SGY	429	19497	ZS-SBH	854	20475
VH-TBS	768	20278	XA-SHT	81	18742	ZS-SBI	857	20476
VH-TJA	72	18741	XA-SIR	78	18743	Z-WYY	134	18370
VH-TJB	81	18742	XA-SKC	265	19181			
VH-TJC	170	18843	XA-SNW	140	18450			
VH-TJD	298	19254	XA-SPK	429	19497			
VH-TJF	822	20371	XA-SQO	76	18752			
VP-BAA	334	19123	XA-SXZ	58	18436			
VP-BAB	298	19254	XA-SYA	381	19432			
VP-BAJ	249	18936	XA-TAE	116	18800			
VP-BAP	412	19260	XA-TUY	443	19815			
VP-BDJ	605	20046	XA-TYT	454	19534			
VP-BGW	98	18366	XB-GBP	8	18252			
VP-BIF	869	20533	XC-FAC	375	19427			
VP-BIL	869	20533	XC-FAZ	150	18909			
VP-BKC	869	20533	XC-UJA	334	19123			
VP-BNA	426	19262	XC-UJB	133	18908			
VP-BPZ	797	20327	XC-UJB	264	19121			
VP-CJN	822	20371	XT-BBE	238	18990			
VP-CKA	856	20489	XV-NJB	462	19818			
VP-CMM	117	18368	XV-NJC	516	19819			
VP-CMN	495	19282	XY-ADR	377	19620			
VP-CWC	377	19620	YA-FAR	540	19690			
VR-BAT	822	20371	YA-FAU	784	20343			
VR-BGW	98	18366	YA-FAW	470	19619			
VR-BHK	185	18933	YA-GAA	93	18798			
VR-BHN	134	18370	YL-BAE	151	18900			
VR-BHO	315	19251	YL-BAF	69	18440			
VR-BHP	145	18371	YN-BSQ	170	18843			
VR-BKC	869	20533	YN-BWX	81	18742			
VR-BMC	136	18323	YN-BXW	161	18284			
VR-BNA	426	19262	YV156T	712	20114			
VR-BRR	822	20371	YV2309	712	20114			
VR-BSA	605	20046	YV-448	79	18270			
VR-CBA	234	18935	YV-480C	79	18270			
VR-CBE	495	19282	YV-728C	79	18270			
VR-CBG	377	19620	YV-763C	144	18327			
VR-CCB	766	20228	YV-765C	195	18855			
VR-CDB	255	19139	YV-79C	116	18800			
VR-CHS	222	18934	YV-80C	142	18326			
VR-CHS	766	20228	YV-813C	401	19393			
VR-CKA	856	20489	YV-81C	144	18327			
VR-CKL	296	19253	YV-82C	141	18325			
VR-CLM	495	19282	YV-837C	189	18853			
VR-CMM	117	18368	YV-838C	292	19165			
VR-CRB	255	19139	YV-839C	141	18325			
VR-CWC	377	19620	YV-845C	454	19534			
VR-UHM	145	18371	YV-846C	325	19167			
VS-UHM	145	18371	YV-848C	712	20114			
XA-ASS	116	18800	YV-87C	189	18853			
XA-BBI	465	19528	YV-88C	195	18855			
XA-BTO	189	18853	YV-89C	181	18851			
XA-FAD	169	18912	YV-90C	199	18856			
XA-GBP	8	18252	YV-90C	443	19815			
XA-GUU	806	20328	YV-91C	292	19165			
XA-GUV	861	20513	ZS-DYM	148	18892			
XA-IUP	159	18910	ZS-DYN	157	18893			
XA-JJA	142	18326	ZS-DYO	168	18894			
XA-LEX	141	18325	ZS-DYP	173	18895			
XA-MEG	78	18743	ZS-DYR	184	18896			
XA-MEN	90	18797	ZS-EKW	348	19318			
XA-MEP	116	18800	ZS-EKX	441	19319			
XA-NAD	443	19815	ZS-IJE	111	18443			
XA-PAL	116	18800	ZS-IJF	114	18444			
XA-RAN	292	19165	ZS-IJG	44	18433			
XA-RLM	142	18326	ZS-IJH	594	19813			
XA-RRA	167	18911	ZS-IJK	290	19176			
XA-RRB	375	19427	ZS-NMW	178	18849			
XA-RWG	46	18572	ZS-NMX	15	18426			
XA-RYI	351	19228	ZS-NMY	127	18447			
XA-SDH	78	18743	ZS-NMZ	197	19129			
XA-SEA	167	18911	ZS-NPX	218	19131			
XA-SEB	124	18821	ZS-NSA	213	19130			
XA-SEJ	331	19255	ZS-NYX	520	19811			
XA-SEK	169	18912	ZS-NYY	315	19251			
XA-SEL	355	19256	ZS-SBA	148	18892			

Boeing 727-200

Production Started:	1967
Production Ended:	1984
Number Built:	1260
Active:	343
Preserved:	14
WFU, Stored & In Parts:	524
Written Off:	44
Scrapped:	335

Location Summary		Location Summary	
Afghanistan	8	Indonesia	9
Algeria	8	Iran	8
Angola	1	Iraq	11
Australia	4	Japan	1
Azerbaijan	3	Jordan	6
Bahrain	2	Kazakhstan	1
Barbados	1	Kenya	1
Belgium	2	Kuwait	1
Benin	1	Lebanon	1
Bolivia	17	Libya	15
Brazil	25	Macau	1
Burkina Faso	1	Malaysia	7
Cameroon	1	Mali	1
Canada	37	Mexico	37
Chile	1	Morocco	1
Colombia	10	Nigeria	25
Congo	16	Pakistan	1
Costa Rica	2	Panama	6
Cyprus	1	Peru	4
Denmark	1	Philippines	1
Ecuador	7	Rep of Ireland	1
Egypt	2	Romania	2
Ethiopia	4	Sao Tome	1
France	11	Saudi Arabia	10
Gabon	1	Senegal	1
Gambia	2	Serbia	4
Greece	3	Sierra Leone	1
Guam	3	South Africa	20
Guinea	1	South Korea	1

Location Summary

Spain	5
Switzerland	1
Syria	7
Thailand	2
Turkey	5
UAE - Dubai	2
UAE - Ras Al Khaimah	1
UAE - Sharjah	2
United Kingdom	4
Unknown	7
USA - AK	1
USA - AR	2
USA - AZ	55
USA - CA	108
USA - CO	2
USA - FL	54
USA - GA	4
USA - IL	1
USA - IN	1
USA - KY	1
USA - LA	2
USA - MD	2
USA - MI	8
USA - MN	6
USA - MO	1
USA - MS	2
USA - NC	11
USA - ND	1
USA - NH	7
USA - NM	59
USA - NV	1
USA - NY	1
USA - OH	26
USA - OK	9
USA - OR	1
USA - SC	4
USA - SD	1
USA - TN	83
USA - TX	18
USA - WA	3
Venezuela	10
Vietnam	1
Yemen	3

Boeing 727-200 — Out Of Production List: Western Jet Airliners

l/n	c/n	Model	Registration	Owner/Operator	Status	Location	Notes
433	19536	284	SX-CBF	-	Scrapped	Athens Hellinikon, Greece	
445	19444	295	N701US	-	Scrapped	Amarillo, TX	
455	19445	295	N702US	-	Scrapped	Amarillo, TX	
464	19450	235	N4730	(Pan American World Airways)	Fire Trainer	Amarillo, TX	
471	19446	295	N703US	-	Scrapped	Amarillo, TX	
477	19447	295	N705US	-	Scrapped	Amarillo, TX	
483	19451	235	N4731	-	Scrapped	Oklahoma City, OK	
488	19683	214	F-BPJU	-	Scrapped	Paris Orly, France	
492	19452	235	N4732	-	Scrapped	Oklahoma City, OK	
496	19448	295	N707US	-	Scrapped	Amarillo, TX	
500	19449	295	N708US	-	Scrapped	Amarillo, TX	
503	19684	214	N218TT	(Tulsa CAV-T School)	Ground Trainer	Tulsa, OK	
506	19453	235	N4733	-	Scrapped	Miami, FL	
509	19454	235	N4734	-	Scrapped	Miami, FL	
511	19475	223F	N316NE	?	Stored	Opa Locka, FL	
513	19455	235	N4735	(Kalitta American International Airways)	Parts Remain	Oscoda, MI	
515	19456	235	N4736	-	Scrapped	Miami, FL	
518	19457	235	N4737	-	Written Off	New Orleans, LA	
521	19991	291(F)	N406BN	One Charter	Active	San Antonion, TX	
523	19476	223(Adv)	N6801	-	Scrapped	Amarillo, TX	
525	19458	235	N4738	-	Scrapped	Amarillo, TX	
526	19992	291	YV-465C	-	Scrapped	Miami, FL	
528	19558	231	9Q-CHS	-	Scrapped	Oklahoma City, OK	
530	19459	235	N4739	-	Scrapped	Miami, FL	
531	19460	235	4K-AZ1	AZAL Azerbajan Airlines	Active	Baku, Azerbajan	
533	19477	223(Adv)	N6802	-	Scrapped	Amarillo, TX	
535	19478	223(Adv)	N6803	-	Scrapped	Amarillo, TX	
538	19461	235	5N-BCY	Freedom Air Services	Active	Kaduna, Nigeria	
539	19462	235	XA-SFF	-	Scrapped	Monterrey, Mexico	
541	19543	228	F-BOJA	-	Ground Trainer	Merville, France	
544	19479	223	N705CA	-	Scrapped	Oscoda, MI	
545	19480	223F	PK-	(Tri-MG)	WFU & Stored	Jakarta Pondok Cabe, Indonesia	
548	19481	223F	N6806	(Kitty Hawk Aircargo)	WFU & Stored	Dallas Ft. Worth, TX	
549	19993	291	N408BN	-	Scrapped	Opa Locka, FL	
550	19559	231	N12302	-	Scrapped	Springfield, MO	
552	19463	235	N4743	-	Scrapped	Miami, FL	
553	19464	235	N58AJ	-	Scrapped	Van Nuys, CA	
554	19465	235	N4745	-	Scrapped	Oklahoma City, OK	
556	19685	214	N908TS	(US Air)	Parts Remain	Mojave, CA	
557	19482	223F	N6807	(Kitty Hawk Aircargo)	Stored	Dallas Ft. Worth, TX	
558	19483	223F	N6808	(Kitty Hawk Aircargo)	Stored	Roswell, NM	
560	19484	223F	N6809	(Kitty Hawk Aircargo)	Stored	Roswell, NM	
561	19466	235	N4746	-	Scrapped	Miami, FL	
562	19544	228(F)	N720DH	(Astar Air Cargo / DHL)	WFU & Stored	Kingman, AZ	
563	19537	222	N7620U	-	Scrapped	Ardmore, OK	
564	19545	228(F)	N721DH	(Astar Air Cargo / DHL)	WFU & Stored	Kingman, AZ	
565	19560	231	N12303	-	Scrapped	Opa Locka, FL	
566	19467	235	N4747	-	Scrapped	Oklahoma City, OK	

l/n	c/n	Model	Registration	Owner/Operator	Status	Location	Notes
567	19468	235	N4748	-	Scrapped	Oklahoma City, OK	
568	19469	235	N4749	-	Scrapped	Tucson, AZ	
569	19470	235	N4750	-	Scrapped	Tucson, AZ	
570	19686	214	N909TS	-	Scrapped	Miami, FL	
571	19485	223F	N6810	(Kitty Hawk Aircargo)	Stored	Roswell, NM	
572	19546	228	F-BOJD	-	Scrapped	Paris Orly, France	
573	19687	214	9Q-CRS	Hewa Bora Airways (HBA)	Active	Kinshasa, Congo	
574	19561	231	OB-1698	-	Scrapped	Tucson, AZ	
576	19562	231F	9Q-CWD	Wimbi Dira Airways	Active	Kinshasa, Congo	
577	19510	224	N88701	-	Preserved as House	Benoit, MS	
578	19486	223F	N6811	(Kitty Hawk Aircargo)	WFU & Stored	Victorville, CA	
579	19487	223F	N6812	(Kitty Hawk Aircargo)	Stored	?	
580	19538	222	N7621U	-	Scrapped	Ardmore, OK	
581	19511	224	N88702	-	Scrapped	Mojave, CA	
582	19512	224	N88703	-	Scrapped	Kingman, AZ	
583	19539	222	N7622U	-	Scrapped	Ardmore, OK	
584	19540	222	N7623U	-	Scrapped	Ardmore, OK	
585	19541	222	N7624U	-	Scrapped	Ardmore, OK	
586	19542	222	N7625U	-	Scrapped	Ardmore, OK	
587	19563	231	N12306	-	Scrapped	San Antonion, TX	
588	19488	223(Adv)(F)	N6813	(Express One International)	Stored	Roswell, NM	
589	19688	214	N533PS	-	Written Off	San Diego, CA	
590	19471	235	N4751	-	Scrapped	Miami, FL	
591	19472	235	N4752	-	Scrapped	Miami, FL	
593	19489	223F	EC-IDQ	(KHBO)	Ground Trainer	Ostend, Belgium	
595	19513	224	N88704	-	Scrapped	Davis Monthan, AZ	
597	19514	224	N88705	-	Written Off	Tegucigalpa, Honduras	
598	19797	224	N88706	-	Scrapped	Tucson, AZ	
601	19564	231	N12307	-	Scrapped	Ft. Lauderdale, FL	
602	19490	223F	N6815	-	Scrapped	Roswell, NM	
603	19565	231	5Y-AXB	(African Express Airways)	Stored	Nairobi, Kenya	
606	19473	235	N4753	-	Scrapped	Miami, FL	
607	19474	235	XA-SFG	(AeroExo)	WFU & Stored	Monterrey, Mexico	
608	19798	224	N88777	-	Written Off	Denver Stapleton, CO	
609	19828	231	N52309	(Trans World Airlines)	WFU & Stored	Smyrna, TN	
610	19689	214	N911TS	-	Scrapped	Mojave, CA	
611	19491	223F	N6816	(BAX Global)	Stored	Roswell, NM	
612	19799	224	N88708	-	Scrapped	Mojave, CA	
613	20139	295	N709US	-	Scrapped	Amarillo, TX	
614	19899	222	N7626U	-	Scrapped	Shelton, WA	
616	19800	224	N88709	-	Fuselage Remains	Greenwood, MS	
617	19801	224	N88710	-	Scrapped	Davis Monthan, AZ	
618	19900	222	N7627U	-	Scrapped	Ardmore, OK	
620	19901	222	N7628U	-	Scrapped	Shelton, WA	
621	19802	224	N88711	-	Scrapped	Kingman, AZ	
622	19902	222	N7629U	-	Parts Remain	Shelton, WA	
623	19803	224	N88712	-	Scrapped	El Mirage, AZ	
624	19804	224	N88713	-	Scrapped	Tucson, AZ	

Boeing 727-200 — Out Of Production List: Western Jet Airliners

	l/n	c/n	Model	Registration	Owner/Operator	Status	Location	Notes
☐	627	19903	222	N7630U	(United Airlines)	Fuselage Remains	Davis Monthan, AZ	
☐	629	19829	231	N52310	-	Scrapped	Smyrna, TN	
☐	633	19830	231	N52311	(Trans World Airlines)	WFU & Stored	Smyrna, TN	
☐	636	19831	231	N52312	-	Parts Remain	Smyrna, TN	
☐	637	19904	222	N7631U	(United Airlines)	Fuselage Remains	Rickenbacker AFB, OH	
☐	638	20140	295	N713US	-	Scrapped	Amarillo, TX	
☐	639	19905	222	N7632U	-	Scrapped	Shelton, WA	
☐	642	19832	231	N52313	-	Scrapped	Smyrna, TN	
☐	644	19906	222	N7633U	-	Scrapped	Tulsa, OK	
☐	646	20243	224	N88714	-	Scrapped	Davis Monthan, AZ	
☐	648	19970	251	C5-ADA	(Air Dabia)	WFU & Stored	Banjul, Gambia	
☐	649	20141	295	N716US	-	Scrapped	Amarillo, TX	
☐	650	20244	224	5A-DAH	-	Written Off	Sinai, Egypt	
☐	651	19907	222	N7634U	-	Scrapped	Shelton, WA	
☐	652	19492	223F	EI-HCB	-	Scrapped	Kemble, UK	
☐	653	19908	222(F)	N7635U	CAT Custom Air Transport	Active	Miami, FL	
☐	654	19994	291	N715US	-	Scrapped	Amarillo, TX	
☐	655	19971	251F	N252US	(Kitty Hawk Aircargo)	Stored	Roswell, NM	
☐	656	19909	222	N7636U	-	Scrapped	Tulsa, OK	
☐	657	19493	223(Adv)	XA-TPV	(Aerolineas Internacionales)	Stored	Cuernavaca, Mexico	
☐	659	19910	222	N7637U	-	Scrapped	Shelton, WA	
☐	661	19494	223(Adv)(F)	TU-TII	(OpedAir)	WFU & Stored	Lanseria, South Africa	
☐	662	19972	251	5N-EDE	Okada Air	Active	Benin City, Nigeria	
☐	663	20245	224	5A-DAI	(Libyan Arab Airlines)	WFU & Stored	Tripoli, Libya	
☐	664	19495	223F	N314NE	-	Scrapped	Goodyear, AZ	
☐	665	19973	251	C5-SMM	Mahfooz Aviation	Active	Jeddah, Saudi Arabia	
☐	666	19995	291	N717US	-	Scrapped	Amarillo, TX	
☐	667	19974	251F	N255US	-	Scrapped	Roswell, NM	
☐	668	19911	222(F)	XA-UIJ	(PanAm Air Cargo)	WFU & Stored	Mexico City	
☐	669	19496	223	N6821	-	Scrapped	?	
☐	670	19912	222(F)	N7639U	CAT Custom Air Transport	Active	Miami, FL	
☐	671	20003	284	SX-CBA	(Olympic Airways)	WFU & Stored	Athens Hellinikon, Greece	
☐	672	19913	222(F)	XA-UII	PanAm Air Cargo	Active	Mexico City	
☐	673	19700	223(Adv)	N6822	-	Scrapped	Ardmore, OK	
☐	674	19975	251	N256US	-	WFU & Stored	Smyrna, TN	
☐	675	20047	231	N94314	-	Scrapped	Opa Locka, FL	
☐	676	19914	222	N7641U	-	Scrapped	Shelton, WA	
☐	677	19701	223(Adv)	N6823	-	Scrapped	Ardmore, OK	
☐	678	20004	284	SX-CBB	-	Parts Remain	Athens Hellinikon, Greece	
☐	679	20048	231	N64315	-	Scrapped	Opa Locka, FL	
☐	680	19702	223F	N313NE	-	Scrapped	Goodyear, AZ	
☐	681	19915	222(F)	HK-4465X	Aerosucre	Active	Bogota, Colombia	
☐	682	19861	228(F)	N722DH	-	Written Off	New York JFK	
☐	683	19976	251	N388PA	(Pan American World Airways)	Parts Remain	Davis Monthan, AZ	
☐	684	19703	223F	N311NE	-	Scrapped	Goodyear, AZ	
☐	685	19862	228(F)	N724DH	(Astar Air Cargo / DHL)	WFU & Stored	Kingman, AZ	
☐	687	20005	284	N727SH	(Olympic Airways)	Preserved as House	Hillsboro, OR	
☐	688	20006	284	N727SR	-	Scrapped	Opa Locka, FL	

Boeing 727-200 — Out Of Production List: Western Jet Airliners

l/n	c/n	Model	Registration	Owner/Operator	Status	Location	Notes
689	19704	223F	N6826	-	Scrapped	Charlotte, NC	
690	19977	251F	OY-SES	-	Nose Remains	Stock, Essex, UK	
691	19863	228	TC-AFC	(Istanbul Airlines)	WFU & Stored	Istanbul Ataturk, Turkey	
692	19978	251	N259US	-	Scrapped	Davis Monthan, AZ	
693	20049	231	5N-BBF	(ADC Airlines)	Fuselage Remains	Belgrade, Serbia	
694	20050	231	5N-BBH	(ADC Airlines)	WFU & Stored	Lagos, Nigeria	
696	19864	228	TC-AFB	(Istanbul Airlines)	WFU & Stored	Istanbul Ataturk, Turkey	
697	19979	251	N260US	-	Scrapped	Davis Monthan, AZ	
698	20180	223F	N6827	(Kitty Hawk Aircargo)	Stored	Roswell, NM	
699	20181	223	XA-SPU	(Aerolineas Internacionales)	WFU & Stored	Cuernavaca, Mexico	
701	20037	222(F)	PR-MTK	TAF Linhas Aéreas	Active	Fortaleza, Brazil	
702	20182	223(Adv)	N6829	-	Scrapped	Amarillo, TX	
703	19865	228	N601AR	-	WFU & Stored	Oklahoma City, OK	
704	20075	228	N602AR	-	Scrapped	Oklahoma City, OK	
705	20183	223F	ZS-OPT	-	Parts Remain	Johannesburg, South Africa	
706	19980	251	N261US	-	Scrapped	Roswell, NM	
707	20184	223F	N6831	(BAX Global)	WFU & Stored	Roswell, NM	
708	20051	231F	N74318	Express One International	Active	Dallas Ft. Worth, TX	
709	20052	231	N64319	-	Scrapped	Tucson, AZ	
710	20185	223F	RP-C5355	Pacific East Asia Cargo Airlines	Active	Manila, Philippines	
713	20053	231	3D-JJM	(Sport Hawk)	Stored	El Paso, TX	
714	20161	214	N718US	-	Scrapped	Amarillo, TX	
715	20162	214	C-GOKF	-	Scrapped	Kelowna, BC, Canada	
716	20038	222(F)	N7644U	(CAT Custom Air Transport)	Stored	Roswell, NM	
717	20240	2A7	N8790R	-	Written Off	St. Thomas, US Virgin Islands	
718	20054	231	5N-BBG	-	Written Off	Nr Imota, Nigeria	
719	20055	231	N616PA	(Aircorp)	Stored	Sherman Greyson County, TX	
720	20039	222(F)	N7645U	(CAT Custom Air Transport)	Stored	Roswell, NM	
721	20186	223F	N6833	(Kitty Hawk Aircargo)	WFU & Stored	Roswell, NM	
722	20187	223F	N6834	(Kitty Hawk Aircargo)	WFU & Stored	Victorville, CA	
723	20163	214	N719US	-	Scrapped	Amarillo, TX	
724	20164	214	N720US	-	Scrapped	Amarillo, TX	
725	20165	214	N721US	-	Scrapped	Amarillo, TX	
726	20241	2A7F	N310NE	-	Scrapped	Goodyear, AZ	
727	20166	214	N722US	-	Scrapped	Amarillo, TX	
728	20167	214	N723US	-	Scrapped	Amarillo, TX	
729	20040	222(F)	N90AX	(Kitty Hawk Aircargo)	Stored	Roswell, NM	
730	20188	223(Adv)	XA-TQT	(Aerolineas Internacionales)	WFU & Stored	Cuernavaca, Mexico	
731	20098	231	N590CA	(Prestige Airways)	Stored	Smyrna, TN	
732	20041	222(F)	N180AX	(Kitty Hawk Aircargo)	Stored	Ardmore, OK	
733	20189	223F	OO-DHS	(European Air Transport / DHL)	Ground Trainer	Charleroi, Belgium	
734	20099	231	N64324	-	Scrapped	Sherman Greyson County, TX	
736	19981	251	N262US	-	Scrapped	Ft. Lauderdale, FL	
737	19982	251F	N263US	Express One Airlines	Active	Dallas Ft. Worth, TX	
738	20190	223F	N315NE	(Airsmith)	Stored	Kuala Lumpur, Malaysia	
739	20191	223F	N6838	-	Scrapped	Roswell, NM	
740	20168	214	N728US	-	Scrapped	Amarillo, TX	
741	19983	251F	N264US	-	Scrapped	Tucson, AZ	

Boeing 727-200 — Out Of Production List: Western Jet Airliners

l/n	c/n	Model	Registration	Owner/Operator	Status	Location	Notes
742	20144	225	N8825E	-	Scrapped	Mojave, CA	
743	20169	214	LV-WDS	-	Scrapped	Buenos Aires EZE, Argentina	
744	19984	251	N265US	-	Scrapped	Sherman Greyson County, TX	
745	19985	251	N266US	(Falcon Air Express)	Stored	Tucson, AZ	
746	20289	251	N267US	(Discovery Airlines)	Stored	Tucson, AZ	
747	20290	251	N268US	(Northwest Airlines)	WFU & Stored	Smyrna, TN	
749	20145	225	N8826E	-	Scrapped	Mojave, CA	
750	20263	247	OB-1301	(Faucett Peru)	Stored	Lima, Peru	
751	20146	225	N8827E	-	Scrapped	Mojave, CA	
752	20192	223F	N6839	-	Scrapped	Roswell, NM	
753	20291	251	N269US	-	Scrapped	Davis Monthan, AZ	
754	20292	251	N270US	-	Scrapped	Davis Monthan, AZ	
755	20193	223F	N312NE	(US Postal Service)	WFU & Stored	Goodyear, AZ	
756	20264	247	XA-SYI	-	Scrapped	Miami, FL	
757	20293	251	N389PA	(Capitol Air Express)	WFU & Stored	Smyrna, TN	
758	20265	247	TC-AJV	(Toros Airways)	WFU & Stored	Ankara, Turkey	
759	20294	251	N272US	(Northwest Airlines)	WFU & Stored	Smyrna, TN	
760	20266	247	OB-1303	-	Written Off	Newfoundland, Canada	
761	20248	295	YV-463C	-	Scrapped	Miami, FL	
762	20267	247	N325AS	-	Scrapped	Miami, FL	
763	20249	295	N372PA	-	Scrapped	Tucson, AZ	
764	20268	247	XA-SXO	(Allegro Air)	Stored	Miami, FL	
765	20201	284	SX-CBE	-	Parts Remain	Athens Hellinikon, Greece	
767	20147	225	5N-SSS	(Kabo Air)	WFU & Stored	Lagos, Nigeria	
769	20148	225	N8829E	-	Scrapped	Mojave, CA	
770	20149	225	N917TS	-	Scrapped	Davis Monthan, AZ	
771	20150	225	XA-RXI	(AeroExo)	WFU & Stored	Cancun, Mexico	
772	20295	251	N273US	-	Nose Remains	Davis Monthan, AZ	
773	20151	225	XA-RZI	(AeroExo)	Stored	Monterrey, Mexico	
774	20202	228	F-BPJK	-	Scrapped	Annecy, France	
775	20152	225F	C-GACU	Kelowna Flightcraft Air Charter	Active	Kelowna, BC, Canada	
776	20203	228	F-BPJL	-	Scrapped	Oklahoma City, OK	
777	20296	251	N274US	-	Written Off	Bear National Park, NY	
778	20204	228(F)	N727DH	(Astar Air Cargo / DHL)	WFU & Stored	Kingman, AZ	
779	20153	225F	C-GKFH	Kelowna Flightcraft Air Charter	Active	Kelowna, BC, Canada	
780	20154	225	XA-RXJ	(AeroExo)	Stored	Monterrey, Mexico	
781	20250	254	N913TS	-	Scrapped	Mojave, CA	
782	20251	254	N914TS	-	Scrapped	Mojave, CA	
783	20252	254	N915TS	(USAir Shuttle)	Foreward Fuselage Remains	Imperial Ramp, Los Angeles LAX, CA	
785	20232	231	N54325	-	Scrapped	Opa Locka, FL	
786	20233	231	N54326	-	Scrapped	Opa Locka, FL	
787	20435	281	MT-1054	-	Scrapped	Ulaanbaatar, Mongolia	
788	20436	281	JA8329	-	Written Off	Shizukuishi, Japan	
789	20302	2B7	N379PA	-	Scrapped	Davis Monthan, AZ	
790	20234	231	N54327	-	Scrapped	Opa Locka, FL	
791	20306	231	N54328	-	Written Off	Nr Washington Dulles, DC	
792	20307	231	N54329	-	Scrapped	Opa Locka, FL	
793	20303	2B7	FAC1247	Colombian Air Force	Active	Bogota, Colombia	

l/n	c/n	Model	Registration	Owner/Operator	Status	Location	Notes
794	20384	224	N88715	-	Scrapped	Davis Monthan, AZ	
795	20308	231	N54330	-	Scrapped	Opa Locka, FL	
796	20309	231	N54331	-	Scrapped	Opa Locka, FL	
798	20437	254	N916TS	-	Scrapped	Mojave, CA	
799	20438	254	N912TS	-	Scrapped	Mojave, CA	
800	20385	224	N32716	(Continental Air Lines)	Parts Remain	Kingman, AZ	
801	20386	224	N32717	-	Scrapped	Mojave, CA	
802	20310	231	N54332	-	Scrapped	Opa Locka, FL	
804	20387	224	N32718	-	Scrapped	Davis Monthan, AZ	
805	20388	224	N32719	-	Scrapped	Tucson, AZ	
807	20463	224	5N-TTT	Kabo Air	Active	Kano, Nigeria	
808	20304	2B6	CN-CCF	(RAM Royal Air Maroc)	Ground Trainer	Casablanca, Morocco	
809	20464	224	N32722	-	Scrapped	Davis Monthan, AZ	
811	20392	227	YV-464C	(Zuliana De Aviacion)	WFU & Stored	Maracaraibo, Venezuela	
813	20393	227	N385PA	(Pan American World Airways)	WFU & Stored	Smyrna, TN	
814	20465	224F	HK-3985X	-	Written Off	Bogota, Colombia	
816	20394	227	YV-608C	-	Scrapped	?	
818	20379	225	N8836E	-	Scrapped	Mojave, CA	
820	20380	225	N8837E	-	Scrapped	Mojave, CA	
823	20381	225F	C-FIFA	(First Air)	Fuselage Remains	Ottawa, ONT, Canada	
825	20382	225F	ZS-OPC	(Safair)	WFU & Stored	Johannesburg, South Africa	
827	20432	264	5N-TTK	-	Scrapped	Lisbon, Portugal	
828	20366	214	N729US	-	Scrapped	Amarillo, TX	
830	20430	230	TC-ALK	-	Scrapped	Lasham, UK	
831	20383	225F	N724CK	Kalitta Air	Active	Detroit Willow Run, MI	
832	20367	214	N730US	-	Scrapped	Amarillo, TX	
833	20415	225	N922TS	-	Scrapped	Mojave, CA	
834	20416	225	N8842E	-	Scrapped	Mojave, CA	
835	20441	225	N923TS	-	Scrapped	Mojave, CA	
836	20442	225	5N-KBY	(Kabo Air)	WFU & Stored	Addis Ababa, Ethiopia	
837	20443	225	N8845E	-	Written Off	New York JFK	
838	20433	264	N433ZV	-	Scrapped	Miami, FL	
839	20444	225	5N-KBX	(Kabo Air)	Stored	Kano, Nigeria	
840	20445	225	N918TS	(US Airways Shuttle)	WFU & Stored	Mojave, CA	
841	20446	225	N8848E	-	Scrapped	Mojave, CA	
842	20434	264	N434ZV	-	Scrapped	Mobile, AL	
843	20447	225	N919TS	(US Airways Shuttle)	WFU & Stored	Mojave, CA	
844	20448	225	N30GA	-	Scrapped	Tainan, Taiwan	
845	20409	228(F)	PT-MTC	TAF Linhas Aéreas	Active	Fortaleza, Brazil	
846	20410	228	F-BPJO	-	Scrapped	Oklahoma City, OK	
847	20411	228	C5-DMB	-	Scrapped	Addis Ababa, Ethiopia	
848	20471	2B6	CN-CCG	Royal Air Maroc (RAM)	WFU & Stored	?, Morocco	
849	20468	281	N904PG	-	Scrapped	Davis Monthan, AZ	
850	20472	2D6	7T-VEA	(Air Algérie)	Stored	Algiers, Algeria	
851	20431	230	TC-ALM	-	Fuselage Remains	East Midlands, UK	
852	20469	281	HL7350	(Korean Air)	Preserved	INHA Technical College, Taegu, South Korea	
853	20470	228	C5-DSZ	-	Parts Remain	Sharm El Sheik, Egypt	
855	20473	2D6	7T-VEB	(Air Algérie)	Stored	Algiers, Algeria	

	l/n	c/n	Model	Registration	Owner/Operator	Status	Location	Notes
☐	859	20460	231	N54333	-	Scrapped	Miami, FL	
☐	860	20461	231	N54334	(Trans World Airlines)	Parts Remain	El Mirage, AZ	
☐	862	20462	231	N54335	-	Scrapped	Opa Locka, FL	
☐	863	20490	231	N54336	-	Scrapped	Opa Locka, FL	
☐	864	20491	231	N54337	-	Scrapped	Opa Locka, FL	
☐	865	20466	281F	ZS-PDL	(Safair)	Stored	Johannesburg, South Africa	
☐	866	20467	281	N740US	-	Scrapped	Marana, AZ	
☐	867	20509	281	N741US	-	Scrapped	Marana, AZ	
☐	868	20285	281	N743US	-	Scrapped	Marana, AZ	
☐	870	20525	230	4K-AZ8	(AZAL Azerbaijan Airlines)	Stored	Baku, Azerbaijan	
☐	871	20526	230	OM-CHD	-	Scrapped	Lasham, UK	
☐	872	20538	228	F-BPJR	(Air France)	Foreward Fuselage Remains	Vilgenis, France	
☐	873	20539	228	F-BPJS	-	Scrapped	Paris Orly, France	
☐	874	20540	228	N3209Y	-	Scrapped	Paris Orly, France	
☐	875	20286	281	N7128T	-	Scrapped	Miami, FL	
☐	876	20510	281	N745US	-	Scrapped	Marana, AZ	
☐	877	20545	2H3(Adv)(F)	N723CK	Kalitta Air	Active	Detroit Willow Run, MI	
☐	878	20568	281	N746US	-	Scrapped	Marana, AZ	
☐	879	20569	281	N747US	-	Scrapped	Marana, AZ	
☐	880	20570	281	N748US	-	Scrapped	Marana, AZ	
☐	881	20572	281(Adv)	ZS-OZP	(Nationwide Air Charter)	Stored	Johannesburg, South Africa	
☐	882	20592	256(Adv)	EC-CAI	-	Scrapped	Madrid Barajas, Spain	
☐	883	20593	256(Adv)	EC-CAJ	-	Scrapped	Madrid Barajas, Spain	
☐	884	20571	281F	OY-SEV	(TNT Airways)	Stored	Tucson, AZ	
☐	885	20594	256(Adv)	EC-GSX	-	Scrapped	Opa Locka, FL	
☐	886	20579	247(Adv)	N2807W	-	Scrapped	Victorville, CA	
☐	887	20560	230(Adv)	HC-BRI	TAME Ecuador	Active	Quito, Ecuador	
☐	888	20573	281(Adv)	ZS-OZR	(Nationwide Air Charter)	Stored	Johannesburg, South Africa	
☐	889	20580	247(Adv)	PK-JGT	(Jatayu Airlines)	WFU & Stored	Jakarta CGK, Indonesia	
☐	890	20581	247(Adv)	N2809W	-	Scrapped	Victorville, CA	
☐	891	20608	227(Adv)	N716AA	(American Airlines)	Fuselage Remains	Brunswick Golden Isles, GA	
☐	892	20609	227(Adv)	F-GCGQ	(Belair Airlines)	WFU & Stored	Perpignan, France	
☐	893	20610	227(Adv)	N717AA	(American Airlines)	Nose Remains	Mojave, CA	
☐	894	20611	227(Adv)	N718AA	(Kalitta Air)	Stored	Oscoda, MI	
☐	895	20648	247(Adv)	N2810W	(Delta Air Lines)	WFU & Stored	Victorville, CA	
☐	896	20649	247(Adv)	N2811W	(Delta Air Lines)	WFU & Stored	Victorville, CA	
☐	897	20614	225(Adv)	N351PA	-	Scrapped	Tucson, AZ	
☐	898	20615	225(Adv)	XA-SXE	AVIACSA	Active	Mexico City	
☐	899	20616	225(Adv)(F)	N352PA	(Express One International)	WFU & Stored	Roswell, NM	
☐	900	20617	225(Adv)	N8855E	-	Scrapped	Miami, FL	
☐	901	20618	225(Adv)	N8856E	-	Scrapped	Miami, FL	
☐	902	20619	225(Adv)	XA-SXC	(Aviacsa)	WFU & Stored	Mexico City	
☐	903	20620	225(Adv)	HK-3998X	-	Scrapped	Opa Locka, FL	
☐	904	20621	225(Adv)	N8859E	-	Scrapped	Miami, FL	
☐	905	20595	256(Adv)	N905RF	-	Scrapped	Kingman, AZ	
☐	906	20552	276(Adv)	XA-SJU	(Aviacsa)	Stored	Monterrey, Mexico	
☐	907	20548	277(Adv)	HK-3977X	-	Scrapped	Caracas, Venezuela	
☐	908	20596	256(Adv)	YV-125C	-	Scrapped	Lisbon, Portugal	

l/n	c/n	Model	Registration	Owner/Operator	Status	Location	Notes
909	20597	256(Adv)	EC-GSY	-	Scrapped	Opa Locka, FL	
910	20598	256(Adv)	YI-AOZ	(Iraqi Airways)	WFU & Stored	Baghdad, Iraq	
911	20599	256(Adv)	EC-GSZ	-	Scrapped	Opa Locka, FL	
912	20600	256(Adv)	9L-LFV	Tigris Air	Active	Baghdad, Iraq	
913	20601	256(Adv)	EC-CBG	-	Scrapped	Madrid Barajas, Spain	
914	20602	256(Adv)	5N-BEG	(Dasab Airlines)	Stored	Bucharest Baneasa, Romania	
915	20603	256(Adv)	5N-IMM	(Albarka Air)	Stored	Abuja, Nigeria	
916	20604	256(Adv)	5N-AMM	(Albarka Air)	Stored	Abuja, Nigeria	
917	20634	232(Adv)(F)	N511PE	(CAT Custom Air Transport)	Stored	Roswell, NM	
918	20635	232(Adv)(F)	N77780	(Kitty Hawk Aircargo)	Stored	Roswell, NM	
919	20636	232(Adv)	N15781	(Continental Micronesia)	WFU & Stored	Mojave, CA	
920	20637	232(Adv)(F)	ZS-OBN	Imperial Air Cargo	Active	Johannesburg, South Africa	
921	20605	256(Adv)	EC-GTA	-	Scrapped	Opa Locka, FL	
922	20673	230(Adv)	ZS-NVR	United Nations (UN)	Stored	Johannesburg, South Africa	
923	20674	230(Adv)	N358PA	(Discovery Airlines)	Stored	Brunswick, GA	
924	20675	230(Adv)(F)	N357KP	Capital Cargo International Airlines	Active	Miami, FL	
925	20676	230(Adv)	N360PA	(KIWI International Airlines)	Stored	Roswell, NM	
926	20638	232(Adv)	N27783	-	Scrapped	Miami, FL	
927	20639	232(Adv)(F)	N965PG	-	Scrapped	Tucson, AZ	
928	20612	227(Adv)	PK-JGU	-	Scrapped	Jakarta CGK, Indonesia	
929	20613	227(Adv)	N415BN	(Sky One)	Stored	San Bernardino, CA	
930	20654	224(Adv)	5N-LLL	(Kabo Air)	WFU & Stored	Addis Ababa, Ethiopia	
931	20678	214(Adv)	5N-PAX	Harco Air	Active?	Lagos, Nigeria	
932	20677	230(Adv)	5N-GBA	(Okada Air)	Stored	Lagos, Nigeria	
933	20622	225(Adv)(F)	N353PA	(Express One International)	WFU & Stored	Roswell, NM	
934	20655	224(Adv)	PP-BLS	(Fly Linhas Aereas)	WFU & Stored	Rio De Janeiro Galaeo, Brazil	
935	20640	232(Adv)	XA-ABL	(Allegro Air)	Stored	Tucson, AZ	
936	20641	232(Adv)	N274CL	(Orca Bay Aviation)	Nose Preserved	Museum of Flight, Seattle, WA	
937	20606	256(Adv)	N906RF	-	Scrapped	Kingman, AZ	
938	20656	224(Adv)	5N-MMM	-	Scrapped	Jakarta CGK, Indonesia	
939	20623	225(Adv)	N361PA	(Pan Am Clipper Connection (Boston-Maine Airways))	WFU & Stored	Orlando Sanford, FL	
940	20624	225(Adv)(F)	N354PA	(Express One International)	WFU & Stored	Roswell, NM	
941	20625	225(Adv)	N355PA	-	Scrapped	Goodyear, AZ	
942	20679	214(Adv)	5N-PAL	Harco Air	Active?	Lagos, Nigeria	
943	20607	256(Adv)	EC-CBM	-	Scrapped	Madrid Barajas, Spain	
944	20642	232(Adv)	N14788	-	Scrapped	Victorville, CA	
945	20705	2B6(Adv)	PP-LBF	(Fly Linhas Aereas)	Stored	Rio De Janeiro Galaeo, Brazil	
946	20626	225(Adv)(F)	N356PA	(Express One International)	Stored	Roswell, NM	
947	20627	225(Adv)(F)	5N-	Allied Air Cargo	Active	Lagos, Nigeria	
948	20628	225(Adv)	N365PA	-	Scrapped	Orlando Sanford, FL	
949	20706	2J7(Adv)	N552NA	-	Scrapped	Opa Locka, FL	
950	20709	264(Adv)(F)	HP-1510DAE	DHL Aero Expreso	Active	Panama City	
951	20643	232(Adv)(F)	N727PL	(Platinum Air)	WFU & Stored	Opa Locka, FL	
952	20739	2H3(Adv)	HK-3480	(Avianca)	Preserved	Parque Salitre Magico, Bogota, Colombia	
953	20707	2J7(Adv)	N553NA	-	Scrapped	Opa Locka, FL	
954	20724	281(Adv)	YV-92C	Servivensa	Active	Caracas, Venezuela	
955	20729	227(Adv)	N416BN	(Ascend Aviation)	Stored	Jacksonville, FL	

Boeing 727-200   Out Of Production List: Western Jet Airliners   175

	l/n	c/n	Model	Registration	Owner/Operator	Status	Location	Notes
☐	956	20730	227(Adv)	N417BN	Jet Midwest	Active	Kansas City, MO	
☐	957	20731	227(Adv)	N723AA	(American Airlines)	Stored	San Bernardino, CA	
☐	958	20725	281F	N902PG	(CAT Custom Air Transport)	Stored	Roswell, NM	
☐	959	20644	232(Adv)	N15790	-	Scrapped	Mojave, CA	
☐	960	20764	2J4(Adv)	N290SC	(Sun Country Airlines)	Parts Remain	Marana, AZ	
☐	961	20645	232(Adv)	N10791	-	Scrapped	Tucson, AZ	
☐	962	20726	281(Adv)	HI-617CA	-	Written Off	Santo Domingo, Dominican Republic	
☐	963	20732	227(Adv)	N419BN	(Ascend Aviation)	Stored	Jacksonville, FL	
☐	964	20733	227(Adv)	N726AA	(American Airlines)	Fuselage Remains	Roswell, NM	
☐	965	20734	227(Adv)	N727AA	(American Airlines)	Stored	San Bernardino, CA	
☐	966	20727	281(Adv)	YV-96C	-	Scrapped	Puetro Ordaz, Venezuela	
☐	967	20646	232(Adv) WL	N727NY	Private (727 Exec-Jet)	Active	Raleigh, NC	
☐	968	20647	232(Adv)	N45793	-	Scrapped	Davis Monthan, AZ	
☐	969	20728	281(Adv)	N906PG	(Kidzania Koshien Amusement Park)	Fuselage Remains	Kobe, Japan	
☐	970	20657	224(Adv)	N24728	-	WFU & Stored	Alexandria, LA	
☐	971	20743	232(Adv)	N466DA	-	Scrapped	Victorville, CA	
☐	972	20744	232(Adv)	N467DA	-	Scrapped	El Mirage, AZ	
☐	973	20735	227(Adv)	N422BN	Roush Air	Active	Charlotte, NC	
☐	974	20736	227(Adv)	PK-BPT	(Top Air)	Stored	Jakarta CGK, Indonesia	
☐	975	20710	264(Adv)(F)	N15DF	-	Scrapped	Roswell, NM	
☐	976	20737	227(Adv)	N730AA	-	Scrapped	Mojave, CA	
☐	977	20738	227(Adv)	C-GLSJ	Cargojet Airways	Active	Hamilton, ONT, Canada	
☐	978	20658	224(Adv)	N25729	-	Scrapped	Miami, FL	
☐	979	20659	224(Adv)(F)	PR-GMA	ATA Brasil Cargo	Active	Sao Paulo Congonhas, Brazil	
☐	980	20745	232(Adv)	N468DA	-	Scrapped	Victorville, CA	
☐	981	20746	232(Adv)	N469DA	(Delta Air Lines)	WFU & Stored	Victorville, CA	
☐	982	20772	227(Adv)(F)	C-GIKF	Kelowna Flightcraft Air Charter	Active	Kelowna, BC, Canada	
☐	983	20773	227(Adv)	D2-FAS	Air Nacoia	Active	Luanda, Angola	
☐	984	20765	2J4(Adv)	N288SC	(Transmeridian Airlines)	WFU & Stored	Tucson, AZ	
☐	985	20660	224(Adv)(F)	AP-URJ	Star Air Aviation	Active	Karachi, Pakistan	
☐	986	20780	264(Adv)(F)	HP-1610DAE	DHL Aero Expreso	Active	Panama Tocumen	
☐	987	20747	232(Adv)	N470DA	(Delta Air Lines)	WFU & Stored	Victorville, CA	
☐	988	20748	232(Adv)	N471DA	(Delta Air Lines)	WFU & Stored	Victorville, CA	
☐	989	20549	277(Adv)(F)	VH-VLE	-	Scrapped	Melbourne, Australia	
☐	990	20749	232(Adv)	N472DA	(Delta Air Lines)	WFU & Stored	Victorville, CA	
☐	991	20553	276(Adv)	VH-TBH	-	Scrapped	Greenwood, MS	
☐	992	20750	232(Adv)	N473DA	-	Written Off	Dallas Ft. Worth, TX	
☐	993	20766	2J4(Adv)	N211DB	(Sky One)	Stored	Victorville, CA	
☐	994	20823	225(Adv)	N8867E	(Holiday Air)	Stored	Myrtle Beach, SC	
☐	995	20824	225(Adv)	N8869E	(Eastern Air Lines)	Stored	Hagerstown, MD	
☐	996	20822	2H3(Adv)	F-GGGR	(Belair Airlines)	WFU & Stored	Perpignan, France	
☐	997	20774	227(Adv)(F)	N793A	(Express.Net Airlines)	WFU & Stored	Kingman, AZ	
☐	998	20775	227(Adv)	9Q-CWA	(Hewa Bora Airways)	Stored	Kinshasa, Congo	
☐	999	20787	264(Adv)	XA-DAT	-	Scrapped	Mexico City	
☐	1000	20751	232(Adv)	N474DA	-	Scrapped	Victorville, CA	
☐	1001	20752	232(Adv)	N475DA	(Delta Air Lines)	WFU & Stored	Victorville, CA	
☐	1002	20757	230(Adv)(F)	ZS-NWA	(Imperial Air Cargo)	WFU & Stored	Johannesburg, South Africa	
☐	1003	20811	256(Adv)	EC-CFA	(Shannon Airport Fire Service)	Fire Trainer	Shannon, Ireland	

Boeing 727-200 — Out Of Production List: Western Jet Airliners

l/n	c/n	Model	Registration	Owner/Operator	Status	Location	Notes
1004	20812	256(Adv)	EC-CFB	-	Scrapped	Madrid Barajas, Spain	
1005	20813	256(Adv)	EC-CFC	-	Scrapped	Madrid Barajas, Spain	
1006	20814	256(Adv)	YI-ACK	(Iraqi Airways)	Parts Remain	Baghdad, Iraq	
1007	20815	256(Adv)	EC-CFE	-	WFU & Stored	Madrid Barajas, Spain	
1008	20816	256(Adv)	EC-CFF	(Iberia)	WFU & Stored	Madrid Barajas, Spain	
1009	20817	256(Adv)	EC-CFG	-	Scrapped	Madrid Barajas, Spain	
1010	20818	256(Adv)	9L-LCU	(HA Airlines)	Stored	Beirut, Lebanon	
1011	20788	230(Adv)	HC-BSC	(TAME Ecuador)	Stored	Quito, Ecuador	
1012	20753	232(Adv)	N476DA	-	Scrapped	Victorville, CA	
1013	20754	232(Adv)	N477DA	(Delta Air Lines)	WFU & Stored	Victorville, CA	
1014	20755	232(Adv)	N478DA	(Delta Air Lines)	WFU & Stored	Victorville, CA	
1015	20789	230(Adv)	N359PA	(Continental Cargo Airlines)	Stored	Perpignan, France	
1016	20837	227(Adv)	N927TS	(US Airways Shuttle)	WFU & Stored	Mojave, CA	
1017	20838	227(Adv)(F)	N196AJ	(US Dept of Justice)	Stored	San Bernardino, CA	
1018	20819	256(Adv)	TY-24A	Benin Government	Active	Cotonou, Benin	
1019	20820	256(Adv)	EC-CFJ	-	Written Off	Madrid Barajas, Spain	
1020	20875	214(Adv)(F)	N227JL	-	Scrapped	Tucson, AZ	
1021	20790	230(Adv)	SX-CBH	(Macedonian Airlines)	Stored	Bucharest Baneasa, Romania	
1022	20791	230(Adv)	SX-CBI	-	Written Off	Thessaloniki, Greece	
1023	20792	230(Adv)	ZS-NZV	(Kulula.com)	Stored	Johannesburg, South Africa	
1024	20868	247(Adv)	N2812W	(Delta Air Lines)	WFU & Stored	Victorville, CA	
1025	20869	247(Adv)	N2813W	(Delta Air Lines)	WFU & Stored	Victorville, CA	
1026	20876	281(Adv)	YV-843C	-	Scrapped	Caracas, Venezuela	
1027	20554	276(Adv)	N3459D	-	Scrapped	Greenwood, MS	
1028	20756	232(Adv)	N479DA	(Delta Air Lines)	WFU & Stored	Victorville, CA	
1029	20877	281(Adv)	YV-94C	(Avensa)	Stored	Caracas, Venezuela	
1030	20550	277(Adv)(F)	C-GACC	(All Canada Express)	WFU & Stored	Miami, FL	
1031	20839	227(Adv)(F)	C-GNKF	Kelowna Flightcraft Air Charter	Active	Kelowna, BC, Canada	
1032	20870	247(Adv)	N2814W	(Delta Air Lines)	WFU & Stored	Victorville, CA	
1033	20879	2J7(Adv)(F)	N128NA	(Amerijet International)	Stored	Miami, FL	
1034	20878	281(Adv)	YV-95C	-	Scrapped	Caracas, Venezuela	
1035	20821	256(Adv)	EC-CFK	-	Scrapped	Madrid Barajas, Spain	
1036	20840	227(Adv)	N79771	(Sun Pacific International Airlines)	Stored	Tucson, AZ	
1037	20880	2J7(Adv)(F)	PP-VQU	(VARIG Log)	Stored	San Jose Dos Campos, Brazil	
1038	20860	232(Adv)	N480DA	(Delta Air Lines)	Parts Remain	El Mirage, AZ	
1039	20871	247(Adv)	N2815W	(Delta Air Lines)	WFU & Stored	Victorville, CA	
1040	20872	247(Adv)	N2816W	(Delta Air Lines)	WFU & Stored	Victorville, CA	
1041	20861	232(Adv)	N481DA	(Delta Air Lines)	WFU & Stored	Victorville, CA	
1042	20862	232(Adv)	N482DA	(Delta Air Lines)	WFU & Stored	Victorville, CA	
1043	20873	247(Adv)	N2817W	(Delta Air Lines)	WFU & Stored	Victorville, CA	
1044	20930	2H9(Adv)	TC-AKD	-	Written Off	Nr Kyrenia, Cyprus	
1045	20931	2H9(Adv)	YU-AKB	-	Scrapped	Belgrade, Serbia	
1046	20899	230(Adv)	N390PA	(Pan American World Airways)	WFU & Stored	Hagerstown, MD	
1047	20894	264(Adv)(F)	HP-1310DAE	DHL Aero Expreso	Active	Panama Tocumen	
1048	20945	286(Adv)	EP-IRP	Iran Air	Active	Tehran, Iran	
1049	20895	264(Adv)(F)	YV154T	Vensecar International (DHL colours)	Active	Caracas, Venezuela	
1050	20900	230(Adv)	N391PA	(Pan American World Airways)	Stored	Myrtle Beach, SC	
1051	20896	264(Adv)(F)	HZ-SNA	SNAS Aviation (DHL)	Active	Riyadh, Saudi Arabia	

l/n	c/n	Model	Registration	Owner/Operator	Status	Location	Notes
1052	20946	286(Adv)	EP-IRR	Iran Air	Active	Tehran, Iran	
1053	20863	232(Adv)	N483DA	(Delta Air Lines)	WFU & Stored	Victorville, CA	
1054	20551	277(Adv)(F)	C-GYKF	Kelowna Flightcraft Air Charter	Active	Kelowna, BC, Canada	
1055	20885	2D3(Adv)	YV-97C	-	Scrapped	Caracas, Venezuela	
1056	20555	276(Adv)	XA-SDR	(Aviacsa)	Stored	Mexico City	
1057	20874	247(Adv)	N2818W	-	Scrapped	Miami, FL	
1058	20901	230(Adv)	N392PA	(Pan American World Airways)	Stored	Myrtle Beach, SC	
1059	20902	230(Adv)	N393PA	(Pan American World Airways)	Stored	Myrtle Beach, SC	
1060	20864	232(Adv)	N484DA	(Delta Air Lines)	WFU & Stored	Victorville, CA	
1061	20886	2D3(Adv)	JY-ADU	-	Written Off	Doha, Qatar	
1062	20865	232(Adv)	N485DA	(Delta Air Lines)	WFU & Stored	Victorville, CA	
1063	20843	231(Adv)	ZS-ODO	(Nationwide Air Charter)	Stored	Johannesburg, South Africa	
1064	20661	224(Adv)(F)	EC-HBH	-	Stored	Goodyear, AZ	
1065	20844	231(Adv)	N64339	-	Scrapped	Victorville, CA	
1066	20845	231(Adv)	N54340	-	Scrapped	Victorville, CA	
1067	20866	232(Adv)(F)	N497FE	-	Written Off	Tallahassee, FL	
1068	20867	232(Adv)(F)	N498FE	FedEx Express	Active	Memphis, TN	
1069	20932	233(Adv)(F)	N221FE	FedEx Express	Active	Memphis, TN	
1070	20947	286(Adv)	EP-IRS	Iran Air	Active	Tehran, Iran	
1071	20933	233(Adv)(F)	N222FE	FedEx Express	Active	Memphis, TN	
1072	20662	224(Adv)(F)	HP-1585PVI	Panavia Cargo Airlines	Active	Panama Tocumen	
1073	20663	224(Adv)	N66734	-	Scrapped	Miami, FL	
1074	20934	233(Adv)(F)	N220FE	FedEx Express	Active	Memphis, TN	
1075	20955	2D6(Adv)	7T-VEH	-	Written Off	Constantine Ain El Bey, Algeria	
1076	20935	233(Adv)(F)	N223FE	FedEx Express	Active	Memphis, TN	
1077	20974	256(Adv)	EC-CID	(Iberia)	WFU & Stored	Madrid Barajas, Spain	
1078	20936	233(Adv)(F)	N254FE	FedEx Express	Active	Memphis, TN	
1079	20664	224(Adv)(F)	N69735	(Kitty Hawk Aircargo)	Stored	Ardmore, OK	
1080	20975	256(Adv)	5N-BEC	(Transaharan Airlines)	WFU & Stored	Addis Ababa, Ethiopia	
1081	20950	276(Adv)	G-BNNI	(727 Communication)	Preserved	Stilling, Denmark	
1082	21021	2D3(Adv)(F)	N804AJ	(Amerjet International)	WFU & Stored	Goodyear, AZ	
1083	20978	277(Adv)(F)	N240FE	FedEx Express	Active	Memphis, TN	
1084	20948	2H3(Adv)(F)	N722CK	Kalitta Air	Active	Detroit Willow Run, MI	
1085	20980	2F2(Adv)	TC-JBF	-	Scrapped	Ercan, Cyprus	
1086	20981	2F2(Adv)	5A-DMP	(Buraq Air)	Stored	Tripoli, Libya	
1087	20982	2F2(Adv)	TC-JBH	-	Written Off	Mt. Karatepe, Turkey	
1088	20983	2F2(Adv)	5A-DMO	(Buraq Air)	Stored	Mitiga, Libya	
1089	20903	230(Adv)	N22134	-	WFU & Stored	Lima, Peru	
1090	20904	230(Adv)	TC-RUT	(TUR European)	Stored	Ercan, Cyprus ?	
1091	20905	230(Adv)(F)	HZ-SNC	SNAS Aviation (DHL)	Active	Riyadh, Saudi Arabia	
1092	20906	230(Adv)	N727SA	-	Scrapped	Miami, FL	
1093	20918	230(Adv)	SX-CBG	-	Scrapped	Athens Hellinikon, Greece	
1094	21037	2H9(Adv)	YU-AKE	-	Scrapped	Belgrade, Serbia	
1095	21018	232(Adv)(F)	N499FE	FedEx Express	Active	Memphis, TN	
1096	20972	282(Adv)	CS-TBR	-	Written Off	Funchal, Madeira	
1097	21019	232(Adv)	N489DA	-	Scrapped	Victorville, CA	
1098	20979	277(Adv)(F)	N241FE	FedEx Express	Active	Memphis, TN	
1099	20973	282(Adv)	HC-BRG	-	Scrapped	Quito, Ecuador	

Boeing 727-200 — Out Of Production List: Western Jet Airliners

	l/n	c/n	Model	Registration	Owner/Operator	Status	Location	Notes
☐	1100	21010	2L4(Adv) WL	JY-HS2	(HMS Airways)	Stored	Fort Worth Meacham Field, TX	
☐	1101	20951	276(Adv)	N908PG	(Falcon Air Express)	Stored	Tucson, AZ	
☐	1102	21020	232(Adv)	N490DA	(Delta Air Lines)	WFU & Stored	Victorville, CA	
☐	1103	20937	233(Adv)(F)	N495AJ	Amerijet International	Active	Ft. Lauderdale, FL	
☐	1104	21041	227(Adv)	N924TS	-	Scrapped	Mojave, CA	
☐	1105	20938	233(Adv)(F)	C-GXFA	First Air	Active	Ottawa, ONT, Canada	
☐	1106	21042	227(Adv)(F)	C-GJKF	Kelowna Flightcraft Air Charter / Purloator Courrier	Active	Hamilton, ONT, Canada	
☐	1107	21068	2B6(Adv)	N777KY	Team Aviation / Charlotte Hornets	Active	Charlotte, NC	
☐	1108	21050	2L5(Adv)	5A-DIA	-	Written Off	Souk Al-Sabt, Libya	
☐	1109	21051	2L5(Adv)	5A-DIB	(Libyan Arab Airlines)	WFU & Stored	Tripoli, Libya	
☐	1110	21052	2L5(Adv)	5A-DIC	(Libyan Arab Airlines)	WFU & Stored	Tripoli, Libya	
☐	1111	21053	2D6(Adv)	7T-VEI	(Air Algérie)	Stored	Algiers, Algeria	
☐	1112	20939	233(Adv)(F)	N257FE	FedEx Express	Active	Memphis, TN	
☐	1113	21043	227(Adv)(F)	C-GKKF	Kelowna Flightcraft Air Charter / Purloator Courrier	Active	Hamilton, ONT, Canada	
☐	1114	21078	286(Adv)	EP-IRT	Iran Air	Active	Tehran, Iran	
☐	1115	21060	232(Adv)	N491DA	(Delta Air Lines)	WFU & Stored	Victorville, CA	
☐	1116	21061	232(Adv)	N492DA	-	Scrapped	Victorville, CA	
☐	1117	21055	217(Adv)(F)	5N-RKY	Allied Air Cargo	Active	Lagos, Nigeria	
☐	1118	21038	2H9(Adv)	YU-AKF	-	Scrapped	Belgrade, Serbia	
☐	1119	21039	2H9(Adv)	YU-AKG	-	Scrapped	Belgrade, Serbia	
☐	1120	20940	233(Adv)(F)	N258FE	FedEx Express	Active	Memphis, TN	
☐	1121	20984	223(Adv)	5N-RIR	(IRS Airlines)	WFU & Stored	Lagos, Nigeria	
☐	1122	21056	217(Adv)(F)	5N-JNR	Allied Air Cargo	Active	Lagos, Nigeria	
☐	1123	20985	223(Adv)	3X-COM	Irwin Air	Active	Conakry, Guinea	
☐	1124	21082	2K3(Adv) WL	CP-1276	(Lloyd Aéreo Boliviano (LAB))	Stored	Cochabamba, Bolivia	
☐	1125	20986	223(Adv)	N845AA	-	Scrapped	Rantoul, KS	
☐	1126	20987	223(Adv)	N846AA	-	Scrapped	Mojave, CA	
☐	1127	21062	232(Adv)	N493DA	(Delta Air Lines)	Fuselage Remains	El Mirage, AZ	
☐	1128	20941	233(Adv)(F)	C-FUFA	First Air	Active	Carp, ONT, Canada	
☐	1129	21036	2J1(Adv)	HI-242CT	(Dominicana)	Preserved as Restaurant	San Jose, Costa Rica	
☐	1130	20942	233(Adv)(F)	N994AJ	Amerijet International	Active	Ft. Lauderdale, FL	
☐	1131	21079	286(Adv)	EP-IRU	-	Written Off	Nr Rasht, Iran	
☐	1132	21044	227(Adv)	9L-LBW	Afrik Air Links / Freedom Air	Active	Freetown, Sierra Leone	
☐	1133	21045	227(Adv)	N17773	Monfort Aviation	Active	Denver Int'l, CO	
☐	1134	21091	2M1(Adv)	6V-AEF	Government of Senegal	Active	Dakar, Senegal	
☐	1135	21057	247(Adv)	N2819W	(Delta Air Lines)	WFU & Stored	Victorville, CA	
☐	1136	21058	247(Adv)	N2820W	(Delta Air Lines)	WFU & Stored	Victorville, CA	
☐	1137	21059	247(Adv)	N2821W	(Delta Air Lines)	WFU & Stored	Victorville, CA	
☐	1138	21074	232(Adv)	N494DA	-	Scrapped	Victorville, CA	
☐	1139	21075	232(Adv)	N495DA	-	Scrapped	Victorville, CA	
☐	1140	21076	232(Adv)	N496DA	-	Scrapped	Opa Locka, FL	
☐	1141	20988	223(Adv)	N847AA	-	Scrapped	Ardmore, OK	
☐	1142	21040	2L8(Adv)	YU-AKD	(Lone Star Airways)	WFU & Stored	Belgrade, Serbia	
☐	1143	21071	264(Adv)(F)	PP-SFC	(VASPEX)	Stored	Recife, Brazil	
☐	1144	20989	223(Adv)	XU-RKJ	(Royal Khmer Airlines / Air Dream)	Stored	Hanoi, Vietnam	
☐	1145	21072	264(Adv)	OB-1541	(Faucett Perú)	Parts Remain	Lima, Peru	

Boeing 727-200 — Out Of Production List: Western Jet Airliners

l/n	c/n	Model	Registration	Owner/Operator	Status	Location	Notes
1146	21080	2L8(Adv)	YU-AKH	(Aviogenex)	WFU & Stored	Belgrade, Serbia	
1147	21077	232(Adv)	N497DA	-	Scrapped	Victorville, CA	
1148	21100	233(Adv)(F)	N395AJ	Amerjet International	Active	Ft. Lauderdale, FL	
1149	20665	224(Adv)(F)	N745DH	(Astar Air Cargo / DHL)	Stored	Cincinnati, OH	
1150	21101	233(Adv)(F)	N218FE	FedEx Express	Active	Memphis, TN	
1151	20666	224(Adv)	YI-AOW	(Iraqi Airways)	Parts Remain	Baghdad, Iraq	
1152	21102	233(Adv)(F)	N219FE	FedEx Express	Active	Memphis, TN	
1153	20667	224(Adv)(F)	N69739	(Kitty Hawk Aircargo)	WFU & Stored	Roswell, NM	
1154	20668	224(Adv)(F)	N69740	Kitty Hawk Aircargo (KHA)	Active	Dallas Ft. Worth, TX	
1155	21142	232(Adv)	N498DA	(Delta Air Lines)	Stored	Victorville, CA	
1156	21143	232(Adv)	N499DA	-	Scrapped	Opa Locka, FL	
1157	21144	232(Adv)	N400DA	(Delta Air Lines)	WFU & Stored	Victorville, CA	
1158	21105	2J0(Adv)(F)	HK-	?	Active	?	
1159	21145	232(Adv)	N401DA	(Delta Air Lines)	WFU & Stored	Victorville, CA	
1160	21106	2J0(Adv)	N362PA	(Pan American World Airways)	WFU & Stored	Ft. Lauderdale, FL	
1161	21146	232(Adv)	N402DA	-	Scrapped	Opa Locka, FL	
1162	21147	232(Adv)	N403DA	(Delta Air Lines)	WFU & Stored	Victorville, CA	
1163	21148	232(Adv)	N404DA	-	Scrapped	Opa Locka, FL	
1164	21149	232(Adv)	XA-AFB	(Aerolineas Internacionales)	Stored	Cuernavaca, Mexico	
1165	21150	232(Adv)	N406DA	-	Scrapped	Opa Locka, FL	
1166	21151	232(Adv)	N407DA	-	Scrapped	Opa Locka, FL	
1167	21118	227(Adv)(F)	C-GLKF	Kelowna Flightcraft Air Charter / Purloator Courrier	Active	Kelowna, BC, Canada	
1168	21154	251(Adv)	N275US	(Northwest Airlines)	WFU & Stored	Maxton, NC	
1169	21155	251(Adv)	3D-AVC	(Inter Air Airlines)	WFU & Stored	Johannesburg, South Africa	
1170	21156	251(Adv)(F)	HK-4261X	Lineas Aéreas Suramericanas	Active	Bogota, Colombia	
1171	21179	2H3(Adv)	YK-DEL	Damascene Airways	Active	Damascus, Syria	
1172	21107	2J0(Adv)	N364PA	-	Scrapped	Tucson, AZ	
1173	21157	251(Adv)(F)	N278US	(Kitty Hawk Aircargo)	Stored	Roswell, NM	
1174	21108	2J0(Adv)(F)	HK-4504	Aerosucre	Active	Barranquilla, Colombia	
1175	21119	227(Adv)(F)	C-GMKF	Kelowna Flightcraft Air Charter / Purloator Courrier	Active	Kelowna, BC, Canada	
1176	21113	230(Adv)	ZS-NOU	(Comair)	WFU & Stored	Johannesburg, South Africa	
1177	21158	251(Adv)(F)	N279US	(Kitty Hawk Aircargo)	WFU & Stored	Roswell, NM	
1178	21114	230(Adv)	ZS-NOV	(Kulula.com)	Stored	Johannesburg, South Africa	
1179	21159	251(Adv)	N280US	(Aeropostal)	WFU & Stored	Alexandria, LA	
1180	21160	251(Adv)	N281US	(Sunworld International Airlines)	Stored	Marana, AZ	
1181	21161	251(Adv) WL	N282US	Sunworld International Airlines	Active	Fort Mitchell, KY	
1182	21152	232(Adv)	N408DA	-	Scrapped	Opa Locka, FL	
1183	21153	232(Adv)	N409DA	-	Scrapped	Opa Locka, FL	
1184	20990	223(Adv)	N849AA	(American Airlines)	WFU & Stored	Mojave, CA	
1185	20991	223(Adv)	XA-AAD	(Aerolineas Internacionales)	Stored	Cuernavaca, Mexico	
1186	21197	270(Adv)	YI-AGK	(Iraqi Airways)	WFU & Stored	Amman, Jordan	
1187	20992	223(Adv)(F)	YV155T	Vensecar International (DHL colours)	Active	Caracas, Venezuela	
1188	21203	294(Adv)	YK-AGA	Syrianair - Syrian Arab Airlines	Active	Damascus, Syria	
1189	20993	223(Adv)(F)	N117JB	Tri-MG Intra Asia Airlines (DHL colours)	Active	Jakarta Halim, Indonesia	
1190	20994	223(Adv)(F)	HZ-SND	SNAS Aviation (DHL)	Active	Riyadh, Saudi Arabia	
1191	21198	270(Adv)	YI-AGL	(Iraqi Airways)	WFU & Stored	Amman, Jordan	
1192	20995	223(Adv)(F)	N854AA	(Kitty Hawk Aircargo)	Stored	Roswell, NM	

l/n	c/n	Model	Registration	Owner/Operator	Status	Location	Notes
1193	20996	223(Adv)(F)	N855AA	(Kitty Hawk Aircargo)	Stored	Roswell, NM	
1194	21204	294(Adv)	YK-AGB	Syrianair - Syrian Arab Airlines	Active	Damascus, Syria	
1195	20997	223(Adv)(F)	N856AA	(Kitty Hawk Aircargo)	Stored	Ardmore, OK	
1196	21242	227(Adv)	PP-JUB	(Fly Linhas Aereas)	WFU & Stored	Sao Paulo Guarulhos, Brazil	
1197	21243	227(Adv)(F)	N794AJ	Amerijet International	Active	Ft. Lauderdale, FL	
1198	21205	294(Adv)	YK-AGC	(Syrianair - Syrian Arab Airlines)	Stored	Damascus, Syria	
1199	21084	223(Adv)(F)	HZ-SNB	SNAS Aviation (DHL)	Active	Riyadh, Saudi Arabia	
1200	21085	223(Adv)(F)	N858AA	(BAX Global)	Stored	Roswell, NM	
1201	21244	227(Adv)	N925TS	-	Scrapped	Kelowna, BC, Canada	
1202	21245	227(Adv)(F)	YA-FAN	Ariana Afghan Airlines	Active	Kabul, Afghanistan	
1203	21199	270(Adv)	YI-AGM	(Iraqi Airways)	WFU & Stored	Baghdad, Iraq	
1204	21210	2D6(Adv)	7T-VEM	(Air Algérie)	Stored	Algiers, Algeria	
1205	21222	232(Adv)	N410DA	(Delta Air Lines)	WFU & Stored	Victorville, CA	
1206	21200	2M7(Adv)(F)	PR-TTO	Total Linhas Aéreas	Active	Belo Horizonte, Brazil	
1207	21223	232(Adv)	N411DA	-	Scrapped	Victorville, CA	
1208	21232	232(Adv)	N412DA	-	Scrapped	Victorville, CA	
1209	21234	2H3(Adv)(F)	C-GYFA	(First Air)	Stored	Ottawa, ONT, Canada	
1210	21235	2H3(Adv)	YI-AOE	(Iraqi Airways)	Parts Remain	Baghdad, Iraq	
1211	21233	232(Adv)	N413DA	-	Scrapped	Miami, FL	
1212	21256	232(Adv)	N414DA	-	Scrapped	Opa Locka, FL	
1213	21229	2L5(Adv)	5A-DID	(Libyan Arab Airlines)	Stored	Tripoli, Libya	
1214	21257	232(Adv)	N415DA	(Delta Air Lines)	WFU & Stored	Goodyear, AZ	
1215	21230	2L5(Adv)	5A-DIE	(Libyan Arab Airlines)	Stored	Tripoli, Libya	
1216	21246	227(Adv)	HC-CDJ	AeroGal Aerolíneas Galápagos	Active	Shell, Ecuador	
1217	21247	227(Adv)	ZS-IAC	Imperial Air Cargo	Active	Johannesburg, South Africa	
1218	21248	227(Adv)(F)	PT-MTD	TAF Linhas Aéreas	Active	Fortaleza, Brazil	
1219	21249	227(Adv)(F)	RP-C8019	Heavylift Cargo Airlines	Active	Cairns, Australia	
1220	21201	2M7(Adv)	N722RW	(Aero Controls)	Stored	Roswell, NM	
1221	21202	2M7(Adv)	N294SC	(Sun Country Airlines)	Stored	Tucson, AZ	
1222	21260	2F2(Adv)	3D-ITC	Inter Air Airlines	Active	Johannesburg, South Africa	
1223	21258	232(Adv)	N416DA	(Delta Air Lines)	WFU & Stored	Victorville, CA	
1224	21259	232(Adv)	N417DA	-	Scrapped	Opa Locka, FL	
1225	21264	243(Adv)	N571PE	-	Written Off	Newark, NJ	
1226	21265	243(Adv)(F)	C-GQKF	Kelowna Flightcraft Air Charter / Purloator Courrier	Active	Kelowna, BC, Canada	
1227	21266	243(Adv)	N615PA	AirCorp	Active	Dallas Ft. Worth, TX	
1228	21267	243(Adv)	HK-4010X	-	Scrapped	Opa Locka, FL	
1229	21268	243(Adv)	N575PE	-	Scrapped	Mojave, CA	
1230	21269	243(Adv)(F)	N1269Y	(Kitty Hawk Aircargo)	Stored	Ardmore, OK	
1231	21270	243(Adv)	C-GWKF	Kelowna Flightcraft Air Charter	Active	Kelowna, BC, Canada	
1232	21171	276(Adv) WL	XA-SLG	(Aviacsa)	Stored	Mexico City	
1233	21284	2D6(Adv)	7T-VEP	(Air Algérie)	Stored	Algiers, Algeria	
1234	21288	225(Adv)(F)	N464FE	FedEx Express	Active	Memphis, TN	
1235	21289	225(Adv)(F)	N465FE	FedEx Express	Active	Memphis, TN	
1236	21297	2B6(Adv)	PP-LBY	-	Written Off	Quito, Ecuador	
1237	21178	277(Adv)(F)	N242FE	FedEx Express	Active	Memphis, TN	
1238	21290	225(Adv)(F)	N742DH	(Astar Air Cargo / DHL)	Stored	Cincinnati, OH	
1239	21291	225(Adv)	N8873Z	(Delta Air Lines)	WFU & Stored	Lanseria, South Africa	
1240	21292	225(Adv)(F)	N466FE	FedEx Express	Active	Memphis, TN	

l/n	c/n	Model	Registration	Owner/Operator	Status	Location	Notes
1241	21293	225(Adv)	EC-IMY	(Swiftair)	Stored	Madrid Barajas, Spain	
1242	21271	232(Adv)	N418DA	(Delta Air Lines)	WFU & Stored	Victorville, CA	
1243	21272	232(Adv)	N419DA	-	Scrapped	Opa Locka, FL	
1244	21273	232(Adv)	N420DA	-	Scrapped	Opa Locka, FL	
1245	21274	232(Adv)	N421DA	(Delta Air Lines)	WFU & Stored	Victorville, CA	
1246	21298	2B6(Adv)(F)	N720CK	(Kalitta Air)	WFU & Stored	Opa Locka, FL	
1247	21299	2B6(Adv)	PT-MLM	-	Scrapped	Rio De Janeiro, Brazil	
1248	21086	223(Adv)	N859AA	(American Airlines)	Stored	Mojave, CA	
1249	21327	247(Adv)(F)	C-FMEI	Morningstar Air Express (FedEx colours)	Active	Calgary, Canada	
1250	21087	223(Adv)	5N-AKR	(IRS Airlines)	WFU & Stored	Lanseria, South Africa	
1251	21328	247(Adv)(F)	C-FMEY	Morningstar Air Express (FedEx colours)	Active	Edmonton, Canada	
1252	21318	2H3(Adv)	YI-AOY	(Iraqi Airways)	Parts Remain	Baghdad, Iraq	
1253	21341	2A1(Adv)(F)	PR-LGB	(VARIG Log)	WFU & Stored	Rio De Janeiro, Brazil	
1254	21329	247(Adv)(F)	C-FMEA	Morningstar Air Express (FedEx colours)	Active	Calgary, Canada	
1255	21088	223(Adv)	YA-FAM	Ariana Afghan Airlines	Active	Kabul, Afghanistan	
1256	21342	2A1(Adv)(F)	PR-LGC	VARIG Log	Active	Sao Paulo Guarulhos, Brazil	
1257	21332	2L5(Adv)	5A-DIF	(Libyan Arab Airlines)	Stored	Tripoli, Libya	
1258	21363	227(Adv)(F)	PR-AIB	Air Brasil Cargo	Active	Sao Paulo Guarulhos, Brazil	
1259	21333	2L5(Adv)	5A-DIG	(Libyan Arab Airlines)	Stored	Tripoli, Libya	
1260	21330	247(Adv)(F)	C-FMEE	Morningstar Air Express (FedEx colours)	Active	Calgary, Canada	
1261	21364	227(Adv)(F)	5N-BHV	Associated Air Cargo	Active	Lagos, Nigeria	
1262	21303	232(Adv)	N501DA	-	Scrapped	Opa Locka, FL	
1263	21089	223(Adv)	3D-AAK	(Libyan Arab Airlines)	Stored	Tripoli, Libya	
1264	21304	232(Adv)	N502DA	(Delta Air Lines)	WFU & Stored	Victorville, CA	
1265	21322	251(Adv)	HC-BVU	-	Fuselage Remains	San Cristoibal, Galapagos, Peru	
1266	21331	247(Adv)(F)	N237FE	FedEx Express	Active	Memphis, TN	
1267	21090	223(Adv)	3D-JOY	Kam Air	Active	Kabul, Afghanistan	
1268	21305	232(Adv)	N503DA	(Delta Air Lines)	WFU & Stored	Victorville, CA	
1269	21319	2H3(Adv)	TS-JHV	-	Scrapped	Tunis, Tunisia	
1270	21306	232(Adv)	PK-MBW	(Merpati Nusantara Airlines)	Stored	Jakarta CGK, Indonesia	
1271	21320	2H3(Adv)	9Q-CBP	Kinshasa Airways	Active	Kinshasa, Congo	
1272	21307	232(Adv)	N505DA	(Delta Air Lines)	WFU & Stored	Victorville, CA	
1273	21365	227(Adv)(F)	N89427	Capital Cargo International Airlines	Active	Orlando Int'l, FL	
1274	21366	227(Adv)(F)	C-FACW	(All Canada Express)	WFU & Stored	Goodyear, AZ	
1275	21369	223(Adv)	N698SS	Southwest Sports Aviation	Active	Dallas Ft. Worth, TX	
1276	21370	223(Adv)	3X-GDO	-	Written Off	Cotonou, Benin	
1277	21371	223(Adv)	N866AA	(Kalitta Air)	WFU & Stored	Oscoda, MI	
1278	21372	223(Adv)	N867AA	(American Airlines)	WFU & Stored	Thief River Falls, MN	
1279	21373	223(Adv)	N868AA	(Ascend Air)	Stored	San Bernardino, CA	
1280	21374	223(Adv)	N869AA	(American Airlines)	WFU & Stored	San Bernardino, CA	
1281	21394	227(Adv)(F)	N477FE	(FedEx Express)	Stored	Victorville, CA	
1282	21347	212(Adv)	PP-SRK	-	Written Off	Serra Da Pacatuba, Brazil	
1283	21395	227(Adv)(F)	N478FE	(FedEx Express)	Preserved	Watertown, SD	
1284	21323	251(Adv)	N284US	(Northwest Airlines)	WFU & Stored	Roswell, NM	
1285	21426	2F9(Adv)(F)	N199AJ	Amerijet International / SRX Group	Active	Miami, FL	
1286	21324	251(Adv)	N285US	(Northwest Airlines)	WFU & Stored	Roswell, NM	
1287	21348	212(Adv)	N293AS	(Champion Air)	Stored	Ardmore, OK	
1288	21325	251(Adv)	N286US	(Northwest Airlines)	WFU & Stored	Roswell, NM	

Boeing 727-200 — Out Of Production List: Western Jet Airliners

l/n	c/n	Model	Registration	Owner/Operator	Status	Location	Notes
1289	21349	212(Adv)(F)	N319NE	Asia Pacific Airlines	Active	Guam	
1290	21375	251(Adv)	N287US	(Northwest Airlines)	WFU & Stored	Roswell, NM	
1291	21427	2F9(Adv)(F) WL	HK-4262X	Líneas Aéreas Suramericanas	Active	Bogota, Colombia	
1292	21308	232(Adv)	N506DA	-	Scrapped	Kingman, AZ	
1293	21376	251(Adv)	N288US	(Northwest Airlines)	WFU & Stored	Maxton, NC	
1294	21309	232(Adv)	N507DA	-	Scrapped	Goodyear, AZ	
1295	21377	251(Adv)	N289US	(Northwest Airlines)	WFU & Stored	Roswell, NM	
1296	21398	222(Adv)	N7251U	-	Scrapped	Victorville, CA	
1297	21378	251(Adv)	N290US	(Northwest Airlines)	Parts Remain	Maxton, NC	
1298	21310	232(Adv)	9Q-CHE	Hewa Bora Airways	Active	Kinshasa, Congo	
1299	21379	251(Adv)	N291US	(Northwest Airlines)	WFU & Stored	Roswell, NM	
1300	21311	232(Adv)	N509DA	(Delta Air Lines)	Parts Remain	Victorville, CA	
1301	21438	2J4(Adv)	N284SC	(Sun Country Airlines)	WFU & Stored	Opa Locka, FL	
1302	21457	2M7(Adv)	5N-BDF	Chanchangi Airlines	Active	Kaduna, Nigeria	
1303	21399	222(Adv)	N7252U	-	Scrapped	Goodyear, AZ	
1304	21382	223(Adv)	N870AA	-	Scrapped	Mojave, CA	
1305	21392	247(Adv)(F)	HS-SCJ	K-Mile Air	Active	Bangkok Suvarnabhumi, Thailand	
1306	21449	225(Adv)(F)	N467FE	FedEx Express	Active	Paris CDG, France	
1307	21393	247(Adv)	N793DH	(Astar Air Cargo / DHL)	Stored	Kingman, AZ	
1308	21450	225(Adv)	N674MG	(Champion Air)	WFU & Stored	Minneapolis, MN	
1309	21400	222(Adv)	N7253U	(Pan American Airways)	WFU & Stored	Victorville, CA	
1310	21451	225(Adv)(F)	N610PA	(CargoJet Airways)	Stored	Anchorage, AK	
1311	21401	222(Adv)	N7254U	(United Airlines)	WFU & Stored	Smyrna, TN	
1312	21452	225(Adv)(F)	N468FE	FedEx Express	Active	Memphis, TN	
1313	21402	222(Adv)	N7255U	(United Airlines)	WFU & Stored	Smyrna, TN	
1314	21453	225(Adv)(F)	N604AJ	(Amerijet International)	WFU & Stored	?	
1315	21403	222(Adv)	N7256U	-	Scrapped	Victorville, CA	
1316	21455	281(Adv)(F)	C-FLHJ	Flair Airlines	Active	Kelowna, BC, Canada	
1317	21503	251(Adv)	N292US	(Northwest Airlines)	WFU & Stored	Maxton, NC	
1318	21456	281(Adv)	N252RL	(DV Air Freight Services)	WFU & Stored	San Bernardino, CA	
1319	21504	251(Adv)	N293US	(Northwest Airlines)	WFU & Stored	Maxton, NC	
1320	21343	2A1(Adv)	XA-TXU	(Allegro Air)	WFU & Stored	Chichen Itza, Mexico	
1321	21404	222(Adv)	N7257U	-	Scrapped	Pease Int'l, NH	
1322	21344	2A1(Adv)	N118DF	-	Scrapped	Santee, CA	
1323	21405	222(Adv)	N7258U	-	Scrapped	Victorville, CA	
1324	21383	223(Adv)	S9-BAV	Transafrik International	Active	Sao Tome	
1325	21406	222(Adv)	N7259U	-	Scrapped	Victorville, CA	
1326	21442	230(Adv)(F)	EC-JHU	Swiftair (DHL)	Active	Bahrain	
1327	21458	212(Adv)	5N-	Associated Aviation	Active	Lagos, Nigeria	
1328	21384	223(Adv)	PK-JGN	(Jatayu Airlines)	Stored	Jakarta CGK, Indonesia	
1329	21459	212(Adv)(F)	N86425	Asia Pacific Airlines	Active	Guam	
1330	21312	232(Adv)	N510DA	(Delta Air Lines)	WFU & Stored	Victorville, CA	
1331	21385	223(Adv)	TL-ADY	(Centrafrique Air Express)	Stored	Cairo, Egypt	
1332	21407	222(Adv)	N7260U	(Pan Am)	Fire Trainer	Orlando Sanford, FL	
1333	21386	223(Adv)	N874AA	(American Airlines)	Preserved	Museum of Flight, Seattle, WA	
1334	21408	222(Adv)	N7261U	-	Scrapped	Pease Int'l, NH	
1335	21387	223(Adv)	N410BN	Miami Air International	Active	Miami, FL	
1336	21409	222(Adv)	N7262U	-	Scrapped	Victorville, CA	

l/n	c/n	Model	Registration	Owner/Operator	Status	Location	Notes
1337	21461	227(Adv)(F)	N479FE	FedEx Express	Active	Memphis, TN	
1338	21481	247(Adv)	N2829W	(Delta Air Lines)	Stored	Victorville, CA	
1339	21502	2M7(Adv)(F)	PR-TTP	Total Linhas Aéreas	Active	Belo Horizonte, Brazil	
1340	21460	212(Adv)	HZ-SKI	Private	Active	Riyadh, Saudi Arabia	
1341	21482	247(Adv)	9L-LEF	-	Written Off	Pointe Noire, Congo Brazzaville	
1342	21462	227(Adv)(F)	N480FE	FedEx Express	Active	Paris CDG, France	
1343	21512	214(Adv)(F)	PR-SPC	(SP Cargo)	Stored	Ardmore, OK	
1344	21410	222(Adv)	N7263U	-	Scrapped	Goodyear, AZ	
1345	21388	223(Adv)	YA-FAS	Ariana Afghan Airlines	Active	Kabul, Afghanistan	
1346	21411	222(Adv)	N7264U	-	Scrapped	Ontario, CA	
1347	21313	232(Adv)	N511DA	(Delta Air Lines)	WFU & Stored	Victorville, CA	
1348	21412	222(Adv)	N7265U	(United Airlines)	Fuselage Remains	El Mirage, AZ	
1349	21389	223(Adv)	N877AA	(American Airlines)	Fire Trainer	Orlando Int'l, FL	
1350	21483	247(Adv)	9L-LEL	Iraqi Airways	Active	Baghdad, Iraq	
1351	21413	222(Adv)	N7266U	(United Airlines)	WFU & Stored	Victorville, CA	
1352	21480	277(Adv)(F)	N243FE	FedEx Express	Active	Memphis, TN	
1353	21463	227(Adv)(F)	N481FE	FedEx Express	Active	Memphis, TN	
1354	21414	222(Adv)	N7267U	-	Scrapped	Goodyear, AZ	
1355	21464	227(Adv)(F)	N482FE	FedEx Express	Active	Paris CDG, France	
1356	21415	222(Adv)	N7268U	-	Scrapped	Victorville, CA	
1357	21479	276(Adv)	XA-SJE	(Aviacsa)	Stored	Monterrey, Mexico	
1358	21314	232(Adv)	N512DA	(Delta Air Lines)	WFU & Stored	Victorville, CA	
1359	21510	290(Adv)	CP-2455	(Lloyd Aéreo Boliviano (LAB)	Stored	La Paz, Bolivia	
1360	21315	232(Adv)	N513DA	(Delta Air Lines)	WFU & Stored	Victorville, CA	
1361	21390	223(Adv)	N878AA	N878 Holdings	Active	Lake Tahoe, NV	
1362	21484	247(Adv)	9L-LEO	Teeba Airways	Active	Amman, Jordan	
1363	21465	227(Adv)(F)	N483FE	FedEx Express	Active	Memphis, TN	
1364	21485	247(Adv)	N283WA	(Delta Air Lines)	WFU & Stored	Victorville, CA	
1365	21513	214(Adv)(F)	PR-RLJ	Rio Linhas Aereas	Active	Porto Alegre, Brazil	
1366	21416	222(Adv)	N7269U	-	Scrapped	Goodyear, AZ	
1367	21391	223(Adv)	N879AA	(American Airlines)	WFU & Stored	Orlando Int'l, FL	
1368	21417	222(Adv)	N7270U	-	Scrapped	Goodyear, AZ	
1369	21609	256(Adv)	C5-SBM	Mahfooz Aviation	Active	Jeddah, Saudi Arabia	
1370	21418	222(Adv)	N7271U	-	Scrapped	Goodyear, AZ	
1371	21539	2L5(Adv)	5A-DIH	(Libyan Arab Airlines)	Stored	Tripoli, Libya	
1372	21466	227(Adv)(F)	N484FE	FedEx Express	Active	Memphis, TN	
1373	21494	2K3(Adv) WL	CP-1366	(Lloyd Aéreo Boliviano (LAB))	Stored	Cochabamba, Bolivia	
1374	21430	232(Adv)	N514DA	(Delta Air Lines)	WFU & Stored	Victorville, CA	
1375	21419	222(Adv)	N7272U	-	Scrapped	Goodyear, AZ	
1376	21431	232(Adv)	N515DA	-	Scrapped	Kingman, AZ	
1377	21420	222(Adv)	N7273U	-	Scrapped	Goodyear, AZ	
1378	21474	281(Adv)	N724YS	Private (Fry's Electronics)	Active	San Jose, CA	
1379	21577	264(Adv)	XA-HOH	(Mexicana)	Parts Remain	Mexico City	
1380	21610	256(Adv)	N909RF	-	Scrapped	Kingman, AZ	
1381	21432	232(Adv)	N516DA	-	Scrapped	Kingman, AZ	
1382	21611	256(Adv)	5Y-AXE	African Express Airways / Ishtar Airlines	Active	Baghdad, Iraq	
1383	21421	222(Adv)	N7274U	(United Airlines)	WFU & Stored	Victorville, CA	
1384	21433	232(Adv)	N517DA	(Delta Air Lines)	Fuselage Remains	Albuquerque, NM	

l/n	c/n	Model	Registration	Owner/Operator	Status	Location	Notes
1385	21422	222(Adv)	N7275U	-	Scrapped	Goodyear, AZ	
1386	21540	2L5(Adv)	5A-DII	Libyan Arab Airlines	Active	Tripoli, Libya	
1387	21423	222(Adv)	N7276U	-	Scrapped	Goodyear, AZ	
1388	21488	227(Adv)(F)	N485FE	FedEx Express	Active	Memphis, TN	
1389	21603	2F2(Adv)	TC-JBR	-	Written Off	Ankara, Turkey	
1390	21489	227(Adv)(F)	N486FE	FedEx Express	Active	Memphis, TN	
1391	21505	251(Adv)	HC-BVY	-	Scrapped	Guayaquil, Ecuador	
1392	21506	251(Adv)	N295US	(Northwest Airlines)	WFU & Stored	Roswell, NM	
1393	21424	222(Adv)	N7277U	-	Scrapped	Goodyear, AZ	
1394	21661	243(Adv)	PP-BLR	(Fly Linhas Aereas)	Stored	Rio De Janeiro Galaeo, Brazil	
1395	21425	222(Adv)	N7278U	-	Scrapped	Goodyear, AZ	
1396	21490	227(Adv)(F)	N487FE	FedEx Express	Active	Memphis, TN	
1397	21557	222(Adv)	N7279U	-	Scrapped	Goodyear, AZ	
1398	21469	232(Adv)	N518DA	(Delta Air Lines)	WFU & Stored	Victorville, CA	
1399	21558	222(Adv)	N7280U	-	Scrapped	Goodyear, AZ	
1400	21470	232(Adv)	N519DA	(Delta Air Lines)	WFU & Stored	Victorville, CA	
1401	21559	222(Adv)	N7281U	-	Scrapped	Goodyear, AZ	
1402	21491	227(Adv)(F)	N488FE	FedEx Express	Active	Memphis, TN	
1403	21495	2K3(Adv) WL	CP-1367	(Lloyd Aèreo Boliviano (LAB))	Stored	La Paz, Bolivia	
1404	21618	230(Adv)	HC-BZR	(TAME Ecuador)	Stored	Quito, Ecuador	
1405	21560	222(Adv)	N7282U	-	Scrapped	Goodyear, AZ	
1406	21595	2P1(Adv) WL	VP-CZY	Dunview Co	Active	Zurich, Switzerland	
1407	21619	230(Adv)(F)	HZ-SNE	SNAS Aviation (DHL)	Active	Riyadh, Saudi Arabia	
1408	21561	222(Adv)	N7283U	-	Scrapped	Victorville, CA	
1409	21578	225(Adv)	N8881Z	(Leading Edge Group)	Stored	Tucson, AZ	
1410	21562	222(Adv)	N7284U	-	Scrapped	Goodyear, AZ	
1411	21471	232(Adv)	N520DA	(Delta Air Lines)	WFU & Stored	Victorville, CA	
1412	21579	225(Adv)	N8882Z	(Delta Air Lines)	WFU & Stored	Victorville, CA	
1413	21472	232(Adv)	N521DA	(Delta Air Lines)	WFU & Stored	Victorville, CA	
1414	21636	2R1(Adv)	TJ-AAM	Cameroon - Government	Active	Yaounde, Cameroon	
1415	21688	287(Adv)(F)	OY-SEW	(CAT Custom Air Transport)	Stored	Tucson, AZ	
1416	21617	264(Adv)	CP-2422	(AeroSur)	WFU & Stored	Cochabamba, Bolivia	
1417	21676	2J4(Adv)	N285SC	-	Scrapped	Opa Locka, FL	
1418	21563	222(Adv)	DIA-001	(Denver International Airport)	Ground Trainer	Denver Int'l, CO	
1419	21620	230(Adv)	HC-BZS	TAME Ecuador	Active	Quito, Ecuador	
1420	21564	222(Adv)	N7286U	-	Scrapped	Goodyear, AZ	
1421	21662	243(Adv)(F)	N579PE	(Kitty Hawk Aircargo)	WFU & Stored	Roswell, NM	
1422	21582	232(Adv)	N522DA	(Delta Air Lines)	WFU & Stored	Victorville, CA	
1423	21583	232(Adv)	N523DA	(Delta Air Lines)	WFU & Stored	Victorville, CA	
1424	21565	222(Adv)	N7287U	-	Scrapped	Goodyear, AZ	
1425	21621	230(Adv)	SU-YAK	(Palestinian Airlines)	Stored	Amman, Jordan	
1426	21608	2Q8(Adv)	N776AT	(American Trans Air (ATA))	WFU & Stored	Roswell, NM	
1427	21689	287(Adv)	HC-BXU	(Ecuatoriana)	Stored	Tucson, AZ	
1428	21566	222(Adv)	N7288U	-	Scrapped	Goodyear, AZ	
1429	21637	264(Adv)	XA-HOV	(Mexicana)	Ground Trainer	Mexico City	
1430	21567	222(Adv)	N7289U	-	Scrapped	Goodyear, AZ	
1431	21622	230(Adv)	HC-BSU	-	Written Off	Bogota, Colombia	
1432	21568	222(Adv)	N7290U	(United Airlines)	WFU & Stored	? Hot Springs, Goodyear, Victorville?	

Boeing 727-200 — Out Of Production List: Western Jet Airliners

	l/n	c/n	Model	Registration	Owner/Operator	Status	Location	Notes
☐	1433	21623	230(Adv)	ZS-OBO	-	Scrapped	Johannesburg, South Africa	
☐	1434	21646	276(Adv)	XA-SMB	Aviacsa	Active	Mexico City	
☐	1435	21580	225(Adv)(F)	C-GTKF	Kelowna Flightcraft Air Charter / Purloator Courrier	Active	Kelowna, BC, Canada	
☐	1436	21647	277(Adv)(F)	N244FE	FedEx Express	Active	Memphis, TN	
☐	1437	21581	225(Adv)(F)	N469FE	FedEx Express	Active	Paris CDG, France	
☐	1438	21663	243(Adv)(F)	C-GXKF	Kelowna Flightcraft Air Charter	Active	Kelowna, BC, Canada	
☐	1439	21511	290(Adv)	N775AT	(American Trans Air (ATA))	WFU & Stored	Roswell, NM	
☐	1440	21492	227(Adv)(F)	N489FE	FedEx Express	Active	Memphis, TN	
☐	1441	21569	222(Adv)	N7291U	-	Scrapped	Goodyear, AZ	
☐	1442	21493	227(Adv)(F)	N490FE	FedEx Express	Active	Memphis, TN	
☐	1443	21570	222(Adv)	N7292U	-	Scrapped	Goodyear, AZ	
☐	1444	21529	227(Adv)(F)	N491FE	FedEx Express	Active	Memphis, TN	
☐	1445	21571	222(Adv)	N7293U	-	Scrapped	Goodyear, AZ	
☐	1446	21530	227(Adv)(F)	N492FE	FedEx Express	Active	Memphis, TN	
☐	1447	21572	222(Adv)	N7294U	-	Scrapped	Goodyear, AZ	
☐	1448	21664	243(Adv)	TC-IYB	(Top Air)	Fuselage Remains	Istanbul Lunapark, Turkey	
☐	1449	21573	222(Adv)	N7295U	(United Airlines)	WFU & Stored	Victorville, CA	
☐	1450	21531	227(Adv)(F)	N493FE	FedEx Express	Active	Memphis, TN	
☐	1451	21574	222(Adv)	N7296U	-	Scrapped	Oakland, CA	
☐	1452	21655	2M7(Adv)	5N-BCF	Chanchangi Airlines	Active	Kaduna, Nigeria	
☐	1453	21532	227(Adv)(F)	N494FE	FedEx Express	Active	Paris CDG, France	
☐	1454	21628	231(Adv)	XA-AAQ	(Allegro Air)	WFU & Stored	Chichen Itza, Mexico	
☐	1455	21656	2M7(Adv)	N727RW	(Northwest Airlines)	Stored	Roswell, NM	
☐	1456	21629	231(Adv)	XA-TRR	(Allegro Air)	WFU & Stored	Tucson, AZ	
☐	1457	21638	264(Adv)	CP-2423	AeroSur	Active	Santa Cruz, Bolivia	
☐	1458	21630	231(Adv)(F)	N24343	(CAT Custom Air Transport)	Stored	Roswell, NM	
☐	1459	21519	223(Adv)	XU-RKR	Clesh Aviation	Active	Brazzaville, Congo Brazzaville	
☐	1460	21631	231(Adv)	N54344	TransMeridian Airlines (TMA)	WFU & Stored	Miami, FL	
☐	1461	21520	223(Adv)	N881AA	(American Airlines)	Stored	Miami, FL	
☐	1462	21632	231(Adv)	YV-40C	(Aeropostal)	Stored	Caracas, Venezuela	
☐	1463	21521	223(Adv)	N882AA	(American Airlines)	Fuselage Remains	Orlando Int'l, FL	
☐	1464	21633	231(Adv)	N64346	(Falcon Air Express)	Stored	Tucson, AZ	
☐	1465	21522	223(Adv)	N883AA	(American Airlines)	WFU & Stored	Detroit Willow Run, MI	
☐	1466	21634	231(Adv)	XA-GRO	(Allegro Air)	Stored	Tucson, AZ	
☐	1467	21523	223(Adv)	C-GGKF	Kelowna Flightcraft Air Charter	Active	Kelowna, BC, Canada	
☐	1468	21624	233(Adv)(F)	N262FE	FedEx Express	Active	Memphis, TN	
☐	1469	21690	287(Adv)(F)	N916PG	(Kitty Hawk Aircargo)	WFU & Stored	Roswell, NM	
☐	1470	21625	233(Adv)(F)	N263FE	FedEx Express	Active	Memphis, TN	
☐	1471	21697	247(Adv)(F)	PK-TMA	Megantara Air	Active	Jakarta CGK, Indonesia	
☐	1472	21626	233(Adv)(F)	N264FE	FedEx Express	Active	Memphis, TN	
☐	1473	21524	223(Adv)	C-FLHR	Flair Airlines	Active	Kelowna, BC, Canada	
☐	1474	21698	247(Adv)	9M-TGF	Transmile Air Services	Active	Kuala Lumpur Subang, Malaysia	
☐	1475	21525	223(Adv)	N104HR	Aircorp	Active	Dallas, TX	
☐	1476	21526	223(Adv)	S9-PSC	Hewa Bora Airways	Active	Kinshasa, Congo	
☐	1477	21527	223(Adv)	N889AA	-	Scrapped	Orlando Int'l, FL	
☐	1478	21584	232(Adv)	UN-B2703	Trans Aviation Global Group	Active	Antalya, Turkey	
☐	1479	21585	232(Adv)	PK-RIY	(Mandala Airlines)	WFU & Stored	Jakarta CGK, Indonesia	
☐	1480	21691	214(Adv)	N785AT	(Astar Air Cargo / DHL)	Stored	Cincinnati, OH	

Boeing 727-200 — Out Of Production List: Western Jet Airliners

	l/n	c/n	Model	Registration	Owner/Operator	Status	Location	Notes
☐	1481	21695	277(Adv)(F)	HP-1653CTH	PanAir Cargo	Active	Panama City Tocumen	
☐	1482	21692	214(Adv)	N786AT	(Astar Air Cargo / DHL)	Stored	Cincinnati, OH	
☐	1483	21696	276(Adv)	XA-SLM	(Aviacsa)	WFU & Stored	Mexico City	
☐	1484	21669	227(Adv)(F)	N495FE	FedEx Express	Active	Memphis, TN	
☐	1485	21699	247(Adv)(F)	9M-TGG	Transmile Air Services	Active	Kuala Lumpur Subang, Malaysia	
☐	1486	21670	227(Adv)(F)	N496FE	(FedEx Express)	Ground Trainer	Grand Forks, ND	
☐	1487	21777	256(Adv)	EC-DDU	-	Written Off	Durano, Spain	
☐	1488	21586	232(Adv)	9Q-CHG	Hewa Bora Airways	Active	Kinshasa, Congo	
☐	1489	21700	247(Adv)	HS-SCH	K-Mile Air	Active	Bangkok Suvarnabhumi, Thailand	
☐	1490	21778	256(Adv)	EC-DDV	(Iberia)	Forward Fuselage Preserved	Madrid Barajas, Spain	
☐	1491	21741	2M7(Adv)	3D-BBQ	(Interair South Africa)	Stored	El Paso, TX	
☐	1492	21587	232(Adv)	PK-JAC	(Jatayu Airlines)	WFU & Stored	Jakarta CGK, Indonesia	
☐	1493	21701	247(Adv)	9M-TGH	Transmile Air Services	Active	Kuala Lumpur Subang, Malaysia	
☐	1494	21949	282(Adv)	N281SC	(Ryan International Airlines)	Stored	Cleveland, OH	
☐	1495	21788	251(Adv)	N296US	(Northwest Airlines)	WFU & Stored	Roswell, NM	
☐	1496	21789	251(Adv)	N297US	(Northwest Airlines)	WFU & Stored	Roswell, NM	
☐	1497	21836	264(Adv)	XA-IEU	(Mexicana)	Preserved	Cuernavaca, Mexico	
☐	1498	21779	256(Adv)	EC-DDX	(Iberia)	Fuselage Remains	Doncaster Sheffield, UK	
☐	1499	21780	256(Adv)	EC-DDY	(Iberia)	Fuselage Remains	Doncaster Sheffield, UK	
☐	1500	21892	222(Adv)	N7297U	-	Scrapped	Goodyear, AZ	
☐	1501	21781	256(Adv)	C5-ABM	(Mahfooz Aviation)	Stored	Kingman, AZ	
☐	1502	21945	212(Adv)	N727NK	Roush Air	Active	Charlotte, NC	
☐	1503	21893	222(Adv)	N342PA	(Pan Am Clipper Connection (Boston-Maine Airways))	Stored	Orlando Sanford, FL	
☐	1504	21946	212(Adv) (C22C)	83-4618	(US Air Force (USAF))	Stored	Davis Monthan, AZ	
☐	1505	21894	222(Adv)	N343PA	(Pan Am Clipper Connection (Boston-Maine Airways))	Stored	Portsmouth, NH	
☐	1506	21947	212(Adv)(F)	N598AJ	Amerijet International	Active	Ft. Lauderdale, FL	
☐	1507	21895	222(Adv)	N347PA	(Pan Am Clipper Connection (Boston-Maine Airways))	Stored	Miami, FL	
☐	1508	21930	2Q9(Adv)(F)	N740DH	(Astar Air Cargo / DHL)	Stored	Cincinnati, OH	
☐	1509	21826	2Q8	N831L	(Delta Air Lines)	WFU & Stored	Roswell, NM	
☐	1510	21948	212(Adv) WL	N31TR	Private (280 Holdings)	Active	New York	
☐	1511	21896	222(Adv)	N357PA	(Pan Am Clipper Connection (Boston-Maine Airways))	WFU & Stored	Portsmouth, NH	
☐	1512	21842	2N8(Adv)	7O-ADA	Yemenia - Yemen Airways	Active	Sana'a, Yemen	
☐	1513	21897	222(Adv)	N7443U	-	Scrapped	Goodyear, AZ	
☐	1514	21742	2M7(Adv)	3D-ABQ	(Interair South Africa)	Stored	El Paso, TX	
☐	1515	21898	222(Adv)	N349PA	(Pan Am Clipper Connection (Boston-Maine Airways))	Stored	Portsmouth, NH	
☐	1516	21953	2B7(Adv)	N770AT	(Astar Air Cargo / DHL)	Stored	Cincinnati, OH	
☐	1517	21899	222(Adv)	N7445U	(United Airlines)	WFU & Stored	Orlando Sanford, FL	
☐	1518	21844	2N8(Adv)	7O-ACV	Yemenia - Yemen Airways	Active	Sana'a, Yemen	
☐	1519	21900	222(Adv)	N7446U	(United Airlines)	Stored	Victorville, CA	
☐	1520	21978	260(Adv)	XA-ABM	(Allegro Air)	Stored	Tucson, AZ	
☐	1521	21901	222(Adv)	N7447U	-	Scrapped	Goodyear, AZ	
☐	1522	21702	232(Adv)	PK-IAF	(Indonesian Airlines)	WFU & Stored	Jakarta CGK, Indonesia	
☐	1523	21671	233(Adv)(F)	N265FE	FedEx Express	Active	Memphis, TN	
☐	1524	21902	222(Adv)	N7448U	(United Airlines)	WFU & Stored	Orlando Sanford, FL	

Boeing 727-200 — Out Of Production List: Western Jet Airliners

l/n	c/n	Model	Registration	Owner/Operator	Status	Location	Notes
1525	21954	2B7(Adv)(F)	N760AT	(Astar Air Cargo / DHL)	Stored	Cincinnati, OH	
1526	21903	222(Adv)	N7449U	(United Airlines)	Stored	Portsmouth, NH	
1527	21849	2D4(Adv)(F)	N287FE	FedEx Express	Active	Memphis, TN	
1528	21904	222(Adv)	CP-	AeroSur	Active	Santa Cruz, Bolivia	
1529	21845	2N8(Adv)	7O-ACW	-	Written Off	Asmara, Ethiopia	
1530	21905	222(Adv)	N7451U	-	Scrapped	Goodyear, AZ	
1531	21931	2Q9(Adv)(F)	N741DH	(Astar Air Cargo / DHL)	Stored	Cincinnati, OH	
1532	21854	225(Adv)	C-GCJZ	CargoJet Airways	Active	Hamilton, ONT, Canada	
1533	21958	214(Adv)	N788AT	(Astar Air Cargo / DHL)	Stored	Kingman, AZ	
1534	21979	260(Adv)(F)	C-GUJC	CargoJet Airways	Active	Toronto Pearson, ONT, Canada	
1535	21855	225(Adv)(F)	C-GCJB	CargoJet Airways	Active	Toronto Pearson, ONT, Canada	
1536	21850	2D4(Adv)(F)	N288FE	FedEx Express	Active	Memphis, TN	
1537	21856	225(Adv)(F)	9M-TGN	Transmile Air Services	Active	Kuala Lumpur Subang, Malaysia	
1538	21672	233(Adv)(F)	N266FE	FedEx Express	Active	Memphis, TN	
1539	21857	225(Adv)(F)	N755DH	Capital Cargo International Airlines	Active	Orlando Int'l, FL	
1540	21971	2Q6(Adv)(F)	C-GLCJ	(CargoJet Airways)	Stored	Victorville, CA	
1541	21673	233(Adv)(F)	N267FE	FedEx Express	Active	Memphis, TN	
1542	21858	225(Adv)	N8889Z	(Delta Air Lines)	WFU & Stored	Victorville, CA	
1543	21674	233(Adv)(F)	N268FE	FedEx Express	Active	Memphis, TN	
1544	21859	225(Adv)	N8890Z	(Delta Air Lines)	WFU & Stored	Victorville, CA	
1545	21837	264(Adv)	XA-MEB	-	Preserved	Laguna del Capintero, Tampico, Mexico	
1546	21860	225(Adv)	N8891Z	(Delta Air Lines)	WFU & Stored	Victorville, CA	
1547	21838	264(Adv)	XA-MEC	Mexicana	Stored	Mexico City	
1548	21906	222(Adv)	N7452U	-	Scrapped	Goodyear, AZ	
1549	21846	2N8(Adv)	JY-JAE	Jordan Aviation	Active	Amman, Jordan	
1550	21703	232(Adv)	N529DA	(Delta Air Lines)	WFU & Stored	Victorville, CA	
1551	21851	2K5(Adv)	N369FA	(Allegro Air)	Stored	San Jose, Costa Rica	
1552	21813	232(Adv)	N530DA	-	Written Off	Salt Lake City, UT	
1553	21852	2K5(Adv)(F)	N909PG	Custom Air Transport (CAT)	Active	Ft. Lauderdale, FL	
1554	21861	225(Adv)(F)	UN-B2702	Trans Aviation Global Group	Active	Sharjah, UAE	
1555	21675	233(Adv)(F)	N269FE	FedEx Express	Active	Memphis, TN	
1556	21814	232(Adv)	N531DA	(Delta Air Lines)	WFU & Stored	Victorville, CA	
1557	21847	2N8(Adv)	7O-ACY	Yemenia - Yemen Airways	Active	Sana'a, Yemen	
1558	21907	222(Adv)	N7453U	-	Scrapped	Victorville, CA	
1559	22043	294(Adv)	N143AZ	Blue Falcon Corp	Active	El Paso, TX	
1560	21908	222(Adv)	N7454U	-	Scrapped	Goodyear, AZ	
1561	22044	294(Adv)	5T-CLP	(Government of Mauritania)	Stored	Perpignan, France	
1562	21909	222(Adv)	N7455U	-	Scrapped	Opa Locka, FL	
1563	21967	231(Adv)	N54348	(Falcon Air Express)	Stored	Tucson, AZ	
1564	22017	276(Adv) WL	XA-SIJ	(Aviacsa)	Stored	Monterrey, Mexico	
1565	21968	231(Adv)	N968PA	(Santa Bárbara Airlines)	Stored	Roswell, NM	
1566	22016	277(Adv)(F)	N245FE	Morningstar Air Express (FedEx colours)	Active	Edmonton, Canada	
1567	21969	231(Adv)	N54350	(Trans World Airlines)	WFU & Stored	Tucson, AZ	
1568	22052	243(Adv)(F)	5N-BJX	(Allied Air Cargo)	Stored	San Bernardino, CA	
1569	21983	231(Adv)	N54351	(Trans World Airlines)	Stored	Tucson, AZ	
1570	21910	222(Adv)	N7456U	(United Airlines)	Stored	Portsmouth, NH	
1571	21996	227(Adv)	N781DH	(Astar Air Cargo / DHL)	Stored	Kingman, AZ	
1572	21911	222(Adv)	N7457U	(United Airlines)	WFU & Stored	Victorville, CA	

Boeing 727-200 — Out Of Production List: Western Jet Airliners

l/n	c/n	Model	Registration	Owner/Operator	Status	Location	Notes
1573	21997	227(Adv)	HK-3738X	-	Scrapped	Opa Locka, FL	
1574	21984	231(Adv)	N984RT	(Platinum Linhas Aereas)	Stored	Opa Locka, FL	Also wears PR-PLQ
1575	21912	222(Adv)	N7458U	(United Airlines)	Stored	Portsmouth, NH	
1576	21985	231(Adv)	N54353	(Trans World Airlines)	Stored	Tucson, AZ	
1577	21998	227(Adv)(F)	N782DH	(Astar Air Cargo / DHL)	Stored	Cincinnati, OH	
1578	22035	233(Adv)(F)	N270FE	(FedEx Express)	Stored	Indianapolis, IN	
1579	21950	282(Adv)	N369PA	(Pan Am Clipper Connection (Boston-Maine Airways))	WFU & Stored	Portsmouth, NH	
1580	21986	231(Adv)	9Q-CAA	Compagnie Africaine D'Aviation	Active	Kinshasa, Congo	
1581	21999	227(Adv)	N783DH	(Astar Air Cargo / DHL)	Stored	Cincinnati, OH	
1582	21987	231(Adv)	N84355	-	Scrapped	Miami, FL	
1583	22000	227(Adv)	N783AT	(American Trans Air (ATA))	Stored	Roswell, NM	
1584	22019	2S7(Adv)	N682CA	(Champion Air)	WFU & Stored	Roswell, NM	
1585	22001	227(Adv)	N784DH	(Astar Air Cargo / DHL)	Stored	Cincinnati, OH	
1586	21988	231(Adv)(F)	C-GCJD	CargoJet Airways	Active	Toronto Pearson, ONT, Canada	
1587	22108	247(Adv)	N290WA	(Delta Air Lines)	WFU & Stored	Victorville, CA	
1588	22079	2J4(Adv)(F)	PP-SFQ	-	Stored	Sao Paulo Congonhas, Brazil	
1589	22109	247(Adv)	N291WA	(Delta Air Lines)	WFU & Stored	Victorville, CA	
1590	21989	231(Adv)(F)	N905AJ	Amerijet International	Active	Miami, FL	
1591	21823	2M7(Adv)	CP-2324	(Lloyd Aéreo Boliviano (LAB))	Stored	Cochabamba, Bolivia	
1592	22020	2S7(Adv)	N681CA	(Champion Air)	Stored	Barbados	
1593	21913	222(Adv)	N7459U	-	Scrapped	Goodyear, AZ	
1594	22081	228(Adv)	EP-ASA	Iran Aseman Airlines	Active	Tehran, Iran	
1595	21824	2M7(Adv)	A9C-BA	Bahrain - Royal Flight	Active	Bahrain	
1596	22036	233(Adv)(F)	N271FE	FedEx Express	Active	Memphis, TN	
1597	21914	222(Adv)	N7460U	(United Airlines)	WFU & Stored	Victorville, CA	
1598	22080	2J4(Adv)(F)	VH-DHE	Tasman Cargo Airlines	Active	Sydney, Australia	
1599	22152	251(Adv)	N298US	(Northwest Airlines)	WFU & Stored	Roswell, NM	
1600	22037	233(Adv)(F)	N272FE	(FedEx Express)	Ground Trainer	Dallas Ft. Worth, TX	
1601	22153	251(Adv)	N299US	(Northwest Airlines)	WFU & Stored	Roswell, NM	
1602	22045	232(Adv)	UN-B2701	Mega Airlines	Active	Atyrau, Kazakhstan	
1603	22082	228(Adv)	EP-ASB	Iran Aseman Airlines	Active	Tehran, Iran	
1604	22046	232(Adv)	A6-RSA	Red Star Aviation	Active	Sharjah, UAE	
1605	22083	228(Adv)	TR-LEV	-	Preserved as Disco	Libreville, Gabon	
1606	22047	232(Adv)	N534DA	(Delta Air Lines)	WFU & Stored	Victorville, CA	
1607	22156	264(Adv)	CP-2431	AeroSur	Active	Santa Cruz, Bolivia	
1608	22048	232(Adv)	N535DA	(Delta Air Lines)	WFU & Stored	Victorville, CA	
1609	21915	222(Adv)	N7461U	-	Scrapped	Victorville, CA	
1610	22049	232(Adv)	N536DA	(Delta Air Lines)	WFU & Stored	Victorville, CA	
1611	21916	222(Adv)	N7462U	(United Airlines)	WFU & Stored	Victorville, CA	
1612	22038	233(Adv)(F)	N273FE	FedEx Express	Active	Memphis, TN	
1613	22110	247(Adv)	N292WA	(Delta Air Lines)	WFU & Stored	Victorville, CA	
1614	22039	233(Adv)(F)	N274FE	FedEx Express	Active	Memphis, TN	
1615	22111	247(Adv)	N293WA	(Delta Air Lines)	WFU & Stored	Victorville, CA	
1616	21917	222(Adv)	A6-RCB	Al Rais Cargo	Active	Dubai, UAE	
1617	22021	2S7(Adv)	N686CA	(Champion Air)	Stored	Atlanta, GA	
1618	22112	247(Adv)	N294WA	(Delta Air Lines)	WFU & Stored	Victorville, CA	
1619	22157	264(Adv)	XA-MEE	(Mexicana)	Preserved	Monterrey City Centre, Mexico	
1620	22053	243(Adv)(F)	PT-MTQ	Total Linhas Aéreas	Active	Belo Horizonte, Brazil	

l/n	c/n	Model	Registration	Owner/Operator	Status	Location	Notes
1621	22146	290(Adv)	N294AS	(Champion Air)	Stored	Minneapolis, MN	
1622	22295	208(Adv)	N780AT	(American Trans Air (ATA))	WFU & Stored	Roswell, NM	
1623	22147	290(Adv)	N295AS	(Champion Air)	Stored	Ardmore, OK	
1624	22073	232(Adv)	N537DA	(Delta Air Lines)	WFU & Stored	Victorville, CA	
1625	21918	222(Adv)	N7464U	(United Airlines)	Stored	Orlando Sanford, FL	
1626	22040	233(Adv)(F)	N275FE	FedEx Express	Active	Memphis, TN	
1627	22002	227(Adv)(F)	N308AS	Capital Cargo International Airlines	Active	Orlando Int'l, FL	
1628	22041	233(Adv)(F)	N276FE	FedEx Express	Active	Memphis, TN	
1629	22003	227(Adv)	N772AT	(American Trans Air (ATA))	WFU & Stored	Roswell, NM	
1630	22042	233(Adv)(F)	N277FE	FedEx Express	Active	Memphis, TN	
1631	22004	227(Adv)	N773AT	(American Trans Air (ATA))	WFU & Stored	Roswell, NM	
1632	21919	222(Adv)	N7465U	(United Airlines)	WFU & Stored	Victorville, CA	
1633	22377	2B6(Adv)	PP-LBO	(Fly Linhas Aereas)	WFU & Stored	Sao Paulo Guarulhos, Brazil	
1634	21920	222(Adv)	A6-RCA	Al Rais Cargo	Active	Dubai, UAE	
1635	22165	243(Adv)	N570C	(Private)	Stored	Banjul, Gambia	
1636	22006	223(Adv)(F)	N780DH	(Astar Air Cargo / DHL)	Stored	Cincinnati, OH	
1637	21972	2Q6(Adv)	N782AT	(American Trans Air (ATA))	WFU & Stored	Roswell, NM	
1638	22084	228(Adv)	EP-ASC	Iran Aseman Airlines	Active	Tehran, Iran	
1639	21921	222(Adv)	N348PA	(Pan Am Clipper Connection (Boston-Maine Airways))	Stored	Brunswick Golden Isles, GA	
1640	21853	2K5(Adv)	TZ-MBA	Government of Mali	Active	Bamako, Mali	
1641	22268	2D3(Adv)	YV-762C	(Servivensa)	Stored	Caracas, Venezuela	
1642	22158	264(Adv)	CP-2462	AeroSur	Active	Santa Cruz, Bolivia	
1643	22007	223(Adv)	PR-TTB	Total Linhas Aéreas	Active	Belo Horizonte, Brazil	
1644	22078	2T3(Adv)	HC-BHM	TAME Ecuador	Active	Quito, Ecuador	
1645	22154	251(Adv)	N201US	(Northwest Airlines)	WFU & Stored	Roswell, NM	
1646	22008	223(Adv)	N754DH	Astar Air Cargo / DHL	Active	Cincinnati, OH	
1647	22261	270(Adv)	YI-AGQ	(Iraqi Airways)	WFU & Stored	Amman, Jordan	
1648	22155	251(Adv)	N202US	(Northwest Airlines)	WFU & Stored	Maxton, NC	
1649	22009	223(Adv)	N893AA	Planet Airways	Active	Ft. Lauderdale, FL	
1650	22010	223(Adv)	N894AA	Planet Airways	Active	Ft. Lauderdale, FL	
1651	22005	227(Adv)	N778AT	(American Trans Air (ATA))	WFU & Stored	Roswell, NM	
1652	22359	269(Adv)	N169KT	Al Futtooh Investments Co	Active	Kuwait	
1653	22011	223(Adv)(F)	C-FCJF	CargoJet Airways	Active	Toronto Pearson, ONT, Canada	
1654	22344	2S7(Adv)	N688CA	-	Scrapped	Roswell, NM	
1655	22012	223(Adv)(F)	C-FCJP	CargoJet Airways	Active	Hamilton, ONT, Canada	
1656	22076	232(Adv)	N538DA	(Delta Air Lines)	WFU & Stored	Victorville, CA	
1657	22362	2U5(Adv) WL	HZ-AB3	Al Anwa Aviation	Active	Riyadh, Saudi Arabia	
1658	22432	225(Adv)(F)	N801EA	Capital Cargo International Airlines	Active	Orlando Int'l, FL	
1659	22013	223(Adv)(F)	N749DH	(Astar Air Cargo / DHL)	Stored	Cincinnati, OH	
1660	22068	277(Adv)(F)	N246FE	FedEx Express	Active	Memphis, TN	
1661	22069	276(Adv)	XA-SIE	(Aviacsa)	WFU & Stored	Monterrey, Mexico	
1662	22372	2D6(Adv)	7T-VET	(Air Algérie)	Stored	Algiers, Algeria	
1663	22014	223(Adv)(F)	N898AA	Capital Cargo International Airlines	Active	Orlando Int'l, FL	
1664	22373	2D6(Adv)	7T-VEU	(Air Algérie)	Stored	Algiers, Algeria	
1665	22085	228(Adv)	EP-ASD	Iran Aseman Airlines	Active	Tehran, Iran	
1666	22015	223(Adv)(F)	N899AA	Capital Cargo International Airlines	Active	Orlando Int'l, FL	
1667	22385	232(Adv)	N539DA	(Delta Air Lines)	WFU & Stored	Victorville, CA	
1668	22433	225(Adv)	CC-CPV	(Star Airlines)	Stored	Santiago, Chile	

Boeing 727-200 — Out Of Production List: Western Jet Airliners

l/n	c/n	Model	Registration	Owner/Operator	Status	Location	Notes
1669	22386	232(Adv)	N540DA	(Delta Air Lines)	WFU & Stored	Victorville, CA	
1670	22360	269(Adv)	YK-AGD	Syrianair - Syrian Arab Airlines	Active	Damascus, Syria	
1671	22434	225(Adv)	PR-PLH	(Platinum Linhas Aereas)	Stored	Rio de Janeiro Galaeo, Brazil	
1672	22387	232(Adv)	N541DA	(Delta Air Lines)	WFU & Stored	Victorville, CA	
1673	21345	2A1(Adv)(F)	N287SC	Capital Cargo International Airlines	Active	Orlando Int'l, FL	
1674	22435	225(Adv)	C-FCJI	CargoJet Airways	Active	Hamilton, ONT, Canada	
1675	21346	2A1(Adv)	5N-BDE	Chanchangi Airlines	Active	Kaduna, Nigeria	
1676	22409	264(Adv)	CP-2447	AeroSur	Active	Quito, Ecuador	
1677	22436	225(Adv)	N805EA	(Delta Air Lines)	WFU & Stored	Victorville, CA	
1678	22410	264(Adv)	XA-MEI	(Mexicana)	WFU & Stored	Mexico City	
1679	21600	2A1(Adv)	5N-	(Private)	Stored	Lagos, Nigeria	
1680	21951	2M7(Adv)(F)	N750DH	(Astar Air Cargo / DHL)	Stored	Cincinnati, OH	
1681	22393	2H9(Adv)	YU-AKI	-	Scrapped	Belgrade, Serbia	
1682	22437	225(Adv)(F)	C-GCJQ	CargoJet Airways	Active	Hamilton, ONT, Canada	
1683	22424	2Q4(Adv)(F)	HP-1710DAE	DHL Aero Expreso	Active	Panama City	
1684	22250	224(Adv)	N69741	-	Scrapped	Ft. Lauderdale, FL	
1685	22438	225(Adv)(F)	N743DH	Astar Air Cargo / DHL	Active	Cincinnati, OH	
1686	22262	270(Adv)	YI-AGR	(Iraqi Airways)	Parts Remain	Baghdad, Iraq	
1687	22251	224(Adv)	N69742	(Planet Airways)	WFU & Stored	Orlando Int'l, FL	
1688	22474	259(Adv)	N203AV	(Falcon Air Express)	Stored	Tucson, AZ	
1689	22439	225(Adv)(F)	N808EA	(Capital Cargo International Airlines)	Stored	Tucson, AZ	
1690	22475	259(Adv)	CP-2429	-	Written Off	Trinidad, Bolivia	
1691	22394	2H9(Adv)	YU-AKJ	JAT Yugoslav Airlines	WFU & Stored	Belgrade, Serbia	
1692	22440	225(Adv)(F)	N748DH	(Astar Air Cargo / DHL)	Stored	Cincinnati, OH	
1693	21952	2M7(Adv)(F)	PR-MTJ	TAF Linhas Aereas	Active	Fortaleza, Brazil	
1694	21601	2A1(Adv)(F)	N286SC	Capital Cargo International Airlines	Active	Orlando Int'l, FL	
1695	22441	225(Adv)(F)	N936PG	(Kitty Hawk Aircargo)	WFU & Stored	Roswell, NM	
1696	22411	264(Adv)	CP-2424	(AeroSur)	Stored	Santa Cruz, Bolivia	
1697	22252	224(Adv)(F)	N746DH	(Astar Air Cargo / DHL)	Active	Kingman, AZ	
1698	22425	2Q4(Adv)(F)	PP-SFG	(VASPEX)	Stored	Sao Paulo Congonhas, Brazil	
1699	22345	233(Adv)(F)	N278FE	FedEx Express	Active	Memphis, TN	
1700	22543	251(Adv)	4K-8888	SW Business Aviation	Active	Baku, Azerbaijan	
1701	22269	2D3(Adv)	YV-1056C	Santa Bárbara Airlines	Active	Maracaibo, Venezuela	
1702	22253	224(Adv)(F)	N747DH	(Astar Air Cargo / DHL)	Stored	Cincinnati, OH	
1703	22544	251(Adv)	N204US	(Northwest Airlines)	WFU & Stored	Maxton, NC	
1704	22346	233(Adv)(F)	N279FE	FedEx Express	Active	Memphis, TN	
1705	22391	232(Adv)	N542DA	(Delta Air Lines)	WFU & Stored	Victorville, CA	
1706	22091	227(Adv)	N779AT	(American Trans Air (ATA))	WFU & Stored	Roswell, NM	
1707	22392	232(Adv)	N543DA	(Delta Air Lines)	WFU & Stored	Mena, AR	
1708	22347	233(Adv)(F)	N280FE	FedEx Express	Active	Memphis, TN	
1709	22270	2D3(Adv)	YV-844C	(Servivensa)	Active	Caracas, Venezuela	
1710	22287	228(Adv)	5A-DMN	(Buraq Air)	Stored	Tripoli, Libya	
1711	22374	2D6(Adv)	5A-DKV	Air Libya Tibesti	Active	Tripoli, Libya	
1712	22288	228(Adv)	YA-FAZ	-	Written Off	Nr Charasyab, Afghanistan	
1713	22271	2D3(Adv)	JY-AFW	-	Written Off	Beirut, Lebanon	
1714	22348	233(Adv)(F)	N281FE	FedEx Express	Active	Memphis, TN	
1715	22430	282(Adv)	XT-BFA	Government of Burkina Faso	Active	Ouagadougou, Burkina Faso	
1716	22361	269(Adv)	YK-AGE	Syrianair - Syrian Arab Airlines	Active	Damascus, Syria	

Boeing 727-200 — Out Of Production List: Western Jet Airliners

l/n	c/n	Model	Registration	Owner/Operator	Status	Location	Notes
1717	22162	2B7(Adv)(F)	N762AT	(Astar Air Cargo / DHL)	Stored	Cincinnati, OH	
1718	22092	227(Adv)	N275AF	(Sun Country Airlines)	WFU & Stored	Marana, AZ	
1719	22289	228(Adv)	YA-FAY	Ariana Afghan Airlines	Active	Kabul, Afghanistan	
1720	22412	264(Adv)	3507	Mexican Air Force	Active	Mexico City	
1721	22490	2S7(Adv)	N683CA	(Champion Air)	Stored	Opa Locka, FL	
1722	22349	233(Adv)(F)	N282FE	FedEx Express	Active	Memphis, TN	
1723	22375	2D6(Adv)	7T-VEW	(Air Algérie)	Stored	Algiers, Algeria	
1724	22290	228(Adv)	N191RD	(Dodson Aviation)	Stored	Mena, AR	
1725	22166	243(Adv)(F)	PP-VQV	VARIG Log	Active	San Jose Dos Campos, Brazil	
1726	22491	2S7(Adv)	N684CA	-	Scrapped	Roswell, NM	
1727	22608	2X3(Adv)(F)	HK-4354	Lineas Aéreas Suramericanas	Active	Bogota, Colombia	
1728	22413	264(Adv)	XC-FPA	Mexican Federal Police	Active	Mexico City	
1729	22492	2S7(Adv)	N685CA	(Champion Air)	Stored	Cochabamba, Bolivia	
1730	22532	247(Adv)	N295WA	-	Scrapped	Victorville, CA	
1731	22609	2X3(Adv)(F)	HK-4401	Lineas Aéreas Suramericanas	Active	Bogota, Colombia	
1732	22603	287(Adv)	HC-BVT	(Ecuatoriana)	WFU & Stored	Tucson, AZ	
1733	22574	2J4(Adv)	N696CA	Paxair	Active	Chicago O'Hare, IL	
1734	22548	225(Adv)(F)	C-FMES	Morningstar Air Express	Active	Calgary, Canada	
1735	22163	2B7(Adv)	N923PG	-	Scrapped	Cancun, Mexico	
1736	22533	247(Adv)	N296WA	(Delta Air Lines)	WFU & Stored	Victorville, CA	
1737	22549	225(Adv)(F)	9M-TGM	Transmile Air Services	Active	Kuala Lumpur Subang, Malaysia	
1738	22534	247(Adv)	5N-OTI	(Allied Air Cargo)	WFU & Stored	Lagos, Nigeria	
1739	22550	225(Adv)(F)	N462FE	FedEx Express	Active	Memphis, TN	
1740	22448	224(Adv)	N79745	(Planet Airways)	Stored	Ft. Lauderdale, FL	
1741	22493	232(Adv)	N544DA	(Delta Air Lines)	WFU & Stored	Victorville, CA	
1742	22459	223(Adv)(F)	N701NE	-	Written Off	Pohnpei, Micronesia	
1743	22164	2B7(Adv)	N907PG	(Allegro Air)	WFU & Stored	Cochabamba, Bolivia	
1744	22551	225(Adv)(F)	N463FE	FedEx Express	Active	Memphis, TN	
1745	22350	233(Adv)(F)	N283FE	FedEx Express	Active	Memphis, TN	
1746	22460	223(Adv)	C-GCJY	CargoJet Airways	Active	Hamilton, ONT, Canada	
1747	22476	259(Adv)(F)	HP-	Servientrega	Active	Bogota, Colombia	
1748	22414	264(Adv)	XA-MEM	-	Written Off	Maravatio, Mexico	
1749	22494	232(Adv)	9Q-CHD	(Hewa Bora Airways)	Stored	Kinshasa, Congo	
1750	22461	223(Adv)	N703AA	(American Airlines)	Stored	Tucson, AZ	
1751	22462	223(Adv)	N705AA	Asia Pacific Airlines	Active	Guam	
1752	22167	243(Adv)(F)	PT-MTT	Total Linhas Aéreas	Active	Belo Horizonte, Brazil	
1753	22641	277(Adv)(F)	VH-VLI	JetEx - National Jet Express	Active	Melbourne, Australia	
1754	22676	264(Adv)	XC-OPF	Mexican Federal Police	Active	Mexico City	
1755	22463	223(Adv)	CP-2463	AeroSur	Active	Santa Cruz, Bolivia	
1756	22449	224(Adv)	CP-2499	Aerolineas Sudamericanas	Active	Santa Cruz, Bolivia	
1757	22661	264(Adv)	3505	Mexican Air Force	Active	Mexico City	
1758	22464	223(Adv)	CP-2464	(Lloyd Aéreo Boliviano (LAB))	Stored	Cochabamba, Bolivia	
1759	22642	277(Adv)(F)	VH-VLH	OzJet Airlines	Active	Cairns, Australia	
1760	22450	224(Adv)(F)	N79748	(Kitty Hawk Aircargo)	WFU & Stored	Roswell, NM	
1761	22465	223(Adv)	N708AA	Capital Cargo International Airlines	Active	Ft. Lauderdale, FL	
1762	22643	277(Adv)(F)	HZ-SNF	SNAS Aviation (DHL)	Active	Riyadh, Saudi Arabia	
1763	22466	223(Adv)(F)	N752DH	(Astar Air Cargo / DHL)	Stored	Kingman, AZ	
1764	22535	221(Adv)	N363PA	(Pan Am Clipper Connection (Boston-Maine Airways))	Stored	Orlando Sanford, FL	

l/n	c/n	Model	Registration	Owner/Operator	Status	Location	Notes
1765	22467	223(Adv)	N289MT	Raytheon Aircraft	Active	Los Angeles LAX, CA	
1766	22468	223(Adv)(F)	N753DH	(Astar Air Cargo / DHL)	Stored	Cincinnati, OH	
1767	22451	224(Adv)	N79749	Aeropostal - Alas de Venezuela	Active	Caracas, Venezuela	
1768	22644	277(Adv)(F)	ZS-DPF	-	Written Off	Lagos, Nigeria	
1769	22469	223(Adv)(F)	N713AA	Capital Cargo International Airlines	Active	Ft. Lauderdale, FL	
1770	22168	243(Adv)(F)	VT-LCI	-	Written Off	Nr Kathmandu, Nepal	
1771	22470	223(Adv)(F)	N715AA	Capital Cargo International Airlines	Active	Orlando Intl, FL	
1772	22452	224(Adv)	N79750	(Falcon Air Express)	Stored	Tucson, AZ	
1773	22552	225(Adv)(F)	N815EA	Capital Cargo International Airlines	Active	Orlando Intl, FL	
1774	22536	221(Adv)	N727FV	(Allegro Air)	Stored	Marana, AZ	
1775	22553	225(Adv)	N675MG	(Champion Air)	WFU & Stored	Minneapolis, MN	
1776	22662	264(Adv)	3506	Mexican Air Force	Active	Mexico City	
1777	22604	287(Adv)	N919PG	(Transmeridian Airlines)	Stored	Tucson, AZ	
1778	22603	264(Adv)	XC-NPF	Mexican Federal Police	Active	Mexico City	
1779	22537	221(Adv)	N728FV	(Allegro Air)	Stored	Marana, AZ	
1780	22664	264(Adv)	XC-MPF	Mexican Federal Police	Active	Mexico City	
1781	22554	225(Adv)	N676MG	(Champion Air)	WFU & Stored	Minneapolis, MN	
1782	22538	221(Adv)	N366PA	-	Scrapped	Miami, FL	
1783	22555	225(Adv)	N678MG	(Champion Air)	WFU & Stored	Minneapolis, MN	
1784	22687	2X8(Adv)	N727LL	Talos Aviation	Active	?	
1785	22677	232(Adv)	9Q-CRH	Hewa Bora Airways (HBA)	Active	Kinshasa, Congo	
1786	22665	2H9(Adv)	YU-AKK	-	Scrapped	Belgrade, Serbia	
1787	22605	287(Adv)	CP-2323	-	Scrapped	Buenos Aires EZE, Argentina	
1788	22763	269(Adv)	YK-AGF	Syrianair - Syrian Arab Airlines	Active	Damascus, Syria	
1789	22759	260(Adv)(F)	C-FCJU	CargoJet Airways	Active	Toronto Pearson, ONT, Canada	
1790	22666	2H9(Adv)	YU-AKL	Savannah Airlines	Active	?	
1791	22621	233(Adv)(F)	N284FE	FedEx Express	Active	Memphis, TN	
1792	22622	233(Adv)(F)	N285FE	FedEx Express	Active	Memphis, TN	
1793	22556	225(Adv)	N819EA	-	Written Off	Mt Illimani, Bolivia	
1794	22539	221(Adv)	N367PA	(Pan Am Clipper Connection (Boston-Maine Airways))	Stored	Orlando Sanford, FL	
1795	22557	225(Adv)	N679MG	-	Scrapped	Minneapolis, MN	
1796	22540	221(Adv)(F)	5N-BJN	Allied Air Cargo	Active	Lagos, Nigeria	
1797	22541	221(Adv)	N727M	Nomads	Active	Detroit Metro, MI	
1798	22558	225(Adv)	5N-BDG	Chanchangi Airlines	Active	Kaduna, Nigeria	
1799	22542	221(Adv)	YA-FAT	Ariana Afghan Airlines	Active	Kabul, Afghanistan	
1800	22559	225(Adv)	5N-BEU	(Chanchangi Airlines)	Stored	Lagos, Nigeria	
1801	22765	2D6(Adv)	5A-DKX	Air Libya Tibesti	Active	Tripoli, Libya	
1802	22982	264(Adv)(F)	N751DH	(Astar Air Cargo / DHL)	Stored	Cincinnati, OH	
1803	22623	233(Adv)(F)	N286FE	FedEx Express	Active	Memphis, TN	
1804	22992	2F2(Adv)(F)	N722LA	(Logistic Air)	Stored	Ras Al Khaimah, UAE	
1805	22825	2N6(Adv)	ZS-PVX	Paramount Logistics	Active	Lanseria, South Africa	
1806	22983	264(Adv)	N763AT	Astar Air Cargo / DHL	Active	Cincinnati, OH	
1807	22770	2K3(Adv)	N291SC	(Sun Country Airlines)	Fuselage Remains	Smyrna, TN	
1808	22993	2F2(Adv)(F)	9M-TGA	Air Macau	Active	Macau	
1809	22263	270(Adv)	YI-AGS	(Iraqi Airways)	WFU & Stored	Baghdad, Iraq	
1810	22998	2F2(Adv)(F)	9M-TGB	Transmile Air Services	Active	Kuala Lumpur Subang, Malaysia	
1811	22999	2F2(Adv)	TC-IYA	(Top Air)	Stored	Pietersburg, South Africa	
1812	22606	287(Adv)	CP-2455	(AeroSur)	Stored	Cochabamba, Bolivia	

l/n	c/n	Model	Registration	Owner/Operator	Status	Location	Notes
1813	22984	264(Adv)	N764AT	Astar Air Cargo / DHL	Active	Cincinnati, OH	
1814	22702	243(Adv)	YA-GAD	KAM Air	Active	Kabul, Afghanistan	
1815	22968	2Y4(Adv)	VP-CML	Government of Afghanistan	Active	Kabul, Afghanistan	
1816	23014	264(Adv)	N765AT	Astar Air Cargo / DHL	Active	Cincinnati, OH	
1817	23052	270(Adv)	N697CA	(Champion Air)	Stored	Opa Locka, FL	
1818	22924	2S2F(Adv)	9Q-	Service Air	Active	Kinshasa, Congo Kinshasa	
1819	22925	2S2F(Adv)	N203FE	FedEx Express	Active	Memphis, TN	
1820	22926	2S2F(Adv)	N204FE	FedEx Express	Active	Memphis, TN	
1821	22927	2S2F(Adv)	N129FB	(FedEx Express)	Stored	Brownsville, TX	
1822	22928	2S2F(Adv)	N131FB	?	Stored	Bogota, Colombia	
1823	22929	2S2F(Adv)	N207FE	FedEx Express	Active	Memphis, TN	
1824	22930	2S2F(Adv)	9Q-	Service Air	Active	Kinshasa, Congo Kinshasa	
1825	22931	2S2F(Adv)	9Q-	Service Air	Active	Kinshasa, Congo Kinshasa	
1826	22932	2S2(Adv)(F)	9Q-	Ban Air Cargo	Active	Kinshasa, Congo Kinshasa	
1827	22933	2S2F(Adv)	N211FE	FedEx Express	Active	Memphis, TN	
1828	22934	2S2(Adv)(F)	9Q-	Service Air	Active	Kinshasa, Congo Kinshasa	
1829	22935	2S2F(Adv)	N213FE	FedEx Express	Active	Memphis, TN	
1830	22936	2S2F(Adv)	N215FE	FedEx Express	Active	Memphis, TN	
1831	22937	2S2F(Adv)	N216FE	FedEx Express	Active	Memphis, TN	
1832	22938	2S2F(Adv)	N217FE	FedEx Express	Active	Memphis, TN	

Cross Reference

Registration	l/n	c/n	Registration	l/n	c/n	Registration	l/n	c/n	Registration	l/n	c/n
3505	1757	22661	5N-KBY	836	20442	9M-TGN	1537	21856	C-GAAF	1103	20937
3506	1776	22662	5N-LLL	930	20654	9M-TOM	975	20710	C-GAAG	1105	20938
3507	1720	22412	5N-MML	1092	20906	9Q-	1824	22930	C-GAAH	1112	20939
14301	1146	21080	5N-MMM	938	20656	9Q-	1825	22931	C-GAAI	1120	20940
14302	1142	21040	5N-NEC	922	20673	9Q-	1828	22934	C-GAAJ	1128	20941
74301	1146	21080	5N-OTI	1738	22534	9Q-CAA	1580	21986	C-GAAK	1130	20942
74302	1142	21040	5N-PAL	942	20679	9Q-CBP	1271	21320	C-GAAL	1148	21100
3D-AAK	1263	21089	5N-PAX	931	20678	9Q-CHD	1749	22494	C-GAAM	1150	21101
3D-ABL	912	20600	5N-QQQ	978	20658	9Q-CHE	1298	21310	C-GAAN	1152	21102
3D-ABQ	1514	21742	5N-RIR	1121	20984	9Q-CHG	1488	21586	C-GAAO	1468	21624
3D-ALB	912	20600	5N-RKY	1117	21055	9Q-CHS	528	19558	C-GAAP	1470	21625
3D-AVC	1169	21155	5N-SSS	767	20147	9Q-CRH	1785	22677	C-GAAQ	1472	21626
3D-BBQ	1491	21741	5N-TTK	827	20432	9Q-CRS	573	19687	C-GAAR	1523	21671
3D-BOB	1210	21235	5N-TTT	807	20463	9Q-CWA	998	20775	C-GAAS	1538	21672
3D-FAK	1276	21370	5T-CLP	1561	22044	9Q-CWD	576	19562	C-GAAT	1541	21673
3D-ITC	1222	21260	5V-SBB	1635	22165	9V-SGA	1282	21347	C-GAAU	1543	21674
3D-JAB	1252	21318	5V-TPA	1635	22165	9V-SGB	1287	21348	C-GAAV	1555	21675
3D-JJM	713	20053	5V-TPB	603	19565	9V-SGC	1289	21349	C-GAAW	1578	22035
3D-JOY	1267	21090	5V-TPC	648	19970	9V-SGD	1327	21458	C-GAAX	1596	22036
3D-PAI	1271	21320	5X-TON	1796	22540	9V-SGE	1329	21459	C-GAAY	1600	22037
3D-SGH	1151	20666	5Y-AXB	603	19565	9V-SGF	1340	21460	C-GAAZ	1612	22038
3X-COM	1123	20985	5Y-AXD	1635	22165	9V-SGG	1502	21945	C-GACC	1030	20550
3X-GDM	1263	21089	5Y-AXE	1382	21611	9V-SGH	1504	21946	C-GACG	1746	22460
3X-GDO	1276	21370	6O-SCG	1715	22430	9V-SGI	1506	21947	C-GACU	775	20152
4K-8888	1700	22543	6V-AEF	1134	21091	9V-SGJ	1510	21948	C-GBZB	1523	21671
4K-AZ1	531	19460	6Y-JMA	1158	21105	9V-WGA	1504	21946	C-GCJB	1535	21855
4K-AZ2	538	19461	6Y-JMB	1160	21106	A6-EMA	1680	21951	C-GCJD	1586	21988
4K-AZ8	870	20525	6Y-JMC	1172	21107	A6-EMB	1802	22982	C-GCJN	1310	21451
4K-AZ9	1700	22543	6Y-JMD	1174	21108	A6-EMC	1553	21852	C-GCJQ	1682	22437
4R-SEM	661	19494	6Y-JMG	1596	22036	A6-HHM	1802	22982	C-GCJY	1746	22460
4W-ACF	1518	21844	6Y-JMH	1078	20936	A6-HRR	1680	21951	C-GCJZ	1532	21854
4W-ACG	1529	21845	6Y-JML	1083	20978	A6-RCA	1634	21920	C-GCPA	1117	21055
4W-ACH	1549	21846	6Y-JMM	1158	21105	A6-RCB	1616	21917	C-GCPB	1122	21056
4W-ACI	1557	21847	6Y-JMN	1160	21106	A6-RSA	1604	22046	C-GDSJ	1475	21525
4W-ACJ	1512	21842	6Y-JMO	1172	21107	A6-SAA	1559	22043	C-GGKF	1467	21523
5A-DAH	650	20244	6Y-JMP	1076	20935	A7-AAB	1406	21595	C-GHSI	719	20055
5A-DAI	663	20245	6Y-JMP	1174	21108	A7-ABC	1680	21951	C-GIKF	982	20772
5A-DIA	1108	21050	6Y-JMQ	1708	22347	A7-ABD	1802	22982	C-GJKF	1106	21042
5A-DIB	1109	21051	7O-ACV	1518	21844	A7-ABE	1561	22044	C-GKFH	779	20153
5A-DIC	1110	21052	7O-ACW	1529	21845	A7-ABG	1559	22043	C-GKKF	1113	21043
5A-DID	1213	21229	7O-ACX	1549	21846	A9C-BA	1595	21824	C-GLCJ	1540	21971
5A-DIE	1215	21230	7O-ACY	1557	21847	AP-URJ	985	20660	C-GLKF	1167	21118
5A-DIF	1257	21332	7O-ADA	1512	21842	C5-ABM	1501	21781	C-GLSJ	977	20738
5A-DIG	1259	21333	7P-LAA	1169	21155	C5-ADA	648	19970	C-GMKF	1175	21119
5A-DIH	1371	21539	7T-VEA	850	20472	C5-DMB	847	20411	C-GMSJ	1227	21266
5A-DII	1386	21540	7T-VEB	855	20473	C5-DSZ	853	20470	C-GMSX	1541	21673
5A-DKV	1711	22374	7T-VEH	1075	20955	C5-GAL	1559	22043	C-GNKF	1031	20839
5A-DKX	1801	22765	7T-VEI	1111	21053	C5-SBM	1369	21609	C-GOKF	715	20162
5A-DMN	1710	22287	7T-VEM	1204	21210	C5-SMM	665	19973	C-GQKF	1226	21265
5A-DMO	1088	20983	7T-VEP	1233	21284	CC-CPV	1668	22433	C-GRMU	1117	21055
5A-DMP	1086	20981	7T-VET	1662	22372	CC-CSK	1469	21690	C-GRYC	1117	21055
5H-ARS	573	19687	7T-VEU	1664	22373	CC-CSW	1452	21655	C-GRYO	975	20710
5N-	947	20627	7T-VEV	1711	22374	CC-CTW	1554	21861	C-GRYP	993	20766
5N-	1679	21600	7T-VEW	1723	22375	C-FACA	1568	22052	C-GRYQ	1733	22574
5N-AGY	1805	22825	7T-VEX	1801	22765	C-FACJ	1534	21979	C-GRYZ	1030	20550
5N-AKR	1250	21087	83-4618	1504	21946	C-FACK	1122	21056	C-GTKF	1435	21580
5N-AMM	916	20604	9K-AFA	1652	22359	C-FACM	1789	22759	C-GUJC	1534	21979
5N-ANP	1285	21426	9K-AFB	1670	22360	C-FACN	1796	22540	C-GWKF	1231	21270
5N-ANQ	1291	21427	9K-AFC	1716	22361	C-FACR	1117	21055	C-GXFA	1105	20938
5N-BBF	693	20049	9K-AFD	1788	22763	C-FACW	1274	21366	C-GXKF	1438	21663
5N-BBG	718	20054	9L-LBW	1132	21044	C-FCJF	1653	22011	C-GYFA	1209	21234
5N-BBH	694	20050	9L-LCS	910	20598	C-FCJI	1674	22435	C-GYKF	1054	20551
5N-BCF	1452	21655	9L-LCU	1010	20818	C-FCJP	1655	22012	C-GYNA	1614	22039
5N-BCY	538	19461	9L-LDM	1171	21179	C-FCJU	1789	22759	C-GYNB	1626	22040
5N-BDE	1675	21346	9L-LDV	1382	21611	C-FIFA	823	20381	C-GYNC	1628	22041
5N-BDF	1302	21457	9L-LEF	1341	21482	C-FLHJ	1316	21455	C-GYND	1630	22042
5N-BDG	1798	22558	9L-LEG	1202	21245	C-FLHR	1473	21524	C-GYNE	1699	22345
5N-BEC	1080	20975	9L-LEL	1350	21483	C-FMEA	1254	21329	C-GYNF	1704	22346
5N-BEG	914	20602	9L-LEN	912	20600	C-FMEE	1260	21330	C-GYNG	1708	22347
5N-BEU	1800	22559	9L-LEO	1362	21484	C-FMEI	1249	21327	C-GYNH	1714	22348
5N-BFY	1799	22542	9L-LFD	1202	21245	C-FMES	1734	22548	C-GYNI	1722	22349
5N-BGQ	1316	21455	9L-LFV	912	20600	C-FMEY	1251	21328	C-GYNJ	1745	22350
5N-BHV	1261	21364	9M-PGA	1808	22993	C-FMKF	1467	21523	C-GYNK	1791	22621
5N-BJN	1796	22540	9M-TGA	1808	22993	C-FPKF	1473	21524	C-GYNL	1792	22622
5N-BJX	1568	22052	9M-TGB	1810	22998	C-FRYS	1289	21349	C-GYNM	1803	22623
5N-CMB	1002	20757	9M-TGE	1471	21697	C-FUAC	1655	22012	CN-CCF	808	20304
5N-EDE	662	19972	9M-TGF	1474	21698	C-FUFA	1128	20941	CN-CCG	848	20471
5N-FGN	1805	22825	9M-TGG	1485	21699	C-GAAA	1069	20932	CN-CCH	944	20642
5N-GBA	932	20677	9M-TGH	1493	21701	C-GAAB	1071	20933	CN-CCW	1107	21068
5N-IMM	915	20603	9M-TGJ	1489	21700	C-GAAC	1074	20934	CN-RMO	1236	21297
5N-JNR	1122	21056	9M-TGK	1305	21392	C-GAAD	1076	20935	CN-RMP	1246	21298
5N-KBX	839	20444	9M-TGM	1737	22549	C-GAAE	1078	20936	CN-RMQ	1247	21299

Boeing 727-200

Registration	l/n	c/n	Registration	l/n	c/n	Registration	l/n	c/n	Registration	l/n	c/n
CN-RMR	1633	22377	EC-CBC	909	20597	FAC1247	793	20303	HK-2151	1320	21343
CP-	1528	21904	EC-CBD	910	20598	FAE-642	1431	21622	HK-2151X	1320	21343
CP-1276	1124	21082	EC-CBE	911	20599	F-BOJA	541	19543	HK-2152X	1322	21344
CP-1366	1373	21494	EC-CBF	912	20600	F-BOJB	562	19544	HK-3421X	827	20432
CP-1367	1403	21495	EC-CBG	913	20601	F-BOJC	564	19545	HK-3480	952	20739
CP-2294	1588	22079	EC-CBH	914	20602	F-BOJD	572	19546	HK-3480X	952	20739
CP-2323	1787	22605	EC-CBI	915	20603	F-BOJE	682	19861	HK-3605X	842	20434
CP-2324	1591	21823	EC-CBJ	916	20604	F-BOJF	685	19862	HK-3606X	838	20433
CP-2365	1782	22538	EC-CBK	921	20605	F-BRJG	691	19863	HK-3618X	1814	22702
CP-2385	1799	22542	EC-CBL	937	20606	F-BRJH	696	19864	HK-3738X	1573	21997
CP-2422	1416	21617	EC-CBM	943	20607	F-BRJI	703	19865	HK-3834X	1789	22759
CP-2423	1457	21638	EC-CFA	1003	20811	F-BRJJ	704	20075	HK-3871X	665	19973
CP-2424	1696	22411	EC-CFB	1004	20812	F-BRJK	774	20202	HK-3872X	793	20303
CP-2427	1743	22164	EC-CFC	1005	20813	F-BRJL	776	20203	HK-3977X	907	20548
CP-2428	1339	21502	EC-CFD	1006	20814	F-BRJM	778	20204	HK-3985X	814	20465
CP-2429	1690	22475	EC-CFE	1007	20815	F-BRJN	845	20409	HK-3998X	903	20620
CP-2431	1607	22156	EC-CFF	1008	20816	F-BRJO	846	20410	HK-4010X	1228	21267
CP-2447	1676	22409	EC-CFG	1009	20817	F-BRJP	847	20411	HK-4047X	1327	21458
CP-2455	1359	21510	EC-CFH	1010	20818	F-BRJQ	853	20470	HK-4261X	1170	21156
CP-2455	1812	22606	EC-CFI	1018	20819	F-BRJR	872	20538	HK-4262X	1291	21427
CP-2462	1642	22158	EC-CFJ	1019	20820	F-BRJS	873	20539	HK-4354	1727	22608
CP-2463	1755	22463	EC-CFK	1035	20821	F-BRJU	488	19683	HK-4354X	1727	22608
CP-2464	1758	22464	EC-CID	1077	20974	F-BRJV	503	19684	HK-4401	1731	22609
CP-2499	1756	22449	EC-CIE	1080	20975	F-GCDA	1594	22081	HK-4401X	1731	22609
CS-TBR	1096	20972	EC-DCC	1369	21609	F-GCDB	1603	22082	HK-4465X	681	19915
CS-TBS	1099	20973	EC-DCD	1380	21610	F-GCDC	1605	22083	HK-4504	1174	21108
CS-TBW	1494	21949	EC-DCE	1382	21611	F-GCDD	1638	22084	HL7348	787	20435
CS-TBX	1579	21950	EC-DDU	1487	21777	F-GCDE	1665	22085	HL7349	849	20468
CS-TBY	1715	22430	EC-DDV	1490	21778	F-GCDF	1710	22287	HL7350	852	20469
CS-TCH	1067	20866	EC-DDX	1498	21779	F-GCDG	1712	22288	HL7351	881	20572
CS-TCI	1068	20867	EC-DDY	1499	21780	F-GCDH	1719	22289	HL7352	888	20573
CS-TCJ	1095	21018	EC-DDZ	1501	21781	F-GCDI	1724	22290	HL7353	969	20728
CS-TKA	984	20765	EC-GCI	910	20598	F-GCGQ	892	20609	HL7354	1316	21455
CS-TKB	960	20764	EC-GCJ	914	20602	F-GCMV	1727	22608	HL7355	865	20466
CU0003	1504	21946	EC-GCK	915	20603	F-GCMX	1731	22609	HL7356	1318	21456
D2-FAS	983	20773	EC-GCL	916	20604	F-GGGR	996	20822	HL7357	1378	21474
D-ABCI	830	20430	EC-GCM	937	20606	F-GKDY	1685	22438	HL7367	884	20571
D-ABDI	851	20431	EC-GKL	1551	21851	F-GKDZ	1695	22441	HL7386	958	20725
D-ABFI	870	20525	EC-GSX	885	20594	F-GTCB	1551	21851	HP-1310DAE	1047	20894
D-ABGI	871	20526	EC-GSY	909	20597	F-OHOA	1605	22083	HP-1510DAE	950	20709
D-ABHI	887	20560	EC-GSZ	911	20599	F-WKPZ	1586	21988	HP-1585PVI	1072	20662
D-ABKA	1046	20899	EC-GTA	921	20605	F-WQCK	1727	22608	HP-1610DAE	986	20780
D-ABKB	1050	20900	EC-HAH	1199	21084	G-BHNE	1417	21676	HP-1653CTH	1481	21695
D-ABKC	1058	20901	EC-HBH	1064	20661	G-BHNF	1301	21438	HP-1710DAE	1683	22424
D-ABKD	1059	20902	EC-HBR	1072	20662	G-BHVT	1289	21349	HS-PTA	1216	21246
D-ABKE	1089	20903	EC-HHU	1768	22644	G-BKAG	1117	21055	HS-PTB	844	20448
D-ABKF	1090	20904	EC-HIG	1753	22641	G-BKNG	1122	21056	HS-SCH	1489	21700
D-ABKG	1091	20905	EC-HJV	1049	20895	G-BMLP	975	20710	HS-SCJ	1305	21392
D-ABKH	1092	20906	EC-HLP	1051	20896	G-BNNI	1081	20950	HS-YSH	710	20185
D-ABKI	922	20673	EC-IDQ	593	19489	G-BOKV	952	20739	HZ-AB3	1657	22362
D-ABKJ	1093	20918	EC-IFC	1762	22643	G-BPND	1082	21021	HZ-DA5	1340	21460
D-ABKK	1176	21113	EC-IMY	1241	21293	G-BPNS	1030	20550	HZ-HR1	1640	21853
D-ABKL	1178	21114	EC-IVE	1190	20994	G-BPNY	924	20675	HZ-HR3	1815	22968
D-ABKM	1326	21442	EC-IVF	1091	20905	G-NROA	1122	21056	HZ-RH3	1815	22968
D-ABKN	1404	21618	EC-JHC	1407	21619	G-OKJN	1314	21453	HZ-SKI	1340	21460
D-ABKP	1407	21619	EC-JHU	1326	21442	G-OPMN	1409	21578	HZ-SNA	1051	20896
D-ABKQ	1419	21620	EI-BRD	889	20580	H4-PAE	1316	21455	HZ-SNB	1199	21084
D-ABKR	1425	21621	EI-BRF	975	20710	HC-BHM	1644	22078	HZ-SNC	1091	20905
D-ABKS	1431	21622	EI-BVO	823	20381	HC-BRG	1099	20973	HZ-SND	1190	20994
D-ABKT	1433	21623	EI-EWW	1230	21269	HC-BRI	887	20560	HZ-SNE	1407	21619
D-ABLI	923	20674	EI-HCA	825	20382	HC-BSC	1011	20788	HZ-SNF	1762	22643
D-ABMI	924	20675	EI-HCB	652	19492	HC-BSU	1431	21622	I-DIRA	1225	21264
D-ABPI	925	20676	EI-HCC	545	19480	HC-BVM	1339	21502	I-DIRB	1229	21268
D-ABQI	932	20677	EI-HCD	710	20185	HC-BVT	1732	22603	I-DIRC	1230	21269
D-ABQI	1002	20757	EI-HCI	705	20183	HC-BVU	1265	21322	I-DIRD	1394	21661
D-ABRI	1011	20788	EI-LCH	865	20466	HC-BVY	1391	21505	I-DIRF	1421	21662
D-ABSI	1015	20789	EI-PAK	1202	21245	HC-BXU	1427	21689	I-DIRG	1438	21663
D-ABTI	1021	20790	EI-SKY	884	20571	HC-BZR	1404	21618	I-DIRI	1226	21265
D-ABVI	1022	20791	EI-TNT	958	20725	HC-BZS	1419	21620	I-DIRJ	1231	21270
D-ABWI	1023	20792	EP-ASA	1594	22081	HC-CDJ	1216	21246	I-DIRL	1448	21664
D-AHLT	1551	21851	EP-ASB	1603	22082	HI-242	1129	21036	I-DIRM	1568	22052
D-AHLU	1553	21852	EP-ASC	1638	22084	HI-242CT	1129	21036	I-DIRN	1620	22053
D-AHLV	1640	21853	EP-ASD	1665	22085	HI-452	1082	21021	I-DIRO	1227	21266
DIA-001	1418	21563	EP-IRP	1048	20945	HI-606CA	762	20267	I-DIRP	1635	22165
EC-326	883	20593	EP-IRR	1052	20946	HI-612CA	789	20302	I-DIRQ	1725	22166
EC-327	937	20606	EP-IRS	1070	20947	HI-616CA	962	20726	I-DIRR	1752	22167
EC-327	943	20607	EP-IRT	1114	21078	HI-617CA	962	20726	I-DIRS	1770	22168
EC-CAI	882	20592	EP-IRU	1131	21079	HI-629CA	1695	22441	I-DIRT	1814	22702
EC-CAJ	883	20593	ET-AHK	1789	22759	HI-630CA	521	19991	I-DIRU	1228	21267
EC-CAK	885	20594	ET-AHL	1520	21978	HI-637CA	762	20267	J2-KBG	853	20470
EC-CBA	905	20595	ET-AHM	1534	21979	HI-656CA	648	19970	J2-KBH	847	20411
EC-CBB	908	20596	ET-AJU	1551	21851	HK-	1158	21105	JA8328	787	20435

Registration	l/n	c/n	Registration	l/n	c/n	Registration	l/n	c/n	Registration	l/n	c/n
JA8329	788	20436	N12411	1568	22052	N1786B	908	20596	N235FE	1254	21329
JA8330	849	20468	N1245K	1202	21245	N1787B	905	20595	N236FE	1260	21330
JA8331	852	20469	N1246E	1236	21297	N1787B	991	20553	N237FE	1266	21331
JA8332	865	20466	N1253E	1371	21539	N1787B	1021	20790	N240FE	1083	20978
JA8333	866	20467	N1261E	1386	21540	N1788B	874	20540	N240RC	1378	21474
JA8334	867	20509	N1269Y	1230	21269	N1788B	878	20568	N241FE	1098	20979
JA8335	868	20285	N1273E	1508	21930	N1788B	905	20595	N242FE	1237	21178
JA8336	875	20286	N1279E	1540	21971	N1788B	908	20596	N24343	1458	21630
JA8337	876	20510	N1280E	1637	21972	N1788B	909	20597	N243FE	1352	21480
JA8338	878	20568	N128NA	1033	20879	N1788B	910	20598	N244FE	1436	21647
JA8339	879	20569	N1293E	1644	22078	N1788B	911	20599	N245FE	1566	22016
JA8340	880	20570	N129FB	1821	22927	N1789B	912	20600	N246FE	1660	22068
JA8341	884	20571	N129NA	1037	20880	N1789B	915	20603	N24728	970	20657
JA8343	881	20572	N131FB	1822	22928	N1790B	873	20539	N251US	648	19970
JA8344	888	20573	N1355B	814	20465	N1790B	881	20572	N252RL	1318	21456
JA8345	954	20724	N13759	1132	21044	N1790B	913	20601	N252US	655	19971
JA8346	958	20725	N13780	918	20635	N1791B	882	20592	N253US	662	19972
JA8347	962	20726	N143AZ	1559	22043	N1796B	1642	22158	N254FE	1078	20936
JA8348	966	20727	N14416	1770	22168	N180AX	732	20041	N254US	665	19973
JA8349	969	20728	N14703	1227	21266	N18786	936	20641	N255US	667	19974
JA8350	1026	20876	N14760	1167	21118	N189CB	952	20739	N256US	674	19975
JA8351	1029	20877	N14788	944	20642	N191CB	996	20822	N25729	978	20658
JA8352	1034	20878	N14GA	1216	21246	N191RD	1724	22290	N257FE	1112	20939
JA8353	1316	21455	N154KH	1230	21269	N196AJ	1017	20838	N257US	683	19976
JA8354	1318	21456	N156KH	1079	20664	N198PC	1620	22053	N258FE	1120	20940
JA8355	1378	21474	N15774	1196	21242	N199AJ	1285	21426	N258US	690	19977
JU-1036	881	20572	N15781	919	20636	N200AV	1508	21930	N259US	692	19978
JU-1037	888	20573	N15790	959	20644	N200LR	1502	21945	N260US	697	19979
JY-ADR	1055	20885	N157KH	1343	21512	N201FE	1818	22924	N261US	706	19980
JY-ADU	1061	20886	N158KH	1365	21513	N201US	1645	22154	N262FE	1468	21624
JY-ADV	1082	21021	N159KH	1195	20997	N202AV	1531	21931	N262US	736	19981
JY-AFT	1641	22268	N15DF	975	20710	N202US	1648	22155	N263FE	1470	21625
JY-AFU	1701	22269	N1639	445	19444	N2034	1169	21155	N263US	737	19982
JY-AFV	1709	22270	N1640	455	19445	N203AV	1688	22474	N264FE	1472	21626
JY-AFW	1713	22271	N1641	471	19446	N203FE	1819	22925	N264US	741	19983
JY-HNH	1657	22362	N1642	477	19447	N203US	1700	22543	N265FE	1523	21671
JY-HS2	1100	21010	N1643	496	19448	N204AV	1690	22475	N265US	744	19984
JY-JAE	1549	21846	N1644	500	19449	N204FE	1820	22926	N266FE	1538	21672
LV-MCD	1302	21457	N1645	613	20139	N204US	1703	22544	N266US	745	19985
LV-MIM	1415	21688	N1646	638	20140	N205AV	1747	22476	N26729	1287	21348
LV-MIN	1427	21689	N1647	649	20141	N205FE	1821	22927	N267FE	1541	21673
LV-MIO	1469	21690	N1648	654	19994	N205US	811	20392	N267US	746	20289
LV-ODY	1591	21823	N1649	666	19995	N206FE	1822	22928	N268FE	1543	21674
LV-OLN	1732	22603	N1650	761	20248	N206US	813	20393	N268US	747	20290
LV-OLO	1777	22604	N1651	763	20249	N207FE	1823	22929	N269AJ	1170	21156
LV-OLP	1787	22605	N16758	1113	21043	N207UP	1485	21699	N269FE	1555	21675
LV-OLR	1812	22606	N16761	1175	21119	N207US	789	20302	N269US	753	20291
LV-VFJ	883	20593	N16762	1202	21245	N208FE	1824	22930	N270FE	1578	22035
LV-VFL	937	20606	N16784	927	20639	N208UP	1493	21701	N270PC	1752	22167
LV-VFM	943	20607	N169KT	1652	22359	N208US	793	20303	N270US	754	22292
LV-WDS	743	20169	N171G	1143	21071	N209FE	1825	22931	N271AF	1629	22003
LX-IRA	1594	22081	N17402	1226	21265	N209UP	1474	21698	N271FE	1596	22036
LX-IRB	1603	22082	N17406	1230	21269	N210FE	1826	22932	N271US	757	20293
LX-IRC	1638	22084	N17407	1231	21270	N210UP	1471	21697	N272AF	1631	22004
LX-IRD	1665	22085	N17410	1438	21663	N211DB	993	20766	N272FE	1600	22037
LX-MJM	1640	21853	N17413	1635	22165	N211FE	1827	22933	N272US	759	20294
LX-MMM	1640	21853	N17418	1535	21855	N211UP	1489	21700	N273AF	1651	22005
MT-1036	881	20572	N17773	1133	21045	N212FE	1828	22934	N273FE	1612	22038
MT-1037	888	20573	N17789	951	20643	N212UP	1305	21392	N273US	772	20295
MT-1054	787	20435	N1779B	870	20525	N2132M	1265	21322	N27417	1532	21854
N102RK	1320	21343	N1779B	906	20552	N213FE	1829	22935	N274AF	1706	22091
N103AZ	1222	21260	N1779B	960	20764	N213UP	1253	21341	N274CL	936	20641
N104HR	1475	21525	N1779B	1780	22664	N214F	1316	21455	N274FE	1614	22039
N10756	1106	21042	N1780B	827	20432	N214UP	1256	21342	N274US	777	20296
N10791	961	20645	N1780B	875	20286	N215FE	1830	22936	N274WC	907	20548
N109KM	1169	21155	N1780B	891	20608	N216AP	1679	21600	N275AF	1718	22092
N111AK	1100	21010	N1780B	1786	22665	N216FE	1831	22937	N275FE	1626	22040
N11651	763	20249	N1780B	1809	22263	N217FE	1832	22938	N275US	1168	21154
N117JB	1189	20993	N1781B	646	20243	N218FE	1150	21101	N275WC	989	20549
N118DF	1322	21344	N1781B	807	20463	N218TT	503	19684	N276FE	1628	22041
N119GA	1107	21068	N1781B	809	20464	N219FE	1152	21102	N276US	1169	21155
N12301	528	19558	N1781B	814	20465	N220FE	1074	20934	N276WC	1030	20550
N12302	550	19559	N1781B	849	20468	N22134	1089	20903	N27783	926	20638
N12302	550	19559	N1781B	852	20469	N221AL	1561	22044	N277FE	1630	22042
N12303	565	19560	N1781B	874	20540	N221FE	1069	20932	N277US	1170	21156
N12303	565	19560	N1782B	650	20244	N222FE	984	20765	N278FE	1699	22345
N12304	574	19561	N1782B	1787	22605	N222FE	1071	20933	N278US	1173	21157
N12305	576	19562	N1783B	663	20245	N223FE	993	20766	N279FE	1704	22346
N12306	587	19563	N1784B	654	19994	N223FE	1076	20935	N279US	1177	21158
N12307	601	19564	N1785B	666	19995	N227JL	1020	20875	N2801W	750	20263
N12308	603	19565	N1785B	830	20430	N233FE	1249	21327	N2802W	756	20264
N1235E	1231	21270	N1785B	1012	20753	N234FE	1251	21328	N2803W	758	20265

Registration	l/n	c/n	Registration	l/n	c/n	Registration	l/n	c/n	Registration	l/n	c/n
N2804W	760	20266	N294US	1391	21505	N360PA	925	20676	N418BN	957	20731
N2805W	762	20267	N294WA	1618	22112	N361CW	1824	22930	N418DA	1242	21271
N2806W	764	20268	N295AS	1623	22147	N361KP	947	20627	N419BN	963	20732
N2807W	886	20579	N295US	1392	21506	N361PA	939	20623	N419DA	1243	21272
N2808W	889	20580	N295WA	1730	22532	N361PA	1527	21849	N420BN	964	20733
N2809W	890	20581	N296AS	1329	21459	N362PA	1160	21106	N420DA	1244	21273
N280FE	1708	22347	N296SC	1756	22449	N362PA	1536	21850	N421BN	965	20734
N280US	1179	21159	N296US	1495	21788	N363PA	1764	22535	N421DA	1245	21274
N2810W	895	20648	N296WA	1736	22533	N364PA	1172	21107	N422BN	973	20735
N2811W	896	20649	N29730	979	20659	N364PA	1774	22536	N423BN	974	20736
N2812W	1024	20868	N297AS	1426	21608	N365PA	948	20628	N423BN	977	20738
N2813W	1025	20869	N297US	1496	21789	N365PA	1779	22537	N424BN	976	20737
N2814W	1032	20870	N297WA	1738	22534	N366PA	1782	22538	N425BN	977	20738
N2815W	1039	20871	N298AS	1285	21426	N367PA	1794	22539	N426BN	982	20772
N2816W	1040	20872	N298US	1599	22152	N368PA	1796	22540	N427BN	983	20773
N2817W	1043	20873	N299AJ	1291	21427	N369FA	1551	21851	N428BN	997	20774
N2818W	1057	20874	N299AS	1291	21427	N369PA	1579	21950	N429BN	998	20775
N2819W	1135	21057	N299US	1601	22153	N369PA	1797	22541	N430BN	1016	20837
N281FE	1714	22348	N302FV	1326	21442	N370PA	1799	22542	N431BN	1017	20838
N281KH	1158	21105	N303FV	1407	21619	N371PA	761	20248	N432BN	1031	20839
N281SC	1494	21949	N304AS	1651	22005	N372PA	763	20249	N433BN	1036	20840
N281US	1180	21160	N305AS	1706	22091	N373PA	931	20678	N433ZV	838	20433
N2820W	1136	21058	N306AS	1573	21997	N374PA	942	20679	N434BN	1104	21041
N2821W	1137	21059	N307AS	1583	22000	N375PS	1020	20875	N434ZV	842	20434
N2822W	1249	21327	N308AS	1627	22002	N376PA	743	20169	N435BN	1106	21042
N2823W	1251	21328	N309AS	1506	21947	N377PA	526	19992	N436BN	1113	21043
N2824W	1254	21329	N309FV	1064	20661	N378PA	811	20392	N437BN	1132	21044
N2825W	1260	21330	N30GA	844	20448	N379PA	789	20302	N438BN	1133	21045
N2826W	1266	21331	N310AS	1510	21948	N381KP	1409	21578	N439BN	1167	21118
N2827W	1305	21392	N310NE	726	20241	N384PA	793	20303	N440BN	1175	21119
N2828W	1307	21393	N311NE	684	19703	N384PS	798	20437	N441BN	1196	21242
N2829W	1338	21481	N312NE	755	20193	N385PA	813	20393	N442BN	1197	21243
N282FE	1722	22349	N313NE	680	19702	N386PA	665	19973	N44316	693	20049
N282SC	1798	22558	N314NE	664	19495	N388PA	683	19976	N443BN	1201	21244
N282US	1181	21161	N315NE	738	20190	N389PA	757	20293	N444BN	1202	21245
N282WA	1362	21484	N316NE	511	19475	N390PA	1046	20899	N445BN	1216	21246
N283FE	1745	22350	N317NE	1502	21945	N391PA	1050	20900	N446BN	1217	21247
N283SC	1800	22559	N3182B	433	19536	N392PA	1058	20901	N447BN	1218	21248
N283US	1265	21322	N319NE	1289	21349	N393PA	1059	20902	N448BN	1219	21249
N283WA	1364	21485	N31TR	1510	21948	N394PA	1090	20904	N449BN	1258	21363
N284FE	1791	22621	N3209Y	874	20540	N395AJ	1148	21100	N450BN	1261	21364
N284KH	1174	21108	N322AS	1261	21364	N397AJ	1727	22608	N451BN	1273	21365
N284SC	1301	21438	N323AS	1273	21365	N397PA	1093	20918	N4523N	1784	22687
N284US	1284	21323	N324AS	756	20264	N400DA	1157	21144	N452BN	1274	21366
N284WA	1471	21697	N325AS	762	20267	N40104	1134	21091	N452BN	917	20634
N285FE	1792	22622	N326AS	764	20268	N40115	1227	21266	N453BN	1281	21394
N285SC	1417	21676	N32716	800	20385	N40133	1230	21269	N453DA	918	20635
N285US	1286	21324	N32717	801	20386	N401BN	811	20392	N454BN	1283	21395
N286FE	1803	22623	N32718	804	20387	N401DA	1159	21145	N4554N	1802	22982
N286SC	1694	21601	N32719	805	20388	N402BN	813	20393	N4555E	1806	22983
N286US	1288	21325	N32721	807	20463	N402DA	1161	21146	N455BN	1337	21461
N286WA	1474	21698	N32722	809	20464	N403BN	816	20394	N455CC	1316	21455
N287FE	1527	21849	N32723	814	20465	N403DA	1162	21147	N455DA	920	20637
N287SC	1673	21345	N32724	930	20654	N404BN	789	20302	N456BN	1342	21462
N287US	1290	21375	N32725	934	20655	N404DA	1163	21148	N456DA	926	20638
N287WA	1485	21699	N327AS	1673	21345	N405BN	793	20303	N45793	968	20647
N288AS	1629	22003	N328AS	1694	21601	N406BN	521	19991	N457BN	1353	21463
N288FE	1536	21850	N328FV	1316	21455	N406DA	1165	21150	N457DA	927	20639
N288SC	984	20765	N329AS	1622	22295	N407BN	526	19992	N458BN	1355	21464
N288US	1293	21376	N334FV	1072	20662	N407DA	1166	21151	N458DA	935	20640
N288WA	1489	21700	N33785	935	20640	N408BN	549	19993	N459BN	1363	21465
N289AS	1631	22004	N342PA	1503	21893	N408DA	1182	21152	N459DA	936	20641
N289MT	1765	22467	N343PA	1505	21894	N409BN	715	20162	N460BN	1372	21466
N289SC	1690	22475	N34415	1752	22167	N409DA	1183	21153	N460DA	944	20642
N289US	1295	21377	N3459D	1027	20554	N410BN	891	20608	N461BN	1388	21488
N289WA	1493	21701	N346PA	1528	21904	N410BN	1335	21387	N461DA	951	20643
N290AS	1359	21510	N347PA	1507	21895	N410DA	1205	21222	N461FE	1734	22548
N290SC	960	20764	N348PA	1639	21921	N411BN	892	20609	N461RD	538	19461
N290US	1297	21378	N349PA	1515	21898	N411DA	1207	21223	N461S	1164	21149
N290WA	1587	22108	N351PA	897	20614	N412BN	893	20610	N462BN	1390	21489
N291AS	1439	21511	N352PA	899	20616	N412DA	1208	21232	N462DA	959	20644
N291SC	1807	22770	N353PA	933	20622	N413BN	894	20611	N462FE	1739	22550
N291US	1299	21379	N354PA	940	20624	N413DA	1211	21233	N463BN	1396	21490
N291WA	1589	22109	N355PA	941	20625	N414BN	928	20612	N463DA	961	20645
N292AS	1327	21458	N356PA	946	20626	N414DA	1212	21256	N463FE	1744	22551
N292US	1317	21503	N357KP	924	20675	N415BN	929	20613	N464BN	1402	21491
N292WA	1613	22110	N357PA	947	20627	N415DA	1214	21257	N464DA	967	20646
N293AS	1287	21348	N357PA	1511	21896	N416BN	955	20729	N464FE	1234	21288
N293US	1319	21504	N3588W	1828	22934	N416DA	1223	21258	N465BN	1440	21492
N293WA	1615	22111	N358PA	923	20674	N416JC	1826	22932	N465DA	968	20647
N294AS	1621	22146	N358PZ	1818	22924	N417BN	956	20730	N465FE	1235	21289
N294SC	1221	21202	N359PA	1015	20789	N417DA	1224	21259	N466BN	1442	21493

Registration	l/n	c/n	Registration	l/n	c/n	Registration	l/n	c/n	Registration	l/n	c/n
N466DA	971	20743	N491DA	1115	21060	N530PS	556	19685	N555PE	1016	20837
N466FE	1240	21292	N491FE	1444	21529	N531DA	1556	21814	N555PS	1343	21512
N467BN	1444	21529	N492DA	1116	21061	N531EA	570	19686	N556PE	1017	20838
N467DA	972	20744	N492FE	1446	21530	N531MD	969	20728	N556PS	1365	21513
N467FE	1306	21449	N493DA	1127	21062	N531PS	570	19686	N5573E	1791	22621
N468BN	1446	21530	N493FE	1450	21531	N532DA	1602	22045	N5573L	1814	22702
N468DA	980	20745	N494DA	1138	21074	N532EA	573	19687	N557PE	1031	20839
N468FE	1312	21452	N494FE	1453	21532	N532PS	573	19687	N557PS	1480	21691
N469BN	1450	21531	N495AJ	1103	20937	N533DA	1604	22046	N558PE	1036	20840
N469DA	981	20746	N495DA	1139	21075	N533DL	1604	22046	N558PS	1482	21692
N469FE	1437	21581	N495FE	1484	21669	N533PS	589	19688	N559PE	1104	21041
N470BN	1453	21532	N496DA	1140	21076	N534DA	1606	22047	N559PS	1533	21958
N470DA	987	20747	N496FE	1486	21670	N534EA	610	19689	N560PE	1106	21042
N471BN	1484	21669	N497DA	1147	21077	N534PA	610	19689	N561PE	1113	21043
N471DA	988	20748	N497FE	1067	20866	N535DA	1608	22048	N562PE	1132	21044
N472BN	1486	21670	N498DA	1155	21142	N535PS	714	20161	N563PE	1133	21045
N472DA	990	20749	N498FE	1068	20867	N536DA	1610	22049	N564PE	1167	21118
N4730	464	19450	N499DA	1156	21143	N536EA	799	20438	N565PE	1175	21119
N4731	483	19451	N499FE	1095	21018	N536PS	799	20438	N566PE	1196	21242
N4732	492	19452	N500AV	1082	21021	N537DA	1624	22073	N567PE	1197	21243
N4733	506	19453	N501DA	1262	21303	N537PS	723	20163	N568PE	1201	21244
N4734	509	19454	N502AV	889	20580	N538DA	1656	22076	N569PE	1202	21245
N4735	513	19455	N502DA	1264	21304	N538PS	724	20164	N57000	1612	22038
N4736	515	19456	N503DA	1268	21305	N539DA	1667	22385	N57001	1709	22270
N4737	518	19457	N504AV	962	20726	N539PS	725	20165	N57002	1596	22036
N4738	525	19458	N504DA	1270	21306	N540DA	1669	22386	N57002	1614	22039
N4739	530	19459	N505DA	1272	21307	N540PS	727	20166	N57002	1759	22642
N473BN	1571	21996	N506DA	1292	21308	N541DA	1672	22387	N57008	1579	21950
N473DA	992	20750	N507DA	1294	21309	N541PS	728	20167	N57008	1626	22040
N4740	531	19460	N508DA	1298	21310	N54252	1574	21984	N570C	1635	22165
N4741	538	19461	N509DA	1300	21311	N542DA	1705	22391	N570PE	1216	21246
N4742	539	19462	N510DA	1330	21312	N542PS	740	20168	N5711E	1638	22084
N4743	552	19463	N511DA	1347	21313	N54325	785	20232	N571PE	1225	21264
N4745	554	19465	N511PE	917	20634	N54326	786	20233	N572PE	1226	21265
N4746	561	19466	N512DA	1358	21314	N54327	790	20234	N573PE	1227	21266
N4747	566	19467	N512PE	918	20635	N54328	791	20306	N57408	1394	21661
N4748	567	19468	N513DA	1360	21315	N54329	792	20307	N574PE	1228	21267
N4749	568	19469	N513PE	919	20636	N54330	795	20308	N575PE	1229	21268
N474BN	1573	21997	N514DA	1374	21430	N54331	796	20309	N576PE	1230	21269
N474DA	1000	20751	N514PE	920	20637	N54332	802	20310	N5772T	1452	21655
N4750	569	19470	N515DA	1376	21431	N54333	859	20460	N577PE	1231	21270
N4751	590	19471	N515PE	926	20638	N54334	860	20461	N578PE	1394	21661
N4752	591	19472	N516DA	1381	21432	N54335	862	20462	N579PE	1421	21662
N4753	606	19473	N516PE	927	20639	N54336	863	20490	N580CR	889	20580
N4754	607	19474	N517DA	1384	21433	N54337	864	20491	N580PE	1438	21663
N475BN	1577	21998	N517PE	935	20640	N54338	1063	20843	N581PE	1568	22052
N475DA	1001	20752	N518DA	1398	21469	N54340	1066	20845	N582PE	1620	22053
N476BN	1581	21999	N518PE	936	20641	N54341	1454	21628	N583PE	1635	22165
N476DA	1012	20753	N519DA	1400	21470	N54342	1456	21629	N584EA	798	20437
N477BN	1583	22000	N519PE	944	20642	N54344	1460	21631	N584PE	1725	22166
N477DA	1013	20754	N520DA	1411	21471	N54345	1462	21632	N585PE	1752	22167
N477FE	1281	21394	N520PE	951	20643	N54348	1563	21967	N586PE	1770	22168
N478BN	1585	22001	N521DA	1413	21472	N54349	1565	21968	N58AJ	553	19464
N478DA	1014	20755	N521DB	1227	21266	N54350	1567	21969	N590CA	731	20098
N478FE	1283	21395	N521PE	959	20644	N54351	1569	21983	N591DB	1289	21349
N479BN	1627	22002	N522DA	1422	21582	N54353	1576	21985	N59412	1620	22053
N479DA	1028	20756	N522PE	961	20645	N54354	1580	21986	N59792	967	20646
N479FE	1337	21461	N52309	609	19828	N543DA	1707	22392	N598AJ	1506	21947
N48054	1124	21082	N52310	629	19829	N544DA	1741	22493	N601AR	703	19865
N48054	1504	21946	N52311	633	19830	N544PS	832	20367	N602AR	704	20075
N480DA	1038	20860	N52312	636	19831	N545DA	919	20636	N603AR	685	19862
N480FE	1342	21462	N52313	642	19832	N545DA	1749	22494	N604AJ	1314	21453
N481DA	1041	20861	N523DA	1423	21583	N545PS	743	20169	N604AR	845	20409
N481FE	1353	21463	N523PE	967	20646	N546DA	1785	22677	N605AR	564	19545
N482DA	1042	20862	N524DA	1478	21584	N546PS	828	20366	N606AR	562	19544
N482FE	1355	21464	N524PE	968	20647	N547EA	781	20250	N609AG	944	20642
N483DA	1053	20863	N525DA	1479	21585	N547PS	781	20250	N609KW	1579	21950
N483FE	1363	21465	N526DA	1488	21586	N548EA	782	20251	N610AG	1107	21068
N484DA	1060	20864	N526MD	958	20725	N548PS	782	20251	N610PA	1310	21451
N484FE	1372	21466	N527DA	1492	21587	N549EA	783	20252	N612AG	1236	21297
N485DA	1062	20865	N527MD	865	20466	N549PS	783	20252	N614AG	1633	22377
N485FE	1388	21488	N528D	1285	21426	N550PS	931	20678	N614PA	977	20738
N486DA	1067	20866	N528DA	1522	21702	N551PE	982	20772	N615PA	1227	21266
N486FE	1390	21489	N528E	1291	21427	N551PS	942	20679	N6167D	1715	22430
N487DA	1068	20867	N528JS	1316	21455	N552NA	949	20706	N616PA	719	20055
N487FE	1396	21490	N528MD	849	20468	N552PE	983	20773	N622DH	1051	20896
N488DA	1095	21018	N528PS	488	19683	N552PS	949	20706	N623DH	1049	20895
N488FE	1402	21491	N529DA	1550	21703	N553NA	953	20707	N624DH	950	20709
N489DA	1097	21019	N529PS	503	19684	N553PE	997	20774	N625DH	986	20780
N489FE	1440	21492	N530DA	1552	21813	N553PS	953	20707	N626DH	1091	20905
N490DA	1102	21020	N530EA	556	19685	N554PE	998	20775	N626DH	1768	22644
N490FE	1442	21493	N530MD	884	20571	N554PS	1020	20875	N627DH	1753	22641

Registration	l/n	c/n	Registration	l/n	c/n	Registration	l/n	c/n	Registration	l/n	c/n
N63063	1698	22425	N701AA	1742	22459	N7251U	1296	21398	N7291U	1441	21569
N6393X	1753	22641	N701NE	1742	22459	N7252U	1303	21399	N7292U	1443	21570
N64315	679	20048	N701US	445	19444	N7253U	1309	21400	N7293U	1445	21571
N64319	709	20052	N702AA	1746	22460	N7254U	1311	21401	N7294U	1447	21572
N64320	713	20053	N702NE	1746	22460	N7255U	1313	21402	N7295U	1449	21573
N64321	718	20054	N702NE	1746	22460	N7256U	1315	21403	N7296U	1451	21574
N64322	719	20055	N702US	455	19445	N7257U	1321	21404	N7297U	1500	21892
N64323	731	20098	N703AA	1750	22461	N7258U	1323	21405	N7299U	1505	21894
N64324	734	20099	N703US	471	19446	N7259U	1325	21406	N729AA	974	20736
N64339	1065	20844	N70415	1762	22643	N725AA	963	20732	N729BE	993	20766
N64346	1464	21633	N705AA	1751	22462	N725RW	1339	21502	N729CK	557	19482
N64347	1466	21634	N705CA	544	19479	N7260U	1332	21407	N729DH	1598	22080
N66726	938	20656	N705US	477	19447	N7261U	1334	21408	N729RW	1514	21742
N66731	985	20660	N706AA	1755	22463	N7262U	1336	21409	N729US	828	20366
N66732	1064	20661	N706CA	669	19496	N7263U	1344	21410	N730AA	976	20737
N66733	1072	20662	N70755	1274	21366	N7264U	1346	21411	N730US	832	20367
N66734	1073	20663	N707AA	1758	22464	N7265U	1348	21412	N731AA	977	20738
N674MG	1308	21450	N707CA	1072	20662	N7266U	1351	21413	N73751	1217	21247
N675MG	1775	22553	N707US	496	19448	N7267U	1354	21414	N737AV	924	20675
N676MG	1781	22554	N708AA	1761	22465	N7268U	1356	21415	N740DH	1508	21930
N678MG	1783	22555	N708US	500	19449	N7269U	1366	21416	N740RW	1595	21824
N679MG	1795	22557	N709AA	1763	22466	N726AA	964	20733	N740US	866	20467
N6800	511	19475	N709US	613	20139	N726DH	845	20409	N741DH	1531	21931
N6801	523	19476	N710AA	1765	22467	N726RW	1452	21655	N741RW	1680	21951
N6802	533	19477	N7128T	875	20286	N726VA	952	20739	N741US	867	20509
N6803	535	19478	N712AA	1766	22468	N7270L	433	19536	N742DH	1238	21290
N6804	544	19479	N712RC	1592	22020	N7270U	1368	21417	N742RW	1693	21952
N6805	545	19480	N713AA	1769	22469	N7271U	1370	21418	N74317	694	20050
N6806	548	19481	N713US	638	20140	N7272U	1375	21419	N74318	708	20051
N6807	557	19482	N7152J	1103	20937	N7273U	1377	21420	N743DH	1685	22438
N6808	558	19483	N715AA	1771	22470	N7274U	1383	21421	N743US	868	20285
N6809	560	19484	N715RC	1584	22019	N7275U	1385	21422	N7441U	1507	21895
N6810	571	19485	N715US	654	19994	N7276F	521	19991	N7442U	1511	21896
N6811	578	19486	N716AA	891	20608	N7276U	1387	21423	N7443U	1513	21897
N6812	579	19487	N716RC	1617	22021	N7277F	526	19992	N7444U	1515	21898
N6813	588	19488	N716US	649	20141	N7277U	1393	21424	N7445U	1517	21899
N6814	593	19489	N717AA	893	20610	N7278F	549	19993	N7446U	1519	21900
N6815	602	19490	N717US	666	19995	N7278U	1395	21425	N7447U	1521	21901
N6816	611	19491	N718AA	894	20611	N7279V	1598	22080	N7448U	1524	21902
N6817	652	19492	N718RC	1654	22344	N7279F	715	20162	N7449U	1526	21903
N6818	657	19493	N718US	714	20161	N7279U	1397	21557	N744US	875	20286
N6819	661	19494	N719AA	928	20612	N727AA	965	20734	N7450U	1528	21904
N681CA	1592	22020	N719CK	548	19481	N727AN	1700	22543	N7451U	1530	21905
N6820	664	19495	N719RC	1721	22490	N727BE	960	20764	N7452U	1548	21906
N6821	669	19496	N719US	723	20163	N727DH	778	20204	N7453U	1558	21907
N6822	673	19700	N720AA	929	20613	N727FV	1774	22536	N7454U	1560	21908
N6823	677	19701	N720CK	579	19487	N727GC	1105	20938	N7455U	1562	21909
N6824	680	19702	N720CK	1246	21298	N727JH	1130	20942	N7456U	1570	21910
N6825	684	19703	N720DH	562	19544	N727LL	1784	22687	N7457U	1572	21911
N6826	689	19704	N720CK	1726	22491	N727LS	1128	20941	N7458U	1575	21912
N6827	698	20180	N720RW	1591	21823	N727M	1797	22541	N7459U	1593	21913
N6828	699	20181	N720US	724	20164	N727MJ	1406	21595	N745DH	1149	20665
N6829	702	20182	N720ZK	1527	21849	N727NK	1502	21945	N745US	876	20510
N682CA	1584	22019	N721AA	955	20729	N727NY	967	20646	N7460U	1597	21914
N6830	705	20183	N721DH	564	19545	N727PL	951	20643	N7461U	1609	21915
N6831	707	20184	N721MF	1784	22687	N727RE	1715	22430	N7462U	1611	21916
N6832	710	20185	N721RC	1729	22492	N727RW	1455	21656	N7463U	1616	21917
N6833	721	20186	N721RW	1206	21200	N727SA	1092	20906	N7464U	1625	21918
N6834	722	20187	N721SK	1246	21298	N727SH	687	20005	N7465U	1632	21919
N6835	730	20188	N721US	725	20165	N727SN	1148	21100	N7466U	1634	21920
N6836	733	20189	N721ZK	1536	21850	N727SR	688	20006	N7467U	1639	21921
N6837	738	20190	N722AA	956	20730	N727VA	984	20765	N746CK	1200	21085
N6838	739	20191	N722CK	571	19485	N727VA	1774	22536	N746DH	1697	22252
N6839	752	20192	N722US	1084	20948	N7280U	1399	21558	N746US	878	20568
N683CA	1721	22490	N722DH	682	19861	N7281U	1401	21559	N747DH	1702	22253
N6841	755	20193	N722LA	1804	22992	N7282U	1405	21560	N747US	879	20569
N6842	726	20241	N722RW	1220	21201	N7283U	1408	21561	N748DH	1692	22440
N684CA	1726	22491	N722SK	1084	20948	N7284U	1410	21562	N748US	880	20570
N685CA	1729	22492	N722US	727	20166	N7285U	1418	21563	N749DH	1659	22013
N686CA	1617	22021	N72381	1768	22644	N7286U	1420	21564	N749US	1307	21393
N68782	920	20637	N723AA	957	20731	N7287U	1424	21565	N750DH	1680	21951
N688CA	1654	22344	N723CK	739	20191	N7288U	1428	21566	N750US	1343	21512
N695CA	1064	20661	N723CK	877	20545	N7289U	1430	21567	N750VJ	789	20302
N696CA	1733	22554	N723RW	1221	21202	N7289U	1503	21893	N751DH	1802	22982
N69735	1079	20664	N723SK	877	20545	N728AA	973	20735	N751US	1365	21513
N69736	1149	20665	N723US	728	20167	N728BE	984	20765	N751VJ	793	20303
N69739	1153	20667	N724CK	831	20383	N728FV	1779	22537	N752DH	1763	22466
N69740	1154	20668	N724CK	1209	21234	N728RW	1491	21741	N752US	1480	21691
N69741	1684	22250	N724DH	685	19862	N728US	740	20168	N753DH	1766	22468
N69742	1687	22251	N724RW	1302	21457	N728VA	1779	22537	N753US	1482	21692
N697CA	1817	23052	N724SK	1209	21234	N728ZV	975	20710	N75429	1291	21427
N698SS	1275	21369	N724YS	1378	21474	N7290U	1432	21568	N754DH	1646	22008

Boeing 727-200 — Out Of Production List: Western Jet Airliners

Registration	l/n	c/n	Registration	l/n	c/n	Registration	l/n	c/n	Registration	l/n	c/n
N754US	1533	21958	N781DH	1571	21996	N846AA	1126	20987	N8837E	820	20380
N755DH	1539	21857	N782AL	1571	21996	N847AA	1141	20988	N8838E	823	20381
N755US	1516	21953	N782AT	1637	21972	N848AA	1144	20989	N8839E	825	20382
N7563Q	1683	22424	N782DH	1577	21998	N849AA	1184	20990	N883AA	1465	21522
N760AL	1516	21953	N783AL	1577	21998	N850AA	1185	20991	N8840E	831	20383
N760AT	1525	21954	N783AT	1583	22000	N850SY	1178	21114	N8841E	833	20415
N760US	1525	21954	N783DH	1581	21999	N851AA	1187	20992	N8842E	834	20416
N7620U	563	19537	N784AT	1307	21393	N851AL	1551	21851	N8843E	835	20441
N7621U	580	19538	N784DH	1585	22001	N851SY	1023	20792	N8844E	836	20442
N7622U	583	19539	N785AT	1480	21691	N852AA	1189	20993	N8845E	837	20443
N7623U	584	19540	N786AT	1482	21692	N852SY	1021	20790	N8846E	839	20444
N7624U	585	19541	N788AT	1533	21958	N853AA	1190	20994	N8847E	840	20445
N7625U	586	19542	N788BR	975	20710	N853SY	1176	21113	N8848E	841	20446
N7626U	614	19899	N791L	1426	21608	N854AA	1192	20995	N8849E	843	20447
N7627U	618	19900	N793A	997	20774	N854SY	1022	20791	N884AA	1467	21523
N7628U	620	19901	N793DH	1307	21393	N855AA	1193	20996	N8850E	844	20448
N7629U	622	19902	N794AJ	1197	21243	N855N	723	20163	N8851E	897	20614
N762AL	1525	21954	N79743	1697	22252	N856AA	1195	20997	N8852E	898	20615
N762AT	1717	22162	N79744	1702	22253	N856N	724	20164	N8853E	899	20616
N762US	1717	22162	N79745	1740	22448	N857AA	1199	21084	N8855E	900	20617
N7630U	627	19903	N79746	1756	22449	N857N	725	20165	N8856E	901	20618
N7631U	637	19904	N79748	1760	22450	N858AA	1200	21085	N8857E	902	20619
N7632U	639	19905	N79749	1767	22451	N858N	714	20161	N8858E	903	20620
N7633U	644	19906	N79750	1772	22452	N859AA	1248	21086	N8859E	904	20621
N7634U	651	19907	N79751	1302	21457	N859N	828	20366	N885AA	1473	21524
N7635U	653	19908	N79754	1258	21363	N860AA	1250	21087	N8860E	933	20622
N7636U	656	19909	N79771	1036	20840	N860N	727	20166	N8861E	939	20623
N7637U	659	19910	N797AJ	1731	22609	N860SY	1091	20905	N8862E	940	20624
N7638U	668	19911	N801EA	1658	22432	N861AA	1255	21088	N8863E	941	20625
N7639U	670	19912	N802EA	1668	22433	N861N	728	20167	N8864E	946	20626
N763AT	1806	22983	N802MA	1668	22433	N862AA	1263	21089	N8865E	947	20627
N763US	1806	22983	N803EA	1671	22434	N862N	878	20568	N8866E	948	20628
N7640U	672	19913	N803MA	1671	22434	N86330	1759	22642	N8867E	994	20823
N7641U	676	19914	N804AJ	1082	21021	N863AA	1267	21090	N8869E	995	20824
N7642U	681	19915	N804EA	1674	22435	N863N	876	20510	N886AA	1475	21525
N7643U	701	20037	N804MA	1674	22435	N86425	1329	21459	N886MA	1535	21855
N7644U	716	20038	N805EA	1677	22436	N86426	1261	21364	N88701	577	19510
N7645U	720	20039	N806EA	1682	22437	N86430	1506	21947	N88702	581	19511
N7646U	729	20040	N806MA	1682	22437	N864AA	1275	21369	N88703	582	19512
N7647U	732	20041	N807EA	1685	22438	N864N	875	20286	N88704	595	19513
N764AT	1813	22984	N808EA	1689	22439	N865AA	1276	21370	N88705	597	19514
N764US	1813	22984	N808MA	1586	21988	N865N	880	20570	N88706	598	19797
N765AT	1816	23014	N809EA	1692	22440	N866AA	1277	21371	N88707	608	19798
N765US	1816	23014	N810EA	1695	22441	N866N	879	20569	N88708	612	19799
N766AL	1581	21999	N811EA	1734	22548	N867AA	1278	21372	N88709	616	19800
N766US	1581	21999	N812EA	1737	22549	N867N	867	20509	N8870Z	1234	21288
N76752	1218	21248	N814EA	1744	22551	N868AA	1279	21373	N88710	617	19801
N76753	1219	21249	N815EA	1773	22552	N869AA	1280	21374	N88711	621	19802
N767AT	1585	22001	N816EA	1775	22553	N869N	866	20467	N88712	623	19803
N767US	1585	22001	N817EA	1781	22554	N870AA	1304	21382	N88713	624	19804
N768AT	1571	21996	N818EA	1783	22555	N870N	868	20285	N88714	646	20243
N768US	1571	21996	N819EA	1793	22556	N871AA	1324	21383	N88715	794	20384
N769AT	1577	21998	N820EA	1795	22557	N872AA	1328	21384	N8871Z	1235	21289
N769US	1577	21998	N821EA	1798	22558	N873AA	1331	21385	N8872Z	1238	21290
N770AL	1717	22162	N822EA	1800	22559	N874AA	1333	21386	N8873Z	1239	21291
N770AT	1516	21953	N8259V	1723	22375	N874UM	691	19863	N8874Z	1240	21292
N770PL	1671	22434	N8278V	1722	22349	N875AA	1335	21387	N8875Z	1241	21293
N771AL	1735	22163	N8278V	1753	22641	N876AA	1345	21388	N8876Z	1306	21449
N771BE	954	20724	N8280V	1752	22167	N876UM	830	20430	N88770	1031	20839
N772AL	1743	22164	N8281V	1691	22394	N877AA	1349	21389	N88777	608	19798
N772AT	1629	22003	N8284V	1134	21091	N877UM	870	20525	N8877Z	1308	21450
N772BE	1026	20876	N8284V	1647	22261	N878AA	1361	21390	N8878Z	1310	21451
N773AL	1806	22983	N8285V	1675	21346	N878UM	851	20431	N88790	1089	20903
N773AT	1631	22004	N8285V	1715	22430	N8790R	717	20240	N8879Z	1312	21452
N773BE	1029	20877	N8286V	1686	22262	N8791R	726	20241	N887AA	1476	21526
N774AL	1813	22984	N8286V	1713	22271	N879AA	1367	21391	N887MA	1539	21857
N774AT	1359	21510	N8288V	1594	22081	N879UM	871	20526	N8880Z	1314	21453
N774BE	1034	20878	N8288V	1712	22288	N880AA	1459	21519	N8881Z	1409	21578
N775AL	1816	23014	N8290V	1640	21853	N881AA	1461	21520	N8882Z	1412	21579
N775AT	1439	21511	N8291V	1652	22359	N8825E	742	20144	N8883Z	1082	21021
N775BE	966	20727	N8292V	1711	22374	N8826E	749	20145	N8883Z	1435	21580
N776AL	1807	22770	N8293V	1089	20903	N8827E	751	20146	N8884Z	1437	21581
N776AT	1426	21608	N830WA	1341	21482	N8828E	767	20147	N8885Z	1532	21854
N77780	918	20635	N831L	1509	21826	N8829E	769	20148	N8886Z	1535	21855
N777KY	1107	21068	N831WA	1350	21483	N882AA	1463	21521	N8887Z	1537	21856
N778AT	1651	22005	N83428	1285	21426	N8830E	770	20149	N8888Z	1539	21857
N779AL	1817	23052	N84355	1582	21987	N8831E	771	20150	N8889Z	1542	21858
N779AT	1706	22091	N84356	1586	21988	N8832E	773	20151	N8889Z	1542	21858
N780AL	1581	21999	N84357	1590	21989	N8833E	775	20152	N8890Z	1544	21859
N780AT	1622	22295	N843AA	1121	20984	N8834E	779	20153	N8890Z	1544	21859
N780DH	1636	22006	N844AA	1123	20985	N8835E	780	20154	N8891Z	1546	21860
N781AL	1585	22001	N845AA	1125	20986	N8836E	818	20379	N8891Z	1546	21860

Boeing 727-200 — Out Of Production List: Western Jet Airliners

Registration	l/n	c/n	Registration	l/n	c/n	Registration	l/n	c/n	Registration	l/n	c/n
N8892Z	1554	21861	N980PG	1456	21629	PK-JGN	1328	21384	TC-AFO	1419	21620
N889AA	1477	21527	N981PG	1466	21634	PK-JGO	1478	21584	TC-AFP	1326	21442
N889MA	1532	21854	N982JM	1481	21695	PK-JGQ	1144	20989	TC-AFR	1425	21621
N890AA	1636	22006	N984RT	1574	21984	PK-JGT	889	20580	TC-AFT	1404	21618
N891AA	1643	22007	N988PG	1339	21502	PK-JGU	928	20612	TC-AFV	1091	20905
N891DB	1807	22770	N994AJ	1130	20942	PK-JGX	1488	21586	TC-AJV	758	20265
N892AA	1646	22008	N99763	982	20772	PK-MBV	1298	21310	TC-AJY	549	19993
N893AA	1649	22009	N997AA	1320	21343	PK-MBW	1270	21306	TC-AKD	1044	20930
N89427	1273	21365	N997PG	1320	21343	PK-RIY	1479	21585	TC-ALB	851	20431
N894AA	1650	22010	N998AA	1322	21344	PK-RIZ	1492	21587	TC-ALF	830	20430
N8956C	1504	21946	OB-1301	750	20263	PK-TMA	1471	21697	TC-ALK	830	20430
N895AA	1653	22011	OB-1303	760	20266	PK-YGI	710	20185	TC-ALM	851	20431
N895AJ	985	20660	OB-1537	1143	21071	PP-AIU	889	20580	TC-DEL	1689	22439
N895N	740	20168	OB-1541	1145	21072	PP-AIV	1057	20874	TC-IHO	830	20430
N896AA	1655	22012	OB-1560	1089	20903	PP-AIW	1588	22079	TC-IKO	851	20431
N896N	832	20367	OB-1572	870	20525	PP-ARR	975	20710	TC-IYA	1811	22999
N897AA	1659	22013	OB-1573	969	20728	PP-BLR	1394	21661	TC-IYB	1448	21664
N898AA	1663	22014	OB-1590	1743	22164	PP-BLS	934	20655	TC-IYC	1222	21260
N899AA	1666	22015	OB-1647	1812	22606	PP-FBL	1786	22665	TC-JBC	814	20465
N901PG	1520	21978	OB-1697	1469	21690	PP-ITR	1737	22549	TC-JBF	1085	20980
N901RF	1747	22476	OB-1698	574	19561	PP-ITV	1747	22476	TC-JBG	1086	20981
N902PG	958	20725	OB-1883-P	1339	21502	PP-JUB	1196	21242	TC-JBH	1087	20982
N902RF	1737	22549	OB-R1303	760	20266	PP-LBF	945	20705	TC-JBJ	1088	20983
N903PG	865	20466	OK-EGK	1082	21021	PP-LBO	1633	22377	TC-JBM	1222	21260
N903RF	1369	21609	OK-JGY	1433	21623	PP-LBY	1236	21297	TC-JBR	1389	21603
N904PG	849	20468	OM-AHK	870	20525	PP-OPR	1621	22146	TC-JCA	1804	22992
N904RF	1501	21781	OM-CHD	871	20526	PP-SFC	1143	21071	TC-JCB	1808	22993
N905AJ	1590	21989	OO-CAH	1731	22609	PP-SFE	1725	22166	TC-JCD	1810	22998
N905PG	884	20571	OO-DHK	1762	22643	PP-SFF	1037	20880	TC-JCE	1811	22999
N905RF	905	20595	OO-DHS	733	20189	PP-SFG	1698	22425	TC-JCK	1448	21664
N906PG	969	20728	OO-DHT	593	19489	PP-SFQ	1588	22079	TC-JEC	1710	22287
N906RF	937	20606	OO-DHU	1187	20992	PP-SMK	1287	21348	TC-JFA	842	20434
N907PG	1743	22164	OO-DHV	1199	21084	PP-SNE	1253	21341	TC-JFB	838	20433
N907RF	1003	20811	OO-DHW	1189	20993	PP-SNF	1256	21342	TC-JUC	830	20430
N908PG	1101	20951	OO-DHX	1190	20994	PP-SNG	1673	21345	TC-JUH	851	20431
N908RF	1382	21611	OO-DHY	1091	20905	PP-SNH	1675	21346	TC-RAC	1023	20792
N908TS	556	19685	OO-DHZ	1683	22424	PP-SNI	1679	21600	TC-RUT	1090	20904
N909PG	1553	21852	OO-DLB	1759	22642	PP-SNJ	1694	21601	TC-TCA	1176	21113
N909RF	1380	21610	OO-LLS	1727	22608	PP-SRK	1282	21347	TC-TCB	1178	21114
N909TS	570	19686	OY-SAS	984	20765	PP-TLM	889	20580	TC-TUR	1023	20792
N90AX	729	20040	OY-SAT	993	20766	PP-VQU	1037	20880	TF-AIA	1101	20951
N910PG	1812	22606	OY-SAU	960	20764	PP-VQV	1725	22166	TF-FLI	1622	22295
N910TS	573	19687	OY-SBA	949	20706	PR-AIB	1258	21363	TF-FLK	1101	20951
N911TS	610	19689	OY-SBB	953	20707	PR-GMA	979	20659	TF-RMR	1437	21581
N912TS	799	20438	OY-SBC	1301	21438	PR-JLI	1640	21853	TI-LRQ	1502	21945
N913TS	781	20250	OY-SBD	1417	21676	PR-LGB	1253	21341	TI-LRR	1289	21349
N914PG	1732	22603	OY-SBE	1588	22079	PR-LGC	1256	21342	TJ-AAM	1414	21636
N914TS	782	20251	OY-SBF	1598	22080	PR-MTJ	1693	21952	TL-ADY	1331	21385
N915PG	1427	21689	OY-SBG	1733	22574	PR-MTK	701	20037	TN-AEB	1452	21655
N915TS	783	20252	OY-SBH	1743	22164	PR-PLH	1671	22434	TR-LEV	1605	22083
N916PG	1469	21690	OY-SBI	1817	23052	PR-PLQ	1574	21984	TS-JEA	1786	22665
N916TS	798	20437	OY-SBJ	1142	21040	PR-SPC	1343	21512	TS-JEB	1790	22666
N917PG	1787	22605	OY-SBN	1735	22163	PR-TTB	1643	22007	TS-JHN	877	20545
N917TS	770	20149	OY-SBO	1807	22770	PR-TTO	1206	21200	TS-JHO	952	20739
N918AX	1047	20894	OY-SBP	1146	21080	PR-TTP	1339	21502	TS-JHP	996	20822
N918PG	1591	21823	OY-SCA	952	20739	PT-MLM	1247	21299	TS-JHQ	1084	20948
N918TS	840	20445	OY-SCB	1774	22536	PT-MTC	845	20409	TS-JHR	1171	21179
N919PG	1777	22604	OY-SCC	1133	21045	PT-MTD	1218	21248	TS-JHS	1209	21234
N919TS	843	20447	OY-SCC	1502	21945	PT-MTQ	1620	22053	TS-JHT	1210	21235
N920PG	1415	21688	OY-SER	927	20639	PT-MTT	1752	22167	TS-JHU	1252	21318
N920TS	844	20448	OY-SES	690	19977	RP-C5355	710	20185	TS-JHV	1269	21319
N921TS	1559	22043	OY-SET	1202	21245	RP-C8019	1219	21249	TS-JHW	1271	21320
N922TS	833	20415	OY-SEU	1230	21269	S9-BAV	1324	21383	TT-DMB	847	20411
N923PG	1735	22163	OY-SEV	884	20571	S9-PSC	1476	21526	TT-DSZ	853	20470
N923TS	835	20441	OY-SEW	1415	21688	SU-YAK	1425	21621	TU-TII	661	19494
N924PG	1565	21968	OY-SEZ	1221	21202	SX-CAO	1520	21978	TY-24A	1018	20819
N924TS	1104	21041	OY-TNT	958	20725	SX-CAR	1551	21851	TZ-MBA	1640	21853
N925TS	1201	21244	P4-ABF	1698	22425	SX-CBA	671	20003	UN-B2701	1602	22045
N926TS	997	20774	P4-MER	1340	21460	SX-CBB	678	20004	UN-B2702	1554	21861
N927TS	1016	20837	P4-SKI	1340	21460	SX-CBC	687	20005	UN-B2703	1478	21584
N928PG	1685	22438	PH-AHB	952	20739	SX-CBD	688	20006	UN-B2703	1604	22046
N935PG	1454	21628	PH-AHD	996	20822	SX-CBE	765	20201	V8-BG1	1657	22362
N936PG	1695	22441	PH-AHZ	1082	21021	SX-CBF	433	19536	V8-HB1	1100	21010
N93738	1151	20666	PK-	545	19480	SX-CBG	1093	20918	V8-HM1	1657	22362
N94314	675	20047	PK-BPT	974	20736	SX-CBH	1021	20790	V8-HM2	1657	22362
N965PG	927	20639	PK-EPV	1814	22702	SX-CBI	1022	20791	V8-UB1	1657	22362
N968PA	1565	21968	PK-IAF	1522	21702	TC-AFB	696	19864	VH-ANA	1753	22641
N969PG	1701	22269	PK-JAA	1602	22045	TC-AFC	691	19863	VH-ANB	1759	22642
N973PG	935	20640	PK-JAC	1492	21587	TC-AFD	1176	21113	VH-ANE	1762	22643
N978AL	1520	21978	PK-JAE	1298	21310	TC-AFE	1178	21114	VH-ANF	1768	22644
N979AL	1534	21979	PK-JGC	974	20736	TC-AFG	1586	21988	VH-AUP	1481	21695
N980AL	1789	22759	PK-JGM	1459	21519	TC-AFN	1407	21619	VH-DHE	1598	22080

Registration	l/n	c/n	Registration	l/n	c/n	Registration	l/n	c/n	Registration	l/n	c/n
VH-DHF	1810	22998	XA-MKE	1302	21457	YI-AGL	1191	21198	ZS-OAO	1520	21978
VH-PAE	1316	21455	XA-MXA	1757	22661	YI-AGM	1203	21199	ZS-OAZ	1551	21851
VH-RMK	1237	21178	XA-MXB	1776	22662	YI-AGQ	1647	22261	ZS-OBM	1561	22044
VH-RML	1352	21480	XA-MXC	1778	22663	YI-AGR	1686	22262	ZS-OBN	920	20637
VH-RMM	1436	21647	XA-MXD	1780	22664	YI-AGS	1809	22263	ZS-OBO	1433	21623
VH-RMN	1481	21695	XA-MXF	1675	21346	YI-AOE	1210	21235	ZS-ODO	1063	20843
VH-RMO	1566	22016	XA-MXG	1679	21600	YI-AOW	1151	20666	ZS-OPC	825	20382
VH-RMP	1660	22068	XA-MXH	1026	20876	YI-AOY	1252	21318	ZS-OPT	705	20183
VH-RMU	907	20548	XA-MXI	1675	21346	YI-AOZ	910	20598	ZS-OZP	881	20572
VH-RMV	989	20549	XA-MXJ	1679	21600	YK-AGA	1188	21203	ZS-OZR	888	20573
VH-RMW	1030	20550	XA-RJV	870	20525	YK-AGB	1194	21204	ZS-PDL	865	20466
VH-RMX	1054	20551	XA-RLV	831	20383	YK-AGC	1198	21205	ZS-PVX	1805	22825
VH-RMY	1083	20978	XA-RXI	771	20150	YK-AGD	1670	22360	ZS-TRA	985	20660
VH-RMZ	1098	20979	XA-RXJ	780	20154	YK-AGE	1716	22361			
VH-TBG	906	20552	XA-RZI	773	20151	YK-AGF	1788	22763			
VH-TBH	991	20553	XA-SDR	1056	20555	YK-DEL	1171	21179			
VH-TBI	1027	20554	XA-SFF	539	19462	YK-DGL	1331	21385			
VH-TBJ	1056	20555	XA-SFG	607	19474	YU-AKA	1044	20930			
VH-TBK	1081	20950	XA-SIE	1661	22069	YU-AKB	1045	20931			
VH-TBL	1101	20951	XA-SIJ	1564	22017	YU-AKD	1142	21040			
VH-TBM	1232	21171	XA-SIV	1683	22424	YU-AKE	1094	21037			
VH-TBN	1357	21479	XA-SJE	1357	21479	YU-AKF	1118	21038			
VH-TBO	1434	21646	XA-SJK	870	20525	YU-AKG	1119	21039			
VH-TBP	1483	21696	XA-SJM	715	20162	YU-AKH	1146	21080			
VH-TBQ	1564	22017	XA-SJP	779	20153	YU-AKI	1681	22393			
VH-TBR	1661	22069	XA-SJU	906	20552	YU-AKJ	1691	22394			
VH-TXE	1316	21455	XA-SLG	1232	21171	YU-AKK	1786	22665			
VH-VLE	989	20549	XA-SLM	1483	21696	YU-AKL	1790	22666			
VH-VLF	1481	21695	XA-SMB	1434	21646	YU-AKM	1814	22702			
VH-VLG	1054	20551	XA-SPH	1621	22146	YU-AKO	1101	20951			
VH-VLH	1759	22642	XA-SPU	699	20181	YU-AKR	989	20549			
VH-VLI	1753	22641	XA-SRC	668	19911	YV-1056C	1701	22269			
VP-CBQ	1340	21460	XA-SXC	902	20619	YV-1174C	1565	21968			
VP-CML	1815	22968	XA-SXE	898	20615	YV-125C	908	20596			
VP-CZY	1406	21595	XA-SXO	764	20268	YV-126C	885	20594			
VR-CBQ	1340	21460	XA-SYI	576	19562	YV-127C	909	20597			
VR-CCA	1100	21010	XA-SYI	756	20264	YV-129C	911	20599			
VR-CDL	1452	21655	XA-TAA	827	20432	YV-131C	1591	21823			
VR-CMA	1158	21105	XA-TAB	838	20433	YV-132C	1777	22604			
VR-CMB	1160	21106	XA-TAC	842	20434	YV154T	1049	20895			
VR-CMC	1172	21107	XA-TCW	889	20580	YV155T	1187	20992			
VR-CMD	1174	21108	XA-TCX	1692	22440	YV174T	1565	21968			
VR-COJ	1510	21948	XA-TGP	1777	22604	YV-18C	1574	21984			
VT-LCA	1568	22052	XA-TGU	1026	20876	YV-40C	1462	21632			
VT-LCB	1620	22053	XA-THU	941	20625	YV-41C	1565	21968			
VT-LCC	1752	22167	XA-TKO	1774	22536	YV-462C	793	20303			
VT-LCI	1770	22168	XA-TKV	1779	22537	YV-463C	761	20248			
XA-AAD	1185	20991	XA-TLZ	1735	22163	YV-464C	811	20392			
XA-AAQ	1454	21628	XA-TMA	1743	22164	YV-465C	526	19992			
XA-ABL	935	20640	XA-TMY	1582	21987	YV-466C	665	19973			
XA-ABM	1520	21978	XA-TPK	1320	21343	YV-608C	816	20394			
XA-AFB	1164	21149	XA-TPV	657	19493	YV-74C	1559	22043			
XA-AFC	831	20383	XA-TQT	730	20188	YV-75C	1561	22044			
XA-CUB	950	20709	XA-TRB	949	20706	YV-762C	1641	22268			
XA-CUE	975	20710	XA-TRR	1456	21629	YV-768C	1302	21457			
XA-CUN	986	20780	XA-TXU	1320	21343	YV-76C	816	20394			
XA-DAT	999	20787	XA-UII	672	19913	YV-77C	1302	21457			
XA-DUI	1047	20894	XA-UIJ	668	19911	YV-822C	1709	22270			
XA-DUJ	1049	20895	XB-JDU	831	20383	YV-823C	1701	22269			
XA-DUK	1051	20896	XC-FPA	1728	22413	YV-843C	1026	20876			
XA-FID	1143	21071	XC-MPF	1780	22664	YV-844C	1709	22270			
XA-FIE	1145	21072	XC-NPF	1778	22663	YV-855C	1091	20905			
XA-GRO	1466	21634	XC-OPF	1754	22676	YV-856C	897	20614			
XA-HOH	1379	21577	XC-PFA	1728	22413	YV-880C	1149	20665			
XA-HON	1416	21617	XT-BFA	1715	22430	YV-905C	1187	20992			
XA-HOV	1429	21637	XU-722	511	19475	YV-907C	1049	20895			
XA-HOX	1457	21638	XU-RKF	661	19494	YV-909C	574	19561			
XA-IEU	1497	21836	XU-RKG	511	19475	YV-910C	697	19979			
XA-MEB	1545	21837	XU-RKJ	1144	20989	YV-92C	954	20724			
XA-MEC	1547	21838	XU-RKR	1459	21519	YV-93C	1026	20876			
XA-MED	1607	22156	YA-FAK	1276	21370	YV-94C	1029	20877			
XA-MEE	1619	22157	YA-FAM	1255	21088	YV-95C	1034	20878			
XA-MEF	1642	22158	YA-FAN	1202	21245	YV-96C	966	20727			
XA-MEH	1676	22409	YA-FAS	1345	21388	YV-97C	1055	20885			
XA-MEI	1678	22410	YA-FAT	1799	22542	ZS-DPE	1762	22643			
XA-MEJ	1696	22411	YA-FAX	1724	22290	ZS-DPF	1768	22644			
XA-MEK	1720	22412	YA-FAY	1719	22289	ZS-IAC	1217	21247			
XA-MEL	1728	22413	YA-FAZ	1712	22288	ZS-NOU	1176	21113			
XA-MEM	1748	22414	YA-GAD	1814	22702	ZS-NOV	1178	21114			
XA-MEQ	1683	22424	YB-128C	921	20605	ZS-NVR	922	20673			
XA-MER	1698	22425	YI-ACK	1006	20814	ZS-NWA	1002	20757			
XA-MEZ	1754	22676	YI-AGK	1186	21197	ZS-NZV	1023	20792			

Boeing 737-100

Production Started:	1968
Production Ended:	1969
Number Built:	30
Active:	0
Preserved:	1
WFU, Stored & In Parts:	2
Written Off:	1
Scrapped:	26

Location Summary

USA - WA	1
Peru	2

l/n	c/n	Model	Registration	Owner/Operator	Status	Location	Notes
1	19437	130	N515NA	(Museum of Flight)	Preserved	Seattle Boeing Field, WA	
2	19013	130	N701PJ	-	Scrapped	Marana, AZ	
3	19014	130	OB-1745	(Aero Continente)	WFU & Stored	Lima, Peru	
4	19015	130	N702PJ	-	Scrapped	Marana, AZ	
5	19016	130	N703PJ	-	Scrapped	Marana, AZ	
7	19017	130	OB-1736	-	Scrapped	Opa Locka, FL	
9	19018	130	N16201	-	Scrapped	Ardmore, OK	
10	19019	130	N33202	-	Scrapped	Ardmore, OK	
11	19020	130	N403PE	-	Scrapped	Ardmore, OK	
15	19021	130	N77204	-	Scrapped	Ardmore, OK	
17	19022	130	N20205	-	Scrapped	Mojave, CA	
23	19023	130	N14206	-	Scrapped	Ardmore, OK	
26	19024	130	N59207	-	Scrapped	Ardmore, OK	
32	19025	130	N14208	-	Scrapped	Ardmore, OK	
35	19026	130	N14209	-	Scrapped	Ardmore, OK	
52	19027	130	XA-RSY	-	Scrapped	Monterrey, Mexico	
89	19679	159	N472GB	-	Scrapped	Mojave, CA	
94	19680	159	N471GB	-	Scrapped	Las Vegas, NV	
98	19028	130	N14211	-	Scrapped	Ardmore, OK	
108	19029	130	N14212	-	Scrapped	Ardmore, OK	
113	19030	130	N24213	-	Scrapped	Ardmore, OK	
118	19031	130	N44214	-	Scrapped	Ardmore, OK	
119	19032	130	N77215	-	Scrapped	Ardmore, OK	
120	19033	130	XA-RSZ	-	Scrapped	?	
127	19794	130	XA-RSW	-	Scrapped	?	
184	19768	112	HP-873CMP	-	Written Off	Panama City	
194	19769	112	OB-1288	(Faucett)	WFU & Stored	Lima, Peru	
203	19770	112	N333RN	-	Scrapped	Irvine, CA	
212	19771	112	N708AW	-	Scrapped	Opa Locka, FL	
217	19772	112	N772WH	-	Scrapped	Tucson, AZ	

Cross Reference

Registration	l/n	c/n
9M-AOU	184	19768
9M-AOV	203	19770
9M-AOW	217	19772
9V-BBC	194	19769
9V-BBE	212	19771
9V-BFD	184	19768
9V-BFE	203	19770
9V-BFF	217	19772
B-2621	3	19014
B-2623	7	19017
D-ABEA	2	19013
D-ABEB	3	19014
D-ABEC	4	19015
D-ABED	5	19016
D-ABEF	7	19017
D-ABEG	9	19018
D-ABEH	10	19019
D-ABEI	11	19020
D-ABEK	15	19021
D-ABEL	17	19022
D-ABEM	23	19023
D-ABEN	26	19024
D-ABEO	32	19025
D-ABEP	35	19026
D-ABEQ	52	19027
D-ABER	98	19028
D-ABES	108	19029
D-ABET	113	19030
D-ABEU	118	19031
D-ABEV	119	19032
D-ABEW	120	19033
D-ABEY	127	19794
D-ABWA	89	19679
D-ABWB	94	19680
HK-1403	89	19679
HK-1404	94	19680
HP-1038	212	19771
HP-873	184	19768
HP-873CMP	184	19768
N14206	23	19023
N14208	32	19025
N14209	35	19026
N14211	98	19028
N14212	108	19029
N16201	9	19018
N17117	184	19768
N1780B	89	19679
N1781B	94	19680
N20205	17	19022
N2282C	2	19013
N2286C	3	19014
N2289C	4	19015
N24213	113	19030
N33202	10	19019
N333RN	203	19770
N401PE	9	19018
N402PE	10	19019
N403PE	11	19020
N404PE	15	19021
N405PE	17	19022
N406PE	23	19023
N407PE	26	19024
N408PE	32	19025
N409PE	35	19026
N40AF	194	19769
N410PE	52	19027
N411PE	98	19028
N412PE	108	19029
N413PE	113	19030
N414PE	118	19031
N415PE	119	19032
N416PE	120	19033
N417PE	127	19794
N42AF	203	19770
N44214	118	19031
N46AF	184	19768
N471GB	94	19680
N472GB	89	19679
N47AF	212	19771
N48AF	217	19772
N515NA	1	19437
N59207	26	19024

Registration	l/n	c/n
N701AW	2	19013
N701RJ	2	19013
N702AW	4	19015
N702RJ	4	19015
N703AW	5	19016
N703RJ	5	19016
N708AW	212	19771
N708SP	212	19771
N709AW	203	19770
N709SP	203	19770
N73700	1	19437
N73715	89	19679
N73717	94	19680
N73GQ	203	19770
N77204	15	19021
N77215	119	19032
N772WH	217	19772
OB-1288	194	19769
OB-1657	7	19017
OB-1658	3	19014
OB-1736	7	19017
OB-1745	3	19014
OB-R-1288	194	19769
P4-ASA	3	19014
P4-ASB	7	19017
TP-03	217	19772
XA-GBM	7	19017
XA-LBM	3	19014
XA-RSW	127	19794
XA-RSY	52	19027
XA-RSZ	120	19033
XB-IBV	217	19772
YV-405C	212	19771
YV-406C	5	19016
ZK-NEA	2	19013
ZK-NEB	4	19015
ZK-NEC	5	19016
ZK-NED	203	19770

Boeing 737-200

Production Started:	1967
Production Ended:	1988
Number Built:	1114
Active:	385
Preserved:	14
WFU, Stored & In Parts:	442
Written Off:	99
Scrapped:	174

Location Summary

Location	Count
Afghanistan	1
Algeria	13
Angola	5
Argentina	40
Australia	6
Bahamas	3
Bahrain	1
Bangladesh	1
Benin	3
Bolivia	6
Brazil	33
Cambodia	3
Canada	27
Central African Republic	1
Chad	3
Chile	36
China	7
Colombia	3
Congo	9
Costa Rica	4
Cuba	1
Djibouti	2
Ecuador	11
Egypt	2
El Salvador	1
Equatorial Guinea	1
Eritrea	2
Ethiopia	5
France	2

Location Summary

Location	Count
Gabon	2
Gambia	6
Georgia	1
Germany	1
Greece	2
Honduras	5
Hungary	1
India	21
Indonesia	84
Iran	5
Iraq	7
Israel	1
Italy	3
Ivory Coast	2
Jordan	3
Kazakhstan	3
Kenya	3
Kyrgyzstan	2
Lebanon	2
Libya	3
Malawi	1
Malaysia	5
Mali	1
Mexico	38
Morocco	5
Mozambique	5
New Zealand	1
Nigeria	18
Pakistan	8

Location Summary

Paraguay	3
Peru	30
Philippines	20
Rep. of Ireland	1
Romania	3
Russia	7
Saudi Arabia	4
Serbia	4
Sierra Leone	1
Singapore	4
South Africa	52
Sudan	3
Switzerland	2
Taiwan	4
Tajikistan	3
Tanzania	1
Thailand	1
UAE - Ras Al Khaimah	4
UAE - Sharjah	12
Uganda	1
Ukraine	1
United Kingdom	11
Uruguay	3
USA - AK	6
USA - AR	3
USA - AZ	24
USA - CA	48
USA - FL	11
USA - GA	1
USA - HI	5
USA - IL	2
USA - IN	2
USA - KS	2
USA - LA	1
USA - MD	2
USA - MS	2
USA - NC	8
USA - NJ	1
USA - NM	5
USA - NV	8
USA - OH	1
USA - OR	1
USA - TN	2
USA - TX	21
USA - WA	1
Venezuela	28
Yemen	1
Zambia	2

Location Summary

Zimbabwe	4

l/n	c/n	Model	Registration	Owner/Operator	Status	Location	Notes
6	19039	222	RP-C2021	(Air Philippines)	Stored	Manila, Philippines	
8	19040	222	N9002U	-	Scrapped	Greenwood, MS	
12	19041	222	N737VU	(Vincennes University)	Ground Trainer	Indianapolis, IN	
13	19306	293	N461GB	-	Fire Trainer	Phoenix Sky Harbor, AZ	
14	19042	222	N9004U	-	Nose Preserved	Australia	
16	19758	222	N12235	-	Scrapped	Ardmore, OK	
18	19043	222	N9005U	-	Written Off	Philadelphia, PA	
19	19044	222	N9006U	-	Scrapped	Greenwood, MS	
20	19307	293	N462AC	(AirCal)	Nose Preserved	Terminal Bar, Baltimore Int'l, MD	
21	19045	222	N9007U	-	Scrapped	Greenwood, MS	
22	19046	222	N9008U	-	Scrapped	Greenwood, MS	
24	19047	222	N9009U	(Southern Illinois University)	Ground Trainer	Carbondale Southern Illinois, IL	
25	19048	222	N9010U	-	Scrapped	Greenwood, MS	
27	19049	222	N9011U	-	Scrapped	Greenwood, MS	
28	19050	222	N9012U	-	Scrapped	Marana, AZ	
29	19418	201	N200AU	(US Air)	Fuselage Remains	Davis Monthan, AZ	
30	19051	222	N9013U	-	Scrapped	Greenwood, MS	
31	19052	222	N9014U	-	Scrapped	Tucson, AZ	
33	19598	247	N903RC	-	Scrapped	Tucson, AZ	
34	19053	222	N9015U	-	Scrapped	Greenwood, MS	
36	19054	222	N9016U	-	Scrapped	Las Vegas, NV	
37	19055	222	N9017U	-	Scrapped	Greenwood, MS	
38	19709	204	N197AW	-	Scrapped	El Mirage, CA	
39	19599	247	N4502W	-	Scrapped	Dallas Love Field, TX	
40	19308	293	N463GB	-	Scrapped	Greenwood, MS	
41	19419	201	N202AU	-	Scrapped	Shelton, WA	
42	19056	222	RP-C2024	-	Scrapped	Manila, Philippines	
43	19420	201	N203AU	-	Scrapped	El Mirage, CA	
44	19600	247	N487GS	-	Scrapped	Lake City, FL	
45	19601	247	PK-OCF	-	Scrapped	Kuala Lumpur Subang, Malaysia	
46	19602	247	N4505W	-	Scrapped	Dallas Love Field, TX	
47	19309	293	9Q-CKZ	-	Scrapped	Kinshasa, Congo Kinshasa	
48	19057	222	N9019U	-	Scrapped	Greenwood, MS	
49	19058	222	N68AF	(Federal Aviation Administration)	Fuselage Remains	Albuquerque, NM	
50	19059	222	OB-1763	Aero Continente	Active	Lima, Peru	
51	19603	247	N204AU	-	WFU & Stored	Opa Locka, FL	
53	19421	201	N205AU	(Boeing)	Stored	Alexandria, LA	
54	19710	204	N198AW	-	Section Remains	Tucson, AZ	
55	19060	222	N9022U	-	Scrapped	Greenwood, MS	
56	19604	247	N4507W	-	Scrapped	Mojave, CA	
57	19605	247	N165W	Northrop Grumman - ESSS Flight	Active	Baltimore Int'l, MD	
58	19061	222	N9023U	-	Scrapped	Marana, AZ	
59	19062	222	N9024U	(Lewis University)	Ground Trainer	Chicago Romeoville, IL	
60	19929	219	N321XV	-	Scrapped	Mojave, CA	
61	19422	201	OB-1730P	(Aero Continente)	Stored	Lima, Peru	
62	19063	222	N9025U	-	Scrapped	Greenwood, MS	
63	19064	222	SU-PMA	(Pharaoh Airlines)	WFU & Stored	Cairo, Egypt	
64	19606	247	N305VA	-	Scrapped	?	

l/n	c/n	Model	Registration	Owner/Operator	Status	Location	Notes
65	19065	222	N9027U	-	Scrapped	Miami, FL	
66	19930	219	N322XV	(Olympic Airways)	WFU & Stored	Maxton, NC	
67	19423	201	N207AU	(PhilAir)	Stored	Subic Bay, Philippines	
68	19681	214	D2-TBI	(Angola Air Charter)	WFU & Stored	Luanda, Angola	
69	19066	222	F-GCSL	(Air Mediterranee)	Parts Remain	Toulouse, France	
70	19607	247	N912MP	-	Scrapped	Davie, FL	
71	19067	222	F-GCJL	-	Fire Trainer	Geneva, Switzerland	
72	19426	202C	9J-AFW	(Aero Zambia)	WFU & Stored	Pietersburg, South Africa	
73	19608	247	N4511W	-	Scrapped	Shannon, Ireland	
74	19068	222	N9030U	-	Scrapped	Greenwood, MS	
75	19069	222	N9031U	-	Written Off	Chicago Midway, IL	
76	19070	222	N9032U	-	Scrapped	Greenwood, MS	
77	19931	219	N453AC	-	Scrapped	Roswell, NM	
78	19682	214	N10238	-	Scrapped	Shelton, WA	
79	19884	217	N12230	-	Scrapped	Ardmore, OK	
80	19713	293	N465AC	-	Parts Remain	Kingman, AZ	
81	19609	247	N306VA	-	Scrapped	Davis Monthan, AZ	
82	19707	244	OB-1713	Peruvian Air Force / TANS	Active	Lima, Peru	
83	19610	247	OB-1317	-	Scrapped	Lima, Peru	
84	19847	242C	F-GOAF	(Air Mediterranee)	Stored	Bucharest Baneasa, Romania	
85	19071	222	N9033U	-	Scrapped	Tucson, AZ	
86	19072	222	OB-1451	-	Written Off	Arequipa, Peru	
87	19708	244	5N-BEI	(Earth Airlines)	Stored	Bucharest Baneasa, Romania	
88	19714	293	OB-1572	(Americana de Aviacion)	WFU & Stored	Lima, Peru	
90	19073	222	N752N	-	Written Off	Charlotte, NC	
91	19885	217	N12231	-	Scrapped	Ardmore, OK	
92	19611	247	RA-73003	SAT Airlines	Active	Yuzhno Sakhalinsk, Russia	
93	19612	247	N737BG	(Jet Midwest Inc)	Stored	Walnut Ridge, AR	
95	19074	222	F-GYAL	-	Scrapped	Bucharest Baneasa, Romania	
96	19742	275	4R-ULH	-	Scrapped	Colombo, Sri Lanka	
97	19075	222	3D-AAJ	(Benin Golf Air)	Fuselage Remains	Pietersburg, South Africa	
99	19076	222	N9038U	-	Scrapped	Miami, FL	
100	19920	214	N14239	-	Scrapped	Kingman, AZ	
101	19886	217	N16232	-	Scrapped	Kingman, AZ	
102	19594	210C	9Q-CGW	Aviatrade Congo	Active	Kinshasa, Congo Kinshasa	
103	19077	222	RP-C2025	Air Philippines	Active	Manila, Philippines	
104	19613	247	N902WC	-	Scrapped	Tucson, AZ	
105	19614	247	N309VA	(CIS Air Corp)	Stored	Greensboro, NC	
106	19078	222	N9040U	-	Scrapped	Marana, AZ	
107	19547	217	OB-1748	(Aero Continente)	Stored	Lima, Peru	
109	19887	217	N14233	-	Scrapped	Kingman, AZ	
110	19408	205	N408CE	-	WFU & Stored	Miami, FL	
111	19921	214	HR-SHG	-	Scrapped	?	
112	19888	217	N13234	-	Scrapped	Ardmore, OK	
114	19548	222	N209US	-	Scrapped	Tucson, AZ	
115	19549	222	N64AF	-	Scrapped	Hialeah, FL	
116	19550	222	N9044U	-	Scrapped	Davis Monthan, AZ	
117	19551	222	N9045U	-	Scrapped	Greenwood, MS	

Boeing 737-200 — Out Of Production List: Western Jet Airliners

l/n	c/n	Model	Registration	Owner/Operator	Status	Location	Notes
121	19552	222	N61AF	-	Scrapped	Kingman, AZ	
122	19553	222	RP-C1938	(Air Philippines)	WFU & Stored	Manila, Philippines	
123	19554	222	OB-1635	(Faucett Peru)	Stored	Lima, Peru	
124	20070	2C0	N14241	-	Scrapped	Ardmore, OK	
125	19615	247	OB-1620	(Aero Continente)	WFU & Stored	Lima, Peru	
126	19616	247	OB-1742-P	(Aero Continente)	Stored	Lima, Peru	
128	19409	205	OB-1751-P	(Aero Continente)	Stored	Lima, Peru	
129	19555	222	N210US	-	Written Off	Kinston, NC	
130	19556	222	N62AF	-	Written Off	Washington National, DC	
131	20071	2C0	N10242	-	Scrapped	Ardmore, OK	
132	19617	247	N304VA	-	Scrapped	Roswell, NM	
133	19932	222	N9051U	(Purdue University)	Ground Trainer	Lafayette - Purdue, IN	
134	20125	247	N303VA	-	Scrapped	Roswell, NM	
135	19933	222	N9052U	-	Scrapped	Las Vegas, NV	
136	20072	2C0	N73243	-	Scrapped	Ardmore, OK	
137	19934	222	VP-BEE	-	Scrapped	Bournemouth, UK	
138	19935	222	N9054U	-	Scrapped	Las Vegas, NV	
139	19743	275C	XA-TRW	(Facts Air / Estafeta Cargo Aerea)	Stored	Laredo, TX	
140	20126	247	N302VA	-	Scrapped	Roswell, NM	
141	20211	201	ZP-CAQ	Delcar Charters	Active	Asuncion, Paraguay	
142	20073	2C0	N11244	(Continental Airlines)	Fire Trainer	Houston Intercontinental, TX	
143	20196	217	C-FGWJ	(WestJet)	Ground Trainer	Calgary, Canada	
144	20127	247	XC-IJI	-	Written Off	Loma Bonita, Mexico	
145	20128	247	OB-1729P	(Aero Continente)	Stored	Lima, Peru	
146	19936	222	B-2601	(Far Eastern Air Transport)	Ground Trainer	Taipei, Taiwan	
147	19424	248	FAP-353	Peruvian Air Force	Active	Lima, Peru	
148	19937	222	N10236	-	Scrapped	Ardmore, OK	
149	20197	217	OB-1806-P	Peruvian Air Force / TANS	Active	Lima, Peru	
150	19938	222	N9057U	(United Airlines)	Fire Trainer	Changi Village, Singapore	
151	19939	222	B-2603	-	Written Off	Miao-Li, China	
152	20209	297	N73711	-	Written Off	Hilo, HI	
153	19425	248	OB-R-1314	-	Written Off	Iquitos, Peru	
154	20129	247	N14246	-	Scrapped	Ardmore, OK	
155	19711	204	RP-C8890	(Grand Air)	WFU & Stored	Taipei, Taiwan	
156	20130	247	RP-C8886	-	Scrapped	Taipei, Taiwan	
157	19848	242C	TU-TAV	-	Written Off	Yaounde, Cameroon	
158	20299	2A3	C-GWJO	(Kingston University)	Ground Trainer	Newcastle, UK	
159	20212	201	OB-1764-P	(Aero Continente)	Stored	Lima, Peru	
160	20213	201	N213US	(USAir)	Forward Fuselage Preserved	Museum of Flight, Seattle, WA	
161	20092	2A1	PP-SMA	-	WFU & Stored	Belo Horizonte, Brazil	
162	19712	204	OB-1723-P	-	Stored	Lima, Peru	
163	20210	297	N73712	-	Scrapped	?	
164	20300	2.00E+01	N197AL	-	Parts Remain	Mojave, CA	
165	20131	247	N4527W	-	Written Off	Casper, WY	
166	20236	204	RP-C8891	(Grand Air)	WFU & Stored	Clark Air Base, Philippines	
167	20132	247	RP-C8887	(Grand Air)	Stored	Taipei, Taiwan	
168	20226	281	B-1870	-	Written Off	Nr Makung, Taiwan	
169	20093	2A1(F)	PP-SMB	(VASP)	WFU & Stored	Manaus, Brazil	

l/n	c/n	Model	Registration	Owner/Operator	Status	Location	Notes
170	20074	2C0	N14245	-	Scrapped	Ardmore, OK	
171	19940	222	N135TA	-	Scrapped	?	
172	20214	201	OB-1753	(Aero Continente)	Stored	Lima, Peru	
173	20138	210C	TF-ELL	(ATA Brasil)	Stored	Southend, UK	
174	19941	222	N9060U	-	Scrapped	Miami, FL	
175	19942	222	RP-C2022	(Air Philippines)	Stored	Manila, Philippines	
176	20133	247	N14247	-	Scrapped	Shelton, WA	
177	20134	247	PP-BMS	(737 Restaurant)	Preserved as Restaurant	Downtown Taipei, Taiwan	
178	20227	281	N503AV	(Copa Airlines)	WFU & Stored	Davis Monthan, AZ	
179	19943	222	RP-C2020	(Air Philippines)	Stored	Manila, Philippines	
180	20155	214	PP-SMQ	(VASP)	Stored	Sao Paulo Congonhas, Brazil	
181	20156	214	N457TM	-	Stored	Opa Locka, FL	
182	20094	2A1	PP-SMC	-	WFU & Stored	Sao Paulo Guarulhos, Brazil	
183	19944	222	N9063U	-	Scrapped	Miami, FL	
185	19945	222	CC-CSF	(Avant Airlines)	WFU & Stored	Santiago, Chile	
186	19946	222	N9065U	(United Airlines)	Nose Preserved	Hiller Museum, San Carlos, CA	
187	19947	222	RP-C2023	(Air Philippines)	Stored	Manila, Philippines	
188	20095	2A1	N215US	(Nu-Tek Industries)	Parts Remain	Dallas Love Field, TX	
189	20157	214	PP-SMR	(VASP)	Stored	Campinas, Brazil	
190	20096	2A1	PP-SME	-	Written Off	Rio de Janeiro, Brazil	
191	19948	222	N9067U	-	Scrapped	Las Vegas, NV	
192	20158	214	N460AT	-	Scrapped	Opa Locka, FL	
193	20159	214	PP-SMS	(VASP)	Stored	Sao Paulo Congonhas, Brazil	
195	20160	214	PP-SMT	(VASP)	Stored	Rio de Janeiro Galeao, Brazil	
196	20194	2A6	N145AW	-	Scrapped	Opa Locka, FL	
197	19949	222	N199NA	-	Scrapped	Miami, FL	
198	19950	222	N9069U	-	Scrapped	Miami, FL	
199	20218	248C	N218TA	(Royal Air Cambodge)	Stored	Paya Lebar AB, Singapore	
200	19951	222	N9070U	-	Scrapped	Alexandria, LA	
201	19952	222	N9071U	-	Scrapped	Las Vegas, NV	
202	19953	222	VP-BEP	-	Scrapped	Bournemouth, UK	
204	20231	2B2	5R-MFA	-	Scrapped	Opa Locka, FL	
205	20412	205	HR-AUP	Atlantic Airlines De Honduras	Active	La Ceiba, Honduras	
205	20195	2A6	CC-CYR	-	Written Off	Santiago, Chile	
206	19954	222	N216US	(Long Beach Fire Dept)	Fire Trainer	Long Beach, CA	
207	20215	201	OB-1754	(Aero Continente)	Stored	Lima, Peru	
208	20219	248C	PR-LSW	(ATA Brasil)	Stored	Fortaleza, Brazil	
209	20361	291	N10251	-	Scrapped	Ardmore, OK	
210	19955	222	OB-1783-P	(Aero Continente)	Stored	Lima, Peru	
211	19956	222	N737AP	Pace Airlines	Stored	Winston - Salem, NC	
213	20216	201	N218US	-	Scrapped	Ft. Lauderdale, FL	
214	20229	244	ZS-SBN	-	Scrapped	Johannesburg, South Africa	
215	20220	248C	9Q-CGJ	GTRA Airways	Active	Kinshasa, Congo Kinshasa	
216	20362	291	N17252	(Continental Airlines)	Fuselage Remains	Houston Intercontinental, TX	
218	20363	291	PK-LID	-	Written Off	Pekanbaru, Indonesia	
219	20364	291	P4-RMB	(Air Kazakstan)	Ground Trainer	Budapest, Hungary	
220	20365	291	N737RD	-	Scrapped	Miami, FL	
221	20396	2E1	C-FEPL	-	Scrapped	Davis Monthan, AZ	

l/n	c/n	Model	Registration	Owner/Operator	Status	Location	Notes
222	20242	297	N73713	-	Scrapped	Honolulu, HI	
223	20253	230C	HK-4216X	Aerosucre	Active	Bogota, Colombia	
224	20280	2B1	C9-BAA	-	Scrapped	Maputo, Mozambique	
226	20397	2E1	C-FEPR	-	Scrapped	Davis Monthan, AZ	
227	20221	248	FAP-354	(Peruvian Air Force / TANS)	Stored	Lima, Peru	
228	20281	2B1	C9-BAB	-	Written Off	Quelimane, Mozambique	
229	20344	219	N10248	-	Scrapped	Ardmore, OK	
230	20254	230C	9Q-	GTRA Airways	Active	Kinshasa, Congo Kinshasa	
231	20276	281	9Q-CSV	Lignes Aeriennes Congolaises	Active	Kinshasa, Congo Kinshasa	
232	20334	293	N468AC	-	Written Off	Santa Ana, CA	
233	20345	2H4	N73717	-	Scrapped	Mojave, CA	
234	20255	230C	PK-CDA	(Cardig Air Cargo)	Stored	Surabaya, Indonesia	
235	20277	281	OB-1746-P	(Aero Continente)	Stored	Lima, Peru	
236	20403	287	LV-JMW	(Aerolineas Argentinas)	WFU & Stored	Buenos Aires EZE, Argentina	
237	20335	293	PK-OCG	-	Scrapped	Kuala Lumpur Subang, Malaysia	
238	20256	230C	PK-RPX	-	Written Off	Kuching, Indonesia	
239	20336	2H4	N456TM	-	Scrapped	Davis Monthan, AZ	
240	20222	248	EI-ASG	-	Scrapped	Dublin, Ireland	
241	20413	281	4X-BAF	-	Scrapped	Tel Aviv, Israel	
242	20205	2A9C	ZS-OVO	-	WFU & Stored	Johannesburg, South Africa	
243	20404	287	LV-JMX	(Aerolineas Argentinas)	WFU & Stored	Buenos Aires EZE, Argentina	
244	20414	281	OB-1747	-	Scrapped	Opa Locka, FL	
245	20282	204C	PR-MGA	(ATA Brasil)	Stored	Campo Grande, Brazil	
246	20453	2H5	N220US	-	Scrapped	Greensboro, NC	
247	20454	247	N221US	-	Scrapped	Greensboro, NC	
248	20405	287	LV-JMY	(Aerolineas Argentinas)	WFU & Stored	Buenos Aires EZE, Argentina	
249	20206	2A9C	PK-YGM	-	Written Off	Bandar Aceh, Indonesia	
250	20329	244	ZS-SBO	(Comair / British Airways)	Stored	Johannesburg, South Africa	
251	20389	204C	LV-WRZ	-	Written Off	Buenos Aires EZE, Argentina	
252	20223	248	CC-CSL	(LAN Airlines)	WFU & Stored	Santiago, Chile	
253	20142	275	C-FPWC	-	Written Off	Cranbrook, BC, Canada	
254	20455	242C	N24089	Logistic Air	Active	Fernley, NV	
255	20417	204C	CC-CSD	(LAN Airlines)	Stored	Santiago, Chile	
256	20440	210C	7T-VVA	Antineas Airlines	Active	Algiers, Algeria	
257	20330	244	LV-WBO	-	Scrapped	Buenos Aires EZE, Argentina	
258	20346	2H4C	PP-SMW	(VASP)	Stored	Sao Paulo Guarulhos, Brazil	
259	20449	281	N772S	-	Scrapped	Amarillo, TX	
260	20331	244	ZS-SBR	(SAA Technical School)	Ground Trainer	Johannesburg, South Africa	
261	20406	287	LV-JMZ	-	Parts Remain	Buenos Aires Aeroparque, Argentina	
262	20450	281	XU-U4A	PMTair	Active	Phnom Penh, Cambodia	
263	20407	287C	LV-JND	(Aerolineas Argentinas)	WFU & Stored	Buenos Aires Aeroparque, Argentina	
264	20368	214	N7386F	-	Scrapped	Maxton, NC	
265	20408	287	LV-JNE	-	Written Off	Buenos Aires EZE, Argentina	
266	20451	281	YI-AOF	(Iraqi Airways)	Parts Remain	Baghdad, Iraq	
267	20369	2H4	N7381F	-	Scrapped	Mojave, CA	
268	20496	242C	N2409N	(Logistic Air)	Stored	Fernley, NV	
269	20480	2A8	VT-EAG	-	Scrapped	New Delhi, India	
270	20452	281	PK-JHE	-	Scrapped	Jakarta CGK, Indonesia	

Boeing 737-200 — Out Of Production List: Western Jet Airliners

l/n	c/n	Model	Registration	Owner/Operator	Status	Location	Notes
271	20481	2A8	VT-EAH	-	Written Off	Ahmadabad, India	
272	20482	2A8	VT-EAI	-	Scrapped	Chennai, India	
273	20483	2A8	K3187	Indian Air Force	Active	Dundigal, India	
274	20257	274	N737TW	(Ameristar)	WFU & Stored	Memphis, TN	
275	20484	2A8	K3186	Indian Air Force	Active	Dundigal, India	
276	20258	230C	N767TW	(Ameristar)	WFU & Stored	Roswell, NM	
277	20485	2A8	VT-EAL	-	Written Off	Hyderabad, India	
278	20458	205C	9M-PMM	Poslaju Kurier National	Active	Kuala Lumpur Subang, Malaysia	
279	20486	2A8	VT-EAM	-	Written Off	New Delhi, India	
280	20506	281	HS-VKU	(Phuket Air)	WFU & Stored	Jakarta CGK, Indonesia	
281	20492	212	OB-1476	(Aero Continente)	Stored	Lima, Peru	
282	20507	281	HS-AKO	(Phuket Air)	WFU & Stored	Jakarta CGK, Indonesia	
283	20498	286	EP-IRF	(Iran Air)	WFU & Stored	Tehran Mehrabad, Iran	
284	20499	286	EP-IRG	-	Written Off	Shiraz, Iran	
285	20523	287	LV-JTD	(Aerolineas Argentinas)	WFU & Stored	Buenos Aires EZE, Argentina	
286	20500	286C	EP-IRH	(Iran Air)	WFU & Stored	Tehran Mehrabad, Iran	
287	20508	281	PK-JHF	-	Written Off	Yokyakarta, Indonesia	
288	20521	212	LV-WRO	(Aerolineas Argentinas)	WFU & Stored	Roswell, NM	
289	20536	2B1C	RP-C8015	TransGlobal Airways	Active	Subic Bay, Philippines	
290	20544	2D6	F-GLXH	-	Scrapped	Toulouse, France	
291	20537	287	LV-JTO	(Aerolineas Argentinas)	WFU & Stored	Buenos Aires EZE, Argentina	
292	20561	281	LV-WTX	(Aerolineas Argentinas)	Preserved	Museum of Aeronautics, Moron, Argentina	
293	20562	281	CC-CSK	(Aerolineas Del Sureste)	WFU & Stored	Santiago, Chile	
294	20574	268C	N735LA	(Logistic Air)	WFU & Stored	Ras Al Khaimah, UAE	
295	20575	268C	3D-RED	Toumai Air Tchad	Active	N'djamena, Chad	
296	20563	281	C-GGOF	(WestJet)	Ground Trainer	Calgary, Canada	
297	20576	268	J2-KCC	(Silver Air)	WFU & Stored	Addis Ababa, Ethiopia	
298	20577	268	EX-121	(Phoenix Aviation)	WFU & Stored	Ras Al Khaimah, UAE	
299	20578	268	N377AK	(Logistic Air)	Stored	McMinnville, OR	
300	20588	275	C-GWJE	(WestJet)	WFU & Stored	Greenwood, MS	
301	20589	2A1	PP-SMF	(VASP)	Stored	Sao Paulo Congonhas, Brazil	
302	20582	2H6	CC-CTU	(Sky Airline)	WFU & Stored	Santiago, Chile	
303	20583	2H6	OB-1793-P	(Aero Condor)	Stored	Lima, Peru	
304	20590	2H7C	3D-ZZM	Inter Air Airlines / Toumai Air Tchad	Active	N'djamena, Chad	
305	20584	2H6	N401SH	-	Written Off	Managua, Nicaragua	
306	20585	2H6	9M-MBD	-	Written Off	Kampang Ladang, Malaysia	
307	20586	2H6	CC-CTO	Sky Airline	Active	Santiago, Chile	
308	20587	2H6	N123GU	-	Scrapped	Guatemala City, Guatemala	
309	20591	2H7C	ZS-IJJ	Inter Air Airlines	Active	Johannesburg, South Africa	
310	20631	2H6	XA-PBA	-	Scrapped	Bournemouth, UK	
311	20650	2D6C	7T-VED	-	Stored	Algiers, Algeria	
312	20671	2F9	5N-ANC	(Nigeria Airways)	Stored	Lagos, Nigeria	
313	20672	2F9	5N-AND	(Nigeria Airways)	WFU & Stored	Lagos, Nigeria	
314	20680	2B2	5R-MFB	-	Scrapped	Opa Locka, FL	
315	20670	275	C-GWJG	-	Scrapped	Calgary, Canada	
316	20632	204	CC-CSH	(Air Pub Charlie Yankee)	Preserved as Pub	Nos, Santiago, Chile	
317	20685	T-43A	71-1403	(USAF US Air Force)	WFU & Stored	Davis Monthan, AZ	
318	20633	204	CC-CSI	(LAN Airlines)	Stored	Santiago, Chile	

Boeing 737-200 — Out Of Production List: Western Jet Airliners

l/n	c/n	Model	Registration	Owner/Operator	Status	Location	Notes
319	20681	2E1	C-GDCC	-	Written Off	St. John's, Canada	
320	20711	205	3C-LQA	(Air Guinea)	Stored	Malabo, Equatorial Guinea	
321	20740	286C	EP-IRI	(Iran Air)	WFU & Stored	Tehran Mehrabad, Iran	
322	20758	2D6C	7T-VEE	-	Written Off	Coventry, UK	
323	20786	2B1	C9-BAD	-	Written Off	Lichinga, Mozambique	
324	20777	2A1	PP-SMG	(VASP)	Stored	Sao Paulo Congonhas, Brazil	
325	20778	2A1	PP-SMH	(VASP)	Stored	Brasilia, Brazil	
326	20686	T-43A	71-1404	USAF US Air Force	Active	Randolph AFB, TX	
327	20779	2A1	PP-SMP	(VASP)	Stored	Sao Paulo Congonhas, Brazil	
328	20776	2E1	C-GCDG	-	Scrapped	Goodyear, AZ	
329	20687	T-43A	71-1405	USAF US Air Force	Active	Randolph AFB, TX	
330	20688	T-43A	71-1406	(USAF US Air Force)	Fuselage Remains	Davis Monthan, AZ	
331	20768	287	N768KM	(Aerolineas Argentinas)	Ground Trainer	Erfurt, Germany	
332	20759	2D6C	7T-VEF	-	Stored	Algiers, Algeria	
333	20793	298C	9Q-CNI	-	Written Off	Kinshasa, Congo Kinshasa	
334	20689	200	N5175U	EG & G Special Projects	Active	Las Vegas McCarran, NV	
335	20785	275	N4529W	(EG & G Special Projects)	Stored	Davis Monthan, AZ	
336	20690	T-43A	72-0283	(USAF US Air Force)	Stored	Davis Monthan, AZ	
337	20691	200	N5294E	EG & G Special Projects	Active	Las Vegas McCarran, NV	
338	20806	204	PK-YTH	(Batavia Air)	WFU & Stored	Jakarta CGK, Indonesia	
339	20692	253	N5176Y	EG & G Special Projects	Active	Las Vegas McCarran, NV	
340	20693	200	N5177C	EG & G Special Projects	Active	Las Vegas McCarran, NV	
341	20807	204	C-GUWJ	-	Scrapped	Walnut Ridge, AR	
342	20808	204	CC-CSP	-	Scrapped	Santiago, Chile	
343	20694	253	N5294M	EG & G Special Projects	Active	Las Vegas McCarran, NV	
344	20917	210C	N4905W	(Aloha Airlines)	Stored	San Jose, Costa Rica	
345	20695	T-43A	72-0288	USAF US Air Force	Active	Randolph AFB, TX	
346	20794	298C	N745AS	(Alaska Airlines)	Stored	Tucson, AZ	
347	20696	T-43A	73-1149	-	Written Off	Nr Dubrovnik, Croatia	
348	20795	298C	9Q-CNK	(Lignes Aeriennes Congolaises)	Stored	Harare, Zimbabwe	
349	20697	T-43A	73-1150	USAF US Air Force	Active	Randolph AFB, TX	
350	20698	T-43A	73-1151	USAF US Air Force	Active	Randolph AFB, TX	
351	20907	229	G-GPFI	(European Air Charter / Ozjet)	Stored	Bournemouth, UK	
352	20908	229	YV-79C	(Servivensa)	WFU & Stored	Caracas, Venezuela	
353	20909	229	N968PG	-	Scrapped	Roswell, NM	
354	20836	2K2C	HA-LEW	(City-Line Hungary)	Stored	Bournemouth, UK	
355	20699	T-43A	73-1152	USAF US Air Force	Active	Randolph AFB, TX	
356	20882	268	EX-076	Esen Air	Active	Sharjah, UAE	
357	20700	T-43A	73-1153	USAF US Air Force	Active	Randolph AFB, TX	
358	20910	229	G-CEAF	(European Air Charter / Palmair)	WFU & Stored	Bournemouth, UK	
359	20701	T-43A	73-1154	(USAF US Air Force)	Stored	Waco, TX	
360	20911	229	VH-OZD	OzJet Airlines	Active	Brisbane, Australia	
361	20884	2D6	7T-VEG	-	WFU & Stored	Algiers, Algeria	
362	20702	T-43A	73-1155	(USAF US Air Force)	Preserved	Davis Monthan, AZ	
363	20703	T-43A	73-1156	USAF US Air Force	Active	Randolph AFB, TX	
364	20967	2A1	PP-SMU	(VASP)	Stored	Sao Paulo Congonhas, Brazil	
365	20912	229	G-CEAE	(European Air Charter)	Stored	Mojave, CA	
366	20883	268	HZ-AGG	(Saudi Arabian Airlines)	Stored	Jeddah, Saudi Arabia	

l/n	c/n	Model	Registration	Owner/Operator	Status	Location	Notes
367	20968	2A1	PP-SMV	-	Scrapped	Sao Paulo Guarulhos, Brazil	
368	20892	270C	EP-IGA	(Iran Air)	Stored	Tehran Mehrabad, Iran	
369	20969	2A1	PP-SMX	-	Written Off	Sao Paulo Congonhas, Brazil	
370	20922	275	C-GAPW	-	Scrapped	Opa Locka, FL	
371	20893	270C	EP-IGD	(Iran Air)	Stored	Tehran Mehrabad, Iran	
372	20926	2H6	XA-TLJ	-	Scrapped	Bournemouth, UK	
373	20925	2H4	P4-NEN	-	Written Off	Almaty, Kazakhstan	
374	20960	2A8	VT-ECP	(Damania Airways)	WFU & Stored	Mumbai, India	
375	20961	2A8	VT-ECQ	-	Written Off	Aurangabad, India	
376	20970	2A1	PP-SMY	-	Written Off	Brasilia, Brazil	
377	20957	2K6	EI-CBL	-	Written Off	San Jose, Costa Rica	
378	21000	241	PP-VME	(Rico Linhas Aereas)	Stored	San Jose Dos Campos, Brazil	
379	20964	287	LV-LIU	-	Written Off	Ushuaia, Argentina	
380	20962	2A8	VT-ECR	-	Written Off	Chennai, India	
381	20965	287	LV-LIV	(Aerolineas Argentinas)	WFU & Stored	Buenos Aires EZE, Argentina	
382	20971	2A1	PP-SMZ	(VASP)	WFU & Stored	Sao Paulo Guarulhos, Brazil	
383	20963	2A8	VT-ECS	-	Written Off	New Delhi, India	
384	21001	241	PP-VMF	(Varig)	WFU & Stored	Rio de Janeiro Galeao, Brazil	
385	21002	241	OB-1781-P	-	Scrapped	Lima, Peru	
386	20956	2A9	OB-1544-P	-	Written Off	Lima, Peru	
387	20966	287	LV-LIW	-	Scrapped	Buenos Aires EZE, Argentina	
388	20976	2E1	N461AT	-	Scrapped	Marana, AZ	
389	21003	241	CC-CIJ	Aerolineas Del Sur	Active	Santiago, Chile	
390	21004	241	PP-VMI	-	Scrapped	Rio de Janeiro Galeao, Brazil	
391	20958	275	C-GBPW	-	Fuselage Sunk as Reef	Off Vancouver Island, Canada	
392	21012	2C3	PP-CJN	-	Written Off	Goiania, Brazil	
393	21013	2C3	PP-CJO	-	Written Off	Brasilia, Brazil	
394	21005	241	LV-AGC	(Southern Winds)	WFU & Stored	Buenos Aires EZE, Argentina	
395	20959	275	C-GCPW	-	Scrapped	Opa Locka, FL	
396	20914	229C	OO-SDH	-	Written Off	Brussels Charleroi, Belgium	
397	21014	2C3	XA-MAC	(Magnicharters)	Stored	Monterrey, Mexico	
398	21006	241	PP-VMK	(Varig)	Parts Remain	San Jose Do Xingu, Brazil	
399	20913	2M6	LV-ZYX	(Southern Winds)	Stored	Buenos Aires EZE, Argentina	
400	21007	241	PT-MTF	TAF Linhas Aereas	Active	Fortaleza, Brazil	
401	20915	229C	5Y-JAP	Delta Connection	Active	Nairobi, Kenya	
402	21008	241	PP-VMM	(Rico Linhas Aereas)	Stored	Manaus, Brazil	
403	20916	229C	OO-SDK	-	Scrapped	Bournemouth, UK	
404	21015	2C3	PP-CJR	(Varig)	WFU & Stored	Rio de Janeiro Galeao, Brazil	
405	20943	2K2C	PK-RPH	RPX Airlines / Gading Sari Aviation Services	Active	Kuala Lumpur, Malaysia	
406	21016	2C3	XA-UHY	Global Jet / Cubana	Active	Havana, Cuba	
407	21063	2D6	7T-VEJ	(Air Algerie)	Stored	Algiers, Algeria	
408	20944	2K2C	PK-RPI	(RPX Airlines)	Stored	Jakarta CGK, Indonesia	
409	21064	2D6	7T-VEK	(Air Algerie)	Stored	Algiers, Algeria	
410	21017	2C3	LV-AHV	(Southern Winds)	Parts Remain	Buenos Aires EZE, Argentina	
411	21011	248C	C-FNVT	First Air	Active	Carp, ONT, Canada	
412	21094	2A1	PP-SNA	(VASP)	Stored	Brasilia, Brazil	
413	21066	210C	C-GNWI	(First Air)	Fuselage Remains	Yellowknife, NWT, Canada	

Boeing 737-200 — Out Of Production List: Western Jet Airliners

l/n	c/n	Model	Registration	Owner/Operator	Status	Location	Notes
414	21067	210C	C-GNWN	First Air	Active	Ottawa, Canada	
415	21069	291	N583CC	Cavalier Sports Marketing LLC	Active	Cleveland, OH	
416	21065	2D6	7T-VEL	(Air Algerie)	Stored	Algiers, Algeria	
417	21009	241	PR-RLA	(Rico Linhas Aereas)	WFU & Stored	Manaus, Brazil	
418	21135	229	G-CEAH	(European Air Charter)	WFU & Stored	Bournemouth, UK	
419	21073	2L7C	PP-SPF	(VASP)	Stored	Sao Paulo Congonhas, Brazil	
420	21136	229	G-CEAG	(European Air Charter)	WFU & Stored	Bournemouth, UK	
421	21137	229	VH-OBN	OzJet	Active	Melbourne, Australia	
422	21138	2M6	LV-VGF	-	Scrapped	Buenos Aires EZE, Argentina	
423	21117	2H4	C-GWJU	(WestJet)	WFU & Stored	Calgary, Canada	
424	21112	2E1	LV-ZZC	(Southern Winds)	Stored	Cordoba, Argentina	
425	21115	275	C-GEPW	(Air Canada)	WFU & Stored	Mojave, CA	
426	21130	219	XA-SAM	-	Scrapped	Mexico City	
427	21116	275C	9M-PML	Transmile Air Services / DHL	Stored	Kuala Lumpur Subang, Malaysia	
428	21131	219	CC-CYC	-	Scrapped	Santiago, Chile	
429	21169	2J8C	ST-AFK	-	Written Off	Nr Port Sudan, Sudan	
430	21170	2J8C	ST-AFL	-	Written Off	Khartoum, Sudan	
431	21176	229	VH-OZU	OzJet	Active	Melbourne, Australia	
432	21095	2A1(F)	PP-SNB	(VASP)	Stored	Sao Paulo Congonhas, Brazil	
433	21177	229	VH-OZX	OzJet	Active	Melbourne, Australia	
434	21163	2A8(F)	VT-BDE	-	Scrapped	Mumbai, India	
435	21164	2A8(F)	VT-BDF	(Blue Dart Aviation)	WFU & Stored	Mumbai, India	
436	21109	2H6C	HK-4253	Aerosucre	Active	Bogota, Colombia	
437	21139	229C	EX-050	Intal Air	Active	Sharjah, UAE	
438	21186	242	N103HA	Nationale Regionale Transport	Active	Libreville, Gabon	
439	21172	2M2C	D2-TAA	-	Written Off	Benguela, Angola	
440	21184	205	XA-UKW	Global Air	Acitve	Mexico City	
441	21165	2N3	FAB2115	Brazilian Air Force	Active	Brasilia, Brazil	
442	21167	2N1	207	Venezuelan Air Force	Active	Caracas, Venezuela	
443	21187	2A1C	PP-SNC	-	Written Off	Manaus, Brazil	
444	21188	2A1C	PP-SND	-	Written Off	Amazon Jungle, Brazil	
445	21166	2N3	FAB2116	Brazilian Air Force	Active	Brasilia, Brazil	
446	21183	270C	YI-AGJ	-	Written Off	Arar, Saudi Arabia	
447	21173	2M2C	D2-TBC	TAAG Angola Airlines	Active	Luanda, Angola	
448	21206	269	C-GWJK	(WestJet)	WFU & Stored	Calgary, Canada	
449	21214	2B6	CN-RMI	(Royal Air Maroc)	Stored	Casablanca Mohammed V, Morocco	
450	21191	266	SU-AYH	-	Written Off	Malta	
451	21192	266	PK-YTA	(Batavia Air)	Stored	Surabaya, Indonesia	
452	21215	2B6	CN-RMJ	(Royal Air Maroc)	Stored	Casablanca Mohammed V, Morocco	
453	21196	266	LV-WYI	-	Scrapped	Goodyear, AZ	
454	21211	2D6	7T-VEN	Air Algerie	Active	Algiers, Algeria	
455	21194	266	SU-AYK	AMC Aviation	Active	Cairo, Egypt	
456	21216	2B6	CN-RMK	(Royal Air Maroc)	Stored	Casablanca Mohammed V, Morocco	
457	21195	266	PK-KJW	Egypt Air / Bouraq Indonesia	Active	Jakarta CGK, Indonesia	
458	21226	2N7	CP-2508	Aerosur	Active	Santa Cruz, Bolivia	
459	21212	2D6	5A-DMU	Buraq Air	Active	Tripoli, Libya	
460	21219	205	LV-ZZA	(Southern Winds)	Stored	Cordoba, Argentina	
461	21236	2M9	PP-SPJ	-	Written Off	Rio Manaus, Brazil	

Boeing 737-200 — Out Of Production List: Western Jet Airliners

l/n	c/n	Model	Registration	Owner/Operator	Status	Location	Notes
462	21231	2M8	YV-170T	Rutaca Airlines	Active	Ciudad Bolivar, Venezuela	
463	21224	284	SX-BCA	(Olympic Airlines)	WFU & Stored	Athens Hellinikon, Greece	
464	21225	284	PK-CJR	Sriwijaya Air	Active	Jakarta CGK, Indonesia	
465	21193	266	LV-YBS	(Southern Winds)	Stored	Buenos Aires EZE, Argentina	
466	21227	266	PK-JGV	(Jatayu Airlines)	WFU & Stored	Jakarta CGK, Indonesia	
467	21275	268	EX-079	Phoenix Aviation	Active	Sharjah, UAE	
468	21276	268	E3-NAD	NasAir	Active	Asmara, Eritrea	
469	21277	268	EX-077	(Phoenix Aviation)	Stored	Ras Al Khaimah, UAE	
470	21262	2H4	C-GWJT	(WestJet)	Ground Trainer	BC Institute of Technology, Burnaby, BC, Canada	
471	21280	268	J2-SRH	(Silver Air)	Stored	Addis Ababa, Ethiopia	
472	21281	268	TL-ADR	Centrafrique Air Express	Active	Bangui, Central African Republic	
473	21285	2D6	7T-VEQ	Air Algerie	Active	Algiers, Algeria	
474	21301	284	PK-CJL	Sriwijaya Air	Active	Jakarta CGK, Indonesia	
475	21302	284	PK-TXF	Xpress Air	Active	Ujung Pandang, Indonesia	
476	21282	268	HZ-AGM	(Saudi Arabian Airlines)	Parts Remain	Narjan, Saudi Arabia	
477	21283	268	EX-081	Intal Air	Active	Sharjah, UAE	
478	21296	2N8	7O-ACU	(Yemenia)	Stored	Sana'a, Yemen	
479	21278	2L9	N464AT	Sky King	Active	Sacramento, CA	
480	21279	2L9	N737Q	Sky King	Active	Sacramento, CA	
481	21294	275C	C-GFPW	Canadian North	Active	Edmonton, Canada	
482	21286	2D6	5A-DMV	Buraq Air	Active	Tripoli, Libya	
483	21317	286	EP-AGA	Government of Iran	Active	Tehran Mehrabad, Iran	
484	21295	2H7C	TJ-CBD	-	Written Off	Douala, Cameroon	
485	21360	268	J2-KCE	Silver Air	Active	Djibouti	
486	21287	2D6C	7T-VES	Air Algerie	Active	Algiers, Algeria	
487	21335	204	LV-YXB	-	Scrapped	Buenos Aires EZE, Argentina	
488	21361	268	J2-SRS	Silver Air	Active	Djibouti	
489	21336	204	LV-YZA	(LAPA)	WFU & Stored	Buenos Aires Aeroparque, Argentina	
490	21337	2H4	N20SW	-	Scrapped	San Bernardino, CA	
491	21500	284	N740AP	-	Scrapped	Greenwood, MS	
492	21501	284	N470AT	(AirTran Airways)	WFU & Stored	Roswell, NM	
493	21355	2P6	EI-CJW	-	WFU & Stored	Atlanta Hartsfield, GA	
494	21338	2H4	N23SW	-	Scrapped	San Bernardino, CA	
495	21339	2H4	N74PW	(Air Caribbean)	WFU & Stored	Victorville, CA	
496	21356	2P6	5Y-BPI	(Regional Air)	WFU & Stored	Addis Ababa, Ethiopia	
497	21357	2P6	PK-RIA	(Mandala Airlines)	Stored	Jakarta CGK, Indonesia	
498	21358	2P6	LV-WGX	(American Falcon)	Stored	Buenos Aires Aeroparque, Argentina	
499	21340	2H4	N29SW	(Kansas Aviation Museum)	Preserved	McConnell AFB, KS	
500	21359	2P6	N359MT	-	Scrapped	Goodyear, AZ	
501	21443	2C9	VP-BTA	(Transaero Airlines)	WFU & Stored	Moscow Sheremetyevo, Russia	
502	21440	2P5	PK-LIA	(Jatayu Airlines)	Stored	Jakarta CGK, Indonesia	
503	21496	2A8	N974PG	(Aerolineas Argentinas)	Stored	Tucson, AZ	
504	21497	2A8	VT-EFL	-	Written Off	Nr Imphal, India	
505	21498	2A8	N975PG	-	Stored	Tucson, AZ	
506	21445	205	N109AP	Pacific Aviation Group	Active	Victorville, CA	
507	21397	2K2	PK-IJH	(Bouraq Indonesia Airlines)	WFU & Stored	Jakarta CGK, Indonesia	
508	21447	2H4	RP-C3010	-	Written Off	Nr Davao, Philippines	
509	21448	2H4	RP-C3012	Air Philippines	Active	Manila, Philippines	

l/n	c/n	Model	Registration	Owner/Operator	Status	Location	Notes
510	21597	291	N974UA	(United Airlines)	WFU & Stored	Victorville, CA	
511	21362	268	EX-110	(AVE.com)	WFU & Stored	Sharjah, UAE	
512	21598	291	N976UA	(United Airlines)	WFU & Stored	Victorville, CA	
513	21499	2N9C	5U-BAG	Government of Niger Republic	Active	Bamako, Mali	
514	21599	2A1	F-GHXK	(Bellview Airlines)	Stored	Lagos, Nigeria	
515	21467	2Q2C	TR-LXL	(Air Gabon)	Stored	Libreville, Gabon	
516	21444	2C9	RA-73000	(Transaero Airlines)	WFU & Stored	Moscow Domodedovo, Russia	
517	21528	2L9	N465AT	Sky King	Active	Sacramento, CA	
518	21508	291	N977UA	(Sky King)	Stored	Merced, CA	
519	21476	2Q3	PP-SPI	(VASP)	Stored	Sao Paulo Congonhas, Brazil	
520	21538	2Q5C	TN-AEE	-	Scrapped	Shannon, Ireland	
521	21509	291	AP-BHC	Shaheen Air International	Active	Karachi, Pakistan	
522	21518	2Q8	AI-7304	Indonesian Air Force	Active	Jakarta Halim, Indonesia	
523	21544	291	HR-AUH	(Atlantic Airlines de Honduras)	WFU & Stored	La Ceiba, Honduras	
524	21533	2H4	RP-C3011	Air Philippines	Active	Manila, Philippines	
525	21545	291	YV102T	-	Written Off	Nr Toacaso, Ecuador	
526	21534	2H4	RP-C3015	Air Philippines	Active	Manila, Philippines	
527	21546	291	N981UA	(United Airlines)	WFU & Stored	Victorville, CA	
528	21612	2P6	HP-1340CMP	-	Scrapped	Greenwood, MS	
529	21596	229	CC-CVC	Sky Airline	Active	Santiago, Chile	
530	21613	2P6	CP-	AeroSur	Active	Cochambama, Bolivia	
531	21653	268	HZ-AGR	(Saudi Arabian Airlines)	Stored	Jeddah, Saudi Arabia	
532	21654	268	EX-777	Altyn Air Airlines / Sun Light Airlines	Active	Sharjah, UAE	
533	21616	2L7	PP-SPG	(VASP)	Stored	Manaus, Brazil	
534	21665	201	YV-907C	(Avior Airlines)	Stored	Barcelona, Venezuela	
535	21645	219	A6-PHF	AVE.com	Active	Sharjah, UAE	
536	21640	291	XA-OHC	(Nova Air)	Stored	Mexico City	
537	21641	291	HR-AUI	(Atlantic Airlines de Honduras)	Stored	La Ceiba, Honduras	
538	21677	2P6	HP-1339CMP	-	Scrapped	Greenwood, MS	
539	21639	275	C-GGPW	(Federal Aviation Administration)	Ground Trainer	Atlantic City, NJ	
540	21642	291	N984UA	-	Scrapped	Victorville, CA	
541	21693	204	PK-YTJ	Batavia Air	Active	Jakarta CGK, Indonesia	
542	21694	204	C-GWWJ	-	Scrapped	Walnut Ridge, AR	
543	21535	2H4	N54SW	(Ryan International Airlines)	Stored	Sunrise, FL	
544	21593	2H4	C-GSWJ	(WestJet)	WFU & Stored	Calgary, Canada	
545	21477	2Q3	JA8444	-	Written Off	Ishigaki Island, Japan	
546	21710	2R8C	5H-ATC	(Air Tanzania)	Stored	Lanseria, South Africa	
547	21666	201	AP-BHG	Shaheen Air International	Active	Karachi, Pakistan	
548	21667	201	N225US	(Ryan International Airlines)	Stored	Tucson, AZ	
549	21685	2L9	PK-RIF	(Merpati)	WFU & Stored	Surabaya, Indonesia	
550	21686	2L9	V5-ANB	(Air Namibia)	Stored	Johannesburg, South Africa	
551	21719	2Q9	N804AL	-	Scrapped	Mojave, CA	
552	21720	2Q9	N809AL	(Aloha Airlines)	WFU & Stored	Goodyear, AZ	
553	21721	2H4	C-FRYG	(Royal Aviation)	Ground Trainer	Toronto Pearson, Canada	
554	21687	2Q8	EC-132	Itek Air	Active	Bishkek, Kyrgyzstan	
555	21747	291	YV101T	Conviasa	Active	Portamar, Venezuela	
556	21712	275	C-GIPW	(Pacific Western)	Preserved	Edmonton City Airport, Canada	
557	21736	2M8	TF-ELM	(Islandsflug)	WFU & Stored	Casablanca Mohammed V, Morocco	

l/n	c/n	Model	Registration	Owner/Operator	Status	Location	Notes
558	21748	291	N986UA	(United Airlines)	WFU & Stored	Victorville, CA	
559	21732	2H6	PK-RIN	(Mandala Airlines)	WFU & Stored	Jakarta CGK, Indonesia	
560	21716	217	N716SH	(Aero Condor Peru)	Stored	Cajamarca, Peru	
561	21739	297	C-GCWJ	-	Scrapped	Opa Locka, FL	
562	21740	297	4X-AOT	Elta Electronics	Active	Tel Aviv, Israel	
563	21774	2S3	YV1381	Rutaca Airlines	Active	Ciudad Bolivar, Venezuela	
564	21733	2P6	C9-BAM	(Air Corridor)	Stored	Maputo, Mozambique	
565	21714	248	5Y-KQJ	(Kenya Airways)	Stored	Nairobi, Kenya	
566	21734	2P6	A4O-BK	-	Written Off	Mino Jebel Ali, UAE	
567	21723	2M2	D2-TBD	(TAAG Angola Airlines)	WFU & Stored	Luanda, Angola	
568	21722	2H4	3D-BGA	(Aero Africa)	Stored	Brazzaville, Congo Brazzaville	
569	21749	291	N987UA	-	Scrapped	Opa Locka, FL	
570	21775	2S3	F-GHXL	Bellview Airlines Sierra Leone	Active	Freetown, Sierra Leone	
571	21763	2R4C	VT-SIA	-	Written Off	New Delhi, India	
572	21729	205	ZS-PNU	(Nationwide Airlines)	WFU & Stored	Lanseria, South Africa	
573	21711	2R8C	C-FFAL	Falconbridge	Active	Toronto Pearson, Canada	
574	21750	291	XA-UBB	Global Air / Cubana	Active	Havana, Cuba	
575	21751	291	N989UA	-	Scrapped	Opa Locka, FL	
576	21738	229C	XA-TWP	Estafeta Carga Aerea	Active	Guadalajara, Mexico	
577	21776	2S3	YV-169T	Rutaca Airlines	Active	Ciudad Bolivar, Venezuela	
578	21820	210	PK-RIJ	(Mandala Airlines)	Stored	Jakarta CGK, Indonesia	
579	21715	248	5Y-KQK	(Kenya Airways)	Stored	Nairobi, Kenya	
580	21728	242C	C-GNDC	First Air	Active	Montreal Dorval, Canada	
581	21717	217	YV295T	Venezolana	Active	Caracas, Venezuela	
582	21735	2Q8	N121NJ	-	Scrapped	Tucson, AZ	
583	21766	281	PK-YTR	Batavia Air	Active	Jakarta CGK, Indonesia	
584	21718	217	OB-1843-P	(Aero Condor)	Stored	Lima, Peru	
585	21767	281	PK-YTQ	(Batavia Air)	WFU & Stored	Jakarta CGK, Indonesia	
586	21768	281	CP-2484	Aerosur	Active	Santa Cruz, Bolivia	
587	21769	281	CP-2486	Aerosur	Active	Santa Cruz, Bolivia	
588	21770	281	HC-CFG	AeroGal	Active	Quito, Ecuador	
589	21815	201	CP-2438	Aerosur	Active	Santa Cruz, Bolivia	
590	21821	210C	N743AS	-	Scrapped	Mojave, CA	
591	21478	2Q3	PP-SFI	(VASP)	Stored	Sao Paulo Congonhas, Brazil	
592	21816	201	XA-UHZ	Global Air / Benin Golf Air	Active	Cotonou, Benin	
593	21839	229	I-JETA	(Air One)	Stored	Pescara, Italy	
594	21771	281	CP-2476	Aerosur	Active	Santa Cruz, Bolivia	
595	21765	205	ZS-PIU	(Nationwide Airlines)	Stored	Johannesburg, South Africa	
596	21980	291	N990UA	(United Airlines)	WFU & Stored	Marana, AZ	
597	21926	2S2C	A6-ZYA	(Dolphin Air)	Stored	Ras Al Khaimah, UAE	
598	21713	275	N290TR	(Air Canada)	Stored	Mojave, CA	
599	21790	236	ZS-SIT	(Safair)	Stored	Johannesburg, South Africa	
600	21927	2S2C	EX-061	Intal Air	Active	Sharjah, UAE	
601	21981	291	N991UA	-	Scrapped	Opa Locka, FL	
602	21817	201	C-GNAU	Air North	Active	Whitehorse, YUK, Canada	
603	21928	2S2C	C-GAIG	Air Inuit	Active	Kuujjuaq, QUE, Canada	
604	21810	2P5	HS-TBB	-	Written Off	Nr Phuket, Thailand	
605	21822	210C	PK-YGF	Tri-M.G. Airlines	Active	Jakarta Halim, Indonesia	

l/n	c/n	Model	Registration	Owner/Operator	Status	Location	Notes
606	21818	201	N229US	(AVIACSA)	Ground Trainer	Monterrey, Mexico	
607	21973	2H3	TS-IOC	(Tunisair)	WFU & Stored	Belgrade, Serbia	
608	21929	2S2C	VP-CYB	(Cayman Airways)	Stored	Marana, AZ	
609	21811	2H4	C-FKWJ	(WestJet)	Fuselage Remains	Calgary, Canada	
610	21959	2Q8C	ZS-PVU	(Bionic Aviation)	Stored	Lanseria, South Africa	
611	21812	2H4	XA-TWR	Global Air / Aero Caribbean	Active	Havana, Cuba	
612	21975	2Q9	C-FECJ	(CanJet Airlines)	Stored	Halifax, Canada	
613	21970	2H4	YV234T	Avior Airlines	Active	Barcelona, Venezuela	
614	22070	2L9	PP-SPH	(VASP)	Stored	Brasilia, Brazil	
615	21974	2H3	TS-IOD	(Tunisair)	WFU & Stored	Belgrade, Serbia	
616	22022	205	N771LS	(Cayman Airways)	WFU & Stored	Opa Locka, FL	
617	21840	229	CC-CVD	(LAN Airlines)	Stored	Santiago, Chile	
618	21957	2S9	VP-CHK	Executive Air Transport	Active	Zurich, Switzerland	
619	22074	242	XU-U4F	PMT Air	Active	Phnom Penh, Cambodia	
620	22071	2L9	ZS-PIV	Lignes Aerennes Congolaises	Active	Kinshasa, Congo Kinshasa	
621	22057	204	PK-CJD	Sriwijaya Air	Active	Jakarta CGK, Indonesia	
622	22050	268	A9C-DAA	Private	Active	Bahrain	
623	22072	2L9	C-FACP	First Air	Active	Carp, ONT, Canada	
624	22054	2T4	N702ML	(Southwest Airlines)	Stored	Mojave, CA	
625	21976	2Q9	N231US	(US Air)	WFU & Stored	Mexico City	
626	21791	236	PK-JGY	(Jatayu Airlines)	Stored	Jakarta CGK, Indonesia	
627	21819	275	AP-BHU	(Aero Asia International)	Stored	Sharjah, UAE	
628	21792	236	ZS-SIO	(Safair)	WFU & Stored	Johannesburg, South Africa	
629	22058	204	OB-1841-P	Star Peru	Active	Lima, Peru	
630	22075	242	EX-037	-	Written Off	Nr Kabul, Afghanistan	
631	22059	204	HP-1205CMP	-	Written Off	Nr Tucuti, Panama	
632	22089	291	N2089	(United Airlines)	Stored	Opa Locka, FL	
633	22055	2T4	PK-YTS	(Batavia Air)	Stored	Jakarta CGK, Indonesia	
634	22051	297	N725S	-	Scrapped	Goodyear, AZ	
635	21793	236	ZS-NNG	(Comair / British Airways)	Stored	Lanseria, South Africa	
636	22023	2T5	EI-CKS	-	Scrapped	Prestwick, UK	
637	21809	2M6C	N805AL	(Aloha Airlines)	WFU & Stored	Mojave, CA	
638	22060	2H4	N62SW	-	Scrapped	Mojave, CA	
639	22061	2H4	XU-RKA	(Benin Golf Air)	Stored	Abidjan, Ivory Coast	
640	22062	2H4	N500VP	IDM Corporate Aviation Sevices	Active	Las Vegas McCarran, NV	
641	22024	2T5	YV296T	Venezolana	Active	Caracas, Venezuela	
642	21960	2Q8	E3-NAS	NasAir	Active	Asmara, Eritrea	
643	21794	236	LV-ZYN	(Aerolineas Argentinas)	Stored	Buenos Aires Aeroparque, Argentina	
644	22026	236	HC-CFL	Icaro Air	Active	Quito, Ecuador	
645	21795	236	LV-ZYG	Aerolineas Argentinas	Active	Buenos Aires EZE, Argentina	
646	22278	2S3	PK-MDD	(Merpati)	Stored	Surabaya, Indonesia	
647	22025	2K2	EI-CKR	-	Parts Remain	UK	
648	21796	236	LV-ZEC	(Aerolineas Argentinas)	WFU & Stored	Buenos Aires EZE, Argentina	
649	22113	230	YV369T	RUTACA Airlines	Active	Ciudad Bolivar, Venezuela	
650	22279	2S3	PK-MBH	Merpati	Active	Jakarta CGK, Indonesia	
651	22018	201	XA-TXD	(AVIACSA)	Stored	Mexico City	
652	22161	2U4	ZS-SHN	(Safair)	Stored	Johannesburg, South Africa	
653	21797	236	ZS-NNH	Kulula.com	Active	Johannesburg, South Africa	

Boeing 737-200 — Out Of Production List: Western Jet Airliners

l/n	c/n	Model	Registration	Owner/Operator	Status	Location	Notes
654	22027	236	CC-CAP	Sky Airline	Active	Santiago, Chile	
655	22056	2T2C	C-GDPA	Canadian North	Active	Edmonton, Canada	
656	22028	236	RA-73001	(Transaero Airlines)	WFU & Stored	Moscow Domodedovo, Russia	
657	22114	230	CC-CTO	Sky Airline	Active	Santiago, Chile	
658	21798	236	LV-ZIE	(Aerolineas Argentinas)	Stored	Buenos Aires Aeroparque, Argentina	
659	21955	2M8	PK-YTV	Batavia Air	Active	Jakarta CGK, Indonesia	
660	21799	236	LV-ZYY	Aerolineas Argentinas	Active	Buenos Aires Aeroparque, Argentina	
661	21800	236	ZS-OVG	(Nationwide Airlines)	Stored	Johannesburg, South Africa	
662	22029	236	5H-MUZ	(Air Tanzania)	WFU & Stored	Johannesburg, South Africa	
663	22148	2S5C	HK-4328	Aerosucre	Active	Barranquilla, Colombia	
664	22090	2M8	PK-YTC	Batavia Air	Active	Jakarta CGK, Indonesia	
665	22276	296	CC-CTJ	(Sky Airline)	Stored	Santiago, Chile	
666	22255	217	PR-MTG	TAF Linhas Aereas	Active	Fortaleza, Brazil	
667	22086	275	C6-BGK	(Bahamasair)	WFU & Stored	Opa Locka, FL	
668	22296	2K2	EI-CKP	-	Scrapped	Dublin, Ireland	
669	21801	236	HC-CFD	Icaro Air	Active	Quito, Ecuador	
670	21802	236	ZS-SIN	(Safair)	Stored	Johannesburg, South Africa	
671	22280	2A8	VT-EGD	-	Written Off	Patna, India	
672	22256	217	N764SH	(Sky Airline)	Stored	Santiago, Chile	
673	22087	275	C6-BGL	Bahamasair	Active	Nassau, Bahamas	
674	22300	284	PK-CJO	Sriwijaya Air	Active	Jakarta CGK, Indonesia	
675	22277	296	N232TA	-	Scrapped	Roswell, NM	
676	22088	219	EX-009	-	Written Off	Bishkek, Kyrgyzstan	
677	21803	236	ZS-OKD	Comair / British Airways	Active	Johannesburg, South Africa	
678	22340	2K6	N129SW	-	Scrapped	Marana, AZ	
679	22281	2A8	VT-EGE	(Air India Regional)	Stored	Delhi, India	
680	22273	201	C-FJLB	Air North	Active	Edmonton, Canada	
681	22282	2A8(F)	VT-EGF	Air India Regional	Active	Delhi, India	
682	22274	201	J2-KCM	Teebah Airlines / Iraqi Airways	Active	Baghdad, Iraq	
683	22301	284	PK-CJA	Sriwijaya Air	Active	Jakarta CGK, Indonesia	
684	22159	275	N289TR	(Air Canada)	WFU & Stored	Mojave, CA	
685	22267	2P5	HS-TBC	-	Written Off	Nr Phuket, Thailand	
686	21804	236	CC-CZK	PAL Principal Airlines	Active	Santiago, Chile	
687	22275	201	AP-BJE	Shaheen Air	Active	Karachi, Pakistan	
688	22160	275C	C-GOPW	Canadian North	Active	Edmonton, Canada	
689	22283	2A8	VT-EGG	Air India Regional	Active	Delhi, India	
690	22406	2L9	PK-KJO	(Bali Air)	WFU & Stored	Surabaya, Indonesia	
691	22338	284	PK-KAD	Kartika Airlines	Active	Jakarta CGK, Indonesia	
692	22339	284	PK-KAO	Kartika Airlines	Active	Jakarta CGK, Indonesia	
693	22030	236	CC-CZO	PAL Principal Airlines	Active	Santiago, Chile	
694	22115	230	YV	Rutaca Airlines	Active	Ciudad Bolivar, Venezuela	
695	22343	284	PK-CJF	Sriwijaya Air	Active	Jakarta CGK, Indonesia	
696	22364	204	PK-JGP	(Jatayu Airlines)	Stored	Jakarta CGK, Indonesia	
697	21805	236	ZS-SIR	(Safair)	Stored	Johannesburg, South Africa	
698	22407	2L9	PK-YTI	(Batavia Air)	Stored	Bandung, Indonesia	
699	21806	236	LV-ZTT	(Aerolineas Argentinas)	Stored	Buenos Aires EZE, Argentina	
700	22365	204	5N-BEE	(ADC Airlines)	Stored	Lagos, Nigeria	
701	22116	230	ZS-SIP	Interlink Airlines	Active	Johannesburg, South Africa	

l/n	c/n	Model	Registration	Owner/Operator	Status	Location	Notes
702	22415	2K9(F)	VT-BDG	Blue Dart Aviation	Active	Mumbai, India	
703	22117	230	N818AL	-	Scrapped	Roswell, NM	
704	22118	230	ZS-OEZ	(Nationwide Airlines)	Stored	Cape Town, South Africa	
705	22408	2L9	ZS-PIW	(Nationwide Airlines)	Stored	Johannesburg, South Africa	
706	22367	2Q3	N763AA	(LAN Airlines)	Stored	Santiago, Chile	
707	22368	2T4	N368MM	(Mandala Airlines)	Stored	Seletar, Singapore	
708	22369	2T4	N369LS	(Mandala Airlines)	Stored	Seletar, Singapore	
709	22416	2K9	VT-SIF	JetLite India	Active	New Delhi, India	
710	21807	236	ZS-OKE	Comair / British Airways	Active	Johannesburg, South Africa	
711	22602	2A1	CC-CHJ	-	Written Off	Calama, Chile	
712	21808	236	C9-BAL	(Air Corridor)	WFU & Stored	Johannesburg, South Africa	
713	22383	291	N993UA	(United Airlines)	WFU & Stored	San Antonio, TX	
714	22119	230	ZS-OLC	Interlink Airlines	Active	Johannesburg, South Africa	
715	22120	230	CC-CDB	Sky Airline	Active	Santiago, Chile	
716	22370	2T4	XA-SIW	AVIACSA	Active	Mexico City	
717	22371	2T4	ZS-SGE	Star Air Cargo	Active	Johannesburg, South Africa	
718	22384	291	YR-CRI	ADS Trading / DreamJet	Active	Bucharest, Romania	
719	22356	2H4	N67SW	-	Scrapped	Opa Locka, FL	
720	22121	230	ZP-CAH	Regional Paraguaya Lineas Aereas	Active	Asuncion, Paraguay	
721	22122	230	CC-CTF	Sky Airline	Active	Santiago, Chile	
722	22031	236	5H-MVA	(Air Tanzania)	Stored	Johannesburg, South Africa	
723	22399	291	PK-KKF	(Adam Air)	Stored	Jakarta CGK, Indonesia	
724	22531	2V5	ZS-GCU	(Safair)	Stored	Johannesburg, South Africa	
725	22357	2H4	N68SW	(Southwest Airlines)	Ground Trainer	Dallas Love Field, TX	
726	22123	230	UP-B3701	TbilAviaMsheni Airlines	Active	Tbilisi, Georgia	
727	22124	230	ZP-CAJ	Regional Paraguaya Lineas Aereas	Active	Asuncion, Paraguay	
728	22352	201	C-FGCJ	(CanJet Airlines)	WFU & Stored	Greenwood, MS	
729	22395	2T5	A6-PHD	AVE.com	Active	Sharjah, UAE	
730	22396	2T5	ZS-SGX	(Safair)	Stored	Johannesburg, South Africa	
731	22353	201	C-FVCJ	(CanJet Airlines)	Stored	San Antonio, TX	
732	22358	2H4	N71SW	-	Scrapped	Mojave, CA	
733	22398	296	C-FMCJ	-	Scrapped	?	
734	22125	230	PK-IJI	(Bouraq Indonesia Airlines)	Stored	Bandung, Indonesia	
735	22126	230	N126AD	(LAN Airlines)	WFU & Stored	Santiago, Chile	
736	22354	201	JY-JRA	Royal Falcon Air Services	Active	Amman, Jordan	
737	22397	2T5	PK-YTF	Batavia Air	Active	Jakarta CGK, Indonesia	
738	22426	297	N726AL	(Aircraft Maintenance Repair & Overhaul)	Fuselage Remains	Abbotsford, BC, Canada	
739	22284	2A8	VT-EGH	Air India Regional	Active	Delhi, India	
740	22456	291	5N-BGA	(Space World Airline)	Stored	Port Harcourt, Nigeria	
741	22355	201	N240AU	(Gold Transportation)	Stored	Tucson, AZ	
742	22032	236	PK-CJK	Sriwijaya Air	Active	Jakarta CGK, Indonesia	
743	22033	236	G-BGJL	-	Written Off	Manchester, UK	
744	22402	230	CC-CTK	Sky Airline	Active	Santiago, Chile	
745	22127	230	YV	RUTACA Airlines	Active	Ciudad Bolivar, Venezuela	
746	22633	2S3	LV-YGB	(Southern Winds)	Stored	Cordoba, Argentina	
747	22473	2A8C	VT-EGM	Air India Regional	Active	Mumbai, India	
748	22453	2Q8	PK-YTG	(Batavia Air)	Stored	Jakarta CGK, Indonesia	
749	22575	2U9	N149AW	-	Scrapped	Goodyear, AZ	

Boeing 737-200 — Out Of Production List: Western Jet Airliners

l/n	c/n	Model	Registration	Owner/Operator	Status	Location	Notes
750	22529	2T4	N703S	Sierra Pacific Airlines	Active	Tucson, AZ	
751	22034	236	RA-73002	(Transaero Airlines)	WFU & Stored	Moscow Domodedovo, Russia	
752	22128	230	YV390T	RUTACA Airlines	Active	Ciudad Bolivar, Venezuela	
753	22264	275	TL-ADM	-	Written Off	Massamba, Congo	
754	22129	230	PK-MBC	(Merpati)	Stored	Surabaya, Indonesia	
755	22265	275	C-GQPW	-	Written Off	Calgary, Canada	
756	22257	217	XA-OCI	(Nova Air)	Stored	Mexico City	
757	22457	291	5N-BGB	(Space World Airline)	Stored	Port Harcourt, Nigeria	
758	22624	2H3	UP-B3704	Kaz Air Trans	Active	Almaty, Kazakhstan	
759	22516	296	CC-CTI	(Sky Airline)	Stored	Santiago, Chile	
760	22577	290C	N730AS	(Alaska Airlines)	WFU & Stored	Santiago, Chile	
761	22576	2U4	PK-MBJ	Merpati	Active	Jakarta CGK, Indonesia	
762	22130	230	PK-IJJ	(Bouraq Indonesia Airlines)	Stored	Bandung, Indonesia	
763	22596	2K5	C6-BFM	Bahamasair	Active	Nassau, Bahamas	
764	22131	230	PK-IJM	(Bouraq Indonesia Airlines)	Stored	Surabaya, Indonesia	
765	22266	275	N286TR	(Air Canada)	Stored	Mojave, CA	
766	22400	284	PK-TXD	Xpress Air	Active	Ujung Pandang, Indonesia	
767	22578	290C	N740AS	(Alaska Airlines)	Preserved	Alaskan Aviation Heritage Museum, Anchorage, AK	
768	22645	277	AP-BHA	Shaheen Air	Active	Karachi, Pakistan	
769	22132	230	PK-IJN	(Bouraq Indonesia Airlines)	Stored	Curug, Indonesia	
770	22258	217	C-GCPT	First Air	Active	Carp, ONT, Canada	
771	22259	217	PK-MBU	(Merpati)	Stored	Surabaya, Indonesia	
772	22133	230	OB-1851-P	Star Peru	Active	Lima, Peru	
773	22597	2K5	N250TR	Pace Airlines	Active	Raleigh/Durham, NC	
774	22635	230	D-ABHD	-	Written Off	Izmir, Turkey	
775	22607	2V2	HC-BIG	-	Written Off	Cuenca, Ecuador	
776	22625	2H3	AP-BIA	Vision Air	Active	Baghdad, Iraq	
777	22134	230	N234AG	(LAN Airlines)	Stored	Santiago, Chile	
778	22646	277	N179AW	(America West Airlines)	WFU & Stored	Mojave, CA	
779	22627	2R6C	3X-GCB	(Air Guinee Express)	WFU & Stored	Perpignan, France	
780	22401	284	SX-BCL	(Olympic Airways)	Ground Trainer	Athens Int'l, Greece	
781	22135	230	CC-CRQ	Sky Airline	Active	Santiago, Chile	
782	22443	201	N241US	-	Scrapped	Mojave, CA	
783	22136	230	PK-RIM	-	Written Off	Medan, Indonesia	
784	22260	217	PK-MBQ	(Merpati)	Stored	Surabaya, Indonesia	
785	22647	277	XA-RBC	(Republic Air)	Stored	Cancun, Mexico	
786	22341	217	PK-MBR	(Merpati)	WFU & Stored	Surabaya, Indonesia	
787	22580	244	OB-1809-P	-	Written Off	Nr Pucallpa, Peru	
788	22137	230	PK-RIL	Mandala Airlines	Active	Jakarta CGK, Indonesia	
789	22648	277	XA-MAE	Magnicharters	Active	Monterrey, Mexico	
790	22138	230	N820AL	-	Scrapped	Roswell, NM	
791	22139	230	CC-CTM	(Sky Airline)	Stored	Santiago, Chile	
792	22598	2K5	N249TR	Pace Airlines	Active	Raleigh/Durham, NC	
793	22140	230	ZS-OMG	(Nationwide Airlines)	Stored	Johannesburg, South Africa	
794	22667	2P5	PK-YTT	(Batavia Air)	WFU & Stored	Jakarta CGK, Indonesia	
795	22141	230	PK-MBD	(Merpati)	Stored	Surabaya, Indonesia	
796	22581	244	HC-CFR	AeroGal	Active	Shell, Ecuador	
797	22142	230	PK-MBE	Merpati	Active	Jakarta CGK, Indonesia	

l/n	c/n	Model	Registration	Owner/Operator	Status	Location	Notes
798	22285	2A8(F)	VT-EGI	Air India Regional	Active	Delhi, India	
799	22286	2A8(F)	VT-EGJ	Air India Regional	Active	Delhi, India	
800	22444	201	AP-BJI	Shaheen Air	Active	Karachi, Pakistan	
801	22649	277	XA-RBD	Republic Air	Active	Mexico City	
802	22626	2M2	D2-TBV	-	Written Off	Huambo, Angola	
803	22431	2V6	N787WH	(Perpetual Motion Inc.)	Stored	Ft. Lauderdale, FL	
804	22504	2K9	5N-BEY	(Nicon Airways)	WFU & Stored	Lagos, Nigeria	
805	22582	244	ZS-SIC	Interlink Airlines	Active	Johannesburg, South Africa	
806	22650	277	UP-B3702	StarLine KZ	Active	Aqtobe, Kazakhstan	
807	22679	2X2	A6-ZYC	Dolphin Air	Active	Sharjah, UAE	
808	22636	230	CC-CTH	Sky Airline	Active	Santiago, Chile	
809	22583	244(F)	ZS-SID	Safair / South African Cargo	Active	Johannesburg, South Africa	
810	22342	217	PK-MBS	(Merpati)	Stored	Surabaya, Indonesia	
811	22703	2E3	HC-CFO	AeroGal	Active	Shell, Ecuador	
812	22733	2L9	5N-BFM	Bellview Airlines	Active	Lagos, Nigeria	
813	22618	275C	C-GSPW	(Canadian North)	Stored	San Jose, Costa Rica	
814	22599	2K5	PK-YRT	Trigana Air Service	Active	Jakarta CGK, Indonesia	
815	22505	2K9	XA-MAF	Magnicharters	Active	Cancun, Mexico	
816	22600	2K5	HZ-MIS	(Sheikh Mustafa Edrees)	Stored	Southend, UK	
817	22697	2T4	CC-CTW	(Sky Airline)	WFU & Stored	Santiago, Chile	
818	22734	2L9	5N-BFN	-	Written Off	Lagos, Nigeria	
819	22651	277	N184AW	(America West Airlines)	Fuselage Remains	Mojave, CA	
820	22628	2W8	VP-CBA	SAMCO Aviation	Active	Riyadh, Saudi Arabia	
821	22584	244	9J-JOY	(Zambian Airways)	WFU & Stored	Johannesburg, South Africa	
822	22620	2H6	N902WG	Private	Active	Stuart - Witham Field, FL	
823	22698	2T4	CC-CTX	(Sky Airline)	WFU & Stored	Santiago, Chile	
824	22807	275	N291TR	(Air Canada)	WFU & Stored	Mojave, CA	
825	22735	2L9	ZS-GAV	Branson Air	Active	Lanseria, South Africa	
826	22673	2H4	N73SW	(Southwest Airlines)	Stored	Memphis, TN	
827	22674	2H4	XU-RKB	(Royal Khmer Airlines)	Stored	Cotonou, Benin	
828	22585	244(F)	ZS-SIF	Safair	Active	Johannesburg, South Africa	
829	22586	244	ZS-SIG	(1 Time)	Stored	Johannesburg, South Africa	
830	22737	2A3	CX-BON	(PLUNA)	Stored	Montevideo, Uruguay	
831	22652	277	XA-MAD	Magnicharters	Active	Monterrey, Mexico	
832	22653	277	N186AW	-	Scrapped	Goodyear, AZ	
833	22601	2K5	C6-BFW	Bahamasair	Active	Nassau, Bahamas	
834	22738	2A3	CX-BOO	(PLUNA)	Stored	Montevideo, Uruguay	
835	22587	244	ZS-SIH	Inter Air / Air Ivoire	Active	Abidjan, Ivory Coast	
836	22588	244	9J-JCN	(Zambian Airways)	Stored	Lusaka, Zambia	
837	22445	201	XA-UCG	AVIACSA	Active	Mexico City	
838	22143	230	PK-IJK	(Bouraq Indonesia Airlines)	WFU & Stored	Jakarta CGK, Indonesia	
839	22675	2H4	N80SW	-	Stored	Fort Worth Meacham, TX	
840	22634	230	ZS-OIV	(Nationwide Airlines)	Stored	Johannesburg, South Africa	
841	22730	2H4	N81SW	(Southwest Airlines)	WFU & Stored	Walnut Ridge, AR	
842	22629	297	N5WM	-	Scrapped	Tucson, AZ	
843	22589	244	HC-CFM	AeroGal	Active	Shell, Ecuador	
844	22739	2A3	CX-BOP	PLUNA	Active	Montevideo, Uruguay	
845	22752	201	XA-TVN	AVIACSA	Active	Mexico City	

Boeing 737-200 — Out Of Production List: Western Jet Airliners

l/n	c/n	Model	Registration	Owner/Operator	Status	Location	Notes
846	22657	219	F-GLXF	Ecoair International	Active	Algiers, Algeria	
847	22632	2T5	UP-B3703	Tahmid Air	Active	Almaty, Kazakhstan	
848	22637	230	PK-KAL	Kartika Airlines	Active	Jakarta CGK, Indonesia	
849	22660	2S3	PK-YTO	(Batavia Air)	WFU & Stored	Jakarta CGK, Indonesia	
850	22761	2T7	CC-CFD	Sky Airline	Active	Santiago, Chile	
851	22767	2B6	6V-AHK	(Air Senegal)	Stored	Casablanca Mohammed V, Morocco	
852	22760	2Q8	UR-BVY	AeroSvit Ukrainian Airlines	Active	Kiev Borispol, Ukraine	
853	22766	2D6	5A-DKY	Air Libya Tibesti	Active	Tripoli, Libya	
854	22590	244	ZS-SIK	Safair	Active	Johannesburg, South Africa	
855	22699	2T4	N130SW	(Southwest Airlines)	WFU & Stored	Mojave, CA	
856	22762	2T7	N762SH	(Sky Airline)	Stored	Santiago, Chile	
857	22751	201	ZS-IJA	Inter Air	Active	Johannesburg, South Africa	
858	22638	204	5N-BED	-	Scrapped	Lagos, Nigeria	
859	22591	244	ZS-SIL	Safair	Active	Johannesburg, South Africa	
860	22630	297	N147AW	Sky King / Ryan International Airlines	Active	Witchita, KS	
861	22658	217	5N-BEV	Chanchangi Airlines	Active	Kaduna, Nigeria	
862	22654	277	N187AW	(America West Airlines)	WFU & Stored	Goodyear, AZ	
863	22639	204	EI-CJE	-	Scrapped	Prestwick, UK	
864	22731	2H4	N732TW	(Ameristar Charters)	Stored	El Paso, TX	
865	22753	201	XA-TTM	AVIACSA	Active	Mexico City	
866	22771	2F9	5N-ANW	-	Written Off	Port Harcourt, Nigeria	
867	22640	204	OB-1839-P	(Star Peru)	Stored	Lima, Peru	
868	22777	2X9	AI-7301	Indonesian Air Force	Active	Hasanuddin, Indonesia	
869	22775	2M2	D2-TBN	-	Written Off	Lubango, Angola	
870	22754	201	OD-NOR	Cirrus Middle East	Active	Amman, Jordan	
871	22741	291	5X-EAA	(East African Airlines)	Stored	Brazzaville, Congo Brazzaville	
872	22655	277	AP-BHB	Shaheen Air	Active	Karachi, Pakistan	
873	22755	201	XA-UAA	AVIACSA	Active	Mexico City	
874	22659	217	PK-YTN	(Batavia Air)	Stored	Jakarta CGK, Indonesia	
875	22742	291	N999UA	-	Written Off	Colorado Springs, CO	
876	22656	277	N189AW	(America West Airlines)	WFU & Stored	Goodyear, AZ	
877	22732	2H4	N733TW	Ameristar Jet Charter	Active	Dallas Addison, TX	
878	22826	2H4	YV1361	Avior Airlines	Active	Barcelona, Venezuela	
879	22756	201	XA-TYO	AVIACSA	Active	Mexico City	
880	22877	242C	C-GNDU	Canadian North	Active	Edmonton, Canada	
881	22828	244	ZS-SIM	Safair / Inter Air	Active	Johannesburg, South Africa	
882	22827	2H4	N86SW	(The Parachute Inn)	Preserved as Restaurant	Walnut Ridge, AR	
883	22757	201	XA-TYI	AVIACSA	Active	Mexico City	
884	22772	2F9	5N-ANX	-	Scrapped	Lagos, Nigeria	
885	22700	2T4	7T-VEZ	-	Written Off	Tamanrasset, Algeria	
886	22701	2T4	LY-BSD	-	Scrapped	Vilnius, Lithuania	
887	22792	2E3	N138AW	-	Scrapped	Goodyear, AZ	
888	22906	2K2	EI-CKQ	(Ryanair)	Fuselage Remains	Bournemouth, UK	
889	22758	201	XA-TVD	AVIACSA	Active	Mexico City	
890	22859	2J8	RA-73003	SAT Airlines	Active	Yuzhno, Russia	
891	22776	2M2	D2-TBO	TAAG Angola Airlines	Active	Luanda, Angola	
892	22793	2T2	OB-1823	Star Peru	Active	Lima, Peru	
893	22773	2F9	5N-ANY	-	Stored	Addis Ababa, Ethiopia	

l/n	c/n	Model	Registration	Owner/Operator	Status	Location	Notes
894	22631	297	N462AT	-	Scrapped	Opa Locka, FL	
895	22774	2F9	5N-ANZ	-	Scrapped	Lagos, Nigeria	
896	22736	2Q3	N763BA	(LAN Airlines)	Stored	Santiago, Chile	
897	22800	2T4	7T-VJA	Air Algerie	Active	Algiers, Algeria	
898	22873	275	N898JM	(Air Canada)	Stored	Mojave, CA	
899	22860	2A8	VT-EHE	Air India Regional	Active	Delhi, India	
900	22801	2T4	7T-VJB	Air Algerie	Active	Algiers, Algeria	
901	22802	2T4	PK-YTD	(Batavia Air)	WFU & Stored	Jakarta CGK, Indonesia	
902	22861	2A8	VT-EHF	(Air India Regional)	Stored	Delhi, India	
903	22862	2A8	VT-EHG	(Air India Regional)	Stored	Delhi, India	
904	22874	275	N899JM	(Air Canada)	Stored	Mojave, CA	
905	22903	2H4	XU-RKC	Benin Golf Air	Active	Cotonou, Benin	
906	22803	2T4	PK-RID	(Mandala Airlines)	Stored	Jakarta CGK, Indonesia	
907	22863	2A8(F)	VT-EHH	Air India Regional	Active	Delhi, India	
908	22804	2T4	PK-RIE		Written Off	Tarakan-Juwata, Indonesia	
909	22743	291	ZS-KIS	Airquarius Air Charter	Active	Lanseria, South Africa	
910	22856	258	ZS-OOC	(Nationwide Airlines)	Stored	Johannesburg, South Africa	
911	22728	217	YV287T	Venezolana	Active	Caracas, Venezuela	
912	22795	201	C5-OBJ	Slok Air International	Active	Banjul, Gambia	
913	22904	2H4	N89SW	(Southwest Airlines)	Stored	Mojave, CA	
914	22796	201	C5-OUK	Slok Air International	Active	Banjul, Gambia	
915	22729	217	C-GKCP	Canadian North	Active	Calgary, Canada	
916	22797	201	C5-IFY	Slok Air International	Active	Banjul, Gambia	
917	22875	2E7	G-FIGP	(European Aircharter)	WFU & Stored	Bournemouth, UK	
918	22905	2H4	N90SW	(Southwest Airlines)	WFU & Stored	Opa Locka, FL	
919	22857	258	ZS-OOD	(Nationwide Airlines)	Stored	Johannesburg, South Africa	
920	22985	2F9	5N-AUA	-	Written Off	Kano, Nigeria	
921	22878	2B7	RP-C8007	Air Philippines	Active	Manila, Philippines	
922	22876	2E7	PK-RII	(Mandala Airlines)	Stored	Jakarta CGK, Indonesia	
923	22744	291	LV-ZYJ	(American Falcon)	Stored	Buenos Aires EZE, Argentina	
924	22798	201	C5-EUN	Slok Air International	Active	Banjul, Gambia	
925	22986	2F9	5N-AUB	-	Ground Trainer	Lagos, Nigeria	
926	22879	2B7	RP-C8009	(Air Philippines)	WFU & Stored	Manila, Philippines	
927	22880	2B7	PK-CJJ	Sriwijaya Air	Active	Jakarta CGK, Indonesia	
928	22994	219C	ZK-NQC	Airwork	Active	Auckland, New Zealand	
929	22963	2H4	XA-UEL	(Aero Tropical)	WFU & Stored	Mojave, CA	
930	23000	228	F-GBYA	-	Written Off	Biarritz, France	
931	22881	2B7	5N-BGU	(Dasab Airlines / Fresh Air)	Stored	Lagos, Nigeria	
932	22799	201	C5-NYA	(Slok Air International)	Stored	Banjul, Gambia	
933	22964	2H4	YV-187T	Avior Airlines	Active	Barcelona, Venezuela	
934	22882	2B7	RP-C8006	(Aviation Industry Training Centre)	Ground Trainer	Melbourne Tullamarine, Australia	
935	22883	2B7	PK-CJH	Sriwijaya Air	Active	Jakarta CGK, Indonesia	
936	23001	228	N252TR	Pace Airlines	Active	Winston Salem, NC	
937	23002	228	CC-CSW	(Air Comet Chile)	Stored	Santiago, Chile	
938	22806	201	C5-ZNA	(Slok Air International)	Stored	Banjul, Gambia	
939	23003	228	LV-ZXP	(Aerolineas Argentinas)	Stored	Buenos Aires Aeroparque, Argentina	
940	22866	201	XA-UCA	AVIACSA	Active	Mexico City	
941	23004	228	PK-MBY	(Merpati)	Stored	Surabaya, Indonesia	

Boeing 737-200 — Out Of Production List: Western Jet Airliners

	l/n	c/n	Model	Registration	Owner/Operator	Status	Location	Notes
☐	942	22965	2H4	N93SW	(Southwest Airlines)	WFU & Stored	Victorville, CA	
☐	943	23005	228	PK-MBX	(Merpati)	Stored	Surabaya, Indonesia	
☐	944	23006	228	ZS-OVE	(Nationwide Airlines)	Stored	Johannesburg, South Africa	
☐	945	22864	217	5N-BHI	(Changchangi Airlines)	WFU & Stored	Belgrade, Serbia	
☐	946	22966	204	EI-CJD	(Ryanair)	Fire Trainer	Dublin, Ireland	
☐	947	22778	2X9	AI-7302	Indonesian Air Force	Active	Hasanuddin, Indonesia	
☐	948	23007	228	PK-MBZ	(Merpati)	Stored	Surabaya, Indonesia	
☐	949	23038	2Y5	N712S	Sierra Pacific Airlines	Active	Tucson, AZ	
☐	950	22979	2T5	HC-CFH	AeroGal	Active	Quito, Ecuador	
☐	951	23049	2B6C	C-GTUK	Norlinor Aviation	Active	Montreal Dorval, Canada	
☐	952	23008	228	ZS-OVF	(Nationwide Airlines)	Stored	Johannesburg, South Africa	
☐	953	22967	204	EI-CJF	-	Scrapped	Prestwick, UK	
☐	954	23039	2Y5	OB-1794P	Star Peru	Active	Lima, Peru	
☐	955	23040	2Y5	HR-ATN	(Atlantic Airlines de Honduras)	Stored	La Ceiba, Honduras	Reverted to ZK-NAD?
☐	956	22884	2B7	PK-CJM	Sriwijaya Air	Active	Jakarta CGK, Indonesia	
☐	957	23023	291	PK-RIQ	(Mandala Airlines)	WFU & Stored	Jakarta CGK, Indonesia	
☐	958	23009	228	LV-ZXB	(Aerolineas Argentinas)	Stored	Buenos Aires, Argentina	
☐	959	23010	228	LV-ZYI	Austral Lineas Aereas	Active	Buenos Aires Aeroparque, Argentina	
☐	960	22865	217	5N-BEW	(Changchangi Airlines)	Stored	Kaduna, Nigeria	
☐	961	22867	201	XA-TUK	AVIACSA	Active	Mexico City	
☐	962	23041	282	FAP-351	-	Written Off	Nr Andoas, Peru	
☐	963	22868	201	XA-TTP	AVIACSA	Active	Mexico City	
☐	964	22869	201	XA-TVL	AVIACSA	Active	Mexico City	
☐	965	23024	291	5N-BFX	(Bellview Airlines)	Stored	Lagos, Nigeria	
☐	966	22885	2B7	9L-LEG	(Iraqi Airways)	Stored	Baghdad, Iraq	
☐	967	23042	282	FAP-352	Peruvian Air Force	Active	Lima, Peru	
☐	968	23053	2H4	N94SW	(Southwest Airlines)	Stored	Mojave, CA	
☐	969	23054	2H4	XU-RKK	(Royal Khmer Airlines)	WFU & Stored	Sulaymania, Iraq	
☐	970	23055	2H4	YV162T	Rutaca Airlines	Active	Ciudad Bolivar, Venezuela	
☐	971	23011	228	LV-ZZD	Aerolineas Argentinas	Active	Buenos Aires Aeroparque, Argentina	
☐	972	23043	282	5N-BIF	Chanchangi Airlines	Active	Kaduna, Nigeria	
☐	973	23044	282	5N-BIG	Chanchangi Airlines	Active	Kaduna, Nigeria	
☐	974	22886	2B7	RP-C8003	(Air Philippines)	WFU & Stored	Manila, Philippines	
☐	975	23050	2B6C	C-GNLN	Nolinor Aviation	Active	Montreal Dorval, Canada	
☐	976	22887	2B7	HC-CED	AeroGal	Active	Shell, Ecuador	
☐	977	23036	2A8	K2412	Indian Air Force	Active	New Delhi, India	
☐	978	23045	282	N824AL	Air Acrrier Accessory Service	Active	Ft. Lauderdale, FL	
☐	979	22888	2B7	RP-C8002	(Air Philippines)	WFU & Stored	Manila, Philippines	
☐	980	23059	2Z6	60201	Royal Thai Air Force	Stored	Bangkok Suvarnabhumi, Thailand	
☐	981	23046	282	5N-BIH	Chanchangi Airlines	Active	Kaduna, Nigeria	
☐	982	23037	2A8	K2413	Indian Air Force	Active	New Delhi, India	
☐	983	22889	2B7	ZS-SFX	Star Air Cargo	Active	Lanseria, South Africa	
☐	984	22961	201	XA-TXF	AVIACSA	Active	Mexico City	
☐	985	22779	2X9	AI-7303	Indonesian Air Force	Active	Hasanuddin, Indonesia	
☐	986	22890	2B7	ZS-PUI	Star Air Cargo / Air Malawi	Active	Blantyre, Malawi	
☐	987	22962	201	XA-TYC	AVIACSA	Active	Mexico City	
☐	988	22891	2B7	5N-BFK	-	Written Off	Abuja, Nigeria	
☐	989	23065	2T4C	JY-TWC	Transworld Aviation / Royal Jordanian	Active	Amman, Jordan	

227

l/n	c/n	Model	Registration	Owner/Operator	Status	Location	Notes
990	22892	2B7	5N-BFQ	(Fresh Air)	WFU & Stored	Lagos, Nigeria	
991	23073	232	N301DL	(Delta Air Lines)	Stored	Victorville, CA	
992	23066	2J6C	XA-RCB	Regional Cargo	Active	Mexico City	
993	23074	232	C-GCNV	Canadian North	Active	Edmonton, Canada	
994	23075	232	N303DL	(Delta Air Lines)	WFU & Stored	Victorville, CA	
995	23076	232	N304DL	(Delta Air Lines)	Stored	Victorville, CA	
996	23077	232	YA-PIR	Pamir Airways	Active	Kabul, Afghanistan	
997	23114	2B7	N281AU	(Jetrans International)	Stored	Karachi, Pakistan	
998	23115	2B7	HS-AKU	(Phuket Air)	WFU & Stored	Jakarta CGK, Indonesia	
999	23116	2B7	RP-C8001	(Air Philippines)	WFU & Stored	Manila, Philippines	
1000	23078	232	N306DL	(Delta Air Lines)	Stored	Victorville, CA	
1002	23051	282	N826AL	Aloha Airlines Cargo	Active	Honolulu, HI	
1003	23079	232	YV340T	Avior Airlines	Active	Barcelona, Venezuela	
1004	23080	232	N308DL	(Delta Air Lines)	Stored	Victorville, CA	
1005	23081	232	N309DL	(Delta Air Lines)	Stored	Victorville, CA	
1006	23082	232	OD-LMB	MED Airways	Active	Beirut, Lebanon	
1008	23083	232	OD-WOL	Toumaï Air Chad	Active	N'djamena, Chad	
1009	23084	232	N312DL	(Delta Air Lines)	Stored	Tucson, AZ	
1010	23113	2P5	PK-YTL	(Batavia Air)	WFU & Stored	Jakarta CGK, Indonesia	
1011	23085	232	N313DL	(Delta Air Lines)	Stored	Victorville, CA	
1012	23086	232	N314DA	(Delta Air Lines)	Stored	Victorville, CA	
1013	23087	232	YV302T	Venezolana	Active	Caracas, Venezuela	
1014	23108	2H4	N102SW	(Southwest Airlines)	Nose Preserved	Frontiers of Flight Museum, Dallas Love Field, TX	
1016	23109	2H4	OD-AMB	MED Airways	Active	Beirut, Lebanon	
1017	23110	2H4	5N-TSA	(TranSky Airlines)	Stored	Lagos, Nigeria	
1018	23088	232	RP-C8777	Pacific Pearl Airways	Active	Subic Bay, Philippines	
1019	23089	232	YV341T	Avior Airlines	Active	Barcelona, Venezuela	
1020	23090	232	YV342T	Avior Airlines	Active	Barcelona, Venezuela	
1021	23091	232	N319DL	-	Scrapped	Victorville, CA	
1023	23092	232(F)	N320DL	Northern Air Cargo	Active	Anchorage, AK	
1024	23093	232(F)	N321DL	Northern Air Cargo	Active	Anchorage, AK	
1025	23121	2X6C	N670MA	-	Written Off	Unalakeet, AK	
1026	23094	232(F)	N322DL	Northern Air Cargo	Active	Anchorage, AK	
1027	23095	232	N323DL	(Delta Air Lines)	Stored	Victorville, CA	
1028	23096	232	YV2559	ConViasa	Active	Caracas, Venezuela	
1029	23097	232	YV2558	ConViasa	Active	Caracas, Venezuela	
1031	23098	232	5X-SKA	Skyjet Uganda	Active	Entebbe, Uganda	
1032	23136	290C	N842AL	Aloha Airlines Cargo	Active	Honolulu, HI	
1033	23117	2Q3	CC-CTD	Sky Airline	Active	Santiago, Chile	
1034	23129	2R4C	7O-ACQ	-	Written Off	Khartoum, Sudan	
1035	23099	232	YV268T	Venezolana	Active	Caracas, Venezuela	
1036	23122	2X6C	C-GANV	Air North	Active	Edmonton, Canada	
1038	23100	232	RA-73005	SAT Airlines	Active	Yuzhno, Russia	
1039	23131	2B7	S2-AAI	Best Aviation	Active	Dhaka, Bangladesh	
1040	23130	2R4C	C-FNVK	First Air	Active	Kanat, ONT, Canada	
1041	23101	232	YV343T	Avior Airlines	Active	Barcelona, Venezuela	
1042	23123	2X6C	N841AL	Aloha Airlines Cargo	Active	Honolulu, HI	
1044	23132	2B7	PK-CJP	Sriwijaya Air	Active	Jakarta CGK, Indonesia	

l/n	c/n	Model	Registration	Owner/Operator	Status	Location	Notes
1045	23102	232	PR-MTH	TAF Linhas Aereas	Active	Fortaleza, Brazil	
1046	23124	2X6C	N840AL	Aloha Airlines Cargo	Active	Honolulu, HI	
1047	23159	236	LV-ZTY	Aerolineas Argentinas	Active	Buenos Aires EZE, Argentina	
1049	23133	2B7	3520	Mexican Air Force	Active	Mexico City	
1050	23134	2B7	PK-CJN	Sriwijaya Air	Active	Jakarta CGK, Indonesia	
1051	23103	232	N331DL	(Delta Air Lines)	Stored	Victorville, CA	
1053	23160	236	LV-ZXC	(Aerolineas Argentinas)	Stored	Buenos Aires, Argentina	
1054	23135	2B7	PK-CJI	Sriwijaya Air	Active	Jakarta CGK, Indonesia	
1055	23161	236	N961PG	(AVENSA)	Stored	Mojave, CA	
1056	23162	236	VP-CKX	(Cayman Airways)	Stored	Marana, AZ	
1058	23163	236	ZS-OLA	Comair / British Airways	Active	Johannesburg, South Africa	
1059	23148	2Q8	N413JG	Weststar Aviation Services	Active	Kuala Lumpur Subang, Malaysia	
1060	23164	236	LV-ZRO	(Aerolineas Argentinas)	Stored	Buenos Aires Aeroparque, Argentina	
1061	23184	247	XA-UJB	AVIACSA	Active	Mexico City	
1062	23104	232	N332DL	Rollins Air	Active	La Ceiba, Honduras	
1064	23165	236	N926PG	(Eurosun Airlines)	Ground Trainer	San Salvador, El Salvador	
1065	23185	247	N237WA	(AVIACSA)	Stored	Monterrey, Mexico	
1066	23186	247	N238WA	AVIACSA	Active	Mexico City	
1067	23166	236	LV-ZZI	Aerolineas Argentinas	Active	Buenos Aires Aeroparque, Argentina	
1068	23105	232	XU-RKH	(Royal Khmer Airlines)	Stored	Phnom Penh, Cambodia	
1070	23187	247	N239WA	(AVIACSA)	Stored	Monterrey, Mexico	
1071	23188	247	HC-CGA	AeroGal	Active	Quito, Ecuador	
1072	23189	247	B-2510	-	Written Off	Guangzhou, China	
1074	23167	236	ZS-OLB	Comair / British Airways	Active	Johannesburg, South Africa	
1075	23153	230	I-JETC	(Air One)	Stored	Rome Fiumicino, Italy	
1077	23168	236	N828AL	(Aloha Airlines)	Stored	Victorville, CA	
1078	23154	230	N823AL	(Aloha Airlines)	Stored	Mojave, CA	
1079	23155	230	N821AL	(Aloha Airlines)	WFU & Stored	Roswell, NM	
1081	23169	236	N837AL	(Aloha Airlines)	Stored	Victorville, CA	
1082	23156	230	OM-RAN	Shaheen Air	Active	Karachi, Pakistan	
1084	23220	2M2	D2-TBP	-	Written Off	M'Banza Congo, Angola	
1085	23157	230	PK-BPW	(Top Air)	Stored	Jakarta CGK, Indonesia	
1086	23170	236	LV-ZSW	(Aerolineas Argentinas)	WFU & Stored	Bahia Blanca, Argentina	
1088	23171	236	N152FV	(Instituto Formacion Aeronautica)	Forward Fuselage Preserved	San Jose, Costa Rica	
1089	23158	230	I-JETD	(Air One)	Stored	Rome Fiumicino, Italy	
1091	23172	236	TN-AIN	Trans Air Congo	Active	Pointe Noire, Congo Brazzaville	
1093	23272	2T4C	VT-BDI	Blue Dart Aviation	Active	Chennai, India	
1095	23249	2H4	N105SW	NC Aerospace	Active	Danbury, NC	
1097	23273	2T4	ST-SDB	Air West / Sun Air Sudan	Active	Khartoum, Sudan	
1099	23274	2T4	ST-SDA	Air West / Sun Air Sudan	Active	Khartoum, Sudan	
1102	23225	236	YV-397T	El Sol De America	Active	Caracas, Venezuela	
1105	23226	236	LV-ZXU	Aerolineas Argentinas	Active	Buenos Aires Aeroparque, Argentina	
1109	23283	275	C-GCNS	Canadian North	Active	Edmonton, Canada	
1113	23292	2X6C	N817AL	(Aloha Airlines)	Stored	San Jose, Costa Rica	
1117	23351	2M2	D2-TBX	TAAG Angola Airlines	Active	Luanda, Angola	
1120	23320	2H6	PK-CJG	-	Written Off	Jambi, Indonesia	
1135	23349	228	LV-ZTE	(Aerolineas Argentinas)	Stored	Buenos Aires Aeroparque, Argentina	
1143	23386	2K9	TJ-CBE	-	Written Off	Douala, Cameroon	

l/n	c/n	Model	Registration	Owner/Operator	Status	Location	Notes
1151	23443	2T4	N807AL	(Aloha Airlines)	WFU & Stored	Honolulu, HI	
1154	23444	2T4	A6-PHA	AVE.com	Active	Sharjah, UAE	
1155	23445	2T4	N808AL	(Aloha Airlines)	WFU & Stored	Mojave, CA	
1165	23446	2T4	PK-CJE	Sriwijaya Air	Active	Jakarta CGK, Indonesia	
1167	23447	2T4	B-2516	-	Written Off	Nibo, China	
1176	23404	2K9	C9-BAK	LAM Mocambique	Active	Maputo, Mozambique	
1178	23405	2K9	C9-BAI	LAM Mocambique	Active	Maputo, Mozambique	
1186	23470	219	XA-NAF	AVIACSA	Active	Mexico City	
1189	23471	219	XA-TWJ	AVIACSA	Active	Mexico City	
1194	23472	219	XA-NAV	AVIACSA	Active	Mexico City	
1197	23473	219	XA-TWV	AVIACSA	Active	Mexico City	
1199	23474	219	9J-KDK	(Zambian Airways)	Stored	Lusaka, Zambia	
1203	23475	219	XA-TWO	AVIACSA	Active	Mexico City	
1223	23464	205	C9-BAJ	LAM Mocambique	Active	Maputo, Mozambique	
1226	23465	205	N736BP	BP Exploration Alaska	Active	Anchorage, AK	
1236	23466	205	N733PA	ConocoPhillips Alaska Aviation	Active	Anchorage, AK	
1241	23481	2Q3	CC-CTB	Sky Airline	Active	Santiago, Chile	
1245	23467	205	C9-BAO	LAM Mocambique	Active	Maputo, Mozambique	
1256	23503	228	LV-ZXH	(Austral Lineas Aereas)	Stored	Buenos Aires Aeroparque, Argentina	
1257	23516	247	EX-25004	Kyrgyzstan Airlines	Active	Bishkek, Kyrgyzstan	
1261	23517	247	EY-533	Tajikair / East Air	Active	Dushanbe, Tajikistan	
1262	23468	205	N370BC	BCM Majestic Corp.	Active	Dallas, TX	
1265	23518	247	TL-ADU	Lobaye Airways	Active	Khartoum, Sudan	
1266	23469	205	3X-GCM	-	Written Off	Freetown, Sierra Leone	
1267	23504	228	LV-ZTX	Aerolineas Argentinas	Active	Buenos Aires Aeroparque, Argentina	
1299	23519	247	YA-GAE	Kam Air / East Air	Active	Dushanbe, Tajikistan	
1313	23677	2N0	Z-WPA	Air Zimbabwe	Active	Harare Int'l, Zimbabwe	
1319	23795	209	B-180	-	Written Off	Hua-Lien, Taiwan	
1329	23520	247	ZS-SHL	Star Air Cargo	Active	Lanseria, South Africa	
1342	23521	247	N352CC	(Nova Air)	Stored	Mojave, CA	
1347	23602	247	5H-MVZ	(Air Tanzania)	Stored	Dar-Es-Salaam, Tanzania	
1361	23603	247	N632CC	(Nova Air)	Stored	Mojave, CA	
1369	23604	247	N377DL	-	Scrapped	Goodyear, AZ	
1371	23605	247	EY-534	East Air	Active	Dushanbe, Tajikistan	
1379	23606	247	RP-C8011	Air Philippines	Active	Manila, Philippines	
1387	23607	247	RP-C8022	Air Philippines	Active	Manila, Philippines	
1392	23789	25A	OB-1799-T	(Aero Condor)	Stored	Lima, Peru	
1397	23792	228	N251TR	Pace Airlines	Active	Winston Salem, NC	
1399	23608	247	LV-BIF	(Silver Sky Airlines)	Stored	Mendoza, Argentina	
1401	23912	2K3	YU-ANP	Aviogenex	Active	Belgrade, Serbia	
1403	23609	247	TN-AHI	Trans Air Congo	Active	Pointe Noire, Congo Brazzaville	
1405	23678	2N0	Z-WPB	Air Zimbabwe	Active	Harare Int'l, Zimbabwe	
1414	23847	2Y5	HC-CER	AeroGal	Active	Quito, Ecuador	
1415	23679	2N0	Z-WPC	Air Zimbabwe	Active	Harare Int'l, Zimbabwe	
1418	23848	2Y5	HC-CEQ	AeroGal	Active	Quito, Ecuador	
1420	23796	209	PK-KAR	(Kartika Airlines)	Stored	Kuala Lumpur Subang, Malaysia	
1422	23790	25A	C-GCNO	Canadian North	Active	Edmonton, Canada	
1424	23794	27A	PK-OCP	Airfast Indonesia	Active	Jakarta Halim, Indonesia	

	l/n	c/n	Model	Registration	Owner/Operator	Status	Location	Notes
☐	1426	23793	228	LV-ZXV	Aerolineas Argentinas	Active	Buenos Aires Aeroparque, Argentina	
☐	1453	23849	2H6	N125GU	-	Written Off	San Salvador, El Salvador	
☐	1456	23914	260	ET-AJA	-	Written Off	Bahar Dar, Ethiopia	
☐	1486	23791	25A	EY-532	Tajikair / Skylink Aviation	Active	Baghdad, Iraq	
☐	1523	24031	2Y5	YV399T	Estelar Latinoamerica	Active	Caracas, Venezuela	
☐	1530	24139	2K3	YU-ANU	-	Written Off	Lagos, Nigeria	
☐	1565	24103	2Q3	PK-KKP	(AdamAir)	Stored	Jakarta CGK, Indonesia	
☐	1579	23913	209	N827AL	(Aloha Airlines)	WFU & Stored	Mojave, CA	
☐	1581	24197	209(F)	PK-TME	Megantara Air	Active	Jakarta CGK, Indonesia	
☐	1583	23915	260	ET-AJB	Ethiopian Airlines	Active	Addis Ababa, Ethiopia	
☐	1585	24236	25C(F)	VT-BDH	Blue Dart Aviation	Active	Mumbai, India	

Cross Reference

Registration	l/n	c/n	Registration	l/n	c/n	Registration	l/n	c/n	Registration	l/n	c/n
207	442	21167	5N-NYA	932	22799	9K-ACV	448	21206	AI-7302	947	22778
3520	1049	23133	5N-NZA	938	22806	9L-LEG	966	22885	AI-7303	985	22779
60201	980	23059	5N-TSA	1017	23110	9L-LFA	736	22354	AI-7304	522	21518
0001	442	21167	5N-YMM	854	22590	9L-LFE	682	22274	AP-BEP	646	22278
22-222	980	23059	5N-ZNA	924	22798	9L-LFI	621	22057	AP-BEV	794	22667
3B-LXM	559	21732	5R-MFA	204	20231	9M-ACQ	306	20585	AP-BHA	768	22645
3C-AAJ	97	19075	5R-MFB	314	20680	9M-AQC	288	20521	AP-BHB	872	22655
3C-HAC	141	20211	5U-BAG	513	21499	9M-AQL	302	20582	AP-BHC	521	21509
3C-LQA	320	20711	5W-PAL	749	22575	9M-AQM	303	20583	AP-BHG	547	21666
3D-AAJ	97	19075	5X-SKA	1031	23098	9M-AQN	305	20584	AP-BHU	627	21819
3D-ADA	87	19708	5X-EAA	871	22741	9M-AQO	306	20585	AP-BIA	776	22625
3D-BGA	568	21722	5Y-BHV	465	21193	9M-AQP	307	20586	AP-BJE	687	22275
3D-PHS	295	20575	5Y-BHW	453	21196	9M-AQQ	308	20587	AP-BJI	800	22444
3D-RED	295	20575	5Y-BPI	496	21356	9M-ARG	310	20631	B-12001	144	20127
3D-ZZM	304	20590	5Y-BPP	652	22161	9M-ASR	372	20926	B-180	1319	23795
3X-GCB	779	22627	5Y-BPZ	564	21733	9M-MBA	302	20582	B-182	1420	23796
3X-GCM	1266	23469	5Y-BRC	1565	24103	9M-MBB	303	20583	B-1870	168	20226
4L-EUL	468	21276	5Y-JAP	401	20915	9M-MBC	305	20584	B-1874	235	20277
4R-ALC	479	21278	5Y-KQJ	565	21714	9M-MBD	306	20585	B-1876	1579	23913
4R-ALD	399	20913	5Y-KQK	579	21715	9M-MBE	307	20586	B-1878	1581	24197
4R-ULH	96	19742	5Y-KQN	401	20915	9M-MBF	308	20587	B-2501	901	22802
4R-ULL	205	20195	6V-AHK	456	21216	9M-MBG	310	20631	B-2502	906	22803
4R-ULO	451	21192	6V-AHK	851	22767	9M-MBH	372	20926	B-2503	908	22804
4W-ABZ	478	21296	71-1403	317	20685	9M-MBI	436	21109	B-2504	989	23065
4X-ABL	557	21736	71-1404	326	20686	9M-MBJ	559	21732	B-2505	992	23066
4X-ABM	664	22090	71-1405	329	20687	9M-MBK	822	22620	B-2506	1093	23272
4X-ABN	910	22856	71-1406	330	20688	9M-MBL	1120	23320	B-2507	1097	23273
4X-ABO	919	22857	72-0282	334	20689	9M-MBM	1453	23849	B-2508	1099	23274
4X-AOT	562	21740	72-0283	336	20690	9M-MBN	462	21231	B-2509	1071	23188
4X-AOX	346	20794	72-0284	337	20691	9M-MBO	729	22395	B-2510	1072	23189
4X-BAA	578	21820	72-0285	339	20692	9M-MBP	431	21176	B-2511	1151	23443
4X-BAB	917	22875	72-0286	340	20693	9M-MBQ	422	21138	B-2512	1154	23444
4X-BAC	922	22876	72-0287	343	20694	9M-MBY	550	21686	B-2514	1155	23445
4X-BAF	241	20413	72-0288	345	20695	9M-MBZ	549	21685	B-2515	1165	23446
4X-BAG	231	20276	73-1149	347	20696	9M-PML	427	21116	B-2516	1167	23447
5A-DKY	853	22766	73-1150	349	20697	9M-PMM	278	20458	B-2524	1585	24236
5A-DMU	459	21212	73-1151	350	20698	9M-PMP	215	20220	B-2529	825	22735
5A-DMV	482	21286	73-1152	355	20699	9M-PMQ	230	20254	B-2601	146	19936
5B-DBF	955	23040	73-1153	357	20700	9M-PMR	122	19553	B-2603	151	19939
5H-ATC	546	21700	73-1154	359	20701	9M-PMU	1046	23124	B-2605	162	19712
5H-KRA	438	21186	73-1155	362	20702	9M-PMW	1581	24197	B-2607	167	20132
5H-MRK	573	21711	73-1156	363	20703	9M-PMY	1579	23913	B-2611	522	21518
5H-MUZ	662	22029	7O-ACQ	1034	23129	9M-PMZ	1420	23796	B-2613	177	20134
5H-MVA	722	22031	7O-ACR	1040	23130	9M-VWB	811	22703	B-2615	554	21687
5H-MVV	1329	23520	7O-ACU	478	21296	9Q-	230	20254	B-2617	156	20130
5H-MVZ	1347	23602	7T-VEC	290	20544	9Q-CGJ	215	20220	B-2625	1424	23794
5N-ANC	312	20671	7T-VED	311	20650	9Q-CGW	102	19594	B-610L	901	22802
5N-AND	313	20672	7T-VEE	322	20758	9Q-CKZ	47	19309	B-614L	906	22803
5N-ANW	866	22771	7T-VEF	332	20759	9Q-CNI	333	20793	B-615L	908	22804
5N-ANX	884	22772	7T-VEG	361	20884	9Q-CNJ	346	20794	C2-RN3	419	21073
5N-ANY	893	22773	7T-VEJ	407	21063	9Q-CNK	348	20795	C2-RN6	533	21616
5N-ANZ	895	22774	7T-VEK	409	21064	9Q-CNL	231	20276	C2-RN8	614	22070
5N-AUA	920	22985	7T-VEL	416	21065	9Q-COW	342	20808	C2-RN9	623	22072
5N-AUB	925	22986	7T-VEN	454	21211	9Q-CSV	231	20276	C5-EUN	924	22798
5N-BBJ	149	20197	7T-VEO	459	21212	9V-BCR	281	20492	C5-IFY	916	22797
5N-BDP	997	23114	7T-VEQ	473	21285	9Y-TJC	495	21339	C5-NYA	932	22799
5N-BED	858	22638	7T-VER	482	21286	9Y-TJG	642	21960	C5-OBJ	912	22795
5N-BEE	700	22365	7T-VES	486	21287	9Y-TJH	847	22632	C5-OUK	914	22796
5N-BEI	87	19708	7T-VEY	853	22766	A40-BC	493	21355	C5-ZNA	938	22806
5N-BEV	861	22658	7T-VEZ	885	22700	A40-BD	496	21356	C6-BDZ	462	21231
5N-BEW	960	22865	7T-VJA	897	22800	A40-BE	497	21357	C6-BEC	241	20413
5N-BEY	804	22504	7T-VJB	900	22801	A40-BF	498	21358	C6-BEH	724	22531
5N-BFJ	986	22890	7T-VVA	256	20440	A40-BG	500	21359	C6-BEI	145	20128
5N-BFK	988	22891	9A-CTA	714	22119	A40-BH	528	21612	C6-BEJ	386	20956
5N-BFM	812	22733	9A-CTB	701	22116	A40-BI	538	21677	C6-BEQ	480	21279
5N-BFN	818	22734	9A-CTC	704	22118	A40-BJ	564	21733	C6-BES	111	19921
5N-BFQ	990	22892	9A-CTD	793	22140	A40-BK	566	21734	C6-BEX	517	21528
5N-BFX	965	23024	9A-CTE	840	22634	A40-BL	746	22633	C6-BFB	227	20221
5N-BGA	740	22456	9H-ABA	949	23038	A40-BM	730	22396	C6-BFC	479	21278
5N-BGB	757	22457	9H-ABB	954	23039	A6-AVA	806	22650	C6-BFJ	141	20211
5N-BGM	983	22889	9H-ABC	955	23040	A6-AVE	758	22624	C6-BFM	763	22596
5N-BGU	931	22881	9H-ABE	1414	23847	A6-AVF	776	22625	C6-BFW	833	22601
5N-BHA	1109	23283	9H-ABF	1418	23848	A6-ESH	820	22628	C6-BGK	667	22086
5N-BHI	945	22864	9H-ABG	1523	24031	A6-ESJ	820	22628	C6-BGL	673	22087
5N-BID	1486	23791	9J-ADZ	147	19424	A6-PHA	1154	23444	C9-BAA	224	20280
5N-BIF	972	23043	9J-AEG	461	21236	A6-PHD	729	22395	C9-BAB	228	20281
5N-BIG	973	23044	9J-AFM	923	22744	A6-PHF	535	21645	C9-BAC	289	20536
5N-BIH	981	23046	9J-AFU	97	19075	A6-ZYA	597	21926	C9-BAD	323	20786
5N-DIO	115	19549	9J-AFW	72	19426	A6-ZYB	603	21928	C9-BAG	1313	23677
5N-EUN	924	22798	9J-JCN	836	22588	A6-ZYC	807	22679	C9-BAH	712	21808
5N-IFY	916	22797	9J-JOY	821	22584	A9C-DAA	622	22050	C9-BAI	1178	23405
5N-MCI	123	19554	9J-KDK	1199	23474	AI-7301	868	22777	C9-BAJ	1223	23464

Registration	l/n	c/n	Registration	l/n	c/n	Registration	l/n	c/n	Registration	l/n	c/n
C9-BAK	1176	23404	CC-CYK	506	21445	C-FPWE	139	19743	C-GNDX	360	20911
C9-BAL	712	21808	CC-CYN	462	21231	C-FPWE	856	22762	C-GNLN	975	23050
C9-BAM	564	21733	CC-CYP	847	22632	CF-PWE	139	19743	C-GNPW	684	22159
C9-BAN	1109	23283	CC-CYR	205	20195	C-FPWM	111	19921	C-GNWD	139	19743
C9-BAO	1245	23467	CC-CYS	440	21184	CF-PWM	111	19921	C-GNWI	413	21066
CC-CAP	654	22027	CC-CYT	424	21112	C-FPWP	300	20588	C-GNWN	414	21067
CC-CAS	185	19945	CC-CYV	1059	23148	CF-PWP	300	20588	C-GOPW	688	22160
CC-CDB	715	22120	CC-CYW	399	20913	C-FPWW	315	20670	C-GPPW	753	22264
CC-CDE	923	22744	CC-CZK	686	21804	CF-PWW	315	20670	C-GPWC	709	22416
CC-CDG	965	23024	CC-CZL	712	21808	C-FRYG	553	21721	C-GQBA	623	22072
CC-CDH	720	22121	CC-CZN	662	22029	C-FRYH	592	21816	C-GQBB	665	22276
CC-CDL	721	22122	CC-CZO	693	22030	C-FRYL	613	21970	C-GQBC	72	19426
CC-CEA	909	22743	CC-CZP	722	22031	C-FTAN	249	20206	C-GQBD	102	19594
CC-CEE	698	22407	C-FACP	623	22072	CF-TAN	249	20206	C-GQBH	759	22516
CC-CEI	208	20219	CF-ASF	227	20221	C-FTAO	242	20205	C-GQBJ	675	22277
CC-CFD	850	22761	C-FAWJ	588	21770	C-FTAQ	386	20956	C-GQBQ	614	22070
CC-CGM	672	22256	C-FBKV	870	22754	CF-TAR	252	20223	C-GQBT	551	21719
CC-CHJ	711	22602	C-FCAV	888	22906	C-FTWJ	585	21767	C-GQCA	702	22415
CC-CHK	843	22589	C-FCPB	79	19884	C-FVCJ	731	22353	C-GQCP	960	22865
CC-CHR	628	21792	CF-CPB	79	19884	C-FVHC	300	20588	C-GQPW	755	22265
CC-CHS	670	21802	C-FCPC	91	19885	C-FVHG	315	20670	C-GQWJ	587	21769
CC-CHU	600	21927	CF-CPC	91	19885	C-GAIG	603	21928	C-GRCP	507	21397
CC-CIJ	389	21003	C-FCPD	101	19886	C-GANV	1036	23122	C-GRPW	765	22266
CC-CIM	678	22340	CF-CPD	101	19886	C-GAPW	370	20922	C-GRYY	687	22275
CC-CIN	811	22703	C-FCPE	109	19887	C-GBPW	391	20958	C-GSPW	813	22618
CC-CIY	887	22792	CF-CPE	109	19887	C-GCAU	867	22640	C-GSWJ	544	21593
CC-CJK	910	22856	C-FCPM	850	22761	C-GCDG	328	20776	C-GTAR	252	20223
CC-CJM	159	20212	C-FCPN	856	22762	C-GCJP	911	22728	C-GTPW	824	22807
CC-CJM	919	22857	C-FCPU	112	19888	C-GCNO	1422	23790	C-GTUK	951	23049
CC-CJN	172	20214	CF-CPU	112	19888	C-GCNS	1109	23283	C-GUPW	898	22873
CC-CJO	50	19059	C-FCPV	143	20196	C-GCNV	993	23074	C-GUWJ	341	20807
CC-CJO	126	19616	CF-CPV	143	20196	C-GCPG	892	22793	C-GVJB	220	20365
CC-CJP	162	19712	C-FCPZ	149	20197	C-GCPM	560	21716	C-GVJC	33	19598
CC-CJP	856	22762	CF-CPZ	149	20197	C-GCPN	581	21717	C-GVPW	904	22874
CC-CJQ	207	20215	C-FCWJ	811	22703	C-GCPO	584	21718	C-GVRD	386	20956
CC-CJW	737	22397	C-FECJ	612	21975	C-GGPP	666	22255	C-GVRE	730	22396
CC-CLD	642	21960	CF-EPL	221	20396	C-GCPQ	672	22256	C-GVWJ	296	20563
CC-CLE	64	19606	C-FEPL	221	20396	C-GCPS	756	22257	C-GVWJ	586	21768
CC-CLF	81	19609	C-FEPO	164	20300	C-GCPT	770	22258	C-GWJE	300	20588
CC-CQQ	694	22115	CF-EPO	164	20300	C-GCPU	771	22259	C-GWJG	315	20670
CC-CQR	752	22128	C-FEPP	319	20681	C-GCPV	784	22260	C-GWJK	139	19743
CC-CQS	745	22127	CF-EPP	319	20681	C-GCPW	395	20959	C-GWJK	448	21206
CC-CQT	727	22124	CF-EPR	226	20397	C-GCPX	786	22341	C-GWJO	158	20299
CC-CQU	735	22126	C-FEPR	226	20397	C-GCPY	810	22342	C-GWJT	470	21262
CC-CRI	126	19616	C-FEPU	328	20776	C-GCPZ	861	22658	C-GWJU	423	21117
CC-CRP	777	22134	CF-EPU	328	20776	C-GCWJ	561	21739	C-GWPW	1109	23283
CC-CRQ	781	22135	C-FFAL	573	21711	C-GDCC	319	20681	C-GWWJ	542	21694
CC-CRQ	781	22135	C-FGCJ	728	22352	C-GDPA	655	22056	C-GXCP	867	22640
CC-CRR	657	22114	C-FGWJ	143	20196	C-GDPW	427	21116	C-GXPW	288	20521
CC-CRS	791	22139	C-FHCJ	547	21666	C-GEIM	741	22355	C-GXWJ	583	21766
CC-CSD	255	20417	C-FHCP	641	22024	C-GENL	663	22148	CN-RMH	847	22632
CC-CSF	185	19945	C-FICP	647	22025	C-GEPA	388	20976	CN-RMI	449	21214
CC-CSH	316	20632	C-FIWJ	659	21955	C-GEPB	424	21112	CN-RMJ	452	21215
CC-CSI	318	20633	C-FJCJ	548	21667	C-GEPM	729	22395	CN-RMK	456	21216
CC-CSK	293	20562	C-FJLB	680	22273	C-GEPW	425	21115	CN-RML	851	22767
CC-CSL	252	20223	C-FJLT	249	20206	C-GEWJ	633	22055	CN-RMM	951	23049
CC-CSP	342	20808	C-FKWJ	609	21811	C-GFCP	874	22659	CN-RMN	975	23050
CC-CSW	937	23002	C-FLWJ	1059	23148	C-GFPW	481	21294	CP-2438	589	21815
CC-CTB	1241	23481	C-FMCJ	733	22398	C-GGOF	296	20563	CP-2476	594	21771
CC-CTD	1033	23117	CF-NAB	84	19847	C-GGPW	539	21639	CP-2484	586	21768
CC-CTF	721	22122	CF-NAD	84	19847	C-GGWJ	491	21500	CP-2486	587	21769
CC-CTH	808	22636	CF-NAD	288	20521	C-GIPW	556	21712	CP-2508	458	21226
CC-CTI	759	22516	CF-NAH	157	19848	C-GJLN	102	19594	CP-GWC	709	22416
CC-CTJ	665	22276	CF-NAH	157	19848	C-GJPW	598	21713	CR-BAA	224	20280
CC-CTK	744	22402	CF-NAI	185	19945	C-GKCP	915	22729	CR-BAB	228	20281
CC-CTM	303	20583	C-FNAJ	736	22354	C-GKPW	627	21819	CR-BAD	323	20786
CC-CTM	791	22139	C-FNAP	268	20496	C-GLPW	667	22086	CR-LOR	439	21172
CC-CTO	307	20586	CF-NAP	186	19946	C-GMCP	945	22864	CS-ABN	646	22278
CC-CTO	657	22114	CF-NAP	268	20496	C-GMPW	673	22087	CS-TEK	962	23041
CC-CTU	302	20582	C-FNAQ	254	20455	C-GMWJ	594	21771	CS-TEL	967	23042
CC-CTW	817	22697	CF-NAQ	254	20455	C-GNAU	602	21817	CS-TEM	972	23043
CC-CTX	823	22698	C-FNAW	288	20521	C-GNDC	580	21728	CS-TEN	973	23044
CC-CVA	147	19424	CF-NAW	288	20521	C-GNDD	424	21112	CS-TEO	978	23045
CC-CVB	227	20221	C-FNAX	589	21815	C-GNDG	551	21719	CS-TEP	981	23046
CC-CVC	529	21596	C-FNVK	1040	23130	C-GNDG	624	22054	CS-TEQ	1002	23051
CC-CVD	617	21840	C-FNVT	411	21011	C-GNDL	438	21186	CS-TER	808	22636
CC-CVG	909	22743	C-FPWB	335	20785	C-GNDM	619	22074	CS-TES	848	22637
CC-CVH	965	23024	CF-PWC	253	20142	C-GNDR	630	22075	CS-TET	702	22415
CC-CVI	706	22367	C-FPWC	253	20142	C-GNDS	233	20345	CS-TEU	709	22416
CC-CVJ	896	22736	C-FPWD	96	19742	C-GNDS	522	21518	CS-TEV	744	22402
CC-CYC	428	21131	CF-PWD	850	22761	C-GNDU	880	22877	CS-TIS	965	23024
CC-CYD	460	21219	CF-PWD	96	19742	C-GNDW	542	21694	CS-TMA	867	22640

Boeing 737-200 — Out Of Production List: Western Jet Airliners

Registration	l/n	c/n	Registration	l/n	c/n	Registration	l/n	c/n	Registration	l/n	c/n
CS-TMB	957	23023	E3-NAS	642	21960	EI-CNV	752	22128	F-GEXI	690	22406
CS-TMC	965	23024	EC-040	521	21509	EI-CNW	772	22133	F-GEXJ	852	22760
CS-TMD	814	22599	EC-047	619	22074	EI-CNX	745	22127	F-GFLV	773	22597
CS-TME	816	22600	EC-079	600	21927	EI-CNY	649	22113	F-GFLX	792	22598
CX-BHM	158	20299	EC-132	554	21687	EI-CNZ	735	22126	F-GFVI	238	20256
CX-BON	830	22737	EC-DTR	773	22597	EI-COA	848	22637	F-GFVJ	230	20254
CX-BOO	834	22738	EC-DUB	792	22598	EI-COB	727	22124	F-GFVK	157	19848
CX-BOP	844	22739	EC-DUL	708	22369	EI-CON	730	22396	F-GFVR	520	21538
CX-FAT	522	21518	EC-DVE	863	22639	EI-COX	726	22123	F-GFYL	242	20205
CX-PUF	781	22135	EC-DVN	668	22296	EI-CRN	952	23008	F-GGFI	173	20138
CX-VVT	426	21130	EC-DXV	698	22407	EI-CTX	944	23006	F-GGFJ	199	20218
D2-TAA	439	21172	EC-DYZ	811	22703	EL-AIL	520	21538	F-GGPA	84	19847
D2-TAB	447	21173	EC-DZB	199	20218	EP-AGA	483	21317	F-GGPB	251	20389
D2-TAH	567	21723	EC-DZH	239	20336	EP-IGA	368	20892	F-GGPC	245	20282
D2-TBC	447	21173	EC-EEG	358	20910	EP-IGD	371	20893	F-GGTP	143	20196
D2-TBD	567	21723	EI-ASA	147	19424	EP-IRF	283	20498	F-GGVP	405	20943
D2-TBI	68	19681	EI-ASB	153	19425	EP-IRG	284	20499	F-GGVQ	408	20944
D2-TBN	869	22775	EI-ASC	199	20218	EP-IRH	286	20500	F-GGZA	354	20836
D2-TBO	891	22776	EI-ASD	208	20219	EP-IRI	321	20740	F-GHML	147	19424
D2-TBP	1084	23220	EI-ASE	215	20220	ET-AJA	1456	23914	F-GHXH	748	22453
D2-TBT	479	21278	EI-ASF	227	20221	ET-AJB	1583	23915	F-GHXK	514	21599
D2-TBU	480	21279	EI-ASG	240	20222	ET-ALE	1165	23446	F-GHXL	570	21775
D2-TBV	802	22626	EI-ASH	252	20223	EX-006	642	21960	F-GIXA	354	20836
D2-TBX	1117	23351	EI-ASK	187	19947	EX-009	676	22088	F-GJDL	256	20440
D6-CAJ	796	22581	EI-ASL	411	21011	EX-012	535	21645	F-GKTK	411	21011
D-ABBE	223	20253	EI-BCC	428	21131	EX-015	627	21819	F-GLXF	846	22657
D-ABCE	230	20254	EI-BCR	231	20276	EX-027	1154	23444	F-GLXG	557	21736
D-ABDE	234	20255	EI-BDY	424	21112	EX-037	630	22075	F-GLXH	290	20544
D-ABFA	657	22114	EI-BEB	565	21714	EX-048	729	22395	F-GMJD	814	22599
D-ABFB	649	22113	EI-BEC	579	21715	EX-050	437	21139	F-GOAF	84	19847
D-ABFC	694	22115	EI-BEE	241	20413	EX-061	600	21927	F-GTCA	143	20196
D-ABFD	701	22116	EI-BEF	259	20449	EX-076	356	20882	F-GVAC	351	20907
D-ABFE	238	20256	EI-BFC	239	20336	EX-077	469	21277	F-GYAL	95	19074
D-ABFF	703	22117	EI-BII	480	21279	EX-079	467	21275	F-OHKA	619	22074
D-ABFH	704	22118	EI-BJE	96	19742	EX-080	468	21276	F-WGTP	143	20196
D-ABFK	714	22119	EI-BJP	139	19743	EX-081	477	21283	G-AVRL	38	19709
D-ABFL	715	22120	EI-BMY	479	21278	EX-110	511	21362	G-AVRM	54	19710
D-ABFM	720	22121	EI-BNS	288	20521	EX-121	298	20577	G-AVRN	155	19711
D-ABFN	721	22122	EI-BOC	254	20455	EX-212	847	22632	G-AVRO	162	19712
D-ABFP	726	22123	EI-BOJ	620	22071	EX-214	642	21960	G-AWSY	166	20236
D-ABFR	727	22124	EI-BOM	707	22368	EX-25004	1257	23516	G-AXNA	245	20282
D-ABFS	734	22125	EI-BON	708	22369	EX-311	468	21276	G-AXNB	251	20389
D-ABFT	744	22402	EI-BPR	570	21775	EX-450	262	20450	G-AXNC	255	20417
D-ABFU	735	22126	EI-BPV	641	22024	EX-451	266	20451	G-AZNZ	95	19074
D-ABFW	745	22127	EI-BPW	577	21776	EX-632	847	22632	G-BADP	316	20632
D-ABFX	752	22128	EI-BPY	563	21774	EX-734	1486	23791	G-BADR	318	20633
D-ABFY	754	22129	EI-BRB	650	22279	EX-735	1257	23516	G-BAZG	338	20806
D-ABFZ	762	22130	EI-BRN	750	22529	EX-736	1261	23517	G-BAZH	341	20807
D-ABGE	274	20257	EI-BRZ	811	22703	EX-777	532	21654	G-BAZI	342	20808
D-ABHA	764	22131	EI-BTR	582	21735	EY-531	1257	23516	G-BECG	487	21335
D-ABHB	769	22132	EI-BTW	642	21960	EY-532	1486	23791	G-BECH	489	21336
D-ABHC	772	22133	EI-BTZ	761	22576	EY-533	1261	23517	G-BFVA	541	21693
D-ABHD	774	22635	EI-BWC	965	23024	EY-534	1371	23605	G-BFVB	542	21694
D-ABHE	276	20258	EI-BWY	923	22744	FAB2115	441	21165	G-BGDA	599	21790
D-ABHF	777	22134	EI-BWZ	957	23023	FAB2116	445	21166	G-BGDB	626	21791
D-ABHH	781	22135	EI-BXV	281	20492	FAP-350	82	19707	G-BGDC	628	21792
D-ABHK	783	22136	EI-BXW	909	22743	FAP-351	962	23041	G-BGDD	635	21793
D-ABHL	788	22137	EI-BXY	646	22278	FAP-352	967	23042	G-BGDE	643	21794
D-ABHM	790	22138	EI-CBL	377	20957	FAP-353	147	19424	G-BGDF	645	21795
D-ABHN	791	22139	EI-CGZ	549	21685	FAP-354	227	20221	G-BGDG	648	21796
D-ABHP	793	22140	EI-CHB	448	21206	F-GBYA	930	23000	G-BGDH	653	21797
D-ABHR	795	22141	EI-CHC	550	21686	F-GBYB	936	23001	G-BGDI	658	21798
D-ABHS	797	22142	EI-CJC	867	22640	F-GBYC	937	23002	G-BGDJ	660	21799
D-ABHT	808	22636	EI-CJD	946	22966	F-GBYD	939	23003	G-BGDK	661	21800
D-ABHU	838	22143	EI-CJE	863	22639	F-GBYE	941	23004	G-BGDL	669	21801
D-ABHW	840	22634	EI-CJF	953	22967	F-GBYF	943	23005	G-BGDN	670	21802
D-ABHX	848	22637	EI-CJG	629	22058	F-GBYG	944	23006	G-BGDO	677	21803
D-ABMA	1075	23153	EI-CJH	621	22057	F-GBYH	948	23007	G-BGDP	686	21804
D-ABMB	1078	23154	EI-CJI	917	22875	F-GBYJ	952	23008	G-BGDR	697	21805
D-ABMC	1079	23155	EI-CJW	493	21355	F-GBYJ	958	23009	G-BGDS	699	21806
D-ABMD	1082	23156	EI-CKK	528	21612	F-GBYK	959	23010	G-BGDT	710	21807
D-ABME	1085	23157	EI-CKL	496	21356	F-GBYL	971	23011	G-BGDU	712	21808
D-ABMF	1089	23158	EI-CKP	668	22296	F-GBYM	1135	23349	G-BGFS	500	21359
D-AHLD	763	22596	EI-CKQ	888	22906	F-GBYN	1256	23503	G-BGJE	644	22026
D-AHLE	773	22597	EI-CKR	647	22025	F-GBYO	1267	23504	G-BGJF	654	22027
D-AHLF	792	22598	EI-CKS	636	22023	F-GBYP	1397	23792	G-BGJG	656	22028
D-AHLG	814	22599	EI-CKW	538	21677	F-GBYQ	1426	23793	G-BGJH	662	22029
D-AHLH	816	22600	EI-CLK	564	21733	F-GCGR	479	21278	G-BGJI	693	22030
D-AHLI	833	22601	EI-CLN	501	21443	F-GCGS	480	21279	G-BGJJ	722	22031
D-AOUP	614	22070	EI-CLO	516	21444	F-GCJL	71	19067	G-BGJK	742	22032
DQ-FDM	807	22679	EI-CNP	451	21192	F-GCLL	63	19064	G-BGJL	743	22033
E3-NAD	468	21276	EI-CNT	694	22115	F-GCSL	69	19066	G-BGJM	751	22034

Boeing 737-200 — Out Of Production List: Western Jet Airliners

Registration	l/n	c/n	Registration	l/n	c/n	Registration	l/n	c/n	Registration	l/n	c/n
G-BGNW	428	21131	G-DDDV	746	22633	HR-TNS	252	20223	K2413	982	23037
G-BGTV	641	22024	G-DFUB	702	22415	HS-AKO	282	20507	K3186	275	20484
G-BGTW	636	22023	G-DGDP	856	22762	HS-AKU	998	23115	K3187	273	20483
G-BGTY	642	21960	G-DWHH	850	22761	HS-TBA	502	21440	K5011	899	22860
G-BGVH	730	22396	G-FIGP	917	22875	HS-TBB	604	21810	LN-BRL	675	22277
G-BGYJ	621	22057	G-GPAA	707	22368	HS-TBC	685	22267	LN-MTC	246	20453
G-BGYK	629	22058	G-GPAB	620	22071	HS-TBD	794	22667	LN-MTD	247	20454
G-BGYL	631	22059	G-GPFI	351	20907	HS-TBE	1010	23113	LN-NPB	571	21763
G-BHCL	659	21955	G-IBTW	642	21960	HS-TFS	502	21440	LN-SUA	278	20458
G-BHVG	729	22395	G-IBTX	557	21736	HS-VKK	1039	23131	LN-SUA	1223	23464
G-BHVI	737	22397	G-IBTY	811	22703	HS-VKU	280	20506	LN-SUB	595	21765
G-BHWE	696	22364	G-IBTZ	761	22576	HZ-AGA	294	20574	LN-SUG	205	20412
G-BHWF	700	22365	G-ILFC	652	22161	HZ-AGB	295	20575	LN-SUH	460	21219
G-BICV	517	21528	G-OSLA	761	22576	HZ-AGC	297	20576	LN-SUI	440	21184
G-BJBJ	847	22632	G-SBEA	542	21694	HZ-AGD	298	20577	LN-SUJ	1262	23468
G-BJCT	858	22638	G-SBEB	341	20807	HZ-AGE	299	20578	LN-SUK	572	21729
G-BJCU	863	22639	G-WGEL	652	22161	HZ-AGF	356	20882	LN-SUM	506	21445
G-BJCV	867	22640	H4-SAL	729	22395	HZ-AGG	366	20883	LN-SUP	128	19409
G-BJFH	646	22278	HA-LEA	582	21735	HZ-AGH	467	21275	LN-SUQ	1245	23467
G-BJSO	620	22071	HA-LEB	664	22090	HZ-AGI	468	21276	LN-SUS	110	19408
G-BJXJ	846	22657	HA-LEC	950	22979	HZ-AGJ	469	21277	LN-SUT	616	22022
G-BJXL	624	22054	HA-LEH	748	22453	HZ-AGK	471	21280	LN-SUU	1226	23465
G-BJXM	633	22055	HA-LEI	906	22803	HZ-AGL	472	21281	LN-SUV	1266	23469
G-BJZV	675	22277	HA-LEK	1176	23404	HZ-AGM	476	21282	LN-SUZ	1236	23466
G-BJZW	759	22516	HA-LEM	908	22804	HZ-AGN	477	21283	LV-AGC	394	21005
G-BKAP	549	21685	HA-LEW	354	20836	HZ-AGO	485	21360	LV-AHV	410	21017
G-BKBT	405	20943	HB-IEH	803	22431	HZ-AGP	488	21361	LV-BBI	657	22114
G-BKHE	946	22966	HC-BIG	775	22607	HZ-AGQ	511	21362	LV-BBM	781	22135
G-BKHF	953	22967	HC-BTI	426	21130	HZ-AGR	531	21653	LV-BBO	791	22139
G-BKHO	950	22979	HC-CED	976	22887	HZ-AGS	532	21654	LV-BCB	720	22121
G-BKMS	748	22453	HC-CEQ	1418	23848	HZ-AGT	622	22050	LV-BCD	721	22122
G-BKNH	578	21820	HC-CER	1414	23847	HZ-HM4	622	22050	LV-BIF	1399	23608
G-BKRO	479	21278	HC-CFD	669	21801	HZ-MIS	816	22600	LV-JMW	236	20403
G-BKYA	1047	23159	HC-CFG	588	21770	HZ-TBA	1262	23468	LV-JMX	243	20404
G-BKYB	1053	23160	HC-CFH	950	22979	I-JETA	593	21839	LV-JMY	248	20405
G-BKYC	1055	23161	HC-CFL	644	22026	I-JETC	1075	23153	LV-JMZ	261	20406
G-BKYD	1056	23162	HC-CFM	843	22589	I-JETD	1089	23158	LV-JND	263	20407
G-BKYE	1058	23163	HC-CFO	811	22703	J2-KCC	297	20576	LV-JNE	265	20408
G-BKYF	1060	23164	HC-CFR	796	22581	J2-KCE	485	21360	LV-JTD	285	20523
G-BKYG	1064	23165	HC-CFY	760	22577	J2-KCM	682	22274	LV-JTO	291	20537
G-BKYH	1067	23166	HC-CGA	1071	23188	J2-SHB	736	22354	LV-LIU	379	20964
G-BKYI	1074	23167	HI-764CA	210	19955	J2-SRH	471	21280	LV-LIV	381	20965
G-BKYJ	1077	23168	HI-777	870	22754	J2-SRS	488	21361	LV-LIW	387	20966
G-BKYK	1081	23169	HK-4216X	223	20253	JA8250	1241	23481	LV-MDB	354	20836
G-BKYL	1086	23170	HK-4253	436	21109	JA8282	1565	24103	LV-OOO	1088	23171
G-BKYM	1088	23171	HK-4328	663	22148	JA8366	1266	23469	LV-PHT	646	22278
G-BKYO	1102	23225	HP-1134CMP	223	20253	JA8401	168	20226	LV-PIS	958	23009
G-BKYP	1105	23226	HP-1163CMP	541	21693	JA8402	178	20227	LV-PIU	1256	23503
G-BLDE	922	22876	HP-1195CMP	338	20806	JA8403	231	20276	LV-PIV	939	23003
G-BLEA	507	21397	HP-1205CMP	631	22059	JA8405	235	20277	LV-PJC	959	23010
G-BMDF	917	22875	HP-1216CMP	300	20588	JA8406	241	20413	LV-PMD	245	20282
G-BMEC	577	21776	HP-1218	315	20670	JA8407	244	20414	LV-PMI	292	20561
G-BMHG	563	21774	HP-1218CMP	315	20670	JA8408	259	20449	LV-PMW	453	21196
G-BMMZ	290	20544	HP-1234CMP	849	22660	JA8409	262	20450	LV-PNI	465	21193
G-BMON	709	22416	HP-1245CMP	822	22620	JA8410	266	20451	LV-PNO	487	21335
G-BMOR	570	21775	HP-1255CMP	500	21359	JA8411	270	20452	LV-PNS	489	21336
G-BMSM	650	22279	HP-1266	500	21359	JA8412	280	20506	LV-PRQ	285	20523
G-BNGK	690	22406	HP-1288CMP	676	22088	JA8413	282	20507	LV-RAO	668	22296
G-BNIA	830	22737	HP-1297CMP	535	21645	JA8414	287	20508	LV-RBH	668	22296
G-BNZT	811	22703	HP-1311CMP	436	21109	JA8415	292	20561	LV-VEB	331	20768
G-BONM	834	22738	HP-1322CMP	794	22667	JA8416	293	20562	LV-VGF	422	21138
G-BOSA	342	20808	HP-1324CMP	1010	23113	JA8417	296	20563	LV-WBO	257	20330
G-BOSL	652	22161	HP-1339CMP	538	21677	JA8443	519	21476	LV-WFX	497	21357
G-BPLA	888	22906	HP-1340CMP	528	21612	JA8444	545	21477	LV-WGX	498	21358
G-BRJP	849	22660	HP-1408PVI	223	20253	JA8445	591	21478	LV-WJS	646	22278
G-BTEB	557	21736	HR-ATM	954	23039	JA8452	583	21766	LV-WNA	707	22368
G-BTEC	352	20908	HR-ATN	955	23040	JA8453	585	21767	LV-WNB	708	22369
G-BTED	353	20909	HR-ATX	555	21747	JA8454	586	21768	LV-WPA	989	23065
G-BTZF	953	22967	HR-AUB	525	21545	JA8455	587	21769	LV-WRO	288	20521
G-BYRI	358	20910	HR-AUH	523	21544	JA8456	588	21770	LV-WRZ	251	20389
G-BYYF	576	21738	HR-AUI	537	21641	JA8457	594	21771	LV-WSH	245	20282
G-BYZN	437	21139	HR-AUP	205	20412	JA8467	706	22367	LV-WSU	503	21496
G-BZKP	401	20915	HR-SHA	377	20957	JA8475	896	22736	LV-WSY	293	20562
G-CBVJ	901	22802	HR-SHD	240	20222	JA8492	1033	23117	LV-WTG	505	21498
G-CEAC	360	20911	HR-SHG	111	19921	JA8528	1223	23464	LV-WTX	292	20561
G-CEAD	421	21137	HR-SHH	386	20956	JA8577	1245	23467	LV-WYI	453	21196
G-CEAE	365	20912	HR-SHJ	281	20492	JY-JAF	1040	23130	LV-YBS	465	21193
G-CEAF	358	20910	HR-SHO	158	20299	JY-JRA	736	22354	LV-YEB	564	21733
G-CEAG	420	21136	HR-SHP	302	20582	JY-TWC	989	23065	LV-YGB	746	22633
G-CEAH	418	21135	HR-SHQ	500	21359	K2370	505	21498	LV-YIB	496	21356
G-CEAI	431	21176	HR-SHU	145	20128	K2371	504	21497	LV-YXB	487	21335
G-CEAJ	433	21177	HR-TNR	158	20299	K2412	977	23036	LV-YZA	489	21336

Registration	l/n	c/n	Registration	l/n	c/n	Registration	l/n	c/n	Registration	l/n	c/n
LV-ZEC	648	21796	N124NJ	721	22122	N1733B	164	20300	N20SW	267	20369
LV-ZIE	658	21798	N125GU	1453	23849	N173PL	166	20236	N20SW	490	21337
LV-ZRD	451	21192	N125NJ	934	22882	N1779B	868	22777	N210US	129	19555
LV-ZRE	1077	23168	N1262E	560	21716	N1779B	892	22793	N2117X	147	19424
LV-ZRO	1060	23164	N1269E	571	21763	N1780B	858	22638	N211PL	319	20681
LV-ZSD	1088	23171	N126AD	735	22126	N1782B	657	22114	N211US	141	20211
LV-ZSW	1086	23170	N126AW	395	20959	N1782B	891	22776	N212AG	720	22121
LV-ZTD	1102	23225	N126GU	302	20582	N1785B	221	20396	N212PL	328	20776
LV-ZTE	1135	23349	N126NJ	956	22884	N1785B	1151	23443	N212US	159	20212
LV-ZTG	1081	23169	N127AD	745	22127	N1786B	226	20397	N213MT	496	21356
LV-ZTI	937	23002	N127AW	370	20922	N1786B	694	22115	N213PP	426	21130
LV-ZTJ	1091	23172	N127GU	619	22074	N1786B	709	22416	N213US	160	20213
LV-ZTT	699	21806	N127NJ	974	22886	N1786B	815	22505	N214AG	727	22124
LV-ZTX	1267	23504	N1285E	599	21790	N1786B	978	23045	N214AU	172	20214
LV-ZTY	1047	23159	N1288	205	20195	N1786V	985	22779	N215AG	694	22115
LV-ZXB	958	23009	N128AD	752	22128	N1787B	158	20299	N215US	188	20095
LV-ZXC	1053	23160	N128AG	752	22128	N1787B	205	20412	N216US	206	19954
LV-ZXH	1256	23503	N128AW	391	20958	N1787B	422	21138	N217US	207	20215
LV-ZXP	939	23003	N128NJ	990	22892	N1787B	479	21278	N218TA	199	20218
LV-ZXS	141	20211	N129AW	425	21115	N1787B	480	21279	N218TA	199	20218
LV-ZXU	1105	23226	N129SW	678	22340	N1787B	563	21774	N218US	213	20216
LV-ZXV	1426	23793	N130AW	288	20521	N1788B	164	20300	N219AS	714	22119
LV-ZYG	645	21795	N130SW	855	22699	N1788B	268	20496	N219US	244	20414
LV-ZYI	959	23010	N131AW	386	20956	N1788B	292	20561	N21SW	233	20345
LV-ZYJ	923	22744	N13234	112	19888	N178AW	768	22645	N220LS	664	22090
LV-ZYN	643	21794	N132AW	438	21186	N178EE	911	22728	N220US	246	20453
LV-ZYX	399	20913	N132SW	466	21227	N1790B	246	20453	N221AW	134	20125
LV-ZYY	660	21799	N133AD	772	22133	N1790B	1154	23444	N221US	247	20454
LV-ZZA	460	21219	N133AW	582	21735	N1791B	247	20454	N222AW	1392	23789
LV-ZZC	424	21112	N134AW	761	22576	N1791B	1155	23445	N222TM	1176	23404
LV-ZZD	971	23011	N135AW	171	19940	N1792B	1165	23446	N223AG	730	22396
LV-ZZI	1067	23166	N135TA	171	19940	N1797B	158	20299	N223US	534	21665
LX-LGH	501	21443	N136AW	87	19708	N1799B	364	20967	N224JT	547	21666
LX-LGI	516	21444	N137AW	1059	23148	N179AW	778	22646	N224US	547	21666
LX-LGN	351	20907	N138AW	887	22792	N1800B	790	22138	N2257	756	22257
LX-OOO	593	21839	N1395B	12	19041	N1800B	815	22505	N225AG	759	22516
LY-BSD	886	22701	N139AW	716	22370	N1800B	833	22601	N225US	548	21667
LY-BSG	892	22793	N140AW	717	22371	N180AW	785	22647	N22620	822	22620
LY-GBA	751	22034	N141AW	659	21955	N180RN	820	22628	N2264	753	22264
LY-GPA	748	22453	N14233	109	19887	N181AW	789	22648	N226US	589	21815
N10236	148	19937	N14237	185	19945	N182AW	801	22649	N227AG	745	22127
N10238	78	19682	N14239	100	19920	N183AW	806	22650	N227AU	592	21816
N10242	131	20071	N14241	124	20070	N184AW	819	22651	N228US	602	21817
N10248	229	20344	N14245	170	20074	N185AW	831	22652	N229US	606	21818
N10251	209	20361	N14246	154	20129	N186AW	832	22653	N22SW	239	20336
N102SW	1014	23108	N14247	176	20133	N1872	178	20227	N230AU	612	21975
N102TR	487	21335	N142AW	259	20449	N187AW	862	22654	N230GE	989	23065
N103AG	724	22531	N143AW	748	22453	N188AW	872	22655	N231TA	763	22596
N103HA	438	21186	N1444Z	178	20227	N189AW	876	22656	N231US	625	21976
N103SW	1016	23109	N144AW	95	19074	N192GB	451	21192	N232TA	675	22277
N103TR	489	21336	N1450Z	235	20277	N193GP	465	21193	N232US	651	22018
N104SW	1017	23110	N1451Z	168	20226	N195AW	491	21500	N233TA	833	22601
N105SW	1095	23249	N145AW	196	20194	N196AU	453	21196	N233TM	972	23043
N107TR	341	20807	N146AW	205	20195	N196AW	492	21501	N233US	680	22273
N109AP	506	21445	N146JS	330	20688	N197AL	164	20300	N234AG	777	22134
N109TR	542	21694	N147AW	860	22630	N197AW	38	19709	N234GE	1154	23444
N110ER	989	23065	N148AW	678	22340	N197JQ	143	20196	N234TR	941	23004
N11244	142	20073	N149AW	749	22575	N197QQ	440	21184	N234US	682	22274
N113AH	649	22113	N150FV	1077	23168	N197SS	320	20711	N235TA	595	21765
N113YT	1010	23113	N151FV	1081	23169	N198AW	54	19710	N235US	687	22275
N115AD	694	22115	N15255	415	21069	N199AW	162	19712	N235WA	890	22859
N118RW	955	23040	N152FV	1088	23171	N199NA	197	19949	N236TA	87	19708
N119SW	458	21226	N153FV	1091	23172	N1PC	530	21613	N236US	728	22352
N11AZ	304	20590	N154FV	1102	23225	N200AU	29	19418	N236WA	1061	23184
N120NJ	950	22979	N159PL	438	21186	N200NE	256	20440	N236WA	1061	23184
N120SR	715	22120	N161DF	652	22161	N201FE	597	21926	N237TA	535	21645
N121GU	303	20583	N161FN	288	20521	N201YT	451	21192	N237TR	948	23007
N121NJ	582	21735	N16232	101	19886	N202AU	41	19419	N237US	731	22353
N121SR	720	22221	N16254	220	20365	N203AU	43	19420	N237WA	1065	23185
N12230	79	19884	N164PL	825	22735	N203FE	600	21927	N237WA	1065	23185
N12231	91	19885	N165W	57	19605	N203YT	901	22802	N238TA	630	22075
N12235	16	19758	N166WP	641	22024	N204AU	51	19603	N238TR	1135	23349
N122GU	307	20586	N167PL	724	22531	N204FE	603	21928	N238US	733	22398
N122NJ	715	22120	N167WP	581	21717	N205AU	53	19421	N238WA	1066	23186
N1238E	478	22296	N168WP	911	22728	N205FE	608	21929	N238WA	1066	23186
N123AQ	726	22123	N170PL	812	22733	N206AU	61	19422	N239TA	1392	23789
N123GU	308	20587	N1714T	565	21714	N206FE	610	21959	N239TR	937	23002
N123NJ	720	22221	N1715Z	579	21715	N20727	231	20276	N239WA	736	22354
N1243E	477	21283	N171AW	514	21599	N207AU	67	19423	N239WA	1070	23187
N1247E	514	21599	N171PL	818	22734	N2089	632	22089	N239WA	1070	23187
N124AD	727	22124	N17252	216	20362	N208AU	107	19547	N23SW	258	20346
N124GU	436	21109	N172PL	155	19711	N209US	114	19548	N23SW	494	21338

Registration	l/n	c/n	Registration	l/n	c/n	Registration	l/n	c/n	Registration	l/n	c/n
N24089	254	20455	N284AU	1039	23131	N323AU	988	22891	N413JG	1059	23148
N240 9N	268	20496	N284TR	771	22259	N323DL	1027	23095	N424GB	147	19424
N240AU	741	22355	N285AU	1044	23132	N323XV	181	20156	N4264Y	192	20158
N240TA	572	21729	N285TR	784	22260	N324AU	990	22892	N431PE	79	19884
N240TR	1267	23504	N286AU	1049	23133	N324CA	613	21970	N432PE	91	19885
N240WA	1071	23188	N286TR	765	22266	N324DL	1028	23096	N433PE	101	19886
N241AG	1565	24103	N287AU	1050	23134	N324JM	811	22703	N434PE	109	19887
N241US	782	22443	N287TR	786	22341	N325AU	997	23114	N435PE	112	19888
N241WA	1072	23189	N288AU	1054	23135	N325DL	1029	23097	N4361R	661	21800
N242TR	958	23009	N288CD	141	20211	N326AU	998	23115	N440GB	502	21440
N242US	800	22444	N288TR	810	22342	N326DL	1031	23098	N4501W	33	19598
N242WA	1257	23516	N289TR	684	22159	N327AU	999	23116	N4502W	39	19599
N243TR	1256	23503	N28SW	495	21339	N327DL	1035	23099	N4503W	44	19600
N243US	837	22445	N290TR	598	21713	N328AU	1039	23131	N4504W	45	19601
N243WA	1261	23517	N291TR	824	22807	N328DL	1038	23100	N4505W	46	19602
N244TR	939	23003	N2941W	763	22596	N329AU	1044	23132	N4506W	51	19603
N244US	845	22752	N29SW	499	21340	N329DL	1041	23101	N4507W	56	19604
N244WA	1265	23518	N301DL	991	23073	N330AU	1049	23133	N4508W	57	19605
N245TR	1426	23793	N301XV	223	20253	N330DL	1045	23102	N4509W	64	19606
N245US	857	22751	N302AR	397	21014	N331AU	1050	23134	N4510W	70	19607
N245WA	1299	23519	N302DL	993	23074	N331DL	1051	23103	N4511W	73	19608
N246TR	959	23010	N302VA	140	20126	N331XV	139	19743	N4512W	81	19609
N246US	865	22753	N302XV	230	20254	N332AU	1054	23135	N4513W	83	19610
N247TR	971	23011	N303AR	815	22505	N332DL	1062	23104	N4514W	92	19611
N247US	870	22754	N303DL	994	23075	N332XV	239	20336	N4515W	93	19612
N248US	873	22755	N303VA	134	20125	N3333M	196	20194	N4516W	104	19613
N249TR	792	22598	N303XV	234	20255	N334DL	1068	23105	N4517W	105	19614
N249US	879	22756	N304DL	995	23076	N341CA	1414	23847	N4518W	125	19615
N24AZ	309	20591	N304VA	132	19617	N342CA	1418	23848	N4519W	126	19616
N24SW	373	20925	N304XV	238	20256	N344TM	973	23044	N4520W	132	19617
N250TR	773	22597	N305DL	996	23077	N352CC	1342	23521	N4521W	134	20125
N251AU	883	22757	N305VA	64	19606	N358AS	479	21278	N4522W	140	20126
N251LF	705	22408	N306AL	992	23066	N359AS	517	21528	N4523W	144	20127
N251TR	1397	23792	N306DL	1000	23078	N359MT	500	21359	N4524W	145	20128
N252AU	889	22758	N306GE	992	23066	N367DL	563	21774	N4525W	154	20129
N252TR	936	23001	N306VA	81	19609	N368AP	707	22368	N4526W	156	20130
N253AU	912	22795	N307DL	1003	23079	N368DL	577	21776	N4527W	165	20131
N253TR	943	23005	N307VA	44	19600	N368FE	650	22279	N4528W	167	20132
N254AU	914	22796	N308DL	1004	23080	N368MM	707	22368	N4529W	176	20133
N255AU	916	22797	N308VA	104	19613	N369DL	577	21776	N4529W	335	20785
N256AU	924	22798	N309DL	1005	23081	N369LS	708	22369	N4529W	804	22504
N257AU	932	22799	N309VA	105	19614	N370BC	1262	23468	N4530W	177	20134
N259AU	938	22806	N30AU	698	22407	N371AL	717	22371	N4530W	815	22505
N25SW	188	20095	N310AU	921	22878	N373DL	1329	23520	N453AC	77	19931
N260AU	940	22866	N310DA	1006	23082	N374DL	1342	23521	N453LS	748	22453
N261AU	961	22867	N310VA	492	21501	N375DL	1347	23602	N4556L	897	22800
N261LR	744	22402	N311AU	926	22879	N376DL	1361	23603	N4558L	900	22801
N262AU	963	22868	N311DL	1008	23083	N377AK	299	20578	N4561K	901	22802
N263AU	964	22869	N311VA	491	21500	N377DL	1369	23604	N4562N	890	22859
N264AU	984	22961	N311XV	38	19709	N378DL	1371	23605	N4563H	885	22700
N265AU	987	22962	N312AU	927	22880	N378PS	68	19681	N4569N	886	22701
N266AU	921	22878	N312DL	1009	23084	N379DL	1379	23606	N456TM	239	20336
N267AU	926	22879	N312VA	166	20236	N379PS	78	19682	N45708	917	22875
N268AU	927	22880	N312XV	54	19710	N37AF	552	21720	N4571A	922	22876
N269AU	931	22881	N313AU	931	22881	N380AC	1033	23117	N4571M	892	22793
N26SW	423	21117	N313DL	1011	23085	N380DL	1387	23607	N45733	980	23059
N270AU	934	22882	N313VA	155	19711	N380PA	315	20670	N457TM	181	20156
N270FL	812	22733	N313XV	162	19712	N380PS	100	19920	N458AC	552	21720
N2711R	72	19426	N314AU	934	22882	N381AC	1241	23481	N459AC	86	19072
N271AU	935	22883	N314DA	1012	23086	N381DL	1399	23608	N460AC	192	20158
N271FA	818	22734	N315AU	935	22883	N381PA	300	20588	N460AT	192	20158
N271FL	818	22734	N315DL	1013	23087	N381PS	111	19921	N461AC	388	20976
N271LR	808	22636	N3160M	149	20197	N382DL	1403	23609	N461AT	388	20976
N272AU	956	22884	N316AU	956	22884	N382PA	111	19921	N461GB	13	19306
N273AU	966	22885	N316DL	1018	23088	N382PS	180	20155	N462AC	20	19307
N274AU	974	22886	N316GA	220	20365	N383PA	242	20205	N462AT	894	22631
N274US	974	22886	N317AU	966	22885	N385PA	551	21719	N462GB	20	19307
N275AU	976	22887	N317DL	1019	23089	N386PS	193	20159	N463GB	40	19308
N276AG	665	22276	N318AU	974	22886	N387PA	665	22276	N464AC	47	19309
N276AU	979	22888	N318CM	676	22088	N388PA	675	22277	N464AT	479	21278
N277AU	983	22889	N318DL	1020	23090	N389PA	759	22516	N464BA	1223	23464
N277US	983	22889	N319AU	976	22887	N392AS	701	22116	N464GB	47	19309
N278AU	986	22890	N319DL	1021	23091	N394FS	230	20254	N465AC	80	19713
N279AD	650	22279	N31AU	737	22397	N396AD	730	22396	N465AT	517	21528
N279AU	988	22891	N320AU	979	22888	N39BL	618	21957	N465GB	80	19713
N27SW	470	21262	N320DL	1023	23092	N40112	475	21302	N466AC	45	19601
N280AU	990	22892	N321AU	983	22889	N401MG	571	21763	N467AT	633	22055
N281AU	997	23114	N321DL	1024	23093	N401SH	305	20584	N467GB	88	19714
N281LF	620	22071	N321XV	60	19929	N4039W	424	21112	N468AC	232	20334
N282AD	245	20282	N322AU	986	22890	N405BC	1178	23405	N468AT	95	19074
N282AU	998	23115	N322DL	1026	23094	N408CE	110	19408	N469AC	237	20335
N283AU	999	23116	N322XV	66	19930	N412CE	205	20412	N469NA	1266	23469

Boeing 737-200 — Out Of Production List: Western Jet Airliners

Registration	l/n	c/n	Registration	l/n	c/n	Registration	l/n	c/n	Registration	l/n	c/n
N470AC	140	20126	N623AV	718	22384	N7343F	558	21748	N740AS	767	22578
N470AT	492	21501	N6241	84	19847	N7344F	569	21749	N740N	67	19423
N470TA	92	19611	N624AC	1055	23161	N7345F	574	21750	N741AS	610	21959
N4724B	591	21478	N625AC	1064	23165	N7346F	575	21751	N741N	141	20211
N473AC	105	19614	N62AF	130	19556	N7347F	596	21980	N742AP	659	21955
N487GS	44	19600	N62SW	638	22060	N7348F	601	21981	N742AS	1032	23136
N4902W	256	20440	N632CC	1361	23603	N7349F	632	22089	N742TW	438	21186
N4905W	344	20917	N633GP	746	22633	N734N	29	19418	N743AS	590	21821
N4906	173	20138	N637AD	848	22637	N7350F	713	22383	N743N	159	20212
N4907	102	19594	N63AF	122	19553	N7351F	718	22384	N744AS	605	21822
N491WC	578	21820	N63SW	639	22061	N7352F	723	22399	N744N	160	20213
N492WC	590	21821	N640AD	867	22640	N7353F	740	22456	N745AP	585	21767
N493WC	605	21822	N64AF	115	19549	N7354F	757	22457	N745AS	346	20794
N4951W	413	21066	N64SW	640	22062	N7355F	871	22741	N745N	172	20214
N4952W	414	21067	N660YT	849	22660	N7356F	875	22742	N746AP	588	21770
N500AL	448	21206	N6658Y	227	20221	N7357F	909	22743	N746AS	1042	23123
N500VP	640	22062	N667YT	794	22667	N7359F	957	23023	N746N	207	20215
N501AV	145	20128	N670MA	1025	23121	N735LA	294	20574	N747AS	1046	23124
N501NG	729	22395	N671MA	1036	23122	N735N	41	19419	N747N	213	20216
N503AV	178	20227	N672MA	1042	23123	N7360F	240	20222	N749AP	586	21768
N505AV	235	20277	N673MA	1046	23124	N7361F	252	20223	N749N	107	19547
N50SW	508	21447	N674MA	1113	23292	N7362F	428	21131	N74PW	495	21339
N5175U	334	20689	N675MA	989	23065	N7363F	475	20133	N74SW	827	22674
N5176Y	339	20692	N676MA	992	23066	N736BP	1226	23465	N751AA	594	21771
N5177C	340	20693	N67AF	123	19554	N736N	43	19420	N751N	114	19548
N51AF	750	22529	N67SW	719	22356	N7370F	142	20073	N752N	90	19073
N51SW	509	21448	N685MA	1486	23791	N73711	152	20209	N753N	246	20453
N520L	196	20194	N68AF	49	19058	N73712	163	20210	N754N	247	20454
N5294E	337	20691	N68SW	725	22357	N73713	222	20242	N754UA	82	19707
N5294M	343	20694	N693YT	541	21693	N73714	86	19072	N758N	51	19603
N52AF	707	22368	N69AF	50	19059	N73714	121	19552	N759N	206	19954
N52SW	524	21533	N700ML	1176	23404	N73717	233	20345	N75PW	847	22632
N5375S	1097	23273	N701ML	1178	23405	N73718	145	20128	N761N	534	21665
N53AF	624	22054	N702ML	624	22054	N7371F	170	20074	N762N	547	21666
N53SW	526	21534	N7031A	460	21219	N7372F	136	20072	N762SH	856	22762
N54AF	633	22055	N7031F	506	21445	N7373F	209	20361	N763AA	706	22367
N54SW	543	21535	N703ML	750	22529	N7374F	216	20362	N763BA	896	22736
N5573B	792	22598	N703S	750	22529	N7375F	218	20363	N763N	548	21667
N5573B	1167	23447	N705ML	633	22055	N7376F	219	20364	N764SH	672	22256
N5573B	1585	24236	N705S	661	21800	N7377F	220	20365	N767N	188	20095
N5573K	649	22113	N70720	424	21112	N7378F	124	20070	N767TW	276	20258
N5573K	794	22667	N70721	491	21500	N7379F	131	20071	N768KM	331	20768
N55SW	544	21593	N70722	492	21501	N737AP	211	19956	N768N	589	21815
N56807	755	22265	N70723	561	21739	N737BG	93	19612	N769N	592	21816
N56807	789	22648	N70724	562	21740	N737KD	185	19945	N771LS	616	22022
N56AF	708	22369	N709ML	239	20336	N737KD	220	20365	N772N	602	21817
N56SW	553	21721	N712S	949	23038	N737N	53	19421	N772S	259	20449
N57001	546	21710	N713A	1245	23467	N737Q	12	19041	N773N	606	21818
N57001	675	22277	N714A	1178	23405	N737Q	480	21279	N774AN	612	21975
N57001	700	22365	N715A	603	21928	N737RD	220	20365	N775N	625	21976
N57008	618	21957	N716A	608	21929	N737TW	274	20257	N776N	244	20414
N57008	803	22431	N716SH	560	21716	N737VU	12	19041	N777EC	47	19309
N5700N	661	21800	N719A	807	22679	N737WH	803	22431	N778N	651	22018
N5701E	737	22397	N71PW	642	21960	N7380F	68	19681	N779N	680	22273
N570GB	124	20070	N71SW	732	22358	N7381F	267	20369	N780N	682	22274
N571GB	131	20071	N720A	597	21926	N7382F	281	20492	N780TJ	149	20197
N572GB	136	20072	N721ML	817	22697	N7383F	97	19075	N781N	687	22275
N573GB	142	20073	N721WN	817	22697	N7384F	154	20129	N782N	728	22352
N574GB	170	20074	N722ML	823	22698	N7385F	415	21069	N783N	731	22353
N576DF	761	22576	N722WN	823	22698	N7385F	923	22744	N784N	736	22354
N57AF	716	22370	N723ML	1392	23789	N7386F	264	20368	N785N	741	22355
N57JE	340	20693	N724ML	1422	23790	N7387F	78	19682	N786N	782	22443
N57SW	568	21722	N725AL	634	22051	N7388F	100	19920	N787N	800	22444
N583CC	415	21069	N725ML	1486	23791	N7389F	148	19937	N787WH	803	22431
N58AD	629	22058	N725S	634	22051	N738AP	583	21766	N788N	837	22445
N58AF	717	22371	N726AL	738	22426	N738N	61	19422	N789N	733	22398
N59SW	609	21811	N728AL	842	22629	N7390F	185	19945	N789TM	981	23046
N5JY	666	22255	N728JE	102	19594	N7391F	518	21508	N790CC	1422	23790
N5WM	622	22050	N729AL	860	22630	N7392F	521	21509	N791N	845	22752
N5WM	842	22629	N7302F	12	19041	N7393F	523	21544	N792N	865	22753
N6009F	901	22802	N730AL	894	22631	N7394F	525	21545	N793N	870	22754
N600ML	1176	23404	N730AS	760	22577	N7395F	527	21546	N794N	873	22755
N6018N	906	22803	N730TJ	219	20364	N7396F	536	21640	N795N	879	22756
N603DJ	210	19955	N7310F	229	20344	N7397F	537	21641	N796N	883	22757
N6066Z	846	22657	N73243	136	20072	N7398F	540	21642	N797N	889	22758
N6067U	1099	23274	N732TW	864	22731	N7399F	965	23024	N798N	857	22751
N60SW	611	21812	N733AR	1236	23466	N739AA	633	22055	N799N	912	22795
N61AF	121	19552	N733PA	1236	23466	N73AF	438	21186	N800WA	234	20255
N61SW	613	21970	N733TW	877	22732	N73FS	595	21765	N801AL	72	19426
N620PC	87	19708	N7340F	510	21597	N73SW	826	22673	N801WA	571	21763
N621AC	1082	23156	N7341F	512	21598	N73TH	572	21729	N802AL	663	22148
N623AC	1085	23157	N7342F	555	21747	N740AP	491	21500	N802N	914	22796

Registration	l/n	c/n	Registration	l/n	c/n	Registration	l/n	c/n	Registration	l/n	c/n
N8032M	616	22022	N861SY	300	20588	N9065U	186	19946	N994UA	718	22384
N803AL	249	20206	N862SY	315	20670	N9066U	187	19947	N995UA	723	22399
N803N	916	22797	N86SW	882	22827	N9067U	191	19948	N996UA	740	22456
N803SR	906	22803	N87569	398	21006	N9068U	197	19949	N997UA	757	22457
N804AL	551	21719	N87SW	905	22903	N9069U	198	19950	N99890	340	20693
N804N	924	22798	N87WA	346	20794	N9070U	200	19951	N998UA	871	22741
N805AL	637	21809	N890FS	1245	23467	N9071U	201	19952	N999UA	875	22742
N805N	932	22799	N891FS	1262	23468	N9072U	202	19953	N9R0300AC	427	21116
N806AL	600	21927	N8985V	631	22059	N9073U	206	19954	OB-1317	83	19610
N806N	938	22806	N898JM	898	22873	N9074U	210	19955	OB-1451	86	19072
N806YT	338	20806	N899JM	904	22874	N9075U	211	19956	OB-1476	281	20492
N807AL	1151	23443	N89SW	913	22904	N909LH	205	20195	OB-1493	162	19712
N807N	940	22866	N9001U	6	19039	N90SW	918	22905	OB-1511	235	20277
N808AL	1155	23445	N9002U	8	19040	N912M	70	19607	OB-1536	145	20128
N808GE	712	21808	N9003U	12	19041	N912MP	70	19607	OB-1538	448	21206
N809AL	552	21720	N9004U	14	19042	N912PG	503	21496	OB-1544	386	20956
N809N	961	22867	N9005U	18	19043	N913PG	505	21498	OB-1544-P	386	20956
N80AF	252	20223	N9006U	19	19044	N9187D	1120	23320	OB-1561	50	19059
N80CC	618	21957	N9007U	21	19045	N91SW	929	22963	OB-1572	88	19714
N80SW	839	22675	N9008U	22	19046	N920WA	626	21791	OB-1615	110	19408
N810AL	1523	24031	N9009U	24	19047	N921PG	648	21796	OB-1619	126	19616
N810N	963	22868	N9010U	25	19048	N921WA	954	23039	OB-1620	125	19615
N811N	964	22869	N9011U	27	19049	N922PG	658	21798	OB-1635	123	19554
N813N	984	22961	N9012U	28	19050	N923WA	661	21800	OB-1637	50	19059
N814N	987	22962	N9013U	30	19051	N925PG	1060	23164	OB-1670	145	20128
N816AL	1036	23122	N9014U	31	19052	N926PG	1064	23165	OB-1672	50	19059
N817AL	1113	23292	N9015U	34	19053	N927PG	1077	23168	OB-1711	1055	23161
N818AL	703	22117	N9016U	36	19054	N92SW	933	22964	OB-1712	1060	23164
N819AL	1486	23791	N9017U	37	19055	N930PG	1088	23171	OB-1713	82	19707
N81AF	817	22697	N9018U	42	19056	N937PG	1086	23170	OB-1713	1064	23165
N81SW	841	22730	N9019U	48	19057	N938PG	1081	23169	OB-1718	147	19424
N820AL	790	22138	N9020U	49	19058	N939PG	1102	23225	OB-1719	227	20221
N821AL	1079	23155	N9021U	50	19059	N93SW	942	22965	OB-1723	162	19712
N821L	554	21687	N9022U	55	19060	N941PG	660	21799	OB-1723-P	162	19712
N823AL	1078	23154	N9023U	58	19061	N942PG	560	21716	OB-1724	967	23042
N824AL	978	23045	N9024U	59	19062	N947PG	699	21806	OB-1729P	145	20128
N826AL	1002	23051	N9025U	62	19063	N948PG	1091	23172	OB-1730	61	19422
N8277V	431	21176	N9026U	63	19064	N949PG	1047	23159	OB-1730P	61	19422
N8277V	501	21443	N9027U	65	19065	N94SW	968	23053	OB-1733	50	19059
N8279V	763	22596	N9028U	69	19066	N950PG	1053	23160	OB-1742	126	19616
N8279V	774	22635	N9029U	71	19067	N952PG	1105	23226	OB-1742-P	126	19616
N827AL	1579	23913	N902PG	645	21795	N954PG	645	21795	OB-1743	458	21226
N8280P	686	21804	N902WC	104	19613	N956PG	1067	23166	OB-1746	235	20277
N8280V	665	22276	N902WG	822	22620	N95SW	969	23054	OB-1746-P	235	20277
N8282V	673	22087	N9030U	74	19068	N961PG	1055	23161	OB-1747	244	20414
N8283V	775	22607	N9031U	75	19069	N968PG	353	20909	OB-1748	107	19547
N8285V	843	22589	N9032U	76	19070	N96SW	970	23055	OB-1751	128	19409
N8286V	711	22602	N9033U	85	19071	N974PG	503	21496	OB-1751-P	128	19409
N8288V	688	22160	N9034U	86	19072	N974UA	510	21597	OB-1752	320	20711
N8288V	947	22778	N9035U	90	19073	N975PG	505	21498	OB-1752-P	320	20711
N8289V	479	21278	N9036U	95	19074	N976PG	288	20521	OB-1753	172	20214
N8289V	626	21791	N9037U	97	19075	N976UA	512	21598	OB-1754	207	20215
N828AL	1077	23168	N9038U	99	19076	N977MP	522	21518	OB-1755	210	19955
N8291V	679	22281	N9039U	103	19077	N977UA	518	21508	OB-1763	50	19059
N8292V	681	22282	N903LC	93	19612	N978UA	521	21509	OB-1764	159	20212
N8292V	691	22338	N903RC	33	19598	N979UA	523	21544	OB-1764-P	159	20212
N8293V	428	21131	N9040U	106	19078	N980UA	525	21545	OB-1781-P	384	21001
N8293V	832	22653	N9041U	107	19547	N981UA	527	21546	OB-1781-P	385	21002
N8295V	690	22406	N9042U	114	19548	N982PG	672	22256	OB-1783-P	210	19955
N8295V	844	22739	N9043U	115	19549	N982UA	536	21640	OB-1793-P	303	20583
N8296V	715	22120	N9044U	116	19550	N983PG	850	22761	OB-1799-P	954	23039
N8297V	788	22137	N9045U	117	19551	N983PS	181	20156	OB-1799-T	1392	23789
N8298V	714	22119	N9046U	121	19552	N983UA	537	21641	OB-1800-P	537	21641
N8298V	769	22132	N9047U	122	19553	N984PG	856	22762	OB-1804-P	555	21747
N82AF	823	22698	N9048U	123	19554	N984PS	189	20157	OB-1806-P	149	20197
N82SW	864	22731	N9049U	129	19555	N984UA	540	21642	OB-1808-P	805	22582
N835AL	530	21613	N9050U	130	19556	N985PG	584	21718	OB-1809-P	787	22580
N836AL	1102	23225	N9051U	133	19932	N985PS	192	20158	OB-1823	892	22793
N837AL	1081	23169	N9051U	133	19932	N985UA	555	21747	OB-1832-P	560	21716
N83AF	855	22699	N9052U	135	19933	N986UA	558	21748	OB-1837-P	649	22113
N83SW	877	22732	N9053U	137	19934	N987PS	195	20160	OB-1839-P	867	22640
N840AL	1046	23124	N9054U	138	19935	N987UA	569	21749	OB-1841-P	629	22058
N841AL	1042	23123	N9055U	146	19936	N988PG	874	22659	OB-1843-P	584	21718
N841L	210	19955	N9056U	148	19937	N988PS	264	20368	OB-1851-P	772	22133
N842AL	1032	23136	N9057U	150	19938	N988UA	574	21750	OB-R1263	259	20449
N843AL	1091	23172	N9058U	151	19939	N989PS	267	20369	OB-R-1314	153	19425
N846TA	84	19847	N9059U	171	19940	N989UA	575	21751	OB-R-1317	83	19610
N851L	846	22657	N9060U	174	19941	N990UA	596	21980	OD-AMB	1016	23109
N8527S	196	20194	N9061U	175	19942	N991JM	1095	23249	OD-LMB	1006	23082
N8536Z	630	22075	N9062U	179	19943	N991UA	601	21981	OD-NOR	870	22754
N85SW	878	22826	N9063U	183	19944	N992UA	632	22089	OD-WOL	1008	23083
N861L	852	22760	N9064U	185	19945	N993UA	713	22383	OE-ILE	636	22023

Registration	l/n	c/n	Registration	l/n	c/n	Registration	l/n	c/n	Registration	l/n	c/n
OK-BWJ	811	22703	PH-TVU	888	22906	PK-LID	218	20363	PP-SME	190	20096
OM-ALK	1085	23157	PH-TVX	636	22023	PK-LIH	249	20206	PP-SMF	301	20589
OM-BWJ	701	22116	PK-AIB	696	22364	PK-LYA	969	23054	PP-SMG	324	20777
OM-ERA	568	21722	PK-ALC	1120	23320	PK-MBC	754	22129	PP-SMH	325	20778
OM-RAN	1082	23156	PK-ALH	559	21732	PK-MBD	795	22141	PP-SMP	327	20779
OO-ABB	500	21359	PK-ALK	742	22032	PK-MBE	797	22142	PP-SMQ	180	20155
OO-PHC	227	20221	PK-ALN	1044	23132	PK-MBF	707	22368	PP-SMR	189	20157
OO-PHE	147	19424	PK-ALV	1054	23135	PK-MBG	708	22369	PP-SMS	193	20159
OO-PHF	115	19549	PK-BPW	1085	23157	PK-MBH	650	22279	PP-SMT	195	20160
OO-PHG	123	19554	PK-BYA	1420	23796	PK-MBJ	761	22576	PP-SMU	364	20967
OO-PLH	145	20128	PK-BYD	522	21518	PK-MBQ	784	22260	PP-SMV	367	20968
OO-RVM	748	22453	PK-BYX	1581	24197	PK-MBR	786	22341	PP-SMW	258	20346
OO-SBQ	529	21596	PK-CDA	234	20255	PK-MBS	810	22342	PP-SMX	369	20969
OO-SBS	593	21839	PK-CJA	683	22301	PK-MBU	771	22259	PP-SMY	376	20970
OO-SBT	617	21840	PK-CJD	621	22057	PK-MBX	943	23005	PP-SMZ	382	20971
OO-SDA	351	20907	PK-CJE	1165	23446	PK-MBY	941	23004	PP-SNA	412	21094
OO-SDB	352	20908	PK-CJF	695	22343	PK-MBZ	948	23007	PP-SNB	432	21095
OO-SDC	353	20909	PK-CJG	1120	23320	PK-MDD	646	22278	PP-SNC	443	21187
OO-SDD	358	20910	PK-CJH	935	22883	PK-NAD	1581	24197	PP-SND	444	21188
OO-SDE	360	20911	PK-CJI	1054	23135	PK-OCF	45	19601	PP-SNK	550	21686
OO-SDF	365	20912	PK-CJJ	927	22880	PK-OCG	237	20335	PP-SNO	549	21685
OO-SDG	418	21135	PK-CJK	742	22032	PK-OCI	234	20255	PP-SNP	448	21206
OO-SDH	396	20914	PK-CJL	474	21301	PK-OCP	1424	23794	PP-SNW	787	22580
OO-SDJ	401	20915	PK-CJM	956	22884	PK-OCQ	554	21687	PP-SNY	199	20218
OO-SDK	403	20916	PK-CJN	1050	23134	PK-RIA	497	21357	PP-SPA	1223	23464
OO-SDK	403	20916	PK-CJO	674	22300	PK-RIC	646	22278	PP-SPB	1226	23465
OO-SDL	420	21136	PK-CJP	1044	23132	PK-RID	906	22803	PP-SPC	1236	23466
OO-SDM	421	21137	PK-CJR	464	21225	PK-RIE	908	22804	PP-SPF	419	21073
OO-SDN	431	21176	PK-GWR	278	20458	PK-RIF	549	21685	PP-SPG	533	21616
OO-SDO	433	21177	PK-HHS	618	21957	PK-RIF	549	21685	PP-SPH	614	22070
OO-SDP	437	21139	PK-IJA	110	19408	PK-RII	922	22876	PP-SPI	519	21476
OO-SDR	576	21738	PK-IJC	205	20412	PK-RIJ	578	21820	PP-SPJ	461	21236
OO-TEJ	428	21131	PK-IJD	310	20631	PK-RIK	724	22531	PP-SRV	668	22296
OO-TEK	551	21719	PK-IJE	372	20926	PK-RIL	788	22137	PP-SRW	629	22058
OO-TEL	557	21736	PK-IJF	559	21732	PK-RIM	783	22136	PP-SRX	153	19425
OO-TEM	582	21735	PK-IJG	1120	23320	PK-RIN	559	21732	PP-VME	378	21000
OO-TEN	659	21955	PK-IJH	507	21397	PK-RIO	1579	23913	PP-VMF	384	21001
OO-TEO	664	22090	PK-IJI	734	22125	PK-RIP	905	22903	PP-VMG	385	21002
OO-THE	462	21231	PK-IJJ	762	22130	PK-RIQ	957	23023	PP-VMH	389	21003
OO-TYB	500	21359	PK-IJK	838	22143	PK-RIR	825	22735	PP-VMI	390	21004
OO-TYD	563	21774	PK-IJL	954	23039	PK-RIV	1420	23796	PP-VMJ	394	21005
OY-APG	479	21278	PK-IJM	764	22131	PK-RIW	730	22396	PP-VMK	398	21006
OY-APH	480	21279	PK-IJN	769	22132	PK-RPH	405	20943	PP-VML	400	21007
OY-API	517	21528	PK-IJO	559	21732	PK-RPI	408	20944	PP-VMM	402	21008
OY-APJ	549	21685	PK-IJP	692	22339	PK-RPX	238	20256	PP-VMN	417	21009
OY-APK	550	21686	PK-IJQ	691	22338	PK-TME	1581	24197	PP-VNF	804	22504
OY-APL	614	22070	PK-IJR	674	22300	PK-TXA	1050	23134	PP-VNG	815	22505
OY-APN	620	22071	PK-IJS	683	22301	PK-TXC	956	22884	PP-VPD	522	21518
OY-APO	623	22072	PK-IRH	405	20943	PK-TXD	766	22400	PR-DMA	199	20218
OY-APP	690	22406	PK-JGA	723	22399	PK-TXF	475	21302	PR-LSW	208	20219
OY-APR	698	22407	PK-JGP	696	22364	PK-YGF	605	21822	PR-MGA	245	20282
OY-APS	705	22408	PK-JGR	1085	23157	PK-YGM	249	20206	PR-MTG	666	22255
OY-MBV	825	22735	PK-JGS	197	19949	PK-YRT	814	22599	PR-MTH	1045	23102
OY-MBW	818	22734	PK-JGV	466	21227	PK-YTA	451	21192	PR-NAC	1178	23405
OY-MBZ	812	22733	PK-JGW	458	21226	PK-YTC	664	22090	PR-NAD	378	21000
P4-ARA	235	20277	PK-JGY	626	21791	PK-YTD	901	22802	PR-NAE	417	21009
P4-ARB	126	19616	PK-JHA	262	20450	PK-YTF	737	22397	PR-NCT	1176	23404
P4-ARC	162	19712	PK-JHC	280	20506	PK-YTG	748	22453	PR-RLA	417	21009
P4-CAD	61	19422	PK-JHD	266	20451	PK-YTH	338	20806	PR-RLB	402	21008
P4-NEN	373	20925	PK-JHE	270	20452	PK-YTI	698	22407	PT-MTA	215	20220
P4-OMC	622	22050	PK-JHF	287	20508	PK-YTJ	541	21693	PT-MTB	230	20254
P4-OYX	50	19059	PK-JHG	282	20507	PK-YTL	1010	23113	PT-MTF	400	21007
P4-PTA	220	20365	PK-JHH	764	22131	PK-YTN	874	22659	PT-WBB	448	21206
P4-RMB	219	20364	PK-JHI	769	22132	PK-YTO	849	22660	PT-WBC	550	21686
PH-RAL	557	21736	PK-KAD	691	22338	PK-YTQ	585	21767	RA-71430	656	22028
PH-TSA	834	22738	PK-KAL	848	22637	PK-YTR	583	21766	RA-73000	501	21443
PH-TSB	844	22739	PK-KAO	692	22339	PK-YTS	633	22055	RA-73000	742	22032
PH-TSD	653	21797	PK-KAR	1420	23796	PK-YTT	794	22667	RA-73000	516	21444
PH-TSE	635	21793	PK-KAS	1581	24197	PK-YTV	659	21955	RA-73001	516	21444
PH-TSI	830	22737	PK-KAT	1050	23134	PP-AMS	167	20132	RA-73001	656	22028
PH-TVC	354	20836	PK-KJK	457	21195	PP-BMS	177	20134	RA-73002	751	22034
PH-TVD	405	20943	PK-KJL	466	21227	PP-CJN	392	21012	RA-73003	92	19611
PH-TVE	408	20944	PK-KJM	559	21732	PP-CJO	393	21013	RA-73003	890	22859
PH-TVF	245	20282	PK-KJN	814	22599	PP-CJP	397	21014	RA-73005	110	19408
PH-TVG	155	19711	PK-KJO	690	22406	PP-CJR	404	21015	RA-73005	1038	23100
PH-TVH	210	19955	PK-KKF	723	22399	PP-CJS	406	21016	RC-CTA	714	22119
PH-TVI	171	19940	PK-KKJ	848	22637	PP-CJT	410	21017	RC-CTB	701	22116
PH-TVN	465	21193	PK-KKL	1071	23188	PP-SFI	591	21478	RC-CTC	704	22118
PH-TVO	453	21196	PK-KKN	652	22161	PP-SMA	161	20092	RDPL-34125	218	20363
PH-TVP	507	21397	PK-KKP	1565	24103	PP-SMB	169	20093	RDPL-34126	122	19553
PH-TVR	647	22025	PK-KKQ	730	22396	PP-SMC	182	20094	RDPL-34133	502	21440
PH-TVS	668	22296	PK-LIA	502	21440	PP-SMD	188	20095	RP-C1938	122	19553

Registration	l/n	c/n	Registration	l/n	c/n	Registration	l/n	c/n	Registration	l/n	c/n
RP-C2020	179	19943	TF-ABG	451	21192	VH-CZR	806	22650	VT-EKD	408	20944
RP-C2021	6	19039	TF-ABH	122	19553	VH-CZS	819	22651	VT-EQG	281	20492
RP-C2022	175	19942	TF-ABI	957	23023	VH-CZT	831	22652	VT-EQH	923	22744
RP-C2023	187	19947	TF-ABJ	102	19594	VH-CZU	832	22653	VT-EQI	957	23023
RP-C2024	42	19056	TF-ABN	646	22278	VH-CZV	862	22654	VT-EQJ	965	23024
RP-C2025	103	19077	TF-ABT	278	20458	VH-CZW	872	22655	VT-ERN	122	19553
RP-C2026	197	19949	TF-ABU	550	21686	VH-CZX	876	22656	VT-EWA	386	20956
RP-C2906	278	20458	TF-ABV	788	22137	VH-OBN	421	21137	VT-EWB	811	22703
RP-C3010	508	21447	TF-ABX	274	20257	VH-OZD	360	20911	VT-EWC	761	22576
RP-C3011	524	21533	TF-ABY	783	22136	VH-OZQ	351	20907	VT-EWD	746	22633
RP-C3012	509	21448	TF-AIC	440	21184	VH-OZU	431	21176	VT-EWF	730	22396
RP-C3015	526	21534	TF-ELL	173	20138	VH-OZX	433	21177	VT-EWH	565	21714
RP-C8001	999	23116	TF-ELM	557	21736	VP-BBL	909	22743	VT-EWI	579	21715
RP-C8002	979	22888	TF-ISA	181	20156	VP-BBM	965	23024	VT-EWJ	650	22279
RP-C8003	974	22886	TF-ISB	288	20521	VP-BBO	706	22367	VT-MGA	715	22120
RP-C8004	934	22882	TF-VLK	748	22453	VP-BBP	896	22736	VT-MGB	720	22121
RP-C8006	934	22882	TF-VLM	579	21715	VP-BEE	137	19934	VT-MGC	721	22122
RP-C8007	921	22878	TF-VLT	278	20458	VP-BEP	202	19953	VT-MGD	703	22117
RP-C8009	926	22879	TG-ADA	302	20582	VP-BTA	501	21443	VT-PDA	702	22415
RP-C8011	1379	23606	TG-ALA	303	20583	VP-BTB	516	21444	VT-PDB	709	22416
RP-C8015	289	20536	TG-ALA	307	20586	VP-BYC	852	22760	VT-PDC	967	23042
RP-C8022	1387	23607	TG-ANP	50	19059	VP-CAL	616	22022	VT-PDD	962	23041
RP-C8777	1018	23088	TG-AYA	308	20587	VP-CBA	820	22628	VT-SIA	571	21763
RP-C8886	156	20130	TH0001	330	20688	VP-CHK	618	21957	VT-SIB	652	22161
RP-C8887	167	20132	TJ-AIO	437	21139	VP-CKX	1056	23162	VT-SIE	702	22415
RP-C8890	155	19711	TJ-CBA	304	20590	VP-CSA	820	22628	VT-SIF	709	22416
RP-C8891	166	20236	TJ-CBB	309	20591	VP-CYB	608	21929	XA-ABC	1245	23467
S2-AAI	1039	23131	TJ-CBD	484	21295	VR-BEG	618	21957	XA-ABX	344	20917
SE-DKG	110	19408	TJ-CBE	1143	23386	VR-BEH	196	20194	XA-ACP	989	23065
SE-DKH	205	20412	TL-ADM	753	22264	VR-BKO	618	21957	XA-ADV	992	23066
SE-DLD	320	20711	TL-ADO	753	22264	VR-BMX	1176	23404	XA-APB	310	20631
SE-DLP	128	19409	TL-ADR	472	21281	VR-BOX	448	21206	XA-FNP	1361	23603
SE-DLR	149	20197	TL-ADU	1265	23518	VR-CAL	616	22022	XA-MAB	406	21016
SE-DTV	218	20363	TN-AEE	520	21518	VR-CEF	1056	23162	XA-MAC	397	21014
ST-AFK	429	21169	TN-AGR	149	20197	VR-CNN	522	21518	XA-MAD	128	19409
ST-AFL	430	21170	TN-AHI	1403	23609	VR-CYB	619	22074	XA-MAD	831	22652
ST-SDA	1099	23274	TN-AHK	554	21687	VR-HKP	620	22071	XA-MAE	789	22648
ST-SDB	1097	23273	TN-AIN	1091	23172	VR-HYK	849	22660	XA-MAF	815	22505
SU-AYH	450	21191	TN-TAC	753	22264	VR-HYL	705	22408	XA-MAG	440	21184
SU-AYI	451	21192	TP-03	144	20127	VR-HYM	818	22734	XA-MAK	592	21816
SU-AYJ	465	21193	TR-LXL	515	21467	VR-HYN	812	22733	XA-NAF	1186	23470
SU-AYK	455	21194	TS-IEA	1120	23320	VR-HYZ	748	22453	XA-NAK	1199	23474
SU-AYL	457	21195	TS-IEB	698	22407	VR-UEB	399	20913	XA-NAV	1194	23472
SU-AYM	453	21196	TS-IOC	607	21973	VR-UEC	422	21138	XA-NBM	406	21016
SU-AYN	458	21226	TS-IOD	615	21974	VR-UED	637	21809	XA-NOV	1342	23521
SU-AYO	466	21227	TS-IOE	758	22624	VS-UED	637	21809	XA-OCI	756	22257
SU-AYT	240	20222	TS-IOF	776	22625	VT-BDE	434	21163	XA-OHC	536	21640
SU-AYX	153	19425	TU-TAV	157	19848	VT-BDF	435	21164	XA-PBA	310	20631
SU-BBW	453	21196	TV-JUR	205	20412	VT-BDG	702	22415	XA-RBC	950	22979
SU-BBX	465	21193	TZ-ADL	290	20544	VT-BDH	1585	24236	XA-RBC	785	22647
SU-BCJ	620	22071	UN-B3703	1154	23444	VT-BDI	1093	23272	XA-RBD	801	22649
SU-GAN	458	21226	UN-B3704	1565	24103	VT-EAG	269	20480	XA-RCB	992	23066
SU-PMA	63	19064	UN-B3705	748	22453	VT-EAH	271	20481	XA-SAM	426	21130
SX-BCA	463	21224	UN-B3706	664	22090	VT-EAI	272	20482	XA-SFR	82	19707
SX-BCB	464	21225	UN-B3707	726	22123	VT-EAJ	273	20483	XA-SIW	716	22370
SX-BCC	474	21301	UN-B3708	806	22650	VT-EAK	275	20484	XA-SIX	717	22371
SX-BCD	475	21302	UP-B3701	726	22123	VT-EAL	277	20485	XA-SJI	300	20588
SX-BCE	674	22300	UP-B3702	806	22650	VT-EAM	279	20486	XA-SLC	633	22055
SX-BCF	683	22301	UP-B3703	847	22632	VT-ECP	374	20960	XA-SOM	149	20197
SX-BCG	691	22338	UP-B3704	758	22624	VT-ECQ	375	20961	XA-STB	145	20128
SX-BCH	692	22339	UP-B3705	776	22625	VT-ECR	380	20962	XA-STE	342	20808
SX-BCI	695	22343	UP-B3707	726	22123	VT-ECS	383	20963	XA-SWL	320	20711
SX-BCK	766	22400	UR-BFA	549	21685	VT-EDR	434	21163	XA-SYT	128	19409
SX-BCL	780	22401	UR-BVY	852	22760	VT-EDS	435	21164	XA-SYX	50	19059
SX-BFX	502	21440	UR-BVZ	748	22453	VT-EFK	503	21496	XA-TCP	479	21278
T3-VAL	192	20158	UR-GAC	1071	23188	VT-EFL	504	21497	XA-TCQ	517	21528
TC-AEA	295	20575	UR-GAD	901	22802	VT-EFM	505	21498	XA-TLJ	372	20926
TC-AJK	664	22090	V2-LDT	302	20582	VT-EGD	671	22280	XA-TRW	139	19743
TC-ALC	147	19424	V4-THB	440	21184	VT-EGE	679	22281	XA-TTM	865	22753
TC-ALT	227	20221	V5-ANA	1422	23790	VT-EGF	681	22282	XA-TTP	963	22868
TC-ATE	288	20521	V5-ANB	550	21686	VT-EGG	689	22283	XA-TUK	961	22867
TC-ESC	1064	23165	V5-AND	599	21790	VT-EGH	739	22284	XA-TVD	889	22758
TC-JUP	110	19408	V5-ANE	697	21805	VT-EGI	798	22285	XA-TVL	964	22869
TC-JUS	748	22453	V5-UEC	422	21138	VT-EGJ	799	22286	XA-TVN	845	22752
TC-JUT	149	20197	V8-UEB	399	20913	VT-EGM	747	22473	XA-TWJ	1189	23471
TC-JUU	1176	23404	V8-UEC	422	21138	VT-EHE	899	22860	XA-TWO	1203	23475
TC-RAF	143	20196	V8-UED	637	21809	VT-EHF	902	22861	XA-TWP	576	21738
TC-VAA	147	19424	VH-CZM	768	22645	VT-EHG	903	22862	XA-TWR	611	21812
TC-VAB	227	20221	VH-CZN	778	22646	VT-EHH	907	22863	XA-TWV	1197	23473
TF-ABD	255	20417	VH-CZO	785	22647	VT-EHW	977	23036	XA-TXD	651	22018
TF-ABE	1036	23122	VH-CZP	789	22648	VT-EHX	982	23037	XA-TXF	984	22961
TF-ABF	276	20258	VH-CZQ	801	22649	VT-EKC	405	20943	XA-TYC	987	22962

Registration	l/n	c/n	Registration	l/n	c/n	Registration	l/n	c/n
XA-TYI	883	22757	ZK-NAB	696	22364	ZS-SIF	828	22585
XA-TYO	879	22756	ZK-NAC	60	19929	ZS-SIG	829	22586
XA-UAA	873	22755	ZK-NAD	66	19930	ZS-SIH	835	22587
XA-UAK	426	21130	ZK-NAE	77	19931	ZS-SII	836	22588
XA-UBB	574	21750	ZK-NAF	949	23038	ZS-SIJ	843	22589
XA-UCA	940	22866	ZK-NAG	955	23040	ZS-SIK	854	22590
XA-UCG	837	22445	ZK-NAH	954	23039	ZS-SIL	859	22591
XA-UEL	929	22963	ZK-NAI	700	22365	ZS-SIM	881	22828
XA-UHY	406	21016	ZK-NAJ	229	20344	ZS-SIN	670	21802
XA-UHZ	592	21816	ZK-NAK	181	20156	ZS-SIO	628	21792
XA-UIY	1029	23097	ZK-NAL	192	20158	ZS-SIP	701	22116
XA-UIZ	1028	23096	ZK-NAL	422	21138	ZS-SIR	697	21805
XA-UKW	440	21184	ZK-NAM	12	19041	ZS-SIS	669	21801
XA-UJB	1061	23184	ZK-NAP	426	21130	ZS-SIT	599	21790
XB-GRP	149	20197	ZK-NAQ	428	21131	ZS-SIU	644	22026
XC-IJI	144	20127	ZK-NAQ	616	22022	ZS-SIV	662	22029
XU-711	199	20218	ZK-NAR	535	21645	ZS-SIW	722	22031
XU-RKA	639	22061	ZK-NAS	676	22088	ZS-STO	149	20197
XU-RKB	827	22674	ZK-NAT	1186	23470	ZS-TRA	149	20197
XU-RKC	905	22903	ZK-NAU	1189	23471	ZS-TRC	438	21186
XU-RKH	1068	23105	ZK-NAV	1194	23472	Z-WPA	1313	23677
XU-RKK	969	23054	ZK-NAW	1197	23473	Z-WPB	1405	23678
XU-U4A	262	20450	ZK-NAX	1199	23474	Z-WPC	1415	23679
XU-U4F	619	22074	ZK-NAY	1203	23475			
YA-GAB	806	22650	ZK-NAZ	399	20913			
YA-GAC	619	22074	ZK-NEE	205	20195			
YA-GAC	729	22395	ZK-NEF	749	22575			
YA-GAE	1299	23519	ZK-NQC	928	22994			
YA-PIR	996	23077	ZK-POL	749	22575			
YI-AGH	368	20892	Z-NAL	705	22408			
YI-AGI	371	20893	ZP-CAB	426	21130			
YI-AGJ	446	21183	ZP-CAC	522	21518			
YI-AOF	266	20451	ZP-CAH	720	22121			
YL-BAA	656	22028	ZP-CAO	727	22124			
YL-BAB	742	22032	ZP-CAQ	141	20211			
YL-BAC	751	22034	ZS-ANA	1422	23790			
YR-CRI	718	22384	ZS-GAV	825	22735			
YS-08C	514	21599	ZS-GCU	724	22531			
YU-ANP	1401	23912	ZS-IJA	857	22751			
YU-ANU	1530	24139	ZS-IJJ	309	20591			
YU-ANX	178	20227	ZS-KIS	909	22743			
YU-ANY	235	20277	ZS-NLN	550	21686			
YU-ANZ	386	20956	ZS-NNG	635	21793			
YU-AOF	763	22596	ZS-NNH	653	21797			
YU-AOG	833	22601	ZS-OEZ	704	22118			
YV	694	22115	ZS-OIV	840	22634			
YV	745	22127	ZS-OKD	677	21803			
YV101T	555	21747	ZS-OKE	710	21807			
YV102T	525	21545	ZS-OKF	550	21686			
YV-1155C	577	21776	ZS-OLA	1058	23163			
YV-1360	970	23055	ZS-OLB	1074	23167			
YV1361	878	22826	ZS-OLC	714	22119			
YV1381	563	21774	ZS-OMG	793	22140			
YV162T	970	23055	ZS-OOC	910	22856			
YV-169T	577	21776	ZS-OOD	919	22857			
YV-170T	462	21231	ZS-OVE	944	23006			
YV-187T	933	22964	ZS-OVF	952	23008			
YV206T	440	21184	ZS-OVG	661	21800			
YV-215C	462	21231	ZS-OVO	242	20205			
YV-216C	563	21774	ZS-OWM	573	21711			
YV234T	613	21970	ZS-PIU	595	21765			
YV2558	1029	23097	ZS-PIV	620	22071			
YV2559	1028	23096	ZS-PIW	705	22408			
YV268T	1035	23099	ZS-PNU	572	21729			
YV287T	911	22728	ZS-PUI	986	22890			
YV295T	581	21717	ZS-PVU	610	21959			
YV296T	641	22024	ZS-SBL	82	19707			
YV302T	1013	23087	ZS-SBM	87	19708			
YV340T	1003	23079	ZS-SBN	214	20229			
YV341T	1019	23089	ZS-SBO	250	20329			
YV342T	1020	23090	ZS-SBP	257	20330			
YV343T	1041	23101	ZS-SBR	260	20331			
YV390T	752	22128	ZS-SFX	983	22889			
YV-369T	649	22113	ZS-SGE	717	22371			
YV-397T	1102	23225	ZS-SGX	730	22396			
YV399T	1523	24031	ZS-SHL	1329	23520			
YV-52C	1055	23161	ZS-SHN	652	22161			
YV-643C	613	21970	ZS-SIA	787	22580			
YV-79C	352	20908	ZS-SIB	796	22581			
YV-907C	534	21665	ZS-SIC	805	22582			
ZK-JJD	559	21732	ZS-SID	809	22583			
ZK-NAA	858	22638	ZS-SIE	821	22584			

Boeing 737-300

Production Started:	1984
Production Ended:	1999
Number Built:	1110
Active:	910
Preserved:	0
WFU, Stored & In Parts:	166
Written Off:	14
Scrapped:	20

Location Summary

Location	Count
Afghanistan	2
Australia	6
Belarus	1
Belgium	15
Bolivia	2
Brazil	37
Bulgaria	6
Cayman Islands	4
Chad	1
Chile	1
China	149
Czech Republic	2
Denmark	5
Dominican Republic	1
Ecuador	1
Estonia	4
France	24
Georgia	1
Germany	44
Greece	3
Hungary	1
Iceland	4
India	2
Indonesia	55
Iraq	1
Italy	12
Jordan	4
Kenya	4
Latvia	8
Lithuania	3
Madagascar	3
Malaysia	1
Mexico	26
Nauru	1
Netherlands	10
New Zealand	25
Nigeria	10
Norway	28
Pakistan	7
Philippines	2
Poland	1
Portugal	1
Rep. Of Ireland	2
Reunion Island	1
Romania	11
Russia	28
Saudi Arabia	5
Serbia	10
Singapore	3
Slovakia	7
South Africa	12
South Korea	1
Spain	7
Surinam	1
Tajikistan	1
Tanzania	1
Thailand	9
Tunisia	4

Location Summary	
Turkey	2
Turkmenistan	2
UAE - Abu Dhabi	1
UAE - Dubai	3
UAE - Sharjah	2
Ukraine	9
United Kingdom	55
Unknown	2
USA - AL	3
USA - AR	7
USA - AZ	68
USA - CA	13
USA - DC	2
USA - FL	4
USA - IL	27
USA - KY	1
USA - MS	14
USA - NC	8
USA - NM	6
USA - NV	3
USA - PA	9
USA - TN	1
USA - TX	210
Venezuela	3

Boeing 737-300 — Out Of Production List: Western Jet Airliners

l/n	c/n	Model	Registration	Owner/Operator	Status	Location	Notes
1001	22950	3B7	N371US	-	Scrapped	Marana, AZ	
1007	22951	3B7	HS-AAV	Thai AirAsia	Active	Bangkok Suvarnabhumi, Thailand	
1015	22952	3B7	PK-YVY	Batavia Air	Active	Jakarta CGK, Indonesia	
1022	22953	3B7	PK-YTX	Batavia Air	Active	Jakarta CGK, Indonesia	
1030	22954	3B7	N375US	-	Scrapped	Marana, AZ	
1037	22940	3H4	N300SW	Southwest Airlines	Active	Dallas Love Field, TX	
1043	22955	3B7	PK-YTY	Batavia Air	Active	Jakarta CGK, Indonesia	
1048	22941	3H4	N301SW	(Southwest Airlines)	Stored	Dallas Love Field, TX	
1052	22942	3H4	N302SW	Southwest Airlines	Active	Dallas Love Field, TX	
1057	22956	3B7	N383US	-	Scrapped	Marana, AZ	
1063	23251	3A4	N673AA	(Southwest Airlines)	Stored	Roswell, NM	
1069	23060	3T5	N668SW	-	Written Off	Burbank, CA	
1073	23152	3Z8	85101	South Korean Air Force	Active	Seoul, South Korea	
1076	23218	3G7	PK-LIU	Lion Airlines	Active	Jakarta CGK, Indonesia	
1080	23061	3T5	N694SW	Southwest Airlines	Active	Dallas Love Field, TX	
1083	23062	3T5	N692SW	Southwest Airlines	Active	Dallas Love Field, TX	
1087	23181	347	N3301	(Avolar)	Stored	Tijuana, Mexico	
1090	23219	3G7	PK-LIV	Lion Airlines	Active	Jakarta CGK, Indonesia	
1092	23063	3T5	N667SW	(Southwest Airlines)	WFU & Stored	Goodyear, AZ	
1094	23252	3A4	N674AA	(Southwest Airlines)	Active	Victorville, CA	
1096	23253	3A4	N675AA	Southwest Airlines	Active	Dallas Love Field, TX	
1098	23173	317	N661SW	Southwest Airlines	Active	Dallas Love Field, TX	
1100	23288	3A4	N676SW	Southwest Airlines	Active	Dallas Love Field, TX	
1101	22943	3H4	N303SW	Southwest Airlines	Active	Dallas Love Field, TX	
1103	23228	301	N300AU	-	Scrapped	Goodyear, AZ	
1104	23174	317	N693SW	Southwest Airlines	Active	Dallas Love Field, TX	
1106	23182	347	N302WA	(Avolar)	Stored	Tijuana, Mexico	
1107	23254	3Q8	N688SW	Southwest Airlines	Active	Dallas Love Field, TX	
1108	23183	347	VP-BBM	Atlant-Soyuz Airlines	Active	Moscow Chkalovskaya, Russia	
1110	23175	317	N686SW	Southwest Airlines	Active	Dallas Love Field, TX	
1111	23331	3L9	N657SW	Southwest Airlines	Active	Dallas Love Field, TX	
1112	23229	301	N659SW	Southwest Airlines	Active	Dallas Love Field, TX	
1114	23294	340	AP-BCA	PIA Pakistan International Airlines	Active	Karachi, Pakistan	
1115	23230	301	N660SW	Southwest Airlines	Active	Dallas Love Field, TX	
1116	23295	340	AP-BCB	PIA Pakistan International Airlines	Active	Karachi, Pakistan	
1118	23332	3L9	N658SW	Southwest Airlines	Active	Dallas Love Field, TX	
1119	23352	3T0	N16301	Continental Air Lines	Active	Houston IAH, TX	
1121	23296	340	AP-BCC	(PIA Pakistan International Airlines)	WFU & Stored	Karachi, Pakistan	
1122	23297	340	AP-BCD	PIA Pakistan International Airlines	Active	Karachi, Pakistan	
1123	23298	340	AP-BFT	PIA Pakistan International Airlines	Active	Karachi, Pakistan	
1124	23257	301	PK-AWU	Indonesia AirAsia	Active	Jakarta CGK, Indonesia	
1125	23255	3Q8	N662SW	Southwest Airlines	Active	Dallas Love Field, TX	
1126	23258	301(SF)	OO-TNK	TNT Airways	Active	Liege, Belgium	
1127	22957	3B7	PK-YTM	(Batavia Air)	Stored	Jakarta CGK, Indonesia	
1128	23256	3Q8	N663SW	Southwest Airlines	Active	Dallas Love Field, TX	
1129	23353	3T0	N59302	Continental Air Lines	Active	Houston IAH, TX	
1130	23354	3T0	N77303	Continental Air Lines	Active	Houston IAH, TX	
1131	23355	3T0	N61304	(Continental Air Lines)	Stored	Goodyear, AZ	

l/n	c/n	Model	Registration	Owner/Operator	Status	Location	Notes
1132	23259	301	XA-TAR	Viva Aerobus	Active	Monterrey, Mexico	
1133	23356	3T0	N63305	Continental Air Lines	Active	Houston IAH, TX	
1134	23329	3H9	YU-AND	JAT Airways	Active	Belgrade, Serbia	
1136	23330	3H9	YU-ANF	JAT Airways	Active	Belgrade, Serbia	
1137	22958	3B7	XA-UGL	Viva Aerobus	Active	Monterrey, Mexico	
1138	22944	3H4	N304SW	Southwest Airlines	Active	Dallas Love Field, TX	
1139	22945	3H4	N305SW	Southwest Airlines	Active	Dallas Love Field, TX	
1140	22959	3B7	XA-VIY	Viva Aerobus	Active	Monterrey, Mexico	
1141	23357	3T0	HS-AAS	Thai AirAsia	Active	Bangkok Suvarnabhumi, Thailand	
1142	23358	3T0	HS-AAR	Thai AirAsia	Active	Bangkok Suvarnabhumi, Thailand	
1144	23359	3T0	N14308	Continental Air Lines	Active	Houston IAH, TX	
1145	23310	3B7	N388US	-	Written Off	Los Angeles, CA	
1146	23260	301(SF)	OO-TNJ	TNT Airways	Active	Liege, Belgium	
1147	23360	3T0	EI-DNY	(Avolar)	Stored	Winston Salem, NC	
1148	22946	3H4	N306SW	Southwest Airlines	Active	Dallas Love Field, TX	
1149	23311	3B7	N389US	-	Scrapped	Goodyear, AZ	
1150	23361	3T0	N16310	(Continental Air Lines)	Stored	Victorville, CA	
1152	23362	3T0	N69311	Continental Air Lines	Active	Houston IAH, TX	
1153	23363	3T0	EI-DNZ	(Avolar)	Stored	Tijuana, Mexico	
1156	22947	3H4	N307SW	Southwest Airlines	Active	Dallas Love Field, TX	
1157	23261	301	VP-BDB	KD Avia	Active	Kaliningrad, Russia	
1158	23364	3T0	N12313	Continental Air Lines	Active	Houston IAH, TX	
1159	23365	3T0	HS-AAO	Thai AirAsia	Active	Bangkok Suvarnabhumi, Thailand	
1160	22948	3H4	N309SW	Southwest Airlines	Active	Dallas Love Field, TX	
1161	22949	3H4	N310SW	Southwest Airlines	Active	Dallas Love Field, TX	
1162	23312	3B7	XA-VIX	Viva Aerobus	Active	Monterrey, Mexico	
1163	23387	3Q8	N689SW	Southwest Airlines	Active	Dallas Love Field, TX	
1164	23231	301	N501UW	JPATS	Active	Washington DC	
1166	23396	3W0	B-2517	Donghai Airlines	Active	Shenzhen, China	
1168	23448	3Z0	B-2519	Okay Airways	Active	Tianjin, China	
1169	23232	301	XA-MAB	Magnicharters	Active	Monterrey, Mexico	
1170	23345	347	PK-AWT	(Indonesia AirAsia)	Stored	Jakarta CGK, Indonesia	
1171	23415	3H9	YU-ANH	JAT Airways	Active	Belgrade, Serbia	
1172	23346	347	N305WA	(Delta Air Lines)	WFU & Stored	Greenwood, MS	
1173	23347	347	N306WA	(Delta Air Lines)	WFU & Stored	Greenwood, MS	
1174	23366	3T0	N732VA	Vision Air	Active	Louisville, KY	
1175	23416	3H9	YU-ANI	JAT Airways	Active	Belgrade, Serbia	
1177	23313	3B7	N391US	-	Scrapped	Goodyear, AZ	
1179	23314	3B7	N392US	-	Scrapped	Marana, AZ	
1180	23367	3T0	HS-AAP	Thai AirAsia	Active	Bangkok Suvarnabhumi, Thailand	
1181	23368	3T0	HS-AAQ	Thai AirAsia	Active	Bangkok Suvarnabhumi, Thailand	
1182	23289	3A4	N677AA	Southwest Airlines	Active	Dallas Love Field, TX	
1183	23333	3H4	N311SW	Southwest Airlines	Active	Dallas Love Field, TX	
1184	23449	3Z0	N192AT	-	Scrapped	Goodyear, AZ	
1185	23334	3H4	N312SW	Southwest Airlines	Active	Dallas Love Field, TX	
1187	23388	3Q8	N687SW	Southwest Airlines	Active	Dallas Love Field, TX	
1188	23369	3T0	N12318	Continental Air Lines	Active	Houston IAH, TX	
1190	23370	3T0	N12319	Continental Air Lines	Active	Houston IAH, TX	

l/n	c/n	Model	Registration	Owner/Operator	Status	Location	Notes
1191	23371	3T0	N14320	Continental Air Lines	Active	Houston IAH, TX	
1192	23372	3T0	N17321	(Continental Air Lines)	Stored	Goodyear, AZ	
1193	23397	3W0(F)	B-2518	Donghai Airlines	Active	Shenzhen, China	
1195	23411	3K2	EI-DMN	KD Avia	Active	Kaliningrad, Russia	
1196	23450	3Z0	N193AT	-	Scrapped	Goodyear, AZ	
1198	23412	3K2	N551FA	(Azteca Airlines)	Stored	Mexico City	
1200	23233	301	PK-YVK	Batavia Air	Active	Jakarta CGK, Indonesia	
1201	23335	3H4	N313SW	Southwest Airlines	Active	Dallas Love Field, TX	
1202	23373	3T0	N12322	Continental Air Lines	Active	Houston IAH, TX	
1204	23374	3T0(WL)	N10323	Continental Air Lines	Active	Houston IAH, TX	
1205	23290	3A4	N678AA	(Southwest Airlines)	Stored	Goodyear, AZ	
1206	23495	3Y0	N664WN	Southwest Airlines	Active	Dallas Love Field, TX	
1207	23375	3T0	N14324	Continental Air Lines	Active	Houston IAH, TX	
1208	23234	301	RP-C7702	Spirit of Manila Airlines	Active	Manila, Philippines	
1209	23401	3Q8	N685SW	Southwest Airlines	Active	Dallas Love Field, TX	
1210	23315	3B7	VP-BFP	KD Avia	Active	Kaliningrad, Russia	
1211	23291	3A4	N679AA	Southwest Airlines	Active	Dallas Love Field, TX	
1212	23316	3B7	PK-YVV	Batavia Air	Active	Jakarta CGK, Indonesia	
1213	23176	317	N698SW	Southwest Airlines	Active	Dallas Love Field, TX	
1214	23235	301	HS-AAL	(Thai AirAsia)	WFU & Stored	Bangkok Suvarnabhumi, Thailand	
1215	23406	3Q8	N672SW	(Southwest Airlines)	Stored	Victorville, CA	
1216	23177	317	EI-CHH	KD Avia	Active	Kaliningrad, Russia	
1217	23496	3Y0	N682SW	Southwest Airlines	Active	Dallas Love Field, TX	
1218	23440	347	N307WA	(Delta Air Lines)	Stored	Tucson, AZ	
1219	23236	301	HS-AAK	(Thai AirAsia)	WFU & Stored	Singapore Seletar	
1220	23441	347	N308WA	(Delta Air Lines)	Stored	Roswell, NM	
1221	23317	3B7	PK-YVZ	Batavia Air	Active	Jakarta CGK, Indonesia	
1222	23237	301(F)	LZ-CGO	Cargo Air	Active	Plovdiv, Bulgaria	
1224	23302	3J6	YA-SFL	Safi Airways	Active	Kabul, Afghanistan	
1225	23477	376	ZS-OKB	Comair / British Airways	Active	Johannesburg, South Africa	
1227	23497	3Y0	N665WN	Southwest Airlines	Active	Dallas Love Field, TX	
1228	23455	3T0	N14325	(Continental Air Lines)	WFU & Stored	Walnut Ridge, AR	
1229	23336	3H4	N314SW	Southwest Airlines	Active	Dallas Love Field, TX	
1230	23456	3T0	N17326	(Continental Air Lines)	WFU & Stored	Greenwood, MS	
1231	23337	3H4	N315SW	Southwest Airlines	Active	Dallas Love Field, TX	
1232	23338	3H4	N316SW	Southwest Airlines	Active	Dallas Love Field, TX	
1233	23498	3Y0	N308SA	Southwest Airlines	Active	Dallas Love Field, TX	
1234	23318	3B7	PK-YTW	(Batavia Air)	Stored	Jakarta CGK, Indonesia	
1235	23299	340	AP-BCF	PIA Pakistan International Airlines	Active	Karachi, Pakistan	
1237	23303	3J6	YA-HSB	Safi Airways	Active	Kabul, Afghanistan	
1238	23457	3T0	N12327	(Continental Air Lines)	WFU & Stored	Greenwood, MS	
1239	23442	347	VP-BBL	Atlant-Soyuz Airlines	Active	Moscow Chkalovskaya, Russia	
1240	23451	3Z0	B-2522	Okay Airways	Active	Shenyang, China	
1242	23499	3Y0(QC)	VP-BCJ	Aeroflot Cargo	Active	Moscow Sheremetyevo, Russia	
1243	23500	3Y0(QC)	VP-BCN	Aeroflot Cargo	Active	Moscow Sheremetyevo, Russia	
1244	23458	3T0	N17328	Continental Air Lines	Active	Houston IAH, TX	
1246	23522	330(QC)	G-CELP	Jet2	Active	Leeds Bradford, UK	
1247	23459	3T0	N17329	(Continental Air Lines)	WFU & Stored	Walnut Ridge, AR	

l/n	c/n	Model	Registration	Owner/Operator	Status	Location	Notes
1248	23510	301	HS-AAI	Thai AirAsia	Active	Bangkok Suvarnabhumi, Thailand	
1249	23506	3Q8	N695SW	Southwest Airlines	Active	Dallas Love Field, TX	
1250	23319	3B7	PK-YVW	(Batavia Air)	Stored	Jakarta CGK, Indonesia	
1251	23478	376(SF)	VH-XMB	Australian Air Express	Active	Melbourne, Australia	
1252	23507	3Q8	VP-BJV	KD Avia	Active	Kaliningrad, Russia	
1253	23460	3T0	N70330	(Continental Air Lines)	WFU & Stored	Walnut Ridge, AR	
1254	23601	3Z9	OM-ASC	Air Slovakia / SkyEurope Airlines	Active	Bratislava, Slovakia	
1255	23339	3H4	N318SW	Southwest Airlines	Active	Dallas Love Field, TX	
1258	23569	3T0(SF)	OO-TNA	TNT Airways	Active	Liege, Belgium	
1259	23479	376	ZS-OKH	Comair / British Airways	Active	Johannesburg, South Africa	
1260	23653	377	YR-BAC	Blue Air	Active	Bucharest Otopeni, Romania	
1263	23570	3T0	N47332	(Continental Air Lines)	WFU & Stored	Opa Locka, FL	
1264	23483	376	ZS-OKG	Comair / British Airways	Active	Johannesburg, South Africa	
1268	23511	301	HS-AAJ	Thai AirAsia	Active	Bangkok Suvarnabhumi, Thailand	
1269	23596	347	N2310	(Delta Air Lines)	Parts Remain	El Mirage, AZ	
1270	23484	376	ZS-OKC	Comair / British Airways	Active	Johannesburg, South Africa	
1271	23523	330(QC)	G-CELR	Jet2	Active	Leeds Bradford, UK	
1272	23524	330(QC)	FAC 922	Chilean Air Force	Active	Santiago, Chile	
1273	23654	377	G-CELX	Jet2	Active	Leeds Bradford, UK	
1274	23655	377	XA-MAA	Magnicharters	Active	Monterrey, Mexico	
1275	23537	306	PH-BDA	KLM Royal Dutch Airlines	Active	Amsterdam Schiphol, Netherlands	
1276	23571	3T0	N69333	Continental Air Lines	Active	Houston IAH, TX	
1277	23485	376	ZS-OKK	Comair / British Airways	Active	Johannesburg, South Africa	
1278	23525	330	G-CELH	Jet2	Active	Leeds Bradford, UK	
1279	23656	377	VH-CZD	-	Nose Section Remains	Brisbane, Australia	
1280	23657	377	G-CELU	Jet2	Active	Leeds Bradford, UK	
1281	23658	377(QC)	G-CELZ	Jet2	Active	Leeds Bradford, UK	
1282	23526	330	G-CELI	Jet2	Active	Leeds Bradford, UK	
1283	23625	33A	N164AW	US Airways	Active	Phoenix, AZ	
1284	23626	33A	A6-PHC	(AVE.com)	Stored	Istanbul Ataturk, Turkey	
1285	23527	330	VP-BBN	(SkyExpress)	Stored	Kemble, UK	
1286	23486	376(SF)	VH-XML	Australian Air Express	Active	Melbourne, Australia	
1287	23597	347	PK-BBA	Cardig Air Cargo	Active	Jakarta Hatta, Indonesia	
1288	23538	306(SF)	EC-KVD	Swiftair	Active	Madrid Barajas, Spain	
1289	23598	347	PK-BBB	Cardig Air Cargo	Active	Jakarta Hatta, Indonesia	
1290	23528	330	N35LX	Lockheed Martin Aeronautics Co	Active	Fort Worth NAS, TX	
1291	23512	301(SF)	OO-TNI	TNT Airways	Active	Liege, Belgium	
1292	913	377(SF)	G-CELW	Channel Express	Active	Exeter, UK	
1293	23529	330	G-CELJ	Jet2	Active	Leeds Bradford, UK	
1294	23660	377	G-CELS	Jet2	Active	Leeds Bradford, UK	
1295	23539	306	PH-BDC	KLM Royal Dutch Airlines	Active	Amsterdam Schiphol, Netherlands	
1296	23572	3T0	N14334	(Continental Air Lines)	WFU & Stored	Walnut Ridge, AR	
1297	23530	330	G-CELK	Jet2	Active	Leeds Bradford, UK	
1298	23573	3T0	N14335	Continental Air Lines	Active	Houston IAH, TX	
1300	23642	322	N301UA	(United Airlines)	Stored	Goodyear, AZ	
1301	23535	3Q8(QC)	OO-TNE	TNT Airways	Active	Liege, Belgium	
1302	23627	33A	N166AW	US Airways	Active	Phoenix, AZ	
1303	23540	306	PH-BDD	KLM Royal Dutch Airlines	Active	Amsterdam Schiphol, Netherlands	

Boeing 737-300

Out Of Production List: Western Jet Airliners

l/n	c/n	Model	Registration	Owner/Operator	Status	Location	Notes
1304	23628	33A	HI-864	Air Dominicana	Active	Punta Cana, Dominican Republic	
1305	23714	3H9	YU-ANJ	JAT Airways	Active	Belgrade, Serbia	
1306	23487	376	ZS-OKJ	Comair / British Airways	Active	Johannesburg, South Africa	
1307	23531	330	D-ABXL	Lufthansa	Active	Frankfurt Main, Germany	
1308	23376	3B7	PK-AWQ	Indonesia AirAsia	Active	Jakarta CGK, Indonesia	
1309	23541	306	A6-JUD	Silver Air	Active	Dubai, UAE	
1310	23715	3H9	YU-ANK	JAT Airways	Active	Belgrade, Serbia	
1311	23629	33A	N168AW	US Airways	Active	Phoenix, AZ	
1312	23630	33A	JY-JAB	Jordan Aviation / Toumai Air Tchad	Active	N'Djamena, CHAD	
1314	23661	377	G-CELV	Jet2	Active	Leeds Bradford, UK	
1315	23643	322	N302UA	(United Airlines)	Stored	Goodyear, AZ	
1316	23662	377(QC)	G-CELY	Jet2	Active	Leeds Bradford, UK	
1317	23542	306	OM-ASD	Air Slovakia	Active	Bratislava, Slovakia	
1318	23505	3A4	N680AA	Southwest Airlines	Active	Dallas Love Field, TX	
1320	23377	3B7	N233MQ	(Avolar)	Stored	Victorville, CA	
1321	23716	3H9	YU-ANL	JAT Airways	Active	Belgrade, Serbia	
1322	23644	322	N303UA	(United Airlines)	Stored	Goodyear, AZ	
1323	23663	377	G-CELA	Jet2	Active	Leeds Bradford, UK	
1324	23599	347	N313WA	-	Scrapped	Goodyear, AZ	
1325	23543	306	VP-BBG	KD Avia	Active	Kaliningrad, Russia	
1326	23664	377	G-CELB	Jet2	Active	Leeds Bradford, UK	
1327	23513	301(SF)	OO-TNC	TNT Airways	Active	Liege, Belgium	
1328	23574	3T0(WL)	N14336	Continental Air Lines	Active	Houston IAH, TX	
1330	23665	322	N304UA	(United Airlines)	Stored	Goodyear, AZ	
1331	23514	301	N560AU	(US Airways	Parts Remain	Tucson, AZ	
1332	23666	322	N305UA	(United Airlines)	Stored	Goodyear, AZ	
1333	23575	3T0	N14337	(Continental Air Lines)	Stored	Winston Salem, NC	
1334	23667	322	N306UA	(United Airlines)	Stored	Goodyear, AZ	
1335	23544	306	OM-ASF	Air Slovakia	Active	Bratislava, Slovakia	
1336	23712	3S3	N313AW	US Airways	Active	Phoenix, AZ	
1337	23631	33A	OY-JTA	Jet Time	Active	Copenhagen, Denmark	
1338	23576	3T0(WL)	N59338	Continental Air Lines	Active	Houston IAH, TX	
1339	23378	3B7	XA-VIB	Viva Aerobus	Active	Monterrey, Mexico	
1340	23577	3T0	N16339	(Continental Air Lines)	Stored	Goodyear, AZ	
1341	23713	3S3	N316AW	US Airways	Active	Phoenix, AZ	
1343	23545	306	OM-ASE	Air Slovakia	Active	Bratislava, Slovakia	
1344	23632	33A	PK-MBP	Merpati	Active	Jakarta CGK, Indonesia	
1345	23733	3S3	N314AW	US Airways	Active	Phoenix, AZ	
1346	23668	322	N307UA	(United Airlines)	Stored	Goodyear, AZ	
1348	23340	3H4	N319SW	(Southwest Airlines)	WFU & Stored	Roswell, NM	
1349	23546	306	VP-BBH	KD Avia	Active	Kaliningrad, Russia	
1350	23341	3H4	N320SW	(Southwest Airlines)	WFU & Stored	Roswell, NM	
1351	23342	3H4	N321SW	(Southwest Airlines)	WFU & Stored	Roswell, NM	
1352	23488	376(SF)	VH-XMO	Australian Air Express	Active	Melbourne, Australia	
1353	23684	3Y0	VH-INU	Our Airline	Active	Nauru	
1354	23669	322	N308UA	(United Airlines)	Stored	Goodyear, AZ	
1355	23515	301(SF)	OO-TND	-	Scrapped	Lasham, UK	
1356	23489	376	ZS-OKI	Comair / British Airways	Active	Johannesburg, South Africa	

l/n	c/n	Model	Registration	Owner/Operator	Status	Location	Notes
1357	23685	3Y0(QC)	F-GIXJ	Europe Airpost	Active	Paris CDG, France	
1358	23578	3T0(SF)	OO-TNB	TNT Airways	Active	Liege, Belgium	
1359	23734	3S3	N315AW	US Airways	Active	Phoenix, AZ	
1360	23738	3K2	N340LV	Southwest Airlines	Active	Dallas Love Field, TX	
1362	23379	3B7	N504AU	US Airways	Active	Charlotte, NC	
1363	23747	3Y0(SF)	XA-AJA	Estafeta Carga Aerea	Active	San Luis Potosi, Mexico	
1364	23670	322	N309UA	(United Airlines)	Stored	Goodyear, AZ	
1365	23717	3L9	LZ-BOU	Bulgaria Air	Active	Sofia, Bulgaria	
1366	23380	3B7	N505AU	US Airways	Active	Pittsburgh, PA	
1367	23550	301	N562AU	-	Scrapped	Opa Locka, FL	
1368	23579	3T0	N14341	Continental Air Lines	Active	Houston IAH, TX	
1370	23671	322	N310UA	(United Airlines)	Stored	Goodyear, AZ	
1372	23826	3Y0	N699SW	Southwest Airlines	Active	Dallas Love Field, TX	
1373	23580	3T0	N14342	(Continental Air Lines)	Stored	Winston Salem, NC	
1374	23787	3S3	HC-CGS	AeroGal	Active	Quito, Ecuador	
1375	23766	3Q8(QC)	EC-KLR	Swiftair	Active	Madrid Barajas, Spain	
1376	23581	3T0	N39343	(Continental Air Lines)	Stored	Winston Salem, NC	
1377	23343	3H4	N322SW	-	Scrapped	Goodyear, AZ	
1378	23344	3H4	N323SW	Southwest Airlines	Active	Dallas Love Field, TX	
1380	23551	301	VP-BJW	KD Avia	Active	Kaliningrad, Russia	
1381	23748	3Y0	N334AW	US Airways	Active	Phoenix, AZ	
1382	23552	301	PK-AWV	Indonesia AirAsia	Active	Jakarta CGK, Indonesia	
1383	23582	3T0	N17344	(Continental Air Lines)	Stored	Goodyear, AZ	
1384	23414	3H4	N324SW	Southwest Airlines	Active	Dallas Love Field, TX	
1385	23583	3T0(WL)	N17345	(Continental Air Lines)	Stored	Winston Salem, NC	
1386	23786	3K2	N345SA	Southwest Airlines	Active	Dallas Love Field, TX	
1388	23707	375(SF)	XA-EMX	Estafeta Carga Aerea	Active	Guadalajara, Mexico	
1389	23749	3Y0	N373PA	Pace Airlines / JPATS	Active	Washington DC	
1390	23490	376(SF)	VH-XMR	Australian Air Express	Active	Melbourne, Australia	
1391	23491	376	ZK-JNB	Jetconnect	Active	Auckland, New Zealand	
1393	23788	3S3(QC)	F-GIXH	Europe Airpost	Active	Paris CDG, France	
1394	23381	3B7	N506AU	US Airways	Active	Raleigh/Durham, NC	
1395	23708	375(SF)	EC-KTZ	Swiftair	Active	Madrid Barajas, Spain	
1396	23584	3T0	N14346	(Continental Air Lines)	WFU & Stored	Walnut Ridge, AR	
1398	23689	3H4	N325SW	Southwest Airlines	Active	Dallas Love Field, TX	
1400	23690	3H4	N326SW	Southwest Airlines	Active	Dallas Love Field, TX	
1402	23718	3L9	OY-JTC	Jet Time	Active	Copenhagen, Denmark	
1404	23585	3T0	N14347	(Continental Air Lines)	WFU & Stored	Walnut Ridge, AR	
1406	23553	301	N360WA	-	Stored	Miami, FL	
1407	23691	3H4	N327SW	Southwest Airlines	Active	Dallas Love Field, TX	
1408	23554	301	PK-AWW	Indonesia AirAsia	Active	Jakarta CGK, Indonesia	
1409	23800	39A	N444HE	Jim Baroni	Active	Los Angeles, CA	
1410	23382	3B7	N507AU	-	Scrapped	Opa Locka, FL	
1411	23586	3T0	N69348	Continental Air Lines	Active	Houston IAH, TX	
1412	23775	329	D-ADII	Air Berlin	Active	Berlin Tegel, Germany	
1413	23587	3T0	N12349	(Continental Air Lines)	WFU & Stored	Mojave, CA	
1416	23797	3K9	PP-VTA	(VARIG)	Stored	Roswell, NM	
1417	23776	3G7	N154AW	US Airways	Active	Phoenix, AZ	

l/n	c/n	Model	Registration	Owner/Operator	Status	Location	Notes
1419	23777	3G7	N155AW	US Airways	Active	Phoenix, AZ	
1421	23633	33A	EC-KOC	(Futura International)	Stored	Palma de Mallorca, Spain	
1423	23634	33A	N175AW	US Airways	Active	Phoenix, AZ	
1425	23383	3B7(SF)	ZK-TLA	Airwork	Active	Auckland, New Zealand	
1427	23384	3B7	N332AW	US Airways	Active	Phoenix, AZ	
1428	23555	301	XA-UGE	AVIACSA	Active	Mexico City	
1429	23798	3K9	PP-VTB	(VARIG)	Active	Rio De Janeiro, Brazil	
1430	23771	329	EI-DNS	(AirUnion)	Stored	Shannon, Ireland	For Atlant-Soyuz Airlines
1431	23750	3Y0	TR-LFZ	-	Written Off	Libreville, Gabon	
1432	23772	329	EI-CXN	Transaero Airlines	Active	Moscow Domodedovo, Russia	
1433	23871	330	D-ABXM	Lufthansa	Active	Frankfurt Main, Germany	
1434	23808	375	N238PL	-	Stored	Lasham, UK	
1435	23556	301	XA-UGF	AVIACSA	Active	Mexico City	
1436	23635	33A	VH-NLK	Norfolk Air	Active	Norfolk Island, Australia	
1437	23557	301	VP-BJX	KD Avia	Active	Kaliningrad, Russia	
1438	23636	33A	I-AIGL	Air Italy	Active	Milan Malpensa, Italy	
1439	23833	330	LZ-BOV	Bulgaria Air	Active	Sofia, Bulgaria	
1440	23385	3B7	N510AU	(US Airways)	Parts Remain	Mojave, CA	
1441	23773	329	OM-HLA	Seagle Air / Blue Air	Active	Bucharest Otopeni, Romania	
1442	23594	3B7	N511AU	(US Airways)	Active	Greenwood, MS	
1443	23774	329	N473CT	(Hola Airlines)	Stored	Bournemouth, UK	
1444	23827	33A(WL)	D-AHIG	(Hamburg International)	Active	Berlin Schonefeld, Germany	
1445	23811	3S3(QC)	EC-KDY	Swiftair	Active	Madrid Barajas, Spain	
1446	23828	33A	PP-VNT	(VARIG)	Stored	Belo Horizonte, Brazil	
1447	23872	330	D-ABXN	Lufthansa	Active	Frankfurt Main, Germany	
1448	23588	3T0	N18350	(Continental Air Lines)	Stored	Goodyear, AZ	
1449	23558	301	XA-UFW	AVIACSA	Active	Mexico City	
1450	23595	3B7	N512AU	(US Airways)	Active	Charlotte, NC	
1451	23559	301	VP-BJY	KD Avia	Active	Kaliningrad, Russia	
1452	23699	3B7	N513AU	-	Written Off	Nr Aliquippa, PA	
1454	23834	330	LZ-BOW	Bulgaria Air	Active	Sofia, Bulgaria	
1455	23778	3G7	N156AW	US Airways	Active	Phoenix, AZ	
1457	23779	3G7	N157AW	US Airways	Active	Phoenix, AZ	
1458	23809	348(QC)	F-GIXI	Europe Airpost	Active	Paris CDG, France	
1459	23780	3G7	N158AW	US Airways	Active	Phoenix, AZ	
1460	23829	33A	PP-VNX	(VARIG)	Stored	San Jose Dos Campos, Brazil	
1461	23700	3B7	EY-536	East Air / Tajik Air	Active	Dushanbe, Tajikistan	
1462	23830	33A	PR-WJK	Webjet Linhas Aereas	Active	Rio De Janeiro Galeao, Brazil	
1463	23560	301	XA-VIV	Viva Aerobus	Active	Monterrey, Mexico	
1464	23701	3B7	N515AU	-	Scrapped	Greenwood, MS	
1465	23835	330(QC)	B-5058	Yangtze River Express	Active	Shanghai, China	
1466	23589	3T0	N69351	(Continental Air Lines)	Active	Goodyear, AZ	
1467	23970	35B	C-FHGE	(CanJet Airlines)	Stored	Marana, AZ	
1468	23590	3T0	N70352	(Continental Air Lines)	Stored	Houston Hobby, TX	
1469	23739	301	N574US	US Airways	Active	Pittsburgh, PA	
1470	23672	322	N311UA	(United Airlines)	Stored	Goodyear, AZ	
1471	23831	33A	G-CELC	Jet2	Active	Leeds Bradford, UK	
1472	23591	3T0	N70353	Continental Air Lines	Active	Houston IAH, TX	

l/n	c/n	Model	Registration	Owner/Operator	Status	Location	Notes
1473	23832	33A	G-CELD	Jet2	Active	Leeds Bradford, UK	
1474	23810	348(QC)	F-GIXL	Europe Airpost	Active	Paris CDG, France	
1475	23702	3B7	N516AU	US Airways	Active	Pittsburgh, PA	
1476	23592	3T0	N76354	(Continental Air Lines)	Stored	Los Angeles, CA	
1477	23740	301	N575US	KD Avia	Active	Kaliningrad, Russia	
1478	23593	3T0	N76355	Continental Air Lines	Active	Houston IAH, TX	
1479	23673	322	N312UA	(United Airlines)	Active	Goodyear, AZ	
1480	23703	3B7	N517AU	(US Airways)	WFU & Stored	Greenwood, MS	
1481	23674	322	N313UA	(United Airlines)	Stored	Mojave, CA	
1482	23971	35B	EI-DOO	(KD Avia)	Stored	Lasham, UK	
1483	23675	322	N314UA	(United Airlines)	Stored	Goodyear, AZ	
1484	23752	3A4	N669SW	Southwest Airlines	Active	Dallas Love Field, TX	
1485	23947	322	N315UA	(United Airlines)	Stored	Goodyear, AZ	
1488	23704	3B7	N518AU	(US Airways)	WFU & Stored	Greenwood, MS	
1489	23873	330	D-ABXO	Lufthansa	Active	Frankfurt Main, Germany	
1490	24208	3Q4	YU-AON	JAT Airways	Active	Zagreb, Serbia	
1491	23948	322	XA-CAS	(Azteca Airlines)	Stored	Mexico City	
1492	24209	3Q4F	ZK-TLB	Airwork	Active	Auckland, New Zealand	
1493	23949	322	YV1007	Conviasa	Active	Portamar, Venezuela	
1494	23781	3G7	N691WN	Southwest Airlines	Active	Dallas Love Field, TX	
1495	23874	330	D-ABXP	Lufthansa	Active	Frankfurt Main, Germany	
1496	23782	3G7	N160AW	(US Airways)	Stored	Miami, FL	
1497	23705	3B7(SF)	ZK-TLC	Airwork	Active	Auckland, New Zealand	
1498	23741	301(SF)	EC-JUV	Saicus Air	Active	Palma de Mallorca, Spain	
1499	23706	3B7(SF)	ZK-TLD	Airwork	Active	Auckland, New Zealand	
1500	23875	330	D-ABXR	Lufthansa	Active	Frankfurt Main, Germany	
1501	23856	3B7	XA-VIA	Viva Aerobus	Active	Monterrey, Mexico	
1502	23742	301	N577US	(US Airways)	WFU & Stored	Greenwood, MS	
1503	23857	3B7	N522AU	-	Scrapped	Greenwood, MS	
1504	23950	322	N318UA	United Airlines	Active	Chicago O'Hare, IL	
1505	23838	3T0	N697SW	Southwest Airlines	Active	Dallas Love Field, TX	
1506	24068	3Q8	N317WN	Southwest Airlines	Active	Dallas Love Field, TX	
1507	23839	3T0	B-4008	China United Airlines	Active	Xjiao, China	
1508	23836	330(QC)	B-5056	Yangtze River Express	Active	Shanghai, China	
1509	23858	3B7	PK-MDK	Merpati	Active	Jakarta CGK, Indonesia	
1510	23743	301(SF)	EC-KDJ	Saicus Air	Active	Palma de Mallorca, Spain	
1511	23812	3Y0	EI-DON	-	Written Off	Kaliningrad, Russia	
1513	23921	3Y0	D-ADIH	(Air Berlin)	Stored	Berlin, Germany	
1514	23837	330(QC)	B-5057	Yangtze River Express	Active	Shanghai, China	
1515	24081	3Z9	5R-MRM	Air Madagascar	Active	Antananarivo, Madagascar	
1516	23840	3T0	B-4009	China United Airlines	Active	Xjiao, China	
1517	24059	3S3	A6-FAY	Silver Air	Active	Abu Dhabi, UAE	
1518	23841	3T0	N19357	(Continental Air Lines)	Stored	Goodyear, AZ	
1519	24060	3S3	N200KG	(US Airways)	Stored	Miami, FL	
1520	23941	3T0	N684WN	Southwest Airlines	Active	Dallas Love Field, TX	
1521	23692	3H4	N328SW	Southwest Airlines	Active	Dallas Love Field, TX	
1522	23942	3T0	N17356	Continental Air Lines	Active	Houston IAH, TX	
1524	24140	3H9	YU-ANV	JAT Airways	Active	Belgrade, Serbia	

Boeing 737-300 — Out Of Production List: Western Jet Airliners

l/n	c/n	Model	Registration	Owner/Operator	Status	Location	Notes
1525	23693	3H4	N329SW	Southwest Airlines	Active	Dallas Love Field, TX	
1526	24141	3H9	YU-ANW	JAT Airways	Active	Belgrade, Serbia	
1527	23064	3T5	N696SW	(Southwest Airlines)	Active	Goodyear, AZ	
1529	23694	3H4	N330SW	Southwest Airlines	Active	Dallas Love Field, TX	
1531	23783	3G7	N690SW	Southwest Airlines	Active	Dallas Love Field, TX	
1532	23951	322	G-JMCL	Atlantic Airlines	Active	Coventry, UK	
1533	23784	3G7	N670SW	Southwest Airlines	Active	Dallas Love Field, TX	
1534	23952	322	PR-GLO	GOL Transportes Aeros	Active	Sao Paulo, Brazil	
1535	23785	3G7	N671SW	Southwest Airlines	Active	Dallas Love Field, TX	
1536	23695	3H4	N331SW	Southwest Airlines	Active	Dallas Love Field, TX	
1537	23972	35B	LY-SKA	Aurela	Active	Vilnius, Lithuania	
1538	23922	3Y0	PT-SSK	Webjet Linhas Aereas	Active	Rio De Janeiro Galeao, Brazil	
1539	23930	301(SF)	OO-TNH	TNT Airways	Active	Liege, Belgium	
1540	23923	3Y0	N314CW	(Adam Air)	Stored	Victorville, CA	
1541	24131	3Q8(QC)	OO-TNF	TNT Airways	Active	Liege, Belgium	
1542	23924	3Y0	G-LGTH	(British Airways)	Stored	Bournemouth, UK	
1544	23925	3Y0	G-LGTI	(British Airways)	WFU & Stored	Southend, UK	
1545	23696	3H4	N332SW	Southwest Airlines	Active	Dallas Love Field, TX	
1546	23953	322	N321UA	-	Scrapped	Goodyear, AZ	
1547	23697	3H4	N333SW	Southwest Airlines	Active	Dallas Love Field, TX	
1548	23954	322	N322UA	-	Scrapped	Goodyear, AZ	
1549	23938	3H4	N334SW	Southwest Airlines	Active	Dallas Love Field, TX	
1550	23955	322	JY-JAX	Jordan Aviation	Active	Amman, Jordan	
1551	23859	3B7	4L-TGL	Georgian Airways	Active	Tbilisi, Georgia	
1552	23931	301	PK-MDJ	Merpati	Active	Jakarta CGK, Indonesia	
1553	23939	3H4	N335SW	Southwest Airlines	Active	Dallas Love Field, TX	
1554	23932	301	PK-MDH	Merpati	Active	Jakarta CGK, Indonesia	
1555	24132	3Q8(QC)	F-GIXO	Europe Airpost	Active	Paris CDG, France	
1556	24025	33A	PK-CJC	Sriwijaya Air	Active	Jakarta CGK, Indonesia	
1557	23940	3H4	N336SW	Southwest Airlines	Active	Dallas Love Field, TX	
1558	23943	3T0	N14358	(Continental Air Lines)	Stored	Goodyear, AZ	
1559	23933	301	N588US	(US Airways)	Stored	Goodyear, AZ	
1560	23860	3B7	N525AU	(US Airways)	WFU & Stored	Greenwood, MS	
1562	23926	3Y0	EI-DJS	KD Avia	Active	Kaliningrad, Russia	
1563	23934	301	N589US	(US Airways)	WFU & Stored	Greenwood, MS	
1564	23956	322	JY-JAN	Jordan Aviation	Active	Amman, Jordan	
1566	23957	322	N325UA	(United Airlines)	Stored	Goodyear, AZ	
1567	23959	3H4	N337SW	Southwest Airlines	Active	Dallas Love Field, TX	
1568	23958	322	N326UA	(United Airlines)	Stored	Goodyear, AZ	
1569	23935	301	N590US	(US Airways)	WFU & Stored	Greenwood, MS	
1570	24147	322	N327UA	United Airlines	Active	Chicago O'Hare, IL	
1571	23960	3H4	N338SW	Southwest Airlines	Active	Dallas Love Field, TX	
1572	24148	322	N328UA	United Airlines	Active	Chicago O'Hare, IL	
1574	24149	322	N329UA	United Airlines	Active	Chicago O'Hare, IL	
1575	23936	301	N591US	(US Airways)	WFU & Stored	Greenwood, MS	
1576	24008	3G7	N683SW	Southwest Airlines	Active	Dallas Love Field, TX	
1577	24210	3Q4	PR-BRB	(Ocean Air)	Stored	Rio De Janeiro Galeao, Brazil	
1578	24009	3G7	N302AW	US Airways	Active	Phoenix, AZ	

l/n	c/n	Model	Registration	Owner/Operator	Status	Location	Notes
1580	23927	3Y0	EI-DJR	KD Avia	Active	Kaliningrad, Russia	
1584	23861	3B7	N526AU	(US Airways)	WFU & Stored	Greenwood, MS	
1586	23862	3B7	N527AU	US Airways	Active	Pittsburgh, PA	
1587	22	301	EY-535	Tajik Air / Skylink Aviation	Active	Dubai, UAE	
1588	24191	322	N330UA	United Airlines	Active	Chicago O'Hare, IL	
1590	24192	322	N331UA	United Airlines	Active	Chicago O'Hare, IL	
1591	24090	3H4	N339SW	Southwest Airlines	Active	Dallas Love Field, TX	
1592	24193	322	N332UA	(United Airlines)	WFU & Stored	Walnut Ridge, AR	
1593	24091	3H4	N341SW	Southwest Airlines	Active	Dallas Love Field, TX	
1594	24228	322	N333UA	United Airlines	Active	Chicago O'Hare, IL	
1595	24026	33A	N240AN	(Hola Airlines)	Stored	?	
1597	24027	33A	N270AW	(Hola Airlines)	Stored	?	
1598	24299	3Q8	I-AIGM	Air Italy	Active	Milan Malpensa, Italy	
1599	24028	33A(QC)	G-CELO	Jet2	Active	Leeds Bradford, UK	
1600	24219	3L9(QC)	G-ZAPW	Titan Airways	Active	London Stansted, UK	
1601	24029	33A	G-CELE	Jet2	Active	Leeds Bradford, UK	
1602	24220	3L9	N788LS	LVSC - Las Vegas Sands Corporation	Active	Las Vegas McCarran, NV	
1604	24221	3L9	D-AGEJ	Germania / TUIfly	Active	Cologne Bonn, Germany	
1605	24229	322	N334UA	United Airlines	Active	Chicago O'Hare, IL	
1606	24010	3G7	N303AW	US Airways	Active	Phoenix, AZ	
1607	24230	322	N335UA	United Airlines	Active	Chicago O'Hare, IL	
1608	24011	3G7	G-TRAW	Astraeus / Trawel Fly	Active	Bergamo, Italy	
1609	24240	322	N336UA	(United Airlines)	Stored	Goodyear, AZ	
1611	24241	322	N337UA	(United Airlines)	Stored	Goodyear, AZ	
1612	24012	3G7	N305AW	US Airways	Active	Phoenix, AZ	
1613	24242	322	N338UA	(United Airlines)	Stored	Goodyear, AZ	
1614	24020	3M8(SF)	VT-DQP	QuikJet	Active	Mumbai, India	
1615	24243	322	N339UA	United Airlines	Active	Chicago O'Hare, IL	
1617	24244	322	N340UA	United Airlines	Active	Chicago O'Hare, IL	
1618	24302	377	G-CELF	Jet2	Active	Leeds Bradford, UK	
1619	24245	322	N341UA	(United Airlines)	Stored	Dothan, AL	
1620	24303	377	G-CELG	Jet2	Active	Leeds Bradford, UK	
1622	24304	377	PK-MBN	(Merpati)	WFU & Stored	Jakarta CGK, Indonesia	
1623	24211	3K9	XA-AAU	(Azteca Airlines)	Stored	Mexico City	
1624	24237	35B	D-AGEG	Germania / TUIfly	Active	Cologne Bonn, Germany	
1625	24255	3Y0(QC)	OO-TNG	TNT Airways	Active	Liege, Belgium	
1626	24238	35B	D-AGEE	Germania / TUIfly	Active	Cologne Bonn, Germany	
1628	24269	35B	N789LS	LVSC - Las Vegas Sands Corporation	Active	Las Vegas McCarran, NV	
1629	24256	3Y0	LN-KKR	Norwegian Air Shuttle	Active	Oslo, Norway	
1630	24021	3M8(QC)	EI-DUS	Mistral Air	Active	Rome Fiumicino, Italy	
1632	24246	322	OM-CLB	SkyEurope Airlines	Active	Bratislava, Slovakia	
1633	24212	3K9	N737AR	(VASP)	Stored	Porto Alegre, Brazil	
1634	24247	322	PR-GLQ	GOL Transportes Aeros	Active	Sao Paulo, Brazil	
1636	24248	322	PR-GLD	GOL Transportes Aeros	Active	Sao Paulo, Brazil	
1637	24275	341	UR-GAL	Ukraine International Airlines	Active	Kiev Borispol, Ukraine	
1638	24249	322	PR-GLE	GOL Transportes Aeros	Active	Sao Paulo, Brazil	
1640	24261	306	PH-BDN	KLM Royal Dutch Airlines	Active	Amsterdam Schiphol, Netherlands	
1641	24305	377	PK-MBO	(Merpati)	WFU & Stored	Jakarta CGK, Indonesia	

Boeing 737-300 — Out Of Production List: Western Jet Airliners

l/n	c/n	Model	Registration	Owner/Operator	Status	Location	Notes
1642	24262	306	PH-BDO	KLM Royal Dutch Airlines	Active	Amsterdam Schiphol, Netherlands	
1644	24250	322	N346UA	(United Airlines)	Stored	Goodyear, AZ	
1645	24276	341(QC)	B-5046	China Postal Airlines	Active	Guangzhou, China	
1646	24251	322	N347UA	United Airlines	Active	Chicago O'Hare, IL	
1648	24252	322	N348UA	(United Airlines)	Stored	Victorville, CA	
1649	24295	376	ZK-JNN	Jetconnect	Active	Auckland, New Zealand	
1650	24253	322	N349UA	(United Airlines)	Stored	Goodyear, AZ	For Indonesian operator, PK-
1652	24301	322	N350UA	United Airlines	Active	Chicago O'Hare, IL	
1653	24296	376	ZK-JNC	Jetconnect	Active	Auckland, New Zealand	
1654	24030	33A	ZS-OAI	Comair / Kulula	Active	Johannesburg, South Africa	
1656	24280	330	D-ABXS	Lufthansa	Active	Frankfurt Main, Germany	
1657	24364	382(QC)	F-GIXG	Axis Airways	Active	Marseille, France	
1658	24277	341(QC)	B-5071	China Southern Airlines	Active	Guangzhou, China	
1660	24278	341(QC)	B-5047	China Postal Airlines	Active	Guangzhou, China	
1662	24022	3M8(SF)	EC-LAC	Swiftair	Active	Madrid Barajas, Spain	
1664	24281	330	D-ABXT	Lufthansa	Active	Frankfurt Main, Germany	
1666	24300	3Q8	PK-MDQ	Merpati	Active	Jakarta CGK, Indonesia	
1668	24319	322	N351UA	United Airlines	Active	Chicago O'Hare, IL	
1669	24092	33A	EI-DMM	KD Avia	Active	Kaliningrad, Russia	
1670	24320	322	D-AGEB	(Germania)	Stored	Munich, Germany	
1671	24282	330	D-ABXU	Lufthansa	Active	Frankfurt Main, Germany	
1672	24321	322	N353UA	Kaney Aerospace	Active	Rockford, IL	
1673	24279	341(QC)	B-5072	China Postal Airlines	Active	Shenyang, China	
1675	24023	3M8(SF)	XA-GGB	Estafeta Carga Aerea	Active	San Luis Potosi, Mexico	
1677	24283	330(QC)	B-5055	Yangtze River Express	Active	Shanghai, China	
1681	24404	306	PH-BDP	KLM Royal Dutch Airlines	Active	Amsterdam Schiphol, Netherlands	
1682	24133	3H4	N342SW	Southwest Airlines	Active	Dallas Love Field, TX	
1683	24326	3K2	LN-KKF	Norwegian Air Shuttle	Active	Stavanger, Norway	
1685	24284	330	D-ABWH	Lufthansa	Active	Frankfurt Main, Germany	
1686	24151	3H4	N343SW	Southwest Airlines	Active	Dallas Love Field, TX	
1688	24152	3H4	N344SW	Southwest Airlines	Active	Dallas Love Field, TX	
1689	24024	3M8(SF)	XA-ECA	Estafeta Carga Aerea	Active	Guadalajara, Mexico	
1690	24153	3H4	N346SW	Southwest Airlines	Active	Dallas Love Field, TX	
1691	24462	3Y0(SF)	UR-FAA	Ukraine International Airlines	Active	Kiev Borispol, Ukraine	
1692	24360	322	5N-MJB	Arik Air	Active	Lagos, Nigeria	
1693	24387	3B3(QC)	F-GFUE	Europe Airpost	Active	Paris CDG, France	
1694	24361	322	XC-LJG	Mexican Air Force	Active	Mexico City	
1695	24365	382	EI-DJK	KD Avia	Active	Kaliningrad, Russia	
1696	24362	322(SF)	B-5059	Yangtze River Express	Active	Shanghai, China	
1699	24366	382	PP-VTW	(Varig)	Stored	Sao Paulo Congonhas, Brazil	
1701	24463	3Y0(QC)	TF-BBD	Bluebird Cargo	Active	Keflavik, Iceland	
1703	24410	3B7	N528AU	-	Scrapped	Marana, AZ	
1704	24378	322(SF)	B-5053	Yangtze River Express	Active	Shanghai, China	
1706	24403	3Q8	PK-GWA	-	Written Off	Nr Yogyakarta, Indonesia	
1708	24374	3H4	N347SW	Southwest Airlines	Active	Dallas Love Field, TX	
1709	24355	329	EI-CXR	Transaero Airlines	Active	Moscow Domodedovo, Russia	
1710	24375	3H4	N348SW	Southwest Airlines	Active	Dallas Love Field, TX	
1711	24356	329	EI-DNT	(Air Union)	Stored	Moscow Domodedovo, Russia	

l/n	c/n	Model	Registration	Owner/Operator	Status	Location	Notes
1712	24327	3K2	LN-KKG	Norwegian Air Shuttle	Active	Stavanger, Norway	
1713	24411	3B7	N529AU	US Airways	Active	Pittsburgh, PA	
1719	24377	3M8	PP-VQO	(Varig)	Stored	Belo Horizonte Tancredo Neves, Brazil	
1724	24379	322	PR-GLN	GOL Transportes Aeros	Active	Sao Paulo, Brazil	
1725	24388	3B3(QC)	F-GFUF	Europe Airpost	Active	Paris CDG, France	
1727	24093	33A	PK-YVX	Batavia Air	Active	Jakarta CGK, Indonesia	
1728	24452	322	PR-WJG	Webjet Linhas Aereas	Active	Rio De Janeiro Galeao, Brazil	
1729	24094	33A	LN-KKS	Norwegian Air Shuttle	Active	Stavanger, Norway	
1730	24453	322	YR-BAF	Blue Air	Stored	Bucharest Otopeni, Romania	
1734	24408	3H4	N349SW	Southwest Airlines	Active	Dallas Love Field, TX	
1735	24412	3B7	N530AU	US Airways	Active	Pittsburgh, PA	
1737	24095	33A	XC-UJB	Mexican Air Force	Active	Mexico City	
1739	24096	33A	9M-AAF	(AirAsia)	Stored	Singapore Seletar	
1740	24297	376	ZK-JND	Jetconnect	Active	Auckland, New Zealand	
1741	24097	33A	PK-YVU	Batavia Air	Active	Jakarta CGK, Indonesia	
1743	24478	3B7	N531AU	US Airways	Active	Pittsburgh, PA	
1745	24479	3B7	N532AU	US Airways	Active	Pittsburgh, PA	
1748	24409	3H4	N350SW	Southwest Airlines	Active	Dallas Love Field, TX	
1750	24454	322	5N-MJA	Arik Air	Active	Lagos, Nigeria	
1752	24455	322	PR-GLG	GOL Transportes Aeros	Active	Sao Paulo, Brazil	
1753	24464	3Y0	OY-JTB	Jet Time	Active	Copenhagen, Denmark	
1754	24532	322	PR-GLH	GOL Transportes Aeros	Active	Sao Paulo, Brazil	
1755	24465	3Y0	9M-AEB	(AirAsia)	Stored	Singapore Seletar	
1756	24533	322	N364UA	(United Airlines)	Stored	Goodyear, AZ	
1758	24534	322	N365UA	(United Airlines)	Stored	Goodyear, AZ	
1760	24535	322	N366UA	(United Airlines)	Stored	Kingman, AZ	
1761	24298	376	ZK-JNO	(Jetconnect)	Stored	Christchurch, New Zealand	
1762	24536	322	N367UA	United Airlines	Active	Chicago O'Hare, IL	
1763	24098	33A	PP-VQN	(Varig)	Stored	Belo Horizonte, Brazil	
1765	24470	3Q8	G-LGTG	(British Airways)	WFU & Stored	Kemble, UK	
1767	24515	3B7	N533AU	US Airways	Active	Pittsburgh, PA	
1769	24516	3B7	N534AU	(US Airways)	WFU & Stored	Greenwood, MS	
1771	24466	3Y0	EI-BZG	-	Written Off	Manila, Philippines	
1773	24480	3Z6	33-333	-	Written Off	Muang Khon Kaen, Thailand	
1774	24537	322	XA-MAI	Magnicharters	Active	Monterrey, Mexico	
1775	24569	3L9	PK-GCA	Citilink Express	Active	Jakarta CGK, Indonesia	
1776	24538	322	N369UA	(United Airlines)	Stored	Victorville, CA	
1778	24539	322	N370UA	United Airlines	Active	Chicago O'Hare, IL	
1780	24540	322	N371UA	(United Airlines)	Stored	Victorville, CA	
1782	24637	322	N372UA	United Airlines	Active	Chicago O'Hare, IL	
1784	24638	322	N373UA	(United Airlines)	Stored	Goodyear, AZ	
1785	24561	330	D-ABXW	Lufthansa	Active	Frankfurt Main, Germany	
1786	24639	322	N374UA	United Airlines	Active	Chicago O'Hare, IL	
1787	24562	330	D-ABXX	Lufthansa	Active	Frankfurt Main, Germany	
1790	24572	3H4	N351SW	Southwest Airlines	Active	Dallas Love Field, TX	
1794	24213	3K9	LN-KKW	Norwegian Air Shuttle	Active	Oslo, Norway	
1796	24214	3K9	XA-AAV	(Azteca Airlines)	Stored	Mexico City	
1798	24640	322	N375UA	United Airlines	Active	Chicago O'Hare, IL	

Boeing 737-300 — Out Of Production List: Western Jet Airliners

l/n	c/n	Model	Registration	Owner/Operator	Status	Location	Notes
1800	24570	3L9	HZ-AMC	Sama Airlines	Active	Riyadh, Saudi Arabia	
1801	24563	330	D-ABXY	Lufthansa	Active	Frankfurt Main, Germany	
1802	24641	322	N376UA	United Airlines	Active	Chicago O'Hare, IL	
1806	24642	322	N377UA	(United Airlines)	Stored	Goodyear, AZ	
1807	24564	330	D-ABXZ	Lufthansa	Active	Frankfurt Main, Germany	
1808	24492	3Q8	UR-VVA	Aerosvit Airlines	Active	Kiev Borispol, Ukraine	
1809	24633	3G7	YV2557	Conviasa	Active	Caracas, Venezuela	
1810	24653	322	N378UA	(United Airlines)	Stored	Goodyear, AZ	
1811	24546	3Y0(SF)	G-ZAPV	Titan Airways	Active	London Stansted, UK	
1812	24654	322	N379UA	United Airlines	Active	Chicago O'Hare, IL	
1813	24547	3Y0	PK-AWX	Indonesia AirAsia	Active	Jakarta CGK, Indonesia	
1814	24655	322	TS-IEJ	Karthago Airlines	Active	Djerba Zarzis, Tunisia	
1815	24571	3L9	UR-IVK	Dniproavia	Active	Dnepropetrovsk, Ukraine	
1818	24565	330	D-ABEA	Lufthansa	Active	Frankfurt Main, Germany	
1822	24656	322	N381UA	United Airlines	Active	Chicago O'Hare, IL	
1823	24634	3G7	N307AW	(US Airways)	Stored	Phoenix, AZ	
1825	24710	3G7	N308AW	(US Airways)	Stored	Dothan, AL	
1829	24676	3Y0	LN-KKM	Norwegian Air Shuttle	Active	Oslo, Norway	
1830	24657	322	N382UA	United Airlines	Active	Chicago O'Hare, IL	
1831	24460	33A	ZS-OAH	Comair	Active	Johannesburg, South Africa	
1832	24658	322	N383UA	United Airlines	Active	Chicago O'Hare, IL	
1833	24461	33A	UR-VVI	(Aerosvit Airlines)	Stored	Hondo Municipal, TX	
1836	24659	322	PK-AWO	Indonesia AirAsia	Active	Jakarta CGK, Indonesia	
1837	24677	3Y0	PK-AWC	(Indonesia AirAsia)	Stored	Kuala Lumpur, Malaysia	
1838	24660	322	N385UA	United Airlines	Active	Chicago O'Hare, IL	
1840	24661	322	N386UA	United Airlines	Active	Chicago O'Hare, IL	
1843	24711	3G7	N309AW	(US Airways)	Stored	Phoenix, AZ	
1846	24698	3Q8	PK-GHS	Sriwijaya Air	Active	Jakarta CGK, Indonesia	
1853	24678	3Y0	OY-JTD	Jet Time	Active	Copenhagen, Denmark	
1856	24328	3K2	LN-KKH	Norwegian Air Shuttle	Active	Oslo, Norway	
1857	24449	382	CP-2551	Boliviana De Aviacion	Active	Cochabamba, Bolivia	
1858	24329	3K2	LN-KKI	Norwegian Air Shuttle	Active	Oslo, Norway	
1862	24662	322	JY-JAD	Jordan Aviation	Active	Amman, Jordan	
1869	24712	3G7	YV2556	Conviasa	Active	Caracas, Venezuela	
1873	24450	382	G-LGTF	(British Airways)	Stored	Chateauroux, France	
1875	24663	322	PR-WJA	Webjet Linhas Aereas	Active	Rio De Janeiro Galeao, Brazil	
1877	24664	322	LY-AQX	flyLAL Charters Estonia	Active	Tallinn, Estonia	
1884	24413	3M8	F-GKTA	Air One	Active	Rome Fiumicino, Italy	
1886	24699	3Q8	UR-VVR	Aerosvit Airlines	Active	Kiev Borispol, Ukraine	
1889	24665	322	VQ-BAP	Tatarstan Air	Active	Moscow Domodedovo, Russia	
1891	24666	322	PR-GLF	GOL Transportes Aeros	Active	Sao Paulo, Brazil	
1893	24667	322	ES-LBA	flyLAL Charters Estonia	Active	Tallinn, Estonia	
1895	24414	3M8	F-GKTB	Air One	Active	Rome Fiumicino, Italy	
1896	24834	3S1	LZ-HVB	Bulgaria Air	Active	Sofia, Bulgaria	
1897	24679	3Y0	EC-KRA	Swiftair / AgroAir	Active	Lisbon, Potugal	
1905	24668	322	PR-GLK	BRA Transportes Aereos	Active	Sao Paulo Guarulhos, Brazil	
1907	24669	322	5N-BHY	AeroContractors Company of Nigeria	Active	Lagos, Nigeria	
1909	24670	322	PR-GLM	GOL Transportes Aeros	Active	Sao Paulo Guarulhos, Brazil	

Boeing 737-300 — Out Of Production List: Western Jet Airliners

l/n	c/n	Model	Registration	Owner/Operator	Status	Location	Notes
1911	24856	3S1	PK-AWS	(Indonesia AirAsia)	Stored	Jakarta CGK, Indonesia	
1913	24671	322	5N-BHZ	AeroContractors Company of Nigeria	Active	Lagos, Nigeria	
1915	24672	322	JY-JAO	Jordan Aviation	Active	Amman, Jordan	
1918	24864	3K9	PR-FLX	Flex Linhas Aereas	Active	Salvador De Bahia, Brazil	
1920	24673	322	YI-AQO	Magnolia / Iraqi Airways	Active	Baghdad, Iraq	
1924	24700	3Q8	N470AG	(PLUNA)	Stored	Dothan, AL	
1926	24869	3K9	PP-VNZ	(Varig)	Stored	Sao Paulo Congonhas, Brazil	
1927	24680	3Y0	HZ-CJB	Sama Airlines	Active	Riyadh, Saudi Arabia	
1928	24674	322	A6-JMK	Global Jet	Active	Dubai, UAE	
1929	24681	3Y0	HZ-DMO	Sama Airlines	Active	Riyadh, Saudi Arabia	
1930	24717	322	N202UA	(United Airlines)	Stored	Goodyear, AZ	
1935	24935	341	PR-WJJ	Webjet Linhas Aereas	Active	Rio De Janeiro Galeao, Brazil	
1937	24718	322	N203UA	(United Airlines)	Stored	Goodyear, AZ	
1941	24770	3Y0	5H-PAZ	Precisionair Services	Active	Arusha, Tanzania	
1942	24888	3H4	N352SW	Southwest Airlines	Active	Dallas Love Field, TX	
1947	24889	3H4	N353SW	Southwest Airlines	Active	Dallas Love Field, TX	
1951	24936	341	PR-WJF	Webjet Linhas Aereas	Active	Rio De Janeiro Galeao, Brazil	
1953	24789	33A(QC)	F-GIXB	Europe Airpost	Active	Paris CDG, France	
1955	24790	33A	N790AW	(Karthago Airlines)	Stored	Marana, AZ	
1957	24701	3Q8	B-4052	China United Airlines	Active	Beijing, China	
1973	24902	3Y0(SF)	B-2897	Donghai Airlines	Active	Shenzhen, China	
1984	24791	33A	PK-CJT	Sriwijaya Air	Active	Jakarta CGK, Indonesia	
1991	25015	3M8	D-AGEK	Germania	Active	Berlin Tegel, Germany	
1994	24702	3Q8	B-4053	China United Airlines	Active	Beijing, China	
2001	24905	3Y0	PK-AWP	Indonesia AirAsia	Active	Jakarta CGK, Indonesia	
2002	25078	3J6	B-2535	Air China	Active	Beijing, China	
2005	25017	3M8	EI-DTY	KD Avia	Active	Kaliningrad, Russia	
2007	25039	3M8	PK-GHW	Garuda Indonesia	Active	Jakarta CGK, Indonesia	
2008	25010	33A	TS-IEC	Karthago Airlines	Active	Djerba Zarzis, Tunisia	
2012	25011	33A	OM-HLB	Seagle Air	Active	Bratislava, Slovakia	
2013	24907	3Y0	EI-CBQ	(Kras Air)	Stored	Dinard, France	
2014	25032	33A	TS-IED	Karthago Airlines	Active	Djerba Zarzis, Tunisia	
2015	24908	3Y0	G-LGTE	British Airways	Active	London Gatwick, UK	
2016	25079	3J6	5N-BMB	Chanchangi Airlines	Active	Kaduna, Nigeria	
2017	25040	3M8	LN-KKP	Norwegian Air Shuttle	Active	Oslo, Norway	
2021	24909	3Y0	LN-KKO	Norwegian Air Shuttle	Active	Oslo, Norway	
2024	25041	3M8	D-ADIJ	(Air Berlin)	Stored	Paderborn, Germany	
2025	25033	33A	LN-KKA	Norwegian Air Shuttle	Active	Oslo, Norway	
2027	25089	3Z0	B-2537	Air China	Active	Chengdu, China	
2030	24910	3Y0	LN-KKN	Norwegian Air Shuttle	Active	Oslo, Norway	
2037	25070	3M8	OO-LTM	Brussels Airlines	Active	Brussels, Belgium	
2039	25071	3M8	SX-BLD	(Olympic Airlines)	Stored	Chateauroux, France	
2040	25090	3Z0	B-2538	China Eastern Airlines	Active	Kunming, China	
2045	25056	33A	7Q-YKP	(Rwandair Expre	Stored	Johannesburg, South Africa	
2046	25057	33A	PT-MNJ	Webjet Linhas Aereas	Active	Rio De Janeiro Galeao, Brazil	
2047	25124	38B(QC)	F-GIXC	Europe Airpost	Active	Paris CDG, France	
2052	24913	3Y0	B-2523	-	Written Off	Baitengqiao, China	
2053	25069	35B	LY-AQV	flyLAL Charters	Active	Vilnius, Lithuania	

Boeing 737-300 — Out Of Production List: Western Jet Airliners

l/n	c/n	Model	Registration	Owner/Operator	Status	Location	Notes
2054	24914	3Y0	PK-GHV	Garuda Indonesia	Active	Jakarta CGK, Indonesia	
2059	25125	3L9	D-ADIF	(Air Berlin)	Stored	Paderborn, Germany	
2065	25118	33A	CP-2550	Boliviana De Aviacion	Active	La Paz, Bolivia	
2066	24916	3Y0(SF)	B-2898	Donghai Airlines	Active	Shenzhen, China	
2067	25401	33A(QC)	G-ZAPZ	Titan Airways	Active	London Stansted, UK	
2068	25159	36E(QC)	EI-DVA	Mistral Air	Active	Rome Fiumicino, Italy	
2069	25119	33A	OM-HLC	Seagle Air	Active	Bratislava, Slovakia	
2074	25150	3L9	PP-SOT	(VASP)	Stored	Sao Paulo Congonhas, Brazil	
2077	25148	330	D-ABEB	Lufthansa	Active	Frankfurt Main, Germany	
2081	25149	330	D-ABEC	Lufthansa	Active	Frankfurt Main, Germany	
2082	25215	330	D-ABED	Lufthansa	Active	Frankfurt Main, Germany	
2084	25216	330	D-ABEE	Lufthansa	Active	Frankfurt Main, Germany	
2085	25048	341	VP-BOT	Sky Express	Active	Moscow Vnukovo, Russia	
2087	24918	3Y0	B-2525	-	Scrapped	Zhanjiang, China	
2089	25172	3Y0(SF)	B-2526	China Postal Airlines	Active	Tianjin, China	
2090	25210	3K9	PP-VOY	(Varig)	Stored	Sao Paulo Congonhas, Brazil	
2091	25049	341	VP-BOU	Sky Express	Active	Moscow Vnukovo, Russia	
2092	25219	3H4	N354SW	Southwest Airlines	Active	Dallas Love Field, TX	
2094	25217	330	D-ABEF	Lufthansa	Active	Frankfurt Main, Germany	
2097	25173	3Y0(SF)	B-2527	China Postal Airlines	Active	Tianjin, China	
2100	25239	3K9	PP-VOZ	(Varig)	Stored	Sao Paulo Congonhas, Brazil	
2102	25242	330	D-ABEH	Lufthansa	Active	Frankfurt Main, Germany	
2103	25250	3H4	N355SW	Southwest Airlines	Active	Dallas Love Field, TX	
2105	25251	3H4	N356SW	Southwest Airlines	Active	Dallas Love Field, TX	
2112	25400	3G7	N322AW	US Airways	Active	Phoenix, AZ	
2123	25256	36E(QC)	TF-BBE	Bluebird Cargo	Active	Keflavik, Iceland	
2127	25051	341	PR-WJC	Webjet Linhas Aereas	Active	Rio De Janeiro Galeao, Brazil	
2133	24961	3Q8	B-2117	Okay Airways	Active	Tianjin, China	
2139	24962	3Q8	SE-RHT	Viking Airlines	Active	Heraklion, Greece	
2140	25360	3L9	PP-SOU	(VASP)	Stored	Memphis, TN	
2153	25138	33A	HZ-DRW	Sama Airlines	Active	Riyadh, Saudi Arabia	
2158	25359	330	D-ABEI	Lufthansa	Active	Frankfurt Main, Germany	
2159	25402	33A(QC)	G-POWC	Titan Airways	Active	London Stansted, UK	
2164	25414	330	D-ABEK	Lufthansa	Active	Frankfurt Main, Germany	
2168	25174	3Y0(SF)	B-2528	China Postal Airlines	Active	Tianjin, China	
2172	25426	33A(QC)	EI-DVC	Mistral Air	Active	Bergamo, Italy	
2175	25415	330	D-ABEL	Lufthansa	Active	Frankfurt Main, Germany	
2182	25416	330	D-ABEM	Lufthansa	Active	Frankfurt Main, Germany	
2187	25263	36E(QC)	TF-BBG	Bluebird Cargo	Active	Keflavik, Iceland	
2192	24986	3Q8	A6-PHG	AVE.com	Active	Sharjah, UAE	
2193	24963	3Q8	G-OBMP	bmiBaby	Active	East Midlands, UK	
2194	25264	36E(QC)	TF-BBF	Bluebird Cargo	Active	Keflavik, Iceland	
2196	26428	330	D-ABEN	Lufthansa	Active	Frankfurt Main, Germany	
2198	25744	33A(QC)	F-GIXD	Europe Airpost	Active	Paris CDG, France	
2205	25179	3Y0	EI-CLZ	(Air Union)	Stored	Dinard, France	
2206	25743	33A	SX-BBU	(Aegean Airlines)	Stored	Shannon, Ireland	
2207	26429	330	D-ABEO	Lufthansa	Active	Frankfurt Main, Germany	
2216	26430	330	D-ABEP	Lufthansa	Active	Frankfurt Main, Germany	

l/n	c/n	Model	Registration	Owner/Operator	Status	Location	Notes
2226	25161	382	VT-SAY	JetLite	Active	New Delhi, India	
2234	26440	3L9	PK-GHX	Garuda Indonesia	Active	Jakarta CGK, Indonesia	
2235	26850	3B3(QC)	F-GIXE	Europe Airpost	Active	Paris CDG, France	
2241	25162	382	LY-SKW	Aurela	Active	Vilnius, Lithuania	
2242	26431	330	D-ABER	Lufthansa	Active	Frankfurt Main, Germany	
2247	26432	330	D-ABES	Lufthansa	Active	Frankfurt Main, Germany	
2248	25187	3Y0	EI-CLW	(Air Union)	Stored	Dinard, France	
2250	26441	3L9	D-ADIG	(Air Berlin)	Stored	Paderborn, Germany	
2252	27046	3Z0	B-2530	Air China	Active	Chengdu, China	
2254	25080	3J6	B-2580	Air China	Active	Beijing, China	
2263	25081	3J6	B-2581	Air China	Active	Beijing, China	
2267	26851	3B3(QC)	F-GIXF	Europe Airpost	Active	Paris CDG, France	
2268	24987	3Q8	B-2919	China Eastern Airlines	Active	Wuhan, China	
2273	26852	341	LZ-BOO	Bulgaria Air	Active	Sofia, Bulgaria	
2275	26853	341	B-2594	China Eastern Airlines	Active	Kunming, China	
2277	26442	3L9	PK-AWN	Indonesia AirAsia	Active	Jakarta CGK, Indonesia	
2290	25373	3Q8	B-2971	Shenzhen Airlines	Active	Shenzhen, China	
2294	26594	3H4	N357SW	Southwest Airlines	Active	Dallas Love Field, TX	
2295	26595	3H4	N358SW	Southwest Airlines	Active	Dallas Love Field, TX	
2297	26596	3H4(WL)	N359SW	Southwest Airlines	Active	Dallas Love Field, TX	
2302	25787	3K9	B-2932	Shenzhen Airlines	Active	Shenzhen, China	
2303	26854	341	B-2908	Hainan Airlines	Active	Haikou, China	
2305	26855	341	EZ-A001	(Turkmenistan Airlines)	Stored	Perpignan, France	
2306	26068	3Y0	B-2539	Shantou Airlines	Active	Shantou, China	
2307	26571	3H4(WL)	N360SW	Southwest Airlines	Active	Dallas Love Field, TX	
2309	26572	3H4(WL)	N361SW	Southwest Airlines	Active	Dallas Love Field, TX	
2310	25502	33A	B-4018	China United Airlines	Active	Beijing, China	
2313	25503	33A	B-4019	China United Airlines	Active	Beijing, China	
2321	26856	341	PR-WJH	Webjet Linhas Aereas	Active	Rio De Janeiro Galeao, Brazil	
2322	26573	3H4(WL)	N362SW	Southwest Airlines	Active	Dallas Love Field, TX	
2326	26857	341	PR-WJI	Webjet Linhas Aereas	Active	Rio De Janeiro Galeao, Brazil	
2331	25788	3K9	B-2933	Shenzhen Airlines	Active	Shenzhen, China	
2333	25603	33A	B-2578	Hainan Airlines	Active	Haikou, China	
2341	25504	33A	AP-BEH	PIA Pakistan International Airlines	Active	Karachi, Pakistan	
2342	25505	33A	B-2579	Hainan Airlines	Active	Haikou, China	
2347	27061	3L9	PK-AWG	Indonesia AirAsia	Active	Jakarta CGK, Indonesia	
2349	26070	3Y0(SF)	ZS-SBA	South African Airways	Active	Johannesburg, South Africa	
2355	26282	3Q8	VP-CKY	Cayman Airways	Active	Georgetown, Cayman Islands	
2357	27047	3Z0	B-2586	Air China	Active	Chengdu, China	
2360	25506	33A	B-2905	Air China	Active	Hohhot, China	
2369	26072	3Y0	ZS-SBB	South African Airways	Active	Johannesburg, South Africa	
2370	27126	3Z0	B-2590	Air China	Active	Chengdu, China	
2373	25507	33A	B-2906	Air China	Active	Hohhot, China	
2377	27127	3W0	B-2589	China Eastern Airlines	Active	Kunming, China	
2383	26283	3Q8	SU-ZCF	-	Written Off	Nr Sharm El Sheikh, Egypt	
2384	27045	3J6	B-2585	Air China	Active	Beijing, China	
2385	25891	3J6	B-2584	Air China	Active	Beijing, China	
2396	25892	3J6	B-2587	Air China	Active	Tianjin, China	

Boeing 737-300 — Out Of Production List: Western Jet Airliners

l/n	c/n	Model	Registration	Owner/Operator	Status	Location	Notes
2400	27139	3W0	B-2540	(Yunnan Provincial Airlines)	Fuselage Remains	Kunming, China	
2405	25604	3Y9	PK-YTU	Batavia Air	Active	Jakarta CGK, Indonesia	
2406	27420	306	PH-BTD	KLM Royal Dutch Airlines	Active	Amsterdam Schiphol, Netherlands	
2414	25508	33A	B-2907	Air China	Active	Hohhot, China	
2415	27125	3H6(SF)	F-GIXR	Europe Airpost	Active	Paris CDG, France	
2418	26284	3Q8	B-2661	China Postal Airlines	Active	Tianjin, China	
2424	26286	3Q8	VP-CAY	Cayman Airways	Active	Georgetown, Cayman Islands	
2429	26574	3H4(WL)	N363SW	Southwest Airlines	Active	Dallas Love Field, TX	
2430	26575	3H4(WL)	N364SW	Southwest Airlines	Active	Dallas Love Field, TX	
2433	26576	3H4(WL)	N365SW	Southwest Airlines	Active	Dallas Love Field, TX	
2436	27138	3Z0	B-2533	Air China	Active	Chengdu, China	
2437	27151	31B	B-2596	China Southern Airlines	Active	Haikou, China	
2438	27421	306	PH-BTE	KLM Royal Dutch Airlines	Active	Amsterdam Schiphol, Netherlands	
2439	25994	332	EZ-A002	Turkmenistan Airlines	Active	Ashkhabad, Turkmenistan	
2446	25613	3Y5	LN-KKV	Norwegian Air Shuttle	Active	Oslo, Norway	
2455	25995	332	EZ-A003	Turkmenistan Airlines	Active	Ashkhabad, Turkmenistan	
2456	26082	3Y0	B-2909	China Southern Airlines	Active	Shantou, China	
2459	26083	3Y0	B-2910	China Southern Airlines	Active	Shantou, China	
2460	26084	3Y0	B-2911	China Southern Airlines	Active	Shantou, China	
2466	24988	3Q8(SF)	B-2662	China Postal Airlines	Active	Tianjin, China	
2467	25614	3Y5	EI-DNH	(Air Union)	Stored	Moscow Domodedovo, Russia	
2469	26577	3H4	N366SW	Southwest Airlines	Active	Dallas Love Field, TX	
2470	26578	3H4	N367SW	Southwest Airlines	Active	Dallas Love Field, TX	
2473	26579	3H4(WL)	N368SW	Southwest Airlines	Active	Dallas Love Field, TX	
2477	26580	3H4	N369SW	Southwest Airlines	Active	Dallas Love Field, TX	
2478	25615	3Y5	LN-KKC	Norwegian Air Shuttle	Active	Stavanger, Norway	
2480	26288	3Q8	B-2655	China Postal Airlines	Active	Tianjin, China	
2488	25996	332	RP-C4007	Philippine Airlines	Active	Subic Bay, Philippines	
2489	25893	3J6	B-2588	Air China	Active	Tianjin, China	
2493	27128	3J6	B-2598	Air China	Active	Tianjin, China	
2495	27176	3Z0	B-2597	Air China	Active	Chengdu, China	
2497	26597	3H4	N370SW	Southwest Airlines	Active	Dallas Love Field, TX	
2499	25895	31B	B-2582	China Southern Airlines	Active	Zhengzhou, China	
2500	26598	3H4(WL)	N371SW	Southwest Airlines	Active	Dallas Love Field, TX	
2504	26599	3H4	N372SW	Southwest Airlines	Active	Dallas Love Field, TX	
2506	25997	332	B-2942	China Xinhua Airlines	Active	Beijing, China	
2509	26581	3H4	N373SW	Southwest Airlines	Active	Dallas Love Field, TX	
2510	25998	332	B-2943	China Xinhua Airlines	Active	Beijing, China	
2515	26582	3H4	N374SW	Southwest Airlines	Active	Dallas Love Field, TX	
2519	26292	3Q8	B-2656	China Postal Airlines	Active	Tianjin, China	
2520	26583	3H4	N375SW	Southwest Airlines	Active	Dallas Love Field, TX	
2523	27271	3Q8	B-2920	China Southern Airlines	Active	Haikou, China	
2524	27179	38J	YR-BGA	TAROM	Active	Bucharest Otopeni, Romania	
2528	27286	3Q8	B-2921	China Southern Airlines	Active	Haikou, China	
2529	27180	38J	YR-BGB	TAROM	Active	Bucharest Otopeni, Romania	
2541	26293	3Q8	PK-GGV	Garuda Indonesia	Active	Jakarta CGK, Indonesia	
2547	27283	37K	B-2935	China Eastern Airlines	Active	Zhengzhou, China	
2550	26294	3Q8	EW-254PA	Belavia	Active	Minsk, Belarus	

l/n	c/n	Model	Registration	Owner/Operator	Status	Location	Notes
2554	25897	31B	B-2583	China Southern Airlines	Active	Zhengzhou, China	
2555	27272	31B	B-2922	China Southern Airlines	Active	Haikou, China	
2556	27273	31L	B-2930	China Southern Airlines	Active	Guilin, China	
2557	26295	3Q8	N295AN	(Hainan Airlines)	Stored	Marana, AZ	
2558	25896	3Z0	B-2599	Air China	Active	Chengdu, China	
2559	27274	39K	B-2934	China Xinhua Airlines	Active	Beijing, China	
2565	27275	31B	B-2923	China Southern Airlines	Active	Guiyang, China	
2567	27276	31L	B-2931	China Southern Airlines	Active	Guilin, China	
2570	26584	3H4	N376SW	Southwest Airlines	Active	Dallas Love Field, TX	
2575	27287	31B	B-2924	China Southern Airlines	Active	Haikou, China	
2577	27288	31B	B-2925	-	Written Off	Shenzhen, China	
2579	26585	3H4	N378SW	Southwest Airlines	Active	Dallas Love Field, TX	
2580	26586	3H4	N379SW	Southwest Airlines	Active	Dallas Love Field, TX	
2581	26296	3Q8	B-2938	West China Airlines	Active	Chongqing, China	
2587	27336	3L9	LN-KKT	Norwegian Air Shuttle	Active	Stavanger, Norway	
2593	27289	31B	B-2926	China Southern Airlines	Active	Haikou, China	
2594	27337	3L9	LN-KKU	Norwegian Air Shuttle	Active	Stavanger, Norway	
2595	27290	31B	B-2927	China Southern Airlines	Active	Haikou, China	
2599	25511	33A	B-2947	Air China	Active	Hohhot, China	
2600	27267	33A	YR-BAA	Blue Air	Active	Bucharest Otopeni, Romania	
2606	27284	33A	PK-KKV	-	Written Off	Surabaya, Indonesia	
2608	27285	33A	LN-KKE	Norwegian Air Shuttle	Active	Stavanger, Norway	
2609	27335	37K	B-2936	China Southern Airlines	Active	Zhengzhou, China	
2610	26587	3H4(WL)	N380SW	Southwest Airlines	Active	Dallas Love Field, TX	
2611	26588	3H4(WL)	N382SW	Southwest Airlines	Active	Dallas Love Field, TX	
2612	26589	3H4(WL)	N383SW	Southwest Airlines	Active	Dallas Love Field, TX	
2613	26590	3H4	N384SW	Southwest Airlines	Active	Dallas Love Field, TX	
2615	27347	3H6(SF)	F-GIXS	Europe Airpost	Active	Paris CDG, France	
2617	26600	3H4	N385SW	Southwest Airlines	Active	Dallas Love Field, TX	
2619	27343	31B	B-2929	China Southern Airlines	Active	Shantou, China	
2622	27344	31B	B-2941	China Southern Airlines	Active	Shantou, China	
2623	26301	3Q8	5R-MFI	Air Madagascar	Active	Antananarivo, Madagascar	
2625	27345	31L	B-2939	Shenzhen Airlines	Active	Shenzhen, China	
2626	26601	3H4	N386SW	Southwest Airlines	Active	Dallas Love Field, TX	
2627	26602	3H4	N387SW	Southwest Airlines	Active	Dallas Love Field, TX	
2628	26591	3H4	N388SW	Southwest Airlines	Active	Dallas Love Field, TX	
2629	26592	3H4	N389SW	Southwest Airlines	Active	Dallas Love Field, TX	
2631	27361	3J6	B-2948	Air China	Active	Beijing, China	
2635	26303	3Q8	SX-BLC	Olympic Airlines	Active	Athens International, Greece	
2636	27346	31L	B-2940	Shenzhen Airlines	Active	Shenzhen, China	
2639	27362	37K	B-2945	China Xinhua Airlines	Active	Beijing, China	
2642	26593	3H4(WL)	N390SW	Southwest Airlines	Active	Dallas Love Field, TX	
2643	27378	3H4	N391SW	Southwest Airlines	Active	Dallas Love Field, TX	
2644	27379	3H4	N392SW	Southwest Airlines	Active	Dallas Love Field, TX	
2645	27380	3H4	N394SW	Southwest Airlines	Active	Dallas Love Field, TX	
2647	27374	3Z0	B-2950	Air China	Active	Chengdu, China	
2650	27372	3J6	B-2949	Air China	Active	Tianjin, China	
2651	26305	3Q8	5R-MFH	Air Madagascar	Active	Antananarivo, Madagascar	

l/n	c/n	Model	Registration	Owner/Operator	Status	Location	Notes
2655	27375	37K	B-2946	China Southern Airlines	Active	Zhengzhou, China	
2658	27373	3Z0	B-2951	Air China	Active	Chengdu, China	
2662	27181	38J	YR-BGC	(TAROM)	Fuselage Remains	Bucharest Otopeni, Romania	
2663	27182	38J	YR-BGD	TAROM	Active	Bucharest Otopeni, Romania	
2664	26307	3Q8	G-TOYD	bmiBaby	Active	East Midlands, UK	
2667	27689	3H4	N395SW	Southwest Airlines	Active	Dallas Love Field, TX	
2668	27690	3H4(WL)	N396SW	Southwest Airlines	Active	Dallas Love Field, TX	
2671	27395	38J	YR-BGE	TAROM	Active	Bucharest Otopeni, Romania	
2674	26309	3Q8	PR-WJP	WebJet	Active	Rio de Janeiro Galaeo, Brazil	
2678	27519	3J6	B-2952	China Southern Airlines	Active	Zhengzhou, China	
2679	27452	33A	F-ODZY	Air Austral	Active	St. Denis, Reunion Island	
2680	26310	3Q8	G-TOYA	bmiBaby	Active	East Midlands, UK	
2681	26311	3Q8	G-TOYB	bmiBaby	Active	East Midlands, UK	
2682	27903	330	D-ABET	Lufthansa	Active	Frankfurt Main, Germany	
2687	27453	33A	B-2955	China Eastern Airlines	Active	Kunming, China	
2688	27833	3L9	G-OGBD	bmiBaby	Active	East Midlands, UK	
2690	27907	33A	B-2956	China Eastern Airlines	Active	Kunming, China	
2691	27904	330	D-ABEU	Lufthansa	Active	Frankfurt Main, Germany	
2692	27834	3L9	OY-JTE	Jet Time	Active	Copenhagen, Denmark	
2693	26312	3Q8	G-TOYC	bmiBaby	Active	East Midlands, UK	
2695	27691	3H4	N397SW	Southwest Airlines	Active	Dallas Love Field, TX	
2696	27692	3H4	N398SW	Southwest Airlines	Active	Dallas Love Field, TX	
2697	27693	3H4	N399WN	Southwest Airlines	Active	Dallas Love Field, TX	
2699	27694	3H4(WL)	N600WN	Southwest Airlines	Active	Dallas Love Field, TX	
2702	27695	3H4(WL)	N601WN	Southwest Airlines	Active	Dallas Love Field, TX	
2703	27454	33A(WL)	YL-BBI	Air Baltic	Active	Riga Skulte, Latvia	
2704	26313	3Q8	G-THOE	(Thomsonfly)	Stored	Shannon, Ireland	
2705	27905	330	D-ABEW	Lufthansa	Active	Frankfurt Main, Germany	
2706	26315	36E	B-2627	Air China	Active	Beijing, China	
2707	26314	3Q8	A6-PHH	AVE.com	Active	Dubai, UAE	
2709	27455	33A	G-TOYE	bmiBaby	Active	East Midlands, UK	
2710	27523	3J6	B-2953	Air China	Active	Beijing, China	
2713	27953	3H4(WL)	N602SW	Southwest Airlines	Active	Dallas Love Field, TX	
2714	27954	3H4(WL)	N603SW	Southwest Airlines	Active	Dallas Love Field, TX	
2715	27955	3H4(WL)	N604SW	Southwest Airlines	Active	Dallas Love Field, TX	
2716	27956	3H4(WL)	N605SW	Southwest Airlines	Active	Dallas Love Field, TX	
2719	26317	36E	B-2630	Air China	Active	Beijing, China	
2721	27635	3K2	ZK-SJE	Air New Zealand	Active	Auckland, New Zealand	
2722	28085	3K2	ZK-NGM	Air New Zealand	Active	Auckland, New Zealand	
2727	27522	3W0	B-2958	China Eastern Airlines	Active	Kunming, China	
2731	26318	3K2	ZK-NGK	Air New Zealand	Active	Auckland, New Zealand	
2738	27521	3Z0	B-2957	Air China	Active	Chengdu, China	
2740	27926	3H4	N606SW	Southwest Airlines	Active	Dallas Love Field, TX	
2741	27927	3H4	N607SW	Southwest Airlines	Active	Dallas Love Field, TX	
2742	27928	3H4	N608SW	Southwest Airlines	Active	Dallas Love Field, TX	
2744	27929	3H4	N609SW	Southwest Airlines	Active	Dallas Love Field, TX	
2745	27696	3H4	N610WN	Southwest Airlines	Active	Dallas Love Field, TX	
2746	28081	34N	B-4020	China United Airlines	Active	Xijiao, China	

l/n	c/n	Model	Registration	Owner/Operator	Status	Location	Notes
2747	28082	34N	B-4021	China United Airlines	Active	Xijiao, China	
2749	27456	33A	N731VA	Premier Aircraft Management	Active	Las Vegas McCarran, NV	
2750	27697	3H4	N611SW	Southwest Airlines	Active	Dallas Love Field, TX	
2753	27930	3H4	N612SW	Southwest Airlines	Active	Dallas Love Field, TX	
2754	27931	3H4	N613SW	Southwest Airlines	Active	Dallas Love Field, TX	
2755	28033	3H4	N614SW	Southwest Airlines	Active	Dallas Love Field, TX	
2756	27457	33A	LN-KKB	Norwegian Air Shuttle	Active	Stavanger, Norway	
2757	27698	3H4	N615SW	Southwest Airlines	Active	Dallas Love Field, TX	
2758	27699	3H4	N616SW	Southwest Airlines	Active	Dallas Love Field, TX	
2759	27700	3H4	N617SW	Southwest Airlines	Active	Dallas Love Field, TX	
2760	27924	3L9	YR-TIB	Ion Tiriac Air	Active	Bucharest, Romania	
2761	28034	3H4	N618WN	Southwest Airlines	Active	Dallas Love Field, TX	
2762	28035	3H4	N619SW	Southwest Airlines	Active	Dallas Love Field, TX	
2763	27925	3L9	PK-CJS	Sriwijaya Air	Active	Jakarta CGK, Indonesia	
2764	26321	3Q8	B-5024	Air China	Active	Beijing, China	For Belavia
2765	27462	33A	B-2966	China Eastern Airlines	Active	Kunming, China	
2766	28036	3H4	N620SW	Southwest Airlines	Active	Dallas Love Field, TX	
2767	28037	3H4	N621SW	Southwest Airlines	Active	Dallas Love Field, TX	
2768	27518	3J6	B-2954	Air China	Active	Beijing, China	
2769	26322	36E	VP-CKW	Cayman Airways	Active	Georgetown, Cayman Islands	
2772	26325	3Q8	B-2963	West China Airlines	Active	Chongqing, China	
2774	28156	35N	B-2961	Shandong Airlines	Active	Jinan, China	
2775	27520	31B	B-2959	China Southern Airlines	Active	Zhengzhou, China	
2778	28157	35N	B-2962	Shandong Airlines	Active	Jinan, China	
2779	27932	3H4	N622SW	Southwest Airlines	Active	Dallas Love Field, TX	
2780	27933	3H4	N623SW	Southwest Airlines	Active	Dallas Love Field, TX	
2781	27934	3H4	N624SW	Southwest Airlines	Active	Dallas Love Field, TX	
2786	26333	3Q8	B-2604	Air China	Active	Beijing, China	For Belavia
2787	27701	3H4(WL)	N625SW	Southwest Airlines	Active	Dallas Love Field, TX	
2789	27702	3H4	N626SW	Southwest Airlines	Active	Dallas Love Field, TX	
2790	27935	3H4	N627SW	Southwest Airlines	Active	Dallas Love Field, TX	
2792	27626	36E	VP-CKZ	Cayman Airways	Active	Georgetown, Cayman Islands	
2795	27703	3H4	N628SW	Southwest Airlines	Active	Dallas Love Field, TX	
2796	27704	3H4	N629SW	Southwest Airlines	Active	Dallas Love Field, TX	
2797	27705	3H4	N630WN	Southwest Airlines	Active	Dallas Love Field, TX	
2798	27706	3H4	N631SW	Southwest Airlines	Active	Dallas Love Field, TX	
2799	27707	3H4	N632SW	Southwest Airlines	Active	Dallas Love Field, TX	
2807	27936	3H4	N633SW	Southwest Airlines	Active	Dallas Love Field, TX	
2808	27937	3H4	N634SW	Southwest Airlines	Active	Dallas Love Field, TX	
2809	28332	36M	G-TOYJ	bmiBaby	Active	East Midlands, UK	
2810	28333	36M	B-2504	Air China	Active	Beijing, China	
2813	27708	3H4	N635SW	Southwest Airlines	Active	Dallas Love Field, TX	
2814	27709	3H4	N636WN	Southwest Airlines	Active	Dallas Love Field, TX	
2818	28158	35N	B-2968	Shandong Airlines	Active	Jinan, China	
2819	27710	3H4	N637SW	Southwest Airlines	Active	Dallas Love Field, TX	
2820	27711	3H4	N638SW	Southwest Airlines	Active	Dallas Love Field, TX	
2821	27712	3H4	N639SW	Southwest Airlines	Active	Dallas Love Field, TX	
2831	27463	33A	B-2972	Shenzhen Airlines	Active	Shenzhen, China	

Boeing 737-300 — Out Of Production List: Western Jet Airliners

l/n	c/n	Model	Registration	Owner/Operator	Status	Location	Notes
2835	28554	36N	B-2600	Air China	Active	Beijing, China	
2836	28389	3A1	PK-LSE	Lorena Air	Active	Jakarta CGK, Indonesia	
2840	27713	3H4	N640SW	Southwest Airlines	Active	Dallas Love Field, TX	
2841	27714	3H4	N641SW	Southwest Airlines	Active	Dallas Love Field, TX	
2842	27715	3H4	N642WN	Southwest Airlines	Active	Dallas Love Field, TX	
2843	27716	3H4	N643SW	Southwest Airlines	Active	Dallas Love Field, TX	
2846	28555	36N	B-2687	Shenzhen Airlines	Active	Shenzhen, China	
2851	28556	36N	9V-TRF	-	Written Off	Nr Palembang, Indonesia	
2854	28200	3Q8	PK-GCC	Citilink by Garuda	Active	Jakarta CGK, Indonesia	
2859	28657	36Q	B-2982	China Xinhua Airlines	Active	Beijing, China	
2862	28557	36N	G-TOYF	bmiBaby	Active	East Midlands, UK	
2863	28746	3U8	5Y-KQA	Kenya Airways	Active	Nairobi, Kenya	
2864	27469	33A	OK-FAN	(Fischer Air)	Stored	Prague, Czech Republic	
2865	28658	36Q	LN-KKQ	Norwegian Air Shuttle	Active	Oslo, Norway	
2869	28329	3H4	N644SW	Southwest Airlines	Active	Dallas Love Field, TX	
2870	28330	3H4	N645SW	Southwest Airlines	Active	Dallas Love Field, TX	
2871	28331	3H4	N646SW	Southwest Airlines	Active	Dallas Love Field, TX	
2873	27910	33A	OK-FUN	(Fischer Air)	Stored	Prague, Czech Republic	
2876	28558	36N	B-2614	Air China	Active	Beijing, China	
2878	27633	3Q8	TC-TJB	Corendon Airlines	Active	Istanbul Ataturk, Turkey	
2880	28659	36Q	UR-DNJ	Dniproavia	Active	Dnepropetrovsk, Ukraine	
2881	28868	33R	ZK-SJB	Air New Zealand	Active	Auckland, New Zealand	
2882	28559	36N	B-2601	Shenzhen Airlines	Active	Shenzhen, China	
2883	28660	36Q	PR-WJM	WebJet	Active	Rio de Janeiro Galaeo, Brazil	
2884	28747	3U8	5Y-KQB	Kenya Airways	Active	Nairobi, Kenya	
2887	28869	33R	UR-GAQ	Ukraine International Airlines	Active	Kiev Borispol, Ukraine	
2888	28560	36N	SE-RHU	Viking Airlines	Active	Heraklion, Greece	
2890	28668	36N	SP-LMC	(LOT Polish Airlines)	Stored	Warsaw, Poland	
2892	27717	3H4	N647SW	Southwest Airlines	Active	Dallas Love Field, TX	
2893	27718	3H4	N648SW	Southwest Airlines	Active	Dallas Love Field, TX	
2894	27719	3H4	N649SW	Southwest Airlines	Active	Dallas Love Field, TX	
2896	28561	36N	B-2978	China Eastern Airlines	Active	Taiyuan, China	
2897	28669	36N	PZ-TCO	Surinam Airways	Active	Paramaribo, Surinam	
2899	28870	33R	G-TOYK	bmiBaby	Active	East Midlands, UK	
2900	28871	33R	VP-BKT	Aeroflot-Nord	Active	Arkhangelsk, Russia	
2901	27720	3H4	N650SW	Southwest Airlines	Active	Dallas Love Field, TX	
2904	28537	37Q	G-ODSK	bmiBaby	Active	East Midlands, UK	
2906	28898	39M(QC)	F-GIXT	Europe Airpost	Active	Paris CDG, France	
2908	28562	36N	B-2979	China Eastern Airlines	Active	Taiyuan, China	
2914	28662	36Q	B-2608	Deer Air	Active	Beijing, China	
2915	27721	3H4	N651SW	Southwest Airlines	Active	Dallas Love Field, TX	
2916	27722	3H4(WL)	N652SW	Southwest Airlines	Active	Dallas Love Field, TX	
2917	28398	3H4	N653SW	Southwest Airlines	Active	Dallas Love Field, TX	
2918	28399	3H4(WL)	N654SW	Southwest Airlines	Active	Dallas Love Field, TX	
2919	28972	3W0	B-2981	China Eastern Airlines	Active	Kunming, China	
2921	28563	36N	HZ-NMA	Sama Airlines	Active	Jeddah, Saudi Arabia	
2923	29055	31S	EI-DNX	Air One	Active	Rome Fiumicino, Italy	
2928	29056	31S	EI-DOH	Air One	Active	Rome Fiumicino, Italy	

l/n	c/n	Model	Registration	Owner/Operator	Status	Location	Notes
2930	28719	306	PH-BTH	KLM Royal Dutch Airlines	Active	Amsterdam Schiphol, Netherlands	
2931	28400	3H4(WL)	N655WN	Southwest Airlines	Active	Dallas Love Field, TX	
2932	28401	3H4(WL)	N656SW	Southwest Airlines	Active	Dallas Love Field, TX	
2936	28564	36N	LN-KKJ	Norwegian Air Shuttle	Active	Oslo, Norway	
2940	28664	36Q	B-5065	Shandong Airlines	Active	Jinan, China	
2941	28973	3W0	B-2983	China Eastern Airlines	Active	Kunming, China	
2942	29057	31S	G-THOG	Thomson Airways	Active	Manchester, UK	
2945	29068	3W0	B-2985	China Eastern Airlines	Active	Kunming, China	
2946	29058	31S	G-THOH	Thomsonfly	Active	Manchester, UK	
2948	28670	36N(WL)	OO-VEX	Brussels Airlines	Active	Brussels, Belgium	
2949	28731	3U3	PK-GGG	Garuda Indonesia	Active	Jakarta CGK, Indonesia	
2951	29069	3W0	B-2986	China Yunnan Airlines	Active	Kunming, China	
2955	28671	36N	LN-KKL	Norwegian Air Shuttle	Active	Oslo, Norway	
2957	28720	306	PH-BTI	KLM Royal Dutch Airlines	Active	Amsterdam Schiphol, Netherlands	
2959	27458	33A	LN-KKZ	Norwegian Air Shuttle	Active	Oslo, Norway	
2961	28548	37Q	ZK-NGO	Air New Zealand	Active	Auckland, New Zealand	
2964	28566	36N	PK-GGT	Garuda Indonesia	Active	Jakarta CGK, Indonesia	
2966	28732	3U3	ZK-NGD	Air New Zealand	Active	Auckland, New Zealand	
2967	29059	36Q	EI-DVY	Blu-Express	Active	Rome Fiumicino, Italy	
2969	28733	3U3	ZK-NGE	Air New Zealand	Active	Auckland, New Zealand	
2970	29087	36R	B-2988	China Eastern Airlines	Active	Wuhan, China	
2971	28567	36N	PK-GGU	Garuda Indonesia	Active	Jakarta CGK, Indonesia	
2974	28734	3U3	ZK-NGF	Air New Zealand	Active	Auckland, New Zealand	
2975	28873	33R	ES-ABJ	Estonian Air	Active	Tallinn, Estonia	
2976	28672	36N	B-5035	Air China	Active	Beijing, China	
2979	29060	31S	EI-DXB	Blu-Express	Active	Rome Fiumicino, Italy	
2982	29099	31S	5B-DBY	-	Written Off	Nr Athens, Greece	
2983	29108	34S	PK-GHQ	Garuda Indonesia	Active	Jakarta CGK, Indonesia	
2984	29100	31S	LN-KHA	Norwegian Air Shuttle	Active	Oslo, Norway	
2987	28568	36N(WL)	OO-VEG	Brussels Airlines	Active	Brussels, Belgium	
2988	28738	3U3	ZK-SJC	Air New Zealand	Active	Auckland, New Zealand	
2989	28760	36Q	B-2878	Shandong Airlines	Active	Jinan, China	
2992	28742	3U3	ZK-FRE	Air New Zealand	Active	Auckland, New Zealand	
2995	28673	36N	B-5036	Air China	Active	Beijing, China	
2996	28569	36N	UR-GAN	Ukraine International Airlines	Active	Kiev Borispol, Ukraine	
3001	29109	34S	PK-GHR	Garuda Indonesia	Active	Jakarta CGK, Indonesia	
3003	28740	3U3	G-THOP	Thomson Airways	Active	Manchester, UK	
3005	29116	31S	TS-IEG	Karthago Airlines	Active	Djerba Zarzis, Tunisia	
3007	27459	33A	ZK-NGP	Air New Zealand	Active	Auckland, New Zealand	
3010	28570	36N	G-TOYH	bmiBaby	Active	East Midlands, UK	
3011	28761	36Q	B-5066	Shandong Airlines	Active	Jinan, China	
3012	29072	33S(WL)	LN-KKX	Norwegian Air Shuttle	Active	Oslo, Norway	
3013	29140	36Q	B-5098	Shandong Airlines	Active	Jinan, China	
3016	28054	3Q8	G-TOYI	bmiBaby	Active	East Midlands, UK	
3020	29326	36Q	B-3000	Deer Air	Active	Beijing, China	
3021	27460	33A	ZK-NGR	Air New Zealand	Active	Auckland, New Zealand	
3022	28571	36N(WL)	OO-VEH	Brussels Airlines	Active	Brussels, Belgium	
3023	29327	36Q	PR-WJN	WebJet	Active	Rio de Janeiro Galaeo, Brazil	

l/n	c/n	Model	Registration	Owner/Operator	Status	Location	Notes
3029	28735	3U3	PK-GGN	Garuda Indonesia	Active	Jakarta CGK, Indonesia	
3031	28572	36N	ES-ABK	Estonian Air	Active	Tallinn, Estonia	
3032	28736	3U3	PK-GGO	Garuda Indonesia	Active	Jakarta CGK, Indonesia	
3034	29088	3U8	5Y-KQC	Kenya Airways	Active	Nairobi, Kenya	
3035	29141	36Q	G-TOYM	bmiBaby	Active	East Midlands, UK	
3037	28737	3U3	PK-GGP	Garuda Indonesia	Active	Jakarta CGK, Indonesia	
3041	28573	36N	B-2602	Shenzhen Airlines	Active	Shenzhen, China	
3047	29405	36Q	B-2111	Shandong Airlines	Active	Jinan, China	
3053	29410	39P	B-2571	China Eastern Airlines	Active	Wuhan, China	
3054	29315	35N	B-2995	Shandong Airlines	Active	Jinan, China	
3057	29189	36Q	B-5099	Shandong Airlines	Active	Jinan, China	
3059	29244	33S	B-2976	China Eastern Airlines	Active	Wuhan, China	
3061	29245	33S	LN-KKY	Norwegian Air Shuttle	Active	Stavanger, Norway	
3062	29331	33V	B-2877	Shandong Airlines	Active	Jinan, China	
3064	28739	3U3	PK-GGQ	Garuda Indonesia	Active	Jakarta CGK, Indonesia	
3065	29316	35N	B-2996	Shandong Airlines	Active	Jinan, China	
3070	29264	31S	LN-KHB	Norwegian Air Shuttle	Active	Oslo, Norway	
3071	29411	39P	B-2572	China Eastern Airlines	Active	Wuhan, China	
3072	29332	33V(WL)	YL-BBK	Air Baltic	Active	Riga Skulte, Latvia	
3073	29265	31S	SX-BGZ	Aegean Airlines	Active	Oslo, Norway	
3079	28741	3U3	PK-GGR	Garuda Indonesia	Active	Jakarta CGK, Indonesia	
3080	29412	39P	B-2573	China Eastern Airlines	Active	Taiyuan, China	
3082	28872	36N	G-TOYG	bmiBaby	Active	East Midlands, UK	
3084	29333	33V(F)	F-GZTA	Europe Airpost	Active	Paris CDG, France	
3089	29334	33V(WL)	YL-BBL	Air Baltic	Active	Riga Skulte, Latvia	
3090	28586	36N	OO-VEN	Brussels Airlines	Active	Brussels, Belgium	
3092	29266	31S	YL-BBR	Air Baltic	Active	Riga Skulte, Latvia	
3093	29267	31S	YL-BBS	Air Baltic	Active	Riga Skulte, Latvia	
3094	29335	33V(WL)	G-THOO	Thomson Airways	Active	Manchester, UK	
3095	29750	3U8	5Y-KQD	Kenya Airways	Active	Nairobi, Kenya	
3097	28590	36N	PR-WJL	WebJet	Active	Rio de Janeiro Jacarepagua, Brazil	
3100	29407	37K	B-2574	China Southern Airlines	Active	Zhengzhou, China	
3102	29336	33V(F)	F-GZTB	Europe Airpost	Active	Paris CDG, France	
3104	29408	37K	B-2575	China Southern Airlines	Active	Zhengzhou, China	
3105	29130	32Q(WL)	UR-GAH	Ukraine International Airlines	Active	Kiev Borispol, Ukraine	
3107	28594	36N	G-THOL	(Thomson Airways)	Stored	Lasham, UK	For WebJet
3108	30102	36R	B-2969	China Eastern Airlines	Active	Wuhan, China	
3112	28596	36N	G-THON	Thomson Airways	Active	London Luton, UK	
3113	29337	33V	5N-VND	Virgin Nigeria	Active	Lagos, Nigeria	
3114	29338	33V	5N-VNC	Virgin Nigeria	Active	Lagos, Nigeria	
3115	28599	36N	B-2113	Deer Air	Active	Beijing, China	
3117	30333	36Q	YL-BBJ	Air Baltic	Active	Riga Skulte, Latvia	
3118	28602	36N	B-2112	Deer Jet	Active	Beijing, China	
3119	29339	33V	LN-KKD	Norwegian Air Shuttle	Active	Stavanger, Norway	
3120	30334	36Q	YL-BBX	Air Baltic	Active	Riga Skulte, Latvia	
3121	29340	33V	5N-VNE	Virgin Nigeria	Active	Lagos, Nigeria	
3123	25606	319	ZK-NGG	Air New Zealand	Active	Auckland, New Zealand	
3124	28606	36N	B-2115	West China Airlines	Active	Chongqing, China	

l/n	c/n	Model	Registration	Owner/Operator	Status	Location	Notes
3125	29341	33V	5N-VNF	Virgin Nigeria	Active	Lagos, Nigeria	
3126	25607	319	ZK-NGH	Air New Zealand	Active	Auckland, New Zealand	
3127	29342	33V	5N-VNG	Virgin Nigeria	Active	Lagos, Nigeria	
3128	25608	319	ZK-NGI	Air New Zealand	Active	Auckland, New Zealand	
3129	30335	36Q	YL-BBY	Air Baltic	Active	Riga Skulte, Latvia	
3130	25609	319	ZK-NGJ	Air New Zealand	Active	Auckland, New Zealand	

Cross Reference

Registration	l/n	c/n	Registration	l/n	c/n	Registration	l/n	c/n	Registration	l/n	c/n
85101	1073	23152	9V-TRF	2851	28556	B-2656	2519	26292	B-2995	3054	29315
33-333	1773	24480	A6-JMK	1928	24674	B-2661	2418	26284	B-2996	3065	29316
4L-AAA	1395	23708	A6-FAY	1517	24059	B-2662	2466	24988	B-3000	3020	29326
4L-TGL	1551	23859	A6-HMK	1406	23553	B-2662	2466	24988	B-4008	1507	23839
5B-CIO	1513	23921	A6-JUD	1309	23541	B-2687	2846	28555	B-4009	1516	23840
5B-DBY	2982	29099	A6-PHC	1284	23626	B-2877	3062	29331	B-4018	2310	25502
5H-PAZ	1941	24770	A6-PHG	2192	24986	B-2878	2989	28760	B-4019	2313	25503
5N-BHY	1907	24669	A6-PHH	1697	24126	B-2897	1973	24902	B-4020	2746	28081
5N-BHZ	1913	24671	AP-BCA	1114	23294	B-2898	2066	24916	B-4021	2747	28082
5N-BMB	2016	25079	AP-BCB	1116	23295	B-2901	2418	26284	B-4052	1957	24701
5N-MJA	1750	24454	AP-BCC	1121	23296	B-2902	2466	24988	B-4053	1994	24702
5N-MJB	1692	24360	AP-BCD	1122	23297	B-2903	2480	26288	B-5024	2764	26321
5N-VNA	2921	28563	AP-BCE	1123	23298	B-2903	2519	26292	B-5035	2976	28672
5N-VNB	3119	29339	AP-BCF	1235	23299	B-2904	2480	26288	B-5036	2995	28673
5N-VNC	3114	29338	AP-BEH	2341	25504	B-2905	2360	25506	B-5046	1645	24276
5N-VND	3113	29337	AP-BFT	1123	23298	B-2906	2373	25507	B-5047	1660	24278
5N-VNE	3121	29340	B-2111	3047	29405	B-2907	2414	25508	B-5053	1704	24378
5N-VNF	3125	29341	B-2112	3118	28602	B-2908	2303	26854	B-5055	1677	24283
5N-VNG	3127	29342	B-2113	3115	28599	B-2909	2456	26082	B-5056	1508	23836
5R-MFH	2651	26305	B-2115	3124	28606	B-2910	2459	26083	B-5057	1514	23837
5R-MFI	2623	26301	B-2117	2133	24961	B-2911	2460	26084	B-5058	1465	23835
5R-MRM	1515	24081	B-2165	1242	23499	B-2918	2192	24986	B-5059	1696	24362
5W-FAX	1393	23788	B-2166	1243	23500	B-2919	2268	24987	B-5065	2940	28664
5W-ILF	2355	26282	B-2504	2810	28333	B-2920	2523	27271	B-5066	3011	28761
5Y-KQA	2863	28746	B-2517	1166	23396	B-2921	2528	27286	B-5071	1658	24277
5Y-KQB	2884	28747	B-2518	1193	23397	B-2922	2555	27272	B-5072	1673	24279
5Y-KQC	3034	29088	B-2519	1168	23448	B-2923	2565	27275	B-5098	3013	29140
5Y-KQD	3095	29750	B-2520	1184	23449	B-2924	2575	27287	B-5099	3057	29189
5Y-RAA	1741	24097	B-2521	1196	23450	B-2925	2577	27288	CC-CAL	1436	23635
5Y-RAB	1739	24096	B-2522	1240	23451	B-2926	2593	27289	CC-CYE	1374	23787
7Q-YKP	2045	25056	B-2523	2052	24913	B-2927	2595	27290	CC-CYJ	2290	25373
9H-ABR	2446	25613	B-2525	2087	24918	B-2929	2550	26294	C-FCPG	1098	23173
9H-ABS	2467	25614	B-2526	2089	25172	B-2929	2619	27343	C-FCPI	1104	23174
9H-ABT	2478	25615	B-2527	2097	25173	B-2930	2556	27273	C-FCPJ	1110	23175
9H-ACS	1444	23827	B-2528	2168	25174	B-2931	2567	27276	C-FCPK	1213	23176
9H-ACT	1462	23830	B-2530	2252	27046	B-2932	2302	25787	C-FCPL	1216	23177
9H-ADH	3007	27459	B-2531	1224	23302	B-2933	2331	25788	C-FGHQ	1445	23811
9H-ADI	3021	27460	B-2532	1237	23303	B-2934	2559	27274	C-FGHT	1517	24059
9H-ADM	1695	24365	B-2533	2436	27138	B-2935	2547	27283	C-FHGE	1467	23970
9H-ADP	1402	23718	B-2534	2349	26070	B-2936	2609	27335	C-FPWD	1206	23495
9H-ADP	1513	23921	B-2535	2002	25078	B-2937	2557	26295	C-FPWE	1227	23497
9H-AND	2226	25161	B-2536	2016	25079	B-2938	2581	27296	C-GPWG	1233	23498
9M-AAA	2013	24907	B-2537	2027	25089	B-2939	2625	27345	CN-RDA	1711	24356
9M-AAB	1402	23718	B-2538	2040	25090	B-2940	2636	27346	CN-RDB	1430	23771
9M-AAB	2846	28555	B-2539	2306	26068	B-2941	2622	27344	CP-2551	1857	24449
9M-AAC	2854	28200	B-2540	2400	27139	B-2942	2506	25997	CP-2550	2065	25118
9M-AAD	2001	24905	B-2571	3053	29410	B-2943	2510	25998	CP-2313	2836	28389
9M-AAE	1800	24570	B-2572	3071	29411	B-2945	2639	27362	CP-2391	1699	24366
9M-AAF	1739	24096	B-2573	3080	29412	B-2946	2655	27375	CS-TGP	1541	24131
9M-AAG	2347	27061	B-2574	3100	29407	B-2947	2599	25511	CS-TGQ	3010	28570
9M-AAH	1434	23808	B-2575	3104	29408	B-2948	2631	27361	CS-TGR	1973	24902
9M-AAI	1248	23510	B-2578	2333	25603	B-2949	2650	27372	CS-TIA	1657	24364
9M-AAJ	1268	23511	B-2579	2342	25505	B-2950	2647	27374	CS-TIB	1695	24365
9M-AAK	1219	23236	B-2580	2254	25080	B-2951	2658	27373	CS-TIC	1699	24366
9M-AAL	1214	23235	B-2581	2263	25081	B-2952	2678	27519	CS-TID	1857	24449
9M-AAM	1200	23233	B-2582	2499	25895	B-2953	2710	27523	CS-TIE	1873	24450
9M-AAN	1208	23234	B-2583	2554	25897	B-2954	2768	27518	CS-TIF	1633	24212
9M-AAO	1159	23365	B-2584	2385	25891	B-2955	2687	27453	CS-TIG	1794	24213
9M-AAP	1180	23367	B-2585	2384	27045	B-2956	2690	27907	CS-TIH	1796	24214
9M-AAQ	1181	23368	B-2586	2357	27047	B-2957	2738	27521	CS-TIJ	2192	24986
9M-AAR	1142	23358	B-2587	2396	25892	B-2958	2727	27522	CS-TIJ	2268	24987
9M-AAS	1141	23357	B-2588	2489	25893	B-2959	2775	27520	CS-TIK	2226	25161
9M-AAT	2039	25071	B-2589	2377	27127	B-2961	2774	28156	CS-TIL	2241	25162
9M-AAU	1124	23257	B-2590	2370	27126	B-2962	2778	28157	CS-TIM	2466	24988
9M-AAV	1382	23552	B-2594	2275	26853	B-2963	2772	26325	CS-TIN	1444	23827
9M-AAW	1408	23554	B-2595	2369	26072	B-2966	2765	27462	CS-TIO	1462	23830
9M-AAX	1813	24547	B-2596	2437	27151	B-2968	2818	28158	CS-TIR	1195	23411
9M-AAY	1853	24678	B-2597	2495	27176	B-2969	3108	30102	CS-TKC	1462	23830
9M-AEA	1836	24659	B-2598	2493	27283	B-2971	2290	25373	CS-TKD	1444	23827
9M-AEB	1755	24465	B-2599	2558	25896	B-2972	2831	27463	CS-TKE	2001	24905
9M-AEC	1837	24677	B-2600	2835	28554	B-2976	3059	29244	CS-TKF	2606	27284
9M-AED	2277	26442	B-2601	2882	28559	B-2977	2888	28560	CS-TKG	2608	27285
9M-CHG	2749	27456	B-2602	3041	28573	B-2978	2896	28561	CS-TLI	1462	23830
9M-LKY	2749	27456	B-2604	2786	26333	B-2979	2908	28562	CS-TLL	1794	24213
9M-MZA	2415	27125	B-2605	1445	23811	B-2980	1666	24300	CS-TMZ	1444	23827
9M-MZB	2615	27347	B-2608	2914	28662	B-2981	2919	28972	CX-PUA	1924	24700
9V-SQZ	1630	24021	B-2610	2846	28555	B-2982	2859	28657	D4-CBN	2786	26333
9V-TRA	1897	24679	B-2614	2876	28558	B-2983	2941	28973	D-AASL	1719	24377
9V-TRB	1973	24902	B-2627	2706	26315	B-2985	2945	29068	D-ABDE	1775	24569
9V-TRC	1800	24570	B-2630	2719	26317	B-2986	2951	29069	D-ABEA	1818	24565
9V-TRD	2005	25017	B-2653	1800	24570	B-2988	2970	29087	D-ABEB	2077	25148
9V-TRE	2756	27457	B-2655	2480	26288	B-2994	2405	25604	D-ABEC	2081	25149

Boeing 737-300 — Out Of Production List: Western Jet Airliners

Registration	l/n	c/n	Registration	l/n	c/n	Registration	l/n	c/n	Registration	l/n	c/n
D-ABED	2082	25215	D-AGEB	1670	24320	EC-EDM	1187	23388	EI-BZG	1771	24466
D-ABEE	2084	25216	D-AGEC	1537	23972	EC-EGQ	1249	23506	EI-BZH	1811	24546
D-ABEF	2094	25217	D-AGEC	1626	24238	EC-EHA	1111	23331	EI-BZI	1813	24547
D-ABEH	2102	25242	D-AGED	1624	24237	EC-EHJ	1438	23636	EI-BZJ	1837	24677
D-ABEI	2158	25359	D-AGED	1628	24269	EC-EHM	1375	23766	EI-BZK	1853	24678
D-ABEK	2164	25414	D-AGEE	1626	24238	EC-EHX	1484	23752	EI-BZL	1927	24680
D-ABEL	2175	25415	D-AGEF	2053	25069	EC-EHZ	1538	23922	EI-BZM	1929	24681
D-ABEM	2182	25416	D-AGEG	1624	24237	EC-EII	1541	24131	EI-BZN	1941	24770
D-ABEN	2196	26428	D-AGEH	1365	23717	EC-EIR	1555	24132	EI-BZO	1538	23922
D-ABEO	2207	26429	D-AGEI	1602	24220	EC-ELJ	1598	24299	EI-BZQ	1691	24462
D-ABEP	2216	26430	D-AGEJ	1604	24221	EC-ELV	1527	23064	EI-BZR	1701	24463
D-ABER	2242	26431	D-AGEJ	1604	24221	EC-ELY	1623	24211	EI-BZS	1363	23747
D-ABES	2247	26432	D-AGEK	1991	25015	EC-ENS	1691	24462	EI-BZT	1381	23748
D-ABET	2682	27903	D-AGET	1604	24221	EC-ENT	1701	24463	EI-CBP	2001	24905
D-ABEU	2691	27904	D-AGEX	1395	23708	EC-EST	1118	23332	EI-CBQ	2013	24907
D-ABEW	2705	27905	D-AHIG	1444	23827	EC-FER	1598	24299	EI-CFQ	1625	24255
D-ABWA	1439	23833	D-AHSI	1836	24659	EC-FET	1555	24132	EI-CHD	1213	23176
D-ABWB	1454	23834	DQ-FJD	2608	27285	EC-FFB	1484	23752	EI-CHE	1372	23826
D-ABWC	1465	23835	EC-117	1249	23506	EC-FFC	1541	24131	EI-CHH	1216	23177
D-ABWD	1508	23836	EC-129	1111	23331	EC-FFN	2068	25159	EI-CHQ	1098	23173
D-ABWE	1514	23837	EC-135	1431	23750	EC-FGG	1517	24059	EI-CHU	1110	23175
D-ABWF	1677	24283	EC-135	1438	23636	EC-FHR	2123	25256	EI-CKW	1363	23747
D-ABWH	1685	24284	EC-136	1434	23808	EC-FKC	1118	23332	EI-CLW	2248	25187
D-ABWS	1445	23811	EC-151	1538	23922	EC-FKI	1388	23707	EI-CLZ	2205	25179
D-ABXA	1246	23522	EC-153	1375	23766	EC-FKJ	1389	23749	EI-CRZ	2769	26322
D-ABXB	1271	23523	EC-155	1374	23787	EC-FKS	1111	23331	EI-CSU	2792	27626
D-ABXC	1272	23524	EC-159	1541	24131	EC-FLF	2187	25263	EI-CUL	2882	28559
D-ABXD	1278	23525	EC-160	1555	24132	EC-FLG	2194	25264	EI-CXN	1432	23772
D-ABXE	1282	23526	EC-161	1484	23752	EC-FMP	2206	25743	EI-CXR	1709	24355
D-ABXF	1285	23527	EC-188	1623	24211	EC-FMS	1775	24569	EI-DJK	1695	24365
D-ABXH	1290	23528	EC-189	1598	24299	EC-FQB	1353	23684	EI-DJR	1580	23927
D-ABXI	1293	23529	EC-204	1629	24256	EC-FQP	1458	23809	EI-DJS	1562	23926
D-ABXK	1297	23530	EC-213	1527	23064	EC-FRP	1381	23748	EI-DMM	1669	24092
D-ABXL	1307	23531	EC-244	1691	24462	EC-FRZ	1363	23747	EI-DMN	1195	23411
D-ABXM	1433	23871	EC-246	1701	24463	EC-FSA	1372	23826	EI-DNH	2467	25614
D-ABXN	1447	23872	EC-252	1629	24256	EC-FSC	1474	23810	EI-DNS	1430	23771
D-ABXO	1489	23873	EC-255	1353	23684	EC-FUT	2541	26293	EI-DNT	1711	24356
D-ABXP	1495	23874	EC-262	2039	25071	EC-FVJ	1629	24256	EI-DNX	2923	29055
D-ABXR	1500	23875	EC-277	1393	23788	EC-FVT	1206	23495	EI-DNY	1147	23360
D-ABXS	1656	24280	EC-279	1458	23809	EC-FYE	1363	23747	EI-DNZ	1153	23363
D-ABXT	1664	24281	EC-355	1336	23712	EC-FYF	2623	26301	EI-DOH	2928	29056
D-ABXU	1671	24282	EC-356	1118	23332	EC-GAP	2706	26315	EI-DOM	1608	24011
D-ABXW	1785	24561	EC-356	1381	23748	EC-GBU	2719	26317	EI-DON	1511	23812
D-ABXX	1787	24562	EC-375	1474	23810	EC-GEQ	1431	23750	EI-DOO	1482	23971
D-ABXY	1801	24563	EC-376	1372	23826	EC-GEU	1434	23808	EI-DRR	1087	23181
D-ABXZ	1807	24564	EC-377	1363	23747	EC-GFU	1629	24256	EI-DRS	3115	28599
D-ADBA	2250	26441	EC-429	1341	23713	EC-GGE	2769	26322	EI-DRY	3118	28602
D-ADBB	2234	26440	EC-520	2541	26293	EC-GGZ	2792	27626	EI-DRZ	3124	28606
D-ADBC	2277	26442	EC-547	2623	26301	EC-GHD	2039	25071	EI-DTP	1106	23182
D-ADBD	2347	27061	EC-591	1484	23752	EC-GMY	2865	28658	EI-DTY	2005	25017
D-ADBF	1815	24571	EC-592	1541	24131	EC-GNU	2883	28660	EI-DUS	1630	24021
D-ADBG	2059	25125	EC-593	1555	24132	EC-HLM	1623	24211	EI-DVA	2068	25159
D-ADBH	2587	27336	EC-594	1598	24299	EC-HNO	1796	24214	EI-DVC	2172	25426
D-ADBI	2594	27337	EC-635	1206	23495	EC-IEZ	1304	23628	EI-DVY	2967	29059
D-ADBJ	2688	27833	EC-667	1363	23747	EC-IFV	1284	23626	EI-DXB	2979	29060
D-ADBK	2923	29055	EC-703	2068	25159	EC-IPS	1444	23827	EI-DZU	1614	24020
D-ADBL	2928	29056	EC-704	2123	25256	EC-IZM	1597	24027	EI-PAR	1666	24300
D-ADBM	2942	29057	EC-705	2187	25263	EC-JFR	1691	24462	EI-TVN	3090	28586
D-ADBN	2946	29058	EC-706	2194	25264	EC-JJV	1284	23626	EI-TVO	2810	28333
D-ADBO	2967	29059	EC-771	1517	24059	EC-JJZ	1915	24672	EI-TVP	2024	25041
D-ADBP	2979	29060	EC-781	1389	23749	EC-JQX	1443	23774	EI-TVQ	2987	28568
D-ADBQ	2982	29099	EC-782	1388	23707	EC-JSL	1304	23628	EI-TVR	3022	28571
D-ADBR	2984	29100	EC-783	1111	23331	EC-JTV	1597	24027	EI-TVS	2948	28670
D-ADBS	3005	29116	EC-784	1118	23332	EC-JUC	1915	24672	EK-A001	2305	26855
D-ADBT	3070	29264	EC-796	2706	26315	EC-JUV	1498	23741	ES-ABJ	2975	28873
D-ADBU	3073	29265	EC-797	2719	26317	EC-JXD	1421	23633	ES-ABK	3031	28572
D-ADBV	3092	29266	EC-798	2769	26322	EC-KDJ	1510	23743	ES-LBA	1893	24667
D-ADBW	3093	29267	EC-799	2792	27626	EC-KDY	1445	23811	EW-254PA	2550	26294
D-ADBX	2880	28659	EC-897	1691	24462	EC-KHI	1595	24026	EY-535	1587	23937
D-ADIA	3117	30333	EC-966	1775	24569	EC-KLR	1375	23766	EY-536	1461	23700
D-ADIB	3120	30334	EC-970	2206	25743	EC-KOC	1421	23633	EZ-A001	2305	26855
D-ADIC	3129	30335	EC-CHA	1363	23747	EC-KRA	1897	24679	EZ-A002	2439	25994
D-ADID	1441	23773	EC-CID	1520	23941	EC-KTZ	1395	23708	EZ-A003	2455	25995
D-ADIE	1443	23774	EC-EAK	1301	23535	EC-KVD	1288	23538	FAC 922	1272	23524
D-ADIF	2059	25125	EC-EBX	1363	23747	EC-LAC	1662	24022	F-GFUA	1436	23635
D-ADIG	2250	26441	EC-EBY	1381	23748	EI-BTF	1353	23684	F-GFUB	1556	24025
D-ADIH	1513	23921	EC-EBZ	1336	23712	EI-BTM	1372	23826	F-GFUC	1595	24026
D-ADII	1412	23775	EC-ECA	1341	23713	EI-BTT	1513	23921	F-GFUD	1597	24027
D-ADIJ	2024	25041	EC-ECM	1374	23787	EI-BUD	1458	23809	F-GFUE	1693	24387
D-AGEA	1467	23970	EC-ECQ	1393	23788	EI-BUE	1474	23810	F-GFUF	1725	24388
D-AGEA	1532	23951	EC-ECR	1389	23749	EI-BZE	1753	24464	F-GFUI	1675	24023
D-AGEB	1482	23971	EC-ECS	1388	23707	EI-BZF	1755	24465	F-GFUI	1953	24789

Boeing 737-300 — Out Of Production List: Western Jet Airliners

Registration	l/n	c/n	Registration	l/n	c/n	Registration	l/n	c/n	Registration	l/n	c/n
F-GFUJ	2065	25118	G-BUSL	1739	24096	G-IGOS	2587	27336	G-TOYC	2693	26312
F-GHVM	1595	24026	G-BUSM	1741	24097	G-IGOT	1815	24571	G-TOYD	2664	26307
F-GHVN	2153	25138	G-BWJA	1691	24462	G-IGOU	2594	27337	G-TOYE	2709	27455
F-GHVO	1556	24025	G-BYZJ	2139	24962	G-IGOV	2005	25017	G-TOYF	2862	28557
F-GIXB	1953	24789	G-BZZA	2250	26441	G-IGOW	1540	23923	G-TOYG	3082	28872
F-GIXC	2047	25124	G-BZZB	2059	25125	G-IGOX	1600	24219	G-TOYH	3010	28570
F-GIXD	2198	25744	G-BZZE	2680	26310	G-IGOY	3010	28570	G-TOYI	3016	28054
F-GIXE	2235	26850	G-BZZF	2681	26311	G-IGOZ	1886	24699	G-TOYJ	2809	28332
F-GIXF	2267	26851	G-BZZG	2693	26312	G-JMCL	1532	23951	G-TOYK	2899	28870
F-GIXG	1657	24364	G-BZZH	2704	26313	G-KKUH	1666	24300	G-TOYM	3035	29141
F-GIXH	1725	24388	G-BZZI	2707	26314	G-LGTE	2015	24908	G-TRAW	1608	24011
F-GIXH	1393	23788	G-BZZJ	2764	26321	G-LGTF	1873	24450	G-XBHX	3031	28572
F-GIXI	1458	23809	G-CELA	1323	23663	G-LGTG	1765	24470	G-XMAN	3041	28573
F-GIXJ	1357	23685	G-CELB	1326	23664	G-LGTH	1542	23924	G-ZAPM	2608	27285
F-GIXK	1599	24028	G-CELC	1471	23831	G-LGTI	1544	23925	G-ZAPV	1811	24546
F-GIXL	1474	23810	G-CELD	1473	23832	G-MONF	1227	23497	G-ZAPW	1600	24219
F-GIXM	2068	25159	G-CELE	1601	24029	G-MONG	1233	23498	G-ZAPZ	2067	25401
F-GIXO	1555	24132	G-CELF	1618	24302	G-MONH	1357	23685	HA-LED	2021	24909
F-GIXP	1630	24021	G-CELG	1620	24303	G-MONL	1625	24255	HA-LEF	2054	24914
F-GIXR	2415	27125	G-CELH	1278	23525	G-MONM	1629	24256	HA-LEG	2066	24916
F-GIXS	2615	27347	G-CELI	1282	23526	G-MONN	1601	24029	HA-LEJ	2635	26303
F-GIXT	2906	28898	G-CELJ	1293	23529	G-MONP	1599	24028	HA-LES	1829	24676
F-GKTA	1884	24413	G-CELK	1297	23530	G-MONT	1595	24026	HA-LET	2030	24910
F-GKTB	1895	24414	G-CELO	1599	24028	G-MONU	1556	24025	HA-LEX	1973	24902
F-GLLD	1562	23926	G-CELO	1599	24028	G-MONV	2025	25033	HA-LKR	3072	29332
F-GLLE	1580	23927	G-CELP	1246	23522	G-NAFH	1393	23788	HA-LKS	3089	29334
F-GLTF	1353	23684	G-CELR	1271	23523	G-OABA	1741	24097	HA-LKT	3094	29335
F-GLTM	2037	25070	G-CELS	1294	23660	G-OABD	1800	24570	HA-LKU	3102	29336
F-GLTT	1513	23921	G-CELU	1280	23657	G-OAMS	2961	28548	HA-LKV	3084	29333
F-GMTM	2037	25070	G-CELV	1314	23661	G-OBAL	1739	24096	HB-IIA	1675	24023
F-GNFC	2706	26315	G-CELW	1292	23659	G-OBMA	1471	23831	HB-IIB	1689	24024
F-GNFD	2719	26317	G-CELX	1273	23654	G-OBMB	1473	23832	HB-IID	1625	24255
F-GNFH	2241	25162	G-CELY	1316	23662	G-OBMC	1654	24030	HB-IIE	2664	26307
F-GNFT	1513	23921	G-CELZ	1281	23658	G-OBMD	1669	24092	HB-IIF	2786	26333
F-GNFU	1629	24256	G-CFOD	1443	23774	G-OBMH	1831	24460	HB-IIG	2854	28200
F-GRFA	2976	28672	G-CMMP	1602	24220	G-OBML	1666	24300	HB-III	3114	29338
F-GRFB	2995	28673	G-CMMR	1604	24221	G-OBMP	2193	24963	HB-IIJ	3127	29342
F-GRFC	2996	28569	G-COLB	2383	26283	G-OBWW	1540	23923	HB-IIK	3113	29337
F-GRNF	1443	23774	G-COLC	2424	26286	G-OBWX	1625	24255	HB-IIL	2810	28333
F-GRNV	1711	24356	G-COLE	2139	24962	G-OBWY	1517	24059	HB-IIN	2760	27924
F-GRSA	2012	25011	G-DEBZ	1517	24059	G-OBWZ	1886	24699	HB-IIT	3119	29339
F-GUYH	1430	23771	G-DHSW	1206	23495	G-OCHA	1506	24068	HC-CGS	1374	23787
F-GZTA	3084	29333	G-DIAR	1445	23811	G-ODSK	2904	28537	HI-864	1304	23628
F-GZTB	3102	29336	G-EAYB	1614	24020	G-ODUS	2880	28659	HS-AAI	1248	23510
F-ODGX	1729	24094	G-ECAS	2835	28554	G-OFRA	3023	29327	HS-AAJ	1268	23511
F-ODZY	2679	27452	G-EURP	1624	24237	G-OGBB	2983	29108	HS-AAK	1219	23236
F-ODZZ	2906	28898	G-EURR	1365	23717	G-OGBC	3001	29109	HS-AAL	1214	23235
F-OGRT	2153	25138	G-EZYA	1233	23498	G-OGBD	2688	27833	HS-AAM	1200	23233
F-OGRT	2303	26854	G-EZYC	1691	24462	G-OGBE	2692	27834	HS-AAN	1208	23234
F-OGSD	1953	24789	G-EZYD	1662	24022	G-OGVA	1689	24024	HS-AAO	1159	23365
F-OGSS	2047	25124	G-EZYE	1506	24068	G-OHAJ	3035	29141	HS-AAP	1180	23367
F-OGSX	1657	24364	G-EZYF	1395	23708	G-OJTW	2876	28558	HS-AAQ	1181	23368
F-OGSY	1458	23809	G-EZYG	3062	29331	G-OMUC	3047	29405	HS-AAR	1142	23358
F-OHCS	1474	23810	G-EZYH	3072	29332	G-OTDA	3092	29266	HS-AAS	1141	23357
F-OHGI	1325	23543	G-EZYI	3084	29333	G-OUTA	1436	23635	HS-AAU	1339	23378
F-OHGJ	1349	23546	G-EZYJ	3089	29334	G-PATE	1727	24093	HS-AAV	1007	22951
F-WIXM	2068	25159	G-EZYK	3094	29335	G-PBMJ	1833	24461	HS-AEF	1132	23259
F-WQUE	1430	23771	G-EZYL	3102	29336	G-POWC	2159	25402	HS-TGQ	1773	24480
G-BLKB	1069	23060	G-EZYM	3113	29337	G-PROC	1128	23256	HZ-AMC	1800	24570
G-BLKC	1080	23061	G-EZYN	3114	29338	G-PROK	1249	23506	HZ-CJB	1927	24680
G-BLKD	1083	23062	G-EZYO	3119	29339	G-SCUH	1107	23254	HZ-DMO	1929	24681
G-BLKE	1092	23063	G-EZYP	3121	29340	G-SMDB	2862	28557	HZ-DRW	2153	25138
G-BMTE	1336	23712	G-EZYR	3125	29341	G-STRA	1517	24059	HZ-NMA	2921	28563
G-BMTF	1341	23713	G-EZYS	3127	29342	G-STRB	1625	24255	I-AIGL	1438	23636
G-BMTG	1345	23733	G-EZYT	2664	26307	G-STRE	3031	28572	I-AIGM	1598	24299
G-BMTH	1359	23734	G-GSPN	3093	29267	G-STRI	2012	25011	I-TEAA	1614	24020
G-BNCT	1375	23766	G-IEAA	1763	24098	G-STRJ	2069	25119	I-TEAE	1662	24022
G-BNGL	1542	23924	G-IGOA	1853	24678	G-TEAA	1691	24462	I-TEAI	1991	25015
G-BNGM	1544	23925	G-IGOB	2883	28660	G-TEAD	1438	23636	JY-JAB	1312	23630
G-BNNJ	1506	24068	G-IGOC	1811	24546	G-THOE	2704	26313	JY-JAD	1862	24662
G-BNPA	1445	23811	G-IGOE	1813	24547	G-THOF	2707	26314	JY-JAN	1564	23956
G-BNPB	1517	24059	G-IGOF	1846	24698	G-THOG	2942	29057	JY-JAO	1915	24672
G-BNPC	1519	24060	G-IGOG	1580	23927	G-THOH	2946	29058	JY-JAX	1550	23955
G-BNRT	1527	23064	G-IGOH	1562	23926	G-THOI	3023	29327	LN-KHA	2984	29100
G-BNXP	1374	23787	G-IGOI	1669	24092	G-THOJ	2880	28659	LN-KHB	3070	29264
G-BNXW	1444	23827	G-IGOJ	3082	28872	G-THOK	2883	28660	LN-KKA	2025	25033
G-BOLM	1522	23942	G-IGOK	3107	28594	G-THOL	3107	28594	LN-KKB	2756	27457
G-BOWR	1209	23401	G-IGOL	3112	28596	G-THON	3112	28596	LN-KKC	2478	25615
G-BOYN	1393	23788	G-IGOM	3115	28599	G-THOO	3094	29335	LN-KKD	3119	29339
G-BOZA	1402	23718	G-IGOO	2862	28557	G-THOP	3003	28740	LN-KKE	2608	27285
G-BOZB	1600	24219	G-IGOP	3118	28602	G-TOYA	2680	26310	LN-KKF	1683	24326
G-BRXJ	1462	23830	G-IGOR	3124	28606	G-TOYB	2681	26311	LN-KKG	1712	24327

Boeing 737-300 — Out Of Production List: Western Jet Airliners

Registration	l/n	c/n	Registration	l/n	c/n	Registration	l/n	c/n	Registration	l/n	c/n
LN-KKH	1856	24328	N14324	1207	23375	N1786B	3005	29116	N223DZ	1537	23972
LN-KKI	1858	24329	N14325	1228	23455	N1786B	3034	29088	N224DA	1628	24269
LN-KKJ	2936	28564	N14334	1296	23572	N1786B	3047	29405	N225DL	2053	25069
LN-KKL	2955	28671	N14335	1298	23573	N1786B	3053	29410	N226AW	2008	25010
LN-KKM	1829	24676	N14336	1328	23574	N1786B	3054	29315	N227AW	2012	25011
LN-KKN	2030	24910	N14337	1333	23575	N1786B	3057	29189	N228AW	2014	25032
LN-KKO	2021	24909	N14341	1368	23579	N1786B	3059	29244	N2310	1269	23596
LN-KKP	2017	25040	N14342	1373	23580	N1786B	3062	29331	N231DN	1365	23717
LN-KKQ	2865	28658	N14346	1396	23584	N1786B	3065	29316	N232AP	1200	23233
LN-KKR	1629	24256	N14347	1404	23585	N1786B	3073	29265	N232DZ	1602	24220
LN-KKS	1729	24094	N14358	1558	23943	N1786B	3080	29412	N2332Q	1800	24570
LN-KKT	2587	27336	N14381	2680	26310	N1786B	3084	29333	N233MQ	1320	23377
LN-KKU	2594	27337	N14383	2693	26312	N1786B	3089	29334	N2371	1402	23718
LN-KKV	2446	25613	N14384	2704	26313	N1786B	3092	29266	N237CP	1375	23766
LN-KKW	1794	24213	N150AW	1076	23218	N1786B	3094	29335	N237CT	1431	23750
LN-KKX	3012	29072	N151AW	1090	23219	N1786B	3100	29407	N238MQ	1462	23830
LN-KKY	3061	29245	N151LF	2719	26317	N1786B	3107	28594	N238PL	1434	23808
LN-KKZ	2959	27458	N152AW	1163	23387	N1786B	3112	28596	N2393W	1815	24571
LN-NOR	1444	23827	N153AW	1215	23406	N1786B	3117	30333	N240AN	1595	24026
LN-NOS	1462	23830	N154AW	1417	23776	N1786B	3120	30334	N240TF	1654	24030
LV-BBZ	1445	23811	N155AW	1419	23777	N1786B	3124	28606	N241DL	1439	23833
LY-AGP	1434	23808	N156AW	1455	23778	N1786B	3126	25607	N241LF	1555	24132
LY-AQU	1893	24667	N157AW	1457	23779	N1786B	3128	25608	N241MT	1541	24131
LY-AQV	2053	25069	N158AW	1459	23780	N1786B	3129	30335	N242DL	1454	23834
LY-AQX	1877	24664	N158VA	1140	22959	N1787B	1474	23810	N243AD	1666	24300
LY-BAG	1857	24449	N159AW	1494	23781	N1787B	2975	28873	N244SR	3059	29244
LY-SKA	1537	23972	N160AW	1496	23782	N1787B	3021	27460	N250AT	2039	25071
LY-SKW	2241	25162	N161AN	2226	25161	N1787B	3072	29332	N250GE	2005	25017
LZ-BOD	1389	23749	N161AW	1531	23783	N1787B	3082	28872	N253DV	1409	23800
LZ-BOF	2005	25017	N161LF	2241	25162	N1787B	3093	29267	N255CF	1625	24255
LZ-BOG	1293	23529	N161LF	2383	26283	N1787B	3097	28590	N261LF	2550	26294
LZ-BOH	1297	23530	N162AW	1533	23784	N1787B	3102	29336	N261LF	2557	26295
LZ-BOJ	1402	23718	N16301	1119	23352	N1787B	3105	29130	N262KS	2355	26282
LZ-BOK	1675	24023	N16310	1150	23361	N1787B	3108	30102	N263LF	2786	26333
LZ-BOL	1689	24024	N16339	1340	23577	N1787B	3118	28602	N270AW	1597	24027
LZ-BOM	2967	29059	N163AW	1535	23785	N1787B	3125	29341	N271LF	1393	23788
LZ-BON	2979	29060	N164AW	1283	23625	N1787B	3127	29342	N271LF	2424	26286
LZ-BOO	2273	26852	N165AW	1284	23626	N1787B	3130	25609	N27358	1516	23840
LZ-BOT	1889	24665	N166AW	1302	23627	N1789B	1184	23449	N276HE	1645	24276
LZ-BOU	1365	23717	N167AW	1304	23628	N1789B	1438	23636	N277HE	1658	24277
LZ-BOV	1439	23833	N168AW	1311	23629	N1790B	1196	23450	N278HE	1660	24278
LZ-BOW	1454	23834	N169AW	1312	23630	N1790B	2414	25508	N279HE	1673	24279
LZ-CGO	1222	23237	N1716B	1375	23766	N1790B	3003	28740	N282LF	2854	28200
LZ-HVB	1896	24834	N171LF	2424	26286	N1791B	1193	23397	N283A	1677	24283
N1015X	3112	28596	N172AW	1337	23631	N1792B	1224	23302	N284AN	2606	27284
N101GU	1375	23766	N17306	1141	23357	N1792B	1955	24790	N285MM	2846	28555
N1020L	3037	28737	N17309	1147	23360	N1792B	2047	25124	N285MT	2921	28563
N1024A	3064	28739	N17316	1180	23367	N1792B	2966	28732	N286CH	2940	28664
N1026G	3079	28741	N17317	1181	23368	N1795B	3070	29264	N287CH	3011	28761
N102AN	2608	27285	N17321	1192	23372	N1795B	3082	28872	N288SZ	2900	28871
N102GU	1301	23535	N17326	1230	23456	N1795B	3095	29750	N292SZ	3061	29245
N102KH	1288	23538	N17328	1244	23458	N1795B	3123	25606	N295AN	2557	26295
N10323	1204	23374	N17329	1247	23459	N1796B	3115	28599	N299NY	1598	24299
N103GU	1187	23388	N17344	1383	23582	N1799B	3037	28737	N300AR	1924	24700
N103KH	1614	24020	N17345	1385	23583	N1799B	3064	28739	N300AU	1103	23228
N103VR	2140	25360	N17356	1522	23942	N1799B	3079	28741	N300SW	1037	22940
N104VR	2763	27925	N17386	2764	26321	N1800B	3104	29408	N301AC	1100	23288
N105KH	1691	24462	N173AW	1344	23632	N181LF	1490	24208	N301AL	1518	23841
N106KH	2066	24916	N174AW	1421	23633	N18350	1448	23588	N301AU	1112	23229
N107KH	1662	24022	N175AW	1423	23634	N18539	1518	23841	N301AW	1576	24008
N108KH	1973	24902	N1768B	2053	25069	N188LF	1375	23766	N301DE	2439	25994
N111AW	1622	24304	N1779B	3105	29130	N190FH	1471	23831	N301FL	1124	23257
N111KH	1395	23708	N1784B	2405	25604	N191FH	1473	23832	N301P	1103	23228
N113AW	1618	24302	N1786B	1246	23522	N192AT	1184	23449	N301SW	1048	22941
N115AW	1641	24305	N1786B	1458	23809	N192B	1955	24790	N301UA	1300	23642
N115GB	1873	24450	N1786B	1600	24219	N192FH	1601	24029	N302AL	1558	23943
N117DF	1409	23800	N1786B	1602	24220	N19357	1507	23839	N302AW	1578	24009
N12313	1158	23364	N1786B	1604	24221	N19357	1518	23841	N302DE	2455	25995
N12318	1188	23369	N1786B	2067	25401	N19382	2681	26311	N302SW	1052	22942
N12319	1190	23370	N1786B	2074	25150	N193AT	1196	23450	N302UA	1115	23230
N12322	1202	23373	N1786B	2759	27700	N200KG	1519	24060	N302UA	1315	23643
N12327	1238	23457	N1786B	2854	28200	N201LF	2550	26294	N302WA	1106	23182
N12349	1413	23587	N1786B	2863	28746	N202KG	1517	24059	N303AC	1182	23289
N13331	1258	23569	N1786B	2878	27633	N202UA	1930	24717	N303AL	1242	23499
N140CT	1509	23858	N1786B	2880	28659	N203UA	1937	24718	N303AW	1606	24010
N141CY	3035	29141	N1786B	2896	28561	N209PK	1492	24209	N303DE	2488	25996
N141LF	2133	24961	N1786B	2906	28898	N219TY	1600	24219	N303FL	2007	25039
N141LF	2519	26292	N1786B	2908	28562	N221DL	1467	23970	N303P	1112	23229
N141LF	2706	26315	N1786B	2932	28401	N221LF	2290	25373	N303SW	1101	22943
N14307	1142	23358	N1786B	2936	28654	N221LF	2383	26283	N303UA	1322	23644
N14308	1144	23359	N1786B	2940	28664	N222AW	1984	24791	N303WA	1108	23183
N14320	1191	23371	N1786B	2966	28732	N222DZ	1482	23971	N304AC	1205	23290

Boeing 737-300

Registration	l/n	c/n	Registration	l/n	c/n	Registration	l/n	c/n	Registration	l/n	c/n
N304AL	1243	23500	N317AW	1187	23388	N335UA	1607	24230	N354UA	1692	24360
N304AW	1608	24011	N317FL	2187	25263	N335US	1169	23232	N355AU	1043	22955
N304DE	2506	25997	N317P	1214	23235	N336AW	1388	23707	N355P	1510	23743
N304DE	2554	25897	N317UA	1493	23949	N336P	1408	23554	N355SW	2103	25250
N304FL	2878	27633	N317WN	1506	24068	N336SW	1557	23940	N355UA	1694	24361
N304P	1115	23230	N318AW	1249	23506	N336UA	1609	24240	N355US	1449	23558
N304SW	1138	22944	N318FL	2541	26293	N336US	1200	23233	N356AU	1057	22956
N304UA	1330	23665	N318SW	1255	23339	N337SW	1567	23959	N356SW	2105	25251
N304WA	1170	23345	N318UA	1504	23950	N337UA	1611	24241	N356UA	1696	24362
N305AW	1612	24012	N319AW	1505	23838	N337US	1214	23235	N356US	1451	23559
N305DE	2510	25998	N319FL	2623	26301	N337WP	1428	23555	N357AU	1127	22957
N305FA	2914	28662	N319P	1219	23236	N338SW	1571	23960	N357SW	2294	26594
N305P	1124	23257	N319SW	1348	22945	N338UA	1613	24242	N357UA	1704	24378
N305SW	1139	22945	N319UA	1532	23951	N339LF	2480	26288	N357US	1463	23560
N305UA	1332	23666	N320AW	1522	23942	N339SW	1591	24090	N358AU	1137	22958
N305WA	1172	23346	N320P	1222	23237	N339UA	1615	24243	N358P	1552	23931
N306AC	1211	23291	N320SW	1350	23341	N33AW	2159	25402	N358SW	2295	26595
N306AW	1809	24633	N320UA	1534	23952	N340LV	1360	23738	N358UA	1724	24379
N306FL	2921	28563	N3212T	2198	25744	N340P	1435	23556	N358US	1469	23739
N306P	1126	23258	N321P	1248	23510	N340UA	1617	24244	N359AU	1140	22959
N306SW	1148	22946	N321SW	1351	23342	N340US	1222	23237	N359P	1554	23932
N306UA	1334	23667	N321UA	1546	23953	N341P	1437	23557	N359SW	2297	26596
N306WA	1173	23347	N322AW	2112	25400	N341SW	1593	24091	N359UA	1728	24452
N307AC	1063	23251	N322P	1268	23511	N341UA	1619	24245	N359US	1477	23740
N307AW	1823	24634	N322SW	1377	23343	N341US	1248	23510	N35LX	1290	23528
N307FL	2989	28760	N322UA	1548	23954	N342P	1449	23558	N360AU	1145	23310
N307P	1132	23259	N323AW	1353	23684	N342SW	1682	24133	N360PR	2992	28742
N307SW	1156	22947	N323P	1291	23512	N342UA	1632	24246	N360SW	2307	26571
N307UA	1346	23668	N323SW	1378	23344	N342US	1268	23511	N360UA	1730	24453
N307WA	1218	23440	N323UA	1550	23955	N34315	1174	23366	N360US	1498	23741
N308AC	1094	23252	N324AW	1157	23261	N343SW	1686	24151	N360WA	1406	23553
N308AW	1825	24710	N324P	1327	23513	N343UA	1634	24247	N361AU	1149	23311
N308FL	2988	28738	N324SW	1384	23414	N343US	1291	23512	N361PR	2541	26293
N308SA	1233	23498	N324UA	1564	23956	N344SW	1688	24152	N361SW	2309	26572
N308UA	1354	23669	N325AW	1146	23260	N344UA	1636	24248	N361UA	1750	24454
N308WA	1220	23441	N325P	1331	23514	N344US	1327	23513	N361US	1502	23742
N309AC	1096	23253	N325SW	1398	23689	N345SA	1386	23786	N362AU	1162	23312
N309AW	1843	24711	N325UA	1566	23957	N345UA	1638	24249	N362P	1355	23515
N309FL	2974	28734	N326AW	1126	23258	N345US	1331	23514	N362PR	2623	26301
N309P	1146	23260	N326SW	1400	23690	N346SW	1690	24153	N362SW	2322	26573
N309SW	1160	22948	N326UA	1568	23958	N346UA	1644	24250	N362UA	1752	24455
N309UA	1364	23670	N327AW	1252	23507	N346US	1355	23515	N363AU	1177	23313
N309WA	1239	23442	N327P	1367	23550	N347SW	1708	24374	N363SW	2429	26574
N310AC	1318	23505	N327SW	1407	23691	N347UA	1646	24251	N363UA	1754	24532
N310FL	2234	26440	N327UA	1570	24147	N347US	1367	23550	N364AU	1179	23314
N310SW	1161	22949	N327US	1125	23255	N348AU	1252	23507	N364SW	2430	26575
N310UA	1370	23671	N3281U	1225	23477	N348P	1451	23559	N364UA	1756	24533
N311AW	1869	24712	N3281V	1283	23625	N348SW	1710	24375	N365AU	1210	23315
N311FL	1911	24856	N3281W	1284	23626	N348UA	1648	24252	N365SW	2433	26576
N311SW	1183	23333	N3282R	1337	23631	N348US	1380	23551	N365UA	1758	24534
N311UA	1470	23672	N3282Y	1436	23635	N349P	1463	23560	N366AU	1212	23316
N311WA	1287	23597	N32836	1484	23752	N349SW	1734	24408	N366SW	2469	26577
N312AW	1519	24060	N3283G	1438	23636	N349UA	1650	24253	N366UA	1760	24535
N312FL	1775	24569	N328AW	1320	23377	N349US	1382	23552	N367AU	1221	23317
N312P	1157	23261	N328P	1380	23551	N34AW	2172	25426	N367SW	2470	26578
N312SW	1185	23334	N328SW	1521	23692	N35030	2005	25017	N367UA	1762	24536
N312UA	1479	23673	N328UA	1572	24148	N350AU	1001	22950	N368AU	1234	23318
N312WA	1289	23598	N329AW	1243	23500	N350P	1469	23739	N368CE	2749	27456
N3134C	3032	28736	N329SW	1525	23693	N350SW	1748	24409	N368SW	2473	26579
N313AW	1336	23712	N329UA	1574	24149	N350UA	1652	24301	N368UA	1774	24537
N313FL	2277	26442	N329US	1128	23256	N350US	1406	23553	N369AU	1250	23319
N313P	1164	23231	N3301	1087	23181	N35153	2906	28898	N369SW	2477	26580
N313SW	1201	23335	N330AW	1242	23499	N3519L	2206	25743	N369UA	1728	24452
N313UA	1481	23674	N330SW	1529	23694	N351AU	1007	22951	N369UA	1913	24671
N313WA	1324	23599	N330UA	1588	24191	N351LF	2541	26293	N369UA	1776	24538
N314AW	1345	23733	N331AW	1363	23747	N351SW	1790	24572	N370AU	1308	23376
N314CW	1540	23923	N331SW	1536	23695	N351UA	1668	24319	N370SW	2497	26597
N314FL	2123	25256	N331UA	1590	24192	N351US	1408	23554	N370UA	1778	24539
N314P	1169	23232	N332AW	1427	23384	N3521N	2205	25179	N370WL	1608	24011
N314SW	1229	23336	N332SW	1545	23696	N352AU	1015	22952	N371AU	1320	23377
N314UA	1483	23675	N332UA	1592	24193	N352P	1477	23740	N371FA	1337	23631
N315AW	1359	23734	N33341	1929	24681	N352SW	1942	24888	N371PA	1325	23543
N315FL	2068	25159	N333SW	1547	23697	N352UA	1670	24320	N371SW	2500	26598
N315P	1200	23233	N333UA	1594	24228	N352US	1428	23555	N371TA	1896	24834
N315SC	1375	23766	N334AW	1381	23748	N353AU	1022	22953	N371UA	1780	24540
N315SW	1231	23337	N334P	1382	23552	N353P	1498	23741	N371US	1001	22950
N315UA	1485	23947	N334SW	1549	23938	N353SW	1947	24889	N372AU	1339	23378
N316AW	1341	23713	N334UA	1605	24229	N353UA	1672	24321	N372PA	1349	23546
N316FL	2194	25264	N334US	1164	23231	N353US	1435	23556	N372SW	2504	26599
N316P	1208	23234	N335AW	3003	28740	N354AU	1030	22954	N372TA	1911	24856
N316SW	1232	23338	N335P	1406	23553	N354P	1502	23742	N372UA	1782	24637
N316UA	1491	23948	N335SW	1553	23939	N354SW	2092	25219	N372US	1007	22951

Out Of Production List: Western Jet Airliners — 273

Boeing 737-300 — Out Of Production List: Western Jet Airliners

Registration	l/n	c/n	Registration	l/n	c/n	Registration	l/n	c/n	Registration	l/n	c/n
N373AU	1362	23379	N39340	1358	23578	N512AU	1450	23595	N60436	3093	29267
N373PA	1389	23749	N39343	1376	23581	N513AU	1452	23699	N604SW	2715	27955
N373SW	2509	26581	N393AU	1551	23859	N514AU	1461	23700	N605SW	2716	27956
N373TA	2383	26283	N393UA	1905	24668	N515AU	1464	23701	N6067B	3037	28737
N373UA	1784	24638	N393US	1210	23315	N516AU	1475	23702	N6067E	2974	28734
N373US	1015	22952	N394AU	1560	23860	N517AU	1480	23703	N6069D	1436	23635
N374AU	1366	23380	N394SW	2645	27380	N518AU	1488	23704	N6069D	3064	28739
N374PA	2810	28333	N394UA	1907	24669	N519AU	1497	23705	N6069E	3029	28735
N374SW	2515	26582	N394US	1212	23316	N520AU	1499	23706	N6069R	1391	23491
N374TA	2424	26286	N395AU	1584	23861	N521AU	1501	23856	N606SW	2740	27926
N374UA	1786	24639	N395SW	2667	27689	N522AU	1503	23857	N607SW	2741	27927
N374US	1022	22953	N395UA	1909	24670	N523AU	1509	23858	N608SW	2742	27928
N375AU	1394	23381	N395US	1221	23317	N524AU	1551	23859	N609SW	2744	27929
N375PA	1511	23812	N396AU	1586	23862	N525AU	1560	23860	N610WN	2745	27696
N375SW	2520	26583	N396SW	2668	27690	N525AU	1560	23860	N611LF	1598	24299
N375TA	1374	23787	N396US	1234	23318	N526AU	1584	23861	N611SW	2750	27697
N375US	1798	24640	N397P	1128	23256	N527AD	1285	23527	N612SW	2753	27930
N375US	1030	22954	N397SW	2695	27691	N527AU	1586	23862	N61304	1131	23355
N376AU	1410	23382	N397UA	1915	24672	N527GN	1285	23527	N613SW	2754	27931
N376SW	2570	26584	N397US	1250	23319	N528AU	1703	24410	N614SW	2755	28033
N376UA	1802	24641	N398SW	2696	27692	N529AU	1713	24411	N615SW	2757	27698
N376US	1043	22955	N398UA	1920	24673	N529US	1587	23937	N616SW	2758	27699
N377AU	1425	23383	N398US	1252	23507	N530AU	1735	24412	N617SW	2759	27700
N377PA	1402	23718	N399P	1125	23255	N531AU	1743	24478	N618WN	2761	28034
N377UA	1806	24642	N399UA	1928	24674	N532AU	1745	24479	N619WN	2762	28035
N378AU	1427	23384	N399US	1219	23236	N533AU	1767	24515	N620SW	2766	28036
N378SW	2579	26585	N399WN	2697	27693	N534AU	1769	24516	N621SW	2767	28037
N378UA	1810	24653	N40169	2302	25787	N534US	1437	23557	N622WN	2779	27932
N379AU	1440	23385	N401AW	2333	25603	N535GE	1301	23535	N623SW	2780	27933
N379BC	2418	26284	N401LF	2065	25118	N537P	1539	23930	N624SW	2781	27934
N379SW	2580	26586	N401TZ	1875	24663	N550FA	1195	23411	N625SW	2787	27701
N379UA	1812	24654	N402AW	2342	25505	N551FA	1198	23412	N626SW	2789	27702
N380AU	1442	23594	N402TZ	1893	24667	N551LF	2192	24986	N627SW	2790	27935
N380SW	2610	26587	N403AW	2360	25506	N5573B	1237	23303	N628SW	2795	27703
N380UA	1814	24655	N403TZ	1877	24664	N5573B	1273	23654	N629SW	2796	27704
N380WL	1076	23218	N404AW	2373	25507	N5573K	1166	23396	N630WN	2797	27705
N381AU	1450	23595	N40595	1630	24021	N5573K	1240	23451	N631SW	2798	27706
N381UA	1822	24656	N405AW	2414	25508	N5573K	1462	23830	N632SW	2799	27707
N382AU	1452	23699	N405GT	3047	29405	N5573K	1691	24462	N63305	1133	23356
N382SW	2611	26588	N4113D	2331	25788	N5573K	2524	27179	N633SW	2807	27936
N382UA	1830	24657	N431LF	2192	24986	N5573K	3029	28735	N634SW	2808	27937
N383AU	1461	23700	N4320B	2047	25124	N5573L	3095	29750	N635SW	2813	27708
N383SW	2612	26589	N4361V	2267	26851	N5573P	1168	23448	N636AN	1438	23636
N383UA	1832	24658	N441LF	2466	24988	N558AU	1291	23512	N636WN	2814	27709
N383US	1057	22956	N444HE	1409	23800	N559AU	1327	23513	N637SW	2819	27710
N384AU	1464	23701	N446CT	1833	24461	N560AU	1331	23514	N638SW	2820	27711
N384SW	2613	26590	N457AN	2756	27457	N561LF	2268	24987	N639SW	2821	27712
N384UA	1836	24659	N458AN	2959	27458	N562AU	1367	23550	N640SW	2840	27713
N384US	1127	22957	N460TF	1831	24460	N563AU	1380	23551	N641LF	2764	26321
N385AU	1475	23702	N470AG	1924	24700	N564SR	2936	28564	N641SW	2841	27714
N385SW	2617	26600	N470KB	1765	24470	N566HE	2964	28566	N642WN	2842	27715
N385UA	1838	24660	N471LF	2480	26288	N567HE	2971	28567	N643SW	2843	27716
N385US	1137	22958	N47332	1263	23570	N569AG	1775	24569	N644SW	2869	28329
N386AU	1480	23703	N473CT	1443	23774	N570LL	1800	24570	N645SW	2870	28330
N386SW	2626	26601	N481LF	2466	24988	N571LF	2418	26284	N646SW	2871	28331
N386UA	1840	24661	N492GD	1808	24492	N573LS	3041	28573	N647SW	2892	27717
N387AU	1488	23704	N492KR	1808	24492	N573US	1463	23560	N648SW	2893	27718
N387SW	2627	26602	N493AN	1727	24093	N574US	1469	23739	N649SW	2894	27719
N387UA	1862	24662	N496AN	1739	24096	N575US	1477	23740	N650SW	2901	27720
N387US	1140	22959	N497AN	1741	24097	N576US	1498	23741	N651SW	2915	27721
N388AU	1497	23705	N497SR	1741	24097	N577US	1502	23742	N652SW	2916	27722
N388SW	2628	26591	N499AY	1242	23499	N578US	1124	23257	N653SW	2917	28398
N388UA	1875	24663	N5002K	3029	28735	N579US	1126	23258	N654SW	2918	28399
N388UA	1145	23310	N500AY	1243	23500	N581US	1132	23259	N655WN	2931	28400
N388US	1208	23234	N500MH	1104	23174	N582US	1146	23260	N656SW	2932	28401
N389AU	1499	23706	N501AU	1308	23376	N583US	1157	23261	N657SW	1111	23331
N389SW	2629	26592	N501UW	1164	23231	N584US	1510	23743	N658SW	1118	23332
N389UA	1877	24664	N502AU	1320	23377	N585US	1539	23930	N659DG	1292	23659
N389US	1149	23311	N502UW	1169	23232	N586US	1552	23931	N659SW	1112	23229
N390AU	1501	23856	N5033	2025	25033	N587US	1554	23932	N660SW	1115	23230
N390SW	2642	26593	N503AU	1339	23378	N588US	1559	23933	N661LF	2786	26333
N390UA	1889	24665	N503UW	1222	23237	N589US	1563	23934	N661SW	1098	23173
N390US	1162	23312	N504AU	1362	23379	N590US	1569	23935	N662DG	1316	23662
N390WL	1090	23219	N505AU	1366	23380	N591US	1575	23936	N662SW	1125	23255
N391AU	1503	23857	N506AU	1394	23381	N59302	1129	23353	N663SW	1128	23256
N391SW	2643	27378	N507AU	1410	23382	N59338	1338	23576	N664WN	1206	23495
N391UA	1891	24666	N50881	1927	24680	N600WN	2699	27694	N665WN	1227	23497
N391US	1177	23313	N508AU	1425	23383	N601WN	2702	27695	N667SW	1092	23063
N392AU	1509	23858	N509AU	1427	23384	N602SW	2713	27953	N668SW	1069	23060
N392SW	2644	27379	N509DC	1438	23636	N60312	1153	23363	N669SW	1484	23752
N392UA	1893	24667	N510AU	1440	23385	N603SW	2714	27954	N670SW	1533	23784
N392US	1179	23314	N511AU	1442	23594	N60436	2992	28742	N671SR	2955	28671

Registration	l/n	c/n	Registration	l/n	c/n	Registration	l/n	c/n	Registration	l/n	c/n
N671SW	1535	23785	N76362	1558	23943	OM-AAA	1629	24256	OY-MMK	1111	23331
N672FH	1915	24672	N764MA	1505	23838	OM-AAD	1438	23636	OY-MML	1118	23332
N672RY	1915	24672	N766ST	1375	23766	OM-AAE	1254	23601	OY-MMM	1365	23717
N672SW	1215	23406	N77303	1130	23354	OM-ASC	1254	23601	OY-MMN	1402	23718
N673AA	1063	23251	N773CT	1441	23773	OM-ASD	1317	23542	OY-MMO	1600	24219
N674AA	1094	23252	N775AA	1412	23775	OM-ASE	1343	23545	OY-MMP	1602	24220
N675AA	1096	23253	N775MA	1104	23174	OM-ASF	1335	23544	OY-MMR	1604	24221
N676AA	1100	23288	N776MA	1094	23252	OM-CLB	1632	24246	OY-MMV	2059	25125
N676SW	1100	23288	N778MA	1535	23785	OM-HLA	1441	23773	OY-MMY	2074	25150
N677AA	1182	23289	N77NG	1719	24377	OM-HLB	2012	25011	OY-MMZ	2140	25360
N678AA	1205	23290	N780MA	1107	23254	OM-HLC	2069	25119	OY-SEE	1701	24463
N679AA	1211	23291	N781L	1163	23387	OO-CTX	1402	23718	OY-SEF	2241	25162
N67AB	1217	23496	N781L	1249	23506	OO-ILF	1209	23401	PH-BDA	1275	23537
N680AA	1318	23505	N783DC	1675	24023	OO-ILG	1187	23388	PH-BDB	1288	23538
N682MA	2039	25071	N784DC	1689	24024	OO-ILK	1375	23766	PH-BDC	1295	23539
N682SW	1217	23496	N784MA	1494	23781	OO-LTA	1614	24020	PH-BDD	1303	23540
N683SW	1576	24008	N785MA	1531	23783	OO-LTB	1630	24021	PH-BDE	1309	23541
N684WN	1520	23941	N788LS	1602	24220	OO-LTC	1662	24022	PH-BDG	1317	23542
N685SW	1209	23401	N789LS	1628	24269	OO-LTD	1675	24023	PH-BDH	1325	23543
N686SW	1110	23175	N790AW	1955	24790	OO-LTE	1719	24377	PH-BDI	1335	23544
N687SW	1187	23388	N791AW	1984	24791	OO-LTF	1991	25015	PH-BDK	1343	23545
N688SW	1107	23254	N798BB	1662	24022	OO-LTG	1719	24377	PH-BDL	1349	23546
N689SW	1163	23387	N799BB	1991	25015	OO-LTJ	2007	25039	PH-BDN	1640	24261
N690SW	1531	23783	N799MA	1533	23784	OO-LTK	2017	25040	PH-BDO	1642	24262
N691WN	1494	23781	N80054	2153	25138	OO-LTL	2024	25041	PH-BDP	1681	24404
N692SW	1083	23062	N808WC	1434	23808	OO-LTM	2037	25070	PH-BTD	2406	27420
N69311	1152	23362	N811AN	1445	23811	OO-LTN	2039	25071	PH-BTE	2438	27421
N69333	1276	23571	N811LF	1249	23506	OO-LTO	2012	25011	PH-BTH	2930	28719
N69348	1411	23586	N812AR	1274	23655	OO-LTP	2014	25032	PH-BTI	2957	28720
N69351	1466	23589	N831LF	1215	23406	OO-LTU	2709	27455	PH-HVF	1195	23411
N693SW	1104	23174	N835A	1465	23835	OO-LTV	1542	23924	PH-HVG	1198	23412
N694SW	1080	23061	N836Y	1508	23836	OO-LTW	2008	25010	PH-HVI	1763	24098
N695SW	1249	23506	N837Y	1514	23837	OO-LTX	1541	24131	PH-HVJ	1360	23738
N696BJ	1765	24470	N841L	1125	23255	OO-LTY	1544	23925	PH-HVK	1386	23786
N696SW	1527	23064	N841LF	1445	23811	OO-SBX	2017	25040	PH-HVM	1683	24326
N697SW	1505	23838	N851LF	1393	23788	OO-SDV	1412	23775	PH-HVN	1712	24327
N698SW	1213	23176	N852CT	2273	26852	OO-SDW	1430	23771	PH-HVT	1856	24328
N699PU	1886	24699	N854WT	2235	26850	OO-SDX	1432	23772	PH-HVV	1858	24329
N699SW	1372	23826	N870GX	2899	28870	OO-SDX	1441	23773	PH-NMB	1719	24377
N700JZ	2349	26070	N871L	1128	23256	OO-SDY	1443	23774	PH-OZA	1402	23718
N701JZ	2369	26072	N891L	1187	23388	OO-SEJ	1604	24221	PH-OZB	1513	23921
N70330	1253	23460	N905AF	2001	24905	OO-SLK	3012	29072	PH-OZC	2882	28559
N70352	1468	23590	N914CH	3013	29140	OO-SYA	1709	24355	PH-TSU	2001	24905
N70353	1472	23591	N918CH	3057	29189	OO-SYB	1711	24356	PH-TSW	1600	24219
N71314	1159	23365	N921NB	1513	23921	OO-TNA	1258	23569	PH-TSX	2731	26318
N718CT	1402	23718	N922AB	1538	23922	OO-TNB	1358	23578	PH-TSY	2722	28085
N721LF	2664	26307	N923AP	1540	23923	OO-TNC	1327	23513	PH-TSZ	2721	27635
N728BC	2085	25048	N930WA	2966	28732	OO-TND	1355	23515	PH-YAA	2017	25040
N729BC	2091	25049	N931WA	2969	28733	OO-TNE	1301	23535	PK-AWC	1837	24677
N730BC	1683	24326	N932HA	3020	29326	OO-TNF	1541	24131	PK-AWG	2347	27061
N730CS	2836	28389	N934PG	1699	24366	OO-TNG	1625	24255	PK-AWN	2277	26442
N730MA	1249	23506	N943PG	1195	23411	OO-TNH	1539	23930	PK-AWO	1836	24659
N730PA	2760	27924	N94417	1291	23512	OO-TNI	1291	23512	PK-AWP	2001	24905
N730S	1249	23506	N945PG	1198	23412	OO-TNI	1291	23512	PK-AWQ	1308	23376
N731VA	2749	27456	N945WP	1633	24212	OO-TNJ	1146	23260	PK-AWS	1911	24856
N731XL	1737	24095	N946WP	1098	23173	OO-TNK	1126	23258	PK-AWT	1170	23345
N732S	1215	23406	N947WP	1308	23376	OO-VEA	2809	28332	PK-AWU	1124	23257
N732VA	1174	23366	N948WP	1132	22259	OO-VEB	2810	28333	PK-AWV	1382	23552
N73380	2674	26309	N949WP	1115	23230	OO-VEE	1538	23922	PK-AWW	1408	23554
N73385	2707	26314	N950WP	1112	23229	OO-VEG	2987	28568	PK-AWX	1813	24547
N733MA	1083	23062	N951WP	1007	22951	OO-VEH	3022	28571	PK-BBA	1287	23597
N734MA	1163	23387	N952WP	1339	23378	OO-VEN	3090	28586	PK-BBB	1289	23598
N736S	1484	23752	N953WP	1427	23384	OO-VEX	2948	28670	PK-CJC	1556	24025
N737AR	1633	24212	N955WP	1701	24463	OY-JTA	1337	23631	PK-CJS	2763	27925
N737FA	1666	24300	N956WP	1598	24299	OY-JTB	1753	24464	PK-CJT	1984	24791
N742MA	1100	23288	N960WP	1111	23331	OY-JTC	1402	23718	PK-GCA	1775	24559
N744CT	1443	23774	N961WP	1118	23332	OY-JTD	1853	24678	PK-GCC	2854	28200
N744MA	1080	23061	N962WP	1381	23748	OY-JTE	2692	27834	PK-GCH	2966	28732
N747BH	1484	23752	N963WP	2881	28868	OY-MAK	2234	26440	PK-GGG	2949	28731
N748MA	1527	23064	N964WP	2887	28869	OY-MAL	2250	26441	PK-GGJ	2974	28734
N749AP	1389	23749	N965WP	2899	28870	OY-MAM	2277	26442	PK-GGK	3003	28740
N75IL	1252	23507	N966WP	2900	28871	OY-MAN	2347	27061	PK-GGL	3029	28735
N752MA	1092	23063	N967WP	3082	28872	OY-MAO	2587	27336	PK-GGM	3003	28740
N75356	1505	23838	N977BB	1614	24020	OY-MAP	2594	27337	PK-GGN	3032	28736
N753MA	1069	23060	N98NG	1763	24098	OY-MAR	2688	27833	PK-GGN	2988	28738
N755MA	1215	23406	N999CZ	2405	25604	OY-MAS	2692	27834	PK-GGN	3029	28735
N758MA	1484	23752	OE-ILF	1254	23601	OY-MAT	2760	27924	PK-GGO	3032	28736
N760BE	2005	25017	OE-ILG	1515	24081	OY-MAU	2763	27925	PK-GGO	3037	28737
N761LF	1445	23811	OE-ITA	2760	27924	OY-MBN	2025	25033	PK-GGO	3079	28741
N76354	1476	23592	OK-FAN	2864	27469	OY-MMD	1775	24559	PK-GGP	3037	28737
N76355	1478	23593	OK-FIT	3097	28590	OY-MME	1800	24570	PK-GGP	3064	28739
N76361	1522	23942	OK-FUN	2873	27910	OY-MMF	1815	24571	PK-GGQ	3064	28739

Boeing 737-300 — Out Of Production List: Western Jet Airliners — 275

Boeing 737-300

Registration	l/n	c/n	Registration	l/n	c/n	Registration	l/n	c/n	Registration	l/n	c/n
PK-GGR	3079	28741	PP-VNT	1446	23828	PR-WJN	3023	29327	SU-ZCD	2424	26286
PK-GGS	2153	25138	PP-VNU	1416	23797	PR-WJP	2674	26309	SU-ZCE	2383	26283
PK-GGT	2964	28566	PP-VNV	1429	23798	PT-MNJ	2046	25057	SU-ZCF	2383	26283
PK-GGU	2971	28567	PP-VNX	1460	23829	PT-MNK	2756	27457	SX-BBT	2012	25011
PK-GGV	2541	26293	PP-VNY	1918	24864	PT-MNL	2959	27458	SX-BBU	2206	25743
PK-GGW	2809	28332	PP-VNZ	1926	24869	PT-SSJ	1984	24791	SX-BFT	1765	24470
PK-GGX	3041	28573	PP-VOC	1955	24790	PT-SSK	1538	23922	SX-BGI	2347	27661
PK-GGY	2846	28555	PP-VOD	1637	24275	PT-SSP	1741	24097	SX-BGK	1897	24679
PK-GHA	2983	29108	PP-VOE	1645	24276	PT-SSQ	2703	27454	SX-BGW	3070	29264
PK-GHC	3001	29109	PP-VOF	1658	24277	PT-TEA	1242	23499	SX-BGY	2984	29100
PK-GHQ	2983	29108	PP-VOG	1660	24278	PT-TEB	1243	23500	SX-BGZ	3073	29265
PK-GHR	3001	29109	PP-VOH	1673	24279	PT-TEC	1395	23708	SX-BLA	2887	28869
PK-GHS	1846	24698	PP-VOM	1538	23922	PT-TED	1431	23750	SX-BLB	1991	25015
PK-GHT	1927	24680	PP-VON	1935	24935	PT-TEE	1434	23808	SX-BLC	2635	26303
PK-GHU	1929	24681	PP-VOO	1951	24936	PT-TEF	1490	24208	SX-BLD	2039	25071
PK-GHV	2054	24914	PP-VOR	1727	24093	PT-TEG	1492	24209	SX-BTO	2025	25033
PK-GHW	2007	25039	PP-VOT	2091	25049	PT-TEH	1577	24210	TC-BIR	2017	25040
PK-GHX	2234	26440	PP-VOV	2127	25051	PT-TEI	1511	23812	TC-CYO	1171	23415
PK-GWA	1706	24403	PP-VOW	2133	24961	PT-TEJ	1562	23926	TC-ESA	1195	23411
PK-GWD	1765	24470	PP-VOX	2139	24962	PT-TEK	1580	23927	TC-ESB	1198	23412
PK-GWE	1808	24492	PP-VOY	2090	25210	PT-TEO	1829	24676	TC-FLH	1666	24300
PK-GWF	1846	24698	PP-VOZ	2100	25239	PT-TEP	2936	28564	TC-GHB	1984	24791
PK-GWG	1886	24699	PP-VPA	2273	26852	PT-TEQ	2046	25057	TC-IAC	1873	24450
PK-GWH	1924	24700	PP-VPB	2275	26853	PT-TER	2069	25119	TC-IAD	2025	25033
PK-GWI	1957	24701	PP-VPB	2321	26856	PT-TET	1991	25015	TC-IAE	1815	24571
PK-GWJ	1994	24702	PP-VPC	2303	26854	PT-TEU	1416	23797	TC-JTB	1494	23781
PK-IAA	1290	23528	PP-VPC	2326	26857	PT-TEV	1429	23798	TC-MIO	1305	23714
PK-IAB	1285	23527	PP-VPD	2305	26855	PT-TEW	1604	24221	TC-SUK	2242	26431
PK-KKE	1441	23773	PP-VPF	1896	24834	PT-TEX	1444	23827	TC-SUN	1829	24676
PK-KKM	1984	24791	PP-VPQ	2940	28664	PT-TSR	1675	24023	TC-SUP	2015	24908
PK-KKR	1775	24569	PP-VPR	3011	28761	PT-VEE	1955	24790	TC-SUR	2030	24910
PK-KKU	1540	23923	PP-VPS	2955	28671	PT-WBD	1098	23173	TC-TJA	1886	24699
PK-KKV	2606	27284	PP-VPT	2964	28566	PT-WBE	1110	23175	TC-TJB	2878	27633
PK-KKY	1517	24059	PP-VPU	2971	28567	PT-WBF	1213	23176	TF-ABK	1538	23922
PK-KKZ	1666	24300	PP-VPX	2899	28870	PT-WBH	1363	23747	TF-ABL	1278	23525
PK-LIU	1076	23218	PP-VPY	2900	28871	PT-WBI	1372	23826	TF-BBC	1492	24209
PK-LIV	1090	23219	PP-VPZ	3061	29245	PZ-TCO	2897	28669	TF-BBD	1701	24463
PK-LSE	2836	28389	PP-VQN	1763	24098	RP-C2000	2488	25996	TF-BBE	2123	25256
PK-MBN	1622	24304	PP-VQO	1719	24377	RP-C4005	1519	24060	TF-BBF	2194	25264
PK-MBO	1641	24305	PP-VQP	2936	28564	RP-C4006	1517	24059	TF-BBG	2187	25263
PK-MBP	1344	23632	PP-VQS	2085	25048	RP-C4007	2488	25996	TF-BBX	1242	23499
PK-MDH	1554	23932	PP-VQW	1374	23787	RP-C4008	2025	25033	TF-BBY	1243	23500
PK-MDJ	1552	23931	PP-VQZ	2606	27284	RP-C4010	1753	24464	TF-ELA	2067	25401
PK-MDK	1509	23858	PP-VTA	1416	23797	RP-C4011	1941	24770	TF-ELC	2024	25041
PK-MDQ	1666	24300	PP-VTB	1429	23798	RP-C7701	1200	23233	TF-ELM	1630	24021
PK-YTM	1127	22957	PP-VTW	1699	24366	RP-C7702	1208	23234	TF-ELN	1375	23766
PK-YTU	2405	25604	PP-WBG	1216	23177	S2-AEA	1622	24304	TF-ELO	1599	24028
PK-YTW	1234	23318	PR-BRA	1462	23830	S2-AEB	1641	24305	TF-ELP	1246	23522
PK-YTX	1022	22953	PR-BRB	1577	24210	S7-ABA	1641	24305	TF-ELQ	1301	23535
PK-YTY	1043	22955	PR-BRE	1794	24213	S7-ABB	1618	24302	TF-ELR	1271	23523
PK-YVU	1741	24097	PR-BRF	2127	25051	S7-ABC	1622	24304	TF-ELR	1412	23775
PK-YVV	1212	23316	PR-BRK	1374	23787	S7-ABD	1620	24303	TF-FDA	1924	24700
PK-YVW	1250	23319	PR-BRY	1462	23830	S7-RGL	1490	24208	TF-FIE	1445	23811
PK-YVX	1727	24093	PR-FLX	1918	24864	S7-RGM	1598	24299	TF-SUN	1301	23535
PK-YVY	1015	22952	PR-GLA	1285	23527	SE-DLA	1666	24300	TG-AMA	1187	23388
PK-YVZ	1221	23317	PR-GLB	1728	24452	SE-DLG	1187	23388	TG-TJC	1531	23783
PP-SFJ	1633	24212	PR-GLC	1730	24453	SE-DLN	1363	23747	TJ-CBF	1301	23535
PP-SFK	2881	28868	PR-GLD	1636	24248	SE-DLO	1381	23748	TJ-CBG	2959	27458
PP-SFL	1374	23787	PR-GLE	1638	24249	SE-DPA	2067	25401	TJ-CBH	2756	27457
PP-SFM	1598	24299	PR-GLF	1293	23529	SE-DPB	2159	25402	TP-03	1694	24361
PP-SFN	2763	27925	PR-GLF	1891	24666	SE-DPC	2172	25426	TR-LFZ	1431	23750
PP-SNQ	1098	23173	PR-GLG	2680	26310	SE-DPN	1531	23783	TS-IEB	2001	24905
PP-SNR	1104	23174	PR-GLG	1752	24455	SE-DPO	1533	23784	TS-IEC	1321	23716
PP-SNS	1110	23175	PR-GLH	1754	24532	SE-DTA	1506	24068	TS-IEC	2008	25010
PP-SNT	1213	23176	PR-GLI	1550	23955	SE-DUS	1625	24255	TS-IED	1526	24141
PP-SNU	1216	23177	PR-GLJ	1564	23956	SE-DYL	2194	25264	TS-IED	2014	25032
PP-SNV	1372	23826	PR-GLK	1905	24668	SE-RCO	1436	23635	TS-IEE	1955	24790
PP-SNW	1739	24096	PR-GLM	1909	24670	SE-RCP	1556	24025	TS-IEF	2674	26309
PP-SNY	1171	23415	PR-GLN	1724	24379	SE-RCR	1595	24026	TS-IEG	3005	29116
PP-SNZ	1741	24097	PR-GLO	1534	23952	SE-RCS	1598	24299	TS-IEJ	1814	24655
PP-SOA	1363	23747	PR-GLQ	1634	24247	SE-RHT	2139	24962	TU-TAJ	2786	26333
PP-SOB	1381	23748	PR-RLB	1375	23766	SE-RHU	2888	28560	TU-TAK	2854	28200
PP-SOC	1955	24790	PR-WJA	1875	24663	SP-FVO	3097	28590	UR-DNJ	2880	28659
PP-SOD	1984	24791	PR-WJC	2127	25051	SP-KPL	1836	24659	UR-FAA	1691	24462
PP-SOE	2008	25010	PR-WJF	1951	24936	SP-LMB	1301	23535	UR-GAE	2013	24907
PP-SOF	2012	25011	PR-WJG	1728	24452	SP-LMC	2890	28668	UR-GAF	1624	24237
PP-SOG	2014	25032	PR-WJH	2321	26856	SP-LMD	2897	28669	UR-GAG	1626	24238
PP-SOK	2046	25057	PR-WJI	2326	26857	SP-LME	3097	28590	UR-GAH	3105	29130
PP-SOL	2069	25119	PR-WJJ	1935	24935	SU-BLC	1386	23786	UR-GAL	1637	24275
PP-SOR	2059	25125	PR-WJK	1462	23830	SU-BLN	1094	23252	UR-GAN	2996	28569
PP-SOT	2074	25150	PR-WJL	3097	28590	SU-BLR	1386	23786	UR-GAQ	2887	28869
PP-SOU	2140	25360	PR-WJM	2883	28660	SU-MBA	2383	26283	UR-IVK	1815	24571

Boeing 737-300

Out Of Production List: Western Jet Airliners

Registration	l/n	c/n	Registration	l/n	c/n	Registration	l/n	c/n
UR-VVA	1808	24492	VT-JAD	1741	24097	YU-ANH	1171	23415
UR-VVI	1833	24461	VT-SAW	2923	29055	YU-ANI	1175	23416
UR-VVR	1886	24699	VT-SAX	2928	29056	YU-ANJ	1305	23714
VH-CZA	1260	23653	VT-SAY	2226	25161	YU-ANK	1310	23715
VH-CZB	1273	23654	VT-SIW	2928	29056	YU-ANL	1321	23716
VH-CZC	1274	23655	VT-SIX	2923	29055	YU-ANL	1321	23716
VH-CZD	1279	23656	VT-SJD	3035	29141	YU-ANV	1524	24140
VH-CZE	1280	23657	XA-AAU	1623	24211	YU-ANW	1526	24141
VH-CZF	1281	23658	XA-AAV	1796	24214	YU-AON	1490	24208
VH-CZG	1292	23659	XA-AJA	1363	23747	YV1007	1493	23949
VH-CZH	1294	23660	XA-AMH	1666	24300	YV100T	2065	25118
VH-CZI	1314	23661	XA-CAS	1491	23948	YV-1178C	2065	25118
VH-CZJ	1316	23662	XA-ECA	1689	24024	YV2556	1869	24712
VH-CZK	1323	23663	XA-EMX	1388	23707	YV2557	1809	24633
VH-CZL	1326	23664	XA-GGB	1675	24023	YV-99C	1701	24463
VH-CZM	1618	24302	XA-MAA	1274	23655	Z3-AAA	1175	23416
VH-CZN	1620	24303	XA-MAB	1169	23232	Z3-AAF	1509	23858
VH-CZO	1622	24304	XA-MAI	1774	24537	Z3-ARF	1321	23716
VH-CZP	1641	24305	XA-RJP	1625	24255	ZK-CZR	1831	24460
VH-CZQ	1833	24461	XA-RJR	2205	25179	ZK-CZS	1654	24030
VH-CZR	1831	24460	XA-SAB	2248	25187	ZK-CZU	2600	27267
VH-CZS	1654	24030	XA-SEM	1542	23924	ZK-FRE	2992	28742
VH-CZT	2703	27454	XA-SEO	1544	23925	ZK-JNA	1390	23490
VH-CZU	2600	27267	XA-SGJ	1654	24030	ZK-JNB	1391	23491
VH-CZV	1471	23831	XA-SIH	1386	23786	ZK-JNC	1653	24296
VH-CZW	1473	23832	XA-SIY	1363	23747	ZK-JND	1740	24297
VH-CZX	1601	24029	XA-SIZ	1381	23748	ZK-JNE	2069	25119
VH-INU	1353	23684	XA-SLK	1198	23412	ZK-JNF	1286	23486
VH-JNE	2069	25119	XA-SLY	1763	24098	ZK-JNG	1251	23478
VH-NJE	1375	23766	XA-SNC	1719	24377	ZK-JNH	1352	23488
VH-NLK	1436	23635	XA-STM	1195	23411	ZK-JNN	1649	24295
VH-OAM	2008	25010	XA-STN	1198	23412	ZK-JNO	1761	24298
VH-OAN	2012	25011	XA-SVQ	1386	23786	ZK-NGA	2975	28873
VH-TAB	2355	26282	XA-SWO	2606	27284	ZK-NGB	3013	29140
VH-TAF	1225	23477	XA-TAR	1132	23259	ZK-NGC	3057	29189
VH-TAG	1251	23478	XA-TMB	1808	24492	ZK-NGD	2966	28732
VH-TAH	1259	23479	XA-TQI	1739	24096	ZK-NGE	2969	28733
VH-TAI	1264	23483	XA-TQJ	1741	24097	ZK-NGF	2974	28734
VH-TAJ	1270	23484	XA-TWG	1198	23412	ZK-NGG	3123	25606
VH-TAK	1277	23485	XA-UCL	1831	24460	ZK-NGH	3126	25607
VH-TAU	1286	23486	XA-UCP	1654	24030	ZK-NGI	3128	25608
VH-TAV	1306	23487	XA-UCY	1243	23500	ZK-NGJ	3130	25609
VH-TAW	1352	23488	XA-UDQ	1242	23499	ZK-NGK	2731	26318
VH-TAX	1356	23489	XA-UFH	1320	23377	ZK-NGM	2722	28085
VH-TAY	1390	23490	XA-UFW	1449	23558	ZK-NGN	3012	29072
VH-TAZ	1391	23491	XA-UGE	1428	23555	ZK-NGO	2961	28548
VH-TJA	1649	24295	XA-UGF	1435	23556	ZK-NGP	3007	27459
VH-TJB	1653	24296	XA-UGL	1137	22958	ZK-NGR	3021	27460
VH-TJC	1740	24297	XA-VIA	1501	23856	ZK-PLU	1729	24094
VH-TJD	1761	24298	XA-VIB	1339	23378	ZK-SJB	2881	28868
VH-XMB	1251	23478	XA-VID	1550	23955	ZK-SJC	2988	28738
VH-XML	1286	23486	XA-VIV	1463	23560	ZK-SJE	2721	27635
VH-XMO	1352	23488	XA-VIX	1162	23312	ZK-SLA	1260	23653
VH-XMR	1390	23490	XA-VIY	1140	22959	ZK-TLA	1425	23383
VP-BBG	1325	23543	XC-LJG	1694	24361	ZK-TLB	1492	24209
VP-BBH	1349	23546	XC-UJB	1737	24095	ZK-TLC	1497	23705
VP-BBL	1239	23442	YA-HSB	1237	23303	ZK-TLD	1499	23706
VP-BBM	1108	23183	YA-SFL	1224	23302	ZS-OAH	1831	24460
VP-BBN	1285	23527	YI-AQO	1920	24673	ZS-OAI	1654	24030
VP-BCJ	1242	23499	YJ-AV18	3016	28054	ZS-OKB	1225	23477
VP-BCN	1243	23500	YL-BBI	2703	27454	ZS-OKC	1270	23484
VP-BDB	1157	23261	YL-BBJ	3117	30333	ZS-OKG	1264	23483
VP-BFP	1210	23315	YL-BBK	3072	29332	ZS-OKH	1259	23479
VP-BJV	1252	23507	YL-BBL	3089	29334	ZS-OKI	1356	23489
VP-BJW	1380	23551	YL-BBR	3092	29266	ZS-OKJ	1306	23487
VP-BJX	1437	23557	YL-BBS	3093	29267	ZS-OKK	1277	23485
VP-BJY	1451	23559	YL-BBX	3120	30334	ZS-SBA	2349	26070
VP-BKT	2900	28871	YL-BBY	3129	30335	ZS-SBB	2369	26072
VP-BOT	2085	25048	YR-BAA	2600	27267			
VP-BOU	2091	25049	YR-BAC	1260	23653			
VP-CAY	2424	26286	YR-BAF	1730	24453			
VP-CKW	2769	26322	YR-BGA	2524	27179			
VP-CKY	2355	26282	YR-BGB	2529	27180			
VP-CKZ	2792	27626	YR-BGC	2662	27181			
VQ-BAP	1889	24665	YR-BGD	2663	27182			
VR-CCD	1409	23800	YR-BGE	2671	27395			
VR-CCW	1163	23387	YR-BGU	2606	27284			
VR-CRC	2017	25040	YR-BGX	3020	29326			
VT-DQP	1614	24020	YR-BGY	2809	28332			
VT-JAA	1955	24790	YR-TIB	2760	27924			
VT-JAB	1984	24791	YU-AND	1134	23329			
VT-JAC	1739	24096	YU-ANF	1136	23330			

Boeing 737-400

Production Started:	1988
Production Ended:	1998
Number Built:	486
Active:	436
Preserved:	0
WFU, Stored & In Parts:	33
Written Off:	10
Scrapped:	7

Location Summary

Location	Count
Afghanistan	1
Algeria	1
Australia	18
Belgium	9
Bosnia	1
Canada	2
China	12
Czech Republic	8
Egypt	2
France	1
Georgia	1
Germany	1
Greece	19
Hungary	1
Iceland	1
India	5
Indonesia	49
Italy	18
Japan	31
Jordan	2
Libya	1
Malaysia	37
Morocco	9
Netherlands	14
New Zealand	3
Nigeria	2
Norway	4
Poland	9
Qatar	1

Location Summary

Location	Count
Rep. Of Ireland	1
Romania	2
Russia	12
Saudi Arabia	1
Serbia	1
Singapore	2
South Africa	10
South Korea	7
Spain	4
Sudan	1
Sweden	1
Tajikistan	1
Thailand	14
Turkey	18
Ukraine	13
United Kingdom	22
USA - AZ	2
USA - CA	2
USA - FL	2
USA - NC	2
USA - NV	1
USA - OK	2
USA - OR	2
USA - PA	40
USA - SC	2
USA - WA	36
Vietnam	5

Boeing 737-400 — Out Of Production List: Western Jet Airliners

l/n	c/n	Model	Registration	Owner/Operator	Status	Location	Notes
1487	23886	401	N404US	US Airways	Active	Pittsburgh, PA	
1512	23885	401	N405US	US Airways	Active	Pittsburgh, PA	
1528	23876	401	N406US	US Airways	Active	Pittsburgh, PA	
1543	23877	401	N407US	-	Scrapped	Nimes, France	
1561	23878	401	N408US	-	Scrapped	Nimes, France	
1573	23879	401	N409US	US Airways	Active	Pittsburgh, PA	
1582	23865	4Y0	TF-BBH	Bluebird Cargo	Active	Keflavik, Iceland	
1589	23866	4Y0	SX-BGH	(Aegean Airlines)	Stored	Norwich, UK	
1596	23880	401	N411US	-	Scrapped	Greenwood, MS	
1603	23867	4Y0	G-OBME	-	Written Off	Kegworth, UK	
1610	23881	401	N412US	-	Scrapped	Greenwood, MS	
1616	23868	4Y0	PK-RIH	Batavia Air	Active	Jakarta CGK, Indonesia	
1621	23882	401	N413US	-	Scrapped	Nimes, France	
1627	24234	4Q8	PK-KKI	(Adam Air)	Stored	Jakarta CGK, Indonesia	
1631	23883	401	N415US	-	Scrapped	Greenwood, MS	
1635	24069	4Q8	PK-MDO	Merpati	Active	Jakarta CGK, Indonesia	
1639	23869	4Y0	EI-	Astrail Aviation	Active	Jakarta CGK, Indonesia	
1643	23884	401	N416US	-	Written Off	La Guardia, NY	
1647	23870	4Y0	EC-KBO	Hola Airlines	Active	Madrid Barajas, Spain	
1651	23976	4Y0	N37NY	Pace Airlines	Active	Allentown, PA	
1655	23977	4Y0	PK-KAL	Kartika Airlines	Active	Jakarta CGK, Indonesia	
1659	23978	4Y0	N312DV	(Adam Air)	Stored	Jakarta CGK, Indonesia	
1661	23979	4Y0	PK-RIT	Batavia Air	Active	Jakarta CGK, Indonesia	
1663	24123	46B	PK-LII	Lion Airlines	Active	Jakarta CGK, Indonesia	
1665	24070	4Q8	PK-KKW	-	Written Off	Sulawesi Island, Indonesia	
1667	23980	4Y0	EY-538	East Air / Pamir Airways	Active	Kabul, Afghanistan	
1674	23984	401	N417US	US Airways	Active	Pittsburgh, PA	
1676	23985	401	N418US	US Airways	Active	Charlotte, NC	
1678	23981	4Y0	N316DV	(Adam Air)	Stored	Jakarta CGK, Indonesia	
1679	24124	46B	JY-JAP	Jordan Aviation	Active	Amman, Jordan	
1680	24314	4Y0	OO-VBR	Brussels Airlines	Active	Brussels, Belgium	
1684	23986	401	N419US	US Airways	Active	Pittsburgh, PA	
1687	24125	4K5	CN-RPC	Jet4You	Active	Casablanca Mohamed V, Morocco	
1697	24126	4K5	EC-KRD	(Blu-Express)	Stored	Milan Malpensa, Italy	
1698	23987	401	N420US	US Airways	Active	Pittsburgh, PA	
1700	24163	4S3	ZS-OAO	Comair / British Airways	Active	Johannesburg, South Africa	
1702	24164	4S3	ZS-OAM	Comair / British Airways	Active	Johannesburg, South Africa	
1705	24352	408	EC-LAV	Hola Airlines / Royal Air Maroc	Active	Casablanca Mohammed V, Morocco	
1707	24127	4K5	OO-TUA	TUI Airlines Belgium / Jetairfly	Active	Brussels, Belgium	
1714	23988	401	N421US	US Airways	Active	Pittsburgh, PA	
1715	24128	4K5	EC-JSS	Hola Airlines	Active	Palma de Mallorca, Spain	
1716	23989	401	N422US	US Airways	Active	Pittsburgh, PA	
1720	24165	4S3	EI-DDK	Transaero Airlines	Active	Moscow Domodedovo, Russia	
1721	24353	408	PK-KKT	(Adam Air)	Parts Remain	Batam, Indonesia	
1722	24166	4S3	EI-DNM	Transaero Airlines	Active	Moscow Domodedovo, Russia	
1723	24344	4Y0	PH-BPB	KLM Royal Dutch Airlines	Active	Amsterdam Schiphol, Netherlands	
1726	24270	405	OO-VEK	Brussels Airlines	Active	Brussels, Belgium	
1731	24345	4Y0	PK-YTP	Batavia Air	Active	Jakarta CGK, Indonesia	

Boeing 737-400

l/n	c/n	Model	Registration	Owner/Operator	Status	Location
1732	23990	401	N423US	US Airways	Active	Pittsburgh, PA
1733	24467	4Y0	PK-LIF	Lion Airlines	Active	Jakarta CGK, Indonesia
1736	24167	4S3	ZS-OAP	Comair / British Airways	Active	Johannesburg, South Africa
1738	24271	405	OO-VEJ	Brussels Airlines	Active	Brussels, Belgium
1742	24474	448	N474EA	(Aerosvit Airlines)	Stored	Oklahoma Will Rogers, OK
1746	23991	401	N424US	US Airways	Active	Pittsburgh, PA
1747	24468	4Y0	PH-BPC	KLM Royal Dutch Airlines	Active	Amsterdam Schiphol, Netherlands
1749	24469	4Y0	N314MW	(Adam Air)	Stored	Jakarta CGK, Indonesia
1751	24493	4Y0	N314JW	(Adam Air)	Stored	Jakarta CGK, Indonesia
1757	24494	4Y0	PK-YVR	Batavia Air	Active	Jakarta CGK, Indonesia
1759	24511	4Y0	N524MT	(BRA Transportes Aereos)	Stored	Victorville, CA
1764	23992	401	N425US	US Airways	Active	Pittsburgh, PA
1768	24514	406	PH-BDR	(KLM Royal Dutch Airlines)	Stored	Norwich, UK
1770	24529	406	PH-BDS	KLM Royal Dutch Airlines	Active	Amsterdam Schiphol, Netherlands
1772	24530	406	PH-BDT	KLM Royal Dutch Airlines	Active	Amsterdam Schiphol, Netherlands
1777	24512	4Y0	PK-LIT	Lion Airlines	Active	Jakarta CGK, Indonesia
1779	24513	4Y0	PK-LIG	(Lion Airlines)	Stored	Jakarta CGK, Indonesia
1781	24519	4Y0	EI-CZK	Transaero Airlines	Active	Moscow Domodedovo, Russia
1783	24129	4K5	JA8953	Japan Transocean Air	Active	Okinawa Naha, Japan
1788	24521	448	UR-VVE	Aerosvit Airlines	Active	Kiev Borispol, Ukraine
1789	24548	4B7	N426US	US Airways	Active	Pittsburgh, PA
1791	24549	4B7	N427US	US Airways	Active	Pittsburgh, PA
1793	24550	4B7	EY-537	East Ai	Active	Dushanbe, Tajikistan
1795	24551	4B7	YU-AOS	JAT Airways	Active	Belgrade, Serbia
1797	24552	4B7	N430US	US Airways	Active	Pittsburgh, PA
1799	24553	4B7	N431US	-	Scrapped	Mojave, CA
1803	24520	4Y0	PK-LIH	Lion Airlines	Active	Jakarta CGK, Indonesia
1805	24545	4Y0	JA391K	Air DO / Skynet Asia Airways	Active	Miyazaki, Japan
1817	24554	4B7	N432US	US Airways	Active	Pittsburgh, PA
1819	24555	4B7	N433US	US Airways	Active	Pittsburgh, PA
1820	24430	476	VH-TJE	Qantas	Active	Sydney, Australia
1821	24556	4B7	N434US	US Airways	Active	Pittsburgh, PA
1824	24682	4Y0	PK-LIJ	-	Written Off	Ujung Pandang, Indonesia
1827	24130	4K5	JA8954	Japan Transocean Air	Active	Okinawa Naha, Japan
1828	24703	4Q8	SX-BKH	Olympic Airlines	Active	Athens, Greece
1835	24557	4B7	N435US	US Airways	Active	Pittsburgh, PA
1839	24769	4Y0	OK-VGZ	Czech Airlines (CSA)	Active	Prague, Czech Republic
1841	24684	4Y0	PK-LIW	Lion Airlines	Active	Jakarta CGK, Indonesia
1844	24573	4B6	C-FLER	Flair Airlines	Active	Kelowna, BC, Canada
1845	24558	4B7	5N-BIZ	AeroContractors	Active	Lagos, Nigeria
1847	24559	4B7(F)	EC-KKJ	Saicus Air	Active	Palma de Mallorca, Spain
1849	24560	4B7	N438US	US Airways	Active	Pittsburgh, PA
1850	24773	448	N742VA	Vision Airlines	Active	Las Vegas McCarran, NV
1851	24804	408	N737DX	Pace Airlines / Sports Jet	Active	Phoenix, AZ
1854	24901	4K5	EI-CUA	Blue Panorama Airlines	Active	Rome Fiumicino, Italy
1855	24704	4Q8	SX-BKI	Olympic Airlines	Active	Athens, Greece
1859	24685	4Y0	TC-APR	Pegasus	Active	Istanbul Ataturk, Turkey
1860	24643	405	LN-BRE	SAS Norge	Active	Oslo, Norway

	l/n	c/n	Model	Registration	Owner/Operator	Status	Location	Notes
☐	1861	24686	4Y0	UR-KIV	Dniproavia	Active	Dnepropetrovsk, Ukraine	
☐	1863	24431	476	VH-TJF	Qantas	Active	Sydney, Australia	
☐	1865	24687	4Y0	PK-YTK	Batavia Air	Active	Jakarta CGK, Indonesia	
☐	1866	24332	4Q8	B-2960	Hainan Airlines	Active	Haikou, China	
☐	1867	24866	448	HS-HRH	Royal Thai Air Force	Active	Bangkok Suvarnabhumi, Thailand	
☐	1870	24795	4S3	N786AS	Alaska Airlines	Active	Seattle, WA	
☐	1871	24231	42C	VP-BTH	Globus	Active	Novosibirsk, Russia	
☐	1874	24781	4B7	N439US	US Airways	Active	Pittsburgh, PA	
☐	1876	24688	4Y0	F-GLXQ	Axis Airways	Active	Marseille, France	
☐	1879	24432	476	VH-TJG	Qantas	Active	Sydney, Australia	
☐	1880	24807	4B6	CN-RMF	Atlas Blue	Active	Casablanca Mohamed V, Morocco	
☐	1881	24433	476	VH-TJH	Qantas	Active	Sydney, Australia	
☐	1883	24689	4Y0	PK-CJV	Sriwijaya Air	Active	Jakarta CGK, Indonesia	
☐	1885	24690	4Y0	PK-CJW	Sriwijaya Air	Active	Jakarta CGK, Indonesia	
☐	1887	24796	4S3	N43XA	Xtra Airways / DirectAir	Active	Myrtle Beach, SC	
☐	1888	24808	4B6	CN-RMG	Atlas Blue	Active	Casablanca Mohamed V, Morocco	
☐	1890	24811	4B7	N440US	US Airways	Active	Pittsburgh, PA	
☐	1892	24812	4B7	N441US	US Airways	Active	Pittsburgh, PA	
☐	1899	24830	4D7	HS-TDA	Nok Air	Active	Bangkok Suvarnabhumi, Thailand	
☐	1901	24683	4Y0	VP-BGQ	Orenair	Active	Orenburg Tsentralny, Russia	
☐	1902	24857	406	PH-BDU	KLM Royal Dutch Airlines	Active	Amsterdam Schiphol, Netherlands	
☐	1903	24858	406	PH-BDW	KLM Royal Dutch Airlines	Active	Amsterdam Schiphol, Netherlands	
☐	1904	24691	4Y0	VP-BGP	Orenair	Active	Orenburg Tsentralny, Russia	
☐	1906	24841	4B7	N442US	US Airways	Active	Pittsburgh, PA	
☐	1908	24842	4B7	N443US	US Airways	Active	Pittsburgh, PA	
☐	1910	24862	4B7	N444US	US Airways	Active	Pittsburgh, PA	
☐	1912	24434	476	VH-TJI	Qantas	Active	Sydney, Australia	
☐	1914	24863	4B7	N445US	US Airways	Active	Pittsburgh, PA	
☐	1916	24750	4B3	CN-RPA	Jet4You	Active	Casablanca Mohamed V, Morocco	
☐	1922	24831	4D7	HS-TDB	Nok Air	Active	Bangkok Suvarnabhumi, Thailand	
☐	1931	24873	4B7	5N-BJA	AeroContractors	Active	Lagos, Nigeria	
☐	1936	24874	4B7	N802TJ	Pace Airlines	Active	Troutdale, OR	
☐	1938	24644	405	LN-BRI	SAS Norge	Active	Oslo, Norway	
☐	1944	24892	4B7	N801TJ	Pace Airlines	Active	Troutdale, OR	
☐	1946	24893	4B7	N449US	US Airways	Active	Pittsburgh, PA	
☐	1949	24959	406	PH-BDY	KLM Royal Dutch Airlines	Active	Amsterdam Schiphol, Netherlands	
☐	1954	24933	4B7	N450UW	US Airways	Active	Pittsburgh, PA	
☐	1956	24934	4B7	N451UW	US Airways	Active	Pittsburgh, PA	
☐	1959	24435	476	VH-TJJ	Qantas	Active	Sydney, Australia	
☐	1963	24692	4Y0	PK-LIR	Lion Airlines	Active	Jakarta CGK, Indonesia	
☐	1971	24705	4Q8	VT-SID	-	Parts Remain	Mumbai, India	
☐	1972	24693	4Y0	PK-LIS	Lion Airlines	Active	Jakarta CGK, Indonesia	
☐	1978	24903	4Y0	UR-VVN	Aerosvit Airlines	Active	Kiev Borispol, Ukraine	
☐	1980	24979	4B7	N452UW	US Airways	Active	Pittsburgh, PA	
☐	1982	24980	4B7	N453UW	US Airways	Active	Pittsburgh, PA	
☐	1986	24996	4B7	N454UW	US Airways	Active	Pittsburgh, PA	
☐	1988	24904	4Y0	EI-DDY	Transaero Airlines	Active	Moscow Domodedovo, Russia	
☐	1990	24997	4B7	N455UW	US Airways	Active	Pittsburgh, PA	

l/n	c/n	Model	Registration	Owner/Operator	Status	Location	Notes
1992	25020	4B7	N456UW	US Airways	Active	Pittsburgh, PA	
1995	25021	4B7	N457UW	US Airways	Active	Pittsburgh, PA	
1996	24706	4Q8	SP-LLI	LOT / Wind Rose Aviation	Active	Kiev Borispol, Ukraine	
1998	24436	476	VH-TJK	Qantas	Active	Sydney, Australia	
2009	24906	4Y0	EI-CWW	Air One	Active	Rome Fiumicino, Italy	
2010	25022	4B7	N458UW	US Airways	Active	Pittsburgh, PA	
2020	25023	4B7	N459UW	US Airways	Active	Pittsburgh, PA	
2026	25024	4B7	N460UW	US Airways	Active	Pittsburgh, PA	
2032	25063	408	SX-BGR	(Aegean Airlines)	Stored	Norwich, UK	
2033	24911	4Y0	PK-LIQ	Lion Airlines	Active	Jakarta CGK, Indonesia	
2036	25052	448	UR-VVL	Aerosvit Airlines	Active	Kiev Borispol, Ukraine	
2043	25147	4Z9	UR-GAO	Ukraine International Airlines	Active	Kiev Borispol, Ukraine	
2055	24915	4Y0	9M-MQQ	Malaysia Airlines	Active	Kuala Lumpur, Malaysia	
2057	24707	4Q8	VT-SIE	JetLite	Active	New Delhi, India	
2060	24232	42C	EI-CWE	Air One	Active	Rome Fiumicino, Italy	
2061	25116	4S3	ZS-OAF	Comair	Active	Johannesburg, South Africa	
2062	24813	42C	SX-BLM	Aegean Airlines	Active	Athens, Greece	
2064	24912	4Y0	EI-CWX	Air One	Active	Rome Fiumicino, Italy	
2071	24917	4Y0	HS-DDL	Nok Air	Active	Bangkok Suvarnabhumi, Thailand	
2076	24708	4Q8	PK-GWU	Garuda Indonesia	Active	Jakarta CGK, Indonesia	
2083	25134	4S3	PK-GZQ	Citilink Express	Active	Jakarta CGK, Indonesia	
2088	25262	46B	N252MQ	(BRA Airlines)	Stored	Greensboro, NC	
2104	25226	429	JA8933	Japan Transocean Air	Active	Okinawa Naha, Japan	
2106	25247	429	JA8931	Japan Transocean Air	Active	Okinawa Naha, Japan	
2107	24751	4B3	C-FLEJ	Flair Airlines	Active	Kelowna, BC, Canada	
2109	25313	484	SX-BKA	Olympic Airlines	Active	Athens, Greece	
2113	25321	4D7	HS-TDC	-	Written Off	Bangkok Don Muang, Thailand	
2115	24709	4Q8	SX-BKM	Olympic Airlines	Active	Athens, Greece	
2120	25248	429	JA8932	Japan Transocean Air	Active	Okinawa Naha, Japan	
2124	25314	484	SX-BKB	Olympic Airlines	Active	Athens, Greece	
2130	25361	484	SX-BKC	Olympic Airlines	Active	Athens, Greece	
2132	25355	406	PH-BDZ	KLM Royal Dutch Airlines	Active	Amsterdam Schiphol, Netherlands	
2132	25267	436	G-DOCA	British Airways	Active	London Gatwick, UK	
2137	25303	405	PK-YTE	Batavia Air	Active	Jakarta CGK, Indonesia	
2142	25362	484	SX-BKD	(Olympic Airlines)	Stored	Woensdrecht, Netherlands	
2144	25304	436	G-DOCB	British Airways	Active	London Gatwick, UK	
2147	25305	436	ZS-OTF	Comair / Kulula.com	Active	Johannesburg, South Africa	
2148	25348	405	LN-BRQ	SAS Norge	Active	Oslo, Norway	
2156	25349	436	OK-WGX	Czech Airlines (CSA)	Active	Prague, Czech Republic	
2160	25417	484	SX-BKE	(Olympic Airlines)	Stored	Woensdrecht, Netherlands	
2161	25412	406	PH-BTA	KLM Royal Dutch Airlines	Active	Amsterdam Schiphol, Netherlands	
2162	24437	476	VH-TJL	Qantas	Active	Sydney, Australia	
2167	25350	436	G-DOCE	British Airways	Active	London Gatwick, UK	
2171	24438	476	VH-TJM	Qantas	Active	Sydney, Australia	
2174	25430	484	SX-BKF	Olympic Airlines	Active	Athens, Greece	
2176	25177	4Y0	SX-BGQ	Aegean Airlines	Active	Athens, Greece	
2178	25407	436	G-DOCF	British Airways	Active	London Gatwick, UK	
2183	25408	436	G-DOCG	British Airways	Active	London Gatwick, UK	

l/n	c/n	Model	Registration	Owner/Operator	Status	Location
2184	25423	406	PH-BTB	KLM Royal Dutch Airlines	Active	Amsterdam Schiphol, Netherlands
2185	25428	436	G-DOCH	British Airways	Active	London Gatwick, UK
2188	25839	436	OK-WGY	Czech Airlines (CSA) / Nayzak Air	Active	Tripoli, Libya
2195	25371	4Q8	TC-SKG	Sky Airlines	Active	Antalya, Turkey
2197	25840	436	ZS-OTG	Comair / British Airways	Active	Johannesburg, South Africa
2199	25178	4Y0	EC-GNZ	(Futura)	Stored	Palma de Mallorca, Spain
2200	25424	406	PH-BTC	-	Written Off	Barcelona, Spain
2201	25180	4Y0	N251MD	(Futura)	Stored	Budapest, Hungary
2203	25181	4Y0	TC-JDG	Turkish Airlines	Active	Istanbul Ataturk, Turkey
2210	25168	4Q8	VP-BTA	Globus	Active	Novosibirsk, Russia
2215	25429	4C9	YR-BAD	Blue Air	Active	Bucharest, Romania
2217	25729	429	N42XA	Xtra Airways	Active	Myrtle Beach, SC
2219	26526	4B6	CN-RMX	Atlas Blue	Active	Casablanca Mohamed V, Morocco
2221	26279	4Q8	SX-BGS	(Aegean Airlines)	Stored	Shannon, Ireland
2222	25841	436	ZS-OTH	Comair	Active	Johannesburg, South Africa
2223	25594	4S3	PK-YVQ	Batavia Air	Active	Jakarta CGK, Indonesia
2227	25184	4Y0	TC-JDH	Turkish Airlines / B&H Airlines	Active	Sarajevo, Bosnia
2228	25842	436	G-DOCL	British Airways	Active	London Gatwick, UK
2233	25595	4S3	SX-BGJ	Aegean Airlines	Active	Athens, Greece
2237	25169	4Q8	N483JC	(Binter Canarias)	Stored	Cairo, Egypt
2239	26280	4Q8	N129AC	(Aerosvit Airlines)	Stored	Doha, Qatar
2244	25843	436	N843BB	Sundowner LLC	Active	Oklahoma City, OK
2249	26437	4C9	UR-GAV	Ukraine International Airlines	Active	Kiev Borispol, Ukraine
2255	25596	4S3	EI-CXK	Transaero Airlines	Active	Moscow Domodedovo, Russia
2256	25190	4Y0	UR-GAM	Ukraine International Airlines	Active	Kiev Borispol, Ukraine
2258	25261	4Y0	TC-JDT	AnadoluJet	Active	Istanbul Ataturk, Turkey
2264	25163	4Q8	TC-SKE	Sky Airlines	Active	Antalya, Turkey
2265	24439	476	ZK-JTR	Jetconnect	Active	Christchurch, New Zealand
2266	25095	4Q8	N754AS	Alaska Airlines	Active	Seattle Tacoma, WA
2269	25736	448	UR-VVM	Aerosvit Airlines	Active	Kiev Borispol, Ukraine
2270	24814	4Y0	EI-CWF	Air One	Active	Rome Fiumicino, Italy
2272	26443	4H6	9M-MMA	Malaysia Airlines	Active	Kuala Lumpur, Malaysia
2278	25096	4Q8	N755AS	Alaska Airlines	Active	Seattle Tacoma, WA
2280	25372	4Q8	TC-SKD	Sky Airlines	Active	Antalya, Turkey
2281	27074	4K5	EI-CUN	Blue Panorama Airlines	Active	Rome Fiumicino, Italy
2284	26065	4Y0	HS-DDM	(Nok Air)	Stored	Kuala Lumpur, Malaysia
2299	25097	4Q8	N756AS	Alaska Airlines	Active	Seattle Tacoma, WA
2301	26066	4Y0	UR-GAX	Ukraine International Airlines	Active	Kiev Borispol, Ukraine
2308	26444	4H6	9M-MMB	Malaysia Airlines	Active	Kuala Lumpur, Malaysia
2311	27000	430	SX-BKX	Olympic Airlines	Active	Athens, Greece
2314	25764	48E	SX-BKU	Olympic Airlines	Active	Athens, Greece
2316	27001	430	EI-COH	(Air One)	Stored	Rome Fiumicino, Italy
2318	26611	4D7	HS-TDD	Nok Air	Active	Bangkok Suvarnabhumi, Thailand
2320	25098	4Q8	N760AS	Alaska Airlines	Active	Seattle Tacoma, WA
2323	27002	430	EI-COI	(Air One)	Stored	Rome Fiumicino, Italy
2324	24440	476	VH-TJO	Qantas	Active	Sydney, Australia
2328	27003	430	EI-COK	(Air One)	Stored	Rome Fiumicino, Italy
2330	26612	4D7	HS-TDE	Nok Air	Active	Bangkok Suvarnabhumi, Thailand

l/n	c/n	Model	Registration	Owner/Operator	Status	Location	Notes
2332	26453	4H6	9M-MMC	Malaysia Airlines	Active	Kuala Lumpur, Malaysia	
2334	25099	4Q8F	N762AS	Alaska Airlines	Active	Seattle Tacoma, WA	
2335	25765	48E	SX-BMD	Olympic Airlines	Active	Athens, Greece	
2338	26613	4D7	HS-TDF	Thai Airways International	Active	Bangkok Suvarnabhumi, Thailand	
2340	26464	4H6	9M-MMD	Malaysia Airlines	Active	Kuala Lumpur, Malaysia	
2344	27004	430	TC-SKB	Sky Airlines / Sama Airlines	Active	Riyadh, Saudi Arabia	
2346	25100	4Q8	N763AS	Alaska Airlines	Active	Seattle Tacoma, WA	
2348	25101	4Q8F	N764AS	Alaska Airlines	Active	Seattle Tacoma, WA	
2350	25102	4Q8F	N765AS	Alaska Airlines	Active	Seattle Tacoma, WA	
2352	26069	4Y0	JA737E	Skynet Asia Airways	Active	Miyazaki, Japan	
2354	27081	490	N767AS	Alaska Airlines	Active	Seattle Tacoma, WA	
2356	27082	490	N768AS	Alaska Airlines	Active	Seattle Tacoma, WA	
2359	27005	430	EI-COJ	Air One	Active	Rome Fiumicino, Italy	
2361	26071	4Y0	VP-BAN	S7 Airlines	Active	Novosibirsk, Russia	
2362	26465	4H6	9M-MME	Malaysia Airlines / Angel Air	Active	Bangkok Suvarnabhumi, Thailand	
2363	24441	476	ZK-JTP	Jetconnect	Active	Christchurch, New Zealand	
2367	27007	430	D-AGMR	Air One	Active	Rome Fiumicino, Italy	
2371	24442	476	ZK-JTQ	Jetconnect	Active	Christchurch, New Zealand	
2372	26466	4H6	9M-MMF	Malaysia Airlines	Active	Kuala Lumpur, Malaysia	
2375	26073	4Y0	TC-TJE	Corendon Airlines	Active	Istanbul Ataturk, Turkey	
2376	26074	4Y0	TC-JES	-	Written Off	Nr Van, Turkey	
2378	26467	4H6	9M-MMG	Malaysia Airlines	Active	Kuala Lumpur, Malaysia	
2379	25848	436	G-DOCN	British Airways	Active	London Gatwick, UK	
2380	26281	4Q8	SX-BKN	Olympic Airlines	Active	Athens, Greece	
2381	25849	436	G-DOCO	British Airways	Active	London Gatwick, UK	
2382	25663	497	PK-GZA	Garuda Indonesia	Active	Jakarta CGK, Indonesia	
2386	25850	436	VN-A194	Jetstar Pacific	Active	Ho Chi Minh City, Vietnam	
2387	25851	436	EI-DMR	Air One	Active	Rome Fiumicino, Italy	
2390	25852	436	G-DOCS	British Airways	Active	London Gatwick, UK	
2391	27084	4H6	9M-MMH	Malaysia Airlines	Active	Kuala Lumpur, Malaysia	
2393	25664	497	PK-GZC	-	Written Off	Yogyakarta, Indonesia	
2394	27102	4K5	JA8930	Japan Transocean Air	Active	Okinawa Naha, Japan	
2395	27096	4H6	9M-MMI	Malaysia Airlines	Active	Kuala Lumpur, Malaysia	
2398	24443	476	VH-TJR	Qantas	Active	Sydney, Australia	
2399	27097	4H6	9M-MMJ	Malaysia Airlines	Active	Kuala Lumpur, Malaysia	
2403	27083	4H6	9M-MMK	Malaysia Airlines	Active	Kuala Lumpur, Malaysia	
2407	27085	4H6	9M-MML	Malaysia Airlines	Active	Kuala Lumpur, Malaysia	
2409	25853	436	G-DOCT	British Airways	Active	London Gatwick, UK	
2410	27166	4H6	9M-MMM	Malaysia Airlines	Active	Kuala Lumpur, Malaysia	
2416	26285	4Q8	N587BC	(Futura)	Stored	Cairo, Egypt	
2417	25854	436	G-DOCU	British Airways	Active	London Gatwick, UK	
2419	27167	4H6	9M-MMN	Malaysia Airlines	Active	Kuala Lumpur, Malaysia	
2420	25855	436	G-DOCV	British Airways	Active	London Gatwick, UK	
2422	25856	436	G-DOCW	British Airways	Active	London Gatwick, UK	
2425	26077	4Y0	TC-JET	(AnadoluJet)	Stored	Istanbul Ataturk, Turkey	
2426	27086	4H6	ZS-OAV	Comair / British Airways	Active	Johannesburg, South Africa	
2431	26078	4Y0	TC-TJF	Corendon Airlines	Active	Istanbul Ataturk, Turkey	
2432	27094	4Z9	UR-GAP	Ukraine International Airlines	Active	Kiev Borispol, Ukraine	

Boeing 737-400

l/n	c/n	Model	Registration	Owner/Operator	Status	Location	Notes
2435	27168	4H6	ZS-OAG	Comair	Active	Johannesburg, South Africa	
2441	27087	4H6	9M-MMQ	Malaysia Airlines	Active	Kuala Lumpur, Malaysia	
2442	26081	4Y0	UR-GAR	Ukraine International Airlines	Active	Kiev Borispol, Ukraine	
2445	26468	4H6	9M-MMR	Malaysia Airlines	Active	Kuala Lumpur, Malaysia	
2447	25164	4Q8	SP-LLL	LOT Polish Airlines	Active	Warsaw, Poland	
2450	27169	4H6	9M-MMS	Malaysia Airlines	Active	Kuala Lumpur, Malaysia	
2451	25857	436	G-DOCX	British Airways	Active	London Gatwick, UK	
2452	25103	4Q8	N769AS	Alaska Airlines	Active	Seattle Tacoma, WA	
2453	26531	4B6	CN-RNA	Atlas Blue	Active	Casablanca Mohamed V, Morocco	
2454	24444	476	VH-TJS	Qantas	Active	Sydney, Australia	
2457	27143	42J	SX-BMC	Olympic Airlines	Active	Athens, Greece	
2458	27131	45D	SP-LLA	(Centralwings)	Stored	Warsaw, Poland	
2461	25740	4Q8	SP-LLK	LOT Polish Airlines	Active	Warsaw, Poland	
2462	27170	4H6	9M-MMT	Malaysia Airlines	Active	Kuala Lumpur, Malaysia	
2465	27171	46J	VP-BQG	Globus	Active	Novosibirsk, Russia	
2468	26085	4Y0	TC-JEV	AnadoluJet	Active	Istanbul Ataturk, Turkey	
2471	27149	484	SX-BKG	Olympic Airlines	Active	Athens, Greece	
2475	26086	4Y0	TC-JEY	AnadoluJet	Active	Istanbul Ataturk, Turkey	
2476	25104	4Q8	N771AS	Alaska Airlines	Active	Seattle Tacoma, WA	
2479	26447	4H6	9M-MMU	Malaysia Airlines	Active	Kuala Lumpur, Malaysia	
2481	26614	4D7	HS-TDG	Thai Airways International	Active	Bangkok Suvarnabhumi, Thailand	
2482	26290	4Q8	UR-VVP	Aerosvit Airlines	Active	Kiev Borispol, Ukraine	
2483	26960	4L7	ZS-OAA	Comair / British Airways	Active	Johannesburg, South Africa	
2486	26289	4Q8	VN-A192	Jetstar Pacific	Active	Ho Chi Minh City, Vietnam	
2487	26088	4Y0	TC-JEZ	AnadoluJet	Active	Istanbul Ataturk, Turkey	
2491	26449	4H6	9M-MMV	Malaysia Airlines	Active	Kuala Lumpur, Malaysia	
2492	27156	45D	SP-LLB	LOT - Polish Airlines	Active	Warsaw, Poland	
2496	26451	4H6	9M-MMW	Malaysia Airlines	Active	Kuala Lumpur, Malaysia	
2501	26452	4H6	9M-MMX	Malaysia Airlines	Active	Kuala Lumpur, Malaysia	
2502	27157	45D	SP-LLC	LOT - Polish Airlines	Active	Warsaw, Poland	
2505	25105	4Q8	N772AS	Alaska Airlines	Active	Seattle Tacoma, WA	
2507	26455	4H6	9M-MMY	Malaysia Airlines	Active	Kuala Lumpur, Malaysia	
2513	26291	4Q8	TC-SKF	Sky Airlines	Active	Antalya, Turkey	
2514	25844	436	G-DOCY	British Airways	Active	London Gatwick, UK	
2517	26961	4L7	VH-TJW	Qantas	Active	Sydney, Australia	
2518	25106	4Q8	N773AS	Alaska Airlines	Active	Seattle Tacoma, WA	
2521	26457	4H6	9M-MMZ	Malaysia Airlines	Active	Kuala Lumpur, Malaysia	
2522	25858	436	G-DOCZ	British Airways	Active	London Gatwick, UK	
2525	26458	4H6	9M-MQA	Malaysia Airlines	Active	Kuala Lumpur, Malaysia	
2526	25107	4Q8	N774AS	Alaska Airlines	Active	Seattle Tacoma, WA	
2530	26459	4H6	9M-MQB	Malaysia Airlines	Active	Kuala Lumpur, Malaysia	
2531	25713	4U3	PK-GWK	Garuda Indonesia	Active	Jakarta CGK, Indonesia	
2532	25859	436	G-GBTA	British Airways	Active	London Gatwick, UK	
2533	26460	4H6	9M-MQC	Malaysia Airlines	Active	Kuala Lumpur, Malaysia	
2535	25714	4U3	PK-GWL	Garuda Indonesia	Active	Jakarta CGK, Indonesia	
2536	26461	4H6	9M-MQD	Malaysia Airlines	Active	Kuala Lumpur, Malaysia	
2537	25715	4U3	PK-GWM	Garuda Indonesia	Active	Jakarta CGK, Indonesia	
2539	24445	476	VH-TJT	Qantas	Active	Sydney, Australia	

l/n	c/n	Model	Registration	Owner/Operator	Status	Location	Notes
2540	25716	4U3	PK-GWN	Garuda Indonesia	Active	Jakarta CGK, Indonesia	
2542	26462	4H6	9M-MQE	Malaysia Airlines	Active	Kuala Lumpur, Malaysia	
2543	25766	48E	B-2990	Hainan Airlines	Active	Haikou, China	
2545	25860	436	G-GBTB	British Airways	Active	London Gatwick, UK	
2546	25717	4U3	PK-GWO	Garuda Indonesia	Active	Jakarta CGK, Indonesia	
2548	25718	4U3	PK-GWP	Garuda Indonesia	Active	Jakarta CGK, Indonesia	
2549	25719	4U3	PK-GWQ	Garuda Indonesia	Active	Jakarta CGK, Indonesia	
2551	25108	4Q8	N775AS	Alaska Airlines	Active	Seattle Tacoma, WA	
2560	26463	4H6	9M-MQF	Malaysia Airlines	Active	Kuala Lumpur, Malaysia	
2561	25109	4Q8	N776AS	(Alaska Airlines)	Stored	Victorville, CA	
2562	25374	4Q8	TC-TJC	Corendon Airlines	Active	Antalya, Turkey	
2563	26320	4Q8	HL7592	Asiana Airlines	Active	Seoul, South Korea	
2564	26298	4Q8	EI-CUD	Blue Panorama Airlines	Active	Rome Fiumicino, Italy	
2568	27190	4H6	9M-MQG	Malaysia Airlines	Active	Kuala Lumpur, Malaysia	
2569	24446	476	VH-TJU	Qantas	Active	Sydney, Australia	
2584	26529	4B6	CN-RNC	Atlas Blue	Active	Casablanca Mohamed V, Morocco	
2585	27213	46J	N213TH	(Jetairfly)	Stored	Brussels, Belgium	
2586	25110	4Q8	N778AS	Alaska Airlines	Active	Seattle Tacoma, WA	
2588	26530	4B6	CN-RND	Atlas Blue	Active	Casablanca Mohamed V, Morocco	
2589	27256	45D	SP-LLD	LOT - Polish Airlines	Active	Warsaw, Poland	
2591	27232	406	PH-BTF	KLM Royal Dutch Airlines	Active	Amsterdam Schiphol, Netherlands	
2598	25375	4Q8	TC-TJD	Corendon Airlines / Sun Air	Active	Khartoum, Sudan	
2601	27233	406	PH-BTG	KLM Royal Dutch Airlines	Active	Amsterdam Schiphol, Netherlands	
2602	26299	4Q8	HL7527	Asiana Airlines	Active	Seoul, South Korea	
2604	26300	4Q8	EI-DXC	Air One	Active	Rome Fiumicino, Italy	
2605	25111	4Q8	N779AS	Alaska Airlines	Active	Seattle Tacoma, WA	
2618	26603	4Q3	JA8523	Japan Transocean Air	Active	Okinawa Naha, Japan	
2620	26302	4Q8	SE-RJA	Tor Air	Active	Gothenburg, Sweden	
2624	27352	4H6	PK-YVS	Batavia Air	Active	Jakarta CGK, Indonesia	
2632	27353	4H6	9M-MQI	Malaysia Airlines	Active	Kuala Lumpur, Malaysia	
2638	25112	4Q8	TC-TLC	Tailwind Airlines	Active	Istanbul Sabia Gokcen, Turkey	
2653	26306	4Q8	4L-TGT	Georgian Airways	Active	Tbilisi, Georgia	
2656	25113	4Q8	VQ-BAN	Aeroflot-Don	Active	Rostov-on-Don, Russia	
2657	27383	4H6	VN-A190	Jetstar Pacific	Active	Ho Chi Minh City, Vietnam	
2665	26308	4Q8	SX-BGV	Aegean Airlines	Active	Athens, Greece	
2666	25114	4Q8	N783AS	(Alaska Airlines)	Stored	Goodyear, AZ	For Aeroflot-Don
2670	27830	4K5	JA8934	Japan Transocean Air	Active	Okinawa Naha, Japan	
2673	27384	4H6	9M-MQK	Malaysia Airlines	Active	Kuala Lumpur, Malaysia	
2676	27191	4H6	PK-YVT	Batavia Air	Active	Jakarta CGK, Indonesia	
2677	27831	4K5	JY-RUF	Royal Falcon Air Services	Active	Amman, Jordan	
2684	26604	4Q3	JA8524	Japan Transocean Air	Active	Okinawa Naha, Japan	
2685	27306	4H6	VN-A191	Jetstar Pacific	Active	Ho Chi Minh City, Vietnam	
2689	25376	4Q8	EI-DXG	Air One	Active	Rome Fiumicino, Italy	
2694	27826	46J	D-ABRE	Bremenfly	Active	Bremen, Germany	
2698	27906	4Z6	HS-CMV	Thai Airways International	Active	Bangkok Suvarnabhumi, Thailand	
2711	26316	4K5	PK-GWT	Garuda Indonesia	Active	Jakarta CGK, Indonesia	
2717	25377	4Q8	SX-BKT	Olympic Airlines	Active	Athens, Greece	
2718	27916	446	JA8991	JAL Express	Active	Tokyo Haneda, Japan	

l/n	c/n	Model	Registration	Owner/Operator	Status	Location	Notes
2729	27917	446	JA8992	JAL Express	Active	Tokyo Haneda, Japan	
2732	25378	4Q8	TC-JEP	-	Written Off	Nr Ceyhan, Turkey	
2733	27678	4B6	CN-RNF	-	Written Off	Oujdo, Morocco	
2752	26605	4Q3	JA8525	Japan Transocean Air	Active	Okinawa Naha, Japan	
2773	28150	476	VH-TJX	Qantas	Active	Sydney, Australia	
2782	26334	4Q8	B-2965	Hainan Airlines	Active	Haikou, China	
2785	28151	476	VH-TJY	Qantas	Active	Sydney, Australia	
2791	25772	48E	HL7508	Asiana Airlines	Active	Seoul, South Korea	
2793	26335	4Q8	B-2967	Hainan Airlines	Active	Haikou, China	
2794	28038	46J	9M-MQP	Malaysia Airlines	Active	Kuala Lumpur, Malaysia	
2801	28271	46J(F)	B-2892	China Postal Airlines	Active	Tianjin, China	
2802	28334	46J(F)	B-2891	China Postal Airlines	Active	Tianjin, China	
2804	27914	45D	SP-LLE	LOT Polish Airlines	Active	Warsaw, Poland	
2806	28198	48E	N752MA	Miami Air International	Active	Miami, FL	
2811	26337	4Q8	B-2970	Hainan Airlines	Active	Haikou, China	
2812	28087	446	JA8993	JAL Express	Active	Tokyo Haneda, Japan	
2816	25771	48E	HL7510	Asiana Airlines	Active	Seoul, South Korea	
2826	28199	4Q8	N784AS	Alaska Airlines	Active	Seattle Tacoma, WA	
2827	28489	43Q	OO-VEP	Brussels Airlines	Active	Brussels, Belgium	
2829	28152	476	VH-TJZ	Qantas	Active	Sydney, Australia	
2830	28490	43Q	VN-A189	Jetstar Pacific	Active	Ho Chi Minh City, Vietnam	
2832	28491	43Q	VT-SJC	JetLite	Active	New Delhi, India	
2833	28881	49R	EI-DOS	Air One	Active	Rome Fiumicino, Italy	
2837	28492	43Q	JA737F	Skynet Asia Airways	Active	Miyazaki, Japan	
2838	28493	43Q	OO-VES	Brussels Airlines	Active	Brussels, Belgium	
2839	28494	43Q	SX-BTN	Aegean Airlines	Active	Athens, Greece	
2844	28549	46M	OK-CGT	Czech Airlines (CSA)	Active	Prague, Czech Republic	
2845	28882	49R	TC-SKM	Sky Airlines	Active	Antalya, Turkey	
2847	28550	46M	JA392K	Air DO	Active	Hokkaido, Japan	
2848	27630	48E	HL7511	Asiana Airlines	Active	Seoul, South Korea	
2852	27673	4H6	9M-MQN	Malaysia Airlines	Active	Kuala Lumpur, Malaysia	
2857	27632	48E	EI-DOV	Air One	Active	Rome Fiumicino, Italy	
2858	27628	4Q8	N785AS	Alaska Airlines	Active	Seattle Tacoma, WA	
2860	25776	48E	HL7513	Asiana Airlines	Active	Seoul, South Korea	
2867	25795	405	LN-BUF	SAS Norge	Active	Oslo, Norway	
2874	28752	45D	SP-LLF	LOT Polish Airlines	Active	Warsaw, Poland	
2877	27674	4H6	9M-MQO	Malaysia Airlines	Active	Kuala Lumpur, Malaysia	
2879	28867	46J	OO-JAM	TUI Airlines Belgium / Jet4you	Active	Brussels, Belgium	
2886	28723	46N	YR-BAE	Blue Air	Active	Bucharest, Romania	
2891	28885	490	N788AS	Alaska Airlines	Active	Seattle Tacoma, WA	
2895	28753	45D	SP-LLG	LOT Charters	Active	Warsaw, Poland	
2898	26606	4Q3	JA8526	Japan Transocean Air	Active	Okinawa Naha, Japan	
2902	28886	490	N791AS	Alaska Airlines	Active	Seattle Tacoma, WA	
2903	28887	490	N792AS	Alaska Airlines	Active	Seattle Tacoma, WA	
2905	25773	48E	TC-SGD	Saga Airlines	Active	Istanbul Ataturk, Turkey	
2907	28097	446	JA8994	JAL Express	Active	Osaka, Japan	
2909	25774	48E	HL7517	Asiana Airlines	Active	Seoul, South Korea	
2910	28661	46Q	PK-GZP	Garuda Indonesia	Active	Jakarta CGK, Indonesia	

l/n	c/n	Model	Registration	Owner/Operator	Status	Location	Notes
2911	28831	446	JA8995	JAL Express	Active	Osaka, Japan	
2922	28663	46Q	B-2987	China Xinhua Airlines	Active	Beijing, China	
2925	25775	48E	TC-SGE	Saga Airlines / Air Algerie	Active	Algiers, Algeria	
2939	28758	46Q	B-2989	China Xinhua Airlines	Active	Beijing, China	
2943	29032	45R	B-2893	China Postal Airlines / EMS	Active	Singapore Changi	
2953	28832	446	JA8996	JAL Express	Active	Osaka, Japan	
2954	28053	48E	N753MA	Miami Air International	Active	Miami, FL	
2962	28703	4D7	HS-TDH	Thai Airways International	Active	Bangkok Suvarnabhumi, Thailand	
2963	29033	45R	VT-JAS	Jet Airways	Active	Mumbai, India	
2968	28704	4D7	HS-TDJ	Thai Airways International	Active	Bangkok Suvarnabhumi, Thailand	
2977	28701	4D7	HS-TDK	Thai Airways International	Active	Bangkok Suvarnabhumi, Thailand	
2978	28702	4D7	HS-TDL	(Thai Airways International)	Stored	Bangkok Suvarnabhumi, Thailand	
2981	28759	46Q	B-2993	China Xinhua Airlines	Active	Beijing, China	
2990	28888	490	N793AS	Alaska Airlines	Active	Seattle Tacoma, WA	
2997	29107	42R	TC-APD	Pegasus	Active	Istanbul Ataturk, Turkey	
3000	28889	490	N794AS	Alaska Airlines	Active	Seattle Tacoma, WA	
3006	28890	490	N795AS	Alaska Airlines	Active	Seattle Tacoma, WA	
3009	28202	4Q8	OO-VET	Brussels Airlines	Active	Brussels, Belgium	
3014	28473	45S	OK-TEH	Czech Airlines (CSA)	Active	Prague, Czech Republic	
3015	29034	45R	VT-JAT	Jet Airways	Active	Mumbai, India	
3018	29201	4M0	JA737V	Skynet Asia Airways	Active	Miyazaki, Japan	
3025	29202	4M0	JA737W	Skynet Asia Airways	Active	Miyazaki, Japan	
3027	28891	490	N796AS	Alaska Airlines	Active	Seattle Tacoma, WA	
3028	28474	45S	OK-DGN	Czech Airlines (CSA)	Active	Prague, Czech Republic	
3033	29000	43Q	JA737A	Skynet Asia Airways	Active	Miyazaki, Japan	
3036	28892	490	N797AS	Alaska Airlines	Active	Seattle Tacoma, WA	
3038	29270	490	N799AS	Alaska Airlines	Active	Seattle Tacoma, WA	
3039	28893	490	N703AS	Alaska Airlines	Active	Seattle Tacoma, WA	
3040	29001	43Q	JA737B	Skynet Asia Airways	Active	Miyazaki, Japan	
3042	29318	490	N705AS	Alaska Airlines	Active	Seattle Tacoma, WA	
3043	27660	4Q3	JA8597	Japan Transocean Air	Active	Okinawa Naha, Japan	
3044	28994	446	JA8998	JAL Express	Active	Osaka, Japan	
3046	29035	45R	VT-JBA	China Postal Airlines / EMS	Active	Singapore Changi	To be reg B-
3049	29203	4M0	PK-GZH	Garuda Indonesia	Active	Jakarta CGK, Indonesia	
3050	28894	490	N706AS	Alaska Airlines	Active	Seattle Tacoma, WA	
3051	29204	4M0	PK-GZI	Garuda Indonesia	Active	Jakarta CGK, Indonesia	
3056	29205	4M0	PK-GZJ	Garuda Indonesia	Active	Jakarta CGK, Indonesia	
3058	29206	4M0	PK-GZK	Garuda Indonesia	Active	Jakarta CGK, Indonesia	
3067	29914	44P	B-2501	Hainan Airlines	Active	Haikou, China	
3078	29207	4M0	PK-GZL	Garuda Indonesia	Active	Jakarta CGK, Indonesia	
3081	29208	4M0	PK-GZM	Garuda Indonesia	Active	Jakarta CGK, Indonesia	
3085	29485	4Q3	JA8938	Japan Transocean Air	Active	Okinawa Naha, Japan	
3087	29209	4M0	PK-GZN	Garuda Indonesia	Active	Jakarta CGK, Indonesia	
3088	29486	4Q3	JA8939	Japan Transocean Air	Active	Okinawa Naha, Japan	
3091	29210	4M0	PK-GZO	Garuda Indonesia	Active	Jakarta CGK, Indonesia	
3098	28895	490	N708AS	Alaska Airlines	Active	Seattle Tacoma, WA	
3099	28896	490(SF)	N709AS	Alaska Airlines	Active	Seattle Tacoma, WA	
3103	28476	45S	OK-EGP	Czech Airlines (CSA)	Active	Prague, Czech Republic	

Boeing 737-400

l/n	c/n	Model	Registration	Owner/Operator	Status	Location	Notes
3106	29915	44P	B-2576	Hainan Airlines	Active	Haikou, China	
3110	30161	490	N713AS	Alaska Airlines	Active	Seattle Tacoma, WA	
3111	29864	446	JA8999	JAL Express	Active	Tokyo Haneda, Japan	
3122	29487	4Q3	JA8940	Japan Transocean Air	Active	Okinawa Naha, Japan	
3131	28477	45S	OK-FGR	Czech Airlines (CSA)	Active	Prague, Czech Republic	
3132	28478	45S	OK-FGS	Czech Airlines (CSA)	Active	Prague, Czech Republic	

Cross Reference

Registration	l/n	c/n	Registration	l/n	c/n	Registration	l/n	c/n	Registration	l/n	c/n
90409	1867	24866	9M-MQM	2685	27306	D-AHLS	2281	27074	EC-JNU	2416	26285
4L-TGT	2653	26306	9M-MQM	2685	27306	D-AHLT	2670	27830	EC-JSJ	1697	24126
55-555	2698	27906	9M-MQN	2852	27673	D-AHLU	2677	27831	EC-JSS	1715	24128
5B-DBG	1824	24682	9M-MQO	2877	27674	D-AYAA	2694	27826	EC-KBO	1647	23870
5N-BIZ	1845	24558	9M-MQP	2794	28038	D-AYAB	2794	28038	EC-KDZ	2694	27826
5N-BJA	1931	24873	9M-MQQ	2055	24915	D-AYAC	2879	28867	EC-KGM	1757	24494
99-999	1867	24866	B-10001	2837	28492	EC-239	1661	23979	EC-KKJ	1847	24559
9H-ADJ	2632	27353	B-18671	2827	28489	EC-251	1678	23981	EC-KNS	1885	24690
9H-ADK	2852	27673	B-18672	2830	28490	EC-308	1731	24345	EC-KRD	1697	24126
9H-ADL	2877	27674	B-18673	2832	28491	EC-308	1885	24690	EC-KTM	1705	24352
9H-ADO	2328	27003	B-18675	2837	28492	EC-309	1679	24124	EC-KUI	2201	25180
9M-MJA	1828	24703	B-18676	2838	28493	EC-348	2201	25180	EC-LAV	1705	24352
9M-MJB	1855	24704	B-18677	2839	28494	EC-401	1805	24545	EI-	1639	23869
9M-MJC	1971	24705	B-2501	3067	29914	EC-402	1859	24685	EI-BXA	1742	24474
9M-MJD	1996	24706	B-2576	3106	29915	EC-403	1883	24689	EI-BXB	1788	24521
9M-MJE	2057	24707	B-2891	2802	28334	EC-603	1885	24690	EI-BXC	1850	24773
9M-MJF	2076	24708	B-2892	2801	28271	EC-644	1996	24706	EI-BXD	1867	24866
9M-MJG	2115	24709	B-2892	3046	29035	EC-645	2057	24707	EI-BXI	2036	25052
9M-MJH	1861	24686	B-2893	2943	29032	EC-655	1679	24124	EI-BXK	2269	25736
9M-MJI	1876	24688	B-2960	1866	24332	EC-657	2522	25858	EI-CBT	1963	24692
9M-MJJ	1700	24163	B-2965	2782	26334	EC-737	1824	24682	EI-CEU	1731	24345
9M-MJK	1824	24682	B-2967	2793	26335	EC-738	1876	24688	EI-CEV	1661	23979
9M-MJL	1723	24344	B-2969	1589	23866	EC-772	1861	24686	EI-CEW	1678	23981
9M-MJM	1972	24693	B-2970	2811	26337	EC-850	2009	24906	EI-CFS	2284	26065
9M-MJN	1978	24903	B-2987	2922	28663	EC-851	2064	24912	EI-CIX	2033	24911
9M-MJO	2009	24906	B-2989	2939	28758	EC-936	2201	25180	EI-CMO	1589	23866
9M-MJP	2055	24915	B-2990	2543	25766	EC-991	2256	25190	EI-CNE	2061	25116
9M-MJQ	2064	24912	B-2993	2981	28759	EC-997	2061	25116	EI-CNF	2201	25180
9M-MJR	1901	24683	C2-RN10	2483	26960	EC-EMI	1661	23979	EI-COH	2316	27001
9M-MJS	1904	24691	C2-RN11	2517	26961	EC-EMY	1678	23981	EI-COI	2323	27002
9M-MJT	2055	24915	CC-CBD	1757	24494	EC-EPN	1731	24345	EI-COJ	2359	27005
9M-MLA	1702	24164	C-FLEJ	2107	24751	EC-ETB	1805	24545	EI-COK	2328	27003
9M-MLB	1736	24167	C-FLER	1844	24573	EC-EVE	1859	24685	EI-COU	1885	24690
9M-MLC	1582	23865	C-FVNC	1723	24344	EC-EXY	1883	24689	EI-CPU	2344	27004
9M-MLD	1912	24434	C-GATJ	1723	24344	EC-FBP	1885	24690	EI-CRC	1679	24124
9M-MLE	1879	24432	C-GBIW	2844	28549	EC-FLD	2201	25180	EI-CUA	1854	24901
9M-MLF	2061	25116	C-GBIX	2847	28550	EC-FMJ	2256	25190	EI-CUD	2564	26298
9M-MLG	2233	25595	CN-REB	1759	24511	EC-FXJ	2522	25858	EI-CUN	2281	27074
9M-MLH	2083	25134	CN-RMF	1880	24807	EC-FXP	1996	24706	EI-CVN	1841	24684
9M-MLI	1723	24344	CN-RMG	1888	24808	EC-FXQ	2057	24707	EI-CVO	2223	25594
9M-MLJ	2223	25594	CN-RMX	2219	26526	EC-FYG	1679	24124	EI-CVP	2442	26081
9M-MLK	2137	25303	CN-RNA	2453	26531	EC-FZT	1876	24688	EI-CWE	2060	24232
9M-MLL	1938	24644	CN-RNC	2584	26529	EC-FZX	1824	24682	EI-CWF	2270	24814
9M-MMA	2272	26443	CN-RND	2588	26530	EC-FZZ	1861	24686	EI-CWW	2009	24906
9M-MMB	2308	26444	CN-RNE	2733	27678	EC-GAZ	2009	24906	EI-CWX	2064	24912
9M-MMC	2332	26453	CN-RNF	2733	27678	EC-GFE	2061	25116	EI-CXI	2910	28661
9M-MMD	2340	26464	CN-RPA	1916	24750	EC-GHF	1679	24124	EI-CXJ	2447	25164
9M-MME	2362	26465	CN-RPB	2107	24751	EC-GHK	1885	24690	EI-CXK	2255	25596
9M-MMF	2372	26466	CN-RPC	1687	24125	EC-GHT	2201	25180	EI-CXL	2677	27831
9M-MMG	2378	26467	CS-TGW	1678	23981	EC-GNB	2064	24912	EI-CXL	2886	28723
9M-MMH	2391	27084	CS-TGZ	2832	28491	EC-GNC	1679	24124	EI-CXM	2620	26302
9M-MMI	2395	27096	D-ABAB	1839	24769	EC-GNZ	2199	25178	EI-CXW	1665	24070
9M-MMJ	2399	27097	D-ABAC	1865	24687	EC-GOA	2061	25116	EI-CZG	2461	25740
9M-MMK	2403	27083	D-ABAD	2199	25178	EC-GOB	2201	25180	EI-CZK	1781	24519
9M-MML	2407	27085	D-ABAE	2465	27111	EC-GPI	2910	28661	EI-DDK	1720	24165
9M-MMM	2410	27166	D-ABAF	2442	26081	EC-GRX	1663	24123	EI-DDY	1988	24904
9M-MMN	2419	27167	D-ABAG	2585	27213	EC-GUG	2061	25116	EI-DFD	1700	24163
9M-MMO	2426	27086	D-ABAH	2694	27826	EC-GUI	1885	24690	EI-DFE	1702	24164
9M-MMP	2435	27168	D-ABAI	2794	28038	EC-GUO	2416	26285	EI-DFF	1736	24167
9M-MMQ	2441	27087	D-ABAJ	2201	25180	EC-GVB	1883	24689	EI-DGD	2311	27000
9M-MMR	2445	26468	D-ABAK	2801	28271	EC-GXR	1859	24685	EI-DGL	2465	27171
9M-MMS	2450	27169	D-ABAL	2802	28334	EC-GYK	1876	24688	EI-DGM	2249	26437
9M-MMT	2462	27170	D-ABAM	2879	28867	EC-HAN	2461	25740	EI-DGN	2215	25429
9M-MMU	2479	26447	D-ABCC	2088	25262	EC-HBT	1805	24545	EI-DMR	2387	25851
9M-MMU	2479	26447	D-ABKA	2311	27000	EC-HBZ	2201	25180	EI-DNM	1722	24166
9M-MMV	2491	26449	D-ABKB	2316	27001	EC-HCN	1824	24682	EI-DOR	1883	24689
9M-MMW	2496	26451	D-ABKC	2323	27002	EC-HCP	1679	24124	EI-DOS	2833	28881
9M-MMX	2501	26452	D-ABKD	2328	27003	EC-HME	1679	24124	EI-DOV	2857	27632
9M-MMY	2507	26455	D-ABKF	2344	27004	EC-HNB	2239	26280	EI-DXC	2604	26300
9M-MMZ	2521	26457	D-ABKK	2359	27005	EC-HVY	1885	24690	EI-DXG	2689	25376
9M-MQA	2525	26458	D-ABKL	2367	27007	EC-HXT	1839	24769	EI-DXO	2694	27826
9M-MQB	2530	26459	D-ABRE	2694	27826	EC-IFN	1679	24124	EI-PAM	1635	24069
9M-MQC	2533	26460	D-AGMR	2367	27007	EC-IHI	2083	25134	EI-TVA	2827	28489
9M-MQD	2536	26461	D-AHLG	2711	26316	EC-IIQ	2237	25169	EI-TVB	2838	28493
9M-MQE	2542	26462	D-AHLJ	1687	24125	EC-INQ	2237	25169	EI-TVC	1876	24688
9M-MQF	2560	26463	D-AHLK	1697	24126	EC-IOU	1883	24689	EY-537	1793	24550
9M-MQG	2568	27190	D-AHLL	1707	24127	EC-IPF	1687	24125	EY-538	1667	23980
9M-MQH	2624	27352	D-AHLM	2394	27102	EC-IRA	1963	24692	F-GFUG	1916	24750
9M-MQI	2632	27353	D-AHLO	1715	24128	EC-IVR	1705	24352	F-GFUH	2107	24751
9M-MQJ	2657	27383	D-AHLP	1783	24129	EC-IYS	1885	24690	F-GLTG	2832	28491
9M-MQK	2673	27384	D-AHLQ	1827	24130	EC-IZG	2585	27213	F-GLXI	2301	26066
9M-MQL	2676	27191	D-AHLR	1854	24901	EC-JHX	1722	24166	F-GLXJ	2176	25177

Boeing 737-400 — Out Of Production List: Western Jet Airliners

Registration	l/n	c/n	Registration	l/n	c/n	Registration	l/n	c/n	Registration	l/n	c/n
F-GLXK	1661	23979	G-UKLE	1747	24468	JA8953	1783	24129	N283CD	3033	29000
F-GLXQ	1876	24688	G-UKLF	2062	24813	JA8954	1827	24130	N284CD	3040	29001
F-GMBR	1680	24314	G-UKLG	2270	24814	JA8991	2718	27916	N284CH	2837	28492
F-GMJO	1667	23980	H4-SOL	2264	25163	JA8992	2729	27917	N301LF	2447	25164
F-GNAO	2210	25168	HA-LEN	2352	26069	JA8993	2812	28087	N312DV	1659	23978
F-GNFS	1678	23981	HA-LEO	2361	26071	JA8994	2907	28097	N314JW	1751	24493
F-GQQJ	1861	24686	HA-LEU	2256	25190	JA8995	2911	28831	N314MW	1749	24469
F-GRNH	1996	24706	HA-LEV	1988	24904	JA8996	2953	28832	N314PW	2361	26071
F-GRNZ	2328	27003	HA-LEY	1824	24682	JA8998	3044	28994	N316DV	1678	23981
F-GRSB	2382	25663	HA-LEZ	2482	26290	JA8999	3111	29864	N3509J	2352	26069
F-GRSC	2393	25664	HA-LKA	2033	24911	JY-JAP	1679	24124	N35108	2361	26071
F-WNAO	2210	25168	HL7227	2314	25764	JY-RFF	2677	27831	N353CT	1721	24353
F-WQQJ	1861	24686	HL7228	2335	25765	LN-BRA	1726	24270	N37NY	1651	23976
G-BNNK	1635	24069	HL7231	2543	25766	LN-BRB	1738	24271	N380BG	2794	28038
G-BNNL	1665	24070	HL7235	2665	26308	LN-BRE	1860	24643	N391LS	3018	29201
G-BOPJ	1663	24123	HL7251	1639	23869	LN-BRI	1938	24644	N392LS	3025	29202
G-BOPK	1679	24124	HL7252	1651	23976	LN-BRP	2137	25303	N397MC	1655	23977
G-BPKA	1700	24163	HL7253	1655	23977	LN-BRQ	2148	25348	N401AL	2382	25663
G-BPKB	1702	24164	HL7254	1659	23978	LN-BUB	1828	24703	N401KW	2380	26281
G-BPKC	1720	24165	HL7255	1667	23980	LN-BUF	2867	25795	N401LF	3009	28202
G-BPKD	1722	24166	HL7256	1680	24314	LX-LGF	2215	25429	N402AL	2393	25664
G-BPKE	1736	24167	HL7257	1749	24469	LX-LGG	2249	26437	N402KW	2416	26285
G-BPNZ	1866	24332	HL7258	1751	24493	LZ-HVA	2301	26066	N403KW	1627	24234
G-BRKF	1870	24795	HL7259	1757	24494	N1003W	3081	29208	N404KW	2195	25371
G-BRKG	1887	24796	HL7260	1803	24520	N1015B	3091	29210	N404US	1487	23886
G-BROC	1844	24573	HL7508	2791	25772	N11AB	1839	24769	N405KW	1855	24704
G-BSNV	2210	25168	HL7509	2806	28198	N120AF	2832	28491	N405US	1512	23885
G-BSNW	2237	25169	HL7510	2816	25771	N126FH	1697	24126	N406KW	2115	24709
G-BUHJ	2447	25164	HL7511	2848	27630	N129AC	2239	26280	N406US	1528	23876
G-BUHK	2486	26289	HL7512	2857	27632	N134AA	2083	25134	N407KW	1828	24703
G-BUHL	2083	25134	HL7513	2860	25776	N1786B	2064	24912	N407US	1543	23877
G-BVBY	2514	25844	HL7517	2909	25774	N1786B	2953	28832	N408US	1561	23878
G-BVBZ	2522	25858	HL7518	2954	28053	N1786B	3018	29201	N409US	1573	23879
G-BVHA	2532	25859	HL7527	2602	26299	N1786B	3044	28994	N411LF	2653	26306
G-BVHB	2545	25860	HL7591	2513	26291	N1786B	3046	29035	N411US	1596	23880
G-BVNM	1700	24163	HL7592	2563	26320	N1786B	3078	29207	N412CT	1679	24124
G-BVNN	1702	24164	HL7593	2837	28492	N1786B	3081	29208	N412US	1610	23881
G-BVNO	1736	24167	HR-SHK	1904	24691	N1786B	3088	29486	N413US	1621	23882
G-DOCA	2132	25267	HR-SHL	1901	24683	N1786B	3091	29210	N415US	1631	23883
G-DOCB	2144	25304	HS-CMV	2698	27906	N1786B	2804	27914	N416US	1643	23884
G-DOCC	2147	25305	HS-DDH	2676	27191	N1786B	2816	25771	N417US	1674	23984
G-DOCD	2156	25349	HS-DDJ	2624	27352	N1786B	2907	28097	N418US	1676	23985
G-DOCE	2167	25350	HS-DDK	2223	25594	N1786B	3067	29914	N419US	1684	23986
G-DOCF	2178	25407	HS-DDL	2071	24917	N1786B	3098	28895	N41XA	1844	24573
G-DOCG	2183	25408	HS-DDM	2284	26065	N1786B	3103	28476	N420US	1698	23987
G-DOCH	2185	25428	HS-HRH	1867	24866	N1786B	3106	29915	N421US	1714	23988
G-DOCI	2188	25839	HS-RTA	2698	27906	N1786B	3111	29864	N422US	1716	23989
G-DOCJ	2197	25840	HS-TDA	1899	24830	N1786B	3131	28477	N423US	1732	23990
G-DOCK	2222	25841	HS-TDB	1922	24831	N1787B	3099	28896	N4249R	2061	25116
G-DOCL	2228	25842	HS-TDC	2113	25321	N1787B	3110	30161	N424US	1746	23991
G-DOCM	2244	25843	HS-TDD	2318	26611	N1789B	2061	25116	N425US	1764	23992
G-DOCN	2379	25848	HS-TDE	2330	26612	N1790B	1663	24123	N426US	1789	24548
G-DOCO	2381	25849	HS-TDF	2338	26613	N1791B	1647	23870	N427US	1791	24549
G-DOCP	2386	25850	HS-TDG	2481	26614	N1792B	2729	27917	N428US	1793	24550
G-DOCR	2387	25851	HS-TDH	2962	28703	N1796B	3050	28894	N429US	1795	24551
G-DOCS	2390	25852	HS-TDJ	2968	28704	N1799B	2083	25134	N42XA	2217	25729
G-DOCT	2409	25853	HS-TDK	2977	28701	N1800B	3088	29486	N430US	1797	24552
G-DOCU	2417	25854	HS-TDL	2978	28702	N191LF	1866	24332	N431US	1799	24553
G-DOCV	2420	25855	I-BPAC	2043	25147	N202BK	3046	29035	N432US	1817	24554
G-DOCW	2422	25856	JA391K	1805	24545	N211BF	2801	28271	N433US	1819	24555
G-DOCX	2451	25857	JA392K	2847	28550	N212BF	2802	28334	N434US	1821	24556
G-DOCY	2514	25844	JA737A	3033	29000	N213TH	2585	27213	N435US	1835	24557
G-DOCZ	2522	25858	JA737B	3040	29001	N234AN	1627	24234	N436US	1845	24558
G-GBTA	2532	25859	JA737C	2426	27086	N239AD	1655	23977	N437US	1847	24559
G-GBTB	2545	25860	JA737D	2435	27168	N239CT	1667	23980	N438US	1849	24560
G-IEAE	1870	24795	JA737E	2352	26069	N239DT	1667	23980	N439US	1874	24781
G-OABE	1805	24545	JA737F	2837	28492	N239DW	1655	23977	N43XA	1887	24796
G-OABF	1876	24688	JA737V	3018	29201	N240AD	1635	24069	N440US	1890	24811
G-OBME	1603	23867	JA737W	3025	29202	N240LF	1665	24070	N441US	1892	24812
G-OBMF	1616	23868	JA8523	2618	26603	N240MC	1635	24069	N442US	1906	24841
G-OBMG	1647	23870	JA8524	2684	26604	N2423N	2223	25594	N443US	1908	24842
G-OBMK	2255	25596	JA8525	2752	26605	N242GD	1627	24234	N444US	1910	24862
G-OBMM	2176	25177	JA8526	2898	26606	N245DT	1793	24550	N445US	1914	24863
G-OBMN	1663	24123	JA8597	3043	27660	N251MD	2201	25180	N446US	1931	24873
G-OBMO	2239	26280	JA8930	2394	27102	N251RY	2201	25180	N447US	1936	24874
G-OGBA	2255	25596	JA8931	2106	25247	N252MQ	2088	25262	N448US	1944	24892
G-SFBH	2886	28723	JA8932	2120	25248	N254RY	1885	24690	N449US	1946	24893
G-TREN	1887	24796	JA8933	2104	25226	N257BR	2461	25740	N450UW	1954	24933
G-UKLA	1582	23865	JA8934	2670	27830	N25AB	1865	24687	N451UW	1956	24934
G-UKLB	1723	24344	JA8938	3085	29485	N270AZ	2426	27086	N452UW	1980	24979
G-UKLC	1871	24231	JA8939	3088	29486	N271AZ	2435	27168	N453UW	1982	24980
G-UKLD	2060	24232	JA8940	3122	29487	N280CD	2233	25595	N454UW	1986	24996

291

Registration	l/n	c/n	Registration	l/n	c/n	Registration	l/n	c/n	Registration	l/n	c/n
N455UW	1990	24997	N775AU	1954	24933	OO-SBN	1661	23979	PK-KKW	1665	24070
N456UW	1992	25020	N775SR	2925	25775	OO-SLW	1742	24474	PK-KMA	1678	23981
N457UW	1995	25021	N776AS	2561	25109	OO-SYC	2104	25226	PK-KMC	1751	24493
N458UW	2010	25022	N776AU	1956	24934	OO-SYD	2106	25247	PK-KMD	1749	24469
N459UW	2020	25023	N777AU	1980	24979	OO-SYF	2120	25248	PK-KME	1655	23977
N460PR	2833	28881	N778AS	2586	25110	OO-TUA	1707	24127	PK-KMF	1793	24550
N460UW	2026	25024	N778AU	1982	24980	OO-TUB	2677	27831	PK-LIF	1733	24467
N461PR	2845	28882	N779AS	2605	25111	OO-TUI	1687	24125	PK-LIG	1779	24513
N462PR	2839	28494	N779AU	1986	24996	OO-TUM	1916	24750	PK-LIH	1803	24520
N467HE	1733	24467	N780AS	2638	25112	OO-VBR	1680	24314	PK-LII	1663	24123
N474EA	1742	24474	N780AU	1990	24997	OO-VDO	2055	24915	PK-LIJ	1824	24682
N483JC	2237	25169	N781AU	1992	25020	OO-VEC	2844	28549	PK-LIQ	2033	24911
N490GE	2830	28490	N782AS	2656	25113	OO-VED	2847	28550	PK-LIR	1963	24692
N494AC	1757	24494	N782AU	1995	25021	OO-VEF	2311	27000	PK-LIS	1972	24693
N511HE	1759	24511	N783AS	2666	25114	OO-VEJ	1738	24271	PK-LIT	1777	24512
N512GE	1777	24512	N783AS	2666	25114	OO-VEK	1726	24270	PK-LIW	1841	24684
N513HE	1779	24513	N783AU	2010	25022	OO-VEO	1876	24688	PK-MBK	1883	24689
N519AP	1781	24519	N784AS	2826	28199	OO-VEP	2827	28489	PK-MBL	1733	24467
N521LF	1627	24234	N784AU	2020	25023	OO-VES	2838	28493	PK-MBM	1779	24513
N524MT	1759	24511	N785AS	2858	27628	OO-VET	3009	28202	PK-MDL	1757	24494
N534AG	2083	25134	N785AU	2026	25024	OO-VJO	1667	23980	PK-MDM	1705	24352
N545NK	1805	24545	N786AS	1870	24795	OY-BML	2256	25190	PK-MDO	1635	24069
N56CD	3033	29000	N788AS	2891	28885	OY-MBK	2033	24911	PK-RIH	1616	23868
N587BC	2416	26285	N791AS	2902	28886	PH-AAU	2088	25262	PK-RIT	1661	23979
N594AB	2223	25594	N792AS	2903	28887	PH-BDR	1768	24514	PK-YTE	2137	25303
N600SK	2258	25261	N793AS	2990	28888	PH-BDS	1770	24529	PK-YTK	1865	24687
N601TR	2199	25178	N794AS	3000	28889	PH-BDT	1772	24530	PK-YTP	1639	23869
N60669	1871	24231	N795AS	3006	28890	PH-BDU	1902	24857	PK-YTP	1731	24345
N6067B	2535	25714	N796AS	3027	28891	PH-BDW	1903	24858	PK-YVQ	2223	25594
N6069D	1963	24692	N797AS	3036	28892	PH-BDY	1949	24959	PK-YVR	1757	24494
N621LF	1971	24705	N799AS	3038	29270	PH-BDZ	2132	25355	PK-YVS	2624	27352
N631LF	2076	24708	N801TJ	1944	24892	PH-BPA	1582	23865	PK-YVT	2676	27191
N644AL	2393	25664	N802TJ	1936	24874	PH-BPB	1723	24344	PP-NAC	1885	24690
N651AC	2943	29032	N826BG	2694	27826	PH-BPC	1747	24468	PP-SOH	1901	24683
N663AL	2382	25663	N843BB	2244	25843	PH-BPD	1871	24231	PP-SOI	1904	24691
N682GE	1824	24682	N850BB	2386	25850	PH-BPE	2060	24232	PP-SOJ	2033	24911
N683GE	1901	24683	N8550F	2847	28550	PH-BPF	2062	24813	PP-VQQ	1733	24467
N686MA	1870	24795	N865FC	1582	23865	PH-BPG	2270	24814	PP-VQR	1759	24511
N689MA	1679	24124	N867BG	2879	28867	PH-BTA	2161	25412	PP-VQS	1779	24513
N689MD	1883	24689	N868AC	1616	23868	PH-BTB	2184	25423	PP-VQT	1963	24692
N690MA	1720	24165	N869AP	1639	23869	PH-BTC	2200	25424	PP-VTL	2061	25116
N690MD	1885	24690	N869DC	2352	26069	PH-BTF	2591	27232	PP-VTM	1655	23977
N691GE	1904	24691	N89CD	3040	29001	PH-BTG	2601	27233	PP-VTN	2314	25764
N691MA	1722	24166	N931NU	2106	25247	PK-CJV	1883	24689	PP-VTO	2335	25765
N692HE	1963	24692	N932NU	2120	25248	PK-CJW	1885	24690	PR-BRC	2088	25262
N703AS	3039	28893	N933NU	2104	25226	PK-GWK	2531	25713	PR-BRH	1759	24511
N705AS	3042	29318	N934NU	2670	27830	PK-GWL	2535	25714	PR-BRI	1757	24494
N706AS	3050	28894	N941PG	2060	24232	PK-GWM	2537	25715	PR-PRC	2088	25262
N708AS	3098	28895	OE-LNH	2043	25147	PK-GWN	2540	25716	PT-TDA	1885	24690
N708KS	2076	24708	OE-LNI	2432	27094	PK-GWO	2546	25717	PT-TDB	1859	24685
N709AS	3099	28896	OK-BGQ	2839	28494	PK-GWP	2548	25718	PT-TDC	1885	24690
N713AS	3110	30161	OK-CGI	2845	28882	PK-GWQ	2549	25719	PT-TDD	1883	24689
N725SK	2210	25168	OK-CGT	2844	28549	PK-GWT	2711	26316	PT-TDE	1805	24545
N726BA	3046	29035	OK-DGM	3014	28473	PK-GWU	2076	24708	PT-TDF	1824	24682
N734AB	2457	27143	OK-DGN	3028	28474	PK-GWV	1777	24512	PT-TDG	2201	25180
N73700	1487	23886	OK-EGP	3103	28476	PK-GWW	1901	24683	PT-TDH	1679	24124
N737DX	1851	24804	OK-FGR	3131	28477	PK-GWX	1904	24691	PT-TEL	1733	24467
N742VA	1850	24773	OK-FGS	3132	28478	PK-GWY	2830	28490	PT-TEM	1759	24511
N752MA	2806	28198	OK-TEH	3014	28473	PK-GWZ	2833	28881	PT-TEN	1779	24513
N753MA	2954	28053	OK-TVP	1627	24234	PK-GZA	2382	25663	PT-TEO	1963	24692
N754AS	2266	25095	OK-TVR	1647	23870	PK-GZC	2393	25664	PT-WBJ	2033	24911
N755AS	2278	25096	OK-TVS	2033	24911	PK-GZF	3018	29201	SE-DRR	1885	24690
N756AS	2299	25097	OK-VGZ	1839	24769	PK-GZG	3025	29202	SE-DTB	2033	24911
N758BC	1720	24165	OK-WGF	1978	24903	PK-GZH	3049	29203	SE-RJA	2620	26302
N760AS	2320	25098	OK-WGG	1972	24693	PK-GZI	3051	29204	SP-KEI	1687	24125
N762AS	2334	25099	OK-WGX	2156	25349	PK-GZJ	3056	29205	SP-KEK	1707	24127
N763AS	2346	25100	OK-WGY	2188	25839	PK-GZK	3058	29206	SP-KEN	1715	24128
N764AS	2348	25101	OK-YGA	2482	26290	PK-GZL	3078	29207	SP-KPI	3009	28202
N764TA	2314	25764	OK-YGU	2486	26289	PK-GZM	3081	29208	SP-KPK	2653	26306
N765AS	2350	25102	OO-CTG	2832	28491	PK-GZN	3087	29209	SP-LLA	2458	27131
N765TA	2335	25765	OO-CTV	3033	29000	PK-GZO	3091	29210	SP-LLB	2492	27156
N767AS	2354	27081	OO-CTW	3040	29001	PK-GZP	2910	28661	SP-LLC	2502	27157
N768AS	2356	27082	OO-ILH	1627	24234	PK-GZQ	2083	25134	SP-LLD	2589	27256
N768BC	1722	24166	OO-ILJ	2088	25262	PK-KAL	1655	23977	SP-LLE	2804	27914
N769AS	2452	25103	OO-JAM	2879	28867	PK-KKC	2361	26071	SP-LLF	2874	28752
N771AS	2476	25104	OO-LTQ	2514	25844	PK-KKD	1659	23978	SP-LLG	2895	28753
N772AS	2505	25105	OO-LTR	2061	25116	PK-KKG	2083	25134	SP-LLH	2223	25594
N773AS	2518	25106	OO-LTS	2545	25860	PK-KKH	1627	24234	SP-LLI	1996	24706
N773RA	1651	23976	OO-LTT	2076	24708	PK-KKI	1627	24234	SP-LLK	2461	25740
N773SR	2905	25773	OO-RMV	1705	24352	PK-KKI	1635	24069	SP-LLL	2447	25164
N774AS	2526	25107	OO-SBJ	1844	24573	PK-KKS	1667	23980	SP-LLM	2620	26302
N775AS	2551	25108	OO-SBM	2217	25729	PK-KKT	1721	24353	SU-BLL	1678	23981

Boeing 737-400 — Out Of Production List: Western Jet Airliners

Registration	l/n	c/n	Registration	l/n	c/n	Registration	l/n	c/n	Registration	l/n	c/n
SU-BLM	1731	24345	TC-JEI	2564	26298	VH-TJL	2162	24437	YU-AOR	1793	24550
SU-HMD	1742	24474	TC-JEJ	2598	25375	VH-TJM	2171	24438	YU-AOS	1795	24551
SU-PTA	2461	25740	TC-JEK	2602	26299	VH-TJN	2265	24439	ZK-JTP	2363	24441
SU-SAA	1679	24124	TC-JEL	2604	26300	VH-TJO	2324	24440	ZK-JTQ	2371	24442
SU-SAB	1679	24124	TC-JEM	2620	26302	VH-TJP	2363	24441	ZK-JTR	2265	24439
SU-SMA	1616	23868	TC-JEN	2689	25376	VH-TJQ	2371	24442	ZS-OAA	2483	26960
SX-BFA	2604	26300	TC-JEO	2717	25377	VH-TJR	2398	24443	ZS-OAF	2061	25116
SX-BFV	2344	27004	TC-JEP	2732	25378	VH-TJS	2454	24444	ZS-OAG	2435	27168
SX-BGH	1589	23866	TC-JER	2375	26073	VH-TJT	2539	24445	ZS-OAM	1702	24164
SX-BGJ	2233	25595	TC-JES	2376	26074	VH-TJU	2569	24446	ZS-OAO	1700	24163
SX-BGN	2895	28753	TC-JET	2425	26077	VH-TJV	2264	25163	ZS-OAP	1736	24167
SX-BGQ	2176	25177	TC-JEU	2431	26078	VH-TJW	2517	26961	ZS-OAV	2426	27086
SX-BGR	2032	25063	TC-JEV	2468	26085	VH-TJX	2773	28150	ZS-OTF	2147	25305
SX-BGS	2221	26279	TC-JEY	2475	26086	VH-TJY	2785	28151	ZS-OTG	2197	25840
SX-BGV	2665	26308	TC-JEZ	2487	26088	VH-TJZ	2829	28152	ZS-OTH	2222	25841
SX-BGX	1679	24124	TC-JKA	2604	26300	VH-VGA	2827	28489			
SX-BKA	2109	25313	TC-JKB	1678	23981	VH-VGB	2461	25740			
SX-BKB	2124	25314	TC-JKC	1749	24469	VH-VGC	2844	28549			
SX-BKC	2130	25361	TC-JKD	1751	24493	VH-VGD	1667	23980			
SX-BKD	2142	25362	TC-MNF	1697	24126	VH-VGE	2838	28493			
SX-BKE	2160	25417	TC-MNH	1850	24773	VH-VOZ	2620	26302			
SX-BKF	2174	25430	TC-MNI	1715	24128	VN-A189	2830	28490			
SX-BKG	2471	27149	TC-MNL	2562	25374	VN-A190	2657	27383			
SX-BKH	1828	24703	TC-MNM	2598	25375	VN-A191	2685	27306			
SX-BKI	1855	24704	TC-SGD	2905	25773	VN-A192	2486	26289			
SX-BKK	2195	25371	TC-SGE	2925	25775	VN-A194	2386	25850			
SX-BKL	2055	24915	TC-SKA	1582	23865	VP-BAH	3018	29201			
SX-BKM	2115	24709	TC-SKB	2344	27004	VP-BAI	3025	29202			
SX-BKN	2380	26281	TC-SKD	2280	25372	VP-BAJ	3049	29203			
SX-BKT	2717	25377	TC-SKE	2264	25163	VP-BAL	3051	29204			
SX-BKU	2314	25764	TC-SKF	2513	26291	VP-BAM	3056	29205			
SX-BKX	2311	27000	TC-SKG	2195	25371	VP-BAN	2361	26071			
SX-BLM	2062	24813	TC-SKM	2845	28882	VP-BAN	3058	29206			
SX-BLN	1876	24688	TC-SNS	1757	24494	VP-BAO	3078	29207			
SX-BMA	2465	27171	TC-SUS	2367	27007	VP-BAP	3081	29208			
SX-BMB	2585	27213	TC-TJC	2562	25374	VP-BAQ	3087	29209			
SX-BMC	2457	27143	TC-TJD	2598	25375	VP-BAR	3091	29210			
SX-BMD	2335	25765	TC-TJE	2375	26073	VP-BGP	1904	24691			
SX-BTN	2839	28494	TC-TJF	2431	26078	VP-BGQ	1901	24683			
TC-ACA	1781	24519	TC-TLC	2638	25112	VP-BQG	2465	27171			
TC-ADA	1589	23866	TC-TUT	2256	25190	VP-BTA	2210	25168			
TC-AFA	2653	26306	TF-BBA	2801	28271	VP-BTH	1871	24231			
TC-AFJ	1661	23979	TF-BBB	2802	28334	VQ-BAN	2656	25113			
TC-AFK	1841	24684	TF-BBH	1582	23865	VR-CAA	2195	25371			
TC-AFL	1885	24690	TF-ELD	1679	24124	VR-CAB	1781	24519			
TC-AFM	2221	26279	TF-ELJ	1844	24573	VR-CAL	1777	24512			
TC-AFU	2442	26081	TF-ELP	2217	25729	VT-EWL	1589	23866			
TC-AFY	1971	24705	TF-ELV	1887	24796	VT-JAE	2426	27086			
TC-AFZ	1678	23981	TF-ELY	2210	25168	VT-JAF	2435	27168			
TC-AGA	1777	24512	TF-ELZ	1667	23980	VT-JAG	1731	24345			
TC-ALS	2514	25844	TF-FIA	1705	24352	VT-JAH	1824	24682			
TC-ANH	2598	25375	TF-FIB	1721	24353	VT-JAI	1720	24165			
TC-ANL	2562	25374	TF-FIC	1851	24804	VT-JAJ	1722	24166			
TC-APA	2233	25595	TF-FID	2032	25063	VT-JAK	1865	24687			
TC-APB	2482	26290	TF-FIE	1870	24795	VT-JAM	2905	25773			
TC-APC	1731	24345	TR-LFU	1721	24353	VT-JAN	2925	25775			
TC-APD	2997	29107	UR-GAA	2352	26069	VT-JAP	2393	25664			
TC-APP	3009	28202	UR-GAB	2361	26071	VT-JAQ	2382	25663			
TC-APR	1859	24685	UR-GAM	2256	25190	VT-JAR	2943	29032			
TC-APT	1865	24687	UR-GAO	2043	25147	VT-JAS	2963	29033			
TC-AVA	2223	25594	UR-GAP	2432	27094	VT-JAT	3015	29034			
TC-AYA	1901	24683	UR-GAR	2442	26081	VT-JAU	3046	29035			
TC-AZA	1904	24691	UR-GAV	2249	26437	VT-JAV	2479	26447			
TC-FLI	1635	24069	UR-GAX	2301	26066	VT-JBA	3046	29035			
TC-IAA	3033	29000	UR-KIV	1861	24686	VT-MGE	1582	23865			
TC-IAB	3040	29001	UR-VVE	1788	24521	VT-MGF	1723	24344			
TC-IAF	2830	28490	UR-VVH	2492	27156	VT-MGG	1747	24468			
TC-IAG	2832	28491	UR-VVJ	1742	24474	VT-SIC	2076	24708			
TC-JDE	1988	24904	UR-VVK	2239	26280	VT-SID	1971	24705			
TC-JDF	2071	24917	UR-VVL	2036	25052	VT-SIE	2057	24707			
TC-JDG	2203	25181	UR-VVM	2269	25736	VT-SIH	1720	24165			
TC-JDH	2227	25184	UR-VVN	1978	24903	VT-SII	1722	24166			
TC-JDI	2280	25372	UR-VVP	2482	26290	VT-SIQ	1627	24234			
TC-JDT	2258	25261	UR-VVS	2088	25262	VT-SIY	1722	24166			
TC-JDY	2284	26065	VH-RON	2483	26960	VT-SJB	3009	28202			
TC-JDZ	2301	26066	VH-TJE	1820	24430	VT-SJC	2832	28491			
TC-JEA	2457	27143	VH-TJF	1863	24431	XA-SCA	1661	23979			
TC-JED	2461	25740	VH-TJG	1879	24432	XA-TKM	1627	24234			
TC-JEE	2482	26290	VH-TJH	1881	24433	YR-BAD	2215	25429			
TC-JEF	2513	26291	VH-TJI	1912	24434	YR-BAE	2886	28723			
TC-JEG	2562	25374	VH-TJJ	1959	24435	YU-AOO	1665	24070			
TC-JEH	2563	26320	VH-TJK	1998	24436	YU-AOQ	1720	24165			

Boeing 737-500

Production Started:	1989
Production Ended:	1998
Number Built:	389
Active:	330
Preserved:	0
WFU, Stored & In Parts:	51
Written Off:	4
Scrapped:	4

Location Summary

Argentina	17
Austria	1
Belarus	4
Belgium	1
Bulgaria	3
Canada	1
Chile	1
China	6
Czech Republic	11
Denmark	1
Egypt	5
Estonia	4
France	6
Georgia	2
Germany	30
Hungary	1
Indonesia	6
Italy	1
Japan	25
Kazakhstan	2
Latvia	10
Luxembourg	2
Macedonia	1
Malawi	1
Mexico	3
Morocco	6
Namibia	2
Nigeria	5
Norway	11

Location Summary

Peru	1
Poland	6
Rep. Of Ireland	2
Reunion Island	1
Russia	64
Slovenia	2
South Africa	1
South Korea	3
Tunisia	4
Turkey	2
Ukraine	10
United Kingdom	9
USA - AL	1
USA - AZ	13
USA - CA	10
USA - IL	9
USA - NM	3
USA - NY	2
USA - OH	1
USA - TX	68

Boeing 737-500 — Out Of Production List: Western Jet Airliners

l/n	c/n	Model	Registration	Owner/Operator	Status	Location	Notes
1718	24178	5H4	N501SW	Southwest Airlines	Active	Dallas Love Field, TX	
1744	24179	5H4	N502SW	Southwest Airlines	Active	Dallas Love Field, TX	
1766	24180	5H4	N503SW	Southwest Airlines	Active	Dallas Love Field, TX	
1792	24650	505	VP-BOI	Aeroflot-Nord	Active	Arkhangelsk, Russia	
1804	24181	5H4	N504SW	Southwest Airlines	Active	Dallas Love Field, TX	
1816	24778	5L9	N494ST	(Sterling European)	Stored	Goodyear, AZ	
1826	24182	5H4	N505SW	Southwest Airlines	Active	Dallas Love Field, TX	
1834	24694	59D	4L-TGR	Georgian Airlines	Active	Tbilisi, Georgia	
1842	24651	505	VP-BRP	Aeroflot-Nord	Active	Arkhangelsk, Russia	
1848	24776	5K5	LV-BNS	Aerolineas Argentinas	Active	Buenos Aires Aeroparque, Argentina	
1852	24183	5H4	N506SW	Southwest Airlines	Active	Dallas Love Field, TX	
1864	24184	5H4	N507SW	Southwest Airlines	Active	Dallas Love Field, TX	
1868	24754	53A	VP-BXN	Aeroflot-Nord	Active	Arkhangelsk, Russia	
1872	24695	59D	VP-BXM	Aeroflot-Nord	Active	Arkhangelsk, Russia	
1878	24805	5L9	HL7229	-	Written Off	Haenam, South Korea	
1882	24785	53A	VQ-BBN	Tatarstan Air	Active	Kazan, Russia	
1894	24825	53C	VP-BET	Sky Express	Active	Moscow Vnukovo, Russia	
1898	24786	53A	LV-BIH	Aerolineas Argentinas	Active	Buenos Aires Aeroparque, Argentina	
1900	24787	53A	N787AW	(Avolar)	WFU & Stored	Mexico City	
1917	24652	505	LV-BOT	Aerolineas Argentinas	Active	Buenos Aires Aeroparque, Argentina	
1919	24859	5L9	VP-BFJ	Sky Express	Active	Moscow Vnukovo, Russia	
1921	24788	53A	LV-BIX	Aerolineas Argentinas	Active	Buenos Aires Aeroparque, Argentina	
1923	24272	505	EI-DKV	(Avolar)	Stored	Tijuana, Mexico	
1925	24828	505	LN-BRH	SAS Norge	Active	Oslo, Norway	
1932	24185	5H4	N508SW	Southwest Airlines	Active	Dallas Love Field, TX	
1933	24815	530	D-ABIA	Lufthansa	Active	Frankfurt, Germany	
1934	24186	5H4	N509SW	Southwest Airlines	Active	Dallas Love Field, TX	
1939	24878	548	YL-BBF	Air Baltic	Active	Riga, Latvia	
1940	24187	5H4	N510SW	Southwest Airlines	Active	Dallas Love Field, TX	
1943	24877	53A	F-ODZJ	Air Austral	Active	St. Denis, Reunion Island	
1945	24881	53A	XA-AVO	(Avolar)	Stored	Mexico City	
1948	25001	522	VP-BTD	(S7 Airlines)	Stored	Dinard, France	
1950	25002	522	N902UA	(United Airlines)	WFU & Stored	Roswell, NM	
1952	25003	522	N903UA	United Airlines	WFU & Stored	Roswell, NM	
1958	24816	530	D-ABIB	Lufthansa	Active	Frankfurt, Germany	
1960	24696	5Y0	UR-DNH	Dniproavia	Active	Dnepropetrovsk, Ukraine	
1961	24928	5L9	VP-BFK	Sky Express	Active	Moscow Vnukovo, Russia	
1962	24921	53A	VP-BFM	Sky Express	Active	Moscow Vnukovo, Russia	
1964	24922	53A	VP-BFN	Sky Express	Active	Moscow Vnukovo, Russia	
1965	25004	522	N904UA	(United Airlines)	Stored	Goodyear, AZ	
1966	24926	5K5	LV-BNM	Aerolineas Argentinas	Active	Buenos Aires Aeroparque, Argentina	
1967	24817	530	D-ABIC	Lufthansa	Active	Frankfurt, Germany	
1968	24927	5K5	OO-JAT	TUI Airlines Belgium / Jetairfly	Active	Brussels, Belgium	
1969	25038	59D	VP-BOH	Aeroflot-Nord	Active	Arkhangelsk, Russia	
1970	24919	548	YL-BBG	Air Baltic	Active	Riga, Latvia	
1974	24818	530	D-ABID	Lufthansa	Active	Frankfurt, Germany	
1975	24968	548	YL-BBH	Air Baltic	Active	Riga, Latvia	
1976	25005	522	N905UA	(United Airlines)	WFU & Stored	Roswell, NM	

Boeing 737-500

l/n	c/n	Model	Registration	Owner/Operator	Status	Location	Notes
1977	24970	53A	C-FPHS	Pacific Sky Aviation	Active	Vancouver, Canada	
1979	24819	530	D-ABIE	Lufthansa	Active	Frankfurt, Germany	
1981	25006	522	N906UA	(United Airlines)	Stored	Goodyear, AZ	
1983	25007	522	N907UA	(United Airlines)	Stored	Victorville, CA	
1985	24820	530	D-ABIF	Lufthansa	Active	Frankfurt, Germany	
1987	25008	522	VP-BTE	Aeroflot-Don	Active	Rostov-on-Don, Russia	
1989	24989	548	EI-CDD	Rossiya Airlines	Active	St. Petersburg, Russia	
1993	24821	530	D-ABIH	Lufthansa	Active	Frankfurt, Germany	
1997	24822	530	D-ABII	Lufthansa	Active	Frankfurt, Germany	
1999	25009	522	VP-BTF	(S7 Airlines)	Active	Dinard, France	
2000	24823	530	D-ABIK	Lufthansa	Active	Frankfurt, Germany	
2003	24897	5Y0	LV-BBW	Aerolineas Argentinas	Active	Buenos Aires Aeroparque, Argentina	
2006	24824	530	D-ABIL	Lufthansa	Active	Frankfurt, Germany	
2011	24937	530	D-ABIM	Lufthansa	Active	Frankfurt, Germany	
2018	24273	505	LN-BRJ	SAS Norge	Active	Oslo, Norway	
2019	25084	566	SU-GBH	EgyptAir	Active	Cairo, Egypt	
2022	25037	5K5	VP-BPA	Transaero Airlines	Active	Moscow Domodedovo, Russia	
2023	24938	530	D-ABIN	Lufthansa	Active	Frankfurt, Germany	
2028	25065	59D	VP-BKP	Aeroflot-Nord	Active	Arkhangelsk, Russia	
2029	24188	5H4	N511SW	Southwest Airlines	Active	Dallas Love Field, TX	
2031	24939	530	D-ABIO	Lufthansa	Active	Frankfurt, Germany	
2034	24940	530	D-ABIP	Lufthansa	Active	Frankfurt, Germany	
2035	24274	505	LN-BRK	SAS Norge	Active	Oslo, Norway	
2038	25066	5L9	OY-MAE	(Sterling European)	Stored	Chateauroux, France	
2041	24826	53C	VP-BRG	Aeroflot-Nord	Active	Arkhangelsk, Russia	
2042	24941	530	D-ABIR	Lufthansa	Active	Frankfurt, Germany	
2044	25062	5K5	VP-BPD	Transaero Airlines	Active	Moscow Domodedovo, Russia	
2048	24942	530	D-ABIS	Lufthansa	Active	Frankfurt, Germany	
2049	24943	530	D-ABIT	Lufthansa	Active	Frankfurt, Germany	
2050	25115	548	EI-CDE	Rossiya Russian Airlines	Active	St. Petersburg, Russia	
2051	24944	530	D-ABIU	Lufthansa	Active	Frankfurt, Germany	
2056	24189	5H4	N512SW	Southwest Airlines	Active	Dallas Love Field, TX	
2058	24190	5H4	N513SW	Southwest Airlines	Active	Dallas Love Field, TX	
2063	24945	530	D-ABIW	Lufthansa	Active	Frankfurt, Germany	
2070	24946	530	D-ABIX	Lufthansa	Active	Frankfurt, Germany	
2072	24645	505	LN-BRM	SAS Norge	Active	Oslo, Norway	
2073	25254	522	N910UA	(United Airlines)	Stored	Goodyear, AZ	
2075	25255	522	N911UA	-	Scrapped	Opa Locka, FL	
2078	25153	5H4	N514SW	Southwest Airlines	Active	Dallas Love Field, TX	
2079	24898	5Y0	UR-GAW	Ukraine International Airlines	Active	Kiev, Ukraine	
2080	25154	5H4	N515SW	Southwest Airlines	Active	Dallas Love Field, TX	
2086	25243	530	D-ABIY	Lufthansa	Active	Frankfurt, Germany	
2093	24899	5Y0	LV-BDD	Aerolineas Argentinas	Active	Buenos Aires Aeroparque, Argentina	
2095	24900	5Y0	LV-BDV	Aerolineas Argentinas	Active	Buenos Aires Aeroparque, Argentina	
2096	25290	522	N912UA	United Airlines	Active	Chicago O'Hare, IL	
2098	25244	530	D-ABIZ	Lufthansa	Active	Frankfurt, Germany	
2099	25206	528	VP-BRU	Yamal Airlines	Active	Salekhard, Russia	
2101	25291	522	N913UA	United Airlines	Active	Chicago O'Hare, IL	

Boeing 737-500 — Out Of Production List: Western Jet Airliners

l/n	c/n	Model	Registration	Owner/Operator	Status	Location	Notes
2108	25227	528	VP-BRV	Yamal Airlines	Active	Salekhard, Russia	
2110	25381	522	N914UA	(United Airlines)	Stored	Goodyear, AZ	
2111	25218	529	4L-TGA	Georgian Airways	Active	Tbilisi, Georgia	
2114	25160	5Q8	VP-BYV	Aeroflot-Don	Active	Rostov-on-Don, Russia	
2116	25270	530	D-ABJA	Lufthansa	Active	Frankfurt, Germany	
2117	25271	530	D-ABJB	Lufthansa	Active	Frankfurt, Germany	
2118	25272	530	D-ABJC	Lufthansa	Active	Frankfurt, Germany	
2119	25382	522	N915UA	-	Scrapped	Opa Locka, FL	
2121	25318	5H4	N519SW	Southwest Airlines	Active	Dallas Love Field, TX	
2122	25309	530	D-ABJD	Lufthansa	Active	Frankfurt, Germany	
2126	25310	530	D-ABJE	Lufthansa	Active	Frankfurt, Germany	
2128	25311	530	D-ABJF	Lufthansa	Active	Frankfurt, Germany	
2129	25166	5Q8	VP-BVU	Aeroflot-Don	Active	Rostov-on-Don, Russia	
2134	25319	5H4	N520SW	Southwest Airlines	Active	Dallas Love Field, TX	
2135	25307	566	SU-GBI	-	Written Off	Nr Tunis, Tunisia	
2136	25320	5H4	N521SW	Southwest Airlines	Active	Dallas Love Field, TX	
2138	24646	505	YL-BBA	Air Baltic	Active	Riga, Latvia	
2141	25357	530	D-ABJH	Lufthansa	Active	Frankfurt, Germany	
2143	24647	505	LN-BRO	SAS Norge	Active	Oslo, Norway	
2145	25249	529	Z3-AAH	MAT Macedonian Airlines	Active	Skopje, Macedonia	
2146	25383	522	5N-BLH	(S7 Airlines)	Stored	Lasham, UK	For AeroContractors
2149	25384	522	7Q-YKW	(Air Malawi / Rwandair Express)	Stored	Johannesburg, South Africa	
2150	25175	5Y0	EI-DTU	Transaero Airlines	Active	Moscow Domodedovo, Russia	
2151	25358	530	D-ABJI	Lufthansa	Active	Frankfurt, Germany	
2152	25385	522	N918UA	(United Airlines)	Stored	Goodyear, AZ	
2154	25386	522	N919UA	(United Airlines)	Stored	Goodyear, AZ	
2155	25176	5Y0	LV-BEO	Aerolineas Argentinas	Active	Buenos Aires Aeroparque, Argentina	
2157	25317	5B6	CN-RMV	Royal Air Maroc / Atlas Blue	Active	Casablanca Mohammed V, Morocco	
2163	25418	529	ZS-PKV	(Nationwide Airlines)	Stored	Johannesburg, South Africa	
2165	25419	529	UR-VVD	Aerosvit Airlines	Active	Kiev Borispol, Ukraine	
2166	25364	5B6	CN-RMW	Royal Air Maroc	Active	Casablanca Mohammed V, Morocco	
2169	25352	566	SU-GBJ	EgyptAir	Active	Cairo, Egypt	
2170	25228	528	V5-NDI	Air Namibia	Active	Windhoek, Namibia	
2173	25167	5Q8	VP-BYU	Aeroflot-Don	Active	Rostov-on-Don, Russia	
2177	25425	53A	LV-BIM	Aerolineas Argentinas	Active	Buenos Aires Aeroparque, Argentina	
2179	25387	522	5N-BLG	(S7 Airlines)	Stored	Lasham, UK	For AeroContractors
2180	25229	528	V5-TNP	Air Namibia	Active	Windhoek, Namibia	
2181	25388	522	N921UA	(United Airlines)	Stored	Goodyear, AZ	
2186	26419	59D	G-GFFD	(British Airways)	Stored	Budapest, Hungary	
2189	26642	522	N922UA	(United Airlines)	Stored	Victorville, CA	
2190	26643	522	N923UA	(United Airlines)	Stored	Goodyear, AZ	
2191	25230	528	VP-BRQ	Yamal Airlines	Active	Salekhard, Russia	
2202	26564	5H4	N522SW	Southwest Airlines	Active	Dallas Love Field, TX	
2204	26565	5H4	N523SW	Southwest Airlines	Active	Dallas Love Field, TX	
2208	25231	528	VP-BRS	Yamal Airlines	Active	Salekhard, Russia	
2209	26525	5B6	CN-RMY	Royal Air Maroc	Active	Casablanca Mohammed V, Morocco	
2211	25182	5Y0	UR-GAU	Ukraine International Airlines	Active	Kiev Borispol, Ukraine	
2212	26645	522	N924UA	(United Airlines)	Stored	Victorville, CA	

l/n	c/n	Model	Registration	Owner/Operator	Status	Location	Notes
2213	24648	505	LN-BRR	-	Stored	Stavanger, Norway	
2214	26646	522	N925UA	(United Airlines)	Stored	Goodyear, AZ	
2218	25183	5Y0	EI-DTV	Transaero Airlines	Active	Moscow Domodedovo, Russia	
2220	25185	5Y0	VP-BQL	Aeroflot-Nord	Active	Arkhangelsk, Russia	
2224	26566	5H4	N524SW	Southwest Airlines	Active	Dallas Love Field, TX	
2225	24649	505	LN-BRS	(SAS Norge)	Stored	Shannon, Ireland	
2229	25789	505	VP-BKU	(Aeroflot-Nord)	Stored	Dinard, France	
2230	26648	522	N926UA	-	Scrapped	Opa Locka, FL	
2231	25232	528	VP-BLF	Aeroflot-Don	Active	Rostov-on-Don, Russia	
2232	25737	548	EI-CDF	Rossiya Russian Airlines	Active	St. Petersburg, Russia	
2236	25186	5Y0	VP-BQI	Aeroflot-Nord	Active	Arkhangelsk, Russia	
2238	25188	5Y0	EI-DTW	Transaero Airlines	Active	Moscow Domodedovo, Russia	
2240	25189	5Y0	JA351K	Air Next	Active	Fukuoka, Japan	
2243	24827	53C	VP-BRE	Aeroflot-Nord	Active	Arkhangelsk, Russia	
2245	25790	505	VP-BGR	Orenair	Active	Orenburg, Russia	
2246	26649	522	N927UA	(United Airlines)	Stored	Victorville, CA	
2251	25233	528	VP-BLG	Aeroflot-Don	Active	Rostov-on-Don, Russia	
2253	26639	5H3	TS-IOG	Tunisair	Active	Tunis Carthage, Tunisia	
2257	26651	522	N928UA	(United Airlines)	Stored	Victorville, CA	
2259	26652	522	N929UA	(United Airlines)	Stored	Victorville, CA	
2260	25191	5Y0	VP-BRN	Aeroflot-Nord	Active	Arkhangelsk, Russia	
2261	25738	548	EI-CDG	Pulkovo Aviation Enterprise	Active	St. Petersburg, Russia	
2262	25192	5Y0	UR-GAJ	Ukraine International Airlines	Active	Kiev Borispol, Ukraine	
2271	25739	548	EI-CDH	Rossiya Russian Airlines	Active	St. Petersburg, Russia	
2274	26655	522	N930UA	(United Airlines)	Stored	Victorville, CA	
2276	26052	566	SU-GBK	EgyptAir	Active	Cairo, Egypt	
2279	26421	59D	G-BVKD	bmiBaby	Active	East Midlands, UK	
2282	26051	566	SU-GBL	EgyptAir	Active	Cairo, Egypt	
2283	26567	5H4	N525SW	Southwest Airlines	Active	Dallas Love Field, TX	
2285	26568	5H4	N526SW	Southwest Airlines	Active	Dallas Love Field, TX	
2286	25288	5Y0	VP-BRK	Aeroflot-Nord	Active	Arkhangelsk, Russia	
2287	26569	5H4	N527SW	Southwest Airlines	Active	Dallas Love Field, TX	
2288	25289	5Y0	VP-BRI	Aeroflot-Nord	Active	Arkhangelsk, Russia	
2289	26656	522	N931UA	-	Scrapped	Opa Locka, FL	
2291	26658	522	N932UA	(United Airlines)	Stored	Victorville, CA	
2292	26570	5H4	N528SW	Southwest Airlines	Active	Dallas Love Field, TX	
2293	26659	522	N933UA	United Airlines	Active	Chicago O'Hare, IL	
2296	26537	529	UR-VVB	Aerosvit Airlines	Active	Kiev Borispol, Ukraine	
2298	26538	529	VP-BHA	Sky Express	Active	Moscow Vnukovo, Russia	
2300	26539	55S	OK-XGA	Czech Airlines (CSA)	Active	Prague, Czech Republic	
2304	26067	5Y0	VP-BFB	Sky Express	Active	Moscow Vnukovo, Russia	
2312	26662	522	N934UA	United Airlines	Active	Chicago O'Hare, IL	
2315	26663	522	N935UA	United Airlines	Active	Chicago O'Hare, IL	
2317	26540	55S	OK-XGB	Czech Airlines (CSA)	Active	Prague, Czech Republic	
2319	26541	55S	OK-XGC	Czech Airlines (CSA)	Active	Prague, Czech Republic	
2325	26667	522	N936UA	United Airlines	Active	Chicago O'Hare, IL	
2327	26445	5H6	VP-BPE	Orenair	Active	Orenburg, Russia	
2329	26668	522	N937UA	United Airlines	Active	Chicago O'Hare, IL	

Boeing 737-500 — Out Of Production List: Western Jet Airliners

l/n	c/n	Model	Registration	Owner/Operator	Status	Location	Notes
2336	26671	522	N938UA	United Airlines	Active	Chicago O'Hare, IL	
2337	26542	55S	OK-XGD	Czech Airlines (CSA)	Active	Prague, Czech Republic	
2339	26543	55S	OK-XGE	Czech Airlines (CSA)	Active	Prague, Czech Republic	
2343	26672	522	VP-BSQ	AeroContractors	Active	Lagos, Nigeria	
2345	26675	522	5N-BLD	AeroContractors	Active	Lagos, Nigeria	
2351	25791	505	LN-BRV	SAS Norge	Active	Oslo, Norway	
2353	25792	505	VP-BKO	-	Written Off	Perm, Russia	
2358	26446	5H6	VP-BPF	Orenair	Active	Orenburg, Russia	
2364	26676	522	N941UA	United Airlines	Active	Chicago O'Hare, IL	
2365	26679	522	N942UA	(United Airlines)	Stored	Victorville, CA	
2366	26680	522	YL-BBM	Air Baltic	Active	Riga, Latvia	
2368	26683	522	YL-BBN	Air Baltic	Active	Riga, Latvia	
2374	26075	5Y0 (WL)	UR-GAK	Ukraine International Airlines	Active	Kiev Borispol, Ukraine	
2388	26684	522	LY-AWE	flyLAL / SCAT	Active	Shymkent, Kazakhstan	
2389	27416	55D	SP-LKA	LOT - Polish Airlines	Active	Warsaw, Poland	
2392	27417	55D	SP-LKB	LOT - Polish Airlines	Active	Warsaw, Poland	
2397	27418	55D	SP-LKC	LOT - Polish Airlines	Active	Warsaw, Poland	
2401	27419	55D	SP-LKD	LOT - Polish Airlines	Active	Warsaw, Poland	
2402	26687	522	LZ-BOQ	Bulgaria Air	Active	Sofia, Bulgaria	
2404	26688	522	YL-BBP	Air Baltic	Active	Riga, Latvia	
2408	26691	522	YL-BBQ	Air Baltic	Active	Riga, Latvia	
2411	25234	528	LV-AYI	Aerolineas Argentinas	Active	Buenos Aires Aeroparque, Argentina	
2412	26422	59D	G-BVZE	bmiBaby	Active	East Midlands, UK	
2413	26438	5C9	SU-KHM	Alexandria Airlines	Active	Cairo, Egypt	
2421	26692	522	5N-BLC	AeroContractors	Active	Lagos, Nigeria	
2423	26695	522	5N-BKQ	AeroContractors	Active	Lagos, Nigeria	
2427	26287	548	EI-CDS	(flyLAL)	Stored	Shannon, Ireland	
2428	25235	528	LV-AZU	Aerolineas Argentinas	Active	Buenos Aires Aeroparque, Argentina	
2434	25797	505	LN-BRX	SAS Norge	Active	Oslo, Norway	
2440	26696	522	OK-SWV	SmartWings	Active	Prague, Czech Republic	
2443	25236	528	S5-AAM	Adria Airways	Active	Ljubljana, Slovenia	
2444	26439	5C9	LX-LGP	Luxair	Active	Luxembourg Findel	
2448	27130	55D	SP-LKE	LOT - Polish Airlines	Active	Warsaw, Poland	
2449	27155	505	VP-BKV	Aeroflot-Nord	Active	Arkhangelsk, Russia	
2463	25165	548	LZ-BOR	Bulgaria Air	Active	Sofia, Bulgaria	
2464	25237	528	UR-GAT	Adria Airways	Active	Ljubljana, Slovenia	
2472	26527	5B6	CN-RNB	Royal Air Maroc / Atlas Blue	Active	Casablanca Mohammed V, Morocco	
2474	26640	5H3	TS-IOH	Tunisair	Active	Tunis Carthage, Tunisia	
2484	26448	5H6	LV-BAX	Aerolineas Argentinas	Active	Buenos Aires Aeroparque, Argentina	
2485	26699	522	5N-BKR	AeroContractors	Active	Lagos, Nigeria	
2490	26700	522	LY-AWG	(flyLAL)	Stored	Vilnius, Lithuania	
2494	26739	522	LY-AWD	flyLAL / SCAT	Active	Shymkent, Kazakhstan	
2498	26703	522	OK-SWU	SmartWings / Air Italy	Active	Milan Malpensa, Italy	
2503	26450	5H6	LV-BAR	Aerolineas Argentinas	Active	Buenos Aires Aeroparque, Argentina	
2508	26704	522	LZ-BOP	Bulgaria Air	Active	Sofia, Bulgaria	
2511	26454	5H6	LV-BBN	Aerolineas Argentinas	Active	Buenos Aires Aeroparque, Argentina	
2512	26707	522	LY-AWF	FlyLAL / SkyEurope Airlines	Active	Vienna, Austria	
2516	27153	505	B-2592	Xiamen Airlines	Active	Xiamen, China	

l/n	c/n	Model	Registration	Owner/Operator	Status	Location	Notes
2527	26456	5H6	LV-AYE	Aerolineas Argentinas	Active	Buenos Aires Aeroparque, Argentina	
2534	26097	5Y0	JA352K	Air Next	Active	Fukuoka, Japan	
2538	26100	5Y0	N610MD	(China Southern Airlines)	Stored	Guilin, China	
2544	26101	5Y0	N611MD	(China Southern Airlines)	Stored	Guilin, China	
2552	26104	5Y0	JA353K	Air Next	Active	Fukuoka, Japan	
2553	26105	5Y0	JA354K	Air Next	Active	Fukuoka, Japan	
2566	27314	524 WL	N14601	(Continental Air Lines)	Stored	Cleveland, OH	
2571	27315	524 WL	N69602	Continental Air Lines	Active	Houston IAH, TX	
2572	27304	528	VP-BWZ	Aeroflot-Don	Active	Rostov-on-Don, Russia	
2573	27316	524 WL	N69603	Continental Air Lines	Active	Houston IAH, TX	
2574	27305	528	VP-BWY	Aeroflot-Don	Active	Rostov-on-Don, Russia	
2576	27317	524 WL	N14604	Continental Air Lines	Active	Houston IAH, TX	
2578	26297	505	VP-BEW	Orenair	Active	Orenburg, Russia	
2582	27318	524 WL	N14605	Continental Air Lines	Active	Houston IAH, TX	
2583	27257	5H3	TS-IOI	Tunisair	Active	Tunis Carthage, Tunisia	
2590	27319	524 WL	N58606	Continental Air Lines	Active	Houston IAH, TX	
2592	27268	59D	G-BVKB	bmibaby	Active	East Midlands, UK	
2596	27320	524 WL	VQ-BAE	UT Air	Active	Surgut, Russia	
2597	27321	524 WL	VQ-BAC	UT Air	Active	Surgut, Russia	
2603	27368	55D	SP-LKF	LOT - Polish Airlines	Active	Warsaw, Poland	
2607	27322	524 WL	N14609	Continental Air Lines	Active	Houston IAH, TX	
2614	25767	58E	HL7232	Asiana Airlines / Air Busan	Active	Seoul, South Korea	
2616	27323	524 WL	N27610	Continental Air Lines	Active	Houston IAH, TX	
2621	27324	524 WL	N18611	-	Written Off	Denver, CO	
2630	27325	524 WL	N11612	Continental Air Lines	Active	Houston IAH, TX	
2633	27326	524 WL	N14613	Continental Air Lines	Active	Houston IAH, TX	
2634	27327	524 WL	N17614	Continental Air Lines	Active	Houston IAH, TX	
2637	27354	5H6	G-GFFH	British Airways	Active	London Gatwick, UK	
2640	27328	524 WL	N37615	Continental Air Lines	Active	Houston IAH, TX	
2641	27329	524 WL	N52616	Continental Air Lines	Active	Houston IAH, TX	
2646	27355	5H6	G-PJPJ	Astraeus / Palmair	Active	London Gatwick, UK	
2648	27330	524 WL	N16617	Continental Air Lines	Active	Houston IAH, TX	
2649	26304	505	LN-BUC	SAS Norge	Active	Oslo, Norway	
2652	27331	524	VQ-BAD	UT Air	Active	Surgut, Russia	
2654	27356	5H6	LV-BAT	Aerolineas Argentinas	Active	Buenos Aires Aeroparque, Argentina	
2659	27332	524 WL	N17619	Continental Air Lines	Active	Houston IAH, TX	
2660	27333	524 WL	N17620	Continental Air Lines	Active	Houston IAH, TX	
2661	27334	524 WL	N19621	Continental Air Lines	Active	Houston IAH, TX	
2669	27526	524 WL	N18622	Continental Air Lines	Active	Houston IAH, TX	
2672	27527	524 WL	N19623	Continental Air Lines	Active	Houston IAH, TX	
2675	27528	524 WL	N13624	Continental Air Lines	Active	Houston IAH, TX	
2683	27529	524 WL	N46625	Continental Air Lines	Active	Houston IAH, TX	
2686	27530	524 WL	N32626	Continental Air Lines	Active	Houston IAH, TX	
2700	27531	524 WL	N17627	Continental Air Lines	Active	Houston IAH, TX	
2701	27912	5H3	TS-IOJ	Tunisair	Active	Tunis Carthage, Tunisia	
2708	27381	54K	JA8404	Air Nippon / Air DO	Active	Hokkaido, Japan	
2712	27532	524 WL	N14628	Continental Air Lines	Active	Houston IAH, TX	
2720	27424	528	G-GFFE	(British Airways)	Active	Lasham, UK	

Boeing 737-500 — Out Of Production List: Western Jet Airliners

l/n	c/n	Model	Registration	Owner/Operator	Status	Location	Notes
2723	27430	54K	JA8419	Air Nippon	Active	Tokyo Haneda, Japan	
2724	25768	58E	HL7233	Asiana Airlines	Active	Seoul, South Korea	
2725	27533	524 WL	N14629	Continental Air Lines	Active	Houston IAH, TX	
2726	27534	524 WL	N59630	Continental Air Lines	Active	Houston IAH, TX	
2728	27535	524 WL	N62631	Continental Air Lines	Active	Houston IAH, TX	
2730	27425	528	G-GFFI	British Airways	Active	London Gatwick, UK	
2734	27679	5B6	CN-RNG	Royal Air Maroc	Active	Casablanca Mohammed V, Morocco	
2735	26324	5Q8	ES-ABC	(Estonian Air)	Stored	Tallinn, Estonia	For Aerosvit
2736	27900	524 WL	N16632	Continental Air Lines	Active	Houston IAH, TX	
2737	25769	58E	HL7250	Asiana Airlines / Air Busan	Active	Seoul, South Korea	
2739	27426	528	FAP 356	Peruvian Air Force	Active	Lima, Peru	
2743	27901	524 WL	N24633	Continental Air Lines	Active	Houston IAH, TX	
2748	26319	524	EW-250PA	Belavia	Active	Minsk, Belarus	
2751	27431	54K	JA8500	Air Nippon / Air Next	Active	Fukuoka, Japan	
2770	26323	5Q8	ES-ABD	Estonian Air	Active	Tallinn, Estonia	
2771	26339	524	EW-253PA	Belavia	Active	Minsk, Belarus	
2776	27540	524	VP-BVN	UT Air	Active	Tyumen, Russia	
2777	26340	524	EW-252PA	Belavia	Active	Minsk, Belarus	
2783	27432	54K	JA8504	Air Nippon / Air DO	Active	Hokkaido, Japan	
2784	28083	5L9	JA356K	Air Nippon / Air Next	Active	Fukuoka, Japan	
2788	28084	5L9	OY-APB	(Sterling Airlines)	Stored	Chateauroux, France	
2800	27627	505	LN-BUE	(SAS Norge)	Stored	Lasham, UK	
2803	25794	505	LN-BUD	SAS Norge	Active	Oslo, Norway	
2805	26336	505	B-2973	Xiamen Airlines	Active	Xiamen, China	
2815	27433	54K	JA8195	Air Nippon / Air Next	Active	Fukuoka, Japan	
2817	28128	5L9	JA359K	Air Nippon / Air Next	Active	Fukuoka, Japan	
2822	26338	505	B-2975	Xiamen Airlines	Active	Xiamen, China	
2823	28129	5L9	JA355K	Air Nippon / Air Next	Active	Fukuoka, Japan	
2824	27966	54K	JA8196	AirDO	Active	Hokkaido, Japan	
2825	28130	5L9	JA358K	Air Nippon / Air Next	Active	Fukuoka, Japan	
2828	28131	5L9	JA357K	Air Nippon / Air Next	Active	Fukuoka, Japan	
2834	27629	5Q8	EI-EDW	(flyLAL)	Stored	Dothan, AL	
2849	28469	55S	OK-CGH	Czech Airlines (CSA)	Active	Prague, Czech Republic	
2850	28461	54K	JA8595	Air Do	Active	Hokkaido, Japan	
2853	28462	54K	JA8596	Air Nippon	Active	Tokyo Haneda, Japan	
2855	27680	5B6	CN-RNH	Royal Air Maroc	Active	Casablanca Mohammed V, Morocco	
2856	28721	5L9	OY-APH	Sterling European	Active	Copenhagen, Denmark	
2861	28470	55S	OK-CGJ	Czech Airlines (CSA)	Active	Prague, Czech Republic	
2866	27631	505	LN-BUG	SAS Norge	Active	Oslo, Norway	
2868	28722	5L9	UR-DND	Dniproavia	Active	Dnepropetrovsk, Ukraine	
2872	27434	54K	JA300K	Air DO	Active	Hokkaido, Japan	
2875	27435	54K	JA301K	Air Nippon	Active	Tokyo Haneda, Japan	
2885	28471	55S	OK-CGK	Czech Airlines (CSA)	Active	Prague, Czech Republic	
2889	27634	5Q8	EW-251PA	Belavia	Active	Minsk, Belarus	
2912	28899	524 WL	N19638	Continental Air Lines	Active	Houston IAH, TX	
2913	28900	524 WL	N14639	Continental Air Lines	Active	Houston IAH, TX	
2920	28726	5U3	PK-GGA	Garuda Indonesia	Active	Jakarta CGK, Indonesia	
2924	28901	524 WL	N17640	Continental Air Lines	Active	Houston IAH, TX	

l/n	c/n	Model	Registration	Owner/Operator	Status	Location	Notes
2926	28902	524 WL	N11641	Continental Air Lines	Active	Houston IAH, TX	
2927	28903	524 WL	N16642	Continental Air Lines	Active	Houston IAH, TX	
2929	28866	58N	FAC 921	Chilean Air Force	Active	Santiago, Chile	
2933	28904	524	N20643	(Continental Air Lines)	Parts Remain	Mojave, CA	
2934	28905	524 WL	N17644	Continental Air Lines	Active	Houston IAH, TX	
2935	28906	524 WL	N14645	Continental Air Lines	Active	Houston IAH, TX	
2937	28727	5U3	PK-GGC	Garuda Indonesia	Active	Jakarta CGK, Indonesia	
2938	28728	5U3	PK-GGD	Garuda Indonesia	Active	Jakarta CGK, Indonesia	
2944	28565	56N	VQ-BAB	Yamal Airlines	Active	Salekhard, Russia	
2947	28995	5L9	UR-DNC	Dniproavia	Active	Dnepropetrovsk, Ukraine	
2950	28729	5U3	PK-GGE	Garuda Indonesia	Active	Jakarta CGK, Indonesia	
2952	28730	5U3	PK-GGF	Garuda Indonesia	Active	Jakarta CGK, Indonesia	
2956	28907	524 WL	N16646	Continental Air Lines	Active	Houston IAH, TX	
2958	28908	524 WL	N16647	Continental Air Lines	Active	Houston IAH, TX	
2960	28909	524 WL	N16648	Continental Air Lines	Active	Houston IAH, TX	
2965	28052	5Q8	EI-DTX	Transaero Airlines	Active	Moscow Domodedovo, Russia	
2972	28910	524 WL	N16649	Continental Air Lines	Active	Houston IAH, TX	
2973	28911	524 WL	N16650	Continental Air Lines	Active	Houston IAH, TX	
2980	28912	524 WL	N11651	Continental Air Lines	Active	Houston IAH, TX	
2985	28913	524 WL	N14652	Continental Air Lines	Active	Houston IAH, TX	
2986	28914	524 WL	N14653	Continental Air Lines	Active	Houston IAH, TX	
2991	29122	58E	TC-AAF	Pegasus	Active	Istanbul Ataturk, Turkey	
2993	28915	524	VP-BVQ	UT Air	Active	Tyumen, Russia	
2994	28916	524	VP-BVO	UT Air	Active	Tyumen, Russia	
2998	28996	5L9	PK-TVZ	Travira Air	Active	Jakarta Halim, Indonesia	
2999	28201	5Q8	TC-AAD	Pegasus	Active	Istanbul Ataturk, Turkey	
3002	28990	54K	JA302K	Air Nippon / Air Next	Active	Fukuoka, Japan	
3004	28472	55S	OK-DGL	Czech Airlines (CSA)	Active	Prague, Czech Republic	
3008	28997	5L9	ES-ABL	Estonian Air	Active	Tallinn, Estonia	
3017	28991	54K	JA303K	Air Nippon	Active	Tokyo Haneda, Japan	
3019	28917	524	VP-BYM	UT Air	Active	Tyumen, Russia	
3024	28055	5Q8	B-2110	Okay Airways	Active	Tianjin, China	
3026	28918	524	VP-BYK	UT Air	Active	Tyumen, Russia	
3030	28992	54K	JA304K	Air Nippon / Air Next	Active	Fukuoka, Japan	
3045	28919	524	N18658	(Continental Air Lines)	Stored	Goodyear, AZ	
3048	28920	524	VP-BYL	UT Air	Active	Tyumen, Russia	
3052	28921	524	VP-BYI	Transaero Airlines	Active	Moscow Domodedovo, Russia	
3055	28922	524	N23661	(Continental Air Lines)	Stored	Goodyear, AZ	
3060	28923	524	VP-BYJ	Transaero Airlines	Active	Moscow Domodedovo, Russia	
3063	28924	524	N17663	(Continental Air Lines)	Stored	Goodyear, AZ	
3066	28925	524	VP-BVZ	UT Air	Active	Tyumen, Russia	
3068	29234	5L9	TC-AAG	(Pegasus)	Stored	Dinard, France	
3069	28926	524	VP-BVL	UT Air	Active	Tyumen, Russia	
3074	28927	524	N14667	(Continental Air Lines)	Stored	Rome, NY	For UT Air
3075	28993	54K	JA305K	Air Nippon	Active	Tokyo Haneda, Japan	
3076	29235	5L9	UR-VVQ	Aerosvit Airlines	Active	Kiev Borispol, Ukraine	
3077	28928	524	N14668	(Continental Air Lines)	Stored	Rome, NY	For Transaero Airlines
3083	29073	53S	YL-BBE	Air Baltic	Active	Riga, Latvia	

l/n	c/n	Model	Registration	Owner/Operator	Status	Location	Notes
3086	29074	53S	ES-ABH	Estonian Air	Active	Tallinn, Estonia	
3096	28475	55S	OK-EGO	Czech Airlines (CSA)	Active	Prague, Czech Republic	
3101	29075	53S	YL-BBD	Air Baltic	Active	Riga, Latvia	
3109	29794	54K	JA306K	Air Nippon / Air Next	Active	Fukuoka, Japan	
3116	29795	54K	JA307K	Air Nippon / Air Next	Active	Fukuoka, Japan	

Cross Reference

Registration	l/n	c/n	Registration	l/n	c/n	Registration	l/n	c/n	Registration	l/n	c/n
4L-TGA	2111	25218	D-ABJB	2117	25271	F-GJNQ	2730	27425	JY-JA1	2413	26438
4L-TGR	1834	24694	D-ABJC	2118	25272	F-GJNR	2358	26446	LN-BRC	1792	24650
5N-BKQ	2423	26695	D-ABJD	2122	25309	F-GJNS	3083	29073	LN-BRD	1842	24651
5N-BKR	2485	26699	D-ABJE	2126	25310	F-GJNU	3101	29075	LN-BRF	1917	24652
5N-BLC	2421	26692	D-ABJF	2128	25311	F-GJNV	2427	26287	LN-BRG	1923	24272
5N-BLD	2345	26675	D-ABJH	2141	25357	F-GJNX	2511	26454	LN-BRH	1925	24828
5N-BLG	2179	25387	D-ABJI	2151	25358	F-GJNY	2527	26456	LN-BRJ	2018	24273
5N-BLH	2146	25383	D-ACAC	2018	24273	F-GJNY	3086	29074	LN-BRK	2035	24274
5N-DLC	2421	26692	D-ACBA	1917	24652	F-GJNZ	2503	26450	LN-BRM	2072	24645
5X-USM	1882	24785	D-ACBB	1925	24828	F-GJUA	2463	25165	LN-BRN	2138	24646
6V-AHM	2044	25062	D-ACIN	1894	24825	F-GYAM	1917	24652	LN-BRO	2143	24647
6V-AHT	1917	24652	D-AHLA	1848	24776	F-ODZJ	1943	24877	LN-BRR	2213	24648
7Q-YKW	2149	25384	D-AHLD	1966	24926	G-BVKA	1834	24694	LN-BRS	2225	24649
9M-MFA	2327	26445	D-AHLE	1848	24776	G-BVKB	2592	27268	LN-BRT	2229	25789
9M-MFB	2358	26446	D-AHLF	1968	24927	G-BVKC	1872	24695	LN-BRU	2245	25790
9M-MFC	2484	26448	D-AHLG	1848	24776	G-BVKD	2279	26421	LN-BRV	2351	25791
9M-MFD	2503	26450	D-AHLI	2022	25037	G-BVZE	2412	26422	LN-BRW	2353	25792
9M-MFE	2511	26454	D-AHLN	2044	25062	G-BVZF	1969	25038	LN-BRX	2434	25797
9M-MFF	2527	26456	DQ-FJB	2304	26067	G-BVZG	2114	25160	LN-BRY	2449	27155
9M-MFG	2637	27354	EI-BXE	1939	24878	G-BVZH	2129	25166	LN-BRZ	2516	27153
9M-MFH	2646	27355	EI-BXF	1970	24919	G-BVZI	2173	25167	LN-BUA	2578	26297
9M-MFI	2654	27356	EI-BXG	1975	24968	G-GFFA	1969	25038	LN-BUC	2649	26304
B-2110	3024	28055	EI-BXH	1989	24989	G-GFFB	2229	25789	LN-BUD	2803	25794
B-2541	1960	24696	EI-BXJ	2050	25115	G-GFFC	1923	24272	LN-BUE	2800	27627
B-2542	2003	24897	EI-CDA	1939	24878	G-GFFD	2186	26419	LN-BUG	2866	27631
B-2543	2079	24898	EI-CDB	1970	24919	G-GFFE	2720	27424	LN-TUX	2463	25165
B-2544	2093	24899	EI-CDC	1975	24968	G-GFFF	1868	24754	LV-AYE	2527	26456
B-2545	2095	24900	EI-CDD	1989	24989	G-GFFG	1792	24650	LV-AYI	2411	25234
B-2546	2150	25175	EI-CDE	2050	25115	G-GFFH	2637	27354	LV-AZU	2428	25235
B-2547	2155	25176	EI-CDE	2050	25115	G-GFFI	2730	27425	LV-BAR	2503	26450
B-2548	2211	25182	EI-CDF	2232	25737	G-GFFJ	2646	27355	LV-BAT	2654	27356
B-2549	2218	25183	EI-CDG	2261	25738	G-MSKA	1919	24859	LV-BAX	2484	26448
B-2550	2238	25188	EI-CDH	2271	25739	G-MSKB	1961	24928	LV-BBN	2511	26454
B-2591	2353	25792	EI-CDS	2427	26287	G-MSKC	2038	25066	LV-BBW	2003	24897
B-2592	2516	27153	EI-CDT	2463	25165	G-MSKD	1816	24778	LV-BDD	2093	24899
B-2593	2449	27155	EI-CFT	2286	25288	G-MSKE	2788	28084	LV-BDV	2095	24900
B-2912	2538	26100	EI-CFU	2288	25289	G-OBMR	2220	25185	LV-BEO	2155	25176
B-2915	2544	26101	EI-DDT	3083	29073	G-OBMY	2186	26419	LV-BIH	1898	24786
B-2973	2805	26336	EI-DKV	1923	24272	G-OBMZ	1868	24754	LV-BIM	2177	25425
B-2975	2822	26338	EI-DTU	2150	25175	G-OBNX	2028	25065	LV-BIX	1921	24788
C-FCFR	2388	26684	EI-DTV	2218	25183	G-PJPJ	2646	27355	LV-BNM	1966	24926
C-FCGF	2366	26680	EI-DTW	2238	25188	G-THOA	1919	24859	LV-BNS	1848	24776
C-FCGG	2368	26683	EI-DTX	2965	28052	G-THOB	1961	24928	LV-BOT	1917	24652
C-FCGS	2408	26691	EI-EDW	2834	27629	G-THOC	1834	24694	LV-BPN	1834	24694
C-FDCD	2404	26688	ES-ABC	2735	26324	G-THOD	1872	24695	LX-LGN	2028	25065
C-FDCH	2490	26700	ES-ABD	2770	26323	HA-LEP	1848	24776	LX-LGO	2413	26438
C-FDCU	2494	26739	ES-ABE	2784	28083	HA-LER	1966	24926	LX-LGP	2444	26439
C-FDCZ	2512	26707	ES-ABF	1816	24778	HA-LKO	2220	25185	LX-LGR	2720	27424
C-FPHS	1977	24970	ES-ABG	2245	25790	HA-LKP	2288	25289	LX-LGS	2730	27425
C-GAHB	2298	26538	ES-ABH	3086	29074	HL7229	1878	24805	LY-AGQ	2771	26339
C-GBGL	1977	24970	ES-ABI	3068	29234	HL7230	1816	24778	LY-AGZ	2777	26340
CN-RMU	1964	24922	ES-ABL	3008	28997	HL7232	2614	25767	LY-AWD	2494	26739
CN-RMV	2157	25317	EW-250PA	2748	26319	HL7233	2724	25768	LY-AWE	2388	26684
CN-RMW	2166	25364	EW-251PA	2889	27634	HL7250	2737	25769	LY-AWF	2512	26707
CN-RMY	2209	26525	EW-252PA	2777	26340	HL7261	1898	24786	LY-AWG	2490	26700
CN-RNB	2472	26527	EW-253PA	2771	26339	HL7262	1900	24787	LY-AZW	2834	27629
CN-RNG	2734	27679	FAC 921	2929	28866	HL7527	2991	29122	LY-AZX	2965	28052
CN-RNH	2855	27680	FAP 356	2739	27426	JA300K	2872	27434	LY-AZY	2427	26287
CN-RON	1917	24652	F-GGML	1882	24785	JA301K	2875	27435	LY-BFV	2186	26419
D-ABIA	1933	24815	F-GHOL	1894	24825	JA302K	3002	28990	LZ-BOA	1945	24881
D-ABIB	1958	24816	F-GHUL	2041	24826	JA303K	3017	28991	LZ-BOB	1962	24921
D-ABIC	1967	24817	F-GHXM	1921	24788	JA304K	3030	28992	LZ-BOC	2177	25425
D-ABID	1974	24818	F-GHXN	1943	24877	JA305K	3075	28993	LZ-BOI	2128	25311
D-ABIE	1979	24819	F-GINL	2243	24827	JA306K	3109	29794	LZ-BOP	2508	26704
D-ABIF	1985	24820	F-GJNA	2099	25206	JA307K	3116	29795	LZ-BOQ	2402	26687
D-ABIH	1993	24821	F-GJNB	2108	25227	JA351K	2240	25189	LZ-BOR	2463	25165
D-ABII	1997	24822	F-GJNC	2170	25228	JA352K	2534	26097	LZ-BOY	1882	24785
D-ABIK	2000	24823	F-GJND	2180	25229	JA353K	2552	26104	N101LF	3024	28055
D-ABIL	2006	24824	F-GJNE	2191	25230	JA354K	2553	26105	N104NK	2552	26104
D-ABIM	2011	24937	F-GJNF	2208	25231	JA355K	2823	28129	N105NK	2553	26105
D-ABIN	2023	24938	F-GJNG	2231	25232	JA356K	2784	28083	N11612	2630	27325
D-ABIO	2031	24939	F-GJNH	2251	25233	JA357K	2828	28131	N11641	2926	28902
D-ABIP	2034	24940	F-GJNI	2411	25234	JA358K	2825	28130	N11651	2980	28912
D-ABIR	2042	24941	F-GJNJ	2428	25235	JA359K	2817	28128	N11656	3019	28917
D-ABIS	2048	24942	F-GJNK	2443	25236	JA8195	2815	27433	N12657	3026	28918
D-ABIT	2049	24943	F-GJNL	2484	26448	JA8196	2824	27966	N13624	2675	27528
D-ABIU	2051	24944	F-GJNM	2464	25237	JA8404	2708	27381	N13665	3069	28926
D-ABIW	2063	24945	F-GJNN	2572	27304	JA8419	2723	27430	N14601	2566	27314
D-ABIX	2070	24946	F-GJNO	2574	27305	JA8500	2751	27431	N14604	2576	27317
D-ABIY	2086	25243	F-GJNP	2654	27356	JA8504	2783	27432	N14605	2582	27318
D-ABIZ	2098	25244	F-GJNP	2720	27424	JA8595	2850	28461	N14609	2607	27322
D-ABJA	2116	25270	F-GJNQ	2327	26445	JA8596	2853	28462	N14613	2633	27326

Registration	l/n	c/n	Registration	l/n	c/n	Registration	l/n	c/n	Registration	l/n	c/n
N14628	2712	27532	N23661	3055	28922	N787AW	1900	24787	OK-XGA	2300	26539
N14629	2725	27533	N24633	2743	27901	N8083N	2784	28083	OK-XGB	2317	26540
N14639	2913	28900	N246ST	1960	24696	N8128R	2817	28128	OK-XGC	2319	26541
N14645	2935	28906	N249JW	2145	25249	N8129L	2823	28129	OK-XGD	2337	26542
N14652	2985	28913	N-2529	2578	26297	N8130J	2825	28130	OK-XGE	2339	26543
N14653	2986	28914	N257SZ	2353	25792	N859CT	1919	24859	OK-XGV	2327	26445
N14654	2993	28915	N265CT	2298	26538	N88131	2828	28131	OK-XGW	2358	26446
N14655	2994	28916	N27610	2616	27323	N881AN	1945	24881	OM-LOY	2260	25191
N14660	3052	28921	N291SR	2991	29122	N898ED	2079	24898	OM-SEA	2236	25186
N14662	3060	28923	N291SZ	2991	29122	N901UA	1948	25001	OM-SEB	2260	25191
N14664	3066	28925	N32626	2686	27530	N902UA	1950	25002	OM-SEC	2286	25288
N14667	3074	28927	N33608	2597	27321	N903UA	1952	25003	OM-SED	2041	24826
N14668	3077	28928	N33608	2597	27321	N904UA	1965	25004	OM-SEE	2243	24827
N15659	3048	28920	N33635	2771	26339	N905UA	1976	25005	OM-SEF	2220	25185
N16607	2596	27320	N33637	2776	27540	N906UA	1981	25006	OM-SEG	2288	25289
N16617	2648	27330	N3509J	2950	28729	N907UA	1983	25007	OO-JAT	1968	24927
N16618	2652	27331	N35108	2538	26100	N908UA	1987	25008	OO-SYE	2111	25218
N16618	2652	27331	N35108	2708	27381	N909UA	1999	25009	OO-SYG	2145	25249
N16632	2736	27900	N35135	1882	24785	N910UA	2073	25254	OO-SYH	2163	25418
N16642	2927	28903	N3521N	1933	24815	N911UA	2075	25255	OO-SYI	2165	25419
N16646	2956	28907	N371LF	2578	26297	N912UA	2096	25290	OO-SYJ	2296	26537
N16647	2958	28908	N37615	2640	27328	N913UA	2101	25291	OO-SYK	2298	26538
N16648	2960	28909	N418JW	2163	25418	N914UA	2110	25381	OY-APA	2784	28083
N16649	2972	28910	N419CT	2165	25419	N915UA	2119	25382	OY-APB	2788	28084
N16650	2973	28911	N425AN	2177	25425	N916UA	2146	25383	OY-APC	2823	28129
N17614	2634	27327	N427LF	2748	26319	N917UA	2149	25384	OY-APD	2825	28130
N17619	2659	27332	N46625	2683	27529	N918UA	2152	25385	OY-APG	2828	28131
N17620	2660	27333	N494ST	1816	24778	N919UA	2154	25386	OY-APH	2856	28721
N17627	2700	27531	N501SW	1718	24178	N920UA	2179	25387	OY-API	2868	28722
N17640	2924	28901	N502SW	1744	24179	N921AW	1962	24921	OY-APK	2947	28995
N17644	2934	28905	N503SW	1766	24180	N921UA	2181	25388	OY-APL	2998	28996
N17663	3063	28924	N504SW	1804	24181	N922AV	1964	24922	OY-APN	3008	28997
N1786B	2070	24946	N505SW	1826	24182	N922UA	2189	26642	OY-APP	3068	29234
N1786B	2849	28469	N506SW	1852	24183	N923UA	2190	26643	OY-APR	3076	29235
N1786B	2850	28461	N507SW	1864	24184	N924UA	2212	26645	OY-MAA	1816	24778
N1786B	2855	27680	N508SW	1932	24185	N925UA	2214	26646	OY-MAA	1878	24805
N1786B	2929	28866	N509SW	1934	24186	N926UA	2230	26648	OY-MAB	1878	24805
N1786B	2934	28905	N510SW	1940	24187	N927UA	2246	26649	OY-MAC	1919	24859
N1786B	2935	28906	N511SW	2029	24188	N928CT	1961	24928	OY-MAD	1961	24928
N1786B	2937	28727	N512SW	2056	24189	N928UA	2257	26651	OY-MAE	2038	25066
N1786B	2938	28728	N513SW	2058	24190	N929UA	2259	26652	OY-MAF	2817	28128
N1786B	2991	29122	N514SW	2078	25153	N930UA	2274	26655	OY-MMO	1961	24928
N1786B	3004	28472	N515SW	2080	25154	N931UA	2289	26656	OY-MMZ	1919	24859
N1786B	3019	28917	N519SW	2121	25318	N932UA	2291	26658	OY-SEG	2186	26419
N1786B	3024	28055	N520SW	2134	25319	N933UA	2293	26659	P4-FZT	1977	24970
N1786B	3030	28992	N521SW	2136	25320	N934UA	2312	26662	P4-PHS	1977	24970
N1786B	3048	28920	N522SW	2202	26564	N935UA	2315	26663	PK-GGA	2920	28726
N1786B	3052	28921	N523SW	2204	26565	N936UA	2325	26667	PK-GGC	2937	28727
N1786B	3055	28922	N524SW	2224	26566	N937UA	2329	26668	PK-GGD	2938	28728
N1786B	3060	28923	N525SW	2283	26567	N938UA	2336	26671	PK-GGE	2950	28729
N1786B	3068	29234	N52616	2641	27329	N939UA	2343	26672	PK-GGF	2952	28730
N1786B	3069	28926	N526SW	2285	26568	N940UA	2345	26675	PK-KKA	2944	28565
N1786B	3076	29235	N527SW	2287	26569	N941UA	2364	26676	PK-TVZ	2998	28996
N1786B	3083	29073	N528SW	2292	26570	N942UA	2365	26679	PRP-001	2739	27426
N1786B	3086	29074	N5573K	1792	24650	N943UA	2366	26680	PT-MHN	2304	26067
N1786B	3101	29075	N565LS	2944	28565	N944UA	2368	26683	PT-MNC	2463	25165
N1786B	3116	29795	N58606	2590	27319	N945UA	2388	26684	PT-MND	1898	24786
N1787B	3002	28990	N59630	2726	27534	N946UA	2402	26687	PT-MNE	1900	24787
N1787B	3026	28918	N60436	2950	28729	N947UA	2404	26688	PT-MNI	2177	25425
N1787B	3066	28925	N60436	3116	29795	N948UA	2408	26691	PT-SLM	2050	25115
N1789B	1977	24970	N6063S	2991	29122	N949UA	2421	26692	PT-SLN	2374	26075
N1790B	2300	26539	N6069D	2288	25289	N950UA	2423	26695	PT-SLP	2534	26097
N1790B	2660	27333	N606TA	2304	26067	N951UA	2440	26696	PT-SLS	2552	26104
N182GE	2211	25182	N610MD	2538	26100	N952UA	2485	26699	PT-SLT	2553	26105
N185FR	2220	25185	N611MD	2544	26101	N953UA	2490	26700	PT-SLU	2236	25186
N18611	2621	27324	N62631	2728	27535	N954UA	2494	26739	PT-SLV	2240	25189
N18622	2669	27526	N646LS	2138	24646	N955UA	2498	26703	PT-SLW	1964	24922
N18658	3045	28919	N650TC	1917	24652	N956UA	2508	26704	PT-SSA	2262	25192
N186LS	2236	25186	N651LF	2245	25790	N957UA	2512	26707	PT-SSB	2834	27629
N189NK	2240	25189	N680MV	2368	26683	N97NK	2534	26097	PT-SSC	2889	27634
N191AP	2260	25191	N680MW	2366	26680	OK-CGH	2849	28469	PT-SSD	2944	28565
N191G	2260	25191	N688MV	2404	26688	OK-CGJ	2861	28470	PT-SSE	2965	28052
N19621	2661	27334	N691MV	2408	26691	OK-CGK	2885	28471	PT-SSF	2999	28201
N19623	2672	27527	N69602	2571	27315	OK-DGB	3008	28997	PT-SSG	3024	28055
N19634	2748	26319	N69603	2573	27316	OK-DGC	3076	29235	PT-SSH	2991	29122
N19636	2777	26340	N73700	1718	24178	OK-DGL	3004	28472	PT-SSI	1882	24785
N19638	2912	28899	N737RH	2998	28996	OK-EGO	3096	28475	PT-SSL	2220	25185
N20643	2933	28904	N757UA	2512	26707	OK-SWU	2498	26703	PT-SSM	2260	25191
N215BV	2449	27155	N777YY	1977	24970	OK-SWV	2440	26696	PT-SSN	1945	24881
N218CT	2111	25218	N778YY	1977	24970	OK-SWY	1933	24815	PT-SSO	1962	24921
N233BC	1921	24788	N785AW	1882	24785	OK-SWZ	1958	24816	S5-AAM	2443	25236
N23657	3026	28918	N786AW	1898	24786	OK-WGD	2028	25065	SE-DNA	1834	24694

Registration	l/n	c/n	Registration	l/n	c/n
SE-DNB	1872	24695	VP-BRK	2286	25288
SE-DNC	1868	24754	VP-BRN	2260	25191
SE-DND	1969	25038	VP-BRP	1842	24651
SE-DNE	2028	25065	VP-BRQ	2191	25230
SE-DNF	2114	25160	VP-BRS	2208	25231
SE-DNG	2129	25166	VP-BRU	2099	25206
SE-DNH	2173	25167	VP-BRV	2108	25227
SE-DNI	2186	26419	VP-BSQ	2343	26672
SE-DNK	2279	26421	VP-BSU	2345	26675
SE-DNL	2412	26422	VP-BSV	2421	26692
SE-DNM	2592	27268	VP-BSW	2423	26695
SE-DUT	2463	25165	VP-BSX	2485	26699
SP-LKA	2389	27416	VP-BTD	1948	25001
SP-LKB	2392	27417	VP-BTE	1987	25008
SP-LKC	2397	27418	VP-BTF	1999	25009
SP-LKD	2401	27419	VP-BTG	2146	25383
SP-LKE	2448	27130	VP-BTI	2179	25387
SP-LKF	2603	27368	VP-BVL	3069	28926
SP-LKG	1894	24825	VP-BVN	2776	27540
SP-LKH	2041	24826	VP-BVO	2994	28916
SP-LKI	2243	24827	VP-BVQ	2993	28915
SP-LKK	2998	28996	VP-BVU	2129	25166
SU-GBH	2019	25084	VP-BVZ	3066	28925
SU-GBI	2135	25307	VP-BWY	2574	27305
SU-GBJ	2169	25352	VP-BWZ	2572	27304
SU-GBK	2276	26052	VP-BXM	1872	24695
SU-GBL	2282	26051	VP-BXN	1868	24754
SU-KHM	2413	26438	VP-BYI	3052	28921
SX-BFP	2044	25062	VP-BYJ	3060	28923
TC-AAD	2999	28201	VP-BYK	3026	28918
TC-AAE	3024	28055	VP-BYL	3048	28920
TC-AAF	2991	29122	VP-BYM	3019	28917
TC-AAG	3068	29234	VP-BYU	2173	25167
TC-JDU	2286	25288	VP-BYV	2114	25160
TC-JDV	2288	25289	VQ-BAB	2944	28565
TS-IOG	2253	26639	VQ-BAC	2597	27321
TS-IOH	2474	26640	VQ-BAD	2652	27331
TS-IOI	2583	27257	VQ-BAE	2596	27320
TS-IOJ	2701	27912	VQ-BBN	1882	24785
UR-DNC	2947	28995	VR-BOC	1977	24970
UR-DND	2868	28722	VT-JAL	2260	25191
UR-DNH	1960	24696	VT-JAW	2637	27354
UR-GAI	2111	25218	VT-JAX	2511	26454
UR-GAJ	2262	25192	VT-JAY	2527	26456
UR-GAK	2374	26075	VT-JAZ	2646	27355
UR-GAS	2443	25236	XA-AVL	1900	24787
UR-GAT	2464	25237	XA-AVO	1945	24881
UR-GAU	2211	25182	XA-RJS	2220	25185
UR-GAW	2079	24898	XA-RKQ	2240	25189
UR-VVB	2296	26537	XA-RXP	2236	25186
UR-VVC	2298	26538	XA-SAC	2262	25192
UR-VVD	2165	25419	XA-SAS	2260	25191
UR-VVQ	3076	29235	XU-756	2748	26319
V5-NDI	2170	25228	YL-BBA	2138	24646
V5-TNP	2180	25229	YL-BBB	2018	24273
VP-BET	1894	24825	YL-BBD	3101	29075
VP-BEW	2578	26297	YL-BBE	3083	29073
VP-BFB	2304	26067	YL-BBF	1939	24878
VP-BFJ	1919	24859	YL-BBG	1970	24919
VP-BFK	1961	24928	YL-BBH	1975	24968
VP-BFM	1962	24921	YL-BBM	2366	26680
VP-BFN	1964	24922	YL-BBN	2368	26683
VP-BGR	2245	25790	YL-BBP	2404	26688
VP-BHA	2298	26538	YL-BBQ	2408	26691
VP-BKO	2353	25792	YR-BAB	1882	24785
VP-BKP	2028	25065	YR-BGT	2784	28083
VP-BKU	2229	25789	YR-BGZ	1939	24878
VP-BKV	2449	27155	Z3-AAH	2145	25249
VP-BLF	2231	25232	ZS-PKU	2145	25249
VP-BLG	2251	25233	ZS-PKV	2163	25418
VP-BOC	1977	24970			
VP-BOH	1969	25038			
VP-BOI	1792	24650			
VP-BPA	2022	25037			
VP-BPD	2044	25062			
VP-BPE	2327	26445			
VP-BPF	2358	26446			
VP-BQI	2236	25186			
VP-BQL	2220	25185			
VP-BRE	2243	24827			
VP-BRG	2041	24826			
VP-BRI	2288	25289			

Boeing 747-100

Production Started:	1969
Production Ended:	1991
Number Built:	177
Active:	22
Preserved:	6
WFU, Stored & In Parts:	42
Written Off:	10
Scrapped:	97

Location Summary

Bangladesh	1
France	1
Iran	8
Israel	2
Japan	1
Nigeria	3
Saudi Arabia	7
South Korea	1
Thailand	1
UAE - Sharjah	1
United Kingdom	4
USA - AL	2
USA - AZ	8
USA - CA	5
USA - DC	1
USA - MI	7
USA - NC	2
USA - NM	12
USA - NV	1
USA - OK	1
USA - WA	1

Boeing 747-100 — Out Of Production List: Western Jet Airliners

l/n	c/n	Model	Registration	Owner/Operator	Status	Location	Notes
1	20235	121.	N7470	(Boeing)	Preserved	Museum of Flight, Seattle, WA	
2	19639	121(SCD)	N747PA	-	Preserved as Restaurant	Mokpo, South Korea	
3	19638	121(SF)	N615FF	(Tower Air)	WFU & Stored	Oscoda, MI	
4	19637	121(SF)	N474EV	-	Scrapped	Marana, AZ	
5	19667	131(SF)	EP-NHV	Iranian Air Force	Active	Tehran, Iran	
6	19640	121	5N-THG	-	Scrapped	Norton AFB, CA	
7	19641	121(SF)	N691UP	-	Scrapped	Goodyear, AZ	
8	19668	131(SF)	EP-SHD	Saha Air	Active	Tehran, Iran	
9	19669	131(SF)	5-8100	Iranian Air Force	Active	Tehran, Iran	
10	19642	121(SF)	N830FT	(Polar Air Cargo)	WFU & Stored	Mobile, AL	
11	19643	121	N736PA	-	Written Off	Tenerife North, Canary Islands	
12	19746	130	N603FF	-	Scrapped	New York JFK	
13	19644	121	5N-HHS	-	Scrapped	Miami, FL	
14	19645	121	N738PA	-	Written Off	Karachi, Pakistan	
15	19646	121	N739PA	-	Parts Remain	Farnborough, UK	
16	19647	121(SF)	N613FF	-	Scrapped	New York JFK	
17	19648	121(SF)	N831FT	(Polar Air Cargo)	WFU & Stored	Mobile, AL	
18	19649	121	N742PA	-	Scrapped	Ardmore, OK	
19	19749	128	N611AR	-	Scrapped	Oklahoma City, OK	
20	19670	131	N93104	-	Scrapped	Marana, AZ	
21	19671	131	N93105	-	Scrapped	Kansas City, MO	
22	19750	128	F-BPVB	-	Scrapped	Paris CDG, France	
23	19761	136	G-AWNA	(British Airways)	Parts Remain	Crawley Down, UK	
24	19650	121(SCD)	S2-AFA	THT Air Services	Active	Dhaka, Bangladesh	
25	19651	121	N747GE	General Electric	Active	Mojave, CA	
26	19652	121	N748PA	-	Scrapped	Marana, AZ	
27	19778	151	N601US	(Northwest Airlines)	Nose Section Preserved	National Air & Space Museum, Washington DC	
28	19672	131	N608FF	(Tower Air)	Parts Remain	Victorville, CA	
29	19747	130	D-ABYB	-	Written Off	Nairobi, Kenya	
30	19653	121	N749PA	-	Scrapped	Marana, AZ	
31	19725	146(SF)	N40467	-	Scrapped	Oscoda, MI	
32	19654	121	N750PA	-	Scrapped	Marana, AZ	
33	19655	121	N476EV	-	Scrapped	Marana, AZ	
34	19656	121	N752PA	-	Written Off	Cairo, Egypt	
35	19673	131	N93107	-	Scrapped	Marana, AZ	
36	19729	143	N128TW	-	Scrapped	Marana, AZ	
37	19657	121(SF)	N473EV	-	Scrapped	Marana, AZ	
38	19674	131	N93108	-	Scrapped	Marana, AZ	
39	19751	128(SF)	N3203Y	(Evergreen International Airlines)	WFU & Stored	Tel Aviv, Israel	
40	19779	151	N602PR	(Northwest Airlines)	WFU & Stored	Maxton, NC	
41	19762	136	G-AWNB	-	Scrapped	Roswell, NM	
42	19733	124(SF)	N855FT	-	Scrapped	Mojave, CA	
43	19675	131	N93109	-	Scrapped	Marana, AZ	
44	19748	130	EI-BED	-	Cockpit Preserved?	Marana, AZ	
45	19780	151	N603US	(Northwest Airlines)	WFU & Stored	Maxton, NC	
46	20100	123(SF)	N674UP	(United Parcel Service (UPS))	WFU & Stored	Roswell, NM	
47	19658	121	N707CK	-	Scrapped	Mojave, CA	
48	19763	136	3D-GFA	-	Scrapped	Marana, AZ	

l/n	c/n	Model	Registration	Owner/Operator	Status	Location	Notes
49	19659	121	N604FF	-	Scrapped	New York JFK	
50	19660	121	F-GKLJ	-	Scrapped	Chateauroux, France	
51	19726	146	5N-BBB	-	Scrapped	Tijuana, Mexico	
52	19753	122(SF)	N716CK	(Kalitta Air)	Stored	Wurtsmith AFB, MI	
53	19752	128	N612AR	-	Scrapped	Oklahoma City, OK	
54	19727	146	N40483	-	Scrapped	Oscoda, MI	
55	19781	151	N604US	-	Scrapped	Mojave, CA	
56	19730	143	N17011	(Telair International)	Forward Fuselage Remains	Mojave, CA	
57	20101	123(SF)	N676UP	(United Parcel Service (UPS))	Stored	Roswell, NM	
58	19734	124	N602FF	-	Scrapped	New York JFK	
59	20102	123	N153UA	-	Scrapped	Greenwood, MS	
60	19754	122(SF)	N712CK	(Kalitta Air)	Stored	Wurtsmith AFB, MI	
61	19755	122(SF)	N850FT	-	Scrapped	Prestwick, UK	
62	19782	151	N605US	-	Scrapped	Greenwood, MS	
63	19676	131	N53110	(Trans World Airlines)	Preserved as Sushi Bar	Japan	
64	19735	124(SF)	4X-AXZ	-	Scrapped	Tel Aviv, Israel	
65	20103	123	N154UA	-	Scrapped	Greenwood, MS	
66	19756	122(SF)	N851FT	(Polar Air Cargo)	WFU & Stored	Roswell, NM	
67	19757	122(SF)	N852FT	(GPIA Ltd)	Ground Trainer	Prestwick, UK	
68	19918	135	N620US	-	Scrapped	Greenwood, MS	
69	20104	123	N155UA	-	Scrapped	Davis Monthan, AZ	
70	19661	121(SF)	N681UP	(United Parcel Service (UPS))	Stored	Roswell, NM	
71	19783	151	N606PB	-	Scrapped	Maxton, NC	
72	19896	132(SF)	N481EV	Evergreen International Airlines	Active	Marana, AZ	
73	19677	131(SF)	5-283	-	Written Off	Nr Madrid, Spain	
74	19784	151	N607US	-	Scrapped	Greenwood, MS	
75	19785	151	N608US	(Northwest Airlines)	Parts Remain	Battle Creek, MI	
76	19957	156	N133TW	-	Scrapped	Mojave, CA	
77	20105	123	N156UA	-	Scrapped	Greenwood, MS	
78	19678	131(SF)	EP-NHT	Iranian Air Force	Active	Tehran, Iran	
79	20106	123	N157UA	-	Scrapped	Greenwood, MS	
80	20080	131(SF)	5-8103	Iranian Air Force	Active	Tehran, Iran	
81	19919	135	N621US	-	Scrapped	Greenwood, MS	
82	19897	132(SF)	N856FT	-	Scrapped	Marana, AZ	
83	19786	151	N609US	-	Scrapped	Mojave, CA	
84	19744	148	5N-ZZZ	-	Scrapped	Mojave, CA	
85	20081	131(SF)	5-8105	Iranian Air Force	Active	Tehran, Iran	
86	20107	123	N905NA	NASA	Active	Edwards AFB, CA	
87	20108	123	G-VMIA	-	Scrapped	Kemble, UK	
89	19875	122	C5-FBS	-	Scrapped	Plattsburgh AFB	
90	20109	123(SF)	N858FT	(Polar Air Cargo)	WFU & Stored	Roswell, NM	
91	19958	156	N134TW	-	Scrapped	Marana, AZ	
92	20401	129(SCD)	OO-SGA	-	Scrapped	Brussels, Belgium	
93	19787	151	N610US	-	Scrapped	Greenwood, MS	
94	19898	132(SF)	N479EV	Evergreen International Airlines	Active	Marana, AZ	
95	20402	129(SCD)	N822AL	-	Scrapped	Mojave, CA	
97	19876	122	N4714U	-	Scrapped	Ardmore, OK	
98	20320	131(SF)	N472EV	(Evergreen International Airlines)	WFU & Stored	Marana, AZ	

l/n	c/n	Model	Registration	Owner/Operator	Status	Location	Notes
99	19877	122	N4716U	-	Scrapped	Ardmore, OK	
100	20207	127	N601FF	-	Scrapped	New York JFK	
101	19878	122	N4717U	-	Scrapped	Ardmore, OK	
102	20321	131	N53116	-	Scrapped	Marana, AZ	
103	20347	121(SF)	N832FT	(Polar Air Cargo)	Stored	Tel Aviv, Israel	
104	20013	133	N890FT	-	Scrapped	Marana, AZ	
105	20355	128	F-BPVE	-	Scrapped	Bruntingthorpe, UK	
106	20348	121(SF)	N480EV	Evergreen International Airlines	Active	Marana, AZ	
107	19764	136	G-AWND	-	Written Off	Kuwait City	
108	19745	148	5N-AAA	(Kabo Air)	WFU & Stored	Roswell, NM	
109	19765	136	5N-RRR	(Kabo Air)	WFU & Stored	Kano, Nigeria	
110	20349	121(SF)	N682UP	(United Parcel Service (UPS))	Stored	Roswell, NM	
111	19766	136	5N-JJJ	Kabo Air	Active	Kano, Nigeria	
113	20322	131	N93117	-	Scrapped	Mojave, CA	
115	20323	123(SF)	N671UP	-	Scrapped	Roswell, NM	
117	20350	121	N492GX	-	Scrapped	Waco, TX	
119	20324	123(SF)	N672UP	(United Parcel Service (UPS))	Stored	Roswell, NM	
121	20014	133	TF-ABR	-	Scrapped	Marana, AZ	
123	20208	1D1	TF-ABO	-	Scrapped	Manston, UK	
125	20325	123(SF)	N717CK	Kalitta Air	Active	Detroit Willow Run, MI	
127	20351	121	N483EV	-	Scrapped	Marana, AZ	
129	20352	121	N484EV	-	Scrapped	Marana, AZ	
131	20353	121(SF)	N683UP	(United Parcel Service (UPS))	Stored	Roswell, NM	
133	20326	123(SF)	N859FT	-	Scrapped	Roswell, NM	
136	20390	123(SF)	N675UP	(United Parcel Service (UPS))	Stored	Roswell, NM	
139	19879	122	N4718U	-	Scrapped	Ardmore, OK	
142	20354	121	N609FF	-	Scrapped	Marana, AZ	
143	20391	123(SF)	N677UP	(United Parcel Service (UPS))	Stored	Roswell, NM	
144	20015	133	C-FTOC	-	Scrapped	Miami, FL	
145	19880	122	N4719U	-	Scrapped	Las Vegas, NV	
146	20305	1D1	TF-ABS	-	Scrapped	Marana, AZ	
148	19881	122	N4720U	-	Scrapped	Marana, AZ	
150	20269	136	G-AWNG	-	Forward Fuselage Preserved	Hiller Museum, San Carlos, CA	
151	20082	131F	5-8107	Iran Air Force	Active	Tehran, Iran	
153	20083	131	N93119	-	Written Off	Nr Long Island, NY	
155	20246	132(SF)	N857FT	-	Scrapped	Greenwood, MS	
159	20247	132(SF)	N709CK	(Kalitta Air)	Stored	Wurtsmith AFB, MI	
161	20332	146(SF)	N702CK	(Kalitta Air)	Stored	Wurtsmith AFB, MI	
169	20270	136	G-AWNH	(British Airways)	Ground Trainer	Albuquerque, NM	
172	20271	136	N605FF	-	Written Off	New York JFK	
174	20376	128	TF-ABW	-	Cockpit Section Remains	Manston, UK	
175	19882	122	N4723U	-	Scrapped	Marana, AZ	
176	20377	128	TF-ABG	(Air Atlanta Icelandic)	Stored	Marana, AZ	
177	20378	128	F-BPVH	-	Scrapped	Opa Locka, FL	
183	20272	136	G-AWNJ	-	Scrapped	Roswell, NM	
184	20273	136	N606FF	-	Scrapped	Victorville, CA	
187	20284	136	G-AWNL	-	Scrapped	Roswell, NM	
191	20528	146	N40489	-	Scrapped	Oscoda, MI	

Boeing 747-100 — Out Of Production List: Western Jet Airliners

l/n	c/n	Model	Registration	Owner/Operator	Status	Location	Notes
193	19883	122	N4727U	-	Scrapped	Ardmore, OK	
197	20531	146	TF-ATE	-	Scrapped	Marana, AZ	
199	20532	146	HS-UTH	-	Scrapped	Jakarta CGK, Indonesia	
200	20541	128	F-BPVJ	(Air France)	Preserved	Paris Le Bourget Museum, France	
201	20542	128	N28888	-	Written Off	Mumbai, India	
203	20543	128	N615AR	-	Scrapped	Oklahoma City, OK	
205	19925	122	N4728U	-	Scrapped	Greenwood, MS	
206	19926	122	N4729U	-	Scrapped	Marana, AZ	
207	19927	122	N4732U	(United Airlines)	WFU & Stored	Marana, AZ	
208	19928	122	N4735U	(United Airlines)	WFU & Stored	Marana, AZ	
210	20708	136	G-AWNM	-	Scrapped	Roswell, NM	
214	20767	133	C-FTOD	-	Scrapped	Opa Locka, FL	
220	20809	136	G-AWNN	-	Scrapped	Roswell, NM	
222	20810	136	G-AWNO	-	Scrapped	Roswell, NM	
224	20798	128	F-BPVL	-	Scrapped	Victorville, CA	
227	20799	128	F-BPVM	-	Scrapped	Chateauroux, France	
228	20800	128	N610AR	(AAR Aviation Training)	Fuselage Remains	Oklahoma City, OK	
236	20881	133	C-FTOE	-	Scrapped	Marana, AZ	
246	20952	136	5N-OOO	Kabo Air	Active	Kano, Nigeria	
248	20953	136	3C-GFB	(Spirit of Africa)	WFU & Stored	Sharjah, UAE	
252	20954	128	F-BPVP	-	Scrapped	Chateauroux, France	
259	21029	146	HS-UTD	(Orient Thai Airlines)	WFU & Stored	Bangkok Don Muang, Thailand	Reported scrapped
279	21141	128	N129TW	Logistic Air	Active	Fernley, NV	
281	21213	136	G-BDPV	-	Scrapped	Roswell, NM	
381	21759	186B	EP-IAM	Iran Air	Active	Tehran, Iran	
512	22498	168B	HZ-AIA	(Saudi Arabian Airlines)	Stored	Jeddah, Saudi Arabia	
517	22499	168B	HZ-AIB	(Saudi Arabian Airlines)	Stored	Jeddah, Saudi Arabia	
522	22500	168B	HZ-AIC	(Saudi Arabian Airlines)	Stored	Jeddah, Saudi Arabia	
525	22501	168B	HZ-AID	Saudi Arabian Airlines	Active	Jeddah, Saudi Arabia	
530	22502	168B	HZ-AIE	Saudi Arabian Airlines	Active	Jeddah, Saudi Arabia	
551	22747	168B	HZ-AIG	Saudi Arabian Airlines	Active	Jeddah, Saudi Arabia	
555	22748	168B	HZ-AIH	-	Written Off	Nr Charki Dadri, India	
557	22749	168B	HZ-AII	Saudi Arabian Airlines	Active	Jeddah, Saudi Arabia	

Cross Reference

Registration	l/n	c/n	Registration	l/n	c/n	Registration	l/n	c/n	Registration	l/n	c/n
103	80	20080	CF-TOB	121	20014	F-BPVL	224	20798	JA8103	54	19727
105	85	20081	CF-TOC	144	20015	F-BPVM	227	20799	JA8107	161	20332
28000	54	19727	C-FTOC	144	20015	F-BPVN	228	20800	JA8112	191	20528
3C-GFB	248	20953	CF-TOD	214	20767	F-BPVP	252	20954	JA8115	197	20531
3D-GFA	48	19763	C-FTOD	214	20767	F-BPVQ	279	21141	JA8116	199	20532
3D-GFB	248	20953	CF-TOE	236	20881	F-GIMJ	47	19658	JA8128	259	21029
4X-AXZ	64	19735	C-FTOE	236	20881	F-GKLJ	50	19660	LX-FCV	47	19658
5-280	5	19667	C-GCIS	174	20376	G-AWNA	23	19761	LX-GCV	50	19660
5-281	78	19678	C-GNXH	95	20402	G-AWNB	41	19762	LX-KCV	59	20102
5-282	80	20080	D-ABYA	12	19746	G-AWNC	48	19763	LX-LCV	77	20105
5-283	73	19677	D-ABYB	29	19747	G-AWND	107	19764	LX-MCV	79	20106
5-284	85	20081	D-ABYC	44	19748	G-AWNE	109	19765	LX-NCV	65	20103
5-285	8	19668	EC-BRO	76	19957	G-AWNF	111	19766	N128TW	36	19729
5-286	151	20082	EC-BRP	91	19958	G-AWNG	150	20269	N129TW	279	21141
5-287	9	19669	EC-DXE	121	20014	G-AWNH	169	20270	N133TW	76	19957
5-289	42	19733	EI-ASI	84	19744	G-AWNI	172	20271	N134TW	91	19958
5-291	64	19735	EI-ASJ	108	19745	G-AWNJ	183	20272	N1352B	1	20235
5-8100	9	19669	EI-BED	44	19748	G-AWNK	184	20273	N14936	77	20105
5-8101	5	19667	EI-BOS	94	19898	G-AWNL	187	20284	N14937	79	20106
5-8102	78	19678	EI-BOU	104	20013	G-AWNM	210	20708	N14939	87	20108
5-8103	80	20080	EI-BRR	121	20014	G-AWNN	220	20809	N14943	59	20102
5-8105	85	20081	EI-CAI	87	20108	G-AWNO	222	20810	N153UA	59	20102
5-8106	8	19668	EP-BPH	104	20013	G-AWNP	246	20952	N154UA	65	20103
5-8107	151	20082	EP-IAM	381	21759	G-BBPU	248	20953	N155UA	69	20104
5-8108	9	19669	EP-NAD	85	20081	G-BDPV	281	21213	N156UA	77	20105
5-8109	153	20083	EP-NHD	8	19668	G-BDPZ	108	19745	N157UA	79	20106
5-8110	42	19733	EP-NHD	9	19669	G-BZBO	108	19745	N17010	36	19729
5-8111	58	19734	EP-NHJ	5	19667	G-HIHO	87	20108	N17011	56	19730
5-8112	64	19735	EP-NHK	8	19668	G-VMIA	87	20108	N17125	172	20271
5N-AAA	108	19745	EP-NHK	9	19669	HI-472	69	20104	N17126	184	20273
5N-BBB	51	19726	EP-NHP	151	20082	HK-2000	58	19734	N174GM	279	21141
5N-EDO	51	19726	EP-NHR	85	20081	HK-2400X	64	19735	N1782B	530	22502
5N-GAB	279	21141	EP-NHS	80	20080	HK-2900X	42	19733	N1796B	56	19730
5N-HHS	13	19644	EP-NHT	78	19678	HS-UTD	259	21029	N1798B	41	19762
5N-JJJ	111	19766	EP-NHV	5	19667	HS-UTH	199	20532	N1799B	23	19761
5N-OOO	246	20952	EP-SHB	5	19667	HS-VGB	84	19744	N1800B	12	19746
5N-RRR	109	19765	EP-SHC	80	20080	HS-VGF	108	19745	N25WA	146	20305
5N-THG	6	19640	EP-SHD	8	19668	HZ-AIA	512	22498	N26861	42	19733
5N-ZZZ	84	19744	EP-SHD	85	20081	HZ-AIB	517	22499	N26862	58	19734
B-1860	94	19898	F-BPVA	19	19749	HZ-AIC	522	22500	N26863	64	19735
B-1868	72	19896	F-BPVB	22	19750	HZ-AID	525	22501	N26864	146	20305
C5-FBS	89	19875	F-BPVC	39	19751	HZ-AIE	530	22502	N28366	228	20800
C-FDJC	123	20208	F-BPVD	53	19752	HZ-AIG	551	22747	N28888	201	20542
CF-DJC	123	20208	F-BPVE	105	20355	HZ-AIH	555	22748	N28899	203	20543
C-FFUN	146	20305	F-BPVF	174	20376	HZ-AII	557	22749	N28903	200	20541
CF-FUN	146	20305	F-BPVG	176	20377	I-DEMA	36	19729	N3203Y	39	19751
C-FTOA	104	20013	F-BPVH	177	20378	I-DEME	56	19730	N355AS	36	19729
CF-TOA	104	20013	F-BPVJ	200	20541	JA8101	31	19725	N356AS	56	19730
C-FTOB	121	20014	F-BPVK	203	20543	JA8102	51	19726	N40108	72	19896

Boeing 747-100 — Out Of Production List: Western Jet Airliners

Registration	l/n	c/n	Registration	l/n	c/n	Registration	l/n	c/n	Registration	l/n	c/n
N40116	279	21141	N602FF	58	19734	N658PA	131	20353	N749R	104	20013
N40467	31	19725	N602PR	40	19779	N659PA	142	20354	N750PA	32	19654
N40483	54	19727	N602US	40	19779	N662AA	57	20101	N750WA	42	19733
N40489	191	20528	N603FF	12	19746	N671UP	115	20323	N751PA	33	19655
N4703U	52	19753	N603PE	36	19729	N672UP	119	20324	N752PA	34	19656
N4704U	60	19754	N603US	45	19780	N673UP	125	20325	N753PA	37	19657
N4710U	61	19755	N604FF	49	19659	N674UP	46	20100	N754PA	47	19658
N4711U	66	19756	N604US	55	19781	N675UP	136	20390	N755PA	49	19659
N4712U	67	19757	N605FF	172	20271	N676UP	57	20101	N770PA	50	19660
N4713U	89	19875	N605US	62	19782	N677UP	143	20391	N771PA	70	19661
N4714U	97	19876	N606FF	184	20273	N681UP	70	19661	N77772	68	19918
N4716U	99	19877	N606PB	71	19783	N682UP	110	20349	N77773	81	19919
N4717U	101	19878	N606PE	56	19730	N683UP	131	20353	N780T	12	19746
N4718U	139	19879	N606US	71	19783	N690UP	106	20348	N800FT	46	20100
N4719U	145	19880	N607US	74	19784	N691UP	7	19641	N801FT	57	20101
N4720U	148	19881	N608FF	28	19672	N701CK	31	19725	N802FT	115	20323
N4723U	175	19882	N608US	75	19785	N702CK	161	20332	N803FT	82	19897
N4724U	89	19875	N609FF	142	20354	N703CK	54	19727	N804FT	155	20246
N4727U	193	19883	N609US	83	19786	N704CK	191	20528	N805FT	159	20247
N4728U	205	19925	N610AR	228	20800	N707CK	47	19658	N809FT	42	19733
N4729U	206	19926	N610BN	12	19746	N709CK	159	20247	N817FT	110	20349
N472EV	98	20320	N610US	93	19787	N712CK	60	19754	N818FT	131	20353
N4732U	207	19927	N611AR	19	19749	N716CK	52	19753	N819FT	70	19661
N4735U	208	19928	N612AR	53	19752	N717CK	125	20325	N820FT	143	20391
N473EV	37	19657	N613FF	16	19647	N725PA	94	19898	N822AL	95	20402
N474EV	4	19637	N615AR	203	20543	N731PA	4	19637	N822FT	42	19733
N475EV	3	19638	N615FF	3	19638	N732PA	3	19638	N8281V	512	22498
N476EV	33	19655	N617FF	24	19650	N733PA	6	19640	N8284V	530	22502
N479EV	94	19898	N620US	68	19918	N734PA	7	19641	N8289V	64	19735
N480EV	106	20348	N621FE	121	20014	N735PA	10	19642	N830FT	10	19642
N480GX	12	19746	N621US	81	19919	N735SJ	10	19642	N831FT	17	19648
N481EV	72	19896	N623FE	82	19897	N736PA	11	19643	N832FT	103	20347
N483EV	127	20351	N624FE	155	20246	N737PA	13	19644	N850FT	61	19755
N484EV	129	20352	N625FE	159	20247	N738PA	14	19645	N851FT	66	19756
N490GX	24	19650	N625PL	159	20247	N739PA	15	19646	N852FT	67	19757
N491GX	7	19641	N626FE	110	20349	N740PA	16	19647	N853FT	52	19753
N492GX	117	20350	N627FE	131	20353	N741PA	17	19648	N854FT	60	19754
N493GX	16	19647	N628FE	70	19661	N741SJ	17	19648	N855FT	42	19733
N494GX	17	19648	N629FE	143	20391	N742PA	18	19649	N856FT	82	19897
N502SR	123	20208	N630FE	42	19733	N743PA	24	19650	N857FT	155	20246
N53110	63	19676	N630SJ	42	19733	N744PA	25	19651	N858FT	90	20109
N53111	73	19677	N63305	227	20799	N7470	1	20235	N859FT	133	20326
N53112	78	19678	N652PA	103	20347	N747AV	58	19734	N874UM	121	20014
N53116	102	20321	N652SJ	103	20347	N747BA	58	19734	N875UM	146	20305
N5573P	381	21759	N653PA	106	20348	N747GE	25	19651	N88931	224	20798
N557SW	197	20531	N654PA	110	20349	N747PA	2	19639	N890FT	104	20013
N601BN	100	20207	N655PA	117	20350	N747QC	2	19639	N901PA	143	20391
N601FF	100	20207	N656PA	127	20351	N748PA	26	19652	N902PA	72	19896
N601US	27	19778	N657PA	129	20352	N749PA	30	19653	N903PA	46	20100

Registration	l/n	c/n	Registration	l/n	c/n
N905NA	86	20107	TF-ABR	121	20014
N93101	5	19667	TF-ABS	146	20305
N93102	8	19668	TF-ABW	174	20376
N93103	9	19669	TF-ATE	197	20531
N93104	20	19670	VH-EEI	87	20108
N93105	21	19671	VR-HKB	10	19642
N93106	28	19672	VR-HKC	159	20247
N93107	35	19673	VR-HKM	155	20246
N93108	38	19674	VR-HKN	82	19897
N93109	43	19675			
N93113	80	20080			
N93114	85	20081			
N93115	98	20320			
N93117	113	20322			
N93118	151	20082			
N93119	153	20083			
N9661	46	20100			
N9662	57	20101			
N9663	59	20102			
N9664	65	20103			
N9665	69	20104			
N9666	77	20105			
N9667	79	20106			
N9668	86	20107			
N9669	87	20108			
N9670	90	20109			
N9671	115	20323			
N9672	119	20324			
N9673	125	20325			
N9674	133	20326			
N9675	136	20390			
N9676	57	20101			
N9676	143	20391			
N9896	72	19896			
N9897	82	19897			
N9898	94	19898			
N9899	155	20246			
N9900	159	20247			
OD-AGC	143	20391			
OD-AGM	136	20390			
OO-SGA	92	20401			
OO-SGB	95	20402			
P4-GFA	48	19763			
P4-GFB	248	20953			
S2-AFA	24	19650			
TF-ABG	176	20377			
TF-ABN	108	19745			
TF-ABO	123	20208			
TF-ABQ	203	20543			

Boeing 747-200

Production Started:	1971
Production Ended:	1991
Number Built:	420
Active:	138
Preserved:	6
WFU, Stored & In Parts:	157
Written Off:	27
Scrapped:	91

Location Summary

Location	Count
Argentina	4
Australia	1
Bangladesh	1
Belgium	3
China	3
Ethiopia	1
France	9
Germany	2
Greece	8
Hong Kong	2
Iceland	2
India	3
Indonesia	10
Iran	12
Israel	10
Italy	2
Japan	1
Libya	1
Luxembourg	3
Macedonia	2
Malaysia	7
Morocco	1
Netherlands	2
Nigeria	4
Pakistan	3
Paraguay	1
Russia	9
Saudi Arabia	5
Singapore	2
South Africa	4
South Korea	2
Spain	4
Sweden	1
Thailand	8
Togo	1
Tunisia	1
UAE - Al Ain	1
UAE - Dubai	1
UAE - Ras Al Khaimah	1
UAE - Sharjah	1
United Kingdom	17
USA - AZ	47
USA - CA	25
USA - FL	1
USA - MD	2
USA - MI	17
USA - MN	12
USA - NC	2
USA - NE	4
USA - NM	9
USA - NY	11
USA - OH	12
USA - OR	1
USA - VA	1
USA - WA	2

l/n	c/n	Model	Registration	Owner/Operator	Status	Location	Notes
88	20356	251B	N611US	(Northwest Airlines)	Stored	Marana, AZ	
96	19922	206B	N531AW	-	Scrapped	Kingman, AZ	
112	20116	257B	N303TW	(Logistic Air)	Stored	Marana, AZ	
114	20120	283B	N221MP	-	Scrapped	San Antonio, TX	
116	19823	246B	N570SW	(Kalitta Air)	Stored	Marana, AZ	
118	19923	206B	N532AW	-	Scrapped	Mojave, CA	
120	19731	243B	N78020	-	Scrapped	Las Vegas, NV	
122	19824	246B	N741LA	(Logistic Air)	Stored	Marana, AZ	
124	19959	237B	VT-EBD	-	Written Off	Nr Mumbai, India	
126	20117	257B	TF-ABL	-	Scrapped	Ardmore, OK	
128	20493	230B	N487GX	-	Scrapped	Everett, WA	
130	19960	237B	N960JS	-	Fuselage Remains	Edwards AFB, CA	
132	20372	230B	N488GX	(GATX Capital Corp.)	Stored	Mojave, CA	
134	19732	243B	5N-EEE	(Kabo Air)	Stored	Marana, AZ	
135	20357	251B	N612US	-	Scrapped	Roswell, NM	
137	19825	246B	TF-ATF	(Air Atlanta Icelandic)	Stored	Marana, AZ	
138	19924	206B	N533AW	-	Scrapped	San Antonio, TX	
140	20135	258B	4X-AXA	(El Al Israel Airlines)	Ground Trainer	Tel Aviv, Israel	
141	20358	251B	N613US	(Northwest Airlines)	Stored	Maxton, NC	
147	20009	238B	XT-DMS	Kallat El-Saker Air Company	Active	Riyadh, Saudi Arabia	
149	20010	238B(SF)	N4051L	-	Scrapped	Oscoda, MI	
152	20398	206B	N306TW	(Trans World Airlines)	Stored	Marana, AZ	
154	20237	244B	ZS-SAL	(South African Airways)	Stored	Johannesburg, South Africa	
156	20399	206B	F-GLNA	-	Scrapped	Paris Orly, France	
157	20400	206B	PH-BUF	-	Written Off	Tenerife North, Canary Islands	
158	20238	244B	ZS-SAM	-	Scrapped	Johannesburg, South Africa	
160	20239	244B	ZS-SAN	(South African Airways)	Preserved	Rand, South Africa	
162	20011	238B	N607FF	-	Scrapped	New York JFK	
163	20359	251B	N614US	-	Scrapped	Roswell, NM	
164	20274	258B	4X-AXB	-	Scrapped	Tel Aviv, Israel	
165	20360	251B	N615US	-	Scrapped	Roswell, NM	
166	20333	246B	ST-AQN	(Spirit of Africa)	Stored	Jakarta CGK, Indonesia	
167	20121	283B	G-VOYG	-	Scrapped	Kemble, UK	
168	20373	230F(SCD)	N79713	-	Scrapped	Marana, AZ	
170	20427	206B	F-GRJM	-	Scrapped	Chateauroux, France	
171	20012	238B	N608PE	-	Scrapped	Norton AFB	
173	20137	256B	EC-GAG	-	Scrapped	Madrid, Spain	
178	20501	282B	N610FF	-	Scrapped	Victorville, CA	
179	20527	230B	N745LA	(Logistic Air)	Stored	Roswell, NM	
180	20503	246B	JA8109	-	Written Off	Benghazi, Libya	
181	20504	246B	ST-AQL	(Spirit of Africa)	Stored	Jakarta CGK, Indonesia	
182	20505	246B	N791BA	(JAL Ways)	Stored	Boeing Field, Seattle, WA	
185	20459	237B	N459JS	-	Scrapped	Mojave, CA	
186	20559	230B	HL7442	-	Written Off	Nr Hokkaido	
188	20558	237B	VT-EBO	-	Written Off	New Delhi, India	
189	20502	282B	N611FF	-	Parts Remain	Victorville, CA	
190	20520	243B	N33021	-	Scrapped	Mojave, CA	
192	20529	246B	HS-UTB	(Jesada Technik Museum)	Ground Trainer	Nakhon Ratchasima, Thailand	

Boeing 747-200 — Out Of Production List: Western Jet Airliners

l/n	c/n	Model	Registration	Owner/Operator	Status	Location	Notes
194	20556	244B	ZS-SAO	(South African Airways)	Stored	Johannesburg, South Africa	
195	20534	238B	N14024	(Continental Micronesia)	Parts Remain	Mojave, CA	
196	20530	246B	HS-UTP	(Orient Thai Airlines)	WFU & Stored	Phitsanulok, Thailand	
198	20557	244B	ZS-SAP	(South African Airways)	WFU & Stored	Johannesburg, South Africa	
202	20682	Boeing E-4B	73-1676	USAF United States Air Force	Active	Offutt AFB, NE	
204	20683	Boeing E-4B	73-1677	USAF United States Air Force	Active	Offutt AFB, NE	
209	20651	273C	N471EV	Evergreen International Airlines	Active	Marana, AZ	
211	20652	273C	N79712	-	Scrapped	Marana, AZ	
212	20704	258B	4X-AXC	(El Al Israel Airlines)	Stored	Tel Aviv, Israel	
213	20770	2B5B	HL7463	(Korean Air Lines)	Stored	Jeongseok, South Korea	
215	20771	2B5B	N710BA	(Korean Air Lines)	Stored	Marana, AZ	
216	20742	284B	N305TW	(Trans World Airlines)	Stored	Marana, AZ	
217	20535	238B	N17025	(Continental Air Lines)	Parts Remain	Mojave, CA	
218	20712	212B(SF)	N485EV	Evergreen International Airlines	Active	Marana, AZ	
219	20713	212B(SF)	N482EV	Evergreen International Airlines	Active	Marana, AZ	
221	20781	SR-46	N911NA	(NASA)	Stored	Marana, AZ	
223	20825	284B	SX-OAB	(Olympic Airways)	WFU & Stored	Athens Hellinikon, Greece	
225	20801	217B	AP-BCN	(PIA Pakistan International Airlines)	Stored	Karachi, Pakistan	
226	20802	217B	AP-BCM	-	Scrapped	Karachi, Pakistan	
229	20782	SR-46	N747BN	-	Part Remains	Science Museum, London, UK	
230	20783	SR-46	JA8119	-	Written Off	Mt. Ogwa, Japan	
231	20784	SR-46(SF)	N477EV	(Evergreen International Airlines)	Stored	Marana, AZ	
232	20684	Boeing E-4B	74-0787	USAF United States Air Force	Active	Offutt AFB, NE	
233	20841	238B	4X-AXQ	El Al Israel Airlines	Active	Tel Aviv, Israel	
234	20923	SR-46(SF)	N719CK	-	Scrapped	Wurtsmith, MI	
235	20924	246B	TF-ABI	(Air Atlanta Icelandic)	Stored	Marana, AZ	
237	20653	273C	N470EV	Evergreen International Airlines	Active	Marana, AZ	
238	20842	238B	5N-PDP	Kabo Air	Active	Kano, Nigeria	
239	20928	282B	AP-AYV	-	Scrapped	Karachi, Pakistan	
240	20888	212B(SF)	N486EV	Evergreen International Airlines	Active	Marana, AZ	
241	20921	238B	5N-PPP	Kabo Air	Active	Kano, Nigeria	
242	20826	245F(SCD)	EC-KMR	Pronair Airlines	Active	Albacete, Spain	
243	21034	246F(SCD)	N705CK	(Kalitta Air)	Stored	Wurtsmith AFB, MI	
244	20927	217B	AP-BCO	-	Scrapped	Karachi, Pakistan	
245	20887	228F(SCD)	N809MC	Atlas Air	Active	New York JFK	
247	20929	217B	N899TH	Orient Thai Airlines	Stored	Tel Aviv, Israel	
249	21032	SR-46	N705CK	American International Airways	Stored	Oscoda, MI	
250	20977	233B(M)	C-GAGA	Kalitta Air	Stored	Marana, AZ	
251	21030	246B	TF-ABY	Air Atlanta Icelandic	Stored	Marana, AZ	
253	21048	212B(SF)	N808MC	-	Written Off	Dusseldorf, Germany	
254	21033	SR-46(SF)	N478EV	Evergreen International Airlines	Stored	Marana, AZ	
255	21031	246B	HS-UTI	(Orient Thai Airlines)	WFU & Stored	Bangkok Don Muang, Thailand	
256	21035	282B	N559EV	EAS	Stored	Marana, AZ	
257	20949	E-4B	75-0125	USAF United States Air Force	Active	Offutt AFB, NE	
258	21120	251F(SCD)	N616US	Northwest Airlines	Active	Marana, AZ	
260	21054	238B	J2-LBB	(Iran Air)	Stored	Tehran, Iran	
261	21121	251F(SCD)	N617US	(Logistic Air)	WFU & Stored	Marana, AZ	
262	21097	2B4B(SF)	N710CK	(Kalitta Air)	Stored	Wurtsmith AFB, MI	

l/n	c/n	Model	Registration	Owner/Operator	Status	Location	Notes
266	20827	245F(SCD)	N218BA		Scrapped	Manston, UK	
267	21140	238B	N159UA	United Airlines	Stored	Roswell, NM	
269	21122	251F(SCD)	N618US	(Northwest Airlines)	WFU & Stored	Marana, AZ	
271	21110	206B(SF)(SUD)	N748SA	(Southern Air Transport)	Stored	Mojave, CA	
272	21190	258C	ZS-OOS	-	Written Off	Lagos, Nigeria	
274	21189	287B	5N-NNN	(Kabo Air)	Stored	Victorville, CA	
276	21111	206B(SF)(SUD)	N746SA	Southern Air Transport	Active	Columbus Rickenbacker, OH	
277	21182	237B	VT-EDU	-	Scrapped	Opa Locka, FL	
283	21162	212B	N981JM	(Jumbo Hostel)	Preserved	Stockholm Arlanda, Sweden	
285	21237	238B	N160UA	-	Scrapped	Marana, AZ	
287	21180	270C(M)	5-8106	Iranian Air Force	Active	Tehran, Iran	
289	21181	270C(M)	YI-AGO	(Iraqi Airways)	Stored	Tehran, Iran	
291	21217	286B(M)	EP-IAG	Iran Air	Active	Tehran, Iran	
292	21238	236B	G-BDXA	-	Scrapped	Marana, AZ	
294	21220	230B(SF)	N512MC	(Tradewinds Airlines)	Stored	Roswell, NM	
295	21255	228F(SCD)	N752SA	Southern Air Transport	Active	Columbus Rickenbacker, OH	
296	21251	2D3B(SF)	N505MC	Atlas Air	Active	New York JFK	
297	21252	2D3B(SF)	N506MC	Atlas Air	Active	New York JFK	
299	21221	230B(SF)	N760SA	Southern Air	Active	Columbus Rickenbacker, OH	
300	21218	286B(M)	EP-IAH	Iran Air	Active	Tehran, Iran	
302	21239	236B	G-BDXB	(British Airways)	Ground Trainer	Xiamen, China	
303	21326	228B(M)	F-BPVS	-	Scrapped	Chateauroux, France	
305	21240	236B	G-BDXC	-	Scrapped	Cardiff, UK	
308	21321	251F(SCD)	N619US	Northwest Airlines	Active	Minneapolis, MN	
309	21316	212B	XT-DMK	Kallat El-Saker Air Company	Active	Tripoli, Libya	
310	21352	238B	J2-KCB	RAK Link Airways	Active	Ras Al Khaimah, UAE	
311	21381	283B(M)	HK-2910X	-	Written Off	Nr Madrid, Spain	
312	21439	212B	N624FF	-	Scrapped	Roswell, NM	
313	21429	228B	F-BPVT	-	Scrapped	Vatry, France	
314	21354	238B(M)	C-GAGC	(Air Canada)	Stored	Marana, AZ	
315	21486	2J9F	EP-SHB	Saha Airlines Services	Active	Tehran, Iran	
316	21353	238B	N163UA	-	Scrapped	Roswell, NM	
317	21241	236B	G-BDXD	-	Scrapped	Roswell, NM	
318	21446	237B(SF)	N524UP	(Tradewinds Airlines)	Stored	Victorville, CA	
319	21487	2J9F	EP-SHH	Saha Airlines Services	Active	Tehran, Iran	
320	21380	230B(SF)	N740SA	(Southern Air Transport)	Stored	Mojave, CA	
321	21350	236B	G-BDXE	-	Scrapped	Kemble, UK	
322	21454	209B(SF)	B-18751	-	Scrapped	?	
323	21351	236B	G-BDXF	-	Scrapped	Kemble, UK	
324	21468	2Q2B(M)	F-ODJG	-	Scrapped	Vatry, France	
326	21516	211B	RP-C8850	(Philippine Airlines)	WFU & Stored	Marana, AZ	
327	21594	258C	4X-AXF	(El Al Israel Airlines)	Stored	Tel Aviv, Israel	
328	21536	236B	G-BDXG	-	Scrapped	Bournemouth, UK	
330	21473	237B	VT-EFO	-	Written Off	North Atlantic	
332	21541	269B(SF)	N801KH	(Kitty Hawk International)	WFU & Stored	Aalhorn, Germany	
333	21537	228B(M)	F-BPVU	-	Scrapped	Chateauroux, France	
334	21576	228F(SCD)	N754SA	Southern Air	Active	Columbus Rickenbacker, OH	

Boeing 747-200   Out Of Production List: Western Jet Airliners   319

	l/n	c/n	Model	Registration	Owner/Operator	Status	Location	Notes
☐	335	21542	269B(M)	9K-ADB	(Kuwait Airways)	Stored	Riyadh, Saudi Arabia	
☐	336	21549	206B(M) (SUD)	PH-BUK	(KLM Royal Dutch Airlines)	Preserved	Lelystad, Netherlands	
☐	337	21515	2B3F(SCD)	F-GPAN	-	Written Off	Chennai, India	
☐	338	21615	2B6B(M)	CN-RME	(Royal Air Maroc)	Ground Trainer	Casablanca, Morocco	
☐	339	21657	238B	N164UA	-	Scrapped	Marana, AZ	
☐	340	21507	2J9F	EP-SHA	(Saha Airlines Services)	Stored	Tehran, Iran	
☐	341	21658	238B	HS-UTC	(Orient Thai Airlines)	WFU & Stored	Jakarta CGK, Indonesia	
☐	342	21588	230B(M)	D-ABYM	(Lufthansa)	Preserved	Auto & Technik Museum, Speyer, Germany	
☐	343	21514	2J9F	EP-ICC	Iran Air	Active	Tehran, Iran	
☐	344	21550	206B(M) (SUD)	N725SA	-	Scrapped	Goodyear, AZ	
☐	345	21589	230B	I-DEMY	-	Scrapped	Kinston, NC	
☐	346	21604	SR-81	A7-ABK	-	Scrapped	?	
☐	347	21592	230F(SCD)	I-OCEA	(Ocean Airlines)	Stored	Brescia, Italy	
☐	348	21590	230B	N720SA	-	Scrapped	Marana, AZ	
☐	349	21725	287B	LV-MLO	(Aerolineas Argentinas)	WFU & Stored	Buenos Aires EZE, Argentina	
☐	350	21591	230B	D-ABYQ	-	Scrapped	Hahn, Germany	
☐	351	21605	SR-81	A7-ABL	-	Scrapped	Roswell, NM	
☐	352	21643	230B(M)	D-ABYR	-	Scrapped	Hahn, Germany	
☐	353	21614	2B2B(M)	5R-MFT	-	Scrapped	Bristol Filton, UK	
☐	354	21650	2R7F(SCD)	G-MKGA	(MK Airlines)	Stored	Kemble, UK	
☐	355	21627	233B(M)	C-GAGB	(Air Canada)	Stored	Marana, AZ	
☐	356	21644	230B(SF)	N508MC	(Tradewinds Airlines)	Stored	Greensboro, NC	
☐	357	21704	251B	N622US	(Northwest Airlines)	WFU & Stored	Marana, AZ	
☐	358	21575	283B(SF)	SX-FIN	(Sky Express)	Stored	Chateauroux, France	
☐	359	21543	269B(SF)	9Q-CGI	(Cargair International)	Stored	Ciudad Del Este - Guarani, Paraguay	
☐	360	21606	SR-81	N8078M	-	Scrapped	Ardmore, OK	
☐	361	21678	246B	HS-UTJ	Orient Thai Airlines	Active	Bangkok Don Muang, Thailand	
☐	362	21737	258F(SCD)	4X-AXG	-	Written Off	Nr Amsterdam, Netherlands	
☐	363	21772	2B5B	HL7443	(Korean Air Lines)	Stored	Seoul, South Korea	
☐	364	21731	228B(M)	F-BPVX	-	Scrapped	Vatry, France	
☐	365	21635	236B	G-BDXH	(European Aircharter)	WFU & Stored	Bournemouth, UK	
☐	366	21773	2B5B	HL7445	-	Written Off	Seoul, South Korea	
☐	368	21517	211B	RP-C8830	-	Scrapped	Marana, AZ	
☐	369	21659	206B(SUD)	HS-VAV	(Phuket Airlines)	Stored	Jakarta CGK, Indonesia	
☐	370	21745	228B	F-BPVY	(Air France)	Stored	Vatry, France	
☐	372	21730	259B(SF)	N701CK	Kalitta Air	Active	Detroit Willow Run, MI	
☐	374	21705	251B	N623US	(Northwest Airlines)	Stored	Victorville, CA	
☐	375	21682	227B	N635US	-	Scrapped	Marana, AZ	
☐	376	21679	246B	N741CK	(Kalitta Air)	WFU & Stored	Detroit Willow Run, MI	
☐	377	21706	251B	N624US	Northwest Airlines	Active	Minneapolis, MN	
☐	378	21707	251B	N625US	-	Scrapped	Marana, AZ	
☐	379	21708	251B	N626US	(Northwest Airlines)	WFU & Stored	Marana, AZ	
☐	380	21680	246B(SF)	N745CK	(Kalitta Air)	WFU & Stored	Wurtsmith AFB, MI	
☐	382	21681	246F	N707CK	(Kalitta Air)	Cockpit Remains	Mojave, CA	
☐	383	21825	240B(M)	AP-BAK	PIA Pakistan International Airlines	Active	Karachi, Pakistan	
☐	384	21743	221F(SCD)	N747CK	Kalitta Air	Active	Detroit Willow Run, MI	

l/n	c/n	Model	Registration	Owner/Operator	Status	Location	Notes
385	21746	267B	B-HKG	-	Scrapped	Victorville, CA	
386	21843	209B	B-18255	-	Written Off	Penghu Islands, Taiwan	
387	21683	212B	SX-OAC	(Olympic Airways)	Stored	Athens International, Greece	
388	21835	2B3F(SCD)	TF-AMC	Saudi Arabian Airlines	Active	Jeddah, Saudi Arabia	
389	21660	206B(M)(SUD)	N726SA	-	Scrapped	Newburgh, NY	
390	21829	237B	VT-EFU	-	Scrapped	Mumbai, India	
391	21684	212B	SX-OAD	(Olympic Airways)	WFU & Stored	Bruntingthorpe, UK	
392	21744	221F(SCD)	N748CK	Kalitta Air	Active	Detroit Willow Run, MI	
393	21922	SR-81	N8078H	-	Scrapped	Wichita, KS	
394	21764	245F(SCD)	N636FE	(Atlas Air)	WFU & Stored	Marana, AZ	
395	21923	SR-81	N8078Q	-	Scrapped	Wichita, KS	
396	21841	245F(SCD)	G-MKFA	(MK Airlines)	Stored	Bristol Filton, UK	
397	21848	206B(SUD)	HS-VAA	(Phuket Airlines)	Stored	Jakarta CGK, Indonesia	
398	21787	228F(SCD)	N753SA	Ethiopian Airlines	Active	Addis Ababa, Ethiopia	
399	21935	212B	SX-OAE	(Olympic Airways)	WFU & Stored	Athens Hellinikon, Greece	
400	21668	2J9F	N630US	Northwest Airlines	Active	Minneapolis, MN	
401	21936	212B(SF)	N522UP	(United Parcel Service (UPS))	Stored	Roswell, NM	
402	21782	2D7B	N523MC	Atlas Air	Active	New York JFK	
403	21726	287B	LV-MLP	-	Scrapped	Buenos Aires EZE, Argentina	
404	21727	287B	LV-MLR	(Aerolineas Argentinas)	Parts Remain	Buenos Aires EZE, Argentina	
406	21827	249F(SCD)	N706CK	Kalitta Air	Active	Detroit Willow Run, MI	
407	22064	246B	N740CK	-	Scrapped	Detroit Willow Run, MI	
408	21828	249F(SCD)	N807FT	-	Written Off	Puchong, Malaysia	
409	21977	238B(M)	VH-ECB	-	Scrapped	Marana, AZ	
410	22145	238B	VH-EBQ	Qantas	Preserved	Longreach, Australia	
411	22065	246B	N744CK	(Kalitta Air)	WFU & Stored	Wurtsmith AFB, MI	
412	21709	251B	N627US	-	Written Off	Guam	
414	21993	237B	VT-EGA	-	Scrapped	Mumbai, India	
416	21964	271C(SCD)	4X-ICL	CAL Cargo Air Lines	Active	Tel Aviv, Israel	
417	21783	2D7B(SF)	N522MC	Atlas Air	Active	New York JFK	
418	22254	258C	VP-BXC	TESIS	Active	Moscow Domodedovo, Russia	
419	21937	212B(SF)	N526UP	Kalitta Air	Active	Oscoda, MI	
420	21924	SR-81	N1924N	-	Scrapped	Anchorage, AK	
421	21832	2F6B(SF)	N761SA	(Southern Air)	Stored	Mojave, CA	
422	21925	SR-81	N73795	-	Scrapped	Boeing Field, Seattle, WA	
423	21833	2F6B(SF)	N535FC	Southern Air	Active	Columbus Rickenbacker, OH	
424	21784	2D7B(SF)	N524MC	Atlas Air	Active	New York JFK	
425	21834	2F6B	RP-C8820	(Philippine Airlines)	WFU & Stored	Marana, AZ	
426	22066	SR-146B(SUD)	N552SW	-	Scrapped	Wurtsmith AFB, MI	
427	22067	SR-146B	5U-ACG	Logistic Air	Active	Mumbai, India	
428	21982	228B	N728SA	(Southern Air)	WFU & Stored	Newburgh, NY	
429	22077	240B(M)	AP-BAT	(PIA Pakistan International Airlines)	Stored	Sialkot, Pakistan	
430	21830	236B	G-BDXI	-	Scrapped	Cardiff, UK	
431	21994	237B	VT-EGB	-	Scrapped	Mumbai, India	
432	22063	246F(SCD)	9G-MKI	-	Written Off	Port Harcourt, Nigeria	
434	21995	237B	VT-EGC	-	Scrapped	Mumbai, India	
435	22105	2L5B(SF)	B-HMD	(Cathay Pacific)	Stored	Victorville, CA	

Boeing 747-200 — Out Of Production List: Western Jet Airliners

l/n	c/n	Model	Registration	Owner/Operator	Status	Location	Notes
436	21938	212B	N938GA	(Air Plus Comet)	Stored	Opa Locka, FL	
437	21991	227B	N633US	(Northwest Airlines)	WFU & Stored	Marana, AZ	
438	21965	271C(SCD)	4X-ICM	CAL Cargo Air Lines	Active	Tel Aviv, Israel	
440	21831	236B	G-BDXJ	(Air Atlanta Europe)	WFU & Stored	Dunsfold, UK	
442	22389	251B	N628US	(Northwest Airlines)	WFU & Stored	Marana, AZ	
443	22106	2L5B(SF)	B-HME	(Cathay Pacific)	Stored	Victorville, CA	
444	22388	251F(SCD)	N629US	Northwest Airlines	Active	Minneapolis, MN	
446	21966	267B	N787RR	Rolls-Royce North America	Active	Chantilly, VA	
448	22480	2B5F(SCD)	HL7451	-	Written Off	Nr London Stansted, UK	
449	21939	212B(SF)	N703CK	Kalitta Air	Active	Detroit Willow Run, MI	
450	22238	256B	EC-DIA	(Iberia)	WFU & Stored	Madrid, Spain	
451	22239	256B	EC-DIB	(Iberia)	WFU & Stored	Madrid, Spain	
452	22246	2U3B	HS-VAO	-	Stored	Jakarta CGK, Indonesia	
453	22291	SR-81	N215BA	-	Scrapped	Tel Aviv, Israel	
454	22481	2B5F(SCD)	G-MKBA	MK Airlines	Active	Manston, UK	
456	22292	SR-81	N292BA	-	Scrapped	Renton, WA	
457	21940	212B(SF)	G-MKKA	MK Airlines	Active	Manston, UK	
458	22245	249F(SCD)	N643NW	Northwest Airlines	Active	Minneapolis, MN	
459	22247	2U3B	HS-VAU	(Phuket Airlines)	Stored	Jakarta CGK, Indonesia	
460	22237	249F(SCD)	G-MKEA	(MK Airlines)	Stored	Bristol Filton, UK	
461	22248	2U3B	PK-GSC	(Garuda Indonesia)	WFU & Stored	Jakarta CGK, Indonesia	
462	22299	209F(SCD)	N704CK	-	Written Off	Brussels, Belgium	
463	22272	228B(M)	F-GCBB	(Air Pullmantur)	WFU & Stored	Chateauroux, France	
464	22614	238B	DQ-FJE	(Air Pacific)	Parts Remain	Marana, AZ	
465	22234	227B	N634US	(Northwest Airlines)	WFU & Stored	Marana, AZ	
466	22149	267B	TF-ATC	-	Scrapped	Kemble, UK	
468	22249	2U3B	HS-VAK	(Phuket Airlines)	Stored	Bangkok Don Muang, Thailand	
469	22107	2L5B(SF)	N815SA	Southern Air	Active	Rickenbacker, OH	
470	21941	212B	N641NW	(Northwest Airlines)	WFU & Stored	Marana, AZ	
471	21942	212B	N642NW	(Northwest Airlines)	WFU & Stored	Marana, AZ	
472	22169	2S4F(SCD)	G-MKAA	(MK Airlines)	Stored	Bristol Filton, UK	
474	22376	206B(SUD)	N94104	(KLM Royal Dutch Airlines)	WFU & Stored	Jakarta CGK, Indonesia	
475	21943	212B(SF)	N520UP	(United Parcel Service (UPS))	Stored	Roswell, NM	
476	22150	245F(SCD)	4X-AXL	El Al Israel Airlines	Active	Tel Aviv, Israel	
477	22293	SR-81	N219BA	-	Parts Remain	Unversal Studios, Los Angeles, CA	
478	22151	245F(SCD)	4X-AXK	El Al Israel Airlines	Active	Tel Aviv, Israel	
479	22337	2D7B(SF)	N526MC	Atlas Air	Active	New York JFK	
480	22306	236F(SCD)	B-HVY	-	Scrapped	Kemble, UK	
481	22294	SR-81	N243BA	Boeing Aircraft Holding Company	Stored	Marana, AZ	
482	22390	2R7F(SCD)	B-198	-	Written Off	Wanli, Taiwan	
483	22615	238B(M)	VH-ECC	(Qantas)	Parts Remain	Marana, AZ	
484	22482	2B5B(SF)	G-MKCA	(MK Airlines)	Stored	Ostend, Belgium	
485	22427	228B	F-GCBC	-	Written Off	Rio de Janeiro, Brazil	
486	22170	244B(SF)	9G-MKJ	-	Written Off	Halifax, Canada	
487	22297	287B	LV-OEP	(Aerolineas Argentinas)	WFU & Stored	Buenos Aires EZE, Argentina	
488	22171	244B	ZS-SAS	-	Written Off	Mauritius	
489	22478	246B	N727CK	-	Scrapped	Oscoda, MI	
490	22363	230B(SF)	TF-ARM	Air Atlanta Icelandic	Active	Jeddah, Saudi Arabia	

Boeing 747-200 — Out Of Production List: Western Jet Airliners

l/n	c/n	Model	Registration	Owner/Operator	Status	Location	Notes
491	22379	206B(SUD)	N729SA	(Southern Air)	WFU & Stored	Mojave, CA	
492	22506	243B(SF)	VP-BIB	Southern Air	Active	Columbus Rickenbacker, OH	
493	22429	267B	TF-ABP	(Travel City Direct)	WFU & Stored	Sharjah, UAE	
494	22477	246F(SCD)	G-MKJA	MK Airlines	Active	Manston, UK	
495	22303	236B	TF-ARG	-	Scrapped	Kemble, UK	
496	22479	246B	HS-UTR	Orient Thai Airlines	Active	Bangkok Don Muang, Thailand	
497	22507	243B(SF)	N516MC	Polar Air Cargo	Active	New York JFK	
498	22382	2F6B(SF)	TF-ARN	MASkargo	Active	Kuala Lumpur, Malaysia	
499	22508	243B(SF)	N540MC	Atlas Air	Active	New York JFK	
500	22381	283B(SF)	N523UP	(United Parcel Service (UPS))	Stored	Roswell, NM	
502	22304	236B(SF)	N362FC	MASkargo	Active	Kuala Lumpur, Malaysia	
503	22428	228B(SF)	F-GCBD	(MK Airlines)	WFU & Stored	Dubai, UAE	
504	22471	2D7B(SF)	N527MC	(Atlas Air)	Stored	Lome, Togo	
506	22305	236B	TF-ARF	(Air Atlanta Europe)	Stored	Marana, AZ	
508	22378	2H7B(M)	TJ-CAB	-	Written Off	Paris CDG, France	
509	22454	256B	EC-HVD	-	Scrapped	Madrid, Spain	
510	21944	212B(SF)	N521UP	(United Parcel Service (UPS))	Stored	Roswell, NM	
511	22594	SR-81	N238BA	(ANA All Nippon Airways)	WFU & Stored	Roswell, NM	
513	22485	2B5B(SF)	4X-AXM	El Al Israel Airlines	Active	Tel Aviv, Israel	
514	22579	2D3B(SF)	9V-JEA	Jett8 Airlines Cargo	Active	Singapore Changi	
515	22455	256B	EC-IAF	(Iberia)	WFU & Stored	Madrid, Spain	
516	22595	SR-81	N245BA	(ANA All Nippon Airways)	WFU & Stored	Renton, WA	
518	22514	2B3B(M)(SUD)	F-BTDG	-	Scrapped	Vatry, France	
519	22446	209B(SF)	N714CK	-	Written Off	Bogota, Colombia	
520	22486	2B5F(SCD)	G-MKDA	(MK Airlines)	Stored	Bristol Filton, UK	
521	22515	2B3B(M)(SUD)	F-BTDH	(Air France)	WFU & Stored	Vatry, France	
523	22722	219B	VP-BQE	(Transaero Airlines)	Stored	Moscow Domodedovo, Russia	
524	22403	271C(SCD)	N537MC	(Atlas Air)	Stored	Roswell, NM	
526	22442	236B(SF)	N361FC	MASkargo	Active	Kuala Lumpur, Malaysia	
527	22723	219B	VP-BQA	Transaero Airlines	Active	Moscow Domodedovo, Russia	
528	22724	219B	VP-BQB	Transaero Airlines	Active	Moscow Domodedovo, Russia	
531	22530	267B	TF-ABA	-	Scrapped	Sharjah, UAE	
532	22592	287B	EC-IZL	-	Scrapped	Buenos Aires EZE, Argentina	
533	22510	243B	I-DEMG	-	Scrapped	Kinston, NC	
535	22678	228F(SCD)	N751SA	Southern Air Transport	Active	Columbus Rickenbacker, OH	
536	22511	243B	I-DEML	-	Scrapped	Kinston, NC	
538	22668	230F(SCD)	I-OCEU	(Ocean Airlines)	Stored	Brescia, Italy	
539	22380	206B(M)(SUD)	N730SA	(Southern Air)	WFU & Stored	Mojave, CA	
540	22496	283B	N622FF	-	Scrapped	New York JFK	
541	22709	SR-81	N233BA	-	Scrapped	Goodyear, AZ	
542	22512	243B	I-DEMN	-	Scrapped	Kinston, NC	
543	22616	238B	VH-EBS	(Qantas)	Parts Remain	Marana, AZ	
544	22710	SR-81	N288BA	(ANA All Nippon Airways)	WFU & Stored	Mojave, CA	
545	22545	243F(SCD)	OO-CBB	Cargo B Airlines	Active	Brussels, Belgium	
546	22513	243B	I-DEMP	-	Scrapped	Kinston, NC	
547	22745	246B	N742CK	Kalitta Air	Active	Detroit Willow Run, MI	

Boeing 747-200 — Out Of Production List: Western Jet Airliners

l/n	c/n	Model	Registration	Owner/Operator	Status	Location	Notes
548	22746	246B	N743CK	Kalitta Air	Active	Detroit Willow Run, MI	
549	22669	230B(SF)	TF-ARH	Air Atlanta Icelandic / Malaysia Airlines	Active	Kuala Lumpur, Malaysia	
550	22670	230B(M)	EP-AUA	Iran Air	Active	Tehran, Iran	
552	22593	287B	EC-JJG	(Aerolineas Argentinas)	Stored	Buenos Aires EZE, Argentina	
553	22740	269B(M)	N309TD	(Kuwait Airways)	WFU & Stored	Manston, UK	
554	22764	256B	EC-DNP	-	Scrapped	Madrid, Spain	
556	22447	209B(SF)	N715CK	Kalitta Air	Active	Detroit Willow Run, MI	
558	22794	228B(SF)	F-GCBF	(Air France)	Stored	Paris Orly, France	
559	22711	SR-81(SF)	SX-DCB	Elite Airlines	Active	Athens, Greece	
561	22768	2U3B(SF)	N922FT	-	Written Off	Medellin, Colombia	
562	22769	2U3B(SF)	Z3-CAA	Star Airlines	Active	Skopje, Macedonia	
563	22725	219B	VP-BQC	Transaero Airlines	Active	Moscow Domodedovo, Russia	
565	22366	270C(M)	YI-AGP	(Iraqi Airways)	Stored	Tozeur, Tunisia	
566	22872	267B	VP-BPX	Transaero Airlines	Active	Moscow Domodedovo, Russia	
568	22791	219B	VP-BQH	Transaero Airlines	Active	Moscow Domodedovo, Russia	
569	22939	228F(SCD)	F-GCBG	(Air France)	Stored	Vatry, France	
571	22989	246F(SCD)	N746CK	Kalitta Air	Active	Detroit Willow Run, MI	
572	22712	SR-81	N248BA	-	Scrapped	Opa Locka, FL	
574	22671	230B(SF)	TF-ARL	Air Atlanta Icelandic	Active	Keflavik, Iceland	
575	22969	243B	N73717	-	Scrapped	Marana, AZ	
579	22990	246F(SCD)	N700CK	Kalitta Air	Active	Detroit Willow Run, MI	
581	22991	246B	N749UN	Transaero Airlines	Active	Moscow Domodedovo, Russia	
582	23048	267B	LV-AZF	(Southern Winds)	WFU & Stored	Manston, UK	
591	23071	2J6B(SF)	G-MKHA	MK Airlines	Active	Manston, UK	
594	23111	251B(SF)	N631NW	Northwest Airlines	Active	Minneapolis, MN	
595	23112	251B(SF)	N632NW	Northwest Airlines	Active	Minneapolis, MN	
596	23120	267B(SF)	B-HIH	(Cathay Pacific)	WFU & Stored	Kemble, UK	To be scrapped
597	22472	2D7B(SF)	N528MC	British Airways	Active	London Stansted, UK	
601	23150	SR-146B	5U-ACF	Logistic Air	Active	Mumbai, India	
604	23138	281F(SCD)	N758SA	Southern Air Transport	Active	Columbus Rickenbacker, OH	
608	23139	281F(SCD)	VP-BID	Air Bridge Cargo	Active	Luxembourg Findel	
613	23300	243B(SF)	N517MC	(Atlas Air)	Stored	New York JFK	
614	23286	230B(SF)	N487EV	Evergreen International Airlines	Active	Marana, AZ	
617	23287	230B(SF)	N488EV	Evergreen International Airlines	Active	Marana, AZ	
618	23301	243B	TF-ARO	(Air Atlanta Icelandic)	WFU & Stored	Marana, AZ	
623	23350	281F(SCD)	9V-JEB	Jett8 Airlines Cargo	Active	Singapore Changi	
625	23348	230F(SCD)	VP-BXD	TESIS	Active	Moscow Domodedovo, Russia	
628	23461	2J6B(SF)	B-2448	Air China Cargo	Active	Beijing, China	
633	23393	230B(SF)	N489EV	Evergreen International Airlines	Active	McMinnville, OR	
635	23389	246B(SF)	N798SA	(Southern Air)	Stored	Mojave, CA	
636	23390	SR-146B(SUD)	HS-UTQ	(Orient Thai Airlines)	WFU & Stored	Bangkok Don Muang, Thailand	
639	23407	230B	D-ABZD	(Lufthansa)	Stored	Marana, AZ	
642	23547	251B	5N-MAD	Kabo Air / Biman Bangladesh Airlines	Active	Dhaka, Bangladesh	
644	23548	251B	5N-DKB	Kabo Air	Active	Lagos, Nigeria	
647	23476	243B(SF)	TF-AMD	Air Atlanta Icelandic	Active	Keflavik, Iceland	
648	23501	281B	SX-TIC	Hellenic Imperial Airways	Active	Athens International, Greece	
649	23502	281B	SX-TID	(Hellenic Imperial Airways)	Stored	Jakarta CGK, Indonesia	
651	23549	251B	5N-JRM	Kabo Air	Active	Kano, Nigeria	

l/n	c/n	Model	Registration	Owner/Operator	Status	Location	Notes
654	23391	246F(SCD)	JA8171	Japan Airlines	Active	Tokyo Narita, Japan	
655	23637	SR-146B(SUD)	HS-UTM	Orient Thai Airlines	Active	Bangkok Don Muang, Thailand	
656	23611	230B(SF)	F-GCBH	(Ocean Airlines)	Stored	Paris CDG, France	
660	23621	230F(SCD)	TF-ARR	-	Written Off	Sharjah, UAE	
661	23676	228B	EP-	Mahan Air	Active	Kerman, Iran	
663	23509	230B(M)	SX-TIE	Hellenic Imperial Airways	Active	Athens International, Greece	
665	23622	230B	SX-TIB	Hellenic Imperial Airways	Active	Athens International, Greece	
667	23698	281B(SF)	N288RF	(Nippon Cargo Airlines)	Stored	Victorville, CA	
669	23652	21AC(M)	N652AP	(GIRjet)	Stored	Goodyear, AZ	
670	23746	2J6B(SF)	B-2450	Air China Cargo	Active	Beijing, China	
672	23711	236B(SF)	TF-ATX	MASkargo	Active	Kuala Lumpur, Malaysia	
673	23736	222B(SF)	N645NW	Northwest Airlines	Active	Minneapolis, MN	
674	23735	236B(SF)	TF-ARJ	MASkargo	Active	Kuala Lumpur, Malaysia	
675	23737	222B(SF)	N646NW	Northwest Airlines	Active	Minneapolis, MN	
677	23799	236B	G-BDXO	-	Cockpit Preserved	Amsterdam Schiphol, Netherlands	
679	23824	2G4B (VC-25A)	82-8000	USAF United States Air Force	Active	Andrews AFB, MD	
680	23887	251F(SCD)	N639US	Northwest Airlines	Active	Minneapolis, MN	
682	23888	251F(SCD)	N640US	Northwest Airlines	Active	Minneapolis, MN	
683	23813	281B(SF)	N283RF	(Nippon Cargo Airlines)	Stored	Victorville, CA	
684	23641	246F(SCD)	N723SA	(Southern Air)	Stored	Mojave, CA	
685	23825	2G4B (VC-25A)	92-9000	USAF United States Air Force	Active	Andrews AFB, MD	
687	23864	267F(SCD)	B-HVZ	Cathay Pacific	Active	Hong Kong	
689	23919	281F(SCD)	N783SA	Southern Air	Active	Columbus Rickenbacker, OH	
697	24088	236B(SF)	TF-ATZ	MASkargo	Active	Kuala Lumpur, Malaysia	
698	24067	228B(M)	N716SA	(Southern Air)	WFU & Stored	Mojave, CA	
699	24071	256B(SF)	Z3-CAB	Star Airlines	Active	Skopje, Macedonia	
706	24138	230F(SCD)	N490EV	Evergreen International Airlines	Active	Marana, AZ	
710	24177	212F(SCD)	N644NW	Northwest Airlines	Active	Minneapolis, MN	
712	24134	21AC(M)	EP-ICD	Iran Air Cargo	Active	Tehran, Iran	
714	24158	228F(SCD)	OO-CBA	Cargo B Airlines	Active	Brussels, Belgium	
718	24195	2B5F(SCD)	N704SA	Southern Air Transport	Active	Columbus Rickenbacker, OH	
720	24196	2B5F(SCD)	N708SA	Southern Air Transport	Active	Columbus Rickenbacker, OH	
724	24359	268F(SCD)	HZ-AIU	Saudi Arabian Airlines	Active	Jeddah, Saudi Arabia	
750	24399	281B(SF)	N281RF	(Nippon Cargo Airlines)	Stored	Victorville, CA	
752	24308	209F(SCD)	B-KAD	(Dragonair)	Stored	Victorville, CA	
772	24735	228B(SCD)	F-GCBL	(Air France)	Stored	Vatry, France	
776	24568	267F(SCD)	B-HVX	Cathay Pacific	Active	Hong Kong	
814	24960	2J6F(SCD)	B-2462	Air China Cargo	Active	Beijing, China	
818	24576	281F(SCD)	VP-BII	Air Bridge Cargo	Active	Luxembourg Findel	
822	24879	228B(SCD)	F-GCBM	(Air France)	Stored	Vatry, France	
878	25266	228F(SCD)	A6-MDG	MidEx Airlines	Active	Al Ain, UAE	
886	25171	281F(SCD)	VP-BIJ	Air Bridge Cargo	Active	Luxembourg Findel	

Cross Reference

Registration	l/n	c/n	Registration	l/n	c/n	Registration	l/n	c/n	Registration	l/n	c/n
3B-NAI	158	20238	9V-SQH	387	21683	D-ABYD	132	20372	F-GBOX	388	21835
3B-NAS	486	22170	9V-SQI	391	21684	D-ABYE	168	20373	F-GCBA	428	21982
3C-GFE	181	20504	9V-SQJ	399	21935	D-ABYF	128	20493	F-GCBB	463	22272
3D-GFB	166	20333	9V-SQK	401	21936	D-ABYG	179	20527	F-GCBC	485	22427
3D-NED	147	20009	9V-SQL	419	21937	D-ABYH	186	20559	F-GCBD	503	22428
3D-NEE	283	21162	9V-SQM	436	21938	D-ABYJ	294	21220	F-GCBE	535	22678
3D-NEF	309	21316	9V-SQN	449	21939	D-ABYL	320	21380	F-GCBF	558	22794
3D-PAH	166	20333	9V-SQO	457	21940	D-ABYM	342	21588	F-GCBG	569	22939
3D-PAJ	181	20504	9V-SQP	470	21941	D-ABYN	345	21589	F-GCBH	656	23611
4R-ULF	147	20009	9V-SQQ	471	21942	D-ABYO	347	21592	F-GCBI	661	23676
4R-ULG	149	20010	9V-SQR	475	21943	D-ABYP	348	21590	F-GCBJ	698	24067
4X-AXA	140	20135	9V-SQS	510	21944	D-ABYQ	350	21591	F-GCBK	714	24158
4X-AXB	164	20274	9V-SQT	476	22150	D-ABYR	352	21643	F-GCBL	772	24735
4X-AXC	212	20704	9V-SQU	478	22151	D-ABYS	356	21644	F-GCBM	822	24879
4X-AXD	272	21190	9V-SQV	458	22245	D-ABYT	490	22363	F-GFUK	296	21251
4X-AXF	327	21594	A6-MDG	878	25266	D-ABYU	538	22668	F-GHBM	114	20120
4X-AXG	362	21737	A7-ABK	346	21604	D-ABYW	549	22669	F-GHPC	173	20137
4X-AXH	418	22254	A7-ABL	351	21605	D-ABYX	550	22670	F-GLNA	156	20399
4X-AXK	478	22151	AP-AYV	239	20928	D-ABYY	574	22671	F-GPAN	337	21515
4X-AXL	476	22150	AP-AYW	256	21035	D-ABYZ	614	23286	F-GRJM	170	20427
4X-AXM	513	22485	AP-BAK	383	21825	D-ABZA	617	23287	F-GPVV	334	21576
4X-AXQ	233	20841	AP-BAT	429	22077	D-ABZB	625	23348	F-ODJG	324	21468
4X-ICL	416	21964	AP-BCL	247	20929	D-ABZC	633	23393	F-WQAJ	661	23676
4X-ICM	438	21965	AP-BCM	226	20802	D-ABZD	639	23407	G-BDXA	292	21238
4X-ICN	513	22485	AP-BCN	225	20801	D-ABZE	663	23509	G-BDXB	302	21239
5-8106	287	21180	AP-BCO	244	20927	D-ABZF	660	23621	G-BDXC	305	21240
5-8113	315	21486	AP-BIC	648	23501	D-ABZH	665	23622	G-BDXD	317	21241
5-8115	319	21487	B-160	752	24308	D-ABZI	706	24138	G-BDXE	321	21350
5-8115	340	21507	B-18255	386	21843	DQ-FJE	464	22614	G-BDXF	323	21351
5-8116	343	21514	B-1864	322	21454	DQ-FJI	410	22145	G-BDXG	328	21536
5-8117	400	21668	B-1866	386	21843	EC-136	699	24071	G-BDXH	365	21635
5A-DIJ	435	22105	B-18751	322	21454	EC-287	173	20137	G-BDXI	430	21830
5A-DIK	443	22106	B-18752	462	22299	EC-765	173	20137	G-BDXJ	440	21831
5B-AUD	649	23502	B-18753	519	22446	EC-BRQ	173	20137	G-BDXK	495	22303
5N-DKB	644	23548	B-18755	556	22447	EC-DIA	450	22238	G-BDXL	506	22305
5N-EEE	134	19732	B-18771	752	24308	EC-DIB	451	22239	G-BDXM	672	23711
5N-JRM	651	23549	B-1885	462	22299	EC-DLC	509	22454	G-BDXN	526	22442
5N-MAD	642	23547	B-1886	519	22446	EC-DLD	515	22455	G-BDXN	674	23735
5N-NNN	274	21189	B-1888	556	22447	EC-DNP	554	22764	G-BDXO	677	23799
5N-PDP	238	20842	B-1894	462	22299	EC-EEK	699	24071	G-BDXP	697	24088
5N-PPP	241	20921	B-198	482	22390	EC-GAG	173	20137	G-BJXN	179	20527
5R-MFT	353	21614	B-2440	134	19732	EC-HVD	509	22454	G-BLVE	262	21097
5T-AUE	663	23509	B-2446	591	23071	EC-IAF	515	22455	G-BMGS	167	20121
5U-ACF	601	23150	B-2448	628	23461	EC-IPN	436	21938	G-CCMA	566	22872
5U-ACG	427	22067	B-2450	670	23746	EC-IUA	663	23509	G-CCMB	582	23048
5Y-GFE	181	20504	B-2462	814	24960	EC-IZL	532	22592	G-CITB	514	22579
73-1676	202	20682	B-HIA	446	21966	EC-JDH	403	21726	G-GAFX	266	20827
73-1677	204	20683	B-HIB	466	22149	EC-JHD	661	23676	G-GLYN	326	21516
74-0787	232	20684	B-HIC	493	22429	EC-JJG	552	22593	G-HUGE	297	21252
75-0125	257	20949	B-HID	531	22530	EC-JJG	552	22593	G-INTL	242	20826
82-8000	679	23824	B-HIE	566	22872	EC-KEP	669	23652	G-KILO	480	22306
92-9000	685	23825	B-HIF	582	23048	EC-KMR	242	20826	G-MKAA	472	22169
9G-MKI	432	22063	B-HIH	596	23120	EI-BTQ	354	21650	G-MKBA	454	22481
9G-MKJ	486	22170	B-HKG	385	21746	EI-BTS	500	22381	G-MKCA	484	22482
9G-MKL	354	21650	B-HMD	435	22105	EI-BWF	358	21575	G-MKDA	520	22486
9G-MKM	484	22482	B-HME	443	22106	EI-BZA	540	22496	G-MKEA	460	22237
9G-MKP	396	21841	B-HMF	469	22107	EI-CEO	372	21730	G-MKFA	396	21841
9G-MKQ	472	22169	B-HVX	776	24568	EK-74701	310	21352	G-MKGA	354	21650
9G-MKR	454	22481	B-HVY	480	22306	EK-74702	260	21054	G-MKHA	591	23071
9G-MKS	520	22486	B-HVZ	687	23864	EP-	661	23676	G-MKJA	494	22477
9G-MKU	460	22237	B-KAD	752	24308	EP-AUA	550	22670	G-MKKA	457	21940
9K-ADA	332	21541	C5-OAA	312	21439	EP-IAG	291	21217	G-NIGB	368	21517
9K-ADB	335	21542	C-FCRA	225	20801	EP-IAH	300	21218	G-TKYO	449	21939
9K-ADB	335	21542	C-FCRB	226	20802	EP-ICA	319	21487	G-VBEE	527	22723
9K-ADC	359	21543	C-FCRD	244	20927	EP-ICB	340	21507	G-VCAT	566	22872
9L-LOR	247	20929	C-FCRE	247	20929	EP-ICC	343	21514	G-VGIN	134	19732
9M-MHG	528	22724	C-FNXA	128	20493	EP-ICD	712	24134	G-VIBE	568	22791
9M-MHH	568	22791	C-FNXP	283	21162	EP-NHN	315	21486	G-VIRG	274	21189
9M-MHI	502	22304	C-FXCE	309	21316	EP-SHA	340	21507	G-VJFK	238	20842
9M-MHJ	526	22442	C-GAGA	250	20977	EP-SHB	315	21486	G-VLAX	241	20921
9M-MHZ	574	22671	C-GAGB	355	21627	EP-SHH	319	21487	G-VOYG	167	20121
9Q-CGI	359	21543	C-GAGC	314	21354	F-BPVO	245	20887	G-VPUF	563	22725
9V-JEA	514	22579	C-GCIH	283	21162	F-BPVR	295	21255	G-VRGN	419	21937
9V-JEB	623	23350	C-GXRA	326	21516	F-BPVS	303	21326	G-VRUM	582	23048
9V-SIA	218	20712	C-GXRD	368	21517	F-BPVT	313	21429	G-VSSS	528	22724
9V-SIB	219	20713	CN-RME	338	21615	F-BPVU	333	21537	G-VZZZ	523	22722
9V-SKQ	710	24177	CN-RYM	312	21439	F-BPVV	334	21576	HB-IGA	112	20116
9V-SQC	240	20888	CP-2480	601	23150	F-BPVX	364	21731	HB-IGB	126	20117
9V-SQD	253	21048	CS-TJA	178	20501	F-BPVY	370	21745	HK-2300	372	21730
9V-SQE	283	21162	CS-TJB	189	20502	F-BPVZ	398	21787	HK-2910X	311	21381
9V-SQF	309	21316	CS-TJC	239	20928	F-BTDG	518	22514	HK-2980X	372	21730
9V-SQG	312	21439	CS-TJD	256	21035	F-BTDH	521	22515	HL7401	458	22245

Registration	l/n	c/n	Registration	l/n	c/n	Registration	l/n	c/n	Registration	l/n	c/n
HL7405	718	24195	JA8122	235	20924	LX-DCV	354	21650	N285SW	513	22485
HL7408	720	24196	JA8123	243	21034	LX-ECV	438	21965	N288BA	544	22710
HL7410	213	20770	JA8124	249	21032	LX-ECV	482	22390	N288RF	667	23698
HL7411	215	20771	JA8125	251	21030	LX-OCV	358	21575	N292BA	456	22292
HL7440	132	20372	JA8126	254	21033	LX-SAL	112	20116	N298JD	718	24195
HL7441	168	20373	JA8127	255	21031	LX-TAP	472	22169	N299JD	720	24196
HL7442	186	20559	JA8129	361	21678	LX-ZCV	297	21252	N301TW	178	20501
HL7443	363	21772	JA8130	376	21679	N10024	195	20534	N302TW	189	20502
HL7445	366	21773	JA8131	380	21680	N104TR	318	21446	N303TW	112	20116
HL7447	128	20493	JA8132	382	21681	N105TR	561	22768	N304TW	126	20117
HL7451	448	22480	JA8133	346	21604	N106TR	562	22769	N305TW	216	20742
HL7452	454	22481	JA8134	351	21605	N1239E	296	21251	N306TW	152	20398
HL7453	436	21938	JA8135	360	21606	N1248E	324	21468	N307TW	147	20009
HL7454	484	22482	JA8136	393	21922	N1252E	333	21537	N309TD	553	22740
HL7458	513	22485	JA8137	395	21923	N1288E	400	21668	N319FV	449	21939
HL7459	520	22486	JA8138	420	21924	N1289E	463	22272	N323MC	402	21782
HL7463	213	20770	JA8139	422	21925	N1290E	469	22107	N33021	190	20520
HL7464	215	20771	JA8140	407	22064	N1293E	474	22376	N354AS	274	21189
HL7471	211	20652	JA8141	411	22065	N1295E	474	22376	N357AS	120	19731
HL7474	472	22169	JA8142	426	22066	N1298E	491	22379	N358AS	134	19732
HL7475	718	24195	JA8143	427	22067	N1305E	503	22428	N359AS	190	20520
HS-ORA	457	21940	JA8144	432	22063	N1309E	539	22380	N361FC	526	22442
HS-ORB	494	22477	JA8145	453	22291	N14024	195	20534	N362FC	502	22304
HS-TGA	402	21782	JA8146	456	22292	N146RF	559	22711	N371EA	171	20012
HS-TGB	417	21783	JA8147	477	22293	N151UA	673	23736	N372EA	162	20011
HS-TGC	424	21784	JA8148	481	22294	N152UA	675	23737	N4051L	149	20010
HS-TGF	479	22337	JA8149	489	22478	N155FW	500	22381	N4501Q	500	22381
HS-TGG	504	22471	JA8150	496	22479	N155WT	500	22381	N4502R	540	22496
HS-TGS	597	22472	JA8151	494	22477	N158UA	260	21054	N4506H	558	22794
HS-UTB	192	20529	JA8152	511	22594	N159UA	267	21140	N4508E	535	22678
HS-UTC	341	21658	JA8153	516	22595	N160UA	285	21237	N45224	190	20520
HS-UTI	255	21031	JA8154	547	22745	N161UA	310	21352	N4544F	569	22939
HS-UTJ	361	21678	JA8155	548	22746	N163UA	316	21353	N459JS	185	20459
HS-UTM	655	23637	JA8156	541	22709	N164UA	339	21657	N470EV	237	20653
HS-UTP	196	20530	JA8157	544	22710	N165UA	341	21658	N471EV	209	20651
HS-UTQ	636	23390	JA8158	559	22711	N17025	217	20535	N477EV	231	20784
HS-UTR	496	22479	JA8159	572	22712	N1749B	168	20373	N478EV	254	21033
HS-VAA	397	21848	JA8160	392	21744	N1780B	337	21515	N482EV	219	20713
HS-VAK	468	22249	JA8161	579	22990	N1781B	591	23071	N485EV	218	20712
HS-VAO	452	22246	JA8162	581	22991	N1781B	601	23150	N486EV	240	20888
HS-VAU	459	22247	JA8164	601	23150	N1782B	382	21681	N487EV	614	23286
HS-VAV	369	21659	JA8165	384	21743	N1782B	464	22614	N487GX	128	20493
HS-VGG	156	20399	JA8167	604	23138	N1783B	295	21255	N488EV	617	23287
HZ-AIU	724	24359	JA8168	608	23139	N1783B	496	22479	N488GX	132	20372
I-DEMB	190	20520	JA8169	635	23389	N1785B	326	21516	N489EV	633	23393
I-DEMC	492	22506	JA8170	636	23390	N1785B	538	22668	N490EV	706	24138
I-DEMD	497	22507	JA8171	654	23391	N1785B	543	22616	N50022	162	20011
I-DEMF	499	22508	JA8172	623	23350	N1786B	294	21220	N504DC	309	21316
I-DEMG	533	22510	JA8174	648	23501	N1788B	679	23824	N505MC	296	21251
I-DEML	536	22511	JA8175	649	23502	N1789B	349	21725	N506DC	296	21251
I-DEMN	542	22512	JA8176	655	23637	N1790B	292	21238	N506MC	297	21252
I-DEMO	120	19731	JA8180	684	23641	N1791B	274	21189	N507MC	320	21380
I-DEMP	546	22513	JA8181	667	23698	N1792B	369	21659	N508MC	356	21644
I-DEMR	545	22545	JA8182	683	23813	N1792B	440	21831	N509MC	299	21221
I-DEMS	575	22969	JA8188	689	23919	N1794B	225	20801	N511P	283	21162
I-DEMT	613	23300	JA8190	750	24399	N1795B	154	20237	N512DC	297	21252
I-DEMU	134	19732	JA8191	818	24576	N1795B	221	20781	N512MC	294	21220
I-DEMV	618	23301	JA8192	514	22579	N1796B	215	20771	N514DC	283	21162
I-DEMW	647	23476	JA8193	457	21940	N1798B	213	20770	N516MC	497	22507
I-DEMX	614	23286	JA8194	886	25171	N1799B	212	20704	N517MC	613	23300
I-DEMY	345	21589	JA8937	494	22477	N1800B	196	20530	N518MC	647	23476
I-OCEA	347	21592	JY-AFA	296	21251	N18815	245	20887	N520UP	475	21943
I-OCEU	538	22668	JY-AFB	297	21252	N1924N	420	21924	N521UP	510	21944
J2-KCB	310	21352	JY-AFS	514	22579	N202AE	262	21097	N522MC	417	21783
J2-KCD	260	21054	JY-AUA	550	22670	N202PH	240	20888	N522UP	401	21936
J2-KCV	436	21938	JY-AUB	665	23622	N2061L	242	20826	N523UP	402	21782
J2-LBB	260	21054	LN-AEO	167	20121	N207AE	326	21516	N523UP	500	22381
JA8104	116	19823	LN-AET	114	20120	N207BA	484	22482	N524MC	424	21784
JA8105	122	19824	LN-RNA	311	21381	N208AE	368	21517	N524UP	318	21446
JA8106	137	19825	LV-AZF	582	23048	N211JL	571	22989	N526MC	479	22337
JA8108	166	20333	LV-LZD	274	21189	N215BA	453	22291	N526UP	419	21937
JA8109	180	20503	LV-MLO	349	21725	N218BA	266	20827	N527MC	504	22471
JA8110	181	20504	LV-MLP	403	21726	N219BA	477	22293	N527UP	372	21730
JA8111	182	20505	LV-MLR	404	21727	N221MP	114	20120	N528MC	597	22472
JA8113	192	20529	LV-OEP	487	22297	N230AL	582	23048	N528UP	699	24071
JA8114	196	20530	LV-OOZ	532	22592	N233BA	541	22709	N531AW	96	19922
JA8117	221	20781	LV-WYT	147	20009	N238BA	511	22594	N531TA	549	22669
JA8118	229	20782	LV-YPC	436	21938	N243BA	481	22294	N532AW	118	19923
JA8119	230	20783	LV-YSB	112	20116	N245BA	516	22595	N533AW	138	19924
JA811J	571	22989	LX-ACV	416	21964	N248BA	572	22712	N534AW	152	20398
JA8120	231	20784	LX-BCV	524	22403	N281RF	750	24399	N534MC	421	21832
JA8121	234	20923	LX-DCV	245	20887	N283RF	683	23813	N535FC	423	21833

Registration	l/n	c/n	Registration	l/n	c/n	Registration	l/n	c/n	Registration	l/n	c/n
N535MC	423	21833	N611PE	134	19732	N707CK	382	21681	N749UN	581	22991
N535PA	209	20651	N611US	88	20356	N708CK	359	21543	N749WA	237	20653
N536MC	334	21576	N612US	135	20357	N708SA	720	24196	N750SJ	710	24177
N537MC	524	22403	N613US	141	20358	N710BA	215	20771	N751SA	535	22678
N538MC	416	21964	N614AR	147	20009	N710CK	262	21097	N752SA	295	21255
N539MC	438	21965	N614FF	195	20534	N714CK	519	22446	N753SA	398	21787
N540MC	499	22508	N614US	163	20359	N715CK	556	22447	N754SA	334	21576
N550SW	235	20924	N615US	165	20360	N716SA	698	24067	N758SA	604	23138
N552SW	426	22066	N616FF	449	21939	N719CK	234	20923	N760SA	299	21221
N554SW	192	20529	N616US	258	21120	N720SA	348	21590	N761SA	421	21832
N556SW	137	19825	N617US	261	21121	N723PA	312	21439	N778BA	454	22481
N5573B	596	23120	N6186	312	21439	N723SA	684	23641	N78019	179	20527
N5573F	454	22481	N618FF	419	21937	N723TA	527	22723	N78020	120	19731
N5573K	581	22991	N618US	269	21122	N724PA	309	21316	N783SA	689	23919
N558SW	122	19824	N619FF	309	21316	N725SA	344	21550	N787RR	446	21966
N559EV	256	21035	N619US	308	21321	N726PA	253	21048	N791BA	182	20505
N559SW	166	20333	N620BN	244	20927	N726SA	389	21660	N79712	211	20652
N57004	474	22376	N620FF	283	21162	N727CK	489	22478	N79713	168	20373
N57700T	543	22616	N621FF	372	21730	N727PA	283	21162	N798SA	635	23389
N570SW	116	19823	N622FF	540	22496	N728PA	218	20712	N801KH	332	21541
N5973L	477	22293	N622US	357	21704	N728SA	428	21982	N806FT	406	21827
N6005C	543	22616	N623FF	498	22382	N729PA	219	20713	N8078H	393	21922
N6005C	563	22725	N623US	374	21705	N729SA	491	22379	N8078M	360	21606
N6005C	639	23407	N624FF	312	21439	N730PA	240	20888	N8078Q	395	21923
N6005C	679	23824	N624US	377	21706	N730SA	539	22380	N807FT	408	21828
N6005C	687	23864	N625US	378	21707	N73717	575	22969	N808FT	458	22245
N6005C	699	24071	N626US	379	21708	N73718	618	23301	N808MC	253	21048
N6005C	706	24138	N627US	412	21709	N73795	422	21925	N809FT	354	21650
N6005F	625	23348	N628US	442	22389	N740CK	407	22064	N809MC	245	20887
N6009F	613	23300	N629US	444	22388	N740SA	320	21380	N810FT	460	22237
N6009F	636	23390	N630FE	237	20653	N740SJ	494	22477	N811FT	242	20826
N6009F	661	23676	N630US	400	21668	N741CK	376	21679	N812FT	266	20827
N6009F	689	23919	N631FE	242	20826	N741LA	122	19824	N813FT	394	21764
N6009F	697	24088	N631FE	406	21827	N741PR	421	21832	N814FT	396	21841
N6009F	712	24134	N631NW	594	23111	N741SJ	432	22063	N815FT	476	22150
N6018N	618	23301	N631US	594	23111	N741TV	416	21964	N815SA	469	22107
N6018N	623	23350	N632FE	458	22245	N742CK	547	22745	N816FT	478	22151
N6018N	635	23389	N632NW	595	23112	N742PR	423	21833	N8255V	317	21241
N6018N	670	23746	N632US	595	23112	N742SJ	406	21827	N8277V	340	21507
N6018N	698	24067	N633FE	460	22237	N742TV	438	21965	N8280V	302	21239
N6018N	724	24359	N633US	437	21991	N743CK	548	22746	N8281V	520	22486
N602BN	375	21682	N634FE	476	22150	N743PR	425	21834	N8284V	437	21991
N602PE	375	21682	N634US	465	22234	N743SA	574	22671	N8285V	465	22234
N6038E	617	23287	N635FE	478	22151	N743TV	524	22403	N8286V	346	21604
N6038E	654	23391	N635US	375	21682	N744CK	411	22065	N8287V	250	20977
N6038E	663	23509	N636FE	394	21764	N744PR	498	22382	N8289V	575	22969
N6038E	669	23652	N636US	642	23547	N744SA	490	22363	N8291V	348	21590
N6038E	718	24195	N637US	644	23548	N744SJ	458	22245	N8293V	343	21514
N6038E	720	24196	N638FE	396	21841	N745CK	380	21680	N8295V	310	21352
N6046B	579	22990	N638US	651	23549	N745LA	179	20527	N8296V	464	22614
N6046P	633	23393	N639FE	354	21650	N745SA	498	22382	N8296V	554	22764
N6046P	656	23611	N639US	680	23887	N745SJ	240	20888	N8297V	276	21111
N6046P	660	23621	N640FE	242	20826	N746CK	571	22989	N880WF	406	21827
N6046P	665	23622	N640US	682	23888	N746SA	276	21111	N887KH	406	21827
N6046P	674	23735	N641FE	266	20827	N747BA	213	20770	N899FT	349	21725
N6046P	710	24177	N641NW	470	21941	N747BC	215	20771	N899TH	247	20929
N604PE	120	19731	N642NW	471	21942	N747BC	253	21048	N904PA	384	21743
N6055C	667	23698	N643NW	458	22245	N747BH	283	21162	N905PA	392	21744
N6055X	614	23286	N644NW	710	24177	N747BJ	309	21316	N910BW	192	20529
N6055X	648	23501	N645NW	673	23736	N747BK	312	21439	N911NA	221	20781
N6055X	672	23711	N646NW	675	23737	N747BK	346	21604	N920FT	460	22237
N6055X	677	23799	N652AP	669	23652	N747BL	134	19732	N921FT	358	21575
N6055X	714	24158	N680UP	234	20923	N747BL	221	20781	N922FT	561	22768
N605BN	437	21991	N688UP	231	20784	N747BL	351	21605	N923FT	562	22769
N605PE	190	20520	N689UP	254	21033	N747BM	162	20011	N924FT	372	21730
N6064P	608	23139	N700CK	579	22990	N747BM	171	20012	N925FT	396	21841
N60659	649	23502	N701CK	372	21730	N747BN	229	20782	N926FT	354	21650
N60659	683	23813	N701SW	242	20826	N747CK	384	21743	N938GA	436	21938
N60659	685	23825	N701TA	568	22791	N747FT	218	20712	N9401	458	22245
N60668	628	23461	N702SW	266	20827	N747MC	625	23348	N94104	474	22376
N6066U	582	23048	N702TA	523	22722	N747TA	218	20712	N960JS	130	19960
N6066U	597	22472	N703CK	449	21939	N747VC	566	22872	N9727N	358	21575
N6066Z	604	23138	N703TA	528	22724	N747WA	209	20651	N981JM	283	21162
N607FF	162	20011	N704CK	462	22299	N747WR	209	20651	OD-AGH	262	21097
N607PE	162	20011	N704SA	718	24195	N748CK	392	21744	OH-KSA	126	20117
N608PE	171	20012	N704SW	396	21841	N748FT	219	20713	OO-CBA	714	24158
N609PE	195	20534	N705CK	243	21034	N748LA	601	23150	OO-CBB	545	22545
N6108N	568	22791	N705CK	249	21032	N748SA	271	21110	OY-KHA	167	20121
N610FF	178	20501	N705TA	563	22725	N748TA	219	20713	P4-GFE	181	20504
N610PE	217	20535	N706CK	149	20010	N748WA	211	20652	P4-TSO	527	22723
N611BN	179	20527	N706CK	406	21827	N749FT	240	20888	PH-BUA	96	19922
N611FF	189	20502	N707CK	332	21541	N749TA	240	20888	PH-BUB	118	19923

Registration	l/n	c/n	Registration	l/n	c/n	Registration	l/n	c/n
PH-BUC	138	19924	TF-ATD	446	21966	YI-AGO	289	21181
PH-BUD	152	20398	TF-ATF	137	19825	YI-AGP	565	22366
PH-BUE	156	20399	TF-ATK	566	22872	Z3-CAB	699	24071
PH-BUF	157	20400	TF-ATL	509	22454	Z3-CAA	562	22769
PH-BUG	170	20427	TF-ATM	515	22455	ZK-NZV	523	22722
PH-BUH	271	21110	TF-ATN	527	22723	ZK-NZW	527	22723
PH-BUI	276	21111	TF-ATV	582	23048	ZK-NZX	528	22724
PH-BUK	336	21549	TF-ATW	528	22724	ZK-NZY	563	22725
PH-BUL	344	21550	TF-ATX	672	23711	ZK-NZZ	568	22791
PH-BUM	369	21659	TF-ATZ	697	24088	ZK-TGA	402	21782
PH-BUN	389	21660	TJ-CAB	508	22378	ZS-OOS	272	21190
PH-BUO	397	21848	TR-LXK	324	21468	ZS-SAA	486	22170
PH-BUP	474	22376	TU-TAP	472	22169	ZS-SAL	154	20237
PH-BUR	491	22379	VH-EBA	147	20009	ZS-SAM	158	20238
PH-BUT	539	22380	VH-EBB	149	20010	ZS-SAN	160	20239
PH-MCE	669	23652	VH-EBC	162	20011	ZS-SAO	194	20556
PH-MCF	712	24134	VH-EBD	171	20012	ZS-SAP	198	20557
PH-MCN	878	25266	VH-EBE	195	20534	ZS-SAR	486	22170
PK-GSA	452	22246	VH-EBF	217	20535	ZS-SAS	488	22171
PK-GSB	459	22247	VH-EBG	233	20841	ZS-SBJ	710	24177
PK-GSC	461	22248	VH-EBH	238	20842			
PK-GSD	468	22249	VH-EBI	241	20921			
PK-GSE	561	22768	VH-EBJ	260	21054			
PK-GSF	562	22769	VH-EBK	267	21140			
PK-IAU	427	22067	VH-EBL	285	21237			
PP-VNA	435	22105	VH-EBM	310	21352			
PP-VNB	443	22106	VH-EBN	316	21353			
PP-VNC	469	22107	VH-EBO	339	21657			
PP-VNW	158	20238	VH-EBP	341	21658			
PT-TDE	254	21033	VH-EBQ	410	22145			
RP-C5745	470	21941	VH-EBR	464	22614			
RP-C5746	475	21943	VH-EBS	543	22616			
RP-C8820	425	21834	VH-ECA	314	21354			
RP-C8830	368	21517	VH-ECB	409	21977			
RP-C8850	326	21516	VH-ECC	483	22615			
SE-DDL	114	20120	VP-BIA	545	22545			
SE-DFZ	358	21575	VP-BIB	492	22506			
SE-RBN	283	21162	VP-BID	608	23139			
SE-RBP	147	20009	VP-BII	818	24576			
ST-AQL	181	20504	VP-BIJ	886	25171			
ST-AQN	166	20333	VP-BPX	566	22872			
SU-GAK	126	20117	VP-BQA	527	22723			
SX-DCB	559	22711	VP-BQB	528	22724			
SX-DIE	663	23509	VP-BQC	563	22725			
SX-FIN	358	21575	VP-BQE	523	22722			
SX-OAA	216	20742	VP-BQH	568	22791			
SX-OAB	223	20825	VP-BRS	513	22485			
SX-OAC	387	21683	VP-BXC	418	22254			
SX-OAD	391	21684	VP-BXD	625	23348			
SX-OAE	399	21935	VP-BXE	574	22671			
SX-TIB	665	23622	VP-BXP	266	20827			
SX-TIC	648	23501	VR-HIA	446	21966			
SX-TID	649	23502	VR-HIB	466	22149			
SX-TIE	663	23509	VR-HID	531	22530			
TF-ABA	531	22530	VR-HIE	566	22872			
TF-ABI	235	20924	VR-HIF	582	23048			
TF-ABK	112	20116	VR-HIH	596	23120			
TF-ABL	126	20117	VR-HKG	385	21746			
TF-ABP	493	22429	VR-HKO	460	22237			
TF-ABQ	192	20529	VR-HMD	435	22105			
TF-ABY	251	21030	VR-HME	443	22106			
TF-ABZ	309	21316	VR-HMF	469	22107			
TF-AMC	388	21835	VR-HVX	776	24568			
TF-AMD	647	23476	VR-HVY	480	22306			
TF-AMF	614	23286	VR-HVZ	687	23864			
TF-AMH	633	23393	VT-EBD	124	19959			
TF-ARF	506	22305	VT-EBE	130	19960			
TF-ARG	495	22303	VT-EBN	185	20459			
TF-ARH	549	22669	VT-EBO	188	20558			
TF-ARJ	674	23735	VT-EDU	277	21182			
TF-ARL	574	22671	VT-EFJ	318	21446			
TF-ARM	490	22363	VT-EFO	330	21473			
TF-ARN	498	22382	VT-EFU	390	21829			
TF-ARO	618	23301	VT-EGA	414	21993			
TF-ARP	625	23348	VT-EGB	431	21994			
TF-ARQ	539	22380	VT-EGC	434	21995			
TF-ARR	660	23621	VT-ENQ	401	21936			
TF-ARV	706	24138	XT-DMK	309	21316			
TF-ARW	699	24071	XT-DMS	147	20009			
TF-ATA	179	20527	YA-EAG	310	21352			
TF-ATB	122	19824	YA-EAH	260	21054			
TF-ATC	466	22149	YI-AGN	287	21180			

Boeing 747SP

Production Started:	1976
Production Ended:	1989
Number Built:	45
Active:	19
Preserved:	1
WFU, Stored & In Parts:	10
Written Off:	1
Scrapped:	13

Location Summary	
Bahrain	1
France	1
Indonesia	1
Iran	4
Iraq	1
Mexico	1
Oman	1
Qatar	1
Saudi Arabia	3
South Africa	1
Syria	2
Tunisia	1
UAE - Sharjah	1
USA - AZ	3
USA - CA	2
USA - NJ	1
USA - NV	2
USA - NY	1
USA - OH	1
USA - TX	1
Yemen	1

l/n	c/n	Model	Registration	Owner/Operator	Status	Location	Notes
265	21022	SP-21	N140UA	-	Scrapped	Ardmore, OK	
268	21023	SP-21	N141UA	(United Airlines)	Parts Remain	Waco, TX	
270	21024	SP-21	N142UA	-	Scrapped	Ardmore, OK	
273	21025	SP-21	N143UA	-	Scrapped	Ardmore, OK	
275	20998	SP-86	EP-IAA	Iran Air	Active	Tehran, Iran	
278	20999	SP-86	EP-IAB	Iran Air	Active	Tehran, Iran	
280	21132	SP-44	ZS-SPA	-	Scrapped	Johannesburg, South Africa	
282	21133	SP-44	N747KV	-	Scrapped	Marana, AZ	
284	21174	SP-94	YK-AHA	Syrian Arab Airlines	Active	Damascus, Syria	
286	21026	SP-21	N144UA	-	Scrapped	Ardmore, OK	
288	21134	SP-44	ZS-SPC	(South African Airways)	Preserved	Rand, South Africa	
290	21175	SP-94	YK-AHB	Syrian Arab Airlines	Active	Damascus, Syria	
293	21253	SP-44	F-GTOM	(Corsair)	WFU & Stored	Chateauroux, France	
298	21254	SP-44	ZS-SPE	-	Scrapped	Johannesburg, South Africa	
301	21263	SP-44	ZS-SPF	-	Written Off	Maputo, Mozambique	
304	21300	SP-09	J2-SHF	(Daallo Airlines)	Stored	Sharjah, UAE	
306	21441	SP-21	N747NA	NASA	Active	Moffett Field, CA	
307	21093	SP-86	EP-IAC	(Iran Air)	Stored	Tehran, Iran	
325	21547	SP-21	N146UA	-	Scrapped	Marana, AZ	
329	21652	SP-68	HZ-HM1B	Saudi Arabian Government	Active	Riyadh, Saudi Arabia	
331	21548	SP-21	N147UA	(Federal Aviation Administration)	Active	Atlantic City, NJ	
367	21648	SP-21	VP-BAT	Qatar Amiri Flight	Active	Doha, Qatar	
371	21758	SP-86	EP-IAD	Iran Air	Active	Tehran, Iran	
373	21649	SP-21	VQ-BMS	Las Vegas Sands	Active	Las Vegas McCarran, NV	
405	21785	SP-27	A4O-SO	Royal Flight of Oman	Active	Muscat Seeb AFB, Oman	
413	21786	SP-27	7O-YMN	Yemen Government	Active	Sana'a, Yemen	
415	21961	SP-31	VP-BLK	Las Vegas Sands	Active	Las Vegas McCarran, NV	
433	21932	SP-J6	N135SW	-	Scrapped	Victorville, CA	
439	21962	SP-31	P4-AFE	-	Scrapped	Luxembourg Findel	
441	21963	SP-31	P4-FSH	Star Triple Seven	Active	Akron, OH	
445	22298	SP-09	YI-AOX	(Iraqi Airways)	WFU & Stored	Baghdad, Iraq	
447	21992	SP-27	N747A	CC2B LLC	Active	San Jose, CA	
455	21933	SP-J6	N136SW	-	Scrapped	Plattsburgh, NY	
467	21934	SP-J6	N747UT	(Pratt & Whitney)	Stored	Marana, AZ	
473	22302	SP-27	D6-OZX	-	WFU & Stored	Jakarta CGK, Indonesia	
501	22483	SP-B5	N709BA	(Korean Air)	Parts Remain	Marana, AZ	
505	22495	SP-38	VH-EAA	-	Scrapped	Marana, AZ	
507	22484	SP-B5	N708BA	Pratt & Whitney	Active	Plattsburgh, NY	
529	22503	SP-68	HZ-AIF	Saudi Arabian Airlines	Active	Jeddah, Saudi Arabia	
534	22547	SP-09	N4508H	-	Parts Remain	Marana, AZ	
537	22672	SP-38	VH-EAB	-	Scrapped	Marana, AZ	
560	22750	SP-68	HZ-AIJ	Saudi Arabian Government	Active	Riyadh, Saudi Arabia	
564	22805	SP-09	N4522V	(Global Peace Ambassadors)	Stored	Tijuana, Mexico	
567	22858	SP-70	YI-ALM	(Iraqi Government)	Stored	Tozeur, Tunisia	
676	23610	SP-Z5	A9C-HAK	Bahrain Royal Flight	Active	Shaikh Isa AB, Bahrain	

Cross Reference

Registration	l/n	c/n	Registration	l/n	c/n
3B-NAG	288	21134	N533PA	273	21025
3B-NAJ	280	21132	N534PA	286	21026
3B-NAO	301	21263	N536PA	306	21441
3B-NAQ	413	21786	N537PA	325	21547
3B-NAR	298	21254	N538PA	331	21548
3C-GFC	304	21300	N539PA	367	21648
3C-GFD	445	22298	N540PA	373	21649
5Y-GFC	304	21300	N57202	439	21962
5Y-GFD	445	22298	N57203	441	21963
7O-YMN	413	21786	N58201	415	21961
7Q-YKL	282	21133	N601AA	439	21962
9Q-CWY	304	21300	N602AA	441	21963
A4O-SO	405	21785	N603BN	405	21785
A4O-SP	447	21992	N6046P	560	22750
A6-SMM	441	21963	N604BN	413	21786
A6-ZSN	676	23610	N60659	676	23610
A7-ABM	413	21786	N60697	676	23610
A7-AHM	413	21786	N606BN	447	21992
A7-SMR	415	21961	N708BA	507	22484
A9C-HAK	676	23610	N709BA	501	22483
A9C-HHH	373	21649	N747A	447	21992
A9C-HMH	373	21649	N747FU	447	21992
A9C-ISA	373	21649	N747KS	282	21133
B-18252	304	21300	N747KV	282	21133
B-18253	445	22298	N747NA	306	21441
B-1862	304	21300	N747SP	265	21022
B-1880	445	22298	N747UT	467	21934
B-2438	455	21933	N8297V	288	21134
B-2442	433	21932	N992MS	415	21961
B-2444	455	21933	P4-AFE	439	21962
B-2452	467	21934	P4-FSH	441	21963
B-2454	473	22302	P4-GFC	304	21300
CN-RMS	293	21253	P4-GFD	445	22298
D6-OZX	473	22302	ST-AQL	304	21300
D6-QZA	473	22302	TF-ABN	439	21962
EP-IAA	275	20998	UN-001	439	21962
EP-IAB	278	20999	V5-SPE	298	21254
EP-IAC	307	21093	V5-SPF	301	21263
EP-IAD	371	21758	V8-AC1	373	21649
F-GTOM	293	21253	V8-JBB	373	21649
HL7456	501	22483	V8-JP1	373	21649
HL7457	507	22484	VH-EAA	505	22495
HZ-AIF	529	22503	VH-EAB	537	22672
HZ-AIJ	560	22750	VH-OZX	473	22302
HZ-HM1	329	21652	VP-BAT	367	21648
HZ-HM1B	329	21652	VP-BLK	415	21961
J2-SHF	304	21300	VQ-BMS	373	21649
LV-OHV	413	21786	VR-BAT	367	21648
LX-ACO	293	21253	YI-ALM	567	22858
LX-LGX	282	21133	YI-AOX	445	22298
LX-LGY	301	21263	YK-AHA	284	21174
N1301E	473	22302	YK-AHB	290	21175
N1304E	467	21934	ZS-SPA	280	21132
N135SW	433	21932	ZS-SPB	282	21133
N136SW	455	21933	ZS-SPC	288	21134
N139SW	467	21934	ZS-SPD	293	21253
N140UA	265	21022	ZS-SPE	298	21254
N141UA	268	21023	ZS-SPF	301	21263
N142SW	473	22302			
N142UA	270	21024			
N143UA	273	21025			
N144UA	286	21026			
N145UA	306	21441			
N146UA	325	21547			
N147UA	331	21548			
N148UA	367	21648			
N149UA	373	21649			
N150UA	447	21992			
N1780B	329	21652			
N1785B	534	22547			
N1791B	537	22672			
N1800B	371	21758			
N247SP	268	21023			
N347SP	270	21024			
N351AS	405	21785			
N40135	273	21025			
N4508H	534	22547			
N4522V	564	22805			
N529PA	447	21992			
N530PA	265	21022			
N531PA	268	21023			
N532PA	270	21024			

Boeing 747-300

Production Started:	1983
Production Ended:	1990
Number Built:	81
Active:	45
Preserved:	0
WFU, Stored & In Parts:	30
Written Off:	3
Scrapped:	3

Location Summary	
Angola	2
Australia	1
Bangladesh	2
Bolivia	1
China	1
Ethiopia	2
France	1
India	1
Indonesia	3
Iran	2
Japan	6
Luxembourg	1
Nigeria	1
Pakistan	6
Russia	4
Saudi Arabia	14
South Africa	3
Surinam	1
Thailand	2
United Kingdom	1
USA - AZ	11
USA - CA	3
USA - NM	3
USA - NY	1
USA - OH	2

	l/n	c/n	Model	Registration	Owner/Operator	Status	Location	Notes
☐	570	22704	357	N270BC	-	WFU & Stored	Marana, AZ	
☐	573	22870	3B3	F-GDUA	-	Written Off	Paris CDG, France	
☐	576	22705	357	N705BC	-	WFU & Stored	Marana, AZ	
☐	577	22970	344	TF-ARU	Air Atlanta Icelandic / Ethiopian Airlines	Active	Addis Ababa Ethiopia	
☐	578	22971	344	D2-TEC	(TAAG Angola Airlines)	WFU & Stored	Johannesburg, South Africa	
☐	580	23026	312	N792BA	(Ansett Australia)	WFU & Stored	Marana, AZ	
☐	583	23027	312	ZS-SAJ	(South African Airways)	Stored	Johannesburg, South Africa	
☐	584	23028	312	TF-AMK	Air Atlanta Icelandic / Ethiopian Airlines	Active	Addis Ababa Ethiopia	
☐	585	22995	357	N747GT	-	WFU & Stored	Marana, AZ	
☐	586	22996	357	TF-ARS	(Air Atlanta Icelandic)	WFU & Stored	Dhaka, Bangladesh	
☐	587	23056	306(M)	HS-VAC	Phuket Airlines	Active	Bangkok, Thailand	
☐	588	23067	346	JA812J	Japan Airlines	Active	Tokyo Narita, Japan	
☐	589	23068	346	JA813J	Japan Airlines	Active	Tokyo Narita, Japan	
☐	590	23029	312	N793BA	-	WFU & Stored	Marana, AZ	
☐	592	23070	3G1	HZ-HM1A	Saudi Arabian Government	Active	Riyadh, Saudi Arabia	
☐	593	23030	312	CP-2525	AeroSur	Active	Santa Cruz, Bolivia	
☐	598	23031	312	ZS-SAC	(South African Airways)	Stored	Johannesburg, South Africa	
☐	599	23149	346	HS-UTN	Orient Thai Airlines	Active	Bangkok Suvarnabhumi, Thailand	
☐	600	23137	306(M)	HS-UTK	Orient Thai Airlines / Biman Bangladesh	Active	Accra, Bangladesh	
☐	602	23222	338	N747ZZ	Transaero Airlines	Active	Moscow Domodedovo, Russia	
☐	603	23032	312	TF-AME	Air Atlanta Icelandic / Saudi Arabian Airlines	Active	Jeddah, Saudi Arabia	
☐	605	22487	3B5	HL7468	-	Written Off	Guam	
☐	606	23223	338	VH-EBU	(Qantas)	WFU & Stored	Avalon, Australia	
☐	607	23151	346	JA8166	Japan Airlines	Active	Tokyo Narita, Japan	
☐	609	23033	312	HS-VAB	(Phuket Airlines)	Stored	Jakarta CGK, Indonesia	
☐	610	23224	338	VH-EBV	(Qantas)	WFU & Stored	Marana, AZ	
☐	611	22489	3B5	HS-UTL	-	Scrapped	Bangkok, Thailand	
☐	612	23243	312	F-HJAC	(Corsair)	WFU & Stored	Chateauroux, France	
☐	615	23221	367	AP-BFW	PIA Pakistan International Airlines	Active	Karachi, Pakistan	
☐	616	23262	368	HZ-AIK	Saudi Arabian Airlines	Active	Jeddah, Saudi Arabia	
☐	619	23263	368	HZ-AIL	Saudi Arabian Airlines	Active	Jeddah, Saudi Arabia	
☐	620	23264	368	HZ-AIM	Saudi Arabian Airlines	Active	Jeddah, Saudi Arabia	
☐	621	23244	312	F-GSKY	(Corsair)	Stored	Goodyear, AZ	
☐	622	23265	368	HZ-AIN	Saudi Arabian Airlines	Active	Jeddah, Saudi Arabia	
☐	624	23266	368	HZ-AIO	-	Written Off	Kuala Lumpur, Malaysia	
☐	626	23245	312	HS-VAN	Phuket Airlines / Saudi Arabian Airlines	Active	Jeddah, Saudi Arabia	
☐	627	23394	341(SF)	N789SA	Southern Air	Active	Rickenbacker, OH	
☐	629	23395	341(SF)	N355MC	Atlas Air	Active	New York JFK	
☐	630	23267	368	HZ-AIP	Saudi Arabian Airlines	Active	Jeddah, Saudi Arabia	
☐	631	23268	368	HZ-AIQ	Saudi Arabian Airlines	Active	Jeddah, Saudi Arabia	
☐	632	23413	3B3	EP-MND	Mahan Airlines	Active	Tehran, Iran	
☐	634	23392	367	AP-BFU	(PIA Pakistan International Airlines)	WFU & Stored	Karachi, Pakistan	
☐	637	23409	312(SF)	B-KAB	(Dragonair)	Stored	Victorville, CA	
☐	638	23408	338	VH-EBW	(Qantas)	WFU & Stored	Marana, AZ	
☐	640	23482	346	VP-BGU	Transaero Airlines	Active	Moscow Domodedovo, Russia	
☐	641	23480	3B3(M)	EP-MNE	Mahan Airlines	Active	Tehran, Iran	
☐	643	23269	368	HZ-AIR	Saudi Arabian Airlines	Active	Jeddah, Saudi Arabia	
☐	645	23270	368	HZ-AIS	Saudi Arabian Airlines	Active	Jeddah, Saudi Arabia	

l/n	c/n	Model	Registration	Owner/Operator	Status	Location	Notes
646	23439	329(M)	N3439F	-	Stored	Marana, AZ	
650	23600	3H6(SF)	B-KAC	(Dragonair)	Stored	Victorville, CA	
652	23271	368	HZ-AIT	Saudi Arabian Airlines	Active	Jeddah, Saudi Arabia	
653	23410	312	D2-TEA	TAAG Angola Airlines	Active	Luanda, Angola	
657	23508	306(M)	PZ-TCM	Surinam Airways	Active	Paramaribo, Surinam	
658	23638	346	JA8177	Japan Airlines	Active	Tokyo Narita, Japan	
659	23534	367	AP-BFV	(PIA Pakistan International Airlines)	Stored	Karachi, Pakistan	
662	23688	338	VH-EBX	(Qantas)	WFU & Stored	Marana, AZ	
664	23639	346	HS-UTO	(Orient Thai Airlines)	Stored	Jakarta CGK, Indonesia	
666	23769	312(SF)	B-KAA	(Dragonair)	Stored	Victorville, CA	
668	23640	346	VP-BGY	Transaero Airlines	Active	Moscow Domodedovo, Russia	
671	23709	367	AP-BFX	(PIA Pakistan International Airlines)	WFU & Stored	Sialkot, Pakistan	
678	23823	338	VH-EBY	(Qantas)	WFU & Stored	Marana, AZ	
681	23721	3D7	N721RR	-	WFU & Stored	Roswell, NM	
686	23751	357	D2-TEB	TAAG Angola Airlines	Active	Luanda, Angola	
688	23722	3D7	HS-TGE	-	WFU & Stored	Roswell, NM	
690	23920	367	AP-BFY	PIA Pakistan International Airlines	Active	Karachi, Pakistan	
691	23969	346	JA8185	Japan Airlines	Active	Tokyo Narita, Japan	
692	23967	346SR	JA8183	Japan Airlines	Active	Tokyo Narita, Japan	
693	23968	346SR	5N-DBM	Max Air	Active	Katsina, Nigeria	
694	24018	346	HS-UTS	(Orient Thai Airlines)	Stored	Jakarta CGK, Indonesia	For MazAir, 5N-MBB
695	24019	346SR	N742UN	(Transaero Airlines)	WFU & Stored	Shanghai Pudong, China	
701	24106	341	EC-IOO	(Air Pullmantur)	Stored	Roswell, NM	
702	24107	341	TF-ATI	Air Atlanta Icelandic / Saudi Arabian Airlines	Active	Jeddah, Saudi Arabia	
703	24108	341	TF-ATJ	Air Atlanta Icelandic / Saudi Arabian Airlines	Active	Jeddah, Saudi Arabia	
704	24161	366(M)	N161JT	-	Scrapped	Cairo, Egypt	
707	24162	366(M)	N126JT	-	Scrapped	Cairo, Egypt	
709	24215	367	AP-BGG	PIA Pakistan International Airlines	Active	Karachi, Pakistan	
711	24159	337(M)	VT-EPW	Air India	Active	Mumbai, India	
713	24194	3B5M(SF)	N749SA	Southern Air	Active	Rickenbacker, OH	
716	24156	346	VP-BGX	Transaero Airlines	Active	Moscow Domodedovo, Russia	
719	24160	337(M)	VT-EPX	(Air India)	WFU & Stored	Kemble, UK	
810	24837	329(SF)	VP-BIC	Air Bridge Cargo	Active	Luxembourg Findel	

Cross Reference

Registration	l/n	c/n	Registration	l/n	c/n	Registration	l/n	c/n	Registration	l/n	c/n
5N-DBM	693	23968	JA8183	692	23967	N6046P	645	23270	VT-EPX	719	24160
9M-MHK	650	23600	JA8184	693	23968	N6046P	681	23721	ZS-OKC	626	23245
9V-SKA	580	23026	JA8185	691	23969	N6046P	701	24106	ZS-SAC	598	23031
9V-SKD	590	23029	JA8186	694	24018	N6046P	716	24156	ZS-SAJ	583	23027
9V-SKH	609	23033	JA8187	695	24019	N6046P	719	24160	ZS-SAT	577	22970
9V-SKJ	612	23243	JA8189	716	24156	N6055X	630	23267	ZS-SAU	578	22971
9V-SKK	621	23244	N116KB	583	23027	N6055X	638	23408	ZS-SKA	586	22996
9V-SKL	626	23245	N117KC	584	23028	N6055X	653	23410	ZS-SKB	585	22995
9V-SKM	637	23409	N118KD	590	23029	N6055X	686	23751			
9V-SKN	653	23410	N119KE	593	23030	N6055X	693	23968			
9V-SKP	666	23769	N120KF	598	23031	N6065Y	637	23409			
AP-BFU	634	23392	N121KG	603	23032	N60668	688	23722			
AP-BFV	659	23534	N122KH	609	23033	N6069D	605	22487			
AP-BFW	615	23221	N123KJ	612	23243	N680SW	621	23244			
AP-BFX	671	23709	N124KK	621	23244	N681SW	626	23245			
AP-BFY	690	23920	N125KL	626	23245	N6967B	573	22870			
AP-BGG	709	24215	N126JT	707	24162	N705BC	576	22705			
B-HII	615	23221	N161JT	704	24161	N721RR	681	23721			
B-HIJ	634	23392	N1784B	576	22705	N73741	650	23600			
B-HIK	659	23534	N1784B	592	23070	N740UN	640	23482			
B-HOL	671	23709	N1784B	602	23222	N741UN	716	24156			
B-HOM	690	23920	N1786B	607	23151	N742UN	695	24019			
B-HON	709	24215	N196AT	621	23244	N743UN	668	23640			
B-KAA	666	23769	N212JL	588	23067	N747GT	585	22995			
B-KAB	637	23409	N213JL	589	23068	N747ZZ	602	23222			
B-KAC	650	23600	N221GE	585	22995	N749SA	713	24194			
CP-2525	593	23030	N221GF	586	22996	N789SA	627	23394			
D2-TEA	653	23410	N230MR	587	23056	N792BA	580	23026			
D2-TEB	686	23751	N24837	810	24837	N793BA	590	23029			
D2-TEC	578	22971	N270BC	570	22704	N824DS	702	24107			
EC-IOO	701	24106	N301JD	713	24194	N8277V	570	22704			
EK-74713	632	23413	N3439F	646	23439	N8278V	573	22870			
EK-74780	641	23480	N354FC	627	23394	N8279V	577	22970			
EP-MND	632	23413	N354MC	627	23394	N8279V	580	23026			
EP-MNE	641	23480	N355MC	629	23395	N8296V	578	22971			
F-GDUA	573	22870	N355TA	609	23033	N898TH	664	23639			
F-GETA	632	23413	N375TC	686	23751	OO-SGC	646	23439			
F-GETB	641	23480	N420DS	703	24108	OO-SGD	810	24837			
F-GSEA	603	23032	N4551N	600	23137	PH-BUU	587	23056			
F-GSEX	584	23028	N4584M	587	23056	PH-BUV	600	23137			
F-GSKY	621	23244	N5573B	599	23149	PH-BUW	657	23508			
F-GSUN	593	23030	N5573P	606	23223	PK-IAT	626	23245			
F-HJAC	612	23243	N6005C	570	22704	PP-VNH	627	23394			
HB-IGC	570	22704	N6005C	610	23224	PP-VNI	629	23395			
HB-IGD	576	22705	N6005C	616	23262	PP-VOA	701	24106			
HB-IGE	585	22995	N6005C	624	23266	PP-VOB	702	24107			
HB-IGF	586	22996	N6005C	627	23394	PP-VOC	703	24108			
HB-IGG	686	23751	N6005C	631	23268	PZ-TCM	657	23508			
HL7468	605	22487	N6005C	634	23392	SU-GAL	704	24161			
HL7469	611	22489	N6005C	646	23439	SU-GAM	707	24162			
HL7470	713	24194	N6005C	662	23688	TF-AME	603	23032			
HS-TGD	681	23721	N6005C	666	23769	TF-AMJ	593	23030			
HS-TGE	688	23722	N6005C	678	23823	TF-AMK	584	23028			
HS-TSA	587	23056	N6005C	691	23969	TF-ARS	586	22996			
HS-TSB	626	23245	N6005C	692	23967	TF-ARU	577	22970			
HS-UTK	600	23137	N6005C	703	24108	TF-ARY	810	24837			
HS-UTL	611	22489	N6006C	580	23026	TF-ATG	621	23244			
HS-UTN	599	23149	N6009F	611	22489	TF-ATH	701	24106			
HS-UTO	664	23639	N6009F	619	23263	TF-ATI	702	24107			
HS-UTS	694	24018	N6009F	629	23395	TF-ATJ	703	24108			
HS-VAB	609	23033	N6009F	632	23413	TF-ATS	626	23245			
HS-VAC	587	23056	N6009F	640	23482	TJ-CAE	609	23033			
HS-VAN	626	23245	N6009F	658	23638	VH-EBT	602	23222			
HZ-AIK	616	23262	N6009F	664	23639	VH-EBU	606	23223			
HZ-AIL	619	23263	N6009F	668	23640	VH-EBV	610	23224			
HZ-AIM	620	23264	N6018N	615	23221	VH-EBW	638	23408			
HZ-AIN	622	23265	N6018N	641	23480	VH-EBX	662	23688			
HZ-AIO	624	23266	N6018N	671	23709	VH-EBY	678	23823			
HZ-AIP	630	23267	N6018N	694	24018	VH-INH	580	23026			
HZ-AIQ	631	23268	N6018N	702	24107	VH-INJ	590	23029			
HZ-AIR	643	23269	N6018N	707	24162	VH-INK	584	23028			
HZ-AIS	645	23270	N6018N	711	24159	VP-BGU	640	23482			
HZ-AIT	652	23271	N6038E	643	23269	VP-BGX	716	24156			
HZ-HM1A	592	23070	N6038E	659	23534	VP-BGY	668	23640			
JA812J	588	23067	N6038E	690	23920	VP-BIC	810	24837			
JA813J	589	23068	N6038E	695	24019	VR-HII	615	23221			
JA8163	599	23149	N6038E	704	24161	VR-HIJ	634	23392			
JA8166	607	23151	N6038E	709	24215	VR-HIK	659	23534			
JA8173	640	23482	N6038E	713	24194	VR-HOL	671	23709			
JA8177	658	23638	N6038N	652	23271	VR-HOM	690	23920			
JA8178	664	23639	N6046P	620	23264	VR-HON	709	24215			
JA8179	668	23640	N6046P	622	23265	VT-EPW	711	24159			

Boeing 757-200

Production Started:	1982
Production Ended:	2004
Number Built:	992
Active:	915
Preserved:	0
WFU, Stored & In Parts:	62
Written Off:	8
Scrapped:	7

Location Summary

Argentina	1
Azerbaijan	4
Belgium	12
Brazil	4
Canada	5
Cape Verde Islands	2
China	52
Colombia	8
Czech Republic	1
Denmark	1
Egypt	1
Ethiopia	10
Finland	7
France	4
Germany	3
Greece	1
Iceland	14
India	3
Iran	1
Israel	5
Italy	6
Kazakhstan	6
Latvia	2
Liberia	1
Lithuania	3
Mexico	2
Morocco	2
Nepal	2
Netherlands	1

Location Summary

New Zealand	2
Nigeria	1
Papua New Guinea	1
Poland	1
Portugal	1
Rep. Of Ireland	3
Russia	17
Saudi Arabia	7
Slovakia	2
Spain	5
Sweden	2
Switzerland	2
Taiwan	5
Turkey	3
Turkmenistan	4
UAE - Ras Al Khaimah	1
Ukraine	1
United Kingdom	96
USA - AK	1
USA - AZ	18
USA - CA	14
USA - FL	14
USA - GA	129
USA - IL	97
USA - KS	2
USA - KY	75
USA - MD	4
USA - MN	50
USA - MO	1
USA - MS	5
USA - MT	2
USA - NC	1
USA - NJ	2
USA - NM	1
USA - NV	2
USA - NY	4
USA - OK	2
USA - OR	1
USA - PA	26
USA - TN	24
USA - TX	171
USA - WA	3
Uzbekistan	6
Venezuela	4

Boeing 757-200

l/n	c/n	Model	Registration	Owner/Operator	Status	Location	Notes
1	22212	200	N757A	Boeing	Active	Seattle Boeing Field, WA	
2	22191	225	N557NA	(NASA)	Stored	Marana, AZ	
3	22192	225	N916UW	US Airways	Active	Pittsburgh, PA	
4	22193	225	N917UW	US Airways	Active	Pittsburgh, PA	
5	22194	225	N757HW	Honeywell International	Active	Phoenix, AZ	
6	22195	225	N304H	(MyTravel Airways)	WFU & Stored	Maxton, NC	
7	22196	225	N918UW	US Airways	Active	Pittsburgh, PA	
8	22197	225	N811AD	(Evergreen International Airlines)	Stored	Marana, AZ	
9	22172	236(SF)	OO-DLN	European Air Transport	Active	Brussels, Belgium	
10	22173	236(SF)	OO-DPF	European Air Transport	Active	Brussels, Belgium	
11	22174	236(SF)	G-BIKC	European Air Transport	Active	Brussels, Belgium	
12	22198	225	N919UW	US Airways	Active	Pittsburgh, PA	
13	22175	236(SF)	OO-DLQ	European Air Transport	Active	Brussels, Belgium	
14	22176	236	N757SS	Southwest Sportsjet LLC	Active	Dallas, TX	
15	22780	2T7	N935FD	(FedEx Express)	Stored	Victorville, CA	
16	22177	236(SF)	G-BIKF	DHL Air	Active	East Midlands, UK	
17	22199	225	N920UW	US Airways	Active	Pittsburgh, PA	
18	22781	2T7	G-MONC	-	Scrapped	Lasham, UK	
19	22960	2T7	G-MOND	-	Nose Remains	Kemble, UK	
20	22200	225	G-MCEA	-	Scrapped	Lasham, UK	
21	22201	225	N921UW	US Airways	Active	Pittsburgh, PA	
22	22202	225	N922UW	US Airways	Active	Pittsburgh, PA	
23	22178	236(SF)	G-BIKG	DHL Air	Active	East Midlands, UK	
24	22179	236(SF)	OO-DLP	European Air Transport	Active	Brussels, Belgium	
25	22180	236(SF)	G-BIKI	DHL Air	Active	East Midlands, UK	
26	22203	225	N923UW	US Airways	Active	Pittsburgh, PA	
27	22204	225	N924UW	US Airways	Active	Pittsburgh, PA	
28	22205	225	N925UW	US Airways	Active	Pittsburgh, PA	
29	22181	236(SF)	G-BIKJ	DHL Air	Active	East Midlands, UK	
30	22182	236(SF)	G-BIKK	DHL Air	Active	East Midlands, UK	
31	22206	225	TC-GEN	-	Written Off	Nr Puerto Plata, Dominican Republic	
32	22183	236(SF)	OO-DPB	European Air Transport	Active	Brussels, Belgium	
33	22184	236(SF)	G-BIKM	DHL Air	Active	East Midlands, UK	
34	22185	236	N951PG	Pegasus Aviation Inc	Stored	Miami, FL	
35	22207	225	N913AW	(US Airways)	WFU & Stored	Roswell, NM	
36	23118	2G5	N119WF	-	Scrapped	Opa Locka, FL	
37	22808	232	N601DL	(Delta Air Lines)	WFU & Stored	Greenwood, MS	
38	22208	225	N914AW	(US Airways)	Stored	Goodyear, AZ	
39	22809	232	N602DL	Delta Air Lines	Active	Atlanta, GA	
40	22209	225	N915AW	(US Airways)	WFU & Stored	Greenwood, MS	
41	22810	232	N603DL	Delta Air Lines	Active	Atlanta, GA	
42	22210	225(SF)	PR-LGJ	Varig LOG	Active	Rio de Janeiro, Brazil	
43	22811	232	N604DL	Delta Air Lines	Active	Atlanta, GA	
44	23125	212	N751AT	Delta Air Lines	Active	Atlanta, GA	
45	23126	212	N750AT	Delta Air Lines	Active	Atlanta, GA	
46	22812	232	N605DL	Capital Cargo International Airlines	Active	Orlando, FL	
47	23127	212	N757AT	Delta Air Lines	Active	Atlanta, GA	
48	23128	212	N752AT	Delta Air Lines	Active	Atlanta, GA	

Boeing 757-200

l/n	c/n	Model	Registration	Owner/Operator	Status	Location	Notes
49	22813	232	N606DL	(Delta Air Lines)	WFU & Stored	Greenwood, MS	
50	22186	236(SF)	G-BIKN	DHL Air	Active	East Midlands, UK	
51	23119	2G5	N119WF	-	Scrapped	Opa Locka, FL	
52	22187	236(SF)	G-BIKO	DHL Air	Active	East Midlands, UK	
53	23190	251	N501US	Northwest Airlines	Active	Minneapolis, MN	
54	22188	236(SF)	G-BIKP	DHL Air	Active	East Midlands, UK	
55	23191	251	N502US	Northwest Airlines	Active	Minneapolis, MN	
56	23293	2T7	N936FD	FedEx Express	Active	Memphis, TN	
57	23227	236	N227AN	-	Scrapped	Goodyear, AZ	
58	22189	236(SF)	OO-DPM	European Air Transport	Active	Brussels, Belgium	
59	23192	251	N503US	Northwest Airlines	Active	Minneapolis, MN	
60	23193	251	N504US	Northwest Airlines	Active	Minneapolis, MN	
61	22814	232	N607DL	(Delta Air Lines)	Stored	Victorville, CA	
62	23194	251	N505US	(Northwest Airlines)	Stored	Marana, AZ	
63	22190	236(SF)	G-BIKS	DHL Air	Active	East Midlands, UK	
64	22815	232	N608DA	(Delta Air Lines)	Stored	Atlanta, GA	
65	22816	232	N609DL	Delta Air Lines	Active	Atlanta, GA	
66	22817	232	N610DL	Delta Air Lines	Active	Atlanta, GA	
67	23195	251	N506US	Northwest Airlines	Active	Minneapolis, MN	
68	23196	251	N507US	Northwest Airlines	Active	Minneapolis, MN	
69	23197	251	N508US	Northwest Airlines	Active	Minneapolis, MN	
70	23198	251	N509US	(Northwest Airlines)	Stored	Marana, AZ	
71	22818	232	N611DL	(Delta Air Lines)	Stored	Victorville, CA	
72	23199	251	N511US	(Northwest Airlines)	Stored	Marana, AZ	
73	22819	232	N612DL	(Delta Air Lines)	Stored	Victorville, CA	
74	22211	225(SF)	PR-LGH	Varig LOG	Active	Rio de Janeiro, Brazil	
75	22611	225(SF)	PR-LGI	Varig LOG	Active	Rio de Janeiro, Brazil	
76	23321	2S7	N901AW	US Airways	Active	Phoenix, AZ	
77	23398	236(SF)	OO-DPO	European Air Transport	Active	Brussels, Belgium	
78	23399	236(SF)	G-BIKU	DHL Air	Active	East Midlands, UK	
79	23322	2S7	N902AW	US Airways	Active	Phoenix, AZ	
80	23323	2S7	N903AW	US Airways	Active	Phoenix, AZ	
81	23400	236(SF)	G-BIKV	DHL Air	Active	East Midlands, UK	
82	23200	251	N512US	(Northwest Airlines)	Stored	Marana, AZ	
83	23201	251	N513US	(Northwest Airlines)	Stored	Marana, AZ	
84	22820	232	N613DL	Delta Air Lines	Active	Atlanta, GA	
85	22821	232	N614DL	Delta Air Lines	Active	Atlanta, GA	
86	23202	251	N514US	Northwest Airlines	Active	Minneapolis, MN	
87	22822	232	N615DL	Delta Air Lines	Active	Atlanta, GA	
88	23203	251	N515US	Northwest Airlines	Active	Minneapolis, MN	
89	23492	236(SF)	OO-DPK	European Air Transport	Active	Brussels, Belgium	
90	23493	236(SF)	OO-DRJ	European Air Transport	Active	Brussels, Belgium	
91	22823	232	N616DL	Delta Air Lines	Active	Atlanta, GA	
92	22907	232	N617DL	Delta Air Lines	Active	Atlanta, GA	
93	23533	236(SF)	OO-DPN	European Air Transport	Active	Brussels, Belgium	
94	23452	2M6	G-CDMR	-	Scrapped	Kemble, UK	
95	22908	232	N618DL	Delta Air Lines	Active	Atlanta, GA	
96	23566	2S7	N904AW	US Airways	Active	Phoenix, AZ	

l/n	c/n	Model	Registration	Owner/Operator	Status	Location	Notes
97	23567	2S7	N905AW	US Airways	Active	Phoenix, AZ	
98	23532	236(SF)	G-BIKZ	DHL Air	Active	East Midlands, UK	
99	23568	2S7	N906AW	US Airways	Active	Phoenix, AZ	
100	23453	256	4K-AZ43	AZAL Azerbaijan Airlines	Active	Baku, Azerbaijan	
101	22909	232	N619DL	Delta Air Lines	Active	Atlanta, GA	
102	23454	2M6	UN-B5701	Government of Kazakhstan	Active	Almaty, Kazakhstan	
103	23686	2B6	CN-RMT	Royal Air Maroc	Active	Casablanca, Morocco	
104	23204	251	N516US	Northwest Airlines	Active	Minneapolis, MN	
105	23205	251	N517US	Northwest Airlines	Active	Minneapolis, MN	
106	23687	2B6	CN-RMZ	Royal Air Maroc	Active	Casablanca, Morocco	
107	23206	251	N518US	Northwest Airlines	Active	Minneapolis, MN	
108	23207	251	N519US	Northwest Airlines	Active	Minneapolis, MN	
109	23208	251	N520US	Northwest Airlines	Active	Minneapolis, MN	
110	23209	251	N521US	Northwest Airlines	Active	Minneapolis, MN	
111	22910	232(PCF)	N620DL	Capital Cargo International Airlines	Active	Kansas City, MO	
112	22911	232	N621DL	Delta Air Lines	Active	Atlanta, GA	
113	22912	232	N622DL	Delta Air Lines	Active	Atlanta, GA	
114	22612	225	N226CL	(Aladia)	Stored	Victorville, CA	For FedEx Express
115	22688	225	N688GX	Arrow Air	Active	Miami, FL	
116	23651	2G5	N651MG	(Memphis Group)	Stored	Victorville, CA	
117	22689	225(SF)	PR-LGK	(VARIG Logistics)	Stored	Jacksonville, FL	
118	22913	232	N623DL	Delta Air Lines	Active	Atlanta, GA	
119	23616	251	N522US	Northwest Airlines	Active	Minneapolis, MN	
120	22914	232	N624DL	(Delta Air Lines)	Stored	Victorville, CA	
121	23617	251	N523US	Northwest Airlines	Active	Minneapolis, MN	
122	23618	251	N524US	-	Scrapped	Marana, AZ	
123	23710	236(SF)	G-BMRA	DHL Air	Active	East Midlands, UK	
124	23619	251	N525US	Northwest Airlines	Active	Minneapolis, MN	
125	23770	2T7	G-DAJB	Monarch Airlines	Active	London Luton, UK	
126	22915	232	N625DL	Delta Air Lines	Active	Atlanta, GA	
127	23767	28A(F)	N767AN	(VARIG Logistics)	Stored	Jacksonville, FL	
128	22916	232	N626DL	Delta Air Lines	Active	Atlanta, GA	
129	22917	232	N627DL	Delta Air Lines	Active	Atlanta, GA	
130	23822	28A	N822PB	(FedEx Express)	Stored	Jacksonville, FL	
131	23620	251	N526US	Northwest Airlines	Active	Minneapolis, MN	
132	23895	2T7	N513NA	Avianca	Active	Bogota, Colombia	
133	22918	232	N628DL	Delta Air Lines	Active	Atlanta, GA	
134	22919	232	N629DL	Delta Air Lines	Active	Atlanta, GA	
135	22920	232	N630DL	Delta Air Lines	Active	Atlanta, GA	
136	23842	251	N527US	Northwest Airlines	Active	Minneapolis, MN	
137	23843	251	N528US	Northwest Airlines	Active	Minneapolis, MN	
138	23612	232	N631DL	Delta Air Lines	Active	Atlanta, GA	
139	23723	24APF	N401UP	United Parcel Service (UPS)	Active	Louisville, KY	
140	23844	251	N529US	Northwest Airlines	Active	Minneapolis, MN	
141	23724	24APF	N402UP	United Parcel Service (UPS)	Active	Louisville, KY	
142	23850	2F8	9N-ACA	Royal Nepal Airlines	Active	Kathmandu, Nepal	
143	23725	24APF	N403UP	United Parcel Service (UPS)	Active	Louisville, KY	
144	24014	21B	G-LSAG	Jet2	Active	Leeds Bradford, UK	

l/n	c/n	Model	Registration	Owner/Operator	Status	Location	Notes
145	23975	236(SF)	G-BMRB	DHL Air	Active	East Midlands, UK	
146	23928	2G5	XA-DIA	(Aladia)	Stored	Lake City, FL	
147	23726	24APF	N404UP	United Parcel Service (UPS)	Active	Louisville, KY	
148	24015	21B	G-LSAH	Jet2	Active	Leeds Bradford, UK	
149	23727	24APF	N405UP	United Parcel Service (UPS)	Active	Louisville, KY	
150	24016	21B	G-LSAI	Jet2	Active	Leeds Bradford, UK	
151	22690	225	TP-01	Mexican Air Force	Active	Mexico City	
152	23917	258	C-GMYC	(Harmony Airways)	WFU & Stored	Greenwood, MS	
153	23929	2G5	N929RD	Ryan International Airlines	Active	Wichita, KS	
154	23613	232	N632DL	Delta Air Lines	Active	Atlanta, GA	
155	22691	225	TF-LLY	(Air Sylhet)	Stored	Keflavik, Iceland	
156	23918	258	4X-EBM	Sun d'Or International Airlines	Active	Tel Aviv, Israel	
157	23614	232	N633DL	Delta Air Lines	Active	Atlanta, GA	
158	23615	232	N634DL	Delta Air Lines	Active	Atlanta, GA	
159	23762	232	N635DL	Delta Air Lines	Active	Atlanta, GA	
160	24072	236(SF)	G-BMRC	DHL Air	Active	East Midlands, UK	
161	23983	2G5	CS-TFK	EuroAtlantic Airways	Active	Lisbon, Portugal	
162	24017	28A	C-FTDV	Skyservice Airlines	Active	Montreal, Canada	
163	24118	236	YV2243	Santa Barbara Airlines	Active	Caracas, Venezuela	
164	23763	232	N636DL	Delta Air Lines	Active	Atlanta, GA	
165	24135	27B	G-LSAE	Jet2	Active	Leeds Bradford, UK	
166	24073	236(SF)	G-BMRD	DHL Air	Active	East Midlands, UK	
167	24119	236	YV-2242	Santa Barbara Airlines	Active	Caracas, Venezuela	
168	24074	236(SF)	G-BMRE	DHL Air	Active	East Midlands, UK	
169	24136	27B	G-LSAB	Jet2	Active	Leeds Bradford, UK	
170	24104	2T7	G-MONJ	Monarch Airlines	Active	London Luton, UK	
171	23760	232	N637DL	Delta Air Lines	Active	Atlanta, GA	
172	24105	2T7	G-MONK	Monarch Airlines	Active	London Luton, UK	
173	24176	2G5	CS-TLX	EuroAtlantic Airways / Med-View Airlines	Active	Katsina, Nigeria	
174	24120	236	N915FD	FedEx Express	Active	Memphis, TN	
175	24101	236(SF)	G-BMRF	DHL Air	Active	East Midlands, UK	
176	23728	24APF	N406UP	United Parcel Service (UPS)	Active	Louisville, KY	
177	23761	232	N638DL	Delta Air Lines	Active	Atlanta, GA	
178	24137	27B	N916FD	FedEx Express	Active	Memphis, TN	
179	24102	236(SF)	VT-BDJ	Blue Dart Aviation	Active	Mumbai, India	
180	24235	28A(F)	PR-LGF	VARIG Logistics	Active	Rio de Janeiro, Brazil	
181	23729	24APF	N407UP	United Parcel Service (UPS)	Active	Louisville, KY	
182	23863	2F8C	9N-ACB	Royal Nepal Airlines	Active	Kathmandu, Nepal	
183	24121	236(F)	EC-KLD	Gestair	Active	Madrid Barajas, Spain	
184	23730	24APF	N408UP	United Parcel Service (UPS)	Active	Louisville, KY	
185	24254	258	N73724	(Harmony Airways)	WFU & Stored	Greenwood, MS	
186	23731	24APF	N409UP	United Parcel Service (UPS)	Active	Louisville, KY	
187	24122	236	G-LSAA	Jet2	Active	Leeds Bradford, UK	
188	23845	251	N530US	Northwest Airlines	Active	Minneapolis, MN	
189	23732	24APF	N410UP	United Parcel Service (UPS)	Active	Louisville, KY	
190	23846	251	N531US	Northwest Airlines	Active	Minneapolis, MN	
191	23851	24APF	N411UP	United Parcel Service (UPS)	Active	Louisville, KY	
192	24263	251	N532US	Northwest Airlines	Active	Minneapolis, MN	

l/n	c/n	Model	Registration	Owner/Operator	Status	Location	Notes
193	23852	24APF	N412UP	United Parcel Service (UPS)	Active	Louisville, KY	
194	24264	251	N533US	Northwest Airlines	Active	Minneapolis, MN	
195	23853	24APF	N413UP	United Parcel Service (UPS)	Active	Louisville, KY	
196	24265	251	N534US	Northwest Airlines	Active	Minneapolis, MN	
197	23854	24APF	N414UP	United Parcel Service (UPS)	Active	Louisville, KY	
198	23993	232	N639DL	Delta Air Lines	Active	Atlanta, GA	
199	23855	24APF	N415UP	United Parcel Service (UPS)	Active	Louisville, KY	
200	24330	21B	N933FD	FedEx Express	Active	Memphis, TN	
201	23994	232	N640DL	Delta Air Lines	Active	Atlanta, GA	
202	23995	232	N641DL	Delta Air Lines	Active	Atlanta, GA	
203	24331	21B	N934FD	FedEx Express	Active	Memphis, TN	
204	24260	28A	N912FD	FedEx Express	Active	Memphis, TN	
205	23996	232	N642DL	Delta Air Lines	Active	Atlanta, GA	
206	23997	232	N643DL	Delta Air Lines	Active	Atlanta, GA	
207	23998	232	N644DL	Delta Air Lines	Active	Atlanta, GA	
208	24367	28A	G-FCLG	Thomas Cook Airlines	Active	London Gatwick, UK	
209	24289	23A(ET)	N920FD	FedEx Express	Active	Memphis, TN	
210	24266	236(SF)	G-BMRH	DHL Air	Active	East Midlands, UK	
211	24267	236(SF)	VT-BDK	Blue Dart Aviation	Active	Mumbai, India	
212	24290	23A	N918FD	FedEx Express	Active	Memphis, TN	
213	24368	28A	N639AX	Omni Air International	Active	Tulsa, OK	
214	24268	236(SF)	G-BMRJ	DHL Air	Active	East Midlands, UK	
215	24291	23A	N917FD	FedEx Express	Active	Memphis, TN	
216	24216	232	N645DL	Delta Air Lines	Active	Atlanta, GA	
217	24217	232	N646DL	(Delta Air Lines)	Stored	Victorville, CA	
218	24370	236	OM-ASA	Air Slovakia	Active	Bratislava, Slovakia	
219	24292	23A	G-OJIB	Astraeus	Active	London Gatwick, UK	Iron Maiden livery
220	24293	23A	N293AW	FedEx Express	Active	Memphis, TN	
221	24397	236	G-LSAD	Jet2	Active	Leeds Bradford, UK	
222	24218	232	N647DL	Delta Air Lines	Active	Atlanta, GA	
223	24372	232	N648DL	Delta Air Lines	Active	Atlanta, GA	
224	24398	236	G-CPEL	(British Airways)	Stored	London Heathrow, UK	For FedEx Express
225	24371	236	OM-ASB	Travel Service	Active	Prague, Czech Republic	
226	24369	28A	G-JMCF	Thomas Cook Airlines	Active	Manchester, UK	
227	24451	2G5	N151GX	Ryan International Airlines	Active	Wichita, KS	
228	24497	2G5	N497EA	(Eagle Aviation)	Stored	Victorville, CA	
229	24389	232	N649DL	Delta Air Lines	Active	Atlanta, GA	
230	24390	232	N650DL	Delta Air Lines	Active	Atlanta, GA	
231	24471	26D(PCF)	B-2808	Shanghai Airlines Cargo International	Active	Shanghai, China	
232	24401	21B	B-2806	China Southern Airlines	Active	Guangzhou, China	
233	24402	21B	N742PA	(Pegasus Aviation)	Stored	Miami, FL	For SBA Airlines, YV
234	24486	223	N610AA	American Airlines	Active	Dallas Ft. Worth, TX	
235	24472	26D(PCF)	B-2809	Shanghai Airlines Cargo International	Active	Shanghai, China	
236	24487	223	N611AM	American Airlines	Active	Dallas Ft. Worth, TX	
237	24456	23APF	TF-FIG	Icelandair	Active	Keflavik, Iceland	
238	24391	232	N651DL	Delta Air Lines	Active	Atlanta, GA	
239	24392	232	N652DL	Delta Air Lines	Active	Atlanta, GA	
240	24488	223	N612AA	American Airlines	Active	Dallas Ft. Worth, TX	

l/n	c/n	Model	Registration	Owner/Operator	Status	Location	Notes
241	24622	222	N501UA	United Airlines	Active	Chicago O'Hare, IL	
242	24489	223	N613AA	American Airlines	Active	Dallas Ft. Worth, TX	
243	24490	223	N614AA	American Airlines	Active	Dallas Ft. Worth, TX	
244	24233	2G7	N908AW	US Airways	Active	Phoenix, AZ	
245	24491	223	N615AM	American Airlines	Active	Dallas Ft. Worth, TX	
246	24623	222	N502UA	United Airlines	Active	Chicago O'Hare, IL	
247	24624	222	N503UA	United Airlines	Active	Chicago O'Hare, IL	
248	24524	223	N616AA	American Airlines	Active	Dallas Ft. Worth, TX	
249	24527	23A(WL)	HB-IEE	Privatair	Active	Geneva, Switzerland	
250	24528	23A	N549AX	Omni Air International	Active	Tulsa, OK	
251	24625	222	N504UA	United Airlines	Active	Chicago O'Hare, IL	
252	24522	2G7	N909AW	US Airways	Active	Phoenix, AZ	
253	24525	223	N617AM	American Airlines	Active	Dallas Ft. Worth, TX	
254	24626	222	N505UA	United Airlines	Active	Chicago O'Hare, IL	
255	24566	23APF	TF-FIE	Icelandair	Active	Keflavik, Iceland	
256	24523	2G7	N910AW	US Airways	Active	Phoenix, AZ	
257	24567	23APF	TF-FID	Icelandair	Active	Keflavik, Iceland	
258	24635	23APF	A9C-DHL	-	Written Off	Nr Uberlingen, Germany	
259	24636	23A(ET)	N919FD	FedEx Express	Active	Memphis, TN	
260	24526	223	N618AA	American Airlines	Active	Dallas Ft. Worth, TX	
261	24393	232	N653DL	Delta Air Lines	Active	Atlanta, GA	
262	24714	21B	YV304T	Santa Barbara Airlines	Active	Maracaibo, Venezuela	
263	24627	222	N506UA	United Airlines	Active	Chicago O'Hare, IL	
264	24394	232	N654DL	Delta Air Lines	Active	Atlanta, GA	
265	24395	232	N655DL	Delta Air Lines	Active	Atlanta, GA	
266	24396	232	N656DL	Delta Air Lines	Active	Atlanta, GA	
267	24737	230	N741PA	Primaris Airlines	Active	Las Vegas, NV	
268	24543	28A	C-GTSN	(Zoom Airlines)	Stored	Lasham, UK	
269	24577	223	N619AA	American Airlines	Active	Dallas Ft. Worth, TX	
270	24743	222	N507UA	United Airlines	Active	Chicago O'Hare, IL	
271	24772	236	EC-JRT	Gadair European Airlines	Active	Madrid Barajas, Spain	
272	24771	236	N506NA	Avianca	Active	Bogota, Colombia	
273	24739	208(PCF)	TF-FIH	Icelandair	Active	Keflavik, Iceland	
274	24738	230	EI-IGB	Air Italy	Active	Milan Malpensa, Italy	
275	24747	230	EI-IGC	Air Italy Polska	Active	Warsaw, Poland	
276	24578	223	N620AA	American Airlines	Active	Dallas Ft. Worth, TX	
277	24744	222	N508UA	United Airlines	Active	Chicago O'Hare, IL	
278	24794	236	N526NA	(Ryan International Airlines)	Stored	Victorville, CA	
279	24792	236	C-FKCJ	CargoJet Airways	Active	Toronto, Canada	
280	24544	28A	OM-ASG	Air Slovakia	Active	Bratislava, Slovakia	
281	24760	208	TF-FII	Icelandair / SBA Airlines	Active	Maracaibo, Venezuela	
282	24758	21B	B-2812	-	Written Off	Guangzhou, China	
283	24579	223	N621AM	American Airlines	Active	Dallas Ft. Worth, TX	
284	24763	222	N509UA	United Airlines	Active	Chicago O'Hare, IL	
285	24748	230	EI-IGA	Air Italy	Active	Milan Malpensa, Italy	
286	24419	232	N657DL	Delta Air Lines	Active	Atlanta, GA	
287	24420	232	N658DL	Delta Air Lines	Active	Atlanta, GA	
288	24774	21B	N802PG	Avianca	Active	Bogota, Colombia	

l/n	c/n	Model	Registration	Owner/Operator	Status	Location	Notes
289	24580	223	N622AA	American Airlines	Active	Dallas Ft. Worth, TX	
290	24780	222	N510UA	United Airlines	Active	Chicago O'Hare, IL	
291	24799	222	N511UA	United Airlines	Active	Chicago O'Hare, IL	
292	24793	236	G-LSAJ	Jet2	Active	Leeds Bradford, UK	
293	24421	232	N659DL	Delta Air Lines	Active	Atlanta, GA	
294	24422	232	N660DL	Delta Air Lines	Active	Atlanta, GA	
295	24749	230	RA-73007	(VIM Airlines)	Stored	Munich, Germany	
296	24581	223	N623AA	American Airlines	Active	Dallas Ft. Worth, TX	
297	24582	223	N624AA	American Airlines	Active	Dallas Ft. Worth, TX	
298	24809	222	N512UA	United Airlines	Active	Chicago O'Hare, IL	
299	24810	222	N513UA	United Airlines	Active	Chicago O'Hare, IL	
300	24845	260PF	ET-AJS	Ethiopian Airlines	Active	Addis Ababa, Ethiopia	
301	24473	26D(WL)	F-HAVI	OpenSkies	Active	Paris Orly, France	
302	24838	27B	VP-BFI	Yakutia Airlines	Active	Yakutsk, Russia	
303	24583	223	N625AA	American Airlines	Active	Dallas Ft. Worth, TX	
304	24584	223	N626AA	American Airlines	Active	Dallas Ft. Worth, TX	
305	24839	222	N514UA	United Airlines	Active	Chicago O'Hare, IL	
306	24840	222	N515UA	United Airlines	Active	Chicago O'Hare, IL	
307	24860	222	N516UA	United Airlines	Active	Chicago O'Hare, IL	
308	24585	223	N627AA	American Airlines	Active	Dallas Ft. Worth, TX	
309	24586	223	N628AA	American Airlines	Active	Dallas Ft. Worth, TX	
310	24861	222(WL)	N517UA	United Airlines	Active	Chicago O'Hare, IL	
311	24871	222	N518UA	United Airlines	Active	Chicago O'Hare, IL	
312	24872	222	N519UA	United Airlines	Active	Chicago O'Hare, IL	
313	24890	222	N520UA	United Airlines	Active	Chicago O'Hare, IL	
314	24868	23APF	N868AN	Arrow Air	Active	Miami, FL	
315	24587	223	N629AA	American Airlines	Active	Dallas Ft. Worth, TX	
316	24588	223	N630AA	American Airlines	Active	Dallas Ft. Worth, TX	
317	24589	223	N631AA	American Airlines	Active	Dallas Ft. Worth, TX	
318	23903	24APF	N416UP	United Parcel Service (UPS)	Active	Louisville, KY	
319	24891	222	N521UA	United Airlines	Active	Chicago O'Hare, IL	
320	24931	222	N522UA	United Airlines	Active	Chicago O'Hare, IL	
321	24590	223	N632AA	American Airlines	Active	Dallas Ft. Worth, TX	
322	23904	24APF	N417UP	United Parcel Service (UPS)	Active	Louisville, KY	
323	24882	236	G-BPEC	(British Airways)	Stored	London Heathrow, UK	For FedEx Express
324	24591	223	N633AA	American Airlines	Active	Dallas Ft. Worth, TX	
325	24884	258	4X-EBS	El Al Israel Airlines	Active	Tel Aviv, Israel	
326	23905	24APF	N418UP	United Parcel Service (UPS)	Active	Louisville, KY	
327	24592	223	N634AA	American Airlines	Active	Dallas Ft. Worth, TX	
328	24593	223	N635AA	American Airlines	Active	Dallas Ft. Worth, TX	
329	24932	222	N523UA	United Airlines	Active	Chicago O'Hare, IL	
330	23906	24APF	N419UP	United Parcel Service (UPS)	Active	Louisville, KY	
331	24977	222	N524UA	United Airlines	Active	Chicago O'Hare, IL	
332	24923	23A	N1757	Vulcan Aircraft Inc	Stored	Seattle, WA	
333	24924	23A(ET)	N921FD	FedEx Express	Active	Memphis, TN	
334	23907	24APF	N420UP	United Parcel Service (UPS)	Active	Louisville, KY	
335	24972	232	N661DN	Delta Air Lines	Active	Atlanta, GA	
336	24594	223	N636AM	American Airlines	Active	Dallas Ft. Worth, TX	

l/n	c/n	Model	Registration	Owner/Operator	Status	Location	Notes
337	24595	223(WL)	N637AM	American Airlines	Active	Dallas Ft. Worth, TX	
338	24978	222	N525UA	United Airlines	Active	Chicago O'Hare, IL	
339	24994	222	N526UA	United Airlines	Active	Chicago O'Hare, IL	
340	24971	23APF	OO-DLJ	European Air Transport	Active	Brussels, Belgium	
341	24995	222	N527UA	United Airlines	Active	Chicago O'Hare, IL	
342	24991	232	N662DN	Delta Air Lines	Active	Atlanta, GA	
343	24992	232	N663DN	Delta Air Lines	Active	Atlanta, GA	
344	24596	223	N638AA	American Airlines	Active	Dallas Ft. Worth, TX	
345	24597	223	N639AA	American Airlines	Active	Dallas Ft. Worth, TX	
346	25018	222	N528UA	United Airlines	Active	Chicago O'Hare, IL	
347	25012	232	N664DN	Delta Air Lines	Active	Atlanta, GA	
348	25014	260(PCF)	ET-AJX	Ethiopian Airlines	Active	Addis Ababa, Ethiopia	
349	25013	232	N665DN	Delta Air Lines	Active	Atlanta, GA	
350	24598	223	N640A	American Airlines	Active	Dallas Ft. Worth, TX	
351	24599	223	N641AA	American Airlines	Active	Dallas Ft. Worth, TX	
352	25019	222	N529UA	United Airlines	Active	Chicago O'Hare, IL	
353	25043	222	N530UA	United Airlines	Active	Chicago O'Hare, IL	
354	25034	232	N666DN	Delta Air Lines	Active	Atlanta, GA	
355	25035	232	N667DN	Delta Air Lines	Active	Atlanta, GA	
356	25036	258(ER)	4X-EBT	Sun d'Or International Airlines	Active	Tel Aviv, Israel	
357	24600	223	N642AA	American Airlines	Active	Dallas Ft. Worth, TX	
358	25053	236(WL)	C-GMYH	Skyservice Airlines	Active	Toronto, Canada	
359	25083	21B	B-2816	China Southern Airlines	Active	Guangzhou, China	
360	24601	223	N643AA	American Airlines	Active	Dallas Ft. Worth, TX	
361	25042	222	N531UA	United Airlines	Active	Chicago O'Hare, IL	
362	25054	236	N910FD	FedEx Express	Stored	Memphis, TN	
363	25059	236(ER)	G-BPED	British Airways	Active	London Heathrow, UK	
364	25060	236(ER)	G-BPEE	British Airways	Active	London Heathrow, UK	
365	24602	223	N644AA	-	Written Off	Washington DC	
366	25072	222	N532UA	United Airlines	Active	Chicago O'Hare, IL	
367	25073	222	N533UA	United Airlines	Active	Chicago O'Hare, IL	
368	25085	208(WL)	TF-FIJ	Icelandair	Active	Keflavik, Iceland	
369	25044	2Q8	N440AN	L-3 Communications Advanced Aviation LLC	Active	Helena, MT	
370	24603	223	N645AA	American Airlines	Active	Dallas Ft. Worth, TX	
371	25155	2J4	N757AF	Citicorp North America Inc.	Active	Seattle Boeing Field, WA	
372	25129	222	N534UA	United Airlines	Active	Chicago O'Hare, IL	
373	25130	222	N535UA	United Airlines	Active	Chicago O'Hare, IL	
374	25133	236	N522NA	Avianca	Active	Bogota, Colombia	
375	24604	223	N646AA	American Airlines	Active	Dallas Ft. Worth, TX	
376	25141	232	N668DN	Delta Air Lines	Active	Atlanta, GA	
377	25142	232	N669DN	Delta Air Lines	Active	Atlanta, GA	
378	24605	223	N647AM	American Airlines	Active	Dallas Ft. Worth, TX	
379	24606	223	N648AA	American Airlines	Active	Dallas Ft. Worth, TX	
380	25156	222	N536UA	United Airlines	Active	Chicago O'Hare, IL	
381	25157	222	N537UA	United Airlines	Active	Chicago O'Hare, IL	
382	25140	230(WL)	F-HAVN	OpenSkies	Active	Paris Orly, France	
383	24607	223	N649AA	American Airlines	Active	Dallas Ft. Worth, TX	
384	24608	223	N650AA	American Airlines	Active	Dallas Ft. Worth, TX	

Boeing 757-200   Out Of Production List: Western Jet Airliners   345

l/n	c/n	Model	Registration	Owner/Operator	Status	Location	Notes
385	25222	222	N538UA	United Airlines	Active	Chicago O'Hare, IL	
386	25223	222	N539UA	United Airlines	Active	Chicago O'Hare, IL	
387	25220	2J4(WL)	N770BB	The Yucalpa Companies	Active	Burbank, CA	
388	25240	2Y0	N240MQ	(Aladia)	Stored	Lake City, FL	
389	25258	21B	B-2817	China Southern Airlines	Active	Haikou, China	
390	24609	223	N651AA	-	Written Off	Cali, Colombia	
391	24610	223	N652AA	American Airlines	Active	Dallas Ft. Worth, TX	
392	25259	21B	B-2818	China Southern Airlines	Active	Haikou, China	
393	25252	222	N540UA	United Airlines	Active	Chicago O'Hare, IL	
394	25253	222	N541UA	United Airlines	Active	Chicago O'Hare, IL	
395	25281	24APF	N421UP	United Parcel Service (UPS)	Active	Louisville, KY	
396	25276	222	N542UA	United Airlines	Active	Chicago O'Hare, IL	
397	24611	223	N653A	American Airlines	Active	Dallas Ft. Worth, TX	
398	24612	223	N654A	American Airlines	Active	Dallas Ft. Worth, TX	
399	25324	24APF	N422UP	United Parcel Service (UPS)	Active	Louisville, KY	
400	25268	2Y0	G-CPEP	Thomson Airways	Active	London Gatwick, UK	
401	25698	222	N543UA	United Airlines	Active	Chicago O'Hare, IL	
402	24613	223	N655AA	American Airlines	Active	Dallas Ft. Worth, TX	
403	25325	24APF	N423UP	United Parcel Service (UPS)	Active	Louisville, KY	
404	24614	223	N656AA	American Airlines	Active	Dallas Ft. Worth, TX	
405	25322	222	N544UA	United Airlines	Active	Chicago O'Hare, IL	
406	25323	222	N545UA	United Airlines	Active	Chicago O'Hare, IL	
407	25369	24APF	N424UP	United Parcel Service (UPS)	Active	Louisville, KY	
408	25353	260	ET-AKC	Ethiopian Airlines	Active	Addis Ababa, Ethiopia	
409	24615	223(WL)	N657AM	American Airlines	Active	Dallas Ft. Worth, TX	
410	24616	223	N658AA	American Airlines	Active	Dallas Ft. Worth, TX	
411	25370	24APF	N425UP	United Parcel Service (UPS)	Active	Louisville, KY	
412	25345	23A	EZ-A010	Turkmenistan Airlines	Active	Ashkhabad, Turkmenistan	
413	25367	222	N546UA	United Airlines	Active	Chicago O'Hare, IL	
414	25368	222	N547UA	United Airlines	Active	Chicago O'Hare, IL	
415	25331	232	N670DN	Delta Air Lines	Active	Atlanta, GA	
416	25332	232	N671DN	Delta Air Lines	Active	Atlanta, GA	
417	24617	223(WL)	N659AA	American Airlines	Active	Dallas Ft. Worth, TX	
418	25294	223	N660AM	American Airlines	Active	Dallas Ft. Worth, TX	
419	25436	230	RA-73008	VIM Airlines	Active	Moscow Domodedovo, Russia	
420	25396	222(ET)	N548UA	United Airlines	Active	Chicago O'Hare, IL	
421	25397	222(ET)	N549UA	United Airlines	Active	Chicago O'Hare, IL	
422	25437	230	RA-73009	United Nations	Active	Monrovia, Liberia	
423	25295	223(WL)	N661AA	American Airlines	Active	Dallas Ft. Worth, TX	
424	24964	2Q8	N926JS	Nordwind Airlines	Stored	Atlanta, GA	
425	25296	223	N662AA	American Airlines	Active	Dallas Ft. Worth, TX	
426	25398	222(ET)	N550UA	United Airlines	Active	Chicago O'Hare, IL	
427	25399	222(ET)	N551UA	United Airlines	Active	Chicago O'Hare, IL	
428	25438	230	RA-73010	VIM Airlines	Active	Moscow Domodedovo, Russia	
429	25977	232	N672DL	Delta Air Lines	Active	Atlanta, GA	
430	25978	232	N673DL	Delta Air Lines	Active	Atlanta, GA	
431	26641	222	N552UA	United Airlines	Active	Chicago O'Hare, IL	
432	25297	223	N663AM	American Airlines	Active	Dallas Ft. Worth, TX	

Boeing 757-200 — Out Of Production List: Western Jet Airliners

l/n	c/n	Model	Registration	Owner/Operator	Status	Location	Notes
433	25298	223	N664AA	American Airlines	Active	Dallas Ft. Worth, TX	
434	25277	222	N553UA	United Airlines	Active	Chicago O'Hare, IL	
435	26644	222	N554UA	United Airlines	Active	Chicago O'Hare, IL	
436	25299	223	N665AA	American Airlines	Active	Dallas Ft. Worth, TX	
437	25439	230	RA-73011	VIM Airlines / Eram Air	Active	Tabriz, Iran	
438	24965	2Q8	SU-BPY	EuroMediterranean Airlines	Active	Cairo, Egypt	
439	25979	232	N674DL	Delta Air Lines	Active	Atlanta, GA	
441	25597	236	N597AG	(GlRjet)	Stored	Jacksonville, FL	
442	26647	222	N555UA	United Airlines	Active	Chicago O'Hare, IL	
443	25440	230	RA-73012	Air Bashkortostan	Active	Bashkortostan, Russia	
444	26057	260	ET-AKE	Ethiopian Airlines	Active	Addis Ababa, Ethiopia	
445	25598	236	B-2835	China Southern Airlines	Active	Guangzhou, China	
446	25441	230	RA-73014	VIM Airlines	Active	Moscow Domodedovo, Russia	
447	26650	222	N556UA	United Airlines	Active	Chicago O'Hare, IL	
448	25980	232	N675DL	Delta Air Lines	Active	Atlanta, GA	
449	25620	236	OY-GRL	Air Greenland	Active	Copenhagen, Denmark	
450	26963	204	G-BYAD	Thomson Airways	Active	London Luton, UK	
451	25300	223(WL)	N666A	American Airlines	Active	Dallas Ft. Worth, TX	
452	26964	204	G-BYAE	(Thomson Airways)	Stored	Shannon, Ireland	
453	25592	236	HC-CHC	Aerogal	Active	Quito, Ecuador	
454	26653	222	N557UA	United Airlines	Active	Chicago O'Hare, IL	
455	25981	232	N676DL	Delta Air Lines	Active	Atlanta, GA	
456	25982	232	N677DL	Delta Air Lines	Active	Atlanta, GA	
457	25621	2Q8	G-STRX	bmi British Midland	Active	London Heathrow, UK	
458	25131	2Q8	N594BC	(Eagle Aviation)	Stored	Victorville, CA	
459	25301	223	N7667A	American Airlines	Active	Dallas Ft. Worth, TX	
460	25333	223(WL)	N668AA	American Airlines	Active	Dallas Ft. Worth, TX	
461	25884	21B	B-2822	China Southern Airlines	Active	Guangzhou, China	
462	26654	222	N558UA	United Airlines	Active	Chicago O'Hare, IL	
463	25334	223	N669AA	American Airlines	Active	Dallas Ft. Worth, TX	
464	25901	230	RA-73015	VIM Airlines	Active	Moscow Domodedovo, Russia	
465	25983	232	N678DL	Delta Air Lines	Active	Atlanta, GA	
466	25593	236	G-OOOZ	Thomson Airways	Active	Manchester, UK	
467	26657	222	N559UA	United Airlines	Active	Chicago O'Hare, IL	
468	25335	223	N670AA	American Airlines	Active	Dallas Ft. Worth, TX	
469	26660	222	N560UA	United Airlines	Active	Chicago O'Hare, IL	
470	25487	23A	T-01	(Argentine Air Force)	Stored	El Palomar AFB, Argentina	
471	25488	23A	G-LSAC	Jet2	Active	Leeds Bradford, UK	
472	26151	2Y0	G-ZAPU	(Titan Airways)	Stored	Lasham, UK	
473	25336	223	N671AA	American Airlines	Active	Dallas Ft. Worth, TX	
474	25337	223	N672AA	American Airlines	Active	Dallas Ft. Worth, TX	
475	25898	25C	N7273	-	Stored	Anchorage, AK	
476	25885	2Z0	B-2820	Air China	Active	Chengdu, China	
477	25457	24APF	N426UP	United Parcel Service (UPS)	Active	Louisville, KY	
478	26152	2Y0	EI-CEY	Avianca	Active	Bogota, Colombia	
479	26661	222	N561UA	United Airlines	Active	Chicago O'Hare, IL	
480	25886	2Z0	B-2821	Air China	Active	Chengdu, China	
481	25458	24APF	N427UP	United Parcel Service (UPS)	Active	Louisville, KY	

Boeing 757-200 — Out Of Production List: Western Jet Airliners

l/n	c/n	Model	Registration	Owner/Operator	Status	Location	Notes
482	26153	2Y0	B-2831	China Southern Airlines	Active	Urumqi, China	
483	25338	223	N681AA	American Airlines	Active	Dallas Ft. Worth, TX	
484	25339	223	N682AA	American Airlines	Active	Dallas Ft. Worth, TX	
485	25459	24APF	N428UP	United Parcel Service (UPS)	Active	Louisville, KY	
486	26154	2Y0	EI-CEZ	Avianca	Active	Bogota, Colombia	
487	26664	222	N562UA	United Airlines	Active	Chicago O'Hare, IL	
488	26665	222	N563UA	United Airlines	Active	Chicago O'Hare, IL	
489	25460	24APF	N429UP	United Parcel Service (UPS)	Active	Louisville, KY	
490	26666	222	N564UA	United Airlines	Active	Chicago O'Hare, IL	
491	25340	223	N683A	American Airlines	Active	Dallas Ft. Worth, TX	
492	26669	222	N565UA	United Airlines	Active	Chicago O'Hare, IL	
493	25461	24APF	N430UP	United Parcel Service (UPS)	Active	Louisville, KY	
494	26670	222	N566UA	United Airlines	Active	Chicago O'Hare, IL	
495	26155	2Y0	B-2826	Air China	Active	Chengdu, China	
496	26058	260	ET-AKF	Ethiopian Airlines	Active	Addis Ababa, Ethiopia	
497	26673	222	N567UA	United Airlines	Active	Chicago O'Hare, IL	
498	26674	222	N568UA	United Airlines	Active	Chicago O'Hare, IL	
499	26677	222	N569UA	United Airlines	Active	Chicago O'Hare, IL	
500	26955	232	N679DA	Delta Air Lines	Active	Atlanta, GA	
501	26678	222	N570UA	United Airlines	Active	Chicago O'Hare, IL	
502	26956	232	N680DA	Delta Air Lines	Active	Atlanta, GA	
503	26156	2Y0	B-2827	China Southern Airlines	Active	Urumqi, China	
504	25341	223	N684AA	American Airlines	Active	Dallas Ft. Worth, TX	
505	25489	23A	N52AW	-	Written Off	Lima, Peru	
506	26681	222	N571UA	United Airlines	Active	Chicago O'Hare, IL	
507	25342	223	N685AA	American Airlines	Active	Dallas Ft. Worth, TX	
508	26682	222	N572UA	United Airlines	Active	Chicago O'Hare, IL	
509	25343	223(WL)	N686AA	American Airlines	Active	Dallas Ft. Worth, TX	
510	25490	23A	N994FD	(FedEx Express)	Stored	Victorville, CA	
511	25491	23A	N226G	COMCO	Active	Helena, MT	
512	26685	222	N573UA	United Airlines	Active	Chicago O'Hare, IL	
513	26686	222	N574UA	United Airlines	Active	Chicago O'Hare, IL	
514	26266	204	N923FD	FedEx Express	Active	Memphis, TN	
515	26689	222	N575UA	United Airlines	Active	Chicago O'Hare, IL	
516	26957	232	N681DA	Delta Air Lines	Active	Atlanta, GA	
517	26965	204	G-BYAG	-	Written Off	Girona, Spain	
518	26958	232	N682DA	Delta Air Lines	Active	Atlanta, GA	
519	26633	2K2	NZ7571	New Zealand Air Defence Force	Active	Whenuapai, New Zealand	
520	26966	204	G-BYAH	Thomson Airways	Active	London Luton, UK	
521	26433	230	RA-73016	VIM Airlines	Active	Moscow Domodedovo, Russia	
522	26967	204	G-BYAI	Thomson Airways	Active	London Luton, UK	
523	25493	23A	02-4452	USAF United States Air Force	Active	McGuire AFB, NJ	
524	26690	222	N576UA	United Airlines	Active	Chicago O'Hare, IL	
525	27122	2B7(F)	N901FD	FedEx Express	Active	Memphis, TN	
526	26158	2Y0	G-OOOX	Thomson Airways / ArkeFly	Active	Amsterdam Schiphol, Netherlands	
527	26693	222	N577UA	United Airlines	Active	Chicago O'Hare, IL	
528	25623	204(WL)	SE-RFO	TUIfly Nordic	Active	Stockholm Arlanda, Sweden	
529	26053	258	4X-EBU	El Al Israel Airlines	Active	Tel Aviv, Israel	

l/n	c/n	Model	Registration	Owner/Operator	Status	Location	Notes
530	25622	28A	OH-AFK	Air Finland	Active	Helsinki, Finland	
531	26694	222	N578UA	United Airlines	Active	Chicago O'Hare, IL	
532	26434	230	RA-73017	VIM Airlines	Active	Moscow Domodedovo, Russia	
533	27103	232	N683DA	Delta Air Lines	Active	Atlanta, GA	
534	27123	2B7	N902FD	FedEx Express	Active	Memphis, TN	
535	27104	232	N684DA	Delta Air Lines	Active	Atlanta, GA	
536	25695	223(WL)	N687AA	American Airlines	Active	Dallas Ft. Worth, TX	
537	26435	230	RA-73018	VIM Airlines	Active	Moscow Domodedovo, Russia	
538	26267	204	G-BYAK	Thomson Airways	Active	London Luton, UK	
539	26697	222	N579UA	United Airlines	Active	Chicago O'Hare, IL	
540	27124	2B7	N903FD	FedEx Express	Active	Memphis, TN	
541	25624	2Q8(WL)	N624AG	(Aladia)	Stored	San Bernardino, CA	
542	26698	222	N580UA	United Airlines	Active	Chicago O'Hare, IL	
543	26701	222	N581UA	United Airlines	Active	Chicago O'Hare, IL	
544	27144	2B7	N904FD	FedEx Express	Active	Memphis, TN	
545	26634	2K2	NZ7572	New Zealand Air Defence Force	Active	Whenuapai, New Zealand	
546	27145	2B7	N905FD	FedEx Express	Active	Memphis, TN	
547	26054	258	4X-EBV	El Al Israel Airlines	Active	Tel Aviv, Israel	
548	25730	223(WL)	N688AA	American Airlines	Active	Dallas Ft. Worth, TX	
549	25626	204	G-BYAL	Thomson Airways	Active	London Luton, UK	
550	26702	222	N582UA	United Airlines	Active	Chicago O'Hare, IL	
551	27146	2B7	G-OOBI	Thomson Airways	Active	London Gatwick, UK	
552	27147	2B7	G-OOBJ	Thomson Airways	Active	London Gatwick, UK	
553	26239	256(F)	EC-FTR	Gestair	Active	Madrid Barajas, Spain	
554	25887	2Z0	B-2832	Air China	Active	Chengdu, China	
555	26160	2Y0	G-FCLJ	Thomas Cook Airlines	Active	London Gatwick, UK	
556	26705	222	N583UA	United Airlines	Active	Chicago O'Hare, IL	
557	26161	2Y0	G-FCLK	Thomas Cook Airlines	Active	London Gatwick, UK	
558	26270	2Q8	F-GTID	Saudi Arabian Airlines	Active	Jeddah, Saudi Arabia	
559	26706	222	N584UA	United Airlines	Active	Chicago O'Hare, IL	
560	27152	26D	B-2833	Shanghai Airlines	Active	Shanghai, China	
561	26240	256(WL)	N801DM	Pace Airlines	Active	Dallas Ft. Worth, TX	
562	25731	223(WL)	N689AA	American Airlines	Active	Dallas Ft. Worth, TX	
563	26709	222	N585UA	United Airlines	Active	Chicago O'Hare, IL	
564	27148	2B7	N906FD	FedEx Express	Active	Memphis, TN	
565	25899	25C	B-2828	Xiamen Airlines	Active	Xiamen, China	
566	25696	223(WL)	N690AA	American Airlines	Active	Dallas Ft. Worth, TX	
567	26710	222	N586UA	United Airlines	Active	Chicago O'Hare, IL	
568	25697	223(WL)	N691AA	American Airlines	Active	Dallas Ft. Worth, TX	
569	25462	24APF	N431UP	United Parcel Service (UPS)	Active	Louisville, KY	
570	26713	222	N587UA	United Airlines	Active	Chicago O'Hare, IL	
571	26717	222	N588UA	United Airlines	Active	Chicago O'Hare, IL	
572	26241	256	EC-ISY	Hola Airlines	Active	Madrid Barajas, Spain	
573	25463	24APF	N432UP	United Parcel Service (UPS)	Active	Louisville, KY	
574	25900	25C	B-2829	Xiamen Airlines	Active	Xiamen, China	
575	25888	21B	B-2823	China Southern Airlines	Active	Guangzhou, China	
576	27183	26D	B-2834	Shanghai Airlines	Active	Shanghai, China	
577	25464	24APF	N433UP	United Parcel Service (UPS)	Active	Louisville, KY	

Boeing 757-200 — Out Of Production List: Western Jet Airliners

l/n	c/n	Model	Registration	Owner/Operator	Status	Location	Notes
578	26972	223(WL)	N692AA	American Airlines	Active	Dallas Ft. Worth, TX	
579	25465	24APF	N434UP	United Parcel Service (UPS)	Active	Louisville, KY	
580	26973	223	N693AA	American Airlines	Active	Dallas Ft. Worth, TX	
581	25466	24APF	N435UP	United Parcel Service (UPS)	Active	Louisville, KY	
582	26974	223	N694AN	American Airlines	Active	Dallas Ft. Worth, TX	
583	25889	21B	B-2824	China Southern Airlines	Active	Haikou, China	
584	27198	2B7	N907FD	FedEx Express	Active	Memphis, TN	
585	25890	21B	B-2825	China Southern Airlines	Active	Haikou, China	
586	27199	2B7	N908FD	FedEx Express	Active	Memphis, TN	
587	26436	230	RA-73019	VIM Airlines	Active	Moscow Domodedovo, Russia	
588	27203	29J	LY-FLA	FlyLAL Charters / SCAT	Active	Shimkent, Kazakhstan	
589	27200	2B7	N	FedEx Express	Active	Memphis, TN	
590	26268	2Q8(WL)	TC-SND	SunExpress	Active	Istanbul Ataturk, Turkey	
591	27204	29J	UR-CDN	Khors Aircompany	Active	Kiev Borispol, Ukraine	
592	26271	2Q8(WL)	TC-SNB	SunExpress	Active	Istanbul Ataturk, Turkey	
593	26242	256(WL)	TF-FIR	Icelandair	Active	Keflavik, Iceland	
594	26272	28A	N805AM	(Aeromexico)	Stored	Greenville, TX	
595	27258	2Z0	B-2836	Air China	Active	Beijing, China	
596	27219	204(WL)	SE-RFP	TUIfly Nordic	Active	Stockholm Arlanda, Sweden	
597	26273	2Q8(WL)	TC-SNC	SunExpress	Active	Istanbul Ataturk, Turkey	
598	27235	204	G-BYAO	Thomson Airways	Active	London Luton, UK	
599	25495	23A	HZ-HMED	Saudi Arabian Government	Active	Riyadh, Saudi Arabia	
600	27236	204	G-BYAP	Thomson Airways	Active	London Luton, UK	
601	25806	236(ER)	G-BPEI	British Airways	Active	London Heathrow, UK	
602	27237	204	LY-FLG	FlyLAL Charters	Active	Vilnius, Lithuania	
603	26243	256(WL)	TF-FIU	Icelandair	Active	Keflavik, Iceland	
604	27238	204	G-BYAS	Thomson Airways	Active	London Luton, UK	
605	27201	2B7	N935UW	US Airways	Active	Pittsburgh, PA	
606	27208	204	G-BYAT	Thomson Airways	Active	London Luton, UK	
607	27244	2B7	N936UW	US Airways	Active	Pittsburgh, PA	
608	26635	2K2(WL)	N635AV	Avianca	Active	Bogota, Colombia	
609	27259	2Z0	B-2837	Air China	Active	Chengdu, China	
610	25807	236(ER)	G-BPEJ	Open Skies	Active	Paris Orly, France	
611	25494	23A(ER)	00-9001	USAF United States Air Force	Active	McGuire AFB, NJ	
612	26269	2Q8(ET)	OH-AFJ	Air Finland	Active	Helsinki, Finland	
613	27260	2Z0	B-2838	China Southern Airlines	Active	Guangzhou, China	
614	27291	224(WL)	N58101	Continental Air Lines	Active	Houston, TX	
615	27269	2Z0	B-2839	Air China	Active	Chengdu, China	
616	26244	256(WL)	VP-BFG	Yakutia Airlines	Active	Yakutsk, Russia	
617	26245	256	VQ-BCK	Yakutia Airlines	Active	Yakutsk, Russia	
618	27220	204	G-BYAU	Thomson Airways	Active	London Luton, UK	
619	27292	224(WL)	N14102	Continental Air Lines	Active	Houston, TX	
620	26246	256	4K-AZ38	Azerbaijan Airlines	Active	Baku, Azerbaijan	
621	26975	223	N695AN	American Airlines	Active	Dallas Ft. Worth, TX	
622	27270	2Z0	B-2840	Air China	Active	Chengdu, China	
623	27293	224(ET)(WL)	N33103	Continental Air Lines	Active	Houston, TX	
624	27367	2Z0	B-2841	Air China	Active	Chengdu, China	
625	25467	24APF	N436UP	United Parcel Service (UPS)	Active	Louisville, KY	

l/n	c/n	Model	Registration	Owner/Operator	Status	Location	Notes
626	27342	26D	B-2842	Shanghai Airlines	Active	Shanghai, China	
627	26976	223	N696AN	American Airlines	Active	Dallas Ft. Worth, TX	
628	25468	24APF	N437UP	United Parcel Service (UPS)	Active	Louisville, KY	
629	27294	224(WL)	N17104	Continental Air Lines	Active	Houston, TX	
630	27245	2B7	N937UW	US Airways	Active	Pittsburgh, PA	
631	25469	24APF	N438UP	United Parcel Service (UPS)	Active	Louisville, KY	
632	27295	224(WL)	N17105	Continental Air Lines	Active	Houston, TX	
633	26977	223	N697AN	American Airlines	Active	Dallas Ft. Worth, TX	
634	25470	24APF	N439UP	United Parcel Service (UPS)	Active	Louisville, KY	
635	26980	223	N698AN	American Airlines	Active	Dallas Ft. Worth, TX	
636	25471	24APF	N440UP	United Parcel Service (UPS)	Active	Louisville, KY	
637	27296	224(WL)	N14106	Continental Air Lines	Active	Houston, TX	
638	27386	24APF	N441UP	United Parcel Service (UPS)	Active	Louisville, KY	
639	27351	2Q8	VQ-BAL	Norwind Airlines	Active	Moscow Sheremetyevo, Russia	
640	27387	24APF	N442UP	United Parcel Service (UPS)	Active	Louisville, KY	
641	27297	224(WL)	N14107	Continental Air Lines	Active	Houston, TX	
642	27388	24APF	N443UP	United Parcel Service (UPS)	Active	Louisville, KY	
643	27246	2B7	N938UW	US Airways	Active	Pittsburgh, PA	
644	27389	24APF	N444UP	United Parcel Service (UPS)	Active	Louisville, KY	
645	27298	224(WL)	N21108	Continental Air Lines	Active	Houston, TX	
646	27390	24APF	N445UP	United Parcel Service (UPS)	Active	Louisville, KY	
647	27303	2B7	N939UW	US Airways	Active	Pittsburgh, PA	
648	27299	224(WL)	N12109	Continental Air Lines	Active	Houston, TX	
649	27735	24APF	N446UP	United Parcel Service (UPS)	Active	Louisville, KY	
650	27300	224(WL)	N13110	Continental Air Lines	Active	Houston, TX	
651	27736	24APF	N447UP	United Parcel Service (UPS)	Active	Louisville, KY	
652	27301	224(WL)	N57111	Continental Air Lines	Active	Houston, TX	
653	27302	224(WL)	N18112	Continental Air Lines	Active	Houston, TX	
654	27737	24APF	N448UP	United Parcel Service (UPS)	Active	Louisville, KY	
655	27805	2B7	N940UW	US Airways	Active	Pittsburgh, PA	
656	27738	24APF	N449UP	United Parcel Service (UPS)	Active	Louisville, KY	
657	27806	2B7	N941UW	US Airways	Active	Pittsburgh, PA	
658	26277	28A	N750NA	North American Airlines	Active	New York JFK, NY	
659	25472	24APF	N450UP	United Parcel Service (UPS)	Active	Louisville, KY	
660	27051	223(WL)	N699AN	American Airlines	Active	Dallas Ft. Worth, TX	
661	27052	223(WL)	N601AN	American Airlines	Active	Dallas Ft. Worth, TX	
662	27807	2B7	N942UW	US Airways	Active	Pittsburgh, PA	
663	27234	204	G-BYAW	Thomson Airways	Active	London Luton, UK	
664	27053	223	N602AN	American Airlines	Active	Dallas Ft. Worth, TX	
665	25808	236(ER)(WL)	G-BPEK	Open Skies	Active	Paris Orly, France	
666	27808	2B7(WL)	N206UW	US Airways	Active	Pittsburgh, PA	
667	27588	232	N685DA	Delta Air Lines	Active	Atlanta, GA	
668	27555	224(WL)	N13113	Continental Air Lines	Active	Houston, TX	
670	27054	223	N603AA	American Airlines	Active	Dallas Ft. Worth, TX	
671	26278	2G5	G-JMCG	Thomas Cook Airlines	Active	London Gatwick, UK	
672	26275	28A	G-FCLI	Thomas Cook Airlines	Active	London Gatwick, UK	
673	27809	2B7(WL)	N200UU	US Airways	Active	Pittsburgh, PA	
674	27512	2Z0	B-2845	Air China	Active	Chengdu, China	

Boeing 757-200 Out Of Production List: Western Jet Airliners 351

l/n	c/n	Model	Registration	Owner/Operator	Status	Location	Notes
675	27739	24APF	N451UP	United Parcel Service (UPS)	Active	Louisville, KY	
676	26274	28A	G-FCLH	Thomas Cook Airlines	Active	London Gatwick, UK	
677	27055	223(WL)	N604AA	American Airlines	Active	Dallas Ft. Worth, TX	
678	27810	2B7(WL)	N201UU	US Airways	Active	Pittsburgh, PA	
679	25473	24APF	N452UP	United Parcel Service (UPS)	Active	Louisville, KY	
680	27056	223	N605AA	American Airlines	Active	Dallas Ft. Worth, TX	
681	27811	2B7(WL)	N202UW	US Airways	Active	Pittsburgh, PA	
682	27556	224(WL)	N12114	Continental Air Lines	Active	Houston, TX	
683	25474	24APF	N453UP	United Parcel Service (UPS)	Active	Louisville, KY	
684	27681	26D	B-2843	Shanghai Airlines	Active	Shanghai, China	
685	27513	25C	B-2848	Xiamen Airlines	Active	Xiamen, China	
686	27557	224(WL)	N14115	Continental Air Lines	Active	Houston, TX	
687	25475	24APF	N454UP	United Parcel Service (UPS)	Active	Louisville, KY	
688	26332	2Q8	VQ-BAK	Nordwind Airlines	Active	Moscow Sheremetyevo, Russia	
689	27589	232	N686DA	Delta Air Lines	Active	Atlanta, GA	
690	27971	23N	N558AX	Omni Air International	Active	Jacksonville, FL	
691	25476	24APF	N455UP	United Parcel Service (UPS)	Active	Louisville, KY	
692	27598	23N(F)	VT-BDM	Blue Dart Aviation	Active	Mumbai, India	
693	26482	251(WL)	N535US	Northwest Airlines	Active	Minneapolis, MN	
694	27972	23N(WL)	N757LL	Talos Aviation	Active	Portland, OR	
695	26483	251(WL)	N536US	Northwest Airlines	Active	Minneapolis, MN	
696	27599	2Q8	D4-CBG	TACV Cabo Verde Airlines	Active	Praia, Cape Verde Islands	
697	26484	251(WL)	N537US	Northwest Airlines	Active	Minneapolis, MN	
698	27517	25C	B-2849	Xiamen Airlines	Active	Xiamen, China	
699	26485	251(WL)	N538US	Northwest Airlines	Active	Minneapolis, MN	
700	26486	251(WL)	N539US	Delta Air Lines	Active	Minneapolis, MN	
701	26487	251(WL)	N540US	Northwest Airlines	Active	Minneapolis, MN	
702	27558	224(WL)	N12116	Continental Air Lines	Active	Houston, TX	
703	26488	251(WL)	N541US	Northwest Airlines	Active	Minneapolis, MN	
704	26276	28A	G-CEJM	Flyglobespan	Active	Edinburgh, UK	
705	26489	251(WL)	N542US	Northwest Airlines	Active	Minneapolis, MN	
706	27559	224(WL)	N19117	Continental Air Lines	Active	Houston, TX	
707	27057	223(WL)	N606AA	American Airlines	Active	Dallas Ft. Worth, TX	
708	28112	2G5	P4-GAS	Air Astana	Active	Astana, Kazakhstan	
709	26490	251(WL)	N543US	Northwest Airlines	Active	Minneapolis, MN	
710	26491	251(WL)	N544US	Northwest Airlines	Active	Minneapolis, MN	
711	26492	251(WL)	N545US	Northwest Airlines	Active	Minneapolis, MN	
712	27058	223	N607AM	American Airlines	Active	Dallas Ft. Worth, TX	
713	26493	251(WL)	N546US	Northwest Airlines	Active	Minneapolis, MN	
714	26494	251(WL)	N547US	Northwest Airlines	Active	Minneapolis, MN	
715	26495	251(WL)	N548US	Northwest Airlines	Active	Minneapolis, MN	
716	26496	251(WL)	N549US	Northwest Airlines	Active	Minneapolis, MN	
717	26330	2K2(WL)	OH-AFI	Air Finland	Active	Helsinki, Finland	
718	28142	222	N591UA	-	Written Off	Nr Somerset, PA	
719	28143	222	N592UA	United Airlines	Active	Chicago O'Hare, IL	
720	27446	223(WL)	N608AA	American Airlines	Active	Dallas Ft. Worth, TX	
721	28160	2Q8	N701TW	American Airlines	Stored	Dallas Ft. Worth, TX	
722	27447	223(WL)	N609AA	American Airlines	Active	Dallas Ft. Worth, TX	

l/n	c/n	Model	Registration	Owner/Operator	Status	Location	Notes
723	28161	2Q8	G-STRY	bmi British Midland	Active	London Heathrow, UK	
724	28144	222	N593UA	United Airlines	Active	Chicago O'Hare, IL	
725	28336	22K	EZ-A011	Turkmenistan Airlines	Active	Ashkhabad, Turkmenistan	
726	28337	22K	EZ-A012	Turkmenistan Airlines	Active	Ashkhabad, Turkmenistan	
727	28145	222	N594UA	United Airlines	Active	Chicago O'Hare, IL	
728	25477	24APF	N456UP	United Parcel Service (UPS)	Active	Louisville, KY	
729	25478	24APF	N457UP	United Parcel Service (UPS)	Active	Louisville, KY	
730	25479	24APF	N458UP	United Parcel Service (UPS)	Active	Louisville, KY	
731	28338	23P	UK-75700	Uzbekistan Airways	Active	Tashkent, Uzbekistan	
732	28162	2Q8(WL)	N702TW	Delta Air Lines	Active	Atlanta, GA	
733	25480	24APF	N459UP	United Parcel Service (UPS)	Active	Louisville, KY	
734	25481	24APF	N460UP	United Parcel Service (UPS)	Active	Louisville, KY	
735	27973	23N	N517AT	(ATA Airlines)	Stored	Victorville, CA	
736	27620	2Q8(WL)	N703TW	Delta Air Lines	Active	Atlanta, GA	
737	27974	23N	N518AT	(ATA Airlines)	Stored	Cecil Field, FL	
738	27621	2Q8	G-FCLA	Thomas Cook Airlines	Active	London Gatwick, UK	
739	28463	24Q	N757MA	Mid East Jet	Active	Jeddah, Saudi Arabia	
740	28446	26D	N900PC	Delta Air Lines	Active	Atlanta, GA	
741	28163	2Q8(WL)	N704X	Delta Air Lines	Active	Atlanta, GA	
742	28479	231(WL)	N705TW	Delta Air Lines	Active	Atlanta, GA	
743	28165	2Q8(WL)	N706TW	Delta Air Lines	Active	Atlanta, GA	
744	27625	2Q8(WL)	N707TW	Delta Air Lines	Active	Atlanta, GA	
745	27622	258	G-STRZ	Astraeus	Active	London Gatwick, UK	
746	28674	21K	G-WJAN	Thomas Cook Airlines	Active	Manchester, UK	
747	28665	236	G-CPEM	British Airways	Active	London Heathrow, UK	
748	27560	224(WL)	N14118	Continental Air Lines	Active	Houston, TX	
749	28164	2Q8	G-FCLB	Thomas Cook Airlines	Active	London Gatwick, UK	
750	28480	231	ET-ALY	Ethiopian Airlines	Active	Addis Ababa, Ethiopia	
751	28666	236	G-CPEN	British Airways	Active	London Heathrow, UK	
752	28718	25F	G-FCLD	Thomas Cook Airlines	Active	London Gatwick, UK	
753	27561	224(WL)	N18119	Continental Air Lines	Active	Houston, TX	
754	28168	2Q8(WL)	N709TW	Delta Air Lines	Active	Atlanta, GA	
755	28265	24APF	N461UP	United Parcel Service (UPS)	Active	Louisville, KY	
756	28166	2Q8	G-FCLC	Thomas Cook Airlines	Active	London Gatwick, UK	
757	28169	2Q8(WL)	N710TW	Delta Air Lines	Active	Atlanta, GA	
758	28481	231(WL)	N711ZX	Delta Air Lines	Active	Atlanta, GA	
759	28266	24APF	N462UP	United Parcel Service (UPS)	Active	Louisville, KY	
760	27624	2Q8(WL)	N712TW	Delta Air Lines	Active	Atlanta, GA	
761	27562	224(WL)	N14120	Continental Air Lines	Active	Houston, TX	
762	28667	236	G-CPEO	British Airways	Active	London Heathrow, UK	
763	28267	24APF	N463UP	United Parcel Service (UPS)	Active	Louisville, KY	
764	28173	2Q8(WL)	N713TW	Delta Air Lines	Active	Atlanta, GA	
765	28268	24APF	N464UP	United Parcel Service (UPS)	Active	Louisville, KY	
766	27563	224(WL)	N14121	Continental Air Lines	Active	Houston, TX	
767	28269	24APF	N465UP	United Parcel Service (UPS)	Active	Louisville, KY	
768	27564	224(WL)	N17122	Continental Air Lines	Active	Houston, TX	
769	25482	24APF	N466UP	United Parcel Service (UPS)	Active	Louisville, KY	
770	28482	231	EI-DKL	Blue Panorama Airlines	Active	Rome Fiumicino, Italy	

Boeing 757-200 — Out Of Production List: Western Jet Airliners

l/n	c/n	Model	Registration	Owner/Operator	Status	Location	Notes
771	25483	24APF	N467UP	United Parcel Service (UPS)	Active	Louisville, KY	
772	28172	2Q8(WL)	OH-LBO	Finnair	Active	Helsinki, Finland	
773	28707	222	N589UA	United Airlines	Active	Chicago O'Hare, IL	
774	25484	24APF	N468UP	United Parcel Service (UPS)	Active	Louisville, KY	
775	28167	2Q8(WL)	OH-LBR	Finnair	Active	Helsinki, Finland	
776	25485	24APF	N469UP	United Parcel Service (UPS)	Active	Louisville, KY	
777	28483	231	EI-DNA	Blue Panorama Airlines	Active	Rome Fiumicino, Italy	
778	25486	24APF	N470UP	United Parcel Service (UPS)	Active	Louisville, KY	
779	27975	23N	ET-AMU	Ethiopian Airlines	Active	Addis Ababa, Ethiopia	
780	28989	208(WL)	TF-FIN	Icelandair	Active	Keflavik, Iceland	
781	28966	224(WL)	N26123	Continental Air Lines	Active	Houston, TX	
782	28833	2Q8	P4-MAS	Air Astana	Active	Astana, Kazakhstan	
783	29025	VC-32A (757-2G4)	98-0001	USAF United States Air Force	Active	Andrews AFB, MD	
784	29113	236	G-CPER	British Airways	Active	London Heathrow, UK	
785	28708	222	N590UA	United Airlines	Active	Chicago O'Hare, IL	
786	27565	224(WL)	N29124	Continental Air Lines	Active	Houston, TX	
787	29026	VC-32A (757-2G4)	98-0002	USAF United States Air Force	Active	Andrews AFB, MD	
788	28967	224(WL)	N12125	Continental Air Lines	Active	Houston, TX	
789	28748	222	N595UA	United Airlines	Active	Chicago O'Hare, IL	
790	27566	224(WL)	N17126	Continental Air Lines	Active	Houston, TX	
791	28968	224(WL)	N48127	Continental Air Lines	Active	Houston, TX	
792	27623	2Q8(WL)	OH-LBS	Finnair	Active	Helsinki, Finland	
793	29114	236	G-CPES	British Airways	Active	London Heathrow, UK	
794	28749	222	N596UA	United Airlines	Active	Chicago O'Hare, IL	
795	27567	224(WL)	N17128	Continental Air Lines	Active	Houston, TX	
796	28969	224(WL)	N29129	Continental Air Lines	Active	Houston, TX	
797	29215	28S	B-2851	China Southern Airlines	Active	Urumqi, China	
798	29115	236	G-CPET	British Airways	Active	London Heathrow, UK	
799	28970	224(WL)	N19130	Continental Air Lines	Active	Houston, TX	
800	27586	232	N687DL	Delta Air Lines	Active	Atlanta, GA	
801	28170	2Q8(WL)	OH-LBT	Air Europe	Active	Bergamo, Italy	
802	28203	28A	G-TCBA	Thomas Cook Airlines	Active	London Gatwick, UK	
803	27587	232	N688DL	Delta Air Lines	Active	Atlanta, GA	
805	28171	2Q8	G-FCLE	Thomas Cook Airlines	Active	London Gatwick, UK	
806	28971	224(WL)	N34131	Continental Air Lines	Active	Houston, TX	
807	27172	232	N689DL	Delta Air Lines	Active	Atlanta, GA	
808	27585	232	N690DL	Delta Air Lines	Active	Atlanta, GA	
809	29281	224(WL)	N33132	Continental Air Lines	Active	Houston, TX	
811	29216	28S	B-2853	China Southern Airlines	Active	Urumqi, China	
812	29423	223(WL)	N673AN	American Airlines	Active	Dallas Ft. Worth, TX	
813	28842	24APF	N471UP	United Parcel Service (UPS)	Active	Louisville, KY	
814	27976	23N	ET-AMT	Ethiopian Airlines	Active	Addis Ababa, Ethiopia	
815	28843	24APF	N472UP	United Parcel Service (UPS)	Active	Louisville, KY	
816	29424	223	N674AN	American Airlines	Active	Dallas Ft. Worth, TX	
817	29425	223	N675AN	American Airlines	Active	Dallas Ft. Worth, TX	
819	29442	2Q8	VQ-BBU	Nordwind Airlines	Active	Moscow Sheremetyevo, Russia	
820	29724	232	N692DL	Delta Air Lines	Active	Atlanta, GA	

l/n	c/n	Model	Registration	Owner/Operator	Status	Location	Notes
821	29443	2Q8	VQ-BBT	Nordwind Airlines	Active	Moscow Sheremetyevo, Russia	
822	29792	2Z0	B-2855	Air China	Active	Chengdu, China	
823	28846	24APF	N473UP	United Parcel Service (UPS)	Active	Louisville, KY	
824	29027	VC-32A (757-2G4)	99-0003	USAF United States Air Force	Active	Andrews AFB, MD	
825	28484	231	N716TW	American Airlines	Active	Dallas Ft. Worth, TX	
826	29725	232	N693DL	Delta Air Lines	Active	Atlanta, GA	
827	29426	223	N676AN	American Airlines	Active	Dallas Ft. Worth, TX	
828	29427	223	N677AN	American Airlines	Active	Dallas Ft. Worth, TX	
829	29028	VC-32A (757-2G4(WL))	99-0004	USAF United States Air Force	Active	Andrews AFB, MD	
830	29488	2G5	P4-EAS	Air Astana	Active	Astana, Kazakhstan	
831	29726	232	N694DL	Delta Air Lines	Active	Atlanta, GA	
832	29607	27A	B-27011	(Far Eastern Air Transport)	Stored	Taipei, Taiwan	
833	29793	2Z0	B-2856	Air China	Active	Chengdu, China	
834	29489	2G5	P4-FAS	Air Astana	Active	Astana, Kazakhstan	
835	29608	27A	B-27013	(Far Eastern Air Transport)	Stored	Taipei, Taiwan	
836	29380	2Q8	N380RM	Mexicana	Active	Mexico City	
837	29428	223	N678AN	American Airlines	Active	Dallas Ft. Worth, TX	
838	29727	232	N695DL	Delta Air Lines	Active	Atlanta, GA	
840	29282	224(WL)	N17133	Continental Air Lines	Active	Houston, TX	
841	28750	222	N597UA	United Airlines	Active	Chicago O'Hare, IL	
842	29589	223	N679AN	American Airlines	Active	Dallas Ft. Worth, TX	
843	29330	23N	N522AT	(ATA Airlines)	Stored	Cecil Field, FL	
844	28751	222	N598UA	United Airlines	Active	Chicago O'Hare, IL	
845	29728	232	N696DL	Delta Air Lines	Active	Atlanta, GA	
847	29590	223	N680AN	American Airlines	Active	Dallas Ft. Worth, TX	
848	29283	224(WL)	N67134	Continental Air Lines	Active	Houston, TX	
850	28834	204	G-BYAX	Thomson Airways	Active	London Luton, UK	
851	29284	224(WL)	N41135	Continental Air Lines	Active	Houston, TX	
852	29591	223	N181AN	American Airlines	Active	Dallas Ft. Worth, TX	
853	29592	223(WL)	N182AN	American Airlines	Active	Dallas Ft. Worth, TX	
854	28485	231(WL)	N717TW	Delta Air Lines	Active	Atlanta, GA	
856	29285	224(WL)	N19136	Continental Air Lines	Active	Houston, TX	
857	29377	2Q8(WL)	OH-LBU	Finnair	Active	Helsinki, Finland	
858	28835	204	G-FCLF	Thomas Cook Airlines	Active	London Gatwick, UK	
859	29436	208(WL)	TF-FIO	Icelandair	Active	Keflavik, Iceland	
860	26247	256	EI-DUA	(AirUnion)	Stored	Toronto Pearson, Canada	For RosAvia
861	28836	204	G-BYAY	Thomson Airways	Active	London Luton, UK	
862	29593	223(WL)	N183AN	American Airlines	Active	Dallas Ft. Worth, TX	
863	26248	256	EI-DUC	(AirUnion)	Stored	Shannon, Rep. of Ireland	For RosAvia
864	29941	236	C-FLEU / G-CPEU	Skyservice Airlines / Thomson Airways	Active	Manchester, UK	
865	28174	28A	N752NA	North American Airlines	Active	New York JFK, NY	
866	29594	223(WL)	N184AN	American Airlines	Active	Dallas Ft. Worth, TX	
867	29942	236	G-OOBG	Thomson Airways	Active	Manchester, UK	
868	29217	28S	B-2859	China Southern Airlines	Active	Urumqi, China	
869	28486	231(WL)	N718TW	Delta Air Lines	Active	Atlanta, GA	
870	29304	22L	N610G	COMCO	Active	Nashville, TN	
871	29943	236	G-CPEV	Thomson Airways	Active	Manchester, UK	

Boeing 757-200 — Out Of Production List: Western Jet Airliners

	l/n	c/n	Model	Registration	Owner/Operator	Status	Location	Notes
☐	872	29944	236	C-FOBH	Skyservice Airlines	Active	Montreal Dorval, Canada	
☐	873	29945	236	B-2860	China Southern Airlines	Active	Urumqi, China	
☐	874	29954	231(WL)	N721TW	Delta Air Lines	Active	Atlanta, GA	
☐	875	30060	23P	VP-BUB	Uzbekistan Airways	Active	Tashkent, Uzbekistan	
☐	876	29609	27A	B-27015	(Far Eastern Air Transport)	Stored	Taipei, Taiwan	
☐	877	29946	236	B-2861	China Southern Airlines	Active	Urumqi, China	
☐	878	28487	231	VP-BUI	Uzbekistan Airways	Active	Tashkent, Uzbekistan	
☐	879	28844	24APF	N474UP	United Parcel Service (UPS)	Active	Louisville, KY	
☐	880	30318	232	N697DL	Delta Air Lines	Active	Atlanta, GA	
☐	881	26249	256	EI-DUD	(AirUnion)	Stored	Shannon, Rep. of Ireland	For RosAvia
☐	882	28845	24APF	N475UP	United Parcel Service (UPS)	Active	Louisville, KY	
☐	883	30319	231	ET-ALZ	Ethiopian Airlines	Active	Addis Ababa, Ethiopia	
☐	884	28488	231	VP-BUJ	Uzbekistan Airways	Active	Tashkent, Uzbekistan	
☐	885	29911	232	N698DL	Delta Air Lines	Active	Atlanta, GA	
☐	886	30061	23P	VP-BUD	Uzbekistan Airways	Active	Tashkent, Uzbekistan	
☐	887	29970	232	N699DL	Delta Air Lines	Active	Atlanta, GA	
☐	888	30232	23N	SX-RFA	GainJet Aviation	Active	Athens, Greece	
☐	889	26250	256	EI-DUE	AirUnion	Active	Krasnoyarsk, Russia	
☐	890	30337	232	N6700	Delta Air Lines	Active	Atlanta, GA	
☐	891	30338	231	B-2850	Shanghai Airlines	Active	Shanghai, China	
☐	892	30187	232	N6701	Delta Air Lines	Active	Atlanta, GA	
☐	893	29385	231(WL)	N722TW	Delta Air Lines	Active	Atlanta, GA	
☐	894	29305	22L	4K-AZ12	Azerbaijan Airlines	Active	Baku, Azerbaijan	
☐	895	30233	23N	LY-SKR	Aurela	Active	Vilnius, Lithuania	
☐	896	30339	231	VP-BUH	Uzbekistan Airways	Active	Tashkent, Uzbekistan	
☐	897	26251	256	YL-BDB	Air Baltic	Active	Riga, Latvia	
☐	898	30188	232	N6702	Delta Air Lines	Active	Atlanta, GA	
☐	899	30229	224(WL)	N34137	Continental Air Lines	Active	Houston, TX	
☐	900	26252	256	EC-HDS	Privilege Style	Active	Palma de Mallorca, Spain	
☐	901	30340	231	N727TW	American Airlines	Active	Dallas Ft. Worth, TX	
☐	902	26253	256	YL-BDC	Air Baltic	Active	Riga, Latvia	
☐	903	30351	224(WL)	N13138	Continental Air Lines	Active	Houston, TX	
☐	904	29610	27A	B-27017	(Far Eastern Air Transport)	Stored	Taipei, Taiwan	
☐	907	29378	231	N723TW	Delta Air Lines	Active	Atlanta, GA	
☐	908	30234	232	N6703D	Delta Air Lines	Active	Atlanta, GA	
☐	910	29611	27A	B-27021	(Far Eastern Air Transport)	Stored	Taipei, Taiwan	
☐	911	30352	224(WL)	N17139	Continental Air Lines	Active	Houston, TX	
☐	913	30353	224(WL)	N41140	Continental Air Lines	Active	Houston, TX	
☐	914	30396	232	N6704Z	Delta Air Lines	Active	Atlanta, GA	
☐	916	30423	208(WL)	TF-FIP	Icelandair	Active	Keflavik, Iceland	
☐	917	30397	232	N6705Y	Delta Air Lines	Active	Atlanta, GA	
☐	919	29379	2G5	HB-IHR	Air Berlin	Active	Berlin Tegel, Germany	
☐	920	29306	256	N757AG	Funair Corporation	Stored	Basel, Switzerland	
☐	921	30422	232	N6706Q	Delta Air Lines	Active	Atlanta, GA	
☐	922	30394	2G5	HB-IHS	Air Berlin	Active	Berlin Tegel, Germany	
☐	924	29307	256	TC-OGS	Saudi Arabian Airlines	Active	Jeddah, Saudi Arabia	
☐	925	30043	28A	N755NA	North American Airlines	Active	New York JFK, NY	
☐	927	30395	232	N6707A	Delta Air Lines	Active	Atlanta, GA	

l/n	c/n	Model	Registration	Owner/Operator	Status	Location	Notes
928	30757	25F	G-JMCD	Thomas Cook Airlines	Active	Manchester, UK	
930	30548	23N(WL)	N203UW	US Airways	Active	Pittsburgh, PA	
931	30735	23N	EI-LTY	Aurela	Active	Vilnius, Lithuania	
932	30758	25F	G-JMCE	Thomas Cook Airlines	Active	Manchester, UK	
933	30354	224(WL)	N19141	Continental Air Lines	Active	Houston, TX	
934	30480	232	N6708D	Delta Air Lines	Active	Atlanta, GA	
935	29308	256	TC-OGT	Saudi Arabian Airlines	Active	Jeddah, Saudi Arabia	
936	29309	256	G-ZAPX	Titan Airways	Active	London Stansted, UK	
937	30481	232	N6709	Delta Air Lines	Active	Atlanta, GA	
938	29310	256(WL)	TF-FIA	Icelandair	Active	Keflavik, Iceland	
939	30482	232	N6710E	Delta Air Lines	Active	Atlanta, GA	
940	29311	256	A6-RKA	(RAK Airways)	Stored	Ras Al Khaimah, UAE	
941	30483	232	N6711M	Delta Air Lines	Active	Atlanta, GA	
942	30484	232	N6712B	Delta Air Lines	Active	Atlanta, GA	
943	29312	256(WL)	P2-ANB	Air Niugini	Active	Port Moresby, Papua New Guinea	
944	30777	232	N6713Y	Delta Air Lines	Active	Atlanta, GA	
945	30886	23N(WL)	N204UW	US Airways	Active	Pittsburgh, PA	
946	30887	23N	N205UW	US Airways	Active	Pittsburgh, PA	
947	30834	22L	4K-AZ13	Azerbaijan Airlines	Active	Baku, Azerbaijan	
948	30052	256	TF-FIZ	Icelandair	Active	Keflavik, Iceland	
949	30485	232	N6714Q	Delta Air Lines	Active	Atlanta, GA	
950	32446	28A	G-OOBA	Thomson Airways	Active	Manchester, UK	
951	32447	28A	C-GTBB	Thomson Airways	Active	Manchester, UK	
952	30863	22K	EZ-A014	Turkmenistan Airlines	Active	Ashkhabad, Turkmenistan	
953	30486	232	N6715C	Delta Air Lines	Active	Atlanta, GA	
954	30044	2Q8	TC-ETE	Atlasjet / Saudi Arabian Airlines	Active	Jeddah, Saudi Arabia	
955	30838	232	N6716C	Delta Air Lines	Active	Atlanta, GA	
956	30424	208(WL)	TF-FIV	Icelandair	Active	Keflavik, Iceland	
957	30045	2Q8	D4-CBP	TACV Cabo Verde Airlines	Active	Praia, Cape Verde Islands	
958	29381	28A	N754NA	JetX	Active	Forli, Italy	
959	30839	232	N67171	Delta Air Lines	Active	Atlanta, GA	
961	32341	28S	B-2812	China Southern Airlines	Active	Urumqi, China	
962	32379	223(WL)	N185AN	American Airlines	Active	Dallas Ft. Worth, TX	
964	32380	223(WL)	N186AN	American Airlines	Active	Dallas Ft. Worth, TX	
965	32381	223(WL)	N187AN	American Airlines	Active	Dallas Ft. Worth, TX	
966	32342	28S	B-2813	China Southern Airlines	Active	Urumqi, China	
967	32448	28A	N756NA	North American Airlines	Active	New York JFK, NY	
968	26497	251(WL)	N550NW	Northwest Airlines	Active	Minneapolis, MN	
969	32382	223(WL)	N188AN	American Airlines	Active	Dallas Ft. Worth, TX	
970	32383	223(WL)	N189AN	American Airlines	Active	Dallas Ft. Worth, TX	
971	26498	251	N551NW	Northwest Airlines	Active	Minneapolis, MN	
973	32384	223(WL)	N190AA	American Airlines	Active	Dallas Ft. Worth, TX	
974	32449	28A	ET-AMK	Ethiopian Airlines	Active	Addis Ababa, Ethiopia	
975	26499	251	N552NW	Northwest Airlines	Active	Minneapolis, MN	
977	32385	223(WL)	N191AN	American Airlines	Active	Dallas Ft. Worth, TX	
979	32386	223(WL)	N192AN	American Airlines	Active	Dallas Ft. Worth, TX	
981	32387	223(WL)	N193AN	American Airlines	Active	Dallas Ft. Worth, TX	
982	26500	251	N553NW	Northwest Airlines	Active	Minneapolis, MN	

l/n	c/n	Model	Registration	Owner/Operator	Status	Location	Notes
983	32388	223(WL)	N194AA	American Airlines	Active	Dallas Ft. Worth, TX	
984	32389	223	N195AN	American Airlines	Active	Dallas Ft. Worth, TX	
986	32390	223	N196AA	American Airlines	Active	Dallas Ft. Worth, TX	
987	26501	251	N554NW	Northwest Airlines	Active	Minneapolis, MN	
988	32391	223	N197AN	American Airlines	Active	Dallas Ft. Worth, TX	
989	32392	223	N198AA	American Airlines	Active	Dallas Ft. Worth, TX	
991	32393	223	N199AN	American Airlines	Active	Dallas Ft. Worth, TX	
992	32394	223	N175AN	American Airlines	Active	Dallas Ft. Worth, TX	
993	32941	25C	B-2868	Xiamen Airlines	Active	Xiamen, China	
994	32395	223	N176AA	American Airlines	Active	Dallas Ft. Worth, TX	
996	32396	223(WL)	N177AN	American Airlines	Active	Dallas Ft. Worth, TX	
998	31308	223	N174AA	American Airlines	Active	Dallas Ft. Worth, TX	
1000	32397	223(WL)	N179AA	American Airlines	Active	Dallas Ft. Worth, TX	
1002	32398	223	N178AA	American Airlines	Active	Dallas Ft. Worth, TX	
1005	32399	223	N173AN	American Airlines	Active	Dallas Ft. Worth, TX	
1006	30046	2Q8(WL)	OH-LBV	Finnair	Active	Helsinki, Finland	
1009	32942	25C	B-2869	Xiamen Airlines	Active	Xiamen, China	
1010	29382	2Q8	OH-LBX	Finnair	Active	Helsinki, Finland	
1011	33391	251	N555NW	Northwest Airlines	Active	Minneapolis, MN	
1012	32400	223	N172AJ	American Airlines	Active	Dallas Ft. Worth, TX	
1013	33392	251	N556NW	Northwest Airlines	Active	Minneapolis, MN	
1015	32343	28S	B-2830	China Southern Airlines	Active	Urumqi, China	
1016	33393	251	N557NW	Northwest Airlines	Active	Minneapolis, MN	
1026	33098	28A	G-OOBC	Thomson Airways	Active	London Gatwick, UK	
1028	33099	28A	G-OOBD	Thomson Airways	Active	London Gatwick, UK	
1029	33100	28A	G-OOBE	Thomson Airways	Active	London Gatwick, UK	
1041	33101	28A	G-OOBF	Thomson Airways	Active	London Gatwick, UK	
1044	33959	26D	B-2857	Shanghai Airlines	Active	Shanghai, China	
1045	33960	26D	B-2858	Shanghai Airlines	Active	Shanghai, China	
1046	33961	26D	B-2880	Shanghai Airlines	Active	Shanghai, China	
1047	34008	25C	B-2862	Xiamen Airlines	Active	Xiamen, China	
1048	34009	25C	B-2866	Xiamen Airlines	Active	Xiamen, China	
1049	33966	26D	B-2875	Shanghai Airlines	Active	Shanghai, China	
1050	33967	26D	B-2876	Shanghai Airlines	Active	Shanghai, China	

Cross Reference

Registration	l/n	c/n	Registration	l/n	c/n	Registration	l/n	c/n	Registration	l/n	c/n
02-4452	523	25493	B-2802	148	24015	B-2855	822	29792	C-GOOG	219	24292
02-5001	611	25494	B-2803	150	24016	B-2856	833	29793	C-GOOZ	466	25593
00-9001	611	25494	B-2804	200	24330	B-2857	1044	33959	C-GRYO	163	24118
4K-AZ12	894	29305	B-2805	203	24331	B-2858	1045	33960	C-GRYU	180	24235
4K-AZ13	947	30834	B-2806	232	24401	B-2859	868	29217	C-GRYY	219	24292
4K-AZ38	620	26246	B-2807	233	24402	B-2860	873	29945	C-GRYZ	167	24119
4K-AZ43	100	23453	B-2808	231	24471	B-2861	877	29946	C-GTBB	951	32447
4X-BAY	472	26151	B-2809	235	24472	B-2862	1047	34008	C-GTDL	268	24543
4X-BAZ	183	24121	B-2810	301	24473	B-2866	1048	34009	C-GTDX	280	24544
4X-EBF	169	24136	B-2811	262	24714	B-2868	993	32941	C-GTSE	471	25488
4X-EBI	745	27622	B-2812	282	24758	B-2869	1009	32942	C-GTSF	511	25491
4X-EBL	152	23917	B-2812	961	32341	B-2875	1049	33966	C-GTSJ	271	24772
4X-EBM	156	23918	B-2813	966	32342	B-2876	1050	33967	C-GTSK	208	24367
4X-EBO	174	24120	B-2815	288	24774	B-2880	1046	33961	C-GTSN	268	24543
4X-EBR	185	24254	B-2816	359	25083	CC-CYG	369	25044	C-GTSR	717	26330
4X-EBS	325	24884	B-2817	389	25258	CC-CYH	458	25131	C-GTSU	400	25268
4X-EBT	356	25036	B-2818	392	25259	C-FCLD	928	30757	C-GTSV	204	24260
4X-EBU	529	26053	B-2819	475	25898	C-FFAN	746	28674	C-GTSV	530	25622
4X-EBV	547	26054	B-2820	476	25885	C-FKCJ	279	24792	C-GUBA	950	32446
4X-EBY	178	24137	B-2821	480	25886	C-FLEU	864	29941	C-GYME	974	32449
5Y-BGI	255	24566	B-2822	461	25884	C-FLOK	362	25054	CN-RMT	103	23686
8P-GUL	31	22206	B-2823	575	25888	C-FMCF	226	24369	CN-RMZ	106	23687
98-0001	783	29025	B-2824	583	25889	C-FNBC	204	24260	CS-TFK	161	23983
98-0002	787	29026	B-2825	585	25890	C-FOBH	872	29944	CS-TLX	173	24176
98-6006	523	25493	B-2826	495	26155	C-FOOA	127	23767	CX-PUD	215	24291
98-6006	591	27204	B-2827	503	26156	C-FOOB	130	23822	D4-CBG	696	27599
99-0003	824	29027	B-2828	565	25899	C-FOOE	226	24369	D4-CBP	957	30045
99-0004	829	29028	B-2829	574	25900	C-FOOG	219	24292	D-ABJW	285	24748
99-6143	611	25494	B-2830	1015	32343	C-FOOH	220	24293	D-ABNA	267	24737
9J-AFO	258	24635	B-2831	482	26153	C-FOON	723	28161	D-ABNA	274	24738
9N-ACA	142	23850	B-2832	554	25887	C-FRYH	130	23822	D-ABNC	275	24747
9N-ACB	182	23863	B-2833	560	27152	C-FRYL	162	24017	D-ABND	285	24748
9V-SGK	44	23125	B-2834	576	27183	C-FTDV	162	24017	D-ABNE	295	24749
9V-SGL	45	23126	B-2835	445	25598	C-FUBG	867	29942	D-ABNF	382	25140
9V-SGM	47	23127	B-2836	595	27258	C-FXOC	162	24017	D-ABNH	419	25436
9V-SGN	48	23128	B-2837	609	27259	C-FXOD	180	24235	D-ABNI	422	25437
A6-RKA	940	29311	B-2838	613	27260	C-FXOK	333	24924	D-ABNK	428	25438
A9C-DHL	258	24635	B-2839	615	27269	C-FXOO	457	25621	D-ABNL	437	25439
B-17501	374	25133	B-2840	622	27270	C-GANX	14	22176	D-ABNM	443	25440
B-27001	369	25044	B-2841	624	27367	C-GAWB	208	24367	D-ABNN	446	25441
B-27005	588	27203	B-2842	626	27342	C-GMYC	152	23917	D-ABNO	464	25901
B-27007	591	27204	B-2843	684	27681	C-GMYD	185	24254	D-ABNP	521	26433
B-27011	832	29607	B-2845	674	27512	C-GMYH	358	25053	D-ABNR	532	26434
B-27013	835	29608	B-2848	685	27513	C-GNXB	271	24772	D-ABNS	537	26435
B-27015	876	29609	B-2849	698	27517	C-GNXC	204	24260	D-ABNT	587	26436
B-27017	904	29610	B-2850	891	30338	C-GNXI	208	24367	D-ABNX	302	24838
B-27021	910	29611	B-2851	797	29215	C-GNXN	31	22206	D-ABNY	18	22781
B-27201	314	24868	B-2852	782	28833	C-GNXU	268	24543	D-ABNZ	19	22960
B-2801	144	24014	B-2853	811	29216	C-GOEV	871	29943	D-AMUA	36	23118

Registration	l/n	c/n	Registration	l/n	c/n	Registration	l/n	c/n	Registration	l/n	c/n
D-AMUG	830	29488	EC-744	187	24122	EC-HDS	900	26252	ET-AMK	974	32449
D-AMUH	834	29489	EC-786	279	24792	EC-HDU	902	26253	ET-AMT	814	27976
D-AMUI	708	28112	EC-845	34	22185	EC-HIP	920	29306	ET-AMU	779	27975
D-AMUK	117	22689	EC-847	57	23227	EC-HIQ	924	29307	EZ-A010	412	25345
D-AMUM	227	24451	EC-886	279	24792	EC-HIR	935	29308	EZ-A011	725	28336
D-AMUQ	671	26278	EC-896	115	22688	EC-HIS	936	29309	EZ-A012	726	28337
D-AMUR	36	23118	EC-897	441	25597	EC-HIT	938	29310	EZ-A014	952	30863
D-AMUS	51	23119	EC-EGH	51	23119	EC-HIU	940	29311	F-GRNG	930	30548
D-AMUT	116	23651	EC-EGI	14	22176	EC-HIV	943	29312	F-GRNI	945	30886
D-AMUU	115	22688	EC-EGX	36	23118	EC-HIX	948	30052	F-GRNJ	946	30887
D-AMUV	146	23928	EC-EHY	167	24119	EC-HQV	36	23118	F-GTIB	458	25131
D-AMUW	153	23929	EC-ELA	174	24120	EC-HQX	116	23651	F-GTID	558	26270
D-AMUX	161	23983	EC-ELS	187	24122	EC-HRB	51	23119	F-HAVI	301	24473
D-AMUY	173	24176	EC-EMA	163	24118	EC-HUT	183	24121	F-HAVN	382	25140
D-AMUZ	228	24497	EC-EMU	212	24290	EC-ISY	572	26241	F-HAXY	608	26635
EC-108	14	22176	EC-EMV	209	24289	EC-JRT	271	24772	F-WAXY	608	26635
EC-116	51	23119	EC-ENQ	116	23651	EC-JTN	441	25597	G-BIKA	9	22172
EC-157	167	24119	EC-EOK	34	22185	EC-KLD	183	24121	G-BIKB	10	22173
EC-202	174	24120	EC-EOL	224	24398	EI-CEY	478	26152	G-BIKC	11	22174
EC-203	187	24122	EC-ESC	221	24397	EI-CEZ	486	26154	G-BIKD	13	22175
EC-204	163	24118	EC-ETZ	117	22689	EI-CJX	555	26160	G-BIKF	16	22177
EC-211	18	22781	EC-EVC	279	24792	EI-CJY	557	26161	G-BIKG	23	22178
EC-247	209	24289	EC-EVD	271	24772	EI-CLM	208	24367	G-BIKH	24	22179
EC-248	212	24290	EC-EXH	183	24121	EI-CLP	400	25268	G-BIKI	25	22180
EC-256	116	23651	EC-FEE	358	25053	EI-CLU	676	26274	G-BIKJ	29	22181
EC-265	34	22185	EC-FEF	278	24794	EI-CLV	672	26275	G-BIKK	30	22182
EC-278	224	24398	EC-FFK	187	24122	EI-CMA	362	25054	G-BIKL	32	22183
EC-321	14	22176	EC-FIY	115	22688	EI-CZB	441	25597	G-BIKM	33	22184
EC-349	221	24397	EC-FMQ	279	24792	EI-DKL	770	28482	G-BIKN	50	22186
EC-350	167	24119	EC-FTL	14	22176	EI-DNA	777	28483	G-BIKO	52	22187
EC-390	117	22689	EC-FTR	553	26239	EI-DUA	860	26247	G-BIKP	54	22188
EC-420	553	26239	EC-FUA	561	26240	EI-DUC	863	26248	G-BIKR	58	22189
EC-421	561	26240	EC-FUB	572	26241	EI-DUD	881	26249	G-BIKS	63	22190
EC-422	572	26241	EC-FXU	561	26240	EI-DUE	889	26250	G-BIKT	77	23398
EC-432	271	24772	EC-FXV	572	26241	EI-IGA	285	24748	G-BIKU	78	23399
EC-446	279	24792	EC-FYJ	593	26242	EI-IGB	274	24738	G-BIKV	81	23400
EC-451	14	22176	EC-FYK	603	26243	EI-IGC	275	24747	G-BIKW	89	23492
EC-490	292	24793	EC-FYL	616	26244	EI-LTA	692	27598	G-BIKX	90	23493
EC-516	174	24120	EC-FYM	617	26245	EI-LTO	888	30232	G-BIKY	93	23533
EC-544	183	24121	EC-FYN	620	26246	EI-LTU	895	30233	G-BIKZ	98	23532
EC-597	224	24398	EC-GBX	441	25597	EI-LTY	931	30735	G-BKRM	14	22176
EC-608	593	26242	EC-GCA	34	22185	EI-MON	472	26151	G-BLVH	57	23227
EC-609	603	26243	EC-GCB	57	23227	ET-AJS	300	24845	G-BMRA	123	23710
EC-610	616	26244	EC-GZY	860	26247	ET-AJX	348	25014	G-BMRB	145	23975
EC-611	617	26245	EC-GZZ	863	26248	ET-AKC	408	25353	G-BMRC	160	24072
EC-612	620	26246	EC-HAA	881	26249	ET-AKE	444	26057	G-BMRD	166	24073
EC-616	561	26240	EC-HDG	278	24794	ET-AKF	496	26058	G-BMRE	168	24074
EC-667	358	25053	EC-HDM	889	26250	ET-ALY	750	28480	G-BMRF	175	24101
EC-669	278	24794	EC-HDR	897	26251	ET-ALZ	883	30319	G-BMRG	179	24102

Registration	l/n	c/n	Registration	l/n	c/n	Registration	l/n	c/n	Registration	l/n	c/n
G-BMRH	210	24266	G-CCMY	250	24528	G-MCEA	20	22200	G-STRZ	745	27622
G-BMRI	211	24267	G-CDMR	94	23452	G-MCKE	213	24368	G-TCBA	802	28203
G-BMRJ	214	24268	G-CDUO	279	24792	G-MONB	15	22780	G-VKNA	388	25240
G-BNSD	163	24118	G-CDUP	292	24793	G-MONC	18	22781	G-VKNB	74	22211
G-BNSE	183	24121	G-CEJM	704	26276	G-MOND	19	22960	G-VKNC	75	22611
G-BNSF	187	24122	G-CPEL	224	24398	G-MONE	56	23293	G-VKND	114	22612
G-BOHX	174	24120	G-CPEM	747	28665	G-MONJ	170	24104	G-WJAN	746	28674
G-BPEA	218	24370	G-CPEN	751	28666	G-MONK	172	24105	G-ZAPU	472	26151
G-BPEB	225	24371	G-CPEO	762	28667	G-OAHF	169	24136	G-ZAPX	936	29309
G-BPEC	323	24882	G-CPEP	400	25268	G-OAHI	178	24137	HB-IEE	249	24527
G-BPED	363	25059	G-CPER	784	29113	G-OAHK	215	24291	HB-IHR	919	29379
G-BPEE	364	25060	G-CPES	793	29114	G-OAVB	209	24289	HB-IHS	922	30394
G-BPEF	174	24120	G-CPET	798	29115	G-OBOZ	340	24971	HB-IHU	249	24527
G-BPEH	183	24121	G-CPEU	864	29941	G-OBWS	250	24528	HC-CHC	453	25592
G-BPEI	601	25806	G-CPEV	871	29943	G-OJIB	219	24292	HS-BTA	116	23651
G-BPEJ	610	25807	G-CSVS	449	25620	G-OOBA	950	32446	HS-KAA	458	25131
G-BPEK	665	25808	G-DAJB	125	23770	G-OOBB	951	32447	HS-KAK	616	26244
G-BPGW	34	22185	G-DRJC	132	23895	G-OOBC	1026	33098	HS-OGA	115	22688
G-BPSN	167	24119	G-FCLA	738	27621	G-OOBD	1028	33099	HS-OGB	161	23983
G-BRJD	221	24397	G-FCLB	749	28164	G-OOBE	1029	33100	HS-OTA	213	24368
G-BRJE	224	24398	G-FCLC	756	28166	G-OOBF	1041	33101	HS-OTB	34	22185
G-BRJF	271	24772	G-FCLD	752	28718	G-OOBG	867	29942	HZ-HMED	599	25495
G-BRJG	272	24771	G-FCLE	805	28171	G-OOBH	872	29944	I-AEJA	374	25133
G-BRJH	278	24794	G-FCLF	858	28835	G-OOBI	551	27146	I-AIGA	285	24748
G-BRJI	279	24792	G-FCLG	208	24367	G-OOBJ	552	27147	I-AIGB	274	24738
G-BRJJ	292	24793	G-FCLH	676	26274	G-OOOA	127	23767	I-AIGC	275	24747
G-BTEJ	368	25085	G-FCLI	672	26275	G-OOOB	130	23822	I-BRJF	271	24772
G-BUDX	453	25592	G-FCLJ	555	26160	G-OOOC	162	24017	LV-WMH	688	26332
G-BXOL	250	24528	G-FCLK	557	26161	G-OOOD	180	24235	LV-WTS	458	25131
G-BYAD	450	26963	G-FJEA	259	24636	G-OOOG	219	24292	LY-FLA	588	27203
G-BYAE	452	26964	G-FJEB	212	24290	G-OOOH	220	24293	LY-FLG	602	27237
G-BYAF	514	26266	G-IEAB	259	24636	G-OOOI	209	24289	LY-SKR	895	30233
G-BYAG	517	26965	G-IEAC	449	25620	G-OOOJ	212	24290	MT-1044	482	26153
G-BYAH	520	26966	G-IEAD	272	24771	G-OOOK	362	25054	N	589	27200
G-BYAI	522	26967	G-JALC	5	22194	G-OOOM	114	22612	N1006K	916	30423
G-BYAJ	528	25623	G-JMCD	928	30757	G-OOOS	221	24397	N100FS	362	25054
G-BYAK	538	26267	G-JMCE	932	30758	G-OOOT	292	24793	N1018N	870	29304
G-BYAL	549	25626	G-JMCF	226	24369	G-OOOU	388	25240	N101LF	688	26332
G-BYAM	132	23895	G-JMCG	671	26278	G-OOOV	74	22211	N1020L	886	30061
G-BYAN	596	27219	G-LCRC	259	24636	G-OOOW	75	22611	N1024A	894	29305
G-BYAO	598	27235	G-LSAA	187	24122	G-OOOX	526	26158	N115FS	371	25155
G-BYAP	600	27236	G-LSAB	169	24136	G-OOOY	802	28203	N119WF	36	23118
G-BYAR	602	27237	G-LSAC	471	25488	G-OOOZ	466	25593	N119WF	51	23119
G-BYAS	604	27238	G-LSAD	221	24397	G-OPJB	333	24924	N12109	648	27299
G-BYAT	606	27208	G-LSAE	165	24135	G-PIDS	6	22195	N12114	682	27556
G-BYAU	618	27220	G-LSAG	144	24014	G-RJGR	8	22197	N12116	702	27558
G-BYAW	663	27234	G-LSAH	148	24015	G-SRJG	272	24771	N12125	788	28967
G-BYAX	850	28834	G-LSAI	150	24016	G-STRX	457	25621	N127MA	374	25133
G-BYAY	861	28836	G-LSAJ	292	24793	G-STRY	723	28161	N13110	650	27300

Boeing 757-200 — Out Of Production List: Western Jet Airliners

Registration	l/n	c/n	Registration	l/n	c/n	Registration	l/n	c/n	Registration	l/n	c/n
N13113	668	27555	N1787B	910	29611	N184AN	866	29594	N270AE	34	22185
N13138	903	30351	N1787B	925	30043	N185AN	962	32379	N271AE	57	23227
N136CV	169	24136	N1789B	599	25495	N186AN	964	32380	N271LF	881	26249
N14102	619	27292	N1789B	738	27621	N187AN	965	32381	N272LF	889	26250
N14102	623	27293	N1789B	772	28172	N188AN	969	32382	N275AW	599	25495
N14106	637	27296	N178AA	1002	32398	N189AN	970	32383	N286CD	561	26240
N14106	641	27297	N1790B	587	26436	N190AA	973	32384	N289AN	209	24289
N14107	641	27297	N1790B	780	28989	N19117	706	27559	N28AT	183	24121
N14115	686	27557	N1791B	257	24567	N19130	799	28970	N290AN	212	24290
N14118	748	27560	N1792B	144	24014	N19136	856	29285	N29124	786	27565
N14120	761	27562	N1792B	471	25488	N19141	933	30354	N29129	796	28969
N14121	766	27563	N1792B	588	27203	N191AN	977	32385	N291AN	215	24291
N151GX	227	24451	N1792B	231	24471	N192AN	979	32386	N293AW	220	24293
N151LF	672	26275	N1795B	1050	33967	N193AN	981	32387	N298BA	285	24748
N160GE	555	26160	N1795B	838	29727	N194AA	983	32388	N301AM	957	30045
N161GE	557	26161	N1795B	840	29282	N195AN	984	32389	N304H	6	22195
N161KB	723	28161	N1795B	845	29728	N196AA	986	32390	N310FV	471	25488
N161LF	676	26274	N1795B	860	26247	N197AN	988	32391	N312SF	523	25493
N17104	629	27294	N1795B	864	29941	N198AA	989	32392	N314ST	74	22211
N17105	632	27295	N1795B	865	28174	N199AN	991	32393	N315ST	75	22611
N17122	768	27564	N1795B	867	29942	N200UU	673	27809	N321LF	612	26269
N17126	790	27566	N1795B	877	29946	N201UU	678	27810	N32831	103	23686
N17128	795	27567	N1795B	880	30318	N202UW	681	27811	N33103	623	27293
N17133	840	29282	N1795B	883	30319	N203UW	930	30548	N33132	809	29281
N17139	911	30352	N1795B	887	29970	N204UW	945	30886	N335FV	165	24135
N172AJ	1012	32400	N1795B	893	29385	N205UW	946	30887	N34131	806	28971
N173AN	1005	32399	N1795B	895	30233	N206UW	666	27808	N34137	899	30229
N174AA	998	31308	N1795B	896	30339	N21100	614	27291	N3502P	258	24635
N1757	332	24923	N1795B	903	30351	N21108	645	27298	N3502P	362	25054
N175AN	992	32394	N1795B	908	30234	N226CL	114	22614	N3502P	587	26436
N176AA	994	32395	N1795B	914	30396	N226G	511	25491	N35030	593	26242
N177AN	996	32396	N1795B	928	30757	N227AN	57	23227	N3509J	773	28707
N1786B	374	25133	N1795B	930	30548	N235SC	180	24235	N35108	387	25220
N1786B	555	26160	N1795B	932	30758	N240LA	208	24367	N35153	295	24749
N1786B	861	28836	N1795B	935	29308	N240MQ	388	25240	N35153	412	25345
N1786B	881	26249	N1795B	1046	33961	N241CV	187	24122	N3519L	783	29025
N1786B	876	29609	N1798B	827	29426	N241LF	860	26247	N3519L	300	24845
N1786B	892	30187	N1799B	820	29724	N246BA	274	24738	N3519M	555	26160
N1786B	917	30397	N1799B	825	28484	N250LA	215	24291	N3519M	787	29026
N1787B	788	28967	N1799B	826	29725	N251LA	255	24566	N3521N	557	26161
N1787B	837	29428	N1799B	836	29380	N253CT	358	25053	N364LF	530	25622
N1787B	844	28751	N179AA	1000	32397	N254DG	471	25488	N368CG	213	24368
N1787B	847	29590	N1800B	842	29589	N25621	457	25621	N369AX	723	28161
N1787B	858	28835	N1800B	848	29283	N26123	781	28966	N380RM	836	29380
N1787B	866	29594	N18112	653	27302	N261PW	14	22176	N381LF	208	24367
N1787B	884	28488	N18119	753	27561	N262CT	620	26246	N38383	511	25491
N1787B	886	30061	N181AN	852	29591	N262SR	616	26244	N400KL	400	25268
N1787B	890	30337	N182AN	853	29592	N263LF	863	26248	N401JS	688	26332
N1787B	891	30338	N183AN	862	29593	N26ND	572	26241	N401UP	139	23723

Boeing 757-200

Registration	l/n	c/n	Registration	l/n	c/n	Registration	l/n	c/n	Registration	l/n	c/n
N402UP	141	23724	N444UP	644	27389	N501MH	14	22176	N515AT	692	27598
N403JS	639	27351	N445UP	646	27390	N501UA	241	24622	N515EA	28	22205
N403UP	143	23725	N446GE	950	32446	N501US	53	23190	N515UA	306	24840
N404UP	147	23726	N446UP	649	27735	N502UA	246	24623	N515US	88	23203
N405JS	836	29380	N447GE	951	32447	N502US	55	23191	N516AT	694	27972
N405UP	149	23727	N447UP	651	27736	N503EA	4	22193	N516EA	31	22206
N406JS	821	29443	N448UP	654	27737	N503UA	247	24624	N516UA	307	24860
N406UP	176	23728	N449GE	974	32449	N503US	59	23192	N516US	104	23204
N407UP	181	23729	N449UP	656	27738	N504EA	5	22194	N517AT	735	27973
N408UP	184	23730	N450UP	659	25472	N504UA	251	24625	N517EA	35	22207
N409UP	186	23731	N451GX	227	24451	N504US	60	23193	N517NA	204	24260
N410JR	591	27204	N451UP	675	27739	N505EA	6	22195	N517UA	310	24861
N410UP	189	23732	N452UP	679	25473	N505UA	254	24626	N517US	105	23205
N41135	851	29284	N453UP	683	25474	N505US	62	23194	N518AT	737	27974
N41140	913	30353	N454UP	687	25475	N506EA	7	22196	N518EA	38	22208
N411UP	191	23851	N455UP	691	25476	N506NA	272	24771	N518UA	311	24871
N412UP	193	23852	N456UP	728	25477	N506UA	263	24627	N518US	107	23206
N413UP	195	23853	N457UP	729	25478	N506US	67	23195	N519AT	779	27975
N414UP	197	23854	N458UP	730	25479	N507EA	8	22197	N519EA	40	22209
N415UP	199	23855	N459AX	457	25621	N507UA	270	24743	N519UA	312	24872
N416UP	318	23903	N459JS	819	29442	N507US	68	23196	N519US	108	23207
N417UP	322	23904	N459UP	733	25480	N508EA	12	22198	N520AT	814	27976
N418UP	326	23905	N460UP	734	25481	N508NA	616	26244	N520EA	42	22210
N419UP	330	23906	N461UP	755	28265	N508UA	277	24744	N520UA	313	24890
N420UP	334	23907	N462UP	759	28266	N508US	69	23197	N520US	109	23208
N421UP	395	25281	N463UP	763	28267	N509EA	17	22199	N521AT	213	24368
N422UP	399	25324	N464UP	765	28268	N509UA	284	24763	N521EA	74	22211
N423UP	403	25325	N465UP	767	28269	N509US	70	23198	N521NA	453	25592
N424UP	407	25369	N466UP	769	25482	N510EA	20	22200	N521UA	319	24891
N425UP	411	25370	N467UP	771	25483	N510FP	212	24290	N521US	110	23209
N426UP	477	25457	N468UP	774	25484	N510SK	209	24289	N522AT	843	29330
N427UP	481	25458	N469UP	776	25485	N510UA	290	24780	N522EA	75	22611
N428UP	485	25459	N470UP	778	25486	N511EA	21	22201	N522NA	374	25133
N429UP	489	25460	N471UP	813	28842	N511UA	291	24799	N522UA	320	24931
N430UP	493	25461	N472UP	815	28843	N511US	72	23199	N522US	119	23616
N431UP	569	25462	N473AP	301	24473	N512AT	523	25493	N523AT	888	30232
N432UP	573	25463	N473UP	823	28846	N512EA	22	22202	N523EA	114	22612
N433UP	577	25464	N474UP	879	28844	N512TZ	608	26635	N523NA	925	30043
N434UP	579	25465	N475UP	882	28845	N512UA	298	24809	N523UA	329	24932
N435UP	581	25466	N48127	791	28968	N512US	82	23200	N523US	121	23617
N436UP	625	25467	N490AM	510	25490	N513AT	974	32449	N524AT	895	30233
N437UP	628	25468	N490AN	510	25490	N513EA	26	22203	N524EA	115	22688
N438UP	631	25469	N497EA	228	24497	N513NA	132	23895	N524UA	331	24977
N439UP	634	25470	N497GX	228	24497	N513UA	299	24810	N524US	122	23618
N440AN	369	25044	N5002K	340	24971	N513US	83	23201	N525AT	930	30548
N440UP	636	25471	N5002K	362	25054	N514AT	690	27971	N525EA	117	22689
N441UP	638	27386	N500EA	3	22192	N514EA	27	22204	N525UA	338	24978
N442UP	640	27387	N500GX	173	24176	N514UA	305	24839	N525US	124	23619
N443UP	642	27388	N501EA	2	22191	N514US	86	23202	N526AT	931	30735

Boeing 757-200

Registration	l/n	c/n	Registration	l/n	c/n	Registration	l/n	c/n	Registration	l/n	c/n
N526NA	278	24794	N545UA	406	25323	N562UA	487	26664	N601AU	4	22193
N526UA	339	24994	N545US	711	26492	N563UA	488	26665	N601DL	37	22808
N526US	131	23620	N546NA	873	29945	N564UA	490	26666	N601RC	76	23321
N527AT	945	30886	N546UA	413	25367	N565UA	492	26669	N602AN	664	27053
N527EA	155	22691	N546US	713	26493	N566AN	255	24566	N602AU	7	22196
N527UA	341	24995	N547NA	877	29946	N566UA	494	26670	N602DF	224	24398
N527US	136	23842	N547UA	414	25368	N567UA	497	26673	N602DL	39	22809
N528AT	946	30887	N547US	714	26494	N568UA	498	26674	N602RC	79	23322
N528UA	346	25018	N548UA	420	25396	N569UA	499	26677	N603AA	670	27054
N528US	137	23843	N548US	715	26495	N570UA	501	26678	N603AU	12	22198
N529UA	352	25019	N549AX	250	24528	N57111	652	27301	N603DL	41	22810
N529US	140	23844	N549NA	280	24544	N571CA	237	24456	N603RC	80	23323
N52AW	505	25489	N549UA	421	25397	N571UA	506	26681	N6046P	894	29305
N530UA	353	25043	N549US	716	26496	N572UA	508	26682	N604AA	677	27055
N530US	188	23845	N550NW	968	26497	N573CA	340	24971	N604AU	17	22199
N531UA	361	25042	N550UA	426	25398	N573UA	512	26685	N604DL	43	22811
N531US	190	23846	N551NA	457	25621	N574UA	513	26686	N604RC	96	23566
N532UA	366	25072	N551NW	971	26498	N575UA	515	26689	N605AA	680	27056
N532US	192	24263	N551UA	427	25399	N576UA	524	26690	N605AU	21	22201
N533UA	367	25073	N552NW	975	26499	N577UA	527	26693	N605DL	46	22812
N533US	194	24264	N552UA	431	26641	N578UA	531	26694	N605RC	97	23567
N534UA	372	25129	N553NW	982	26500	N579UA	539	26697	N60668	1006	30046
N534US	196	24265	N553UA	434	25277	N580UA	542	26698	N60668	1015	32343
N535UA	373	25130	N554NW	987	26501	N58101	614	27291	N6066Z	886	30061
N535US	693	26482	N554UA	435	26644	N581UA	543	26701	N6067B	232	24401
N536UA	380	25156	N555NW	1011	33391	N582UA	550	26702	N6067U	102	23454
N536US	695	26483	N555UA	442	26647	N583UA	556	26705	N6069D	233	24402
N537UA	381	25157	N556NW	1013	33392	N584UA	559	26706	N606AA	707	27057
N537US	697	26484	N556UA	447	26650	N585UA	563	26709	N606AU	22	22202
N538UA	385	25222	N5573B	148	24015	N586UA	567	26710	N606DL	49	22813
N538US	699	26485	N5573B	235	24472	N587UA	570	26713	N606RC	99	23568
N539UA	386	25223	N5573B	332	24923	N588UA	571	26717	N607AM	712	27058
N539US	700	26486	N5573K	150	24016	N589UA	773	28707	N607AU	26	22203
N53AW	510	25490	N5573K	182	23863	N58AW	412	25345	N607DL	61	22814
N540UA	393	25252	N5573K	792	27623	N590UA	785	28708	N608AA	720	27446
N540US	701	26487	N5573L	823	28846	N591UA	718	28142	N608AU	27	22204
N541NA	215	24291	N5573L	852	29591	N592KA	453	25592	N608DA	64	22815
N541UA	394	25253	N5573P	445	25598	N592UA	719	28143	N609AA	722	27447
N541US	703	26488	N5579N	591	27204	N593UA	724	28144	N609AU	28	22205
N542NA	617	26245	N557NA	2	22191	N594BC	458	25131	N609DL	65	22816
N542UA	396	25276	N557NW	1016	33393	N594UA	727	28145	N610AA	234	24486
N542US	705	26489	N557UA	454	26653	N595UA	789	28748	N610AU	525	27122
N543NA	723	28161	N558AX	690	27971	N596UA	794	28749	N610DL	66	22817
N543UA	401	25698	N558NA	950	32446	N597AG	441	25597	N610G	870	29304
N543US	709	26490	N558UA	462	26654	N597UA	841	28750	N611AM	236	24487
N544NA	867	29942	N559NA	951	32447	N598UA	844	28751	N611AU	534	27123
N544UA	405	25322	N559UA	467	26657	N59AW	523	25493	N611DL	71	22818
N544US	710	26491	N560UA	469	26660	N600AU	3	22192	N612AA	240	24488
N545NA	872	29944	N561UA	479	26661	N601AN	661	27052	N612AU	540	27124

Registration	l/n	c/n	Registration	l/n	c/n	Registration	l/n	c/n	Registration	l/n	c/n
N612DL	73	22819	N629AA	315	24587	N647DL	222	24218	N6702	898	30188
N613AA	242	24489	N629AU	662	27807	N648AA	379	24606	N6703D	908	30234
N613AU	544	27144	N629DL	134	22919	N648DL	223	24372	N6704Z	914	30396
N613DL	84	22820	N630AA	316	24588	N649AA	383	24607	N6705Y	917	30397
N614AA	243	24490	N630AU	666	27808	N649DL	229	24389	N6706Q	921	30422
N614AU	546	27145	N630DL	135	22920	N650AA	384	24608	N6707A	927	30395
N614DL	85	22821	N631AA	317	24589	N650DL	230	24390	N6708D	934	30480
N615AM	245	24491	N631AU	673	27809	N651AA	390	24609	N6709	937	30481
N615AU	551	27146	N631DL	138	23612	N651DL	238	24391	N670AA	468	25335
N615DL	87	22822	N632AA	321	24590	N651LF	672	26275	N670DN	415	25331
N616AA	248	24524	N632AU	678	27810	N651MG	116	23651	N6710E	939	30482
N616AU	552	27147	N632DL	154	23613	N652AA	391	24610	N6711M	941	30483
N616DL	91	22823	N633AA	324	24591	N652DL	239	24392	N6712B	942	30484
N617AM	253	24525	N633AU	681	27811	N653A	397	24611	N67134	848	29283
N617AU	564	27148	N633DL	157	23614	N653DL	261	24393	N6713Y	944	30777
N617DL	92	22907	N634AA	327	24592	N654A	398	24612	N6714Q	949	30485
N618AA	260	24526	N634DL	158	23615	N654DL	264	24394	N6715C	953	30486
N618AU	42	22210	N635AA	328	24593	N655AA	402	24613	N6716C	955	30838
N618DL	95	22908	N635AV	608	26635	N655DL	265	24395	N67171	959	30839
N619AA	269	24577	N635DL	159	23762	N656AA	404	24614	N671AA	473	25336
N619AU	584	27198	N635GS	608	26635	N656DL	266	24396	N671DN	416	25332
N619DL	101	22909	N636AM	336	24594	N657AM	409	24615	N672AA	474	25337
N620AA	276	24578	N636DL	164	23763	N657DL	286	24419	N672DL	429	25977
N620AU	586	27199	N637AM	337	24595	N658AA	410	24616	N673AN	812	29423
N620DL	111	22910	N637DL	171	23760	N658DL	287	24420	N673DL	430	25978
N621AM	283	24579	N638AA	344	24596	N659AA	417	24617	N674AN	816	29424
N621AU	589	27200	N638DL	177	23761	N659DL	293	24421	N674DL	439	25979
N621DL	112	22911	N639AA	345	24597	N660AM	418	25294	N675AN	817	29425
N622AA	289	24580	N639AX	441	25597	N660DL	294	24422	N675DL	448	25980
N622AU	605	27201	N639AX	213	24368	N661AA	423	25295	N676AN	827	29426
N622DL	113	22912	N639DL	198	23993	N661DN	335	24972	N676DL	455	25981
N623AA	296	24581	N640A	350	24598	N662AA	425	25296	N677AN	828	29427
N623AU	607	27244	N640DL	201	23994	N662DN	342	24991	N677DL	456	25982
N623DL	118	22913	N641AA	351	24599	N663AM	432	25297	N678AN	837	29428
N624AA	297	24582	N641DL	202	23995	N663DN	343	24992	N678DL	465	25983
N624AU	630	27245	N642AA	357	24600	N664AA	433	25298	N679AN	842	29589
N624DL	120	22914	N642DL	205	23996	N664DN	347	25012	N679DA	500	26955
N625AA	303	24583	N642UW	930	30548	N665AA	436	25299	N680AN	847	29590
N625DL	126	22915	N643AA	360	24601	N665DN	349	25013	N680DA	502	26956
N625VJ	643	27246	N643DL	206	23997	N6666U	94	23452	N680EM	332	24923
N626AA	304	24584	N643UW	945	30886	N666A	451	25300	N680FM	332	24923
N626AU	647	27303	N644AA	365	24602	N666DN	354	25034	N681AA	483	25338
N626DL	128	22916	N644DL	207	23998	N667DN	355	25035	N681DA	516	26957
N627AA	308	24585	N644UW	946	30887	N668AA	460	25333	N682AA	484	25339
N627AU	655	27805	N645AA	370	24603	N668DN	376	25141	N682DA	518	26958
N627DL	129	22917	N645DL	216	24216	N669AA	463	25334	N683A	491	25340
N628AA	309	24586	N646AA	375	24604	N669DN	377	25142	N683DA	533	27103
N628AU	657	27806	N646DL	217	24217	N6700	890	30337	N684AA	504	25341
N628DL	133	22918	N647AM	378	24605	N6701	892	30187	N684DA	535	27104

Registration	l/n	c/n	Registration	l/n	c/n	Registration	l/n	c/n	Registration	l/n	c/n
N685AA	507	25342	N715TW	777	28483	N757LL	694	27972	N908AW	244	24233
N685DA	667	27588	N716TW	825	28484	N757MA	739	28463	N908FD	586	27199
N686AA	509	25343	N717TW	854	28485	N757NA	257	24567	N909AW	252	24522
N686DA	689	27589	N718TW	869	28486	N757SS	14	22176	N910AW	256	24523
N687AA	536	25695	N719BC	458	25131	N758MX	438	24965	N910FD	362	25054
N687DL	800	27586	N719TW	878	28487	N762MX	819	29442	N911AW	268	24543
N688AA	548	25730	N720TW	883	30319	N763MX	821	29443	N912FD	204	24260
N688DL	803	27587	N721TW	874	29954	N764MX	639	27351	N913AW	35	22207
N688GX	115	22688	N722TW	893	29385	N7667A	459	25301	N914AW	38	22208
N689AA	562	25731	N723BA	275	24747	N766MX	688	26332	N915AW	40	22209
N689DL	807	27172	N723TW	907	29378	N767AN	127	23767	N915FD	174	24120
N690AA	566	25696	N724TW	884	28488	N769BE	163	24118	N916AW	215	24291
N690DL	808	27585	N725TW	891	30338	N770BB	387	25220	N916FD	178	24137
N691AA	568	25697	N726TW	896	30339	N770BE	167	24119	N916UW	3	22192
N692AA	578	26972	N7273	475	25898	N772AB	271	24772	N917FD	215	24291
N692DL	820	29724	N727TW	901	30340	N789BA	152	23917	N917UW	4	22193
N693AA	580	26973	N73724	185	24254	N801AM	541	25624	N918FD	212	24290
N693DL	826	29725	N740PA	228	24497	N801DM	561	26240	N918UW	7	22196
N694AN	582	26974	N741PA	267	24737	N802AM	558	26270	N919FD	259	24636
N694DL	831	29726	N742PA	233	24402	N802PG	288	24774	N919UW	12	22198
N695AN	621	26975	N745BC	458	25131	N803AM	590	26268	N920FD	209	24289
N695DL	838	29727	N747BJ	40	22209	N804AM	592	26271	N920UW	17	22199
N696AN	627	26976	N750AT	45	23126	N805AM	594	26272	N921FD	333	24924
N696DL	845	29728	N750NA	658	26277	N806AM	597	26273	N921UW	21	22201
N697AN	633	26977	N750WL	146	23928	N809AM	639	27351	N922UW	22	22202
N697DL	880	30318	N751AT	44	23125	N811AD	8	22197	N923FD	514	26266
N698AN	635	26980	N751LF	676	26274	N816PG	262	24714	N923UW	26	22203
N698DL	885	29911	N751NA	749	28164	N822PB	130	23822	N924AW	333	24924
N699AN	660	27051	N751PA	146	23928	N8293V	33	22184	N924FD	114	22612
N699DL	887	29970	N752AT	48	23128	N84WA	523	25493	N924UW	27	22204
N701LF	208	24367	N752NA	865	28174	N868AN	314	24868	N925UW	28	22205
N701MG	8	22197	N753NA	280	24544	N871LF	268	24543	N926JS	424	24964
N701TW	721	28160	N754AT	424	24964	N88AM	271	24772	N927UW	534	27123
N702TW	732	28162	N754NA	958	29381	N900PC	740	28446	N928UW	540	27124
N703AM	588	27203	N755AT	438	24965	N901AW	76	23321	N929RD	153	23929
N703TW	736	27620	N755MX	424	24964	N901FD	525	27122	N929UW	544	27144
N704X	741	28163	N755NA	925	30043	N902AW	79	23322	N930RD	42	22210
N705TW	742	28479	N756AF	332	24923	N902FD	534	27123	N930UW	546	27145
N706TW	743	28165	N756AT	639	27351	N903AW	80	23323	N931UW	564	27148
N7079S	31	22206	N756MX	954	30044	N903FD	540	27124	N932UW	584	27198
N707TW	744	27625	N756NA	967	32448	N903PG	218	24370	N933FD	200	24330
N708TW	750	28480	N757A	1	22212	N904AW	96	23566	N933UW	586	27199
N709TW	754	28168	N757AF	371	25155	N904FD	544	27144	N934FD	203	24331
N710TW	757	28169	N757AG	920	29306	N905AW	97	23567	N934UW	589	27200
N711LF	782	28833	N757AT	47	23127	N905FD	546	27145	N935UW	605	27201
N711ZX	758	28481	N757AV	523	25493	N906AW	99	23568	N936FD	56	23293
N712TW	760	27624	N757BJ	14	22176	N906FD	564	27148	N936UW	607	27244
N713TW	764	28173	N757GA	204	24260	N907AW	155	22691	N937UW	630	27245
N714P	770	28482	N757HW	5	22194	N907FD	584	27198	N938UW	643	27246

Registration	l/n	c/n	Registration	l/n	c/n	Registration	l/n	c/n	Registration	l/n	c/n
N939UW	647	27303	OY-SHA	371	25155	RA-73007	295	24749	TC-GEN	31	22206
N940UW	655	27805	OY-SHB	387	25220	RA-73008	419	25436	TC-GLA	954	30044
N941UW	657	27806	OY-SHE	165	24135	RA-73009	422	25437	TC-GUL	40	22209
N942UW	662	27807	OY-SHF	169	24136	RA-73010	428	25438	TC-OGB	117	22689
N951PG	34	22185	OY-SHI	178	24137	RA-73011	437	25439	TC-OGC	161	23983
N955PG	225	24371	OY-USA	569	25462	RA-73012	443	25440	TC-OGD	173	24176
N958PG	163	24118	OY-USB	573	25463	RA-73014	446	25441	TC-OGH	115	22688
N962PG	167	24119	OY-USC	577	25464	RA-73015	464	25901	TC-OGS	924	29307
N965AW	438	24965	OY-USD	579	25465	RA-73016	521	26433	TC-OGT	935	29308
N983MQ	161	23983	P2-ANB	943	29312	RA-73017	532	26434	TC-SNA	541	25624
N987AN	611	25494	P4-AAA	272	24771	RA-73018	537	26435	TC-SNB	592	26271
N989AN	220	24293	P4-EAS	830	29488	RA-73019	587	26436	TC-SNC	597	26273
N994FD	510	25490	P4-FAS	834	29489	RP-C2714	218	24370	TC-SND	590	26268
NZ7571	519	26633	P4-GAS	708	28112	RP-C2715	225	24371	TF-ARD	74	22211
NZ7572	545	26634	P4-MAS	782	28833	RP-C2716	441	25597	TF-ARE	75	22611
OB-1788P	227	24451	P4-NSN	102	23454	S7-AAX	530	25622	TF-ARI	388	25240
OH-AFI	717	26330	PH-AAR	279	24792	SE-DSK	453	25592	TF-ARK	114	22612
OH-AFJ	612	26269	PH-AHE	165	24135	SE-DSM	250	24528	TF-FIA	938	29310
OH-AFK	530	25622	PH-AHF	169	24136	SE-DSN	374	25133	TF-FID	257	24567
OH-LBO	772	28172	PH-AHI	178	24137	SE-DUK	362	25054	TF-FIE	255	24566
OH-LBR	775	28167	PH-AHK	215	24291	SE-DUL	472	26151	TF-FIG	237	24456
OH-LBS	792	27623	PH-AHL	302	24838	SE-DUN	114	22612	TF-FIH	273	24739
OH-LBT	801	28170	PH-AHN	272	24771	SE-DUO	279	24792	TF-FII	281	24760
OH-LBU	857	29377	PH-AHO	18	22781	SE-DUP	292	24793	TF-FIJ	368	25085
OH-LBV	1006	30046	PH-AHP	250	24528	SE-RCE	173	24176	TF-FIK	272	24771
OH-LBX	1010	29382	PH-AHS	530	25622	SE-RFO	528	25623	TF-FIK	704	26276
OM-ASA	218	24370	PH-AHT	602	27237	SE-RFP	596	27219	TF-FIN	780	28989
OM-ASB	225	24371	PH-DBA	275	24747	SP-FVP	438	24965	TF-FIO	859	29436
OM-ASG	280	24544	PH-DBB	274	24738	SP-FVR	510	25490	TF-FIP	916	30423
OM-DGK	271	24772	PH-DBH	285	24748	SU-BPY	438	24965	TF-FIR	593	26242
OM-SNA	165	24135	PH-ITA	603	26243	SU-RAC	588	27203	TF-FIS	617	26245
OO-DLJ	340	24971	PH-TKA	519	26633	SU-RAD	591	27204	TF-FIT	314	24868
OO-DLK	258	24635	PH-TKB	545	26634	SX-BBY	472	26151	TF-FIT	616	26244
OO-DLN	9	22172	PH-TKC	608	26635	SX-BBZ	279	24792	TF-FIU	603	26243
OO-DLO	25	22180	PH-TKD	717	26330	SX-BLN	228	24497	TF-FIV	956	30424
OO-DLP	24	22179	PH-TKY	163	24118	SX-BLV	671	26278	TF-FIW	302	24838
OO-DLQ	13	22175	PH-TKZ	167	24119	SX-BLW	221	24397	TF-FIY	943	29312
OO-DPB	32	22183	PP-VTQ	860	26247	SX-BVM	227	24451	TF-FIZ	948	30052
OO-DPF	10	22173	PP-VTR	863	26248	SX-BVN	228	24497	TF-GRL	449	25620
OO-DPI	179	24102	PP-VTS	881	26249	SX-RFA	888	30232	TF-LLY	155	22691
OO-DRJ	90	23493	PP-VTT	889	26250	T-01	470	25487	TF-LLZ	155	22691
OO-DPK	89	23492	PR-LGF	180	24235	TC-AHA	183	24121	TJ-CAF	314	24868
OO-DPL	211	24267	PR-LGG	127	23767	TC-AJA	272	24771	TJ-CAG	220	24293
OO-DPM	58	22189	PR-LGH	74	22211	TC-ANM	187	24122	TJ-CAH	333	24924
OO-DPN	93	23533	PR-LGI	75	22611	TC-ANN	169	24136	TP-01	151	22690
OO-DPO	77	23398	PR-LGJ	42	22210	TC-ETE	954	30044	UK-75700	731	28338
OO-ILI	250	24528	PR-LGK	117	22689	TC-FLB	187	24122	UK-75701	875	30060
OO-TBI	374	25133	PR-LGL	115	22688	TC-FLC	169	24136	UK-75702	886	30061
OY-GRL	449	25620	PR-ONF	608	26635	TC-FLD	616	26244	UN-B5701	102	23454

Registration	l/n	c/n	Registration	l/n	c/n
UR-CDN	591	27204	XA-SMM	597	26273
V8-HB1	102	23454	XA-SPG	371	25155
V8-RBA	94	23452	XA-TAE	400	25268
V8-RBB	100	23453	XA-TCD	155	22691
V8-RBC	102	23454	XA-TJC	374	25133
VH-AWE	258	24635	XA-TMU	717	26330
VH-BRN	314	24868	XA-TQU	588	27203
VH-NOF	255	24566	XA-TRA	267	24737
VP-BBR	894	29305	XC-CBD	151	22690
VP-BBS	947	30834	XC-UJM	151	22690
VP-BFG	616	26244	XU-123	250	24528
VP-BFI	302	24838	XU-234	116	23651
VP-BUB	875	30060	XU-AKB	591	27204
VP-BUD	886	30061	YL-BDB	897	26251
VP-BUH	896	30339	YL-BDC	902	26253
VP-BUI	878	28487	YV-2242	167	24119
VP-BUJ	884	28488	YV2243	163	24118
VP-CAU	387	25220	YV304T	262	24714
VQ-BAK	688	26332	YV-77C	57	23227
VQ-BAL	639	27351	YV-78C	34	22185
VQ-BBT	821	29443			
VQ-BBU	819	29442			
VR-BTA	725	28336			
VR-BTB	726	28337			
VR-CAU	387	25220			
VR-CRK	102	23454			
VT-BDJ	179	24102			
VT-BDK	211	24267			
VT-BDM	692	27598			
XA-ACA	541	25624			
XA-CUN	114	22612			
XA-DIA	146	23928			
XA-JPB	932	30758			
XA-KWK	472	26151			
XA-MMX	362	25054			
XA-MTY	388	25240			
XA-RLM	255	24566			
XA-SAD	445	25598			
XA-SCB	472	26151			
XA-SED	155	22691			
XA-SIK	541	25624			
XA-SJD	558	26270			
XA-SKQ	510	25490			
XA-SKR	505	25489			
XA-SMD	510	25490			
XA-SME	505	25489			
XA-SMJ	590	26268			
XA-SMK	592	26271			
XA-SML	594	26272			

Boeing 757-300

Production Started:	1998
Production Ended:	2004
Number Built:	55
Active:	51
Preserved:	0
WFU, Stored & In Parts:	4
Written Off:	0
Scrapped:	0

Location Summary	
Germany	13
Iceland	1
Israel	2
United Kingdom	2
USA - CA	4
USA - MN	16
USA - TX	17

l/n	c/n	Model	Registration	Owner/Operator	Status	Location	Notes
804	29016	330	D-ABOA	Condor	Active	Frankfurt, Germany	
810	29017	330	D-ABOB	Condor	Active	Frankfurt, Germany	
818	29015	330	D-ABOC	Condor	Active	Frankfurt, Germany	
839	29012	330	D-ABOE	Condor	Active	Frankfurt, Germany	
846	29013	330	D-ABOF	Condor	Active	Frankfurt, Germany	
849	29014	330	D-ABOG	Condor	Active	Frankfurt, Germany	
855	30030	330	D-ABOH	Condor	Active	Frankfurt, Germany	
906	30178	3E7	4X-BAU	Arkia - Israeli Airlines	Active	Tel Aviv, Israel	
909	29018	330	D-ABOI	Condor	Active	Frankfurt, Germany	
912	30179	3E7	4X-BAW	Arkia - Israeli Airlines	Active	Tel Aviv, Israel	
915	29019	330	D-ABOJ	Condor	Active	Frankfurt, Germany	
918	29020	330	D-ABOK	Condor	Active	Frankfurt, Germany	
923	29021	330	D-ABOL	Condor	Active	Frankfurt, Germany	
926	29022	330	D-ABOM	Condor	Active	Frankfurt, Germany	
929	29023	330	D-ABON	Condor	Active	Frankfurt, Germany	
960	32241	3CQ	G-JMAA	Thomas Cook Airlines	Active	London Gatwick, UK	
963	32242	3CQ	G-JMAB	Thomas Cook Airlines	Active	London Gatwick, UK	
972	32584	33N	N550TZ	(ATA Airlines)	Stored	Victorville, CA	For Continental N73860
976	32585	33N	N75861	Continental Air Lines	Active	Houston, TX	
978	32586	33N	N552TZ	(ATA Airlines)	Stored	Victorville, CA	For Continental N57862
980	32587	33N	N57863	Continental Air Lines	Active	Houston, TX	
985	32588	33N	N57864	Continental Air Lines	Active	Houston, TX	
990	32810	324	N75851	Continental Air Lines	Active	Houston, TX	
995	32811	324	N57852	Continental Air Lines	Active	Houston, TX	
997	32812	324	N75853	Continental Air Lines	Active	Houston, TX	
999	32813	324	N75854	Continental Air Lines	Active	Houston, TX	
1001	32982	351	N581NW	Northwest Airlines	Active	Minneapolis, MN	
1003	32589	33N	N77865	Continental Air Lines	Active	Houston, TX	
1004	29434	308	TF-FIX	Icelandair	Active	Keflavik, Iceland	
1007	32591	33N	N78866	Continental Air Lines	Active	Houston, TX	
1008	32592	33N	N77667	Continental Air Lines	Active	Houston, TX	
1014	32981	351	N582NW	Northwest Airlines	Active	Minneapolis, MN	
1017	32590	33N	N57868	Continental Air Lines	Active	Houston, TX	
1018	32593	33N	N57869	Continental Air Lines	Active	Houston, TX	
1019	32983	351	N583NW	Northwest Airlines	Active	Minneapolis, MN	
1020	32984	351	N584NW	Northwest Airlines	Active	Minneapolis, MN	
1021	32985	351	N585NW	Northwest Airlines	Active	Minneapolis, MN	
1022	32987	351	N586NW	Northwest Airlines	Active	Minneapolis, MN	
1023	32986	351	N587NW	Northwest Airlines	Active	Minneapolis, MN	
1024	32988	351	N588NW	Northwest Airlines	Active	Minneapolis, MN	
1025	32989	351	N589NW	Northwest Airlines	Active	Minneapolis, MN	
1027	32990	351	N590NW	Northwest Airlines	Active	Minneapolis, MN	
1030	32991	351	N591NW	Northwest Airlines	Active	Minneapolis, MN	
1031	33525	33N	N560TZ	(ATA Airlines)	Stored	Victorville, CA	
1032	33526	33N	N561TZ	(ATA Airlines)	Stored	Victorville, CA	
1033	32992	351	N592NW	Northwest Airlines	Active	Minneapolis, MN	
1034	32993	351	N593NW	Northwest Airlines	Active	Minneapolis, MN	
1035	32994	351	N594NW	Northwest Airlines	Active	Minneapolis, MN	

Boeing 757-300

l/n	c/n	Model	Registration	Owner/Operator	Status	Location	Notes
1036	32995	351	N595NW	Northwest Airlines	Active	Minneapolis, MN	
1037	32996	351	N596NW	Northwest Airlines	Active	Minneapolis, MN	
1038	32814	324	N75855	Continental Air Lines	Active	Houston, TX	
1039	32815	324	N75856	Continental Air Lines	Active	Houston, TX	
1040	32816	324	N57857	Continental Air Lines	Active	Houston, TX	
1042	32817	324	N75858	Continental Air Lines	Active	Houston, TX	
1043	32818	324	N56859	Continental Air Lines	Active	Houston, TX	

Cross Reference

Registration	l/n	c/n	Registration	l/n	c/n
4X-BAU	906	30178	N589NW	1025	32989
4X-BAW	912	30179	N590NW	1027	32990
D-ABOA	804	29016	N591NW	1030	32991
D-ABOB	810	29017	N592NW	1033	32992
D-ABOC	818	29015	N593NW	1034	32993
D-ABOE	839	29012	N594NW	1035	32994
D-ABOF	846	29013	N595NW	1036	32995
D-ABOG	849	29014	N596NW	1037	32996
D-ABOH	855	30030	N60659	1004	29434
D-ABOI	909	29018	N6067B	810	29017
D-ABOJ	915	29019	N6069D	818	29015
D-ABOK	918	29020	N73860	972	32584
D-ABOL	923	29021	N753JM	1001	32982
D-ABOM	926	29022	N757X	804	29016
D-ABON	929	29023	N75851	990	32810
G-JMAA	960	32241	N75853	997	32812
G-JMAB	963	32242	N75854	999	32813
N1002R	909	29018	N75855	1038	32814
N1003M	906	30178	N75856	1039	32815
N1003M	929	29023	N75858	1042	32817
N1012N	839	29012	N75861	976	32585
N1786B	849	29014	N77865	1003	32589
N1786B	906	30178	N77867	1008	32592
N1787B	855	30030	N78866	1007	32591
N1795B	918	29020	TF-FIX	1004	29434
N1795B	923	29021			
N1795B	963	32242			
N1795B	1027	32990			
N1795B	1032	33526			
N1795B	1036	32995			
N5002K	960	32241			
N5002K	972	32584			
N550TZ	972	32584			
N551TZ	976	32585			
N552TZ	978	32586			
N553TZ	980	32587			
N554TZ	985	32588			
N555TZ	1003	32589			
N556TZ	1017	32590			
N557TZ	1007	32591			
N558TZ	1008	32592			
N559TZ	1018	32593			
N560TZ	1031	33525			
N561TZ	1032	33526			
N56859	1043	32818			
N57852	995	32811			
N57857	1040	32816			
N57862	978	32586			
N57863	980	32587			
N57864	985	32588			
N57868	1017	32590			
N57869	1018	32593			
N581NW	1001	32982			
N582NW	1014	32981			
N583NW	1019	32983			
N584NW	1020	32984			
N585NW	1021	32985			
N586NW	1022	32987			
N587NW	1023	32986			
N588NW	1024	32988			

Convair 880

Production Started:	1959
Production Ended:	1962
Number Built:	65
Active:	0
Preserved:	5
WFU, Stored & In Parts:	7
Written Off:	15
Scrapped:	38

Location Summary

Haiti	1
Panama	1
South Africa	1
USA - CA	3
USA - GA	1
USA - MD	2
USA - NJ	2
USA - TN	1

l/n	c/n	Registration	Owner/Operator	Status	Location	Notes
1	22-1-1	N880AJ	-	Nose Section Preserved	Atlanta Heritage Row, GA	
2	22-1-2	N802TW	-	Scrapped	Kansas City, MO	
3	22-1-3	N801AJ	(Aviation Hall of Fame)	Nose Section Preserved	Teterboro, NJ	
4	22-2-1(F)	N817AJ	-	WFU & Stored	Mojave, CA	
5	22-1-4	N804TW	-	Scrapped	Kansas City, MO	
6	22-1-5	N802AJ	-	Scrapped	Mojave, cA	
7	22-2-2	N880SR	-	Written Off	Mexico City	
8	22-1-6	N803AJ	-	Scrapped	Mojave, CA	
9	22-1-7	N818AJ	-	Scrapped	Miami, FL	
10	22-1-8	N804AJ	-	Scrapped	Atlantic City, NJ	
11	22-2-3	N880NW	-	Scrapped	Miami, FL	
12	22-1-9	N806AJ	-	Scrapped	Laurinburg, NC	
13	22-1-10	N807AJ	(TWA)	Fire Trainer	Atlantic City, NJ	
14	22-1-11	N811TW	-	Scrapped	Kansas City, MO	
15	22-1-12	N808AJ	-	Scrapped	Mojave, CA	
16	22-2-4	N8804E	-	Written Off	Atlanta, GA	
17	22-2-5(F)	HH-SMA	(Haiti Air Freight)	WFU & Stored	Port-Au-Prince, Haiti	
18	22-1-13	N8493H	-	Scrapped	Mojave, cA	
19	22-1-14	N809AJ	-	Scrapped	Mojave, CA	
20	22-1-15	N810AJ	-	Scrapped	Mojave, CA	
21	22-2-6	N8806E	-	Scrapped	Lisbon, Portugal	
22	22-1-16	N811AJ	-	Scrapped	Mojave, CA	
23	22-1-17	N812AJ	-	Preserved	Mojave, CA	
24	22-1-18	N813AJ	-	Scrapped	Mojave, CA	
25	22-1-19	N819TW	-	Scrapped	Kansas City, MO	
26	22-1-20	N820TW	-	Written Off	Kansas City, MO	
27	22-1-21	N821TW	-	Written Off	Constance, KY	
28	22-1-22	N822TW	-	Scrapped	Kansas City, MO	
29	880-22-2	N8807E	-	Written Off	Chicago O'Hare, IL	
30	22-1-23	N823TW	-	Scrapped	Kansas City, MO	
31	22-1-24	N824TW	-	Scrapped	Kansas City, MO	
32	22-1-25	N814AJ	-	Scrapped	Mojave, CA	
33	22-1-26	N826TW	-	Scrapped	Kansas City, MO	
34	22-1-27	N8494H	-	Scrapped	Mojave, CA	
35	22-1-28	N815AJ	(TWA)	WFU & Stored	Mojave, CA	
36	22-2-8	N819AJ	-	Scrapped	Mojave, CA	
38	22-2-9	N880EP	(Gracelands Museum)	Preserved	Gracelands, Memphis, TN	
39	22-1-29	AN-BIA	-	Scrapped	Miami, FL	
40	22-1-30	N816AJ	-	Scrapped	Mojave, CA	
41	22-2-10	HP-821	-	Written Off	Panama City	
42	22-1-31	N801TW	-	Scrapped	Kansas City, MO	
50	22-2-11	N8811E	-	Scrapped	Caracas, Venezuela	
51	22-2-12	N880WA	-	Scrapped	Miami, FL	
52	880-22-2	HP-876P	-	WFU & Stored	Panama City	
55	UC-880	161572	(US Navy)	WFU & Stored	Patuxent River NAS, MD	
56	22-21-4	N48063	(US Navy)	WFU & Stored	Patuxent River NAS, MD	
62	22-2-14	N8814E	-	Scrapped	Mojave, CA	

	l/n	c/n	Registration	Owner/Operator	Status	Location	Notes
☐	63	22-2-15	N700NW	-	Scrapped	Miami, FL	
☐	64	22-2-16	YV-145C	-	Written Off	Caracas, Venezuela	
☐	65	22-2-17	N8817E	-	Written Off	San Jose, Costa Rica	
☐	37(M)	22-3-1	VR-HFX	-	Written Off	Hong Kong Kai Tak	
☐	43(M)	22-3-2	N48058	-	Scrapped	Cincinnati, OH	
☐	44(M)	22-4-1	N48059	-	Scrapped	Seletar, Singapore	
☐	45(M)	22-3-3	JA8030	-	Written Off	Tokyo Haneda, Japan	
☐	46(M)	22-3-4(F)	N54CP	-	Scrapped	San Juan, Puerto Rico	
☐	47(M)	22-3-5	N48060	-	Written Off	Seletar, Singapore	
☐	48(M)	22-3-6	N5863	-	Written Off	Mojave, CA	
☐	49(M)	22-3-7	JA8028	-	Written Off	Moses Lake, WA	
☐	53(M)	22-21-1	VR-HFZ	-	Written Off	Pleiku, Vietnam	
☐	54(M)	22-21-2	N48062	-	Scrapped	Seletar, Singapore	
☐	57(M)	22-22-1	N5865	-	Scrapped	Miami, FL	
☐	58(M)	22-22-2	N88CH	-	Preserved as Home	Bonza Bay, South Africa	
☐	59(M)	22-22-3	JA8023	-	Written Off	Iki Island, Japan	
☐	60(M)	22-22-4	N880JT	-	Scrapped	Miami, FL	
☐	61(M)	22-22-5	N4339D	-	Scrapped	Orlando, FL	

Cross Reference

Registration	l/n	c/n	Registration	l/n	c/n	Registration	l/n	c/n	Registration	l/n	c/n
161572	55		N801TW	1		N824TW	31		N8810E	41	
AN-BIA	39		N801TW	42		N825TW	32		N8811E	50	
AN-BIB	9		N802AJ	6		N826TW	33		N8812E	51	
AN-BLW	4		N802TW	2		N828TW	35		N8813E	52	
AN-BLX	36		N803AJ	8		N829TW	39		N8814E	62	
B-1008	44(M)		N803TW	3		N830TW	40		N8815E	63	
HB-ICL	43(M)		N804AJ	10		N8429H	9		N8816E	64	
HB-ICM	45(M)		N804TW	5		N8477H	54(M)		N8817E	65	
HH-SMA	17		N805TW	6		N8478H	5		N88CH	58(M)	
HP-821	41		N806AJ	12		N8479H	55		N900NW	62	
HP-876P	52		N806TW	8		N8479H	8		N90450	36	
JA8021	57(M)		N807AJ	13		N8480H	12		N90452	9	
JA8022	58(M)		N807TW	9		N8481H	20		N94284	43(M)	
JA8023	59(M)		N808AJ	15		N8482H	22		N94285	45(M)	
JA8024	60(M)		N808TW	10		N8486H	44(M)		TF-AVR	48(M)	
JA8025	61(M)		N809AJ	19		N8487H	37(M)		VR-HFS	47(M)	
JA8026	46(M)		N809TW	12		N8488H	56		VR-HFT	43(M)	
JA8027	48(M)		N810AJ	20		N8489H	1		VR-HFX	37(M)	
JA8028	49(M)		N810TW	13		N8489H	47(M)		VR-HFY	54(M)	
JA8030	45(M)		N811AJ	22		N8490H	48(M)		VR-HFZ	53(M)	
M8483H	23		N811TW	14		N8490H	53(M)		VR-HGA	44(M)	
N112	55		N812AJ	23		N8491H	46(M)		VR-HGC	56	
N1RN	57(M)		N812TW	15		N8493H	18		VR-HGF	58(M)	
N375	32		N813AJ	24		N8494H	34		VR-HGG	60(M)	
N42	55		N813TW	18		N8495H	39		YV-145C	64	
N4339D	61(M)		N814AJ	32		N871TW	1		YV-C-VIA	53(M)	
N48058	43(M)		N814TW	19		N8801E	4		YV-C-VIB	56	
N48059	44(M)		N815AJ	35		N8802E	7		YV-C-VIC	37(M)	
N48060	47(M)		N815TW	20		N8803E	11				
N48062	54(M)		N816AJ	40		N8804E	16				
N48063	56		N816TW	22		N8805E	17				
N54CP	46(M)		N817AJ	4		N8806E	21				
N55NW	7		N817TW	23		N8807E	29				
N5858	46(M)		N818AJ	9		N8808E	36				
N5863	48(M)		N818TW	24		N8809E	38				
N5865	57(M)		N819AJ	36		N880AJ	1				
N5866	61(M)		N819TW	25		N880EP	38				
N58RD	48(M)		N820AJ	39		N880JT	60(M)				
N59RD	48(M)		N820TW	26		N880NW	11				
N700NW	63		N821TW	27		N880SR	7				
N800NW	17		N822TW	28		N880TJ	60(M)				
N801AJ	3		N823TW	30		N880WA	51				

Convair 990

Production Started:	1961
Production Ended:	1963
Number Built:	37
Active:	0
Preserved:	7
WFU, Stored & In Parts:	2
Written Off:	11
Scrapped:	17

Location Summary	
Spain	3
Switzerland	1
Unknown	1
USA - AZ	1
USA - CA	2
USA - TX	1

	l/n	c/n	Registration	Owner/Operator	Status	Location	Notes
☐	1	30-5-1	N711NA	-	Written Off	Sunnyvale, CA	
☐	2	30-5-2	N990AB	(APSA)	Preserved	Mojave, CA	
☐	3	30-5-3	PK-GJA	-	Written Off	Nalla Sopora, India	
☐	4	30-5-4	N7876	-	Written Off	Guam	
☐	5	30-6-1	N990AC	-	Nose Preserved	?	
☐	6	30-6-2	HB-ICF	-	Scrapped	Hamburg Finkenwerder, Germany	
☐	7	30-6-3	EC-CNG	-	Scrapped	Palma de Mallorca, Spain	
☐	8	30-6-4	EC-CNF	-	Scrapped	Palma de Mallorca, Spain	
☐	9	30-5-5	N8160C	-	Scrapped	Denver, CO	
☐	10	30-5-6	OD-AEX	-	Written Off	Beirut, Lebanon	
☐	11	30-6-5	HB-ICB	-	Scrapped	Hamburg Finkenwerder, Germany	
☐	12B	30-6-6	HB-ICC	(Swissair)	Preserved	Museum of Transport, Lucerne, Switzerland	
☐	13	30-8-1	N5603	-	Written Off	Acapulco, Mexico	
☐	14	30-6-7	EC-CNJ	-	Scrapped	Palma de Mallorca, Spain	
☐	15	30-6-8	HB-ICD	-	Written Off	Wuerenlingen, Germany	
☐	16	30-5-7	N990E	-	Scrapped	Fort Lauderdale, FL	
☐	17	30-6-9	EC-CNH	-	Scrapped	Palma de Mallorca, Spain	
☐	18	30-5-8	EC-BZP	(Speed Fly)	Fuselage Preserved	Barcelona Sabadell, Spain	
☐	19	30-8-2	N8258C	-	Scrapped	Denver, CO	
☐	20	30-8-3	N8259C	-	Scrapped	Marana, AZ	
☐	21	30-5-9	EC-BTE	-	Scrapped	Palma de Mallorca, Spain	
☐	22	30-5-10	EC-BJC	-	Scrapped	Palma de Mallorca, Spain	
☐	23	30-5-11	EC-BJD	-	Scrapped	Palma de Mallorca, Spain	
☐	24	30-5-12	N8357C	-	Preserved	Houston Hobby, TX	
☐	25	30-5-13	EC-BZR	-	Written Off	Tenerife, Canary Islands	
☐	26	30-5-14	N5614	-	Scrapped	Denver, CO	
☐	27	30-5-15	N8356C	-	Nose Remains	Davis Monthan, AZ	
☐	28	30-5-16	N5616	-	Written Off	Newark, NJ	
☐	29	30-5-17	N810NA	(Mojave Airport)	Preserved	Mojave, CA	
☐	30	30-5-18	EC-BZO	(Spantax)	WFU & Stored	Palma de Mallorca, Spain	
☐	31	30-5-19	OD-AEW	-	Written Off	Beirut, Lebanon	
☐	32	30-5-20	EC-BNM	-	Written Off	Stockholm Arlanda, Sweden	
☐	33	30-5-21	N5601	-	Scrapped	Erie, CO	
☐	34	30-5-22	EC-BQQ	(Centervol)	Foreward Fuselage Preserved	Girona, Spain	
☐	35	30-5-23	EC-BXI	-	Scrapped	Palma de Mallorca, Spain	
☐	36	30-5-24	EC-BQA	-	Scrapped	Palma de Mallorca, Spain	
☐	37	30-5-25	N712NA	-	Written Off	March AFB, CA	

Cross Reference

Registration	c/n	Registration	c/n
EC-BJC	22	N990E	16
EC-BJD	23	OB-OAG	5
EC-BNM	32	OB-R728	5
EC-BQA	36	OB-R-728	5
EC-BQQ	34	OB-R-765	2
EC-BTE	21	OB-R925	24
EC-BXI	35	OB-R-925	24
EC-BZO	30	OD-AEW	31
EC-BZP	18	OD-AEX	10
EC-BZR	25	OD-AFF	18
EC-CNF	8	OD-AFG	30
EC-CNG	7	OD-AFH	25
EC-CNH	17	OD-AFI	35
EC-CNJ	14	OD-AFJ	33
HB-ICA	7	OD-AFK	26
HB-ICB	11	OK-KVA	17
HB-ICC	12B	OY-ANI	25
HB-ICD	15	OY-ANL	36
HB-ICD	15	PK-GJA	3
HB-ICE	14	PK-GJB	4
HB-ICF	6	PK-GJC	37
HB-ICG	8	PP-VJE	13
HB-ICH	17	PP-VJF	19
N2920	35	PP-VJG	20
N5601	1	SE-DAY	8
N5601	33	SE-DAZ	17
N5601G	1	SE-DDK	34
N5602	2		
N5602	34		
N5602G	2		
N5603	3		
N5603	13		
N5603	35		
N5603G	3		
N5604	4		
N5604	36		
N5604G	4		
N5605	9		
N5606	10		
N5607	16		
N5608	18		
N5609	21		
N5610	22		
N5611	23		
N5612	24		
N5612	36		
N5613	25		
N5614	26		
N5615	27		
N5616	25		
N5616	28		
N5617	29		
N5618	30		
N5619	31		
N5620	32		
N5623	20		
N5624	16		
N5625	19		
N6843	30		
N6844	18		
N6846	24		
N710NA	29		
N711NA	1		
N712NA	37		
N713NA	29		
N7876	4		
N7878	37		
N810NA	29		
N8160C	9		
N8258C	19		
N8259C	20		
N8356C	27		
N8357C	24		
N8484H	5		
N8485H	6		
N8497H	7		
N8498H	8		
N8499H	11		
N94280	12B		
N987AS	13		
N990AB	2		
N990AC	5		

Dassault Mercure

Production Started:	1971
Production Ended:	1975
Number Built:	12
Active:	0
Preserved:	3
WFU, Stored & In Parts:	4
Written Off:	0
Scrapped:	5

Location Summary

France	6
Germany	1

c/n	Model	Registration	Owner/Operator	Status	Location	Notes
001	Mercure 100	F-WTCC	-	Scrapped	?	
002	Mercure 100	F-BTMD	-	Scrapped	Paris Orly, France	C/N 11 also
1	Mercure 100	F-BTTA	-	Scrapped	Paris Orly, France	
2	Mercure 100	F-BTTB	(Air Inter)	Preserved	Technik Museum, Speyer, Germany	
3	Mercure 100	F-BTTC	-	Scrapped	Paris Orly, France	
4	Mercure 100	F-BTTD	(Air Inter)	WFU & Stored	Paris Le Bourget Museum, France	
5	Mercure 100	F-BTTE	(Air Littoral)	Fire Trainer	Montpellier, France	
6	Mercure 100	F-BTTF	(Air Inter)	Preserved	Bordeaux Merignac, France	
7	Mercure 100	F-BTTG	-	Scrapped	Morlaix, France	
8	Mercure 100	F-BTTH	-	Ground Trainer	Marseilles, France	
9	Mercure 100	F-BTTI	(Air Inter)	WFU & Stored	Bordeaux Merignac, France	Inside SOGERMA Centre
10	Mercure 100	F-ARIT	(Air Inter)	Preserved	Musee Delta, Paris Orly, France	

Cross Reference

Registration	c/n
F-ARIT	10
F-BTMD	002
F-BTTA	1
F-BTTB	2
F-BTTC	3
F-BTTD	4
F-BTTE	5
F-BTTF	6
F-BTTG	7
F-BTTH	8
F-BTTI	9
F-BTTJ	10
F-WTCC	001
F-WTMD	2
F-WTTA	1

de Havilland Comet

Production Started:	1952
Production Ended:	1964
Number Built:	124
Active:	0
Preserved:	18
WFU, Stored & In Parts:	4
Written Off:	24
Scrapped:	78

Location Summary

Canada	1
Germany	1
Mexico	1
Netherlands	1
UAE - Sharjah	1
United Kingdom	16
USA - WA	1

c/n	Model	Registration	Owner/Operator	Status	Location	Notes
6001	G-ALVG	1	-	Scrapped	Farnborough, UK	
6002	G-ALZK	1	-	Scrapped	Hatfield, UK	
6003	G-ALYP	1	-	Written Off	Nr Elba, Italy	
6004	G-ALYR	1	-	Written Off	Calcutta, India	
6005	G-ALYS	1	-	Scrapped	Farnborough, UK	
6006	7610M	2X	-	Scrapped	Halton, UK	
6007	G-ALYU	1	(BOAC)	Fuselage Remains	Pengham Moors, Cardiff, UK	
6008	G-ALYV	1	-	Written Off	Kolkata, India	
6009	G-ALYW	1	-	Fuselage Remains as Nimrod Mockup	Nr Rotterdam, Netherlands	
6010	G-ALYX	1	-	Nose Remains	Lasham, UK	
6011	G-ALYY	1	-	Written Off	Tyrrhenian Sea, Italy	
6012	G-ALYZ	1	-	Written Off	Rome, Italy	
6013	G-ANAC	1A	(BOAC)	Nose Section Preserved	Wroughton, UK	
6014	CF-CUN	1A	-	Written Off	Karachi, Pakistan	
6015	F-BGSA	1A	-	Scrapped	Paris Le Bourget, France	
6016	F-BGSB	1A	-	Scrapped	Paris Le Bourget, France	
6017	5301	1XB	(Royal Canadian Air Force)	Nose Preserved	Rockliffe, ONT, Canada	
6018	N373S	1XB	-	Scrapped	Miami, FL	
6019	F-BGSC	1A	-	Written Off	Dakar, Senegal	
6020	F-BGNX	1A	(Air France)	Fuselage Preserved	Mosquito Aircraft Museum, London, UK	
6021	XM829	1XB	-	Scrapped	London Stansted, UK	
6022	G-APAS	1XB	(BOAC)	Preserved	Cosford Museum, UK	
6023	XK655	2R	-	Nose Preserved	Al Mahatta Museum, Sharjah, UAE	
6024	XK669	C2	-	Scrapped	RAF Lyneham, UK	
6025	XK659	2R	-	Scrapped	Manchester, UK	
6026	XN453	2E	-	Scrapped	Boscombe Down, UK	
6027	XK663	2R	-	Written Off	Wyton, UK	
6028	XK670	C2	-	Scrapped	RAF Lyneham, UK	
6029	XK671	C2	-	Scrapped	Topcliffe, UK	
6030	XK695	2R	(Royal Air Force)	Forward Fuselage Preserved	Mosquito Aircraft Museum, London Colney, UK	
6031	XK696	C2	-	Scrapped	Watton, UK	
6032	XK697	C2	-	Scrapped	Wyton, UK	
6033	XV144	2E	-	Scrapped	Farnborough, UK	
6034	XK698	C2	-	Scrapped	St. Athan, UK	
6035	XK699	C2	(Royal Air Force)	Preserved	RAF Lyneham, UK	
6036	-	-	-	Scrapped. Did Not Fly	Chester Hawarden, UK	
6037	XK715	C2	-	Scrapped	Halifax, UK	
6038	-	2	-	Scrapped. Did Not Fly	Hatfield, UK	
6039	-	2	-	Scrapped. Did Not Fly	Chester Hawarden, UK	
6040	-	2	-	Scrapped. Did Not Fly	Chester Hawarden, UK	
6041	-	2	-	Scrapped. Did Not Fly	Chester Hawarden, UK	
6042	-	2	-	Scrapped. Did Not Fly	Chester Hawarden, UK	
6043	-	2	-	Scrapped. Did Not Fly	Chester Hawarden, UK	
6044	-	2	-	Scrapped. Did Not Fly	Chester Hawarden, UK	
6045	XK716	C2	-	Scrapped	Halton, UK	
6100	XP915	3B	-	Scrapped	Woodford, UK	
6101	-	3	-	Scrapped. Did Not Fly	Hatfield, UK	

c/n	Model	Registration	Owner/Operator	Status	Location	Notes
6401	G-APDA	4	-	Scrapped	Lasham, UK	
6402	-	4	-	Fuselage Stored. Did Not Fly	Warton, UK	
6403	G-APDB	4	(BOAC)	Preserved	IWM Duxford, UK	
6404	G-APDC	4	-	Scrapped	Lasham, UK	
6405	G-APDD	4	-	Scrapped	Lasham, UK	
6406	G-APDE	4	-	Scrapped	Lasham, UK	
6407	XV814	4	-	Cockpit Preserved	Chipping Camden, UK	
6408	LV-AHN	4	-	Scrapped	Lasham, UK	
6409	G-APDH	4	-	Written Off	Singapore Paya Lebar	
6410	LV-AHO	4	-	Written Off	Buenos Aires	
6411	LV-AHP	4	-	Written Off	Asuncion, Paraguay	
6412	G-APDK	4	-	Scrapped	Lasham, UK	
6413	G-APDL	4	-	Scrapped	Newcastle, UK	
6414	G-APDM	4	-	Scrapped	UK	
6415	G-APDN	4	-	Written Off	Nr Barcelona, Spain	
6416	G-APDO	4	-	Scrapped	Lasham, UK	
6417	XX944	4	(Royal Aircraft Establishment)	Scrapped	Farnborough, UK	
6418	XA-NAP	4	-	Scrapped	London Stansted, UK	
6419	XW626	4	-	Scrapped	Bedford, UK	
6420	G-APDT	4	-	Scrapped	London Heathrow, UK	
6421	G-APMA	4B	-	Scrapped	London Heathrow, UK	
6422	G-APMB	4B	-	Scrapped	London Gatwick, UK	
6423	G-APMC	4B	-	Scrapped	Lasham, UK	
6424	N888WA	4C	(BOAC)	Preserved	Museum of Flight, Everett, WA	
6425	N999WA	4C	-	Scrapped	Chicago O'Hare, IL	
6426	G-APMF	4B	-	Scrapped	Lasham, UK	
6427	G-APDG	4	-	Scrapped	Lasham, UK	
6428	HC-ALT	4	-	Scrapped	Miami, FL	
6429	G-APDJ	4	-	Scrapped	Lasham, UK	
6430	LV-AHR	4	-	Written Off	Sao Paulo, Brazil	
6431	5X-AAO	4	-	Scrapped	Lasham, UK	
6432	G-AZLW	4	-	Scrapped	Lasham, UK	
6433	G-AMPC	4	-	Scrapped	Lasham, UK	
6434	G-AZIY	4	-	Scrapped	Lasham, UK	
6435	G-APMD	4B	-	Scrapped	Lasham, UK	
6436	G-APME	4B	-	Scrapped	Lasham, UK	
6437	G-APYC	4B	-	Scrapped	Kemble, UK	
6438	G-APYD	4B	(Dan-Air London)	Preserved	Wroughton, UK	
6439	SU-ALC	4C	-	Written Off	Tripoli, Libya	
6440	G-APZM	4B	-	Scrapped	Lasham, UK	
6441	SU-ALD	4C	-	Written Off	Nr Bombay, India	
6442	G-APMG	4B	-	Scrapped	Lasham, UK	
6443	N777WA	4C	(Parque Zoologica Irapuato)	Preserved	Irapuato, Mexico	
6444	SU-ALE	4C	-	Written Off	Munich, Germany	
6445	OD-ADR	4C	-	Written Off	Beirut, Lebanon	
6446	OD-ADQ	4C	-	Written Off	Beirut, Lebanon	
6447	G-ARDI	4B	-	Scrapped	Southend, UK	
6448	OD-ADS	4C	-	Written Off	Beirut, Lebanon	

c/n	Model	Registration	Owner/Operator	Status	Location
6449	G-ARCO	4B	-	Written Off	Nr Rhodes, Greece
6450	OD-ADT	4C	-	Scrapped	Lasham, UK
6451	G-BBUV	4B	-	Scrapped	Lasham, UK
6452	G-ARJK	4B	-	Scrapped	Lasham, UK
6453	G-ARGM	4B	-	Scrapped	Lasham, UK
6454	SU-ALL	4C	-	Scrapped	Cairo, Egypt
6455	G-ARJL	4B	-	Scrapped	Lasham, UK
6456	G-ARJM	4B	-	Written Off	Ankara, Turkey
6457	G-ASDZ	4C	-	Scrapped	Lasham, UK
6458	G-BEEX	4C	(Egyptair)	Nose Preserved	North East Aircraft Museum, Sunderland, UK
6459	G-ARJN	4B	-	Scrapped	Lasham, UK
6460	G-AROV	4C	-	Scrapped	Lasham, UK
6461	SA-R-7	4C	-	Written Off	Italian Alps
6462	G-BEEY	4C	-	Scrapped	Lasham, UK
6463	G-BDIF	4C	-	Scrapped	Lasham, UK
6464	SU-AMW	4C	-	Written Off	Nr Bangkok, Thailand
6465	G-AYWX	4C	-	Scrapped	Lasham, UK
6466	G-BEEZ	4C	-	Scrapped	Lasham, UK
6467	G-BDIT	C4	-	Scrapped	Blackbushe, UK
6468	8882M	C4	(Royal Air Force)	Nose Section Preserved	Kinloss, UK
6469	G-BDIV	C4	-	Scrapped	Lasham, UK
6470	G-BDIW	4C	(Dan-Air London)	Preserved	Hermeskeil, Germany
6471	G-BDIX	C4	(Dan-Air London)	Preserved	National Museum of Flight, East Fortune, UK
6472	5Y-AAA	4	-	Scrapped	Lasham, UK
6473	G-CPDA	4C	(Cold War Jets Collection)	Preserved	Bruntingthorpe, UK
6474	G-AYVS	4C	-	Scrapped	Lasham, UK
6475	SU-ANI	4C	-	Written Off	Addis Ababa, Ethiopia
6476	XV147	4C/MRA.4	-	Scrapped	Warton, UK
6477	XV148	4C/MRA.4	(Royal Air Force)	Nose Preserved	Guildford, UK

Cross Reference

Registration	c/n	Registration	c/n	Registration	c/n
5301	6017	G-APDG	6427	SU-AMW	6464
5302	6018	G-APDH	6409	SU-ANC	6466
5H-AAF	6433	G-APDI	6428	SU-ANI	6475
5X-AAO	6431	G-APDJ	6429	SX-DAK	6437
5Y-AAA	6472	G-APDK	6412	SX-DAL	6438
5Y-ADD	6413	G-APDL	6413	SX-DAN	6440
5Y-ALD	6412	G-APDM	6414	SX-DAO	6447
5Y-ALF	6406	G-APDN	6415	VP-KPJ	6431
5Y-AMT	6405	G-APDO	6416	VP-KPK	6433
7610M	6006	G-APDP	6417	VP-KRL	6472
7905M	6037	G-APDR	6418	XA-NAB	6420
7926M	6028	G-APDS	6419	XA-NAP	6418
7927M	6029	G-APDT	6420	XA-NAR	6424
7958M	6045	G-APMA	6421	XA-NAS	6425
7971M	6035	G-APMB	6422	XA-NAT	6443
8351M	6022	G-APMC	6423	XA-NAZ	6418
8882M	6468	G-APMD	6435	XA-POW	6420
9164M	6030	G-APME	6436	XK655	6023
9K-ACA	6465	G-APMF	6426	XK659	6025
9K-ACE	6474	G-APMG	6442	XK663	6027
9K-ACI	6427	G-APYC	6437	XK669	6024
9M-AOA	6401	G-APYD	6438	XK670	6028
9M-AOB	6403	G-APZM	6440	XK671	6029
9M-AOC	6404	G-ARBB	6443	XK695	6030
9M-AOD	6405	G-ARCO	6449	XK696	6031
9M-AOE	6406	G-ARCP	6451	XK697	6032
9V-BAS	6401	G-ARDI	6447	XK698	6034
9V-BAT	6404	G-ARGM	6453	XK699	6035
9V-BAU	6406	G-ARJK	6452	XK715	6037
9V-BBH	6417	G-ARJL	6455	XK716	6045
9V-BBJ	6414	G-ARJM	6456	XM823	6022
CF-CUN	6014	G-ARJN	6459	XM829	6021
CF-SVR	6018	G-AROV	6460	XN453	6026
F-BGNX	6020	G-ASDZ	6457	XP915	6100
F-BGNY	6021	G-AYVS	6474	XR395	6467
F-BGNZ	6022	G-AYWX	6465	XR396	6468
F-BGSA	6015	G-AZIY	6434	XR397	6469
F-BGSB	6016	G-AZLW	6432	XR398	6470
F-BGSC	6019	G-BBUV	6451	XR399	6471
G-5-1	6001	G-BDIF	6463	XS235	6473
G-5-1	6476	G-BDIT	6467	XV144	6033
G-5-2	6002	G-BDIU	6468	XV147	6476
G-5-23	6022	G-BDIV	6469	XV148	6477
G-ALVG	6001	G-BDIW	6470	XV814	6407
G-ALYP	6003	G-BDIX	6471	XW626	6419
G-ALYR	6004	G-BEEX	6458	XX944	6417
G-ALYS	6005	G-BEEY	6462		
G-ALYT	6006	G-BEEZ	6466		
G-ALYU	6007	G-CPDA	6473		
G-ALYV	6008	HC-ALT	6428		
G-ALYW	6009	LV-AHN	6408		
G-ALYX	6010	LV-AHO	6410		
G-ALYY	6011	LV-AHP	6411		
G-ALYZ	6012	LV-AHR	6430		
G-ALZK	6002	LV-AHS	6432		
G-AMPC	6433	LV-AHU	6434		
G-AMXA	6023	LV-AIB	6460		
G-AMXB	6024	LV-PLM	6408		
G-AMXC	6025	LV-PLO	6410		
G-AMXD	6026	LV-PLP	6411		
G-AMXE	6027	LV-POY	6430		
G-AMXF	6028	LV-POZ	6432		
G-AMXG	6029	LV-PPA	6434		
G-AMXH	6030	LV-PTS	6460		
G-AMXI	6031	N373S	6018		
G-AMXJ	6032	N777WA	6443		
G-AMXK	6033	N888WA	6424		
G-AMXL	6034	N999WA	6425		
G-ANAC	6013	OD-ADR	6445		
G-ANLO	6100	OD-ADQ	6446		
G-AOJT	6020	OD-ADS	6448		
G-AOJU	6021	OD-ADT	6450		
G-AOVU	6424	OD-AEV	6414		
G-AOVV	6425	SA-R-7	6461		
G-APAS	6022	ST-AAW	6457		
G-APDA	6401	ST-AAX	6463		
G-APDB	6403	SU-ALC	6439		
G-APDC	6404	SU-ALD	6441		
G-APDD	6405	SU-ALE	6444		
G-APDE	6406	SU-ALL	6454		
G-APDF	6407	SU-ALM	6458		
		SU-AMV	6462		

Douglas DC-8

Production Started:	1958
Production Ended:	1972
Number Built:	556
Active:	67
Preserved:	10
WFU, Stored & In Parts:	148
Written Off:	79
Scrapped:	253

Location Summary	
Angola	1
Argentina	1
Bahrain	4
Belgium	4
Brazil	11
Canada	2
China	2
Colombia	2
Congo	11
Denmark	1
France	5
Germany	1
Ghana	3
Japan	1
Libya	1
Mexico	3
Netherlands	1
Nigeria	1
Panama	2
Paraguay	1
Peru	8
Philippines	1
Rwanda	2
Saudi Arabia	2
South Africa	4
Spain	2
Sri Lanka	1
Switzerland	1
Togo	1

Location Summary	
UAE - Ras Al Khaimah	1
UAE - Sharjah	4
United Kingdom	2
USA - AR	15
USA - AZ	8
USA - CA	10
USA - FL	8
USA - GA	1
USA - KY	26
USA - LA	1
USA - MI	12
USA - NC	5
USA - NM	33
USA - OH	12
USA - PA	1
USA - TN	4
USA - TX	1
USA - UT	1
Zimbabwe	1

Douglas DC-8 — Out Of Production List: Western Jet Airliners

	l/n	c/n	Model	Registration	Owner/Operator	Status	Location	Notes
☐	1	45252	51	N8008D	-	Scrapped	Marana, AZ	
☐	2	45278	21	N8001U	-	Scrapped	Kingman, AZ	
☐	3	45279	21	N8002U	-	Scrapped	Detroit Willow Run, MI	
☐	4	45280	21	N220RB	(Project Orbis)	Preserved	Datang Shan, China	
☐	5	45253	33	PP-PEA	-	Written Off	Monrovia, Liberia	
☐	6	45254	33	N8016	-	Cockpit Remains	Laurinburg, NC	
☐	7	45255	33	LV-LTP	(TRAFE)	Fire Trainer	Buenos Aires, Argentina	
☐	8	45281	21	N8004U	-	Scrapped	Kingman, AZ	
☐	9	45442	43	OB-R1205	-	Scrapped	Lima, Peru	
☐	10	45282	21	N8005U	-	Scrapped	Kingman, AZ	
☐	11	45283	21	N8006U	-	Scrapped	Kingman, AZ	
☐	12	45284	51	N8007U	-	Scrapped	San Francisco, CA	
☐	13	45285	51	OB-R1296	-	Scrapped	Lima, Peru	
☐	14	45408	51	N801E	-	Scrapped	?	
☐	15	45286	51	N8009U	-	Scrapped	-	
☐	16	45287	51	N8010U	-	Scrapped	San Francisco, CA	
☐	17	45288	51	N8011U	-	Scrapped	-	
☐	18	45443	43	CF-TJB	-	Scrapped	Sion, Switzerland	
☐	19	45409	51	N802E	-	Written Off	New Orleans, LA	
☐	20	45289	21F	N579JC	-	Scrapped	Marana, AZ	
☐	21	45410	51F	N505FB	(Fine Air)	WFU & Stored	Roswell, NM	
☐	22	45290	11	N8013U	-	Written Off	Staten Island, NY	
☐	23	45411	51	N804E	-	Scrapped	Marana, AZ	
☐	24	45412	51	N805E	-	Scrapped	Paris CDG, France	
☐	25	45413	51	N806E	-	Scrapped	Marana, AZ	
☐	26	45588	21	N8014U	-	Scrapped	Kingman, AZ	
☐	27	45589	21	N8015U	-	Cockpit Remains	Maxton, NC	
☐	28	45590	21	N8016U	-	Scrapped	Kingman, AZ	
☐	29	45591	21F	N8017U	-	Scrapped	Fort Lauderdale, FL	
☐	30	45291	21	N8018U	-	Scrapped	Detroit Willow Run, MI	
☐	31	45444	43	N72488	-	Scrapped	Miami, FL	
☐	32	45592	21	N8019U	-	Scrapped	Kingman, AZ	
☐	33	45593	21	N8020U	-	Scrapped	Medford, OR	
☐	34	45422	21	N48CA	-	Scrapped	Van Nuys, CA	
☐	35	45594	21F	N580JC	-	Scrapped	Miami, FL	
☐	36	45423	21	N8602	-	Scrapped	Marana, AZ	
☐	37	45424	21	N8603	-	Scrapped	Miami, FL	
☐	38	45391	21	N6571C	-	Scrapped	Islip, NY	
☐	39	45595	21F	N8022U	-	Scrapped	Fort Lauderdale, FL	
☐	40	45256	33	LN-PIP	(SAS)	Ground Trainer	Copenhagen Kastrup, Denmark	
☐	41	45425	21	N8604	(Aviation Warehouse)	WFU Fuselage Only?	Mojave, CA?	
☐	42	45445	43	N9047F	-	Scrapped	Opa Locka, FL	
☐	43	45292	21	N8023U	-	Scrapped	Kingman, AZ	
☐	44	45257	33F	N8240U	-	Scrapped	Macon, GA	
☐	45	45392	21	N6572C	-	Scrapped	-	
☐	46	45258	33F	N8243U	-	Scrapped	Miami, FL	
☐	47	45293	21	N8024U	-	Scrapped	Miami, FL	
☐	48	45376	33	N904CL	-	Scrapped	Fort Lauderdale, FL	

l/n	c/n	Model	Registration	Owner/Operator	Status	Location	Notes
49	45426	21	N8605	-	Preserved as Home	Ashland City, TN	
50	45384	33F	OB-T-1316	(APISA Air Cargo)	WFU & Stored	Iquitos, Peru	
51	45294	21	N8025U	-	Scrapped	Medford, OR	
52	45274	31	N905CL	-	Scrapped	Waco, TX	
53	45377	33F	N53CA	-	Scrapped	Miami, FL	
54	45416	33F	HK-3178X	(LAC Colombia)	WFU & Stored	Medellin, Colombia	
55	45385	33F	N716UA	-	Scrapped	Detroit Willow Run, MI	
56	45427	21	N8606	-	Scrapped	Marana, AZ	
57	45598	43F	OB-R1143	-	Written Off	Cerro Lilio, Mexico	
58	45259	33F	S9-NAG	-	Scrapped	Sao Tome	
59	45378	33	N833FA	-	Scrapped	Opa Locka, FL	
60	45602	32	N1776R	-	Parts Remain	Jeddah, Saudi Arabia	
61	45428	21	N8607	-	Written Off	Lake Pontchartrain, LA	
62	45386	33F	N715UA	-	Written Off	Nr Iquitos, Peru	
63	45295	21F	N8026U	-	Scrapped	Detroit Willow Run, MI	
64	45275	31F	N578JC	-	Scrapped	Miami, FL	
65	45296	21F	N4929U	-	Scrapped	Miami, FL	
66	45260	33F	N8209U	-	Scrapped	Macon, GA	
67	45297	21	N8028U	-	Scrapped	Cairo, Egypt	
68	45261	33F	N8215U	-	Scrapped	Miami, FL	
69	45417	53	N3951B	-	Scrapped	Brussels, Belgium	
70	45262	33F	N8246U	-	Scrapped	Miami, FL	
71	45567	33	EC-CDC	-	Scrapped	Palma de Mallorca	
72	45276	31	N906CL	-	Scrapped	Medford, OR	
73	45599	43	9J-ABR	-	Scrapped	Luton, UK	
74	45603	32F	YV-392C	-	Scrapped	Caracas, Venezuela	
75	45379	33	G-BETJ	-	Scrapped	Stansted, UK	
76	45387	33F	HI-413	-	Scrapped	Miami, FL	
77	45263	33F	N8217U	-	Scrapped	Macon, GA	
78	45418	32	JA8001	(Japan Airlines)	Nose Preserved	Tokyo Haneda, Japan	
79	45600	43	OB-R1214	-	Scrapped	Lima, Peru	
80	45569	33	EC-CCN	-	Scrapped	Palma de Mallorca	
81	45419	32F	N420AJ	-	Scrapped	Mojave, CA	
82	45429	21	TC-JBV	-	Scrapped	Maastricht, Netherlands	
83	45568	53	TU-TCP	-	Fire Trainer	Zurich, Switzerland	
84	45604	53	N53KM	-	Scrapped	Miami, FL	
85	45298	21F	HP-826	-	Scrapped	Miami, FL	
86	45264	33F	N8252U	-	Scrapped	Miami, FL	
87	45380	33	N833DA	-	Scrapped	Marana, AZ	
88	45596	21	N8030U	-	Scrapped	Detroit Willow Run, MI	
89	45526	33	HS-TGU	-	Written Off	Katmandu, Nepal	
90	45388	33F	C-GSWX	-	Scrapped	Abbotsford, Canada	
91	45265	33	N900CL	-	Scrapped	Medford, OR	
92	45299	21F	N8031U	-	Scrapped	Medford, OR	
93	45420	53F	OB-R1223	-	Scrapped	Lima, Peru	
94	45277	31	N1802	-	Written Off	Atlantic City, NJ	
95	45605	32	N7183C	-	Scrapped	-	
96	45381	33	N71UA	-	Scrapped	Detroit Willow Run, MI	
97	45597	21F	N8032U	-	Scrapped	Cairo, Egypt	

Douglas DC-8 — Out Of Production List: Western Jet Airliners

	l/n	c/n	Model	Registration	Owner/Operator	Status	Location	Notes
☐	98	45389	33F	N713UA	-	Scrapped	Detroit Willow Run, MI	
☐	99	45430	21	N8609	-	Parts Remain	Salt Lake City, UT	
☐	100	45266	33	9Q-CLE	-	Scrapped	Kinshasa, Congo	
☐	101	45300	21	5A-DGK	-	Forward Fuselage Preserved	Frankfurt Airport, Germany	
☐	102	45267	33F	N8148A	-	Scrapped	Maxton, NC	
☐	103	45431	21	N8610	-	Scrapped	Miami, FL	
☐	104	45268	33	9Q-CLF	-	Scrapped	Kinshasa, Congo	
☐	105	45432	21	XA-XAX	-	Scrapped	New York Idlewild	
☐	106	45382	33	5A-DGN	-	Scrapped	Luxembourg Findel	
☐	107	45601	43	N453FA	-	Scrapped	Tulsa, OK	
☐	108	45390	33F	N717UA	-	Scrapped	Miami, FL	
☐	109	45269	33F	N8166A	-	Scrapped	Luanda, Angola	
☐	110	45433	21F	S9-NAN	-	Scrapped	Sherman, TX	
☐	111	45565	43	C-FTJE	-	Scrapped	-	
☐	112	45270	33F	N8170A	-	Written Off	Lake City, FL	
☐	113	45421	33F	S9-NAB	-	Scrapped	Johannesburg, South Africa	
☐	114	45271	33F	N8148A	-	Scrapped	Maxton, NC	
☐	115	45606	32F	HC-BEI	-	Scrapped	Guayaquil, Ecuador	
☐	116	45393	21	N6573C	-	Scrapped	Detroit Willow Run, MI	
☐	117	45566	43	CF-TJF	-	Scrapped	Luxembourg Findel	
☐	118	45272	33AF	OB-1456	-	Written Off	Iquitos, Peru	
☐	119	45609	43	N8434B	-	Scrapped	Miami, FL	
☐	120	45383	53	PH-DCH	-	Written Off	Amsterdam Schiphol	
☐	121	45273	33	PP-PDT	-	Written Off	Rio De Janeiro, Brazil	
☐	122	45610	54F	9Q-CLV	(Lignes Aeriennes Congolaises)	Stored	Goma, Congo	
☐	123	45613	53	YV-131C	-	Scrapped	Opa Locka, FL	
☐	124	45620	43	CF-CPF	-	Scrapped	Miami, FL	
☐	125	45304	21F	N8037U	-	Scrapped	Detroit Willow Run, MI	
☐	126	45614	53	N4980Y	-	Scrapped	Miami, FL	
☐	127	45611	43	CU-T1201	-	Written Off	Barbados	
☐	128	45301	52	N800EV	-	Scrapped	Marana, AZ	
☐	129	45305	21	N8038U	-	Scrapped	Detroit Willow Run, MI	
☐	130	45623	43	CF-CPG	-	Scrapped	Opa Locka, FL	
☐	131	45615	53	PH-DCL	-	Written Off	Caparica Bay, Portugal	
☐	132	45621	43	CF-CPH	-	Scrapped	Opa Locka, FL	
☐	133	45302	52	N8035U	-	Scrapped	-	
☐	134	45570	53	45570	(French Air Force)	Preserved	Paris Le Bourget Museum, France	
☐	135	45612	43	N8021V	-	Scrapped	Smyrna, TN	
☐	136	45617	52	EC-ARA	-	Written Off	Gran Canaria, Canary Islands	
☐	137	45622	43	CF-CPI	-	Scrapped	Opa Locka, FL	
☐	138	45618	52	N4489M	-	Scrapped	Detroit Willow Run, MI	
☐	139	45624	43	N353FA	-	Scrapped	Tulsa, OK	
☐	140	45306	21	N8039U	-	Scrapped	-	
☐	141	45303	52	N804EV	-	Scrapped	Marana, AZ	
☐	142	45619	52	N893AF	-	Scrapped	Miami, FL	
☐	143	45626	33F	N124AJ	-	Scrapped	Miami, FL	
☐	144	45625	43	I-DIWB	-	Written Off	Palermo, Italy	
☐	145	45627	33	TU-TCD	-	Scrapped	Dakar, Senegal	
☐	146	45307	12	N8040U	-	Written Off	Denver Stapleton, CO	

Douglas DC-8 — Out Of Production List: Western Jet Airliners

l/n	c/n	Model	Registration	Owner/Operator	Status	Location	Notes
147	45616	53	YV-129C	-	Scrapped	Opa Locka, FL	
148	45434	21	N8613	-	Scrapped	Wilmington, OH	
149	47094	33F	N1976P	-	Scrapped	Sherman, TX	
150	45436	21	N8615	-	Scrapped	Miami, FL	
151	45628	51	OH-KDM	-	Scrapped	Brussels, Belgium	
152	45437	21F	N819F	-	Scrapped	Miami, FL	
153	45636	43	HK-1854	(ARCA Colombia)	WFU & Stored	Bogota, Colombia	
154	45607	53	9Q-CQM	-	Scrapped	Kinshasa, Congo	
155	45608	53	RP-C801	-	Scrapped	Manila, Philippines	
156	45638	43	CU-T1200	-	Scrapped	Havana, Cuba	
157	45637	54F	N54FA	(Fine Air)	Parts Remain	Miami, FL	
158	45629	53	9Q-CBF	(Aviation Facilities)	Fuselage Remains	Ostend, Belgium	
159	45630	43	I-DIWF	-	Written Off	Milan Malpensa, Italy	
160	45631	43	I-DIWD	-	Written Off	Bombay, India	
161	45634	51	N811BN	-	Scrapped	Miami, FL	
162	45633	51	XA-NUS	-	Written Off	Nr Mexico City	
163	45635	51F	HK-2587X	-	Scrapped	Miami, FL	
164	45632	53F	HK-3746X	-	Scrapped	Miami, FL	
165	45641	51	XA-DOD	(Aeromexico)	WFU & Stored	Mexico City	
166	45645	51	RP-C840	-	Scrapped	Manila, Philippines	
167	45646	51	N808E	-	Scrapped	Mexico City	
168	45647	53	N903R	-	Scrapped	Wilmington, OH	
169	45648	51	N918CL	-	Scrapped	Smyrna, TN	
170	45649	51C(F)	N805CK	-	Scrapped	Detroit Willow Run, MI	
171	45659	52	OB-R1259	-	Scrapped	Lima, Peru	
172	45642	51	N813BN	-	Scrapped	Dallas Love Field, TX	
173	45643	51	N921CL	(Capitol Air)	Fire Trainer	Smyrna, TN	
174	45644	51	N814BN	-	Scrapped	Dallas Love Field, TX	
175	45640	54F	YV-460C	-	Scrapped	Miami, FL	
176	45652	51	XA-PEI	-	Written Off	Nr Acapulco, Mexico	
177	45650	51	N810E	-	Scrapped	Tulsa, OK	
178	45653	54F	CF-TJM	-	Written Off	Ottawa, Canada	
179	45654	54F	CF-TJN	-	Written Off	Therese De Blainvill, Canada	
180	45655	54F	C-FTJO	(Royal Canadian Mounted Police)	Parts Remain	Montreal Dorval, Canada	
181	45658	52	VP-BIA	-	Scrapped	Lasham, UK	
182	45669	54F	N57FB	(Great Southwest Aviation)	WFU & Stored	Roswell, NM	
183	45661	43	CF-CPJ	-	Scrapped	Miami, FL	
184	45660	43	RP-C349	-	Scrapped	Manila, Philippines	
185	45667	54F	N426FB	(Fine Air)	Stored	Roswell, NM	
186	45662	53	N245HG	-	Scrapped	Opa Locka, FL	
187	45668	54F(JT)	PP-TAR	(Global Air Transport Inc)	Stored	Campinas, Brazil	
188	45657	52	EC-AUM	(Restaurant Candas)	Preserved as Pub	Candas, Spain	
189	45663	54F	3D-ETM	(Fine Air)	Stored	Luanda, Angola	
190	45670	53	TU-TCA	-	Scrapped	Nimes, France	
191	45656	53	HB-IDD	-	Written Off	Dawson Field, Jordan	
192	45672	51	N3128H	-	Ground Trainer	Nr Ottawa, Canada	
193	45673	51	N812E	-	Scrapped	-	
194	45665	43	HK-1855	-	Scrapped	Miami, FL	
195	45684	54F	N427FB	-	Scrapped	Opa Locka, FL	

Douglas DC-8 — Out Of Production List: Western Jet Airliners

	l/n	c/n	Model	Registration	Owner/Operator	Status	Location	Notes
☐	196	45671	53	TU-TCB	-	Scrapped	Purmerend, Netherlands	
☐	197	45676	54F	N8042U	(Zantop International Airlines)	Stored	Detroit Willow Run, MI	
☐	198	45651	54F	HC-BPV	-	Scrapped	Miami, FL	
☐	199	45677	54F	N43UA	-	Written Off	Guatemala City	
☐	200	45675	54F	N8041U	(Zantop International Airlines)	Stored	Detroit Willow Run, MI	
☐	201	45674	54F	N109RD	-	Scrapped	Miami, FL	
☐	202	45666	43	N53FA	-	Scrapped	Tulsa, OK	
☐	203	45679	54F	N802CK	(MK Airlines)	WFU & Stored	Detroit Willow Run, MI	
☐	204	45685	51	HK-3816X	-	Written Off	Rio Negro, Colombia	
☐	205	45688	51	5N-AVY	-	Scrapped	Stansted, UK	
☐	206	45664	53	F-BYFM	-	Scrapped	Nimes, France	
☐	207	45692	55F	9G-MKC	-	Scrapped	Bristol Filton, UK	
☐	208	45683	55F	9Q-CMG	(Kinshasa Airways)	Stored	Sharjah, UAE	
☐	209	45961	55F	N29953	-	Scrapped	-	
☐	210	45686	54F	EL-AJQ	-	Scrapped	Ostend, Belgium	
☐	211	45687	51	N814E	-	Scrapped	Marana, AZ	
☐	212	45689	51C(F)	N804CK	-	Scrapped	OScoda, MI	
☐	213	45680	53	JA8012	-	Written Off	Delhi, India	
☐	214	45681	53	JA8013	-	Written Off	Mumbai, India	
☐	215	45769	54F	N8784R	-	Written Off	Miami, FL	
☐	216	45760	51	6Y-JGD	(Air Jamaica)	WFU & Stored	Maxton, NC	
☐	217	45750	52	N801EV	-	Scrapped	Marana, AZ	
☐	218	45678	55F	N55FB	(Fine Air)	WFU & Stored	Roswell, NM	
☐	219	45690	51	RP-C831	-	Scrapped	Marana, AZ	
☐	220	45682	54F	I-ALEC	-	Scrapped	Rome Fiumicino	
☐	221	45693	52	TC-JBZ	-	Scrapped	Maastricht, Netherlands	
☐	222	45755	43	RP-C348	(Summit Philippines)	WFU & Stored	Manila, Philippines	
☐	223	45753	55F	9T-TDA	Congo Kinshasa Air Force	Active	Kinshasa, Congo	
☐	224	45694	52	TC-JBY	(Beek Airport Authorities)	WFU & Stored	Maastricht, Netherlands	
☐	225	45754	55F	HC-BKN	-	Written Off	Quito, Ecuador	
☐	226	45757	52	OB-1267	-	Scrapped	Lima, Peru	
☐	227	45758	52	5N-AVR	-	Scrapped	Stansted, UK	
☐	228	45759	52	OB-R1287	-	Scrapped	Lima, Peru	
☐	229	45803	55F	3D-AIA	-	Scrapped	Kemble, UK	
☐	230	45756	52	N8065U	-	Scrapped	Stansted, UK	
☐	231	45751	52	ZK-NZB	-	Written Off	Auckland, New Zealand	
☐	232	45762	55F	N6161M	-	Scrapped	Greenville, MS	
☐	233	45752	52	PP-TPC	(TCB - Transportes Charter Do Brazil)	WFU & Stored	Manaus, Brazil	
☐	234	45800	54F	N44UA	(Fine Air)	Stored	Roswell, NM	
☐	235	45801	54F	N991CF	(Emery Worldwide Airlines)	Stored	Victorville, CA	
☐	236	45816	55F	N801CK	-	WFU & Stored	Oscoda, MI	
☐	237	45761	43	CF-CPK	-	Written Off	Tokyo Haneda, Japan	
☐	238	45819	55F	45819/FC	(French Air Force)	Preserved	Paris Le Bourget Museum, France	
☐	239	45807	51	N817E	(Connie Kalitta Services)	WFU & Stored	Detroit Willow Run, MI	
☐	240	45768	54F(FM)	PP-TNZ	-	Scrapped	Sao Paulo, Brazil	
☐	241	45763	55F	OB-T1244	-	Scrapped	Opa Locka, FL	
☐	242	45818	55F	PH-MBH	-	Written Off	Laxabana Hill, Sri Lanka	
☐	243	45808	55F	N806CK	-	Scrapped	Detroit Willow Run, MI	
☐	244	45805	55F	Z-WSB	-	Written Off	Harare, Zimbabwe	

l/n	c/n	Model	Registration	Owner/Operator	Status	Location	Notes
245	45806	51	RP-C832	-	Scrapped	Marana, AZ	
246	45820	55F(JT)	9Q-CHL	Hewa Bora Airways	Active	Kinshasa, Congo	
247	45802	54F	9Q-CTA	SALflyCargo.com	Active	Kinshasa, Congo	
248	45817	55F	N182SK	-	Scrapped	Detroit Ypsilanti, MI	
249	45815	51	N820E	-	Scrapped	-	
250	45767	55F	N807CK	-	Scrapped	Greenville, MS	
251	45764	55F	9Q-CAQ	Hewa Bora Airways	Active	Kinshasa, Congo	
252	45810	71(AF)	XA-MAX	MAS Air Cargo	Active	Mexico City	
253	45859	55F	5N-ARH	-	Written Off	Cairo, Egypt	
254	45804	55F	9G-MKA	(MK Airlines)	WFU & Stored	Manston, UK	
255	45821	55F(JT)	9Q-CJC	-	Scrapped	Kinshasa, Congo	
256	45860	54F	9G-MKB	-	Written Off	Kano, Nigeria	
257	45850	52	N8066U	(United Airlines)	Preserved	Los Angeles Exposition Park, CA	
258	45814	52	N810CK	-	Scrapped	Greenville, MS	
259	45862	55F	HK-3984X	(Ibero Americana De Carga)	Stored	Barranquilla, Peru	
260	45851	52	OB-1267	-	Scrapped	Lima, Peru	
261	45861	54F	OB-1300	(Aeronaves Del Peru)	WFU & Stored	Barranquilla, Peru	
262	45811	71F	N821BX	Air Transport International	Active	Little Rock, AR	
263	45852	52	OB-1269	-	Scrapped	Lima, Peru	
264	45809	53	HK-3125X	-	Scrapped	Miami, FL	
265	45765	55F	HK-3753X	-	Written Off	Medellin, Colombia	
266	45853	52	OB-1268	-	Scrapped	Lima, Peru	
267	45824	55F	N5824A	-	Scrapped	Miami, FL	
268	45879	54F	HK-2380	-	Written Off	Barranquilla, Colombia	
269	45856	55F	N6161C	(Kitty Hawk International)	Preserved	Oscoda, MI	
270	45822	62	LN-MOO	-	Written Off	Los Angeles, CA	
271	45857	55F	TU-TCC	-	Scrapped	Dakar, Senegal	
272	45766	55	N226VV	-	Scrapped	-	
273	45877	51	N821E	-	Scrapped	Marana, AZ	
274	45858	55F(JT)	9Q-CAN	(Kinshasa Airways)	Stored	Kinshasa, Congo	
275	45880	54F	N8047U	-	Written Off	Wasateh Mountain, UT	
276	45881	EC-24A	163050	(US Navy)	WFU & Stored	Davis Monthan AFB, AZ	
277	45812	71F(AF)	N500MH	-	Scrapped	Roswell, NM	
278	45854	55	3D-AIA	-	Scrapped	Luxembourg Findel	
279	45823	62	SE-DBE	-	Scrapped	Rome Fiumicino, Italy	
280	45878	51	YV-461C	-	Scrapped	Opa Locka, FL	
281	45855	51F	N507DC	(Fine Air)	WFU & Stored	Miami, FL	
282	45882	55F(JT)	HK-3979	-	Written Off	Asuncion, Paraguay	
283	45886	54F	N698SN	-	WFU & Stored	Mojave, CA	
284	45813	71	N822BX	(Air Transport International)	Stored	Mojave, CA	
285	45848	61AF	N844AX	-	Scrapped	-	
286	45903	63F(AF)	N950R	(Emery Worldwide Airlines)	WFU & Stored	Smyrna, TN	
287	45887	61F(AF)	N817CK	-	Scrapped	Greenville, MS	
288	45907	71F(AF)	N707UP	(UPS)	Stored	Roswell, NM	
289	45849	71F(AF)	N849AL	-	Scrapped	Roswell, NM	
290	45888	61F(AF)	S2-AEK	(Bismillah Airlines)	Stored	Opa Locka, FL	
291	45889	61	JA8061	-	Written Off	Tokyo Haneda, Japan	
292	45914	71F(AF)	N709UP	(UPS)	Stored	Roswell, NM	
293	45901	63F(AF)	N827AX	-	Written Off	Narrows, VA	

Douglas DC-8 — Out Of Production List: Western Jet Airliners

	l/n	c/n	Model	Registration	Owner/Operator	Status	Location	Notes
☐	294	45902	71F(AF)	N702UP	(UPS)	Active	Louisville, KY	
☐	295	45915	71F(AF)	N715UP	(UPS)	Active	Louisville, KY	
☐	296	45908	61AF	N841AX	-	Scrapped	Opa Locka, FL	
☐	297	45894	61AF	N850AX	-	Scrapped	Wilmington, OH	
☐	298	45905	62AF	N810BN	(Arrow Air)	Stored	Roswell, NM	
☐	299	45895	62F(AF)	N1803	(Arrow Air)	Stored	Harisburg, PA	
☐	300	45906	62AF	N805AX	-	Scrapped	Wilmington, OH	
☐	301	45890	61F(AF)	N812CK	-	Scrapped	Detroit Willow Run, MI	
☐	302	45916	55	N915R	-	Scrapped	Ostend, Belgium	
☐	303	45896	62F(AF)	N1804	-	Written Off	Singapore Changi	
☐	304	45899	62	N1805	-	Scrapped	Miami, FL	
☐	305	45891	61AF	N849AX	-	Scrapped	Wilmington, OH	
☐	306	45892	61F(AF)	N816CK	-	Scrapped	Greenville, MS	
☐	307	45909	62F(AF)	9Q-CJL	Trans Air Cargo Services	Active	Kinshasa, Congo	
☐	308	45883	55F	N811TC	-	Scrapped	Detroit Willow Run, MI	
☐	309	45904	62F	9G-BAN	(Continental Cargo Airlines)	Stored	Ostend, Belgium	
☐	310	45893	61F(AF)	N813CK	-	Scrapped	Greenville, MS	
☐	311	45910	62F(AF)	9G-REM	-	Written Off	Kinshasa, Congo	
☐	312	45919	62	HB-IDE	-	Written Off	Athens Hellinikon, Greece	
☐	313	45897	71F(AF)	N797UP	(Aeroturbine)	Stored	Roswell, NM	
☐	314	45940	61AF	N851AX	-	Scrapped	Detroit, MI	
☐	315	45912	61F	N914BV	-	Scrapped	Miami, FL	
☐	316	45900	71F(AF)	N700UP	(UPS)	WFU & Stored	Roswell, NM	
☐	317	45941	71F(AF)	N8076U	-	Scrapped	Roswell, NM	
☐	318	45911	62F(CF)	N31CX	(Air Transport International)	Stored	Mojave, CA	
☐	319	45920	62F(AF)	9G-RMF	(Johnsons Air)	WFU & Stored	Ostend, Belgium	
☐	320	45898	71F(AF)	N798UP	(UPS)	Stored	Louisville, KY	
☐	321	45948	71F(AF)	N748UP	-	Written Off	Philadelphia, PA	
☐	322	45921	62F(AF)	3X-GEP	Compagnie Africaine D'aviation	Active	Kinshasa, Congo	
☐	323	45926	63F(AF)	N781AL	(Air Transport International)	Stored	Marana, AZ	
☐	324	45937	53	RP-C803	-	Written Off	Tokyo Haneda, Japan	
☐	325	45913	61	N814GB	-	Scrapped	Miami, FL	
☐	326	45944	71F(AF)	N744UP	(UPS)	Stored	Louisville, KY	
☐	327	45927	63AF	N819AX	(DHL Worldwide Express)	Stored	Cincinnati, OH	
☐	328	45932	54F(FM)	N806CK	(National Aircraft Services)	WFU & Stored	Oscoda, MI	
☐	329	45949	71F(AF)	N705UP	(UPS)	Stored	Louisville, KY	
☐	330	45935	51F	N508DC	(Fine Air)	Stored	Roswell, NM	
☐	331	45938	71F(AF)	N701UP	(UPS)	Stored	Atlanta, GA	
☐	332	45917	62AF	N803AX	-	Scrapped	Wilmington, OH	
☐	333	45925	62F(CF)	LX-TLB	-	Scrapped	Manston, UK	
☐	334	45928	63AF	N817AX	-	Scrapped	Lake Charles, LA	
☐	335	45922	62F(CF)	N799AL	Air Transport International	Active	Little Rock, AR	
☐	336	45985	52F	N223FB	(FB Air Inc)	WFU & Stored	Miami, FL	
☐	337	45945	71F	N945GE	-	WFU & Stored	Marana, AZ	
☐	338	45952	71F(AF)	N752UP	(UPS)	Stored	Louisville, KY	
☐	339	45946	71F(AF)	N824BX	-	Scrapped	Roswell, NM	
☐	340	45884	54F	N992CF	(Emery Worldwide Airlines)	Stored	Smyrna, TN	
☐	341	45947	71F(AF)	N8079U	-	Written Off	Sacramento, CA	
☐	342	45885	54F	EL-WVD	-	Written Off	Mwanza, Tanzania	

l/n	c/n	Model	Registration	Owner/Operator	Status	Location	Notes
343	45970	71F(AF)	PR-GPT	(Promodal Transportes Aereos)	WFU & Stored	Manaus, Brazil	
344	45936	73F(AF)	N836UP	(UPS)	Stored	Roswell, NM	
345	45982	61	C-GMXQ	-	Written Off	Jeddah, Saudi Arabia	
346	45965	55F	9G-MKD	-	Written Off	Port Harcourt, Nigeria	
347	45960	62CF-H	LX-TLA	(Cargo Lion)	WFU & Stored	Greensboro, NC	
348	45953	62F(CF)	3X-GDN	(Guinee Express Aviation)	Stored	Tripoli, Libya	
349	45942	61F(AF)	N27UA	-	Written Off	Miami, FL	
350	45983	71F(AF)	N8177U	-	Scrapped	Roswell, NM	
351	45939	71F(AF)	N703UP	(UPS)	Active	Louisville, KY	
352	45981	61F(AF)	N184SK	-	Scrapped	Detroit Willow Run, MI	
353	45918	62F(CF)	N728PL	Air Transport International	Active	Little Rock, AR	
354	45950	71F(AF)	N750UP	(UPS)	Stored	Roswell, NM	
355	45963	61F(AF)	N24UA	-	Scrapped	Greenville, MS	
356	45971	71F(AF)	N827BX	-	Scrapped	Roswell, NM	
357	45972	61	N8082U	-	Written Off	Portland, OR	
358	45973	71F(AF)	N830BX	Air Transport International	Active	Little Rock, AR	
359	45943	61	N923BV	-	Scrapped	Smyrna, TN	
360	45992	61AF	OB-1222	(Aeronaves Del Peru)	WFU & Stored	Barranquilla, Peru	
361	45961	62F(CF)	N71CX	Air Transport International	Active	Little Rock, AR	
362	45954	62AF	N808AX	-	Scrapped	Wilmington, OH	
363	45979	71F(AF)	N779UP	(UPS)	Stored	Roswell, NM	
364	45964	61F(AF)	N861PL	(BAX Global)	Parts Remain	Coolidge, AZ	
365	45955	62F(CF)	N21CX	Air Transport International	Active	Little Rock, AR	
366	45987	62AF	N804AX	-	Scrapped	Wilmington, OH	
367	45929	63F	N782AL	-	Written Off	Rantoul, KS	
368	45974	71F(AF)	N8084U	-	Scrapped	Roswell, NM	
369	45975	71F(AF)	N8085U	-	Scrapped	Roswell, NM	
370	45984	62F(CF)	OB-1373	(Peruvian Air Force)	WFU & Stored	Lima, Peru	
371	45989	63F(AF)	EI-BNA	(Aer Turas)	WFU & Stored	Marana, AZ	
372	45976	71F(AF)	HK-4277	-	Scrapped	Miami, FL	
373	45977	71F(AF)	N8087U	-	Scrapped	Roswell, NM	
374	45980	61F(AF)	PR-ABA	(ABSA Cargo)	Stored	Sao Paulo, Brazil	
375	45990	73F(AF)	N807DH	ASTAR Air Cargo	Active	Miami, FL	
376	45956	62F(AF)	9XR-SD	Silverback Cargo Freighters	Active	Kigali, Rwanda	
377	45999	63AF	N828AX	(DHL Worldwide Express)	Stored	Cincinnati, OH	
378	45930	63	EC-BMX	-	Written Off	Santiago De Compostela	
379	45986	62F(AF)	ZS-OZV	(African International Airways)	Stored	Johannesburg, South Africa	
380	45991	73CF	N602AL	Air Transport International	Active	Little Rock, AR	
381	45978	71F(AF)	N825BX	Air Transport International	Active	Little Rock, AR	
382	45993	71F(AF)	N828BX	Air Transport International	Active	Toldeo, OH	
383	45923	63F	N794AL	-	Written Off	Toledo, OH	
384	45933	53	CF-TIH	-	Scrapped	Monteal, Dorval	
385	45967	73F(AF)	N867UP	(UPS)	Active	Louisville, KY	
386	46000	63F(AF)	ZS-PRD	(Al-Dawood Air)	Stored	Johannesburg, South Africa	
387	45994	71F(AF)	N829BX	Air Transport International	Active	Toledo, OH	
388	45995	71F(AF)	N8091U	-	Scrapped	Roswell, NM	
389	45968	73F(AF)	N868UP	(UPS)	Active	Louisville, KY	
390	45934	53	CF-TII	-	Scrapped	Montreal Dorval, Canada	
391	45931	63	N4935C	-	Scrapped	Opa Locka, FL	

l/n	c/n	Model	Registration	Owner/Operator	Status	Location	Notes
392	45924	63F(AF)	9G-NHA	(Cargoplus Aviation)	Stored	Lagos, Nigeria	
393	45966	73F(AF)	N866UP	(UPS)	Stored	Roswell, NM	
394	46002	73F(AF)	N806DH	ASTAR Air Cargo	Active	Miami, FL	
395	46001	73F(AF)	N810UP	(UPS)	Stored	Louisville, KY	
396	45969	63F(AF)	N661AV	(Arrow Air)	WFU & Stored	Opa Locka, FL	
397	45996	71F(AF)	N996GE	-	Scrapped	Roswell, NM	
398	45997	71F(AF)	N997GE	-	Scrapped	Roswell, NM	
399	45998	71F(AF)	N826BX	(Air Transport International)	Stored	Roswell, NM	
400	46014	71F(AF)	N713UP	(Aeroturbine)	Stored	Roswell, NM	
401	46003	73AF	N603AL	Air Transport International	Active	Dayton, OH	
402	45962	53	CF-TIJ	-	Written Off	Toronto, Canada	
403	46004	73F(AF)	N804UP	(UPS)	WFU & Stored	Roswell, NM	
404	46009	54F	N8052U	(Kitty Hawk International)	WFU & Stored	Detroit Willow Run, MI	
405	46015	61AF	N842AX	-	Scrapped	Lake Charles, LA	
406	46010	54F	N8053U	-	Written Off	Detroit, MI	
407	46023	62F(AF)	9Q-CJH	Trans Air Cargo Services	Active	Kinshasa, Congo	
408	46011	54F	N7046H	(Argo Air Associates)	WFU & Stored	Roswell, NM	
409	46016	61AF	N852AX	(Airborne Express)	WFU & Stored	Greensboro, NC	
410	46012	54F(JT)	ZS-PAE	(African International Airways)	WFU & Stored	Johannesburg, South Africa	
411	46019	73F(AF)	N819UP	(UPS)	Stored	Roswell, NM	
412	46005	63AF	N785FT	-	Written Off	Okinawa, Japan	
413	46006	73F(AF)	N806UP	(UPS)	Stored	Roswell, NM	
414	45951	63CF	N4863T	-	Written Off	New York JFK	
415	46020	63CF	TF-FLA	-	Written Off	Colombo, Sri Lanka	
416	45988	63F(CF)	HP-441WAP	(Arrow Panama)	Stored	Lima, Peru	
417	46022	62F(AF)	9J-MKK	(Stabo Air)	Stored	Lusaka, Zambia	
418	46017	61AF	N843AX	-	Scrapped	Wilmington, OH	
419	46037	61F(AF)	N853AX	-	Scrapped	Wilmington, OH	
420	46018	71F(AF)	N718UP	(UPS)	Stored	Louisville, KY	
421	46042	63F(AF)	N345JW	(Arrow Air)	Stored	Roswell, NM	
422	46007	73F(AF)	N807UP	(UPS)	Stored	Louisville, KY	
423	46008	73F(AF)	N808UP	(UPS)	WFU & Stored	Roswell, NM	
424	46021	63CF	N8634	-	Written Off	Stockton, CA	
425	46029	71F(AF)	N729UP	(UPS)	Stored	Louisville, KY	
426	46030	71F(AF)	N730UP	(UPS)	Stored	Roswell, NM	
427	46013	72CF	N721CX	Air Transport International	Active	Little Rock, AR	
428	46024	62F(AF)	N995CF	(International Air Response Corp)	WFU & Stored	Victorville, CA	
429	46038	61	OB-1452	-	Scrapped	Miami, FL	
430	46050	63CF	N8635	-	Written Off	Niamey, Niger	
431	46033	73F(AF)	N801DH	ASTAR Air Cargo (DHL colours)	Active	Cincinnati, OH	
432	46044	73AF	N606AL	Air Transport International	Active	Little Rock, AR	
433	46058	63CF	N950JW	-	Written Off	Gander, Canada	
434	46034	63F(AF)	A6-HLA	Heavylift International	Active	Sharjah, UAE	
435	46031	61AF	N847AX	-	Scrapped	Cincinnati, OH	
436	46032	61AF	N848AX	-	Scrapped	Wilmington, OH	
437	46027	62F(CF)	TN-AIE	Protocole Aviation	Active	Pointe Noire, Congo Congo Brazzaville	
438	46035	63F(AF)	A6-HLB	Heavylift International	Active	Sharjah, UAE	
439	46041	63AF	N814AX	(DHL Worldwide Express)	Stored	Cincinnati, OH	
440	46051	73F(AF)	N851UP	(UPS)	Stored	Roswell, NM	

l/n	c/n	Model	Registration	Owner/Operator	Status	Location	Notes
441	46045	73F(AF)	N791FT	-	Scrapped	-	
442	46052	73F(AF)	N852UP	(UPS)	Stored	Louisville, KY	
443	46043	72CF	F-ZVMT (46043)	(French Air Force)	WFU & Stored	Chateaudun, France	
444	46046	73F(AF)	N604BX	Air Transport International	Active	Little Rock, AR	
445	46036	63F(AF)	N870BX	(Air Transport International)	WFU & Stored	Marana, AZ	
446	46053	73F(CF)	TR-LTZ	(Government of Gabon)	Stored	Nimes, France	
447	46047	73CF	PP-BEL	BETA Cargo	Active	Sao Paulo, Brazil	
448	46039	71F(AF)	N801GP	-	Scrapped	Roswell, NM	
449	46040	71F(AF)	N872SJ	National Airlines	Active	Detroit Willow Run, MI	
450	46048	71F(AF)	N708UP	(UPS)	Stored	Louisville, KY	
451	46076	73F(AF)	N802DH	ASTAR Air Cargo (DHL colours)	Active	Cincinnati, OH	
452	46026	62	I-DIWZ	-	Written Off	New York JFK	
453	46054	63F(AF)	XA-TXS	Aeropostal Cargo	Active	Queretaro, Mexico	
454	46087	63F(AF)	N906R	(Arrow Air)	Stored	Lima, Peru	
455	46067	72	HB-IGH	-	Stored	Goodyear, AZ	
456	46059	73F(AF)	N813UP	(UPS)	Stored	Roswell, NM	
457	46063	73F(AF)	N832AL	-	Scrapped	Roswell, NM	
458	46082	72	N817NA	NASA	Active	Edwards AFB, CA	
459	46064	71F(AF)	N823BX	Air Transport International	Active	Little Rock, AR	
460	46065	71F(AF)	N820BX	Air Transport International	Active	Little Rock, AR	
461	46028	62F(AF)	9G-MK.	(MK Airlines)	Stored	Victorville, CA	
462	46066	71F(AF)	N460DN	-	Scrapped	Miami, FL	
463	46068	62F(AF)	9XR-SC	Silverback Cargo Freighters	Active	Kigali, Rwanda	
464	46088	63F(AF)	N865F	National Airlines	Active	Detroit Willow Run, MI	
465	46069	62F(AF)	N8968U	(Arrow Air)	Stored	Roswell, NM	
466	46080	73F(AF)	N880UP	(UPS)	Stored	Louisville, KY	
467	46070	62F(AF)	N8969U	(Arrow Air)	Stored	Roswell, NM	
468	46074	73F(AF)	N874UP	(UPS)	Stored	Roswell, NM	
469	46071	62	5V-TGF	Government of Togo	Active	Lomo, Togo	
470	46077	62AF	N801AX	-	Scrapped	Wilmington, OH	
471	46081	72	N728A	-	Scrapped	Opa Locka, FL	
472	46060	63CF	N4909C	-	Written Off	Anchorage, AK	
473	46084	72	HZ-HM11	-	Scrapped	Dallas Love Field, TX	
474	46057	62	JA8040	-	Written Off	Moscow Sheremetyevo	
475	46078	62F(CF)	FAP-370	(Peruvian Air Force)	WFU & Stored	Lima, Peru	
476	46079	63AF	N822AX	-	Scrapped	Wilmington, OH	
477	46072	71F(AF)	N772UP	(UPS)	Stored	Louisville, KY	
478	46086	73F(AF)	PP-BEM	BETA Cargo	Active	Sao Paulo, Brazil	
479	46049	63F(AF)	4R-EXJ	Expo Aviation	Active	Colombo, Sri Lanka	
480	46061	63AF	9G-SIM	Johnsons Air / DHL	Active	Bahrain	
481	46085	62F	9G-PEL	(Johnsons Air)	Stored	Ras Al Khaimah, UAE	
482	46094	73F(AF)	N894UP	(UPS)	Stored	Louisville, KY	
483	46103	73F(AF)	PP-BET	BETA Cargo	Active	Sao Paulo, Brazil	
484	46075	63AF	N818AX	-	Scrapped	Wilmington, OH	
485	46073	73F(AF)	N803UP	(UPS)	Stored	Louisville, KY	
486	46062	73F(AF)	N2674U	-	Scrapped	Roswell, NM	
487	46110	62F(AF)	9Q-CJG	Trans Air Cargo Services	Active	Kinshasa, Congo	
488	46104	73F(AF)	PP-BEX	BETA Cargo	Active	Sao Paulo, Brazil	
489	46101	73F(AF)	N801UP	(UPS)	Stored	Roswell, NM	

Douglas DC-8 — Out Of Production List: Western Jet Airliners

l/n	c/n	Model	Registration	Owner/Operator	Status	Location	Notes
490	46106	73AF	N605AL	Air Transport International	Active	Detroit, MI	
491	46111	62H	VP-BHM	Brisair Ltd.	Active	Riyadh, Saudi Arabia	
492	46055	71F(AF)	N755UP	(UPS)	Stored	Louisville, KY	
493	46109	73F(AF)	N809UP	(UPS)	Stored	Roswell, NM	
494	46105	62F(AF)	N1808E	-	Written Off	Singapore Changi	
495	46056	71F(AF)	N706UP	(UPS)	Stored	Louisville, KY	
496	46093	63AF	9G-RAC	Johnsons Air	Active	Accra, Ghana	
497	46095	73F(AF)	N105WP	-	Scrapped	Marana, AZ	
498	46107	62	N1809E	-	Written Off	Paramaribo, Surinam	
499	46096	63PF	F-BOLL	-	Written Off	Ndjamena, Tchad	
500	46121	63F(AF)	9G-FAB	Johnsons Air / DHL	Active	Bahrain	
501	46089	73F(AF)	N811UP	(UPS)	Stored	Roswell, NM	
502	46100	73F(AF)	N802UP	(UPS)	Stored	Louisville, KY	
503	46097	63AF	9G-AXB	Air Charter Express	Active	Accra, Ghana	
504	46090	73F(AF)	N814UP	(UPS)	Stored	Louisville, KY	
505	46092	63F(AF)	N951R	-	Scrapped	Dayton, OH	
506	46122	63AF	N823AX	-	Scrapped	Wilmington, OH	
507	46099	71F(AF)	N811AL	(Emery Worldwide Airlines)	Stored	Roswell, NM	
508	46123	73F(AF)	N803DH	ASTAR Air Cargo (DHL colours)	Active	Cincinnati, OH	
509	46136	63AF	N813AX	(ABX Air / DHL)	WFU & Stored	Lake Charles, LA	
510	46127	61	N814CK	-	Written Off	Guantanamo Bay, Cuba	
511	46124	73F(AF)	N804DH	ASTAR Air Cargo (DHL colours)	Active	Cincinnati, OH	
512	46102	62	OB-1260	-	Scrapped	Lima, Peru	
513	46134	62AF	N802AX	-	Scrapped	Wilmington, OH	
514	46128	61	N913R	-	Written Off	Luxembourg Findel	
515	46125	73F(AF)	N805DH	ASTAR Air Cargo (DHL colours)	Active	Cincinnati, OH	
516	46098	62F	ZS-OSI	African International Airways	Active	Johannesburg, South Africa	
517	46131	62	N772CA	-	Scrapped	Miami, FL	
518	46116	63AF	N821AX	-	Scrapped	Wilmington, OH	
519	46091	73F(CF)	N807DH	ASTAR Air Cargo	Active	Cincinnati, OH	
520	46112	73F(AF)	N812UP	(UPS)	Stored	Louisville, KY	
521	46113	63AF	9G-AXA	Air Charter Express	Active	Accra, Ghana	
522	46108	73CF(AF)	N818UP	(UPS)	Stored	San Antonio, TX	
523	46129	62F(CF)	N41CX	Air Transport International	Active	Little Rock, AR	
524	46126	63AF	A6-HLC	Heavylift International	Active	Sharjah, UAE	
525	46117	73F(AF)	N805UP	(UPS)	Stored	Louisville, KY	
526	46114	63	CF-TIW	-	Written Off	Toronto, Canada	
527	46137	63F(AF)	PR-SKM	Skymaster Airlines	Active	Manaus, Brazil	
528	46140	73F(AF)	N840UP	(UPS)	Stored	Louisville, KY	
529	46155	63AF	N820AX	-	Scrapped	Lake Charles, LA	
530	46115	63AF	N825AX	-	Scrapped	Lake Charles, LA	
531	46135	63F	N784AL	Arrow Panama	Active	Panama City	
532	46144	63CF	N6164A	-	Written Off	Travis AFB, CA	
533	46141	63AF	N824AX	-	Scrapped	Wilmington, OH	
534	46133	73F(AF)	EC-IGZ	Gestair Cargo	Active	Madrid Barajas, Spain	
535	46132	62F(AF)	3D-FRE	(Corporation Paraguaya de Aeronautica)	Stored	Ciudad Del Este, Paraguay	
536	46146	63CF	N802WA	-	Written Off	Mount Dutton, AK	
537	46139	62F(AF)	N998CF	-	Scrapped	Smyrna, TN	
538	46149	73F(CF)	N831AL	-	Scrapped	Roswell, NM	

l/n	c/n	Model	Registration	Owner/Operator	Status	Location	Notes
539	46150	62AF	HP-791WAP	(Arrow Panama)	Stored	Panama City	
540	46151	63F(CF)	9G-TOP	Johnsons Air / DHL	Active	Bahrain	
541	46157	61AF	N845AX	-	Scrapped	Greensboro, NC	
542	46130	72CF	N722CX	Air Transport International	Active	Little Rock, AR	
543	46158	61AF	N846AX	-	Scrapped	Detroit, MI	
544	46159	61F(AF)	N29UA	(Arrow Air)	Stored	Miami, FL	
545	46160	61	JA8048	(Shanghai Aviation Enthusiasts Centre)	Preserved	Shanghai Aerospace Enthusiasts Centre, China	
546	46142	62F(CF)	N61CX	(Air Transport International)	WFU & Stored	Marana, AZ	
547	46143	63F(AF)	PR-SKC	Skymaster Airlines	Active	Manaus, Brazil	
548	46145	63F(AF)	N921R	National Airlines	Active	Detroit Willow Run, MI	
549	46147	63F(AF)	9G-LIL	Jonhsons Air / DHL	Active	Bahrain	
550	46152	62	JA8051	-	Written Off	Kuala Lumpur Subang	
551	46153	62F(AF)	9G-MKH	(MK Airlines)	Stored	Bristol Filton, UK	
552	46161	62H(AF)	N730PL	-	Written Off	New York JFK	
553	46148	62AF	JA8054	-	Written Off	Anchorage, AK	
554	46154	62F(AF)	PR-SKI	Skymaster Airlines	Active	Maunas, Brazil	
555	46162	62F(AF)	9G-AED	(Air Charter Express)	Stored	Liege, Belgium	
556	46163	63F(AF)	N797AL	(Emery Worldwide Airlines)	WFU & Stored	Victorville, CA	

Cross Reference

Registration	l/n	c/n	Registration	l/n	c/n	Registration	l/n	c/n	Registration	l/n	c/n
45280	246	45820	9G-MK.	461	46028	C-FCWW	232	45762	C-GMXB	359	45943
45570	134	45570	9G-MKA	254	45804	C-FDWW	269	45856	C-GMXD	315	45912
45692	207	45692	9G-MKB	256	45860	CF-DWW	269	45856	C-GMXL	352	45981
46013	427	46013	9G-MKC	207	45692	C-FFKD	278	45854	C-GMXP	254	45804
46043	443	46043	9G-MKD	346	45965	C-FFQI	281	45855	C-GMXQ	345	45982
46130	542	46130	9G-MKE	223	45753	C-FFRZ	204	45685	C-GMXR	333	45925
60109	539	46150	9G-MKF	246	45820	C-FFSB	330	45935	C-GMXY	319	45920
60110	523	46129	9G-MKG	437	46027	C-FHAA	361	45961	C-GNDA	294	45902
60112	335	45922	9G-MKH	551	46153	C-FHAB	181	45658	C-GNDE	138	45618
163050	276	45881	9G-MKK	417	46022	C-FIWW	246	45820	C-GNDF	142	45619
2C0001	276	45881	9G-MKN	540	46151	C-FNZE	336	45985	C-GQBA	529	46155
3C-FNK	208	45683	9G-MKO	549	46147	C-FQPL	368	45974	C-GQBF	518	46116
3C-QRG	274	45858	9G-MKT	251	45764	C-FQPM	317	45941	C-GQBG	256	45860
3D-ADV	274	45858	9G-NHA	392	45924	CF-TIH	384	45933	C-GRWW	246	45820
3D-ADV	410	46012	9G-PEL	481	46085	CF-TII	390	45934	C-GSWQ	76	45387
3D-AFR	247	45802	9G-RAC	496	46093	CF-TIJ	402	45962	C-GSWX	90	45388
3D-AFX	283	45886	9G-REM	311	45910	C-FTIK	431	46033	CP-2217	187	45668
3D-AIA	278	45854	9G-RMF	319	45920	CF-TIK	431	46033	CU-T1200	156	45638
3D-AIA	516	46098	9G-SIM	480	46061	C-FTIL	434	46034	CU-T1201	127	45611
3D-AIA	229	45803	9G-TOP	540	46151	CF-TIL	434	46034	CU-T1210	135	45612
3D-AJG	487	46110	9J-ABR	73	45599	C-FTIM	438	46035	CX-BLN	254	45804
3D-CDL	379	45986	9J-AFL	507	46099	CF-TIM	438	46035	CX-BQN	333	45925
3D-CVH	255	45821	9J-MKK	417	46022	C-FTIN	445	46036	D-ADIM	54	45416
3D-ETM	189	45663	9Q-CAD	386	46000	CF-TIN	445	46036	D-ADIR	89	45526
3D-FCV	535	46132	9Q-CAN	274	45858	C-FTIO	451	46076	D-ADIX	527	46137
3D-FRE	535	46132	9Q-CAQ	251	45764	CF-TIO	451	46076	D-ADIY	547	46143
3X-GDN	348	45953	9Q-CBF	158	45629	C-FTIP	502	46100	D-ADIZ	548	46145
3X-GEN	407	46023	9Q-CDG	255	45821	CF-TIP	502	46100	D-ADUA	401	46003
3X-GEP	322	45921	9Q-CDM	210	45686	C-FTIQ	508	46123	D-ADUC	490	46106
45819/FC	238	45819	9Q-CHL	246	45820	CF-TIQ	508	46123	D-ADUE	432	46044
4K-555	342	45885	9Q-CJC	255	45821	C-FTIR	511	46124	D-ADUI	380	45991
4K-AZ25	319	45920	9Q-CJG	487	46110	CF-TIR	511	46124	D-ADUO	447	46047
4K-AZ29	481	46085	9Q-CJH	407	46023	C-FTIS	515	46125	EC-214	298	45905
4R-ACQ	84	45604	9Q-CJL	307	45909	CF-TIS	515	46125	EC-217	407	46023
4R-ACT	42	45445	9Q-CKI	208	45683	C-FTIU	521	46113	EC-230	322	45921
4R-EXJ	479	46049	9Q-CLE	100	45266	CF-TIU	521	46113	EC-288	299	45895
5A-DGK	101	45300	9Q-CLF	104	45268	C-FTIV	524	46126	EC-529	337	45945
5A-DGL	69	45417	9Q-CLG	540	46151	CF-TIV	524	46126	EC-892	494	46105
5A-DGN	106	45382	9Q-CLH	549	46147	CF-TIW	526	46114	EC-963	465	46069
5A-DJD	69	45417	9Q-CLV	122	45610	C-FTIX	530	46115	EC-ARA	136	45617
5N-AON	362	45954	9Q-CMG	208	45683	CF-TIX	530	46115	EC-ARB	138	45618
5N-ARH	253	45859	9Q-CQM	154	45607	CF-TJA	9	45442	EC-ARC	142	45619
5N-ATS	248	45817	9Q-CSJ	210	45686	CF-TJB	18	45443	EC-ASN	171	45659
5N-ATY	274	45858	9Q-CTA	410	46012	CF-TJC	31	45444	EC-ATP	181	45658
5N-ATZ	346	45965	9Q-CTA	247	45802	CF-TJD	42	45445	EC-AUM	188	45657
5N-AUS	278	45854	9Q-CVH	259	45862	C-FTJE	111	45565	EC-BAV	258	45814
5N-AVR	227	45758	9T-TDA	223	45753	CF-TJE	111	45565	EC-BMV	346	45965
5N-AVS	230	45756	9V-BEH	294	45902	CF-TJF	117	45566	EC-BMX	378	45930
5N-AVY	205	45688	9XR-SC	463	46068	CF-TJG	119	45609	EC-BMY	391	45931
5N-AWE	223	45753	9XR-SD	376	45956	CF-TJH	122	45610	EC-BMZ	416	45988
5N-AWZ	410	46012	A4O-HM	538	46149	CF-TJI	127	45611	EC-BQS	476	46079
5N-AYZ	113	45421	A4O-HMQ	538	46149	C-FTJJ	135	45612	EC-BSD	518	46116
5N-HAS	315	45912	A4O-PA	255	45821	CF-TJJ	135	45612	EC-BSE	529	46155
5N-MKE	223	45753	A6-HLA	434	46034	C-FTJK	156	45638	EC-BXR	34	45422
5N-OCM	223	45753	A6-HLB	438	46035	C-FTJL	175	45640	EC-BZQ	49	45426
5V-TAF	207	45692	A6-HLC	524	46126	CF-TJL	175	45640	EC-CAD	36	45423
5V-TGF	469	46071	A6-SHA	82	45429	C-FTJM	178	45653	EC-CAM	56	45427
5Y-ASA	75	45379	CC-CAR	372	45976	CF-TJN	179	45654	EC-CCF	313	45897
5Y-BAS	158	45629	CC-CAX	343	45970	C-FTJO	180	45655	EC-CCG	320	45898
5Y-ZEB	506	46122	CC-CDS	397	45996	CF-TJO	180	45655	EC-CCN	80	45569
6Y-JGC	355	45963	CC-CDU	398	45997	C-FTJP	203	45679	EC-CDA	82	45429
6Y-JGD	216	45760	CC-CYQ	252	45810	CF-TJP	203	45679	EC-CDB	37	45424
6Y-JGE	169	45648	C-FCMW	429	46038	C-FTJQ	210	45686	EC-CDC	71	45567
6Y-JGF	173	45643	CF-CPF	124	45620	C-FTJR	256	45860	EC-CMT	83	45568
6Y-JGG	297	45894	CF-CPG	130	45623	CF-TJR	256	45860	EC-CQM	187	45668
6Y-JGH	315	45912	CF-CPH	132	45621	C-FTJS	261	45861	EC-CUS	91	45265
6Y-JII	473	46084	CF-CPI	137	45622	CF-TJS	261	45861	EC-CZE	325	45913
6Y-JME	9	45442	CF-CRJ	183	45661	C-FTJT	301	45890	EC-DBE	267	45824
6Y-JMF	135	45612	CF-CPK	237	45761	CF-TJT	301	45890	EC-DEM	269	45856
8P-PLC	421	46042	CF-CPL	497	46095	C-FTJU	305	45891	EC-DIH	223	45753
8Q-CA003	170	45649	CF-CPM	264	45809	CF-TJU	305	45891	EC-DVB	419	46037
8Q-CA004	243	45808	CF-CPN	1	45252	C-FTJV	306	45892	EC-DVC	409	46016
8Q-CA005	212	45689	C-FCPO	323	45926	CF-TJV	306	45892	EC-DYA	342	45885
8Q-PNB	170	45649	CF-CPO	323	45926	CF-TJW	310	45893	EC-DYB	408	46011
8Q-PNC	243	45808	C-FCPP	327	45927	C-FTJX	355	45963	EC-DYY	290	45888
9G-ACG	40	45256	CF-CPP	327	45927	CF-TJX	355	45963	EC-DZA	436	46032
9G-AED	555	46162	C-FCPQ	334	45928	C-FTJY	364	45964	EC-DZC	405	46015
9G-AXA	521	46113	CF-CPQ	334	45928	CF-TJY	364	45964	EC-EAM	296	45908
9G-AXB	503	46097	C-FCPS	367	45929	C-FTJZ	374	45980	EC-ELM	298	45905
9G-BAN	309	45904	CF-CPS	367	45929	CF-TJZ	374	45980	EC-ELM	309	45904
9G-FAB	500	46121	CF-CPT	274	45858	CF-TLQ	210	45686	EC-EMD	407	46023
9G-LIL	549	46147	C-FCRN	233	45752	C-GEMV	436	46032	EC-EMX	322	45921

Douglas DC-8 — Out Of Production List: Western Jet Airliners

Registration	l/n	c/n	Registration	l/n	c/n	Registration	l/n	c/n	Registration	l/n	c/n
EC-EQI	299	45895	HB-IDU	248	45817	I-DIWE	73	45599	LN-MOY	453	46054
EC-FVA	337	45945	HB-IDZ	468	46074	I-DIWF	159	45630	LN-PIP	40	45256
EC-GCY	494	46105	HB-IGH	455	46067	I-DIWG	184	45660	LV-LTP	7	45255
EC-GEE	465	46069	HC-BEI	115	45606	I-DIWH	535	46132	LX-ACV	371	45989
EC-IGZ	534	46133	HC-BJT	274	45858	I-DIWI	79	45600	LX-BCV	394	46002
EI-BNA	371	45989	HC-BKN	225	45754	I-DIWJ	379	45986	LX-IDB	69	45417
EI-BPF	313	45897	HC-BLU	187	45668	I-DIWK	458	46082	LX-III	171	45659
EI-BPG	320	45898	HC-BMC	175	45640	I-DIWL	220	45682	LX-TLA	347	45960
EI-BTG	395	46001	HC-BPV	198	45651	I-DIWM	222	45755	LX-TLB	333	45925
EI-BWG	507	46099	HC-BQH	256	45860	I-DIWN	307	45909	LX-TLC	319	45920
EI-BZU	387	45994	HI-413	76	45387	I-DIWO	107	45601	N100JJ	241	45763
EI-CAK	500	46121	HI-426	185	45667	I-DIWP	153	45636	N1041W	182	45669
EI-CGO	392	45924	HI-426CA	185	45667	I-DIWQ	361	45961	N105WP	497	46095
EI-CGY	372	45976	HI-426CT	185	45667	I-DIWR	157	45637	N108RD	189	45663
EI-TLA	358	45973	HI-427	195	45684	I-DIWS	194	45665	N109RD	201	45674
EI-TLC	388	45995	HI-435	54	45416	I-DIWT	202	45666	N10DC	122	45610
EI-TLD	277	45812	HI-452	21	45410	I-DIWU	139	45624	N121GA	164	45632
EL-AJK	410	46012	HI-459	175	45640	I-DIWV	311	45910	N123AF	522	46108
EL-AJO	208	45683	HI-573CA	265	45765	I-DIWW	516	46098	N124AF	528	46140
EL-AJQ	210	45686	HI-576CT	487	46110	I-DIWX	546	46142	N124AJ	143	45626
EL-AJQ	274	45858	HI-588CA	204	45685	I-DIWY	437	46027	N1300L	400	46014
EL-KRU	255	45821	HI-588CT	204	45685	I-DIWZ	452	46026	N1301L	420	46018
EL-WVD	342	45885	HI-595CA	21	45410	JA8001	78	45418	N1302L	425	46029
FAP-370	475	46078	HK-1854	153	45636	JA8002	81	45419	N1303L	426	46030
FAP-371	370	45984	HK-1855	194	45665	JA8003	93	45420	N1304L	450	46048
F-BIUY	80	45569	HK-1855X	194	45665	JA8005	113	45421	N1305L	477	46072
F-BIUZ	134	45570	HK-2380	268	45879	JA8006	143	45626	N1306L	492	46055
F-BJCB	196	45671	HK-2587X	163	45635	JA8007	168	45647	N1307L	495	46056
F-BJLA	71	45567	HK-2632X	240	45768	JA8008	93	45420	N13627	138	45618
F-BJLB	83	45568	HK-2667X	198	45651	JA8009	186	45662	N141RD	182	45669
F-BJUV	145	45627	HK-3125X	264	45809	JA8010	198	45651	N1501U	270	45822
F-BLKX	246	45820	HK-3178X	54	45416	JA8011	206	45664	N1502U	279	45823
F-BLLC	84	45604	HK-3490X	439	46041	JA8012	213	45680	N1503U	286	45903
F-BNLD	238	45819	HK-3746X	164	45632	JA8013	214	45681	N1504U	293	45901
F-BNLE	332	45917	HK-3753X	265	45765	JA8014	218	45678	N1505U	307	45909
F-BOLF	353	45918	HK-3785X	462	46066	JA8015	241	45763	N1509U	274	45858
F-BOLG	366	45987	HK-3786X	289	45849	JA8016	251	45764	N153AF	220	45682
F-BOLH	461	46028	HK-3816X	204	45685	JA8017	278	45854	N153FA	222	45755
F-BOLI	225	45754	HK-3842X	336	45985	JA8018	282	45882	N161DB	374	45980
F-BOLJ	327	45927	HK-3974X	233	45752	JA8019	302	45916	N162CA	376	45956
F-BOLK	229	45803	HK-3979	282	45882	JA8031	348	45953	N162QS	376	45956
F-BOLL	499	46096	HK-3979X	282	45882	JA8032	362	45954	N163CA	365	45955
F-BOLM	433	46058	HK-3984X	259	45862	JA8033	365	45955	N1776R	60	45602
F-BOLN	207	45692	HK-4176X	337	45945	JA8034	376	45956	N1800	52	45274
F-BUOR	259	45862	HK-4277	372	45976	JA8035	407	46023	N1801	72	45276
F-BYFM	206	45664	HK-4277X	372	45976	JA8036	417	46022	N1802	94	45277
F-GATO	490	46106	HK-4294X	449	46040	JA8037	428	46024	N1803	299	45895
F-GDJM	347	45960	HP-1048	58	45259	JA8038	435	46031	N1804	303	45896
F-GDPM	186	45662	HP-1088	248	45817	JA8039	436	46032	N1805	304	45899
F-GDPS	352	45981	HP-1166TCA	118	45272	JA8040	474	46057	N1806	318	45911
F-GDRM	457	46063	HP-1169TLN	360	45992	JA8041	507	46099	N1807	309	45904
F-GESM	519	46091	HP-441WAP	416	45988	JA8042	510	46127	N1808E	494	46105
F-GETM	429	46038	HP-768	245	45806	JA8043	514	46128	N1809E	498	46107
F-GFCN	544	46159	HP-791WAP	539	46150	JA8044	537	46139	N181SK	311	45910
F-GMFM	507	46099	HP-807	184	45660	JA8045	541	46157	N182SK	248	45817
F-GNFM	337	45945	HP-826	85	45298	JA8046	543	46158	N183SK	309	45904
F-RAFA	246	45820	HP-927	254	45804	JA8047	544	46159	N184SK	352	45981
F-RAFB	207	45692	HP-950	218	45678	JA8048	545	46160	N187SK	417	46022
F-RAFC	238	45819	HR-AMU	282	45882	JA8049	287	45887	N1976P	149	47094
F-ZARK	134	45570	HS-TGF	329	45949	JA8050	285	45848	N19B	327	45927
F-ZVMT (46043)	443	46043	HS-TGG	338	45952	JA8051	550	46152	N19B	367	45929
G-BDDE	195	45684	HS-TGO	62	45386	JA8052	551	46153	N20UA	301	45890
G-BDHA	185	45667	HS-TGP	108	45390	JA8053	552	46161	N21CX	365	45955
G-BETJ	75	45379	HS-TGQ	523	46129	JA8054	553	46148	N21UA	305	45891
G-BFHW	268	45879	HS-TGQ	539	46150	JA8055	554	46154	N220RB	4	45280
G-BIAS	236	45816	HS-TGR	98	45389	JA8056	555	46162	N223FB	336	45985
G-BSKY	274	45858	HS-TGS	55	45385	JA8057	345	45982	N225VV	265	45765
G-BTAC	240	45768	HS-TGS	539	46150	JA8057	350	45983	N226VV	272	45766
HB-IBF	533	46141	HS-TGT	50	45384	JA8058	349	45942	N22UA	306	45892
HB-IDA	54	45416	HS-TGU	89	45526	JA8059	359	45943	N2310B	265	45765
HB-IDB	69	45417	HS-TGW	54	45416	JA8060	290	45888	N23UA	310	45893
HB-IDC	89	45526	HS-TGX	383	45923	JA8061	291	45889	N245HG	186	45662
HB-IDD	191	45656	HS-TGY	453	46054	JA8067	360	45992	N24UA	355	45963
HB-IDE	312	45919	HS-TGZ	392	45924	LN-MOA	55	45385	N253FA	184	45660
HB-IDF	319	45920	HS-TGZ	523	46129	LN-MOC	539	46150	N2547R	473	46084
HB-IDG	333	45925	HZ-HM11	473	46084	LN-MOF	503	46097	N25UA	510	46127
HB-IDH	370	45984	HZ-MS11	473	46084	LN-MOG	512	46102	N2674U	486	46062
HB-IDI	470	46077	I-ALEC	220	45682	LN-MOH	250	45767	N26UA	287	45887
HB-IDK	475	46078	I-DIWA	57	45598	LN-MOO	270	45822	N274AT	455	46067
HB-IDL	513	46134	I-DIWB	144	45625	LN-MOT	90	45388	N276C	165	45641
HB-IDM	395	46001	I-DIWC	347	45960	LN-MOU	383	45923	N278C	173	45643
HB-IDS	389	45968	I-DIWD	160	45631	LN-MOW	517	46131	N27UA	349	45942

Douglas DC-8 — Out Of Production List: Western Jet Airliners

Registration	l/n	c/n	Registration	l/n	c/n	Registration	l/n	c/n	Registration	l/n	c/n
N28UA	435	46031	N4907C	385	45967	N7046H	408	46011	N789AL	457	46063
N29180	497	46095	N4908C	389	45968	N705FT	504	46090	N789FT	274	45858
N2919N	442	46052	N4909C	472	46060	N705UP	329	45949	N790AL	496	46093
N29549	229	45803	N4910C	482	46094	N706FT	395	46001	N790FT	432	46044
N29922	225	45754	N4929U	65	45296	N706UP	495	46056	N791AL	539	46150
N29953	209	45961	N4934Z	476	46079	N707FT	501	46089	N791FT	441	46045
N29954	253	45859	N4935C	391	45931	N707UP	288	45907	N792AL	439	46041
N29UA	544	46159	N4980Y	126	45614	N708UP	450	46048	N792FT	444	46046
N30UA	290	45888	N49UA	283	45886	N709UP	292	45914	N793AL	503	46097
N3128H	192	45672	N500MH	277	45812	N7105Q	282	45882	N793FT	447	46047
N31CX	318	45911	N501SR	387	45994	N711LF	66	45260	N794AL	383	45923
N31EK	442	46052	N505FB	21	45410	N712UA	54	45416	N794FT	478	46086
N3325T	225	45754	N507DC	281	45855	N713UA	98	45389	N795AL	509	46136
N345JW	421	46042	N508DC	330	45935	N713UP	400	46014	N795FT	483	46103
N353AS	392	45924	N5094Q	404	46009	N715UA	62	45386	N796AL	453	46054
N353FA	139	45624	N50UA	340	45884	N715UP	295	45915	N796FT	488	46104
N355Q	187	45668	N512FP	484	46075	N716UA	55	45385	N797AL	556	46163
N356WS	187	45668	N51CX	437	46027	N717NA	458	46082	N797FT	528	46140
N36UA	417	46022	N51FB	330	45935	N717UA	108	45390	N797UP	313	45897
N3751X	142	45619	N51UA	436	46032	N7181C	60	45602	N798AL	523	46129
N39305	516	46098	N52845	352	45981	N7182C	74	45603	N798FT	522	46108
N39307	311	45910	N52958	308	45883	N7183C	95	45605	N798UP	320	45898
N3931	361	45961	N53AF	157	45637	N7184C	115	45606	N799AL	335	45922
N3931A	361	45961	N53CA	53	45377	N718UA	50	45384	N799FT	395	46001
N3931G	379	45986	N53FA	202	45666	N718UP	420	46018	N8001U	2	45278
N3951B	69	45417	N53KM	84	45604	N71CX	361	45961	N8002U	3	45279
N401FE	525	46117	N54FA	157	45637	N71UA	96	45381	N8003U	4	45280
N402FE	485	46073	N55FB	218	45678	N721CX	427	46013	N8004U	8	45281
N404FE	395	46001	N56FA	189	45663	N721UA	223	45753	N8005U	10	45282
N405FE	504	46090	N573FB	265	45765	N722CX	542	46130	N8006U	11	45283
N407FE	501	46089	N5768X	240	45768	N722UA	250	45767	N8007U	12	45284
N41CX	523	46129	N578JC	64	45275	N72488	31	45444	N8008D	1	45252
N42086	535	46132	N579JC	20	45289	N728A	471	46081	N8008F	182	45669
N420AJ	81	45419	N57AJ	142	45619	N728PL	353	45918	N8008U	13	45285
N421AJ	113	45421	N57FB	182	45669	N729PL	322	45921	N8009U	15	45286
N426FB	185	45667	N580JC	35	45594	N729UP	425	46029	N800EV	128	45301
N427FB	195	45684	N5824A	267	45824	N730PL	552	46161	N800PA	5	45253
N42920	233	45752	N5879X	268	45879	N730UP	426	46030	N8010U	16	45287
N4292P	336	45985	N59AJ	118	45272	N731PL	407	46023	N8011U	17	45288
N42UA	197	45676	N602AL	380	45991	N735PL	551	46153	N8012U	20	45289
N436NA	458	46082	N603AL	401	46003	N744UP	326	45944	N8013U	22	45290
N43UA	199	45677	N604AL	447	46047	N748UP	321	45948	N8014U	26	45588
N441J	416	45988	N604BX	444	46046	N750UP	354	45950	N8015U	27	45589
N441JW	416	45988	N605AL	490	46106	N751UA	537	46139	N8016	6	45254
N4489M	138	45618	N606AL	432	46044	N752UP	376	45956	N8016U	28	45590
N44UA	234	45800	N60AJ	138	45618	N752UP	338	45952	N8017U	29	45591
N45090	296	45908	N6161A	396	45969	N753UA	428	46024	N8018U	2	45278
N45191	352	45981	N6161C	269	45856	N755UA	290	45888	N8018U	30	45291
N453FA	107	45601	N6161M	232	45762	N755UP	492	46055	N8019U	32	45592
N4561B	122	45610	N6162A	480	46061	N756UA	322	45921	N801AX	470	46077
N4574P	518	46116	N6163A	486	46062	N762UA	300	45906	N801BN	458	46082
N4578C	359	45943	N6164A	532	46144	N766RD	405	46015	N801CK	236	45816
N45814	258	45814	N61CX	546	46142	N771CA	417	46022	N801DH	431	46033
N4582N	345	45982	N624FT	367	45929	N772CA	517	46131	N801E	14	45408
N45908	54	45416	N625FT	334	45928	N772FT	493	46109	N801EV	217	45750
N45914	98	45389	N64799	57	45598	N772UP	477	46072	N801FB	346	45965
N45UA	235	45801	N64804	79	45600	N773FT	393	45966	N801GP	448	46039
N460DN	462	46066	N64RD	418	46017	N774C	161	45634	N801MG	379	45986
N46UA	247	45802	N65516	547	46143	N774FT	454	46087	N801PA	6	45254
N4761G	332	45917	N65517	548	46145	N776FT	520	46112	N801SW	207	45692
N47691	261	45861	N65518	527	46137	N778FT	479	46049	N801U	351	45939
N4769F	210	45686	N6571C	38	45391	N779C	174	45644	N801UP	489	46101
N4769G	256	45860	N6572C	45	45392	N779FT	371	45989	N801US	60	45602
N4786G	203	45679	N6573C	116	45393	N779UP	363	45979	N801WA	534	46133
N47978	555	46162	N6577C	9	45442	N780FT	375	45990	N8020U	33	45593
N47UA	364	45964	N6578C	18	45443	N781AL	323	45926	N8021U	35	45594
N4805J	457	46063	N661AV	396	45969	N781FT	380	45991	N8021V	135	45612
N4809E	232	45762	N66656	348	45953	N782AL	367	45929	N8022U	39	45595
N4863T	414	45951	N6842	229	45803	N782FT	394	46002	N8023U	43	45292
N4864T	456	46059	N698QS	283	45886	N783AL	327	45927	N8024U	47	45293
N4865T	485	46073	N698SN	283	45886	N783FT	401	46003	N8025U	51	45294
N4866T	501	46089	N70051	119	45609	N783UP	358	45973	N8026U	63	45295
N4867T	504	46090	N700UP	316	45900	N784AL	531	46135	N8027	7	45255
N4868T	519	46091	N701FT	525	46117	N784FT	403	46004	N8027U	65	45296
N4869T	525	46117	N701UP	331	45938	N785AL	538	46149	N8028D	3	45279
N48CA	34	45422	N702FT	485	46073	N785FT	412	46005	N8028U	67	45297
N48UA	374	45980	N702UP	294	45902	N786AL	500	46121	N8029U	85	45298
N4901C	52	45274	N7034E	181	45658	N786FT	413	46006	N802AX	513	46134
N4902C	72	45276	N703FT	456	46059	N787AL	377	45999	N802BN	307	45909
N4904C	187	45668	N703UP	351	45939	N787FT	422	46007	N802CK	203	45679
N4905C	244	45805	N7043U	421	46042	N788AL	377	45999	N802DH	451	46076
N4906C	259	45862	N7046G	342	45885	N788FT	423	46008	N802E	19	45409

Douglas DC-8 — Out Of Production List: Western Jet Airliners

Registration	l/n	c/n	Registration	l/n	c/n	Registration	l/n	c/n	Registration	l/n	c/n
N802MG	516	46098	N806DH	394	46002	N813BN	172	45642	N825BX	381	45978
N802PA	7	45255	N806E	25	45413	N813CK	310	45893	N825E	326	45944
N802U	354	45950	N806PA	58	45259	N813E	205	45688	N8266U	90	45388
N802UP	502	46100	N806SW	308	45883	N813PA	100	45266	N826AX	480	46061
N802US	74	45603	N806UP	413	46006	N813UP	456	46059	N826BX	399	45998
N802WA	536	46146	N806WA	548	46145	N813ZA	537	46139	N826E	363	45979
N8030U	88	45596	N8070U	252	45810	N8148A	102	45267	N8274H	52	45274
N8031U	92	45299	N8071U	262	45811	N8148A	114	45271	N8275H	64	45275
N8032U	97	45597	N8072U	277	45812	N814AX	439	46041	N8276H	72	45276
N8033U	101	45300	N8073U	284	45813	N814BN	174	45644	N8277H	94	45277
N8034U	128	45301	N8074U	289	45849	N814CK	510	46127	N827AX	293	45901
N8035U	133	45302	N8075U	314	45940	N814E	211	45687	N827BX	356	45971
N8036U	141	45303	N8076U	317	45941	N814GB	325	45913	N828AX	377	45999
N8037U	125	45304	N8077U	337	45945	N814PA	102	45267	N828BX	382	45993
N8038A	40	45256	N8078U	339	45946	N814UP	504	46090	N829BX	387	45994
N8038D	4	45280	N8079U	341	45947	N814ZA	376	45956	N830BX	358	45973
N8038U	129	45305	N807AX	348	45953	N815AX	503	46097	N831AL	538	46149
N8039U	140	45306	N807CK	250	45767	N815CK	540	46151	N831F	115	45606
N803AX	332	45917	N807DH	375	45990	N815E	212	45689	N832AL	457	46063
N803CK	122	45610	N807DH	519	46091	N815EV	394	46002	N833DA	87	45380
N803CK	481	46085	N807E	166	45645	N815PA	104	45268	N833FA	59	45378
N803DH	508	46123	N807PA	66	45260	N815UP	394	46002	N836UP	344	45936
N803E	21	45410	N807UP	422	46007	N815ZA	428	46024	N840UP	528	46140
N803MG	311	45910	N8080U	343	45970	N8166A	109	45269	N8418	79	45600
N803PA	40	45256	N8081U	356	45971	N816AX	496	46093	N841AX	296	45908
N803SW	255	45821	N8082U	357	45972	N816CK	306	45892	N842AX	405	46015
N803U	316	45900	N8083U	358	45973	N816E	219	45690	N8434B	119	45609
N803UP	485	46073	N8084U	368	45974	N816EV	375	45990	N843AX	418	46017
N803US	84	45604	N8085U	369	45975	N816PA	109	45269	N844AX	285	45848
N803WA	538	46149	N8086U	372	45976	N816UP	375	45990	N845AX	541	46157
N8040U	146	45307	N8087U	373	45977	N816ZA	463	46068	N846AX	543	46158
N8041U	200	45675	N8088U	381	45978	N8170A	112	45270	N847AX	435	46031
N8042U	197	45676	N8089U	382	45993	N8177U	350	45983	N848AX	436	46032
N8043U	199	45677	N8089U	460	46065	N8177U	350	45983	N849AL	289	45849
N8044U	234	45800	N808AX	362	45954	N817AX	334	45928	N849AX	305	45891
N8045U	235	45801	N808CK	248	45817	N817CK	287	45887	N850AX	297	45894
N8046U	247	45802	N808E	167	45646	N817E	239	45807	N851AX	314	45940
N8047U	275	45880	N808PA	68	45261	N817EV	417	46022	N851F	267	45824
N8048U	276	45881	N808UP	423	46008	N817NA	458	46082	N851UP	440	46051
N8049U	283	45886	N8090U	387	45994	N817PA	112	45270	N852AX	409	46016
N804AX	366	45987	N8091U	388	45995	N818AX	484	46075	N852F	269	45856
N804CK	212	45689	N8092U	397	45996	N818CK	361	45961	N852UP	442	46052
N804DH	511	46124	N8093U	398	45997	N818E	243	45808	N853AX	419	46037
N804E	23	45411	N8094U	399	45998	N818EV	521	46113	N855BC	254	45804
N804EV	141	45303	N8095U	448	46039	N818PA	114	45271	N8601	34	45422
N804PA	44	45257	N8096U	449	46040	N818UP	522	46108	N8602	36	45423
N804SW	236	45816	N8097U	459	46064	N81906	278	45854	N8603	37	45424
N804U	331	45938	N8099U	462	46066	N819AX	327	45927	N8604	41	45425
N804UP	403	46004	N809CK	229	45803	N819E	245	45806	N8605	49	45426
N804US	95	45605	N809CK	497	46095	N819EV	524	46126	N8606	56	45427
N804WA	527	46137	N809DH	447	46047	N819F	152	45437	N8607	61	45428
N8050U	340	45884	N809E	170	45649	N819SL	278	45854	N8608	82	45429
N8051U	342	45885	N809PA	70	45262	N819UP	411	46019	N8609	99	45430
N8052U	404	46009	N809UP	493	46109	N8207U	64	45275	N8610	103	45431
N8053U	406	46010	N810BN	298	45905	N8209U	66	45260	N8611	105	45432
N8054U	408	46011	N810BN	309	45904	N820AX	529	46155	N8612	110	45433
N8055U	410	46012	N810CK	258	45814	N820BX	460	46065	N8613	148	45434
N805AX	300	45906	N810E	177	45650	N820E	249	45815	N8614	149	47094
N805CK	170	45649	N810EV	294	45902	N820TC	377	45999	N8615	150	45436
N805DH	515	46125	N810GB	280	45878	N8215U	68	45261	N8617	152	45437
N805E	24	45412	N810PA	77	45263	N8217U	77	45263	N861FT	316	45900
N805H	515	46125	N810UP	395	46001	N821AX	518	46116	N861PL	364	45964
N805PA	46	45258	N810ZA	555	46162	N821BX	262	45811	N862FT	321	45948
N805SW	248	45817	N811AL	507	46099	N821E	273	45877	N8630	489	46101
N805U	248	45817	N811BN	161	45634	N821F	110	45433	N8631	344	45936
N805UP	525	46117	N811CK	549	46147	N821TC	510	46127	N8632	393	45966
N805US	115	45606	N811E	192	45672	N822AX	476	46079	N8633	415	46020
N805WA	547	46143	N811EV	440	46051	N822BX	284	45813	N8634	424	46021
N8060U	221	45693	N811GB	429	46038	N822E	288	45907	N8635	430	46050
N8061U	224	45694	N811PA	86	45264	N823AX	506	46122	N8636	440	46051
N8062U	226	45757	N811TC	308	45883	N823BX	459	46064	N8636E	440	46051
N8063U	227	45758	N811UP	501	46089	N823E	292	45914	N8637	442	46052
N8064U	228	45759	N811ZA	554	46154	N8240U	44	45257	N8638	446	46053
N8065U	230	45756	N812AX	524	46126	N8243U	46	45258	N8639	479	46049
N8066U	257	45850	N812BN	163	45635	N8245U	58	45259	N863E	377	45999
N8067U	260	45851	N812CK	301	45890	N8246U	70	45262	N863F	395	46001
N8068D	7	45255	N812E	193	45673	N824AX	533	46141	N863FT	329	45949
N8068U	263	45852	N812PA	91	45265	N824BX	339	45946	N8641	490	46106
N8069U	266	45853	N812TC	251	45764	N824E	295	45915	N8642	493	46109
N806BU	318	45911	N812UP	520	46112	N8252U	86	45264	N864F	454	46087
N806CK	243	45808	N812ZA	461	46028	N8258U	76	45387	N864FT	338	45952
N806CK	328	45932	N813AX	509	46136	N825AX	530	46115	N865F	464	46088

Douglas DC-8 — Out Of Production List: Western Jet Airliners

Registration	l/n	c/n	Registration	l/n	c/n	Registration	l/n	c/n	Registration	l/n	c/n
N866F	520	46112	N900CL	91	45265	OB-1249	535	46132	PH-DCI	123	45613
N866UP	393	45966	N902R	250	45767	OB-1260	512	46102	PH-DCK	126	45614
N867BX	479	46049	N903CL	106	45382	OB-1267	260	45851	PH-DCL	131	45615
N867F	351	45939	N903R	168	45647	OB-1267	260	45851	PH-DCM	147	45616
N867FT	351	45939	N9047F	42	45445	OB-1267	226	45757	PH-DCN	158	45629
N867UP	385	45967	N904CL	48	45376	OB-1268	266	45853	PH-DCO	164	45632
N868BX	434	46034	N904R	386	46000	OB-1269	263	45852	PH-DCP	155	45608
N868F	354	45950	N905CL	52	45274	OB-1300	261	45861	PH-DCR	154	45607
N868FT	354	45950	N906CL	72	45276	OB-1323	348	45953	PH-DCS	208	45683
N868UP	389	45968	N906R	454	46087	OB-1372	475	46078	PH-DCT	209	45961
N869BX	438	46035	N907CL	385	45967	OB-1373	370	45984	PH-DCU	253	45859
N869F	325	45913	N907R	251	45764	OB-1407	429	46038	PH-DCV	272	45766
N870BX	445	46036	N908CL	286	45903	OB-1421	233	45752	PH-DCW	232	45762
N870SJ	448	46039	N910CL	482	46094	OB-1438	336	45985	PH-DCY	265	45765
N870TV	478	46086	N910R	278	45854	OB-1452	429	46038	PH-DCZ	254	45804
N871MY	343	45970	N9110V	248	45817	OB-1456	118	45272	PH-DEA	286	45903
N871SJ	373	45977	N911CL	352	45981	OB-1618	535	46132	PH-DEB	293	45901
N871TV	389	45968	N911R	248	45817	OB-R1083	240	45768	PH-DEC	377	45999
N872SJ	449	46040	N912CL	296	45908	OB-R1084	268	45879	PH-DED	386	46000
N872TV	395	46001	N912R	296	45908	OB-R1116	158	45629	PH-DEE	411	46019
N8731U	542	46130	N913R	514	46128	OB-R1123	216	45760	PH-DEF	466	46080
N873SJ	519	46091	N914BV	315	45912	OB-R1124	169	45648	PH-DEG	505	46092
N8740	187	45668	N914CL	315	45912	OB-R1125	173	45643	PH-DEH	484	46075
N874SJ	538	46149	N915BV	352	45981	OB-R-1142	135	45612	PH-DEK	500	46121
N874UP	468	46074	N915CL	297	45894	OB-R1143	57	45598	PH-DEL	506	46122
N8755	503	46097	N915R	302	45916	OB-R1181	216	45760	PH-DEM	533	46141
N8756	409	46016	N916R	223	45753	OB-R1200	282	45882	PH-GEB	272	45766
N8756	499	46096	N917R	507	46099	OB-R1205	9	45442	PH-MAS	267	45824
N8757	497	46095	N918CL	169	45648	OB-R1210	546	46142	PH-MAU	269	45856
N8758	496	46093	N919CL	490	46106	OB-R1214	79	45600	PH-MBH	242	45818
N8759	433	46058	N919JW	490	46106	OB-R1222	360	45992	PI-C801	155	45608
N875C	163	45635	N920CL	433	46058	OB-R1223	93	45420	PIC802	232	45762
N875SJ	457	46063	N921CL	173	45643	OB-R1248	437	46027	PI-C803	324	45937
N8760	468	46074	N921R	548	46145	OB-R1249	535	46132	PI-C804	154	45607
N8762	429	46038	N922BV	333	45925	OB-R1259	171	45659	PI-C827	59	45378
N8763	419	46037	N922CL	333	45925	OB-R1260	512	46102	PI-C829	87	45380
N8764	418	46017	N923BV	359	45943	OB-R1268	266	45853	PK-GEA	265	45765
N8766	405	46015	N923CL	319	45920	OB-R1269	263	45852	PK-GEC	164	45632
N8767	360	45992	N923R	470	46077	OB-R1270	226	45757	PK-GJD	265	45765
N8768	350	45983	N924BV	319	45920	OB-R1287	228	45759	PK-GJN	272	45766
N8769	345	45982	N924CL	513	46134	OB-R1296	13	45285	PP-ABS	252	45810
N8770	325	45913	N925BV	342	45885	OB-R1296	13	45285	PP-AIY	467	46070
N8771	315	45912	N926CL	505	46092	OB-R1300	261	45861	PP-BEL	447	46047
N8772	359	45943	N929R	293	45901	OB-R1323	348	45953	PP-BEM	478	46086
N8773	349	45942	N940JW	529	46155	OB-R931	142	45619	PP-BET	483	46103
N8774	297	45894	N941JW	416	45988	OB-R-962	158	45629	PP-BEX	488	46104
N8775	291	45889	N945GE	337	45945	OB-T1244	241	45763	PP-DGP	348	45953
N8776	290	45888	N950JW	433	46058	OB-T-1316	50	45384	PP-PDS	118	45272
N8777	287	45887	N950R	286	45903	OE-IBO	464	46088	PP-PDT	121	45273
N8778	285	45848	N951R	505	46092	OH-KDM	151	45628	PP-PEA	5	45253
N8779R	216	45760	N952R	480	46061	OH-LFR	427	46013	PP-PEF	114	45271
N877C	172	45642	N954R	296	45908	OH-LFS	443	46043	PP-SOO	368	45974
N8780R	151	45628	N957R	527	46137	OH-LFT	427	46013	PP-SOP	372	45976
N8781R	169	45648	N959R	547	46143	OH-LFV	443	46043	PP-SOQ	317	45941
N8782R	185	45667	N9601Z	71	45567	OH-LFY	542	46130	PP-TAR	187	45668
N8783R	195	45684	N9603Z	120	45383	OH-LFZ	366	45987	PP-TNZ	240	45768
N8784R	215	45769	N9604Z	130	45623	OH-SOA	115	45606	PP-TPC	233	45752
N8785R	229	45803	N9605Z	126	45614	OH-SOB	60	45602	PR-ABA	374	45980
N8786R	313	45897	N9607Z	154	45607	OO-AMI	48	45376	PR-GPT	343	45970
N8787R	320	45898	N9608Z	155	45608	OO-CMB	106	45382	PR-SKC	547	46143
N8788R	338	45952	N9609Z	175	45640	OO-PHA	278	45854	PR-SKI	554	46154
N880UP	466	46080	N9612Z	178	45653	OO-TCP	91	45265	PR-SKM	527	46137
N8888B	256	45860	N961R	534	46133	OY-KTA	50	45384	PT-DGX	348	45953
N893AF	142	45619	N964R	386	46000	OY-KTC	76	45387	PT-MDF	535	46132
N894UP	482	46094	N9683Z	217	45750	OY-KTD	254	45804	PT-WBL	368	45974
N8954U	280	45878	N976AL	372	45976	OY-KTE	300	45906	PT-WBM	372	45976
N8955U	321	45948	N990CF	463	46068	OY-KTF	335	45922	RP-C345	239	45807
N8956U	329	45949	N991CF	235	45801	OY-KTG	439	46041	RP-C348	222	45755
N8960T	331	45938	N992CF	340	45884	OY-KTG	496	46093	RP-C349	184	45660
N8961T	294	45902	N993CF	461	46028	OY-KTH	503	46097	RP-C801	155	45608
N8962T	316	45900	N994CF	376	45956	OY-SBK	383	45923	RP-C801	155	45608
N8964U	361	45961	N995CF	428	46024	OY-SBL	453	46054	RP-C803	324	45937
N8966U	455	46067	N995WL	74	45603	OY-SBM	392	45924	RP-C804	154	45607
N8967U	463	46068	N996CF	555	46162	PH-ADA	217	45750	RP-C827	59	45378
N8968U	465	46069	N996GE	397	45996	PH-DCA	48	45376	RP-C829	87	45380
N8969U	467	46070	N997CF	554	46154	PH-DCB	53	45377	RP-C830	205	45688
N8970U	469	46071	N997GE	398	45997	PH-DCC	59	45378	RP-C831	219	45690
N8971U	471	46081	N99862	141	45303	PH-DCD	75	45379	RP-C832	245	45806
N8972U	473	46084	N998CF	537	46139	PH-DCE	87	45380	RP-C837	167	45646
N8973U	481	46085	OB-1210	546	46142	PH-DCF	96	45381	RP-C840	166	45645
N8974U	487	46110	OB-1222	360	45992	PH-DCG	106	45382	RP-C843	208	45683
N8975U	491	46111	OB-1248	437	46027	PH-DCH	120	45383	S2-AEK	290	45888

Registration	l/n	c/n	Registration	l/n	c/n
S7-SIA	158	45629	TU-TXT	499	46096
S7-SIS	533	46141	VP-BHM	491	46111
S9-NAB	113	45421	VP-BIA	181	45658
S9-NAG	58	45259	VP-BJR	455	46067
S9-NAN	110	45433	VP-WMJ	255	45821
S9-NAS	149	47094	VR-BHM	491	46111
S9-PSD	246	45820	VR-BJR	455	46067
SE-DBA	62	45386	VR-BLG	469	46071
SE-DBB	98	45389	VR-BMR	469	46071
SE-DBC	108	45390	VR-CKA	497	46095
SE-DBD	223	45753	VR-CKL	497	46095
SE-DBE	279	45823	XA-AMP	211	45687
SE-DBF	298	45905	XA-AMR	365	45955
SE-DBG	322	45921	XA-AMS	318	45911
SE-DBH	392	45924	XA-AMT	307	45909
SE-DBI	523	46129	XA-DOD	165	45641
SE-DBK	509	46136	XA-DOE	1	45252
SE-DBL	556	46163	XA-LSA	65	45296
SE-DCR	151	45628	XA-MAA	374	45980
SE-DCT	169	45648	XA-MAS	372	45976
SE-DDU	300	45906	XA-MAX	252	45810
SE-DLH	387	45994	XA-NUS	162	45633
SE-DLM	356	45971	XA-PEI	176	45652
ST-AJD	251	45764	XA-PIK	204	45685
ST-AJR	404	46009	XA-SIA	280	45878
T.15/401-01	258	45814	XA-SIB	281	45855
T.15-1/401-30	258	45814	XA-SID	330	45935
T-15-2	181	45658	XA-TXS	453	46054
TC-GUL	544	46159	XA-XAX	105	45432
TC-JBV	82	45429	YV-125C	421	46042
TC-JBY	224	45694	YV-126C	457	46063
TC-JBZ	221	45693	YV-127C	53	45377
TC-MAB	409	46016	YV-128C	96	45381
TF-ACV	371	45989	YV-128C	261	45861
TF-AED	248	45817	YV-129C	147	45616
TF-BBA	362	45954	YV-130C	442	46052
TF-BBB	555	46162	YV-131C	123	45613
TF-BBC	554	46154	YV-132C	126	45614
TF-BBD	461	46028	YV-392C	74	45603
TF-BCV	316	45900	YV-447C	195	45684
TF-BCV	394	46002	YV-455C	189	45663
TF-CCV	375	45990	YV-460C	175	45640
TF-ECV	42	45445	YV-461C	280	45878
TF-FLA	415	46020	YV-499C	210	45686
TF-FLB	223	45753	YV-504C	189	45663
TF-FLB	344	45936	YV-505C	21	45410
TF-FLC	464	46088	YV-599C	280	45878
TF-FLC	479	46049	YV-810C	21	45410
TF-FLE	421	46042	YV-814C	189	45663
TF-FLE	489	46101	YV-C-VIA	421	46042
TF-FLF	486	46062	YV-C-VIB	457	46063
TF-FLF	520	46112	YV-C-VIC	268	45879
TF-FLT	484	46075	YV-C-VID	240	45768
TF-FLU	377	45999	YV-C-VIE	53	45377
TF-FLV	500	46121	YV-C-VIF	96	45381
TF-GCV	175	45640	YV-C-VIG	147	45616
TF-ISA	374	45980	YV-C-VIM	236	45816
TF-ISB	364	45964	YV-C-VIN	442	46052
TF-IUF	409	46016	Z-ALB	555	46162
TF-MKG	437	46027	ZK-NCE	336	45985
TF-MKH	551	46153	ZK-NZA	217	45750
TF-VLW	315	45912	ZK-NZB	231	45751
TF-VLY	411	46019	ZK-NZC	233	45752
TF-VLZ	466	46080	ZK-NZD	328	45932
TI-VEL	149	47094	ZK-NZF	141	45303
TL-AAK	229	45803	ZK-NZG	128	45301
TL-AHI	101	45300	ZP-CCH	530	46115
TN-AIE	437	46027	ZP-CCR	419	46037
TR-LQR	255	45821	ZS-OSI	516	46098
TR-LTZ	446	46053	ZS-OZV	379	45986
TR-LVK	244	45805	ZS-PAE	410	46012
TU-TBX	84	45604	ZS-POL	487	46110
TU-TCA	190	45670	ZS-PRD	386	46000
TU-TCB	196	45671	Z-WMJ	255	45821
TU-TCC	271	45857	Z-WSB	244	45805
TU-TCD	145	45627	Z-WZL	369	45975
TU-TCE	80	45569			
TU-TCF	531	46135			
TU-TCG	182	45669			
TU-TCH	308	45883			
TU-TCP	83	45568			
TU-TXG	238	45819			

Douglas DC-9-10

Production Started:	1965
Production Ended:	1968
Number Built:	137
Active:	23
Preserved:	2
WFU, Stored & In Parts:	59
Written Off:	21
Scrapped:	32

Location Summary	
Canada	1
Colombia	8
Costa Rica	1
El Salvador	1
Kenya	2
Mexico	16
South Africa	3
USA - AZ	11
USA - CA	15
USA - FL	2
USA - KS	1
USA - MI	10
USA - MN	2
USA - NC	2
USA - NM	3
USA - OH	1
USA - PA	1
USA - TX	4
Venezuela	1

I/n	c/n	Model	Registration	Owner/Operator	Status	Location	Notes
1	45695	14	N914LF	-	Scrapped	Grayson County, TX	
2	45696	14	N700ME	(Midwest Airlines)	WFU & Stored	San Jose, Costa Rica	
3	45697	14	N3302L	-	Scrapped	Long Beach, CA	
4	45711	14	5Y-XXB	East African Express	Active	Nairobi, Kenya	
5	45698	14	XA-SPA	(Allegro Air)	WFU & Stored	Mexico City	
6	45712	14	HK-4056X	(Intercontinental Colombia)	Fuselage Remains	Bogota, Colombia	
7	45714	14	XA-RXG	(Aerocalifornia)	Stored	Mojave, CA	
8	45699	14	XA-SNR	-	Written Off	Tampico, Mexico	
9	45713	14	XA-SXS	(Intercontinental Colombia)	Fuselage Remains	Mexico City	
10	45715	14	XA-SXV	(TAESA)	WFU & Stored	Toluca, Mexico	
11	45700	14	N3305L	-	Written Off	Dallas/Ft. Worth, TX	
12	45701	14	N3306L	-	Scrapped	Grayson County, TX	
13	45716	14	XA-TBX	-	Scrapped	Mexico City	
14	45728	14F	N925AX	-	Scrapped	Cincinnati, OH	
15	45702	14	XA-SYQ	(Aerocalifornia)	Stored	Mojave, CA	
16	45729	14	N930RC	(Northwest Airlines)	Preserved	Northland College, Thief River Falls MN	
17	45718	15	N191US	(USA Jet Airlines)	Stored	Detroit Willow Run, MI	
18	45719	15	XA-SXT	-	Fuselage Remains	Toluca, Mexico	
19	45725	14	5Y-XXA	East African Express	Active	Nairobi, Kenya	
20	45717	15	N927AX	-	Scrapped	Wilmington, OH	
21	45703	14	N3308L	-	Scrapped	Miami, FL	
22	45724	15	I-TIGI	-	Written Off	Nr Ustica, Italy	
23	45842	14	HK-4271X	(Intercontinental Colombia)	WFU & Stored	Bogota, Colombia	
24	45704	14	N3309L	-	Scrapped	Grayson County, TX	
25	45735	14	XA-SSW	-	Scrapped	Mexico City	
26	45742	14	HK-3839X	-	Written Off	Nr Maria La Baja, Colombia	
27	45720	15	N31UA	-	Scrapped	Fort Lauderdale, FL	
28	45843	14	HK-3859X	(Intercontinental Colombia)	Fuselage Remains	Bogota, Colombia	
29	45743	14	XA-CSL	(Aerocalifornia)	Stored	Mojave, CA	
30	45772	15	N970Z	(Trans World Airlines)	Stored	Victorville, CA	
31	45744	14	N8903E	(Northwest Airlines)	Preserved	Thief River Falls, MN	
32	45745	14	YV1382	(LASER)	Stored	Caracas, Venezuela	
33	45844	14	N949L	-	Scrapped	Alexandria, LA	
34	45731	15	N120NE	Skyway Communications	Active	Clearwater, FL	
35	47048	15	HK-3827X	(Intercontinental Colombia)	WFU & Stored	Bogota, Colombia	
36	45726	14	N626TX	-	Written Off	Denver Stapleton, CO	
37	45730	14	XA-RSQ	(Aerolineas Internacionales)	WFU & Stored	Mexico City	
38	45746	14	N8905E	-	Scrapped	Marana, AZ	
39	45773	15	N971Z	(Trans World Airlines)	WFU & Stored	Victorville, CA	
40	45747	14	N8906E	-	Scrapped	Minneapolis, MN	
41	45732	15	N813TL	(Private)	Stored	San Salvador, El Salvador	
42	47049	15	N948L	-	Scrapped	Greenwood, MS	
43	45727	14	N400ME	-	Scrapped	Milwaukee, WI	
44	45721	15	HK-2864X	-	Written Off	Tumaco, Colombia	
45	45736	14	XA-LMM	(Aerocalifornia)	Stored	Mojave, CA	
46	45841	15	HK-4270	(Intercontinental Colombia)	Stored	Bogota, Colombia	
47	45748	14	N8907E	-	Scrapped	Ardmore, OK	
49	45737	14	N1056T	-	Scrapped	Kingman, AZ	

	l/n	c/n	Model	Registration	Owner/Operator	Status	Location	Notes
☐	50	45749	14	N8908E	(Northwest Airlines)	Stored	Marana, AZ	
☐	51	45797	15	N8860	Scaife Flight Operations	Active	Pittsburgh, PA	
☐	52	45794	14	N9101	-	Written Off	Cascade Mountain, OR	
☐	53	45705	14	N3310L	(Northwest Airlines)	Parts Remain	Maxton, NC	
☐	54	45738	15	HK-3958X	(Intercontinental Colombia)	Stored	Bogota, Colombia	
☐	55	45722	15	HK-2865X	-	Scrapped	Bogota, Colombia	
☐	56	45739	15	XA-SZC	(Intercontinental Colombia)	WFU & Stored	Toluca, Mexico	
☐	57	45770	14	N8909E	(Northwest Airlines)	Stored	Marana, AZ	
☐	58	45771	15	N8910E	-	Written Off	Miami-Dade Collier, FL	
☐	59	45798	15	N490SA	-	Scrapped	Aruba	
☐	61	45706	14	ZS-PYB	Mantuba Executive Jet	Active	Johannesburg, South Africa	
☐	62	45740	15	ZS-MNT	(Emerald Sky Trading 646)	Stored	Lanseria, South Africa	
☐	63	45723	15	N48075	-	Scrapped	Grayson County, TX	
☐	64	45785	15	XA-RRY	(Aerocalifornia)	Stored	Mojave, CA	
☐	65	45795	14	N80ME	-	Scrapped	Milwaukee, WI	
☐	66	45741	15	N1060T	-	Scrapped	Kingman, AZ	
☐	67	45825	14	N8911E	(Northwest Airlines)	Stored	Marana, AZ	
☐	68	45829	14	N8912E	(Northwest Airlines)	Stored	Marana, AZ	
☐	69	45799	15	ZS-ANX	1 Time	Active	Johannesburg, South Africa	
☐	70	45707	14	N3312L	(Northwest Airlines)	Fuselage Remains	Davis Monthan, AZ	
☐	71	45775	15	XC-LJZ	Government of Mexico	Active	Toluca, Mexico	
☐	72	45776	15	HK-3891X	-	Scrapped	Bogota, Colombia	
☐	74	45796	14	N9103	-	Fuselage Remains	Canada (Private Owner)	
☐	75	45830	14	N8913E	(Northwest Airlines)	Stored	Marana, AZ	
☐	76	45831	14	N8914E	(Northwest Airlines)	Stored	Marana, AZ	
☐	77	45708	14	N3313L	-	Written Off	Detroit, MI	
☐	78	45709	14	N3314L	-	Scrapped	Grayson County, TX	
☐	79	45826	15	N229DE	US Dept of Energy	Active	Kirtland AFB, NM	
☐	80	45777	15	N1063T	-	Written Off	Urbana, OH	
☐	82	45778	15	XA-TIM	AVIACSA	Active	Mexico City	
☐	83	47000	15	YV-03C	-	Written Off	Nr Margrita, Venezuela	
☐	84	45832	14	N8915E	(Northwest Airlines)	Stored	Marana, AZ	
☐	88	47043	14	XA-BCS	(Aerocalifornia)	Fuselage Remains	Mexico City	
☐	89	47056	14	YV-C-AVM	-	Written Off	Nr Maturin, Venezuela	
☐	90	45786	15	XA-AGS	(Aerocalifornia)	Stored	Mojave, CA	
☐	92	45779	15	N1065T	-	Scrapped	Kingman, AZ	
☐	93	45780	15	XA-SYF	(TAESA)	WFU & Stored	Mexico City	
☐	94	47001	15	N969Z	(Trans World Airlines)	WFU & Stored	Mojave, CA	
☐	97	47010	15	N783TW	Ameristar Charters	Active	Dallas, TX	
☐	101	45781	15	HK-3752X	(Intercontinental Colombia)	Stored	Bogota, Colombia	
☐	102	47011	15	N814RW	-	WFU & Stored	Rantoul, KS	
☐	105	47002	15	N926AX	-	Written Off	Philadelphia, PA	
☐	109	47060	14	XA-SKA	(Aerocaribe)	WFU & Stored	Mexico City	
☐	111	47063	15	N91S	-	Scrapped	Ardmore, OK	
☐	114	45782	15	XA-TIZ	AVIACSA	Active	Mexico City	
☐	115	47012	15	HK-4245	Lines Aereas Suramericanas	Active	Bogota, Colombia	
☐	120	47064	15	N92S	-	Scrapped	Ardmore, OK	
☐	125	47059	15	XA-RNQ	(Aerocalifornia)	Stored	Mojave, CA	

l/n	c/n	Model	Registration	Owner/Operator	Status	Location
127	45787	15	N9348	(Northwest Airlines)	Stored	Marana, AZ
128	45783	15	XA-TGJ	(Aerocaribe)	WFU & Stored	Mexico City
129	47013	15	N112PS	Skyway Enterprises	Active	Kissimmee, FL
139	47085	15	XA-GDL	(Aerocalifornia)	Stored	Mojave, CA
140	45784	15	XA-TJS	AVIACSA	Active	Mexico City
141	47014	15	N784TW	Ameristar Charters	Active	Dallas, TX
146	47078	15	N93S	(Northwest Airlines)	WFU & Stored	Albuquerque, NM
147	47033	15	N973Z	(Trans World Airlines)	Stored	Victorville, CA
153	47100	15	XA-SOC	-	Written Off	Nr Puerto Vallarta, Mexico
155	47081	14	N9104	-	Written Off	Denver Stapleton, CO
156	47015	15	N785TW	Ameristar Charters	Active	Dallas, TX
162	47034	15	N974Z	-	Written Off	Sioux City, IA
165	47044	15	N916F	(Evergreen International Airlines)	Stored	Marana, AZ
170	47152	15	N166DE	US Dept Of Energy	Active	Kirtland AFB, NM
173	47016	15	N194US	USA Jet Airlines	Active	Detroit Willow Run, MI
178	47035	15	N975Z	(Trans World Airlines)	Stored	Mojave, CA
184	47045	15	N198US	(USA Jet Airlines)	Stored	Detroit Willow Run, MI
185	47153	15	N199US	-	Written Off	Saltillo, Mexico
186	47017	15	N195US	USA Jet Airlines	Active	Detroit Willow Run, MI
194	47055	15	N563PC	(C & M Airways)	Stored	El Paso, TX
201	47154	15	N197US	USA Jet Airlines	Active	Detroit Willow Run, MI
203	47018	15	N9354	(USA Jet Airlines)	WFU & Stored	Detroit Willow Run, MI
207	47061	15	N915F	(Evergreen International Airlines)	Stored	Marana, AZ
216	47155	15	N196US	(USA Jet Airlines)	Stored	Detroit Willow Run, MI
219	47086	15	N915CK	(Kalitta Charters)	Stored	Detroit Willow Run, MI
223	47062	15	HK-4246X	-	Written Off	Nr Mitu, Colombia
224	47122	15	XA-RKT	(Aerocalifornia)	Stored	Mojave, CA
228	47156	15	N192US	USA Jet Airlines	Active	Detroit Willow Run, MI
234	47087	15	3540	Mexican Air Force	Active	Mexico City
242	45828	15	N193US	USA Jet Airlines	Active	Detroit Willow Run, MI
245	47204	15	N94S	-	Scrapped	Ardmore, OK
250	47205	15	N95S	-	Scrapped	Ardmore, OK
253	47123	15	XA-DCS	(Aerocalifornia)	WFU & Stored	La Paz, Mexico
254	47124	15	XA-SOF	-	Written Off	Leon, Mexico
285	47151	15	N915MJ	-	Scrapped	Miami, FL
328	47206	15	N96S	-	Scrapped	Ardmore, OK
346	47240	15	N565PC	(Ryan International)	Fuselage Remains	Maxton, NC
388	47125	15	XA-SVZ	-	Scrapped	Mexico City
393	47309	14	N100ME	-	Written Off	Milwaukee, MI
405	47126	15	XA-LAC	(Aerocalifornia)	Stored	Mojave, CA
417	47127	15	HK-3564X	-	Written Off	Barranquilla, Colombia

Cross Reference

Registration	l/n	c/n	Registration	l/n	c/n	Registration	l/n	c/n	Registration	l/n	c/n
0003	83	47000	I-SARJ	15	45702	N3307L	15	45702	N8908E	50	45749
3540	234	47087	I-SARV	61	45706	N3308L	21	45703	N8909	173	47016
5Y-AKX	127	45787	I-TIAN	97	47010	N3309L	24	45704	N8909E	57	45770
5Y-XXA	19	45725	I-TIAR	156	47015	N3310L	53	45705	N8910	185	47153
5Y-XXB	4	45711	I-TIGA	14	45728	N3311L	61	45706	N8910E	58	45771
CF-TLB	4	45711	I-TIGB	105	47002	N3312L	70	45707	N8911	186	47017
CF-TLC	6	45712	I-TIGE	20	45717	N3313L	77	45708	N8911E	67	45825
CF-TLD	9	45713	I-TIGI	22	45724	N3314L	78	45709	N8912	201	47154
CF-TLE	19	45725	I-TIGU	17	45718	N38641	109	47060	N8912E	68	45829
CF-TLF	36	45726	N100ME	393	47309	N400ME	43	45727	N8913	203	47018
CF-TLG	43	45727	N1051T	7	45714	N40SH	71	45775	N8913E	75	45830
CF-TON	79	45826	N1052T	10	45715	N410AM	97	47010	N8914	216	47155
C-FTOO	97	47010	N1053T	13	45716	N415AM	156	47015	N8914E	76	45831
CF-TOO	97	47010	N1054T	25	45735	N48075	63	45723	N8915	219	47086
C-FTOP	102	47011	N1055T	45	45736	N48075	63	45723	N8915E	84	45832
C-FTOQ	115	47012	N1056T	49	45737	N48200	44	45721	N8916	228	47156
CF-TOQ	115	47012	N1057T	54	45738	N490SA	59	45798	N8917	234	47087
C-FTOR	129	47013	N1058T	56	45739	N491SA	69	45799	N8918	242	45828
CF-TOR	129	47013	N1059T	62	45740	N500ME	4	45711	N8919	346	47240
C-FTOS	141	47014	N1060T	66	45741	N50AF	97	47010	N8953U	51	45797
CF-TOS	141	47014	N1061T	71	45775	N5373G	156	47015	N8961	23	45842
C-FTOT	156	47015	N1062T	72	45776	N54648	55	45722	N8962	28	45843
CF-TOT	156	47015	N1063T	80	45777	N557AS	129	47013	N8963	33	45844
C-FTOU	170	47152	N1064T	82	45778	N558HA	184	47045	N8964	35	47048
CF-TOU	170	47152	N1065T	92	45779	N561PC	141	47014	N89SM	71	45775
D-AMOR	127	45787	N1066T	93	45780	N562PC	115	47012	N900ME	46	45841
EC-489	207	47061	N1067T	101	45781	N563PC	194	47055	N900SA	71	45775
EC-622	1	45695	N1068T	114	45782	N564PC	223	47062	N901B	34	45731
EC-CGY	2	45696	N1069T	128	45783	N565PC	346	47240	N901CK	201	47154
EC-CGZ	8	45699	N1070T	140	45784	N566PC	242	45828	N901H	20	45717
EC-DIR	5	45698	N112AK	285	47151	N567PC	185	47153	N902CK	184	47045
EC-EYS	207	47061	N112PS	129	47013	N568PC	219	47086	N902H	22	45724
EC-FCQ	1	45695	N119	41	45732	N5726	36	45726	N908DC	44	45721
EI-BZW	405	47126	N120NE	34	45731	N5728	43	45727	N9101	52	45794
EI-BZX	125	47059	N1301T	1	45695	N5NE	61	45706	N9102	65	45795
EI-BZY	139	47085	N1302T	88	47043	N600ME	19	45725	N9103	74	45796
EI-CBA	253	47123	N1303T	165	47044	N60AF	102	47011	N9104	155	47081
EI-CBB	64	45785	N1304T	184	47045	N60FM	34	45731	N911KM	62	45740
EI-CZZ	224	47122	N1305T	194	47055	N6140A	42	47049	N914LF	1	45695
FAC1142	55	45722	N1306T	207	47061	N626TX	36	45726	N915CK	219	47086
G-BFIH	35	47048	N1307T	223	47062	N628TX	43	45727	N915F	207	47061
G-BMAA	35	47048	N13614	9	45713	N651TX	7	45714	N915MJ	285	47151
G-BMAB	54	45738	N13699	4	45711	N652X	10	45715	N915R	219	47086
G-BMAC	56	45739	N13FE	61	45706	N65358	35	47048	N916F	165	47044
G-BMAG	18	45719	N15335	19	45725	N653TX	13	45716	N916R	97	47010
G-BMAH	6	45712	N15NP	15	45702	N654TX	25	45735	N917R	156	47015
G-BMAI	9	45713	N166DE	170	47152	N655TX	45	45736	N91S	111	47063
HB-IAA	15	45702	N1790U	64	45785	N65AF	170	47152	N923R	141	47014
HB-IEF	15	45702	N1791U	90	45786	N66AF	170	47152	N925AX	14	45728
HB-IFA	34	45731	N1792U	6	45712	N700ME	2	45696	N926AX	105	47002
HB-IFB	41	45732	N1793U	127	45787	N70AF	141	47014	N927AX	20	45717
HB-IFC	64	45785	N179DE	102	47011	N711SW	62	45740	N928AX	17	45718
HB-IFD	90	45786	N191US	17	45718	N72AF	156	47015	N92S	120	47064
HB-IFE	127	45787	N192US	228	47156	N72AF	170	47152	N930EA	37	45730
HK-2864X	44	45721	N193US	242	45828	N73AF	129	47013	N930RC	16	45729
HK-2865X	55	45722	N194US	173	47016	N75AF	115	47012	N931EA	5	45698
HK-3155X	28	45843	N195US	186	47017	N783TW	97	47010	N932EA	8	45699
HK-3486X	388	47125	N196US	216	47155	N784TW	141	47014	N9348	127	45787
HK-3564X	417	47127	N197US	201	47154	N785TW	156	47015	N9349	173	47016
HK-3710X	93	45780	N198US	184	47045	N79SL	102	47011	N9350	185	47153
HK-3720X	128	45783	N199US	185	47153	N800ME	23	45842	N9351	346	47240
HK-3752X	101	45781	N228Z	285	47151	N80ME	65	45795	N9352	186	47017
HK-3827X	35	47048	N229AE	79	45826	N813TL	41	45732	N9353	201	47154
HK-3830X	10	45715	N2405T	393	47309	N814RW	102	47011	N9354	203	47018
HK-3832X	25	45735	N241TC	71	45775	N8500	34	45731	N9355	216	47155
HK-3833X	13	45716	N25AS	19	45725	N85AS	4	45711	N9356	219	47086
HK-3839X	26	45742	N2892Q	46	45841	N872Z	46	45841	N9357	228	47156
HK-3859X	28	45843	N2896W	55	45722	N8860	51	45797	N9358	234	47087
HK-3891X	72	45776	N29	41	45732	N8901	79	45826	N9359	242	45828
HK-3958X	54	45738	N29259	56	45739	N8901E	26	45742	N93S	146	47078
HK-4056X	6	45712	N29AF	79	45826	N8902	97	47010	N945L	14	45728
HK-4245	115	47012	N2H	34	45731	N8902E	29	45743	N946L	16	45729
HK-4245X	115	47012	N300ME	17	45718	N8903E	31	45744	N947L	37	45730
HK-4246X	223	47062	N305PA	62	45740	N8904	115	47012	N948L	42	47049
HK-4270	46	45841	N310MJ	62	45740	N8904E	32	45745	N949L	33	45844
HK-4270X	46	45841	N31UA	27	45720	N8905	129	47013	N94S	245	47204
HK-4271X	23	45842	N3301L	2	45696	N8905E	38	45746	N95S	250	47205
HL7205	127	45787	N3302L	3	45697	N8906	141	47014	N9684Z	4	45711
HP-505	90	45786	N3303L	5	45698	N8906E	40	45747	N968E	90	45786
HZ-AEA	83	47000	N3304L	8	45699	N8907	156	47015	N969Z	94	47001
HZ-AEB	94	47001	N3305L	11	45700	N8907E	47	45748	N96S	328	47206
HZ-AEC	105	47002	N3306L	12	45701	N8908	170	47152	N970Z	30	45772

Registration	l/n	c/n	Registration	l/n	c/n
N971Z	39	45773	YV-03C	83	47000
N973Z	147	47033	YV1382	32	45745
N974Z	162	47034	YV-18C	94	47001
N975Z	178	47035	YV-52C	35	47048
N99YA	15	45702	YV-57C	109	47060
N9DC	1	45695	YV-65C	63	45723
N9KR	71	45775	YV-69C	393	47309
OH-LYA	9	45713	YV-703C	59	45798
OH-LYB	6	45712	YV-704C	69	45799
OH-LYC	4	45711	YV-830C	8	45699
OH-LYE	16	45729	YV-852C	32	45745
OH-LYG	37	45730	YV-857C	72	45776
OH-LYH	165	47044	YV-977C	32	45745
OH-LYI	184	47045	YV-C-AAA	393	47309
OH-LYK	46	45841	YV-C-ANP	83	47000
OY-LYD	19	45725	YV-C-ANV	105	47002
PH-DNA	17	45718	YV-C-AVB	21	45703
PH-DNB	18	45719	YV-C-AVC	35	47048
PH-DNC	27	45720	YV-C-AVM	89	47056
PH-DND	44	45721	YV-C-AVR	109	47060
PH-DNE	55	45722	ZS-ANX	69	45799
PH-DNF	63	45723	ZS-MNT	62	45740
RJ-DNA	55	45722	ZS-PYB	61	45706
RJ-DNB	63	45723			
RJ-DNC	44	45721			
TC-JAA	35	47048			
VR-CKE	285	47151			
VR-CKO	285	47151			
XA-AGS	90	45786			
XA-BCS	88	47043			
XA-BCS	207	47061			
XA-BDM	234	47087			
XA-CSL	29	45743			
XA-DCS	253	47123			
XA-DEV	35	47048			
XA-GDL	139	47085			
XA-GOJ	44	45721			
XA-GOK	55	45722			
XA-LAC	405	47126			
XA-LMM	45	45736			
XA-RKT	224	47122			
XA-RNQ	125	47059			
XA-RRY	64	45785			
XA-RSQ	37	45730			
XA-RXG	7	45714			
XA-SKA	109	47060			
XA-SMI	203	47018			
XA-SNR	8	45699			
XA-SOA	125	47059			
XA-SOB	139	47085			
XA-SOC	153	47100			
XA-SOD	224	47122			
XA-SOE	253	47123			
XA-SOF	254	47124			
XA-SOG	388	47125			
XA-SOH	405	47126			
XA-SOI	417	47127			
XA-SOJ	64	45785			
XA-SOY	139	47085			
XA-SPA	5	45698			
XA-SSW	25	45735			
XA-SSZ	10	45715			
XA-SVZ	388	47125			
XA-SXS	9	45713			
XA-SXT	18	45719			
XA-SXV	10	45715			
XA-SYF	93	45780			
XA-SYQ	15	45702			
XA-SZC	56	45739			
XA-TBX	13	45716			
XA-TDV	228	47156			
XA-TGJ	128	45783			
XA-TIM	82	45778			
XA-TIZ	114	45782			
XA-TJS	140	45784			
XC-BCO	234	47087			
XC-BDM	201	47154			
XC-LJZ	71	45775			
YL-BAA	173	47016			
YV-01C	393	47309			
YV-02C	105	47002			
YV-03	83	47000			

Douglas DC-9-20

Production Started:	1967
Production Ended:	1969
Number Built:	10
Active:	3
Preserved:	0
WFU, Stored & In Parts:	5
Written Off:	1
Scrapped:	1

Location Summary	
Costa Rica	1
France	1
USA - AZ	1
USA - CA	1
USA - FL	1
USA - TX	1
Venezuela	2

l/n	c/n	Model	Registration	Owner/Operator	Status	Location	Notes
382	47301	21	TI-AZS	(Aeropostal)	Parts Remain	San Jose, Costa Rica	
422	47302	21	N125NK	-	Scrapped	Greenwood, MS	
432	47303	21	N952VV	(Valujet)	Parts Remain	Davis Monthan, AZ	
440	47304	21	LN-RLM	-	Written Off	Oslo Fornebu, Norway	
441	47305	21	N129NK	(Summer Express)	WFU & Stored	San Antonio, TX	
462	47306	21	YV-11C	(Aeropostal)	Stored	Caracas, Venezuela	
463	47307	21	N128NK	Amtec Jet	Active	Miami, FL	
474	47308	21	F-GVTH	Thales Airborne Systems	Active	Bordeaux, France	
475	47360	21	YV-12C	(Aeropostal)	Stored	Caracas, Venezuela	
488	47361	21	N127NK	Perris Valley Skydiving	Active	Perris, CA	

Cross Reference

Registration	l/n	c/n
F-GVTH	474	47308
F-WQPC	474	47308
F-WVTH	474	47308
LN-RLL	382	47301
LN-RLM	440	47304
LN-RLO	463	47307
N125NK	422	47302
N126NK	432	47303
N127NK	488	47361
N128NK	463	47307
N129NK	441	47305
N1794U	440	47304
N316GA	382	47301
N338CA	475	47360
N339CA	462	47306
N8965U	382	47301
N952VV	432	47303
OY-KGD	422	47302
OY-KGE	441	47305
OY-KGF	474	47308
OY-KIA	382	47301
OY-KIB	463	47307
OY-KIC	488	47361
OY-KID	475	47360
OY-KIE	462	47306
SE-DBO	488	47361
SE-DBP	475	47360
SE-DBR	462	47306
SX-BFS	441	47305
TI-AZS	382	47301
YV-11C	462	47306
YV-12C	475	47360
YV-13C	382	47301

Douglas DC-9-30

Production Started:	1967
Production Ended:	1982
Number Built:	665
Active:	115
Preserved:	15
WFU, Stored & In Parts:	295
Written Off:	64
Scrapped:	176

Location Summary	
Afghanistan	1
Angola	3
Argentina	1
Canada	2
Colombia	3
Congo	8
Dominican Republic	2
Egypt	1
Gabon	1
Indonesia	4
Italy	3
Kenya	3
Libya	1
Mali	1
Mexico	31
Netherlands	1
Netherlands Antilles	1
Nigeria	1
Philippines	4
Romania	3
Serbia	6
South Africa	17
Spain	4
UAE - Dubai	2
Unknown	7
USA - AR	1
USA - AZ	91
USA - CA	31
USA - DE	1

Location Summary	
USA - FL	25
USA - GA	5
USA - IL	4
USA - IN	1
USA - LA	2
USA - MD	1
USA - MI	7
USA - MN	29
USA - NC	6
USA - NM	18
USA - OH	21
USA - OK	1
USA - PA	5
USA - TN	2
USA - TX	4
USA - VA	1
USA - WA	5
Venezuela	48

l/n	c/n	Model	Registration	Owner/Operator	Status	Location	Notes
48	45733	31	N8916E	(Eastern Air Lines)	Parts Remain	Mojave, CA	
60	45734	31	N8917E	-	Scrapped	Mojave, CA	
73	45833	31	N8918E	-	Scrapped	Mojave, CA	
81	47004	31	N947AX	(ABX Air / DHL)	Stored	Wilmington, OH	
85	45834	31	N8919E	-	Scrapped	Mojave, CA	
86	47003	31	N946AX	(ABX Air / DHL)	Stored	Wilmington, OH	
87	47007	31	YV-714C	(Aserca Airlines)	Stored	Caracas, Venezuela	
91	45845	32	C-FTLH	-	Scrapped	Montreal Dorval, Canada	
95	45835	31	N8920E	Northwest Airlines	Active	Minneapolis, MN	
96	45836	31	N8921E	Northwest Airlines	Active	Minneapolis, MN	
98	47008	31	N908AX	(ABX Air / DHL)	Stored	Marana, AZ	
99	47006	31	XA-SDF	(Aeromexico)	Stored	Guadalajara, Mexico	
100	45710	32	YV-612C	-	Scrapped	Caracas, Venezuela	
103	45837	31	YV-720C	(Aserca Airlines)	Stored	Valencia, Venezuela	
104	45838	31	N8923E	Northwest Airlines	Active	Minneapolis, MN	
106	47025	32	YV-67C	-	Written Off	Barquisimeto, Venezuela	
107	47053	31	N940VJ	-	Scrapped	Mojave, CA	
108	47098	31	YV-760C	(Servivensa)	WFU & Stored	Caracas, Venezuela	
110	47054	31	N941VJ	-	Scrapped	Mojave, CA	
112	45846	32	N913VJ	(US Air)	WFU & Stored	Mojave, CA	
113	47019	32	C-FTLJ	-	Scrapped	Montreal Dorval, Canada	
116	45839	31	N839AV	-	Scrapped	Wellington, KS	
117	45840	31	N8925E	Northwest Airlines	Active	Minneapolis, MN	
118	47050	31	N970VJ	-	Scrapped	Mojave, CA	
119	47026	32	N946VJ	-	Scrapped	Mojave, CA	
121	47037	32	ZS-NRD	-	Scrapped	Johannesburg, South Africa	
122	47057	31	N942VJ	-	Scrapped	Mojave, CA	
123	47058	31	N943VJ	-	Scrapped	Opa Locka, FL	
124	45863	31	N8926E	Northwest Airlines	Active	Minneapolis, MN	
126	47020	32	N912VJ	-	Scrapped	Mojave, CA	
130	45864	31	YV1492	(Aserca Airlines)	Stored	Valencia, Venezuela	
131	47051	31	N971VJ	-	Scrapped	Mojave, CA	
132	47027	32	N995Z	-	Scrapped	Marana, AZ	
133	47021	32	CF-TLL	(Air Canada)	Preserved	Canada Aviation Museum, Rockliffe, ONT, Canada	
134	47076	32	EC-BIH	-	Scrapped	Madrid Barajas, Spain	
135	45827	32	N9347	Northwest Airlines	Active	Minneapolis, MN	
136	47038	32	N601NW	(Northwest Airlines)	WFU & Stored	Opa Locka, FL	
137	45865	31	N8928E	Northwest Airlines	Active	Minneapolis, MN	
138	45866	31	N8929E	Northwest Airlines	Active	Minneapolis, MN	
142	47052	31	N972VJ	-	Scrapped	Mojave, CA	
143	47067	31	N960VV	-	Scrapped	Orlando MCO, FL	
144	47022	32	C-FTLM	(Air Canada)	Ground Trainer	Red River College, Winnipeg, Canada	
145	47028	32	N996Z	(Trans World Airlines)	WFU & Stored	Roswell, NM	
148	47077	32	EC-BII	-	Written Off	La Trauche, France	
149	47094	32	N58545	-	Scrapped	San Bernardino, CA	
150	47066	31	N945VJ	-	Scrapped	Opa Locka, FL	
151	47005	31	YV118T	(Aserca Airlines)	WFU & Stored	Valencia, Venezuela	

Douglas DC-9-30 — Out Of Production List: Western Jet Airliners

l/n	c/n	Model	Registration	Owner/Operator	Status	Location	Notes
152	47009	31	N938AX	(ABX Air)	WFU & Stored	Cincinnati, OH	
154	47039	32	XA-TAF	(Aerocalifornia)	Stored	La Paz, Mexico	
157	47029	32	N997Z	(Trans World Airlines)	Ground Trainer	Fayetteville Drake Field, NC	
158	47023	32	N916VJ	-	Scrapped	Marana, AZ	
159	47024	32	N884JM	(Air Canada)	Stored	Marana, AZ	
160	47068	32	N914VJ	(US Air)	Fuselage Remains	Davis Monthan, AZ	
161	47073	31	N952N	-	Scrapped	Roswell, NM	
163	47079	32	LV-WJH	-	Scrapped	Opa Locka, FL	
164	47080	32	EC-BIK	-	Scrapped	Madrid Barajas, Spain	
166	47075	31	N975NE	-	Written Off	Boston, MA	
167	47110	32	N923LG	Air Gemini	Active	Luanda, Angola	
168	47046	32	HI-	Pan Am Dominicana	Active	Santo Domingo, Dominican Republic	
169	47139	31	N915RW	Northwest Airlines	Active	Minneapolis, MN	
171	45788	32	N12505	-	Scrapped	Detroit, MI	
172	47040	32(CF)	N904AX	ABX Air / DHL	Active	Wilmington, OH	
174	47030	32	N998R	-	Scrapped	Marana, AZ	
175	47069	32	RP-C1507	-	Written Off	Mt. Sumagaya, Philippines	
176	47070	32	RP-C1508	(Cebu Pacific Air)	WFU & Stored	Manila, Philippines	
177	47083	31	N953N	(Northwest Airlines)	Fuselage Remains	Marana, AZ	
179	47084	32	N988AX	(ABX Air)	Stored	?	
180	47088	32	5Y-AXD	(African Express Airways)	Stored	Nairobi, Kenya	
181	47082	31	N993Z	-	Written Off	Nashville, TN	
182	47111	32	N17535	-	Scrapped	Mojave, CA	
183	47047	32	YV-495C	(Zuliana Air)	Stored	Maracaibo, Venezuela	
187	47031	32	N3322L	(Northwest Airlines)	Stored	Marana, AZ	
188	47071	32	RP-C1509	-	Scrapped	Manila, Philippines	
189	47089	32	N839AT	-	Scrapped	La Paz, Mexico	
190	47090	32	ZS-NRC	1Time	Active	Johannesburg, South Africa	
191	47095	31	N992Z	(Trans World Airlines)	Stored	Roswell, NM	
192	47096	31	N991Z	(Trans World Airlines)	Nose Remains	El Mirage, AZ	
193	47097	31	N994Z	(Northwest Airlines)	Stored	Marana, AZ	
195	47101	32	N603NW	(Northwest Airlines)	Stored	Tucson, AZ	
196	47118	32	I-DIKB	-	Written Off	Rome Fiumicino, Italy	
197	47099	31	N973VJ	-	Scrapped	Mojave, CA	
198	47102	32	3D-MRL	Air One Nine	Active	Tripoli, Libya	
199	47112	32	N43537	-	Scrapped	Mojave, CA	
200	47041	32(CF)	163036	(US Navy)	Stored	Fort Worth JRB, TX	
202	47149	31	N911RW	-	Scrapped	Ardmore, OK	
204	47032	32	N3323L	-	Written Off	Chattanooga, TN	
205	47103	32	N3324L	(Northwest Airlines)	Stored	Marana, AZ	
206	47091	32	EC-BIP	-	Scrapped	Madrid Barajas, Spain	
208	47147	32(CF)	N905AX	(ABX Air / DHL)	Stored	Wilmington, OH	
209	47120	31	N8990E	-	Scrapped	Mojave, CA	
210	47128	32	YV367T	Aserca Airlines	Active	Valencia, Venezuela	
211	47130	31	N974VJ	-	Scrapped	Mojave, CA	
212	47140	31	N140AV	-	Scrapped	Wellington, KS	
213	47113	32	N12536	(Spirit Airlines)	WFU & Stored	Tucson, AZ	
214	47131	32	XA-ADK	(Aerocalifornia)	Stored	La Paz, Mexico	

l/n	c/n	Model	Registration	Owner/Operator	Status	Location	Notes
215	47134	31	N988Z	-	Scrapped	Roswell, NM	
217	45789	32	YV-881C	(LASER)	Stored	Caracas, Venezuela	
220	47104	32	YV-613C	-	Written Off	Caracas, Venezuela	
221	47105	32	YV-614C	(Servivensa)	Stored	Caracas, Venezuela	
222	47092	32	EC-BIQ	-	Written Off	Mahon, Spain	
225	47129	32	N615NW	(Northwest Airlines)	Stored	Mojave, CA	
226	47146	31	N975VJ	(US Air)	Fuselage Remains	Davis Monthan, AZ	
227	47141	31	N8932E	(Northwest Airlines)	Stored	Marana, AZ	
229	47132	32	S9-KAZ	Jet Express	Active	Kinshasa, Congo Kinshasa	
230	47133	32	YV231T	Laser Airlines	Active	Caracas, Venezuela	
231	47159	31	N954N	-	Written Off	Chicago O'Hare, IL	
232	47142	31	N8933E	Northwest Airlines	Active	Minneapolis, MN	
233	47135	31	N989Z	(Trans World Airlines)	WFU & Stored	Roswell, NM	
235	47106	32	XA-JEC	(Aeromexico)	WFU & Stored	Guadalajara, Mexico	
236	47107	32	N921L	(Trans World Airlines)	WFU & Stored	Roswell, NM	
237	47093	32	5Y-AXF	African Express Airways	Active	Nairobi, Kenya	
238	47143	31	N8934E	(Northwest Airlines)	WFU & Stored	Opa Locka, FL	
239	47144	31	N916RW	(Northwest Airlines)	Stored	Marana, AZ	
240	47190	32	ZS-GAG	(Global Aviation Investments)	Stored	Johannesburg, South Africa	
241	47160	31	N955N	(Northwest Airlines)	WFU & Stored	Marana, AZ	
243	47136	31	N990Z	-	Scrapped	Marana, AZ	
244	47251	31	N982PS	(Trans World Airlines)	WFU & Stored	Roswell, NM	
246	47148	32(CF)	N909AX	(ABX Air / DHL)	Stored	Wilmington, OH	
247	47145	31	N917RW	(Northwest Airlines)	WFU & Stored	Mojave, CA	
248	47158	31	N918RW	(Northwest Airlines)	WFU & Stored	Opa Locka, FL	
249	47161	31	N8938E	(Northwest Airlines)	Stored	Marana, AZ	
251	47108	32	N922L	-	Scrapped	Marana, AZ	
252	47109	32	N923L	-	Scrapped	Marana, AZ	
255	47162	31	N919RW	(Northwest Airlines)	Stored	Mojave, CA	
256	47163	31	N920RW	(Northwest Airlines)	Stored	Mojave, CA	
257	47248	31	N976Z	(Trans World Airlines)	Fuselage Remains	El Mirage, AZ	
258	47137	31	N987Z	(Trans World Airlines)	Stored	Roswell, NM	
259	47164	31	N921RW	(Northwest Airlines)	Stored	Marana, AZ	
260	47165	31	N923AX	-	Scrapped	Cincinnati, OH	
262	47312	32	LV-WIS	-	Scrapped	Buenos Aires Aeroparque, Argentina	
263	47172	32	N926L	-	Scrapped	Marana, AZ	
264	45790	32	N982US	(Northwest Airlines)	WFU & Stored	Marana, AZ	
265	47166	31	N8943E	-	Scrapped	San Jose, Costa Rica	
266	47167	31	N8944E	Northwest Airlines	Active	Minneapolis, MN	
267	47181	31	N8945E	Northwest Airlines	Active	Minneapolis, MN	
268	47313	32	S9-DAB	Mistral Aviation Services	Active	Rand, South Africa	
269	47065	31	N948AX	-	Scrapped	Cincinnati, OH	
270	47072	31	N906AX	(ABX Air / DHL)	Stored	Wilmington, OH	
271	47182	31	N922RW	(Northwest Airlines)	WFU & Stored	Opa Locka, FL	
272	47183	31	N923RW	Northwest Airlines	Active	Minneapolis, MN	
273	47173	32	N931L	-	Scrapped	Roswell, NM	
274	47184	31	N8948E	-	Written Off	Pensacola, FL	
275	47185	31	N924RW	(Northwest Airlines)	WFU & Stored	Opa Locka, FL	

l/n	c/n	Model	Registration	Owner/Operator	Status	Location	Notes
276	47186	31	N8950E	-	Scrapped	Minneapolis, MN	
277	47121	31	YV-82C	(Avensa)	WFU & Stored	Caracas, Venezuela	
278	47195	32	C-FTLT	(Air Canada)	Stored	Mojave, CA	
279	47314	32	N989AX	(ABX Air / DHL)	Stored	Cincinnati, OH	
280	47191	33(RC)	N933F	(Evergreen International Airlines)	Stored	Marana, AZ	
281	47241	C9A	67-122583	(US Air Force)	WFU & Stored	Davis Monthan, AZ	
282	47187	31	YV-718C	(Aserca Airlines)	Stored	Valencia, Venezuela	
283	45867	31	YV116T	(Aserca Airlines)	Stored	Valencia, Venezuela	
284	47150	31	N912RW	-	Scrapped	Greenwood, MS	
286	47174	32	N929L	(KLM)	Nose Preserved	Amsterdam Schiphol, Netherlands	
287	47192	33(RC)	N931F	-	Written Off	Nr Saginaw, TX	
288	47196	32	C-FTLU	-	Written Off	Cincinnati, OH	
289	47197	32	C-FTLV	-	Written Off	Toronto, Canada	
290	45868	31	N930VJ	(US Air)	Parts Remain	Davis Monthan, AZ	
291	47188	31	N931VJ	-	Scrapped	Mojave, CA	
292	47246	31	N9333	Northwest Airlines	Active	Minneapolis, MN	
293	47207	31	N984VJ	-	Scrapped	Marana, AZ	
294	47252	31	N956N	(Northwest Airlines)	Stored	Marana, AZ	
295	47253	31	N957N	(Northwest Airlines)	Stored	Marana, AZ	
296	47220	32(F)	N208US	USA Jet Airlines	Active	Detroit Willow Run, MI	
297	47249	31	N977Z	(Trans World Airlines)	Stored	Roswell, NM	
298	47175	32	N3991C	(Northwest Airlines)	WFU & Stored	Marana, AZ	
299	47222	32	N604NW	(Northwest Airlines)	WFU & Stored	Opa Locka, FL	
300	47223	32	N605NW	-	Scrapped	Minneapolis, MN	
301	47254	31	N958N	(Northwest Airlines)	Stored	Marana, AZ	
302	47198	32	TR-LHG	Avirex	Active	Libreville, Gabon	
303	47189	31	N932VJ	-	Scrapped	Mojave, CA	
304	47242	C9A	67-22584	(Air Mobility Command Museum)	Preserved	Dover AFB, DE	
305	47221	32(F)	163037	(US Navy)	WFU & Stored	Willow Grove ARS, PA	
306	47214	31	N8956E	-	Scrapped	San Jose, Costa Rica	
307	47208	31	N985VJ	-	Scrapped	Mojave, CA	
309	47250	31	N978Z	(Trans World Airlines)	Stored	Marana, AZ	
310	47255	31	N959N	(Northwest Airlines)	Stored	Marana, AZ	
311	47193	33(RC)	N941F	(Evergreen International Airlines)	Stored	Marana, AZ	
312	47218	32	ZS-OLN	(Million Air Charter)	Stored	Johannesburg, South Africa	
313	47215	31	N8957E	(Northwest Airlines)	WFU & Stored	Opa Locka, FL	
314	47176	32	N980AX	(ABX Air / DHL)	Stored	?	
315	47216	31	N933VJ	-	Scrapped	Mojave, CA	
316	47224	32	I-DIKM	-	Scrapped	Rome Fiumicino, Italy	
317	47225	32	N606NW	(Northwest Airlines)	Nose Preserved	Plaza Cuicuilco, Mexico City	
318	47138	31	N9330	(Northwest Airlines)	Stored	Marana, AZ	
320	47263	31	N9331	(Northwest Airlines)	WFU & Stored	Tucson, AZ	
321	47199	32	N881JM	(Air Canada)	WFU & Stored	Opa Locka, FL	
322	47157	31	YV125T	(Aserca Airlines)	Stored	Caracas, Venezuela	
324	47194	33(RC)	N944F	(Evergreen International Airlines)	Stored	Marana, AZ	
325	47219	32	YV-1122C	(Laser Airlines)	WFU & Stored	Caracas, Venezuela	
326	47256	31	N960N	(Northwest Airlines)	Fire Trainer	Minneapolis, MN	
327	47209	31	N986VJ	-	Scrapped	Tucson, AZ	

Douglas DC-9-30 — Out Of Production List: Western Jet Airliners

l/n	c/n	Model	Registration	Owner/Operator	Status	Location	Notes
329	47264	31	N9332	(Northwest Airlines)	Stored	Marana, AZ	
330	47177	32	N802AT	-	Scrapped	Opa Locka, FL	
331	45869	31	N8960E	(Northwest Airlines)	Stored	Marana, AZ	
332	45870	31	N8961E	-	Written Off	Ft. Lauderdale, FL	
333	47226	32	N846AT	(AirTran Airways)	WFU & Stored	Orlando MCO, FL	
334	47227	32	I-DIKQ	-	Written Off	Nr Palermo, Sicily, Italy	
336	45774	32	N837AT	-	Scrapped	Orlando MCO, FL	
337	47279	33(RC)	N945F	(Evergreen International Airlines)	Fuselage Remains	Marana, AZ	
338	47200	32	C-FTLY	-	Written Off	Montreal Dorval, Canada	
339	47265	32	C-FTLZ	-	WFU & Stored	Marana, AZ	
340	47295	C9A	67-22585	(US Air Force)	WFU & Stored	Davis Monthan, AZ	
341	47210	31	N987VJ	(US Air)	WFU & Stored	Mojave, CA	
342	47247	31	N9334	(Northwest Airlines)	WFU & Stored	Opa Locka, FL	
343	47291	33(RC)	N933AX	(ABX Air / DHL)	Stored	Wilmington, OH	
344	45871	31	5N-BBC	-	Scrapped	Sherman Grayson County, TX	
345	45872	31	5N-BBE	-	Written Off	Monrovia, Liberia	
347	47273	32	N981AX	(ABX Air)	Stored	Wilmington, OH	
348	47274	32	N828AT	(AirTran Airways)	WFU & Stored	Orlando MCO, FL	
349	45791	32	N12532	(Southeast Airlines)	Fuselage Remains	St. Petersburg, FL	
350	45873	31	N964ML	(Midway Airlines)	Parts Remain	Maxton, NC	
351	45874	31	N929AX	(ABX Air / DHL)	Stored	Wilmington, OH	
352	47266	32	RP-C1535	-	Scrapped	Manila, Philippines	
353	47289	32	C-FTMB	(Air Canada)	Stored	Mojave, CA	
355	47228	32	I-DIKR	-	Scrapped	Rome Fiumicino, Italy	
356	47229	32	N616NW	(Northwest Airlines)	WFU & Stored	Mojave, CA	
357	47211	31	N988VJ	-	Written Off	Shelbyville, IN	
358	47213	32	TC-JAC	-	Written Off	Adana, Turkey	
360	47217	31	5N-BBA	-	Written Off	Monrovia, Liberia	
361	47267	31	N8967E	-	Written Off	Akron-Canton, OH	
362	47296	C9A	67-22586	-	Written Off	Scott AFB, IL	
363	47275	32	N801AT	-	Scrapped	Orlando MCO, FL	
365	45875	31	YV122T	(Aserca Airlines)	WFU & Stored	Valencia, Venezuela	
366	45876	31	N968ML	-	Scrapped	Johannesburg, South Africa	
367	47290	32	C-FTMC	(Air Canada)	Stored	Mojave, CA	
368	47212	31	N989VJ	-	Scrapped	Davis Monthan, AZ	
370	47268	31	N969ML	(Spirit Airlines)	Stored	Fort Worth, TX	
371	47269	31	N936AX	-	Scrapped	Cincinnati, OH	
372	45792	32	N12539	-	Scrapped	Mojave, CA	
373	47276	32	5N-BLV	-	Scrapped	Johannesburg, South Africa	
374	47270	31	N971ML	-	Scrapped	Maxton, NC	
375	47036	31	YV-817C	(Servivensa)	WFU & Stored	Caracas, Venezuela	
376	47074	31	N937AX	(ABX Air / DHL)	Stored	?	
377	47297	C9A	68-8932	(US Air Force)	WFU & Stored	Davis Monthan, AZ	
378	47119	31	N974ML	-	Scrapped	Las Vegas, NV	
379	47277	32	N810AT	(AirTran Airways)	WFU & Stored	Opa Locka, FL	
380	47278	32	N824AT	-	Scrapped	Opa Locka, FL	
381	45793	32	N58541	-	Scrapped	Victorville, CA	
383	47292	32	C-FTMD	(Air Canada)	Stored	Mojave, CA	

Douglas DC-9-30

Out Of Production List: Western Jet Airliners

l/n	c/n	Model	Registration	Owner/Operator	Status	Location	Notes
384	47293	32	C-FTME	(Air Canada)	Stored	Mojave, CA	
385	47317	32	N982AX	(ABX Air / DHL)	WFU & Stored	Marana, AZ	
386	47257	32	N983AX	(ABX Air)	Stored	Cincinnati, OH	
387	47258	32	N984AX	(ABX Air)	Stored	Roswell, NM	
389	47271	31	YV119T	(Aserca Airlines)	Stored	Caracas, Venezuela	
390	47272	31	YV117T	(Aserca Airlines)	WFU & Stored	Caracas, Venezuela	
391	47327	31	N8978E	Northwest Airlines	Active	Minneapolis, MN	
392	47328	31	N8979E	(Northwest Airlines)	WFU & Stored	Opa Locka, FL	
394	45847	32	YV142T	Aeropostal	Active	Caracas, Venezuela	
395	47230	32	XA-SWG	(Aerocalifornia)	Stored	La Paz, Mexico	
396	47231	32	HK-3926X	-	Scrapped	Bogota, Colombia	
397	47283	32	XA-SYD	(Aerocalifornia)	Stored	Tijuana, Mexico	
398	47311	32	HK-3928X	(AeroRepublica)	Forward Fuselage Remains	Bogota, Colombia	
399	47298	C9A	68-8933	(US Air Force)	WFU & Stored	Davis Monthan, AZ	
400	47202	31	N132NK	-	Scrapped	Opa Locka, FL	
401	47203	31	N907AX	(ABX Air / DHL)	Stored	Wilmington, OH	
402	47294	32	C-FTMF	(Air Canada)	Stored	Mojave, CA	
403	47340	32	C-FTMG	-	Fire Trainer	Memphis, TN	
404	47341	32	C-FTMH	-	Fire Trainer	Jackson, TN	
406	47329	31	N977ML	-	Scrapped	Tucson, AZ	
407	47330	31	HK-4084X	-	Scrapped	Bogota, Colombia	
408	47331	31	YV-764C	(Servivensa)	WFU & Stored	Caracas, Venezuela	
409	47259	32	5N-KAY	(Bellview Airlines)	Fuselage Remains	Castel Volturno Park, Italy	
410	47260	32	N819AT	-	Scrapped	Orlando MCO, FL	
411	47261	32	N803AT	(AirTran Airways)	Preserved	Virginia Air & Space Centre, Hampton, VA	
412	47262	32	N920VV	-	Scrapped	Greenwood, MS	
413	47284	32	N821AT	(AirTran Airways)	WFU & Stored	Oklahoma City, OK	
414	47285	32	N811AT	-	Scrapped	Opa Locka, FL	
415	47337	31	N9335	(Northwest Airlines)	Stored	Marana, AZ	
416	47338	31	N9336	(Northwest Airlines)	WFU & Stored	Marana, AZ	
418	47342	32	C-FTMI	-	Fuselage Remains	Little Rock, AR	
419	47348	32	C-FTMJ	-	Fire Trainer	Louisiana State University, Baton Rouge, LA	
420	47349	32	C-FTMK	-	Scrapped	Greenwood, MS	
421	47299	C9A	68-8934	(US Air Force)	WFU & Stored	Davis Monthan, AZ	
423	47168	32	N866AT	-	Scrapped	Doral, FL	
424	47169	32	N948ML	(Midway Airlines)	Parts Remain	Maxton, NC	
425	47170	32	N867AT	(Aerocalifornia)	Stored	La Paz, Mexico	
426	47318	32	N813AT	-	Scrapped	Opa Locka, FL	
427	47281	32	YV167T	Laser Airlines	Active	Caracas, Venezuela	
428	47232	32	N607NW	(Northwest Airlines)	WFU & Stored	Opa Locka, FL	
429	47233	32	N608NW	(Northwest Airlines)	Stored	Miami, FL	For Pan Am Dominicana
430	47399	31	HK-3905X	-	Scrapped	Bogota, Colombia	
431	47350	32	C-FTML	-	Fire Trainer	Louisiana State University, Baton Rouge, LA	
433	47315	31	N1308T	-	Scrapped	Minneapolis, MN	
434	47319	32	N825AT	-	Scrapped	Miami, FL	
435	47234	32	N609NW	(Northwest Airlines)	WFU & Stored	Opa Locka, FL	

l/n	c/n	Model	Registration	Owner/Operator	Status	Location	Notes
436	47235	32	YV371T	Aserca Airlines	Active	Valencia, Venezuela	
437	47339	32	I-RIBN	-	Written Off	Warsaw, Poland	
438	47300	C9A	68-8935	(US Air Force)	WFU & Stored	Davis Monthan, AZ	
439	47316	31	N1309T	Northwest Airlines	Active	Minneapolis, MN	
442	47351	32	N958VJ	-	Scrapped	Mojave, CA	
443	47400	31	N8984E	-	Written Off	Charlotte-Douglas, NC	
444	47401	31	C5-AEA	(Private)	Stored	Johannesburg, South Africa	
445	47363	33(RC)	N930AX	ABX Air / DHL	Active	Wilmington, OH	
446	47282	32	YV248T	Aserca Airlines	Active	Valencia, Venezuela	
447	47392	32	N928AX	(ABX Air / DHL)	Stored	?	
448	47243	32	YV-C-AVD	-	Written Off	Maracaibo, Venezuela	
449	47310	31	N991VJ	-	Scrapped	Mojave, CA	
450	47236	32	XA-SWH	(Aerocalifornia)	Stored	Mojave, CA	
451	47237	32	YV-497C	(Zuliana Air)	WFU & Stored	Maracaibo, Venezuela	
452	47355	32(F)	N207US	USA Jet Airlines	Active	Detroit Willow Run, MI	
453	47352	32	N959VJ	-	Scrapped	Mojave, CA	
454	47320	32	N818AT	-	Scrapped	Orlando MCO, FL	
455	47321	32	N908VJ	-	Written Off	Atlanta, GA	
456	47322	32	N809AT	-	Scrapped	Opa Locka, FL	
457	47407	33(CF)	N935F	-	Written Off	Nr St. Croix, VI	
458	47394	32	XA-JEB	(Aeromexico)	Stored	Guadalajara, Mexico	
459	47201	32	N939AX	(ABX Air / DHL)	Stored	?	
460	47343	31	N979Z	(Trans World Airlines)	Stored	Roswell, NM	
461	47332	31	N993VJ	-	Scrapped	Marana, AZ	
464	47346	31	N9337	(Northwest Airlines)	WFU & Stored	Tucson, AZ	
465	47238	32	XA-UDB	(Aerocalifornia)	Stored	La Paz, Mexico	
466	47239	32	RP-C1538	-	Scrapped	Manila, Philippines	
467	47408	33(CF)	N942F	(Evergreen International Airlines)	Fuselage Remains	Marana, AZ	
468	47323	32	N817AT	(AirTran Airways)	Ground Trainer	Eastman, GA	
469	47324	32	N924L	-	Scrapped	Marana, AZ	
470	47356	32	XA-JED	-	Written Off	Los Angeles, CA	
471	47353	32	RP-C1536	-	Scrapped	Manila, Philippines	
472	47344	31	N980Z	-	Scrapped	Mojave, CA	
473	47171	31	N913RW	-	Scrapped	Dothan, AL	
476	47357	32	N925L	(Trans World Airlines)	WFU & Stored	Roswell, NM	
477	47358	32	YV-716C	(Aserca Airlines)	Stored	Valencia, Venezuela	
478	47347	31	N9338	Northwest Airlines	Active	Minneapolis, MN	
479	47382	31	N9339	(Northwest Airlines)	Stored	Marana, AZ	
480	47410	33(RC)	N45NA	National Nuclear Security Administration	Active	Albuquerque, NM	
481	47333	31	N994VJ	-	Written Off	Philadelphia, PA	
482	47402	31	N8986E	Northwest Airlines	Active	Minneapolis, MN	
483	47354	32	C-FTMP	-	WFU & Stored	Marana, AZ	
484	47364	32	N987AX	-	Scrapped	Cincinnati, OH	
485	47345	31	N981Z	(Trans World Airlines)	Stored	Roswell, NM	
486	47042	32(CF)	N89S	(Northwest Airlines)	Stored	Marana, AZ	
487	47405	31	N961N	(Northwest Airlines)	WFU & Stored	Marana, AZ	
489	47389	31	N9340	(Northwest Airlines)	Stored	Marana, AZ	
490	47390	31	N9341	(Northwest Airlines)	Stored	Marana, AZ	

l/n	c/n	Model	Registration	Owner/Operator	Status	Location	Notes
491	47391	31	N9342	(Northwest Airlines)	Stored	Marana, AZ	
492	47362	31	N914RW	(Northwest Airlines)	Stored	Marana, AZ	
493	47334	31	N995VJ	-	Parts Remain	Mojave, CA	
494	47335	31	N996VJ	-	Scrapped	Marana, AZ	
495	47359	32	N826AT	-	Scrapped	Orlando MCO, FL	
496	47377	32	N904VJ	-	Written Off	Everglades, FL	
497	47409	33(CF)	S9-PSG	?	Stored	Tucson, AZ	
498	47244	31	N90S	Northwest Airlines	Active	Minneapolis, MN	
499	47406	31	N962N	(Northwest Airlines)	WFU & Stored	Marana, AZ	
500	47336	31	N997VJ	-	Scrapped	Mojave, CA	
501	47439	31	N9343	(Northwest Airlines)	Stored	Marana, AZ	
502	47440	31	N9344	(Northwest Airlines)	Stored	Marana, AZ	
503	47441	31	N9345	-	Written Off	San Gabriel, CA	
504	47365	32	LV-WFT	-	Scrapped	Opa Locka, FL	
505	47368	32	ZS-PAK	(Phoebus Apollo Aviation)	Stored	Rand, South Africa	
506	47371	31	N978VJ	-	Scrapped	Mojave, CA	
507	47403	31	N924AX	(ABX Air / DHL)	Stored	?	
508	47378	32	N805AT	-	Scrapped	Orlando MCO, FL	
509	47379	32	N806AT	-	Scrapped	Opa Locka, FL	
510	47245	31	N97S	-	Written Off	Huntingdon, WV	
511	47415	31	N963N	(Northwest Airlines)	WFU & Stored	Marana, AZ	
512	47416	31	N964N	(Northwest Airlines)	Stored	Marana, AZ	
513	47372	31	N979VJ	-	Scrapped	Mojave, CA	
514	47380	32	N900AX	ABX Air	Active	Wilmington, OH	
515	47325	31	N949AX	(ABX Air)	WFU & Stored	Roswell, NM	
516	47326	31	N928ML	-	Scrapped	Detroit Willow Run, MI	
517	47376	32	N9346	(Northwest Airlines)	Stored	Marana, AZ	
518	47417	31	N965N	(Northwest Airlines)	Stored	Marana, AZ	
519	47381	32	N901AX	-	Scrapped	Cincinnati, OH	
520	47431	32	163511	(US Navy)	Preserved	Pensacola, FL	
521	47413	33(F)	N935AX	(ABX Air / DHL)	Stored	Wilmington, OH	
522	47373	31	N964VJ	-	Written Off	Elmira-Corning, NY	
523	47374	31	N965VJ	-	Scrapped	Mojave, CA	
524	47442	32	N838AT	(AirTran Airways)	Parts Remain	Maxton, NC	
525	47432	32	N610NW	(Northwest Airlines)	WFU & Stored	Marana, AZ	
526	47433	32	N618NW	(Northwest Airlines)	Stored	Mojave, CA	
527	47488	32	N834AT	-	Scrapped	Miami, FL	
528	47489	32	N833AT	-	Scrapped	Orlando MCO, FL	
529	47369	31	N1798U	(Northwest Airlines)	Stored	Marana, AZ	
530	47366	C9A	68-10958	(US Air Force)	WFU & Stored	Davis Monthan, AZ	
531	47375	31	N967VJ	-	Scrapped	Mojave, CA	
532	47429	31	N968VJ	-	Scrapped	Marana, AZ	
533	47411	31	N983Z	(Trans World Airlines)	Stored	Roswell, NM	
534	47412	31	N984Z	(Trans World Airlines)	WFU & Stored	Roswell, NM	
535	47450	32	N941N	(Northwest Airlines)	Stored	Marana, AZ	
536	47414	33(F)	N327US	USA Jet Airlines	Active	Detroit Willow Run, MI	
537	47434	32	HK-3964X	-	Scrapped	Bogota, Colombia	
538	47383	32	N984US	(Northwest Airlines)	Stored	Marana, AZ	

l/n	c/n	Model	Registration	Owner/Operator	Status	Location	Notes
539	47367	C9A	68-10959	(US Air Force)	WFU & Stored	Davis Monthan, AZ	
540	47435	32	N611NA	(Northwest Airlines)	WFU & Stored	Tucson, AZ	
541	47436	32	N612NW	(Northwest Airlines)	WFU & Stored	Marana, AZ	
542	47385	32	PK-GNA	-	Scrapped	Jakarta CGK, Indonesia	
543	47384	33(F)	ZS-DBH	(Stars Away Aviation)	Stored	Johannesburg, South Africa	
544	47437	32	HK-3963X	-	Scrapped	Bogota, Colombia	
545	47438	32	N613NW	Northwest Airlines	Active	Minneapolis, MN	
546	47500	32	HI-177	-	Written Off	Santo Domingo, Dominican Republic	
547	47451	32	N832AT	-	Scrapped	Doral, FL	
548	47448	C9A	68-10960	(US Air Force)	WFU & Stored	Davis Monthan, AZ	
549	47459	32	N942N	(Northwest Airlines)	WFU & Stored	Opa Locka, FL	
550	47386	32	PK-GNB	-	Scrapped	Jakarta CGK, Indonesia	
551	47370	31	N1799U	Northwest Airlines	Active	Minneapolis, MN	
552	47449	C9A	68-10961	(US Air Force)	WFU & Stored	Davis Monthan, AZ	
553	47487	31	N18563	-	Scrapped	Mojave, CA	
554	47404	31	N1332U	Northwest Airlines	Active	Minneapolis, MN	
555	47395	41	N762NW	Northwest Airlines	Active	Minneapolis, MN	
556	47420	31	N966VJ	-	Scrapped	Mojave, CA	
557	47396	41	N763NW	Northwest Airlines	Active	Minneapolis, MN	
558	47421	31	N969VJ	-	Scrapped	Mojave, CA	
560	47490	31	YV-47C	(Aeropostal)	Stored	Caracas, Venezuela	
561	47446	32	LV-WEG	-	Written Off	Nr Nuevo Berlin, Uruguay	
563	47447	32	LV-WEH	-	Scrapped	Buenos Aires Aeroparque, Argentina	
564	47462	33(RC)	N934AX	(ABX Air / DHL)	Stored	?	
565	47453	32	EC-BQV	-	Scrapped	Madrid Barajas, Spain	
567	47454	32	LV-WGU	-	WFU & Stored	Buenos Aires Aeroparque, Argentina	
569	47476	33RC	N932NA	NASA	Active	Houston Johnson Space Center, TX	
570	47418	31	XA-TKN	-	Written Off	Nr Uruapan, Mexico	
571	47501	32	N936ML	-	Written Off	Reynosa, Mexico	
572	47426	32	N902AX	-	Scrapped	Cincinnati, OH	
573	47427	32	N903AX	(ABX Air / DHL)	Stored	Wilmington, OH	
574	47502	32	I-DIZE	-	Scrapped	Rome Fiumicino, Italy	
576	47422	32	C-FTMQ	(Air Canada)	WFU & Stored	Marana, AZ	
577	47443	32	N815AT	-	Scrapped	Miami, FL	
578	47444	32	N807AT	-	Scrapped	Opa Locka, FL	
579	47455	32	EC-BQY	-	Scrapped	Madrid Barajas, Spain	
580	47456	32	EC-BQZ	(AENA)	Preserved	Terminal 1 Madrid Barajas, Spain	
581	47423	32	N10556	-	Written Off	Houston IAH, TX	
582	47424	32	N17557	(Continental Airlines)	Stored	Mojave, CA	
583	47517	31	N908H	(Northwest Airlines)	WFU & Stored	Marana, AZ	
584	47465	33(CF)	N932AX	ABX Air / DHL	Active	Wilmington, OH	
585	47445	32	N816AT	(AirTran Airways)	Fuselage Remains	Opa Locka, FL	
586	47505	31	N960VJ	-	Scrapped	Mojave, CA	
587	47503	32	YU-AHR	-	Written Off	Shamsan Mountains, Yemen	
588	47506	31	N961VJ	-	Written Off	Erie, PA	
589	47425	32	N926NW	Northwest Airlines	Active	Minneapolis, MN	
590	47469	32	N927RC	(Northwest Airlines)	Stored	Mojave, CA	
591	47470	32	YU-AHN	(JAT Yugoslav Airlines)	WFU & Stored	Belgrade. Serbia	

Douglas DC-9-30 — Out Of Production List: Western Jet Airliners

l/n	c/n	Model	Registration	Owner/Operator	Status	Location	Notes
592	47482	32	YU-AHT	-	Written Off	Krussbe Hory, Czech Republic	
593	47523	32	XA-UDC	(Aerocalifornia)	Stored	Tijuana, Mexico	
594	47507	31	N962VJ	-	Scrapped	Marana, AZ	
595	47508	31	N963VJ	-	Scrapped	Mojave, CA	
596	47472	32	N925US	Northwest Airlines	Active	Minneapolis, MN	
597	47280	31	N1334U	(Northwest Airlines)	Stored	Marana, AZ	
598	47473	32	YV286T	Aserca Airlines	Active	Valencia, Venezuela	
599	47491	31	N985Z	(Trans World Airlines)	WFU & Stored	Roswell, NM	
600	47474	32	163512	(US Navy)	WFU & Stored	Davis Monthan, AZ	
602	47419	31	N941AX	(ABX Air / DHL)	Stored	Marana, AZ	
603	47526	31	HK-4230X	(AeroRepublica)	WFU & Stored	Bogota, Colombia	
605	47479	32	YV249T	Aserca Airlines	Active	Valencia, Venezuela	
606	47522	32	N985AX	(ABX Air / DHL)	WFU & Stored	Roswell, NM	
607	47480	32	N215US	USA Jet Airlines / Holiday Airways	Active	Miami, FL	
608	47393	31	N1335U	-	Written Off	New Hope, GA	
609	47430	32	ZS-NRA	(1 Time)	Stored	Johannesburg, South Africa	
610	47535	32	YV141T	Aeropostal - Alas de Venezuela	Active	Caracas, Venezuela	
611	47468	32	ZS-NRB	1 Time	Active	Johannesburg, South Africa	
612	47478	32	N942ML	(American Airlines)	Nose Preserved	Ciudad de los Ninos, Mexico City	
613	47477	32	163513	(US Navy)	WFU & Stored	Davis Monthan, AZ	
614	47518	32	YV368T	Aserca Airlines	Active	Valencia, Venezuela	
615	47519	32	HK-3927X	-	Scrapped	Bogota, Colombia	
616	47481	32	PK-GNC	(Merpati)	Stored	Jakarta CGK, Indonesia	
617	47528	31	N943AX	(ABX Air / DHL)	Stored	?	
618	47527	31	YV-458C	(Zuliana Air)	WFU & Stored	Maracaibo, Venezuela	
619	47514	32	XA-ACZ	(Aerocalifornia)	Stored	La Paz, Mexico	
620	47457	32	YU-AJO	-	Written Off	Prague, Czech Republic	
621	47466	32	ZS-MRJ	(Toumai Air Tchad)	Stored	Johannesburg, South Africa	
622	47547	31	N932ML	(US Navy)	Stored	Mojave, CA	
623	47550	31	N944AX	ABX Air / DHL	Active	Wilmington, OH	
624	47530	33(RC)	Z3-ARA	(Avioimpex)	Stored	Naples, Italy	
625	47529	32	A6-	Eastern Skyjets	Active	Dubai, UAE	
626	47532	32	YU-AHU	-	Scrapped	Belgrade. Serbia	
627	47460	32	YU-AHV	(JAT Yugoslav Airlines)	Stored	Belgrade. Serbia	
628	47486	32	N827AT	-	Forward Fuselage Remains	Miami, FL	
629	47521	32	N930BB	-	Scrapped	Ft. Lauderdale, FL	
630	47516	32	ZS-NNN	1 Time	Active	Johannesburg, South Africa	
631	47525	32	N1295L	-	Scrapped	Sherman Grayson County, TX	
632	47524	32	HK-4155X	(AeroRepublica)	WFU & Stored	Bogota, Colombia	
633	47548	31	YV-459C	(Zuliana Air)	WFU & Stored	Maracaibo, Venezuela	
634	47551	31	N945AX	(ABX Air)	Preserved	Grissom AFB, IN	
635	47520	32	N69523	-	Scrapped	Victorville, CA	
636	47397	32	N836AT	(AirTran Airways)	Fuselage Remains	Orlando MCO, FL	
637	47539	32	YV-49C	(Aeropostal)	Stored	Maracaibo, Venezuela	
638	47531	32	9Q-CWF	(Wetrafa Airlift)	WFU & Stored	Kinshasa, Congo Kinshasa	
639	47549	31	N935ML	-	Scrapped	Tucson, AZ	
640	47552	31	N942AX	-	Scrapped	Cincinnati, OH	
641	47533	32	N620NW	-	Scrapped	Detroit Willow Run, MI	

l/n	c/n	Model	Registration	Owner/Operator	Status	Location	Notes
642	47553	32	XA-TBQ	(Aerocalifornia)	Stored	La Paz, Mexico	
644	47534	32	XA-UDD	(Aerocalifornia)	Stored	La Paz, Mexico	
646	47458	32	N987US	Northwest Airlines	Active	Minneapolis, MN	
647	47467	C9A	71-0874	(US Air Force)	WFU & Stored	Davis Monthan, AZ	
648	47484	32	N849AT	-	Scrapped	Orlando MCO, FL	
649	47463	32	PK-GND	-	Written Off	Banjarmasin, Indonesia	
650	47471	C9A	71-0875	(US Air Force)	WFU & Stored	Davis Monthan, AZ	
651	47504	32	EC-BYE	(Iberia)	Nose Preserved	Cuetro Vientos, Madrid Barajas, Spain	
652	47542	32	EC-BYF	-	Scrapped	Madrid Barajas, Spain	
653	47475	C9A	71-0876	(US Air Force)	WFU & Stored	Andrews AFB, MD	
654	47543	32	N986AX	ABX Air / DHL	Active	Wilmington, OH	
655	47546	32	ZS-SBG	-	Stored	Mojave, CA	
656	47495	C9A	71-0877	(US Air Force)	Preserved	Scott AFB, IL	
657	47556	32	EC-BYH	-	Written Off	Granada, Spain	
658	47554	32	C-FTMU	(Air Canada)	Stored	Mojave, CA	
659	47536	C9A	71-0878	(US Air Force)	Preserved	Lackland AFB, TX	
660	47452	32	EC-BYI	(Iberia)	WFU & Stored	Madrid Barajas, Spain	
661	47557	32	C-FTMV	(Air Canada)	Stored	Mojave, CA	
662	47537	C9A	71-0879	(US Air Force)	WFU & Stored	Davis Monthan, AZ	
663	47461	32	EC-BYJ	-	Scrapped	Madrid Barajas, Spain	
664	47560	32	C-FTMW	(Air Canada)	Stored	Mojave, CA	
665	47538	C9A	71-0880	(US Air Force)	WFU & Stored	Davis Monthan, AZ	
666	47485	32	RP-C1539	-	Scrapped	Manila, Philippines	
667	47555	32	N847AT	-	Scrapped	Orlando MCO, FL	
668	47540	C9A	71-0881	(US Air Force)	WFU & Stored	Davis Monthan, AZ	
669	47428	33CF	164607	(US Navy)	Preserved	Pima Museum, Tucscon, AZ	
670	47541	C9A	71-0882	(US Air Force)	WFU & Stored	Davis Monthan, AZ	
671	47545	33(RC)	164605	(US Navy)	WFU & Stored	Davis Monthan, AZ	
672	47559	32	N848AT	-	Scrapped	Orlando MCO, FL	
673	47496	33(RC)	164606	US Navy	Active	Whidbey Island NAS, WA	
674	47561	32	PK-GNE	-	Written Off	Jakarta, Indonesia	
675	47565	31	164608	US Navy	Active	Whidbey Island NAS, WA	
676	47544	32	N621NW	(Northwest Airlines)	Stored	Marana, AZ	
680	47575	32	YV372T	Aserca Airlines	Active	Valencia, Venezuela	
681	47564	31	N950VJ	-	Scrapped	Oklahoma City, OK	
682	47576	31	N951VJ	-	Scrapped	Marana, AZ	
683	47569	32	PK-GNF	(Merpati)	WFU & Stored	Jakarta CGK, Indonesia	
684	47570	32	RP-C1537	(Orion Airlines)	WFU & Stored	Manila, Philippines	
685	47562	32	5N-BFD	-	Written Off	Port Harcourt, Nigeria	
686	47577	C9B	159113	US Navy	Active	Whidbey Island NAS, WA	
687	47563	32	YU-AJI	-	Scrapped	Belgrade. Serbia	
688	47567	32	YU-AJJ	JAT Yugoslav Airlines	Active	Belgrade. Serbia	
689	47568	32	YU-AJK	-	Scrapped	Belgrade. Serbia	
690	47574	31	N952VJ	-	Scrapped	Marana, AZ	
691	47566	32	HI-869	Pan Am Dominicana	Active	Santo Domingo, Dominican Republic	
692	47581	C9B	159117	US Navy	Active	Oceana NAS, CA	
693	47579	32	YU-AJN	-	Written Off	Belgrade. Serbia	
694	47573	32	N967N	Northwest Airlines	Active	Minneapolis, MN	

l/n	c/n	Model	Registration	Owner/Operator	Status	Location	Notes
695	47571	32	YU-AJL	-	Scrapped	Belgrade. Serbia	
696	47584	C9B	159114	US Navy	Active	Atlanta NAS, GA	
697	47583	31	N953VJ	-	Scrapped	Davis Monthan, AZ	
698	47585	C9B	159118	US Navy	Active	Oceana NAS, CA	
699	47588	31	N956VJ	-	Scrapped	Marana, AZ	
700	47587	C9B	159115	US Navy	Active	Whidbey Island NAS, WA	
701	47582	32	YU-AJM	(JAT Yugoslav Airlines)	WFU & Stored	Belgrade. Serbia	
702	47578	C9B	159119	US Navy	Active	Oceana NAS, CA	
703	47590	31	N954VJ	-	Written Off	Charlotte-Douglas, NC	
704	47580	C9B	159116	US Navy	Active	Whidbey Island NAS, WA	
705	47593	31	N955VJ	-	Scrapped	Mojave, CA	
706	47591	32	N623NW	(Northwest Airlines)	Stored	Marana, AZ	
707	47586	C9B	159120	US Navy	Active	Oceana NAS, CA	
708	47572	32	N940N	(Northwest Airlines)	Stored	Marana, AZ	
709	47595	32	MM62012/31-12	(Italian Air Force)	Stored	Rome Ciampino, Italy	
710	47600	32	MM62013/31-13	-	Scrapped	Moscow Vnukovo, Russia	
711	47589	31	N986Z	-	Scrapped	Los Angeles, CA	
712	47592	32	C-FTMY	(Air Canada)	WFU & Stored	Mojave, CA	
714	47596	31	N976AX	ABX Air / DHL	Active	Wilmington, OH	
715	47601	32	ZS-GAL	(Albanian)	Stored	Johannesburg, South Africa	
717	47594	32	XA-DEJ	-	Written Off	Mexico City	
718	47602	32	XA-DEK	(Aeromexico)	Preserved	Durango, Mexico	
719	47598	32	3D-MES	(STA Mali)	Stored	Bamako, Mali	
721	47607	32	XA-DEL	(Aeromexico)	Stored	Guadalajara, Mexico	
723	47609	32	XA-DEM	(Aeromexico)	WFU & Stored	Guadalajara, Mexico	
726	47611	32	N883JM	(Air Canada)	WFU & Stored	Mojave, CA	
729	47621	32	XA-DEN	-	Written Off	Chihuahua, Mexico	
730	47638	32	P4-DCA	(Air Aruba)	Preserved as Restaurant	Curacao, Netherlands Antilles	
731	47637	32	EC-CGN	-	Scrapped	Madrid Barajas, Spain	
734	47640	32	EC-CGO	(Iberia)	Nose Preserved	Malaga Airport Museum, Spain	
735	47639	C9B	163208	(US Navy)	WFU & Stored	Davis Monthan, AZ	
741	47649	32	YU-AJR	-	Written Off	Nr Zagreb, Croatia	
746	47641	32	I-ATJA	-	Written Off	Stadelberg, Switzerland	
749	47642	32	EC-CGP	-	Scrapped	Madrid Barajas, Spain	
750	47643	32	9L-LDH	(Transtel Togo)	WFU & Stored	Johannesburg, South Africa	
753	47622	32	XA-DEO	-	Written Off	Sierra de Guerreo, Mexico	
754	47635	32	N880DP	Round Ball One Corporation	Active	Detroit Metro, MI	
758	47636	32	PK-GNI	-	Written Off	Denpasar, Indonesia	
760	47653	32	YV-496C	(Zuliana Air)	WFU & Stored	Maracaibo, Venezuela	
761	47648	32	XA-THB	(Aerocalifornia)	Stored	Tijuana, Mexico	
765	47688	C9C	73-1681	US Air Force	Active	Scott AFB, IL	
766	47667	32	I-ATJC	-	Written Off	Nr Sarroch, Italy	
767	47644	32	EC-CGR	-	Scrapped	Madrid Barajas, Spain	
769	47670	C9C	73-1682	US Air Force	Active	Scott AFB, IL	
770	47645	32	EC-CGS	-	Written Off	Madrid Barajas, Spain	
771	47650	32	XA-DEI	(Aeromexico)	Stored	Guadalajara, Mexico	
772	47666	32	XA-THC	(Aerocalifornia)	Stored	La Paz, Mexico	
773	47647	32	N943N	(Northwest Airlines)	Stored	Marana, AZ	

l/n	c/n	Model	Registration	Owner/Operator	Status	Location	Notes
774	47671	C9C	73-1683	US Air Force	Active	Scott AFB, IL	
775	47664	32	N945N	Northwest Airlines	Active	Minneapolis, MN	
776	47669	32	N932L	-	Scrapped	Victorville, CA	
778	47672	32	ZS-TGR	Eastern Skyjets	Active	Dubai, UAE	
779	47673	32	XA-UDE	(Aerocalifornia)	Stored	La Paz, Mexico	
781	47680	32	XA-UDS	(Aerocalifornia)	Stored	Mexico City	
782	47675	32	EC-CLD	-	Scrapped	Madrid Barajas, Spain	
784	47681	C9B	160048	US Navy	Active	Willow Grove ARS, PA	
786	47684	C9B	160046	US Marine Corps	Active	Cherry Point MCAS, NC	
789	47678	32	EC-CLE	-	Written Off	Vigo, Spain	
793	47674	32	XA-UDF	(Aerocalifornia)	Stored	Mexico City	
795	47687	C9B	160047	US Marine Corps	Active	Cherry Point MCAS, NC	
801	47699	C9B	160050	US Navy	Active	Willow Grove ARS, PA	
809	47698	C9B	160049	US Navy	Active	Willow Grove ARS, PA	
811	47700	C9B	160051	US Navy	Active	Willow Grove ARS, PA	
817	47702	34(CF)	N702CT	(Jetran)	WFU & Stored	Bucharest Baneasa, Romania	
819	47704	34(CF)	ZS-PAL	Phoebus Apollo Aviation	Active	Johannesburg, South Africa	
821	47706	34(CF)	S9-PSR	African Express / Astral Aviation	Active	Nairobi, Kenya	
822	47701	32	9Q-CWE	Wimbi Dira Airways	Active	Kinshasa, Congo Kinshasa	
823	47707	34(CF)	S9-	-	Stored	Craiova, Romania	
826	47722	32	PK-GNN	(Merpati)	Stored	Jakarta CGK, Indonesia	
828	47730	32	ZS-GAJ	(Private)	Stored	Johannesburg, South Africa	
835	47740	32	XA-UDG	(Aerocalifornia)	Stored	Tijuana, Mexico	
836	47741	32	PK-GNQ	-	Written Off	Medan, Indonesia	
837	47744	32	9Q-CWH	Wimbi Dira Airways	Active	Kinshasa, Congo Kinshasa	
838	47723	32	XA-UEI	(Aerocalifornia)	Stored	Mexico City	
840	47691	32(CF)	KAF320	-	Written Off	Kuwait City	
843	47690	32(CF)	N205US	USA Jet Airlines	Active	Detroit Willow Run, MI	
844	47711	34	N936L	-	Scrapped	Opa Locka, FL	
846	47720	32	YV-23C	-	Written Off	Nr La Puerta, Venezuela	
847	47721	32	YV1124	(Aeropostal)	WFU & Stored	Caracas, Venezuela	
848	47727	32	YV1123	-	Scrapped	Caracas, Venezuela	
868	47734	32	RP-C1540	-	Scrapped	Manila, Philippines	
872	47752	34(CF)	YV1127	-	Scrapped	Caracas, Venezuela	
900	47765	32	D2-ERJ	Air Gemini	Active	Luanda, Angola	
901	47788	32	D2-ERL	Air Gemini	Active	Luanda, Angola	
906	47789	32	RP-C1503	-	Scrapped	Manila, Philippines	
907	47790	32	PK-GNT	(Mini Indonesia Theme Park)	Preserved	Jakarta, Indonesia	
908	47791	32	XA-UDH	(Aerocalifornia)	Active	Mexico City	
910	47792	32	RP-C1504	-	Scrapped	Manila, Philippines	
911	47793	32	RP-C1505	-	Scrapped	Manila, Philippines	
913	47797	32	ZS-GAT	(United Nations)	Stored	Johannesburg, South Africa	
914	47798	32	ZS-GAU	Gryphon Air	Active	Johannesburg, South Africa	
915	47794	32	XA-UEG	(Aerocalifornia)	Stored	La Paz, Mexico	
916	47795	32	RP-C1506	-	Scrapped	Manila, Philippines	
918	47799	32	N697BJ	Blue Jackets Air	Active	Columbus, OH	
919	48114	31	N231US	USA Jet Airlines	Active	Detroit Willow Run, MI	
920	48115	31	RP-C1542	-	Scrapped	Manila, Philippines	

Douglas DC-9-30

l/n	c/n	Model	Registration	Owner/Operator	Status	Location	Notes
921	48116	31	N367MN	(Orion Airlines)	Stored	Miami, FL	
922	48117	31	N367LN	(Orion Airlines)	Stored	Miami, FL	
923	48111	32	N133NK	(Spirit Airlines)	Stored	Mojave, CA	
925	48103	34	EC-DGB	-	Scrapped	Madrid Barajas, Spain	
926	48112	32	XA-ADA	(Aerocalifornia)	Stored	Tijuana, Mexico	
928	48104	34	EC-DGC	-	Scrapped	Madrid Barajas, Spain	
929	48105	34	N481CM	(Jetran)	WFU & Stored	Bucharest Baneasa, Romania	
930	48113	32	XA-TNT	(Aerocalifornia)	Stored	Tijuana, Mexico	
933	48106	34	EC-DGE	-	Scrapped	Madrid Barajas, Spain	
934	48123	34	N927L	(Dinar Lineas Aereas)	Stored	Mojave, CA	
940	48131	31	SU-PBO	Air Memphis	Active	Cairo, Egypt	
942	48118	31	YV2430	SBA Airlines	Active	Maracaibo, Venezuela	
943	48119	31	YV2431	Aserca Airlines	Active	Valencia, Venezuela	
947	48125	32	9Q-CDO	(Bravo Air Congo)	Stored	Kinshasa, Congo Kinshasa	
949	48120	31	YV243T	Aserca Airlines	Active	Valencia, Venezuela	
951	48126	32	TN-AHQ	(Bravo Air Congo)	Stored	Kinshasa, Congo Kinshasa	
954	48124	34	N934US	(USA Jet Airlines)	Stored	Detroit Willow Run, MI	
956	48132	32	N367RN	(Orion Airlines)	WFU & Stored	Manila, Philippines	
959	48133	32	N367PN	(Orion Airlines)	WFU & Stored	Manila, Philippines	
961	48127	32	9Q-CVT	(Bravo Air Congo)	Stored	Kinshasa, Congo Kinshasa	
964	48128	32	9Q-CDT	(Bravo Air Congo)	Stored	Kinshasa, Congo Kinshasa	
968	48129	32	C5-AEG	(Atlantic Express Airlines)	Stored	Goodyear, AZ	
976	48130	32	XA-AMF	-	Written Off	Monterrey, Mexico	
982	48137	C9B	161266	US Navy	Active	Atlanta NAS, GA	
1014	48150	32	A6-ESC	Eastern Skyjets / United Nations	Active	Kabul, Afghanistan	
1017	48151	32	XA-TFO	(JS Aviation)	Stored	Mexico City	
1021	48138	31	YV1922	Aserca Airlines	Active	Valencia, Venezuela	
1024	48139	31	YV1879	Aserca Airlines	Active	Valencia, Venezuela	
1027	48140	31	5N-BFS	(Sosoliso Airlines)	WFU & Stored	Lagos, Nigeria	
1030	48141	31	YV244T	Aserca Airlines	Active	Valencia, Venezuela	
1033	48142	31	5N-BFA	-	Scrapped	Lourdes, France	
1036	48143	31	RP-C1541	-	Scrapped	Manila, Philippines	
1039	48144	31	YV1663	Aserca Airlines	Active	Valencia, Venezuela	
1042	48145	31	C5-JDZ	(Azmar Airlines)	Stored	Belgrade. Serbia	
1044	48146	31	C5-LPS	(Azmar Airlines)	Stored	Belgrade. Serbia	
1046	48154	31	YV1921	Aserca Airlines	Active	Valencia, Venezuela	
1048	48147	31	YV298T	-	Written Off	Caracas, Venezuela	
1050	48155	31	YV297T	Aserca Airlines	Active	Valencia, Venezuela	
1052	48156	31	N932MJ	(Southeast Airlines)	Stored	St. Petersburg, FL	
1054	48157	31	YV331T	Laser Airlines	Active	Caracas, Venezuela	
1056	48158	31	YV332T	Laser Airlines	Active	Caracas, Venezuela	
1058	48159	31	N933JK	(Southeast Airlines)	Stored	St. Petersburg, FL	
1081	48165	C9B	161529	US Navy	Active	Atlanta NAS, GA	
1084	48166	C9B	161530	US Navy	Active	Atlanta NAS, GA	

Cross Reference

Registration	l/n	c/n	Registration	l/n	c/n	Registration	l/n	c/n	Registration	l/n	c/n
159113	686	47577	68-8933	399	47298	C-FTME	384	47293	EC-BIM	180	47088
159114	696	47584	68-8934	421	47299	CF-TME	384	47293	EC-BIN	189	47089
159115	700	47587	68-8935	438	47300	C-FTMF	402	47294	EC-BIO	190	47090
159116	704	47580	6Y-JGA	442	47351	CF-TMF	402	47294	EC-BIP	206	47091
159117	692	47581	6Y-JGB	453	47352	C-FTMG	403	47340	EC-BIQ	222	47092
159118	698	47585	6Y-JIJ	735	47639	CF-TMG	403	47340	EC-BIR	237	47093
159119	702	47578	71-0874	647	47467	C-FTMH	404	47341	EC-BIS	262	47312
159120	707	47586	71-0875	650	47471	CF-TMH	404	47341	EC-BIT	268	47313
160046	786	47684	71-0876	653	47475	C-FTMI	418	47342	EC-BIU	279	47314
160047	795	47687	71-0877	656	47495	CF-TMI	418	47342	EC-BPF	484	47364
160048	784	47681	71-0878	659	47536	C-FTMJ	419	47348	EC-BPG	504	47365
160049	809	47698	71-0879	662	47537	CF-TMJ	419	47348	EC-BPH	505	47368
160050	801	47699	71-0880	665	47538	C-FTMK	420	47349	EC-BQT	561	47446
160051	811	47700	71-0881	668	47540	CF-TMK	420	47349	EC-BQU	563	47447
160749	840	47691	71-0882	670	47541	C-FTML	431	47350	EC-BQV	565	47453
160750	843	47690	73-1681	765	47688	CF-TML	431	47350	EC-BQX	567	47454
161266	982	48137	73-1682	769	47670	C-FTMM	726	47611	EC-BQY	579	47455
161529	1081	48165	73-1683	774	47671	CF-TMM	442	47351	EC-BQZ	580	47456
161530	1084	48166	9G-ADN	373	47276	C-FTMM	726	47611	EC-BYD	606	47522
162390	86	47003	9L-LDF	180	47088	C-FTMN	200	47041	EC-BYE	651	47504
162391	81	47004	9L-LDG	237	47093	C-FTMN	453	47352	EC-BYF	652	47542
162392	269	47065	9L-LDH	750	47643	CF-TMN	200	47041	EC-BYG	654	47543
162393	515	47325	9Q-CDO	947	48125	C-FTMO	471	47353	EC-BYH	657	47556
162753	480	47410	9Q-CDT	964	48128	CF-TMO	471	47353	EC-BYI	660	47452
162754	569	47476	9Q-CVT	961	48127	C-FTMP	483	47354	EC-BYJ	663	47461
163036	200	47041	9Q-CWE	822	47701	CF-TMP	483	47354	EC-BYK	669	47428
163037	305	47221	9Q-CWF	638	47531	C-FTMQ	576	47422	EC-BYL	671	47545
163208	735	47639	9Q-CWH	837	47744	CF-TMQ	576	47422	EC-BYM	673	47496
163511	520	47431	9Y-TFI	872	47752	C-FTMR	581	47423	EC-BYN	675	47565
163512	600	47474	A6-	625	47529	CF-TMR	581	47423	EC-CGN	731	47637
163513	613	47477	A6-ESC	1014	48150	C-FTMS	582	47424	EC-CGO	734	47640
164605	671	47545	C5-AEA	444	47401	CF-TMS	582	47424	EC-CGP	749	47642
164606	673	47496	C5-AEG	968	48129	C-FTMT	655	47546	EC-CGQ	750	47643
164607	669	47428	C5-JDZ	1042	48145	CF-TMT	655	47546	EC-CGR	767	47644
164608	675	47565	C5-LPS	1044	48146	C-FTMU	658	47554	EC-CGS	770	47645
3D-GAC	954	48124	C-FBKT	276	47186	CF-TMU	658	47554	EC-CLD	782	47675
3D-JES	302	47198	C-FTLH	91	45845	C-FTMV	661	47557	EC-CLE	789	47678
3D-MES	719	47598	CF-TLH	91	45845	CF-TMV	661	47557	EC-CTR	817	47702
3D-MRJ	621	47466	C-FTLI	112	45846	C-FTMW	664	47560	EC-CTS	819	47704
3D-MRK	715	47601	CF-TLI	112	45846	CF-TMW	664	47560	EC-CTT	821	47706
3D-MRL	198	47102	C-FTLJ	113	47019	C-FTMX	666	47485	EC-CTU	823	47707
3D-MRM	240	47190	CF-TLJ	113	47019	CF-TMX	666	47485	EC-DGB	925	48103
3D-MRN	778	47672	C-FTLK	126	47020	C-FTMY	712	47592	EC-DGC	928	48104
3D-MRO	229	47132	CF-TLK	126	47020	CF-TMY	712	47592	EC-DGD	929	48105
3D-MRT	913	47797	C-FTLL	133	47021	C-FTMZ	719	47598	EC-DGE	933	48106
3D-MRU	914	47798	CF-TLL	133	47021	CF-TMZ	719	47598	EC-DQP	372	45792
3D-MRW	828	47730	C-FTLM	144	47022	C-GBWO	735	47639	EC-DQQ	638	47531
4C0001	735	47639	CF-TLM	144	47022	CN0001	281	47241	EC-DSV	646	47458
4C0002	600	47474	C-FTLN	158	47023	CN0002	399	47298	EC-DTI	735	47639
4C0003	613	47477	CF-TLN	158	47023	CN0003	377	47297	EC-ECU	459	47201
4C0004	671	47545	C-FTLO	159	47024	CN0004	438	47300	EI-CMP	189	47089
5H-MOI	609	47430	CF-TLO	159	47024	CN0005	530	47366	G-BMAK	609	47430
5N-BBA	360	47217	C-FTLP	160	47068	CN0006	548	47448	G-BMAM	611	47468
5N-BBC	344	45871	CF-TLP	160	47068	CN0007	539	47367	G-BMWD	684	47570
5N-BBE	345	45872	C-FTLQ	175	47069	CN0008	421	47299	G-ELDG	648	47484
5N-BFA	1033	48142	CF-TLQ	175	47069	CN0009	668	47540	G-ELDH	667	47555
5N-BFD	685	47562	C-FTLR	176	47070	CN0010	650	47471	G-ELDI	672	47559
5N-BFS	1027	48140	CF-TLR	176	47070	CN0011	552	47449	G-PKBD	772	47666
5N-BHC	819	47704	C-FTLS	188	47071	CN0012	647	47467	G-PKBE	593	47523
5N-BLV	373	47276	CF-TLS	188	47071	CN0013	670	47541	G-PKBM	761	47648
5N-COE	373	47276	C-FTLT	278	47195	CN0014	665	47495	HB-IDN	584	47465
5N-GIN	249	47161	CF-TLT	278	47195	CN0015	340	47295	HB-IDO	607	47480
5N-INZ	482	47402	C-FTLU	288	47196	CN0016	665	47538	HB-IDP	593	47523
5N-KAY	409	47259	CF-TLU	288	47196	CN0017	304	47242	HB-IDR	610	47535
5N-VWE	409	47259	C-FTLV	289	47197	CN0018	662	47537	HB-IDT	844	47711
5V-TTK	302	47198	CF-TLV	289	47197	D2-ERJ	900	47765	HB-IDY	555	47395
5X-GLO	240	47190	C-FTLW	302	47198	D2-ERL	901	47788	HB-IFF	171	45788
5X-UVY	612	47478	CF-TLW	302	47198	D-ACEB	312	47218	HB-IFG	217	45789
5Y-ALR	611	47468	C-FTLX	321	47199	D-ACEC	325	47219	HB-IFH	264	45790
5Y-AXD	180	47088	CF-TLX	321	47199	D-ADIS	549	47459	HB-IFI	349	45791
5Y-AXF	237	47093	C-FTLY	338	47200	D-ADIT	535	47450	HB-IFK	372	45792
5Y-BBH	609	47430	CF-TLY	337	47279	D-ADIU	620	47457	HB-IFL	381	45793
5Y-BBR	612	47478	C-FTLZ	339	47265	D-ALLA	779	47673	HB-IFM	394	45847
67-122583	281	47241	CF-TLZ	339	47265	D-ALLB	781	47680	HB-IFN	149	47094
67-22584	304	47242	C-FTMA	352	47266	D-ALLC	778	47672	HB-IFO	167	47110
67-22585	340	47295	CF-TMA	352	47266	D-ALLD	735	47639	HB-IFP	182	47111
67-22586	362	47296	C-FTMB	353	47289	EC-BIG	121	47037	HB-IFR	199	47112
68-10958	530	47366	CF-TMB	353	47289	EC-BIH	134	47076	HB-IFS	213	47113
68-10959	539	47367	C-FTMC	367	47290	EC-BII	148	47077	HB-IFT	427	47281
68-10960	548	47448	CF-TMC	367	47290	EC-BIJ	163	47079	HB-IFU	446	47282
68-10961	552	47449	C-FTMD	383	47292	EC-BIK	164	47080	HB-IFV	538	47383
68-8932	377	47297	CF-TMD	383	47292	EC-BIL	179	47084	HB-IFW	543	47384

Douglas DC-9-30 — Out Of Production List: Western Jet Airliners

Registration	l/n	c/n	Registration	l/n	c/n	Registration	l/n	c/n	Registration	l/n	c/n
HB-IFX	312	47218	I-DIZB	537	47434	N12508	913	47797	N18544	325	47219
HB-IFY	325	47219	I-DIZC	540	47435	N12510	918	47799	N18563	553	47487
HB-IFZ	605	47479	I-DIZE	574	47502	N12514	930	48113	N192SA	570	47418
HB-IKB	609	47430	I-DIZF	615	47519	N12532	349	45791	N19504	730	47638
HB-IKC	611	47468	I-DIZI	525	47432	N12536	213	47113	N19B	817	47702
HI-	168	47046	I-DIZO	614	47518	N12538	312	47218	N202ME	778	47672
HI-177	546	47500	I-DIZU	526	47433	N12539	372	45792	N203ME	779	47673
HI-869	691	47566	I-RIBC	429	47233	N1261L	385	47317	N204ME	781	47680
HK-3905X	430	47399	I-RIBD	435	47234	N1262L	386	47257	N205ME	715	47601
HK-3906X	444	47401	I-RIBJ	436	47235	N1263L	387	47258	N205US	843	47690
HK-3926X	396	47231	I-RIBN	437	47339	N1264L	409	47259	N206ME	908	47791
HK-3927X	615	47519	I-RIBQ	450	47236	N1265L	410	47260	N207ME	915	47794
HK-3928X	398	47311	I-RIFB	525	47432	N1266L	411	47261	N207US	452	47355
HK-3963X	544	47437	I-RIFC	429	47233	N1267L	412	47262	N208US	296	47220
HK-3964X	537	47434	I-RIFD	435	47234	N1268L	413	47284	N209ME	828	47730
HK-4084X	407	47330	I-RIFE	614	47518	N1269L	414	47285	N212ME	822	47701
HK-4155X	632	47524	I-RIFG	317	47225	N1270L	426	47318	N215ME	837	47744
HK-4230X	603	47526	I-RIFH	210	47128	N1271L	434	47319	N215US	607	47480
HK-4310X	230	47133	I-RIFJ	436	47235	N1272L	454	47320	N216ME	835	47740
HL7201	135	45827	I-RIFL	540	47435	N1273L	455	47321	N231US	919	48114
HS-TGM	555	47395	I-RIFP	545	47438	N1274L	456	47322	N26175	263	47172
HS-TGN	557	47396	I-RIFS	356	47229	N1275L	468	47323	N2679T	569	47476
I-ATIA	520	47431	I-RIFT	706	47591	N1276L	469	47324	N274AW	450	47236
I-ATIE	541	47436	I-RIFU	526	47433	N1277L	470	47356	N27509	914	47798
I-ATIH	642	47553	I-RIFV	641	47533	N1278L	476	47357	N27522	632	47524
I-ATIJ	676	47544	I-RIFW	680	47575	N1279L	477	47358	N277AW	395	47230
I-ATIK	613	47477	I-RIFY	428	47232	N127GE	961	48127	N2786S	397	47283
I-ATIO	544	47437	I-RIFZ	541	47436	N1280L	495	47359	N2786T	300	47223
I-ATIQ	706	47591	I-RIKS	356	47229	N1281L	496	47377	N285AW	396	47231
I-ATIU	545	47438	I-RIKT	395	47230	N1282L	508	47378	N286AW	398	47311
I-ATIW	641	47533	I-RIKV	396	47231	N1283L	509	47379	N29LR	615	47519
I-ATIX	600	47474	I-RIKZ	398	47311	N1284L	514	47380	N301ME	240	47190
I-ATIY	680	47575	I-RIZA	465	47238	N1285L	519	47381	N302ME	198	47102
I-ATJA	746	47641	I-RIZB	525	47432	N1286L	572	47426	N327US	536	47414
I-ATJB	760	47653	I-RIZC	540	47435	N1287L	573	47427	N3281G	86	47003
I-ATJC	766	47667	I-RIZF	615	47519	N1288L	577	47443	N3281K	81	47004
I-DIBA	136	47038	I-RIZG	317	47225	N1289L	578	47444	N3281N	515	47325
I-DIBC	429	47233	I-RIZH	210	47128	N128GE	964	48128	N3281R	269	47065
I-DIBD	435	47234	I-RIZJ	537	47434	N1290L	585	47445	N32UA	564	47462
I-DIBE	168	47046	I-RIZK	541	47436	N1291L	621	47466	N3316L	106	47025
I-DIBI	225	47129	I-RIZL	544	47437	N1292L	625	47529	N3317L	119	47026
I-DIBJ	436	47235	I-RIZM	676	47544	N1293L	628	47486	N3318L	132	47027
I-DIBK	452	47355	I-RIZN	760	47653	N1294L	630	47516	N3319L	145	47028
I-DIBL	195	47101	I-RIZP	545	47438	N1295L	631	47525	N3320L	157	47029
I-DIBM	300	47223	I-RIZQ	614	47518	N129GE	968	48129	N3321L	174	47030
I-DIBN	437	47339	I-RIZR	676	47544	N1308T	433	47315	N3322L	187	47031
I-DIBO	451	47237	I-RIZS	642	47553	N1309T	439	47316	N3323L	204	47032
I-DIBP	299	47222	I-RIZT	706	47591	N1310T	553	47487	N3324L	205	47103
I-DIBQ	450	47236	I-RIZU	526	47433	N1311T	560	47490	N3325L	220	47104
I-DIBR	136	47038	I-RIZV	641	47533	N132NK	400	47202	N3326L	221	47105
I-DIBS	154	47039	I-RIZW	680	47575	N1330U	533	47411	N3327L	235	47106
I-DIBT	168	47046	I-RIZX	451	47237	N1331U	534	47412	N3328L	236	47107
I-DIBU	183	47047	I-RIZY	428	47232	N1332U	554	47404	N3329L	251	47108
I-DIBV	195	47101	I-SARW	609	47430	N1334U	597	47280	N3330L	252	47109
I-DIBW	225	47129	I-SARZ	611	47468	N1335U	608	47393	N3331L	263	47172
I-DIBX	397	47283	KAF320	840	47691	N1336U	606	47522	N3332L	273	47173
I-DIBY	300	47223	KAF321	843	47690	N133NK	923	48111	N3333L	286	47174
I-DIBZ	299	47222	LN-RLD	557	47396	N1343U	684	47570	N3334L	298	47175
I-DIKA	136	47038	LN-RLR	557	47396	N1345U	685	47562	N3335L	314	47176
I-DIKB	196	47118	LN-RLS	182	47111	N1346U	687	47563	N3336L	330	47177
I-DIKC	210	47128	LN-RLW	536	47414	N1347U	688	47567	N3337L	347	47273
I-DIKD	225	47129	LV-WAW	410	47260	N13512	923	48111	N3338L	348	47274
I-DIKE	154	47039	LV-WAX	412	47262	N136AA	642	47553	N3339L	363	47275
I-DIKF	296	47220	LV-WEG	561	47446	N140AV	212	47140	N3340L	373	47276
I-DIKG	305	47221	LV-WEH	563	47447	N14524	637	47539	N33506	900	47765
I-DIKI	168	47046	LV-WFT	504	47365	N14534	167	47110	N3351L	100	45710
I-DIKJ	299	47222	LV-WGU	567	47454	N14564	560	47490	N33UA	280	47191
I-DIKL	300	47223	LV-WHL	505	47368	N15525	638	47531	N3504T	730	47638
I-DIKM	316	47224	LV-WIS	262	47312	N161NW	540	47435	N3505T	171	45788
I-DIKN	317	47225	LV-WJH	163	47079	N16521	629	47521	N3506T	900	47765
I-DIKO	183	47047	LV-WSZ	212	47140	N17531	394	45847	N3507T	901	47788
I-DIKP	333	47226	LV-WTH	116	45839	N17533	427	47281	N3508T	913	47797
I-DIKQ	334	47227	LV-YAB	268	47313	N17535	182	47111	N3509T	914	47798
I-DIKR	355	47228	LV-ZSS	934	48123	N17543	217	45789	N3510T	918	47799
I-DIKS	356	47229	LV-ZXE	954	48124	N17557	582	47424	N3512T	923	48111
I-DIKT	395	47230	MM62012/31-12	709	47595	N17560	143	47067	N3513T	926	48112
I-DIKU	195	47101	MM62013/31-13	710	47600	N1795U	547	47451	N3514T	930	48113
I-DIKV	396	47231	N1003P	1014	48150	N1796U	535	47450	N35UA	287	47192
I-DIKW	397	47283	N1003U	1017	48151	N1797U	524	47442	N367LN	922	48117
I-DIKY	428	47232	N10556	581	47423	N1798U	529	47369	N367MN	921	48116
I-DIKZ	398	47311	N12505	171	45788	N1799U	551	47370	N367PN	959	48133
I-DIZA	465	47238	N12507	901	47788	N18513	926	48112	N367RN	956	48132

Registration	l/n	c/n	Registration	l/n	c/n	Registration	l/n	c/n	Registration	l/n	c/n
N367UD	684	47570	N609NW	435	47234	N880RB	754	47635	N8980E	406	47329
N393PA	447	47392	N610NW	525	47432	N881JM	321	47199	N8981E	407	47330
N394PA	517	47376	N611NA	540	47435	N882JM	383	47292	N8982E	408	47331
N3991C	298	47175	N612NW	541	47436	N883JM	726	47611	N8983E	430	47399
N401ME	230	47133	N613NW	545	47438	N884JM	159	47024	N8984E	443	47400
N4157A	154	47039	N614NW	210	47128	N885JM	339	47265	N8985E	444	47401
N43265	299	47222	N615NW	225	47129	N886JM	353	47289	N8986E	482	47402
N43537	199	47112	N616NW	356	47229	N887JM	367	47290	N8987E	507	47403
N4549V	735	47639	N617NW	436	47235	N889JM	384	47293	N8988E	108	47098
N45NA	480	47410	N618NW	526	47433	N890JM	402	47294	N8989E	277	47121
N47401	444	47401	N619NW	614	47518	N8916E	48	45733	N8990E	209	47120
N481CM	929	48105	N620NW	641	47533	N8917E	60	45734	N89S	486	47042
N481SF	947	48125	N621NW	676	47544	N8918E	73	45833	N900AX	514	47380
N481SG	951	48126	N622NW	680	47575	N8919E	85	45834	N900ML	100	45710
N501ME	229	47132	N623NW	706	47591	N891JM	483	47354	N901AK	112	45846
N502MD	445	47363	N650UG	570	47418	N8920E	95	45835	N901AX	519	47381
N502ME	956	48132	N69523	635	47520	N8921E	96	45836	N901DC	136	47038
N503MD	609	47430	N697BJ	918	47799	N8922E	103	45837	N901ML	220	47104
N504MD	611	47468	N702CT	817	47702	N8923E	104	45838	N901VJ	363	47275
N506MD	520	47431	N704CT	819	47704	N8924E	116	45839	N902AK	126	47020
N507MD	600	47474	N70542	610	47535	N8925E	117	45840	N902AX	572	47426
N508MD	613	47477	N705PS	112	45846	N8926E	124	45863	N902DC	154	47039
N515MD	317	47225	N706CT	821	47706	N8927E	130	45864	N902ML	221	47105
N516MD	210	47128	N706PS	126	47020	N8927E	374	47270	N902VJ	330	47177
N521MD	669	47428	N707PS	158	47023	N8928E	137	45865	N903AK	158	47023
N521TX	629	47521	N708PS	160	47068	N8929E	138	45866	N903AX	573	47427
N522MD	468	47323	N724HB	843	47690	N892JM	576	47422	N903DC	168	47046
N522TX	632	47524	N731L	516	47326	N8930E	169	47139	N903H	202	47149
N523MD	454	47320	N741L	570	47418	N8931E	212	47140	N903VJ	411	47261
N523NY	635	47520	N7465B	584	47465	N8932E	227	47141	N904AK	160	47068
N523TX	635	47520	N762NW	555	47395	N8933E	232	47142	N904AX	172	47040
N524TX	637	47539	N763NW	557	47396	N8934E	238	47143	N904DC	183	47047
N525NY	638	47531	N787CT	823	47707	N8935E	239	47144	N904VJ	496	47377
N525TX	638	47531	N800DM	621	47466	N8936E	247	47145	N905AX	208	47147
N527MD	348	47274	N801AT	363	47275	N8937E	248	47158	N905DC	195	47101
N528MD	413	47284	N802AT	330	47177	N8938E	249	47161	N905H	284	47150
N529MD	412	47262	N803AT	411	47261	N8939E	255	47162	N905VJ	508	47378
N530MD	410	47260	N805AT	508	47378	N893JM	655	47546	N906AX	270	47072
N531TX	394	45847	N806AT	509	47379	N8940E	256	47163	N906DC	225	47129
N532TX	349	45791	N807AT	578	47444	N8941E	259	47164	N906H	473	47171
N533TX	427	47281	N809AT	456	47322	N8942E	260	47165	N906VJ	509	47379
N5341L	379	47277	N810AT	379	47277	N8943E	265	47166	N907AX	401	47203
N5342L	380	47278	N811AT	414	47285	N8944E	266	47167	N907DC	569	47476
N534MD	269	47065	N813AT	426	47318	N8945E	267	47181	N907H	492	47362
N534TX	167	47110	N815AT	577	47443	N8946E	271	47182	N907VJ	578	47444
N535MD	86	47003	N816AT	585	47445	N8947E	272	47183	N908AX	98	47008
N535TX	182	47111	N817AT	468	47323	N8948E	274	47184	N908H	583	47517
N536MD	673	47496	N818AT	454	47320	N8949E	275	47185	N908VJ	455	47321
N536TX	213	47113	N819AT	410	47260	N894JM	658	47554	N909AX	246	47148
N537MD	81	47004	N821AT	413	47284	N8950E	276	47186	N909DC	480	47410
N537TX	199	47112	N823AT	625	47529	N8951E	282	47187	N909VJ	456	47322
N538MD	671	47545	N824AT	380	47278	N8952E	283	45867	N90S	498	47244
N538TA	312	47218	N825AT	434	47319	N8953E	290	45868	N910VJ	379	47277
N539NY	372	45792	N826AT	495	47359	N8954E	291	47188	N911RW	202	47149
N539TX	372	45792	N82702	190	47090	N8955E	303	47189	N911VV	414	47285
N540MD	515	47325	N8270A	121	47037	N8956E	306	47214	N912RW	284	47150
N541NY	381	45793	N8270H	189	47089	N8957E	313	47215	N912VJ	126	47020
N541TX	381	45793	N827AT	628	47486	N8958E	315	47216	N912VV	495	47359
N542TX	610	47535	N828AT	348	47274	N8959E	322	47157	N913RW	473	47171
N543NY	217	45789	N830AT	838	47723	N895JM	661	47557	N913VJ	112	45846
N543TX	217	45789	N831AT	793	47674	N8960E	331	45869	N913VV	426	47318
N544TX	325	47219	N832AT	547	47451	N8961E	332	45870	N914RW	492	47362
N545NY	149	47094	N833AT	528	47489	N8962E	344	45871	N914VJ	160	47068
N545TX	149	47094	N834AT	527	47488	N8963E	345	45872	N914VV	628	47486
N54630	699	47588	N835AT	644	47534	N8963U	287	47192	N915RW	169	47139
N54635	710	47600	N836AT	636	47397	N8964E	350	45873	N915VV	577	47443
N54638	741	47649	N837AT	336	45774	N8965E	351	45874	N916RW	239	47144
N556NY	581	47423	N838AT	524	47442	N8966E	360	47217	N916VJ	158	47023
N557NY	582	47424	N839AT	189	47089	N8967E	361	47267	N916VV	585	47445
N5593S	235	47106	N839AV	116	45839	N8968E	365	45875	N917RW	247	47145
N58541	381	45793	N840AT	593	47523	N8969E	366	45876	N917VV	468	47323
N58545	149	47094	N845AT	465	47238	N896JM	664	47560	N918RW	248	47158
N59T	200	47041	N846AT	333	47226	N8970E	370	47268	N918VJ	1021	48138
N601NW	136	47038	N847AT	667	47555	N8971E	371	47269	N918VV	454	47320
N602ME	959	48133	N848AT	672	47559	N8973E	375	47036	N919RW	255	47162
N602NW	168	47046	N849AT	648	47484	N8974E	376	47074	N919VJ	1024	48139
N603NW	195	47101	N866AT	423	47168	N8975E	378	47119	N919VV	410	47260
N604NW	299	47222	N867AT	425	47170	N8976E	389	47271	N919VV	838	47723
N605NW	300	47223	N871UM	537	47434	N8977E	390	47272	N920L	868	47734
N606NW	317	47225	N872UM	544	47437	N8978E	391	47327	N920LG	913	47797
N607NW	428	47232	N873UM	541	47436	N8979E	392	47328	N920RW	256	47163
N608NW	429	47233	N880DP	754	47635	N897JM	712	47592	N920VJ	1027	48140

Douglas DC-9-30 — Out Of Production List: Western Jet Airliners

Registration	l/n	c/n	Registration	l/n	c/n	Registration	l/n	c/n	Registration	l/n	c/n
N920VV	412	47262	N9339	479	47382	N944AX	623	47550	N972VJ	142	47052
N920VV	793	47674	N933AX	343	47291	N944F	324	47194	N973NE	123	47058
N921L	236	47107	N933F	208	47147	N944ML	229	47132	N973VJ	197	47099
N921LG	914	47798	N933F	280	47191	N944U	959	48133	N974Z	459	47201
N921RW	259	47164	N933JK	1058	48159	N945AA	943	48119	N974ML	378	47119
N921VJ	1030	48141	N933ML	633	47548	N945AX	634	47551	N974NE	150	47066
N921VV	413	47284	N933VJ	315	47216	N945F	337	47279	N974VJ	211	47130
N921VV	547	47451	N933VV	528	47489	N945ML	423	47168	N975ML	389	47271
N922L	251	47108	N9340	489	47389	N945N	775	47664	N975NE	166	47075
N922LG	427	47281	N9341	490	47390	N945VJ	150	47066	N975VJ	226	47146
N922RW	271	47182	N9342	491	47391	N945VV	465	47238	N976AX	714	47596
N922VJ	1033	48142	N9343	501	47439	N946AX	86	47003	N976ML	390	47272
N922VV	348	47274	N9344	502	47440	N946ML	425	47170	N976NE	181	47082
N922VV	528	47489	N9345	503	47441	N946VJ	119	47026	N976VJ	1048	48147
N923AX	260	47165	N9346	517	47376	N946VV	333	47226	N976Z	257	47248
N923L	252	47109	N9347	135	45827	N947AX	81	47004	N977ML	406	47329
N923LG	167	47110	N934AX	564	47462	N947ML	619	47514	N977NE	191	47095
N923RW	272	47183	N934F	246	47148	N947VV	667	47555	N977VJ	1050	48155
N923VJ	1036	48143	N934LK	1054	48157	N948AX	269	47065	N977Z	297	47249
N923VV	527	47488	N934ML	603	47526	N948ML	424	47169	N978NE	192	47096
N923VV	625	47529	N934NA	669	47428	N948VV	672	47559	N978VJ	506	47371
N924AX	507	47403	N934US	954	48124	N949AX	515	47325	N978Z	309	47250
N924L	469	47324	N934VV	527	47488	N949N	691	47566	N979NE	193	47097
N924LG	900	47765	N934VV	919	48114	N949VV	648	47484	N979VJ	513	47372
N924RW	275	47185	N935AX	521	47413	N950PB	458	47394	N979Z	460	47343
N924VJ	380	47278	N935DS	1056	48158	N950VJ	681	47564	N97S	510	47245
N924VJ	1039	48144	N935F	296	47220	N951N	143	47067	N980AX	314	47176
N924VV	644	47534	N935F	457	47407	N951VJ	682	47576	N980NE	215	47134
N925L	476	47357	N935ML	639	47549	N952N	161	47073	N980VJ	1052	48156
N925LG	901	47788	N935VJ	920	48115	N952VJ	690	47574	N980Z	472	47344
N925US	596	47472	N935VV	644	47534	N953N	177	47083	N981AX	347	47273
N925VJ	1042	48145	N936AX	371	47269	N953VJ	697	47583	N981NE	233	47135
N925VV	434	47319	N936L	844	47711	N954N	231	47159	N981PS	99	47006
N925VV	636	47397	N936ML	571	47501	N954VJ	703	47590	N981VJ	1054	48157
N926L	263	47172	N936VJ	921	48116	N955N	241	47160	N981Z	485	47345
N926LG	918	47799	N936VV	636	47397	N955VJ	705	47593	N982AX	385	47317
N926NW	589	47425	N937AX	376	47074	N956N	294	47252	N982NE	243	47136
N926RC	598	47473	N937F	497	47409	N956VJ	699	47588	N982PS	244	47251
N926VJ	1044	48146	N937ML	151	47005	N957N	295	47253	N982US	264	45790
N926VV	336	45774	N937VJ	922	48117	N958N	301	47254	N982VJ	1056	48158
N927L	934	48123	N937VV	336	45774	N958VJ	442	47351	N983AX	386	47257
N927RC	590	47469	N938AX	152	47009	N959N	310	47255	N983NE	258	47137
N927VJ	1046	48154	N938F	305	47221	N959VJ	453	47352	N983US	446	47282
N927VV	524	47442	N938ML	87	47007	N960N	326	47256	N983VJ	1058	48159
N928AX	447	47392	N938PR	108	47098	N960VJ	586	47505	N983Z	533	47411
N928L	954	48124	N938VJ	943	48119	N960VV	143	47067	N984AX	387	47258
N928ML	516	47326	N938VV	524	47442	N961N	487	47405	N984US	538	47383
N928VJ	940	48131	N939AX	459	47201	N961VJ	588	47506	N984VJ	293	47207
N929AX	351	45874	N939F	521	47413	N962ML	344	45871	N984Z	534	47412
N929L	286	47174	N939ML	100	45710	N962N	499	47406	N985AX	606	47522
N929ML	570	47418	N939PR	209	47120	N962VJ	594	47507	N985US	605	47479
N929VJ	942	48118	N939VJ	949	48120	N963ML	345	45872	N985VJ	307	47208
N930AX	445	47363	N939VV	189	47089	N963N	511	47415	N985Z	599	47491
N930BB	629	47521	N940AA	1048	48147	N963VJ	595	47508	N986AX	654	47543
N930ML	618	47527	N940F	536	47414	N964ML	350	45873	N986US	607	47480
N930VJ	290	45868	N940ML	198	47102	N964N	512	47416	N986VJ	327	47209
N930VV	838	47723	N940N	708	47572	N964VJ	522	47373	N986Z	711	47589
N931AX	543	47384	N940VJ	107	47053	N964VV	667	47555	N987AX	484	47364
N931F	172	47040	N940VV	593	47523	N965ML	351	45874	N987US	646	47458
N931F	287	47192	N941AA	1050	48155	N965N	518	47417	N987VJ	341	47210
N931L	273	47173	N941AX	602	47419	N965VJ	523	47374	N987Z	258	47137
N931ML	400	47202	N941F	311	47193	N965VV	400	47202	N988AX	179	47084
N931VJ	291	47188	N941ML	214	47131	N966ML	360	47217	N988US	607	47480
N931VV	793	47674	N941N	535	47450	N966VJ	556	47420	N988VJ	357	47211
N932AX	584	47465	N941VJ	110	47054	N966VV	423	47168	N988Z	215	47134
N932F	200	47041	N941VV	772	47666	N967ML	365	45875	N989AX	279	47314
N932F	452	47355	N942AA	942	48118	N967N	694	47573	N989VJ	368	47212
N932L	776	47669	N942AX	640	47552	N967VJ	531	47375	N989Z	233	47135
N932MJ	1052	48156	N942F	467	47408	N967VV	425	47170	N990Z	243	47136
N932ML	622	47547	N942ML	240	47190	N968ML	366	45876	N991VJ	449	47310
N932NA	569	47476	N942ML	612	47478	N968PR	277	47121	N991Z	192	47096
N932VJ	303	47189	N942N	549	47459	N968VJ	532	47429	N992Z	191	47095
N932VV	547	47451	N942VJ	122	47057	N969ML	370	47268	N993VJ	461	47332
N9330	318	47138	N942VV	761	47648	N969VJ	558	47421	N993Z	181	47082
N9331	320	47263	N943AA	1030	48141	N970ML	371	47269	N994VJ	481	47333
N9332	329	47264	N943AX	617	47528	N970NE	107	47053	N994Z	193	47097
N9333	292	47246	N943ML	230	47133	N970VJ	118	47050	N995VJ	493	47334
N9334	342	47247	N943N	773	47647	N971ML	374	47270	N995Z	132	47027
N9335	415	47337	N943U	956	48132	N971NE	110	47054	N996VJ	494	47335
N9336	416	47338	N943VJ	123	47058	N971VJ	131	47051	N996Z	145	47028
N9337	464	47346	N94454	343	47291	N972ML	375	47036	N997VJ	500	47336
N9338	478	47347	N944AA	949	48120	N972NE	122	47057	N997Z	157	47029

Douglas DC-9-30 — Out Of Production List: Western Jet Airliners

Registration	l/n	c/n	Registration	l/n	c/n	Registration	l/n	c/n	Registration	l/n	c/n
N998R	174	47030	RP-C1506	916	47795	XA-AMA	947	48125	YV118T	151	47005
OE-LDA	629	47521	RP-C1507	175	47069	XA-AMB	951	48126	YV119T	389	47271
OE-LDB	632	47524	RP-C1508	176	47070	XA-AMC	961	48127	YV122T	365	45875
OE-LDC	635	47520	RP-C1509	188	47071	XA-AMD	964	48128	YV125T	322	47157
OE-LDD	637	47539	RP-C1535	352	47266	XA-AME	968	48129	YV-139C	569	47476
OE-LDE	638	47531	RP-C1536	471	47353	XA-AMF	976	48130	YV141T	610	47535
OE-LDF	646	47458	RP-C1537	684	47570	XA-DEI	771	47650	YV142T	394	45847
OE-LDG	648	47484	RP-C1538	466	47239	XA-DEJ	717	47594	YV1492	130	45864
OE-LDH	667	47555	RP-C1539	666	47485	XA-DEK	718	47602	YV1663	1039	48144
OE-LDI	672	47559	RP-C1540	868	47734	XA-DEL	721	47607	YV167T	427	47281
OK-KGU	167	47110	RP-C1541	1036	48143	XA-DEM	723	47609	YV1879	1024	48139
OK-KGW	213	47113	RP-C1542	920	48115	XA-DEN	729	47621	YV1921	1046	48154
OY-KGG	555	47395	RP-C1543	921	48116	XA-DEO	753	47622	YV1922	1021	48138
P4-DCA	730	47638	RP-C1544	922	48117	XA-IOV	99	47006	YV-19C	458	47394
P4-DCB	926	48112	RP-C1545	956	48132	XA-JEB	458	47394	YV231T	230	47133
P4-MDD	389	47271	RP-C1546	959	48133	XA-JEC	235	47106	YV-23C	846	47720
PH-DNG	198	47102	S5-ABF	466	47239	XA-JED	470	47356	YV241T	942	48118
PH-DNH	214	47131	S5-ABG	624	47530	XA-SDF	99	47006	YV242T	943	48119
PH-DNI	229	47132	S5-ABH	684	47570	XA-SHR	413	47284	YV2430	942	48118
PH-DNK	230	47133	S9-DAA	505	47368	XA-SHV	306	47214	YV2431	943	48119
PH-DNL	240	47190	S9-DAB	268	47313	XA-SHW	265	47166	YV243T	949	48120
PH-DNM	280	47191	S9-KAZ	229	47132	XA-SHX	282	47187	YV244T	1030	48141
PH-DNN	287	47192	S9-PSG	497	47409	XA-SWG	395	47230	YV248T	446	47282
PH-DNO	311	47193	S9-PSR	821	47706	XA-SWH	450	47236	YV249T	605	47479
PH-DNP	324	47194	SE-DAR	714	47596	XA-SYD	397	47283	YV-24C	848	47727
PH-DNR	337	47279	SE-DBN	521	47413	XA-TAF	154	47039	YV-25C	847	47721
PH-DNS	423	47168	SE-DBY	199	47112	XA-TBQ	642	47553	YV286T	598	47473
PH-DNT	424	47169	SE-DBZ	149	47094	XA-TCT	348	47274	YV297T	1050	48155
PH-DNV	425	47170	SL-ABF	466	47239	XA-TFO	1017	48151	YV298T	1048	48147
PH-DNW	459	47201	SL-ABG	624	47530	XA-THB	761	47648	YV331T	1054	48157
PH-DNY	564	47462	SL-ABH	684	47570	XA-THC	772	47666	YV332T	1056	48158
PH-DNZ	569	47476	SU-PBO	940	48131	XA-TKN	570	47418	YV367T	210	47128
PH-DOA	956	48132	TC-JAB	336	45774	XA-TNT	930	48113	YV368T	614	47518
PH-DOB	959	48133	TC-JAC	358	47213	XA-TQV	900	47765	YV371T	436	47235
PH-MAN	343	47291	TC-JAD	527	47488	XA-TVB	1042	48145	YV372T	680	47575
PH-MAO	445	47363	TC-JAE	528	47489	XA-TVC	1044	48146	YV-37C	872	47752
PH-MAR	480	47410	TC-JAF	547	47451	XA-TXG	919	48114	YV-458C	618	47527
PH-MAX	619	47514	TC-JAG	524	47442	XA-UDB	465	47238	YV-459C	633	47548
PJ-SNA	761	47648	TC-JAK	636	47397	XA-UDC	593	47523	YV-46C	610	47535
PJ-SNB	772	47666	TC-JAL	644	47534	XA-UDD	644	47534	YV-47C	560	47490
PJ-SNC	776	47669	TC-JBK	793	47674	XA-UDE	779	47673	YV-48C	394	45847
PJ-SND	735	47639	TC-JBL	838	47723	XA-UDF	793	47674	YV-495C	183	47047
PJ-SNE	298	47175	TG-URY	625	47529	XA-UDG	835	47740	YV-496C	760	47653
PJ-SNK	1039	48144	TG-URY	1014	48150	XA-UDH	908	47791	YV-497C	451	47237
PJ-SNL	1046	48154	TN-AHQ	951	48126	XA-UDS	781	47680	YV-49C	637	47539
PJ-SNM	1021	48138	TR-LHG	302	47198	XA-UEG	915	47794	YV-51C	99	47006
PJ-SNN	1024	48139	VH-CZA	86	47003	XA-UEI	838	47723	YV-612C	100	45710
PK-GJE	542	47385	VH-CZB	81	47004	YU-AHJ	466	47239	YV-613C	220	47104
PK-GJF	550	47386	VH-CZC	151	47005	YU-AHL	589	47425	YV-614C	221	47105
PK-GJG	616	47481	VH-CZD	269	47065	YU-AHM	590	47469	YV-66C	100	45710
PK-GJH	649	47463	VH-CZE	400	47202	YU-AHN	591	47470	YV-67C	106	47025
PK-GJI	674	47561	VH-CZF	515	47325	YU-AHO	596	47472	YV-68C	187	47031
PK-GJJ	683	47569	VH-CZG	571	47501	YU-AHP	598	47473	YV-705C	283	45867
PK-GJK	715	47601	VH-CZH	603	47526	YU-AHR	587	47503	YV-706C	365	45875
PK-GNA	542	47385	VH-CZI	618	47527	YU-AHT	592	47482	YV-707C	390	47272
PK-GNB	550	47386	VH-CZJ	622	47547	YU-AHU	626	47532	YV-708C	130	45864
PK-GNC	616	47481	VH-CZK	633	47548	YU-AHV	627	47460	YV-709C	151	47005
PK-GND	649	47463	VH-CZL	639	47549	YU-AHW	624	47530	YV-70C	205	47103
PK-GNE	674	47561	VH-IPC	311	47193	YU-AJB	447	47392	YV-710C	389	47271
PK-GNF	683	47569	VH-IPF	467	47408	YU-AJF	684	47570	YV-714C	87	47007
PK-GNG	715	47601	VH-TJJ	87	47007	YU-AJH	685	47562	YV-715C	468	47323
PK-GNH	754	47635	VH-TJK	98	47008	YU-AJI	687	47563	YV-716C	477	47358
PK-GNI	758	47636	VH-TJL	152	47009	YU-AJJ	688	47567	YV-717C	454	47320
PK-GNJ	778	47672	VH-TJM	270	47072	YU-AJK	689	47568	YV-718C	282	47187
PK-GNK	779	47673	VH-TJN	401	47203	YU-AJL	695	47571	YV-719C	322	47157
PK-GNL	781	47680	VH-TJO	516	47326	YU-AJM	701	47582	YV-71C	220	47104
PK-GNM	822	47701	VH-TJP	570	47418	YU-AJN	693	47579	YV-720C	103	45837
PK-GNN	826	47722	VH-TJQ	602	47419	YU-AJO	620	47457	YV-72C	221	47105
PK-GNO	828	47730	VH-TJR	617	47528	YU-AJP	467	47408	YV-73C	235	47106
PK-GNP	835	47740	VH-TJS	623	47550	YU-AJR	741	47649	YV-760C	108	47098
PK-GNQ	836	47741	VH-TJT	634	47551	YU-AJX	263	47172	YV-764C	408	47331
PK-GNR	837	47744	VH-TJU	640	47552	YU-AJY	263	47172	YV-770C	407	47330
PK-GNS	906	47789	VR-BMG	99	47006	YV111T	1046	48154	YV-815C	365	45875
PK-GNT	907	47790	XA-ABQ	943	48119	YV-1121C	427	47281	YV-816C	390	47272
PK-GNU	908	47791	XA-ABR	949	48120	YV-1122C	325	47219	YV-817C	375	47036
PK-GNV	910	47792	XA-ABS	942	48118	YV1123	848	47727	YV-818C	430	47399
PK-GNW	911	47793	XA-ABT	1030	48141	YV1124	847	47721	YV-819C	444	47401
PK-GNX	915	47794	XA-ACZ	619	47514	YV1127	872	47752	YV-82C	277	47121
PK-GNY	916	47795	XA-ADA	926	48112	YV114T	1024	48139	YV-881C	217	45789
RP-C1503	906	47789	XA-ADK	214	47131	YV115T	1021	48138	YV-C-AVD	448	47243
RP-C1504	910	47792	XA-AEB	1048	48147	YV116T	283	45867	YV-C-LEV	99	47006
RP-C1505	911	47793	XA-AEC	1050	48155	YV117T	390	47272	Z3-AAB	695	47571

Registration	l/n	c/n
Z3-ARA	624	47530
Z3-ARD	689	47568
Z3-ARE	688	47567
ZS-DBH	543	47384
ZS-GAG	240	47190
ZS-GAJ	828	47730
ZS-GAL	715	47601
ZS-GAR	229	47132
ZS-GAT	913	47797
ZS-GAU	914	47798
ZS-MRJ	621	47466
ZS-MRJ	715	47601
ZS-NNN	630	47516
ZS-NRA	609	47430
ZS-NRB	611	47468
ZS-NRC	190	47090
ZS-NRD	121	47037
ZS-OLN	312	47218
ZS-PAK	505	47368
ZS-PAL	819	47704
ZS-SAV	353	47289
ZS-SAW	402	47294
ZS-SBE	367	47290
ZS-SBF	661	47557
ZS-SBG	655	47546
ZS-SBH	664	47560
ZS-TGL	198	47102
ZS-TGR	778	47672

Douglas DC-9-40

Production Started:	1968
Production Ended:	1979
Number Built:	69
Active:	37
Preserved:	0
WFU, Stored & In Parts:	13
Written Off:	2
Scrapped:	17

Location Summary

Argentina	2
USA - AZ	5
USA - CA	1
USA - FL	1
USA - MN	9
USA - NM	4
USA - OH	28

Douglas DC-9-40 — Out Of Production List: Western Jet Airliners

l/n	c/n	Model	Registration	Owner/Operator	Status	Location	Notes
218	47114	41	N750NW	(Northwest Airlines)	Stored	Marana, AZ	
261	47115	41	N751NW	Northwest Airlines	Active	Minneapolis, MN	
308	47116	41	N752NW	Northwest Airlines	Active	Minneapolis, MN	
319	47117	41	N753NW	Northwest Airlines	Active	Minneapolis, MN	
323	47178	41	N754NW	(Northwest Airlines)	Stored	Marana, AZ	
335	47179	41	N755NW	Northwest Airlines	Active	Minneapolis, MN	
354	47180	41	N756NW	(Northwest Airlines)	Stored	Marana, AZ	
359	47286	41	N758NW	Northwest Airlines	Active	Minneapolis, MN	
364	47287	41	N759NW	Northwest Airlines	Active	Minneapolis, MN	
369	47288	41	N760NW	Northwest Airlines	Active	Minneapolis, MN	
555	47395	41	N762NW	Northwest Airlines	Active	Minneapolis, MN	
557	47396	41	N763NW	Northwest Airlines	Active	Minneapolis, MN	
559	47492	41	N979AX	ABX Air / DHL	Active	Wilmington, OH	
562	47493	41	N990AX	ABX Air / DHL	Active	Wilmington, OH	
566	47498	41	N965AX	ABX Air / DHL	Active	Wilmington, OH	
568	47499	41	N968AX	ABX Air / DHL	Active	Wilmington, OH	
575	47464	41	N969AX	ABX Air / DHL	Active	Wilmington, OH	
601	47494	41	N970AX	ABX Air / DHL	Active	Wilmington, OH	
604	47497	41	N971AX	ABX Air / DHL	Active	Wilmington, OH	
643	47509	41	N967AX	ABX Air / DHL	Active	Wilmington, OH	
645	47510	41	N966AX	ABX Air / DHL	Active	Wilmington, OH	
677	47511	41	N973AX	ABX Air / DHL	Active	Wilmington, OH	
678	47512	41	N975AX	ABX Air / DHL	Active	Wilmington, OH	
679	47513	41	N977AX	ABX Air / DHL	Active	Wilmington, OH	
713	47597	41	N97XS	-	Scrapped	Roswell, NM	
716	47599	41	N99XS	-	Scrapped	Roswell, NM	
720	47603	41	N935L	-	Scrapped	Goodyear, AZ	
722	47604	41	N130NK	-	Scrapped	Meacham Field, TX	
724	47605	41	N131NK	(Spirit Airlines)	Stored	Tucson, AZ	
725	47610	41	N610XS	-	Scrapped	Roswell, NM	
727	47606	41	LV-YOA	(Dinar Lineas Aereas)	WFU & Stored	El Palomar AFB, Argentina	
728	47623	41	N974AX	ABX Air / DHL	Active	Wilmington, OH	
732	47608	41	N953AX	ABX Air / DHL	Active	Wilmington, OH	
733	47624	41	N324FV	-	Scrapped	Roswell, NM	
736	47612	41	N954AX	ABX Air / DHL	Active	Wilmington, OH	
737	47625	41	SE-DAT	-	Written Off	Trondheim, Norway	
738	47626	41	N326FV	-	Scrapped	Roswell, NM	
739	47627	41	N327FV	-	Scrapped	Roswell, NM	
740	47628	41	N978AX	ABX Air / DHL	Active	Wilmington, OH	
742	47613	41	LV-YPA	(Dinar Lineas Aereas)	WFU & Stored	El Palomar AFB, Argentina	
743	47631	41	N972AX	ABX Air / DHL	Active	Wilmington, OH	
744	47629	41	N329FV	-	Scrapped	Roswell, NM	
745	47630	41	N330FV	-	Scrapped	Roswell, NM	
747	47614	41	LV-YNA	-	Scrapped	Buenos Aires Aeroparque, Argentina	
748	47632	41	N332FV	-	Scrapped	Roswell, NM	
751	47615	41	N952AX	ABX Air / DHL	Active	Wilmington, OH	
752	47633	41	N34XS	-	Scrapped	Roswell, NM	
755	47646	41	N41XS	-	Stored	Roswell, NM	

Douglas DC-9-40 — Out Of Production List: Western Jet Airliners

l/n	c/n	Model	Registration	Owner/Operator	Status	Location	Notes
756	47634	41	N34XS	-	Scrapped	Roswell, NM	
759	47616	41	N951AX	ABX Air / DHL	Active	Wilmington, OH	
762	47617	41	N933L	-	Parts Remain	Mojave, CA	
764	47618	41	N934L	-	Parts Remain	Davis Monthan, AZ	
768	47619	41	N955AX	ABX Air / DHL	Active	Wilmington, OH	
777	47620	41	N956AX	ABX Air / DHL	Active	Wilmington, OH	
839	47747	41	N47XS	-	WFU & Stored	Roswell, NM	
855	47748	41	N48XS	-	Scrapped	Roswell, NM	
870	47750	41	N50XS	-	Scrapped	Roswell, NM	
871	47759	41	N957AX	ABX Air / DHL	Active	Wilmington, OH	
874	47760	41	N958AX	ABX Air / DHL	Active	Wilmington, OH	
875	47761	41	N959AX	ABX Air / DHL	Active	Wilmington, OH	
876	47762	41	N960AX	ABX Air / DHL	Active	Wilmington, OH	
885	47767	41	JA8448	-	Written Off	Hanamaki, Japan	
886	47766	41	N66XS	-	WFU & Stored	Roswell, NM	
887	47768	41	N962AX	ABX Air / DHL	Active	Wilmington, OH	
894	47780	41	N963AX	ABX Air / DHL	Active	Wilmington, OH	
895	47781	41	N964AX	ABX Air / DHL	Active	Wilmington, OH	
896	47777	41	N707XS	-	WFU & Stored	Roswell, NM	
897	47778	41	N78XS	-	Scrapped	Roswell, NM	
898	47779	41	N79XS	(Spirit Airlines)	Nose Preserved	Saw Grass Mall, Ft. Lauderdale, FL	

Cross Reference

Registration	l/n	c/n	Registration	l/n	c/n	Registration	l/n	c/n	Registration	l/n	c/n
EC-DQT	742	47613	LN-RLX	679	47513	N8960U	218	47114	OY-KGA	261	47115
HB-IDV	308	47116	LN-RLZ	756	47634	N8961U	261	47115	OY-KGB	323	47178
HB-IDW	261	47115	LV-PNP	747	47614	N933L	762	47617	OY-KGC	359	47286
HB-IDX	319	47117	LV-PNV	742	47613	N934L	764	47618	OY-KGG	555	47395
HB-IDY	555	47395	LV-YNA	747	47614	N935L	720	47603	OY-KGH	562	47493
HS-TGM	555	47395	LV-YOA	727	47606	N941NE	752	47633	OY-KGI	601	47494
HS-TGN	557	47396	LV-YPA	742	47613	N951AX	759	47616	OY-KGK	645	47510
JA825	724	47605	LV-ZXY	724	47605	N952AX	751	47615	OY-KGL	713	47597
JA8423	720	47603	N130NK	722	47604	N953AX	732	47608	OY-KGM	733	47624
JA8424	722	47604	N131NK	724	47605	N954AX	736	47612	OY-KGN	740	47628
JA8426	727	47606	N324FV	733	47624	N955AX	768	47619	OY-KGO	748	47632
JA8427	732	47608	N326FV	738	47626	N956AX	777	47620	OY-KGP	755	47646
JA8428	736	47612	N327FV	739	47627	N957AX	871	47759	OY-KGS	886	47766
JA8429	742	47613	N329FV	744	47629	N958AX	874	47760	PV-PNU	727	47606
JA8430	747	47614	N330FV	745	47630	N959AX	875	47761	SE-DAK	559	47492
JA8432	751	47615	N332FV	748	47632	N960AX	876	47762	SE-DAL	566	47498
JA8433	759	47616	N34XS	752	47633	N962AX	887	47768	SE-DAM	568	47499
JA8434	762	47617	N34XS	756	47634	N963AX	894	47780	SE-DAN	575	47464
JA8435	764	47618	N41XS	755	47646	N964AX	895	47781	SE-DAO	643	47509
JA8436	768	47619	N47XS	839	47747	N965AX	566	47498	SE-DAP	678	47512
JA8437	777	47620	N48XS	855	47748	N966AX	645	47510	SE-DAS	725	47610
JA8439	871	47759	N50XS	870	47750	N967AX	643	47509	SE-DAT	737	47625
JA8440	874	47760	N54631	713	47597	N968AX	568	47499	SE-DAU	739	47627
JA8441	875	47761	N54645	768	47619	N969AX	575	47464	SE-DAW	744	47629
JA8442	876	47762	N610XS	725	47610	N970AX	601	47494	SE-DAX	743	47631
JA8448	885	47767	N66XS	886	47766	N971AX	604	47497	SE-DBM	752	47633
JA8449	887	47768	N707XS	896	47777	N972AX	743	47631	SE-DBT	369	47288
JA8450	894	47780	N750NW	218	47114	N973AX	677	47511	SE-DBU	354	47180
JA8451	895	47781	N751NW	261	47115	N974AX	728	47623	SE-DBW	319	47117
LN-RLA	716	47599	N752NW	308	47116	N975AX	678	47512	SE-DBX	218	47114
LN-RLB	604	47497	N753NW	319	47117	N977AX	679	47513	SE-DDP	839	47747
LN-RLC	335	47179	N754NW	323	47178	N978AX	740	47628	SE-DDR	870	47750
LN-RLD	557	47396	N755NW	335	47179	N979AX	559	47492	SE-DDS	896	47777
LN-RLH	855	47748	N756NW	354	47180	N97XS	713	47597	SE-DDT	898	47779
LN-RLJ	364	47287	N758NW	359	47286	N990AX	562	47493	SE-DLC	562	47493
LN-RLK	308	47116	N759NW	364	47287	N99XS	716	47599	SE-DOI	716	47599
LN-RLN	745	47630	N760NW	369	47288	OH-LNA	720	47603	SE-DOK	738	47626
LN-RLP	897	47778	N762NW	555	47395	OH-LNB	722	47604	SE-DOL	745	47630
LN-RLR	557	47396	N763NW	557	47396	OH-LNC	742	47613	SE-DOM	756	47634
LN-RLS	728	47623	N78XS	897	47778	OH-LND	727	47606	SE-DON	855	47748
LN-RLT	738	47626	N79XS	898	47779	OH-LNE	724	47605	SE-DOO	897	47778
LN-RLU	677	47511	N8710Q	875	47761	OH-LNF	747	47614			

Douglas DC-9-50

Production Started:	1975
Production Ended:	1981
Number Built:	96
Active:	52
Preserved:	1
WFU, Stored & In Parts:	21
Written Off:	3
Scrapped:	19

Location Summary

Georgia	1
Ghana	3
Italy	1
Pakistan	1
Surinam	1
UAE - Dubai	2
Ukraine	5
USA - CA	8
USA - GA	1
USA - HI	1
USA - MI	2
USA - MN	34
Venezuela	14

l/n	c/n	Model	Registration	Owner/Operator	Status	Location	Notes
757	47654	51	N669HA	-	Scrapped	Mojave, CA	
763	47655	51	PZ-TCK	Surinam Airways	Active	Paramaribo, Surinam	
780	47651	51	N675MC	Northwest Airlines	Active	Minneapolis, MN	
783	47656	51	YV138T	Aeropostal	Active	Caracas, Venezuela	
785	47676	51	N418EA	-	Fuselage Remains	Detroit Willow Run, MI	
787	47657	51	UR-BYL	Aero Asia International	Active	Karachi, Pakistan	
788	47682	51	N401EA	Northwest Airlines	Active	Minneapolis, MN	
790	47658	51	N601AP	-	Scrapped	Mojave, CA	
791	47677	51	N920RJ	-	Scrapped	Atlanta, GA	
792	47683	51	YV-85C	(AVENSA)	WFU & Stored	Caracas, Venezuela	
794	47685	51	YV-87C	-	Scrapped	-	
796	47665	51	9G-ADT	(Ghana Airways)	WFU & Stored	Accra, Ghana	
797	47679	51	9G-ADY	-	Written Off	Conakry, Ghana	
798	47652	51	N676MC	Northwest Airlines	Active	Minneapolis, MN	
799	47688	51	N405EA	-	Scrapped	Victorville, CA	
800	47686	51	N406EA	-	Scrapped	Victorville, CA	
802	47689	51	N420EA	(Aeroturbine)	WFU & Stored	Mojave, CA	
803	47692	51	9G-ADU	(Ghana Airways)	Stored	Naples, Italy	
804	47693	51	N408EA	-	Scrapped	Victorville, CA	
805	47694	51	YV140T	(Aeropostal)	Stored	Caracas, Venezuela	
806	47695	51	YV139T	Aeropostal	Active	Caracas, Venezuela	
807	47659	51	N670MC	Northwest Airlines	Active	Minneapolis, MN	
808	47696	51	UR-CCT	UM Air	Active	Kiev Borispol, Ukraine	
810	47660	51	N671MC	Northwest Airlines	Active	Minneapolis, MN	
812	47661	51	N672MC	-	Scrapped	Mojave, CA	
813	47708	51	N760NC	Delta Air Lines	Active	Minneapolis, MN	
814	47709	51	N761NC	Northwest Airlines	Active	Minneapolis, MN	
815	47712	51	YV-35C	(Aeropostal)	WFU & Stored	Caracas, Venezuela	
816	47697	51	I-FLYZ	-	Scrapped	Opa Locka, FL	
818	47710	51	N762NC	Northwest Airlines	Active	Minneapolis, MN	
820	47713	51	YV135T	Aeropostal	Active	Caracas, Venezuela	
824	47714	51	N650HA	(Hawaiian Air)	WFU & Stored	Mojave, CA	
825	47715	51	N649HA	(Hawaiian Air)	WFU & Stored	Mojave, CA	
827	47736	51	UR-CCR	Khors Aircompany	Active	Kiev Borispol, Ukraine	
829	47737	51	UR-CCS	(Khors Aircompany)	Stored	Kiev Borispol, Ukraine	
830	47738	51	YV136T	Aeropostal	Active	Caracas, Venezuela	
832	47716	51	N763NC	-	Scrapped	Minneapolis, MN	
833	47717	51	N764NC	Northwest Airlines	Active	Minneapolis, MN	
834	47718	51	N765NC	Northwest Airlines	Active	Minneapolis, MN	
841	47703	51	YV1122	Aeropostal	Active	Caracas, Venezuela	
842	47705	51	YV1120	Aeropostal	Active	Caracas, Venezuela	
845	47719	51	YV1121	Aeropostal	Active	Caracas, Venezuela	
849	47726	51	N673MC	(Hawaiian Air)	WFU & Stored	Mojave, CA	
850	47662	51	N679HA	(Hawaiian Air)	WFU & Stored	Mojave, CA	
851	47663	51	N919RJ	-	Scrapped	Atlanta, GA	
852	47739	51	N766NC	Northwest Airlines	Active	Minneapolis, MN	
853	47724	51	N767NC	Northwest Airlines	Active	Minneapolis, MN	
854	47729	51	N768NC	Northwest Airlines	Active	Minneapolis, MN	

Douglas DC-9-50 — Out Of Production List: Western Jet Airliners

l/n	c/n	Model	Registration	Owner/Operator	Status	Location	Notes
856	47754	51	I-FLYY	-	Scrapped	Opa Locka, FL	
857	47742	51	N662HA	(Hawaiian Air)	WFU & Stored	Mojave, CA	
858	47728	51	N409EA	-	Scrapped	Victorville, CA	
859	47743	51	YV-820C	(Servivensa)	Stored	Caracas, Venezuela	
860	47731	51	9Q-CHN	-	Written Off	Goma, Congo	
861	47732	51	9G-NAN	(Antrak Air Ghana)	WFU & Stored	Accra, Ghana	
862	47733	51	N682RW	Olympia Aviation	Active	Pontiac, MI	
863	47745	51	YV-767C	-	Scrapped	Caracas, Venezuela	
864	47746	51	9G-NIN	(Antrak Air Ghana)	WFU & Stored	Accra, Ghana	
865	47749	51	N415EA	-	Scrapped	Victorville, CA	
866	47751	51	N416EA	(Trans World Airlines)	Parts Remain	Atlanta Brown Field, GA	
867	47753	51	N417EA	-	Scrapped	Victorville, CA	
869	47735	51	N674MC	-	Scrapped	Mojave, CA	
873	47756	51	N677MC	Northwest Airlines	Active	Minneapolis, MN	
877	47757	51	N769NC	Northwest Airlines	Active	Minneapolis, MN	
878	47755	51	9G-ACM	-	Written Off	Abidjan, Ivory Coast	
879	47763	51	N699HA	(Hawaiian Air)	Preserved	Honolulu Community college, HI	
880	47758	51	N770NC	Northwest Airlines	Active	Minneapolis, MN	
881	47769	51	N771NC	Northwest Airlines	Active	Minneapolis, MN	
882	47764	51	N709HA	(Hawaiian Air)	WFU & Stored	Mojave, CA	
883	47771	51	YV137T	Aeropostal	Active	Caracas, Venezuela	
884	47774	51	N772NC	Northwest Airlines	Active	Minneapolis, MN	
888	47775	51	N773NC	Northwest Airlines	Active	Minneapolis, MN	
889	47776	51	N774NC	Northwest Airlines	Active	Minneapolis, MN	
890	47772	51	UR-CBV	(Khors Aircompany)	Stored	Kiev Borispol, Ukraine	
891	47773	51	UR-CBY	UM Air	Active	Kiev Borispol, Ukraine	
892	47770	51	YV1125	(Aeropostal)	WFU & Stored	Caracas, Venezuela	
893	47782	51	YV1126	Aeropostal	Active	Caracas, Venezuela	
899	47783	51	N600TR	Northwest Airlines	Active	Minneapolis, MN	
902	47784	51	N603DC	(Hawaiian Air)	WFU & Stored	Mojave, CA	
903	47796	51	N661HA	-	Scrapped	Mojave, CA	
904	47785	51	N775NC	Northwest Airlines	Active	Minneapolis, MN	
905	47786	51	N776NC	Delta Air Lines	Active	Minneapolis, MN	
912	47787	51	N777NC	Northwest Airlines	Active	Minneapolis, MN	
927	48100	51	N778NC	Northwest Airlines	Active	Minneapolis, MN	
931	48101	51	N779NC	Northwest Airlines	Active	Minneapolis, MN	
932	48102	51	N780NC	Northwest Airlines	Active	Minneapolis, MN	
935	48121	51	N781NC	Northwest Airlines	Active	Minneapolis, MN	
936	48107	51	N782NC	Northwest Airlines	Active	Minneapolis, MN	
937	48108	51	N783NC	Northwest Airlines	Active	Minneapolis, MN	
939	48109	51	N784NC	Northwest Airlines	Active	Minneapolis, MN	
945	48110	51	N785NC	Northwest Airlines	Active	Minneapolis, MN	
972	48122	51	N660HA	-	Scrapped	Mojave, CA	
980	48134	51	4L-GNL	Georgian National Airlines	Active	Tbilisi, Georgia	
984	48148	51	N786NC	Northwest Airlines	Active	Minneapolis, MN	
987	48135	51	TG-ALE	Eastern Skyjets	Active	Dubai, UAE	
990	48149	51	N787NC	Delta Air Lines	Active	Minneapolis, MN	
993	48136	51	A6-ESA	Eastern Skyjets	Active	Dubai, UAE	

Cross Reference

Registration	l/n	c/n	Registration	l/n	c/n	Registration	l/n	c/n
3D-BOA	860	47731	N619HA	791	47677	OE-LDN	869	47735
4L-GNL	980	48134	N629HA	797	47679	OE-LDO	873	47756
5X-TRE	864	47746	N6388Z	820	47713	OH-LYN	805	47694
5X-TWO	861	47732	N639HA	802	47689	OH-LYO	806	47695
9G-ACM	878	47755	N649HA	815	47712	OH-LYP	808	47696
9G-ADT	796	47665	N649HA	825	47715	OH-LYR	827	47736
9G-ADU	803	47692	N650HA	824	47714	OH-LYS	829	47737
9G-ADY	797	47679	N659HA	820	47713	OH-LYT	830	47738
9G-NAN	861	47732	N660HA	972	48122	OH-LYU	883	47771
9G-NIN	864	47746	N661HA	903	47796	OH-LYV	890	47772
9Q-CHN	860	47731	N662HA	857	47742	OH-LYW	891	47773
9Y-TFF	829	47737	N669HA	757	47654	OH-LYX	980	48134
9Y-TFG	857	47742	N669HA	824	47714	OH-LYY	987	48135
9Y-TFH	859	47743	N670MC	807	47659	OH-LYZ	993	48136
9Y-TGC	903	47796	N671MC	810	47660	OY-CTA	763	47655
9Y-TGP	972	48122	N672MC	812	47661	OY-CTB	787	47657
A6-ESA	993	48136	N673MC	849	47726	OY-CTD	790	47658
EC-246	783	47656	N674MC	869	47735	PZ-TCK	763	47655
EC-ENZ	783	47656	N675MC	780	47651	S9-DBH	860	47731
EI-BWA	783	47656	N676MC	798	47652	SE-DFN	787	47657
EI-CBG	857	47742	N677MC	873	47756	SE-DFO	790	47658
EI-CBH	903	47796	N679HA	825	47715	SU-BKK	783	47656
EI-CBI	972	48122	N679HA	850	47662	TG-ALE	987	48135
HB-IKF	824	47714	N682RW	862	47733	TG-JII	993	48136
HB-IKG	825	47715	N689HA	851	47663	UR-BYL	787	47657
HB-IKH	820	47713	N699HA	879	47763	UR-CBV	890	47772
HB-ISK	757	47654	N709HA	882	47764	UR-CBY	891	47773
HB-ISL	763	47655	N760NC	813	47708	UR-CCK	980	48134
HB-ISM	783	47656	N761NC	814	47709	UR-CCR	827	47736
HB-ISN	787	47657	N762NC	818	47710	UR-CCS	829	47737
HB-ISO	790	47658	N763NC	832	47716	UR-CCT	808	47696
HB-ISP	807	47659	N764NC	833	47717	YU-AJT	816	47697
HB-ISR	810	47660	N765NC	834	47718	YU-AJU	856	47754
HB-ISS	812	47661	N766NC	852	47739	YV-10C	820	47713
HB-IST	850	47662	N767NC	853	47724	YV1120	842	47705
HB-ISU	851	47663	N768NC	854	47729	YV1121	845	47719
HB-ISV	899	47783	N769NC	877	47757	YV1122	841	47703
HB-ISW	902	47784	N770NC	880	47758	YV1125	892	47770
HP-1388ALV	805	47694	N771NC	881	47769	YV1126	893	47782
HP-1389ALV	806	47695	N772NC	884	47774	YV135T	820	47713
I-FLYY	856	47754	N773NC	888	47775	YV136T	830	47738
I-FLYZ	816	47697	N774NC	889	47776	YV137T	883	47771
I-SMEA	820	47713	N775NC	904	47785	YV138T	783	47656
I-SMEE	783	47656	N776NC	905	47786	YV139T	806	47695
I-SMEI	824	47714	N777NC	912	47787	YV140T	805	47694
I-SMEJ	787	47657	N778NC	927	48100	YV-14C	830	47738
I-SMEO	763	47655	N779NC	931	48101	YV-15C	883	47771
I-SMEU	825	47715	N780NC	932	48102	YV-20C	842	47705
LN-RMC	763	47655	N781NC	935	48121	YV-21C	845	47719
N13627	780	47651	N782NC	936	48107	YV-22C	841	47703
N13627	902	47784	N783NC	937	48108	YV-32C	892	47770
N148CA	783	47656	N784NC	939	48109	YV-33C	893	47782
N2248F	787	47657	N785NC	945	48110	YV-35C	815	47712
N401EA	788	47682	N786NC	984	48148	YV-40C	899	47783
N402EA	792	47683	N787NC	990	48149	YV-41C	902	47784
N403EA	794	47685	N8706Q	812	47661	YV-42C	783	47656
N404EA	796	47665	N8709Q	816	47697	YV-43C	806	47695
N405EA	799	47688	N8713Q	890	47772	YV-44C	805	47694
N406EA	800	47686	N8714Q	891	47773	YV-766C	797	47679
N407EA	803	47692	N919PJ	851	47663	YV-767C	863	47745
N408EA	804	47693	N920PJ	791	47677	YV-80C	803	47692
N409EA	858	47728	N920VJ	788	47682	YV-820C	859	47743
N410EA	860	47731	N921VJ	792	47683	YV-85C	792	47683
N411EA	861	47732	N922VJ	794	47685	YV-87C	794	47685
N412EA	862	47733	N923VJ	796	47665			
N413EA	863	47745	N924VJ	799	47688			
N414EA	864	47746	N925VJ	800	47686			
N415EA	865	47749	N926VJ	803	47692			
N416EA	866	47751	N927VJ	804	47693			
N417EA	867	47753	N933EA	861	47732			
N418EA	785	47676	N991EA	858	47728			
N419EA	791	47677	N992EA	860	47731			
N420EA	802	47689	N994EA	862	47733			
N421EA	797	47679	N995EA	863	47745			
N54641	757	47654	N996EA	864	47746			
N54642	763	47655	N997EA	865	47749			
N54UA	816	47697	N998EA	866	47751			
N56UA	856	47754	N999EA	867	47753			
N600TR	899	47783	N9MD	808	47696			
N601AP	790	47658	OE-LDK	780	47651			
N603DC	902	47784	OE-LDL	798	47652			
N609HA	785	47676	OE-LDM	849	47726			

Douglas DC-10/MD-10

Production Started:	1968
Production Ended:	1988
Number Built:	446
Active:	184
Preserved:	1
WFU, Stored & In Parts:	121
Written Off:	29
Scrapped:	111

Location Summary

Argentina	1
Bangladesh	6
Bolivia	2
Brazil	4
Canada	3
Colombia	1
Cuba	2
Ecuador	1
Finland	1
France	7
Ghana	1
Indonesia	6
Italy	5
Ivory Coast	1
Netherlands	4
Nigeria	1
Peru	4
Russia	1
South Africa	3
United Kingdom	2
USA - AZ	31
USA - CA	53
USA - DC	1
USA - FL	16
USA - GA	2
USA - IN	3
USA - MD	1
USA - MI	1
USA - MN	1

Location Summary

USA - MS	13
USA - NC	4
USA - NJ	32
USA - NM	7
USA - OK	12
USA - TN	72
USA - TX	1
Zimbabwe	1

l/n	c/n	Model	Registration	Owner/Operator	Status	Location	Notes
1	46500	DC-10-10	N101AA	-	Scrapped	Goodyear, AZ	
2	46501	DC-10-10	N220AU	Project Orbis	Active	Victorville, CA	
3	46502	DC-10-10	N102AA	-	Scrapped	Goodyear, AZ	
4	46600	MD-10-10F	N364FE	-	Written Off	Memphis, TN	
5	46503	DC-10-10	N103AA	-	Scrapped	Goodyear, AZ	
6	46601	MD-10-10F	N365FE	FedEx Express	Active	Memphis, TN	
7	46504	DC-10-10	N104AA	-	Scrapped	Amarillo, TX	
8	46602	MD-10-10F	N366FE	FedEx Express	Active	Memphis, TN	
9	46505	DC-10-10	N105AA	-	Scrapped	Goodyear, AZ	
10	46603	DC-10-10	N1804U	-	Scrapped	Ardmore, OK	
11	46604	DC-10-10	N1805U	-	Scrapped	Ardmore, OK	
12	46506	DC-10-10	N106AA	-	Scrapped	Goodyear, AZ	
13	46507	DC-10-10	N107AA	-	Scrapped	Goodyear, AZ	
14	46700	DC-10-10	N145AA	-	Scrapped	Goodyear, AZ	
15	46605	MD-10-10F	N367FE	FedEx Express	Active	Memphis, TN	
16	46701	DC-10-10	N146AA	-	Scrapped	Goodyear, AZ	
17	46606	MD-10-10F	N368FE	FedEx Express	Active	Memphis, TN	
18	46702	DC-10-10	N147AA	-	Scrapped	Tulsa, OK	
19	46703	DC-10-10	N148AA	-	Parts Remain	Mojave, CA	
20	46508	DC-10-10	N108AA	-	Scrapped	Goodyear, AZ	
21	46509	DC-10-10	N109AA	-	Scrapped	Amarillo, TX	
22	46510	DC-10-10	N110AA	-	Written Off	Chicago O'Hare, IL	
23	46511	DC-10-10	N111AA	-	Scrapped	Amarillo, TX	
24	46512	DC-10-10	N112AA	-	Scrapped	Goodyear, AZ	
25	46607	MD-10-10F	N369FE	FedEx Express	Active	Memphis, TN	
26	46608	MD-10-10F	N370FE	FedEx Express	Active	Memphis, TN	
27	46609	MD-10-10F	N371FE	FedEx Express	Active	Memphis, TN	
28	46750	DC-10-40	N141US	-	Scrapped	Greenwood, MS	
29	46704	DC-10-10	TC-JAV	-	Written Off	Senlis, France	
30	46513	DC-10-10	N113AA	-	Scrapped	Amarillo, TX	
31	46514	DC-10-10	N114AA	-	Scrapped	Amarillo, TX	
32	46610	MD-10-10F	N372FE	FedEx Express	Active	Memphis, TN	
33	46705	DC-10-10(F)	N68058	(FedEx Express)	Stored	Victorville, CA	
34	46900	DC-10-10(F)	N68041	Arrow Air	Active	Miami, FL	
35	46611	MD-10-10F	N373FE	FedEx Express	Active	Memphis, TN	
36	46751	DC-10-40	N184AT	-	Written Off	Chicago O'Hare, IL	
37	46515	DC-10-10	N115AA	-	Scrapped	Goodyear, AZ	
38	46706	DC-10-10	N360AX	-	Scrapped	Tulsa, OK	
39	46612	MD-10-10F	N374FE	FedEx Express	Active	Memphis, TN	
40	46901	DC-10-10(F)	N68042	(Emery Worldwide Airlines)	Stored	Marana, AZ	
41	46902	DC-10-10(F)	N68043	(Emery Worldwide Airlines)	Stored	Marana, AZ	
42	46613	MD-10-10F	N375FE	FedEx Express	Active	Memphis, TN	
43	46903	DC-10-10(F)	CP-2489	TAB Cargo	Active	La Paz, Bolivia	
44	46904	DC-10-10	N68045	-	Written Off	Los Angeles, CA	
45	46614	DC-10-10	N1815U	-	Scrapped	Goodyear, AZ	
46	46550	DC-10-30	N12089	-	Scrapped	Greenwood, MS	
47	46905	DC-10-10	N573SC	-	Scrapped	Marana, AZ	
48	46516	DC-10-10	N116AA	-	Scrapped	Goodyear, AZ	

Douglas DC-10/MD-10 — Out Of Production List: Western Jet Airliners

	l/n	c/n	Model	Registration	Owner/Operator	Status	Location	Notes
☐	49	46517	DC-10-10	N117AA	-	Scrapped	Goodyear, AZ	
☐	50	46906	DC-10-10	N171AA	-	Scrapped	Mojave, CA	
☐	51	46518	DC-10-10	N118AA	-	Scrapped	Goodyear, AZ	
☐	52	46519	DC-10-10	N119AA	-	Scrapped	Mojave, CA	
☐	53	46752	DC-10-40	N133JC	-	Scrapped	Roswell, NM	
☐	54	46520	DC-10-10	N120AA	-	Scrapped	Goodyear, AZ	
☐	55	46521	MD-10-10F	N550FE	FedEx Express	Active	Memphis, TN	
☐	56	46522	DC-10-10	N122AA	-	Scrapped	Mojave, CA	
☐	57	46575	DC-10-30	PP-SFB	(Ecuatoriana)	WFU & Stored	Quito, Ecuador	
☐	58	46523	DC-10-10	N552FE	-	Scrapped	Goodyear, AZ	
☐	59	47965	MD-10-10F	N377FE	FedEx Express	Active	Memphis, TN	
☐	60	46551	DC-10-30	N229NW	(Arrow Air)	WFU & Stored	Opa Locka, FL	
☐	61	46707	DC-10-10	N553FE	(FedEx Express)	Stored	Mojave, CA	
☐	62	46708	MD-10-10F	N554FE	FedEx Express	Active	Memphis, TN	
☐	63	46850	DC-10-30	N13088	(Continental Air Lines)	WFU & Stored	Mojave, CA	
☐	64	47966	DC-10-10	N1834U	-	Scrapped	Goodyear, AZ	
☐	65	46524	DC-10-10	N910SF	Raytheon Aircraft Company	Active	Van Nuys, CA	
☐	66	46753	DC-10-40	N144JC	-	Scrapped	Roswell, NM	
☐	67	47967	DC-10-10	N1835U	-	Scrapped	Goodyear, AZ	
☐	68	46709	DC-10-10	N154AA	-	Scrapped	Goodyear, AZ	
☐	69	47846	DC-10-30	N136AA	-	Written Off	Dallas Ft. Worth, TX	
☐	70	46710	MD-10-10F	N556FE	FedEx Express	Active	Memphis, TN	
☐	71	46552	DC-10-30	N230NW	(Northwest Airlines)	WFU & Stored	Marana, AZ	
☐	72	46525	DC-10-10	N557FE	(FedEx Express)	Stored	Mojave, CA	
☐	73	46576	DC-10-30	N19072	-	Scrapped	Greenwood, MS	
☐	74	47968	DC-10-10	N1836U	-	Scrapped	Goodyear, AZ	
☐	75	47861	DC-10-30	N39081	-	Scrapped	Roswell, NM	
☐	76	46615	MD-10-10F	N381FE	FedEx Express	Active	Memphis, TN	
☐	77	46890	DC-10-30	F-GTDI	-	Written Off	Guatemala City	
☐	78	46907	DC-10-10(F)	N68059	FedEx Express	Active	Memphis, TN	
☐	79	46754	DC-10-40	N145US	-	Scrapped	Greenwood, MS	
☐	80	47969	DC-10-10	N1837U	-	Scrapped	Goodyear, AZ	
☐	81	46825	DC-10-30CF	N1031F	-	Written Off	Istanbul, Turkey	
☐	82	46553	DC-10-30	N14090	(Continental Air Lines)	WFU & Stored	Mojave, CA	
☐	83	46727	DC-10-10	N104WA	(ARCA Colombia)	WFU & Stored	Macon, GA	
☐	84	46554	DC-10-30	9G-PHN	-	Scrapped	Rome Fiumicino, Italy	
☐	85	46851	DC-10-30	F-GTDH	-	Scrapped	Paris Orly, France	
☐	86	46616	MD-10-10F	N383FE	FedEx Express	Active	Memphis, TN	
☐	87	46925	DC-10-30	EC-CBN	-	Written Off	Boston Logan, MA	
☐	88	47862	DC-10-30	N12064	(Continental Air Lines)	WFU & Stored	Greenwood, MS	
☐	89	46617	MD-10-10F	N384FE	FedEx Express	Active	Memphis, TN	
☐	90	47886	DC-10-30	9Q-CLI	-	Scrapped	Tel Aviv, Israel	
☐	91	46555	DC-10-30	N143AA	-	Scrapped	Tulsa, OK	
☐	92	47800	DC-10-10	N68046	-	Scrapped	Greenwood, MS	
☐	93	46852	DC-10-30	N54629	-	Written Off	Tenere Desert, Niger	
☐	94	47863	DC-10-30	N14062	-	Scrapped	Roswell, NM	
☐	95	46908	DC-10-10	N166AA	-	Scrapped	Goodyear, AZ	
☐	96	46800	MD-10-30F	N301FE	FedEx Express	Active	Memphis, TN	

l/n	c/n	Model	Registration	Owner/Operator	Status	Location	Notes
97	46755	DC-10-40	N146US	(Northwest Airlines)	WFU & Stored	Greenwood, MS	Being scrapped
98	47801	DC-10-10(F)	N68047	-	Written Off	Managua, Nicaragua	
99	46926	DC-10-30	N37078	(Continental Air Lines)	WFU & Stored	Mojave, CA	
100	46927	DC-10-30	N14079	(Continental Air Lines)	Ground Trainer	Carp, Ont, Canada	
101	47802	DC-10-10	N68048	-	Scrapped	Goodyear, AZ	
102	46756	DC-10-40	N147US	(Northwest Airlines)	WFU & Stored	Greenwood, MS	
103	46801	MD-10-30F	N302FE	FedEx Express	Active	Memphis, TN	
104	46928	DC-10-10	N902WA	-	Scrapped	Nimes, France	
105	46711	DC-10-30	N139AA	-	Written Off	Dallas Ft. Worth, TX	
106	46712	DC-10-30	N140AA	(Ghana Airways)	Fuselage Remains	Marana, AZ	
107	46929	DC-10-10	N903WA	-	Written Off	Mexico City	
108	46757	DC-10-40	N148US	(Northwest Airlines)	WFU & Stored	Greenwood, MS	
109	46826	DC-10-30CF	N1032F	-	Written Off	New York JFK	
110	46802	MD-10-30F	N303FE	FedEx Express	Active	Memphis, TN	
111	46758	DC-10-40	N149US	(Northwest Airlines)	Parts Remain	Greenwood, MS	
112	46930	MD-10-10F	N559FE	FedEx Express	Active	Memphis, TN	
113	46759	DC-10-40	N150US	(Northwest Airlines)	WFU & Stored	Greenwood, MS	
114	46577	DC-10-30	N2201	(Northwest Airlines)	WFU & Stored	Maxton, NC	
115	47906	DC-10-30CF	5X-JOE	(DAS Air Cargo)	Stored	Manston, UK	
116	47847	DC-10-30	N137AA	-	Scrapped	Mojave, CA	
117	47921	DC-10-30(F)	N601GC	(Gemini Air Cargo)	WFU & Stored	Opa Locka, FL	
118	46618	DC-10-10	N1819U	-	Written Off	Sioux City, IA	
119	46619	MD-10-10F	N385FE	FedEx Express	Active	Memphis, TN	
120	46760	DC-10-40	N151US	(Northwest Airlines)	WFU & Stored	Greenwood, MS	
121	47864	DC-10-30	N14063	(Continental Air Lines)	WFU & Stored	Greenwood, MS	
122	47922	DC-10-30(F)	N603GC	(Gemini Air Cargo)	WFU & Stored	Mojave, CA	
123	47923	DC-10-30(F)	N602GC	(Gemini Air Cargo)	Stored	Oklahoma City, OK	
124	46761	DC-10-40	N152US	-	Scrapped	Greenwood, MS	
125	47887	DC-10-30	HL7328	-	Written Off	Tripoli, Libya	
126	46762	DC-10-40	N153US	(Northwest Airlines)	WFU & Stored	Greenwood, MS	
127	46891	DC-10-30CF	OB-1749	(Cielos Del Peru)	Stored	Lima, Peru	
128	46763	DC-10-40	N154US	-	Scrapped	Greenwood, MS	
129	47924	DC-10-30(F)	N604GC	(Gemini Air Cargo)	Stored	Roswell, NM	
130	46764	DC-10-40	N155US	-	Scrapped	Greenwood, MS	
131	46578	DC-10-30	N228PR	(Northwest Airlines)	WFU & Stored	Maxton, NC	
132	46579	DC-10-30	N221NW	(Northwest Airlines)	Stored	Marana, AZ	
133	46944	DC-10-30	YV-1052C	(Santa Barbara Airlines)	Stored	Roswell, NM	
134	46853	DC-10-30	F-BTDE	(AOM)	WFU & Stored	Chateauroux, France	
135	47865	DC-10-30	N786PT	-	Scrapped	Opa Locka, FL	
136	47848	DC-10-30	N144AA	-	Scrapped	Mojave, CA	
137	46931	DC-10-30(F)	N614GC	Centurion Air Cargo	Active	Miami, FL	
138	46620	MD-10-10F	N386FE	FedEx Express	Active	Memphis, TN	
139	47803	MD-10-10F	N68049	FedEx Express	Active	Memphis, TN	
140	46621	MD-10-10F	N387FE	FedEx Express	Active	Memphis, TN	
141	46940	DC-10-30	N76073	-	Scrapped	Clinton-Sherman, OK	
142	47804	MD-10-10F	N68050	FedEx Express	Active	Memphis, TN	
143	46765	DC-10-40	N156US	-	Scrapped	Greenwood, MS	
144	46622	MD-10-10F	N388FE	FedEx Express	Active	Memphis, TN	

Douglas DC-10/MD-10   Out Of Production List: Western Jet Airliners   443

	l/n	c/n	Model	Registration	Owner/Operator	Status	Location	Notes
☐	145	47805	MD-10-10F	N68051	FedEx Express	Active	Memphis, TN	
☐	146	46556	DC-10-30	N8094L	-	Scrapped	Opa Locka, FL	
☐	147	46936	DC-10-30(F)	N831LA	(Cielos Del Peru)	WFU & Stored	Lima, Peru	
☐	148	47806	MD-10-10F	N68052	FedEx Express	Active	Memphis, TN	
☐	149	47866	DC-10-30	N13067	-	Scrapped	Mojave, CA	
☐	150	47980	DC-10-30	N8095V	(Iberia)	Stored	Greenwood, MS	
☐	151	46766	DC-10-40	N157US	-	Scrapped	Greenwood, MS	
☐	152	46937	DC-10-30(F)	N833LA	TAB Cargo	Active	La Paz, Bolivia	
☐	153	46938	MD-10-10F	N560FE	FedEx Express	Active	Memphis, TN	
☐	154	46623	MD-10-10F	N389FE	FedEx Express	Active	Memphis, TN	
☐	155	46624	MD-10-10F	N390FE	FedEx Express	Active	Memphis, TN	
☐	156	46945	DC-10-30	N967PG	-	Scrapped	Roswell, NM	
☐	157	47907	DC-10-30CF	Z-ARL	Avient Aviation	Active	Vatry, France	
☐	158	46932	DC-10-30(F)	N609GC	Cielos del Peru	Active	Lima, Peru	
☐	159	46933	DC-10-30	9G-ANC	-	Scrapped	Rome Fiumicino, Italy	
☐	160	46934	DC-10-30	N236NW	(Northwest Airlines)	Parts Remain	Tulsa, OK	
☐	161	46767	DC-10-40	N158US	-	Scrapped	Greenwood, MS	
☐	162	46942	DC-10-10	N450AX	10 Tanker Air Carrier	Active	Victorville, CA	
☐	163	46943	DC-10-10	N162AA	-	Scrapped	Goodyear, AZ	
☐	164	46768	DC-10-40	N159US	-	WFU & Stored	Aberdeen, MD	
☐	165	46713	DC-10-30	N141AA	-	Scrapped	Marana, AZ	
☐	166	47925	DC-10-30(F)	N605GC	(Gemini Air Cargo)	Stored	Roswell, NM	
☐	167	46714	DC-10-30	N142AA	-	Scrapped	Tel Aviv, Israel	
☐	168	46769	DC-10-40	N160US	-	Scrapped	Greenwood, MS	
☐	169	46625	MD-10-10F	N391FE	-	Written Off	Memphis, TN	
☐	170	47926	DC-10-30	N59083	(Omni Air International)	Stored	Victorville, CA	
☐	171	46868	DC-10-30	N211NW	(Northwest Airlines)	WFU & Stored	Marana, AZ	
☐	172	46935	DC-10-30	AP-AXE	-	Written Off	Karachi, Pakistan	
☐	173	47807	DC-10-10CF	N68053	(FedEx Express)	Stored	Venice, Italy	For MD-10 Conversion
☐	174	46869	DC-10-30	F-GTLZ	-	Scrapped	Paris Orly, France	
☐	175	46770	DC-10-40	N161US	-	Scrapped	Roswell, NM	
☐	176	46941	DC-10-30	PP-VMQ	-	Scrapped	Tucson, AZ	
☐	177	47808	MD-10-10F	N68054	FedEx Express	Active	Memphis, TN	
☐	178	47867	DC-10-30	YV-1040C	(Santa Barbara Airlines)	Stored	Roswell, NM	
☐	179	46949	DC-10-30(F)	C-GKFB	Kelowna Flightcraft Air Charter	Active	Kelowna, Canada	
☐	180	46771	DC-10-40	N162US	-	Scrapped	Greenwood, MS	
☐	181	47956	DC-10-30	N956PT	(Air Lib Express)	WFU & Stored	Opa Locka, FL	
☐	182	46910	DC-10-30	ZK-NZP	-	Written Off	Mount Erebus, Antarctica	
☐	183	46580	DC-10-30	N223NW	(World Airways)	Stored	Marana, AZ	
☐	184	46581	DC-10-30	N224NW	(World Airways)	Stored	Marana, AZ	
☐	185	46952	DC-10-30	5X-ONE	-	Scrapped	Kemble, UK	
☐	186	47981	DC-10-30	N12080	-	Scrapped	Tulsa, OK	
☐	187	46582	DC-10-30	N706TZ	(World Airways)	Stored	Marana, AZ	
☐	188	46912	DC-10-30	N702TZ	(World Airways)	Stored	Marana, AZ	
☐	189	46911	DC-10-30	N14074	(Continental Air Lines)	WFU & Stored	Mojave, CA	
☐	190	47927	DC-10-30	N108AX	Omni Air International	Active	Tulsa, OK	
☐	191	47809	DC-10-10CF	N68055	-	Written Off	Newburgh, NY	
☐	192	47928	DC-10-30(F)	N304WL	World Airways	Active	Charleston, NC	

l/n	c/n	Model	Registration	Owner/Operator	Status	Location	Notes
193	46854	DC-10-30	F-GTDF	-	Scrapped	Nimes, France	
194	47810	MD-10-10F	N68056	(FedEx Express)	Stored	Victorville, CA	
195	46914	DC-10-30	N163AA	(American Airlines)	Parts Remain	Marana, AZ	
196	47929	DC-10-30(F)	N606GC	(Gemini Air Cargo)	Stored	Roswell, NM	
197	46557	DC-10-30	N431AV	(VIASA)	Fuselage Remains	Marana, AZ	
198	46626	MD-10-10F	N392FE	FedEx Express	Active	Memphis, TN	
199	46915	DC-10-30	N705TZ	(World Airways)	Stored	Marana, AZ	
200	47868	DC-10-30	N305FV	-	Scrapped	Marana, AZ	
201	47957	DC-10-30	N17085	10 Tanker Air Carrier	Active	Wurtsmith AFB, MI	
202	46916	DC-10-30	N46916	-	Scrapped	Marana, AZ	
203	46939	MD-10-10F	N357FE	FedEx Express	Active	Memphis, TN	
204	46892	DC-10-30	F-GNEM	(Air Lib)	Stored	Nimes, France	
205	46627	MD-10-10F	N393FE	FedEx Express	Active	Memphis, TN	
206	46913	DC-10-40I	N913VV	(Vivaldi Overseas)	Stored	Washington Dulles, DC	
207	46628	MD-10-10F	N394FE	FedEx Express	Active	Memphis, TN	
208	46629	MD-10-10F	N395FE	FedEx Express	Active	Memphis, TN	
209	46630	MD-10-10F	N396FE	FedEx Express	Active	Memphis, TN	
210	46631	MD-10-10F	N397FE	FedEx Express	Active	Memphis, TN	
211	46917	DC-10-30(F)	N303WL	World Airways	Active	Oakland, CA	
212	46920	DC-10-40(F)	N140WE	(Arrow Air)	WFU & Stored	Opa Locka, FL	
213	47849	DC-10-30	F-GNDC	-	Scrapped	Chateauroux, France	
214	46921	DC-10-30(F)	C-GKFA	Kelowna Flightcraft Air Charter	Active	Kelowna, Canada	
215	47908	DC-10-30CF	PP-MTA	MTA Cargo	Active	Manaus, Brazil	
216	46923	DC-10-40D	N469V	(Vivaldi Overseas)	Stored	Marana, AZ	
217	46870	DC-10-30	F-GHOI	-	Scrapped	Opa Locka, FL	
218	46924	DC-10-30CF	PH-MBN	-	Written Off	Faro, Portugal	
219	46871	MD-10-30F	N311FE	FedEx Express	Active	Memphis, TN	
220	46660	DC-10-40I	N660VV	(Omega Air)	Stored	Marana, AZ	
221	46922	DC-10-30	N14075	World Airways	Active	Indianapolis, IN	
222	46946	DC-10-10	N946LL	-	Scrapped	Greenwood, MS	
223	46918	DC-10-30	PK-GIA	(Garuda Indonesia)	Stored	Jakarta CGK, Indonesia	
224	46661	DC-10-40(F)	N141WE	Arrow Air	Active	Miami, FL	
225	46953	DC-10-30	N8094P	(Iberia)	Stored	Greenwood, MS	
226	46919	DC-10-30	PK-GIB	(Garuda Indonesia)	Stored	Jakarta CGK, Indonesia	
227	46954	DC-10-30	F-GTLY	(Air Lib)	Stored	Havana, Cuba	
228	46955	DC-10-30(F)	N800WR	-	Written Off	Entebbe, Uganda	
229	47889	DC-10-30(F)	N306FV	-	Scrapped	Miami, FL	
230	46662	DC-10-40I	N662VV	(Omega Air)	Stored	Marana, AZ	
231	46957	DC-10-30	5N-ANN	-	Scrapped	Kano, Nigeria	
232	46958	DC-10-30	EI-DLA	(Continental Air Lines)	WFU & Stored	Greenwood, MS	
233	46872	DC-10-30	F-GLYS	-	Scrapped	Roswell, NM	
234	46959	DC-10-30	9G-ANB	(Ghana Airways)	Stored	Accra, Ghana	
235	46956	DC-10-30CF	T-235	Royal Netherlands Air Force	Active	Eindhoven, Netherlands	
236	46961	DC-10-30	N232NW	(Northwest Airlines)	WFU & Stored	Marana, AZ	
237	46960	DC-10-30CF	HL7339	-	Written Off	Anchorage, AK	
238	46962	DC-10-30	EC-DEG	-	Written Off	Malaga, Spain	
239	46964	DC-10-30	PK-GIC	(Garuda Indonesia)	Stored	Jakarta CGK, Indonesia	
240	46640	DC-10-30	N233NW	-	Scrapped	Opa Locka, FL	

Douglas DC-10/MD-10 Out Of Production List: Western Jet Airliners

l/n	c/n	Model	Registration	Owner/Operator	Status	Location	Notes
241	46969	DC-10-30	N227NW	(Northwest Airlines)	WFU & Stored	Marana, AZ	
242	46950	DC-10-30	N164AA	(American Airlines)	Stored	Marana, AZ	
243	46968	DC-10-30	5N-ANR	-	Written Off	Ilorin, Nigeria	
244	46963	DC-10-30	F-BTDD	(AeroLyon)	WFU & Stored	Nimes, France	
245	46965	DC-10-30(F)	N600GC	(Gemini Air Cargo)	Stored	Roswell, NM	
246	46951	DC-10-30	PK-GID	(Garuda Indonesia)	Stored	Jakarta CGK, Indonesia	
247	46947	MD-10-10F	N562FE	FedEx Express	Active	Memphis, TN	
248	46975	DC-10-30CF	N1856U	(United Airlines)	Stored	Marana, AZ	
249	46948	MD-10-10F	N563FE	FedEx Express	Active	Memphis, TN	
250	46984	MD-10-10F	N564FE	FedEx Express	Active	Memphis, TN	
251	46977	DC-10-10	N572RY	-	Scrapped	Roswell, NM	
252	46983	DC-10-10	ZS-GAW	(Global Aviation Investments)	Active	Johannesburg, South Africa	
253	46986	DC-10-30CF	T-253	Royal Netherlands Air Force	Active	Eindhoven, Netherlands	
254	46976	DC-10-30(F)	Z-	(Avient Aviation)	Stored	Chalons Sur, France	
255	46987	DC-10-30CF	T-255	Royal Netherlands Air Force	Active	Eindhoven, Netherlands	
256	46978	DC-10-30(F)	N607GC	(Gemini Air Cargo)	Stored	Roswell, NM	
257	46992	MD-10-30F	N304FE	FedEx Express	Active	Memphis, TN	
258	46971	DC-10-30	YV-135C	-	Parts Remain	Buenos Aires EZE, Argentina	
259	46981	DC-10-30	N37077	(Continental Air Lines)	Fuselage Remains	Mojave, CA	
260	46990	DC-10-30	G-BYDA	-	Scrapped	Kemble, UK	
261	46991	DC-10-30	N35084	-	Scrapped	Goodyear, AZ	
262	46966	DC-10-40(F)	N142WE	Arrow Air	Active	Miami, FL	
263	46993	DC-10-30	S2-ACO	Biman Bangladesh Airlines	Active	Dhaka, Bangladesh	
264	46985	DC-10-30CF	T-264	Royal Netherlands Air Force	Active	Eindhoven, Netherlands	
265	46967	DC-10-40I	N967VV	(Vivaldi Overseas)	Stored	Marana, AZ	
266	46590	DC-10-30(F)	Z-AVT	Avient Aviation	Active	Vatry, France	
267	46998	DC-10-30(F)	N526MD	Arrow Air	Active	Miami, FL	
268	46540	DC-10-30(F)	PR-MTC	Master Top Linhas Aereas	Active	Sao Paulo, Brazil	
269	46970	MD-10-10(F)	N10060	FedEx Express	Active	Memphis, TN	
270	46996	MD-10-10F	N565FE	FedEx Express	Active	Memphis, TN	
271	46989	MD-10-10F	N566FE	FedEx Express	Active	Memphis, TN	
272	46973	MD-10-10(F)	N40061	FedEx Express	Active	Memphis, TN	
273	46994	MD-10-10F	N567FE	FedEx Express	Active	Memphis, TN	
274	46974	DC-10-40I	N974VV	Omega Air	Active	Victorville, CA	
275	46995	DC-10-30	S2-ACP	Biman Bangladesh Airlines	Active	Dhaka, Bangladesh	
276	46972	DC-10-30	EC-GTC	-	Scrapped	Madrid Barajas, Spain	
277	46835	DC-10-30CF	N317FE	(FedEx Express)	Stored	Venice, Italy	For MD-10 Conversion
278	46988	DC-10-30	YU-AMB	-	Scrapped	Nimes, France	
279	47982	DC-10-30	EC-DEA	-	Scrapped	Madrid Barajas, Spain	
280	46836	DC-10-30CF	N107WA	-	Scrapped	Dothan, AL	
281	46541	DC-10-30(F)	N65SS	(DAS Air Cargo)	WFU & Stored	Jakarta CGK, Indonesia	
282	46837	MD-10-30F	N318FE	FedEx Express	Active	Memphis, TN	
283	46645	DC-10-10	N571RY	-	Scrapped	Kemble, UK	
284	46685	DC-10-30	PK-GIE	-	Written Off	Fukuoka, Japan	
285	46646	DC-10-10	3D-MRR	(Interlink Airlines)	Stored	Johannesburg, South Africa	
286	46686	DC-10-30	PK-GIF	(Garuda Indonesia)	Stored	Jakarta CGK, Indonesia	
287	46591	DC-10-30	N13066	-	Scrapped	Opa Locka, FL	
288	46997	DC-10-30	N997GA	-	Parts Remain	Opa Locka, FL	

l/n	c/n	Model	Registration	Owner/Operator	Status	Location	Notes
289	46999	DC-10-30CF	N524MD	Arrow Air	Active	Miami, FL	
290	46982	DC-10-30	N8094Z	(Iberia)	WFU & Stored	Greenwood, MS	
291	47888	DC-10-30(F)	N47888	(Centurion Air Cargo)	WFU & Stored	Miami, FL	
292	46583	DC-10-30	N139WA	World Airways	Active	Oakland, CA	
293	46584	DC-10-30	N15069	-	Scrapped	Roswell, NM	
294	47827	MD-10-10F	N568FE	FedEx Express	Active	Memphis, TN	
295	46542	DC-10-30(ER)	S2-ADN	(Biman Bangladesh Airlines)	Fuselage Remains	Chittagong, Bangladesh	
296	46632	DC-10-10	N1838U	(United Airlines)	WFU & Stored	Marana, AZ	
297	46633	MD-10-10F	N358FE	FedEx Express	Active	Memphis, TN	
298	46634	MD-10-10F	N398FE	FedEx Express	Active	Memphis, TN	
299	46595	DC-10-30	N540AX	(Omni Air International)	Stored	Victorville, CA	
300	47817	DC-10-30	S2-ACQ	Biman Bangladesh Airlines	Active	Dhaka, Bangladesh	
301	46596	DC-10-30	N630AX	Omni Air International	Active	Tulsa, OK	
302	47811	DC-10-30(F)	N323FE	(Project Orbis)	Stored	Goodyear, AZ	
303	47812	DC-10-30(F)	N1853U	-	WFU & Stored	Goodyear, AZ	
304	47822	DC-10-40	N822V	-	Stored	Marana, AZ	
305	47818	DC-10-30(F)	Z-ALT	Avient Aviation	Active	Harare, Zimbabwe	
306	47823	DC-10-40(F)	VP-BDE	Aeroflot Cargo	Active	Moscow Sheremetyevo, Russia	
307	46635	MD-10-10F	N359FE	FedEx Express	Active	Memphis, TN	
308	47824	DC-10-40I	N824VV	-	Stored	Marana, AZ	
309	46636	MD-10-10F	N360FE	FedEx Express	Active	Memphis, TN	
310	47825	DC-10-40I	N825VV	-	Stored	Marana, AZ	
311	48200	KC-10A Extender (DC-10-30CF)	79-0433	USAF United States Air Force	Active	McGuire AFB, NJ	
312	47813	DC-10-30(F)	N326FE	(United Airlines)	Stored	Goodyear, AZ	
313	47826	DC-10-40D	N826VV	-	Stored	Marana, AZ	
314	47819	DC-10-30CF	N478CT	Arrow Air	Active	Miami, FL	
315	47814	DC-10-30	F-GLMX	-	Scrapped	Paris Orly, France	
316	47816	DC-10-30(F)	N279AX	Centurion Air Cargo	Active	Minneapolis, MN	
317	47820	MD-10-30CF	N319FE	FedEx Express	Active	Memphis, TN	
318	47832	DC-10-10	ZS-GAS	-	Stored	Johannesburg, South Africa	
319	47828	MD-10-10F	N569FE	FedEx Express	Active	Memphis, TN	
320	47821	DC-10-30CF	N113WA	-	Written Off	Boston Logan, MA	
321	47829	MD-10-10F	N570FE	FedEx Express	Active	Memphis, TN	
322	47833	DC-10-10	N833AA	-	Scrapped	Bournemouth, UK	
323	47830	MD-10-10F	N571FE	FedEx Express	Active	Memphis, TN	
324	47834	DC-10-30	EC-DHZ	(Iberia)	WFU & Stored	Lima, Peru	
325	47815	DC-10-30	F-GKMY	(AOM Cubana)	WFU & Stored	Havana, Cuba	
326	47835	DC-10-30F	N320FE	(FedEx Express)	Stored	Victorville, CA	
327	47831	DC-10-30(F)	N450ML	Arrow Air	Active	Miami, FL	
328	47837	DC-10-30	N1855U	-	Scrapped	Las Vegas, NV	
329	47841	DC-10-30(F)	PP-VMT	(VARIG Log)	Stored	Rio de Janeiro, Brazil	
330	47836	DC-10-30F	N321FE	(FedEx Express)	Stored	Victorville, CA	
331	47850	DC-10-30	N68060	-	Scrapped	Honolulu, HI	
332	47842	DC-10-30(F)	PP-VMU	VARIG Log	Active	Rio de Janeiro, Brazil	
333	48201	KC-10A Extender (DC-10-30CF)	79-0434	USAF United States Air Force	Active	McGuire AFB, NJ	
334	47851	DC-10-30	N12061	-	Stored	Los Angeles, CA	
335	47843	DC-10-30(F)	I-CGIA	(Cargoltalia)	Stored	Chateauroux, France	

l/n	c/n	Model	Registration	Owner/Operator	Status	Location	Notes
336	47844	DC-10-30	N136WA	World Airways	Active	Indianapolis, IN	
337	47840	DC-10-30(F)	N612GC	Centurion Air Cargo	Active	Miami, FL	
338	47838	DC-10-30	N352WL	World Airways	Active	Indianapolis, IN	
339	47870	DC-10-30F	N305FE	(Cielos Del Peru)	WFU & Stored	Barranquilla, Colombia	
340	47852	DC-10-40I	N852V	(Omega Air)	Stored	Marana, AZ	
341	46543	DC-10-30	S2-ACS	(Biman Bangladesh Airlines)	WFU & Stored	Dhaka, Bangladesh	
342	48252	DC-10-30	N720AX	Omni Air International	Active	Oklahoma City, OK	
343	47853	DC-10-40	N853VV	(Omega Air)	Stored	Marana, AZ	
344	48260	MD-10-10F	N361FE	FedEx Express	Active	Memphis, TN	
345	48265	DC-10-30(ER)	N810AX	Omni Air International	Active	Tulsa, OK	
346	48258	DC-10-15	J2-KCG	(Buraq Air Transport)	Stored	Lagos, Nigeria	
347	48261	MD-10-10F	N362FE	FedEx Express	Active	Memphis, TN	
348	48266	DC-10-30	G-DMCA	(Monarch Airlines)	Nose Section Preserved	Manchester, UK	
349	47855	DC-10-40(F)	VP-BDF	(Aeroflot-Cargo)	Stored	Helsinki, Finland	
350	48283	DC-10-30	9M-MAV	-	Scrapped	Marana, AZ	
351	48262	MD-10-10F	N399FE	FedEx Express	Active	Memphis, TN	
352	48285	DC-10-30(ER)	N285CR	-	Scrapped	Marana, AZ	
353	48263	MD-10-10F	N363FE	FedEx Express	Active	Memphis, TN	
354	48277	DC-10-30F	N189AX	-	Written Off	Bogota, Colombia	
355	48282	DC-10-30	N137WA	World Airways	Active	Charleston, NC	
356	47845	DC-10-30	N138WA	World Airways	Active	Atlanta, GA	
357	48259	DC-10-15	N154SY	-	Scrapped	Victorville, CA	
358	48275	DC-10-15	V2-SKY	-	Scrapped	Opa Locka, FL	
359	48202	KC-10A Extender (DC-10-30CF)	79-1710	USAF United States Air Force	Active	McGuire AFB, NJ	
360	48203	KC-10A Extender (DC-10-30CF)	79-1711	USAF United States Air Force	Active	McGuire AFB, NJ	
361	48204	KC-10A Extender (DC-10-30CF)	79-1712	USAF United States Air Force	Active	McGuire AFB, NJ	
362	48276	DC-10-15	N153SY	-	Scrapped	Minneapolis, MN	
363	48205	KC-10A Extender (DC-10-30CF)	79-1713	USAF United States Air Force	Active	McGuire AFB, NJ	
364	48288	DC-10-30(ER)	N482CR	-	Scrapped	Marana, AZ	
365	48289	DC-10-15	N152SY	-	Scrapped	Greenwood, MS	
366	47856	DC-10-40I	N856V	(Omega Air)	Stored	Mojave, CA	
367	47857	DC-10-40D	N857V	(Omega Air)	Stored	Mojave, CA	
368	48292	DC-10-30	N87070	-	Scrapped	Roswell, NM	
369	48286	DC-10-30	9G-ANA	-	Scrapped	Rome Fiumicino, Italy	
370	48296	DC-10-30(ER)	N296CR	-	Scrapped	Marana, AZ	
371	48293	DC-10-30	N83071	-	Scrapped	Marana, AZ	
372	48294	DC-10-15	SX-CVP	(Electra Airlines)	Stored	Abidjan, Ivory Coast	
373	48206	KC-10A Extender (DC-10-30CF)	79-1946	USAF United States Air Force	Active	Travis AFB, CA	
374	48295	DC-10-15	N151SY	-	Scrapped	Smyrna, TN	
375	48207	KC-10A Extender (DC-10-30CF)	79-1947	USAF United States Air Force	Active	McGuire AFB, NJ	
376	48208	KC-10A Extender (DC-10-30CF)	79-1948	USAF United States Air Force	Active	Travis AFB, CA	
377	48209	KC-10A Extender (DC-10-30CF)	79-1949	USAF United States Air Force	Active	McGuire AFB, NJ	

	l/n	c/n	Model	Registration	Owner/Operator	Status	Location	Notes
☐	378	48210	KC-10A Extender (DC-10-30CF)	79-1950	USAF United States Air Force	Active	Travis AFB, CA	
☐	379	48264	MD-10-10F	N68057	FedEx Express	Active	Memphis, TN	
☐	380	48211	KC-10A Extender (DC-10-30CF)	79-1951	USAF United States Air Force	Active	Travis AFB, CA	
☐	381	48301	DC-10-40D	N858V	(Omega Air)	Stored	Mojave, CA	
☐	382	48212	KC-10A Extender (DC-10-30CF)	82-0190	-	Written Off	Barksdale AFB, LA	
☐	383	48213	KC-10A Extender (DC-10-30CF)	82-0191	USAF United States Air Force	Active	Travis AFB, CA	
☐	384	48214	KC-10A Extender (DC-10-30CF)	82-0192	USAF United States Air Force	Active	Travis AFB, CA	
☐	385	48215	KC-10A Extender (DC-10-30CF)	82-0193	USAF United States Air Force	Active	Travis AFB, CA	
☐	386	48216	KC-10A Extender (DC-10-30CF)	83-0075	USAF United States Air Force	Active	Travis AFB, CA	
☐	387	48217	KC-10A Extender (DC-10-30CF)	83-0076	USAF United States Air Force	Active	Travis AFB, CA	
☐	388	48218	KC-10A Extender (DC-10-30CF)	83-0077	USAF United States Air Force	Active	Travis AFB, CA	
☐	389	48219	KC-10A Extender (DC-10-30CF)	83-0078	USAF United States Air Force	Active	Travis AFB, CA	
☐	390	48220	KC-10A Extender (DC-10-30CF)	83-0079	USAF United States Air Force	Active	McGuire AFB, NJ	
☐	391	48221	KC-10A Extender (DC-10-30CF)	83-0080	USAF United States Air Force	Active	Travis AFB, CA	
☐	392	48222	KC-10A Extender (DC-10-30CF)	83-0081	USAF United States Air Force	Active	McGuire AFB, NJ	
☐	393	48223	KC-10A Extender (DC-10-30CF)	83-0082	USAF United States Air Force	Active	McGuire AFB, NJ	
☐	394	48224	KC-10A Extender (DC-10-30CF)	84-0185	USAF United States Air Force	Active	Travis AFB, CA	
☐	395	48225	KC-10A Extender (DC-10-30CF)	84-0186	USAF United States Air Force	Active	McGuire AFB, NJ	
☐	396	48226	KC-10A Extender (DC-10-30CF)	84-0187	USAF United States Air Force	Active	Travis AFB, CA	
☐	397	48227	KC-10A Extender (DC-10-30CF)	84-0188	USAF United States Air Force	Active	McGuire AFB, NJ	
☐	398	48228	KC-10A Extender (DC-10-30CF)	84-0189	USAF United States Air Force	Active	Travis AFB, CA	
☐	399	48229	KC-10A Extender (DC-10-30CF)	84-0190	USAF United States Air Force	Active	McGuire AFB, NJ	
☐	400	48230	KC-10A Extender (DC-10-30CF)	84-0191	USAF United States Air Force	Active	Travis AFB, CA	
☐	401	48231	KC-10A Extender (DC-10-30CF)	84-0192	USAF United States Air Force	Active	McGuire AFB, NJ	
☐	402	48232	KC-10A Extender (DC-10-30CF)	85-0027	USAF United States Air Force	Active	McGuire AFB, NJ	
☐	403	48233	KC-10A Extender (DC-10-30CF)	85-0028	USAF United States Air Force	Active	McGuire AFB, NJ	
☐	404	48234	KC-10A Extender (DC-10-30CF)	85-0029	USAF United States Air Force	Active	Travis AFB, CA	
☐	405	48235	KC-10A Extender (DC-10-30CF)	85-0030	USAF United States Air Force	Active	McGuire AFB, NJ	
☐	406	48236	KC-10A Extender (DC-10-30CF)	85-0031	USAF United States Air Force	Active	McGuire AFB, NJ	
☐	407	48237	KC-10A Extender (DC-10-30CF)	85-0032	USAF United States Air Force	Active	McGuire AFB, NJ	
☐	408	48238	KC-10A Extender (DC-10-30CF)	85-0033	USAF United States Air Force	Active	McGuire AFB, NJ	
☐	409	48287	MD-10-30F	N306FE	FedEx Express	Active	Memphis, TN	

Douglas DC-10/MD-10   Out Of Production List: Western Jet Airliners

	l/n	c/n	Model	Registration	Owner/Operator	Status	Location	Notes
☐	410	48239	KC-10A Extender (DC-10-30CF)	85-0034	USAF United States Air Force	Active	Kelly AFB, TX	
☐	411	48240	KC-10A Extender (DC-10-30CF)	86-0027	USAF United States Air Force	Active	McGuire AFB, NJ	
☐	412	48291	DC-10-30F	N307FE	FedEx Express	Active	Memphis, TN	
☐	413	48241	KC-10A Extender (DC-10-30CF)	86-0028	USAF United States Air Force	Active	McGuire AFB, NJ	
☐	414	48242	KC-10A Extender (DC-10-30CF)	86-0029	USAF United States Air Force	Active	McGuire AFB, NJ	
☐	415	48243	KC-10A Extender (DC-10-30CF)	86-0030	USAF United States Air Force	Active	McGuire AFB, NJ	
☐	416	48297	MD-10-30F	N308FE	FedEx Express	Active	Memphis, TN	
☐	417	48244	KC-10A Extender (DC-10-30CF)	86-0031	USAF United States Air Force	Active	Travis AFB, CA	
☐	418	48245	KC-10A Extender (DC-10-30CF)	86-0032	USAF United States Air Force	Active	Travis AFB, CA	
☐	419	48298	DC-10-30F	N309FE	(FedEx Express)	Stored	Venice, Italy	For MD-10 Conversion
☐	420	48246	KC-10A Extender (DC-10-30CF)	86-0033	USAF United States Air Force	Active	Travis AFB, CA	
☐	421	48247	KC-10A Extender (DC-10-30CF)	86-0034	USAF United States Air Force	Active	Travis AFB, CA	
☐	422	48299	DC-10-30F	N310FE	(FedEx Express)	Stored	Victorville, CA	
☐	423	48248	KC-10A Extender (DC-10-30CF)	86-0035	USAF United States Air Force	Active	McGuire AFB, NJ	
☐	424	48249	KC-10A Extender (DC-10-30CF)	86-0036	USAF United States Air Force	Active	McGuire AFB, NJ	
☐	425	48250	KC-10A Extender (DC-10-30CF)	86-0037	USAF United States Air Force	Active	Travis AFB, CA	
☐	426	48251	KC-10A Extender (DC-10-30CF)	86-0038	USAF United States Air Force	Active	Travis AFB, CA	
☐	427	48303	KC-10A Extender (DC-10-30CF)	87-0117	USAF United States Air Force	Active	Travis AFB, CA	
☐	428	48304	KC-10A Extender (DC-10-30CF)	87-0118	USAF United States Air Force	Active	Travis AFB, CA	
☐	429	48305	KC-10A Extender (DC-10-30CF)	87-0119	USAF United States Air Force	Active	Travis AFB, CA	
☐	430	48306	KC-10A Extender (DC-10-30CF)	87-0120	USAF United States Air Force	Active	McGuire AFB, NJ	
☐	431	48307	KC-10A Extender (DC-10-30CF)	87-0121	USAF United States Air Force	Active	McGuire AFB, NJ	
☐	432	48308	KC-10A Extender (DC-10-30CF)	87-0122	USAF United States Air Force	Active	McGuire AFB, NJ	
☐	433	48300	MD-10-30F	N312FE	FedEx Express	Active	Memphis, TN	
☐	434	48267	DC-10-30(ER)	N603AX	Omni Air International	Active	Tulsa, OK	
☐	435	48290	DC-10-30(ER)	N612AX	Omni Air International	Active	Tulsa, OK	
☐	436	48315	DC-10-30	N522AX	Omni Air International	Active	Tulsa, OK	
☐	437	48316	DC-10-30	N531AX	Omni Air International	Active	Tulsa, OK	
☐	438	48319	DC-10-30(ER)	N621AX	Omni Air International	Active	Tulsa, OK	
☐	439	48309	KC-10A Extender (DC-10-30CF)	87-0123	USAF United States Air Force	Active	McGuire AFB, NJ	
☐	440	48311	DC-10-30F	N313FE	(FedEx Express)	Stored	Venice, Italy	For MD-10 Conversion
☐	441	48310	KC-10A Extender (DC-10-30CF)	87-0124	USAF United States Air Force	Active	McGuire AFB, NJ	
☐	442	48312	DC-10-30F	N314FE	(FedEx Express)	Stored	Venice, Italy	For MD-10 Conversion
☐	443	48313	DC-10-30F	N315FE	(FedEx Express)	Stored	Victorville, CA	
☐	444	48314	MD-10-30F	N316FE	FedEx Express	Active	Memphis, TN	
☐	445	48317	DC-10-30	S2-ACR	Biman Bangladesh Airlines	Active	Dhaka, Bangladesh	
☐	446	48318	DC-10-30	N270AX	Omni Air International	Active	Tulsa, OK	

Cross Reference

Registration	l/n	c/n	Registration	l/n	c/n	Registration	l/n	c/n	Registration	l/n	c/n
3D-MRQ	252	46983	9M-MAT	240	46640	F-GGMZ	260	46990	HS-TMB	435	48290
3D-MRR	285	46646	9M-MAV	350	48283	F-GHOI	217	46870	HS-TMC	234	46959
3D-MRS	318	47832	9M-MAW	234	46959	F-GKMY	325	47815	HS-TMC	438	48319
5N-ANN	231	46957	9M-MAX	236	46961	F-GLMX	315	47814	HS-TMD	236	46961
5N-ANR	243	46968	9M-MAZ	159	46933	F-GLYS	233	46872	HS-VGE	125	47887
5N-OGI	104	46928	9Q-CLI	90	47886	F-GNBB	259	46981	I-CGIA	335	47843
5X-BON	214	46921	9Q-CLT	158	46932	F-GNDC	213	47849	I-DYNA	75	47861
5X-JCR	327	47831	9Q-CSS	104	46928	F-GNEM	204	46892	I-DYNB	149	47866
5X-JOE	115	47906	9V-SDA	260	46990	F-GPVA	181	47956	I-DYNC	178	47867
5X-JOS	254	46976	9V-SDB	263	46993	F-GPVB	201	47957	I-DYND	200	47868
5X-ONE	185	46952	9V-SDC	261	46991	F-GPVC	345	48265	I-DYNE	88	47862
5X-ROY	305	47818	9V-SDD	275	46995	F-GPVD	135	47865	I-DYNI	94	47863
5Y-MBA	185	46952	9V-SDE	289	46999	F-GTDF	193	46854	I-DYNO	121	47864
79-0433	311	48200	9V-SDF	300	47817	F-GTDG	288	46997	I-DYNU	135	47865
79-0434	333	48201	9V-SDG	305	47818	F-GTDH	85	46851	J2-KCG	346	48258
79-1710	359	48202	AP-AXC	137	46931	F-GTDI	77	46890	JA8351	216	46923
79-1711	360	48203	AP-AXD	141	46940	F-GTLY	227	46954	JA8530	212	46920
79-1712	361	48204	AP-AXE	172	46935	F-GTLZ	174	46869	JA8532	220	46660
79-1713	363	48205	AP-AYM	229	47889	F-ODLX	233	46872	JA8533	224	46661
79-1946	373	48206	AP-BBL	200	47868	F-ODLY	227	46954	JA8534	206	46913
79-1947	375	48207	CC-CJN	106	46712	F-ODLZ	174	46869	JA8535	230	46662
79-1948	376	48208	CC-CJS	227	46954	F-OGQC	90	47886	JA8536	262	46966
79-1949	377	48209	CC-CJT	242	46950	F-OKBB	259	46981	JA8537	265	46967
79-1950	378	48210	C-FCRA	137	46931	G-AZZC	47	46905	JA8538	274	46974
79-1951	380	48211	C-FCRB	141	46940	G-AZZD	50	46906	JA8539	304	47822
82-0190	382	48212	C-FCRD	229	47889	G-BBSZ	83	46727	JA8540	306	47823
82-0191	383	48213	C-FCRE	200	47868	G-BEBL	179	46949	JA8541	308	47824
82-0192	384	48214	C-GBQQ	202	46916	G-BEBM	214	46921	JA8542	310	47825
82-0193	385	48215	C-GCPC	268	46540	G-BELO	2	46501	JA8543	313	47826
83-0075	386	48216	C-GCPD	281	46541	G-BFGI	266	46590	JA8544	340	47852
83-0076	387	48217	C-GCPE	295	46542	G-BGAT	287	46591	JA8545	343	47853
83-0077	388	48218	C-GCPF	341	46543	G-BGXF	303	47812	JA8546	349	47855
83-0078	389	48219	C-GCPG	352	48285	G-BGXG	312	47813	JA8547	366	47856
83-0079	390	48220	C-GCPH	364	48288	G-BGXH	315	47814	JA8548	367	47857
83-0080	391	48221	C-GCPI	370	48296	G-BGXI	325	47815	JA8549	381	48301
83-0081	392	48222	C-GCRJ	261	46991	G-BHDH	316	47816	JA8550	436	48315
83-0082	393	48223	C-GFHX	260	46990	G-BHDI	327	47831	JA8551	437	48316
84-0185	394	48224	C-GKFA	214	46921	G-BHDJ	337	47840	LN-ALN	84	46554
84-0186	395	48225	C-GKFB	179	46949	G-BJZD	269	46970	LN-RKA	171	46868
84-0187	396	48226	C-GXRB	254	46976	G-BJZE	272	46973	LN-RKB	219	46871
84-0188	397	48227	C-GXRC	256	46978	G-BWIN	147	46936	LN-RKC	315	47814
84-0189	398	48228	CH0001	65	46524	G-BYDA	260	46990	LN-RKD	236	46961
84-0190	399	48229	CP-2489	43	46903	G-DCIO	354	48277	LX-TLD	327	47831
84-0191	400	48230	D-ADAO	117	47921	G-DMCA	348	48266	LX-TLE	179	46949
84-0192	401	48231	D-ADBO	122	47922	G-DPSP	285	46646	N1002D	269	46970
85-0027	402	48232	D-ADCO	123	47923	G-GCAL	2	46501	N1002X	292	46583
85-0028	403	48233	D-ADDO	129	47924	G-GFAL	269	46970	N1002Y	293	46584
85-0029	404	48234	D-ADFO	166	47925	G-GOKT	338	47838	N10038	358	48275
85-0030	405	48235	D-ADHO	190	47927	G-GSKY	272	46973	N1003L	346	48258
85-0031	406	48236	D-ADJO	192	47928	G-LYON	305	47818	N1003N	362	48276
85-0032	407	48237	D-ADKO	196	47929	G-MULL	291	47888	N1003W	365	48289
85-0033	408	48238	D-ADLO	211	46917	G-NIUK	158	46932	N10045	357	48259
85-0034	410	48239	D-ADMO	245	46965	G-TAOS	318	47832	N1004A	372	48294
86-0027	411	48240	D-ADPO	299	46595	G-TDTW	252	46983	N1004B	374	48295
86-0028	413	48241	D-ADQO	301	46596	HB-IHA	57	46575	N10060	269	46970
86-0029	414	48242	D-ADSO	342	48252	HB-IHB	73	46576	N101AA	1	46500
86-0030	415	48243	EC-CBN	87	46925	HB-IHC	114	46577	N101AA	2	46501
86-0031	417	48244	EC-CBO	99	46926	HB-IHD	131	46578	N101AS	104	46928
86-0032	418	48245	EC-CBP	100	46927	HB-IHE	132	46579	N101TV	96	46800
86-0033	420	48246	EC-CEZ	150	47980	HB-IHF	183	46580	N102AA	3	46502
86-0034	421	48247	EC-CLB	186	47981	HB-IHG	184	46581	N102TV	103	46801
86-0035	423	48248	EC-CSJ	221	46922	HB-IHH	187	46582	N102UA	47	46905
86-0036	424	48249	EC-CSK	225	46953	HB-IHI	241	46969	N1031F	81	46825
86-0037	425	48250	EC-DEA	279	47982	HB-IHK	267	46998	N1032F	109	46826
86-0038	426	48251	EC-DEG	238	46962	HB-IHL	292	46583	N1033F	237	46960
87-0117	427	48303	EC-DHZ	324	47834	HB-IHM	293	46584	N1034F	238	46962
87-0118	428	48304	EC-DSF	257	46992	HB-IHN	368	48292	N1035F	257	46992
87-0119	429	48305	EC-DUG	73	46576	HB-IHO	371	48293	N103AA	5	46503
87-0120	430	48306	EC-EAZ	83	46727	HB-IHP	171	46868	N103TV	110	46802
87-0121	431	48307	EC-GNG	225	46953	HC-BKO	57	46575	N103WA	248	46975
87-0122	432	48308	EC-GTB	146	46556	HL7315	160	46934	N104AA	7	46504
87-0123	439	48309	EC-GTC	276	46972	HL7316	188	46912	N104WA	253	46986
87-0124	441	48310	EC-GTD	290	46982	HL7317	199	46915	N104WA	83	46727
99-0910	65	46524	EI-BZD	254	46976	HL7328	125	47887	N105AA	9	46505
9G-ANA	369	48286	EI-DLA	232	46958	HL7329	437	48316	N105AM	127	46891
9G-ANB	234	46959	EK-10151	346	48258	HL7339	237	46960	N105WA	127	46891
9G-ANC	159	46933	F-BTDB	63	46850	HS-TGA	85	46851	N105WA	255	46987
9G-AND	106	46712	F-BTDC	85	46851	HS-TGB	204	46892	N106AA	12	46506
9G-ANE	165	46713	F-BTDD	244	46963	HS-TGC	185	46952	N106WA	277	46835
9G-PHN	84	46554	F-BTDE	134	46853	HS-TGD	234	46959	N107AA	13	46507
9J-AFN	122	47922	F-BTDF	93	46852	HS-TGE	236	46961	N107WA	280	46836
9M-MAS	228	46955	F-GDJK	213	47849	HS-TMA	434	48267	N108AA	20	46508

Douglas DC-10/MD-10 Out Of Production List: Western Jet Airliners

Registration	l/n	c/n	Registration	l/n	c/n	Registration	l/n	c/n	Registration	l/n	c/n
N108AX	190	47927	N142US	36	46751	N1831U	209	46630	N305FV	200	47868
N108WA	282	46837	N142WE	262	46966	N1832U	210	46631	N306FE	409	48287
N109AA	21	46509	N143AA	91	46555	N1833U	59	47965	N306FV	229	47889
N109WA	159	46933	N143US	53	46752	N1834U	64	47966	N307FE	412	48291
N109WA	314	47819	N144AA	136	47848	N1835U	67	47967	N308FE	416	48297
N10DC	1	46500	N144JC	66	46753	N1836U	74	47968	N309FE	419	48298
N10DC	2	46501	N144US	66	46753	N1837U	80	47969	N310FE	422	48299
N10MB	157	47907	N144WE	316	47816	N1838U	296	46632	N311FE	219	46871
N110AA	22	46510	N145AA	14	46700	N1839U	297	46633	N31208	229	47889
N110KC	311	48200	N145US	79	46754	N183AT	2	46501	N312FE	433	48300
N111AA	23	46511	N146AA	16	46701	N1841U	298	46634	N313FE	440	48311
N112AA	24	46512	N146US	97	46755	N1842U	307	46635	N314FE	442	48312
N112WA	317	47820	N147AA	18	46702	N1843U	309	46636	N315FE	443	48313
N113AA	30	46513	N147US	102	46756	N1844U	344	48260	N316FE	444	48314
N113WA	320	47821	N148AA	19	46703	N1845U	347	48261	N317FE	277	46835
N114AA	31	46514	N148US	108	46757	N1846U	351	48262	N318FE	282	46837
N114WA	289	46999	N149US	111	46758	N1847U	353	48263	N319FE	317	47820
N115AA	37	46515	N15069	293	46584	N1848U	379	48264	N320FE	326	47835
N115WA	305	47818	N150US	113	46759	N1849U	203	46939	N321FE	330	47836
N116AA	48	46516	N151AA	38	46706	N184AT	36	46751	N322FE	215	47908
N116WA	115	47906	N151SY	374	48295	N1852U	302	47811	N323FE	302	47811
N117AA	49	46517	N151US	120	46760	N1853U	303	47812	N325FE	303	47812
N117GB	446	48318	N152AA	61	46707	N1854U	312	47813	N326FE	312	47813
N117WA	446	48318	N152SY	365	48289	N1855U	328	47837	N331FV	335	47843
N118AA	51	46518	N152US	124	46761	N1856U	248	46975	N335SJ	335	47843
N119AA	52	46519	N153AA	62	46708	N1857U	253	46986	N345HC	345	48265
N12061	334	47851	N153SY	362	48276	N1858U	255	46987	N35084	261	46991
N12064	88	47862	N153US	126	46762	N1859U	314	47819	N351WA	221	46922
N12080	186	47981	N154AA	68	46709	N189AX	354	48277	N352WL	338	47838
N12089	46	46550	N154SY	357	48259	N19072	73	46576	N353WL	446	48318
N120AA	54	46520	N154US	128	46763	N19B	160	46934	N357FE	203	46939
N121AA	55	46521	N155US	130	46764	N19B	224	46661	N358FE	297	46633
N122AA	56	46522	N156US	143	46765	N19B	229	47889	N359FE	307	46635
N123AA	58	46523	N157DM	212	46920	N19B	230	46662	N360AX	38	46706
N124AA	65	46524	N157US	151	46766	N19B	337	47840	N360FE	309	46636
N125AA	72	46525	N158US	161	46767	N19B	346	48258	N361FE	344	46260
N126AA	247	46947	N159US	164	46768	N211NW	171	46868	N362FE	347	48261
N127AA	249	46948	N160AA	70	46710	N2201	114	46577	N363FE	353	48263
N128AA	250	46984	N160US	168	46769	N220AU	2	46501	N364FE	4	46600
N129AA	270	46996	N161AA	162	46942	N220NW	114	46577	N365FE	6	46601
N13066	287	46591	N161US	175	46770	N220PR	114	46577	N366FE	8	46602
N13067	149	47866	N162AA	163	46943	N221NW	132	46579	N367FE	15	46605
N13086	211	46917	N162US	180	46771	N223NW	183	46580	N368FE	17	46606
N13088	63	46850	N163AA	195	46914	N224NW	184	46581	N369FE	25	46607
N130AA	271	46989	N164AA	242	46950	N225NW	187	46582	N37077	259	46981
N130FA	84	46554	N166AA	95	46908	N226NW	292	46583	N37078	99	46926
N131AA	273	46994	N167AA	112	46930	N227NW	241	46969	N370FE	26	46608
N132AA	294	47827	N168AA	153	46938	N228NW	131	46578	N371FE	27	46609
N1337U	29	46704	N17085	201	47957	N228PR	131	46578	N372BC	254	46976
N1338U	33	46705	N17087	192	47928	N228PR	131	46578	N372FE	32	46610
N1339U	46	46550	N171AA	50	46906	N229NW	60	46551	N373FE	35	46611
N133AA	319	47828	N17804	75	47861	N230NW	71	46552	N374FE	39	46612
N133JC	53	46752	N1801U	4	46600	N232NW	236	46961	N375FE	42	46613
N1340U	57	46575	N1802U	6	46601	N233NW	240	46640	N377FE	59	47965
N1341U	63	46850	N1803U	8	46602	N234DC	141	46940	N381FE	76	46615
N1342U	60	46551	N1804U	10	46603	N234NW	188	46912	N383FE	86	46616
N1348U	83	46727	N1805U	11	46604	N235NW	199	46915	N384FE	89	46617
N134AA	321	47829	N1806U	15	46605	N236NW	160	46934	N385FE	119	46619
N1350U	85	46851	N1807U	17	46606	N237NW	336	47844	N386FE	138	46620
N135AA	323	47830	N1808U	25	46607	N238NW	434	48267	N3878F	121	47864
N13627	349	47855	N1809U	26	46608	N239NW	435	48290	N3878M	94	47863
N13627	357	48259	N1810U	27	46609	N240NW	438	48319	N3878P	75	47861
N136AA	69	47846	N1811U	32	46610	N241NW	355	48282	N387FE	140	46621
N136WA	336	47844	N1812U	35	46611	N242NW	356	47845	N388FE	144	46622
N137AA	116	47847	N1813U	39	46612	N243NW	436	48315	N389FE	154	46623
N137WA	355	48282	N1814U	42	46613	N244NW	437	48316	N39081	75	47861
N138AA	189	46911	N1815U	45	46614	N270AX	446	48318	N390EA	88	47862
N138WA	356	47845	N1816U	76	46615	N279AX	316	47816	N390FE	155	46624
N139AA	105	46711	N1817U	86	46616	N285CR	352	48285	N391EA	149	47866
N139WA	292	46583	N1818U	89	46617	N296CR	370	48296	N391FE	169	46625
N14062	94	47863	N1819U	118	46618	N3016Z	348	48266	N392EA	178	47867
N14063	121	47864	N1820U	119	46619	N301FE	96	46800	N392FE	198	46626
N14074	189	46911	N1821U	138	46620	N301FV	228	46955	N393FE	205	46627
N14075	221	46922	N1822U	140	46621	N301FV	346	48258	N394FE	207	46628
N14079	100	46927	N1823U	144	46622	N3024W	446	48318	N395FE	208	46629
N14090	82	46553	N1824U	154	46623	N302FE	103	46801	N396FE	209	46630
N140AA	106	46712	N1825U	155	46624	N303FE	110	46802	N397FE	210	46631
N140WE	212	46920	N1826U	169	46625	N303WL	211	46917	N398FE	298	46634
N141AA	165	46713	N1827U	198	46626	N304FE	257	46992	N399FE	351	48262
N141US	28	46750	N1828U	205	46627	N304SP	268	46540	N40061	272	46973
N141WE	224	46661	N1829U	207	46628	N304WL	192	47928	N400JR	254	46976
N142AA	167	46714	N1830U	208	46629	N305FE	339	47870	N401JR	266	46590

451

Registration	l/n	c/n	Registration	l/n	c/n	Registration	l/n	c/n	Registration	l/n	c/n
N402JR	327	47831	N603GC	122	47922	N82NA	165	46713	PH-AAJ	276	46972
N40KA	83	46727	N604DA	74	47968	N83071	371	48293	PH-AAK	290	46982
N41068	178	47867	N604GC	129	47924	N831LA	147	46936	PH-DTA	46	46550
N417DG	147	46936	N605DA	80	47969	N832LA	137	46931	PH-DTB	60	46551
N42783	200	47868	N605GC	166	47925	N833AA	322	47833	PH-DTC	71	46552
N431AV	197	46557	N606GC	196	47929	N833LA	152	46937	PH-DTD	82	46553
N434KC	333	48201	N607GC	256	46978	N834LA	222	46946	PH-DTE	84	46554
N450AX	162	46942	N609GC	158	46932	N83NA	167	46714	PH-DTF	91	46555
N450ML	327	47831	N60NA	14	46700	N84NA	328	47837	PH-DTG	146	46556
N4655Y	60	46551	N610PH	293	46584	N852V	340	47852	PH-DTH	197	46557
N4655Z	71	46552	N610TF	224	46661	N853VV	343	47853	PH-DTK	195	46914
N46916	202	46916	N612AX	435	48290	N856V	366	47856	PH-DTL	185	46952
N469V	216	46923	N612GC	337	47840	N857V	367	47857	PH-MBG	127	46891
N47816	316	47816	N614GC	137	46931	N858V	381	48301	PH-MBN	218	46924
N47831	327	47831	N6150Z	229	47889	N8702Q	212	46920	PH-MBP	235	46956
N47888	291	47888	N61NA	16	46701	N8703Q	216	46923	PH-MBT	264	46985
N478CT	314	47819	N6203U	434	48267	N8704Q	214	46921	PH-MCO	267	46998
N48258	346	48258	N6204N	441	48310	N8705Q	220	46660	PK-GIA	223	46918
N48277	354	48277	N621AX	438	48319	N87070	368	48292	PK-GIB	226	46919
N482CR	364	48288	N62NA	18	46702	N8707Q	234	46959	PK-GIC	239	46964
N49082	190	47927	N630AX	301	46596	N8712Q	254	46976	PK-GID	246	46951
N518MD	289	46999	N63NA	19	46703	N901JR	266	46590	PK-GIE	284	46685
N519MD	305	47818	N64NA	38	46706	N901WA	95	46908	PK-GIF	286	46686
N522AX	436	48315	N65NA	61	46707	N902CL	47	46905	PP-AJM	196	47929
N524MD	289	46999	N65SS	281	46541	N902JW	47	46905	PP-DTI	159	46933
N525MD	46	46550	N660VV	220	46660	N902WA	104	46928	PP-MTA	215	47908
N526MD	267	46998	N662VV	230	46662	N903WA	107	46929	PP-OOO	346	48258
N52UA	47	46905	N66NA	62	46708	N904PG	133	46944	PP-SFB	57	46575
N531AX	437	48316	N67NA	68	46709	N904WA	112	46930	PP-SOM	141	46940
N533MD	82	46553	N68041	34	46900	N9053N	372	48294	PP-SON	200	47868
N537MD	305	47818	N68042	40	46901	N905WA	153	46938	PP-SOV	229	47889
N540AX	299	46595	N68043	41	46902	N906WA	203	46939	PP-VMA	133	46944
N541SA	281	46541	N68044	43	46903	N907WA	222	46946	PP-VMB	156	46945
N54627	87	46925	N68045	44	46904	N908WA	251	46977	PP-VMD	202	46916
N54629	93	46852	N68046	92	47800	N909WA	252	46983	PP-VMO	268	46540
N54633	90	47886	N68047	98	47801	N910SF	65	46524	PP-VMP	281	46541
N54634	125	47887	N68048	101	47802	N912WA	283	46645	PP-VMQ	176	46941
N54637	137	46931	N68049	139	47803	N913VV	206	46913	PP-VMR	300	47817
N54639	134	46853	N68050	142	47804	N913WA	285	46646	PP-VMS	305	47818
N5463Y	315	47814	N68051	145	47805	N914WA	318	47832	PP-VMT	329	47841
N54643	179	46949	N68052	148	47806	N915WA	322	47833	PP-VMU	332	47842
N54644	192	47928	N68053	173	47807	N916CL	50	46906	PP-VMW	336	47844
N54646	185	46952	N68054	177	47808	N916JW	50	46906	PP-VMX	356	47845
N54649	193	46854	N68055	191	47809	N917CL	83	46727	PP-VMY	335	47843
N5464M	325	47815	N68056	194	47810	N917JW	83	46727	PP-VMY	355	48282
N54652	206	46913	N68057	379	48264	N940PG	133	46944	PP-VMZ	289	46999
N54652	224	46661	N68058	33	46705	N946LL	222	46946	PP-VQY	179	46949
N550FE	55	46521	N68059	78	46907	N946PG	295	46542	PR-BME	314	47819
N552FE	58	46523	N68060	331	47850	N949PL	179	46949	PR-LGO	214	46921
N553FE	61	46707	N68065	266	46590	N956PT	181	47956	PR-MTC	268	46540
N554FE	62	46708	N6857X	261	46991	N961GF	236	46961	RA-10200	127	46891
N556FE	70	46710	N68NA	70	46710	N962GF	240	46640	RP-C2003	232	46958
N557FE	72	46525	N69NA	162	46942	N967PG	156	46945	RP-C2114	338	47838
N559FE	112	46930	N701TZ	292	46583	N967VV	265	46967	S2-ACO	263	46993
N560FE	153	46938	N702TZ	188	46912	N974VV	274	46974	S2-ACP	275	46995
N562FE	247	46947	N705TZ	199	46915	N997GA	288	46997	S2-ACQ	300	47817
N563FE	249	46948	N706TZ	187	46582	OB-1749	127	46891	S2-ACR	445	48317
N564FE	250	46984	N70NA	163	46943	OH-LHA	181	47956	S2-ACS	341	46543
N565FE	270	46996	N720AX	342	48252	OH-LHB	201	47957	S2-ADA	289	46999
N56640	214	46921	N76073	141	46940	OH-LHD	135	47865	S2-ADB	305	47818
N566FE	271	46989	N777SJ	256	46978	OH-LHE	256	46978	S2-ADN	295	46542
N567FE	273	46994	N786PT	135	47865	OO-HPN	372	48294	SE-DFD	174	46869
N568FE	294	47827	N800WR	228	46955	OO-HVA	127	46891	SE-DFE	233	46872
N569FE	319	47828	N801AL	159	46933	OO-JOT	63	46850	SE-DFF	325	47815
N570FE	321	47829	N804AZ	306	47823	OO-LRM	267	46998	SE-DFG	84	46554
N571FE	323	47830	N805AZ	349	47855	OO-PHN	84	46554	SE-DFH	227	46954
N571RY	283	46645	N80946	324	47834	OO-SLA	115	47906	SE-DHS	285	46646
N571SC	283	46645	N8094L	146	46556	OO-SLB	157	47907	SE-DHT	322	47833
N572RY	251	46977	N8094P	225	46953	OO-SLC	215	47908	SE-DHU	318	47832
N572SC	251	46977	N8094Z	290	46982	OO-SLD	326	47835	SE-DHX	283	46645
N573SC	47	46905	N8095V	150	47980	OO-SLE	330	47836	SE-DHY	252	46983
N581LF	269	46970	N80NA	105	46711	OO-SLG	170	47926	SE-DHZ	251	46977
N59083	170	47926	N810AX	345	48265	OO-SLH	190	47927	SX-CVC	335	47843
N591LF	272	46973	N811SL	214	46921	OY-CNO	260	46990	SX-CVH	346	48258
N600GC	245	46965	N81NA	106	46712	OY-CNS	285	46646	SX-CVP	372	48294
N601DA	59	47965	N821CC	84	46554	OY-CNT	322	47833	T-235	235	46956
N601GC	117	47921	N821L	136	47848	OY-CNU	318	47832	T-253	253	46986
N602DA	64	47966	N8228P	152	46937	OY-CNY	252	46983	T-255	255	46987
N602DC	254	46976	N822V	304	47822	OY-KDA	217	46870	T-264	264	46985
N602GC	123	47923	N824VV	308	47824	OY-KDB	159	46933	TC-JAU	33	46705
N603AX	434	48267	N825VV	310	47825	OY-KDC	234	46959	TC-JAV	29	46704
N603DA	67	47967	N826VV	313	47826	PH-AAI	258	46971	TC-JAY	78	46907

452   *Douglas DC-10/MD-10*   Out Of Production List: Western Jet Airliners

Registration	l/n	c/n
TU-TAL	77	46890
TU-TAM	204	46892
TU-TAN	288	46997
UN-10200	127	46891
V2-LEA	84	46554
V2-LEH	75	47861
V2-LER	372	48294
V2-LEX	346	48258
V2-SKY	358	48275
VP-BDE	306	47823
VP-BDF	349	47855
VP-BDG	224	46661
VP-BDH	262	46966
VR-BMP	131	46578
XA-AMR	137	46931
XA-DUG	147	46936
XA-DUH	152	46937
XA-MEW	372	48294
XA-MEX	374	48295
XA-RIY	75	47861
XA-SYE	260	46990
XA-TDC	127	46891
XA-TDI	357	48259
XA-TFM	75	47861
YA-LAS	291	47888
YU-AMA	259	46981
YU-AMB	278	46988
YU-AMC	131	46578
YU-AMD	84	46554
YV-1040C	178	47867
YV-1052C	133	46944
YV-133C	91	46555
YV-134C	146	46556
YV-135C	258	46971
YV-136C	276	46972
YV-137C	290	46982
YV-138C	197	46557
YV-139C	225	46953
YV-50C	156	46945
YV-51C	133	46944
YV-69C	133	46944
Z-	254	46976
Z-ALT	305	47818
Z-ARL	157	47907
Z-AVT	266	46590
ZK-NCQ	189	46911
ZK-NZL	69	47846
ZK-NZM	116	47847
ZK-NZN	136	47848
ZK-NZP	182	46910
ZK-NZR	213	47849
ZK-NZS	227	46954
ZK-NZT	242	46950
ZS-GAS	318	47832
ZS-GAW	252	46983

Fokker F-28

Production Started:	1967
Production Ended:	1987
Number Built:	245
Active:	63
Preserved:	1
WFU, Stored & In Parts:	115
Written Off:	37
Scrapped:	29

Location Summary

Location	Count
Argentina	11
Australia	2
Bangladesh	4
Burkina Faso	2
Cambodia	1
Cameroon	4
Canada	29
Chad	1
Colombia	2
Congo	1
Ecuador	6
Equatorial Guinea	4
France	3
Gabon	2
Gambia	1
Ghana	1
Indonesia	42
Iran	6
Ivory Coast	5
Kenya	3
Libya	7
Malaysia	1
Mali	1
Mauritania	1
Myanmar	4
Netherlands	2
Nigeria	2
Norway	1
Papua New Guinea	5

Location Summary

Location	Count
Peru	3
Philippines	1
Singapore	1
South Africa	11
Tanzania	1
Togo	1
UAE - Dubai	1
USA - AZ	1
USA - NV	1
USA - WA	4

Fokker F-28 — Out Of Production List: Western Jet Airliners

l/n	c/n	Model	Registration	Owner/Operator	Status	Location	Notes
☐	11001	4000	PH-JHG	-	Scrapped	Tours, France	
☐	11002	1000	PH-WEV	-	Scrapped	Amsterdam Schiphol, Netherlands	
☐	11003	1000	TZ-ASH	(Air Mali)	WFU & Stored	Bamako, Mali	
☐	11004	1000	C5-ADE	(Air Dabia)	WFU & Stored	Banjul, Gambia	
☐	11005	1000		Fokker	Scrapped	Amsterdam Schiphol, Netherlands	
☐	11006	1000	OB-1779-P	(Aero Continente)	Stored	Lima, Peru	
☐	11007	1000		Fokker	Scrapped	Amsterdam Schiphol, Netherlands	
☐	11008	1000	VH-FKF	-	Scrapped	Melbourne, Australia	
☐	11009	1000	LN-SUC	(Braathens S.A.F.E.)	Preserved	Norwegian Aviation Museum, Bodo, Norway	
☐	11010	1000	I-TIBB	-	Scrapped	Dinard, France	
☐	11011	1000	LN-SUY	-	Written Off	Nr Oslo, Norway	
☐	11012	1000	XU-888	(President Airlines)	Stored	Phnom Penh, Cambodia	
☐	11013	1000	F-GIAI	-	Scrapped	Dinard, France	
☐	11014	1000	I-TIDA	-	Written Off	Bergamo, Italy	
☐	11015	1000	I-TIDE	-	Written Off	Turin, Italy	
☐	11016	1000	N500WN	(Desert Eagle)	Stored	Las Vegas McCarran, NV	
☐	11017	1000	LV-WZC	(Aerolineas Argentinas)	WFU & Stored	Buenos Aires EZE, Argentina	
☐	11018	1000C	TC-54	(Argentine Air Force / LADE)	Stored	El Palomar, Buenos Aires, Argentina	
☐	11019	1000	XY-ADU	(Myanmar Airways International)	WFU & Stored	Yangon Mingaladon, Myanmar	
☐	11020	1000C	TC-53	Argentine Air Force / LADE	Active	El Palomar, Buenos Aires, Argentina	
☐	11021	1000	VH-FKA	-	Scrapped	Melbourne, Australia	
☐	11022	1000	P2-ANH	-	Written Off	Port Moresby, Papua New Guinea	
☐	11023	1000	EC-BVC	-	Written Off	Bilbao, Spain	
☐	11024	1000C	TC-55	Argentine Air Force / LADE	Active	El Palomar, Buenos Aires, Argentina	
☐	11025	1000	C-FFKC	(Air Canada Regional)	WFU & Stored	Saskatoon, Canada	
☐	11026	1000	VH-FKD	-	Scrapped	Melbourne, Australia	
☐	11027	1000	5V-TPO	African Airlines International	Active	Ouagadougou, Burkina Faso	
☐	11028	1000	T-03	Argentine Air Force	Active	El Palomar, Buenos Aires, Argentina	
☐	11029	1000	C-FCRW	(Air Canada Jazz)	Stored	Saskatoon, Canada	
☐	11030	1000	PK-PJS	(Pelita Air)	WFU & Stored	Jakarta Halim, Indonesia	
☐	11031	1000	N803PH	(Horizon Air)	Fuselage Remains	Davis Monthan, AZ	
☐	11032	1000	C-FCRU	(Air Canada Regional)	Stored	Saskatoon, Canada	
☐	11033	1000	P2-ANE	-	Scrapped	Port Moresby, Papua New Guinea	
☐	11034	1000	C-GNCR	(Air Canada Regional)	Stored	Saskatoon, Canada	
☐	11035	1000	C-FCRM	(Air Canada Regional)	Stored	Saskatoon, Canada	
☐	11036	1000	C-FQCR	(Air Canada Regional)	Stored	Saskatoon, Canada	
☐	11037	1000	C-FCRP	(Air Canada Regional)	Stored	Saskatoon, Canada	
☐	11038	1000	VH-XNG	Aviation Australia	Active	Brisbane, Australia	
☐	11039	1000	PK-GVC	-	Written Off	Palembang, Indonesia	
☐	11040	1000	C-GFKE	(Air Canada Regional)	Fire Trainer	Calgary, Canada	
☐	11041	1000	P2-ANU	(Air Niugini)	Stored	Port Moresby, Papua New Guinea	
☐	11042	1000	A-2801	Indonesian Air Force	Active	Jakarta Halim, Indonesia	
☐	11043	1000	C-FCRI	(Air Canada Regional)	Stored	Saskatoon, Canada	
☐	11044	1000	C-FCRC	(Air Canada Regional)	Stored	Saskatoon, Canada	
☐	11045	1000	ZS-PWM	Sky One Air	Active	Lanseria, South Africa	
☐	11046	1000	LV-LRG	-	Scrapped	Buenos Aires EZE, Argentina	
☐	11047	1000	TU-PAB	(Private)	Stored	Dinard, France	
☐	11048	1000	LV-LZN	(LAER)	Stored	Parana, Argentina	

l/n	c/n	Model	Registration	Owner/Operator	Status	Location	Notes
☐	11049	1000	P2-ANB	-	Written Off	Mandang, Papua New Guinea	
☐	11050	1000	C-GYCR	(Air Canada Regional)	Stored	Saskatoon, Canada	
☐	11051	1000	C-GCRN	-	Scrapped	Canada	
☐	11052	1000	C5-OUS	COAGE - Compania Aerea De Guinea Ecuatorial	Active	Malabo, Equatorial Guinea	
☐	11053	2000	F-GDUS	(Air Liberte)	Stored	Paris Orly, France	
☐	11054	1000	C-FZCR	(Air Canada Jazz)	Stored	Saskatoon, Canada	
☐	11055	1000	PK-GVE	-	Written Off	Mount Sibayak, Indonesia	
☐	11056	1000	P2-ANW	-	Scrapped	Port Moresby, Papua New Guinea	
☐	11057	1000	TC-JAO	-	Written Off	Izmir, Turkey	
☐	11058	1000	TC-JAP	-	Written Off	Nr Istanbul, Turkey	
☐	11059	1000	OB-R1020	-	Written Off	Juliaca, Peru	
☐	11060	1000	C-FONF	-	Written Off	Dryden, ONT, Canada	
☐	11061	1000	C-FCRZ	(Air Canada Regional)	Stored	Vancouver, Canada	
☐	11062	2000	N103EW	-	Scrapped	Dinard, France	
☐	11063	1000	C-FOCR	(Air Canada Regional)	WFU & Stored	Calgary, Canada	
☐	11064	1000	C-FXTA	(Air Canada Jazz)	Stored	Saskatoon, Canada	
☐	11065	1000	OB-1018	-	Scrapped	Lima, Peru	
☐	11066	1000	OB-1019	-	Scrapped	Lima, Peru	
☐	11067	1000	SE-DGA	-	Scrapped	Stockholm Arlanda, Sweden	
☐	11068	1000	SE-DGB	-	Scrapped	Stockholm Arlanda, Sweden	
☐	11069	1000	SE-DGC	-	Scrapped	Stockholm Arlanda, Sweden	
☐	11070	1000	EP-PAV	-	Written Off	Karkas Mountains, Iran	
☐	11071	1000	TC-JAT	-	Written Off	Cucuk Koy, Turkey	
☐	11072	1000	TN-ACP	-	Written Off	Brazzaville, Congo Brazzaville	
☐	11073	1000	3C-LLF	GETRA - Guinea Ecuatorial De Transportes Aereos	Active	Malabo, Equatorial Guinea	
☐	11074	1000C	TC-52	Argentina Air Force / LADE	Active	El Palomar, Buenos Aires, Argentina	
☐	11075	1000	C-FANA	(Air Canada Regional)	Stored	Saskatoon, Canada	
☐	11076	1000C	TC-51	-	Written Off	Bariloche, Argentina	
☐	11077	2000	9G-ACA	-	Written Off	Accra, Ghana	
☐	11078	1000	PK-GVK	-	Written Off	Branti Tanjung-Karang, Indonesia	
☐	11079	1000	5V-TAI	Government of Togo	Active	Lome Tokoin, Togo	
☐	11080	2000	TR-LST	(Air Gabon)	WFU & Stored	Libreville, Gabon	
☐	11081	2000	TR-LSU	-	Scrapped	Libreville, Gabon	
☐	11082	1000	C-GTAH	(Canadian North)	Stored	Saskatoon, Canada	
☐	11083	1000	LV-LOC	-	Scrapped	Buenos Aires EZE, Argentina	
☐	11084	1000	C-FTAY	(Canadian North)	Stored	Calgary, Canada	
☐	11085	1000	LV-LOA	-	Scrapped	Buenos Aires EZE, Argentina	
☐	11086	1000	LV-LOB	-	Written Off	Concordia, Argentina	
☐	11087	1000	OB-1780P	(Aero Continente)	Stored	Loreto, Peru	
☐	11088	1000	M28-01	Royal Malaysian Air Force	Active	Kuala Lumpur Subang, Malaysia	
☐	11089	1000	P2-ANC	-	Scrapped	Port Moresby, Papua New Guinea	
☐	11090	2000	5N-ANF	-	Written Off	Nr Enugu, Nigeria	
☐	11091	2000	F-GDUT	(Air Liberte)	Stored	Dinard, France	
☐	11092	4000	5T-CLF	-	Written Off	Tidjikja, Mauritania	
☐	11093	4000	5Y-JLA	Jetlink Air	Active	Zanzibar, Kenya	
☐	11094	1000	PK-GVP	-	Written Off	Mount Bromo, Indonesia	
☐	11095	1000	C-FFCR	(Air Canada Regional)	Stored	Saskatoon, Canada	

Fokker F-28 — Out Of Production List: Western Jet Airliners

l/n	c/n	Model	Registration	Owner/Operator	Status	Location	Notes
☐	11096	1000	C-FPCR	(Air Canada Regional)	Stored	Saskatoon, Canada	
☐	11097	1000	OB-1750P	(Aero Continente)	Stored	Lima, Peru	
☐	11098	1000	C-FTAS	(Air Canada Regional)	Stored	Saskatoon, Canada	
☐	11099	1000C	C-GTIZ	(Air Canada Jazz)	Stored	Saskatoon, Canada	
☐	11100	1000	OB-1396	-	Written Off	Cerro Coloque Mountain, Peru	
☐	11101	1000	C-GKCR	(Air Canada Jazz)	Stored	Saskatoon, Canada	
☐	11102	1000C	EP-PAX	(Iran Aseman Airlines)	Stored	Tehran Mehrabad, Iran	
☐	11103	1000	C-FJRI	(Canadian Regional)	Stored	Saskatoon, Canada	
☐	11104	1000	EP-PAZ	(Iran Aseman Airlines)	Stored	Tehran Mehrabad, Iran	
☐	11105	1000	C-GLCR	(Canadian Regional)	Stored	Saskatoon, Canada	
☐	11106	1000	C-FTAV	(Canadian Regional)	Stored	Saskatoon, Canada	
☐	11107	1000	C-FCRB	(Canadian Regional)	Stored	Saskatoon, Canada	
☐	11108	2000	XT-TIB	(Air Burkina)	WFU & Stored	Ouagadougou, Burkina Faso	
☐	11109	2000	F-GDUV	-	Scrapped	Paris Orly, France	
☐	11110	2000	5A-DSO	Petro Air	Active	Tripoli, Libya	
☐	11111	4000	PK-PJL	Pelita Air / KalStar	Active	Serpong, Indonesia	
☐	11112	4000	HC-BZU	(TAME Ecuador)	Stored	Quito, Ecuador	
☐	11113	3000	A-2802	Indonesian Air Force	Active	Jakarta Halim, Indonesia	
☐	11114	4000	XY-ADW	Myanmar Airways International	Active	Yangon Mingaladon, Myanmar	
☐	11115	4000	ZS-XGX	(Airquarius Aviation)	WFU & Stored	Lanseria, South Africa	
☐	11116	4000	PK-JKM	(Nusantara Air Charter)	Stored	Jakarta Halim, Indonesia	
☐	11117	3000	A-2803	Indonesian Air Force	Active	Jakarta Halim, Indonesia	
☐	11118	4000	ZS-IJN	(Inter Air Airlines)	Stored	Lanseria, South Africa	
☐	11119	3000	PK-HNN	(Garuda Indonesia Citilink)	Stored	Jakarta CGK, Indonesia	
☐	11120	4000	S2-ADY	Biman Bangladesh Airlines	Active	Dhaka, Bangladesh	
☐	11121	4000	TU-TIK	-	Written Off	Man, Ivory Coast	
☐	11122	4000	SE-DGI	-	Stored	Woensdrecht, Netherlands	
☐	11123	4000	S2-ADZ	Biman Bangladesh Airlines	Active	Dhaka, Bangladesh	
☐	11124	4000	S2-ACV	(Biman Bangladesh Airlines)	WFU & Stored	Dhaka, Bangladesh	
☐	11125	3000	G530	Ghana Air Force	Active	Accra, Ghana	
☐	11126	4000	TR-LGP	Avirex	Active	Libreville, Gabon	
☐	11127	4000	LV-MZD	-	Written Off	Villa Gesell, Argentina	
☐	11128	4000	TN-BEH	Trans Air Congo	Active	Brazzaville, Congo Brazzaville	
☐	11129	3000	PK-HNK	(Gatari Air Services)	WFU & Stored	Jakarta CGK, Indonesia	
☐	11130	4000	ZS-XGW	Airquarius Aviation / SkyLink Arabia	Active	Dubai, UAE	
☐	11131	3000	PK-GFU	-	Written Off	Jefman, Indonesia	
☐	11132	3000	PK-GFV	-	Written Off	Tanjangkarang, Indonesia	
☐	11133	4000	PK-NAI	(Nurman Avia)	Stored	Jakarta CGK, Indonesia	
☐	11134	3000	PK-HNJ	(Gatari Air Services)	Stored	Jakarta Halim, Indonesia	
☐	11135	4000	EP-ASE	(Iran Aseman Airlines)	Stored	Tehran Mehrabad, Iran	
☐	11136	3000	ZS-PNL	Private	Active	Lanseria, South Africa	
☐	11137	3000	5H-CCM	Government of Tanzania	Active	Dar-Es-Salaam, Tanzania	
☐	11138	4000	5T-CLH	(Air Mauretanie)	Stored	Nouakchott, Mauritania	
☐	11139	4000	5A-DTG	(Libyan Arab Airlines)	Stored	Tripoli, Libya	
☐	11140	4000	5A-DTH	(Libyan Arab Airlines)	Stored	Tripoli, Libya	
☐	11141	4000	PH-CHI	-	Written Off	Moerdijk, Netherlands	
☐	11142	4000	PK-NAI	Nurman Avia	Active	Jakarta CGK, Indonesia	
☐	11143	3000	ZS-JAP	(Airquarius Aviation)	Stored	Lanseria, South Africa	

l/n	c/n	Model	Registration	Owner/Operator	Status	Location	Notes
☐	11144	4000	EP-ASF	(Iran Aseman Airlines)	Stored	Tehran Mehrabad, Iran	
☐	11145	3000	0741/5-T-20	Argentine Navy	Active	Buenos Aires EZE, Argentina	
☐	11146	4000	PK-RJY	Pelita Air	Active	Jakarta Halim, Indonesia	
☐	11147	3000	0740/5-T-10	(Argentine Navy)	Stored	Buenos Aires EZE, Argentina	
☐	11148	4000	S2-ACW	Biman Bangladesh Airlines	Active	Dhaka, Bangladesh	
☐	11149	4000	N489US	-	Scrapped	Greenwood, MS	
☐	11150	3000	0742	Argentine Navy	Active	Buenos Aires EZE, Argentina	
☐	11151	3000	ZS-JAL	(Airquarius Aviation)	WFU & Stored	Lanseria, South Africa	
☐	11152	4000	N490US	-	Scrapped	Moses Lake, WA	
☐	11153	3000	RP-1250	Central Bank of the Philippines	Active	Manila, Philippines	
☐	11154	4000	PK-GKA	(Merpati Nusantara Airlines)	Stored	Surabaya, Indonesia	
☐	11155	4000	PK-MGC	(Merpati Nusantara Airlines)	Stored	Surabaya, Indonesia	
☐	11156	4000	3C-LGP	(General Work Aviation)	WFU & Stored	Abidjan, Ivory Coast	
☐	11157	4000	PK-GKC	(Merpati Nusantara Airlines)	Stored	Surabaya, Indonesia	
☐	11158	4000	PK-MGE	(Merpati Nusantara Airlines)	Stored	Surabaya, Indonesia	
☐	11159	4000	HC-CET	(Icaro Express)	WFU & Stored	Latacunga, Ecuador	
☐	11160	4000	PK-GKE	(Merpati Nusantara Airlines)	Stored	Surabaya, Indonesia	
☐	11161	4000	ZS-JAV	Airquarius Air Charter	Active	Lanseria, South Africa	
☐	11162	3000	FAC-1041	Colombian Air Force	Active	Bogota, Colombia	
☐	11163	3000	C-GTAN	-	WFU & Stored	Calgary, Canada	
☐	11164	4000	EP-PAT	(Iran Aseman Airlines)	Ground Trainer	Tehran Mehrabad, Iran	
☐	11165	3000	FAC-1140	-	Written Off	San Vicente, Colombia	
☐	11166	4000	EP-PAU	(Iran Aseman Airlines)	WFU & Stored	Tehran Mehrabad, Iran	
☐	11167	4000	N494US	(Horizon Air)	Stored	Moses Lake, WA	
☐	11168	4000	PK-YCM	(Batavia Air)	WFU & Stored	Jakarta CGK, Indonesia	
☐	11169	4000	N496US	(Horizon Air)	Stored	Moses Lake, WA	
☐	11170	4000	PK-MGG	(Merpati Nusantara Airlines)	Stored	Surabaya, Indonesia	
☐	11171	4000	PK-MGH	(Merpati Nusantara Airlines)	WFU & Stored	Jakarta CGK, Indonesia	
☐	11172	4000	S2-ACH	-	Written Off	Sylhet, Bangladesh	
☐	11173	4000	TJ-ALD	Air Leasing Cameroon	Active	Doula, Cameroon	
☐	11174	4000	PK-MGI	(Merpati Nusantara Airlines)	Stored	Surabaya, Indonesia	
☐	11175	4000	PK-MGJ	(Merpati Nusantara Airlines)	Stored	Surabaya, Indonesia	
☐	11176	4000	N800DH	(DDH Aviation)	Stored	Woensdrecht, Netherlands	
☐	11177	4000	PK-GKM	(Merpati Nusantara Airlines)	Stored	Surabaya, Indonesia	
☐	11178	4000	PK-RJM	(Pelita Air)	Stored	Jakarta Pondok Cabe, Indonesia	
☐	11179	4000	PK-VFY	(Manunggal Air)	Fuselage Remains	Singapore Seletar	
☐	11180	4000	S2-ACJ	-	Written Off	Dhaka, Bangladesh	
☐	11181	4000	N498US	(Horizon Air)	Stored	Moses Lake, WA	
☐	11182	4000	N499US	(Horizon Air)	Stored	Moses Lake, WA	
☐	11183	4000	TJ-ALC	Government of Cameroon	Active	Yaounde, Cameroon	
☐	11184	4000	XY-AGB	Myanmar Airways International	Active	Yangon Mingaladon, Myanmar	
☐	11185	4000	XT-FZP	(Air Burkina)	Stored	Abidjan, Ivory Coast	
☐	11186	4000	VH-FKJ	-	Fire Trainer	Melbourne, Australia	
☐	11187	4000	YU-AOJ	Montenegro Airlines / Air One Nine	Active	Tripoli, Libya	
☐	11188	4000	PK-MGK	Merpati Nusantara Airlines	Active	Jakarta CGK, Indonesia	
☐	11189	4000	PK-MGL	(Merpati Nusantara Airlines)	Stored	Surabaya, Indonesia	
☐	11190	4000	5N-SSZ	IRS Airlines	Active	Abuja, Nigeria	
☐	11191	4000	5N-SWZ	IRS Airlines	Active	Abuja, Nigeria	

l/n	c/n	Model	Registration	Owner/Operator	Status	Location	Notes
☐	11192	4000	PK-PJK	Pelita Air / Caltex Pacific	Active	Jakarta Halim, Indonesia	
☐	11193	4000	N6004U	-	Written Off	Sulawesi, Indonesia	
☐	11194	4000	5A-DLW	(Libyan Arab Airlines)	Stored	Tripoli, Libya	
☐	11195	4000	P2-ANS	Air Niugini	Active	Port Moresby, Papua New Guinea	
☐	11196	4000	PK-GKN	(Arthasaka Nusapaia / Merpati)	Stored	Surabaya, Indonesia	
☐	11197	4000	5A-DLU	(Libyan Arab Airlines)	Stored	Tripoli, Libya	
☐	11198	4000	PK-MGV	(Arthasaka Nusapaia / Merpati)	Stored	Surabaya, Indonesia	
☐	11199	4000	PK-MGM	(Merpati Nusantara Airlines)	Stored	Jakarta CGK, Indonesia	
☐	11200	4000	5A-DLV	(Libyan Arab Airlines)	WFU & Stored	Tripoli, Libya	
☐	11201	4000	PK-GKQ	(Arthasaka Nusapaia / Merpati)	Stored	Surabaya, Indonesia	
☐	11202	4000	PK-MGN	(Merpati Nusantara Airlines)	WFU & Stored	Jakarta CGK, Indonesia	
☐	11203	4000	T-02	Argentine Air Force	Active	El Palomar, Buenos Aires, Argentina	
☐	11204	4000	TT-EAS	Toumai Air Tchad	Active	N'djamena, Chad	
☐	11205	4000	VH-EWB	-	Scrapped	Sydney, Australia	
☐	11206	4000	PK-GKS	(Merpati Nusantara Airlines)	WFU & Stored	Jakarta CGK, Indonesia	
☐	11207	4000	P2-ANR	(Air Niugini)	Stored	Port Moresby, Papua New Guinea	
☐	11208	4000	VH-EWD	-	Scrapped	Melbourne, Australia	
☐	11209	4000	PK-GKT	(Merpati Nusantara Airlines)	Stored	Surabaya, Indonesia	
☐	11210	4000	PK-GKU	-	Written Off	Semarang, Indonesia	
☐	11211	4000	PK-GKV	(Merpati Nusantara Airlines)	Stored	Surabaya, Indonesia	
☐	11212	4000	VH-FKO	-	Scrapped	Melbourne, Australia	
☐	11213	4000	PK-MGP	(Merpati Nusantara Airlines)	Stored	Surabaya, Indonesia	
☐	11214	4000	PK-MGQ	(Merpati Nusantara Airlines)	Stored	Jakarta CGK, Indonesia	
☐	11215	4000	PK-GKY	(Merpati Nusantara Airlines)	Stored	Surabaya, Indonesia	
☐	11216	4000	PK-HNP	(Gatari Air Services)	Stored	Jakarta Halim, Indonesia	
☐	11217	4000	PK-GQA	(Merpati Nusantara Airlines)	Stored	Surabaya, Indonesia	
☐	11218	4000	PK-HNH	(Gatari Air Services)	Stored	Jakarta Halim, Indonesia	
☐	11219	4000	P2-ANJ	Air Niugini	Active	Port Moresby, Papua New Guinea	
☐	11220	4000	HC-BMD	-	WFU & Stored	Quito, Ecuador	
☐	11221	4000	HL7285	-	Written Off	Seoul, South Korea	
☐	11222	4000	HC-CDT	Icaro Express	Active	Quito, Ecuador	
☐	11223	4000	P2-ANI	Air Niugini	Active	Port Moresby, Papua New Guinea	
☐	11224	4000	3C-GWD	General Work Aviation	Active	Bata, Equatorial Guinea	
☐	11225	4000	ZS-JAS	Airquarius Air Charter	Active	Lanseria, South Africa	
☐	11226	4000	TJ-ALF	Air Leasing Cameroon	Active	Doula, Cameroon	
☐	11227	4000	TJ-ALG	Air Leasing Cameroon	Active	Doula, Cameroon	
☐	11228	4000	HC-CEH	(TAME Ecuador)	Stored	Quito, Ecuador	
☐	11229	4000	5Y-EEE	East African Express / Jetlink Express	Active	Nairobi, Kenya	
☐	11230	4000	HC-CDA	(Icaro Express)	WFU & Stored	Quito, Ecuador	
☐	11231	4000	5Y-NNT	East African Express	Active	Nairobi, Kenya	
☐	11232	4000	XY-AGA	Myanmar Airways International	Active	Yangon Mingaladon, Myanmar	
☐	11233	4000	TU-TIW	Air Ivoire	Active	Abidjan, Ivory Coast	
☐	11234	4000	PK-TWA	Transwisata Air	Active	Jakarta CGK, Indonesia	
☐	11235	4000	N485US	-	Written Off	La Guardia, NY	
☐	11236	4000	ZS-JES	Airquarius Aviation / Rovos Air	Active	Pietersburg, South Africa	
☐	11237	4000	TU-TIX	Air Ivoire	Active	Abidjan, Ivory Coast	
☐	11238	4000	TU-TIY	Air Ivoire	Active	Abidjan, Ivory Coast	
☐	11239	4000	ZS-DRF	Airquarius Air Charter	Active	Lanseria, South Africa	

l/n	c/n	Model	Registration	Owner/Operator	Status	Location	Notes
☐	11240	4000	3C-GWA	General Work Aviation	Active	Bata, Equatorial Guinea	
☐	11241	4000	5N-NCZ	(IRS Airlines)	Stored	Johannesburg, South Africa	
☐	11991	1000	C-GTEO	(Canadian Regional)	Stored	Saskatoon, Canada	
☐	11992	1000	FAC-0002	Colombian Air Force	Active	Bogota, Colombia	
☐	11993	1000	5N-ANA	-	Written Off	Kano, Nigeria	
☐	11994	1000	PH-FPT	-	Written Off	Port Harcourt, Nigeria	

Cross Reference

Registration	c/n	Registration	c/n	Registration	c/n	Registration	c/n
0740	11147	A-2802	11113	C-GYCR	11050	F-GDUZ	11144
0741	11145	A-2803	11117	D-ABAM	11030	F-GECK	11004
0742	11150	C2-RN1	11041	D-ABAN	11029	F-GEXT	11060
3C-GWA	11240	C2-RN2	11056	D-ABAQ	11004	F-GEXU	11070
3C-GWD	11224	C5-ADD	11003	D-ABAX	11006	F-GGKC	11073
3C-LGP	11156	C5-ADE	11004	D-AGAB	11046	F-GIAH	11012
3C-LLF	11073	C5-ADF	11052	D-AGAC	11050	F-GIAI	11013
3D-ALN	11136	C5-OUS	11052	D-AGAD	11051	F-GIAJ	11070
3D-DAW	11118	C-FAIF	11032	D-AGAE	11052	F-GIAK	11104
5A-DLU	11197	C-FANA	11075	D-AHLA	11027	F-GIMG	11003
5A-DLV	11200	C-FCRB	11107	D-AHLB	11031	F-GIMH	11003
5A-DLW	11194	C-FCRC	11044	D-AHLC	11034	F-GMOL	11003
5A-DSO	11110	C-FCRI	11043	EC-BVA	11017	F-GNZB	11073
5A-DTG	11139	C-FCRK	11087	EC-BVB	11019	FM-2101	11088
5A-DTH	11140	C-FCRM	11035	EC-BVC	11023	FM-2102	11089
5H-CCM	11137	C-FCRP	11037	EP-ASE	11135	F-ODZB	11073
5H-MVK	11236	C-FCRU	11032	EP-ASF	11144	F-WQPL	11187
5H-ZAS	11225	C-FCRW	11029	EP-PAS	11027	G530	11125
5N-AGN	11049	C-FCRZ	11061	EP-PAT	11164	G-BXRE	11187
5N-ANA	11993	C-FFCR	11095	EP-PAU	11166	G-JCWW	11135
5N-ANB	11053	C-FFKC	11025	EP-PAV	11070	G-WWJC	11133
5N-ANF	11090	C-FHFP	11016	EP-PAX	11102	HB-AAS	11110
5N-ANH	11091	C-FJRI	11103	EP-PAZ	11104	HC-BMD	11220
5N-ANI	11108	C-FOCR	11063	EP-PBA	11052	HC-BZU	11112
5N-ANJ	11109	C-FONF	11060	EP-PBB	11093	HC-CDA	11230
5N-ANK	11110	C-FONG	11070	EP-PBF	11003	HC-CDG	11240
5N-ANU	11142	C-FPCR	11096	EP-PBI	11144	HC-CDT	11222
5N-ANV	11144	C-FQCR	11036	FAC-0001	11992	HC-CDW	11224
5N-NCZ	11241	C-FTAR	11047	FAC-0002	11992	HC-CEH	11228
5N-SSZ	11190	C-FTAS	11098	FAC-001	11992	HC-CET	11159
5N-SWZ	11191	C-FTAV	11106	FAC-1041	11162	HK-3126X	11085
5T-CLF	11092	CF-TAV	11033	FAC-1140	11165	HL7265	11203
5T-CLG	11093	C-FTAY	11038	FAC-1141	11162	HL7270	11219
5T-CLH	11138	C-FTAY	11084	FAP-390	11100	HL7284	11223
5V-MAB	11079	C-FXTA	11064	F-BUTE	11031	HL7285	11221
5V-TAB	11079	C-FZCR	11054	F-BUTI	11034	HS-PBA	11123
5V-TAI	11079	C-GCRD	11097	F-GBBR	11051	HS-PBC	11120
5V-TPO	11027	C-GCRN	11051	F-GBBS	11050	HS-PBD	11116
5Y-EEE	11229	C-GFKE	11040	F-GBBT	11052	I-TIAP	11009
5Y-JLA	11093	C-GKCR	11101	F-GBBX	11027	I-TIBB	11010
5Y-LLL	11239	C-GLCR	11105	F-GDFC	11133	I-TIDA	11014
5Y-MNT	11229	C-GNCR	11034	F-GDFD	11135	I-TIDB	11006
5Y-NNT	11231	C-GQBR	11012	F-GDSK	11179	I-TIDE	11015
9G-ABZ	11062	C-GQBS	11013	F-GDUS	11053	I-TIDI	11991
9G-ACA	11077	C-GTAH	11082	F-GDUT	11091	I-TIDU	11004
9G-ADA	11187	C-GTAN	11163	F-GDUU	11108	LN-HLB	11031
9M-AMZ	11168	C-GTEO	11991	F-GDUV	11109	LN-SUC	11009
9Q-CAY	11136	C-GTIZ	11099	F-GDUX	11110	LN-SUM	11003
A-2801	11042	C-GTUU	11006	F-GDUY	11142	LN-SUM	11032

Registration	c/n	Registration	c/n	Registration	c/n	Registration	c/n
LN-SUN	11012	N280FH	11048	N477AU	11226	OB-R1020	11059
LN-SUO	11013	N280N	11061	N478US	11227	OB-R1030	11032
LN-SUX	11010	N281FH	11016	N479AU	11228	OB-R233	11039
LN-SUY	11011	N281MP	11221	N480AU	11229	OB-R390	11032
LV-LOA	11085	N281N	11075	N480US	11229	OB-R-397	11059
LV-LOB	11086	N282FH	11018	N481US	11230	OB-R-398	11065
LV-LOC	11083	N282MP	11223	N482US	11231	OB-R-399	11066
LV-LRG	11046	N282N	11032	N483US	11233	OB-R-399	11083
LV-LZN	11048	N283FH	11020	N484US	11234	OK-IEL	11138
LV-MZD	11127	N283N	11035	N485US	11235	OK-MEO	11176
LV-RCS	11074	N284FH	11024	N486US	11237	OO-DJA	11163
LV-RRA	11145	N284N	11036	N487US	11238	OO-DJB	11184
LV-VCS	11018	N285FH	11033	N488US	11240	OY-BRN	11151
LV-WZC	11017	N286FH	11038	N489US	11149	P2-ANB	11049
M28-01	11088	N286N	11044	N490US	11152	P2-ANC	11089
M28-02	11089	N287FH	11043	N491US	11156	P2-AND	11118
N102EW	11187	N287N	11087	N492US	11159	P2-ANE	11033
N103EW	11062	N288N	11054	N493US	11161	P2-ANF	11038
N104EW	11099	N289FH	11047	N494US	11167	P2-ANH	11022
N106UR	11149	N289N	11064	N495US	11168	P2-ANI	11223
N107UR	11159	N290N	11063	N496US	11169	P2-ANJ	11219
N108UR	11173	N291N	11043	N497US	11173	P2-ANL	11003
N109UR	11181	N293N	11037	N498US	11181	P2-ANR	11207
N110AV	11097	N294N	11101	N499US	11182	P2-ANS	11195
N110UR	11182	N296N	11096	N500WN	11016	P2-ANU	11041
N117UR	11222	N298N	11103	N504	11152	P2-ANW	11056
N118UR	11224	N37RT	11009	N505	11156	P2-ANY	11070
N119UR	11226	N43AE	11016	N509	11161	P2-ANZ	11034
N120UR	11231	N450US	11101	N510	11167	PH-BBV	11127
N121UR	11237	N451US	11103	N512	11168	PH-CHB	11138
N122UR	11238	N452US	11105	N513	11169	PH-CHD	11139
N1346U	11173	N453US	11106	N6004U	11193	PH-CHF	11140
N159AD	11227	N454US	11107	N800DH	11176	PH-CHI	11141
N163PM	11163	N456US	11035	N801PH	11097	PH-CHN	11176
N204P	11227	N457US	11036	N802PH	11017	PH-EXA	11013
N205P	11228	N458US	11037	N803PH	11031	PH-EXA	11023
N206P	11229	N459US	11043	N930TL	11016	PH-EXA	11026
N207P	11230	N460AU	11044	N941TD	11073	PH-EXA	11028
N208P	11233	N461AU	11032	OB-1018	11065	PH-EXA	11043
N209P	11234	N462AU	11054	OB-1019	11066	PH-EXA	11992
N214P	11235	N463AU	11061	OB-1396	11100	PH-EXB	11032
N215P	11240	N464US	11063	OB-1636	11009	PH-EXB	11056
N2703Y	11223	N465AU	11064	OB-1750	11097	PH-EXB	11079
N271N	11105	N466US	11075	OB-1750P	11097	PH-EXB	11994
N272N	11095	N467US	11087	OB-1779-P	11006	PH-EXC	11024
N273N	11106	N468US	11095	OB-1780P	11087	PH-EXC	11080
N274N	11107	N469US	11096	OB-R-1018	11065	PH-EXD	11049
N27W	11016	N475AU	11222	OB-R-1019	11066	PH-EXD	11061
N280FH	11044	N476US	11224	OB-R-1019	11083	PH-EXD	11064

Registration	c/n	Registration	c/n	Registration	c/n	Registration	c/n
PH-EXD	11081	PH-EXO	11083	PH-EXT	11164	PH-EXY	11094
PH-EXD	11106	PH-EXO	11095	PH-EXT	11169	PH-EXY	11100
PH-EXE	11037	PH-EXO	11121	PH-EXT	11175	PH-EXY	11120
PH-EXE	11063	PH-EXO	11133	PH-EXT	11202	PH-EXY	11124
PH-EXE	11107	PH-EXO	11160	PH-EXT	11208	PH-EXY	11142
PH-EXE	11993	PH-EXO	11167	PH-EXU	11077	PH-EXY	11156
PH-EXF	11025	PH-EXO	11174	PH-EXU	11086	PH-EXY	11162
PH-EXF	11035	PH-EXO	11184	PH-EXU	11104	PH-EXZ	11024
PH-EXF	11041	PH-EXO	11195	PH-EXU	11114	PH-EXZ	11078
PH-EXF	11048	PH-EXO	11201	PH-EXU	11130	PH-EXZ	11102
PH-EXF	11053	PH-EXO	11205	PH-EXU	11139	PH-EXZ	11111
PH-EXF	11108	PH-EXO	11210	PH-EXU	11151	PH-EXZ	11123
PH-EXF	11209	PH-EXP	11070	PH-EXU	11162	PH-EXZ	11134
PH-EXF	11992	PH-EXP	11084	PH-EXU	11170	PH-EXZ	11143
PH-EXG	11074	PH-EXP	11122	PH-EXU	11176	PH-EXZ	11157
PH-EXG	11101	PH-EXP	11125	PH-EXU	11190	PH-EXZ	11180
PH-EXG	11109	PH-EXP	11141	PH-EXU	11196	PH-EXZ	11183
PH-EXH	11037	PH-EXP	11149	PH-EXU	11206	PH-EXZ	11191
PH-EXH	11056	PH-EXP	11168	PH-EXU	11211	PH-EXZ	11194
PH-EXH	11090	PH-EXP	11185	PH-EXV	11044	PH-EXZ	11212
PH-EXH	11096	PH-EXP	11198	PH-EXV	11075	PH-EZA	11037
PH-EXH	11103	PH-EXP	11203	PH-EXV	11087	PH-EZA	11111
PH-EXI	11047	PH-EXR	11044	PH-EXV	11105	PH-EZA	11213
PH-EXI	11068	PH-EXR	11071	PH-EXV	11116	PH-EZA	11236
PH-EXI	11088	PH-EXR	11113	PH-EXV	11126	PH-EZB	11214
PH-EXI	11098	PH-EXR	11128	PH-EXV	11145	PH-EZB	11226
PH-EXK	11069	PH-EXR	11135	PH-EXV	11153	PH-EZC	11215
PH-EXK	11112	PH-EXR	11152	PH-EXV	11165	PH-EZC	11227
PH-EXL	11067	PH-EXR	11171	PH-EXV	11200	PH-EZD	11216
PH-EXL	11089	PH-EXR	11177	PH-EXW	11018	PH-EZD	11231
PH-EXL	11099	PH-EXR	11193	PH-EXW	11032	PH-EZE	11063
PH-EXL	11110	PH-EXR	11204	PH-EXW	11117	PH-EZE	11217
PH-EXM	11038	PH-EXS	11072	PH-EXW	11131	PH-EZE	11237
PH-EXM	11043	PH-EXS	11097	PH-EXW	11147	PH-EZF	11017
PH-EXM	11075	PH-EXS	11129	PH-EXW	11154	PH-EZF	11087
PH-EXM	11115	PH-EXS	11137	PH-EXW	11163	PH-EZG	11054
PH-EXN	11035	PH-EXS	11144	PH-EXW	11178	PH-EZG	11232
PH-EXN	11065	PH-EXS	11161	PH-EXW	11187	PH-EZH	11064
PH-EXN	11082	PH-EXS	11165	PH-EXW	11192	PH-EZH	11101
PH-EXN	11118	PH-EXS	11181	PH-EXX	11020	PH-EZI	11103
PH-EXN	11136	PH-EXS	11186	PH-EXX	11119	PH-EZI	11233
PH-EXN	11140	PH-EXS	11197	PH-EXX	11132	PH-EZJ	11105
PH-EXN	11146	PH-EXT	11073	PH-EXX	11150	PH-EZJ	11234
PH-EXN	11158	PH-EXT	11085	PH-EXX	11155	PH-EZK	11095
PH-EXN	11173	PH-EXT	11091	PH-EXX	11172	PH-EZK	11240
PH-EXN	11182	PH-EXT	11127	PH-EXX	11189	PH-EZL	11162
PH-EXN	11188	PH-EXT	11138	PH-EXX	11207	PH-EZL	11239
PH-EXN	11199	PH-EXT	11148	PH-EXY	11036	PH-EZM	11106
PH-EXO	11066	PH-EXT	11159	PH-EXY	11076	PH-EZN	11107

Registration	c/n	Registration	c/n	Registration	c/n	Registration	c/n
PH-EZO	11228	PH-ZAS	11021	PK-GJR	11037	PK-GVO	11044
PH-EZP	11218	PH-ZAT	11022	PK-GJS	11064	PK-GVP	11094
PH-EZP	11229	PH-ZAU	11993	PK-GJT	11063	PK-GVQ	11096
PH-EZR	11219	PH-ZAV	11032	PK-GJU	11061	PK-GVR	11098
PH-EZR	11238	PH-ZAW	11052	PK-GJW	11054	PK-GVS	11101
PH-EZS	11220	PH-ZAX	11053	PK-GJX	11039	PK-GVT	11095
PH-EZT	11221	PH-ZBA	11057	PK-GJY	11036	PK-GVU	11103
PH-EZT	11241	PH-ZBB	11058	PK-GJZ	11035	PK-GVV	11105
PH-EZU	11222	PH-ZBC	11060	PK-GKA	11154	PK-GVW	11106
PH-EZU	11235	PH-ZBD	11059	PK-GKB	11155	PK-GVX	11107
PH-EZV	11223	PH-ZBE	11062	PK-GKC	11157	PK-HNH	11218
PH-EZW	11224	PH-ZBF	11037	PK-GKD	11158	PK-HNJ	11134
PH-EZX	11225	PH-ZBG	11027	PK-GKE	11160	PK-HNK	11129
PH-EZY	11043	PH-ZBH	11031	PK-GKF	11170	PK-HNN	11119
PH-EZY	11166	PH-ZBI	11034	PK-GKG	11171	PK-HNP	11216
PH-EZZ	11217	PH-ZBJ	11163	PK-GKH	11174	PK-JKM	11116
PH-EZZ	11230	PH-ZBK	11079	PK-GKI	11188	PK-JKR	11202
PH-FPT	11994	PH-ZBL	11093	PK-GKJ	11189	PK-KFD	11168
PH-FPT	11994	PH-ZBM	11048	PK-GKK	11193	PK-MGA	11154
PH-JHG	11001	PH-ZBN	11097	PK-GKL	11175	PK-MGC	11155
PH-JPV	11130	PH-ZBO	11110	PK-GKM	11177	PK-MGE	11158
PH-LEX	11179	PH-ZBP	11125	PK-GKN	11196	PK-MGF	11160
PH-MAT	11008	PH-ZBR	11136	PK-GKP	11199	PK-MGG	11170
PH-MOL	11003	PH-ZBS	11137	PK-GKQ	11201	PK-MGH	11171
PH-MSX	11176	PH-ZBT	11135	PK-GKR	11202	PK-MGI	11174
PH-PBX	11045	PH-ZBU	11133	PK-GKS	11206	PK-MGJ	11175
PH-RRA	11219	PH-ZBV	11153	PK-GKT	11209	PK-MGK	11188
PH-RRB	11223	PH-ZBW	11157	PK-GKU	11210	PK-MGL	11189
PH-RRC	11203	PH-ZBX	11159	PK-GKV	11211	PK-MGM	11199
PH-RRJ	11118	PH-ZBY	11169	PK-GKW	11213	PK-MGN	11202
PH-SIX	11092	PH-ZBZ	11167	PK-GKX	11214	PK-MGO	11209
PH-VAB	11099	PH-ZCA	11164	PK-GKY	11215	PK-MGP	11213
PH-VGR	11124	PH-ZCB	11166	PK-GKZ	11216	PK-MGQ	11214
PH-WEV	11002	PH-ZCC	11168	PK-GQA	11217	PK-MGR	11215
PH-ZAA	11004	PH-ZCD	11177	PK-GQB	11218	PK-MGS	11177
PH-ZAB	11006	PH-ZCE	11184	PK-GVA	11035	PK-MGT	11193
PH-ZAD	11009	PH-ZCF	11185	PK-GVC	11039	PK-MGU	11196
PH-ZAE	11010	PH-ZCG	11165	PK-GVD	11036	PK-MGV	11198
PH-ZAF	11011	PH-ZCH	11220	PK-GVD	11054	PK-MGV	11198
PH-ZAG	11012	PK-GFQ	11117	PK-GVE	11055	PK-MGW	11201
PH-ZAH	11013	PK-GFR	11113	PK-GVF	11061	PK-MGX	11206
PH-ZAI	11014	PK-GFS	11119	PK-GVG	11063	PK-MGY	11211
PH-ZAK	11015	PK-GFT	11129	PK-GVH	11064	PK-MGZ	11217
PH-ZAL	11016	PK-GFU	11131	PK-GVI	11037	PK-MSU	11139
PH-ZAM	11017	PK-GFV	11132	PK-GVJ	11075	PK-MSV	11140
PH-ZAN	11018	PK-GFW	11134	PK-GVK	11078	PK-MSW	11138
PH-ZAO	11019	PK-GJM	11177	PK-GVL	11087	PK-NAI	11133
PH-ZAP	11020	PK-GJP	11078	PK-GVM	11032	PK-NAI	11142
PH-ZAR	11991	PK-GJQ	11075	PK-GVN	11043	PK-PJK	11192

Fokker F-28 — Out Of Production List: Western Jet Airliners

Registration	c/n	Registration	c/n	Registration	c/n	Registration	c/n
PK-PJL	11111	T-02	11048	V5-KEA	11151	ZS-JAS	11225
PK-PJM	11178	T-02	11203	V5-KEX	11143	ZS-JAV	11161
PK-PJS	11030	T-03	11028	VH-AHT	11183	ZS-JAV	11183
PK-PJT	11042	T-03	11203	VH-ATD	11047	ZS-JEN	11204
PK-PJU	11029	T-04	11028	VH-ATE	11082	ZS-JES	11236
PK-PJV	11055	T-04	11048	VH-ATG	11084	ZS-NGB	11219
PK-PJV	11073	T-50	11203	VH-EWA	11195	ZS-OPS	11241
PK-PJW	11148	TC-51	11076	VH-EWB	11205	ZS-PNJ	11173
PK-PJX	11042	TC-52	11074	VH-EWC	11207	ZS-PNL	11136
PK-PJY	11146	TC-53	11020	VH-EWD	11208	ZS-PWM	11045
PK-RJW	11045	TC-54	11018	VH-EWF	11143	ZS-XGU	11231
PK-TWA	11234	TC-55	11024	VH-EWG	11151	ZS-XGV	11128
PK-VFA	11142	TC-JAO	11057	VH-EWH	11183	ZS-XGW	11130
PK-VFY	11179	TC-JAP	11058	VH-EWH	11186	ZS-XGX	11115
PK-YCM	11168	TC-JAR	11060	VH-FKA	11021		
PK-YHK	11116	TC-JAS	11070	VH-FKB	11022		
PK-YPJ	11148	TC-JAT	11071	VH-FKC	11025		
PK-YPT	11163	TC-JAZ	11032	VH-FKD	11026		
PK-YPV	11124	TG-CAO	11048	VH-FKE	11040		
RP-1250	11153	TJ-ALC	11183	VH-FKF	11008		
RP-C1177	11153	TJ-ALD	11173	VH-FKG	11031		
S2-ACH	11172	TJ-ALE	11225	VH-FKI	11183		
S2-ACJ	11180	TJ-ALF	11226	VH-FKJ	11186		
S2-ACV	11124	TJ-ALG	11227	VH-FKO	11212		
S2-ACW	11148	TN-ACP	11072	VH-LAR	11212		
S2-ADY	11120	TN-BEH	11128	VH-MMJ	11013		
S2-ADZ	11123	TR-LGP	11126	VH-XNG	11038		
SE-DGA	11067	TR-LST	11080	VR-BNC	11016		
SE-DGB	11068	TR-LSU	11081	XS-XGX	11115		
SE-DGC	11069	TR-LTR	11104	XT-FDC	11173		
SE-DGD	11111	TR-LTS	11102	XT-FZP	11185		
SE-DGE	11112	TT-EAS	11204	XT-TIB	11108		
SE-DGF	11115	TU-PAB	11047	XU-001	11012		
SE-DGG	11116	TU-TIJ	11118	XU-888	11012		
SE-DGH	11120	TU-TIK	11121	XY-ADU	11019		
SE-DGI	11122	TU-TIM	11097	XY-ADV	11017		
SE-DGK	11123	TU-TIN	11099	XY-ADW	11114		
SE-DGL	11126	TU-TIR	11124	XY-AGA	11232		
SE-DGM	11128	TU-TIW	11233	XY-AGB	11184		
SE-DGN	11130	TU-TIX	11237	YU-AOH	11184		
SE-DGO	11190	TU-TIY	11238	YU-AOI	11176		
SE-DGP	11191	TU-TIZ	11099	YU-AOJ	11187		
SE-DGR	11204	TU-VAA	11097	ZS-BAL	11190		
SE-DGS	11236	TU-VAB	11099	ZS-DRF	11239		
SE-DGT	11239	TU-VAH	11118	ZS-GAV	11191		
SE-DGU	11241	TU-VAJ	11124	ZS-IJN	11118		
SE-DGX	11225	TU-VAN	11121	ZS-JAL	11151		
T-01	11028	TY-BBN	11184	ZS-JAP	11143		
T-02	11028	TZ-ASH	11003	ZS-JAS	11225		

Fokker 70

Production Started:	1992
Production Ended:	1997
Number Built:	48
Active:	46
Preserved:	1
WFU, Stored & In Parts:	1
Written Off:	0
Scrapped:	0

Location Summary

Austria	9
Hungary	5
Kenya	1
Netherlands	29
USA - MI	2
Vietnam	2

c/n	Model	Registration	Owner/Operator	Status	Location	Notes
11528		PH-JCH	KLM Cityhopper	Active	Amsterdam Schiphol, Netherlands	
11536		PH-KZL	KLM Cityhopper	Active	Amsterdam Schiphol, Netherlands	
11537		PH-JCT	KLM Cityhopper	Active	Amsterdam Schiphol, Netherlands	
11538		PH-KZO	KLM Cityhopper	Active	Amsterdam Schiphol, Netherlands	
11539		PH-KZP	KLM Cityhopper	Active	Amsterdam Schiphol, Netherlands	
11540		PH-KZS	KLM Cityhopper	Active	Amsterdam Schiphol, Netherlands	
11541		PH-KZT	KLM Cityhopper	Active	Amsterdam Schiphol, Netherlands	
11543		PH-KZU	KLM Cityhopper	Active	Amsterdam Schiphol, Netherlands	
11547		PH-KBX	Dutch Royal Flight	Active	Amsterdam Schiphol, Netherlands	
11551		PH-KZR	KLM Cityhopper	Active	Amsterdam Schiphol, Netherlands	
11553		PH-KZN	KLM Cityhopper	Active	Amsterdam Schiphol, Netherlands	
11556		PH-KZV	KLM Cityhopper	Active	Amsterdam Schiphol, Netherlands	
11558		PH-KZW	KLM Cityhopper	Active	Amsterdam Schiphol, Netherlands	
11561		PH-KZM	KLM Cityhopper	Active	Amsterdam Schiphol, Netherlands	
11562		PH-KZB	KLM Cityhopper	Active	Amsterdam Schiphol, Netherlands	
11563		PH-WXD	KLM Cityhopper	Active	Amsterdam Schiphol, Netherlands	
11566		PH-KZC	KLM Cityhopper	Active	Amsterdam Schiphol, Netherlands	
11567		PH-KZA	KLM Cityhopper	Active	Amsterdam Schiphol, Netherlands	
11570		PH-WXA	KLM Cityhopper	Active	Amsterdam Schiphol, Netherlands	
11574		PH-WXC	KLM Cityhopper	Active	Amsterdam Schiphol, Netherlands	
11576		PH-KZE	KLM Cityhopper	Active	Amsterdam Schiphol, Netherlands	
11577		PH-KZF	KLM Cityhopper	Active	Amsterdam Schiphol, Netherlands	
11578		PH-KZG	KLM Cityhopper	Active	Amsterdam Schiphol, Netherlands	
11579		PH-KZI	KLM Cityhopper	Active	Amsterdam Schiphol, Netherlands	
11581		PH-KZK	KLM Cityhopper	Active	Amsterdam Schiphol, Netherlands	
11582		PH-KZD	KLM Cityhopper	Active	Amsterdam Schiphol, Netherlands	
11583		PH-KZH	KLM Cityhopper	Active	Amsterdam Schiphol, Netherlands	
11243		PH-MKC	(Fokker)	Nose Preserved	Aviodrome, Lelystad, Netherlands	Formerly Fokker 100
11564		HA-LMA	MALEV	Active	Budapest, Hungary	
11565		HA-LMB	MALEV	Active	Budapest, Hungary	
11569		HA-LMC	MALEV	Active	Budapest, Hungary	
11571		HA-LMF	MALEV	Active	Budapest, Hungary	
11575		HA-LME	MALEV	Active	Budapest, Hungary	
11521		N322K	Ford Motor Co.	Active	Detroit Metro, MI	
11545		N324K	Ford Motor Co.	Active	Detroit Metro, MI	
11580		VN-A502	Vietnam Airlines	Active	Hanoi, Vietnam	
11585		VN-A504	Vietnam Airlines	Active	Hanoi, Vietnam	
11557		KAF 308	Government of Kenya	Active	Nairobi, Kenya	
11529		OE-LFI	Austrian Arrows	Active	Vienna, Austria	
11532		OE-LFJ	Austrian Arrows	Active	Vienna, Austria	
11549		OE-LFG	Austrian Arrows	Active	Vienna, Austria	
11554		OE-LFH	Austrian Arrows	Active	Vienna, Austria	
11555		OE-LFK	Austrian Arrows	Active	Vienna, Austria	
11560		OE-LFP	Austrian Arrows	Active	Vienna, Austria	
11568		OE-LFQ	Austrian Arrows	Active	Vienna, Austria	
11572		OE-LFR	Austrian Arrows	Active	Vienna, Austria	
11573		OE-LFL	Austrian Arrows	Active	Vienna, Austria	
11559		PH-ZFT	(Austrian Airlines)	WFU & Stored	Woensdrecht, Netherlands	

Cross Reference

Registration	c/n	Registration	c/n
9V-SLK	11536	PH-KZC	11566
9V-SLL	11561	PH-KZD	11582
F-GLIS	11540	PH-KZE	11576
F-GLIT	11541	PH-KZF	11577
F-GLIU	11543	PH-KZG	11578
F-GLIV	11556	PH-KZH	11583
F-GLIX	11558	PH-KZI	11579
G-BVTE	11538	PH-KZK	11581
G-BVTF	11539	PH-KZL	11536
G-BVTG	11551	PH-KZM	11561
HA-LMA	11564	PH-KZN	11553
HA-LMB	11565	PH-KZO	11538
HA-LMC	11569	PH-KZP	11539
HA-LMD	11563	PH-KZR	11551
HA-LME	11575	PH-KZS	11540
HA-LMF	11571	PH-KZT	11541
I-REJA	11563	PH-KZU	11543
I-REJE	11573	PH-KZV	11556
I-REJI	11574	PH-KZW	11558
I-REJO	11570	PH-MKC	11243
I-REJU	11575	PH-MXM	11557
KAF 308	11557	PH-MXN	11553
N322K	11521	PH-RRS	11540
N324K	11545	PH-RRT	11541
N528YV	11528	PH-RRU	11543
N537YV	11537	PH-RRV	11556
OE-LFG	11549	PH-RRW	11558
OE-LFH	11554	PH-RVE	11571
OE-LFI	11529	PH-WXA	11570
OE-LFJ	11532	PH-WXB	11575
OE-LFK	11555	PH-WXC	11574
OE-LFL	11573	PH-WXD	11563
OE-LFO	11559	PH-WXE	11573
OE-LFP	11560	PH-WXF	11529
OE-LFQ	11568	PH-WXG	11532
OE-LFR	11572	PH-ZFT	11559
OE-LFS	11528	PK-JGI	11529
OE-LFT	11537	PK-JGJ	11532
PH-EXP	11555	PK-PFE	11553
PH-EZA	11569	VN-A502	11580
PH-EZA	11575	VN-A504	11585
PH-EZB	11540		
PH-EZC	11568		
PH-EZD	11572		
PH-EZE	11571		
PH-EZF	11576		
PH-EZG	11577		
PH-EZH	11536		
PH-EZH	11545		
PH-EZI	11578		
PH-EZK	11551		
PH-EZK	11579		
PH-EZL	11529		
PH-EZL	11580		
PH-EZM	11581		
PH-EZM	11585		
PH-EZN	11541		
PH-EZN	11554		
PH-EZP	11555		
PH-EZR	11532		
PH-EZR	11561		
PH-EZR	11564		
PH-EZS	11528		
PH-EZS	11540		
PH-EZT	11563		
PH-EZU	11543		
PH-EZV	11537		
PH-EZV	11559		
PH-EZW	11549		
PH-EZW	11560		
PH-EZW	11573		
PH-EZX	11538		
PH-EZX	11565		
PH-EZY	11574		
PH-EZZ	11539		
PH-EZZ	11553		
PH-EZZ	11570		
PH-JCH	11528		
PH-JCT	11537		
PH-KBX	11547		
PH-KZA	11567		
PH-KZB	11562		

Fokker 100

Production Started:	1986
Production Ended:	1997
Number Built:	281
Active:	217
Preserved:	2
WFU, Stored & In Parts:	55
Written Off:	4
Scrapped:	3

Location Summary	
Albania	1
Australia	23
Austria	18
Brazil	15
Canada	4
Colombia	15
Croatia	2
France	29
Gabon	1
Germany	12
Indonesia	7
Iran	35
Italy	5
Ivory Coast	1
Libya	1
Mexico	25
Moldova	1
Montenegro	4
Myanmar	2
Nepal	2
Netherlands	30
Netherlands Antilles	2
Nigeria	3
Papua New Guinea	6
Portugal	6
Romania	2
South Korea	2
Sweden	2
Switzerland	4

Location Summary	
Taiwan	3
USA - CA	6
USA - NM	4
USA - TX	1

c/n	Model	Registration	Owner/Operator	Status	Location	Notes
11242	Fokker F100	PH-MKH	Sostar-X	Active	Woensdrecht, Netherlands	
11243	Fokker F100	PH-MKC	(Fokker)	Nose Preserved	Aviodrome, Lelystad, Netherlands	Now Fokker 70
11244	Fokker F100	I-ALPK	(Alpi Eagles)	Stored	Venice, Italy	
11245	Fokker F100	TU-VAA	Government of Ivory Coast	Active	Bouake, Ivory Coast	
11246	Fokker F100	PH-OFA	KLM Cityhopper	Active	Amsterdam Schiphol, Netherlands	
11247	Fokker F100	PH-OFB	KLM Cityhopper	Active	Amsterdam Schiphol, Netherlands	
11248	Fokker F100	PH-OFJ	KLM Cityhopper	Active	Amsterdam Schiphol, Netherlands	
11249	Fokker F100	PH-OFK	(KLM Cityhopper)	Stored	Woensdrecht, Netherlands	
11250	Fokker F100	I-ALPL	(Alpi Eagles)	Stored	Venice, Italy	
11251	Fokker F100	I-ALPX	(Alpi Eagles)	Stored	Dinard, France	
11252	Fokker F100	I-ALPZ	(Alpi Eagles)	Stored	Dinard, France	
11253	Fokker F100	I-ELGF	(Alpi Eagles)	Stored	Venice, Italy	
11254	Fokker F100	I-ALPS	(Alpi Eagles)	Stored	Bari, Italy	
11255	Fokker F100	I-ALPW	(Alpi Eagles)	Stored	Dinard, France	
11256	Fokker F100	I-ALPQ	(Alpi Eagles)	Stored	Venice, Italy	
11257	Fokker F100	CS-TPA	PGA Portugalia Airlines	Active	Lisbon, Portugal	
11258	Fokker F100	CS-TPF	PGA Portugalia Airlines	Active	Lisbon, Portugal	
11259	Fokker F100	PH-OFD	KLM Cityhopper	Active	Amsterdam Schiphol, Netherlands	
11260	Fokker F100	PH-OFE	KLM Cityhopper	Active	Amsterdam Schiphol, Netherlands	
11261	Fokker F100	F-GIOA	-	WFU & Stored	Dinard, France	
11262	Fokker F100	CS-TPB	PGA Portugalia Airlines	Active	Lisbon, Portugal	
11263	Fokker F100	PH-OFC	(KLM Cityhopper)	Stored	Woensdrecht, Netherlands	
11264	Fokker F100	P2-ANE	Air Niugini	Active	Port Moresby, Papua New Guinea	
11265	Fokker F100	D-AOLH	OLT	Active	Hamburg Finkenwerder, Germany	
11266	Fokker F100	XA-TKP	Click Mexicana	Active	Mexico City	
11267	Fokker F100	EP-IDC	-	Parts Remain	Brisbane, Australia	
11268	Fokker F100	ZA-ARC	Belle Air	Active	Tirana, Albania	
11269	Fokker F100	PH-KLD	(KLM Cityhopper)	Stored	Woensdrecht, Netherlands	
11270	Fokker F100	PH-KLE	(KLM Cityhopper)	Stored	Woensdrecht, Netherlands	
11271	Fokker F100	PH-KLG	(KLM Cityhopper)	Stored	Woensdrecht, Netherlands	
11272	Fokker F100	4O-AOK	Montenegro Airlines	Active	Podgorica, Montenegro	
11273	Fokker F100	PH-KLI	KLM Cityhopper	Active	Amsterdam Schiphol, Netherlands	
11274	Fokker F100	PH-OFF	KLM Cityhopper	Active	Amsterdam Schiphol, Netherlands	
11275	Fokker F100	PH-OFG	KLM Cityhopper	Active	Amsterdam Schiphol, Netherlands	
11276	Fokker F100	D-AGPA	(Air Berlin)	Stored	Berlin Schonefeld, Germany	
11277	Fokker F100	PH-OFH	KLM Cityhopper	Active	Amsterdam Schiphol, Netherlands	
11278	Fokker F100	D-AGPB	(Air Berlin)	Stored	Woensdrecht, Netherlands	
11279	Fokker F100	PH-OFI	(KLM Cityhopper)	Stored	Woensdrecht, Netherlands	
11280	Fokker F100	D-AGPC	(Air Berlin)	Stored	Berlin Schonefeld, Germany	
11281	Fokker F100	D-AGPD	(Air Berlin)	Stored	Woensdrecht, Netherlands	
11282	Fokker F100	XY-AGF	Air Bagan	Active	Yangon Mingaladon, Myanmar	
11283	Fokker F100	N855US	(US Airways)	WFU & Stored	Calgary, Canada	
11284	Fokker F100	XA-MRA	Click Mexicana	Active	Merida, Mexico	
11285	Fokker F100	XA-MRB	Click Mexicana	Active	Merida, Mexico	
11286	Fokker F100	SE-DUU	Air Express Sweden	Active	Stockholm Arlanda, Sweden	
11287	Fokker F100	CS-TPC	PGA Portugalia Airlines	Active	Lisbon, Portugal	
11288	Fokker F100	PK-RJN	Pelita Air Service	Active	Jakarta Halim, Indonesia	
11289	Fokker F100	N857US	-	Scrapped	Mojave, CA	

Fokker 100 — Out Of Production List: Western Jet Airliners

	c/n	Model	Registration	Owner/Operator	Status	Location	Notes
☐	11290	Fokker F100	F-GPXL	Regional / Air France	Active	Ajaccio, Corsica, France	
☐	11291	Fokker F100	SE-DUV	Air Express Sweden	Active	Stockholm Arlanda, Sweden	
☐	11292	Fokker F100	EP-IDA	Iran Air	Active	Tehran, Iran	
☐	11293	Fokker F100	HL7774	Yeongnam Air	Active	Busan, South Korea	
☐	11294	Fokker F100	EP-IDD	Iran Air	Active	Tehran, Iran	
☐	11295	Fokker F100	5N-CEO	IRS Airlines	Active	Lagos, Nigeria	
☐	11296	Fokker F100	F-GPXM	Regional / Air France	Active	Paris Orly, France	
☐	11297	Fokker F100	5N-COO	IRS Airlines	Active	Lagos, Nigeria	
☐	11298	Fokker F100	EP-IDF	(Iran Air)	Stored	Tehran, Iran	
☐	11299	Fokker F100	EP-IDB	-	Written Off	Tehran, Iran	
☐	11300	Fokker F100	D-AGPE	Germania	Active	Berlin Tegel, Germany	
☐	11301	Fokker F100	P2-ANH	Air Niugini	Active	Port Moresby, Papua New Guinea	
☐	11302	Fokker F100	EP-IDG	Kish Air	Active	Tehran, Iran	
☐	11303	Fokker F100	XA-JXT	Click Mexicana	Active	Merida, Mexico	
☐	11304	Fokker F100	XA-MRG	Click Mexicana	Active	Merida, Mexico	
☐	11305	Fokker F100	XA-MRH	Click Mexicana	Active	Merida, Mexico	
☐	11306	Fokker F100	D-AGPG	(Air Berlin)	Stored	Berlin Schonefeld, Germany	
☐	11307	Fokker F100	F-GNLK	Regional / Air France	Active	Paris Orly, France	
☐	11308	Fokker F100	D-AGPH	Contactair	Active	Stuttgart, Germany	
☐	11309	Fokker F100	XA-SHI	Click Mexicana	Active	Merida, Mexico	
☐	11310	Fokker F100	PJ-DAA	Dutch Antilles Express	Active	Bonaire, Netherlands Antilles	
☐	11311	Fokker F100	F-GNLH	Blue Line	Active	Paris CDG, France	
☐	11312	Fokker F100	VH-NHO	Network Aviation	Active	Belmont, WA, Australia	
☐	11313	Fokker F100	D-AGPK	Contactair	Active	Stuttgart, Germany	
☐	11314	Fokker F100	D-AGPL	(Air Berlin)	Stored	Berlin Schonefeld, Germany	
☐	11315	Fokker F100	F-GNLI	Regional / Air France	Active	Paris Orly, France	
☐	11316	Fokker F100	VH-FWH	Alliance Airlines	Active	Brisbane, Australia	
☐	11317	Fokker F100	CS-TPD	PGA Portugalia Airlines	Active	Lisbon, Portugal	
☐	11318	Fokker F100	VH-FWI	Alliance Airlines	Active	Brisbane, Australia	
☐	11319	Fokker F100	XA-SHJ	Click Mexicana	Active	Cancun, Mexico	
☐	11320	Fokker F100	XA-TCM	Click Mexicana	Active	Merida, Mexico	
☐	11321	Fokker F100	4O-AOM	Montenegro Airlines	Active	Podgorica, Montenegro	
☐	11322	Fokker F100	PH-LNE	-	Stored	Woensdrecht, Netherlands	
☐	11323	Fokker F100	F-GPXJ	Brit Air / Air France	Active	Paris Orly, France	
☐	11324	Fokker F100	F-GPNK	Regional / Air France	Active	Paris CDG, France	
☐	11325	Fokker F100	F-GPNL	Regional / Air France	Active	Paris CDG, France	
☐	11326	Fokker F100	VH-FNN	Skywest Airlines	Active	Cloverdale, WA, Australia	
☐	11327	Fokker F100	XY-AGC	Air Bagan	Active	Yangon Mingaladon, Myanmar	
☐	11328	Fokker F100	PK-RJI	PremiAir	Active	Jakarta Halim, Indonesia	
☐	11329	Fokker F100	F-GPXK	Brit Air / Air France	Active	Paris Orly, France	
☐	11330	Fokker F100	F-GPXF	Brit Air / Air France	Active	Morlaix, France	
☐	11331	Fokker F100	PJ-DAB	Dutch Antilles Express	Active	Bonaire, Netherlands Antilles	
☐	11332	Fokker F100	4O-AOP	Montenegro Airlines	Active	Podgorica, Montenegro	
☐	11333	Fokker F100	XA-SHK	Click Mexicana	Active	Merida, Mexico	
☐	11334	Fokker F100	VH-FNC	Skywest Airlines	Active	Perth, Australia	
☐	11335	Fokker F100	PK-TWN	Transwisata Air	Active	Jakarta Halim, Indonesia	
☐	11336	Fokker F100	XA-MQK	Click Mexicana	Active	Cancun, Mexico	
☐	11337	Fokker F100	XA-SHL	Click Mexicana	Active	Cancun, Mexico	

c/n	Model	Registration	Owner/Operator	Status	Location	Notes
11338	Fokker F100	D-AGPQ	(OLT)	Stored	Woensdrecht, Netherlands	
11339	Fokker F100	XA-TKR	Click Mexicana	Active	Cancun, Mexico	
11340	Fokker F100	YR-FKA	Carpatair	Active	Bucharest, Romania	
11341	Fokker F100	XA-TCP	Click Mexicana	Active	Cancun, Mexico	
11342	Fokker F100	CS-TPE	PGA Portugalia Airlines	Active	Lisbon, Portugal	
11343	Fokker F100	EP-CFL	Iran Air	Active	Tehran, Iran	
11344	Fokker F100	F-GNLJ	Regional / Air France	Active	Paris Orly, France	
11345	Fokker F100	VH-FKA	Alliance Airlines	Active	Brisbane, Australia	
11346	Fokker F100	N886US	-	Scrapped	Mojave, CA	
11347	Fokker F100	XA-MQJ	Click Mexicana	Active	Cancun, Mexico	
11348	Fokker F100	XA-MRE	Click Mexicana	Active	Merida, Mexico	
11349	Fokker F100	VH-FKC	Alliance Airlines	Active	Brisbane, Australia	
11350	Fokker F100	4O-AOT	Montenegro Airlines	Active	Podgorica, Montenegro	
11351	Fokker F100	P2-ANF	Air Niugini	Active	Port Moresby, Papua New Guinea	
11352	Fokker F100	D-AFKD	Contactair	Active	Stuttgart, Germany	
11353	Fokker F100	N1402K	(American Airlines)	Stored	Roswell, NM	
11354	Fokker F100	N1403M	(American Airlines)	Stored	Roswell, NM	
11355	Fokker F100	N1404D	(American Airlines)	Stored	Roswell, NM	
11356	Fokker F100	N1405J	(American Airlines)	Stored	Roswell, NM	
11357	Fokker F100	VH-FKD	Alliance Airlines	Active	Brisbane, Australia	
11358	Fokker F100	VH-FKE	-	WFU & Stored	Brisbane, Australia	
11359	Fokker F100	OE-LVJ	Austrian Arrows	Active	Vienna, Austria	
11360	Fokker F100	C-GKZH	(JetsGo)	Stored	Quebec, Canada	
11361	Fokker F100	OE-LVM	Austrian Arrows	Active	Vienna, Austria	
11362	Fokker F100	F-GMPG	-	WFU & Stored	Pau, France	
11363	Fokker F100	F-GNLG	Blue Line	Active	Paris CDG, France	
11364	Fokker F100	F-GIOG	Regional / Air France	Active	Paris Orly, France	
11365	Fokker F100	VH-FKF	Alliance Airlines	Active	Brisbane, Australia	
11366	Fokker F100	VH-FKG	Alliance Airlines	Stored	Brisbane, Australia	
11367	Fokker F100	OE-LVN	Austrian Arrows	Active	Vienna, Austria	
11368	Fokker F100	OE-IID	International Jet Management	Active	Vienna, Austria	
11369	Fokker F100	YR-FKB	Carpatair	Active	Bucharest, Romania	
11370	Fokker F100	PR-OAD	Oceanair	Active	Rio de Janeiro Santos Dumont, Brazil	
11371	Fokker F100	XA-MQC	Click Mexicana	Active	Mexico City	
11372	Fokker F100	VH-FKJ	Alliance Airlines	Active	Brisbane, Australia	
11373	Fokker F100	VH-FNU	Skywest Airlines	Active	Perth, Australia	
11374	Fokker F100	XA-TCG	Click Mexicana	Active	Cancun, Mexico	
11375	Fokker F100	XA-TCH	Click Mexicana	Active	Mexico City	
11376	Fokker F100	HK-4488X	Avianca / SAM Colombia	Active	Bogota, Colombia	
11377	Fokker F100	HK-4489X	Avianca / SAM Colombia	Active	Bogota, Colombia	
11378	Fokker F100	EP-ASJ	Iran Aseman Airlines	Active	Tehran, Iran	
11379	Fokker F100	VH-FKK	Alliance Airlines	Active	Brisbane, Australia	
11380	Fokker F100	VH-FKL	(Alliance Airlines)	Stored	Brisbane, Australia	
11381	Fokker F100	F-GKHD	Brit Air / Air France	Active	Ajaccio, Corsica, France	
11382	Fokker F100	XA-SGE	Click Mexicana	Active	Cancun, Mexico	
11383	Fokker F100	EP-CFR	Iran Air	Active	Tehran, Iran	
11384	Fokker F100	XA-SGF	Click Mexicana	Active	Merida, Mexico	
11385	Fokker F100	N1415K	(American Airlines)	Fuselage Remains	Mojave, CA	

c/n	Model	Registration	Owner/Operator	Status	Location	Notes
11386	Fokker F100	F-GKHE	Brit Air / Air France	Active	Ajaccio, Corsica, France	
11387	Fokker F100	F-GPXG	Brit Air / Air France	Active	Paris Orly, France	
11388	Fokker F100	EP-ASK	Iran Aseman Airlines	Active	Tehran, Iran	
11389	Fokker F100	EP-CFO	Iran Air	Active	Tehran, Iran	
11390	Fokker F100	XA-JXW	Click Mexicana	Active	Merida, Mexico	
11391	Fokker F100	VH-FSW	Skywest Airlines	Active	Perth, Australia	
11392	Fokker F100	N897US	-	Scrapped	Alton, UK	
11393	Fokker F100	PH-KXL	-	Written Off	Skopje, Macedonia	
11394	Fokker F100	EP-CFM	Iran Air	Active	Tehran, Iran	
11395	Fokker F100	ER-FZA	Moldavian Airlines	Active	Chisinau, Moldova	
11396	Fokker F100	PH-ZFP	(JetsGo)	Stored	Woensdrecht, Netherlands	
11397	Fokker F100	OE-LVK	Austrian Arrows	Active	Vienna, Austria	
11398	Fokker F100	VH-NHF	Network Aviation	Active	Belmont, WA, Australia	
11399	Fokker F100	VH-NHP	Network Aviation	Active	Belmont, WA, Australia	
11400	Fokker F100	XA-KXJ	Click Mexicana	Active	Merida, Mexico	
11401	Fokker F100	EP-ATB	Iran Aseman Airlines	Active	Tehran, Iran	
11402	Fokker F100	N1419D	(American Airlines)	Fuselage Remains	Dallas Ft. Worth, TX	
11403	Fokker F100	OE-IIB	International Jet Management	Active	Vienna, Austria	
11404	Fokker F100	OE-LVL	Austrian Arrows	Active	Vienna, Austria	
11405	Fokker F100	PR-OAS	Oceanair	Active	Rio de Janeiro Santos Dumont, Brazil	
11406	Fokker F100	OE-IIC	International Jet Management	Active	Vienna, Austria	
11407	Fokker F100	9A-BTD	SunAdria Airlines	Active	Zagreb, Croatia	
11408	Fokker F100	C-GKZM	(JetsGo)	Stored	Mojave, CA	
11409	Fokker F100	EP-CFP	Iran Air	Active	Tehran, Iran	
11410	Fokker F100	XA-KXR	Click Mexicana	Active	Cancun, Mexico	
11411	Fokker F100	PR-OAT	Oceanair	Active	Rio de Janeiro Santos Dumont, Brazil	
11412	Fokker F100	PR-OAG	(Oceanair)	Stored	Sorocaba, Brazil	
11413	Fokker F100	HK-	Avianca	Active	Bogota, Colombia	
11414	Fokker F100	HK-4486X	Avianca / SAM Colombia	Active	Bogota, Colombia	
11415	Fokker F100	PR-OAF	Oceanair	Active	Rio de Janeiro Santos Dumont, Brazil	
11416	Fokker F100	9A-BTE	SunAdria Airlines	Active	Zagreb, Croatia	
11417	Fokker F100	PR-OAI	Oceanair	Active	Rio de Janeiro Santos Dumont, Brazil	
11418	Fokker F100	PR-OAJ	Oceanair	Active	Rio de Janeiro Santos Dumont, Brazil	
11419	Fokker F100	HK-	Avianca	Active	Bogota, Colombia	
11420	Fokker F100	XA-LXG	Click Mexicana	Active	Merida, Mexico	
11421	Fokker F100	EP-ASZ	Iran Aseman Airlines	Active	Tehran, Iran	
11422	Fokker F100	EP-CFE	Iran Air	Active	Tehran, Iran	
11423	Fokker F100	EP-CFN	Iran Air	Active	Tehran, Iran	
11424	Fokker F100	TR-LGQ	Air Affaires Gabon	Active	Libreville, Gabon	
11425	Fokker F100	PR-OAK	Oceanair	Active	Rio de Janeiro Santos Dumont, Brazil	
11426	Fokker F100	PR-OAE	Oceanair	Active	Rio de Janeiro Santos Dumont, Brazil	
11427	Fokker F100	PR-OAU	Oceanair	Active	Rio de Janeiro Santos Dumont, Brazil	
11428	Fokker F100	D-AFKC	Contactair	Active	Stuttgart, Germany	
11429	Fokker F100	EP-CFQ	Iran Air	Active	Tehran, Iran	
11430	Fokker F100	EP-ASU	Kish Air	Active	Tehran, Iran	
11431	Fokker F100	EP-ASX	Iran Aseman Airlines	Active	Tehran, Iran	
11432	Fokker F100	EP-ASL	(Iran Aseman Airlines)	Stored	Tehran, Iran	
11433	Fokker F100	EP-ASM	(Iran Aseman Airlines)	Stored	Tehran, Iran	

c/n	Model	Registration	Owner/Operator	Status	Location	Notes
11434	Fokker F100	C-GKZX	(JetsGo)	Stored	Quebec, Canada	
11435	Fokker F100	PR-OAL	Oceanair	Active	Rio de Janeiro Santos Dumont, Brazil	
11436	Fokker F100	PR-OAM	Oceanair	Active	Rio de Janeiro Santos Dumont, Brazil	
11437	Fokker F100	C-GKZW	(JetsGo)	Stored	Quebec, Canada	
11438	Fokker F100	EP-ASG	Iran Aseman Airlines	Active	Tehran, Iran	
11439	Fokker F100	EP-ASH	(Iran Aseman Airlines)	Stored	Tehran, Iran	
11440	Fokker F100	PT-MRK	-	Written Off	Sao Paulo, Brazil	
11441	Fokker F100	PT-MRL	-	Parts Remain	Campinas, Brazil	
11442	Fokker F100	EP-CFD	Iran Air	Active	Tehran, Iran	
11443	Fokker F100	EP-CFH	Iran Air	Active	Tehran, Iran	
11444	Fokker F100	PH-OFL	KLM Cityhopper	Active	Amsterdam Schiphol, Netherlands	
11445	Fokker F100	PK-RGE	Eastindo / Air Libya Tibesti	Active	Benghazi, Libya	
11446	Fokker F100	OE-LVC	Austrian Arrows	Active	Vienna, Austria	
11447	Fokker F100	N1444N	(American Airlines)	Fuselage Remains	Mojave, CA	
11448	Fokker F100	N1445B	(American Airlines)	Fuselage Remains	Mojave, CA	
11449	Fokker F100	HK-4445	Avianca / SAM Colombia	Active	Bogota, Colombia	
11450	Fokker F100	9N-AHI	Cosmic Air	Active	Pokhara, Nepal	
11451	Fokker F100	P2-ANQ	Air Niugini	Active	Port Moresby, Papua New Guinea	
11452	Fokker F100	D-AOLG	OLT	Active	Emden, Germany	
11453	Fokker F100	PK-MJA	(Merpati)	Stored	Surabaya, Indonesia	
11454	Fokker F100	EP-ASO	Iran Aseman Airlines	Active	Tehran, Iran	
11455	Fokker F100	F-GIOK	(Air Liberte)	WFU & Stored	Dinard, France	
11456	Fokker F100	OE-LVH	Austrian Arrows	Active	Vienna, Austria	
11457	Fokker F100	HK-4419X	Avianca / SAM Colombia	Active	Bogota, Colombia	
11458	Fokker F100	HK-4444X	Avianca / SAM Colombia	Active	Bogota, Colombia	
11459	Fokker F100	HB-JVE	Helvetic	Active	Zurich, Switzerland	
11460	Fokker F100	OE-LVO	Austrian Arrows	Active	Vienna, Austria	
11461	Fokker F100	VH-FNT	Skywest Airlines	Active	Cloverdale, WA, Australia	
11462	Fokker F100	PH-OFO	KLM Cityhopper	Active	Amsterdam Schiphol, Netherlands	
11463	Fokker F100	PK-MJC	Merpati	Stored	Jakarta CGK, Indonesia	
11464	Fokker F100	HK-4451	Avianca / SAM Colombia	Active	Bogota, Colombia	
11465	Fokker F100	HK-4430	Avianca / SAM Colombia	Active	Bogota, Colombia	
11466	Fokker F100	HB-JVF	Helvetic	Active	Zurich, Switzerland	
11467	Fokker F100	PR-OAQ	Oceanair	Active	Rio de Janeiro Santos Dumont, Brazil	
11468	Fokker F100	OE-LVI	Austrian Arrows	Active	Vienna, Austria	
11469	Fokker F100	HK-4437X	Avianca / SAM Colombia	Active	Bogota, Colombia	
11470	Fokker F100	HL7777	Kostar Airlines	Active	Seoul, South Korea	
11471	Fokker F100	P2-ANC	Air Niugini	Active	Port Moresby, Papua New Guinea	
11472	Fokker F100	PH-OFP	KLM Cityhopper	Active	Amsterdam Schiphol, Netherlands	
11473	Fokker F100	P2-AND	Air Niugini	Active	Port Moresby, Papua New Guinea	
11474	Fokker F100	PK-MJD	Merpati	Active	Jakarta CGK, Indonesia	
11475	Fokker F100	PH-OFM	KLM Cityhopper	Active	Amsterdam Schiphol, Netherlands	
11476	Fokker F100	F-GPXH	Brit Air / Air France	Active	Morlaix, France	
11477	Fokker F100	PH-OFN	KLM Cityhopper	Active	Amsterdam Schiphol, Netherlands	
11478	Fokker F100	HB-JVG	Helvetic	Active	Zurich, Switzerland	
11479	Fokker F100	HK-4443	Avianca / SAM Colombia	Active	Bogota, Colombia	
11480	Fokker F100	N1460A	(American Airlines)	Fuselage Remains	Mojave, CA	
11481	Fokker F100	PR-OAR	Oceanair	Active	Rio de Janeiro Santos Dumont, Brazil	

c/n	Model	Registration	Owner/Operator	Status	Location	Notes
11482	Fokker F100	HK-4420	Avianca / SAM Colombia	Active	Bogota, Colombia	
11483	Fokker F100	OE-LVF	Austrian Arrows	Active	Vienna, Austria	
11484	Fokker F100	VH-FNY	Skywest Airlines	Active	Perth, Australia	
11485	Fokker F100	9N-AHG	(Cosmic Air)	WFU & Stored	Kathmandu, Nepal	
11486	Fokker F100	PK-PFZ	Pelita Air Service	Active	Jakarta Halim, Indonesia	
11487	Fokker F100	F-GPXA	Brit Air / Air France	Active	Paris CDG, France	
11488	Fokker F100	VH-FNR	Skywest Airlines	Active	Perth, Australia	
11489	Fokker F100	VH-FNJ	Skywest Airlines	Active	Perth, Australia	
11490	Fokker F100	OE-LVA	Austrian Arrows	Active	Vienna, Austria	
11491	Fokker F100	G-CFDD	-	Stored	Woensdrecht, Netherlands	
11492	Fokker F100	F-GPXB	Brit Air / Air France	Active	Paris Orly, France	
11493	Fokker F100	F-GPXC	Brit Air / Air France	Active	Paris Orly, France	
11494	Fokker F100	F-GPXD	Brit Air / Air France	Active	Paris Orly, France	
11495	Fokker F100	F-GPXE	Brit Air / Air France	Active	Paris Orly, France	
11496	Fokker F100	B-12292	Mandarin Airlines	Active	Taipei, Taiwan	
11497	Fokker F100	EP-AWZ	Iranian Air Transport	Active	Ahwaz, Iran	
11498	Fokker F100	5N-HIR	IRS Airlines	Active	Lagos, Nigeria	
11499	Fokker F100	OE-LVE	Austrian Arrows	Active	Vienna, Austria	
11500	Fokker F100	B-12291	Mandarin Airlines	Active	Taipei, Taiwan	
11501	Fokker F100	HB-JVC	Helvetic	Active	Zurich, Switzerland	
11502	Fokker F100	OE-LVB	Austrian Arrows	Active	Vienna, Austria	
11503	Fokker F100	F-GPXI	Brit Air / Air France	Active	Paris Orly, France	
11504	Fokker F100	EP-ASP	Iran Aseman Airlines	Active	Tehran, Iran	
11505	Fokker F100	B-12296	Mandarin Airlines	Active	Taichung, Taiwan	
11506	Fokker F100	HK-4431	Avianca / SAM Colombia	Active	Bogota, Colombia	
11507	Fokker F100	N1471G	(American Airlines)	Fuselage Remains	Mojave, CA	
11508	Fokker F100	PH-EZH	-	Preserved as Café	Breda, Netherlands	
11509	Fokker F100	EP-OPI	Iranian Air Transport	Active	Ahwaz, Iran	
11511	Fokker F100	EP-CFI	Iran Air	Active	Tehran, Iran	
11512	Fokker F100	PT-MQH	-	Written Off	Birigui, Brazil	
11513	Fokker F100	EP-ASQ	Iran Aseman Airlines	Active	Tehran, Iran	
11514	Fokker F100	HK-4438X	Avianca / SAM Colombia	Active	Bogota, Colombia	
11515	Fokker F100	OE-LVD	Austrian Arrows	Active	Vienna, Austria	
11516	Fokker F100	EP-CFJ	Iran Air	Active	Tehran, Iran	
11517	Fokker F100	D-AFKA	Contactair	Active	Stuttgart, Germany	
11518	Fokker F100	EP-CFK	Iran Air	Active	Tehran, Iran	
11519	Fokker F100	EP-ASI	Iran Aseman Airlines	Active	Tehran, Iran	
11520	Fokker F100	OE-LVG	Austrian Arrows	Active	Vienna, Austria	
11522	Fokker F100	EP-ASR	Iran Aseman Airlines	Active	Tehran, Iran	
11523	Fokker F100	EP-AST	Iran Aseman Airlines	Active	Tehran, Iran	
11527	Fokker F100	PH-MJL	KLM Cityhopper	Active	Amsterdam Schiphol, Netherlands	

Cross Reference

Registration	c/n	Registration	c/n	Registration	c/n	Registration	c/n
3D-ALM	11335	D-AGPK	11313	F-GKHD	11381	G-CFDD	11491
4O-AOK	11272	D-AGPL	11314	F-GKHE	11386	G-FIOO	11316
4O-AOM	11321	D-AGPM	11331	F-GKLX	11328	G-FIOR	11318
4O-AOP	11332	D-AGPN	11333	F-GKLY	11332	G-FIOS	11321
4O-AOT	11350	D-AGPO	11334	F-GLIR	11509	G-FMAH	11286
5N-CEO	11295	D-AGPP	11337	F-GMPG	11362	G-MABH	11291
5N-COO	11297	D-AGPQ	11338	F-GNEU	11265	G-MAMH	11293
5N-HIR	11498	D-AGPR	11391	F-GNLG	11363	G-UKFA	11246
9A-BTD	11407	D-AGPS	11399	F-GNLH	11311	G-UKFB	11247
9A-BTE	11416	D-AOLG	11452	F-GNLI	11315	G-UKFC	11263
9N-AHG	11485	D-AOLH	11265	F-GNLJ	11344	G-UKFD	11259
9N-AHI	11450	EC-IPV	11451	F-GNLK	11307	G-UKFE	11260
9N-AHN	11351	EC-IVO	11452	F-GPNK	11324	G-UKFF	11274
9N-AHO	11264	EC-JDN	11322	F-GPNL	11325	G-UKFG	11275
B-12291	11500	EC-JJM	11497	F-GPXA	11487	G-UKFH	11277
B-12292	11496	EC-JOM	11498	F-GPXB	11492	G-UKFI	11279
B-12293	11517	EC-JRV	11491	F-GPXC	11493	G-UKFJ	11248
B-12295	11527	EI-DBE	11329	F-GPXD	11494	G-UKFK	11249
B-12296	11505	EI-DBR	11323	F-GPXE	11495	G-UKFL	11268
B-12297	11461	EI-DFB	11290	F-GPXF	11330	G-UKFM	11269
B-2231	11383	EI-DFC	11296	F-GPXG	11387	G-UKFN	11270
B-2232	11389	EI-DFZ	11265	F-GPXH	11476	G-UKFO	11271
B-2233	11394	EP-ASG	11438	F-GPXI	11503	G-UKFP	11272
B-2234	11401	EP-ASH	11439	F-GPXJ	11323	G-UKFR	11273
B-2235	11409	EP-ASI	11519	F-GPXK	11329	HB-IVA	11244
B-2236	11430	EP-ASJ	11378	F-GPXL	11290	HB-IVB	11250
B-2237	11421	EP-ASK	11388	F-GPXM	11296	HB-IVC	11251
B-2238	11423	EP-ASL	11432	F-GRMV	11422	HB-IVD	11252
B-2239	11429	EP-A3M	11433	F-GSTG	11443	HB-IVE	11253
B-2240	11431	EP-ASO	11454	F-GTBD	11265	HB-IVF	11254
C-FICB	11248	EP-ASP	11504	F-HALP	11470	HB-IVG	11255
C-FICL	11263	EP-ASQ	11513	F-OFRG	11475	HB-IVH	11256
C-FICO	11249	EP-ASR	11522	F-OGQA	11272	HB-IVI	11381
C-FICP	11259	EP-AST	11523	F-OGQB	11273	HB-IVK	11386
C-FICW	11247	EP-ASU	11430	F-OGQI	11268	HB-JVA	11460
C-FICY	11246	EP-ASX	11431	F-OLGA	11290	HB-JVB	11491
C-GKZA	11403	EP-ASZ	11421	F-OLGB	11296	HB-JVC	11501
C-GKZB	11352	EP-ATB	11401	F-OLLA	11461	HB-JVD	11498
C-GKZC	11340	EP-AWZ	11497	F-OLLD	11322	HB-JVE	11459
C-GKZD	11395	EP-CFD	11442	F-OLLE	11350	HB-JVF	11466
C-GKZE	11359	EP-CFE	11422	F-OLLI	11517	HB-JVG	11478
C-GKZF	11361	EP-CFH	11443	F-OLLJ	11351	HK-	11413
C-GKZG	11428	EP-CFI	11511	F-OLLL	11264	HK-	11419
C-GKZH	11360	EP-CFJ	11516	F-OORG	11444	HK-4330X	11465
C-GKZJ	11396	EP-CFK	11518	F-WALP	11470	HK-4413X	11506
C-GKZK	11369	EP-CFL	11343	F-WFRQ	11475	HK-4419	11457
C-GKZL	11368	EP-CFM	11394	F-WHXA	11477	HK-4419X	11457
C-GKZM	11408	EP-CFN	11423	F-WLLE	11350	HK-4420	11482
C-GKZP	11406	EP-CFO	11389	F-WLLF	11527	HK-4420X	11482
C-GKZS	11367	EP-CFP	11409	F-WLLH	11505	HK-4430	11465
C-GKZU	11404	EP-CFQ	11429	F-WLLJ	11351	HK-4431	11506
C-GKZV	11397	EP-CFR	11383	F-WLLL	11264	HK-4437X	11469
C-GKZW	11437	EP-IDA	11292	F-WLLM	11301	HK-4438X	11514
C-GKZX	11434	EP-IDB	11299	F-WORG	11444	HK-4443	11479
C-GPNL	11301	EP-IDC	11267	F-WQBP	11252	HK-4443X	11479
C-GYNR	11265	EP-IDD	11294	F-WQFL	11251	HK-4444	11458
CS-TPA	11257	EP-IDF	11298	F-WQFP	11256	HK-4444X	11458
CS-TPB	11262	EP-IDG	11302	F-WQGX	11517	HK-4445	11449
CS-TPC	11287	EP-IDK	11317	F-WQGY	11512	HK-4445X	11449
CS-TPD	11317	ER-FZA	11395	F-WQGZ	11527	HK-4451	11464
CS-TPE	11342	F-FICQ	11260	F-WQHG	11250	HK-4451X	11464
CS-TPF	11258	F-GIDM	11273	F-WQHK	11254	HK-4486X	11414
CX-UAA	11383	F-GIDN	11272	F-WQJA	11321	HK-4488X	11376
CX-UAB	11389	F-GIDO	11271	F-WQJE	11323	HK-4489X	11377
D-ADFA	11307	F-GIDP	11270	F-WQJJ	11387	HL7206	11378
D-ADFB	11311	F-GIDQ	11269	F-WQJK	11476	HL7207	11387
D-ADFC	11315	F-GIDT	11268	F-WQJX	11330	HL7208	11388
D-ADFD	11344	F-GIOA	11261	F-WQPG	11475	HL7209	11432
D-ADFE	11363	F-GIOB	11307	F-WQPK	11477	HL7210	11438
D-AFKA	11517	F-GIOC	11311	F-WQVS	11395	HL7211	11439
D-AFKC	11428	F-GIOD	11315	F-WSTG	11443	HL7212	11476
D-AFKD	11352	F-GIOE	11344	G-BVJA	11489	HL7213	11504
D-AGPA	11276	F-GIOF	11363	G-BVJB	11488	HL7214	11513
D-AGPB	11278	F-GIOG	11364	G-BVJC	11497	HL7215	11519
D-AGPC	11280	F-GIOH	11364	G-BVJD	11503	HL7216	11522
D-AGPD	11281	F-GIOH	11424	G-BXNF	11316	HL7217	11523
D-AGPE	11300	F-GIOI	11433	G-BXWE	11327	HL7774	11293
D-AGPF	11303	F-GIOJ	11454	G-BXWF	11328	HL7777	11470
D-AGPG	11306	F-GIOK	11455	G-BYDN	11329	I-ALPK	11244
D-AGPH	11308	F-GIOV	11248	G-BYDO	11323	I-ALPL	11250
D-AGPI	11310	F-GIOX	11249	G-BYDP	11321	I-ALPQ	11256
D-AGPJ	11312	F-GJAO	11327	G-CFBU	11498	I-ALPS	11254

Registration	c/n	Registration	c/n	Registration	c/n	Registration	c/n
I-ALPW	11255	N1464A	11490	P2-ANF	11351	PH-EZE	11249
I-ALPX	11251	N1465K	11491	P2-ANH	11301	PH-EZE	11252
I-ALPZ	11252	N1466A	11498	P2-ANQ	11451	PH-EZE	11262
I-ELGF	11253	N1467A	11499	PH-AFO	11497	PH-EZE	11311
JU-8428	11428	N1468A	11501	PH-AFQ	11503	PH-EZE	11345
JU-8452	11352	N1469D	11502	PH-CDI	11245	PH-EZE	11372
N103ML	11444	N1470K	11506	PH-CFA	11323	PH-EZE	11396
N104ML	11445	N1471G	11507	PH-CFB	11324	PH-EZE	11408
N105ML	11475	N1473K	11515	PH-CFC	11325	PH-EZE	11426
N106ML	11477	N1474D	11520	PH-CFD	11326	PH-EZE	11460
N107ML	11450	N202BN	11257	PH-CFE	11327	PH-EZE	11482
N108ML	11484	N602DG	11263	PH-CFF	11328	PH-EZE	11489
N109ML	11485	N602RP	11246	PH-CFG	11329	PH-EZF	11253
N110ML	11486	N602TR	11247	PH-CFH	11330	PH-EZF	11263
N130ML	11329	N850US	11276	PH-CXA	11276	PH-EZF	11306
N131ML	11323	N851US	11278	PH-CXB	11278	PH-EZF	11315
N132ML	11321	N852US	11280	PH-CXC	11280	PH-EZF	11454
N133ML	11330	N853US	11281	PH-CXD	11281	PH-EZF	11483
N1400H	11340	N854US	11282	PH-CXE	11300	PH-EZF	11506
N1401G	11352	N855US	11283	PH-CXF	11303	PH-EZF	11509
N1402K	11353	N856US	11286	PH-CXG	11306	PH-EZG	11254
N1403M	11354	N857US	11289	PH-CXH	11308	PH-EZG	11278
N1404D	11355	N858US	11291	PH-CXI	11310	PH-EZG	11289
N1405J	11356	N859US	11293	PH-CXJ	11312	PH-EZG	11292
N1406A	11359	N860US	11295	PH-CXK	11313	PH-EZG	11324
N1407D	11360	N861US	11297	PH-CXL	11314	PH-EZG	11326
N1408B	11361	N862US	11300	PH-CXM	11331	PH-EZG	11359
N1409B	11367	N863US	11303	PH-CXN	11333	PH-EZG	11380
N1410E	11368	N864US	11306	PH-CXO	11334	PH-EZG	11405
N1411G	11369	N865US	11308	PH-CXP	11337	PH-EZG	11427
N1412A	11370	N866US	11310	PH-CXQ	11338	PH-EZG	11455
N1413A	11376	N867US	11312	PH-CXR	11391	PH-EZG	11507
N1414D	11377	N868US	11313	PH-CXS	11399	PH-EZG	11522
N1415K	11385	N869US	11314	PH-EUS	11477	PH-EZH	11255
N1416A	11395	N880US	11331	PH-EZA	11257	PH-EZH	11280
N1417D	11396	N881US	11333	PH-EZA	11321	PH-EZH	11291
N1418A	11397	N882US	11334	PH-EZA	11331	PH-EZH	11314
N1419D	11402	N883US	11337	PH-EZA	11353	PH-EZH	11327
N1420D	11403	N884US	11338	PH-EZA	11364	PH-EZH	11332
N1421K	11404	N885US	11345	PH-EZA	11434	PH-EZH	11508
N1422J	11405	N886US	11346	PH-EZA	11456	PH-EZH	11512
N1423A	11406	N887US	11349	PH-EZA	11478	PH-EZI	11256
N1424M	11407	N888AU	11357	PH-EZA	11484	PH-EZI	11281
N1425A	11408	N889US	11358	PH-EZB	11244	PH-EZI	11308
N1426A	11411	N890US	11365	PH-EZB	11246	PH-EZI	11325
N1427A	11412	N891US	11366	PH-EZB	11274	PH-EZI	11355
N1427B	11514	N892US	11372	PH-EZB	11297	PH-EZI	11367
N1428D	11413	N893US	11373	PH-EZB	11318	PH-EZI	11397
N1429G	11414	N894US	11379	PH-EZB	11330	PH-EZI	11413
N1430D	11415	N895US	11380	PH-EZB	11349	PH-EZI	11437
N1431B	11416	N896US	11391	PH-EZB	11369	PH-EZI	11464
N1432A	11417	N897US	11392	PH-EZB	11391	PH-EZI	11513
N1433B	11418	N898US	11398	PH-EZB	11411	PH-EZJ	11259
N1434A	11419	N899US	11399	PH-EZB	11435	PH-EZJ	11310
N1435D	11425	OB-1816-P	11377	PH-EZB	11457	PH-EZJ	11356
N1436A	11426	OB-1821-P	11376	PH-EZB	11479	PH-EZJ	11368
N1437B	11427	OB-1831-P	11414	PH-EZB	11485	PH-EZJ	11398
N1438H	11428	OE-IIB	11403	PH-EZC	11247	PH-EZJ	11414
N1439A	11434	OE-IIC	11406	PH-EZC	11250	PH-EZJ	11432
N1440A	11435	OE-IID	11368	PH-EZC	11300	PH-EZJ	11465
N1441A	11436	OE-LVA	11490	PH-EZC	11323	PH-EZJ	11497
N1442E	11437	OE-LVB	11502	PH-EZC	11354	PH-EZK	11260
N14431A	11446	OE-LVC	11446	PH-EZC	11365	PH-EZK	11261
N1444N	11447	OE-LVD	11515	PH-EZC	11395	PH-EZK	11462
N1445B	11448	OE-LVE	11499	PH-EZC	11412	PH-EZK	11466
N1446A	11449	OE-LVF	11483	PH-EZC	11436	PH-EZK	11492
N1447L	11456	OE-LVG	11520	PH-EZC	11458	PH-EZK	11498
N1449D	11458	OE-LVH	11456	PH-EZC	11480	PH-EZK	11519
N1450A	11459	OE-LVI	11468	PH-EZC	11486	PH-EZL	11264
N1451N	11460	OE-LVJ	11359	PH-EZD	11248	PH-EZL	11357
N1452B	11464	OE-LVK	11397	PH-EZD	11251	PH-EZL	11373
N1453D	11465	OE-LVL	11404	PH-EZD	11258	PH-EZL	11399
N1454D	11466	OE-LVM	11361	PH-EZD	11303	PH-EZL	11415
N1455K	11467	OE-LVN	11367	PH-EZD	11334	PH-EZL	11438
N1456D	11468	OE-LVO	11460	PH-EZD	11344	PH-EZL	11467
N1457B	11469	OM-AAC	11460	PH-EZD	11370	PH-EZL	11499
N1458H	11478	OO-TUF	11373	PH-EZD	11392	PH-EZM	11265
N1459A	11479	P2-ANA	11358	PH-EZD	11404	PH-EZM	11328
N1460A	11480	P2-ANB	11349	PH-EZD	11425	PH-EZM	11358
N1461C	11481	P2-ANC	11471	PH-EZD	11459	PH-EZM	11379
N1462C	11482	P2-AND	11473	PH-EZD	11481	PH-EZM	11402
N1463A	11483	P2-ANE	11264	PH-EZD	11488	PH-EZM	11419

Registration	c/n	Registration	c/n	Registration	c/n	Registration	c/n
PH-EZM	11439	PH-FZD	11258	PH-LXG	11420	PK-MJD	11474
PH-EZM	11468	PH-FZK	11332	PH-LXH	11421	PK-MJE	11512
PH-EZM	11501	PH-HSP	11485	PH-LXI	11422	PK-MJF	11517
PH-EZM	11523	PH-INA	11249	PH-LXS	11441	PK-MJG	11527
PH-EZN	11266	PH-INC	11248	PH-LXV	11424	PK-PFF	11475
PH-EZN	11288	PH-JCA	11480	PH-MJL	11527	PK-PFG	11477
PH-EZN	11446	PH-JCB	11481	PH-MKC	11243	PK-PFZ	11486
PH-EZN	11469	PH-JCC	11482	PH-MKH	11242	PK-RJN	11288
PH-EZN	11487	PH-JCD	11483	PH-MKH	11242	PK-RJO	11444
PH-EZN	11500	PH-JCJ	11505	PH-MXA	11433	PK-RJX	11445
PH-EZN	11502	PH-JCK	11511	PH-MXB	11443	PK-RGE	11445
PH-EZN	11527	PH-JCL	11516	PH-MXC	11444	PK-RJI	11328
PH-EZO	11267	PH-JCM	11518	PH-MXD	11445	PK-TWI	11293
PH-EZO	11337	PH-JCO	11500	PH-MXF	11442	PK-TWN	11335
PH-EZO	11346	PH-JCP	11496	PH-MXK	11442	PR-OAD	11370
PH-EZO	11360	PH-JXP	11371	PH-MXL	11450	PR-OAE	11426
PH-EZO	11376	PH-JXQ	11374	PH-MXO	11453	PR-OAF	11415
PH-EZO	11403	PH-JXR	11375	PH-MXW	11471	PR-OAG	11412
PH-EZO	11418	PH-JXS	11382	PH-MXX	11490	PR-OAH	11413
PH-EZO	11447	PH-JXT	11383	PH-MXY	11491	PR-OAI	11417
PH-EZO	11471	PH-JXU	11384	PH-NXA	11433	PR-OAJ	11418
PH-EZO	11494	PH-JXV	11389	PH-OFA	11246	PR-OAK	11425
PH-EZO	11503	PH-JXW	11374	PH-OFB	11247	PR-OAL	11435
PH-EZP	11282	PH-JXW	11390	PH-OFC	11263	PR-OAM	11436
PH-EZP	11290	PH-JXX	11374	PH-OFD	11259	PR-OAQ	11467
PH-EZP	11366	PH-JXY	11381	PH-OFE	11260	PR-OAR	11481
PH-EZP	11406	PH-JXZ	11386	PH-OFF	11274	PR-OAS	11405
PH-EZP	11428	PH-KLC	11268	PH-OFG	11275	PR-OAT	11411
PH-EZP	11448	PH-KLD	11269	PH-OFH	11277	PR-OAU	11427
PH-EZP	11495	PH-KLE	11270	PH-OFI	11279	PR-OAV	11419
PH-EZP	11504	PH-KLG	11271	PH-OFJ	11248	PT-MCN	11452
PH-EZQ	11474	PH-KLH	11272	PH-OFK	11249	PT-MCO	11471
PH-EZR	11283	PH-KLI	11273	PH-OFL	11444	PT-MQA	11296
PH-EZR	11313	PH-KXA	11378	PH-OFM	11475	PT-MQB	11350
PH-EZR	11335	PH-KXB	11387	PH-OFN	11477	PT-MQC	11371
PH-EZR	11470	PH-KXC	11388	PH-OFO	11462	PT-MQD	11383
PH-EZS	11284	PH-KXI	11394	PH-OFP	11472	PT-MQE	11389
PH-EZS	11338	PH-KXJ	11400	PH-ONS	11517	PT-MQF	11401
PH-EZS	11361	PH-KXK	11401	PH-RJS	11517	PT-MQG	11527
PH-EZS	11377	PH-KXL	11393	PH-RRG	11316	PT-MQH	11512
PH-EZS	11407	PH-KXL	11393	PH-RRH	11318	PT-MQI	11517
PH-EZS	11449	PH-KXP	11409	PH-RRI	11321	PT-MQJ	11347
PH-EZT	11285	PH-KXR	11410	PH-RRN	11452	PT-MQK	11336
PH-EZT	11362	PH-KXZ	11423	PH-SEM	11265	PT-MQL	11394
PH-EZT	11451	PH-LMF	11257	PH-SXI	11335	PT-MQM	11301
PH-EZT	11461	PH-LMG	11292	PH-TAB	11290	PT-MQN	11409
PH-EZU	11286	PH-LMH	11267	PH-TAC	11296	PT-MQO	11423
PH-EZU	11312	PH-LMI	11284	PH-THY	11264	PT-MQP	11430
PH-EZU	11339	PH-LMK	11285	PH-WOL	11475	PT-MQQ	11265
PH-EZU	11452	PH-LML	11287	PH-ZCI	11276	PT-MQR	11421
PH-EZU	11472	PH-LMM	11294	PH-ZCK	11274	PT-MQS	11431
PH-EZU	11490	PH-LMN	11298	PH-ZCL	11275	PT-MQT	11429
PH-EZV	11275	PH-LMO	11299	PH-ZCM	11277	PT-MQU	11264
PH-EZV	11296	PH-LMU	11288	PH-ZCN	11279	PT-MQV	11326
PH-EZV	11329	PH-LMV	11301	PH-ZDJ	11451	PT-MQW	11332
PH-EZV	11363	PH-LMW	11302	PH-ZFA	11486	PT-MRA	11284
PH-EZV	11463	PH-LMX	11304	PH-ZFB	11490	PT-MRB	11285
PH-EZV	11473	PH-LMY	11305	PH-ZFF	11446	PT-MRC	11320
PH-EZV	11491	PH-LMZ	11309	PH-ZFG	11515	PT-MRD	11322
PH-EZV	11520	PH-LNA	11317	PH-ZFH	11499	PT-MRE	11348
PH-EZW	11277	PH-LNB	11319	PH-ZFI	11483	PT-MRF	11351
PH-EZW	11316	PH-LND	11320	PH-ZFJ	11520	PT-MRG	11304
PH-EZW	11333	PH-LNE	11322	PH-ZFK	11456	PT-MRH	11305
PH-EZX	11279	PH-LNF	11336	PH-ZFL	11468	PT-MRI	11442
PH-EZX	11307	PH-LNG	11339	PH-ZFM	11359	PT-MRJ	11451
PH-EZX	11475	PH-LNH	11341	PH-ZFN	11361	PT-MRK	11440
PH-EZX	11517	PH-LNH	11342	PH-ZFO	11367	PT-MRL	11441
PH-EZY	11293	PH-LNI	11340	PH-ZFP	11396	PT-MRM	11422
PH-EZY	11340	PH-LNK	11343	PH-ZFQ	11397	PT-MRN	11443
PH-EZY	11385	PH-LNL	11347	PH-ZFR	11404	PT-MRO	11470
PH-EZY	11416	PH-LNM	11348	PH-ZFS	11460	PT-MRP	11472
PH-EZY	11476	PH-LNN	11350	RJ-DAA	11310	PT-MRQ	11473
PH-EZY	11493	PH-LNO	11351	RJ-DAB	11331	PT-MRR	11461
PH-EZY	11515	PH-LNR	11324	PK-JGA	11264	PT-MRS	11462
PH-EZZ	11295	PH-LNV	11327	PK-JGC	11265	PT-MRT	11505
PH-EZZ	11352	PH-LNW	11328	PK-JGD	11266	PT-MRU	11511
PH-EZZ	11417	PH-LNX	11329	PK-JGE	11301	PT-MRV	11516
PH-EZZ	11477	PH-LNY	11330	PK-JGF	11347	PT-MRW	11518
PH-EZZ	11514	PH-LXA	11429	PK-JGG	11336	PT-MRX	11341
PH-FDI	11351	PH-LXB	11430	PK-JGH	11339	PT-MRY	11343
PH-FYA	11253	PH-LXC	11431	PK-MJA	11453	PT-MRZ	11290
PH-FYB	11255	PH-LXD	11440	PK-MJC	11463	PT-WHK	11452

Registration	c/n	Registration	c/n
PT-WHL	11471	YR-FKA	11340
SE-DUA	11321	YR-FKB	11369
SE-DUB	11323	YU-AOK	11272
SE-DUC	11324	YU-AOL	11268
SE-DUD	11325	YU-AOM	11321
SE-DUE	11326	YU-AOP	11332
SE-DUF	11329	YU-AOT	11350
SE-DUG	11330	Z3-AAE	11272
SE-DUH	11350	ZA-ARC	11268
SE-DUI	11371	ZA-AVA	11272
SE-DUR	11332		
SE-DUU	11286		
SE-DUV	11291		
SX-BGL	11387		
SX-BGM	11476		
TC-IEC	11410		
TC-IED	11420		
TC-IEE	11326		
TR-LCR	11258		
TR-LGQ	11424		
TU-TIS	11318		
TU-TIV	11316		
TU-VAA	11245		
V8-RB3	11253		
V8-RB4	11255		
VH-FKA	11345		
VH-FKC	11349		
VH-FKD	11357		
VH-FKE	11358		
VH-FKF	11365		
VH-FKG	11366		
VH-FKJ	11372		
VH-FKK	11379		
VH-FKL	11380		
VH-FNC	11334		
VH-FNJ	11489		
VH-FNN	11326		
VH-FNR	11488		
VH-FNT	11461		
VH-FNU	11373		
VH-FNY	11484		
VH-FSW	11391		
VH-FWH	11316		
VH-FWI	11318		
VH-NHF	11398		
VH-NHO	11312		
VH-NHP	11399		
XA-JXT	11303		
XA-JXW	11390		
XA-KXJ	11400		
XA-KXR	11410		
XA-LXG	11420		
XA-MQC	11371		
XA-MQJ	11347		
XA-MQK	11336		
XA-MRA	11284		
XA-MRB	11285		
XA-MRE	11348		
XA-MRG	11304		
XA-MRH	11305		
XA-RKM	11341		
XA-RKN	11343		
XA-SBH	11350		
XA-SCD	11371		
XA-SGE	11382		
XA-SGF	11384		
XA-SGS	11390		
XA-SGT	11400		
XA-SHG	11410		
XA-SHH	11420		
XA-SHI	11309		
XA-SHJ	11319		
XA-SHK	11333		
XA-SHL	11337		
XA-TCG	11374		
XA-TCH	11375		
XA-TCM	11320		
XA-TCP	11341		
XA-TKP	11266		
XA-TKR	11339		
XY-AGC	11327		
XY-AGF	11282		

Hawker Siddeley HS.121 Trident

Production Started:	1962
Production Ended:	1978
Number Built:	117
Active:	0
Preserved:	20
WFU, Stored & In Parts:	24
Written Off:	14
Scrapped:	59

Location Summary

China	20
Cyprus	2
Iraq	3
United Kingdom	18
UK - Northern Ireland	1

Hawker Siddeley Hs.121 Trident — Out Of Production List: Western Jet Airliners

	c/n	Model	Registration	Owner/Operator	Status	Location	Notes
☐	2101	1C	G-ARPA	-	Scrapped	Prestwick, UK	
☐	2102	1C	G-ARPB	-	Scrapped	Prestwick, UK	
☐	2103	1C	G-ARPC	-	Written Off	London Heathrow, UK	
☐	2104	1C	G-ARPD	-	Scrapped	Durham Tees Valley, UK	
☐	2105	1C	G-ARPE	-	Scrapped	Prestwick, UK	
☐	2106	1C	G-ARPF	-	Scrapped	Prestwick, UK	
☐	2107	1C	G-ARPG	-	Scrapped	Prestwick, UK	
☐	2108	1C	G-ARPH	(British Airways)	Preserved Cockpit Section	Museum of Flight, East Fortune, Scotland	
☐	2109	1C	G-ARPI	-	Written Off	London Heathrow, UK	
☐	2110	1C	G-ARRJ	-	Scrapped	Prestwick, UK	
☐	2111	1C	G-ARPK	-	Scrapped	Manchester, UK	
☐	2112	1C	G-ARPL	-	Scrapped	Edinburgh, UK	
☐	2113	1C	G-ARPM	-	Scrapped	Prestwick, UK	
☐	2114	1E	G-ASWU	-	Scrapped	London Heathrow, UK	
☐	2115	1C	G-ARPN	-	Scrapped	Aberdeen, UK	
☐	2116	1C	G-ARPO	(British Airways)	Fire Trainer	Durham Tees Valley, UK	
☐	2117	1C	G-ARPP	(British Airways)	Preserved Cockpit Section	Dumfries, UK	
☐	2118	1E	9K-ACG	-	Written Off	Kuwait	
☐	2119	1C	G-ARPR	-	Scrapped	Durham Tees Valley, UK	
☐	2120	1C	G-ARPS	-	Scrapped	London Heathrow, UK	
☐	2121	1C	G-ARPT	-	Written Off	London Heathrow, UK	
☐	2122	1C	G-ARPU	-	Scrapped	London Heathrow, UK	
☐	2123	1C	G-ARPW	-	Scrapped	Durham Tees Valley, UK	
☐	2124	1C	G-ARPX	-	Scrapped	Perth, UK	
☐	2125	1E	YI-AEA	(Iraqi Airways)	WFU & Stored?	Baghdad, Iraq	
☐	2126	1C	G-ARPY	-	Written Off	Norfolk, UK	
☐	2127	1E	YI-AEB	(Iraqi Airways)	WFU & Stored?	Baghdad, Iraq	
☐	2128	1C	G-ARPZ	-	Scrapped	Dunsfold, UK	
☐	2129	1E	YI-AEC	(Iraqi Airways)	WFU & Stored?	Baghdad, Iraq	
☐	2130	1E	50051	(China United)	Preserved	Datangshan Museum, Beijing, China	
☐	2131	1E	B-256	-	Written Off	Mongolia	
☐	2132	1E	B-2207	(CAAC)	Preserved	Datangshan Museum, Beijing, China	
☐	2133	1E	50152	(CAAC)	WFU & Stored?	Datangshan Museum, Beijing, China	
☐	2134	1E	5B-DAE	-	Parts Remain	Nicosia, Cyprus	
☐	2135	1E	4R-ACN	-	Scrapped	Sri Lanka	
☐	2136	1E	G-AVYB	-	Fuselage Remains	Hereford, UK	
☐	2137	1E	G-AVYC	-	Scrapped	London Heathrow, UK	
☐	2138	1E	G-AVYD	-	Written Off	Bilbao, Spain	
☐	2139	1E	G-AVYE	-	Preserved Cockpit Section	Hatfield, UK	
☐	2140	2E	G-AVFA	-	Scrapped	London Heathrow, UK	
☐	2141	2E	G-AVFB	(BEA)	Preserved	Imperial War Museum, Duxford, UK	
☐	2142	2E	G-AVFC	-	Scrapped	London Heathrow, UK	
☐	2143	2E	G-AVFD	-	Scrapped	London Heathrow, UK	
☐	2144	2E	G-AVFE	(British Airways)	Fire Trainer	Belfast International, Northern Ireland	
☐	2145	2E	G-AVFF	-	Scrapped	Southend, UK	
☐	2146	2E	G-AVFG	-	Fire Trainer Forward Section	Manchester Airport, UK	
☐	2147	2E	G-AVFH	(British Airways)	Fuselage Preserved	De Havilland Museum, London Colney, UK	
☐	2148	2E	G-AVFI	-	Scrapped	London Heathrow, UK	

c/n	Model	Registration	Owner/Operator	Status	Location	Notes
2149	2E	G-AVFJ	(British Airways)	Fire Trainer Forward Section	Durham Tees Valley, UK	
2150	2E	G-AVFK	-	Fuselage Remains	RAF Lyneham, UK	
2151	2E	G-AVFL	-	Scrapped	Southend, UK	
2152	2E	G-AVFM	-	Nose Preserved	Cardington, UK	
2153	2E	G-AVFN	-	Scrapped	Southend, UK	
2154	2E	G-AZXM	-	Scrapped	Southend, UK	
2155	2E	5B-DAB	(Cyprus Airways)	WFU & Stored	Nicosia, Cyprus	
2156	2E	G-AVFO	-	Scrapped	Southend, UK	
2157	2E	B-2201	-	Scrapped	Beijing, China	
2158	2E	B-2202	(CAAC)	Fuselage Preserved	Datangshan Museum, Beijing, China	
2159	2E	B-2218	-	Written Off	Hong Kong Kai Tak	
2160	2E	B-2219	(CAAC)	WFU & Stored	Baiyun, Guangzhou, China	
2161	2E	B-2223	-	Scrapped	Shenyang, China	
2162	2E	B-2212	-	Scrapped	Shanghai, China	
2163	2E	B-2214	-	WFU & Stored?	Fuzhou, China	
2164	2E	B-2209	-	Scrapped	Shenyang, China	
2165	2E	B-2208	-	Written Off	Guilin, China	
2166	2E	B-2215	-	Scrapped	Hefei, China	
2167	2E	B-260	-	Written Off	Fuzhou, China	
2168	2E	B-2203	-	Scrapped	Tianjin, China	
2169	2E	50153	-	Written Off	Guilin, China	
2170	2E	B-266	-	Written Off	Mount Yangsu, China	
2171	2E	50052	-	Scrapped	Beijing, China	
2172	2E	B-274	-	Written Off	Beijing, China	
2173	2E	B-2213	(CAAC)	Preserved?	Chanping Aeronautical Museum, China	
2174	2E	50158	(China Air Force)	WFU & Stored?	Beijing, China	
2175	2E	B-2204	(CAAC)	Ground Trainer	Tianjin, China	
2176	2E	B-2205	-	Scrapped	Shenyang, China	
2177	2E	B-2216	(CAAC)	WFU & Stored	Baiyun, Guangzhou, China	
2178	2E	B-2210	(CAAC)	WFU & Stored?	Nanjing, China	
2179	2E	B-2217	(CAAC)	WFU & Stored	Baiyun, Guangzhou, China	
2180	2E	B-2211	-	Scrapped	Shanghai, China	
2181	2E	B-2206	(CAAC Flying College)	Ground Trainer	Guanghan, China	
2182	2E	B-2207	(Air China)	Preserved	Peoples Military Museum, Beijing, China	
2183	2E	B-2220	(CAAC)	Preserved?	Dalian, China	
2184	2E	B-2221	-	Scrapped	Shenyang, China	
2185	2E	50056	-	Scrapped	Taoxian AFB, China	
2186	2E	50054	(China Air Force)	Preserved	Moon Bay Park, Taipinsi AFB, China	
2187	2E	50057	(China Air Force)	Preserved	Zhuhai, China	
2188	2E	50055	(China United)	WFU & Stored	Datangshan Museum, Beijing, China	
2189	2E	50053	-	Scrapped	Beijing, China	
2301	3B	G-AWYZ	-	Scrapped	London Heathrow, UK	
2302	3B	G-AWZA	-	Scrapped	London Heathrow, UK	
2303	3B	G-AWZB	-	Scrapped	London Heathrow, UK	
2304	3B	9Q-CTM	-	Scrapped	Kinshasa, Congo	
2305	3B	9Q-CTI	-	Scrapped	Kinshasa, Congo	
2306	3B	G-AWZE	-	Scrapped	London Heathrow, UK	
2307	3B	9Q-CTZ	-	Scrapped	Kinshasa, Congo	

	c/n	Model	Registration	Owner/Operator	Status	Location	Notes
☐	2308	3B	9Q-CTD	-	Scrapped	Kinshasa, Congo	
☐	2309	3B	G-AWZH	-	Scrapped	London Heathrow, UK	
☐	2310	3B	G-AWZI	(BEA)	Preserved Cockpit Section	Farnborough, UK	
☐	2311	3B	G-AWZJ	(British Airways)	Forward Fuselage Preserved	Dumfries, UK	
☐	2312	3B	G-AWZK	(BEA)	Preserved	Viewing Park, Manchester Airport, UK	
☐	2313	3B	G-AWZL	-	Scrapped	London Heathrow, UK	
☐	2314	3B	G-AWZM	(British Airways)	Preserved	Wroughton, UK	
☐	2315	3B	G-AWZN	-	Scrapped	Cranfield, UK	
☐	2316	3B	G-AWZO	-	Scrapped	Hatfield, UK	
☐	2317	3B	G-AWZP	(British Airways)	Nose Preserved	Museum of Science, Manchester City, UK	
☐	2318	3B	G-AWZR	-	Scrapped	Durham Tees Valley, UK	
☐	2319	3B	G-AWZS	(British Airways)	Fire Trainer	Durham Tees Valley, UK	
☐	2320	3B	G-AWZT	-	Written Off	Zagreb, Yugoslavia	
☐	2321	3B	G-AWZU	-	Nose Preserved	Gloucester, UK	
☐	2322	3B	G-AWZV	-	Scrapped	Kinshasa, Congo	
☐	2323	3B	G-AWZW	-	Scrapped	London Heathrow, UK	
☐	2324	3B	G-AWZX	-	Scrapped	London Gatwick, UK	
☐	2325	3B	G-AYVF	-	Scrapped	London Heathrow, UK	
☐	2326	3B	G-AWZZ	-	Scrapped	Birmingham, UK	
☐	2327	S3B	50059	(China United)	WFU & Stored	Anshan, China	
☐	2328	S3B	50058	(China United)	WFU & Stored	Anshan, China	

Cross Reference

Registration	c/n	Registration	c/n	Registration	c/n
232	2130	B-266	2170	G-AWZP	2317
236	2132	B-267	2187	G-AWZR	2318
238	2133	B-268	2327	G-AWZS	2319
240	2157	B-269	2188	G-AWZT	2320
242	2158	B-270	2328	G-AWZU	2321
244	2159	B-271	2189	G-AWZV	2322
246	2160	B-272	2171	G-AWZV	2322
248	2161	B-274	2172	G-AWZW	2323
250	2162	B-276	2173	G-AWZX	2324
256	2131	B-278	2174	G-AWZZ	2326
50050	2132	B-280	2175	G-AYVF	2325
50051	2130	B-282	2176	G-AZFT	2157
50052	2171	B-284	2177	G-AZFU	2158
50053	2189	B-286	2178	G-AZFV	2159
50054	2186	B-288	2179	G-AZFW	2160
50055	2188	B-290	2180	G-AZFX	2161
50056	2130	B-292	2181	G-AZFY	2162
50056	2185	B-294	2182	G-AZND	2134
50057	2187	B-296	2183	G-AZXM	2154
50058	2328	B-298	2184	G-BABP	2163
50059	2327	G-ARPA	2101	G-BABR	2164
50152	2133	G-ARPB	2102	G-BABS	2165
50153	2169	G-ARPC	2103	G-BABT	2166
50158	2174	G-ARPD	2104	G-BABU	2167
4R-ACN	2135	G-ARPE	2105	G-BABV	2168
5B-DAA	2154	G-ARPF	2106	G-BAJF	2169
5B-DAB	2155	G-ARPG	2107	G-BAJG	2170
5B-DAC	2141	G-ARPH	2108	G-BAJH	2171
5B-DAD	2114	G-ARPI	2109	G-BAJI	2172
5B-DAE	2134	G-ARPJ	2110	G-BAJJ	2173
9K-ACF	2114	G-ARPK	2111	G-BAJK	2174
9K-ACG	2118	G-ARPL	2112	G-BAJL	2327
9K-ACH	2134	G-ARPM	2113	G-BAJM	2328
9Q-CTD	2308	G-ARPN	2115	G-BBVS	2175
9Q-CTI	2305	G-ARPO	2116	G-BBVT	2176
9Q-CTM	2304	G-ARPP	2117	G-BBVU	2177
9Q-CTY	2308	G-ARPR	2119	G-BBVV	2178
9Q-CTZ	2307	G-ARPS	2120	G-BBVW	2179
AP-ATK	2130	G-ARPT	2121	G-BBVX	2180
AP-ATL	2131	G-ARPU	2122	G-BBVY	2181
AP-ATM	2132	G-ARPW	2123	G-BBVZ	2182
AP-AUG	2133	G-ARPX	2124	G-BBWA	2183
B-2201	2157	G-ARPY	2126	G-BBWB	2184
B-2202	2158	G-ARPZ	2128	G-BBWD	2185
B-2203	2168	G-ASWU	2114	G-BBWE	2186
B-2204	2175	G-ASWV	2118	G-BBWF	2187
B-2205	2176	G-ATNA	2130	G-BBWG	2188
B-2206	2181	G-AVFA	2140	G-BBWH	2189
B-2207	2132	G-AVFB	2141	YI-AEA	2125
B-2207	2182	G-AVFC	2142	YI-AEB	2127
B-2208	2165	G-AVFD	2143	YI-AEC	2129
B-2209	2164	G-AVFE	2144		
B-2210	2178	G-AVFF	2145		
B-2211	2180	G-AVFG	2146		
B-2212	2162	G-AVFH	2147		
B-2213	2173	G-AVFI	2148		
B-2214	2163	G-AVFJ	2149		
B-2215	2166	G-AVFK	2150		
B-2216	2177	G-AVFL	2151		
B-2217	2179	G-AVFM	2152		
B-2218	2159	G-AVFN	2153		
B-2219	2160	G-AVFO	2156		
B-2220	2183	G-AVYB	2136		
B-2221	2184	G-AVYC	2137		
B-2223	2161	G-AVYD	2138		
B-240	2157	G-AVYE	2139		
B-242	2158	G-AWYZ	2301		
B-244	2159	G-AWZA	2302		
B-246	2160	G-AWZB	2303		
B-248	2161	G-AWZC	2304		
B-250	2162	G-AWZD	2305		
B-252	2163	G-AWZE	2306		
B-254	2164	G-AWZF	2307		
B-256	2131	G-AWZG	2308		
B-256	2165	G-AWZH	2309		
B-258	2166	G-AWZI	2310		
B-260	2167	G-AWZJ	2311		
B-261	2165	G-AWZK	2312		
B-262	2168	G-AWZL	2313		
B-263	2185	G-AWZM	2314		
B-264	2169	G-AWZN	2315		
B-265	2186	G-AWZO	2316		

Lockheed L1011 Tristar

Production Started:	1970
Production Ended:	1983
Number Built:	251
Active:	30
Preserved:	7
WFU, Stored & In Parts:	75
Written Off:	8
Scrapped:	115

Location Summary

Location	Count
Benin	3
Bolivia	1
Burkina Faso	1
Canada	1
Chad	1
Congo	1
Egypt	1
France	2
Greece	1
Iran	4
Jordan	7
Lebanon	2
Libya	3
Nigeria	1
Portugal	1
Sao Tome	1
Saudi Arabia	3
Thailand	5
Trinidad & Tobago	1
UAE - Abu Dhabi	1
UAE - Fujairah	3
UAE - Ras Al Khaimah	2
United Kingdom	11
Unknown	1
USA - AK	1
USA - AZ	5
USA - CA	30
USA - FL	1
USA - GA	2

Location Summary

Location	Count
USA - NM	16
USA - NV	1

Lockheed L1011 Tristar

Out Of Production List: Western Jet Airliners

c/n	Model	Registration	Owner/Operator	Status	Location	Notes
1001	1	N1011	(Delta Air Lines)	Forward Fuselage Preserved	Delta Heritage Museum, Atlanta, GA	
1002	1	OB-1455	-	Scrapped	Miami, FL	
1003	1	N781DL	(Delta Air Lines)	WFU & Stored	Marietta, GA	
1004	1	OB-1659	-	Scrapped	Miami, FL	
1005	1	N304EA	(Rich International Airways)	Stored	Roswell, NM	
1006	1	N782DL	-	Scrapped	Mojave, CA	
1007	1	N306EA	-	Scrapped	Ardmore, OK	
1008	1	N178AT	-	Scrapped	Ardmore, OK	
1009	1	N783DL	(Delta Air Lines)	Parts Remain	Dillingam, AK & Mojave, CA	
1010	150	C-FTNB	-	Scrapped	Marana, AZ	
1011	1	N310EA	-	Written off	Everglades, FL	
1012	1F	S2-AET	Zoom Airways	Active	Ras Al Khaimah, UA	Op. for RAK Aviation Services
1013	1	P4-JAA	(Air Ops)	WFU & Stored	Roswell, NM	
1014	1	N11002	-	Written off	New York JFK	
1015	1	N11003	-	Scrapped	Kingman, AZ	
1016	1	N11004	-	Scrapped	Tucson, AZ	
1017	1	N11005	-	Scrapped	Kingman, AZ	
1018	1	N11006	-	Scrapped	Kingman, AZ	
1019	150	C-FTNA	(Air Transat)	Ground Trainer	Lyon St. Exupery, France	
1020	1	N313EA	-	Scrapped	Miami, FL	
1021	1	C-GTSK	-	Scrapped	Montreal Mirabel, Canada	
1022	1	TF-ABE	(Caledonian)	WFU & Stored	Marana, AZ	
1023	150	C-FTNC	-	Scrapped	Montreal Mirabel, Canada	
1024	1	EI-CNN	-	Scrapped	Abu Dhabi, UAE	
1025	1	C-FTND	-	Scrapped	Marana, AZ	
1026	1	N31007	-	Written off	Boston, MA	
1027	1	VR-HOF	-	Scrapped	Melbourne Avalon, Australia	
1028	1	N31008	-	Scrapped	Kingman, AZ	
1029	1	HR-AMC	-	Scrapped	Bournemouth, UK	
1030	1	EI-TBG	-	Scrapped	Bournemouth, UK	
1031	1	N31011	-	Scrapped	Marana, AZ	
1032	1	C-FTSI	-	Scrapped	Davis Monthan, AZ	
1033	1	TF-ABV	-	Scrapped	Manston, UK	
1034	1	N41012	-	Scrapped	Marana, AZ	
1035	1	N31013	-	Scrapped	Kingman, AZ	
1036	1	EI-COL	-	Scrapped	Southend, UK	
1037	1	C-GTSY	-	Scrapped	Marana, AZ	
1038	1	N784DA	-	Scrapped	Mojave, CA	
1039	1	VR-HOI	-	Scrapped	Lemwerder, Germany	
1040	1	N6410B	-	Scrapped	Greensboro, NC	
1041	150	N195AT	(ATA Airlines)	WFU & Stored	Roswell, NM	
1042	1	N9115G	-	Scrapped	Tucson, AZ	
1043	1	XU-600	-	Scrapped	Tucson, AZ	
1044	1	N322EA	-	Scrapped	Marana, AZ	
1045	1	TF-ABP	-	Nose Preserved	Aces High, North Weald, UK	
1046	1	EI-BTN	-	Scrapped	Mojave, CA	
1047	1	C-FTNF	-	Scrapped	Marana, AZ	
1048	150	C-FTNG	(Air Transat)	WFU & Stored	Montreal Mirabel, Canada	

c/n	Model	Registration	Owner/Operator	Status	Location	Notes
1049	150	C-FTNH	-	Scrapped	Montreal Mirabel, Canada	
1050	1	SE-DTC	-	Scrapped	Abu Dhabi, UAE	
1051	1	TF-ABU	-	Scrapped	Soderhamn, Sweden	
1052	50	N185AT	-	Scrapped	Victorville, CA	
1053	100	4R-ULC	-	Scrapped	Abu Dhabi, UAE	
1054	1	TF-ABH	-	Scrapped	Manston, UK	
1055	1	XU-700	(Orient Thai Airlines)	Ground Trainer	Nakhon Ratchasima, Thailand	
1056	200	A4O-TV	-	Scrapped	Abu Dhabi, UAE	
1057	50	N192AT	-	Scrapped	Victorville, CA	
1058	100	C-GGBL	-	Scrapped	Montreal Mirabel, Canada	
1059	1	SE-DSB	-	Scrapped	Stockholm Arlanda, Sweden	
1060	1	N41016	-	Scrapped	Tucson, AZ	
1061	100	4R-ULD	-	Written off	Colombo, Sri Lanka	
1062	50	4R-ULE	-	Scrapped	Abu Dhabi, UAE	
1063	1	N15017	(Trans World Airlines)	WFU & Stored	Kingman, AZ	
1064	100	P4-MED	(The Flying Hospital)	Stored	Tucson, AZ	
1065	50	SE-DSC	-	Nose Preserved	?	
1066	50	3D-NEG	(FlightStar Group)	Preserved	Kansas City Wheeler, KS	
1067	100	N140SC	Orbital Sciences	Active	Mojave, CA	
1068	100	5N-BBB	-	Scrapped	Abu Dhabi, UAE	
1069	100	C-GGBQ	-	Scrapped	Montreal Mirabel, Canada	
1070	50	XU-900	(Orient Thai Airlines)	Stored	Roswell, NM	
1071	50	N193AT	-	Scrapped	Victorville, CA	
1072	50	TF-ABM	-	Scrapped	Marana, AZ	
1073	100	C-FTNL	-	Scrapped	Montreal Mirabel, Canada	
1074	50	N186AT	(ATA Airlines)	WFU & Stored	Roswell, NM	
1075	50	OB-1545	-	Scrapped	Miami, FL	
1076	50	N196AT	-	Scrapped	Roswell, NM	
1077	50	N187AT	-	Scrapped	Victorville, CA	
1078	50	N188AT	-	Scrapped	Roswell, NM	
1079	100	N125DT	-	Scrapped	Opa Locka, FL	
1080	50	N31023	(Trans World Airlines)	WFU & Stored	Kingman, AZ	
1081	50	N189AT	-	Scrapped	Roswell, NM	
1082	50	N197AT	(ATA Airlines)	WFU & Stored	Roswell, NM	
1083	100	G-BBAE	-	Scrapped	Abu Dhabi, UAE	
1084	50	N191AT	-	Scrapped	Roswell, NM	
1085	1	D-AERC	-	Scrapped	Mobile, AL	
1086	50	N190AT	-	Scrapped	Victorville, CA	
1087	1	OB-1504	-	Scrapped	Mojave, CA	
1088	1	N712DA	-	Scrapped	Mojave, CA	
1089	1	N713DA	-	Scrapped	Marana, AZ	
1090	1	N714DA	(Delta Air Lines)	WFU & Stored	Victorville, CA	
1091	50	SE-DPX	-	Scrapped	Stockholm Arlanda, Sweden	
1092	1	N715DA	-	Scrapped	Mojave, CA	
1093	100	TT-DWE	(AMW Tchad)	WFU & Stored	Desert, S. of Abu Dhabi, UAE	
1094	1	C-GTSX	-	Scrapped	Montreal Mirabel, Canada	
1095	1	N716DA	-	Scrapped	Mojave, CA	
1096	1	3D-NEC	(Northeast Airlines)	Stored	Ouagadougou, Burkina Faso	

c/n	Model	Registration	Owner/Operator	Status	Location
1097	1	HS-AXE	(Thai Sky Airlines)	Stored	Bangkok Don Muang, Thailand
1098	100	N81025	-	Scrapped	Greenwood, NC
1099	1	C-FWCR	-	Scrapped	Montreal Mirabel, Canada
1100	1	N312GB	(Rich International Airways)	Stored	Roswell, NM
1101	100	TT-DAE	AMW Tchad	Active	N'djamena, Chad
1102	1	G-BBAI	-	Scrapped	Abu Dhabi, UAE
1103	100	OD-HEO	GlobeJet	Active	Beirut, Lebanon
1104	100	N81026	-	Scrapped	Greenwood, NC
1105	50	N765BE	-	Scrapped	Roswell, NM
1106	100	G-BBAJ	-	Scrapped	Abu Dhabi, UAE
1107	50	C-FYXI	-	Scrapped	Quebec City, Canada
1108	100	C-GBBS	-	Scrapped	Marana, AZ
1109	100	N31029	-	Scrapped	Greensboro, NC
1110	200	HZ-AHA	-	Scrapped	Taif, Saudi Arabia
1111	100	N198AT	(ATA Airlines)	WFU & Stored	Roswell, NM
1112	50	N766BE	(SOFEX Jordan)	WFU & Stored	Amman, Jordan
1113	50	N764BE	-	Scrapped	Roswell, NM
1114	1	D-AERI	-	Written off	Dusseldorf, Germany
1115	100	N31031	-	Scrapped	Kingman, AZ
1116	200	HZ-AHB	-	Scrapped	Taif, Saudi Arabia
1117	1	JA8514	-	Scrapped	Mojave, CA
1118	100	G-IOII	-	Scrapped	London Stansted, UK
1119	1	JA8515	-	Scrapped	Mojave, CA
1120	1	N179AT	-	Scrapped	Amarillo, TX
1121	1	N785DL	-	Scrapped	Mojave, CA
1122	100	C-GTSB	-	Scrapped	Montreal Mirabel, Canada
1123	1	N786DL	(Delta Air Lines)	WFU & Stored	Victorville, CA
1124	200	HZ-AHE	-	Scrapped	Taif, Saudi Arabia
1125	100	N181AT	-	Scrapped	Amarillo, TX
1126	1	N787DL	-	Scrapped	Mojave, CA
1127	1	N305GB	-	Scrapped	Roswell, NM
1128	1	JA8517	-	Scrapped	Marana, AZ
1129	1	S2-ADR	(Bismillah Airlines)	WFU & Stored	U-Tapao, Thailand
1130	200	HZ-AHF	-	Scrapped	Taif, Saudi Arabia
1131	200F	N307GB	(Arrow Air)	Stored	Roswell, NM
1132	50	N110CK	-	Scrapped	Oscoda, MI
1133	200F	N308GB	(Arrow Air)	Stored	Roswell, NM
1134	1	N300AW	(Rich International Airways)	WFU & Stored	Amman, Jordan
1135	1	N719DA	(Delta Air Lines)	WFU & Stored	Victorville, CA
1136	1	N720DA	(Delta Air Lines)	WFU & Stored	Victorville, CA
1137	200	HZ-AHC	-	Scrapped	Taif, Saudi Arabia
1138	200F	N306GB	(Arrow Air)	Parts Remain	Miami, FL
1139	1	N721DA	(Delta Air Lines)	WFU & Stored	Victorville, CA
1140	200	9Q-CTS	-	Scrapped	Abu Dhabi, UAE
1141	1	N826CR	-	Scrapped	Greensboro, NC
1142	1	N789DL	-	Scrapped	Mojave, CA
1143	1	N790DL	(Delta Air Lines)	WFU & Stored	Victorville, CA
1144	200	HZ-AHD	-	Scrapped	Taif, Saudi Arabia

c/n	Model	Registration	Owner/Operator	Status	Location	Notes
1145	50	G-IOTT	(Classic Airways)	Ground Trainer	London Stansted, UK	
1146	50F	N112CK	-	Scrapped	Oscoda, MI	
1147	1	HS-AXA	(Thai Sky Airlines)	Stored	Bangkok Don Muang, Thailand	
1148	200	HZ-AHG	-	Scrapped	Taif, Saudi Arabia	
1149	200	HZ-AHH	-	Scrapped	Taif, Saudi Arabia	
1150	1	N723DA	(TransAtlantic Airlines)	Stored	Victorville, CA	
1151	1	N724DA	-	Scrapped	Mojave, CA	
1151	200	N724DA	-	Scrapped	Mojave, CA	
1152	1F	N822DE	-	Scrapped	Opa Locka, FL	
1153	1	N183AT	-	Scrapped	Amarillo, TX	
1154	1	JA8520	-	Scrapped	Marana, AZ	
1155	1	N310GB	(Rich International Airways)	Stored	Roswell, NM	
1156	1	9L-LFB	(Air Rum)	Stored	Cotonou, Benin	
1157	KC.1	ZD948	Royal Air Force	Active	Brize Norton, UK	
1158	200F	N260FA	(Fine Air)	WFU & Stored	Roswell, NM	
1159	K.1	ZD949	Royal Air Force	Active	Brize Norton, UK	
1160	200	HZ-AHI	-	Scrapped	Taif, Saudi Arabia	
1161	200	HZ-AHJ	-	Scrapped	Taif, Saudi Arabia	
1162	1	N725DA	-	Scrapped	Santa Clarita, CA	
1163	1	N726DA	-	Written off	Dallas Ft. Worth, TX	
1164	KC.1	ZD950	Royal Air Force	Active	Brize Norton, UK	
1165	K.1	ZD951	Royal Air Force	Active	Brize Norton, UK	
1166	500	N751DA	-	Scrapped	Mojave, CA	
1167	1	N727DA	-	Scrapped	Atlantic City, NJ	
1168	KC.1	ZD952	Royal Air Force	Active	Brize Norton, UK	
1169	200	HZ-AHK	-	Written off	Riyadh, Saudi Arabia	
1170	200	HZ-AHL	-	Scrapped	Taif, Saudi Arabia	
1171	200	HZ-AHM	-	Scrapped	Taif, Saudi Arabia	
1172	500	N752DA	(Delta Air Lines)	WFU & Stored	Mojave, CA	
1173	1	N728DA	-	Scrapped	Marana, AZ	
1174	KC.1	ZD953	Royal Air Force	Active	Brize Norton, UK	
1175	200	HZ-AHN	-	Scrapped	Taif, Saudi Arabia	
1176	500	N759DA	(Delta Air Lines)	WFU & Stored	Victorville, CA	
1177	C.2A	ZE706	Royal Air Force	Active	Brize Norton, UK	
1178	200F	N105CK	-	Scrapped	Victorville, CA	
1179	500	EX-088	-	Scrapped	Johannesburg, South Africa	
1180	1	N729DA	(Delta Air Lines)	WFU & Stored	Victorville, CA	
1181	500	N754DL	(Delta Air Lines)	WFU & Stored	Victorville, CA	
1182	200F	N107CK	(Kitty Hawk)	WFU & Stored	Victorville, CA	
1183	500	N165AT	-	Scrapped	Victorville, CA	
1184	500	N755DL	(Delta Air Lines)	WFU & Stored	Victorville, CA	
1185	500	N756DR	(Delta Air Lines)	WFU & Stored	Victorville, CA	
1186	C.2	ZE704	Royal Air Force	Active	Brize Norton, UK	
1187	200	HZ-AHO	-	Scrapped	Taif, Saudi Arabia	
1188	C.2	ZE705	Royal Air Force	Active	Brize Norton, UK	
1189	500	N753DA	(Delta Air Lines)	Stored	Amman, Jordan	
1190	200	HZ-AHP	(Saudi Arabian Airlines)	Preserved	Museum of Island Falcon, Riyadh, Saudi Arabia	
1191	500	9Y-TGN	(BWIA)	Preserved	Chaguaraman Military Museum, Tobago	

Lockheed L1011 Tristar — Out Of Production List: Western Jet Airliners

c/n	Model	Registration	Owner/Operator	Status	Location	Notes
1192	200	HZ-AHQ	(Saudi Arabian Airlines)	Preserved	Saudi Royal Flight Museum, Riyadh, Saudi Arabia	
1193	200F	N104CK	(Kitty Hawk)	WFU & Stored	Victorville, CA	
1194	500	N760DH	(Delta Air Lines)	WFU & Stored	Victorville, CA	
1195	500	VP-CGF	(Private)	Stored	Fujairah, UAE	
1196	500F	JY-AGF	-	Scrapped	Miami, FL	
1197	500	N763DL	(Delta Air Lines)	WFU & Stored	Victorville, CA	
1198	200F	N102CK	(Kitty Hawk)	Stored	Kavala, Greece	
1199	1	TU-KEQ	Antrak Air	Active	Jeddah, Saudi Arabia	
1200	1	9L-LDV	(Air Rum)	Stored	Taba, Egypt	
1201	200	S9-GAR	Goliaf Air	Active	Sao Tome	
1202	500	N764DA	(Delta Air Lines)	WFU & Stored	Victorville, CA	
1203	200	N104NL	-	Scrapped	Greensboro, NC	
1204	200F	N108CK	-	Scrapped	Victorville, CA	
1205	200	N109CK	-	Scrapped	Oscoda, MI	
1206	500	CS-TMX	-	Scrapped	Lisbon, Portugal	
1207	500	N766DA	(Delta Air Lines)	WFU & Stored	Victorville, CA	
1208	500	N761DA	(Delta Air Lines)	WFU & Stored	Victorville, CA	
1209	500	9Q-CHC	(Hewa Bora Airways)	Stored	Kinshasa, Congo Kinshasa	
1210	500	N762DA	-	Scrapped	Victorville, CA	
1211	200F	N106CK	(American International Airlines)	WFU & Stored	Victorville, CA	
1212	200F	HS-SEC	(Sky Eyes)	Stored	Fujairah, UAE	
1213	1	N1732D	(Orient Thai Airlines)	WFU & Stored	Victorville, CA	
1214	200	HZ-AHR	-	Scrapped	Taif, Saudi Arabia	
1215	100	P4-JAB	(Rich International Airways)	Stored	Roswell, NM	
1216	500	N768DL	(Delta Air Lines)	WFU & Stored	Victorville, CA	
1217	500	N160AT	(ATA Airlines)	WFU & Stored	Roswell, NM	
1218	500	N769DL	(Delta Air Lines)	WFU & Stored	Victorville, CA	
1219	500	N161AT	(ATA Airlines)	WFU & Stored	Roswell, NM	
1220	500	N162AT	(ATA Airlines)	Stored	Victorville, CA	
1221	100	TZ-MHI	Fars Air Qeshm	Active	Qeshm Island, Iran	
1222	500	A6-BSM	(StarJet)	Stored	Paris CDG, France	
1223	200	N913PM	-	Scrapped	Cambridge, UK	
1224	250	N733DS	(Delta Air Lines)	WFU & Stored	Victorville, CA	
1225	1	TY-KEC	Royal Air	Active	Cotonou, Benin	
1226	1	TY-KEU	Royal Air	Active	Cotonou, Benin	
1227	250	9Q-CHA	-	Written off	Kinshasa, Congo Kinshasa	
1228	250	EX-058	Skygate International	Active	Fujairah, UAE	
1229	500	N163AT	(ATA Airlines)	Stored	Victorville, CA	
1230	100	N194AT	Barq Air	Active	Amman, Jordan	
1231	100	9L-LDC	(Air Universal)	Stored	Tehran Mehrabad, Iran	
1232	100	N7036T	-	Scrapped	Kingman, AZ	
1233	500	N3140D	(BWIA)	WFU & Stored	Marana, AZ	
1234	250	TZ-SGI	(Skygate International)	Stored	Ras Al Khaimah, UAE	
1235	500	C-GATH	-	Scrapped	Montreal Mirabel, Canada	
1236	500	OD-CVD	GlobeJet	Active	Beirut, Lebanon	
1237	250	TZ-SPA	Qeshm Air	Active	Qeshm Island, Iran	
1238	500	N164AT	(ATA Airlines)	Stored	Amman, Jordan	For Barq Air
1239	500	OD-ZEE	(GlobeJet)	Stored	Santa Cruz, Bolivia	

Lockheed L1011 Tristar — Out Of Production List: Western Jet Airliners

	c/n	Model	Registration	Owner/Operator	Status	Location	Notes
☐	1240	500	CS-TEB	Euro Atlantic Airways / Med-View Airlines	Active	Katsina, Nigeria	
☐	1241	500	CS-TMR	(Luzair)	Stored	Victorville, CA	
☐	1242	500	TL-ADW	Priviledge Jet Airlines	Active	Amman, Jordan	
☐	1243	500	XT-BRK	Kallat El Saker Air	Active	Tripoli, Libya	
☐	1244	250	9L-LDE	(Air Universal)	Stored	Tehran Mehrabad, Iran	
☐	1245	250	TZ-SGI	Askari Aviation	Active	Tripoli, Libya	
☐	1246	500	XT-RAD	Kallat El Saker Air	Active	Tripoli, Libya	
☐	1247	500	HZ-AB1	(Al Anwa Establishment)	Stored	Victorville, CA	
☐	1248	500	CS-TMP	Luzair	Active	Lisbon, Portugal	
☐	1249	500	N388LS	Las Vegas Sands Corp.	Active	Bangkok, Thailand	
☐	1250	500	N389LS	Las Vegas Sands Corp.	Active	Las Vegas McCarran, NV	

Cross Reference

Registration	c/n	Registration	c/n	Registration	c/n	Registration	c/n
3C-QQX	1152	C-FTNG	1048	G-BDCZ	1140	JY-AGF	1196
3C-QRL	1093	C-FTNH	1049	G-BEAK	1132	JY-AGH	1249
3C-QRQ	1101	C-FTNH	1049	G-BEAL	1145	JY-AGI	1246
3D-AAB	1201	CF-TNI	1058	G-BEAM	1146	JY-AGJ	1248
3D-JOE	1243	C-FTNJ	1067	G-BFCA	1157	JY-HKJ	1247
3D-NEC	1096	C-FTNK	1069	G-BFCB	1159	JY-JOE	1243
3D-NEG	1066	CF-TNK	1069	G-BFCC	1164	JY-SGI	1234
4R-ALE	1047	C-FTNL	1073	G-BFCD	1165	LZ-PTC	1152
4R-ALF	1053	C-FTSI	1032	G-BFCE	1168	LZ-TPC	1152
4R-ALG	1025	C-FTSW	1246	G-BFCF	1174	N1011	1001
4R-ALH	1061	C-FWCR	1099	G-BGBB	1178	N10112	1064
4R-TNJ	1067	C-FYXI	1107	G-BGBC	1182	N10114	1079
4R-TNK	1069	C-GAGF	1202	G-BHBL		N10115	1114
4R-TNL	1073	C-GAGG	1206	G-BHBM	1198	N10116	1120
4R-ULA	1235	C-GAGH	1207	G-BHBN	1204	N10117	1125
4R-ULB	1236	C-GAGI	1209	G-BHBO	1205	N102CK	1198
4R-ULC	1053	C-GAGJ	1216	G-BHBP	1211	N1031L	1002
4R-ULD	1061	C-GAGK	1218	G-BHBR	1212	N103CK	1212
4R-ULE	1062	C-GATH	1235	G-BLUS	1235	N104CK	1193
4R-ULJ	1021	C-GATM	1236	G-BLUT	1236	N104NL	1203
4R-ULK	1027	C-GBBS	1108	G-CEAP	1145	N105CK	1178
4R-ULM	1211	C-GGBL	1058	G-IOII	1118	N106CK	1211
4R-ULN	1178	C-GGBQ	1069	G-IOTT	1145	N107CK	1182
5N-BBB	1068	C-GIES	1064	HR-AMC	1029	N108CK	1204
5X-AAL	1201	C-GIFE	1079	HS-AXA	1147	N109CK	1205
5Y-RUM	1200	C-GRYU	1221	HS-AXE	1097	N11002	1014
7T-VRA	1250	C-GTSB	1122	HS-AXF	1012	N11003	1015
9G-BSM	1221	C-GTSK	1021	HS-HM5	1250	N11004	1016
9L-LDC	1231	C-GTSP	1242	HS-LTA	1043	N11005	1017
9L-LDE	1244	C-GTSQ	1243	HS-LTB	1055	N11006	1018
9L-LDN	1221	C-GTSR	1239	HS-SEB	1012	N1100P	1016
9L-LDR	1179	C-GTSX	1094	HS-SEC	1212	N110CK	1132
9L-LDV	1200	C-GTSY	1037	HS-UTA	1225	N112CK	1146
9L-LDZ	1212	C-GTSZ	1103	HS-UTE	1199	N1181L	1033
9L-LED	1222	CS-TEA	1239	HS-UTF	1213	N125DT	1079
9L-LEQ	1199	CS-TEB	1240	HS-UTG	1226	N140SC	1067
9L-LEU	1226	CS-TEC	1241	HZ-AB1	1247	N143MC	1043
9L-LFB	1156	CS-TED	1242	HZ-AHA	1110	N15017	1063
9L-LFC	1225	CS-TEE	1243	HZ-AHB	1116	N155MC	1055
9Q-CHA	1227	CS-TEF	1246	HZ-AHC	1137	N160AT	1217
9Q-CHC	1209	CS-TEG	1248	HZ-AHD	1144	N161AT	1219
9Q-CHC	1237	CS-TMP	1248	HZ-AHE	1124	N162AT	1220
9Q-CTS	1066	CS-TMR	1241	HZ-AHF	1130	N163AT	1229
9Q-CTS	1140	CS-TMX	1206	HZ-AHG	1148	N164AT	1238
9Q-CVN	1201	D-AERA	1033	HZ-AHH	1149	N165AT	1183
9Y-TGJ	1179	D-AERC	1085	HZ-AHI	1160	N1731D	1200
9Y-TGN	1191	D-AERE	1120	HZ-AHJ	1161	N1732D	1213
9Y-THA	1222	D-AERI	1114	HZ-AHK	1169	N1734D	1225
A4O-TA	1201	D-AERL	1196	HZ-AHL	1170	N1738D	1234
A4O-TB	1203	D-AERM	1153	HZ-AHM	1171	N1739D	1237
A4O-TP	1025	D-AERN	1158	HZ-AHN	1175	N178AT	1008
A4O-TR	1047	D-AERO	1008	HZ-AHO	1187	N179AT	1120
A4O-TS	1068	D-AERP	1152	HZ-AHP	1190	N181AT	1125
A4O-TT	1223	D-AERT	1183	HZ-AHQ	1192	N183AT	1153
A4O-TV	1056	D-AERU	1125	HZ-AHR	1214	N185AT	1052
A4O-TV	1056	D-AERV	1195	HZ-HM6	1249	N186AT	1074
A4O-TW	1131	D-AERY	1008	JA8501	1053	N187AT	1077
A4O-TX	1133	EI-BTN	1046	JA8502	1061	N188AT	1078
A4O-TY	1138	EI-CNN	1024	JA8503	1062	N189AT	1081
A4O-TZ	1140	EI-COL	1036	JA8505	1068	N190AT	1086
A6-BSM	1222	EI-TBG	1030	JA8506	1070	N191AT	1084
A8-AAA	1101	EL-AKG	1068	JA8507	1082	N192AT	1057
A8-AAB	1093	EX-044	1245	JA8508	1099	N193AT	1071
A8-AAB	1093	EX-056	1237	JA8509	1100	N194AT	1230
C5-WAL	1066	EX-058	1228	JA8510	1103	N195AT	1041
CC-CZF	1058	EX-072	1101	JA8511	1105	N196AT	1076
CC-CZR	1069	EX-088	1179	JA8512	1112	N197AT	1082
CC-CZS	1058	EX-089	1221	JA8513	1113	N198AT	1111
C-FCXB	1083	EX-102	1201	JA8514	1117	N202RC	1013
C-FCXJ	1102	EX-35000	1221	JA8515	1119	N204RC	1215
CF-TNA	1019	G-52-19	1249	JA8516	1127	N22679	1008
C-FTNA	1019	G-BAAA	1024	JA8517	1128	N260FA	1158
C-FTNB	1010	G-BAAB	1032	JA8518	1129	N300AW	1134
C-FTNB	1021	G-BBAE	1083	JA8519	1134	N301EA	1002
CF-TNC	1023	G-BBAF	1093	JA8520	1154	N301EA	1003
C-FTNC	1023	G-BBAG	1094	JA8521	1155	N302EA	1003
C-FTND	1025	G-BBAH	1101	JA8522	1156	N302MB	1129
C-FTND	1025	G-BBAI	1102	JY-AGA	1217	N303EA	1004
C-FTNE	1027	G-BBAJ	1106	JY-AGB	1219	N304EA	1005
C-TNF	1047	G-BDCW	1131	JY-AGC	1220	N305EA	1006
C-FTNF	1047	G-BDCX	1133	JY-AGD	1229	N305GB	1127
CF-TNG	1048	G-BDCY	1138	JY-AGE	1238	N306EA	1007

Lockheed L1011 Tristar — Out Of Production List: Western Jet Airliners

Registration	c/n	Registration	c/n	Registration	c/n	Registration	c/n
N306GB	1138	N501GB	1183	N764BE	1103	TF-ABT	1231
N307EA	1008	N501PA	1176	N764BE	1113	TF-ABU	1051
N307GB	1131	N503PA	1177	N764DA	1202	TF-ABV	1033
N308EA	1009	N504PA	1181	N765BE	1105	TL-ADW	1242
N308GB	1133	N505PA	1184	N765DA	1206	TT-DAE	1101
N309EA	1010	N507PA	1185	N766BE	1112	TT-DWE	1093
N309GB	1156	N508PA	1186	N766DA	1207	TY-KEC	1225
N31001	1002	N509PA	1188	N767DA	1209	TY-KEQ	1199
N31001	1013	N510PA	1194	N768DL	1216	TY-KEU	1226
N31007	1026	N511PA	1195	N769DL	1218	TZ-MHI	1221
N31008	1028	N5129K	1250	N781DL	1003	TZ-SGI	1234
N31009	1029	N512PA	1197	N782DL	1006	TZ-SPA	1237
N31010	1030	N513PA	1208	N783DL	1009	V2-LEJ	1246
N31011	1031	N514PA	1210	N784DA	1038	V2-LEK	1248
N31013	1035	N556WP	1118	N785DL	1121	V2-LEM	1032
N31014	1036	N62355	1103	N786DL	1123	V2-LEN	1122
N31015	1059	N62357	1105	N787DL	1126	V2-LEO	1240
N31016	1060	N6410B	1040	N787M	1064	V2-LFQ	1212
N31018	1065	N64854	1058	N788DL	1141	VP-CGF	1195
N31019	1066	N64854	1110	N789DL	1142	VR-CGF	1195
N31021	1075	N64854	1118	N790DL	1143	VR-CZZ	1249
N31022	1076	N64854	1247	N8034T	1230	VR-HHG	1056
N31023	1080	N64911	1176	N81025	1098	VR-HHK	1118
N31024	1091	N64911	1250	N81026	1104	VR-HHL	1122
N31029	1109	N64959	1248	N81027	1107	VR-HHV	1024
N31030	1111	N64996	1249	N81028	1108	VR-HHW	1032
N31031	1115	N701DA	1041	N822DE	1152	VR-HHX	1054
N31032	1124	N701TT	1041	N826CR	1141	VR-HHY	1051
N31032	1215	N702DA	1046	N851MA	1158	VR-HMV	1033
N31033	1130	N702TT	1046	N9115G	1042	VR-HMW	1094
N31033	1221	N7035T	1231	N913PM	1223	VR-HOA	1022
N310EA	1011	N7036T	1232	N926VA	1140	VR-HOB	1037
N310GB	1155	N703DA	1052	N92TA	1201	VR-HOC	1042
N310SS	1096	N703TT	1103	N92TB	1203	VR-HOD	1043
N311EA	1012	N704DA	1057	OB-1344	1002	VR-HOE	1021
N312EA	1019	N705DA	1071	OB-1455	1002	VR-HOF	1027
N312GB	1100	N706DA	1074	OB-1504	1087	VR-HOG	1045
N313EA	1020	N707DA	1077	OB-1545	1075	VR-HOH	1050
N3140D	1233	N708DA	1078	OB-1659	1004	VR-HOI	1039
N3140D	1233	N709DA	1081	OD-CVD	1236	VR-HOJ	1044
N314EA	1022	N710DA	1084	OD-HEO	1103	VR-HOK	1055
N315EA	1023	N711DA	1086	OD-JOE	1243	XT-BRK	1243
N316EA	1037	N712DA	1088	OD-MIR	1246	XT-RAD	1246
N317EA	1038	N713DA	1089	OD-ZEE	1239	XU-100	1156
N318EA	1039	N714DA	1090	OK-GGA	1133	XU-122	1221
N319EA	1040	N715DA	1092	P4-IAH	1040	XU-200	1200
N31EV	1031	N716DA	1095	P4-JAA	1013	XU-222	1225
N320EA	1042	N717DA	1096	P4-JAB	1215	XU-300	1129
N321EA	1043	N718DA	1097	P4-MED	1064	XU-600	1043
N322EA	1044	N719DA	1135	S2-ADR	1129	XU-700	1055
N323EA	1045	N720DA	1136	S2-AET	1012	XU-800	1040
N324EA	1050	N721DA	1139	S9-GAR	1201	XU-900	1070
N325EA	1051	N722DA	1147	SE-DPM	1145	YK-DLC	1242
N326EA	1054	N723DA	1150	SE-DPP	1072	YK-KEC	1225
N327EA	1055	N724DA	1151	SE-DPP	1221	YK-KEQ	1199
N328EA	1056	N724DA	1151	SE-DPR	1231	YK-KEU	1226
N329EA	1085	N725DA	1162	SE-DPV	1030	ZD948	1157
N329SN	1085	N726DA	1163	SE-DPX	1091	ZD949	1159
N330EA	1087	N727DA	1167	SE-DSB	1059	ZD950	1164
N331EA	1121	N728DA	1173	SE-DSC	1065	ZD951	1165
N332EA	1123	N729DA	1180	SE-DSD	1215	ZD952	1168
N333EA	1126	N730DA	1199	SE-DSE	1013	ZD953	1174
N334EA	1141	N733DS	1224	SE-DTC	1050	ZE704	1186
N335EA	1142	N735D	1226	SE-DTD	1033	ZE705	1188
N336EA	1143	N736DY	1227	SE-DVF	1241	ZE706	1177
N337EA	1152	N737D	1228	SE-DVI	1248		
N338EA	1153	N740DA	1244	SE-DVM	1183		
N339EA	1158	N741DA	1245	SE-DVX	1183		
N357AT	1221	N751DA	1166	SX-CVA	1246		
N371EA	1008	N752DA	1172	SX-CVB	1239		
N372EA	1033	N753DA	1189	SX-CVD	1236		
N388LS	1249	N754DL	1181	SX-CVE	1198		
N389LS	1250	N755DL	1184	TC-RAG	1004		
N4003G	1177	N756DR	1185	TF-ABD	1221		
N4003G	1194	N759DA	1176	TF-ABE	1022		
N4005X	1176	N75AA	1201	TF-ABG	1004		
N41012	1034	N760DH	1194	TF-ABG	1005		
N41016	1060	N761DA	1208	TF-ABH	1054		
N41020	1072	N762BE	1070	TF-ABL	1044		
N48354	1144	N762DA	1210	TF-ABM	1072		
N48354	1157	N763BE	1082	TF-ABM	1221		
N48354	1246	N763DL	1197	TF-ABP	1045		

McDonnell Douglas MD-11

Production Started:	1988
Production Ended:	2000
Number Built:	200
Active:	182
Preserved:	0
WFU, Stored & In Parts:	13
Written Off:	5
Scrapped:	0

Location Summary	
Brazil	1
China	10
Ethiopia	1
Finland	6
Germany	19
Italy	1
Malaysia	4
Netherlands	17
Russia	3
Saudi Arabia	6
Singapore	1
Taiwan	8
USA - AL	4
USA - CO	1
USA - FL	2
USA - IN	5
USA - KS	1
USA - KY	38
USA - NC	7
USA - TN	59
USA - TX	1

	l/n	c/n	Model	Registration	Owner/Operator	Status	Location	Notes
☐	447	48401	MD-11F	N601FE	FedEx Express	Active	Memphis, TN	
☐	448	48402	MD-11F	N602FE	FedEx Express	Active	Memphis, TN	
☐	449	48458	MD-11F	N578FE	FedEx Express	Active	Memphis, TN	
☐	450	48419	MD-11F	N581FE	-	Written Off	Subic Bay, Philippines	
☐	451	48420	MD-11F	N582FE	FedEx Express	Active	Memphis, TN	
☐	452	48421	MD-11F	N583FE	FedEx Express	Active	Memphis, TN	
☐	453	48411	MD-11F	N382WA	World Airways	Active	Indianapolis, IN	
☐	454	48412	MD-11F	N383WA	World Airways	Active	Indianapolis, IN	
☐	455	48449	MD-11	OH-LGA	Finnair	Active	Helsinki Vantaa, Finland	
☐	456	48407	MD-11F	N380WA	World Airways	Active	Charleston, NC	
☐	457	48408	MD-11F	N408SH	(VARIG Log)	Stored	Miami, FL	
☐	458	48443	MD-11F	N624FE	FedEx Express	Active	Memphis, TN	
☐	459	48444	MD-11F	9M-TGP	(Transmile Air Services)	Stored	Kuala Lumpur Subang, Malaysia	
☐	460	48445	MD-11F	PH-MCY	Martinair	Active	Amsterdam Schiphol, Netherlands	
☐	461	48495	MD-11F	B-2171	China Cargo Airlines	Active	Shanghai, China	
☐	462	48505	MD-11F	N590FE	FedEx Express	Active	Memphis, TN	
☐	463	48446	MD-11F	9M-TGQ	(Transmile Air Services)	Stored	Kuala Lumpur Subang, Malaysia	
☐	464	48447	MD-11F	N628FE	FedEx Express	Active	Memphis, TN	
☐	465	48448	MD-11	HB-IWF	-	Written Off	Nova Scotia, Canada	
☐	466	48416	MD-11F	N258UP	United Parcel Service (UPS)	Active	Louisville, KY	
☐	467	48417	MD-11F	N259UP	United Parcel Service (UPS)	Active	Louisville, KY	
☐	468	48426	MD-11F	EI-UPA	(Alitalia)	Stored	Dothan, AL	
☐	469	48487	MD-11F	N586FE	FedEx Express	Active	Memphis, TN	
☐	470	48459	MD-11F	N603FE	FedEx Express	Active	Memphis, TN	
☐	471	48427	MD-11F	EI-UPE	(Alitalia)	Stored	Dothan, AL	
☐	472	48452	MD-11F	N282UP	United Parcel Service (UPS)	Active	Louisville, KY	
☐	473	48453	MD-11F	N286UP	United Parcel Service (UPS)	Active	Louisville, KY	
☐	474	48428	MD-11F	EI-UPI	CargoItalia	Active	Milan Malpensa, Italy	
☐	475	48461	MD-11F	B-2170	China Cargo Airlines	Active	Shanghai, China	
☐	476	48434	MD-11F	N701GC	Centurion Air Cargo	Active	Miami, FL	
☐	477	48454	MD-11F	N631FE	FedEx Express	Active	Memphis, TN	
☐	478	48435	MD-11F	N384WA	World Airways	Active	Indianapolis, IN	
☐	479	48450	MD-11	OH-LGB	Finnair	Active	Helsinki Vantaa, Finland	
☐	480	48472	MD-11	N294UP	United Parcel Service (UPS)	Active	Louisville, KY	
☐	481	48473	MD-11F	N293UP	United Parcel Service (UPS)	Active	Louisville, KY	
☐	482	48481	MD-11F	N585FE	FedEx Express	Active	Memphis, TN	
☐	483	48436	MD-11F	N584FE	FedEx Express	Active	Memphis, TN	
☐	484	48484	MD-11F	N283UP	United Parcel Service (UPS)	Active	Louisville, KY	
☐	485	48474	MD-11	N296UP	United Parcel Service (UPS)	Active	Louisville, KY	
☐	486	48499	MD-11F	N574FE	FedEx Express	Active	Memphis, TN	
☐	487	48455	MD-11F	N289UP	United Parcel Service (UPS)	Active	Louisville, KY	
☐	488	48413	MD-11F	D-ALCO	Lufthansa Cargo	Active	Frankfurt Main, Germany	
☐	489	48475	MD-11	N295UP	United Parcel Service (UPS)	Active	Louisville, KY	
☐	490	48409	MD-11F	HL7373	-	Written Off	Shanghai, China	
☐	491	48414	MD-11F	D-ALCP	(Lufthansa Cargo)	Stored	Leipzig Halle, Germany	
☐	492	48489	MD-11F	N587FE	FedEx Express	Active	Memphis, TN	
☐	493	48500	MD-11F	N575FE	FedEx Express	Active	Memphis, TN	
☐	494	48456	MD-11F	N290UP	United Parcel Service (UPS)	Active	Louisville, KY	

l/n	c/n	Model	Registration	Owner/Operator	Status	Location	Notes
495	48410	MD-11F	PR-LGE	(VARIG Log)	Stored	Sao Paulo, Brazil	
496	48496	MD-11F	B-2172	China Cargo Airlines	Active	Shanghai, China	
497	48460	MD-11F	N604FE	FedEx Express	Active	Memphis, TN	
498	48457	MD-11F	N285UP	United Parcel Service (UPS)	Active	Louisville, KY	
499	48490	MD-11F	N588FE	FedEx Express	Active	Memphis, TN	
500	48429	MD-11F	EI-UPO	(Alitalia)	Stored	Dothan, AL	
501	48418	MD-11F	N260UP	United Parcel Service (UPS)	Active	Louisville, KY	
502	48485	MD-11F	9M-TGR	(Transmile Air Services)	Stored	Kuala Lumpur Subang, Malaysia	
503	48491	MD-11F	N589FE	FedEx Express	Active	Memphis, TN	
504	48527	MD-11F	N591FE	FedEx Express	Active	Memphis, TN	
505	48451	MD-11F	N257UP	United Parcel Service (UPS)	Active	Louisville, KY	
506	48437	MD-11	N272WA	World Airways	Active	Indianapolis, IN	
507	48528	MD-11F	N614FE	FedEx Express	Active	Memphis, TN	
508	48430	MD-11F	EI-UPU	(Alitalia)	Stored	Dothan, AL	
509	48486	MD-11F	9M-TGS	(Transmile Air Services)	Stored	Kuala Lumpur Subang, Malaysia	
510	48476	MD-11F	N522FE	FedEx Express	Active	Memphis, TN	
511	48477	MD-11F	N291UP	United Parcel Service (UPS)	Active	Louisville, KY	
512	48497	MD-11F	B-2173	China Cargo Airlines	Active	Shanghai, China	
513	48501	MD-11F	N576FE	FedEx Express	Active	Memphis, TN	
514	48478	MD-11F	N521FE	FedEx Express	Active	Memphis, TN	
515	48514	MD-11F	N605FE	FedEx Express	Active	Memphis, TN	
516	48523	MD-11F	N381WA	World Airways	Active	Charleston, NC	
517	48547	MD-11F	N607FE	FedEx Express	Active	Memphis, TN	
518	48468	MD-11	B-150	-	Cockpit Remains	Dodsons, Rantoul, KS	
519	48469	MD-11F	N577FE	FedEx Express	Active	Memphis, TN	
520	48502	MD-11F	VP-BDP	Aeroflot Cargo	Active	Moscow Sheremetyevo, Russia	
521	48548	MD-11F	N608FE	FedEx Express	Active	Memphis, TN	
522	48498	MD-11F	B-2174	China Cargo Airlines	Active	Shanghai, China	
523	48404	MD-11F	N255UP	United Parcel Service (UPS)	Active	Louisville, KY	
524	48405	MD-11F	N256UP	United Parcel Service (UPS)	Active	Louisville, KY	
525	48518	MD-11	N271WA	World Airways	Active	Charleston, NC	
526	48550	MD-11F	N592FE	FedEx Express	Active	Memphis, TN	
527	48551	MD-11F	N593FE	FedEx Express	Active	Memphis, TN	
528	48503	MD-11	VP-BDR	Aeroflot Cargo	Active	Moscow Sheremetyevo, Russia	
529	48512	MD-11	N512SU	(Finnair)	Stored	Paya Lebar, Singapore	
530	48552	MD-11F	N594FE	FedEx Express	Active	Memphis, TN	
531	48553	MD-11F	N595FE	FedEx Express	Active	Memphis, TN	
532	48532	MD-11	HZ-HM7	Saudi Arabian Government	Active	Riyadh, Saudi Arabia	
533	48538	MD-11F	N281UP	United Parcel Service (UPS)	Active	Louisville, KY	
534	48431	MD-11F	D-ALCQ	Lufthansa Cargo	Active	Frankfurt Main, Germany	
535	48554	MD-11F	N596FE	FedEx Express	Active	Memphis, TN	
536	48479	MD-11F	N523FE	FedEx Express	Active	Memphis, TN	
537	48596	MD-11F	N597FE	FedEx Express	Active	Memphis, TN	
538	48480	MD-11F	N524FE	FedEx Express	Active	Memphis, TN	
539	48519	MD-11	N273WA	World Airways	Active	Colorado Springs, CO	
540	48597	MD-11F	N598FE	FedEx Express	Active	Memphis, TN	
541	48520	MD-11F	B-2175	China Cargo Airlines	Active	Shanghai, China	
542	48565	MD-11F	N525FE	FedEx Express	Active	Memphis, TN	

l/n	c/n	Model	Registration	Owner/Operator	Status	Location	Notes
543	48566	MD-11F	N292UP	United Parcel Service (UPS)	Active	Louisville, KY	
544	48533	MD-11	HZ-AFAS	Bin Shuaileh Group	Active	Jeddah, Saudi Arabia	
545	48549	MD-11F	N609FE	FedEx Express	Active	Memphis, TN	
546	48470	MD-11F	N579FE	FedEx Express	Active	Memphis, TN	
547	48406	MD-11F	N254UP	United Parcel Service (UPS)	Active	Louisville, KY	
548	48504	MD-11F	VP-BDQ	Aeroflot Cargo	Active	Moscow Sheremetyevo, Russia	
549	48602	MD-11F	N606FE	FedEx Express	Active	Memphis, TN	
550	48598	MD-11F	N599FE	FedEx Express	Active	Memphis, TN	
551	48603	MD-11F	N610FE	FedEx Express	Active	Memphis, TN	
552	48571	MD-11F	N272UP	United Parcel Service (UPS)	Active	Louisville, KY	
553	48604	MD-11F	N611FE	-	Written Off	Newark, NJ	
554	48439	MD-11F	N253UP	United Parcel Service (UPS)	Active	Louisville, KY	
555	48605	MD-11F	N612FE	FedEx Express	Active	Memphis, TN	
556	48572	MD-11F	N271UP	United Parcel Service (UPS)	Active	Louisville, KY	
557	48555	MD-11	PH-KCA	KLM Royal Dutch Airlines	Active	Amsterdam Schiphol, Netherlands	
558	48471	MD-11F	N580FE	FedEx Express	Active	Memphis, TN	
559	48573	MD-11F	N279UP	United Parcel Service (UPS)	Active	Louisville, KY	
560	48600	MD-11F	N526FE	-	Written Off	Tokyo Narita, Japan	
561	48556	MD-11	PH-KCB	KLM Royal Dutch Airlines	Active	Amsterdam Schiphol, Netherlands	
562	48601	MD-11F	N527FE	FedEx Express	Active	Memphis, TN	
563	48633	MD-11F	N274WA	World Airways	Active	Charleston, NC	
564	48513	MD-11	OH-LGD	Finnair	Active	Helsinki Vantaa, Finland	
565	48581	MD-11F	D-ALCR	Lufthansa Cargo	Active	Frankfurt Main, Germany	
566	48574	MD-11F	N273UP	United Parcel Service (UPS)	Active	Louisville, KY	
567	48630	MD-11F	D-ALCS	Lufthansa Cargo	Active	Frankfurt Main, Germany	
568	48575	MD-11F	N274UP	United Parcel Service (UPS)	Active	Louisville, KY	
569	48557	MD-11	PH-KCC	KLM Royal Dutch Airlines	Active	Amsterdam Schiphol, Netherlands	
570	48542	MD-11F	B-16101	EVA Airways	Active	Taipei, Taiwan	
571	48539	MD-11F	N287UP	United Parcel Service (UPS)	Active	Louisville, KY	
572	48543	MD-11F	B-2178	Shanghai Airlines	Active	Shanghai, China	
573	48558	MD-11	PH-KCD	KLM Royal Dutch Airlines	Active	Amsterdam Schiphol, Netherlands	
574	48576	MD-11F	N270UP	United Parcel Service (UPS)	Active	Louisville, KY	
575	48559	MD-11	PH-KCE	KLM Royal Dutch Airlines	Active	Amsterdam Schiphol, Netherlands	
576	48415	MD-11F	B-2176	Shanghai Airlines	Active	Shanghai, China	
577	48616	MD-11CF	PH-MCP	Martinair	Active	Amsterdam Schiphol, Netherlands	
578	48560	MD-11	PH-KCF	KLM Royal Dutch Airlines	Active	Amsterdam Schiphol, Netherlands	
579	48631	MD-11F	N275WA	World Airways	Active	Charleston, NC	
580	48544	MD-11F	B-2177	Shanghai Airlines	Active	Shanghai, China	
581	48617	MD-11CF	PH-MCR	Martinair	Active	Amsterdam Schiphol, Netherlands	
582	48632	MD-11F	N276WA	World Airways	Active	Charleston, NC	
583	48577	MD-11F	N278UP	United Parcel Service (UPS)	Active	Louisville, KY	
584	48618	MD-11CF	PH-MCS	Martinair	Active	Amsterdam Schiphol, Netherlands	
585	48561	MD-11	PH-KCG	KLM Royal Dutch Airlines	Active	Amsterdam Schiphol, Netherlands	
586	48629	MD-11CF	PH-MCT	Martinair	Active	Amsterdam Schiphol, Netherlands	
587	48545	MD-11F	B-2179	Shanghai Airlines	Active	Shanghai, China	
588	48578	MD-11F	N277UP	United Parcel Service (UPS)	Active	Louisville, KY	
589	48546	MD-11F	B-16107	EVA Airways	Active	Taipei, Taiwan	
590	48743	MD-11(ER)	N277WA	World Airways	Active	Charleston, NC	

l/n	c/n	Model	Registration	Owner/Operator	Status	Location	Notes
591	48562	MD-11	PH-KCH	KLM Royal Dutch Airlines	Active	Amsterdam Schiphol, Netherlands	
592	48744	MD-11F	N251UP	United Parcel Service (UPS)	Active	Louisville, KY	
593	48563	MD-11	PH-KCI	KLM Royal Dutch Airlines	Active	Amsterdam Schiphol, Netherlands	
594	48747	MD-11F	N616FE	FedEx Express	Active	Memphis, TN	
595	48748	MD-11F	N617FE	FedEx Express	Active	Memphis, TN	
596	48745	MD-11F	N250UP	United Parcel Service (UPS)	Active	Louisville, KY	
597	48746	MD-11(ER)	N278WA	World Airways / SonAir	Active	Houston Intercontinental, TX	
598	48749	MD-11F	N613FE	FedEx Express	Active	Memphis, TN	
599	48579	MD-11F	N276UP	United Parcel Service (UPS)	Active	Louisville, KY	
600	48766	MD-11	OH-LGF	Finnair	Active	Helsinki Vantaa, Finland	
601	48768	MD-11F	N252UP	United Parcel Service (UPS)	Active	Louisville, KY	
602	48767	MD-11F	N615FE	FedEx Express	Active	Memphis, TN	
603	48769	MD-11	N572FE	FedEx Express	Active	Memphis, TN	
604	48754	MD-11F	N618FE	FedEx Express	Active	Memphis, TN	
605	48623	MD-11F	N528FE	FedEx Express	Active	Memphis, TN	
606	48757	MD-11F	PH-MCU	Martinair	Active	Amsterdam Schiphol, Netherlands	
607	48770	MD-11F	N619FE	FedEx Express	Active	Memphis, TN	
608	48753	MD-11(ER)	OH-LGG	Finnair	Active	Helsinki Vantaa, Finland	
609	48773	MD-11F	HZ-ANA	Saudi Arabian Airlines	Active	Jeddah, Saudi Arabia	
610	48774	MD-11F	N275UP	United Parcel Service (UPS)	Active	Louisville, KY	
611	48540	MD-11F	N288UP	United Parcel Service (UPS)	Active	Louisville, KY	
612	48564	MD-11	PH-KCK	KLM Royal Dutch Airlines	Active	Amsterdam Schiphol, Netherlands	
613	48755	MD-11(ER)	N573FE	FedEx Express	Active	Memphis, TN	
614	48634	MD-11F	N280UP	United Parcel Service (UPS)	Active	Louisville, KY	
615	48758	MD-11 P(F)	ET-AML	Ethiopian Airlines	Active	Addis Ababa, Ethiopia	
616	48775	MD-11F	HZ-ANB	Saudi Arabian Airlines	Active	Jeddah, Saudi Arabia	
617	48776	MD-11F	HZ-ANC	Saudi Arabian Airlines	Active	Jeddah, Saudi Arabia	
618	48777	MD-11F	HZ-AND	Saudi Arabian Airlines	Active	Jeddah, Saudi Arabia	
619	48778	MD-11F	B-16108	EVA Airways	Active	Taipei, Taiwan	
620	48779	MD-11F	B-16109	EVA Airways	Active	Taipei, Taiwan	
621	48541	MD-11F	N284UP	United Parcel Service (UPS)	Active	Louisville, KY	
622	48624	MD-11F	N529FE	FedEx Express	Active	Memphis, TN	
623	48756	MD-11F	N279WA	World Airways	Active	Indianapolis, IN	
624	48780	MD-11	OH-LGE	Finnair	Active	Helsinki Vantaa, Finland	
625	48781	MD-11F	D-ALCA	Lufthansa Cargo	Active	Frankfurt Main, Germany	
626	48782	MD-11F	D-ALCB	Lufthansa Cargo	Active	Frankfurt Main, Germany	
627	48783	MD-11F	D-ALCC	Lufthansa Cargo	Active	Frankfurt Main, Germany	
628	48784	MD-11F	D-ALCD	Lufthansa Cargo	Active	Frankfurt Main, Germany	
629	48785	MD-11F	D-ALCE	Lufthansa Cargo	Active	Frankfurt Main, Germany	
630	48786	MD-11F	B-16110	EVA Airways	Active	Taipei, Taiwan	
631	48787	MD-11F	B-16111	EVA Airways	Active	Taipei, Taiwan	
632	48788	MD-11F	PH-MCW	Martinair	Active	Amsterdam Schiphol, Netherlands	
633	48789	MD-11F	B-16112	EVA Airways	Active	Taipei, Taiwan	
634	48790	MD-11F	B-16113	EVA Airways	Active	Taipei, Taiwan	
635	48791	MD-11F	N620FE	FedEx Express	Active	Memphis, TN	
636	48792	MD-11F	N621FE	FedEx Express	Active	Memphis, TN	
637	48798	MD-11F	D-ALCF	Lufthansa Cargo	Active	Frankfurt Main, Germany	
638	48794	MD-11F	N623FE	FedEx Express	Active	Memphis, TN	

McDonnell Douglas MD-11 — Out Of Production List: Western Jet Airliners

	l/n	c/n	Model	Registration	Owner/Operator	Status	Location	Notes
☐	639	48799	MD-11F	D-ALCG	Lufthansa Cargo	Active	Frankfurt Main, Germany	
☐	640	48801	MD-11F	D-ALCH	Lufthansa Cargo	Active	Frankfurt Main, Germany	
☐	641	48800	MD-11F	D-ALCI	Lufthansa Cargo	Active	Frankfurt Main, Germany	
☐	642	48802	MD-11F	D-ALCJ	Lufthansa Cargo	Active	Frankfurt Main, Germany	
☐	643	48803	MD-11F	D-ALCK	Lufthansa Cargo	Active	Frankfurt Main, Germany	
☐	644	48804	MD-11F	D-ALCL	Lufthansa Cargo	Active	Frankfurt Main, Germany	
☐	645	48805	MD-11F	D-ALCM	Lufthansa Cargo	Active	Frankfurt Main, Germany	
☐	646	48806	MD-11F	D-ALCN	Lufthansa Cargo	Active	Frankfurt Main, Germany	

Registration	l/n	c/n	Registration	l/n	c/n	Registration	l/n	c/n	Registration	l/n	c/n
9M-TGP	459	48444	EI-UPO	500	48429	N111MD	447	48401	N290UP	494	48456
9M-TGQ	463	48446	EI-UPU	508	48430	N15WF	509	48486	N291UP	511	48477
9M-TGR	502	48485	ET-AML	615	48758	N1750B	450	48419	N292UP	543	48566
9M-TGS	509	48486	HB-IWA	458	48443	N1751A	451	48420	N293UP	481	48473
B-150	518	48468	HB-IWB	459	48444	N1752K	452	48421	N294UP	480	48472
B-151	519	48469	HB-IWC	460	48445	N1753	469	48487	N295UP	489	48475
B-152	546	48470	HB-IWD	463	48446	N1754	492	48489	N296UP	485	48474
B-153	558	48471	HB-IWE	464	48447	N1755	499	48490	N30075	485	48474
B-16101	570	48542	HB-IWF	465	48448	N1756	503	48491	N311MD	449	48458
B-16102	572	48543	HB-IWG	472	48452	N1757A	462	48505	N37WF	473	48453
B-16103	576	48415	HB-IWH	473	48453	N1758B	504	48527	N380WA	456	48407
B-16106	587	48545	HB-IWI	477	48454	N1759	482	48481	N381WA	516	48523
B-16107	589	48546	HB-IWK	487	48455	N1760A	526	48550	N382WA	453	48411
B-16108	619	48778	HB-IWL	494	48456	N1761R	527	48551	N383WA	454	48412
B-16109	620	48779	HB-IWM	498	48457	N1762B	530	48552	N384WA	478	48435
B-16110	630	48786	HB-IWN	571	48539	N1763	531	48553	N38WF	614	48634
B-16111	631	48787	HB-IWO	611	48540	N1764B	535	48554	N408SH	457	48408
B-16112	633	48789	HB-IWP	614	48634	N1765B	537	48596	N411MD	450	48419
B-16113	634	48790	HB-IWQ	621	48541	N1766A	540	48597	N413LT	488	48413
B-18151	546	48470	HB-IWR	484	48484	N1767A	550	48598	N431LT	534	48431
B-18152	558	48471	HB-IWS	502	48485	N1768D	483	48436	N485LS	493	48500
B-18172	519	48469	HB-IWT	509	48486	N211MD	448	48402	N489GX	449	48458
B-2170	475	48461	HB-IWU	533	48538	N250UP	596	48745	N48WF	533	48538
B-2171	461	48495	HL7371	456	48407	N251UP	592	48744	N499HE	486	48499
B-2172	496	48496	HL7372	457	48408	N252UP	601	48768	N501FR	513	48501
B-2173	512	48497	HL7373	490	48409	N253UP	554	48439	N510MD	452	48421
B-2174	522	48498	HL7374	495	48410	N254UP	547	48406	N511MD	451	48420
B-2175	541	48520	HL7375	516	48523	N255UP	523	48404	N512SU	529	48512
B-2176	576	48415	HS-TMD	466	48416	N256UP	524	48405	N514MD	453	48411
B-2177	580	48544	HS-TME	467	48417	N257UP	505	48451	N521FE	514	48478
B-2178	572	48543	HS-TMF	501	48418	N258UP	466	48416	N522FE	510	48476
B-2179	587	48545	HS-TMG	505	48451	N259UP	467	48417	N523FE	536	48479
D-AERB	484	48484	HZ-AFA1	544	48533	N260UP	501	48418	N524FE	538	48480
D-AERW	502	48485	HZ-AFAS	544	48533	N270UP	574	48576	N525FE	542	48565
D-AERX	509	48486	HZ-ANA	609	48773	N271UP	556	48572	N526FE	560	48600
D-AERZ	533	48538	HZ-ANB	616	48775	N271WA	525	48518	N527FE	562	48601
D-ALCA	625	48781	HZ-ANC	617	48776	N272UP	552	48571	N528FE	605	48623
D-ALCB	626	48782	HZ-AND	618	48777	N272WA	506	48437	N529FE	622	48624
D-ALCC	627	48783	HZ-HM7	532	48532	N273UP	566	48574	N538MD	520	48502
D-ALCD	628	48784	HZ-HM8	544	48533	N273WA	539	48519	N538MD	528	48503
D-ALCE	629	48785	I-DUPA	468	48426	N274UP	568	48575	N539MD	548	48504
D-ALCF	637	48798	I-DUPB	534	48431	N274WA	563	48633	N540MD	520	48502
D-ALCG	639	48799	I-DUPC	565	48581	N275UP	610	48774	N572FE	603	48769
D-ALCH	640	48801	I-DUPD	567	48630	N275WA	579	48631	N573FE	613	48755
D-ALCI	641	48800	I-DUPE	471	48427	N276UP	599	48579	N574FE	486	48499
D-ALCJ	642	48802	I-DUPI	474	48428	N276WA	582	48632	N575FE	493	48500
D-ALCK	643	48803	I-DUPO	500	48429	N277UP	588	48578	N576FE	513	48501
D-ALCL	644	48804	I-DUPU	508	48430	N277WA	590	48743	N577FE	519	48469
D-ALCM	645	48805	JA8580	552	48571	N278UP	583	48577	N578FE	449	48458
D-ALCN	646	48806	JA8581	556	48572	N278WA	597	48746	N579FE	546	48470
D-ALCO	488	48413	JA8582	559	48573	N279UP	559	48573	N580FE	558	48471
D-ALCP	491	48414	JA8583	566	48574	N279WA	623	48756	N581FE	450	48419
D-ALCQ	534	48431	JA8584	568	48575	N280UP	614	48634	N581LT	565	48581
D-ALCR	565	48581	JA8585	574	48576	N280WA	449	48458	N582FE	451	48420
D-ALCS	567	48630	JA8586	583	48577	N281UP	533	48538	N583FE	452	48421
EI-CDI	486	48499	JA8587	588	48578	N282UP	472	48452	N584FE	483	48436
EI-CDJ	493	48500	JA8588	599	48579	N283UP	484	48484	N585FE	482	48481
EI-CDK	513	48501	JA8589	610	48774	N284UP	621	48541	N586FE	469	48487
EI-CDL	520	48502	N10038	544	48533	N285UP	498	48457	N587FE	492	48489
EI-CDN	548	48504	N103EV	576	48415	N286UP	473	48453	N588FE	499	48490
EI-UPA	468	48426	N105EV	580	48544	N287UP	571	48539	N589FE	503	48491
EI-UPE	471	48427	N106BV	587	48545	N288UP	611	48540	N590FE	462	48505
EI-UPI	474	48428	N107EV	589	48546	N289UP	487	48455	N591FE	504	48527

Cross Reference

Registration	l/n	c/n	Registration	l/n	c/n	Registration	l/n	c/n
N592FE	526	48550	N90187	596	48745	PP-VQH	548	48504
N593FE	527	48551	N90187	609	48773	PP-VQI	608	48753
N594FE	530	48552	N9020Q	548	48504	PP-VQJ	613	48755
N595FE	531	48553	N9020Q	597	48746	PP-VQK	615	48758
N596FE	535	48554	N9020Q	615	48758	PP-VQL	488	48413
N597FE	537	48596	N9020Q	625	48781	PP-VQM	491	48414
N598FE	540	48597	N9020U	471	48427	PP-VQX	603	48769
N599FE	550	48598	N9020U	528	48503	PP-VTF	459	48444
N601FE	447	48401	N9020Z	468	48426	PP-VTG	463	48446
N602FE	448	48402	N9020Z	474	48428	PP-VTH	498	48457
N603FE	470	48459	N9020Z	544	48533	PP-VTI	494	48456
N604FE	497	48460	N9030Q	634	48790	PP-VTJ	487	48455
N605FE	515	48514	N9076Y	520	48502	PP-VTK	611	48540
N6069R	645	48805	N9093P	532	48532	PP-VTP	571	48539
N606FE	549	48602	N9134D	541	48520	PP-VTU	473	48453
N607FE	517	48547	N9134D	601	48768	PP-VTU	621	48541
N608FE	521	48548	N91566	552	48571	PR-LGD	457	48408
N609FE	545	48549	N91566	575	48559	PR-LGE	495	48410
N610FE	551	48603	N91566	616	48775	PT-MSH	613	48755
N611FE	553	48604	N9166N	618	48777	PT-MSI	615	48758
N612FE	555	48605	N9166N	626	48782	PT-MSJ	603	48769
N613FE	598	48749	N9166N	643	48803	V5-NMC	484	48484
N614FE	507	48528	N9166X	547	48406	V5-NMD	473	48453
N615FE	602	48767	N988PG	457	48408	VP-BDP	520	48502
N616FE	594	48747	OH-LGA	455	48449	VP-BDQ	548	48504
N617FE	595	48748	OH-LGB	479	48450	VP-BDR	528	48503
N618FE	604	48754	OH-LGC	529	48512			
N619FE	607	48770	OH-LGD	564	48513			
N6202D	557	48555	OH-LGE	624	48780			
N6202S	562	48601	OH-LGF	600	48766			
N6203D	590	48743	OH-LGG	608	48753			
N6203D	600	48766	OO-CTB	600	48766			
N6203U	592	48744	OO-CTC	624	48780			
N6203U	602	48767	OO-CTS	623	48756			
N620FE	635	48791	P4-BDL	600	48766			
N621FE	636	48792	P4-SWM	624	48780			
N623FE	638	48794	P4-TKA	623	48756			
N624FE	458	48443	P4-TKB	624	48780			
N625FE	459	48444	PH-KCA	557	48555			
N626FE	460	48445	PH-KCB	561	48556			
N627FE	463	48446	PH-KCC	569	48557			
N628FE	464	48447	PH-KCD	573	48558			
N630LT	567	48630	PH-KCE	575	48559			
N631FE	477	48454	PH-KCF	578	48560			
N701GC	476	48434	PH-KCG	585	48561			
N702BC	548	48504	PH-KCH	591	48562			
N702GC	478	48435	PH-KCI	593	48563			
N703GC	453	48411	PH-KCK	612	48564			
N705GC	454	48412	PH-MCP	577	48616			
N71WF	502	48485	PH-MCR	581	48617			
N725BC	528	48503	PH-MCS	584	48618			
N730BC	613	48755	PH-MCT	586	48629			
N746BC	603	48769	PH-MCU	606	48757			
N74WF	472	48452	PH-MCW	632	48788			
N774BC	520	48502	PH-MCY	460	48445			
N7821B	572	48543	PK-GIG	520	48502			
N797BA	592	48744	PK-GIH	493	48500			
N798BA	596	48745	PK-GII	528	48503			
N799BA	603	48769	PK-GIJ	548	48504			
N801DE	480	48472	PK-GIK	608	48753			
N802DE	481	48473	PK-GIL	613	48755			
N803DE	485	48474	PK-GIM	615	48758			
N804DE	489	48475	PP-SFA	601	48768			
N805DE	510	48476	PP-SFD	603	48769			
N806DE	511	48477	PP-SFO	613	48755			
N807DE	514	48478	PP-SOW	488	48413			
N808DE	536	48479	PP-SOZ	491	48414			
N809DE	538	48480	PP-SPD	453	48411			
N810DE	542	48565	PP-SPE	454	48412			
N811DE	543	48566	PP-SPK	592	48744			
N812DE	562	48601	PP-SPL	596	48745			
N813DE	560	48600	PP-SPM	593	48563			
N814DE	605	48623	PP-VOP	476	48434			
N815DE	622	48624	PP-VOQ	478	48435			
N891DL	453	48411	PP-VPJ	523	48404			
N892DL	454	48412	PP-VPK	524	48405			
N90178	560	48600	PP-VPL	547	48406			
N90178	617	48776	PP-VPM	554	48439			
N90178	633	48789	PP-VPN	486	48499			
N90178	645	48805	PP-VPO	493	48500			
N90187	556	48572	PP-VPP	513	48501			
N90187	559	48573	PP-VQF	520	48502			
N90187	577	48616	PP-VQG	528	48503			

McDonnell Douglas MD-81

Production Started:	1980
Production Ended:	1994
Number Built:	89
Active:	41
Preserved:	0
WFU, Stored & In Parts:	25
Written Off:	4
Scrapped:	19

Location Summary

Argentina	2
Colombia	6
Congo	2
Denmark	4
Gabon	1
Iran	1
Japan	16
Norway	7
Romania	2
Spain	1
Sweden	4
Thailand	1
Turkey	1
Ukraine	1
USA - AZ	2
USA - CA	4
USA - FL	3
USA - GA	1
USA - TX	1
USA - WI	6

l/n	c/n	Model	Registration	Owner/Operator	Status	Location	Notes
909	48000	MD-81	N560MD	-	Scrapped	Sherman Grayson County, TX	
917	48001	MD-81	N1002G	-	Written Off	Yuma, AZ	
924	48015	MD-81	N810NK	-	Scrapped	Detroit, MI	
938	48002	MD-81	HK-4265	(AeroRepublica Colombia)	Stored	Bogota, Colombia	
941	48016	MD-81	9Q-CJB	Compagnie Africaine d'Aviation	Active	Kinshasa, Congo Kinshasa	
944	48003	MD-81	SE-DMT	(Nordic Airways)	Stored	Istanbul Ataturk, Turkey	
946	48034	MD-81	N800US	-	Scrapped	Miami, FL	
948	48024	MD-81	LV-WPY	(Austral Lineas Aereas)	WFU & Stored	El Palomar, Buenos Aires, Argentina	
950	48004	MD-81	HK-4255	(AeroRepublica Colombia)	Parts Remain	Cali, Colombia	
952	48025	MD-81	LV-WFN	Austral Lineas Aereas	Active	El Palomar, Buenos Aires, Argentina	
953	48029	MD-81	N803ME	Midwest Airlines	Active	Milwaukee, WI	
955	48035	MD-81	N803US	(US Airways)	WFU & Stored	Mojave, CA	
957	48005	MD-81	HK-4259	(AeroRepublica Colombia)	Stored	Cali, Colombia	
958	48017	MD-81	N811NK	(Spirit Airlines)	WFU & Stored	Opa Locka, FL	
960	48026	MD-81	N826US	-	Scrapped	Tucson, AZ	
962	48030	MD-81	N804ME	Midwest Airlines	Active	Milwaukee, WI	
963	48036	MD-81	N802US	-	Scrapped	Mojave, CA	
965	48037	MD-81	N801US	-	Scrapped	Mojave, CA	
966	48006	MD-81	N812ME	(Midwest Airlines)	Stored	St. Petersburg, FL	
967	48044	MD-81	N14880	(Continental Air Lines)	WFU & Stored	Mojave, CA	
969	48031	MD-81	N805ME	Midwest Airlines	Active	Milwaukee, WI	
970	48045	MD-81	N13881	(Continental Air Lines)	WFU & Stored	Mojave, CA	
971	48007	MD-81	N813ME	Midwest Airlines	Active	Milwaukee, WI	
973	48027	MD-81	HK-4302X	(West Caribbean Airways)	Stored	Medellin, Colombia	
974	48052	MD-81	N804US	-	Scrapped	Mojave, CA	
975	48051	MD-81	N806NK	-	Scrapped	Detroit, MI	
977	48046	MD-81	N764BC	-	Scrapped	Victorville, CA	
978	48032	MD-81	N806ME	-	Scrapped	Opa Locka, FL	
979	48028	MD-81	N828US	-	Scrapped	Mojave, CA	
981	48008	MD-81	HK-4237X	(AeroRepublica Colombia)	Stored	Bogota, Colombia	
983	48049	MD-81	N827US	-	Scrapped	Tucson, AZ	
985	48009	MD-81	HK-4238X	(AeroRepublica Colombia)	Stored	Bogota, Colombia	
986	48053	MD-81	YR-MDJ	(Jetran Air)	Stored	Bucharest Otopeni, Romania	
988	48033	MD-81	N807ME	-	Scrapped	Goodyear, AZ	
989	48050	MD-81	N1003G	-	Written Off	Nr Posadas, Argentina	
991	48058	MD-81	N805NK	-	Scrapped	Detroit, MI	
992	48010	MD-81	N814ME	Midwest Airlines	Active	Milwaukee, WI	
994	48011	MD-81	LV-WTY	-	Scrapped	Shannon, Ireland	
995	48018	MD-81	9Q-CBD	Compagnie Africaine d'Aviation CAA	Active	Kinshasa, Congo Kinshasa	
998	48047	MD-81	YU-ANA	-	Written Off	St. Pietro, Corsica, France	
1002	48038	MD-81	N806US	(US Airways)	Stored	Bucharest Baneasa, Romania	
1005	48048	MD-81	N801NK	-	Scrapped	San Diego, CA	
1006	48040	MD-81	N808US	(US Airways)	WFU & Stored	Lake City, FL	
1008	48041	MD-81	N809US	(US Airways)	WFU & Stored	Mojave, CA	
1009	48042	MD-81	N810US	-	Scrapped	Tucson, AZ	
1010	48043	MD-81	N811US	-	Scrapped	Tucson, AZ	
1011	48072	MD-81	N810ME	Midwest Airlines	Active	Milwaukee, WI	
1018	48073	MD-81	N16883	(Continental Air Lines)	WFU & Stored	Goodyear, AZ	

McDonnell Douglas MD-81 — Out Of Production List: Western Jet Airliners

l/n	c/n	Model	Registration	Owner/Operator	Status	Location	Notes
1026	48074	MD-81	N16884	-	Written Off	Newark, NJ	
1034	48092	MD-81	N812US	(US Airways)	Stored	Tucson, AZ	
1049	48093	MD-81	T9-AAC	(Air Max Africa)	Stored	Libreville, Gabon	
1053	48094	MD-81	N814US	-	Scrapped	Roswell, NM	
1067	48099	MD-81	5N-BGL	(Sosoliso)	Stored	Brownsville, TX	
1183	49278	MD-81	UR-WRE	Wind Rose Avation Company	Active	Kiev, Ukraine	
1194	49280	MD-81	JA8496	Japan Airlines	Active	Tokyo Haneda, Japan	
1200	49281	MD-81	JA8497	Japan Airlines	Active	Tokyo Haneda, Japan	
1225	49380	MD-81	OY-KGT	SAS	Active	Copenhagen, Denmark	
1252	49372	MD-81	UR-CDQ	Khors Aircompany / Zagros Airlines	Active	Abadan, Iran	
1254	49420	MD-81	OY-KGY	SAS / Spanair	Active	Madrid Barajas, Spain	
1282	49282	MD-81	JA8498	Japan Airlines	Active	Tokyo Haneda, Japan	
1299	49283	MD-81	JA8499	Japan Airlines	Active	Tokyo Haneda, Japan	
1359	49461	MD-81	JA8260	Japan Airlines	Active	Tokyo Haneda, Japan	
1477	49462	MD-81	JA8261	Japan Airlines	Active	Tokyo Haneda, Japan	
1488	49463	MD-81	JA8262	Japan Airlines	Active	Tokyo Haneda, Japan	
1598	49820	MD-81	JA8294	Japan Airlines	Active	Tokyo Haneda, Japan	
1615	49821	MD-81	JA8295	Japan Airlines	Active	Tokyo Haneda, Japan	
1734	49907	MD-81	N228RF	(Japan Airlines)	Stored	Brunswick, GA	
1749	49908	MD-81	JA8297	(Japan Airlines)	Stored	Tokyo Haneda, Japan	
1812	53000	MD-81	OY-KHN	SAS	Active	Copenhagen, Denmark	
1815	53001	MD-81	LN-RMT	SAS	Active	Oslo Gardermoen, Norway	
1844	53003	MD-81	OY-KHO	-	Parts Remain	Stockholm Arlanda (Fuselage), Vasteras (Rear), Stavsborg (Cockpit)	
1846	53004	MD-81	SE-DIR	SAS	Active	Stockholm Arlanda, Sweden	
1869	53006	MD-81	SE-DIS	SAS	Active	Stockholm Arlanda, Sweden	
1882	53007	MD-81	OY-KHP	SAS	Active	Copenhagen, Denmark	
1895	53008	MD-81	LN-ROM	SAS	Active	Oslo Gardermoen, Norway	
1896	53275	MD-81	OY-KHR	SAS	Active	Copenhagen, Denmark	
1946	53314	MD-81	SE-DMB	SAS	Active	Stockholm Arlanda, Sweden	
1947	53315	MD-81	LN-RMO	SAS	Active	Oslo Gardermoen, Norway	
1979	53347	MD-81	LN-RON	SAS	Active	Oslo Gardermoen, Norway	
1982	53043	MD-81	JA8374	Japan Airlines	Active	Tokyo Haneda, Japan	
1998	53365	MD-81	LN-RMR	SAS	Active	Oslo Gardermoen, Norway	
1999	53366	MD-81	LN-ROO	SAS	Active	Oslo Gardermoen, Norway	
2003	53368	MD-81	LN-RMS	SAS	Active	Oslo Gardermoen, Norway	
2040	53297	MD-81	N821TH	(Japan Airlines)	Stored	Bangkok Suvarnabhumi, Thailand	
2045	53298	MD-81	JA8553	Japan Airlines	Active	Tokyo Haneda, Japan	
2075	53299	MD-81	JA8554	Japan Airlines	Active	Tokyo Haneda, Japan	
2076	53300	MD-81	JA8555	Japan Airlines	Active	Tokyo Haneda, Japan	
2082	53301	MD-81	JA8556	Japan Airlines	Active	Tokyo Haneda, Japan	
2085	53302	MD-81	JA8557	Japan Airlines	Active	Tokyo Haneda, Japan	

Cross Reference

Registration	l/n	c/n	Registration	l/n	c/n
3D-JET	986	48053	N811US	1010	48043
5N-BGL	1067	48099	N812ME	966	48006
9Q-CBD	995	48018	N812US	1034	48092
9Q-CJB	941	48016	N813ME	971	48007
HK-4237X	981	48008	N813US	1049	48093
HK-4238X	985	48009	N814ME	992	48010
HK-4255	950	48004	N814US	1053	48094
HK-4255X	950	48004	N818NK	994	48011
HK-4259	957	48005	N819HA	970	48045
HK-4265	938	48002	N819NK	941	48016
HK-4302	973	48027	N819US	1067	48099
HK-4302X	973	48027	N826US	960	48026
JA8260	1359	49461	N827US	983	48049
JA8261	1477	49462	N828US	979	48028
JA8262	1488	49463	N832F	938	48002
JA8294	1598	49820	N835F	957	48005
JA8295	1615	49821	N845RA	1225	49380
JA8296	1734	49907	N849HA	1018	48073
JA8297	1749	49908	N859HA	1026	48074
JA8374	1982	53043	N924PS	946	48034
JA8458	953	48029	N925PS	955	48035
JA8459	962	48030	N926PS	963	48036
JA8460	969	48031	N927PS	965	48037
JA8461	978	48032	N928PS	974	48052
JA8462	986	48053	N930PS	1002	48038
JA8470	1011	48072	N932PS	1006	48040
JA8496	1194	49280	N933PS	1006	48040
JA8497	1200	49281	N934PS	1009	48042
JA8498	1282	49282	N935PS	1010	48043
JA8499	1299	49283	N936PS	1034	48092
JA8552	2040	53297	N938PS	1053	48094
JA8553	2045	53298	N950PS	979	48028
JA8554	2075	53299	N980DC	909	48000
JA8555	2076	53300	N980SB	975	48051
JA8556	2082	53301	N981SB	991	48058
JA8557	2085	53302	OE-LDP	924	48015
LN-RMR	1998	53365	OE-LDS	958	48017
LN-RMS	2003	53368	OY-KGT	1225	49380
LN-RMT	1815	53001	OY-KGY	1254	49420
LN-ROM	1895	53008	OY-KHN	1812	53000
LV-WFN	952	48025	OY-KHO	1844	53003
LV-WPY	948	48024	OY-KHP	1882	53007
LV-WTY	994	48011	OY-KHR	1896	53275
N10022	948	48024	OY-KHS	1815	53001
N10027	952	48025	OY-KIG	966	48006
N10028	960	48026	OY-KIH	971	48007
N10029	983	48049	SE-DIY	1895	53008
N1002G	917	48001	SE-DMB	1946	53314
N1003G	989	48050	SE-DMT	944	48003
N13881	970	48045	SE-DMY	992	48010
N14880	967	48044	SE-RDT	1067	48099
N16883	1018	48073	SE-RDU	1252	49372
N16884	1026	48074	SX-BSQ	1252	49372
N312TT	944	48003	T9-AAC	1049	48093
N480AC	981	48008	UR-CDA	1183	49278
N489NC	985	48009	YR-MDJ	986	48053
N532MD	994	48011	YU-ANA	998	48047
N560MD	909	48000	Z3-ARB	977	48046
N62025	1282	49282			
N764BC	977	48046			
N800US	946	48034			
N801NK	1005	48048			
N801US	965	48037			
N802US	963	48036			
N803ME	953	48029			
N803US	955	48035			
N804ME	962	48030			
N804RA	1005	48048			
N804US	974	48052			
N805ME	969	48031			
N805NK	991	48058			
N806ME	978	48032			
N806NK	975	48051			
N806US	1002	48038			
N807ME	988	48033			
N808US	1006	48040			
N809HA	967	48044			
N809US	1008	48041			
N810ME	1011	48072			
N810NK	924	48015			
N810US	1009	48042			
N811NK	958	48017			

McDonnell Douglas MD-82

Production Started:	1983
Production Ended:	1999
Number Built:	598
Active:	357
Preserved:	1
WFU, Stored & In Parts:	186
Written Off:	10
Scrapped:	44

Location Summary	
Afghanistan	1
Albania	1
Argentina	2
Australia	2
Austria	1
Bangladesh	2
Bulgaria	7
China	12
Colombia	3
Congo	1
Croatia	6
Denmark	5
Indonesia	23
Iran	8
Italy	60
Ivory Coast	2
Mexico	2
Netherlands Antilles	2
Nigeria	1
Norway	17
Romania	10
Rwanda	1
Slovenia	2
South Africa	34
Spain	4
Sudan	1
Surinam	1
Sweden	8
Taiwan	5

Location Summary	
Thailand	5
Turkey	4
Ukraine	1
USA - AR	1
USA - AZ	25
USA - CA	7
USA - DC	1
USA - FL	2
USA - KS	2
USA - MI	5
USA - NM	68
USA - NV	9
USA - OK	1
USA - TX	192
Venezuela	1

l/n	c/n	Model	Registration	Owner/Operator	Status	Location	Notes
996	48054	MD-82	N301RC	-	Scrapped	Daytona Beach, FL	
997	48012	MD-82	N928TW	(American Airlines)	Stored	Roswell, NM	
999	48070	MD-82	N808ME	Midwest Airlines	Active	Milwaukee, MI	
1000	48013	MD-82	N922TW	(American Airlines)	Stored	Roswell, NM	
1001	48019	MD-82	ZS-OBF	(Comair / Kulula.com)	Stored	Johannesburg, South Africa	
1003	48039	MD-82	3D-MDJ	Rwandair Express	Active	Kigali, Rwanda	
1004	48071	MD-82	N809ME	Midwest Airlines	Active	Milwaukee, MI	
1007	48055	MD-82	N302RC	-	Scrapped	Marana, AZ	
1012	48056	MD-82	N83870	-	Scrapped	Goodyear, AZ	
1013	48014	MD-82	N929TW	(American Airlines)	Stored	Roswell, NM	
1015	48062	MD-82	N477AC	-	Scrapped	Walnut Ridge, AR	
1016	48079	MD-82	YR-MDL	(Jetran Air)	Stored	Bucharest Baneasa, Romania	
1019	48066	MD-82	9A-CDE	Dubrovnik Airline	Active	Dubrovnik, Croatia	
1020	48063	MD-82	N14886	-	Scrapped	Walnut Ridge, AR	
1022	48080	MD-82	N955AS	(Alaska Airlines)	WFU & Stored	Roswell, NM	
1023	48057	MD-82	N931JT	-	Scrapped	Daytona Beach, FL	
1025	49100	MD-82	N924TW	(American Airlines)	Stored	Roswell, NM	
1028	48067	MD-82	YV131T	(Aeropostal)	WFU & Stored	Victorville, CA	
1029	48086	MD-82	N307JT	-	Scrapped	Marana, AZ	
1031	48068	MD-82	N1003Y	-	Scrapped	Goodyear, AZ	
1032	48069	MD-82	PK-LMM	(Lion Airlines)	WFU & Stored	Jakarta CGK, Indonesia	
1035	48087	MD-82	N803NK	-	Scrapped	Opa Locka, FL	
1037	48088	MD-82	N309JT	-	Scrapped	Marana, AZ	
1038	48089	MD-82	N311JT	-	Scrapped	Marana, AZ	
1040	48090	MD-82	N312RC	-	Written Off	Detroit Metro, MI	
1041	48091	MD-82	N821JT	-	Scrapped	Marana, AZ	
1043	48083	MD-82	PK-WIL	Wings Abadi Air	Active	Jakarta Halim, Indonesia	
1045	48020	MD-82	ZS-OBG	(Safair / Kulula.com)	Stored	Roswell, NM	
1047	48059	MD-82	ZS-OBH	(Comair / Kulula.com)	Stored	Johannesburg, South Africa	
1051	49101	MD-82	N921TW	(American Airlines)	Stored	Roswell, NM	
1055	48095	MD-82	S5-ACC	Aurora Airlines	Active	Ljubljana, Slovenia	
1057	48096	MD-82	TC-TTA	(Tarhan Tower Airlines)	Stored	Istanbul Ataturk, Turkey	
1059	48097	MD-82	YR-MDR	Jetran Air	Active	Bucharest Baneasa, Romania	
1060	48098	MD-82	YR-MDS	Jetran Air / Air Ivoire	Active	Abidjan, Ivory Coast	
1061	49116	MD-82	PK-LMR	(Wings Abadi Air)	Stored	Jakarta CGK, Indonesia	
1062	49110	MD-82	N382JT	-	Scrapped	Marana, AZ	
1063	49117	MD-82	PK-LMP	Lion Airlines / Wings Abadi Air	Active	Jakarta CGK, Indonesia	
1064	49111	MD-82	N951AS	-	Scrapped	Goodyear, AZ	
1065	49118	MD-82	PK-LMT	Lion Airlines / Wings Abadi Air	Active	Jakarta CGK, Indonesia	
1066	49114	MD-82	PK-LMS	Lion Airlines / Wings Abadi Air	Active	Jakarta CGK, Indonesia	
1068	49112	MD-82	9A-CDC	Dubrovnik Airline	Active	Dubrovnik, Croatia	
1069	49113	MD-82	9A-CDD	Dubrovnik Airline	Active	Dubrovnik, Croatia	
1070	49119	MD-82	YR-MDM	(Jetran Air)	Stored	Bucharest Baneasa, Romania	
1072	49121	MD-82	N83873	-	Scrapped	St. Petersburg, FL	
1073	49122	MD-82	N92874	-	Scrapped	Walnut Ridge, AR	
1074	49125	MD-82	N93875	(Continental Air Lines)	WFU & Stored	St. Petersburg, FL	
1075	49123	MD-82	PJ-SEF	-	Nose Preserved	Curacao, Netherlands Antilles	
1076	49102	MD-82	PK-LMQ	(Lion Airlines)	Stored	Jakarta CGK, Indonesia	

l/n	c/n	Model	Registration	Owner/Operator	Status	Location	Notes
1077	49124	MD-82	PJ-SEG	(Dutch Caribbean Airlines)	WFU & Stored	Mexico City	
1078	48021	MD-82	PJ-MDB	Insel Air International	Active	Curacao, Netherlands Antilles	
1079	48022	MD-82	ZS-TRD	1Time	Active	Johannesburg, South Africa	
1080	49126	MD-82	N820NK	-	Scrapped	Tucson, AZ	
1082	49127	MD-82	N127AN	(Andes Lineas Aereas)	Stored	Marana, AZ	
1083	49103	MD-82	YV132T	(Aeropostal)	Stored	Miami, FL	
1085	49104	MD-82	ZA-ARD	Belle Air	Active	Tirana, Albania	
1086	49149	MD-82	N505MD	-	Scrapped	Miami, FL	
1087	49150	MD-82	N491SH	-	Scrapped	Las Vegas McCarran, NV	
1088	49151	MD-82	SE-RDR	Norwegian Air Shuttle	Active	Stockholm Arlanda, Sweden	
1089	49152	MD-82	SE-RBE	Norwegian Air Shuttle	Active	Stockholm Arlanda, Sweden	
1090	49138	MD-82	TC-TUA	Best Air / Mahan Air	Active	Tehran Mehrabad, Iran	
1091	49139	MD-82	YR-MDK	Jetran Air / Air Ivoire	Active	Abidjan, Ivory Coast	
1092	49140	MD-82	N816NK	Spirit Airlines	Active	Detroit Metro, MI	
1093	49141	MD-82	N817NK	Spirit Airlines	Active	Detroit Metro, MI	
1094	49142	MD-82	TC-MNP	-	Scrapped	Istanbul Ataturk, Turkey	
1095	49143	MD-82	S5-ACD	(Aurora Airlines)	Stored	Istanbul Ataturk, Turkey	
1096	49144	MD-82	TC-TTB	(Tarhan Tower Airlines)	Stored	Istanbul Ataturk, Turkey	
1097	49145	MD-82	N203AA	(American Airlines)	WFU & Stored	Roswell, NM	
1098	49166	MD-82	N901TW	-	Scrapped	Roswell, NM	
1099	49167	MD-82	N216AA	(American Airlines)	Stored	Roswell, NM	
1100	49168	MD-82	N218AA	(American Airlines)	Stored	Roswell, NM	
1101	49153	MD-82	N902TW	(American Airlines)	WFU & Stored	Roswell, NM	
1102	49154	MD-82	N903TW	-	Scrapped	Roswell, NM	
1103	49155	MD-82	N205AA	(American Airlines)	WFU & Stored	Roswell, NM	
1104	49156	MD-82	N904TW	-	Scrapped	Roswell, NM	
1105	49157	MD-82	N905TW	(American Airlines)	Stored	Roswell, NM	
1106	49158	MD-82	N207AA	(American Airlines)	Stored	Roswell, NM	
1107	49159	MD-82	N208AA	American Airlines	Active	Dallas Ft. Worth, TX	
1108	49160	MD-82	N906TW	(American Airlines)	WFU & Stored	Roswell, NM	
1109	49161	MD-82	N210AA	(American Airlines)	WFU & Stored	Roswell, NM	
1110	49162	MD-82	N214AA	(American Airlines)	Stored	Roswell, NM	
1111	49163	MD-82	N215AA	-	Written Off	Little Rock, AR	
1112	49171	MD-82	N219AA	American Airlines	Active	Dallas Ft. Worth, TX	
1113	49172	MD-82	N221AA	(American Airlines)	Stored	Roswell, NM	
1114	49173	MD-82	N223AA	American Airlines	Active	Dallas Ft. Worth, TX	
1115	49174	MD-82	N224AA	(American Airlines)	WFU & Stored	Roswell, NM	
1116	49175	MD-82	N225AA	(American Airlines)	Stored	Roswell, NM	
1117	49165	MD-82	N907TW	(American Airlines)	Stored	Roswell, NM	
1118	49169	MD-82	N908TW	-	Scrapped	Roswell, NM	
1119	49170	MD-82	N909TW	(American Airlines)	WFU & Stored	Roswell, NM	
1120	49176	MD-82	N226AA	(American Airlines)	Stored	Roswell, NM	
1121	49177	MD-82	N227AA	American Airlines	Active	Dallas Ft. Worth, TX	
1122	49178	MD-82	N228AA	(American Airlines)	Stored	Roswell, NM	
1123	49179	MD-82	N232AA	(American Airlines)	Stored	Roswell, NM	
1124	49180	MD-82	N233AA	(American Airlines)	Stored	Roswell, NM	
1125	49181	MD-82	N234AA	American Airlines	Active	Dallas Ft. Worth, TX	
1126	49192	MD-82	I-DAWA	(Alitalia)	Stored	Upington, South Africa	For Safair

l/n	c/n	Model	Registration	Owner/Operator	Status	Location	Notes
1127	49193	MD-82	I-DAWE	(Alitalia)	Stored	Upington, South Africa	For Caribbean Sun Airlines
1128	49182	MD-82	HS-OME	One-Two-Go	Active	Bangkok Suvarnabhumi, Thailand	
1129	49183	MD-82	HS-OMG	-	Written Off	Phuket, Thailand	
1130	49194	MD-82	I-DAWI	(Safair)	Stored	Upington, South Africa	
1131	49184	MD-82	N913TW	-	Scrapped	Roswell, NM	
1132	49185	MD-82	N914TW	-	Scrapped	Roswell, NM	
1133	49186	MD-82	N915TW	(American Airlines)	WFU & Stored	Roswell, NM	
1134	49187	MD-82	N916TW	-	Scrapped	Roswell, NM	
1135	49115	MD-82	ZS-OBK	Safair / 1 Time	Active	Johannesburg, South Africa	
1136	49195	MD-82	I-DAWO	(Alitalia)	Stored	Upington, South Africa	For Safair
1137	49196	MD-82	I-DAWU	(Alitalia)	Stored	Mojave, CA	
1138	49197	MD-82	I-DAWB	(Alitalia)	Stored	Rome Fiumicino, Italy	
1139	49222	MD-82	N570SH	(UM Air)	Stored	Tucson, AZ	
1140	49229	MD-82	N992PG	(Allegro Air)	Stored	Victorville, CA	
1141	49230	MD-82	N950U	(American Airlines)	Stored	Roswell, NM	
1142	49198	MD-82	I-DAWC	(Alitalia)	Stored	Mojave, CA	
1143	49199	MD-82	I-DAWD	(Alitalia)	Stored	Upington, South Africa	For Safair
1144	49237	MD-82	HK-4305	(West Caribbean Airways)	Stored	Medellin, Colombia	
1145	49245	MD-82	N951U	(American Airlines)	WFU & Stored	Roswell, NM	
1146	49246	MD-82	N16804	-	Scrapped	Opa Locka, FL	
1147	49200	MD-82	I-DAWF	(Alitalia)	Stored	Upington, South Africa	For Safair
1148	49201	MD-82	I-DAWG	(Alitalia)	Stored	Upington, South Africa	For Safair
1149	49249	MD-82	N33805	-	Scrapped	Mojave, CA	
1150	49260	MD-82	N16806	-	Scrapped	Goodyear, AZ	
1151	49247	MD-82	I-SMEL	Meridiana	Active	Olbia, Italy	
1152	49248	MD-82	I-SMEM	Meridiana	Active	Olbia, Italy	
1153	49261	MD-82	N16807	(Continental Air Lines)	WFU & Stored	Mojave, CA	
1154	49251	MD-82	N236AA	(American Airlines)	Stored	Roswell, NM	
1155	49253	MD-82	N237AA	American Airlines	Active	Dallas Ft. Worth, TX	
1156	49254	MD-82	N241AA	American Airlines	Active	Dallas Ft. Worth, TX	
1157	49255	MD-82	N242AA	American Airlines	Active	Dallas Ft. Worth, TX	
1158	49256	MD-82	N244AA	(American Airlines)	Stored	Roswell, NM	
1159	49262	MD-82	PK-LMJ	(Lion Airlines)	WFU & Stored	Jakarta CGK, Indonesia	
1160	49257	MD-82	N245AA	American Airlines	Active	Dallas Ft. Worth, TX	
1161	49258	MD-82	N246AA	(American Airlines)	Stored	Roswell, NM	
1162	49259	MD-82	N248AA	American Airlines	Active	Dallas Ft. Worth, TX	
1163	49263	MD-82	PK-WII	Wings Abadi Air	Active	Jakarta CGK, Indonesia	
1164	49269	MD-82	N249AA	American Airlines	Active	Dallas Ft. Worth, TX	
1165	49270	MD-82	N251AA	American Airlines	Active	Dallas Ft. Worth, TX	
1166	49271	MD-82	N274AA	American Airlines	Active	Dallas Ft. Worth, TX	
1167	49272	MD-82	N275AA	(American Airlines)	WFU & Stored	Roswell, NM	
1168	49273	MD-82	N276AA	(American Airlines)	WFU & Stored	Roswell, NM	
1170	49202	MD-82	I-DAWH	(Safair)	Stored	Upington, South Africa	
1171	49264	MD-82	N14810	Vision Air	Active	Las Vegas McCarran, NV	
1172	49188	MD-82	N501AM	(Aeromexico)	Stored	Victorville, CA	
1173	49189	MD-82	PK-LMN	(Lion Air)	WFU & Stored	Solo City, Indonesia	Following Landing Accident
1174	49203	MD-82	I-DAWJ	(Alitalia)	Stored	Upington, South Africa	For Safair
1175	49286	MD-82	N253AA	American Airlines	Active	Dallas Ft. Worth, TX	

McDonnell Douglas MD-82

l/n	c/n	Model	Registration	Owner/Operator	Status	Location	Notes
1176	49287	MD-82	N255AA	American Airlines	Active	Dallas Ft. Worth, TX	
1177	49231	MD-82	N960TW	(American Airlines)	WFU & Stored	Roswell, NM	
1179	49204	MD-82	I-DAWL	(Alitalia)	Stored	Upington, South Africa	For Safair
1180	49190	MD-82	PK-LMV	(Wings Abadi Air)	Stored	Jakarta CGK, Indonesia	
1181	49277	MD-82	LZ-LDR	Bulgarian Air Charter	Active	Sofia, Bulgaria	
1182	49164	MD-82	ZS-OBL	(Comair / Kulula.com)	WFU & Stored	Johannesburg, South Africa	
1184	49205	MD-82	I-DAWM	(Safair)	Stored	Upington, South Africa	
1185	49265	MD-82	N12811	(Continental Air Lines)	WFU & Stored	Goodyear, AZ	
1186	49250	MD-82	PK-LMY	Lion Airlines	Active	Jakarta CGK, Indonesia	
1187	49288	MD-82	N258AA	American Airlines	Active	Dallas Ft. Worth, TX	
1188	49206	MD-82	I-DAWP	(Safair)	Stored	Upington, South Africa	
1189	49207	MD-82	I-DAWQ	(Alitalia)	Stored	Upington, South Africa	For Safair
1190	49208	MD-82	I-DAWR	(Alitalia)	Ground Trainer	Trieste, Italy	
1191	49209	MD-82	9A-	Air Albatros	Active	Rijeka, Croatia	
1192	49210	MD-82	I-DAWT	(Alitalia)	Stored	Upington, South Africa	For Safair
1193	49289	MD-82	N259AA	American Airlines	Active	Dallas Ft. Worth, TX	
1195	49290	MD-82	N262AA	American Airlines	Active	Dallas Ft. Worth, TX	
1196	49366	MD-82	N917TW	(American Airlines)	WFU & Stored	Roswell, NM	
1197	49367	MD-82	N918TW	(American Airlines)	WFU & Stored	Roswell, NM	
1198	49368	MD-82	N919TW	(American Airlines)	WFU & Stored	Roswell, NM	
1199	49369	MD-82	N920TW	-	Scrapped	Roswell, NM	
1201	49373	MD-82	PK-LMO	Lion Airlines / Wings Abadi Air	Active	Jakarta CGK, Indonesia	
1202	49211	MD-82	I-DAWV	(Alitalia)	Stored	Upington, South Africa	For Safair
1203	49233	MD-82	N932RD	Ryan International Airlines	Active	Wichita, KS	
1205	49379	MD-82	N923TW	(American Airlines)	Stored	Roswell, NM	
1206	49370	MD-82	UR-CFG	UM Air / Kish Air	Active	Tehran Mehrabad, Iran	
1207	49371	MD-82	N890GA	-	Scrapped	Goodyear, AZ	
1208	49374	MD-82	N374GE	(Southeast Airlines)	WFU & Stored	Goodyear, AZ	
1210	49291	MD-82	N266AA	American Airlines	Active	Dallas Ft. Worth, TX	
1211	49292	MD-82	N269AA	(American Airlines)	Stored	Roswell, NM	
1212	49293	MD-82	N271AA	American Airlines	Active	Dallas Ft. Worth, TX	
1213	49294	MD-82	N278AA	American Airlines	Active	Dallas Ft. Worth, TX	
1214	49295	MD-82	N279AA	American Airlines	Active	Dallas Ft. Worth, TX	
1215	49296	MD-82	N283AA	(American Airlines)	Stored	Roswell, NM	
1216	49297	MD-82	N285AA	(American Airlines)	Stored	Roswell, NM	
1217	49298	MD-82	N286AA	(American Airlines)	Stored	Roswell, NM	
1218	49299	MD-82	N287AA	(American Airlines)	Stored	Roswell, NM	
1219	49300	MD-82	N288AA	(American Airlines)	WFU & Stored	Roswell, NM	
1220	49301	MD-82	N289AA	(American Airlines)	Stored	Roswell, NM	
1221	49302	MD-82	N290AA	American Airlines	Active	Dallas Ft. Worth, TX	
1222	49303	MD-82	N291AA	American Airlines	Active	Dallas Ft. Worth, TX	
1223	49304	MD-82	N292AA	American Airlines	Active	Dallas Ft. Worth, TX	
1224	49355	MD-82	B-2103	-	Written Off	Fuzhou, China	
1226	49305	MD-82	N293AA	American Airlines	Active	Dallas Ft. Worth, TX	
1227	49306	MD-82	N294AA	(American Airlines)	Stored	Roswell, NM	
1228	49307	MD-82	N295AA	(American Airlines)	Stored	Roswell, NM	
1229	49308	MD-82	N296AA	(American Airlines)	Stored	Roswell, NM	
1230	49279	MD-82	UR-CDI	Khors Aircompany	Active	Kiev Borispol, Ukraine	

l/n	c/n	Model	Registration	Owner/Operator	Status	Location	Notes
1231	49381	MD-81	OY-KGZ	SAS	Active	Copenhagen, Denmark	
1232	49382	MD-82	LN-RLE	SAS	Active	Oslo, Norway	
1233	49212	MD-82	I-DAWW	ItAli Airlines	Active	Brescia, Italy	
1236	49383	MD-82	LN-RLF	SAS	Active	Oslo, Norway	
1237	49384	MD-82	LN-ROP	SAS	Active	Oslo, Norway	
1238	49266	MD-82	N952U	(American Airlines)	Stored	Roswell, NM	
1239	49267	MD-82	N953U	(American Airlines)	Stored	Roswell, NM	
1240	49425	MD-82	G-CEPA	(China Southern Airlines)	Stored	Bucharest Baneasa, Romania	
1241	49428	MD-82	G-CEPB	(China Southern Airlines)	Stored	Bucharest Baneasa, Romania	
1242	49429	MD-82	PK-LMU	(Lion Airlines)	Stored	Jakarta CGK, Indonesia	
1243	49213	MD-82	LZ-LDY	Bulgarian Air Charter	Active	Sofia, Bulgaria	
1244	49385	MD-82	LN-ROR	SAS	Active	Oslo, Norway	
1245	49214	MD-82	I-DAWZ	(ItAli Airlines)	Stored	Brescia, Italy	
1246	49309	MD-82	N297AA	(American Airlines)	Stored	Roswell, NM	
1247	49310	MD-82	N298AA	American Airlines	Active	Dallas Ft. Worth, TX	
1248	49311	MD-82	N400AA	(American Airlines)	Stored	Roswell, NM	
1249	49312	MD-82	N70401	American Airlines	Active	Dallas Ft. Worth, TX	
1250	49356	MD-82	N926TW	-	Scrapped	Roswell, NM	
1251	49357	MD-82	N925TW	-	Scrapped	Roswell, NM	
1253	49215	MD-82	I-DAVA	ItAli Airlines	Active	Pescara, Italy	
1255	49313	MD-82	N402A	(American Airlines)	Stored	Roswell, NM	
1256	49314	MD-82	N403A	American Airlines	Active	Dallas Ft. Worth, TX	
1257	49315	MD-82	N70404	(American Airlines)	Stored	Roswell, NM	
1258	49316	MD-82	N405A	(American Airlines)	Stored	Roswell, NM	
1259	49317	MD-82	N406A	(American Airlines)	Stored	Roswell, NM	
1260	49415	MD-82	LV-BNI	Andes Lineas Aereas	Active	Salta, Argentina	
1262	49216	MD-82	I-DAVB	ItAli Airlines	Active	Bergamo, Italy	
1263	49421	MD-82	LN-ROS	SAS	Active	Oslo, Norway	
1264	49422	MD-82	LN-ROT	SAS	Active	Oslo, Norway	
1265	49318	MD-82	N407AA	(American Airlines)	Stored	Roswell, NM	
1266	49319	MD-82	N408AA	American Airlines	Active	Dallas Ft. Worth, TX	
1267	49320	MD-82	N409AA	(American Airlines)	Stored	Roswell, NM	
1268	49217	MD-82	LZ-LDC	Bulgarian Air Charter	Active	Sofia, Bulgaria	
1270	49391	MD-82	N826NK	-	Scrapped	Greenwood, MS	
1271	49416	MD-82	EC-HOV	Spanair	Active	Madrid Barajas, Spain	
1273	49321	MD-82	N410AA	(American Airlines)	Stored	Roswell, NM	
1274	49218	MD-82	LZ-LDD	Bulgarian Air Charter / Kish Air	WFU & Stored	Kish, Iran	
1278	49417	MD-82	PK-LMG	(Wings Abadi Air)	Stored	Jakarta CGK, Indonesia	
1279	49393	MD-82	N93EV	(Continental Air Lines)	WFU & Stored	Goodyear, AZ	
1280	49322	MD-82	N411AA	(American Airlines)	Stored	Roswell, NM	
1281	49323	MD-82	N412AA	American Airlines	Active	Dallas Ft. Worth, TX	
1283	49423	MD-82	N891GA	Allegiant Air	Active	Las Vegas McCarran, NV	
1284	49424	MD-82	LN-ROU	SAS	Active	Oslo, Norway	
1285	49394	MD-82	9Q-CIB	Compagnie Africaine D'Aviation	Active	Kinshasa, Congo Kinshasa	
1287	49386	MD-82	N953AS	-	Scrapped	Tucson, AZ	
1288	49387	MD-82	ZS-TRE	1Time	Active	Johannesburg, South Africa	
1289	49324	MD-82	N413AA	American Airlines	Active	Dallas Ft. Worth, TX	
1290	49325	MD-82	N33414	American Airlines	Active	Dallas Ft. Worth, TX	

l/n	c/n	Model	Registration	Owner/Operator	Status	Location	Notes
1291	49443	MD-82	PK-LMW	-	Written Off	Surabaya, Indonesia	
1292	49501	MD-82	EC-HHP	(Spanair)	Stored	Marana, AZ	
1293	49478	MD-82	N14818	(Continental Air Lines)	WFU & Stored	Mojave, CA	
1294	49358	MD-82	N927TW	-	Scrapped	Roswell, NM	
1295	49326	MD-82	N415AA	(American Airlines)	Stored	Roswell, NM	
1296	49327	MD-82	N416AA	(American Airlines)	Stored	Roswell, NM	
1297	49479	MD-82	HS-OMC	One-Two-Go	Active	Bangkok Suvarnabhumi, Thailand	
1298	49480	MD-82	N15820	(Continental Air Lines)	WFU & Stored	Goodyear, AZ	
1300	49502	MD-82	G-CEPC	(China Southern Airlines)	Stored	Bucharest Baneasa, Romania	
1301	49328	MD-82	N417AA	American Airlines	Active	Dallas Ft. Worth, TX	
1302	49329	MD-82	N418AA	American Airlines	Active	Dallas Ft. Worth, TX	
1303	49436	MD-82	OY-KHC	SAS	Active	Copenhagen, Denmark	
1304	49440	MD-82	ZS-TRF	1Time	Active	Johannesburg, South Africa	
1306	49331	MD-82	N419AA	American Airlines	Active	Dallas Ft. Worth, TX	
1307	49332	MD-82	N420AA	American Airlines	Active	Dallas Ft. Worth, TX	
1308	49481	MD-82	PK-WIF	Wings Abadi Air	Active	Jakarta CGK, Indonesia	
1309	49482	MD-82	5N-BKI	Afrijet Airlines	Active	Lagos, Nigeria	
1310	49219	MD-82	LZ-LDF	Bulgarian Air Charter	Active	Sofia, Bulgaria	
1311	49333	MD-82	N77421	American Airlines	Active	Dallas Ft. Worth, TX	
1312	49334	MD-82	N422AA	American Airlines	Active	Dallas Ft. Worth, TX	
1314	49483	MD-82	UR-CBO	Khors Aircompany / Kish Air	Active	Tehran Mehrabad, Iran	
1315	49484	MD-82	HK-4374X	-	Written Off	Nr Machaques, Venezuela	
1316	49485	MD-82	HS-OMD	(One-Two-Go)	Stored	Bangkok Suvarnabhumi, Thailand	
1317	49486	MD-82	YV153T	SBA Airlines	Active	Maracaibo, Venezuela	
1318	49439	MD-82	HS-OMA	One-Two-Go	Active	Bangkok Suvarnabhumi, Thailand	
1319	49220	MD-82	9A-CBH	(Air Adriatic)	Stored	Istanbul Ataturk, Turkey	
1320	49335	MD-82	N423AA	American Airlines	Active	Dallas Ft. Worth, TX	
1321	49336	MD-82	N424AA	American Airlines	Active	Dallas Ft. Worth, TX	
1322	49441	MD-82	HS-OMB	(One-Two-Go)	Stored	Bangkok Suvarnabhumi, Thailand	
1323	49444	MD-82	PZ-TCL	Surinam Airways	Active	Paramaribo, Surinam	
1324	49450	MD-82	N937MC	(Continental Air Lines)	Stored	Walnut Ridge, AR	
1325	49337	MD-82	N70425	American Airlines	Active	Dallas Ft. Worth, TX	
1327	49338	MD-82	N426AA	American Airlines	Active	Dallas Ft. Worth, TX	
1328	49339	MD-82	N427AA	(American Airlines)	Stored	Roswell, NM	
1329	49340	MD-82	N428AA	American Airlines	Active	Dallas Ft. Worth, TX	
1330	49221	MD-82	9A-CBF	(Air Adriatic)	Stored	Rijeka, Croatia	
1334	49430	MD-82	9A-CBG	(Air Adriatic)	Stored	Rijeka, Croatia	
1335	49487	MD-82	N77827	-	Scrapped	Goodyear, AZ	
1336	49341	MD-82	N429AA	(American Airlines)	Stored	Roswell, NM	
1337	49342	MD-82	N430AA	(American Airlines)	Stored	Roswell, NM	
1339	49343	MD-82	N431AA	American Airlines	Active	Dallas Ft. Worth, TX	
1345	49437	MD-82	LN-RLR	SAS	Active	Oslo, Norway	
1346	49503	MD-82	N809NK	-	Scrapped	Dallas Ft. Worth, TX	
1349	49359	MD-82	OE-LOG	MAP Executive Flightservice	Active	Vienna, Austria	
1350	49488	MD-82	N71828	-	Scrapped	Goodyear, AZ	
1351	49489	MD-82	PK-WIG	(Wings Abadi Air)	WFU & Stored	Jakarta CGK, Indonesia	
1352	49490	MD-82	UR-CBN	Khors Aircompany / Kish Air	Active	Tehran Mehrabad, Iran	
1353	49438	MD-82	LN-ROW	SAS	Active	Oslo, Norway	

l/n	c/n	Model	Registration	Owner/Operator	Status	Location	Notes
1360	49491	MD-82	N14831	-	Scrapped	Goodyear, AZ	
1361	49492	MD-82	N35832	-	Scrapped	Goodyear, AZ	
1362	49531	MD-82	I-SMET	Meridiana	Active	Olbia, Italy	
1363	49504	MD-82	N808NK	(Spirit Airlines)	Stored	Detroit Willow Run, MI	
1364	49493	MD-82	N18833	(Continental Air Lines)	WFU & Stored	Goodyear, AZ	
1368	49494	MD-82	N10834	(Continental Air Lines)	WFU & Stored	Goodyear, AZ	
1369	49580	MD-82	N14840	(Continental Air Lines)	WFU & Stored	Goodyear, AZ	
1376	49350	MD-82	N432AA	American Airlines	Active	Dallas Ft. Worth, TX	
1377	49431	MD-82	I-DAVJ	(Alitalia)	Stored	Rome Fiumicino, Italy	
1378	49432	MD-82	LZ-LDK	Bulgarian Air Charter	Active	Sofia, Bulgaria	
1381	49505	MD-82	G-CEPD	(China Southern Airlines)	Stored	Bucharest Baneasa, Romania	
1384	49581	MD-82	N15841	-	Scrapped	Goodyear, AZ	
1394	49418	MD-82	N418GE	(Southeast Airlines)	WFU & Stored	Goodyear, AZ	
1399	49426	MD-82	N954U	American Airlines	Active	Dallas Ft. Worth, TX	
1400	49506	MD-82	G-CEPE	(China Southern Airlines)	Stored	Bucharest Baneasa, Romania	
1401	49427	MD-82	N955U	American Airlines	Active	Dallas Ft. Worth, TX	
1402	49555	MD-82	LN-RMD	SAS	Active	Stockholm Arlanda, Sweden	
1403	49419	MD-82	N419MT	(Lion Airlines)	WFU & Stored	Marana, AZ	
1405	49569	MD-82	LZ-LDV	Bulgarian Air Charter	Active	Sofia, Bulgaria	
1407	49459	MD-82	N440AA	American Airlines	Active	Dallas Ft. Worth, TX	
1408	49460	MD-82	N441AA	American Airlines	Active	Dallas Ft. Worth, TX	
1409	49468	MD-82	N442AA	American Airlines	Active	Dallas Ft. Worth, TX	
1410	49469	MD-82	N443AA	American Airlines	Active	Dallas Ft. Worth, TX	
1411	49582	MD-82	PK-WIH	Wings Air	Active	Jakarta CGK, Indonesia	
1417	49470	MD-82	N73444	American Airlines	Active	Dallas Ft. Worth, TX	
1418	49471	MD-82	N445AA	American Airlines	Active	Dallas Ft. Worth, TX	
1419	49634	MD-82	UR-CEW	Khors Aircompany / Zagros Airlines	Active	Abadan, Iran	
1420	49635	MD-82	N14839	(Continental Air Lines)	WFU & Stored	Goodyear, AZ	
1425	49507	MD-82	EC-HJB	(Spanair)	Stored	Marana, AZ	
1426	49472	MD-82	N446AA	American Airlines	Active	Dallas Ft. Worth, TX	
1427	49473	MD-82	N447AA	American Airlines	Active	Dallas Ft. Worth, TX	
1428	49433	MD-82	I-DAVL	(Alitalia)	Stored	Upington, South Africa	For Safair
1431	49474	MD-82	N448AA	American Airlines	Active	Dallas Ft. Worth, TX	
1432	49475	MD-82	N449AA	American Airlines	Active	Dallas Ft. Worth, TX	
1439	49476	MD-82	N450AA	American Airlines	Active	Dallas Ft. Worth, TX	
1440	49570	MD-82	YR-MDT	Jetran Air	Active	Bucharest Baneasa, Romania	
1441	49477	MD-82	N451AA	American Airlines	Active	Dallas Ft. Worth, TX	
1442	49603	MD-82	LN-ROX	SAS	Active	Oslo, Norway	
1446	49434	MD-82	N434AG	(Safair)	Stored	Upington, South Africa	
1449	49508	MD-82	LV-BHF	Andes Lineas Aereas	Active	Salta, Argentina	
1450	49553	MD-82	N452AA	American Airlines	Active	Dallas Ft. Worth, TX	
1451	49558	MD-82	N453AA	American Airlines	Active	Dallas Ft. Worth, TX	
1452	49661	MD-82	N8071B	-	Scrapped	Goodyear, AZ	
1456	49604	MD-82	OY-KHE	SAS	Active	Copenhagen, Denmark	
1458	49571	MD-82	N322FV	-	WFU & Stored	Guthrie, OK	
1460	49559	MD-82	N454AA	American Airlines	Active	Dallas Ft. Worth, TX	
1462	49560	MD-82	N455AA	American Airlines	Active	Dallas Ft. Worth, TX	
1466	49667	MD-82	N895GA	Allegiant Air	Active	Las Vegas McCarran, NV	

McDonnell Douglas MD-82 — Out Of Production List: Western Jet Airliners

l/n	c/n	Model	Registration	Owner/Operator	Status	Location	Notes
1474	49561	MD-82	N456AA	American Airlines	Active	Dallas Ft. Worth, TX	
1475	49562	MD-82	N457AA	American Airlines	Active	Dallas Ft. Worth, TX	
1478	49701	MD-82	N956U	(American Airlines)	Stored	Goodyear, AZ	
1479	49702	MD-82	N957U	(American Airlines)	Stored	Goodyear, AZ	
1482	49509	MD-82	EC-HHF	(Spanair)	Stored	Tucson, AZ	
1485	49563	MD-82	N458AA	American Airlines	Active	Dallas Ft. Worth, TX	
1486	49564	MD-82	N459AA	American Airlines	Active	Dallas Ft. Worth, TX	
1489	49703	MD-82	N958U	(American Airlines)	Stored	Goodyear, AZ	
1490	49704	MD-82	YA-KMF	Kam Air	Active	Kabul, Afghanistan	
1493	49669	MD-82	I-SMEV	Meridiana	Active	Olbia, Italy	
1496	49565	MD-82	N460AA	American Airlines	Active	Dallas Ft. Worth, TX	
1497	49566	MD-82	N461AA	American Airlines	Active	Dallas Ft. Worth, TX	
1504	49435	MD-82	I-DAVN	(Alitalia)	Parts Remain	Rantoul, KS	
1505	49592	MD-82	N462AA	American Airlines	Active	Dallas Ft. Worth, TX	
1506	49593	MD-82	N463AA	American Airlines	Active	Dallas Ft. Worth, TX	
1507	49594	MD-82	N464AA	American Airlines	Active	Dallas Ft. Worth, TX	
1509	49595	MD-82	N465A	American Airlines	Active	Dallas Ft. Worth, TX	
1510	49596	MD-82	N466AA	American Airlines	Active	Dallas Ft. Worth, TX	
1511	49597	MD-82	N467AA	American Airlines	Active	Dallas Ft. Worth, TX	
1513	49598	MD-82	N468AA	American Airlines	Active	Dallas Ft. Worth, TX	
1514	49510	MD-82	S5-ACY	Aurora	Active	Tehran Mehrabad, Iran	
1515	49599	MD-82	N469AA	American Airlines	Active	Dallas Ft. Worth, TX	
1516	49600	MD-82	N470AA	American Airlines	Active	Dallas Ft. Worth, TX	
1518	49601	MD-82	N471AA	American Airlines	Active	Dallas Ft. Worth, TX	
1519	49613	MD-82	OY-KHG	SAS	Active	Copenhagen, Denmark	
1520	49647	MD-82	N472AA	American Airlines	Active	Dallas Ft. Worth, TX	
1521	49648	MD-82	N473AA	American Airlines	Active	Dallas Ft. Worth, TX	
1526	49649	MD-82	N474	American Airlines	Active	Dallas Ft. Worth, TX	
1527	49650	MD-82	N475AA	American Airlines	Active	Dallas Ft. Worth, TX	
1528	49651	MD-82	N476AA	American Airlines	Active	Dallas Ft. Worth, TX	
1529	49652	MD-82	N477AA	American Airlines	Active	Dallas Ft. Worth, TX	
1534	49653	MD-82	N478AA	American Airlines	Active	Dallas Ft. Worth, TX	
1535	49654	MD-82	N479AA	American Airlines	Active	Dallas Ft. Worth, TX	
1536	49655	MD-82	N480AA	American Airlines	Active	Dallas Ft. Worth, TX	
1537	49511	MD-82	N511JZ	(China Eastern Airlines)	WFU & Stored	Marana, AZ	
1543	49615	MD-82	LN-ROY	SAS	Active	Oslo, Norway	
1544	49549	MD-82	N549AG	Safair	Active	Upington, South Africa	
1545	49656	MD-82	N481AA	American Airlines	Active	Dallas Ft. Worth, TX	
1546	49675	MD-82	N482AA	American Airlines	Active	Dallas Ft. Worth, TX	
1548	49512	MD-82	G-CEPG	(China Southern Airlines)	Stored	Bucharest Baneasa, Romania	
1550	49676	MD-82	N483A	American Airlines	Active	Dallas Ft. Worth, TX	
1551	49677	MD-82	N484AA	American Airlines	Active	Dallas Ft. Worth, TX	
1553	49728	MD-82	SE-DIK	SAS	Active	Stockholm Arlanda, Sweden	
1555	49678	MD-82	N485AA	American Airlines	Active	Dallas Ft. Worth, TX	
1557	49679	MD-82	N486AA	American Airlines	Active	Dallas Ft. Worth, TX	
1558	49680	MD-82	N487AA	American Airlines	Active	Dallas Ft. Worth, TX	
1560	49681	MD-82	N488AA	American Airlines	Active	Dallas Ft. Worth, TX	
1562	49682	MD-82	N489AA	American Airlines	Active	Dallas Ft. Worth, TX	

	l/n	c/n	Model	Registration	Owner/Operator	Status	Location	Notes
☐	1563	49683	MD-82	N490AA	American Airlines	Active	Dallas Ft. Worth, TX	
☐	1564	49684	MD-82	N491AA	American Airlines	Active	Dallas Ft. Worth, TX	
☐	1565	49730	MD-82	N492AA	American Airlines	Active	Dallas Ft. Worth, TX	
☐	1566	49731	MD-82	N493AA	American Airlines	Active	Dallas Ft. Worth, TX	
☐	1567	49732	MD-82	N494AA	American Airlines	Active	Dallas Ft. Worth, TX	
☐	1568	49513	MD-82	N513HC	(China Eastern Airlines)	WFU & Stored	Marana, AZ	
☐	1577	49825	MD-82	N940AS	(American Airlines)	WFU & Stored	Roswell, NM	
☐	1584	49550	MD-82	I-DAVR	(Alitalia)	Stored	Rome Fiumicino, Italy	
☐	1586	49551	MD-82	N551AG	Safair	Active	Upington, South Africa	
☐	1589	49514	MD-82	B-2130	China Southern Airlines	Active	Haikou, China	
☐	1594	49877	MD-82	N977PG	(Allegro Air)	WFU & Stored	Marana, AZ	
☐	1597	49552	MD-82	I-DAVT	Alitalia	Active	Rome Fiumicino, Italy	
☐	1600	49794	MD-82	N794AG	Safair	Active	Upington, South Africa	
☐	1607	49733	MD-82	N495AA	American Airlines	Active	Dallas Ft. Worth, TX	
☐	1609	49515	MD-82	N515HC	(China Eastern Airlines)	WFU & Stored	Marana, AZ	
☐	1616	49925	MD-82	N941AS	(American Airlines)	WFU & Stored	Roswell, NM	
☐	1618	49740	MD-82	I-SMEP	Meridiana	Active	Olbia, Italy	
☐	1619	49734	MD-82	N496AA	American Airlines	Active	Dallas Ft. Worth, TX	
☐	1622	49516	MD-82	B-2132	China Southern Airlines	Active	Haikou, China	
☐	1625	49909	MD-82	LN-RMC	SAS	Active	Oslo, Norway	
☐	1633	49517	MD-82	EC-HFS	(Spanair)	Stored	Tucson, AZ	
☐	1635	49735	MD-82	N497AA	American Airlines	Active	Dallas Ft. Worth, TX	
☐	1639	49795	MD-82	I-DAVV	Alitalia	Active	Rome Fiumicino, Italy	
☐	1640	49736	MD-82	N498AA	American Airlines	Active	Dallas Ft. Worth, TX	
☐	1641	49737	MD-82	N499AA	American Airlines	Active	Dallas Ft. Worth, TX	
☐	1647	49518	MD-82	B-2134	China Southern Airlines	Active	Haikou, China	
☐	1648	49738	MD-82	N501AA	American Airlines	Active	Dallas Ft. Worth, TX	
☐	1649	49739	MD-82	N33502	American Airlines	Active	Dallas Ft. Worth, TX	
☐	1650	49797	MD-82	N44503	American Airlines	Active	Dallas Ft. Worth, TX	
☐	1651	49798	MD-82	N70504	American Airlines	Active	Dallas Ft. Worth, TX	
☐	1652	49799	MD-82	N505AA	American Airlines	Active	Dallas Ft. Worth, TX	
☐	1658	49519	MD-82	EC-HGJ	(Spanair)	Stored	Marana, AZ	
☐	1660	49800	MD-82	N7506	American Airlines	Active	Dallas Ft. Worth, TX	
☐	1661	49801	MD-82	N3507A	American Airlines	Active	Dallas Ft. Worth, TX	
☐	1662	49802	MD-82	N7508	American Airlines	Active	Dallas Ft. Worth, TX	
☐	1663	49803	MD-82	N7509	American Airlines	Active	Dallas Ft. Worth, TX	
☐	1665	49913	MD-82	SE-DIL	SAS	Active	Stockholm Arlanda, Sweden	
☐	1669	49804	MD-82	N510AM	American Airlines	Active	Dallas Ft. Worth, TX	
☐	1671	49520	MD-82	B-2136	China Southern Airlines	Active	Haikou, China	
☐	1672	49805	MD-82	N90511	American Airlines	Active	Dallas Ft. Worth, TX	
☐	1673	49806	MD-82	N7512A	American Airlines	Active	Dallas Ft. Worth, TX	
☐	1686	49890	MD-82	N513AA	American Airlines	Active	Dallas Ft. Worth, TX	
☐	1690	49521	MD-82	EC-HFT	(Spanair)	Stored	Marana, AZ	
☐	1693	49914	MD-82	OY-KHM	SAS	Active	Copenhagen, Denmark	
☐	1694	49891	MD-82	N7514A	American Airlines	Active	Dallas Ft. Worth, TX	
☐	1695	49892	MD-82	N3515	American Airlines	Active	Dallas Ft. Worth, TX	
☐	1696	49893	MD-82	N516AM	American Airlines	Active	Dallas Ft. Worth, TX	
☐	1697	49894	MD-82	N7517A	American Airlines	Active	Dallas Ft. Worth, TX	

l/n	c/n	Model	Registration	Owner/Operator	Status	Location	Notes
1698	49895	MD-82	N7518A	American Airlines	Active	Dallas Ft. Worth, TX	
1702	49522	MD-82	B-2138	-	Written Off	Off Dalian, China	
1707	49896	MD-82	N7519A	American Airlines	Active	Dallas Ft. Worth, TX	
1708	49897	MD-82	N7520A	American Airlines	Active	Dallas Ft. Worth, TX	
1709	49898	MD-82	N7521A	American Airlines	Active	Dallas Ft. Worth, TX	
1713	49796	MD-82	N796AG	(Safair)	Stored	Johannesburg, South Africa	
1719	49969	MD-82	N969AG	(Safair)	Stored	Johannesburg, South Africa	
1722	49899	MD-82	N7522A	American Airlines	Active	Dallas Ft. Worth, TX	
1723	49915	MD-82	N59523	American Airlines	Active	Dallas Ft. Worth, TX	
1724	49523	MD-82	B-2139	China Southern Airlines	Active	Haikou, China	
1729	49916	MD-82	N70524	American Airlines	Active	Dallas Ft. Worth, TX	
1735	49917	MD-82	N7525A	American Airlines	Active	Dallas Ft. Worth, TX	
1737	49970	MD-82	N970AG	(Safair)	Stored	Johannesburg, South Africa	
1743	49918	MD-82	N7526A	American Airlines	Active	Dallas Ft. Worth, TX	
1744	49919	MD-82	N7527A	American Airlines	Active	Dallas Ft. Worth, TX	
1746	49524	MD-82	B-2140	China Southern Airlines	Active	Haikou, China	
1750	49920	MD-82	N7528A	American Airlines	Active	Dallas Ft. Worth, TX	
1752	49921	MD-82	N70529	American Airlines	Active	Dallas Ft. Worth, TX	
1753	49922	MD-82	N7530	American Airlines	Active	Dallas Ft. Worth, TX	
1754	49931	MD-82	N886GA	Allegiant Air	Active	Las Vegas McCarran, NV	
1755	49971	MD-82	N971AG	(Safair)	Stored	Johannesburg, South Africa	
1756	49932	MD-82	N887GA	Allegiant Air	Active	Las Vegas McCarran, NV	
1757	49972	MD-82	N972AG	(Safair)	Stored	Johannesburg, South Africa	
1758	49923	MD-82	N7531A	American Airlines	Active	Dallas Ft. Worth, TX	
1759	49924	MD-82	N7532A	American Airlines	Active	Dallas Ft. Worth, TX	
1760	49987	MD-82	N7533A	American Airlines	Active	Dallas Ft. Worth, TX	
1761	49889	MD-82	PK-OCT	Airfast Indonesia	Active	Jakarta Halim, Indonesia	
1762	49973	MD-82	I-DACP	Alitalia	Active	Rome Fiumicino, Italy	
1765	49900	MD-82	N406NV	Allegiant Air	Active	Las Vegas McCarran, NV	
1766	49901	MD-82	I-SMER	Meridiana	Active	Olbia, Italy	
1767	49905	MD-82	N905TA	Falcon Air Express / JPATS	Active	Washington DC	
1768	49988	MD-82	N7534A	American Airlines	Active	Dallas Ft. Worth, TX	
1769	49989	MD-82	N7535A	American Airlines	Active	Dallas Ft. Worth, TX	
1770	49990	MD-82	N7536A	American Airlines	Active	Dallas Ft. Worth, TX	
1772	49849	MD-82	B-2141	-	Written Off	Urumqi, China	
1774	49974	MD-82	I-DACQ	(Alitalia)	Stored	Rome Fiumicino, Italy	
1775	49975	MD-82	I-DACR	Alitalia	Active	Rome Fiumicino, Italy	
1780	49991	MD-82	N7537A	American Airlines	Active	Dallas Ft. Worth, TX	
1781	49992	MD-82	N7538A	American Airlines	Active	Dallas Ft. Worth, TX	
1782	49993	MD-82	N7539A	American Airlines	Active	Dallas Ft. Worth, TX	
1790	49994	MD-82	N7540A	American Airlines	Active	Dallas Ft. Worth, TX	
1791	49995	MD-82	N7541A	American Airlines	Active	Dallas Ft. Worth, TX	
1792	49996	MD-82	N7542A	American Airlines	Active	Dallas Ft. Worth, TX	
1797	53017	MD-82	PK-OCU	Airfast Indonesia	Active	Jakarta Halim, Indonesia	
1798	49850	MD-82	B-2142	China Southern Airlines	Active	Haikou, China	
1802	53025	MD-82	N7543A	American Airlines	Active	Dallas Ft. Worth, TX	
1803	49999	MD-82	SE-DIN	SAS	Active	Stockholm Arlanda, Sweden	
1804	53026	MD-82	N7544A	American Airlines	Active	Dallas Ft. Worth, TX	

l/n	c/n	Model	Registration	Owner/Operator	Status	Location	Notes
1805	53027	MD-82	N16545	American Airlines	Active	Dallas Ft. Worth, TX	
1806	53053	MD-82	I-DACS	Alitalia	Active	Rome Fiumicino, Italy	
1807	49851	MD-82	B-2143	China Southern Airlines	Active	Haikou, China	
1813	53028	MD-82	N7546A	American Airlines	Active	Dallas Ft. Worth, TX	
1814	53029	MD-82	N7547A	American Airlines	Active	Dallas Ft. Worth, TX	
1816	53030	MD-82	N7548A	American Airlines	Active	Dallas Ft. Worth, TX	
1819	53031	MD-82	N7549A	American Airlines	Active	Dallas Ft. Worth, TX	
1820	53032	MD-82	N7550	American Airlines	Active	Dallas Ft. Worth, TX	
1822	53033	MD-82	N14551	American Airlines	Active	Dallas Ft. Worth, TX	
1826	53034	MD-82	N552AA	American Airlines	Active	Dallas Ft. Worth, TX	
1828	53083	MD-82	N553AA	American Airlines	Active	Dallas Ft. Worth, TX	
1830	53084	MD-82	N554AA	American Airlines	Active	Dallas Ft. Worth, TX	
1831	53150	MD-82	LZ-LDH	(Bulgarian Air Charter)	Stored	Sofia, Bulgaria	
1835	53002	MD-82	LN-RML	SAS	Active	Oslo, Norway	
1839	53085	MD-82	N555AN	American Airlines	Active	Dallas Ft. Worth, TX	
1840	53086	MD-82	N556AA	American Airlines	Active	Dallas Ft. Worth, TX	
1841	53087	MD-82	N557AN	American Airlines	Active	Dallas Ft. Worth, TX	
1846	53004	MD-82	SE-DIR	SAS	Active	Stockholm Arlanda, Sweden	
1852	53088	MD-82	N558AA	American Airlines	Active	Dallas Ft. Worth, TX	
1853	53089	MD-82	N559AA	American Airlines	Active	Dallas Ft. Worth, TX	
1855	53005	MD-82	LN-RMM	SAS	Active	Oslo, Norway	
1856	53054	MD-82	I-DACT	Alitalia	Active	Rome Fiumicino, Italy	
1857	53055	MD-82	I-DACU	Alitalia	Active	Rome Fiumicino, Italy	
1858	53090	MD-82	N560AA	American Airlines	Active	Dallas Ft. Worth, TX	
1863	53091	MD-82	N561AA	American Airlines	Active	Dallas Ft. Worth, TX	
1864	53092	MD-82	N573AA	American Airlines	Active	Dallas Ft. Worth, TX	
1866	53151	MD-82	N574AA	American Airlines	Active	Dallas Ft. Worth, TX	
1869	53006	MD-82	SE-DIS	SAS	Active	Stockholm Arlanda, Sweden	
1875	53152	MD-82	N575AM	American Airlines	Active	Dallas Ft. Worth, TX	
1876	53153	MD-82	N576AA	American Airlines	Active	Dallas Ft. Worth, TX	
1878	53154	MD-82	N577AA	American Airlines	Active	Dallas Ft. Worth, TX	
1880	53056	MD-82	I-DACV	Alitalia	Active	Rome Fiumicino, Italy	
1883	53155	MD-82	N578AA	American Airlines	Active	Dallas Ft. Worth, TX	
1884	53156	MD-82	N579AA	American Airlines	Active	Dallas Ft. Worth, TX	
1885	53157	MD-82	N580AA	American Airlines	Active	Dallas Ft. Worth, TX	
1891	53158	MD-82	N581AA	American Airlines	Active	Dallas Ft. Worth, TX	
1892	53159	MD-82	N582AA	American Airlines	Active	Dallas Ft. Worth, TX	
1893	53160	MD-82	N583AA	American Airlines	Active	Dallas Ft. Worth, TX	
1894	53057	MD-82	I-DACW	(Alitalia)	Stored	Rome Fiumicino, Italy	
1901	53244	MD-82	N	Allegiant Air	Active	Las Vegas McCarran, NV	
1902	53247	MD-82	N584AA	American Airlines	Active	Dallas Ft. Worth, TX	
1903	53248	MD-82	N585AA	American Airlines	Active	Dallas Ft. Worth, TX	
1904	53249	MD-82	N586AA	American Airlines	Active	Dallas Ft. Worth, TX	
1907	53250	MD-82	N587AA	American Airlines	Active	Dallas Ft. Worth, TX	
1908	53064	MD-82	I-SMEB	Meridiana	Active	Olbia, Italy	
1909	53251	MD-82	N588AA	American Airlines	Active	Dallas Ft. Worth, TX	
1910	53252	MD-82	N589AA	American Airlines	Active	Dallas Ft. Worth, TX	
1918	53246	MD-82	N408NV	Allegiant Air	Active	Reno, NV	

l/n	c/n	Model	Registration	Owner/Operator	Status	Location	Notes
1919	53253	MD-82	N590AA	American Airlines	Active	Dallas Ft. Worth, TX	
1920	53254	MD-82	N591AA	American Airlines	Active	Dallas Ft. Worth, TX	
1925	53065	MD-82	B-28003	-	Written Off	Koahsiung, Taiwan	
1927	53058	MD-82	I-DACZ	Alitalia	Active	Rome Fiumicino, Italy	
1932	53255	MD-82	N592AA	American Airlines	Active	Dallas Ft. Worth, TX	
1933	53256	MD-82	N593AA	American Airlines	Active	Dallas Ft. Worth, TX	
1938	53066	MD-82	XA-MRM	(Aeromexico)	Stored	Mexico City	
1942	53059	MD-82	I-DACY	Alitalia	Active	Rome Fiumicino, Italy	
1944	53060	MD-82	I-DACX	(Alitalia)	Stored	Rome Fiumicino, Italy	
1947	53315	MD-82	LN-RMO	SAS	Active	Oslo, Norway	
1948	49902	MD-82	I-SMES	Meridiana	Active	Olbia, Italy	
1949	49903	MD-82	I-SMEZ	Meridiana	Active	Olbia, Italy	
1954	53118	MD-82	B-28011	(Far Eastern Air Transport)	Stored	Taipei, Taiwan	
1956	53119	MD-83	UR-CDM	Khors Aircompany / Zagros Airlines	Active	Abadan, Iran	
1957	53061	MD-82	I-DAND	Alitalia	Active	Rome Fiumicino, Italy	
1959	49852	MD-82	B-2151	China Southern Airlines	Active	Haikou, China	
1960	53062	MD-82	I-DANF	Alitalia	Active	Rome Fiumicino, Italy	
1966	53284	MD-82	N594AA	American Airlines	Active	Dallas Ft. Worth, TX	
1972	53176	MD-82	I-DANG	Alitalia	Active	Rome Fiumicino, Italy	
1973	53177	MD-82	I-DANH	Alitalia	Active	Rome Fiumicino, Italy	
1978	53245	MD-82	N411NV	Allegiant Air	Active	Reno, NV	
1979	53347	MD-82	LN-RON	SAS	Active	Oslo, Norway	
1981	49853	MD-82	B-2145	China Southern Airlines	Active	Haikou, China	
1989	53285	MD-82	N595AA	American Airlines	Active	Dallas Ft. Worth, TX	
1994	53178	MD-82	I-DANL	(Alitalia)	Stored	Rome Fiumicino, Italy	
1997	53179	MD-82	I-DANM	Alitalia	Active	Rome Fiumicino, Italy	
1999	53366	MD-82	LN-ROO	SAS	Active	Oslo, Norway	
2002	53180	MD-82	I-DANP	(Alitalia)	Stored	Rome Fiumicino, Italy	
2005	53181	MD-82	I-DANQ	Alitalia	Active	Rome Fiumicino, Italy	
2007	53203	MD-82	I-DANR	Alitalia	Active	Rome Fiumicino, Italy	
2009	53204	MD-82	I-DANU	Alitalia	Active	Rome Fiumicino, Italy	
2010	53162	MD-82	S5-ACZ	Aurora Airlines	Active	Ljubljana, Slovenia	
2025	53163	MD-82	B-2147	China Southern Airlines	Active	Haikou, China	
2028	53205	MD-82	I-DANV	(Alitalia)	Stored	Rome Fiumicino, Italy	
2034	53206	MD-82	I-DANW	Alitalia	Active	Rome Fiumicino, Italy	
2041	53164	MD-82	B-2152	China Southern Airlines	Active	Haikou, China	
2042	53165	MD-82	EC-GCV	Spanair	Active	Madrid Barajas, Spain	
2048	53216	MD-82	I-DATA	(Alitalia)	Stored	Rome Fiumicino, Italy	
2052	53166	MD-82	B-28017	(Far Eastern Air Transport)	Stored	Taipei, Taiwan	
2053	53217	MD-82	I-DATE	Alitalia	Active	Rome Fiumicino, Italy	
2056	53167	MD-82	B-28021	(Far Eastern Air Transport)	Stored	Taipei, Taiwan	
2060	53218	MD-82	I-DATI	Alitalia	Active	Rome Fiumicino, Italy	
2061	53168	MD-82	EC-JUF	Swiftair / United Nations	Active	Khartoum, Sudan	
2062	53219	MD-82	I-DATO	(Alitalia)	Stored	Rome Fiumicino, Italy	
2063	53169	MD-82	B-2148	(China Southern Airlines)	Stored	Jakarta CGK, Indonesia	
2065	53170	MD-82	B-2149	(China Southern Airlines)	Stored	Jakarta CGK, Indonesia	
2067	53171	MD-82	B-2150	(China Southern Airlines)	Stored	Jakarta CGK, Indonesia	
2069	53147	MD-82	S2-ADM	GMG Airlines	Active	Dhaka, Bangladesh	

l/n	c/n	Model	Registration	Owner/Operator	Status	Location	Notes
2072	53148	MD-82	EC-HFP	-	Written Off	Madrid Barajas, Spain	
2073	53220	MD-82	I-DATU	Alitalia	Active	Rome Fiumicino, Italy	
2079	53221	MD-82	I-DATB	(Alitalia)	Stored	Rome Fiumicino, Italy	
2080	53222	MD-82	I-DATC	Alitalia	Active	Rome Fiumicino, Italy	
2081	53223	MD-82	I-DATD	Alitalia	Active	Rome Fiumicino, Italy	
2084	53224	MD-82	I-DATF	(Alitalia)	Stored	Rome Fiumicino, Italy	
2086	53225	MD-82	I-DATG	Alitalia	Active	Rome Fiumicino, Italy	
2087	53226	MD-82	I-DATH	Alitalia	Active	Rome Fiumicino, Italy	
2103	53227	MD-82	I-DATJ	Alitalia	Active	Rome Fiumicino, Italy	
2104	53228	MD-82	I-DATK	Alitalia	Active	Rome Fiumicino, Italy	
2105	53229	MD-82	I-DATL	(Alitalia)	Stored	Milan Malpensa, Italy	
2106	53230	MD-82	I-DATM	Alitalia	Active	Rome Fiumicino, Italy	
2107	53231	MD-82	HK-4395X	Aero Republica	Active	Bogota, Colombia	
2108	53232	MD-82	HK-4399X	Aero Republica	Active	Bogota, Colombia	
2110	53233	MD-82	I-DATQ	Alitalia	Active	Rome Fiumicino, Italy	
2111	53234	MD-82	I-DATR	(Alitalia)	Stored	Rome Fiumicino, Italy	
2113	53235	MD-82	I-DATS	Alitalia	Active	Rome Fiumicino, Italy	
2124	53479	MD-82	B-88888	(Far Eastern Air Transport)	Stored	Taipei, Taiwan	
2127	53480	MD-82	B-28035	(Far Eastern Air Transport)	Stored	Kaohsiung, Taiwan	
2145	53481	MD-82	S2-ADO	GMG Airlines	Active	Dhaka, Bangladesh	
2189	53577	MD-82	VP-CBH	Palmair LLC	Active	Coolangatta, Australia	
2204	53581	MD-82	VP-CBI	Palmair LLC	Active	Coolangatta, Australia	

Cross Reference

Registration	l/n	c/n	Registration	l/n	c/n	Registration	l/n	c/n	Registration	l/n	c/n
3D-ABV	1070	49119	B-2145	1981	49853	EC-HVC	1405	49569	HK-4395X	2107	53231
3D-GAA	1117	49165	B-2146	2010	53162	EC-JUF	2061	53168	HK-4399X	2108	53232
3D-MDJ	1003	48039	B-2147	2025	53163	EI-BTA	1270	49391	HK-4413	1978	53245
5N-BII	1309	49482	B-2148	2063	53169	EI-BTC	1279	49393	HK-4413X	1978	53245
5N-BKI	1309	49482	B-2149	2065	53170	EI-BTD	1285	49394	HL7203	2069	53147
9A-	1191	49209	B-2150	2067	53171	EI-BTY	1466	49667	HL7204	2072	53148
9A-CBC	1095	49143	B-2151	1959	49852	EI-BWB	1452	49661	HL7272	1201	49373
9A-CBD	1055	48095	B-2152	2041	53164	EI-CTE	1633	49517	HL7273	1208	49374
9A-CBF	1330	49221	B-28001	1908	53064	EI-CTF	1690	49521	HL7275	1271	49416
9A-CBG	1334	49430	B-28003	1925	53065	EI-CTJ	2069	53147	HL7276	1278	49417
9A-CBH	1319	49220	B-28005	1938	53066	EI-CTP	1482	49509	HL7282	1394	49418
9A-CDC	1068	49112	B-28011	1954	53118	EI-CTQ	1658	49519	HL7283	1403	49419
9A-CDD	1069	49113	B-28013	1956	53119	EI-CTV	1292	49501	HL7541	1201	49373
9A-CDE	1019	48066	B-28015	2061	53168	EI-CUF	1425	49507	HL7542	1208	49374
9Q-CIB	1285	49394	B-28017	2052	53166	EP-	1514	49510	HL7543	1271	49416
B-2101	1092	49140	B-28021	2056	53167	F-GPZC	1001	48019	HL7544	1278	49417
B-2102	1093	49141	B-28033	2189	53577	F-GPZD	1047	48059	HL7545	1394	49418
B-2103	1224	49355	B-28035	2127	53480	F-GPZE	1135	49115	HL7546	1403	49419
B-2105	1240	49425	B-540L	1633	49517	F-GPZF	1182	49164	HL7547	2069	53147
B-2105	1241	49428	B-542L	1658	49519	G-CEPA	1240	49425	HL7548	2072	53148
B-2106	1260	49415	B-88888	2124	53479	G-CEPB	1241	49428	HS-OMA	1318	49439
B-2107	1292	49501	B-88889	2127	53480	G-CEPC	1300	49502	HS-OMB	1322	49441
B-2108	1300	49502	B-88898	2145	53481	G-CEPD	1381	49505	HS-OMC	1297	49479
B-2109	1346	49503	B-88988	2189	53577	G-CEPE	1400	49506	HS-OMD	1316	49485
B-2120	1363	49504	B-88989	2204	53581	G-CEPF	1514	49510	HS-OME	1128	49182
B-2121	1381	49505	D-ALLS	1205	49379	G-CEPG	1548	49512	HS-OMG	1129	49183
B-2122	1400	49506	D-ALLT	1304	49440	G-CEPH	2010	53162	I-DACM	1755	49971
B-2123	1425	49507	EC-421	1452	49661	G-CEPI	2063	53169	I-DACN	1757	49972
B-2124	1449	49508	EC-495	1079	48022	G-CEPJ	2065	53170	I-DACP	1762	49973
B-2125	1482	49509	EC-793	1079	48022	G-CEPK	2067	53171	I-DACQ	1774	49974
B-2126	1514	49510	EC-893	1765	49900	HB-IKK	1151	49247	I-DACR	1775	49975
B-2127	1537	49511	EC-894	2042	53165	HB-IKL	1152	49248	I-DACS	1806	53053
B-2128	1548	49512	EC-994	1096	49144	HB-INA	1025	49100	I-DACT	1856	53054
B-2129	1568	49513	EC-EVY	1452	49661	HB-INB	1051	49101	I-DACU	1857	53055
B-2130	1589	49514	EC-EYP	1079	48022	HB-INN	997	48012	I-DACV	1880	53056
B-2131	1609	49515	EC-FGQ	1079	48022	HB-INO	1000	48013	I-DACW	1894	53057
B-2132	1622	49516	EC-FJQ	1765	49900	HB-INP	1013	48014	I-DACX	1944	53060
B-2133	1633	49517	EC-FMO	1096	49144	HB-INR	1181	49277	I-DACY	1942	53059
B-2134	1647	49518	EC-GCV	2042	53165	HB-INS	1250	49356	I-DACZ	1927	53058
B-2135	1658	49519	EC-GQZ	1458	49571	HB-INT	1251	49357	I-DAND	1957	53061
B-2136	1671	49520	EC-GTO	1440	49570	HB-INU	1294	49358	I-DANF	1960	53062
B-2137	1690	49521	EC-HFP	2072	53148	HB-INV	1349	49359	I-DANG	1972	53176
B-2138	1702	49522	EC-HFS	1633	49517	HB-INW	1405	49569	I-DANH	1973	53177
B-2139	1724	49523	EC-HFT	1690	49521	HB-INX	1440	49570	I-DANL	1994	53178
B-214	1240	49425	EC-HGJ	1658	49519	HB-INY	1458	49571	I-DANM	1997	53179
B-2140	1746	49524	EC-HHF	1482	49509	HB-IUH	1831	53150	I-DANP	2002	53180
B-2141	1772	49849	EC-HHP	1292	49501	HK-4305	1144	49237	I-DANQ	2005	53181
B-2142	1798	49850	EC-HJB	1425	49507	HK-4305X	1144	49237	I-DANR	2007	53203
B-2143	1807	49851	EC-HOV	1271	49416	HK-4374X	1315	49484	I-DANU	2009	53204

Registration	l/n	c/n	Registration	l/n	c/n	Registration	l/n	c/n	Registration	l/n	c/n
I-DANV	2028	53205	I-DAWF	1147	49200	LV-BHF	1449	49508	N14810	1171	49264
I-DANW	2034	53206	I-DAWG	1148	49201	LV-BNI	1260	49415	N14814	1068	49112
I-DATA	2048	53216	I-DAWH	1170	49202	LV-ZSU	1045	48020	N14816	1206	49370
I-DATB	2079	53221	I-DAWI	1130	49194	LZ-LDC	1268	49217	N14818	1293	49478
I-DATC	2080	53222	I-DAWJ	1174	49203	LZ-LDD	1274	49218	N14831	1360	49491
I-DATD	2081	53223	I-DAWL	1179	49204	LZ-LDF	1310	49219	N14839	1420	49635
I-DATE	2053	53217	I-DAWM	1184	49205	LZ-LDH	1831	53150	N14840	1369	49580
I-DATF	2084	53224	I-DAWO	1136	49195	LZ-LDK	1378	49432	N14871	1079	48022
I-DATG	2086	53225	I-DAWP	1188	49206	LZ-LDR	1181	49277	N14886	1020	48063
I-DATH	2087	53226	I-DAWQ	1189	49207	LZ-LDV	1405	49569	N14889	1065	49118
I-DATI	2060	53218	I-DAWR	1190	49208	LZ-LDY	1243	49213	N14890	1066	49114
I-DATJ	2103	53227	I-DAWS	1191	49209	N10033	1043	48083	N15820	1298	49480
I-DATK	2104	53228	I-DAWT	1192	49210	N10034	1012	48056	N15841	1384	49581
I-DATL	2105	53229	I-DAWU	1137	49196	N10035	1023	48057	N16545	1805	53027
I-DATM	2106	53230	I-DAWV	1202	49211	N10037	1066	49114	N16802	1139	49222
I-DATN	2107	53231	I-DAWW	1233	49212	N1003X	1028	48067	N16804	1146	49246
I-DATO	2062	53219	I-DAWY	1243	49213	N1003Y	1031	48068	N16806	1150	49260
I-DATP	2108	53232	I-DAWZ	1245	49214	N1003Z	1032	48069	N16807	1153	49261
I-DATQ	2110	53233	I-SMEB	1908	53064	N10046	1093	49141	N16808	1159	49262
I-DATR	2111	53234	I-SMEL	1151	49247	N1004D	1038	48089	N16813	1019	48066
I-DATS	2113	53235	I-SMEM	1152	49248	N1004F	1040	48090	N16815	1069	49113
I-DATU	2073	53220	I-SMEP	1618	49740	N1004G	1041	48091	N16887	1061	49116
I-DAVA	1253	49215	I-SMER	1766	49901	N1004L	1062	49110	N16892	1270	49391
I-DAVB	1262	49216	I-SMES	1948	49902	N1004N	1064	49111	N16894	1279	49393
I-DAVC	1268	49217	I-SMET	1362	49531	N1004S	1037	48088	N16895	1285	49394
I-DAVD	1274	49218	I-SMEV	1493	49669	N1004S	1092	49140	N17812	1186	49250
I-DAVF	1310	49219	I-SMEZ	1949	49903	N1004U	1076	49102	N18833	1364	49493
I-DAVG	1319	49220	JA8468	999	48070	N1004W	1079	48022	N18835	1318	49439
I-DAVH	1330	49221	JA8469	1004	48071	N1004Y	1201	49373	N189GE	1173	49189
I-DAVI	1334	49430	LN-RLE	1232	49382	N1005A	1083	49103	N19B	1035	48087
I-DAVJ	1377	49431	LN-RLF	1236	49383	N1005B	1085	49104	N19B	1442	49603
I-DAVK	1378	49432	LN-RLG	1283	49423	N1005G	1094	49142	N203AA	1097	49145
I-DAVL	1428	49433	LN-RLR	1345	49437	N1005J	1095	49143	N205AA	1103	49155
I-DAVM	1446	49434	LN-RMC	1625	49909	N1005N	1208	49374	N207AA	1106	49158
I-DAVN	1504	49435	LN-RMD	1402	49555	N1005S	1224	49355	N208AA	1107	49159
I-DAVP	1544	49549	LN-RML	1835	53002	N1005T	1240	49425	N210AA	1109	49161
I-DAVR	1584	49550	LN-RMM	1855	53005	N1005U	1241	49428	N214AA	1110	49162
I-DAVS	1586	49551	LN-RMO	1947	53315	N1005V	1086	49149	N215AA	1111	49163
I-DAVT	1597	49552	LN-RON	1979	53347	N10801	1082	49127	N216AA	1099	49167
I-DAVU	1600	49794	LN-ROO	1999	53366	N10834	1368	49494	N218AA	1100	49168
I-DAVV	1639	49795	LN-ROP	1237	49384	N127AN	1082	49127	N219AA	1112	49171
I-DAVW	1713	49796	LN-ROR	1244	49385	N12811	1185	49265	N221AA	1113	49172
I-DAVX	1719	49969	LN-ROS	1263	49421	N130NJ	1139	49222	N223AA	1114	49173
I-DAVZ	1737	49970	LN-ROT	1264	49422	N135NJ	1304	49440	N224AA	1115	49174
I-DAWA	1126	49192	LN-ROU	1284	49424	N137NJ	1140	49229	N225AA	1116	49175
I-DAWB	1138	49197	LN-ROW	1353	49438	N13891	1076	49102	N226AA	1120	49176
I-DAWC	1142	49198	LN-ROX	1442	49603	N140NJ	1754	49931	N227AA	1121	49177
I-DAWD	1143	49199	LN-ROY	1543	49615	N141NJ	1756	49932	N228AA	1122	49178
I-DAWE	1127	49193	LV-BEP	1082	49127	N14551	1822	53033	N232AA	1123	49179

McDonnell Douglas MD-82

Registration	l/n	c/n	Registration	l/n	c/n	Registration	l/n	c/n	Registration	l/n	c/n
N233AA	1124	49180	N309RC	1037	48088	N428AA	1329	49340	N479AC	1019	48066
N234AA	1125	49181	N311JT	1038	48089	N429AA	1336	49341	N480AA	1536	49655
N236AA	1154	49251	N311RC	1038	48089	N430AA	1337	49342	N480AC	1068	49112
N237AA	1155	49253	N312RC	1040	48090	N431AA	1339	49343	N480CT	1032	48069
N241AA	1156	49254	N313RC	1041	48091	N432AA	1376	49350	N481AA	1545	49656
N242AA	1157	49255	N314RC	1062	49110	N434AG	1446	49434	N481AC	1069	49113
N244AA	1158	49256	N322FV	1458	49571	N440AA	1407	49459	N481JC	1956	53119
N245AA	1160	49257	N33414	1290	49325	N441AA	1408	49460	N482AA	1546	49675
N246AA	1161	49258	N33502	1649	49739	N442AA	1409	49468	N483A	1550	49676
N248AA	1162	49259	N33805	1149	49249	N443AA	1410	49469	N484AA	1551	49677
N249AA	1164	49269	N33817	1207	49371	N44503	1650	49797	N485AA	1555	49678
N251AA	1165	49270	N34838	1419	49634	N445AA	1418	49471	N486AA	1557	49679
N253AA	1175	49286	N3507A	1661	49801	N446AA	1426	49472	N486SH	1317	49486
N255AA	1176	49287	N3515	1695	49892	N447AA	1427	49473	N487AA	1558	49680
N258AA	1187	49288	N35832	1361	49492	N448AA	1431	49474	N488AA	1560	49681
N259AA	1193	49289	N35836	1322	49441	N449AA	1432	49475	N489AA	1562	49682
N262AA	1195	49290	N35888	1063	49117	N450AA	1439	49476	N490AA	1563	49683
N266AA	1210	49291	N374GE	1208	49374	N451AA	1441	49477	N491AA	1564	49684
N269AA	1211	49292	N382JT	1062	49110	N452AA	1450	49553	N491SH	1087	49150
N271AA	1212	49293	N400AA	1248	49311	N453AA	1451	49558	N492AA	1565	49730
N274AA	1166	49271	N402A	1255	49313	N454AA	1460	49559	N493AA	1566	49731
N275AA	1167	49272	N403A	1256	49314	N455AA	1462	49560	N493AP	1201	49373
N276AA	1168	49273	N405A	1258	49316	N456AA	1474	49561	N494AA	1567	49732
N278AA	1213	49294	N406A	1259	49317	N457AA	1475	49562	N495AA	1607	49733
N279AA	1214	49295	N406NV	1765	49900	N458AA	1485	49563	N496AA	1619	49734
N28005	1938	53066	N407AA	1265	49318	N459AA	1486	49564	N497AA	1635	49735
N283AA	1215	49296	N408AA	1266	49319	N460AA	1496	49565	N498AA	1640	49736
N285AA	1216	49297	N408NV	1918	53246	N461AA	1497	49566	N499AA	1641	49737
N286AA	1217	49298	N409AA	1267	49320	N462AA	1505	49592	N500TR	1096	49144
N287AA	1218	49299	N410AA	1273	49321	N463AA	1506	49593	N501AA	1648	49738
N288AA	1219	49300	N411AA	1280	49322	N464AA	1507	49594	N501AM	1172	49188
N289AA	1220	49301	N411NV	1978	53245	N465A	1509	49595	N501MD	1086	49149
N290AA	1221	49302	N412AA	1281	49323	N466AA	1510	49596	N505AA	1652	49799
N291AA	1222	49303	N413AA	1289	49324	N467AA	1511	49597	N505MD	1086	49149
N292AA	1223	49304	N415AA	1295	49326	N468AA	1513	49598	N510AM	1669	49804
N293AA	1226	49305	N416AA	1296	49327	N469AA	1515	49599	N511JZ	1537	49511
N294AA	1227	49306	N417AA	1301	49328	N470AA	1516	49600	N513AA	1686	49890
N295AA	1228	49307	N417GE	1278	49417	N471AA	1518	49601	N513HC	1568	49513
N296AA	1229	49308	N418AA	1302	49329	N472AA	1520	49647	N515HC	1609	49515
N297AA	1246	49309	N418GE	1394	49418	N473AA	1521	49648	N516AM	1696	49893
N298AA	1247	49310	N419AA	1306	49331	N474	1526	49649	N531MD	1051	49101
N3010C	1949	49903	N419GE	1403	49419	N475AA	1527	49650	N549AG	1544	49549
N301RC	996	48054	N419MT	1403	49419	N476AA	1528	49651	N551AG	1586	49551
N302RC	1007	48055	N420AA	1307	49332	N477AA	1529	49652	N552AA	1826	53034
N304RC	1012	48056	N422AA	1312	49334	N477AC	1015	48062	N553AA	1828	53083
N306RC	1023	48057	N423AA	1320	49335	N477AC	1015	48062	N554AA	1830	53084
N307JT	1029	48086	N424AA	1321	49336	N478AA	1534	49653	N555AN	1839	53085
N307RC	1029	48086	N426AA	1327	49338	N478AC	1020	48063	N556AA	1840	53086
N309JT	1037	48088	N427AA	1328	49339	N479AA	1535	49654	N557AN	1841	53087

Registration	l/n	c/n	Registration	l/n	c/n	Registration	l/n	c/n	Registration	l/n	c/n
N558AA	1852	53088	N70404	1257	49315	N76823	1314	49483	N815NK	1260	49415
N559AA	1853	53089	N70425	1325	49337	N772BC	2107	53231	N815NY	1069	49113
N560AA	1858	53090	N70504	1651	49798	N77421	1311	49333	N815US	1055	48095
N561AA	1863	53091	N70524	1729	49916	N77827	1335	49487	N816NK	1092	49140
N570SH	1139	49222	N70529	1752	49921	N778JA	1022	48080	N816NY	1206	49370
N573AA	1864	53092	N71828	1350	49488	N779JA	1016	48079	N816US	1057	48096
N574AA	1866	53151	N72821	1308	49481	N780JA	1080	49126	N817NK	1093	49141
N575AM	1875	53152	N72822	1309	49482	N781JA	1064	49111	N817NY	1207	49371
N576AA	1876	53153	N72824	1315	49484	N782JA	1083	49103	N817US	1059	48097
N577AA	1878	53154	N72825	1316	49485	N783JA	1085	49104	N818NY	1293	49478
N57837	1411	49582	N72829	1351	49489	N784JA	1287	49386	N818US	1060	48098
N578AA	1883	53155	N72830	1352	49490	N785JA	1207	49371	N819NY	1297	49479
N579AA	1884	53156	N73444	1417	49470	N785JA	1288	49387	N820NK	1080	49126
N580AA	1885	53157	N7506	1660	49800	N786JA	1399	49426	N820NY	1298	49480
N581AA	1891	53158	N7508	1662	49802	N787JA	1401	49427	N820US	1070	49119
N582AA	1892	53159	N7509	1663	49803	N794AG	1600	49794	N821JT	1041	48091
N583AA	1893	53160	N750AG	2189	53577	N796AG	1713	49796	N821NK	1449	49508
N584AA	1902	53247	N7512A	1673	49806	N800NK	1096	49144	N821RA	1754	49931
N585AA	1903	53248	N7514A	1694	49891	N801NY	1082	49127	N821US	1090	49138
N586AA	1904	53249	N7517A	1697	49894	N802NK	2061	53168	N822RA	1756	49932
N587AA	1907	53250	N7518A	1698	49895	N802NY	1139	49222	N822US	1091	49139
N588AA	1909	53251	N7519A	1707	49896	N803NK	1035	48087	N823NK	1045	48020
N589AA	1910	53252	N7520A	1708	49897	N803NY	1140	49229	N823RA	1761	49889
N590AA	1919	53253	N7521A	1709	49898	N803VV	1035	48087	N823US	1094	49142
N591AA	1920	53254	N7522A	1722	49899	N804NK	1085	49104	N824RA	1797	53017
N592AA	1932	53255	N7525A	1735	49917	N804NY	1146	49246	N824US	1095	49143
N593AA	1933	53256	N7526A	1743	49918	N805NY	1149	49249	N825US	1144	49237
N594AA	1966	53284	N7527A	1744	49919	N805RA	1035	48087	N826NK	1270	49391
N59523	1723	49915	N7528A	1750	49920	N806NY	1150	49260	N829NK	1754	49931
N595AA	1989	53285	N7530	1753	49922	N8071B	1452	49661	N829US	1242	49429
N602CA	1260	49415	N7531A	1758	49923	N807NY	1153	49261	N830NK	1756	49932
N603CA	1449	49508	N7532A	1759	49924	N807US	1003	48039	N830US	1291	49443
N619DB	1088	49151	N7533A	1760	49987	N808ME	999	48070	N831US	2010	53162
N6200N	1278	49417	N7534A	1768	49988	N808NK	1363	49504	N832AU	2025	53163
N6200N	1314	49483	N7535A	1769	49989	N808NY	1159	49262	N833AU	2041	53164
N6200N	1318	49439	N7536A	1770	49990	N809ME	1004	48071	N834AU	2042	53165
N6200N	1456	49604	N7537A	1780	49991	N809ML	1754	49931	N835AU	2052	53166
N6202D	1322	49441	N7538A	1781	49992	N809NK	1346	49503	N836AU	2056	53167
N6202D	1765	49900	N7539A	1782	49993	N809NY	1163	49263	N837AU	2061	53168
N6202S	1766	49901	N7540A	1790	49994	N80UA	1079	48022	N83870	1012	48056
N6202S	1954	53118	N7541A	1791	49995	N810ML	1756	49932	N83873	1072	49121
N6203D	1908	53064	N7542A	1792	49996	N810NY	1171	49264	N838AU	2063	53169
N6203D	1956	53119	N7543A	1802	53025	N811ML	1761	49889	N839AU	2065	53170
N6203D	2204	53581	N7544A	1804	53026	N811NY	1185	49265	N840AU	2067	53171
N6204N	1285	49394	N7546A	1813	53028	N812ML	1797	53017	N840RA	1284	49424
N66480	1765	49900	N7547A	1814	53029	N812NK	1078	48021	N841RA	1263	49421
N69803	1140	49229	N7548A	1816	53030	N812NY	1186	49250	N842RA	1456	49604
N69826	1317	49486	N7549A	1819	53031	N813NY	1019	48066	N843RA	1543	49615
N70401	1249	49312	N7550	1820	53032	N814NY	1068	49112	N844RA	1283	49423

Registration	l/n	c/n	Registration	l/n	c/n	Registration	l/n	c/n	Registration	l/n	c/n
N867AC	1028	48067	N934MC	1073	49122	N9804F	1066	49114	PK-LMM	1032	48069
N886GA	1754	49931	N935MC	1074	49125	N9805F	1076	49102	PK-LMN	1173	49189
N887GA	1756	49932	N936MC	1323	49444	N9806F	1323	49444	PK-LMO	1201	49373
N890GA	1207	49371	N937MC	1324	49450	N9807F	1324	49450	PK-LMP	1063	49117
N891GA	1283	49423	N93875	1074	49125	N98876	1323	49444	PK-LMQ	1076	49102
N895GA	1466	49667	N93EV	1279	49393	N991PG	1016	48079	PK-LMR	1061	49116
N90125	1979	53347	N940AS	1577	49825	N992PG	1140	49229	PK-LMS	1066	49114
N9012J	2113	53235	N940PS	1055	48095	OE-LDU	1001	48019	PK-LMT	1065	49118
N9012S	1925	53065	N941AS	1616	49925	OE-LDV	1045	48020	PK-LMU	1242	49429
N9012S	2124	53479	N941PS	1057	48096	OE-LDW	1047	48059	PK-LMV	1180	49190
N901TW	1098	49166	N942PS	1059	48097	OE-LDX	1078	48021	PK-LMW	1291	49443
N902TW	1101	49153	N943PS	1060	48098	OE-LDY	1135	49115	PK-LMY	1186	49250
N903TW	1102	49154	N944AM	1304	49440	OE-LDZ	1182	49164	PK-OCT	1761	49889
N904TW	1104	49156	N944PS	1070	49119	OE-LMB	1230	49279	PK-OCU	1797	53017
N90511	1672	49805	N946PS	1091	49139	OE-LOG	1349	49359	PK-WIF	1308	49481
N905TA	1767	49905	N947PS	1094	49142	OE-LYM	1079	48022	PK-WIG	1351	49489
N905TW	1105	49157	N948PS	1095	49143	OH-LMK	1978	53245	PK-WIH	1411	49582
N906TW	1108	49160	N949PS	1144	49237	OH-LMN	1087	49150	PK-WII	1163	49263
N907TW	1117	49165	N94EV	1285	49394	OH-LMO	1088	49151	PK-WIL	1043	48083
N908TW	1118	49169	N950U	1141	49230	OH-LMP	1089	49152	PP-CJM	1086	49149
N909TW	1119	49170	N951AS	1064	49111	OH-LMT	1594	49877	PZ-TCL	1323	49444
N911TW	1128	49182	N951PS	1242	49429	OH-LMW	1767	49905	RP-C2986	1314	49483
N912TW	1129	49183	N951U	1145	49245	OH-LMY	1901	53244	S2-ADM	2069	53147
N913TW	1131	49184	N952PS	1291	49443	OH-LMZ	1918	53246	S2-ADO	2145	53481
N914TW	1132	49185	N952U	1238	49266	OH-LPA	1765	49900	S5-ABB	1035	48087
N915TW	1133	49186	N953AS	1287	49386	OY-KGZ	1231	49381	S5-ABC	1205	49379
N916TW	1134	49187	N953U	1239	49267	OY-KHC	1303	49436	S5-ABD	1304	49440
N917TW	1196	49366	N954AS	1288	49387	OY-KHE	1456	49604	S5-ACC	1055	48095
N918TW	1197	49367	N954PS	1090	49138	OY-KHG	1519	49613	S5-ACD	1095	49143
N919TW	1198	49368	N954U	1399	49426	OY-KHM	1693	49914	S5-ACY	1514	49510
N920TW	1199	49369	N955AS	1022	48080	PH-MBZ	1096	49144	S5-ACZ	2010	53162
N921TW	1051	49101	N955U	1401	49427	PH-MCD	1079	48022	S7-ASK	2145	53481
N922TW	1000	48013	N956AS	1016	48079	PH-SEZ	1949	49903	SE-DFR	1264	49422
N923TW	1205	49379	N956U	1478	49701	PJ-MDB	1078	48021	SE-DFS	1237	49384
N924TW	1025	49100	N957AS	1080	49126	PJ-SEF	1075	49123	SE-DFT	1244	49385
N925TW	1251	49357	N957U	1479	49702	PJ-SEG	1077	49124	SE-DFU	1263	49421
N926TW	1250	49356	N958U	1489	49703	PJ-SEH	1452	49661	SE-DFV	1264	49422
N927TW	1294	49358	N959U	1490	49704	PK-ALH	1019	48066	SE-DFX	1284	49424
N92874	1073	49122	N960TW	1177	49231	PK-ALI	1068	49112	SE-DFY	1353	49438
N928TW	997	48012	N966AS	1085	49104	PK-IMC	1069	49113	SE-DIA	1442	49603
N929TW	1013	48014	N967AS	1083	49103	PK-IMD	1068	49112	SE-DID	1543	49615
N930AS	1177	49231	N969AG	1719	49969	PK-IME	1019	48066	SE-DII	1625	49909
N930MC	1012	48056	N970AG	1737	49970	PK-LMD	1069	49113	SE-DIK	1553	49728
N931JT	1023	48057	N971AG	1755	49971	PK-LME	2145	53481	SE-DIL	1665	49913
N931MC	1023	48057	N972AG	1757	49972	PK-LMF	2069	53147	SE-DIN	1803	49999
N931PS	1003	48039	N977PG	1594	49877	PK-LMG	1278	49417	SE-DIR	1846	53004
N932AS	1203	49233	N9801F	1061	49116	PK-LMH	1403	49419	SE-DIS	1869	53006
N932RD	1203	49233	N9802F	1063	49117	PK-LMJ	1159	49262	SE-DMD	1979	53347
N933MC	1072	49121	N9803F	1065	49118	PK-LML	1043	48083	SE-DME	1999	53366

Registration	l/n	c/n	Registration	l/n	c/n
SE-RBE	1089	49152	YR-MDM	1070	49119
SE-RDR	1088	49151	YR-MDR	1059	48097
SE-RFB	1918	53246	YR-MDS	1060	48098
SE-RFC	1765	49900	YR-MDT	1440	49570
SE-RFD	1901	53244	YU-ANC	1035	48087
SL-ABB	1035	48087	YU-ANG	1205	49379
SL-ABC	1205	49379	YU-ANO	1304	49440
SL-ABD	1304	49440	YV-02C	1028	48067
SU-DAK	1452	49661	YV-04C	1083	49103
SX-BBW	1035	48087	YV-05C	1279	49393
SX-BMP	1230	49279	YV-06C	1285	49394
TC-FLO	1831	53150	YV131T	1028	48067
TC-MNO	1090	49138	YV132T	1083	49103
TC-MNP	1094	49142	YV133T	1279	49393
TC-MNR	1059	48097	YV134T	1285	49394
TC-MNS	1060	48098	YV153T	1317	49486
TC-MNT	1057	48096	Z3-AAD	1201	49373
TC-TTA	1057	48096	ZA-ARB	1055	48095
TC-TTB	1096	49144	ZA-ARB	1260	49415
TC-TUA	1090	49138	ZA-ARD	1085	49104
TF-JXA	1402	49555	ZS-	1130	49194
TF-JXB	1625	49909	ZS-	1136	49195
TI-BBH	1317	49486	ZS-	1143	49199
UR-CBN	1352	49490	ZS-	1147	49200
UR-CBO	1314	49483	ZS-	1148	49201
UR-CDI	1230	49279	ZS-	1170	49202
UR-CDM	1956	53119	ZS-	1174	49203
UR-CEW	1419	49634	ZS-	1179	49204
UR-CFE	1139	49222	ZS-	1184	49205
UR-CFG	1206	49370	ZS-	1188	49206
VH-LNJ	1236	49383	ZS-	1189	49207
VH-LNK	1283	49423	ZS-	1192	49210
VH-LNL	1345	49437	ZS-	1202	49211
VP-CBH	2189	53577	ZS-	1428	49433
VP-CBI	2204	53581	ZS-OBF	1001	48019
XA-AMO	1172	49188	ZS-OBG	1045	48020
XA-AMP	1173	49189	ZS-OBH	1047	48059
XA-AMQ	1180	49190	ZS-OBK	1135	49115
XA-MRM	1938	53066	ZS-OBK	1135	49115
XA-SFK	1031	48068	ZS-OBL	1182	49164
XA-SFL	1032	48069	ZS-TIC	1203	49233
XA-SFM	1086	49149	ZS-TRD	1079	48022
XA-TLH	1956	53119	ZS-TRE	1288	49387
XA-TRD	1016	48079	ZS-TRF	1304	49440
XA-TUP	1594	49877			
XA-TYB	1140	49229			
YA-KMF	1490	49704			
YR-MDK	1091	49139			
YR-MDL	1016	48079			

McDonnell Douglas MD-83

Production Started:	1980
Production Ended:	1999
Number Built:	276
Active:	208
Preserved:	0
WFU, Stored & In Parts:	61
Written Off:	4
Scrapped:	3

Location Summary

Location	Count
Argentina	14
Austria	1
Bangladesh	2
Bulgaria	2
Cambodia	1
Colombia	17
Costa Rica	1
Croatia	2
Egypt	1
France	6
Greece	3
Iceland	1
Indonesia	1
Iran	4
Italy	8
Jordan	3
Mexico	2
Netherlands Antilles	1
Nigeria	5
Poland	1
Romania	2
Slovenia	1
South Africa	4
Spain	9
Sudan	2
Sweden	4
Taiwan	4
Turkey	7
Ukraine	4
USA - AR	1
USA - AZ	18
USA - CA	18
USA - DC	3
USA - FL	2
USA - KS	1
USA - NM	2
USA - NV	25
USA - OK	2
USA - TX	82
Venezuela	1

l/n	c/n	Model	Registration	Owner/Operator	Status	Location	Notes
1169	49252	MD-83	LV-ARF	Austral Lineas Aereas	Active	Buenos Aires Aeroparque, Argentina	
1178	49232	MD-83	N931AS	(Alaska Airlines)	Stored	Victorville, CA	
1204	49234	MD-83	N933AS	(Alaska Airlines)	WFU & Stored	Bucharest Baneasa, Romania	
1209	49284	MD-83	LV-BAY	Austral Lineas Aereas	Active	Buenos Aires Aeroparque, Argentina	
1234	49235	MD-82	N934AS	(Alaska Airlines)	Stored	Mojave, CA	
1235	49236	MD-82	N935AS	(Alaska Airlines)	WFU & Stored	Goodyear, AZ	
1261	49402	MD-83	N314FV	-	Scrapped	Goodyear, AZ	
1269	49390	MD-83	UR-CEL	PMT Air / Wind Rose Aviation Company	Active	Kiev Borispol, Ukraine	
1272	49392	MD-83	YV253T	(Aeropostal)	Stored	Barranquilla, Colombia	
1275	49363	MD-83	N936AS	(Continental Air Lines)	WFU & Stored	Mojave, CA	
1276	49364	MD-83	UR-WRB	Wind Rose Aviation	Active	Kiev Borispol, Ukraine	
1277	49365	MD-83	N938AS	(Continental Air Lines)	WFU & Stored	Walnut Ridge, AR	
1286	49395	MD-83	XU-U4E	(PMT Air)	Stored	Siam Reap, Cambodia	
1305	49396	MD-83	EC-GNY	Spanair	Active	Madrid Barajas, Spain	
1313	49448	MD-83	OE-IKB	MAP Executive Flightservice / Centralwings	Active	Warsaw, Poland	
1331	49397	MD-83	N838AM	Aeromexico	Active	Mexico City	
1332	49398	MD-83	F-GMLU	Blue Line	Active	Paris CDG, France	
1340	49525	MD-83	N938MC	(Continental Air Lines)	WFU & Stored	Mojave, CA	
1342	49526	MD-83	EC-JQV	Swiftair	Active	Madrid Barajas, Spain	
1343	49399	MD-83	N316FV	-	Scrapped	Goodyear, AZ	
1354	49449	MD-83	PJ-MDA	Insel Air	Active	Curacao, Netherlands Antilles	
1356	49400	MD-83	N9407R	American Airlines	Active	Dallas Ft. Worth, TX	
1357	49401	MD-83	N884GA	Allegiant Air	Active	Las Vegas McCarran, NV	
1358	49442	MD-83	N494AP	(Avioimpex)	WFU & Stored	Goodyear, AZ	
1367	49567	MD-83	UR-	Wind Rose Aviation	Stored	Tucson, AZ	
1370	49344	MD-83	N562AA	American Airlines	Active	Dallas Ft. Worth, TX	
1371	49345	MD-83	N563AA	American Airlines	Active	Dallas Ft. Worth, TX	
1372	49346	MD-83	N564AA	American Airlines	Active	Dallas Ft. Worth, TX	
1373	49347	MD-83	N565AA	American Airlines	Active	Dallas Ft. Worth, TX	
1374	49348	MD-83	N566AA	American Airlines	Active	Dallas Ft. Worth, TX	
1375	49349	MD-83	N568AA	American Airlines	Active	Dallas Ft. Worth, TX	
1379	49554	MD-83	N868GA	(Allegiant Air)	Stored	Mesa, AZ	
1380	49568	MD-83	N963PG	(FlyExcellent)	Stored	San Jose, Costa Rica	
1382	49527	MD-83	N931TW	American Airlines	Active	Dallas Ft. Worth, TX	
1383	49528	MD-83	N9302B	American Airlines	Active	Dallas Ft. Worth, TX	
1385	49351	MD-83	N569AA	American Airlines	Active	Dallas Ft. Worth, TX	
1386	49352	MD-83	N570AA	American Airlines	Active	Dallas Ft. Worth, TX	
1387	49353	MD-83	N571AA	American Airlines	Active	Dallas Ft. Worth, TX	
1388	49451	MD-83	N433AA	American Airlines	Active	Dallas Ft. Worth, TX	
1389	49452	MD-83	N434AA	American Airlines	Active	Dallas Ft. Worth, TX	
1390	49453	MD-83	N435AA	American Airlines	Active	Dallas Ft. Worth, TX	
1391	49454	MD-83	N436AA	American Airlines	Active	Dallas Ft. Worth, TX	
1392	49455	MD-83	N437AA	American Airlines	Active	Dallas Ft. Worth, TX	
1393	49456	MD-83	N438AA	American Airlines	Active	Dallas Ft. Worth, TX	
1396	49529	MD-83	N9303K	-	Scrapped	Roswell, NM	
1397	49530	MD-83	N9304C	American Airlines	Active	Dallas Ft. Worth, TX	
1398	49457	MD-83	N439AA	American Airlines	Active	Dallas Ft. Worth, TX	
1406	49458	MD-83	N572AA	American Airlines	Active	Dallas Ft. Worth, TX	

l/n	c/n	Model	Registration	Owner/Operator	Status	Location	Notes
1413	49574	MD-83	SE-RDV	Norwegian Air Shuttle	Active	Stockholm Arlanda, Sweden	
1414	49575	MD-83	N948TW	American Airlines	Active	Dallas Ft. Worth, TX	
1415	49556	MD-83	N862GA	Allegiant Air	Active	Las Vegas McCarran, NV	
1421	49642	MD-83	EC-GVO	Spanair	Active	Madrid Barajas, Spain	
1422	49576	MD-83	F-GHED	(Air Liberte)	WFU & Stored	Paris Orly, France	
1423	49643	MD-83	N874GA	Allegiant Air	Active	Las Vegas McCarran, NV	
1429	49662	MD-83	N589BC	(Nordic Airways)	Stored	Victorville, CA	
1435	49602	MD-83	9A-CDA	Dubrovnik Airlines	Active	Dubrovnik, Croatia	
1436	49557	MD-83	N861GA	Allegiant Air	Active	Las Vegas McCarran, NV	
1437	49663	MD-83	N9307R	(American Airlines)	Stored	Roswell, NM	
1438	49659	MD-83	N583MD	Aeromexico	Active	Mexico City	
1445	49660	MD-83	N894GA	Allegiant Air	Active	Las Vegas McCarran, NV	
1454	49577	MD-83	EC-GQG	Spanair	Active	Madrid Barajas, Spain	
1455	49578	MD-83	N65858	(Spanair)	Stored	Marana, AZ	
1459	49657	MD-83	N939AS	(American Airlines)	Stored	Roswell, NM	
1461	49658	MD-83	N873GA	Allegiant Air	Active	Las Vegas McCarran, NV	
1464	49617	MD-83	ZS-OPZ	1Time	Active	Johannesburg, South Africa	
1465	49579	MD-83	EC-GOM	Spanair	Active	Madrid Barajas, Spain	
1467	49668	MD-83	N668SH	(EuroAir)	Stored	Tucson, AZ	
1468	49572	MD-83	UR-CHS	Bukovyna Aviation Enterprise / Kish Air	Active	Tehran Mehrabad, Iran	
1483	49619	MD-83	EC-KCX	(Swiftair)	Stored	Istanbul Ataturk, Turkey	
1484	49620	MD-83	EC-HNC	(Spanair)	Stored	Marana, AZ	
1487	49707	MD-83	ZS-TRI	1Time	Active	Johannesburg, South Africa	
1494	49672	MD-83	F-GMLK	Blue Line	Active	Paris CDG, France	
1495	49621	MD-83	EC-FTS	Spanair	Active	Madrid Barajas, Spain	
1498	49622	MD-83	EC-GXU	Spanair	Active	Madrid Barajas, Spain	
1499	49623	MD-83	N405NV	Allegiant Air	Active	Las Vegas McCarran, NV	
1502	49624	MD-83	EC-HKP	(Spanair)	Stored	Marana, AZ	
1503	49625	MD-83	N880GA	Allegiant Air	Active	Las Vegas McCarran, NV	
1538	49626	MD-83	N626MD	-	Stored	Marana, AZ	
1539	49822	MD-83	YV130T	Aeropostal	Active	Caracas, Venezuela	
1540	49823	MD-83	F-GMLX	Blue Line	Active	Paris CDG, France	
1542	49709	MD-83	EC-GAT	(Spanair)	Stored	Marana, AZ	
1547	49710	MD-83	N883GA	Allegiant Air	Active	Las Vegas McCarran, NV	
1554	49824	MD-83	N9420D	American Airlines	Active	Dallas Ft. Worth, TX	
1559	49769	MD-83	UR-CDP	Khors Aircompany / Kish Air	Active	Tehran Mehrabad, Iran	
1561	49708	MD-83	N881GA	Allegiant Air	Active	Las Vegas McCarran, NV	
1573	49845	MD-83	UR-CFF	UM Air	Active	Kiev Borispol, Ukraine	
1578	49826	MD-83	N892GA	Allegiant Air	Active	Reno, NV	
1579	49844	MD-83	UR-CHR	Bukovyna Aviation Enterprise / Kish Air	Active	Tehran Mehrabad, Iran	
1580	49627	MD-83	TF-JXC	(JetX)	Stored	Stockholm Arlanda, Sweden	
1581	49846	MD-83	N953PG	(FlyExcellent)	Stored	Stockholm Arlanda, Sweden	
1582	49628	MD-83	SU-BME	Air Memphis / Sudan Airways	Active	Khartoum, Sudan	
1583	49629	MD-83	OE-LRW	MAP Executive Flightservice / Centralwings	Active	Vienna, Austria	
1585	49847	MD-83	EC-JUG	Swiftair	Active	Madrid Barajas, Spain	
1591	49630	MD-83	LV-BEG	Austral Lineas Aereas	Active	Buenos Aires Aeroparque, Argentina	
1592	49848	MD-83	N848SH	(EuroAir)	Stored	Athens International, Greece	
1596	49631	MD-83	SE-RDI	Viking Airlines	Active	Heraklion, Crete, Greece	

McDonnell Douglas MD-83 — Out Of Production List: Western Jet Airliners

l/n	c/n	Model	Registration	Owner/Operator	Status	Location	Notes
1601	49854	MD-83	EI-CRE	Meridiana	Active	Olbia, Italy	
1603	49632	MD-83	N632CT	Avianca	Active	Bogota, Colombia	
1611	49618	MD-83	N832NK	(Spirit Airlines)	Stored	Ft. Lauderdale, FL	
1627	49784	MD-83	LV-WGM	Austral Lineas Aereas	Active	Buenos Aires Aeroparque, Argentina	
1628	49785	MD-83	5N-	Afrijet Airlines	Active	Lagos, Nigeria	
1630	49741	MD-83	LV-BHH	Austral Lineas Aereas	Active	Buenos Aires Aeroparque, Argentina	
1631	49786	MD-83	N860GA	Allegiant Air	Active	Las Vegas McCarran, NV	
1636	49787	MD-83	N110HM	American Airlines	Active	Dallas Ft. Worth, TX	
1637	49788	MD-83	PK-LMK	Lion Airlines	Active	Jakarta CGK, Indonesia	
1638	49910	MD-83	N866GA	Allegiant Air	Active	Las Vegas McCarran, NV	
1642	49789	MD-83	N789BV	-	Stored	Tucson, AZ	
1643	49790	MD-83	G-FLTL	(Flightline)	Stored	Istanbul Ataturk, Turkey	For United Airways, S2-
1644	49791	MD-83	EC-GGV	(Spanair)	Stored	Marana, AZ	
1653	49911	MD-83	N863GA	Allegiant Air	Active	Las Vegas McCarran, NV	
1655	49792	MD-83	EI-CKM	Meridiana	Active	Olbia, Italy	
1656	49793	MD-83	EC-JJS	Swiftair / United Nations	Active	Khartoum, Sudan	
1659	49912	MD-83	N864GA	Allegiant Air	Active	Las Vegas McCarran, NV	
1668	49968	MD-83	HK-4315	AeroRepublica	Active	Bogota, Colombia	
1675	49856	MD-83	SX-BTG	Sky Wings / MCA Airlines	Active	Heraklion, Greece	
1680	49904	MD-83	LV-BGV	Austral Lineas Aereas	Active	Buenos Aires Aeroparque, Argentina	
1687	49857	MD-83	SX-BTF	Sky Wings / Sham Wings	Active	Amman, Jordan	
1704	53050	MD-83	N530AW	(One-Two-Go)	Stored	Marana, AZ	
1718	53051	MD-83	N893GA	Allegiant Air	Active	Las Vegas McCarran, NV	
1720	49930	MD-83	LZ-LDZ	Bulgarian Air Charter	Active	Sofia, Bulgaria	
1728	49855	MD-83	5N-BKO	Afrijet Airlines	Active	Lagos, Nigeria	
1731	53052	MD-83	N751LF	-	Stored	Miami, FL	For Caribbean Sun Airlines
1736	53012	MD-83	ZS-OPX	1Time	Active	Johannesburg, South Africa	
1738	53013	MD-83	I-SMEN	Meridiana	Active	Olbia, Italy	
1740	53014	MD-83	F-GMLI	Blue Line	Active	Paris CDG, France	
1764	49934	MD-83	LV-WGN	Austral Lineas Aereas	Active	Buenos Aires Aeroparque, Argentina	
1773	49935	MD-83	EI-CRH	Meridiana	Active	Olbia, Italy	
1776	53044	MD-83	S2-ADP	GMG Airlines	Active	Dhaka, Bangladesh	
1777	53045	MD-83	N836NK	(Aeropostal)	Stored	Tucson, AZ	
1778	49936	MD-83	N936MD	-	Stored	Keflavik, Iceland	
1779	53018	MD-83	5N-SAI	Dana Air	Active	Lagos, Nigeria	
1783	53019	MD-83	5N-RAM	Dana Air	Active	Lagos, Nigeria	
1784	49937	MD-83	YR-	JetranAir	Active	Bucharest Otopeni, Romania	
1785	49938	MD-83	EC-FXA	(Spanair)	Stored	Marana, AZ	
1786	49906	MD-83	LV-BGZ	Austral Lineas Aereas	Active	Buenos Aires Aeroparque, Argentina	
1787	49939	MD-83	EI-CBR	(Avianca)	Stored	Marana, AZ	
1788	49940	MD-83	VP-BGI	-	Written Off	Cali, Colombia	
1789	53020	MD-83	5N-SRI	Dana Air	Active	Lagos, Nigeria	
1793	49941	MD-83	LV-BDO	Austral Lineas Aereas	Active	Buenos Aires Aeroparque, Argentina	
1794	53046	MD-83	N836RA	Avianca	Active	Bogota, Colombia	
1799	49942	MD-83	EI-CBS	Avianca / SAM Colombia	Active	Bogota, Colombia	
1800	49998	MD-83	N865GA	Allegiant Air	Active	Las Vegas McCarran, NV	
1801	53021	MD-83	N948AS	(Alaska Airlines)	Stored	Victorville, CA	
1809	53022	MD-83	N949AS	(Alaska Airlines)	Stored	Victorville, CA	

l/n	c/n	Model	Registration	Owner/Operator	Status	Location	Notes
1817	53149	MD-83	LZ-LDG	Bulgarian Air Charter	Active	Sofia, Bulgaria	
1818	53015	MD-83	LV-AYD	Austral Lineas Aereas	Active	Buenos Aires Aeroparque, Argentina	
1821	53023	MD-83	N950AS	JPATS	Active	Oklahoma City, OK	
1825	53024	MD-83	N958AS	(Alaska Airlines)	Stored	Victorville, CA	
1829	49807	MD-83	B-28007	(Far Eastern Air Transport)	Stored	Taipei, Taiwan	
1836	49808	MD-83	I-SMEC	Meridiana	Active	Olbia, Italy	
1837	49933	MD-83	JY-JRC	Royal Falcon Air Services	Active	Amman, Jordan	
1838	49985	MD-83	RP-C8018	Transglobal Airways / Best Aviation	Active	Dhaka, Bangladesh	
1842	49986	MD-83	9A-CDB	Dubrovnik Airline	Active	Dubrovnik, Croatia	
1843	49809	MD-83	SX-IFA	(GainJet)	Stored	Perpignan, France	
1847	53198	MD-83	EC-GOU	(Spanair)	Stored	Marana, AZ	
1850	53016	MD-83	N968AS	(Alaska Airlines)	Stored	Madrid Barajas, Spain	For Dana Air
1851	53063	MD-83	N969AS	Ryan International Airlines / JPATS	Active	Washington DC	
1872	53137	MD-83	N9401W	American Airlines	Active	Dallas Ft. Worth, TX	
1886	53138	MD-83	N9402W	American Airlines	Active	Dallas Ft. Worth, TX	
1887	49943	MD-83	LV-BDE	Austral Lineas Aereas	Active	Buenos Aires Aeroparque, Argentina	
1888	49944	MD-83	EI-CBY	Avianca	Active	Bogota, Colombia	
1889	49945	MD-83	EI-CBZ	Avianca	Active	Bogota, Colombia	
1898	49946	MD-83	EI-CCC	Avianca / SAM Colombia	Active	Bogota, Colombia	
1899	53139	MD-83	N9403W	American Airlines	Active	Dallas Ft. Worth, TX	
1900	49947	MD-83	EI-CCE	Avianca	Active	Bogota, Colombia	
1905	49948	MD-83	EI-CDY	Avianca	Active	Bogota, Colombia	
1906	49949	MD-83	UR-CDR	Khors Aircompany	Active	Kiev Borispol, Ukraine	
1913	49950	MD-83	N347BF	(Far Eastern Air Transport)	Stored	Taipei, Taiwan	
1915	49951	MD-83	EI-CRW	Meridiana	Active	Naples, Italy	
1917	53294	MD-83	N869GA	Allegiant Air	Active	Reno, NV	
1922	53295	MD-83	N872GA	Allegiant Air	Active	Reno, NV	
1923	53140	MD-83	N9404V	American Airlines	Active	Dallas Ft. Worth, TX	
1934	49952	MD-83	LV-BTH	Andes Lineas Aereas	Active	Buenos Aires Aeroparque, Argentina	
1935	53141	MD-83	N9405T	American Airlines	Active	Dallas Ft. Worth, TX	
1937	53296	MD-83	N871GA	Allegiant Air	Active	Reno, NV	
1951	53117	MD-83	LV-VAG	Austral Lineas Aereas	Active	Buenos Aires Aeroparque, Argentina	
1964	53120	MD-83	EI-CFZ	Avianca	Active	Bogota, Colombia	
1968	53199	MD-83	EI-CNR	Meridiana	Active	Olbia, Italy	
1971	53121	MD-83	N9409F	American Airlines	Active	Dallas Ft. Worth, TX	
1976	53074	MD-83	N960AS	(Alaska Airlines)	Active	Victorville, CA	
1977	53075	MD-83	N961AS	(Alaska Airlines)	Active	Victorville, CA	
1984	53122	MD-83	EI-CEP	Avianca	Active	Bogota, Colombia	
1987	53123	MD-83	EI-CEQ	Avianca	Active	Bogota, Colombia	
1988	53076	MD-83	N962AS	(Alaska Airlines)	Stored	Victorville, CA	
1991	53124	MD-83	HK-4408	AeroRepublica	Active	Bogota, Colombia	
1993	53125	MD-83	EI-CER	Avianca	Active	Bogota, Colombia	
1995	53077	MD-83	N963AS	-	Written Off	Off Oxnard, CA	
1996	53078	MD-83	N964AS	Ryan International Airlines / JPATS	Active	Washington DC	
2000	53286	MD-83	N596AA	American Airlines	Active	Dallas Ft. Worth, TX	
2004	53079	MD-83	N965AS	Ryan International Airlines / JPATS	Active	Washington DC	
2006	53287	MD-83	N597AA	American Airlines	Active	Dallas Ft. Worth, TX	
2011	53288	MD-83	N598AA	American Airlines	Active	Dallas Ft. Worth, TX	

l/n	c/n	Model	Registration	Owner/Operator	Status	Location	Notes
2012	53289	MD-83	N599AA	American Airlines	Active	Dallas Ft. Worth, TX	
2013	53290	MD-83	N76200	American Airlines	Active	Dallas Ft. Worth, TX	
2019	53291	MD-83	N76201	American Airlines	Active	Dallas Ft. Worth, TX	
2020	53292	MD-83	N76202	American Airlines	Active	Dallas Ft. Worth, TX	
2021	53293	MD-83	N567AM	American Airlines	Active	Dallas Ft. Worth, TX	
2026	53126	MD-83	N9406W	American Airlines	Active	Dallas Ft. Worth, TX	
2044	49965	MD-83	SE-DLV	Norwegian Air Shuttle	Active	Stockholm Arlanda, Sweden	
2047	49966	MD-83	ZS-	Safair	Active	Johannesburg, South Africa	
2057	53377	MD-83	JY-JRB	Royal Falcon Air Services	Active	Amman, Jordan	
2066	53093	MD-83	S5-ACE	Aurora Airlines	Active	Ljubljana, Slovenia	
2068	53182	MD-83	I-SMED	Meridiana	Active	Olbia, Italy	
2071	53183	MD-83	N583AN	(Avianca)	Stored	Marana, AZ	
2074	53448	MD-83	N972AS	(Alaska Airlines)	Stored	Victorville, CA	
2077	53449	MD-83	N973AS	Ryan International Airlines	Stored	Wichita, KS	
2078	53450	MD-83	N974AS	-	Stored	Victorville, CA	
2083	53451	MD-83	N975AS	(Alaska Airlines)	Stored	Victorville, CA	
2088	53184	MD-83	UR-BHJ	Bukovyna Aviation Enterprise / Fars Air Qeshm	Active	Qeshm, Iran	
2089	53463	MD-83	N160BS	Avianca	Active	Bogota, Colombia	
2090	53185	MD-83	TC-AKM	-	Written Off	Isparta, Turkey	
2091	53464	MD-83	N161BS	Avianca	Active	Bogota, Colombia	
2092	53186	MD-83	TC-AKN	(Ankair)	Stored	Istanbul Ataturk, Turkey	
2093	53465	MD-83	TC-OAS	Onur Air	Active	Istanbul Ataturk, Turkey	
2101	53466	MD-83	TC-OAT	Onur Air	Active	Istanbul Ataturk, Turkey	
2102	53467	MD-82	N877GA	Allegiant Air	Active	Las Vegas McCarran, NV	
2109	53452	MD-83	N976NS	JPATS	Active	Oklahoma City, OK	
2112	53453	MD-83	N977AS	(Alaska Airlines)	Stored	Victorville, CA	
2114	53468	MD-83	N875GA	Allegiant Air	Active	Reno, NV	
2116	53469	MD-83	N876GA	Allegiant Air	Active	Reno, NV	
2118	53187	MD-83	N9412W	American Airlines	Active	Dallas Ft. Worth, TX	
2119	53188	MD-83	N9413T	American Airlines	Active	Dallas Ft. Worth, TX	
2121	53189	MD-83	N9414W	American Airlines	Active	Dallas Ft. Worth, TX	
2128	53485	MD-83	HL7570	-	Written Off	Pohang, South Korea	
2130	53486	MD-83	N879GA	Allegiant Air	Active	Las Vegas McCarran, NV	
2132	53487	MD-83	N878GA	Allegiant Air	Active	Las Vegas McCarran, NV	
2134	53488	MD-83	TC-OAU	Onur Air	Active	Istanbul Ataturk, Turkey	
2135	53470	MD-83	N951TW	American Airlines	Active	Dallas Ft. Worth, TX	
2137	53520	MD-83	TC-OAV	Onur Air	Active	Istanbul Ataturk, Turkey	
2139	53471	MD-83	N979AS	(Alaska Airlines)	Stored	Victorville, CA	
2148	53190	MD-83	LV-BHN	Austral Lineas Aereas	Active	Buenos Aires Aeroparque, Argentina	
2151	53191	MD-88	SU-BOY	(AMC Aviation)	WFU & Stored	Istanbul Ataturk, Turkey	
2155	53192	MD-83	SU-BOZ	AMC Aviation	Stored	Cairo, Egypt	
2174	53561	MD-83	N9630A	American Airlines	Active	Dallas Ft. Worth, TX	
2178	53472	MD-83	N981AS	(Alaska Airlines)	Stored	Victorville, CA	
2183	53473	MD-83	N982AS	(Alaska Airlines)	Stored	Victorville, CA	
2192	53562	MD-83	N9615W	American Airlines	Active	Dallas Ft. Worth, TX	
2196	53563	MD-83	N9616G	American Airlines	Active	Dallas Ft. Worth, TX	
2199	53564	MD-83	N9617R	American Airlines	Active	Dallas Ft. Worth, TX	
2201	53565	MD-83	N9618A	American Airlines	Active	Dallas Ft. Worth, TX	

l/n	c/n	Model	Registration	Owner/Operator	Status	Location	Notes
☐ 2206	53566	MD-83	N9619V	American Airlines	Active	Dallas Ft. Worth, TX	
☐ 2208	53591	MD-83	N9620D	American Airlines	Active	Dallas Ft. Worth, TX	
☐ 2214	53602	MD-83	B-28025	(Far Eastern Air Transport)	Stored	Taipei, Taiwan	
☐ 2218	53603	MD-83	B-28027	(Far Eastern Air Transport)	Stored	Taipei, Taiwan	
☐ 2234	53592	MD-83	N9621A	American Airlines	Active	Dallas Ft. Worth, TX	
☐ 2239	53593	MD-83	N9622A	American Airlines	Active	Dallas Ft. Worth, TX	
☐ 2241	53594	MD-83	N9624T	American Airlines	Active	Dallas Ft. Worth, TX	
☐ 2244	53595	MD-83	N9625W	American Airlines	Active	Dallas Ft. Worth, TX	
☐ 2247	53596	MD-83	N9626F	American Airlines	Active	Dallas Ft. Worth, TX	
☐ 2249	53597	MD-83	N9627R	American Airlines	Active	Dallas Ft. Worth, TX	
☐ 2252	53598	MD-83	N9628W	American Airlines	Active	Dallas Ft. Worth, TX	
☐ 2254	53599	MD-83	N9629H	American Airlines	Active	Dallas Ft. Worth, TX	
☐ 2264	53611	MD-83	N961TW	American Airlines	Active	Dallas Ft. Worth, TX	
☐ 2265	53612	MD-83	N962TW	American Airlines	Active	Dallas Ft. Worth, TX	
☐ 2266	53613	MD-83	N963TW	American Airlines	Active	Dallas Ft. Worth, TX	
☐ 2267	53614	MD-83	N964TW	American Airlines	Active	Dallas Ft. Worth, TX	
☐ 2268	53615	MD-83	N965TW	American Airlines	Active	Dallas Ft. Worth, TX	
☐ 2269	53616	MD-83	N966TW	American Airlines	Active	Dallas Ft. Worth, TX	
☐ 2270	53617	MD-83	N967TW	American Airlines	Active	Dallas Ft. Worth, TX	
☐ 2271	53618	MD-83	N968TW	American Airlines	Active	Dallas Ft. Worth, TX	
☐ 2272	53619	MD-83	N969TW	American Airlines	Active	Dallas Ft. Worth, TX	
☐ 2273	53620	MD-83	N970TW	American Airlines	Active	Dallas Ft. Worth, TX	
☐ 2274	53621	MD-83	N971TW	American Airlines	Active	Dallas Ft. Worth, TX	
☐ 2275	53622	MD-83	N972TW	American Airlines	Active	Dallas Ft. Worth, TX	
☐ 2276	53623	MD-83	N973TW	American Airlines	Active	Dallas Ft. Worth, TX	
☐ 2277	53624	MD-83	N974TW	American Airlines	Active	Dallas Ft. Worth, TX	
☐ 2278	53625	MD-83	N975TW	American Airlines	Active	Dallas Ft. Worth, TX	
☐ 2279	53626	MD-83	N976TW	American Airlines	Active	Dallas Ft. Worth, TX	
☐ 2280	53627	MD-83	N9677W	American Airlines	Active	Dallas Ft. Worth, TX	
☐ 2281	53628	MD-83	N978TW	American Airlines	Active	Dallas Ft. Worth, TX	
☐ 2282	53629	MD-83	N979TW	American Airlines	Active	Dallas Ft. Worth, TX	
☐ 2283	53630	MD-83	N980TW	American Airlines	Active	Dallas Ft. Worth, TX	
☐ 2284	53631	MD-83	N9681B	American Airlines	Active	Dallas Ft. Worth, TX	
☐ 2285	53632	MD-83	N982TW	American Airlines	Active	Dallas Ft. Worth, TX	
☐ 2286	53633	MD-83	N983TW	American Airlines	Active	Dallas Ft. Worth, TX	
☐ 2287	53634	MD-83	N984TW	American Airlines	Active	Dallas Ft. Worth, TX	

McDonnell Douglas MD-83 — Out Of Production List: Western Jet Airliners

Cross Reference

Registration	l/n	c/n	Registration	l/n	c/n	Registration	l/n	c/n	Registration	l/n	c/n
3B-AGC	1843	49809	EC-279	1502	49624	EC-FXI	1591	49630	F-GGMC	1542	49709
5N-	1628	49785	EC-289	1467	49668	EC-FXY	1580	49627	F-GGMD	1611	49618
5N-BKO	1728	49855	EC-291	1455	49578	EC-FZC	1643	49790	F-GGME	1728	49855
5N-RAM	1783	53019	EC-307	1643	49790	EC-FZQ	1357	49401	F-GGMF	2089	53463
5N-SAI	1779	53018	EC-323	1421	49642	EC-GAT	1542	49709	F-GHEB	1539	49822
5N-SRI	1789	53020	EC-348	1413	49574	EC-GBA	1538	49626	F-GHEC	1429	49662
9A-CBE	1817	53149	EC-382	1498	49622	EC-GBV	1467	49668	F-GHED	1422	49576
9A-CBI	1596	49631	EC-389	1305	49396	EC-GBY	1421	49642	F-GHEI	1668	49968
9A-CBJ	1354	49449	EC-390	1455	49578	EC-GFJ	1547	49710	F-GHEK	1540	49823
9A-CDA	1435	49602	EC-438	1437	49663	EC-GGV	1644	49791	F-GHHO	1838	49985
9A-CDB	1842	49986	EC-439	1704	53050	EC-GHE	1332	49398	F-GHHP	1842	49986
9K-AGC	1843	49809	EC-440	1561	49708	EC-GHH	1455	49578	F-GJHQ	1467	49668
9Y-THN	1269	49390	EC-440	1718	53051	EC-GHJ	1421	49642	F-GKZL	1261	49402
9Y-THQ	1313	49448	EC-463	1454	49577	EC-GKS	1561	49708	F-GMCD	1421	49642
9Y-THR	1380	49568	EC-479	1332	49398	EC-GNY	1305	49396	F-GMLI	1740	53014
9Y-THT	1414	49575	EC-479	1495	49621	EC-GOM	1465	49579	F-GMLK	1494	49672
9Y-THU	1554	49824	EC-485	1498	49622	EC-GOU	1847	53198	F-GMLU	1332	49398
9Y-THV	1603	49632	EC-487	1494	49672	EC-GQG	1454	49577	F-GMLX	1540	49823
9Y-THW	1631	49786	EC-524	1582	49628	EC-GVI	1778	49936	F-GMPP	1467	49668
9Y-THX	1642	49789	EC-525	1583	49629	EC-GVO	1421	49642	F-GPZA	1887	49943
9Y-THY	1356	49400	EC-531	1484	49620	EC-GXU	1498	49622	F-GRMC	2101	53466
B-28007	1829	49807	EC-546	1578	49826	EC-HBP	1583	49629	F-GRMG	2091	53464
B-28023	1934	49952	EC-546	1644	49791	EC-HGA	1731	53052	F-GRMH	2093	53465
B-28025	2214	53602	EC-548	2044	49965	EC-HKP	1502	49624	F-GRMI	2134	53488
B-28027	2218	53603	EC-591	1413	49574	EC-HNC	1484	49620	F-GRMJ	2137	53520
B-28031	1913	49950	EC-592	1785	49938	EC-HVX	1468	49572	F-GRML	1582	49628
C-FKLI	1793	49941	EC-607	1561	49708	EC-JJS	1656	49793	F-ODTN	1644	49791
C-FKLO	2091	53464	EC-638	1591	49630	EC-JQV	1342	49526	F-WMLK	1494	49672
C-FKLT	2089	53463	EC-642	1483	49619	EC-JUG	1585	49847	F-WQFN	1582	49628
C-FKLY	2093	53465	EC-646	1580	49627	EC-JVV	1786	49906	F-WQFO	1583	49629
C-FKLZ	2101	53466	EC-714	1357	49401	EC-JZA	1786	49906	G-BNSA	1423	49643
C-FRYA	2134	53488	EC-733	1655	49792	EC-KBA	1731	53052	G-BNSB	1461	49658
C-FRYH	2137	53520	EC-742	1643	49790	EC-KCX	1483	49619	G-BPSC	1540	49823
C-GKLC	2114	53468	EC-749	1357	49401	EI-BTB	1272	49392	G-BPSD	1578	49826
C-GKLE	1887	49943	EC-805	1538	49626	EI-BTL	1343	49399	G-COES	1784	49937
C-GKLJ	2102	53467	EC-807	1421	49642	EI-BTU	1483	49619	G-DCAC	1773	49935
C-GKLK	1991	53124	EC-835	1542	49709	EI-BTU	1483	49619	G-DEVR	1793	49941
C-GKLN	2130	53486	EC-898	1467	49668	EI-BTV	1484	49620	G-FLTK	2047	49966
C-GKLQ	2132	53487	EC-ECN	1357	49401	EI-BTX	1445	49660	G-FLTL	1643	49790
C-GKLR	2116	53469	EC-ECO	1358	49442	EI-BWC	1467	49668	G-FLTM	1731	53052
C-GKMV	1656	49793	EC-EFJ	1414	49575	EI-BWD	1414	49575	G-GMJM	1915	49951
D-AGWA	1573	49845	EC-EFK	1422	49576	EI-BWE	1422	49576	G-HCRP	1778	49936
D-AGWB	1581	49846	EC-EFU	1413	49574	EI-BZV	1627	49784	G-JSMC	1793	49941
D-AGWC	1585	49847	EC-EHT	1454	49577	EI-CBE	1332	49398	G-PATA	1332	49398
D-AGWD	1592	49848	EC-EIG	1465	49579	EI-CBN	1357	49401	G-PATB	1356	49400
D-AGWE	1637	49788	EC-EIK	1467	49668	EI-CBO	1358	49442	G-PATC	1429	49662
D-AGWF	1656	49793	EC-EJQ	1494	49672	EI-CBO	1358	49442	G-PATD	1437	49663
D-ALLD	1261	49402	EC-EJU	1495	49621	EI-CBR	1787	49939	G-RJER	1906	49949
D-ALLE	1354	49449	EC-EJZ	1498	49622	EI-CBS	1799	49942	G-TONW	1934	49952
D-ALLF	1435	49602	EC-EKM	1502	49624	EI-CBX	1887	49943	G-TTPT	1788	49940
D-ALLK	1559	49769	EC-EKT	1421	49642	EI-CBY	1888	49944	HB-IKM	1773	49935
D-ALLL	1601	49854	EC-EMG	1538	49626	EI-CBZ	1889	49945	HB-IKN	1915	49951
D-ALLM	1675	49856	EC-EMT	1421	49642	EI-CCC	1898	49946	HB-IKP	1583	49629
D-ALLN	1687	49857	EC-EOM	1582	49628	EI-CCE	1900	49947	HB-INZ	1468	49572
D-ALLO	1736	53012	EC-EOY	1583	49629	EI-CDY	1905	49948	HB-ISX	1579	49844
D-ALLP	1738	53013	EC-EOZ	1580	49627	EI-CEH	1913	49950	HB-ISZ	1720	49930
D-ALLQ	1740	53014	EC-EPL	1591	49630	EI-CEK	1596	49631	HB-IUG	1817	53149
D-ALLR	1818	53015	EC-EPM	1596	49631	EI-CEP	1984	53122	HB-IUI	1547	49710
D-ALLU	1483	49619	EC-ESJ	1643	49790	EI-CEQ	1987	53123	HB-IUK	1332	49398
D-ALLV	1484	49620	EC-EUF	1437	49663	EI-CER	1993	53125	HB-IUL	1358	49442
EC-101	1413	49574	EC-EUZ	1704	53050	EI-CFZ	1964	53120	HB-IUM	1585	49847
EC-102	1414	49575	EC-EVU	1718	53051	EI-CGA	1467	49668	HB-IUN	1559	49769
EC-113	1596	49631	EC-EXX	1332	49398	EI-CGI	1502	49624	HB-IUO	1687	49857
EC-147	1454	49577	EC-EZR	1578	49826	EI-CGR	1421	49642	HB-IUP	1675	49856
EC-148	1465	49579	EC-EZU	1484	49620	EI-CGS	1538	49626	HK-4137X	2148	53190
EC-149	1495	49621	EC-FEB	1483	49619	EI-CIW	1628	49785	HK-4167X	2066	53093
EC-150	1494	49672	EC-FEQ	1357	49401	EI-CKB	1356	49400	HK-4184X	2071	53183
EC-159	1547	49710	EC-FFF	1655	49792	EI-CKM	1655	49792	HK-4315	1668	49968
EC-163	1467	49668	EC-FIX	1305	49396	EI-CMM	1784	49937	HK-4315X	1668	49968
EC-166	1644	49791	EC-FMY	1596	49631	EI-CMZ	1269	49390	HK-4408	1991	53124
EC-178	1502	49624	EC-FNU	1498	49622	EI-CNO	1494	49672	HK-4410	1784	49937
EC-179	1498	49622	EC-FSY	1454	49577	EI-CNR	1968	53199	HL7225	2102	53467
EC-190	1421	49642	EC-FSZ	1455	49578	EI-CPA	1778	49936	HL7236	2114	53468
EC-206	1498	49622	EC-FTS	1495	49621	EI-CPB	1788	49940	HL7237	2116	53469
EC-215	1580	49627	EC-FTT	1498	49622	EI-CRE	1601	49854	HL7271	1628	49785
EC-216	1591	49630	EC-FTU	1494	49672	EI-CRH	1773	49935	HL7274	1636	49787
EC-223	1538	49626	EC-FVB	1582	49628	EI-CRJ	1738	53013	HL7570	2128	53485
EC-245	1332	49398	EC-FVC	1583	49629	EI-CRW	1915	49951	HL7571	2130	53486
EC-257	1421	49642	EC-FVR	1413	49574	F-GFUU	1578	49826	HL7572	2132	53487
EC-260	1582	49628	EC-FVV	1561	49708	F-GFZB	1487	49707	HS-OMH	1704	53050
EC-261	1596	49631	EC-FVX	1644	49791	F-GGMA	1343	49399	I-SMEC	1836	49808
EC-269	1583	49629	EC-FXA	1785	49938	F-GGMB	1464	49617	I-SMED	2068	53182

McDonnell Douglas MD-83 — Out Of Production List: Western Jet Airliners

Registration	l/n	c/n	Registration	l/n	c/n	Registration	l/n	c/n	Registration	l/n	c/n
I-SMEN	1738	53013	N436AA	1391	49454	N834NK	1585	49847	N937AS	1276	49364
JY-JRB	2057	53377	N437AA	1392	49455	N834RA	1991	53124	N938AS	1277	49365
JY-JRC	1837	49933	N438AA	1393	49456	N835NK	1776	53044	N938MC	1340	49525
KAF26	1843	49809	N439AA	1398	49457	N836NK	1777	53045	N939AS	1459	49657
KAF326	1843	49809	N456AW	2068	53182	N836RA	1794	53046	N939MC	1342	49526
LN-RMA	1379	49554	N462GE	1421	49642	N838AM	1331	49397	N9401W	1872	53137
LN-RMB	1436	49557	N491GX	1435	49602	N83MV	1540	49823	N9402W	1886	53138
LN-RMF	1415	49556	N494AP	1358	49442	N845CP	1573	49845	N9403W	1899	53139
LN-RMJ	1659	49912	N509MD	1627	49784	N848CP	1592	49848	N9404V	1923	53140
LN-RMN	1922	53295	N511RP	1656	49793	N848SH	1592	49848	N9405T	1935	53141
LV-ARF	1169	49252	N530AW	1704	53050	N860GA	1631	49786	N9406W	2026	53126
LV-AYD	1818	53015	N531LS	1968	53199	N861GA	1436	49557	N9407R	1356	49400
LV-BAY	1209	49284	N532MD	1971	53121	N861LF	1578	49826	N9409F	1971	53121
LV-BDE	1887	49943	N562AA	1370	49344	N862GA	1415	49556	N9412W	2118	53187
LV-BDO	1793	49941	N563AA	1371	49345	N863GA	1653	49911	N9413T	2119	53188
LV-BEG	1591	49630	N564AA	1372	49346	N864GA	1659	49912	N9414W	2121	53189
LV-BGV	1680	49904	N565AA	1373	49347	N865GA	1800	49998	N941MT	1793	49941
LV-BGZ	1786	49906	N566AA	1374	49348	N866GA	1638	49910	N9420D	1554	49824
LV-BHH	1630	49741	N567AM	2021	53293	N868GA	1379	49554	N942AS	1731	53052
LV-BHN	2148	53190	N567AW	2071	53183	N869GA	1917	53294	N943AS	1779	53018
LV-BTH	1934	49952	N568AA	1375	49349	N870GA	2151	53191	N943MT	1887	49943
LV-PJJ	1209	49284	N569AA	1385	49351	N871GA	1937	53296	N944AS	1783	53019
LV-VAG	1951	53117	N570AA	1386	49352	N871GA	2155	53192	N945AS	1423	49643
LV-WGM	1627	49784	N571AA	1387	49353	N871RA	1637	49788	N946AS	1461	49658
LV-WGN	1764	49934	N572AA	1406	49458	N872GA	1922	53295	N947AS	1789	53020
LZ-IDZ	1579	49844	N574PJ	1413	49574	N872RA	1656	49793	N948AS	1801	53021
LZ-LDA	1468	49572	N583AN	2071	53183	N873GA	1461	49658	N948TW	1414	49575
LZ-LDG	1817	53149	N583MD	1438	49659	N873RA	2066	53093	N949AS	1809	53022
LZ-LDZ	1720	49930	N589BC	1429	49662	N874GA	1423	49643	N950AS	1821	53023
N1005W	1429	49662	N593AN	2066	53093	N875GA	2114	53468	N951TW	2135	53470
N110HM	1636	49787	N596AA	2000	53286	N875RA	2068	53182	N953PG	1581	49846
N12SN	1668	49968	N597AA	2006	53287	N876GA	2116	53469	N955AC	1934	49952
N131NJ	1581	49846	N598AA	2011	53288	N876RA	2071	53183	N958AS	1825	53024
N13627	1578	49826	N599AA	2012	53289	N877GA	2102	53467	N959PG	1630	49741
N13627	1818	53015	N600DF	1483	49619	N878GA	2132	53487	N960AS	1976	53074
N13627	1968	53199	N602S	1332	49398	N878RA	2088	53184	N960PG	1680	49904
N14879	1342	49526	N6200N	1343	49399	N879GA	2130	53486	N9615W	2192	53562
N160BS	2089	53463	N6200N	1357	49401	N879RA	2090	53185	N9616G	2196	53563
N161BS	2091	53464	N6200N	2218	53603	N880GA	1503	49625	N9617R	2199	53564
N162BS	2093	53465	N6200N	1829	49807	N880RA	2092	53186	N9618A	2201	53565
N163BS	2101	53466	N62020	1585	49847	N881GA	1561	49708	N9619V	2206	53566
N164BS	2134	53488	N6202D	1951	53117	N881LF	1718	53051	N961AS	1977	53075
N165BS	2137	53520	N6202D	2091	53464	N881RA	1793	49941	N961TW	2264	53611
N16893	1272	49392	N6203D	1358	49442	N882RA	1906	49949	N9620D	2208	53591
N183NA	1836	49808	N6203U	1561	49708	N883GA	1547	49710	N9621A	2234	53592
N189AS	1837	49933	N6203U	2026	53126	N884GA	1357	49401	N9622A	2239	53593
N190AN	2148	53190	N6204C	2044	49965	N892GA	1578	49826	N9624T	2241	53594
N190AW	2148	53190	N6204N	2047	49966	N893GA	1718	53051	N9625W	2244	53595
N191AJ	2151	53191	N6206F	1286	49395	N894GA	1445	49660	N9626F	2247	53596
N191LF	1539	49822	N6206F	1964	53120	N9001D	1886	53138	N9627R	2249	53597
N192AJ	2155	53192	N6206F	1889	49945	N9001L	1872	53137	N9628W	2252	53598
N194AS	2057	53377	N626MD	1538	49626	N9001L	2089	53463	N9629H	2254	53599
N19B	1169	49252	N63050	1467	49668	N9010L	2093	53465	N962AS	1988	53076
N19B	1423	49643	N632CT	1603	49632	N90126	2174	53561	N9662TW	2265	53612
N19B	1637	49788	N65858	1455	49578	N9012J	1934	49952	N9630A	2174	53561
N19B	1668	49968	N705BA	2130	53486	N9012J	1971	53121	N963AS	1995	53077
N224BA	2116	53469	N726BC	1991	53124	N9017P	1991	53124	N963PG	1380	49568
N227BA	2132	53487	N73727	2102	53467	N902PJ	1357	49401	N963TW	2266	53613
N228BA	2114	53468	N751LF	1731	53052	N9035C	1899	53139	N964AS	1996	53078
N2606Z	1538	49626	N76200	2013	53290	N905ML	1776	53044	N964TW	2267	53614
N30008	1437	49663	N76201	2019	53291	N906CG	1786	49906	N965AS	2004	53079
N30010	1784	49937	N76202	2020	53292	N906ML	1777	53045	N965TW	2268	53615
N30016	1788	49940	N766BC	1429	49662	N9075H	1923	53140	N966TW	2269	53616
N3001D	1778	49936	N789BV	1642	49789	N907MD	1764	49934	N9677W	2280	53627
N3002A	1793	49941	N793DG	1656	49793	N907ML	1794	53046	N967TW	2270	53617
N3004C	1773	49935	N814NK	1483	49619	N915PJ	1483	49619	N9681B	2284	53631
N3010G	1836	49808	N814PG	1592	49848	N9302R	1383	49528	N968AS	1850	53016
N311FV	1728	49855	N822AN	1539	49822	N9303K	1396	49529	N968TW	2271	53618
N314FV	1261	49402	N822NK	1272	49392	N9304C	1397	49530	N969AS	1851	53063
N315FV	1487	49707	N823NS	1540	49823	N9305N	1286	49395	N969TW	2272	53619
N316FV	1343	49399	N824NK	1818	53015	N9306T	1367	49567	N970TW	2273	53620
N320FV	1591	49630	N825NK	1736	53012	N9307R	1437	49663	N971TW	2274	53621
N345AW	2066	53093	N827NK	1656	49793	N931AS	1178	49232	N972AS	2074	53448
N347BF	1913	49950	N828NK	1540	49823	N931AS	1178	49232	N972TW	2275	53622
N390LS	1269	49390	N82MV	1578	49826	N931TW	1382	49527	N973AS	2077	53449
N392AP	1272	49392	N830VV	1331	49397	N933AS	1204	49234	N973TW	2276	53623
N396GE	1305	49396	N831LF	1704	53050	N933AS	1204	49234	N974AS	2078	53450
N398MD	1332	49398	N831NK	1464	49617	N934AS	1234	49235	N974TW	2277	53624
N405NV	1499	49623	N832NK	1611	49618	N934AS	1234	49235	N975AS	2083	53451
N433AA	1388	49451	N832RA	1776	53044	N935AS	1235	49236	N975TW	2278	53625
N434AA	1389	49452	N833NK	1354	49449	N936AS	1275	49363	N976AS	2109	53452
N435AA	1390	49453	N833RA	1777	53045	N936MD	1778	49936	N976NS	2109	53452

Registration	l/n	c/n	Registration	l/n	c/n	Registration	l/n	c/n
N976TW	2279	53626	SE-RDK	1354	49449	YR-	1784	49937
N977AS	2112	53453	SE-RDL	1740	53014	YV-01C	1539	49822
N978AS	2135	53470	SE-RDM	1429	49662	YV130T	1539	49822
N978PG	1467	49668	SE-RDS	1357	49401	YV253T	1272	49392
N978TW	2281	53628	SE-RDV	1413	49574	YV-36C	1286	49395
N979AS	2139	53471	SE-RFA	1499	49623	YV-38C	1367	49567
N979TW	2282	53629	SE-RGO	1561	49708	YV-39C	1438	49659
N980TW	2283	53630	SE-RGP	1547	49710	YV-42C	1656	49793
N981AS	2178	53472	SU-BME	1582	49628	YV-43C	1637	49788
N982AS	2183	53473	SU-BMF	1968	53199	YV-44C	1794	53046
N982TW	2285	53632	SU-BOY	2151	53191	Z3-AAC	1358	49442
N983JJ	1784	49937	SU-BOZ	2155	53192	ZS-	2047	49966
N983TW	2286	53633	SU-DAL	1573	49845	ZS-OPX	1736	53012
N984TW	2287	53634	SU-DAM	1592	49848	ZS-OPZ	1464	49617
N989PG	1573	49845	SU-MAE	1736	53012	ZS-TRI	1487	49707
N990PG	1313	49448	SU-ZCA	2148	53190			
OE-GMI	1540	49823	SX-BAQ	1547	49710			
OE-IFA	1843	49809	SX-BEU	1592	49848			
OE-IKB	1313	49448	SX-BEV	1467	49668			
OE-LHG	1643	49790	SX-BFO	1305	49396			
OE-LJE	2047	49966	SX-BSW	1906	49949			
OE-LMD	1837	49933	SX-BTF	1687	49857			
OE-LME	2057	53377	SX-BTG	1675	49856			
OE-LMH	1837	49933	SX-DMH	1837	49933			
OE-LMM	2057	53377	SX-DMM	2057	53377			
OE-LRW	1583	49629	SX-IFA	1843	49809			
OH-LMG	1503	49625	TC-AKL	2088	53184			
OH-LMR	1209	49284	TC-AKM	2090	53185			
OH-LMS	1169	49252	TC-AKN	2092	53186			
OH-LMU	1630	49741	TC-FBB	2090	53185			
OH-LMV	1680	49904	TC-FBD	2092	53186			
OH-LMX	1786	49906	TC-FBG	2088	53184			
OH-LPB	2047	49966	TC-FBT	1906	49949			
OH-LPC	2044	49965	TC-FLN	1817	53149			
OH-LPD	1547	49710	TC-INA	1887	49943			
OH-LPE	1357	49401	TC-INB	1778	49936			
OH-LPF	1413	49574	TC-INC	1655	49792			
OH-LPG	1561	49708	TC-IND	1788	49940			
OH-LPH	1499	49623	TC-OAS	2093	53465			
OY-KHK	1638	49910	TC-OAT	2101	53466			
OY-KHL	1653	49911	TC-OAU	2134	53488			
OY-KHT	1937	53296	TC-OAV	2137	53520			
P4-MDB	1777	53045	TC-RTU	1561	49708			
P4-MDE	1913	49950	TC-TRU	1358	49442			
RJ-MDA	1354	49449	TF-JXC	1580	49627			
PK-ALF	1838	49985	TF-MDB	1354	49449			
PK-ALG	1842	49986	TF-MDC	1740	53014			
PK-FED	1968	53199	TF-MDD	1435	49602			
PK-LMK	1637	49788	TF-MDE	1540	49823			
RP-C8018	1838	49985	UR-	1367	49567			
S2-ADP	1776	53044	UR-BHJ	2088	53184			
S5-ACE	2066	53093	UR-CAN	1539	49822			
SE-DHB	1305	49396	UR-CDP	1559	49769			
SE-DHC	1331	49397	UR-CDR	1906	49949			
SE-DHD	1455	49578	UR-CEL	1269	49390			
SE-DHF	1421	49642	UR-CFF	1573	49845			
SE-DHF	1421	49642	UR-CHR	1579	49844			
SE-DHN	1499	49623	UR-CHS	1468	49572			
SE-DIX	1800	49998	UR-WRB	1276	49364			
SE-DIZ	1917	53294	VH-LNH	1785	49938			
SE-DJE	1581	49846	VH-LNI	1971	53121			
SE-DJF	1380	49568	VP-BGH	1784	49937			
SE-DLS	1847	53198	VP-BGI	1788	49940			
SE-DLU	1968	53199	VR-BMH	1582	49628			
SE-DLV	2044	49965	VR-BMI	1583	49629			
SE-DLX	2047	49966	VR-BMJ	1644	49791			
SE-DPH	1437	49663	XA-RPH	1655	49792			
SE-DPI	1436	49557	XA-RTK	1785	49938			
SE-DPS	1332	49398	XA-SWW	1592	49848			
SE-DPU	1785	49938	XA-SXJ	1573	49845			
SE-DRU	1358	49442	XA-THP	2151	53191			
SE-RBI	1261	49402	XA-THQ	2155	53192			
SE-RBL	1487	49707	XA-TOR	1547	49710			
SE-RBR	1343	49399	XA-TSW	1630	49741			
SE-RBS	1464	49617	XA-TTC	1680	49904			
SE-RBT	1611	49618	XA-TUR	1421	49642			
SE-RBU	1728	49855	XA-TUR	1561	49708			
SE-RDE	1687	49857	XA-TWL	1380	49568			
SE-RDF	1559	49769	XA-TWM	1581	49846			
SE-RDG	1675	49856	XU-AKA	1934	49952			
SE-RDH	1906	49949	XU-RKD	1269	49390			
SE-RDI	1596	49631	XU-U4E	1286	49395			

McDonnell Douglas MD-87

Production Started:	1986
Production Ended:	1997
Number Built:	76
Active:	52
Preserved:	0
WFU, Stored & In Parts:	23
Written Off:	1
Scrapped:	1

Location Summary

Argentina	1
Burkina Faso	2
Canada	1
Denmark	2
France	1
Japan	1
Mali	2
Mexico	6
Norway	1
Russia	1
South Africa	4
Spain	21
Sudan	1
Sweden	4
Thailand	3
Uganda	3
Unknown	1
USA - AR	1
USA - AZ	4
USA - CA	3
USA - IL	1
USA - KS	1
USA - NM	1
USA - NV	6
USA - TX	1
USA - UT	1

l/n	c/n	Model	Registration	Owner/Operator	Status	Location	Notes
1326	49388	MD-87	N87MD	(Mcdonnell Douglas)	WFU & Stored	Kingman, AZ	
1333	49389	MD-87	XA-TXC	Aeromexico	Active	Mexico City	
1404	49403	MD-87	SE-RBA	Nordic Airways / Danish Air Transport	Active	Vamdrup, Denmark	
1412	49411	MD-87	N873DP	Ryan MDBJ LLC	Active	Witchita, KS	
1424	49412	MD-87	P4-AIR	Sistema Moscow	Active	Moscow, Russia	
1430	49404	MD-87	N204AM	(Noybim LLC)	Stored	Roswell, NM	
1453	49670	MD-87	N168CF	Sunrider Corporation	Active	Torrance, CA	
1457	49585	MD-87	N214AM	Allegiant Air	Active	Las Vegas McCarran, NV	
1463	49671	MD-87	XA-TPM	Aeromexico	Active	Mexico City	
1472	49586	MD-87	N216AM	(Aeromexico)	Stored	Walnut Ridge, AR	
1476	49464	MD-87	HS-OMI	One-Two-Go	Active	Bangkok Don Muang, Thailand	
1501	49605	MD-87	EC-JYD	Spanair	Active	Madrid Barajas, Spain	For SAS
1508	49673	MD-87	N952MA	Allegiant Air	Active	Las Vegas, NV	
1512	49607	MD-87	SE-DIC	SAS	Active	Stockholm Arlanda, Sweden	Leaves Fleet 08/2009
1517	49609	MD-87	EC-KCZ	Spanair	Active	Madrid Barajas, Spain	
1522	49611	MD-87	EC-KHA	Spanair	Active	Madrid Barajas, Spain	
1525	49405	MD-87	N205AM	Allegiant Air	Active	Las Vegas, Nevada	
1541	49587	MD-87	N753RA	-	Scrapped	Miami Springs, FL	
1549	49724	MD-87	N1075T	(Aeromexico)	WFU & Stored	Goodyear, AZ	
1552	49725	MD-87	N945MA	Allegiant Air	Active	Las Vegas, NV	
1556	49614	MD-87	EC-KAZ	Spanair	Active	Madrid Barajas, Spain	
1569	49606	MD-87	EC-KJE	Spanair	Active	Madrid Barajas, Spain	
1572	49608	MD-87	EC-KET	Spanair	Active	Madrid Barajas, Spain	
1587	49767	MD-87	VP-CNI	Corporate Aircraft Holdings Group	Active	?	
1595	49768	MD-87	N287KB	KEB Aircraft	Active	Stockton, CA	
1604	49465	MD-87	HS-OMJ	One-Two-Go	Active	Bangkok Don Muang, Thailand	
1610	49726	MD-87	N803ML	Aeromexico	Active	Mexico City	
1614	49706	MD-87	XA-TWT	Aeromexico	Active	Mexico City	
1617	49641	MD-87	N754RA	Aeromexico	Active	Mexico City	
1621	49727	MD-87	LV-BSC	AeroChaco	Active	Resistencia, Argentina	
1634	49777	MD-87	VP-CTF	(AMAC Aerospace)	Stored	Fort Worth Meacham, TX	
1646	49778	MD-87	N948MA	Allegiant Air	Active	Los Angeles LAX, CA	
1654	49827	MD-87	ZS-TRK	1 Time	Active	Johannesburg, South Africa	
1667	49828	MD-87	EC-GRL	(Spanair)	WFU & Stored	Palma de Mallorca, Spain	
1670	49779	MD-87	N949MA	Allegiant Air	Active	Las Vegas, NV	
1674	49780	MD-87	XA-TWA	Aeromexico	Active	Mexico City	
1678	49829	MD-87	ZS-TRJ	1 Time	Active	Johannesburg, South Africa	
1681	49413	MD-87	N399NV	Allegiant Air	Active	Las Vegas McCarran, NV	
1682	49414	MD-87	N872DP	(Daniel Piraino)	Stored	Rockford, IL	
1684	49830	MD-87	ZS-TRG	1 Time	Active	Johannesburg, South Africa	
1688	49831	MD-87	ZS-TRH	1 Time	Active	Johannesburg, South Africa	
1692	49888	MD-87	TT-ABC	(République du Tchad)	Stored	Nimes, France	
1703	49832	MD-87	TZ-RMA	Compagnie Aérienne du Mali (CAM)	Active	Bamako, Mali	
1705	49610	MD-87	EC-JSU	Spanair	Active	Madrid Barajas, Spain	For SAS
1706	49833	MD-87	EC-EXG	(Iberia)	Stored	Madrid Barajas, Spain	
1714	49834	MD-87	I-AFRA	Air Burkina	Active	Ouagadougou, Burkina Faso	
1717	49835	MD-87	EC-EXM	(Iberia)	WFU & Stored	Madrid Barajas, Spain	
1721	49836	MD-87	EC-KJI	Pronair	Active	Albacete, Spain	

l/n	c/n	Model	Registration	Owner/Operator	Status	Location	Notes
1727	49466	MD-87	N880TH	(One-Two-Go)	Stored	Bangkok Suvarnabhumi, Thailand	
1730	49837	MD-87	5X-UGB	Air Uganda	Active	Entebbe, Uganda	
1733	49838	MD-87	5X-UGC	Air Uganda	Active	Entebbe, Uganda	
1739	49839	MD-87	XT-ABD	Air Burkina	Active	Ouagadougou, Burkina Faso	
1742	49467	MD-87	N820TH	(One-Two-Go)	Stored	Tokyo Haneda, Japan	
1745	49840	MD-87	5X-UGA	Air Uganda	Active	Entebbe, Uganda	
1751	49841	MD-87	TZ-RMB	Compagnie Aérienne du Mali (CAM)	Active	Bamako, Mali	
1763	49842	MD-87	EC-EZA	(Iberia)	Stored	Madrid Barajas, Spain	
1771	49843	MD-87	EC-KRV	Pronair	Active	Albacete, Spain	
1827	49612	MD-87	EC-JRR	Spanair	Active	Madrid Barajas, Spain	
1862	53207	MD-87	EC-KSF	Swiftair / United Nations	Active	Khartoum, Sudan	
1865	53208	MD-87	EC-FEY	Spanair	Active	Madrid Barajas, Spain	
1867	53209	MD-87	EC-FFA	Spanair	Active	Madrid Barajas, Spain	
1871	53210	MD-87	EC-FFI	(Iberia)	Stored	Madrid Barajas, Spain	
1874	53211	MD-87	EC-FFH	(Iberia)	Stored	Madrid Barajas, Spain	
1877	53212	MD-87	EC-FHD	(Iberia)	Stored	Madrid Barajas, Spain	
1879	53213	MD-87	EC-FHK	(Iberia)	Stored	Madrid Barajas, Spain	
1881	53039	MD-87	N826TH	(Aero Maximum Inc)	Stored	Goodyear, AZ	
1897	53040	MD-87	N987GC	-	Stored	Centralia, Canada	
1916	53009	MD-87	SE-DMA	-	Written Off	Milan Linate, Italy	
1921	53010	MD-87	SE-DIP	SAS	Active	Stockholm Arlanda, Sweden	Leaves Fleet 10/2009
1931	53011	MD-87	SE-DIU	SAS	Active	Stockholm Arlanda, Sweden	Leaves Fleet 07/2009
1945	53041	MD-87	N871SG	-	Stored	Goodyear, AZ	
1953	53336	MD-87	OY-KHU	SAS	Active	Copenhagen, Denmark	Leaves Fleet 08/2009
1962	53337	MD-87	LN-RMP	SAS	Active	Oslo, Norway	Leaves Fleet 09/2009
1967	53340	MD-87	LN-RMU	(SAS)	Stored	Stockholm Arlanda, Sweden	
1969	53042	MD-87	N870SG	-	Stored	Salt Lake City, UT	
1985	53348	MD-87	EC-JTK	Spanair	Active	Madrid Barajas, Spain	

Cross Reference

Registration	l/n	c/n	Registration	l/n	c/n	Registration	l/n	c/n
5X-UGA	1745	49840	I-	1733	49838	N987GC	1897	53040
5X-UGB	1730	49837	I-	1739	49839	OE-LMK	1412	49411
9V-TRY	1508	49673	I-AFRA	1714	49834	OE-LML	1424	49412
D-ALLG	1453	49670	JA8278	1476	49464	OE-LMN	1682	49414
D-ALLH	1463	49671	JA8279	1604	49465	OE-LMO	1692	49888
D-ALLI	1587	49767	JA8280	1727	49466	OH-LMA	1404	49403
D-ALLJ	1595	49768	JA8281	1742	49467	OH-LMB	1430	49404
EC-290	1654	49827	JA8370	1881	53039	OH-LMC	1525	49405
EC-291	1667	49828	JA8371	1897	53040	OY-KHF	1517	49609
EC-292	1678	49829	JA8372	1945	53041	OY-KHI	1556	49614
EC-293	1684	49830	JA8373	1969	53042	OY-KHU	1953	53336
EC-294	1688	49831	LN-RMG	1522	49611	OY-KHW	1985	53348
EC-295	1703	49832	LN-RMH	1827	49612	P4-AIR	1424	49412
EC-296	1706	49833	LN-RMK	1705	49610	PZ-TCG	1463	49671
EC-297	1714	49834	LN-RMP	1962	53337	SE-DHG	1333	49389
EC-298	1717	49835	LN-RMU	1967	53340	SE-DHI	1614	49706
EC-299	1721	49836	LN-RMX	1457	49585	SE-DIB	1501	49605
EC-300	1730	49837	LN-RMY	1472	49586	SE-DIC	1512	49607
EC-301	1733	49838	LN-ROZ	1572	49608	SE-DIF	1569	49606
EC-302	1739	49839	LV-BSC	1621	49727	SE-DIH	1572	49608
EC-303	1745	49840	N1074T	1621	49727	SE-DIP	1921	53010
EC-304	1751	49841	N1075T	1549	49724	SE-DIU	1931	53011
EC-305	1763	49842	N107PY	1463	49671	SE-DMA	1916	53009
EC-306	1771	49843	N132NJ	1674	49780	SE-DMC	1967	53340
EC-633	1862	53207	N136NJ	1681	49413	SE-RBA	1404	49403
EC-634	1865	53208	N143G	1453	49670	SU-DAO	1670	49779
EC-635	1867	53209	N14708	1453	49670	SU-DAP	1549	49724
EC-636	1871	53210	N167AS	1682	49414	SU-DAQ	1674	49780
EC-637	1874	53211	N168CF	1453	49670	SX-BAV	1614	49706
EC-638	1877	53212	N176AS	1412	49411	SX-BAW	1333	49389
EC-639	1879	53213	N184AS	1424	49412	TT-ABC	1692	49888
EC-642	1670	49779	N187AS	1692	49888	TZ-RMA	1703	49832
EC-EUC	1678	49829	N19B	1404	49403	TZ-RMB	1751	49841
EC-EUD	1667	49828	N19B	1501	49605	VP-BOO	1646	49778
EC-EUE	1654	49827	N204AM	1430	49404	VP-BOP	1552	49725
EC-EXF	1703	49832	N205AM	1525	49405	VP-CNI	1587	49767
EC-EXG	1706	49833	N214AM	1457	49585	VR-BOO	1646	49778
EC-EXM	1717	49835	N21555	1674	49780	VR-BOP	1552	49725
EC-EXN	1721	49836	N216AM	1472	49586	XA-RJT	1634	49777
EC-EXR	1714	49834	N287KB	1595	49768	XA-RUO	1508	49673
EC-EXT	1730	49837	N287MD	1333	49389	XA-SFO	1508	49673
EC-EYB	1733	49838	N3H	1453	49670	XA-TPM	1463	49671
EC-EYX	1739	49839	N399NV	1681	49413	XA-TWA	1674	49780
EC-EYY	1745	49840	N497RJ	1634	49777	XA-TWT	1614	49706
EC-EYZ	1751	49841	N6202D	1921	53010	XA-TXC	1333	49389
EC-EZA	1763	49842	N6203U	1827	49612	XA-TXH	1681	49413
EC-EZS	1771	49843	N673HC	1508	49673	ZS-TRG	1684	49830
EC-FEY	1865	53208	N721EW	1587	49767	ZS-TRH	1688	49831
EC-FEZ	1862	53207	N721MM	1587	49767	ZS-TRJ	1678	49829
EC-FFA	1867	53209	N750RA	1634	49777	ZS-TRK	1654	49827
EC-FFH	1874	53211	N751RA	1670	49779			
EC-FFI	1871	53210	N752RA	1674	49780			
EC-FHD	1877	53212	N753RA	1541	49587			
EC-FHK	1879	53213	N754RA	1617	49641			
EC-FXX	1670	49779	N755RA	1621	49727			
EC-GKF	1333	49389	N780EG	1674	49780			
EC-GKG	1614	49706	N801ML	1549	49724			
EC-GRK	1654	49827	N802ML	1552	49725			
EC-GRL	1667	49828	N803ML	1610	49726			
EC-GRM	1678	49829	N804ML	1621	49727			
EC-GRN	1684	49830	N805ML	1634	49777			
EC-GRO	1688	49831	N806ML	1646	49778			
EC-HMI	1404	49403	N807FV	1634	49777			
EC-JRR	1827	49612	N807ML	1670	49779			
EC-JSU	1705	49610	N807NK	1634	49777			
EC-JTK	1985	53348	N808ML	1674	49780			
EC-JYD	1501	49605	N820TH	1742	49467			
EC-KAZ	1556	49614	N826TH	1881	53039			
EC-KCZ	1517	49609	N868TH	1945	53041			
EC-KET	1572	49608	N870SG	1969	53042			
EC-KHA	1522	49611	N871DP	1424	49412			
EC-KJE	1569	49606	N871SG	1945	53041			
EC-KJI	1721	49836	N872DP	1682	49414			
EC-KRV	1771	49843	N873DP	1412	49411			
EC-KSF	1862	53207	N87MD	1326	49388			
EI-CBU	1508	49673	N880TH	1727	49466			
HB-IUA	1457	49585	N90126	1969	53042			
HB-IUB	1472	49586	N945MA	1552	49725			
HB-IUC	1541	49587	N948MA	1646	49778			
HB-IUD	1617	49641	N949MA	1670	49779			
HS-OMI	1476	49464	N952MA	1508	49673			
HS-OMJ	1604	49465	N980GC	1692	49888			

McDonnell Douglas MD-88

Production Started:	1987
Production Ended:	1997
Number Built:	158
Active:	138
Preserved:	0
WFU, Stored & In Parts:	19
Written Off:	1
Scrapped:	0

Location Summary

Argentina	11
Spain	13
Turkey	5
USA - CA	6
USA - GA	107
USA - NV	4
USA - NY	7
USA - WI	4

l/n	c/n	Model	Registration	Owner/Operator	Status	Location	Notes
1338	49532	MD-88	N901DL	(Delta Air Lines)	WFU & Stored	Victorville, CA	
1341	49533	MD-88	N902DL	(Delta Air Lines)	WFU & Stored	Victorville, CA	
1344	49534	MD-88	N903DL	(Delta Air Lines)	WFU & Stored	Victorville, CA	
1347	49535	MD-88	N904DL	Delta Air Lines	Active	Atlanta, GA	
1348	49536	MD-88	N905DL	Delta Air Lines	Active	Atlanta, GA	
1355	49537	MD-88	N906DL	Delta Air Lines	Active	Atlanta, GA	
1365	49538	MD-88	N907DL	Delta Air Lines	Active	Atlanta, GA	
1366	49539	MD-88	N908DL	Delta Air Lines	Active	Atlanta, GA	
1395	49540	MD-88	N909DL	Delta Air Lines	Active	Atlanta, GA	
1416	49541	MD-88	N910DL	Delta Air Lines	Active	Atlanta, GA	
1433	49542	MD-88	N911DL	Delta Air Lines	Active	Atlanta, GA	
1434	49543	MD-88	N912DL	Delta Air Lines	Active	Atlanta, GA	
1443	49544	MD-88	N913DL	Delta Air Lines	Active	Atlanta, GA	
1444	49545	MD-88	N914DL	Delta Air Lines	Active	Atlanta, GA	
1447	49546	MD-88	N915DL	Delta Air Lines	Active	Atlanta, GA	
1448	49591	MD-88	N916DL	Delta Air Lines	Active	Atlanta, GA	
1469	49573	MD-88	N917DL	Delta Air Lines	Active	Atlanta, GA	
1470	49583	MD-88	N918DL	Delta Air Lines	Active	Atlanta, GA	
1471	49584	MD-88	N919DL	Delta Air Lines	Active	Atlanta, GA	
1473	49644	MD-88	N920DL	Delta Air Lines	Active	Atlanta, GA	
1480	49645	MD-88	N921DL	Delta Air Lines	Active	Atlanta, GA	
1481	49646	MD-88	N922DL	Delta Air Lines	Active	Atlanta, GA	
1491	49705	MD-88	N923DL	Delta Air Lines	Active	Atlanta, GA	
1492	49711	MD-88	N924DL	Delta Air Lines	Active	Atlanta, GA	
1500	49712	MD-88	N925DL	Delta Air Lines	Active	Atlanta, GA	
1523	49713	MD-88	N926DL	Delta Air Lines	Active	Atlanta, GA	
1524	49714	MD-88	N927DA	Delta Air Lines	Active	Atlanta, GA	
1530	49715	MD-88	N928DL	Delta Air Lines	Active	Atlanta, GA	
1531	49716	MD-88	N929DL	Delta Air Lines	Active	Atlanta, GA	
1532	49717	MD-88	N930DL	Delta Air Lines	Active	Atlanta, GA	
1533	49718	MD-88	N931DL	Delta Air Lines	Active	Atlanta, GA	
1570	49719	MD-88	N932DL	Delta Air Lines	Active	Atlanta, GA	
1571	49720	MD-88	N933DL	Delta Air Lines	Active	Atlanta, GA	
1574	49721	MD-88	N934DL	Delta Air Lines	Active	Atlanta, GA	
1575	49722	MD-88	N935DL	Delta Air Lines	Active	Atlanta, GA	
1576	49723	MD-88	N936DL	Delta Air Lines	Active	Atlanta, GA	
1588	49810	MD-88	N937DL	Delta Air Lines	Active	Atlanta, GA	
1590	49811	MD-88	N938DL	Delta Air Lines	Active	Atlanta, GA	
1593	49812	MD-88	N939DL	Delta Air Lines	Active	Atlanta, GA	
1599	49813	MD-88	N940DL	Delta Air Lines	Active	Atlanta, GA	
1602	49814	MD-88	N941DL	Delta Air Lines	Active	Atlanta, GA	
1605	49815	MD-88	N942DL	Delta Air Lines	Active	Atlanta, GA	
1606	49759	MD-88	N822ME	Midwest Airlines	Active	Milwaukee, WI	
1608	49816	MD-88	N943DL	Delta Air Lines	Active	Atlanta, GA	
1612	49817	MD-88	N944DL	Delta Air Lines	Active	Atlanta, GA	
1613	49818	MD-88	N945DL	Delta Air Lines	Active	Atlanta, GA	
1620	49760	MD-88	N701ME	Midwest Airlines	Active	Milwaukee, WI	
1623	49761	MD-88	N401NV	Allegiant Air	Active	Las Vegas, NV	

l/n	c/n	Model	Registration	Owner/Operator	Status	Location	Notes
1624	49762	MD-88	N601ME	Midwest Airlines	Active	Milwaukee, WI	
1626	49763	MD-88	N402NV	Allegiant Air	Active	Las Vegas, NV	
1629	49819	MD-88	N946DL	Delta Air Lines	Active	Atlanta, GA	
1632	49764	MD-88	N403NV	Allegiant Air	Active	Las Vegas, NV	
1645	49765	MD-88	N404NV	Allegiant Air	Active	Las Vegas, NV	
1657	49766	MD-88	N823ME	Midwest Airlines	Active	Milwaukee, WI	
1664	49878	MD-88	N947DL	Delta Air Lines	Active	Atlanta, GA	
1666	49879	MD-88	N948DL	Delta Air Lines	Active	Atlanta, GA	
1676	49880	MD-88	N949DL	Delta Air Lines	Active	Atlanta, GA	
1677	49881	MD-88	N950DL	Delta Air Lines	Active	Atlanta, GA	
1679	49882	MD-88	N951DL	Delta Air Lines	Active	Atlanta, GA	
1683	49883	MD-88	N952DL	Delta Air Lines	Active	Atlanta, GA	
1685	49884	MD-88	N953DL	Delta Air Lines	Active	Atlanta, GA	
1689	49885	MD-88	N954DL	Delta Air Lines	Active	Atlanta, GA	
1691	49886	MD-88	N955DL	Delta Air Lines	Active	Atlanta, GA	
1699	49887	MD-88	N956DL	Delta Air Lines	Active	Atlanta, GA	
1700	49976	MD-88	N957DL	Delta Air Lines	Active	Atlanta, GA	
1701	49977	MD-88	N958DL	Delta Air Lines	Active	Atlanta, GA	
1710	49978	MD-88	N959DL	Delta Air Lines	Active	Atlanta, GA	
1711	49979	MD-88	N960DL	Delta Air Lines	Active	Atlanta, GA	
1712	49980	MD-88	N961DL	Delta Air Lines	Active	Atlanta, GA	
1715	49926	MD-88	LV-BTW	Austral Lineas Aereas	Active	Buenos Aires Aeroparque, Argentina	
1716	49927	MD-88	LV-BTI	Austral Lineas Aereas	Active	Buenos Aires Aeroparque, Argentina	
1725	49981	MD-88	N962DL	Delta Air Lines	Active	Atlanta, GA	
1726	49982	MD-88	N963DL	Delta Air Lines	Active	Atlanta, GA	
1732	49928	MD-88	LV-BXA	Austral Lineas Aereas	Active	Buenos Aires Aeroparque, Argentina	
1741	49929	MD-88	LV-BOR	Austral Lineas Aereas	Active	Buenos Aires Aeroparque, Argentina	
1747	49983	MD-88	N964DL	Delta Air Lines	Active	Atlanta, GA	
1748	49984	MD-88	N965DL	Delta Air Lines	Active	Atlanta, GA	
1795	53115	MD-88	N966DL	(Delta Air Lines)	Stored	Victorville, CA	
1796	53116	MD-88	N967DL	(Delta Air Lines)	Stored	Victorville, CA	
1808	53161	MD-88	N968DL	Delta Air Lines	Active	Atlanta, GA	
1810	53172	MD-88	N969DL	Delta Air Lines	Active	Atlanta, GA	
1811	53173	MD-88	N970DL	Delta Air Lines	Active	Atlanta, GA	
1823	53214	MD-88	N971DL	(Delta Air Lines)	Stored	Victorville, CA	
1824	53215	MD-88	N972DL	Delta Air Lines	Active	Atlanta, GA	
1832	53241	MD-88	N973DL	Delta Air Lines	Active	Atlanta, GA	
1833	53242	MD-88	N974DL	Delta Air Lines	Active	Atlanta, GA	
1834	53243	MD-88	N975DL	Delta Air Lines	Active	Atlanta, GA	
1845	53257	MD-88	N976DL	Delta Air Lines	Active	Atlanta, GA	
1848	53258	MD-88	N977DL	Delta Air Lines	Active	Atlanta, GA	
1849	53259	MD-88	N978DL	Delta Air Lines	Active	Atlanta, GA	
1854	53174	MD-88	LV-BOA	Austral Lineas Aereas	Active	Buenos Aires Aeroparque, Argentina	
1859	53266	MD-88	N979DL	Delta Air Lines	Active	Atlanta, GA	
1860	53267	MD-88	N980DL	Delta Air Lines	Active	Atlanta, GA	
1861	53268	MD-88	N981DL	Delta Air Lines	Active	Atlanta, GA	
1868	53175	MD-88	LV-BOH	Austral Lineas Aereas	Active	Buenos Aires Aeroparque, Argentina	
1870	53273	MD-88	N982DL	Delta Air Lines	Active	Atlanta, GA	

l/n	c/n	Model	Registration	Owner/Operator	Status	Location
1873	53274	MD-88	N983DL	Delta Air Lines	Active	Atlanta, GA
1890	53193	MD-88	EC-FGM	(Iberia)	Stored	Madrid Barajas, Spain
1911	53194	MD-88	EC-FHG	(Iberia)	Stored	Madrid Barajas, Spain
1912	53311	MD-88	N984DL	Delta Air Lines	Active	Atlanta, GA
1914	53312	MD-88	N985DL	Delta Air Lines	Active	Atlanta, GA
1924	53313	MD-88	N986DL	Delta Air Lines	Active	Atlanta, GA
1926	53338	MD-88	N987DL	Delta Air Lines	Active	Atlanta, GA
1928	53339	MD-88	N988DL	Delta Air Lines	Active	Atlanta, GA
1929	53195	MD-88	EC-FIG	(Iberia)	Stored	Madrid Barajas, Spain
1930	53196	MD-88	EC-FIH	(Iberia)	Stored	Barcelona, Spain
1936	53341	MD-88	N989DL	Delta Air Lines	Active	Atlanta, GA
1939	53342	MD-88	N990DL	Delta Air Lines	Active	Atlanta, GA
1940	53197	MD-88	EC-FJE	(Iberia)	Stored	Madrid Barajas, Spain
1941	53343	MD-88	N991DL	Delta Air Lines	Active	Atlanta, GA
1943	53344	MD-88	N992DL	Delta Air Lines	Active	Atlanta, GA
1950	53345	MD-88	N993DL	Delta Air Lines	Active	Atlanta, GA
1952	53346	MD-88	N994DL	Delta Air Lines	Active	Atlanta, GA
1955	53362	MD-88	N995DL	Delta Air Lines	Active	Atlanta, GA
1958	53363	MD-88	N996DL	Delta Air Lines	Active	Atlanta, GA
1961	53364	MD-88	N997DL	Delta Air Lines	Active	Atlanta, GA
1963	53370	MD-88	N998DL	Delta Air Lines	Active	Atlanta, GA
1965	53371	MD-88	N999DN	Delta Air Lines	Active	Atlanta, GA
1970	53372	MD-88	N900DE	Delta Air Lines	Active	Atlanta, GA
1974	53303	MD-88	EC-FLN	(Iberia)	Stored	Madrid Barajas, Spain
1975	53304	MD-88	EC-FLK	(Iberia)	Fuselage Remains	Madrid Barajas, Spain
1980	53378	MD-88	N901DE	Delta Air Lines	Active	Atlanta, GA
1983	53379	MD-88	N902DE	Delta Air Lines	Active	Atlanta, GA
1986	53380	MD-88	N903DE	Delta Air Lines	Active	Atlanta, GA
1990	53409	MD-88	N904DE	Delta Air Lines	Active	Atlanta, GA
1992	53410	MD-88	N905DE	Delta Air Lines	Active	Atlanta, GA
2001	53305	MD-88	EC-FND	(Iberia)	Stored	Madrid Barajas, Spain
2014	53306	MD-88	EC-FOG	(Iberia)	Stored	Madrid Barajas, Spain
2015	53307	MD-88	EC-FOF	(Iberia)	Stored	Madrid Barajas, Spain
2016	53047	MD-88	LV-VBX	Austral Lineas Aereas	Active	Buenos Aires Aeroparque, Argentina
2022	53308	MD-88	EC-FOZ	(Iberia)	Stored	Madrid Barajas, Spain
2023	53309	MD-88	EC-FPD	(Iberia)	Stored	Madrid Barajas, Spain
2024	53310	MD-88	EC-FPJ	(Iberia)	Stored	Madrid Barajas, Spain
2027	53415	MD-88	N906DE	Delta Air Lines	Active	Atlanta, GA
2029	53416	MD-88	N907DE	Delta Air Lines	Active	Atlanta, GA
2030	53048	MD-88	LV-VBY	-	Written Off	Buenos Aires, Argentina
2031	53049	MD-88	LV-VBZ	Aerolineas Argentinas	Active	Buenos Aires Aeroparque, Argentina
2032	53417	MD-88	N908DE	Delta Air Lines	Active	New York La Guardia, NY
2033	53418	MD-88	N909DE	Delta Air Lines	Active	New York La Guardia, NY
2036	53419	MD-88	N910DE	Delta Air Lines	Active	New York La Guardia, NY
2037	49967	MD-88	N911DE	Delta Air Lines	Active	New York La Guardia, NY
2038	49997	MD-88	N912DE	Delta Air Lines	Active	Atlanta, GA
2039	49956	MD-88	N913DE	Delta Air Lines	Active	New York La Guardia, NY
2043	53351	MD-88	LV-VCB	Austral Lineas Aereas	Active	Buenos Aires Aeroparque, Argentina

McDonnell Douglas MD-88

Out Of Production List: Western Jet Airliners

	l/n	c/n	Model	Registration	Owner/Operator	Status	Location	Notes
☐	2046	53446	MD-88	LV-VGB	Austral Lineas Aereas	Active	Buenos Aires Aeroparque, Argentina	
☐	2049	49957	MD-88	N914DE	Delta Air Lines	Active	New York La Guardia, NY	
☐	2050	53420	MD-88	N915DE	Delta Air Lines	Active	New York La Guardia, NY	
☐	2051	53421	MD-88	N916DE	Delta Air Lines	Active	Atlanta, GA	
☐	2054	49958	MD-88	N917DE	Delta Air Lines	Active	Atlanta, GA	
☐	2055	49959	MD-88	N918DE	Delta Air Lines	Active	Atlanta, GA	
☐	2058	53422	MD-88	N919DE	Delta Air Lines	Active	Atlanta, GA	
☐	2059	53423	MD-88	N920DE	Delta Air Lines	Active	Atlanta, GA	
☐	2064	53447	MD-88	LV-VGC	Aerolineas Argentinas	Active	Buenos Aires, Argentina	
☐	2167	53546	MD-88	TC-ONM	Onur Air	Active	Istanbul Ataturk, Turkey	
☐	2176	53547	MD-88	TC-ONN	Onur Air	Active	Istanbul Ataturk, Turkey	
☐	2180	53548	MD-88	TC-ONO	Onur Air	Active	Istanbul Ataturk, Turkey	
☐	2185	53549	MD-88	TC-ONP	Onur Air	Active	Istanbul Ataturk, Turkey	
☐	2187	53550	MD-88	TC-ONR	Onur Air	Active	Istanbul Ataturk, Turkey	

Cross Reference

Registration	l/n	c/n	Registration	l/n	c/n	Registration	l/n	c/n	Registration	l/n	c/n
EC-751	1890	53193	N168PL	1854	53174	N918DL	1470	49583	N965DL	1748	49984
EC-752	1911	53194	N169PL	1868	53175	N919DE	2058	53422	N966DL	1795	53115
EC-753	1929	53195	N19B	1890	53193	N919DL	1471	49584	N967DL	1796	53116
EC-754	1930	53196	N401NV	1623	49761	N920DE	2059	53423	N968DL	1808	53161
EC-755	1940	53197	N402NV	1626	49763	N920DL	1473	49644	N969DL	1810	53172
EC-945	1974	53303	N403NV	1632	49764	N921DL	1480	49645	N970DL	1811	53173
EC-946	1975	53304	N404NV	1645	49765	N922DL	1481	49646	N971DL	1823	53214
EC-964	2001	53305	N601ME	1624	49762	N923DL	1491	49705	N972DL	1824	53215
EC-987	2022	53308	N701ME	1620	49760	N924DL	1492	49711	N973DL	1832	53241
EC-988	2023	53309	N822ME	1606	49759	N925DL	1500	49712	N974DL	1833	53242
EC-989	2024	53310	N823ME	1657	49766	N926DL	1523	49713	N975DL	1834	53243
EC-FGM	1890	53193	N900DE	1970	53372	N927DA	1524	49714	N976DL	1845	53257
EC-FHG	1911	53194	N901DE	1980	53378	N928DL	1530	49715	N977DL	1848	53258
EC-FIG	1929	53195	N901DL	1338	49532	N929DL	1531	49716	N978DL	1849	53259
EC-FIH	1930	53196	N902DE	1983	53379	N930DL	1532	49717	N979DL	1859	53266
EC-FJE	1940	53197	N902DL	1341	49533	N931DL	1533	49718	N980DL	1860	53267
EC-FLK	1975	53304	N903DE	1986	53380	N932DL	1570	49719	N981DL	1861	53268
EC-FLN	1974	53303	N903DL	1344	49534	N933DL	1571	49720	N982DL	1870	53273
EC-FND	2001	53305	N903ML	1606	49759	N934DL	1574	49721	N983DL	1873	53274
EC-FOF	2015	53307	N904DE	1990	53409	N935DL	1575	49722	N984DL	1912	53311
EC-FOG	2014	53306	N904DL	1347	49535	N936DL	1576	49723	N985DL	1914	53312
EC-FOZ	2022	53308	N904ML	1657	49766	N937DL	1588	49810	N986DL	1924	53313
EC-FPD	2023	53309	N905DE	1992	53410	N938DL	1590	49811	N987DL	1926	53338
EC-FPJ	2024	53310	N905DL	1348	49536	N939DL	1593	49812	N988DL	1928	53339
EC-JKC	2043	53351	N906DE	2027	53415	N940DL	1599	49813	N989DL	1936	53341
EC-JOI	2046	53446	N906DL	1355	49537	N941DL	1602	49814	N990DL	1939	53342
LV-BOA	1854	53174	N907DE	2029	53416	N942DL	1605	49815	N991DL	1941	53343
LV-BOH	1868	53175	N907DL	1365	49538	N943DL	1608	49816	N992DL	1943	53344
LV-BOR	1741	49929	N908DE	2032	53417	N944DL	1612	49817	N993DL	1950	53345
LV-BTI	1716	49927	N908DL	1366	49539	N945DL	1613	49818	N994DL	1952	53346
LV-BTW	1715	49926	N909DE	2033	53418	N946DL	1629	49819	N995DL	1955	53362
LV-BXA	1732	49928	N909DL	1395	49540	N947DL	1664	49878	N996DL	1958	53363
LV-VBX	2016	53047	N910DE	2036	53419	N948DL	1666	49879	N997DL	1961	53364
LV-VBY	2030	53048	N910DL	1416	49541	N949DL	1676	49880	N998DL	1963	53370
LV-VBZ	2031	53049	N911DE	2037	49967	N950DL	1677	49881	N999DN	1965	53371
LV-VCB	2043	53351	N911DL	1433	49542	N951DL	1679	49882	P4-MDA	1606	49759
LV-VGB	2046	53446	N912DE	2038	49997	N952DL	1683	49883	P4-MDC	1657	49766
LV-VGC	2064	53447	N912DL	1434	49543	N953DL	1685	49884	PK-FEA	1657	49766
N11FQ	1606	49759	N913DE	2039	49956	N954DL	1689	49885	PK-FEC	1606	49759
N12FQ	1657	49766	N913DL	1443	49544	N955DL	1691	49886	TC-ONM	2167	53546
N156PL	1606	49759	N914DE	2049	49957	N956DL	1699	49887	TC-ONN	2176	53547
N157PL	1620	49760	N914DL	1444	49545	N957DL	1700	49976	TC-ONO	2180	53548
N158PL	1623	49761	N915DE	2050	53420	N958DL	1701	49977	TC-ONP	2185	53549
N159PL	1624	49762	N915DL	1447	49546	N959DL	1710	49978	TC-ONR	2187	53550
N160PL	1626	49763	N916DE	2051	53421	N960DL	1711	49979	XA-AMS	1715	49926
N161PL	1632	49764	N916DL	1448	49591	N961DL	1712	49980	XA-AMT	1716	49927
N162PL	1645	49765	N917DE	2054	49958	N962DL	1725	49981	XA-AMU	1732	49928
N163PL	1657	49766	N917DL	1469	49573	N963DL	1726	49982	XA-AMV	1741	49929
N166PL	1732	49928	N918DE	2055	49959	N964DL	1747	49983			

McDonnell Douglas MD-90

Production Started:	1993
Production Ended:	2000
Number Built:	118
Active:	108
Preserved:	0
WFU, Stored & In Parts:	10
Written Off:	0
Scrapped:	0

Location Summary	
China	22
Finland	5
Iceland	3
Indonesia	5
Japan	16
Saudi Arabia	29
Switzerland	2
Taiwan	13
USA - AZ	4
USA - CA	3
USA - GA	16

l/n	c/n	Model	Registration	Owner/Operator	Status	Location	Notes
2018	53367	MD-90-30	N901DC	(McDonnell Douglas)	Fuselage Remains	Kingman, AZ	
2094	53382	MD-90-30	N902DA	Delta Air Lines	Active	Atlanta, GA	
2095	53383	MD-90-30	N903DA	Delta Air Lines	Active	Atlanta, GA	
2096	53384	MD-90-30	N904DA	Delta Air Lines	Active	Atlanta, GA	
2097	53385	MD-90-30	N905DA	Delta Air Lines	Active	Atlanta, GA	
2098	53352	MD-90-30	JA8062	Japan Airlines Domestic	Active	Tokyo Haneda, Japan	
2099	53386	MD-90-30	N906DA	Delta Air Lines	Active	Atlanta, GA	
2100	53381	MD-90-30	N901DA	Delta Air Lines	Active	Atlanta, GA	
2115	53387	MD-90-30	N907DA	Delta Air Lines	Active	Atlanta, GA	
2117	53388	MD-90-30	N908DA	Delta Air Lines	Active	Atlanta, GA	
2120	53353	MD-90-30	JA8063	Japan Airlines Domestic	Active	Tokyo Haneda, Japan	
2122	53389	MD-90-30	N909DA	Delta Air Lines	Active	Atlanta, GA	
2123	53390	MD-90-30	N910DN	Delta Air Lines	Active	Atlanta, GA	
2125	53354	MD-90-30	JA8064	Japan Airlines Domestic	Active	Tokyo Haneda, Japan	
2126	53391	MD-90-30	N911DA	Delta Air Lines	Active	Atlanta, GA	
2129	53489	MD-90-30	PK-LIM	Lion Airlines	Active	Jakarta CGK, Indonesia	
2131	53355	MD-90-30	JA8065	Japan Airlines Domestic	Active	Tokyo Haneda, Japan	
2133	53490	MD-90-30	PK-LIO	Lion Airlines	Active	Jakarta CGK, Indonesia	
2136	53392	MD-90-30	N912DN	Delta Air Lines	Active	Atlanta, GA	
2138	53457	MD-90-30	OH-BLE	Blue1	Active	Helsinki Vantaa, Finland	
2140	53458	MD-90-30	OH-BLU	Blue1	Active	Helsinki Vantaa, Finland	
2141	53459	MD-90-30	OH-BLC	Blue1	Active	Helsinki Vantaa, Finland	
2142	53460	MD-90-30	HB-JID	Hello / Iceland Express	Active	Keflavik, Iceland	
2143	53523	MD-90-30	B-2250	China Southern Airlines	Active	Shenyang, China	
2144	53551	MD-90-30	PK-LIP	Lion Airlines	Active	Jakarta CGK, Indonesia	
2146	53524	MD-90-30	B-2251	China Southern Airlines	Active	Shenyang, China	
2147	53461	MD-90-30	HB-JIE	Hello / Iceland Express	Active	Keflavik, Iceland	
2149	53462	MD-90-30	HB-JIF	Hello / Iceland Express	Active	Keflavik, Iceland	
2150	53525	MD-90-30	B-2252	China Southern Airlines	Active	Shenyang, China	
2152	53542	MD-90-30	B-88899	(Air Philippines)	Stored	Tainan, Taiwan	
2153	53534	MD-90-30	B-17923	UNI Airways / EVA Air	Active	Taipei, Taiwan	
2154	53393	MD-90-30	N913DN	Delta Air Lines	Active	Atlanta, GA	
2156	53394	MD-90-30	N914DN	Delta Air Lines	Active	Atlanta, GA	
2157	53356	MD-90-30	JA8066	Japan Airlines Domestic	Active	Tokyo Haneda, Japan	
2158	53535	MD-90-30	B-17911	UNI Airways	Active	Kaoshiung, Taiwan	
2159	53395	MD-90-30	N915DN	Delta Air Lines	Active	Atlanta, GA	
2160	53536	MD-90-30	B-17912	(China Institute of Technology)	Nose Remains	Hsin-chu, Taiwan	
2161	53396	MD-90-30	N916DN	Delta Air Lines	Active	Atlanta, GA	
2162	53537	MD-90-30	B-17913	UNI Airways / EVA Air	Active	Taipei, Taiwan	
2163	53552	MD-90-30	N593BC	(Hello)	Stored	Victorville, CA	For Delta Air Lines
2164	53357	MD-90-30	JA8069	Japan Airlines Domestic	Active	Tokyo Haneda, Japan	
2165	53553	MD-90-30	HB-JIB	Hello	Active	Zurich, Switzerland	For Delta Air Lines
2166	53554	MD-90-30	B-17921	UNI Airways	Active	Taipei, Taiwan	
2168	53538	MD-90-30	B-17915	(UNI Airways)	WFU & Stored	Victorville, CA	
2169	53567	MD-90-30	B-17926	UNI Airways / EVA Air	Active	Taipei, Taiwan	
2170	53526	MD-90-30	B-2253	China Southern Airlines	Active	Shenyang, China	
2171	53568	MD-90-30	B-17925	UNI Airways / EVA Air	Active	Taipei, Taiwan	
2172	53539	MD-90-30	B-17916	(UNI Airways)	WFU & Stored	Victorville, CA	

I/n	c/n	Model	Registration	Owner/Operator	Status	Location	Notes
2173	53569	MD-90-30	B-17919	UNI Airways	Active	Kaoshiung, Taiwan	
2175	53527	MD-90-30	B-2254	China Southern Airlines	Active	Shenyang, China	
2177	53528	MD-90-30	B-2255	China Southern Airlines	Active	Harbin, China	
2179	53358	MD-90-30	JA8070	Japan Airlines Domestic	Active	Tokyo Haneda, Japan	
2181	53570	MD-90-30	PK-LIK	Lion Airlines	Active	Jakarta CGK, Indonesia	
2182	53573	MD-90-30	PK-LIL	(Lion Airlines)	WFU & Stored	Jakarta CGK, Indonesia	Possibly Written Off
2184	53359	MD-90-30	JA8004	Japan Airlines Domestic	Active	Tokyo Haneda, Japan	
2186	53574	MD-90-30	B-17920	UNI Airways	Active	Kaoshiung, Taiwan	
2190	53360	MD-90-30	JA8020	Japan Airlines Domestic	Active	Tokyo Haneda, Japan	
2191	53491	MD-90-30	HZ-APA	Saudi Arabian Airlines	Active	Jeddah, Saudi Arabia	
2193	53571	MD-90-30	B-17918	UNI Airways	Active	Taipei, Taiwan	
2194	53543	MD-90-30	OH-BLF	Blue1	Active	Helsinki Vantaa, Finland	
2195	53576	MD-90-30	HB-JIC	Hello	Active	Basel Mulhouse, Switzerland	For Delta Air Lines
2197	53544	MD-90-30	OH-BLD	Blue1	Active	Helsinki Vantaa, Finland	
2198	53582	MD-90-30	B-2256	China Eastern Airlines	Active	Tianjin, China	
2200	53583	MD-90-30	B-2257	China Eastern Airlines	Active	Tianjin, China	
2202	53361	MD-90-30	JA8029	Japan Airlines Domestic	Active	Tokyo Haneda, Japan	
2203	53584	MD-90-30	B-2258	China Eastern Airlines	Active	Tianjin, China	
2205	53492	MD-90-30	HZ-APB	Saudi Arabian Airlines	Active	Jeddah, Saudi Arabia	
2207	53555	MD-90-30	JA001D	Japan Airlines Domestic	Active	Tokyo Haneda, Japan	
2209	53493	MD-90-30	HZ-APC	Saudi Arabian Airlines	Active	Jeddah, Saudi Arabia	
2210	53556	MD-90-30	JA002D	Japan Airlines Domestic	Active	Tokyo Haneda, Japan	
2211	53557	MD-90-30	JA003D	Japan Airlines Domestic	Active	Tokyo Haneda, Japan	
2212	53558	MD-90-30	JA004D	Japan Airlines Domestic	Active	Tokyo Haneda, Japan	
2213	53494	MD-90-30	HZ-APD	Saudi Arabian Airlines	Active	Jeddah, Saudi Arabia	
2215	53495	MD-90-30	HZ-APE	Saudi Arabian Airlines	Active	Jeddah, Saudi Arabia	
2216	53496	MD-90-30	HZ-APF	Saudi Arabian Airlines	Active	Jeddah, Saudi Arabia	
2217	53572	MD-90-30	B-17917	UNI Airways / EVA Air	Active	Taipei, Taiwan	
2219	53497	MD-90-30	HZ-APG	Saudi Arabian Airlines	Active	Jeddah, Saudi Arabia	
2220	53529	MD-90-30	B-2259	China Southern Airlines	Active	Harbin, China	
2221	53498	MD-90-30	HZ-APH	Saudi Arabian Airlines	Active	Jeddah, Saudi Arabia	
2222	53530	MD-90-30	B-2260	China Southern Airlines	Active	Harbin, China	
2223	53499	MD-90-30	HZ-API	Saudi Arabian Airlines	Active	Jeddah, Saudi Arabia	
2224	53585	MD-90-30	B-2262	China Eastern Airlines	Active	Tianjin, China	
2225	53500	MD-90-30	HZ-APJ	Saudi Arabian Airlines	Active	Jeddah, Saudi Arabia	
2226	53501	MD-90-30	HZ-APK	Saudi Arabian Airlines	Active	Jeddah, Saudi Arabia	
2227	53502	MD-90-30	HZ-APL	Saudi Arabian Airlines	Active	Jeddah, Saudi Arabia	
2228	53531	MD-90-30	B-2261	China Southern Airlines	Active	Harbin, China	
2229	53503	MD-90-30	HZ-APM	Saudi Arabian Airlines	Active	Jeddah, Saudi Arabia	
2230	53504	MD-90-30	HZ-APN	Saudi Arabian Airlines	Active	Jeddah, Saudi Arabia	
2231	53505	MD-90-30	HZ-APO	Saudi Arabian Airlines	Active	Jeddah, Saudi Arabia	
2232	53506	MD-90-30	HZ-APP	Saudi Arabian Airlines	Active	Jeddah, Saudi Arabia	
2233	53586	MD-90-30	B-2263	China Eastern Airlines	Active	Tianjin, China	
2235	53507	MD-90-30	HZ-APQ	Saudi Arabian Airlines	Active	Jeddah, Saudi Arabia	
2236	53559	MD-90-30	JA005D	Japan Airlines Domestic	Active	Tokyo Haneda, Japan	
2237	53508	MD-90-30	HZ-APR	Saudi Arabian Airlines	Active	Jeddah, Saudi Arabia	
2238	53578	MD-90-30	P4-MDF	(Pro Air)	Parts Remain	Marana, AZ	
2240	53587	MD-90-30	B-2265	China Eastern Airlines	Active	Tianjin, China	

McDonnell Douglas MD-90 — Out Of Production List: Western Jet Airliners

l/n	c/n	Model	Registration	Owner/Operator	Status	Location	Notes
2242	53579	MD-90-30	P4-MDG	(Pro Air)	Parts Remain	Marana, AZ	
2243	53601	MD-90-30	B-17922	UNI Airways	Active	Taipei, Taiwan	
2245	53560	MD-90-30	JA006D	Japan Airlines Domestic	Active	Tokyo Haneda, Japan	
2246	53580	MD-90-30	P4-MDH	(Pro Air)	Parts Remain	Marana, AZ	
2248	53588	MD-90-30	B-2268	China Eastern Airlines	Active	Tianjin, China	
2250	53509	MD-90-30	HZ-APS	Saudi Arabian Airlines	Active	Jeddah, Saudi Arabia	
2251	53510	MD-90-30	HZ-APT	Saudi Arabian Airlines	Active	Jeddah, Saudi Arabia	
2253	53532	MD-90-30	B-2266	China Southern Airlines	Active	Shenyang, China	
2255	53511	MD-90-30	HZ-APU	Saudi Arabian Airlines	Active	Jeddah, Saudi Arabia	
2256	53512	MD-90-30	HZ-APV	Saudi Arabian Airlines	Active	Jeddah, Saudi Arabia	
2257	53513	MD-90-30	HZ-APW	(Saudi Arabian Airlines)	Stored	Riyadh, Saudi Arabia	Damaged in Landing Accident
2258	53533	MD-90-30	B-2267	China Southern Airlines	Active	Shenyang, China	
2259	53589	MD-90-30	B-2269	China Eastern Airlines	Active	Tianjin, China	
2260	53514	MD-90-30	HZ-APX	Saudi Arabian Airlines	Active	Jeddah, Saudi Arabia	
2261	53590	MD-90-30	B-2270	China Eastern Airlines	Active	Tianjin, China	
2262	53515	MD-90-30	HZ-APY	Saudi Arabian Airlines	Active	Jeddah, Saudi Arabia	
2263	53516	MD-90-30	HZ-APZ	Saudi Arabian Airlines	Active	Jeddah, Saudi Arabia	
2288	53517	MD-90-30	HZ-AP7	Saudi Arabian Airlines	Active	Jeddah, Saudi Arabia	
2289	53518	MD-90-30	HZ-AP3	Saudi Arabian Airlines	Active	Jeddah, Saudi Arabia	
2290	53519	MD-90-30	HZ-AP4	Saudi Arabian Airlines	Active	Jeddah, Saudi Arabia	
4001	60001	MD-90-30	B-2100	China Southern Airlines	Active	Shenyang, China	
4002	60002	MD-90-30	B-2103	China Northern Airlines	Active	Shenyang, China	

Cross Reference

Registration	l/n	c/n	Registration	l/n	c/n	Registration	l/n	c/n
B-15301	2169	53567	JA006D	2245	53560	PK-LIO	2133	53490
B-16901	2153	53534	JA8004	2184	53359	PK-LIP	2144	53551
B-16902	2171	53568	JA8020	2190	53360	SE-DMF	2138	53457
B-16903	2193	53571	JA8029	2202	53361	SE-DMG	2147	53461
B-17911	2158	53535	JA8062	2098	53352	SE-DMH	2194	53543
B-17912	2160	53536	JA8063	2120	53353	SU-BMQ	2195	53576
B-17913	2162	53537	JA8064	2125	53354	SU-BMR	2163	53552
B-17915	2168	53538	JA8065	2131	53355	SU-BMS	2165	53553
B-17916	2172	53539	JA8066	2157	53356	SU-BMT	2243	53601
B-17917	2217	53572	JA8069	2164	53357	SU-BNN	2166	53554
B-17918	2193	53571	JA8070	2179	53358	TC-JHA	2163	53552
B-17919	2173	53569	LN-ROA	2141	53459	TC-JHB	2165	53553
B-17920	2186	53574	LN-ROB	2149	53462	TC-KTA	2163	53552
B-17921	2166	53554	N534MD	2163	53552	TC-KTB	2165	53553
B-17922	2243	53601	N535MD	2165	53553			
B-17923	2153	53534	N6200N	2260	53514			
B-17925	2171	53568	N6202D	4001	60001			
B-17926	2169	53567	N6202D	2205	53492			
B-2100	4001	60001	N6202D	2221	53498			
B-2103	4002	60002	N6202D	2288	53517			
B-2250	2143	53523	N6202S	2163	53552			
B-2251	2146	53524	N6203D	2215	53495			
B-2252	2150	53525	N6203D	2250	53509			
B-2253	2170	53526	N6203D	2289	53518			
B-2254	2175	53527	N6203U	2165	53553			
B-2255	2177	53528	N6203U	2251	53510			
B-2256	2198	53582	N6204C	2166	53554			
B-2257	2200	53583	N6206F	2171	53568			
B-2258	2203	53584	N743BC	2163	53552			
B-2259	2220	53529	N744BC	2165	53553			
B-2260	2222	53530	N765BC	2195	53576			
B-2261	2228	53531	N9010L	2257	53513			
B-2262	2224	53585	N9012J	2215	53495			
B-2263	2233	53586	N9012S	2173	53569			
B-2265	2240	53587	N9012S	2216	53496			
B-2266	2253	53532	N9012S	2231	53505			
B-2267	2258	53533	N9014S	2209	53493			
B-2268	2248	53588	N9014S	2262	53515			
B-2269	2259	53589	N901DA	2100	53381			
B-2270	2261	53590	N901DC	2018	53367			
B-88899	2152	53542	N901RA	2129	53489			
HB-JIA	2163	53552	N902DA	2094	53382			
HB-JIB	2165	53553	N902DC	2100	53381			
HB-JIC	2195	53576	N902RA	2133	53490			
HB-JID	2142	53460	N903DA	2095	53383			
HB-JIE	2147	53461	N903RA	2144	53551			
HB-JIF	2149	53462	N904DA	2096	53384			
HZ-AP2	2288	53517	N904RA	2181	53570			
HZ-AP3	2289	53518	N905DA	2097	53385			
HZ-AP4	2290	53519	N905RA	2182	53573			
HZ-AP7	2288	53517	N906DA	2099	53386			
HZ-APA	2191	53491	N9075H	2186	53574			
HZ-APB	2205	53492	N9075H	2263	53516			
HZ-APC	2209	53493	N9075H	2290	53519			
HZ-APD	2213	53494	N9075H	4002	60002			
HZ-APE	2215	53495	N907DA	2115	53387			
HZ-APF	2216	53496	N908DA	2117	53388			
HZ-APG	2219	53497	N909DA	2122	53389			
HZ-APH	2221	53498	N9101L	2213	53494			
HZ-API	2223	53499	N910DN	2123	53390			
HZ-APJ	2225	53500	N911DA	2126	53391			
HZ-APK	2226	53501	N912DN	2136	53392			
HZ-APL	2227	53502	N913DN	2154	53393			
HZ-APM	2229	53503	N914DN	2156	53394			
HZ-APN	2230	53504	N915DN	2159	53395			
HZ-APO	2231	53505	N916DN	2161	53396			
HZ-APP	2232	53506	N934MD	2163	53552			
HZ-APQ	2235	53507	N935MD	2165	53553			
HZ-APR	2237	53508	OH-BLC	2141	53459			
HZ-APS	2250	53509	OH-BLD	2197	53544			
HZ-APT	2251	53510	OH-BLE	2138	53457			
HZ-APU	2255	53511	OH-BLF	2194	53543			
HZ-APV	2256	53512	OH-BLU	2140	53458			
HZ-APW	2257	53513	OY-KIL	2140	53458			
HZ-APX	2260	53514	OY-KIM	2141	53459			
HZ-APY	2262	53515	OY-KIN	2197	53544			
HZ-APZ	2263	53516	P4-MDF	2238	53578			
JA001D	2207	53555	P4-MDG	2242	53579			
JA002D	2210	53556	P4-MDH	2246	53580			
JA003D	2211	53557	PK-LIK	2181	53570			
JA004D	2212	53558	PK-LIL	2182	53573			
JA005D	2236	53559	PK-LIM	2129	53489			

SE.210 Caravelle

Production Started:	1958
Production Ended:	1972
Number Built:	282
Active:	0
Preserved:	45
WFU, Stored & In Parts:	65
Written Off:	53
Scrapped:	119

Location Summary

Location	Count
Algeria	2
Belgium	1
Burundi	1
Central African Republic	1
Chad	1
Colombia	7
Congo	5
Cuba	1
Cyprus	1
Denmark	2
Ecuador	2
France	35
Gabon	1
Greece	1
Italy	7
Libya	3
Mexico	2
Morocco	2
Netherlands	2
Nigeria	3
Norway	1
Panama	2
Philippines	1
Senegal	2
Serbia	2
South Africa	1
Sweden	7
Syria	2
Thailand	1
Tunisia	2
Turkey	1
Uganda	1
USA - AZ	2
USA - CA	1
USA - CT	1
USA - FL	1
USA - OH	2

l/n	c/n	Model	Registration	Owner/Operator	Status	Location	Notes
0001		-	F-BHHH	-	Scrapped	Paris Orly, France	Prototype
001	1	3	F-BHRA	(Air France)	Preserved	Vilgenis Technical School, France	
0002		-	F-BHHI	-	Nose Preserved	Paris Le Bourget Museum, France	
002	2	3	F-BHRB	-	Scrapped	Paris Orly, France	
003	3	3	LN-KLH	(SAS)	Preserved	Oslo Gardermoen Technical School, Norway	
004	4	3	SE-DAA	(SAS)	Ground Trainer	Stockholm Arlanda, Sweden	
005	5	3	6V-AAR	(Government of Senegal)	WFU & Stored	Dakar Yoof, Senegal	
006	6	3	OY-KRA	-	Scrapped	Stockholm Arlanda, Sweden	
007	7	3	LN-KLI	-	Scrapped	Stockholm Arlanda, Sweden	
008	8	3	F-BHRD	-	Scrapped	Roanne, France	
009	9	3	F-BHRE	-	Scrapped	Paris Orly, France	
010	10	3	TL-AAI	-	Scrapped	Paris Orly, France	
011	11	3	SE-DAB	-	Scrapped	Stockholm Arlanda, Sweden	
012	12	3	F-BHRF	(Air France)	WFU & Stored	Roanne, France	
013	13	3	F-BHRG	-	Scrapped	Paris Orly, France	
014	14	1	OY-KRB	-	Written Off	Ankara, Turkey	
015	15	3	PP-VJD	-	Written Off	Brasilia, Brazil	
016	16	3	F-BHRH	(Air France)	Preserved	Pau, France	
017	17	3	F-BHRI	(Le Riort Disco)	Preserved as Nightclub	Coulongues Sur L'Autize, France	
018	18	3	7T-VAG	-	Scrapped	Algiers, Algeria	
019	19	3	F-GBMI	-	Scrapped	Perpignan, France	
020	20	-	YV-C-AVI	-	Written Off	Barquisimeto, Venezuela	
021	23	3	9Q-CPS	-	Scrapped	Kinshasa, Congo	
022	26	3	F-BJTR	-	Scrapped	Paris Le Bourget, France	
023	21	3	OD-AEM	-	Written Off	Nr Dharan, Saudi Arabia	
024	22	3	LN-KLP	(SAS)	Fire Trainer	Malmo, Sweden	
025	24	3	HS-TGI	-	Written Off	Hong Kong Kair Tak	
026	25	3	F-BHRK	-	Scrapped	Paris Orly, France	
027	32	3	F-BJTS	-	Scrapped	Paris Orly, France	
028	29	3	7T-VAI	-	Written Off	Algiers, Algeria	
029	27	3	OY-KRC	(SAS)	Fire Trainer	Stockholm Arlanda, Sweden	
030	28	3	LN-KLR	-	Scrapped	Stockholm Arlanda, Sweden	
031	30	3	F-BHRL	-	Scrapped	Frankfurt Main, Germany	
032	33	3	CN-CCV	-	Written Off	Casablanca, Morocco	
033	34	3	PH-TRO	(Transavia)	Nose Preserved	Aviodrome Museum, Lelystad, Netherlands	
034	35	3	HS-TGK	-	Written Off	Bangkok Don Muang, Thailand	
035	31	6N	HC-BAD	-	Scrapped	Quito, Ecuador	
036	36	6N	PH-TVW	-	Scrapped	Amsterdam Schiphol, Netherlands	
037	37	3	F-BHRM	(Aeroport International De Satolas)	Preserved	Lyon Satolas, France	
038	40	3	F-WJAL	-	WFU & Stored	Toulouse Blagnac Museum, France	
039	38	3	F-BHRN	-	Scrapped	Paris Orly, France	
040	39	6N	HC-BAE	-	Written Off	Nr Santa Elena, Guatemala	
041	41	3	F-BHRO	-	Scrapped	Angers, France	
042	44	7	TL-FCA	(Central African Republic)	WFU & Stored	Bangui, Central African Republic	
043	42	3	PH-TRP	(Technische University Delft)	Nose Preserved	Delft, Netherlands	
044	43	6N	PH-TVV	-	Scrapped	Amsterdam Schiphol, Netherlands	

l/n	c/n	Model	Registration	Owner/Operator	Status	Location	Notes
045	47	3	F-BHRP	-	Scrapped	Paris Orly, France	
046	48	3	F-BHRQ	-	Scrapped	Lagos, Nigeria	
047	45	3	OY-KRD	(SAS)	Preserved	Danish Technical Museum, Helsingor, Denmark	
048	46	3	PH-TRR	-	Scrapped	Amsterdam Schiphol, Netherlands	
049	49	3	OY-KRE	-	Scrapped	Stockholm Arlanda, Sweden	
050	50	3	5N-AWK	-	Written Off	Calaba, Nigeria	
051	51	3	7T-VAE	(Air Algerie)	WFU & Stored	Algiers, Algeria	
052	52	3	F-BHRZ	-	Scrapped	Paris Orly, France	
053	72	3	XU-JTB	(Air Cambodge)	WFU & Stored	Bangkok Don Muang, Thailand	
054	53	3	F-BHRS	(Altair)	Fire Dump	Milan Malpensa, Italy	
055	52	3	F-BHRT	(Air France)	Preserved	Institute Amaury De La Grange, Merville, France	
056	54	3	SE-DAE	-	Scrapped	Stockholm Arlanda, Sweden	
057	67	3	CN-CCX	(Royal Air Maroc)	WFU & Stored	Casablanca Anfa, Morocco	
058	55	3	F-BHRU	(Air France)	Nose Preserved	La Ferté Alais, France	
059	56	3	F-BHRV	-	Scrapped	Paris Orly, France	
060	57	3	F-BHRX	-	Scrapped	Paris Orly, France	
061	58	3	F-BHRY	(Air France)	Preserved	Nancy, France	
062	59	6R	N901MW	(Airborne Express)	Preserved	Ohio History of Flight, Columbus, OH	
063	125	10A	F-WJAO	-	Nose Used in c/n 269	Toulouse Blagnac, France	
064	60	6N	OO-SRA	SABENA	Preserved	Musée Royal de l'Armée et d'Histoire Militaire, Brussels, Belgium	
065	61	6N	OO-SRB	-	Scrapped	Brussels, Belgium	
066	62	6N	F-BYCA	-	Nose Preserved?	Vilgenis/Perpignan, France?	
067	63	6N	F-BYCD	(Aeroport de Chateauroux-Deols)	WFU & Stored	Chateauroux, France	
068	75	6N	F-BJTB	-	Written Off	Douar Takadoum, Morocco	
069	64	6N	OO-SRD	-	Written Off	Nr Tangiers, Morocco	
070	82	6N	VT-ECG	-	Scrapped	Mumbai, India	
071	65	6N	9Q-CRU	(Alitalia)	WFU & Stored	Entebbe, Uganda	
072	66	6N	I-DABE	-	Scrapped	Quito, Ecuador	
073	73	6N	7T-VAK	-	Written Off	Nr Biskra, Algeria	
074	68	6N	9Q-CMD	(African Air Charter)	WFU & Stored	Mbju-Maji, Congo	
075	78	6N	7T-VAL	(Air Algerie)	WFU & Stored	Algiers, Algeria	
076	69	6N	F-BXOO	(Europe Aero Service)	WFU & Stored	Vilgenis, France	
077	71	6N	I-DABU	(Rufa Mobilifico)	Preserved	S214, Nr Frosinone, Italy	
078	87	6N	TU-TXR	-	Scrapped	Dakar, Senegal	
079	77	6N	I-DAXU	-	Preserved as Restaurant	Nr Pavia, Italy	
080	90	6N	I-DAXT	-	Scrapped	Venice, Italy	
081	102	6N	I-ALBA	(Alitalia)	Preserved	Tavazzano, Italy	
082	105	6N	HC-BAI	-	Scrapped	Quito, Ecuador	
083	81	3	F-BSGZ	-	Written Off	Ho Chi Minh, Vietnam	
084	83	3	TS-IKM	-	Scrapped	Tunis, Tunisia	
085	113	6N	I-DABT	-	Scrapped	Venice Treviso, Italy	
086	74	6R	N1001U	(United Air Lines)	Preserved	Pima Air & Space Museum, Tucson, AZ	
087	76	6R	N777VV	-	Fire Trainer	Tucson, AZ	
088	79	6R	N902MW	(Airborne Express)	Preserved	New England Air Museum, Windsor Locks, CT	
089	80	6R	N903MW	-	Scrapped	Wilmington, DE	

l/n	c/n	Model	Registration	Owner/Operator	Status	Location	Notes
090	84	6R	RP-C970	-	Scrapped	Copenhagen, Denmark	
091	85	6R	5T-RIM	(Government of Mauritania)	Ground Trainer	Dakar, Senegal	
092	86	6R	PH-TRX	-	Scrapped	Amsterdam Schiphol, Netherlands	
093	88	6R	N904MW	-	Scrapped	Wilmington, DE	
094	89	6R	F-BUZC	-	Scrapped	Nimes, France	
095	91	6R	N905MW	-	Written Off	Atlanta, GA	
096	92	6R	PH-TRH	-	Scrapped	Amsterdam Schiphol, Netherlands	
097	93	6R	F-BTON	-	Scrapped	Toulouse, France	
098	94	6R	OY-SAN	-	Scrapped	Stockholm Arlanda, Sweden	
099	95	6R	F-GAPA	-	Scrapped	Nimes, France	
100	96	6R	TT-AAM	(Government of Tchad)	Preserved as Restaurant	N'Djamena, Chad	
101	97	6R	F-BUFF	-	Scrapped	Paris Orly, France	
102	98	6R	N98KT	(Private/The Lifetime Channel)	Stored	Van Nuys, CA	
103	99	6R	PI-C969	-	Scrapped	Manila, Philippines	
104	100	6R	OY-SAJ	-	Scrapped	Copenhagen, Denmark	
105	122	6R	9Q-CZZ	-	Written Off	Kinshasa, Congo	
106	114	6N	EL-AIW	(Coastal Airways)	WFU & Stored	Thessaloniki, Greece	
107	104	6R	EC-ARI	-	Scrapped	Madrid, Spain	
108	109	6R	B-2501	-	Scrapped	Taipei, Taiwan	
109	118	6R	HK-1812	-	Scrapped	Bogota, Colombia	
110	115	6R	B-2503	-	Scrapped	Taipei, Taiwan	
111	101	3	F-BJTE	-	Scrapped	Kano, Nigeria	
112	106	3	SE-DAF	(SAS)	Preserved	Stockholm Arlanda, Sweden	
113	107	3	F-BJTF	-	Scrapped	Paris Orly, France	
114	103	6R	TR-LWD	(Government of Gabon)	Stored	SS73, Nr Sienna, Italy	
115	118	3	9Q-CLP	-	Scrapped	Kinshasa, Congo	
116	108	3	F-ZACE	-	Preserved	Musee Europeen De L'Aviation De chasse, Montelimar, France	
117	124	6R	HC-BAJ	(Servicios Aereos Nacionales)	WFU & Stored	Guayaquil, Ecuador	
118	117	6R	PP-PDU	-	Scrapped	Rio de Janeiro, Brazil	
119	123	3	9Q-CGC	(Fontshi Aviation Service)	Stored	Kinshasa, Congo	
120	120	6R	PP-PDV	-	Written Off	Manaus, Brazil	
121	111	3	B-1850	-	Scrapped	Taipei, Taiwan	
122	112	3	B-1852	-	Written Off	Penghu Island, Taiwan	
123	116	3	9Q-CZL	-	Scrapped	Kinshasa, Congo	
124	119	3	F-WJTH	(Air Charter International)	Preserved	Nice, France	
125	126	6R	HC-BAT	-	Written Off	Guayaquil, Ecuador	
126	127	6R	PP-PDX	-	Written Off	Maranhao, Brazil	
127	121	6N	LV-HGY	-	Written Off	Cordoba, Argentina	
128	158	10A/6N	VT-DPO	-	Written Off	Nr Mumbai, India	
129	132	6R	N907MW	(Cincinnati Fire Department)	Ground Trainer	Cincinnati, OH	
130	160	6N	VT-DPP	-	Written Off	New Delhi, India	
131	128	6R	HK-2212	(Aerotal Colombia)	Stored	Bogota, Colombia	
132	169	10A/6N	I-DABL	-	Scrapped	Italy	
133	134	-	HK-1709X	-	Scrapped	Bogota, Colombia	
134	179	10A/6N	VT-DSB	-	Written Off	Nr Mumbai, India	
135	137	10A/6N	YU-AHB	(JAT)	Preserved	Museum of Yugoslav Aviation, Belgrade, Serbia	
136	159	(Lineas Aereas Suramericanas)	HK-2597X		WFU & Stored	Panama City	

SE.210 Caravelle — Out Of Production List: Western Jet Airliners

l/n	c/n	Model	Registration	Owner/Operator	Status	Location	Notes
137	129	6R	HC-BFN	-	Written Off	Ecuador	
138	154	6R	HK-1811	-	Scrapped	Bogota, Colombia	
139	135	6N	F-BYAI	-	Scrapped	Paris Orly, France	
140	164	10A/6R	HK-1778	-	Written Off	Bogota, Colombia	
141	136	3	F-RAFG	(French Air Force)	Preserved	Paris Le Bourget Museum, France	
142	139	3	F-BJTL	-	Scrapped	Zurich, Switzerland	
143	131	6N	I-DABM	(Alitalia)	Preserved	Ceolini, Italy	
144	143	3	9U-BTA	(Air Burundi)	WFU & Stored	Bujumbura, Burundi	
145	144	3	XU-JTA	-	Written Off	Phnom Penh, Cambodia	
146	140	6N	HC-BDS	(PASTAVI Airlines)	Preserved as Cafe	Otavalo, Ecuador	
147	130	3	HB-ICV	-	Written Off	Duerrenaesch, Switzerland	
148	146	3	F-BJTO	-	Nose Preserved	Vilgenis Technical School, France	
149	133	6N	F-GBMJ	-	Scrapped	Vilgenis, France	
150	141	6N	I-DABW	-	Scrapped	Quito, Ecuador	
151	149	6N	YU-AHD	-	Written Off	Nr Titograd, Serbia	
152	148	3	F-CCIB	(Caravelle Club Bordeaux)	Preserved	Bordeaux, France	
153	145	6N	OD-AEE	-	Written Off	Beirut, Lebanon	
154	151	3	HI-499	(Cubana)	Preserved	Havana Expo Centre, Cuba	
155	157	6N	VT-DPN	-	Scrapped	Mumbai, India	
156	150	6R	LX-LGG	-	Scrapped	Quito, Ecuador	
157	147	6N	OD-AEF	-	Written Off	Beirut, Lebanon	
158	155	6R	5A-DAA	(Libyan Arab Airlines)	WFU & Stored	Tripoli, Libya	
159	153	6R	EC-AVZ	-	Scrapped	Madrid, Spain	
160	173	6R	HK-1780	-	Scrapped	Bogota, Colombia	
161	138	6R	HK-2402	(Aerotal Colombia)	WFU & Stored	Cali, Colombia	
162	156	6R	5A-DAB	(Libyan Arab Airlines)	WFU & Stored	Benghazi, Libya	
163	163	6R	EC-ATV	-	Written Off	Ibiza, Spain	
164	170	6R	HK-1779	(Aerotal Colombia)	WFU & Stored	Bogota, Colombia	
165	142	6R	HK-1810	-	Written Off	Riohacha, Colombia	
166	166	6R	HC-BFN	-	Scrapped	Bogota, Colombia	
167	188		HK-2598X	(Lineas Aereas Suramericanas)	WFU & Stored	Panama City	
168	152	-	HK-2287X		Scrapped	Bogota, Colombia	
169	162	10B3(F)	9Q-CPI	-	Scrapped	Kinshasa, Congo	
170	165	3	B-1856	-	Scrapped	Taipei, Taiwan	
171	196	6R	EC-BBR	-	Scrapped	Madrid, Spain	
172	182	3	85172	(Swedish Air Force)	Preserved	Swedish Air Force Museum, Malmslatt, Sweden	
173	161	6R	EC-AVY	-	Scrapped	Madrid, Spain	
174	178	6N	F-WJAN	-	Scrapped	Toulouse, France	
175	181	6N	F-GATZ	-	Scrapped	Nimes, France	
176	183	10R	D-ACVK	(Aero Lloyd)	WFU & Stored	Bordeaux, France	
177	168	3	F-BJTQ	-	Scrapped	Paris Orly, France	
178	167	3	TS-TAR	(Tunis Air)	WFU & Stored	Bordj El Amri, Tunisia	
179	187	6N	I-DABF	-	Scrapped	Marseilles, France	
180	177	6N	5N-AOY	(Okada Air)	Stored	Lagos, Nigeria / Perpignan, France	
181	171	10B3	F-BMKS	-	Scrapped	Toulouse, France	
182	172	-	HK-3835X		Written Off	Cayenne, French Guiana	
183	180	10B3	9Q-CPI	-	Scrapped	Kinshasa, Congo	
184	194	10B3	HK-4029	-	Scrapped	Todos Santos, Mexico	

SE.210 Caravelle — Out Of Production List: Western Jet Airliners

l/n	c/n	Model	Registration	Owner/Operator	Status	Location	Notes
185	174	10B3	F-BJEN	(Aeroclub du Haut-Bugey)	Forward Fuselage Preserved	Corlier Altiport, France	
186	206	10B3	YK-AFD	(Syrianair)	WFU & Stored	Damascus, Syria	
187	175	10B3	F-GELP	-	Scrapped	Toulouse, France	
188	203	(Global Colombia)	HK-3947X		WFU & Stored	Bogota, Colombia	
189	176	-	HK-3955X		Scrapped	Bogota, Colombia	
190	209	10B3	YK-AFB	(Syrianair)	WFU & Stored	Damascus, Syria	
191	185	3	YU-AJG	(JAT)	Ground Trainer	Belgrade, Serbia	
192	181	6N	F-BYAU	-	Written Off	Oujda, Morocco	
193	186	3	193	-	Scrapped	Bretigny, France	
194	193	6N	YU-AHE	-	Scrapped	Belgrade, Serbia	
195	190	3	CN-CCZ	(Royal Air Maroc)	Ground Trainer	Casablanca Anfa, Morocco	
196	192	6N	F-BVPU	-	Scrapped	Paris Orly, France	
197	184	6R	B-2505	-	Scrapped	Taipei, Taiwan	
198	189	6R	EC-AYE	-	Scrapped	Madrid, Spain	
199	195	10R	F-GFBH	-	Scrapped	Perpignan, France	
200	197	10R	HB-ICK	-	Written Off	Funchal, Madeira	
201	201	-	HK-3932X		Written Off	Yopal, Colombia	
202	204	10R	EC-BDD	-	Written Off	Sussex, UK	
203	199	6N	VT-DUH	-	Scrapped	Mumbai, India	
204	200	6N	VT-DUI	-	Scrapped	Mumbai, India	
205	208	6N	F-BYAT	-	Scrapped	Paris Orly, France	
206	210	3	5N-AWF	(Kabo Air)	WFU & Stored	Kano, Nigeria	
207	205	3	TS-MAC	-	Scrapped	Port El Kantaoui, Tunisia	
208	208	3	I-GISE	(Pizzeria Falconara)	Preserved as Restaurant	Porto Recanati, Italy	
209	198	3	9Q-CWK	-	Scrapped	Kinshasa, Congo	
210	202	3	SE-DAI	(Le Caravelle Club)	Preserved	Stockholm Arlanda, Sweden	
211	212	10B3	10506	(Mexican Air Force)	Stored	Mexico City	
212	211	-	HK-3858X		Scrapped	Bogota, Colombia	
213	213	6N	VT-DVI	-	Scrapped	Mumbai, India	
214	214	3	F-BNKI	-	Written Off	Paris Orly, France	
215	220	-	HK-3325X		Written Off	Barranquilla, Colombia	
216	215	6R	VT-DVJ	-	Written Off	Mumbai, India	
217	216	3	5N-AWO	(Kabo Air)	WFU & Stored	Lagos, Nigeria	
218	223	6N	F-BVPZ	(Athis-Paray Aviation)	Preserved	Paris Orly, France	
219	226	-	HK-3288X		Written Off	Bogota, Colombia	
220	217	3	5N-AVQ	-	Scrapped	Lagos, Nigeria	
221	221	6R	5A-DAE	(Libyan Arab Airlines)	WFU & Stored	Tripoli, Libya	
222	218	10R	TC-ASA	-	Fuselage Remains	Ercan, Cyprus	
223	222	10R	HK-2860	(Aerosucre Colombia)	Stored	Barranquilla, Colombia	
224	219	3	F-BNKE	(Air Inter)	Preserved	Marseille, France	
225	224	10R	EC-BIC	-	Written Off	La Coruna, Spain	
226	228	6R	EC-BIA	-	Written Off	Madrid, Spain	
227	232	3	F-BNKF	-	Scrapped	Paris Orly, France	
228	225	10R	EC-BID	-	Written Off	Funchal, Madeira	
229	233	3	9Q-CCP	-	Scrapped	Kinshasa, Congo	
230	227	10R	D-AAST	(Aero Lloyd)	WFU & Stored	Bordeaux, France	
231	231	6N	VT-DWN	-	Written Off	Mumbai, India	

SE.210 Caravelle — Out Of Production List: Western Jet Airliners

l/n	c/n	Model	Registration	Owner/Operator	Status	Location	Notes
232	229	10R	10507	(Mexican Air Force)	Fire Trainer	Mexico City	
233	234	6N	F-BYCY	(Espace Caravelle)	Preserved as Bar	Moyenpal, France	
234	247	6R	F-ZACQ	(French Air Force)	Preserved	CAEA Museum, Bordeaux, France	
235	235	10R	TC-ARI	-	Scrapped	Ercan, Cyprus	
236	244	10R	F-GFBI	-	Scrapped	Perpignan, France	
237	252	6N	F-BRGU	-	Scrapped	Nimes, France	
238	236	10B3	CPH-BOR	(Axel Air)	Fire Trainer	Copenhagen Kastrup, Denmark	
239	245	10R	TC-AKA	-	Scrapped	Ercan, Cyprus	
240	230	11R(F)	9Q-CNA	(Waltair)	Stored	Rand, South Africa	
241	254	6N	F-BVSF	(Corse Air International)	Ground Trainer	Franceville, Gabon	
242	240	3	F-BOHA	(Air France)	Preserved	Avignon, France	
243	238	10R	F-GFBA	-	Nose Remains	Perpignan, France	
244	242	3	F-BOHB	-	Written Off	Cap D'Antibes, France	
245	243	3	F-BOHC	-	Scrapped	Paris Orly, France	
246	237	3	TS-ITU	(Tunis Air)	WFU & Stored	Tunis, Tunisia	
247	248	10R	SE-DEB	(Pelican Express Airways)	WFU & Stored	Bordeaux, France	
248	239	3	F-BNKH	-	Scrapped	Paris Orly, France	
249	241	10B3	F-GHMU	(Air Toulouse International)	Preserved	Toulouse, France	
250	251	-	HK-3837X		Scrapped	Bogota, Colombia	
251	250	11R	3D-KIK	-	WFU & Stored	Gisenyi, Rwanda	
252	249	3	F-BNKJ	-	Scrapped	Paris Orly, France	
253	253	10R	TC-ABA	(Istanbul Airlines)	Preserved	Istanbul Ataturk, Turkey	
254	246	3	9Q-CFN	(Fontshi Aviation Service)	WFU & Stored	Kinshasa, Congo	
255	257	10B(F)	N37PV	(OM Aviation Service Inc)	Stored	Coral Springs, FL	
256	256	3	5N-AVO	(Intercontinental Airways)	Fuselage Remains	Lagos, Nigeria	
257	258	-	HK-3805X		Scrapped	Barranquilla, Colombia	
258	263	3	F-BSRY	-	Written Off	Bastia, Corsica	
259	261	-	HK-3756X		Scrapped	Bogota, Colombia	
260	259	3	5N-AVP	-	Scrapped	Lagos, Nigeria	
261	255	-	HK-2850X		Written Off	Arauca, Colombia	
262	264	(Aerosucre)	HK-3806X		WFU & Stored	Barranquilla, Colombia	
263	260	10R	SE-DEC	-	Fire Trainer	Stockholm Arlanda, Sweden	
264	262	11R(F)	3D-AUG	(Waltair)	WFU & Stored	Kinshasa, Congo	
265	265	-	HK-3855X		Written Off	Bogota, Colombia	
266	266	10B	OY-STK	-	Written Off	Tehran, Iran	
267	267	10B3	OY-STL	-	Written Off	Nr Dubai, UAE	
268	268	(Aerogolfo)	HK-3857X		Stored	Bogota, Colombia	
269	269	12	F-BNOH	-	Scrapped	Paris Orly, France	
270	270	12	F-GCVM	(Air Provence)	WFU & Stored	Marseille, France	
271	271	12	F-BNOG	-	Scrapped	Paris Orly, France	
272	272	12	F-GCVI	-	Scrapped	Merville, France	
273	273	12	F-GCVL	(Air Provence)	Preserved	Paris Le Bourget Museum, France	
274	274	12	F-BTOA	-	Scrapped	Marseille, France	
275	275	12	F-GCVJ	(Air Inter)	WFU & Stored	Rennes, France	
276	276	12	F-GCVK	(Air Inter)	Ground Trainer	Merville, France	
277	277	12	F-BTOB	-	Scrapped	Perpignan, France	
278	278	12	F-BTOC	-	Nose Preserved	Toussus le Noble, France	
279	279	12	F-BTOD	-	Scrapped	Paris Orly, France	
280	280	12	F-BTOE	(Aerospatiale)	Preserved	Toulouse, France	

Cross Reference

Registration	l/n	c/n	Registration	l/n	c/n	Registration	l/n	c/n	Registration	l/n	c/n
116	116	108	D-ABAW	239	245	F-BJTF	113	107	F-GATZ	175	181
141	141	136	D-ACVK	176	183	F-BJTG	115	118	F-GBMI	019	19
193	193	186	D-ANYL	247	248	F-BJTH	124	119	F-GBMJ	149	133
201	201	201	EC-ARI	107	104	F-BJTI	105	122	F-GBMK	180	177
234	234	247	EC-ARJ	108	109	F-BJTJ	119	123	F-GCJT	249	241
7401	241	254	EC-ARK	109	118	F-BJTL	142	139	F-GCVI	272	272
7601	241	254	EC-ARL	110	115	F-BJTM	144	143	F-GCVJ	275	275
10506	211	212	EC-ATV	163	163	F-BJTN	145	144	F-GCVK	276	276
10507	232	229	EC-ATX	165	142	F-BJTO	148	146	F-GCVL	273	273
85172	172	182	EC-AVY	173	161	F-BJTP	152	148	F-GCVM	270	270
85210	210	202	EC-AVZ	159	153	F-BJTQ	177	168	F-GDFY	182	172
3D-AUG	264	262	EC-AXU	138	154	F-BJTR	022	26	F-GDFZ	211	212
3D-CNA	240	230	EC-AYD	197	184	F-BJTS	027	32	F-GDJU	183	180
3D-KIK	251	250	EC-AYE	198	189	F-BJTU	189	176	F-GELP	187	175
3D-SEP	251	250	EC-BBR	171	196	F-BKGZ	083	81	F-GELQ	169	162
5A-DAA	158	155	EC-BDC	176	183	F-BLCZ	051	51	F-GEPA	184	194
5A-DAB	162	156	EC-BDD	202	204	F-BLHY	158	155	F-GFBA	243	238
5A-DAE	221	221	EC-BIA	226	228	F-BLKF	042	44	F-GFBH	199	195
5N-AOY	180	177	EC-BIB	223	222	F-BLKI	136	159	F-GFBI	236	244
5N-AVO	256	256	EC-BIC	225	224	F-BLKJ	169	162	F-GGKD	255	257
5N-AVP	260	259	EC-BID	228	225	F-BLKS	176	183	F-GHKM	262	264
5N-AVQ	220	217	EC-BIE	230	227	F-BMKS	181	171	F-GHKN	265	265
5N-AWF	206	210	EC-BIF	232	229	F-BNFE	200	197	F-GHKP	268	268
5N-AWK	050	50	EC-BRJ	250	251	F-BNGE	010	10	F-GHMU	249	241
5N-AWO	217	216	EC-BRX	261	255	F-BNKA	206	210	F-GJDM	188	203
5N-AWQ	219	226	EC-BRY	264	262	F-BNKB	208	208	F-OBNG	018	18
5N-AWT	215	220	EC-CAE	176	183	F-BNKC	217	216	F-OBNH	020	20
5T-CJW	091	85	EC-CIZ	247	248	F-BNKD	220	217	F-OBNI	028	29
5T-MAL	091	85	EC-CMS	238	236	F-BNKE	224	219	F-OBNJ	051	51
5T-RIM	091	85	EC-CPI	236	244	F-BNKF	227	232	F-OBNK	073	73
6V-AAR	005	5	EC-CUM	212	211	F-BNKG	229	233	F-OBNL	075	78
7T-VAE	051	51	EC-CYI	263	260	F-BNKH	248	239	F-OCKH	263	260
7T-VAG	018	18	EC-DCN	199	195	F-BNKI	214	214	F-OCPJ	258	263
7T-VAI	028	29	EC-DFP	257	258	F-BNKJ	252	249	F-OGJD	136	159
7T-VAK	073	73	EI-ATR	110	115	F-BNKK	256	256	F-OGJE	167	188
7T-VAL	075	78	EI-AVY	108	109	F-BNKL	260	259	F-POHA	242	240
9Q-CCP	229	233	EL-AAG	254	246	F-BNOG	271	271	F-RAFA	158	155
9Q-CFN	254	246	EL-AAS	154	151	F-BNOH	269	269	F-RAFG	141	136
9Q-CGC	119	123	EL-AIW	106	114	F-BNRA	201	201	F-RAFH	201	201
9Q-CLC	240	230	EL-AWY	264	262	F-BNRB	222	218	F-RBPR	240	230
9Q-CLD	251	250	EL-OSZ	254	246	F-BOEE	212	211	F-RBPS	251	250
9Q-CLP	115	118	EL-WNA	240	230	F-BOHA	242	240	F-RBPT	264	262
9Q-CMD	074	68	F-BHHH	0001		F-BOHB	244	242	F-WBNG	018	18
9Q-CNA	240	230	F-BHHI	0002		F-BOHC	245	243	F-WCPJ	258	263
9Q-CPI	169	162	F-BHRA	001	1	F-BRGU	237	252	F-WHHH	0001	
9Q-CPI	183	180	F-BHRB	002	2	F-BRGX	234	247	F-WHHI	0002	
9Q-CPS	021	23	F-BHRC	005	5	F-BRIM	193	186	F-WHRA	001	1
9Q-CPY	169	162	F-BHRD	008	8	F-BRUJ	209	198	F-WHRB	002	2
9Q-CRU	071	65	F-BHRE	009	9	F-BSEL	167	188	F-WHRC	005	5
9Q-CVO	209	198	F-BHRF	012	12	F-BSGZ	083	81	F-WHRJ	023	21
9Q-CWK	209	198	F-BHRG	013	13	F-BSRD	038	40	F-WHRK	026	25
9Q-CZL	123	116	F-BHRH	016	16	F-BSRR	021	23	F-WHRN	039	38
9Q-CZZ	105	122	F-BHRI	017	17	F-BSRY	258	263	F-WHRO	041	41
9U-BTA	144	143	F-BHRJ	023	21	F-BTDL	136	159	F-WHRP	045	47
9XR-CH	209	198	F-BHRK	026	25	F-BTOA	274	274	F-WHRQ	046	48
B-1850	121	111	F-BHRL	031	30	F-BTOB	277	277	F-WHRR	050	50
B-1852	122	112	F-BHRM	037	37	F-BTOC	278	278	F-WJAK	019	19
B-1854	038	40	F-BHRN	039	38	F-BTOD	279	279	F-WJAK	020	20
B-1856	170	165	F-BHRO	041	41	F-BTOE	280	280	F-WJAK	021	23
B-2501	108	109	F-BHRP	045	47	F-BTON	097	93	F-WJAK	064	60
B-2503	110	115	F-BHRQ	046	48	F-BUFC	161	138	F-WJAK	067	63
B-2505	197	184	F-BHRR	050	50	F-BUFF	101	97	F-WJAK	070	82
CC-CCO	140	164	F-BHRS	054	53	F-BUFH	123	116	F-WJAK	071	65
CC-CCP	164	170	F-BHRT	055	52	F-BUFM	209	198	F-WJAK	120	120
CC-CCQ	160	173	F-BHRU	058	55	F-BUOE	170	165	F-WJAK	135	137
C-GCVL	273	273	F-BHRV	059	56	F-BUZC	094	89	F-WJAK	219	226
CN-CCT	254	246	F-BHRX	060	57	F-BVPU	196	192	F-WJAK	249	241
CN-CCV	032	33	F-BHRY	061	58	F-BVPY	271	271	F-WJAK	263	260
CN-CCX	057	67	F-BHRZ	052	52	F-BVPZ	218	223	F-WJAK	269	269
CN-CCY	154	151	F-BJAK	219	226	F-BVSF	241	254	F-WJAL	032	33
CN-CCZ	195	190	F-BJAO	042	44	F-BVTB	270	270	F-WJAL	038	40
CPH-BOR	238	236	F-BJAP	062	59	F-BXOO	076	69	F-WJAL	065	61
CS-TCA	117	124	F-BJAQ	019	19	F-BYAI	139	135	F-WJAL	078	87
CS-TCB	125	126	F-BJAU	070	82	F-BYAT	205	208	F-WJAL	107	104
CS-TCC	137	129	F-BJEN	185	174	F-BYAU	192	181	F-WJAL	153	145
D-AAST	230	227	F-BJGV	258	263	F-BYCA	066	62	F-WJAL	161	138
D-ABAF	021	23	F-BJSO	143	131	F-BYCB	175	181	F-WJAL	175	181
D-ABAF	263	260	F-BJTA	053	72	F-BYCD	067	63	F-WJAL	196	192
D-ABAK	232	229	F-BJTB	068	75	F-BYCY	233	234	F-WJAL	203	199
D-ABAM	214	214	F-BJTC	083	81	F-CCIB	152	148	F-WJAL	215	220
D-ABAP	235	235	F-BJTD	162	156	F-GAPA	099	95	F-WJAL	234	247
D-ABAV	243	238	F-BJTE	111	101	F-GATP	259	261	F-WJAL	275	275

SE.210 Caravelle — Out Of Production List: Western Jet Airliners

Registration	l/n	c/n	Registration	l/n	c/n	Registration	l/n	c/n	Registration	l/n	c/n
F-WJAM	024	22	HC-BFN	166	166	LV-HGY	127	121	OO-SRG	070	82
F-WJAM	033	34	HI-499	154	151	LV-HGZ	149	133	OO-SRH	078	87
F-WJAM	038	40	HK-1709X	133	134	LV-III	180	177	OO-SRI	175	181
F-WJAM	042	44	HK-1778	140	164	LV-PBJ	180	177	OO-SRK	196	192
F-WJAM	066	62	HK-1779	164	170	LV-PPR	019	19	OY-KRA	006	6
F-WJAM	108	109	HK-1780	160	173	LV-PVT	127	121	OY-KRB	014	14
F-WJAM	235	235	HK-1810	165	142	LV-PVU	149	133	OY-KRC	029	27
F-WJAM	243	238	HK-1811	138	154	LX-LGE	234	247	OY-KRD	047	45
F-WJAM	247	248	HK-1812	109	118	LX-LGF	166	166	OY-KRE	049	49
F-WJAN	069	64	HK-2212	131	128	LX-LGG	156	150	OY-KRF	170	165
F-WJAN	117	124	HK-2287X	168	152	N1001U	086	74	OY-KRG	191	185
F-WJAN	126	127	HK-2402	161	138	N1002U	087	76	OY-SAA	270	270
F-WJAN	156	150	HK-2597X	136	159	N1003U	088	79	OY-SAB	271	271
F-WJAN	174	178	HK-2598X	167	188	N1004U	089	80	OY-SAC	269	269
F-WJAN	263	260	HK-2850X	261	255	N1005U	090	84	OY-SAD	272	272
F-WJAO	035	31	HK-2860	223	222	N1006U	091	85	OY-SAE	273	273
F-WJAO	063	125	HK-3288X	219	226	N1007U	092	86	OY-SAF	275	275
F-WJAO	076	69	HK-3325X	215	220	N1008U	093	88	OY-SAG	276	276
F-WJAO	118	117	HK-3676X	232	229	N1009U	094	89	OY-SAH	088	79
F-WJAO	131	128	HK-3756X	259	261	N1010U	095	91	OY-SAJ	104	100
F-WJAP	010	10	HK-3805X	257	258	N1011U	096	92	OY-SAJ	104	100
F-WJAP	044	43	HK-3806X	262	264	N1012U	097	93	OY-SAK	099	95
F-WJAP	062	59	HK-3835X	182	172	N1013U	098	94	OY-SAL	089	80
F-WJAQ	019	19	HK-3836X	211	212	N1014U	099	95	OY-SAM	095	91
F-WJAQ	140	164	HK-3837X	250	251	N1015U	100	96	OY-SAN	098	94
F-WJAQ	167	188	HK-3855X	265	265	N1016U	101	97	OY-SAO	101	97
F-WJAQ	204	200	HK-3857X	268	268	N1017U	102	98	OY-SAP	090	84
F-WJAQ	223	222	HK-3858X	212	211	N1018U	103	99	OY-SAR	103	99
F-WJSO	143	131	HK-3869X	232	229	N1019U	104	100	OY-SAZ	263	260
F-WJTH	124	119	HK-3914X	188	203	N1020U	114	103	OY-SBV	091	85
F-WLGA	021	23	HK-3932X	201	201	N210G	138	154	OY-SBW	093	88
F-WLGA	078	87	HK-3939X	255	257	N2296N	102	98	OY-SBY	094	89
F-WLGA	134	179	HK-3947X	188	203	N37PV	255	257	OY-SBZ	114	103
F-WLGB	231	231	HK-3948X	255	257	N420GE	042	44	OY-STA	183	180
F-WLGB	238	236	HK-3955X	189	176	N45SB	019	19	OY-STB	186	206
F-WLGC	239	245	HK-4029	184	194	N46SB	149	133	OY-STC	212	211
F-WLHY	158	155	HP-1479	255	257	N49B	180	177	OY-STD	238	236
F-WLKF	042	44	HS-TGF	056	54	N5019K	146	140	OY-STE	249	241
F-WLKI	136	159	HS-TGG	049	49	N555SL	102	98	OY-STF	257	258
F-WLKJ	128	158	HS-TGH	029	27	N777VV	087	76	OY-STG	259	261
F-WLKJ	169	162	HS-TGI	025	24	N901MW	062	59	OY-STH	262	264
F-WLKR	171	196	HS-TGK	034	35	N902MW	088	79	OY-STI	265	265
F-WLKS	176	183	HS-TGL	030	28	N903MW	089	80	OY-STK	266	266
F-WNKJ	252	249	I-ALBA	081	102	N904MW	093	88	OY-STL	267	267
F-WNKK	256	256	I-DABA	071	65	N905MW	095	91	OY-STM	268	268
F-WNKL	260	259	I-DABE	072	66	N907MW	129	132	PH-TRH	096	92
F-WNRA	201	201	I-DABF	179	187	N98KT	102	98	PH-TRM	021	23
F-WQCT	240	230	I-DABG	205	208	OD-ADY	083	81	PH-TRN	191	185
F-WQCU	251	250	I-DABI	074	68	OD-ADZ	051	51	PH-TRO	033	34
F-WQCV	264	262	I-DABL	132	169	OD-AEE	153	145	PH-TRP	043	42
F-WTOA	274	274	I-DABM	143	131	OD-AEF	157	147	PH-TRR	048	46
F-WTOB	277	277	I-DABP	192	181	OD-AEM	023	21	PH-TRS	100	96
F-WTOC	278	278	I-DABR	081	102	OD-AEO	174	178	PH-TRU	102	98
F-WTOD	279	279	I-DABS	106	114	OE-LCA	161	138	PH-TRX	092	86
F-WTOE	280	280	I-DABT	085	113	OE-LCE	156	150	PH-TRY	087	76
F-ZACE	116	108	I-DABU	077	71	OE-LCI	166	166	PH-TVT	093	88
F-ZACF	193	186	I-DABV	146	140	OE-LCO	167	188	PH-TVV	044	43
F-ZACQ	234	247	I-DABW	150	141	OE-LCU	136	159	PH-TVW	036	36
HB-ICI	250	251	I-DABZ	082	105	OH-LEA	021	23	PH-TVZ	091	85
HB-ICJ	169	162	I-DAXA	035	31	OH-LEB	022	26	PI-C969	103	99
HB-ICK	200	197	I-DAXE	036	36	OH-LEC	027	32	PI-C970	090	84
HB-ICN	253	253	I-DAXI	040	39	OH-LED	116	108	PP-CJA	129	132
HB-ICO	255	257	I-DAXO	044	43	OH-LER	162	156	PP-CJB	133	134
HB-ICP	234	247	I-DAXT	080	90	OH-LSA	181	171	PP-CJC	062	59
HB-ICQ	222	218	I-DAXU	079	77	OH-LSB	182	172	PP-CJD	168	152
HB-ICR	119	123	I-GISA	021	23	OH-LSC	185	174	PP-PDU	118	117
HB-ICS	121	111	I-GISE	208	208	OH-LSD	187	175	PP-PDV	120	120
HB-ICT	122	112	I-GISI	188	203	OH-LSE	189	176	PP-PDX	126	127
HB-ICU	123	116	I-GISO	187	175	OH-LSF	188	203	PP-PDZ	131	128
HB-ICV	147	130	I-GISU	169	162	OH-LSG	169	162	PP-VJC	010	10
HB-ICW	033	34	I-STAE	093	88	OH-LSH	211	212	PP-VJD	015	15
HB-ICX	038	40	JY-ACS	199	195	OH-LSI	259	261	PP-VJI	020	20
HB-ICY	043	42	JY-ACT	200	197	OH-LSK	212	211	PT-DUW	086	74
HB-ICZ	048	46	JY-ADG	236	244	OO-CVA	097	93	RP-C123	257	258
HB-IKD	249	241	LN-BSE	259	261	OO-SBQ	123	116	RP-C970	090	84
HC-BAD	035	31	LN-KLH	003	3	OO-SRA	064	60	SE-DAA	004	4
HC-BAE	040	39	LN-KLI	007	7	OO-SRB	065	61	SE-DAB	011	11
HC-BAI	082	105	LN-KLN	209	198	OO-SRC	066	62	SE-DAC	025	24
HC-BAJ	117	124	LN-KLP	024	22	OO-SRD	069	64	SE-DAD	034	35
HC-BAT	125	126	LN-KLR	030	28	OO-SRD	069	64	SE-DAE	056	54
HC-BDS	146	140	LN-TEC	263	260	OO-SRE	067	63	SE-DAF	112	106
HC-BFN	137	129	LV-HGX	019	19	OO-SRF	076	69	SE-DAG	172	182

Registration	l/n	c/n
SE-DAH	193	186
SE-DAI	210	202
SE-DEB	247	248
SE-DEC	263	260
SE-DEH	188	203
SE-DHA	259	261
SU-BBU	154	151
SU-BBV	254	246
T-91	019	19
T-92	149	133
T-93	180	177
TC-ABA	253	253
TC-AKA	239	245
TC-ALA	250	251
TC-ARI	235	235
TC-ASA	222	218
TC-JUN	259	261
TL-AAI	010	10
TL-ABB	249	241
TL-FCA	042	44
TR-LWD	114	103
TS-IKM	084	83
TS-ITU	246	237
TS-MAC	207	205
TS-TAR	178	167
TT-AAD	100	96
TT-AAM	100	96
TU-TCN	199	195
TU-TCO	215	220
TU-TXQ	201	201
TU-TXR	078	87
TY-TCY	219	226
TZ-ADS	184	194
VT-DPN	155	157
VT-DPO	128	158
VT-DPP	130	160
VT-DSB	134	179
VT-DUH	203	199
VT-DUI	204	200
VT-DVI	213	213
VT-DVJ	216	215
VT-DWN	231	231
VT-ECG	070	82
VT-ECH	078	87
VT-ECI	237	252
XU-JTA	145	144
XU-JTB	053	72
XV-NJA	010	10
XW-PNH	083	81
YK-AFA	184	194
YK-AFB	190	209
YK-AFC	183	180
YK-AFD	186	206
YU-AHA	139	135
YU-AHB	135	137
YU-AHD	151	149
YU-AHE	194	193
YU-AHF	218	223
YU-AHG	233	234
YU-AHK	237	252
YU-AJE	209	198
YU-AJG	191	185
YV-C-AVI	020	20

VFW-Fokker 614

Production Started:	1975
Production Ended:	1978
Number Built:	19
Active:	1
Preserved:	4
WFU, Stored & In Parts:	1
Written Off:	1
Scrapped:	12

Location Summary

Germany	5
United Kingdom	1

VFW-Fokker 614 — Out Of Production List: Western Jet Airliners

l/n	c/n	Registration	Owner/Operator	Status	Location	Notes
	G01	D-BABA	-	Written Off	Bremen Lemwerder, Germany	
	G02	D-BABB	-	Scrapped	Bremen Lemwerder, Germany	
	G03	D-BABC	-	Scrapped	Meppen, Germany	
1	G04	OY-TOR	(Cimber Air)	Preserved	Speyer Museum, Germany	
2	G05	F-GATG	-	Scrapped	Bremen Lemwerder, Germany	
3	G06	D-BABF	-	Scrapped	Bremen Lemwerder, Germany	
4	G07	D-BABG	-	Scrapped	Bremen Lemwerder, Germany	
5	G08	OY-ASA	-	Scrapped	Meppen, Germany	
6	G09	D-BABI	-	Scrapped	Bremen Lemwerder, Germany	
7	G10	D-BABJ	-	Scrapped	Meppen, Germany	
8	G11	D-BABK	-	Scrapped	Bremen Lemwerder, Germany	
9	G12	D-BABL	-	Scrapped	Bremen Lemwerder, Germany	
10	G13	D-BABM	-	Scrapped	Braunschweig, Germany	
11	G14	N614GB	(Technical Museum)	Preserved	Berlin Tempelhof, Germany	
12	G15	D-BABK	(VFW 614)	Preserved	Bremen Neuenland, Germany	
13	G16	D-BABO	-	Scrapped	Bremen Lemwerder, Germany	
14	G17	D-ADAM	DLR Flugbetriebe	Active	Oberpfaffenhofen, Germany	
15	G18	D-AXDB	(D-AXDB)	Preserved	Nordholz Museum, Germany	
16	G19	D-ASDB	(Lufthansa Resource Technical Training)	Ground Trainer	St. Athan, UK	

Cross Reference

Registration	l/n	c/n
17+01	11	G14
17+02	15	G18
17+03	16	G19
D-ADAM	14	G17
D-ASAX	12	G15
D-ASDB	16	G19
D-AXDB	15	G18
D-AYDB	11	G14
D-BABA		G01
D-BABB		G02
D-BABC		G03
D-BABD	1	G04
D-BABE	2	G05
D-BABF	3	G06
D-BABG	4	G07
D-BABH	5	G08
D-BABI	6	G09
D-BABJ	7	G10
D-BABK	8	G11
D-BABK	12	G15
D-BABL	9	G12
D-BABM	10	G13
D-BABN	12	G15
D-BABO	13	G16
D-BABP	14	G17
D-BABR	15	G18
D-BABS	16	G19
F-GATG	2	G05
F-GATH	10	G13
F-GATI	12	G15
N614GB	11	G14
OY-ASA	5	G08
OY-RGT	11	G14
OY-RGT	15	G18
OY-RRW	16	G19
OY-TOR	1	G04

Vickers VC-10

Production Started:	1962
Production Ended:	1970
Number Built:	54
Active:	16
Preserved:	4
WFU, Stored & In Parts:	7
Written Off:	6
Scrapped:	21

Location Summary

Germany	1
United Kingdom	26

c/n	Model	Registration	Owner/Operator	Status	Location	Notes
803	1109	G-ARTA	-	Written Off	London Gatwick, UK	
804	1101	5N-ABD	-	Written Off	Lagos, Nigeria	
805	1101	G-ARVB	-	Scrapped	London Heathrow, UK	
806	1101/K.2	ZA144	(Royal Air Force)	Nose Remains	St. Athan, UK	
807	1101	G-ARVE	-	Scrapped	London Heathrow, UK	
808	1101	G-ARVF	(United Arab Emirates)	Preserved	Hermeskeil, Germany	
809	1101/K.2	ZA141	-	Scrapped	St. Athan, UK	
810	1101	G-ARVH	-	Scrapped	London Heathrow, UK	
811	1101/K.2	ZA142	-	Scrapped	St. Athan, UK	
812	1101	ZD493	(Gulf Air)	Parts Remain	RAF Brize Norton, UK	
813	1101/K.2	ZA143	-	Scrapped	St. Athan, UK	
814	1101/K.2	ZA140	-	Scrapped	St. Athan, UK	
815	1101	G-ARVM	(British Airways)	Preserved	Brooklands Museum, London, UK	
819	1103	7Q-YKH	-	Scrapped	Blantyre, Malawi	
820	1106	A4O-AB	(Government of Oman)	Preserved	Brooklands Museum, London, UK	
823	1102	9G-ABO	-	Scrapped	Prestwick, UK	
824	1102	9G-ABP	-	Written Off	Beirut, Lebanon	
825	1103	XX914	(Royal Air Force)	Fuselage Remains	RAF Brize Norton, UK	
826	1106/C.1K	XR806	(Royal Air Force)	Forward Fuselage Remains	RAF Brize Norton, UK	
827	1106/C.1K	XR807	Royal Air Force	Active	RAF Brize Norton, UK	
828	1106/C.1K	XR808	Royal Air Force	Active	RAF Brize Norton, UK	
829	1106/C.1	G-AXLR	-	Scrapped	Kemble, UK	
830	1106/C.1K	XR810	-	Scrapped	St. Athan, UK	
831	1106/C.1K	XV101	Royal Air Force	Active	RAF Brize Norton, UK	
832	1106/C.1K	XV102	Royal Air Force	Active	RAF Brize Norton, UK	
833	1106/C.1K	XV103	-	Scrapped	St. Athan, UK	
834	1106/C.1K	XV104	Royal Air Force	Active	RAF Brize Norton, UK	
835	1106/C.1K	XV105	Royal Air Force	Active	RAF Brize Norton, UK	
836	1106/C.1K	XV106	Royal Air Force	Active	RAF Brize Norton, UK	
837	1106/C.1K	XV107	Royal Air Force	Active	RAF Brize Norton, UK	
838	1106/C.1K	XV108	Royal Air Force	Active	RAF Brize Norton, UK	
839	1106/C.1K	XV109	Royal Air Force	Active	RAF Brize Norton, UK	
851	1151/K.4	ZD230	-	Scrapped	St. Athan, UK	
852	1151	ZD231	-	Scrapped	Abingdon, UK	
853	1151	G-ASGC	(BOAC)	Preserved	Duxford, UK	
854	1151	ZD232	-	Parts Remain	RAF Brize Norton, UK	
855	1151	ZD233	-	Fire Trainer	Manston, UK	
856	1151	ZD234	-	Nose Remains	RAF Brize Norton, UK	
857	1151/K.4	ZD235	-	Scrapped	St. Athan, UK	
858	1151	ZD236	-	Scrapped	Abingdon, UK	
859	1151	ZD237	-	Scrapped	Abingdon, UK	
860	1151	ZD238	-	Scrapped	Abingdon, UK	
861	1151	ZD239	-	Scrapped	Manston, UK	
862	1151/K.4	ZD240	-	Scrapped	St. Athan, UK	
863	1151/K.4	ZD241	Royal Air Force	Active	St. Athan, UK	
864	1151	G-ASGN	-	Written Off	Dawson Field, Jordan	
865	1151	G-ASGO	-	Written Off	Amsterdam Schiphol, Netherlands	
866	1151/K.4	ZD242	Royal Air Force	Active	St. Athan, UK	

Vickers VC-10 — Out Of Production List: Western Jet Airliners

c/n	Model	Registration	Owner/Operator	Status	Location	Notes
867	1151	ZD243	-	Scrapped	Bristol Filton, UK	
881	1154	5X-UVA	-	Written Off	Addis Ababa, Ethiopia	
882	1154/K.3	ZA147	Royal Air Force	Active	RAF Brize Norton, UK	
883	1154/K.3	ZA148	Royal Air Force	Active	RAF Brize Norton, UK	
884	1154/K.3	ZA149	Royal Air Force	Active	St. Athan, UK	
885	1154/K.3	ZA150	Royal Air Force	Active	St. Athan, UK	

Cross Reference

Registration	c/n	Registration	c/n
5H-MMT	882	XV105	835
5H-MOG	885	XV106	836
5N-ABD	804	XV107	837
5X-UVA	881	XV108	838
5X-UVJ	884	XV109	839
5Y-ADA	883	XX914	825
7Q-YKH	819	ZA140	814
8669M	854	ZA141	809
8700M	856	ZA142	811
8777M	825	ZA143	813
9G-ABO	823	ZA144	806
9G-ABP	824	ZA147	882
A4O-AB	820	ZA148	883
A4O-VC	806	ZA149	884
A4O-VG	809	ZA150	885
A4O-VI	811	ZD230	851
A4O-VK	813	ZD231	852
A4O-VL	814	ZD232	854
G-ARTA	803	ZD233	855
G-ARVA	804	ZD234	856
G-ARVB	805	ZD235	857
G-ARVC	806	ZD236	858
G-ARVE	807	ZD237	859
G-ARVF	808	ZD238	860
G-ARVG	809	ZD239	861
G-ARVH	810	ZD240	862
G-ARVI	811	ZD241	863
G-ARVJ	812	ZD242	866
G-ARVK	813	ZD243	867
G-ARVL	814	ZD493	812
G-ARVM	815		
G-ASGA	851		
G-ASGB	852		
G-ASGC	853		
G-ASGD	854		
G-ASGE	855		
G-ASGF	856		
G-ASGG	857		
G-ASGH	858		
G-ASGI	859		
G-ASGJ	860		
G-ASGK	861		
G-ASGL	862		
G-ASGM	863		
G-ASGN	864		
G-ASGO	865		
G-ASGP	866		
G-ASGR	867		
G-ASIW	819		
G-ASIX	820		
G-ATDJ	825		
G-AXLR	829		
OD-AFA	803		
XR806	826		
XR807	827		
XR808	828		
XR809	829		
XR810	830		
XV101	831		
XV102	832		
XV103	833		
XV104	834		

Printed in the United Kingdom by
Lightning Source UK Ltd., Milton Keynes
140180UK00001B/7/P